Treasures for Scholars Worldwide

擁雪齋藏書志

王樹田／著

上册

广西师范大学出版社
·桂林·

圖書在版編目（CIP）數據

擁雪齋藏書志：全2册／王樹田著．—桂林：廣西師範大學出版社，2018.3
　ISBN 978-7-5598-0546-1

Ⅰ．①擁… Ⅱ．①王… Ⅲ．①私人藏書－圖書目錄－中國－現代 Ⅳ．①Z842.7

中國版本圖書館CIP數據核字（2017）第330498號

廣西師範大學出版社出版發行
（廣西桂林市五里店路9號　郵政編碼：541004）
　網址：http://www.bbtpress.com
出版人：張藝兵
全國新華書店經銷
珠海市豪邁實業有限公司印刷
（珠海市香洲區洲山路63號豪邁大廈　郵政編碼：519000）
開本：720 mm×1 010 mm　1/16
印張：70　　字數：1173千字
2018年3月第1版　　2018年3月第1次印刷
定價：680.00元（上、下册）
如發現印裝質量問題，影響閲讀，請與印刷廠聯繫調换。

訪書天下，擁書塞上

辛德勇

物理學家講時間的相對性，平常人很難弄得明白，但人到一定歲數，時間就會過得飛快，仿佛突然有了很大的一個加速度。二○一三年底，收到王樹田先生惠贈他的大作《擁雪齋書影》，讀後想寫幾句感想，但手頭事情正緊，沒有顧上。想不到，這一放就是一年多。

對於我來説，作者王樹田先生，至今仍是未曾謀面的書友。但至少在他的一部分藏書面前，我也曾有過徘徊流連。我們對古刻舊本，都有一種近乎癡情的鍾愛。

不同的是，王樹田先生是一位更標準的藏書家，而我在這個圈子里，頂多衹能算一個不太高明的票友。這樣説，主要並不在於藏書多少，而是對收藏古籍所投入的熱情，以及專心的程度。

我是歷史學教學與研究方面的從業人員，因閲讀古代典籍的需要，從新式洋裝印本，轉入綫裝古刻舊印本，是很自然的延伸；而且在一定意義上講，也是拓展研究領域和增大研究深度之後，必然要發生的事情。

王樹田先生的情況很不相同，他的職業身份，是詩人，是作家，當然像我們這個國家大多數文學創作家一樣，還有一個領工資的單位，是内蒙古呼和浩特市的文聯。從事這樣的行當，同讀古書，並没有直接的聯繫。至少現在的情況是這樣。因爲現代的作家，通常不需要讀多少書，全憑靈感。有了感覺，直接寫出來就好了，既顧不上酸不啦嘰地掉書袋，也不需要有那麽深遠的歷史思考。但王樹田先生與衆不同。買綫裝古書，與他的文學創作，在時間次序上，幾乎是同步共生的。不知道是作品的稿費讓他財大氣粗，還是買到好書的興奮，激發了創作欲望。看着互不相干的兩樁事，説不定有很實在的關聯。不管怎麽説，王樹田先生購買古籍的緣由，與我是有很大差別的,這就是他對藏書的熱情,顯然比我要高很多,而且他買古籍,首先就是爲了收藏。

在構成藏書家的各項要素當中,有人說,除了"錢",就是"閑",再一個,便是"空間",也就是放書的房間。不過,進一步歸納,"空間"可以歸入"錢"那一項裏,因爲拿着票子,就一定能買到房子。古書和新書不一樣,不是一捆捆地從印刷廠裏推出來,等着你拿錢去買。想買到好書,光有錢不行,還要有機緣。這機緣能不能遇上,在很大程度上,就決定於你肯不肯多花時間經常去訪書,有沒有條件到處去找書。

從經濟實力上來說,在當今藏書家中,王樹田先生無論如何也算不上有錢,是很普通的工薪階層,因而祇能以勤走多跑來彌補有限的購書資金。他訪書的地點,幾乎遍及中國境內各主要區域,而且經常往返出入。其實天底下的藏書家,大多數都這樣,瘋瘋癲癲地到處亂跑,探頭探腦地四處踅摸,祇是頻度各不相同而已。對於王樹田先生來說,尤其需要勤跑多轉,還與他家居的地點有關。他家住塞上,不像我這樣居住在北京這一文化中心,同時也是全國最大的古書聚集地,更遠離長江三角洲上諸如上海、揚州、杭州等這樣一些古代文化和古刻舊本的淵藪,要想得到好書,不得不經常外出尋覓。

肯花比別人更多的時間四處查訪,就一定能夠覓得人所罕見的珍本秘笈。《擁雪齋書影》裏談到,一次,在北京城的一個小攤兒上,他買下一冊明嘉靖本《歷代史纂左編》,"初不以爲意",但後來却有了重要發現。

即使是正兒八經的歷史學家,看到王樹田先生對嘉靖本《歷代史纂左編》不以爲然,也可能不大看得懂;或者說越是高大上的歷史學家,恐怕越看不懂這是怎麼一回事兒。對此,需要稍微做些解釋。

這部書的作者,是明朝嘉靖年間的唐順之,號荆川,世人多稱荆川先生。他在文化領域,聲譽最著的建樹,是古文。史學著作雖然有很多種,但多是擷取前人成書,重加纂輯,此《歷代史纂左編》就是其中比較有代表性的一部。明清人書目,著錄此書,多略書作《史纂左編》,就連堂堂《四庫全書總目》也是如此。其"史纂"之"史",是以二十一史爲主,而旁搜稗史,"纂"則是在這些史書中,選擇關乎安邦治國之君臣事跡,分類編錄;"左編"云者,乃取自所謂"左史記事,右史記言"之義,蓋荆川先生同時尚著有《史纂右編》,輯錄奏議言論,二者適兩兩相對也。

現在有很多對古代歷史文化瞭解不夠深入的人,往往會有一種感覺,以爲古時候的人讀書廣博,什麼《十三經》《二十四史》,無不爛熟於胸。其實這是很大的誤解。古代大多數讀書人,閱讀的範圍,是十分有限的。以史書而論,除了《漢書》《史記》,頂多擴展到包括《三國志》《後漢書》的所謂"前四史",除此之外,其他史書,通常很少有人理會,故宋人即已慨歎"一部十七史從何處説起"。惟因篇幅巨大,大多數人實在無法通讀,方有呂祖謙《十七史詳節》之纂。延至明代,再加上元朝官修的《宋》《遼》《金》三史,以及明修《元史》,僅僅是官方認定的"正史",即已纍積而成"二十一史",通讀愈加艱難。寬泛地説,唐順之的《史纂左編》,就是在這一大背景下,出現的一部摘録諸史之要的"史鈔"式著述。與《十七史詳節》不同的是,《史纂左編》對史事的選擇,以史爲鑒的意圖更爲直接,也更加濃重強烈。正是基於其相對簡略而又更宜於將歷史的經驗移用於現實這兩項原因,此書在明代後期,一度十分流行,人們往往將唐順之此書與司馬溫公《資治通鑑》並列,作爲考古通今的首選讀物(明焦竑《國朝獻徵録》卷二五孫鑛著《吏部尚書贈太子太保謚恭介陳公有年行狀》)。

然而,時過境遷,到了清朝中期以後,由於學術風尚的變易,讀史者更強調直接讀取第一手的原始著述,像《史纂左編》這樣的"史鈔",鮮少有人眷顧,流傳已經相當稀少,以致錢泰吉《曝書雜記》即稱其書"罕見"。王樹田先生所得嘉靖刻本,係胡宗憲在嘉靖年間主持梓行,爲此書最初刻本(其後在萬曆年間,又有翻刻),當更爲稀少。而今王樹田先生得此嘉靖原刻《史纂左編》却"不以爲意",我想,除了這部書的學術價值,不爲治史者所重之外,還有一項更爲重要的原因,這就是原書是一部一百四十二卷的大部頭著述,他僅買到一册,當然祇是全書中很少一部分。闕損如此嚴重的殘卷零册,藏書家當然不會看重。對於大多數古書愛好者而言,買下它,都不過是留個"樣子"看而已。

人世間之所謂"奇遇",就是發生概率很小的遭遇。買舊書之所以要肯花費時間到處勤跑,是因爲按照統計學的定律,"小概率事件,在一次試驗中是不可能發生的";用大白話來說,就是偶爾去買一兩次書,絶不會有以廉值購得好書的美事兒。但一個地方接一個地方,一次連一次,反反復復,常去常往,便相當於無數次重複的試驗,出人意料的奇事,往往也就會出現在你的眼前。

這册《史纂左編》,本子很厚,這也是明代原裝本固有的形式。當把這册《史纂左編》殘本帶回呼和浩特家中，拆解開來，取出每一頁書背面後人裝修添加的襯紙時，王樹田先生大概會被眼前的景象驚呆的。——他從這册厚厚的明嘉靖刻本裏面，取下來首尾完整的一部清刻本書。這等於是買一册殘書，附贈另一册全書，不管是什麼書，都屬意外之喜，而更讓王樹田先生喜出望外的是：這還是一册稀世珍本。

這本書的名字，是《户部收取應解飯銀則例》，刊刻於清雍正年間，當然這就是清廷在雍正年間頒行的衙署治事規則。這種"則例"是什麼性質的書籍？在當時有着怎樣的作用？而對我們今天研治史事又具有怎樣的價值？已故著名清史專家王鍾翰先生回憶說其師鄧之誠先生，在民國時期對此嘗有概括論述云：

> 有清三百年間之事，清律固爲一代大法，初暫用明律，幾於全錄明律舊文，以爲比附之資。如内云"依大誥減等"，清初無大誥，亦援引以爲處分減等耳。自後雖屢經纂修，然僅續增附律之條，而律文終未之或改。一代舍律用例，叔季則舍例用案。故知終清一代行政，大約例之一字，可以概括無餘。……其時史學專家知矜貴檔案矣，而不知則例即昔日檔案之擇要匯存者，且年遠境遷，檔案照例焚毀，今舍則例將無以取徵，是則例之可貴爲何如也。

王鍾翰先生還記述說，鄧之誠先生鑒於"清亡逾三十年，則例亡佚殆盡，苟不及時訪羅，行且不可復求"，於是促請燕京大學圖書館遍求於北京琉璃廠和隆福寺各間書肆，在三四年間，購得各種則例五六百種。後來王鍾翰先生據燕京大學圖書館所藏，撰有《清代各部署則例經眼錄》一文（以上相關叙述，即本諸此文），一一羅列清廷各部衙署的則例，然而檢核此文，其間尚闕載《户部收取應解飯銀則例》這一名目。因手邊無書，一時還不易核對王樹田先生所得，是否屬於《欽定户部則例》的一部分，而非單刻之本，但即或如此，因王鍾翰先生列舉的《欽定户部則例》，最早亦爲乾隆五十六年（1791）刻本；《中國古籍善本書目》著録者亦不過爲稍早的乾隆四十六年（1781）武英殿本。故此雍正四年（1726）刻本，亦在其先，仍有不可替代的版本價值。像這樣的書，即使不是孤本，傳本也極爲稀少，自宜珍之重之。

深諳個中三昧的人都懂得，最蠱惑人的藏書樂趣，就在這樣不經意間得之當中。幾十年涉歷南北，王樹田先生收藏古籍已多達六千多册，其中有不少是像《户部收取應解飯銀則例》這樣孤秘罕傳的珍本。其中如與我所從事專業關係密切的明崇禎十六年(1643)刻沈定之、吳國輔著《今古輿地圖》，是目前所知中國歷史上第一部朱墨套印古今對照的歷史地圖集，在中國歷史地理學史和中國地圖學史上，都具有重要價值，書亦罕見難求，而王樹田先生也能收置書齋，摩挲賞玩，實在令人豔羨不已。

因爲本來就是爲收藏而買書，或者說很早就打定了當藏書家的主意，因而不僅有好書，收藏有自己的特色，王樹田先生還編有藏書目錄《擁雪齋書目》。再加上這部琳琅滿目的《擁雪齋書影》，可以說，真是一位各項要件都很完備的藏書家了。人生一世，能盡情做自己喜歡的事，且亦成名成家，修成正果，擁書自怡，其樂何如，可想而知。

不過，藏書家和所有收藏家一樣，貪婪之心，往往莫知厭足。呼和浩特當地有一家頗爲出名的"文苑古舊書店"，老闆段存瑞先生，知書愛書，也很敬重讀書人，我曾在他那裏買過不少做研究需要的文史舊書，偶爾也買過兩三部清代刻本，都得到了段存瑞先生的熱情關照。近來看到王樹田先生寫文章，記述他與段存瑞先生的交往，談到我曾買走一部雍正寫刻本《陸宣公集》的事兒。文中說他本來先於我看好此書，因故沒有及時付款買下，才被我插足攫去，言辭間顯現出歉歉然神色。這部《陸宣公集》確實刊印精良，且傳世無多，就連周叔弢他老人家都說是罕見之物(見李國慶著《弢翁藏書年譜》)，王樹田先生感到惋惜，是很自然的事情。不過，他與這書失之交臂，卻使我們倆人在舊書上有了比較具體的交結，這也可以說是一種緣分。

近聞王樹田先生的新著《擁雪齋藏書志》即將出版，雖暫未一睹全書，然撰者佳冊之富，可以想見。與此同時，王先生又將自己藏書中的佳善、稀見之本，編爲一大套《擁雪齋叢書》，影印出版，將一展民間藏書家之風采。其將個人珍罕藏書不自私秘，提供於社會的精神，尤可敬重。

藏書擁雪齋，有功藝林間

陳弘志

　　友人聘女，肆筵喜慶。我與樹田君同席，多日未見，攀談甚歡。他告訴我，廣西師範大學出版社將出版《擁雪齋藏書志》，彩色精印，上下兩冊。煌煌然，焕焕然。樹田叙述事情緣由，眼睛裏閃爍着異彩。聽罷此事，我也高興。此書能出版，對於文化界、知識界、讀書界、藏書界，不僅快事，亦盛事哉！《擁雪齋藏書志》的出版，就内蒙古而言，大概是首屈一指的，即使放在全國也不多見。這就立起一個文化的標杆，昭示着書香的血脉傳承，不僅在皇城根，不僅在天津衛，不僅在晋陝地，不僅在江南岸，就是在紫塞之外、漠南草原，依然有愛書藏書的種子，並且滋蔓成青枝绿葉。

　　王君樹田先生，河北曲陽人氏。一九五一年六月出生。樹田君早年寫詩歌，作小説，曾出版詩集兩部，短篇小説集三部。樹田君不以他好縈心，惟搜訪古籍不遺餘力。集腋成裘，聚沙成塔。蒼天有眼，不負精誠。用樹田君自謙之語講來，他的古籍收藏算是稍有薄册。於是追效前賢，編撰自藏書目，刊行《擁雪齋書影》。書中題記，不拘一格，"其中得書經過，購書所費，書友交往乃至生活瑣事俱有之"，如同書話，文章雋永。樹田君以一己之力，坐擁書城，清風朗月，摩挲把玩。何等情趣，何等境界。此乃大福！

　　樹田君室名"擁雪"之號，迺惜護其愛女雪瑩之意。滿屋古籍盈架琳瑯，一册一函自有故事。凡有嗜好，必墮魔道。遥想當年，古籍繁昌。樹田君東拼西湊，以極其有限之財力，摸爬騰挪，四下尋書。古籍到手後，窮忙才開頭。別人家雞蛋不置一籃中，樹田君藏書也狡兔三窟。防火防盜防水防蟲，揭裱配紙調糨補洞，一年到頭，勞神勞力。對於樹田君而言，節衣縮食，沉迷此道，廿年辛苦，冷暖自知。而今《擁雪齋藏書志》出版，也與舉辦肆筵之友人聘女一般，鼓瑟吹笙，興味盎然。

一九四九年之後,憑藉個人綫裝藏書、以清代版刻爲主、以書影形式面世的,鳳毛麟角,確乎鮮見。平素喜歡胡亂淘書,僅見過《清代版刻一隅》,這是大家黃裳先生的著作,以清季朝代排序,順治始宣統訖,一題一影,舒朗可觀。可惜書影單色印刷,依稀髣髴不能盡興。這次《擁雪齋藏書志》後起勃發,彌補了這方面的缺憾。新撰《擁雪齋藏書志》,比起《擁雪齋書影》,既增刪修訂舊文,又擴充篇幅書影,加之彩色印製,視覺效果益佳。此書按"經史子集"四部排序,收書五百三十四種,圖一千餘幅,圖文交映,殊勝可觀。

龔自珍在《定盦文集》中,對於藏書志類目錄學文體,分條析理,作如是說:

> 目錄之學,始劉子政氏。嗣是而降,有三支:一曰朝廷官簿,荀勗《中經簿》,宋《崇文總目》《館閣書目》,明《國史經籍志》是也。一曰私家著錄,晁公武《郡齋讀書志》,陳振孫《書錄解題》以下是也。一曰史家著錄,則漢《藝文志》,隋《經籍志》以下皆是也。三者其例不同,頗相資爲用,不能以偏廢。三者之中,其例又二,或惟載卷數,或兼條最書旨。近世好事者,則又臚註某鈔本、某槧本、某家藏本。茲事殊細,抑專門之業,必至於是,而始可謂備,則亦未易言矣。

樹田君的《擁雪齋藏書志》,以及他先前編撰的書目書影,都屬於目錄之學的私家著錄。古已有之,而今鮮見。古籍屬於古代文獻,隻言片語珍同球璧。韓愈《進學篇》云:"記事者必提其要,纂言者必鈎其玄。"古籍書志的寫作,並非版權頁的放大。記錄更爲詳細,研判更爲精確。使讀者透過書志、解題、提要,得知原書卷數、作者簡歷、版本依據、全書內容、因何而撰、序跋摘錄、何人曾藏以及其書特點、收藏鈐記等,采擷信息,以資利用。

在當今知識界中,四〇後一代人,已經淡出歷史舞臺。五〇後一代人,近幾年行將陸續退場。六〇後一代人,風生水起正當其時。這三代人雖然時間跨度很長,却有着相近的文化背景,那就是對五四以來的新文化熟知認可,對於中國歷史和傳統文化却相對隔膜,整個知識結構畸輕畸重,安身立命於知識的碎片之上。

樹田先生雖爲五〇後,但屬於其中之異數。樹田君不僅淘書藏書,而且批閱題跋。日積月纍,耳熏目染。就在古籍經眼過手之際,學問也就不期而至了。虞山張金吾在《愛日精廬藏書志》序中有一段話："欲致力於學者,必先讀書;欲讀書者,必先藏書。藏書者,誦讀之資而學問之本也。"樹田君,即如此。藏而讀,讀而研,研求然後著述,書香彌漫氤氲馥郁,必然凝聚撰述之中,也是文章應有之事。

夜静月朗,擁雪齋中。閑覽綫裝古籍,若與先賢晤對。雖然千載以降,哲思依舊鮮活。三墳五典,經史子集,瀏覽古籍,上溯先秦。續接學術素養之短板,彌補知識結構之缺陷。熔古鑄今,慎思明辨,厚積薄發,文章焕然。想來樹田君藏書、讀書、著書,也是遵循先賢治學途徑去實踐的。"插架與腹笥俱富",此話説的是清人姚際恒。藏書既多,學問也大。古今一理,顛撲不破。

"衰年髣髴燭光餘,猶向殘編作蠹魚"。雖然樹田君依然精神抖擻,騎上自行車滿世界轉悠,但是用清代唐孫華的詩句,描摹書齋中樹田君之心情,也還比較準確熨帖。親近綫裝書,翻閲綫裝書,雖無桂馥蘭薰,却聞蕓香悠悠,摩挲典籍,神游其間,有一種坐擁書城、醉卧書叢之感。諺云,富潤屋,德潤身,誠如斯言。傳統的讀書人,化知識爲德性。但有所得,即獻同好。對於樹田君而言,與古籍相厮相守,讀書不僅是一種生活方式,也是一種生存狀態。

驀然想起金針度人的成語,典出元好問詩句:"暈碧裁紅點綴匀,一回拈出一回新。鴛鴦繡了從教看,莫把金針度與人。"繡好的鴛鴦任憑欣賞,針黹手藝萬不能輕傳。樹田君却反其道行之,通過他的藏書和《藏書志》金針度人。他度給人們的,就是借助版本目録學,去鑽研綫裝古籍,去做學問的"金針"。仁人之心,躍然紙上。

歲月荏苒,人書俱老。能給後來者,留下點什麽,不僅是物質的,而且是精神的?那就要像樹田君這樣,能留點什麽就留點什麽。樹田君所富有的是盈屋藏書,他便向社會公諸了這筆財富,他把私家藏書,視爲天下公器。借助影印,公開出版,化一爲百,造福邦國。使數百年古籍晦而復顯,其有功於藝林豈淺鮮哉?一個文弱的讀書人,能做到這個份兒上,已經十分高尚,我輩復欲何求?就此打住,權當序言。

丙申夏月,謹序於塞上青城緑浮春野堂,時年古稀。

目　錄

上　冊

經　部 1
001　誠齋易傳二十卷 2
002　周易傳義大全二十四卷 4
003　尚書十三卷附考證 6
004　尚書大傳四卷附補遺一卷續補遺一卷考異一卷 ... 8
005　書經六卷 10
006　尚書釋天六卷 12
007　尚書私學四卷 14
008　禹貢古今注通釋六卷 16
009　詩經 18
010　詩說二卷 20
011　詩志八卷 22
012　新定三禮圖十四卷 24
013　周官精義十二卷 26
014　見菴錦官錄周官圖説六卷 28
015　周禮精義六卷 30
016　文公家禮儀節八卷 32
017　欽定儀禮義疏四十八卷首二卷 34
018　春秋左傳十五卷 36

019	春秋左傳杜注三十卷	38
020	增補春秋左傳杜林合註二十卷	40
021	鈔本御製春秋傳說彙纂	42
022	春秋直解十二卷	44
023	公羊傳鈔一卷穀梁傳鈔一卷	46
024	春秋微旨三卷	48
025	新刻批點四書讀本	50
026	孟子七卷	52
027	鈔本孝經類解十八卷	54
028	匯纂忠孝經小學備旨講義翼朱	56
029	小學正義	58
030	唐石經	60
031	經典釋文三十卷	62
032	群經質二卷	64
033	匡謬正俗八卷	66
034	埤雅二十卷	68
035	爾雅音圖	70
036	拾雅二十卷	72
037	滿漢同文新出對像蒙古雜字	74
038	隸辨八卷	76
039	說文解字十五卷	78
040	說文解字十五卷	80
041	說文解字韻譜十卷	82
042	班馬字類二卷	84
043	五經文字三卷附九經字樣一卷	86
044	六書分類十二卷首一卷	88
045	六書通十卷	90
046	古今韻略五卷	92

047	韻府萃音十二卷	94
048	易韻四卷	96
049	繆篆分韻五卷補一卷	98
050	鈔本四聲等子	100
051	許學四種	102
052	江氏音學十書	104

史 部 107

053	史記測議一百三十卷	108
054	漢書一百卷	110
055	綱鑑擇語十卷	112
056	後漢書一百二十卷續漢書志三十卷	114
057	稿本補三國疆域志集注	116
058	晉略十五卷序目一卷	118
059	五代史七十四卷	120
060	五代史記七十四卷	122
061	元朝祕史十五卷	124
062	續尤西堂擬明史樂府	126
063	廿二史紀事提要八卷	128
064	續資治通鑑二百二十卷	130
065	戰國策三十三卷札記三卷	132
066	華陽國志十二卷	134
067	魏略輯本二十五卷	136
068	靖逆記六卷	138
069	渚宮舊事五卷補遺一卷	140
070	鳳城瑣錄	142
071	楚庭稗珠錄六卷	144
072	都城紀勝	146

073	瀛壖雜志六卷	148
074	藤陰雜記十二卷	150
075	雲谷瑣録	152
076	石渠餘紀六卷	154
077	宸桓識略十六卷	156
078	永甯祗謁筆記	158
079	鈔本溪南志	160
080	鈔本平定江陰日記	162
081	鈔本太平天國雜鈔	164
082	史通通釋二十卷	166
083	史通削繁四卷	168
084	讀史論略二卷	170
085	稿本嘉語三國精華	172
086	明季稗史彙編	174
087	金陵瑣志五種	176
088	金陵賦	178
089	聖門志六卷	180
090	秦淮八仙小譜	182
091	孔子編年五卷	184
092	列女傳八卷	186
093	列仙傳校正本二卷列仙傳贊一卷夢書一卷	188
094	鶴徵録八卷後録十二卷	190
095	高陽太傅孫文正公年譜五卷	192
096	古今楹聯彙刻小傳	194
097	紫泥日記	196
098	稿本澹盦日記	198
099	稿本省齋日記	200
100	母德録附衛恤日記	202

101	稿本花好遲齋日記	204
102	硃批諭旨	206
103	聖諭廣訓直解	208
104	祀天通禮	210
105	于清端公政書八卷首編一卷外集一卷	212
106	魏實齋刺史西川實政紀略一卷	214
107	屠光祿奏疏四卷	216
108	吴柳堂先生諫文	218
109	户部則例摘要	220
110	户部收取應解飯銀条例一卷	222
111	胡文忠公奏議六卷	224
112	惜抱先生尺牘八卷	226
113	澗于集書牘六卷	228
114	兩罍軒尺牘十二卷	230
115	培遠堂手札節存三卷	232
116	陳文恭公手札節要三卷	234
117	新刻精纂詳註仕途懸鏡八卷	236
118	彩繪本求氏宗譜	238
119	紫江朱氏家乘	240
120	律例館校正洗冤錄四卷	242
121	重刊補註洗冤錄集證五卷	244
122	洗冤錄詳義四卷首一卷	246
123	蒞鳳簡言四卷	248
124	洛陽名園記一卷甘澤謠一卷芥隱筆記一卷	250
125	洛陽伽藍記五卷	252
126	今古輿地圖三卷	254
127	瀛環志略十卷	256
128	歷代輿地沿革險要圖	258

129	皇朝藩部要略十八卷附表四卷	260
130	鈔繪本揚州畫舫錄十八卷	262
131	都門紀略	264
132	華嶽志八卷首一卷	266
133	泰山道里記	268
134	鈔繪本長江大觀圖	270
135	稿本周浦掌故叢鈔	272
136	秦游日錄一卷附登太華記一卷	274
137	莫愁湖志六卷莫愁湖詩文一卷	276
138	約園志四卷	278
139	汾陽縣志十四卷首一卷	280
140	籌辦秦湘淮義振徵信錄二卷	282
141	古今書刻二卷	284
142	經義考三百卷	286
143	士禮居藏書題跋記六卷	288
144	書目答問補正五卷附二卷	290
145	稿本寶漢樓碑帖題跋	292
146	稿本海蠡閣書目	294
147	鈔本續修四庫全書總目提要編目二種	296
148	竹崦盦金石目錄五卷	298
149	嘉業堂善本書影	300
150	國立北平研究院史學研究會歷史組史部書目稿	302
151	目錄學發微	304
152	石鼓爲秦刻石考	306
153	西嶽華山廟碑	308
154	寶刻類編八卷	310
155	望堂金石文字	312
156	金石訂例四卷	314

157	萬邑西南山石刻記二卷附録一卷	316
158	語石十卷	318
159	邠州石室録三卷	320
160	觀古閣叢稿二卷	322
161	古泉叢話三卷	324

子 部 ……… 327

162	孔子家語十卷	328
163	孔子家語十卷	330
164	性理標題綜要二十一卷	332
165	孔叢子三卷	334
166	二程子遺書纂二卷	336
167	鈔本新序	338
168	校宋本新序十卷	340
169	説苑二十卷新叙十卷合刻	342
170	顔氏家訓七卷	344
171	文中子中説十卷	346
172	大學衍義四十三卷	348
173	薛文清公讀書續録十二卷	350
174	菜根譚	352
175	洪氏菜根譚	354
176	呂子節録四卷	356
177	觀心約	358
178	習齋語要二卷	360
179	御製資政要覽三卷	362
180	聖諭像解	364
181	西齋語録四卷	366
182	學略	368

183	勸學篇	370
184	輶軒語	372
185	屏廬肊説二卷	374
186	純孝紀略一卷崇祀孝弟祠通菴李公紀事詩録二卷	376
187	訓俗遺規四卷	378
188	圖繪經商獻曝録	380
189	老子道德經二卷	382
190	老子翼三卷	384
191	莊子因六卷	386
192	南華發覆八卷	388
193	鈔本金丹百句註	390
194	墨子十六卷	392
195	武備志二百四十卷	394
196	砲法真訣	396
197	彩繪鈔本天文軍鏡	398
198	管子二十四卷	400
199	韓非子纂二卷	402
200	花鏡六卷	404
201	澤農要録六卷	406
202	蠶桑備要	408
203	蠶桑説	410
204	爾雅穀名考六卷首一卷末一卷	412
205	丹溪先生心法五卷附餘二十二卷附録一卷	414
206	脉經十卷	416
207	汪氏痘書	418
208	本草綱目五十二卷	420
209	奇經八脉考	422
210	瘟疫論二卷補遺一卷	424

211	達生編	426
212	醫悟十二卷	428
213	稿本醫學探微	430
214	鈔本藥性便讀	432
215	清光緒宣統時憲書	434
216	衡齋算學遺書合刻	436
217	鈔本句股淺述	438
218	彩繪鈔本日相志	440
219	仙機水法一卷附一卷	442
220	水法宗旨節錄一卷附圖説一卷	444
221	鈔本奇門遁甲大全	446
222	鈔本地學形勢集	448
223	法書要録十卷	450
224	書法纂要二卷	452
225	鈔本無聲詩史	454
226	畫墁録	456
227	清河書畫舫十二卷	458
228	鐵網珊瑚二十卷	460
229	國朝畫徵録三卷續録二卷	462
230	稿本墨林今話	464
231	墨緣彙觀四卷	466
232	墨緣彙觀撰人考	468
233	墨表四卷	470
234	墨緣小録	472
235	集雅齋畫譜	474
236	鈔繪本唐詩畫譜	476
237	芥子園畫傳	478
238	百美新詠圖傳	480

239	桐陰論畫三編六卷	482
240	習苦齋畫絮十卷	484
241	穭園論畫絶句詩	486
242	水雲笛譜	488
243	兼山堂弈譜	490
244	蘇米齋蘭亭考八卷	492
245	妙法蓮華經墨刻	494
246	董其昌書杭州永福寺石壁法華經記	496
247	淮南子二十一卷	498
248	淮南鴻烈解輯略二卷	500
249	天禄閣外史八卷	502
250	蠡海集	504
251	香祖筆記十二卷	506
252	因樹屋書影十卷	508
253	恒言録六卷	510
254	讀書脞録七卷	512
255	吹網録六卷	514
256	人範六卷	516
257	兩般秋雨盦隨筆八卷	518
258	冷廬雜識八卷	520
259	舊德述聞六卷	522
260	梅叟閒評四卷	524

下　　冊

子　部 527

| 261 | 竟無小品一卷詩文一卷 | 528 |
| 262 | 讀書作文譜十二卷父師善誘法二卷 | 530 |

263	日知録集釋三十二卷刊誤四卷	532
264	日知録之餘四卷	534
265	大方廣佛華嚴經八十卷	536
266	妙法蓮華經	538
267	金剛般若波羅蜜經解註二卷	540
268	金剛般若波羅蜜經	542
269	鶡冠子三卷	544
270	觀世音菩薩感應靈課	546
271	觀世音菩薩感應靈課	548
272	太上感應篇	550
273	禪林寶訓合註四卷	552
274	廬山復教集二卷	554
275	皺清齋試帖六卷	556
276	唐詩金粉十卷	558
277	海録碎事二十二卷	560
278	事類賦三十卷	562
279	廣事類賦四十卷	564
280	御製佩文韻府	566
281	説鈴	568
282	奇晋齋四種	570
283	海山仙館叢書	572
284	適園叢書十二集	574
285	劉申叔先生遺書	576
286	費氏遺書三種	578
287	不遠復齋遺書	580
288	憑山閣纂輯詩林切玉八卷	582
289	釣渭間雜膾	584

集　部　……………………………………………………………… 587

290	離騷集傳 ……………………………………………………	588
291	影宋本古文苑九卷 …………………………………………	590
292	古文淵鑒六十四卷 …………………………………………	592
293	西山先生真文忠公文章正宗二十四卷 ……………………	594
294	文章軌範七卷 ………………………………………………	596
295	謝疊山先生文章軌範七卷 …………………………………	598
296	文選六十卷 …………………………………………………	600
297	昭明文選六十卷 ……………………………………………	602
298	古詩源十四卷 ………………………………………………	604
299	古詩約選二卷 ………………………………………………	606
300	本朝名媛詩鈔六卷 …………………………………………	608
301	稿本符瑞堂塾課摘鈔十六卷 ………………………………	610
302	六朝文絜四卷 ………………………………………………	612
303	六朝文絜四卷 ………………………………………………	614
304	六朝文絜箋注十二卷 ………………………………………	616
305	六朝麗指 ……………………………………………………	618
306	才調集選三卷 ………………………………………………	620
307	御定全唐詩錄一百卷 ………………………………………	622
308	重訂唐詩別裁集二十卷 ……………………………………	624
309	唐音審體二十卷 ……………………………………………	626
310	中晚唐詩叩彈集十二卷續集三卷 …………………………	628
311	杜韓詩句集韻三卷 …………………………………………	630
312	唐四家詩集二十卷 …………………………………………	632
313	唐四名家集 …………………………………………………	634
314	唐四家詩八卷 ………………………………………………	636
315	四家詩選 ……………………………………………………	638
316	戴鹿床手寫宋元四家詩 ……………………………………	640

317	二李唱和集	642
318	元詩選六卷補遺一卷	644
319	國雅	646
320	朱批增注七家詩選七卷	648
321	鈔本嚶鳴集六卷	650
322	國朝駢體正宗評本十二卷	652
323	清尊集十六卷	654
324	鴛鴦湖櫂歌	656
325	鴛水絲聲	658
326	宮閨百詠四卷	660
327	慈香小集	662
328	壎篪集十卷	664
329	水月樓文	666
330	淞濱吟社集	668
331	陶詩集註四卷附錄一卷	670
332	陶淵明文集十卷	672
333	陶淵明詩	674
334	靖節先生集十卷	676
335	陶彭澤集六卷	678
336	庾子山集十六卷	680
337	醴陵集十卷	682
338	盧昇之集七卷	684
339	李太白文集三十六卷	686
340	讀杜心解六卷首二卷	688
341	杜工部集二十卷	690
342	杜工部集二十卷	692
343	杜詩鏡銓二十卷	694
344	集杜詩草一卷春吟回文一卷	696

345	張説之文集二十五卷補遺五卷	698
346	朱文公校昌黎先生文集四十卷	700
347	昌黎先生集四十卷	702
348	昌黎先生全集錄八卷	704
349	昌黎先生詩集注十一卷	706
350	白香山詩長慶集二十卷後集十七卷別集一卷補遺二卷	708
351	唐大家柳柳州文抄二十卷	710
352	昌谷集四卷	712
353	李長吉詩集四卷外集一卷	714
354	李長吉集四卷外集一卷	716
355	影元本錦囊集四卷	718
356	李義山文集箋註十卷	720
357	重訂李義山詩集十六卷	722
358	重訂李義山詩集箋注三卷	724
359	李義山詩集三卷	726
360	玉谿生詩詳註三卷年譜一卷詩話一卷註補一卷	728
361	韓翰林集評注三卷附香奩集三卷補遺一卷	730
362	宋大家蘇文公文抄十卷	732
363	東坡先生全集七十五卷	734
364	東坡外制集三卷	736
365	東坡詩選十二卷	738
366	蘇文忠公詩集五十卷目錄二卷	740
367	後山先生集二十四卷	742
368	林和靖先生詩集四卷詩話一卷續刻一卷	744
369	范忠宣公集二十卷附錄一卷補遺一卷遺文一卷	746
370	宋邵康節先生伊川擊壤集六卷	748
371	司馬溫公文集	750
372	鄱陽集四卷拾遺一卷	752

373	朱子詩鈔附文選詩賦擬題	754
374	西山先生真文忠公文集五十五卷目錄二卷	756
375	宋本頤堂先生文集五卷	758
376	白石道人詩集二卷歌曲四卷	760
377	影宋鈔本忠愍公詩集三卷	762
378	鈔本古梅吟稿六卷	764
379	魏鶴山先生渠陽詩一卷	766
380	趙文敏公松雪齋全集十卷續集一卷外集一卷	768
381	羅整菴先生存稿二卷	770
382	山草堂集	772
383	鈔本吴唐叔詩集一卷	774
384	鈔本緑滋館稿九卷	776
385	鈔本桂留堂詩集七卷附餘香草一卷	778
386	空同詩選	780
387	李空同詩集三十二卷附錄一卷	782
388	枝山文集四卷	784
389	徐文長文集三十卷	786
390	鈔本余子疇先生詩	788
391	謝疊山先生文集九卷詩傳注疏三卷	790
392	王陽明先生全集二十一卷	792
393	震川先生集三十卷別集十卷	794
394	李忠肅公集	796
395	賜誠堂文集十六卷	798
396	亭林遺書十種二十七卷	800
397	漁洋山人精華錄十卷	802
398	蠶尾集十卷續集二卷後集二卷	804
399	歸愚文鈔二十卷	806
400	矢音集四卷	808

編號	書名	頁碼
401	西巖詩集一卷附琴譜一卷	810
402	鈔本湛華堂詩集	812
403	突星閣詩鈔十五卷	814
404	望溪先生文偶抄	816
405	樊榭山房集	818
406	戴東原集十二卷	820
407	春鳧小稿	822
408	鈔本蘭韜詩草四卷	824
409	賜杖集	826
410	忠雅堂詩集二十七卷補遺二卷銅絃詞二卷	828
411	存研樓文集十六卷	830
412	甌北詩鈔十七卷	832
413	固哉草亭詩集四卷	834
414	卷施閣詩二十卷	836
415	岱南閣集三卷	838
416	夢雲樓分體詩鈔	840
417	御製嗣統述聖詩二卷	842
418	稿本西泠閨詠群雅集	844
419	鮚埼亭集三十八卷附經史問答十卷	846
420	萍花繡餘詩草	848
421	借閒生詩三卷詞一卷	850
422	琅嬛仙館詩略八卷	852
423	韜山堂文集八卷	854
424	萬綠草堂詩集	856
425	稿本詩牌偶錄	858
426	舒嘯樓詩稿二卷	860
427	寶鐵齋詩錄一卷續錄一卷	862
428	程侍郎遺集初編十卷	864

429	都是春齋文集八卷	866
430	二知軒詩鈔十四卷	868
431	伏敔堂詩録十五卷續録一卷	870
432	白香亭詩三卷	872
433	詒晋齋集八卷後集一卷隨筆一卷	874
434	好學爲福齋詩鈔六卷	876
435	碧琅玕館詩鈔四卷續集四卷	878
436	鈔本松壺畫贅	880
437	鈔本鷗村詩存	882
438	巢經巢詩鈔九卷後集四卷遺文五卷經説一卷	884
439	因寄軒文初集十卷二集六卷補遺一卷	886
440	延秋吟館詩鈔四卷續鈔四卷	888
441	一枝山房詩集四卷詞稿一卷	890
442	小鷗波館詩鈔十卷詞鈔二卷	892
443	郘園山居文録二卷	894
444	陋軒詩六卷續集二卷	896
445	自怡軒隨筆偶存二卷	898
446	斂齋詩稿四卷	900
447	嚼梅吟二卷	902
448	桐城吴先生文集四卷	904
449	一樹梅花老屋詩三卷	906
450	小雅樓詩集八卷遺文二卷	908
451	平齋詩存三卷續編三卷	910
452	稿本蓮品詩鈔	912
453	種藍室詩鈔	914
454	稿本浮鷗詩鈔二卷	916
455	小睡足寮詩録四卷續録二卷補録二卷附録一卷	918
456	滌非齋制藝僅存	920

457	燕石詩鈔四卷續刻一卷附錄一卷	922
458	學詁齋文集二卷	924
459	求志集四卷	926
460	蛻私軒集五卷	928
461	賀先生文集四卷	930
462	弢樓遺集三卷	932
463	左盦集八卷	934
464	海藏樓詩十三卷	936
465	吹萬樓詩十八卷	938
466	似昇長生冊三卷	940
467	竹閒啥榭集十卷	942
468	茶夢盦劫後詩稿十二卷	944
469	稿本芯廬遺稿	946
470	戊午吟草	948
471	稿本焦原襏俎	950
472	萬物炊累室駢文	952
473	夢仙詩稿一卷續集一卷	954
474	江上晚晴樓詩稿四卷	956
475	南湖集四卷	958
476	未園集略八卷	960
477	默君詩草	962
478	棧雲集	964
479	愛眉小札	966
480	遙夜閨思引	968
481	甯水雜詩百首	970
482	出塞集	972
483	在山堂詩二卷	974
484	枕山詩鈔二編二卷	976

485	歷代詞腴二卷附眠鷗詞一卷	978
486	清綺軒詞選十三卷	980
487	和珠玉詞	982
488	樵歌三卷補遺一卷	984
489	草窗詞二卷補二卷	986
490	夢窗丙丁稿二卷補遺一卷	988
491	金梁夢月詞二卷附懷夢詞一卷	990
492	坐花閣詩餘	992
493	倚月樓詞稿四卷	994
494	洞仙詞六卷	996
495	麇榞詞	998
496	獻盦詞四卷附零夢詞一卷	1000
497	蕙風詞二卷	1002
498	鷗影詞鈔六卷附悼亡曲一卷	1004
499	華鬘室詞	1006
500	初日樓正續稿二卷	1008
501	鴛鴦宜福館吹月詞二卷	1010
502	盛明雜劇初集三十卷	1012
503	箋註繪像第六才子西廂釋解八卷附圍棋闖局園林午夢	1014
504	增訂金批西廂四卷首一卷末一卷	1016
505	桃花扇傳奇二卷	1018
506	揚州夢三卷	1020
507	桃谿雪二卷	1022
508	紅樓夢傳奇	1024
509	鈔本春泉戲簿	1026
510	鈔本"四維堂李"京劇戲本	1028
511	芳茹園樂府	1030
512	新編錄鬼簿二卷	1032

513	念一史彈詞註二卷	1034
514	新刻玉釧緣全傳三十二卷	1036
515	山海經十八卷	1038
516	開元天寶遺事二卷	1040
517	歷代名臣風流判案大觀	1042
518	蒙文鈔本前七國演義十卷	1044
519	新鎸重訂出像西晉志傳通俗演義題評四卷	1046
520	新編連相搜神廣記	1048
521	太平廣記五百卷目錄十卷	1050
522	夷堅志	1052
523	續博物志十卷	1054
524	剪燈新話四卷	1056
525	連環圖畫《岳傳》	1058
526	新編宋文忠公蘇學士東坡詩話三卷	1060
527	聊齋志異新評十六卷	1062
528	西湖佳話古今遺蹟九卷	1064
529	遯窟讕言十二卷	1066
530	昭昧詹言二十一卷	1068
531	漁洋詩話三卷	1070
532	石遺室詩話十三卷	1072
533	藝苑名言八卷	1074
534	淮海詞箋注六卷	1076

一個人的藏書史 …… 1079

經

部

誠齋易傳卷一

宋 楊萬里 撰

後學 葉元墀 重刊

≡≡ 乾上
　　 乾下

乾卦曰乾健說卦曰乾剛又曰乾為天為君故君
德體天天德主剛風霆烈日天之剛也剛明果斷君
之剛也君惟剛則勇於進德力於行道明於見善決
於改過主善必堅去邪必果建天下之大公以破天
下之眾私聲色不能惑小人不能移陰柔不能奸矣
故亡漢不以成哀而以孝元亡唐不以穆敬而以文

001　誠齋易傳二十卷

宋楊萬里撰。清道光間葉元墀重刊本。六册。

卷前有楊萬里宋淳熙戊申(1188)八月原序、葉元墀清道光十一年(1831)三月序。

楊萬里,南宋著名詩人,字廷秀,號誠齋,江西吉水人,紹興二十四年(1154)進士,卒諡文節。此書原名《易傳》,光宗曾爲之書"誠齋"二字,故又稱誠齋先生,是書之名亦本於此。《四庫全書總目》言:"是書大旨本程氏,而多引史傳以證之。"陳櫟曰:"誠齋本文士,因學文而求道,於經學性理終非本色……不足以使窮經之士心服。"《四庫全書總目》對此辯駁云:"其書究不可磨滅,至今猶在人間也。"

余於經學興趣无多,祇知楊萬里以詩著。是書雖"猶在人間",但已屬罕見,且開本闊大,版面疏朗,字體端雅,展卷頗養眼,今亦可以善本視之。丁丑(1997)秋購於京城潘家園,書主稱得之於廊坊陳東。後陳東欲加價收回,余未能成其重合之美。

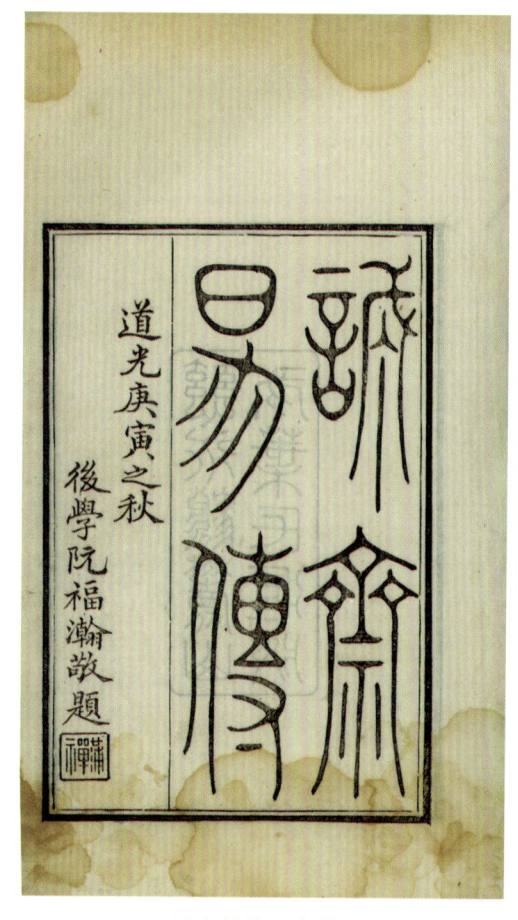

001　誠齋易傳二十卷(2-2)

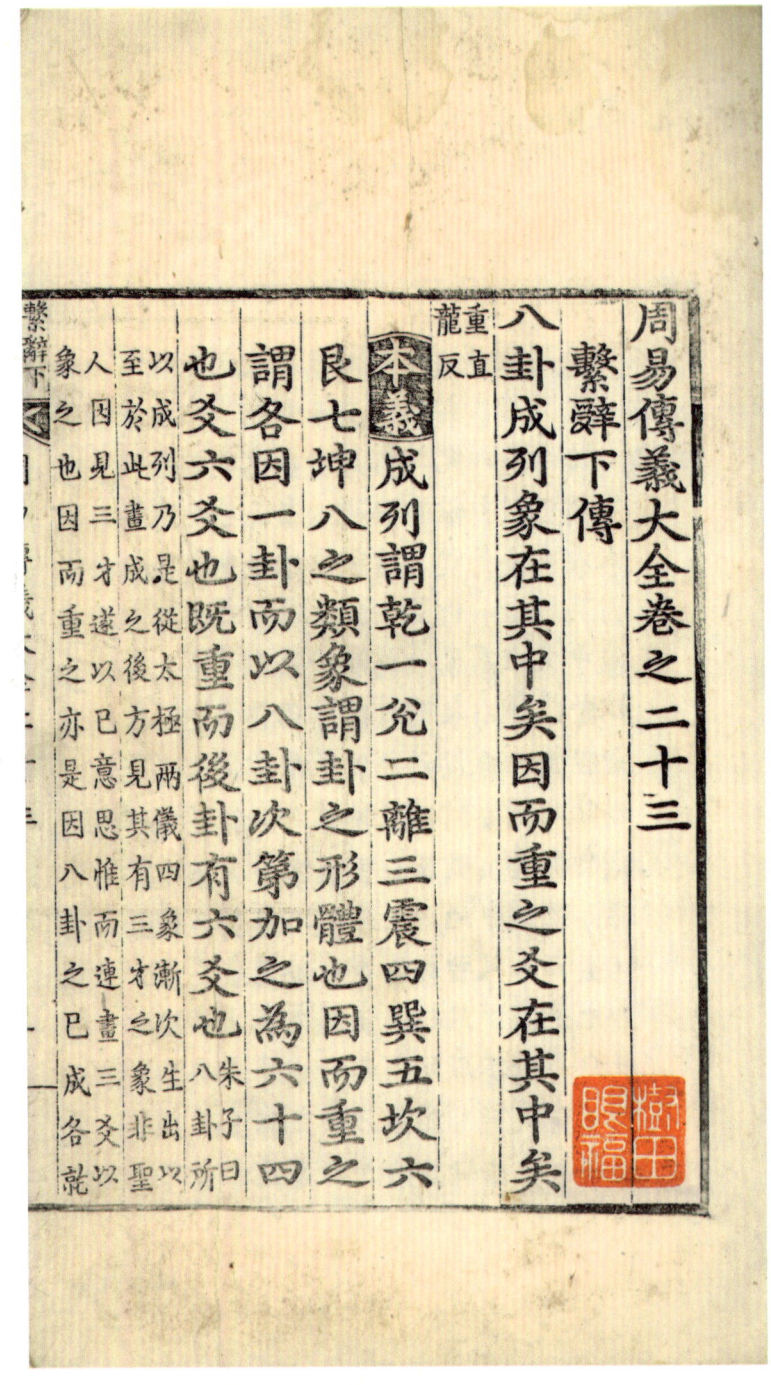

002　周易傳義大全二十四卷

明胡廣領銜編撰。明刻本。半葉七行十八字（小字亦同），單花魚尾。版式闊大，字大行稀，紙白而堅，寫刻圓潤優美，展卷奪人目睛。

此書早年購之於上海東臺路一古董鋪，未知何版本，但覺古色怡人。後經天津時，張振鐸斷爲日本印本，張克然未見書，據余描繪，認爲明經廠本。余後來比對之，又頗似朝鮮刻本。耿文光《萬卷精華樓藏書記》著録，稱："此書仿宋板式，古雅可愛，紙墨皆佳，坊肆以贋宋本，不辨其爲明書也。"

書存卷首、卷二、卷二十三、卷二十四，三巨册。購書日，上海胡承樑君隨行，他取去其中一册。書內鈐"德福壽安寧署周氏珍藏"大印。

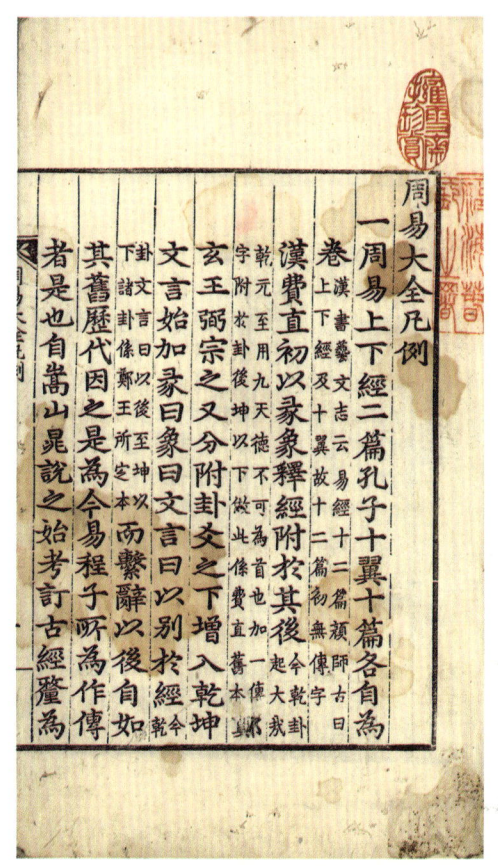
002　周易傳義大全二十四卷（3-2）

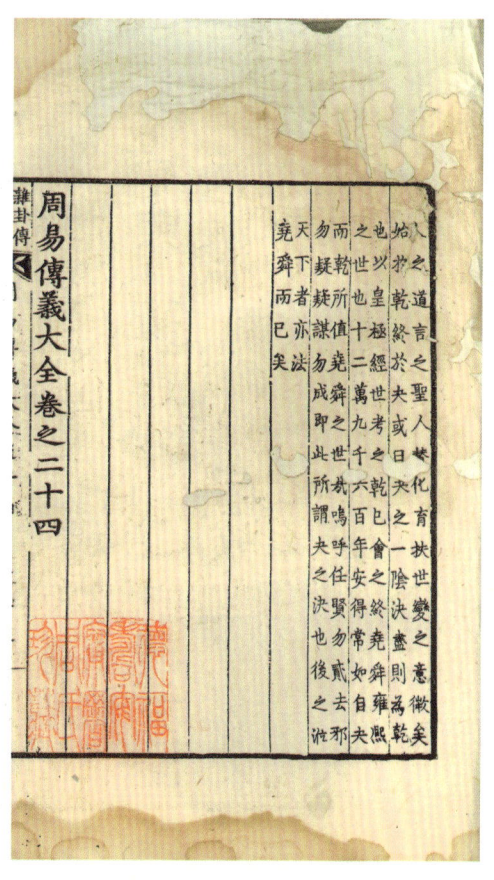
002　周易傳義大全二十四卷（3-3）

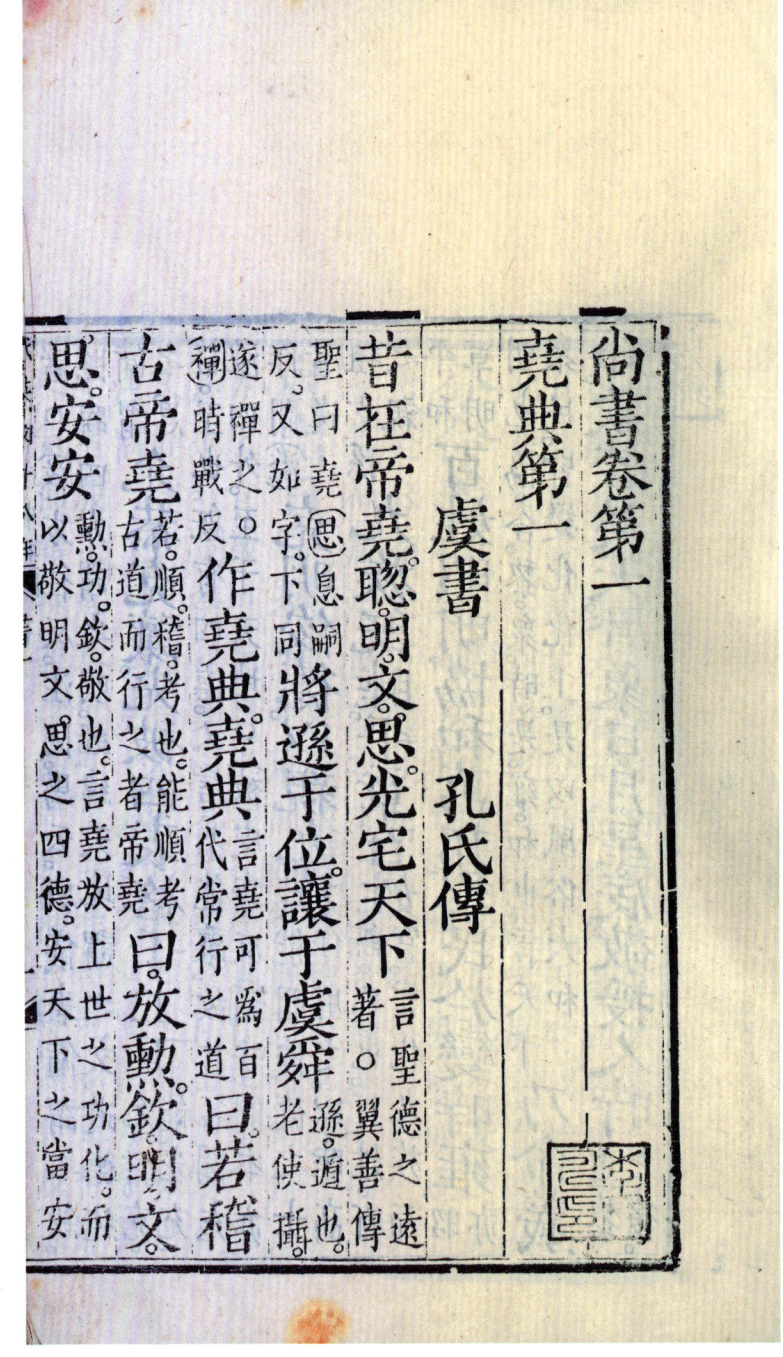

尚書十三卷附考證(2-1)

003　尚書十三卷附考證

清乾隆四十八年（1783）武英殿覆宋刻本。每册覆以宫綾紅裝，白紙四册。半葉八行十七字，白口，雙黑魚尾。卷首"御題書經詩"，書口題"乾隆四十八年武英殿仿宋本"，每葉有篇名書耳，每卷後鎸書人姓名並附考證文字。"玄""弘"避，"寧"不避。卷內刻"古希天子""天祿繼鑑""乾隆御覽之寶""滄葦""健菴"諸印，皆烏色。

此書早年間購自天津古籍書店。因其內封面有光緒壬辰（1892）仲秋沈鎮署簽"尚書"二字書名，初以爲光緒覆本，數年後細審之，"沈鎮"二字爲墨筆所書，再查有關著錄，方知此書確爲乾隆殿本。一書之轉折如此，可見識書確非易事。

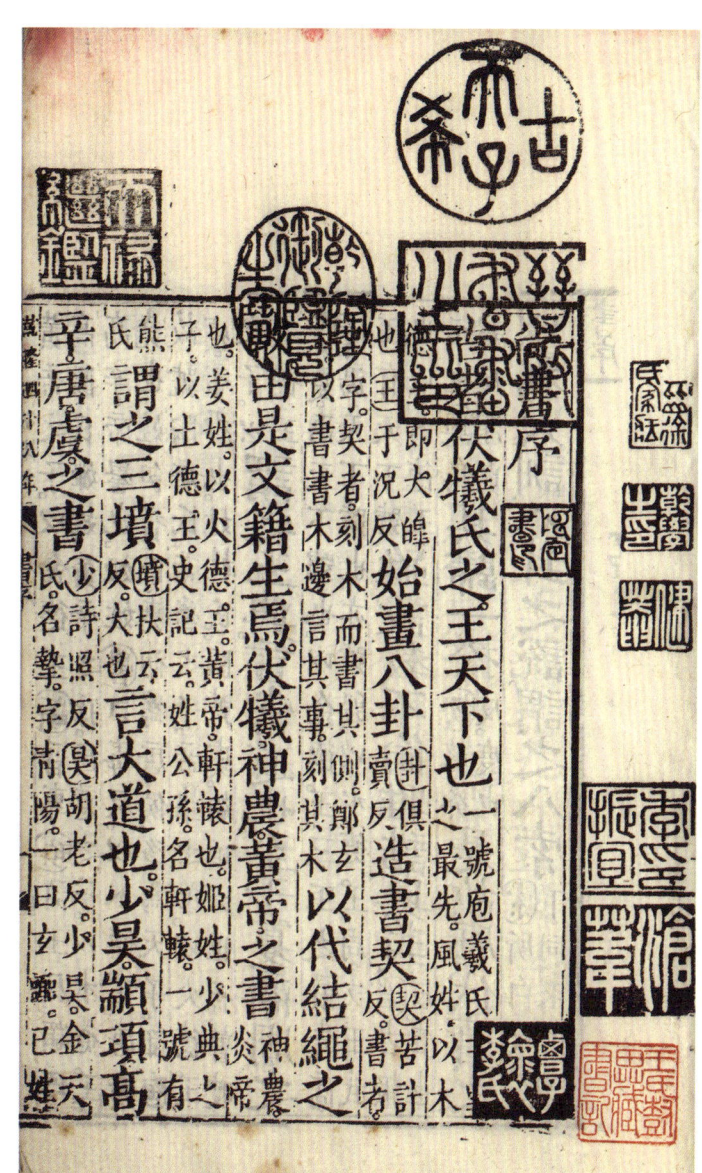

003　尚書十三卷附考證（2-2）

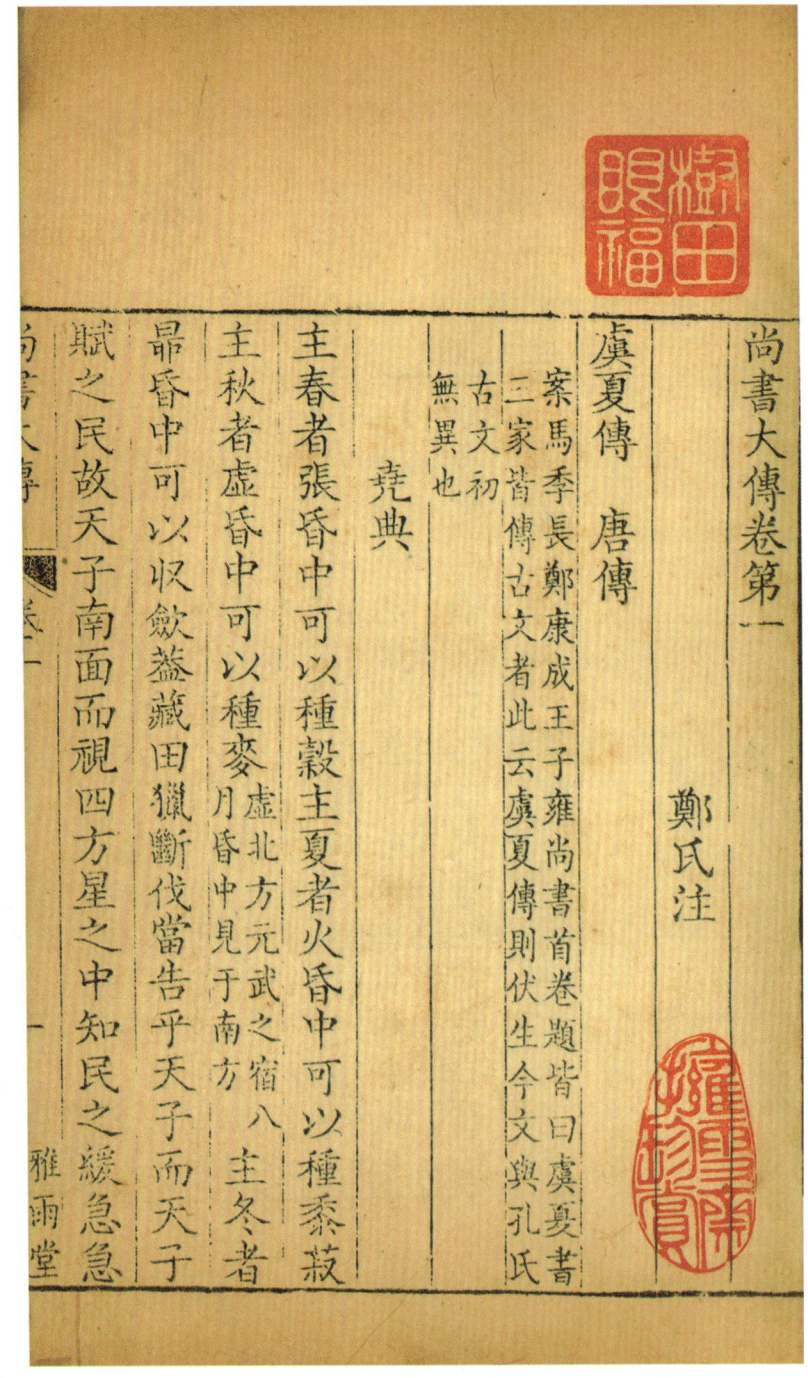

004　尚書大傳四卷附補遺一卷續補遺一卷考異一卷（2-1）

004　尚書大傳四卷附補遺一卷續補遺一卷考異一卷

　　此雅雨堂精刻本,盧見曾刻於清乾隆丙子(1756),版心下鎸"雅雨堂"。二册。半葉十行二十一字。

　　盧見曾附言曰:"余刻《尚書大傳》既成,家侄侍讀文弨別撰《考異》一卷、《續補遺》一卷質於余。余愛其考據精確,實有功於是書,爰並刻之以廣其傳。丁丑夏盧見曾載記。"

　　盧見曾,字抱孫,號雅雨,山東德州人。康熙六十年(1721)進士,兩任兩淮鹽運使。乾隆二十一年(1756)刊《雅雨堂藏書》,收書十二種,此《尚書大傳》即爲其一。校刻精良,名重一時。

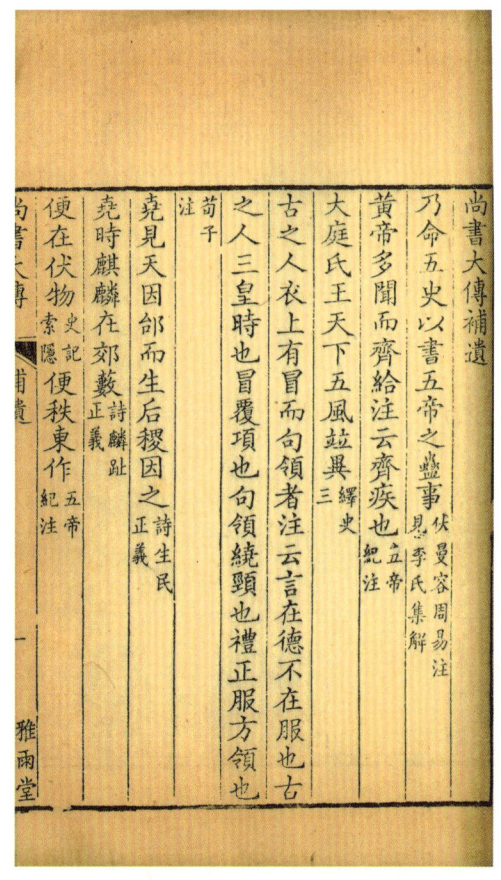

004　尚書大傳四卷附補遺一卷續補遺一卷考異一卷(2-2)

書序

按書序得之
壁中書凡百
篇今所存僅
五十八篇其
亡篇並附識
之

昔在帝堯聰明
文思光宅天下
將遜于位讓于
虞舜作堯典

書經卷之一　　蔡沈集傳

虞書

虞、舜氏、因以為有天下之號也。書凡
五篇、堯典雖紀唐堯之事、然本虞史
所作、故曰虞書。其舜典以下、夏史所作、當
曰夏書、春秋傳亦多引為夏書。此云虞書、
或以為孔
子所定也。

堯典

堯、唐帝名。說文曰典、從冊在丌
上、尊閣之也。此篇以簡冊載堯
之事、故名曰堯典。後世以其所載之
事、可為常法、故又訓為常也。今文古
文皆
有。

曰若稽古帝堯曰放勳欽明文思安安允恭
克讓光被四表格于上下。曰、粵、越通。古文作
書經虞書　　　　　　　　　　　　　　　粵。曰若者、發語辭也。一之

005　書經六卷

　　宋蔡沈集傳。清光緒三年(1877)武英殿刊。內封面鎸"光緒丁丑年武英殿刊本"。有注,眉上鎸評。黃綠絲綫,開本較大,白紙二厚册。封面墨書"王荆山珍藏"。

　　王荆山,祖籍山東黃縣,生於長春大屯,民國間長春著名企業家。日本侵華時期,王氏投靠日本人,擔任多項僞職,爲虎作倀。一九五二年以漢奸賣國罪被政府處決,時年七十七歲。

　　此書庚辰(2000)冬獲於太原。據售者稱,係從太原南宮舊貨市場一長春書估手中獲得。

005　書經六卷(2-2)

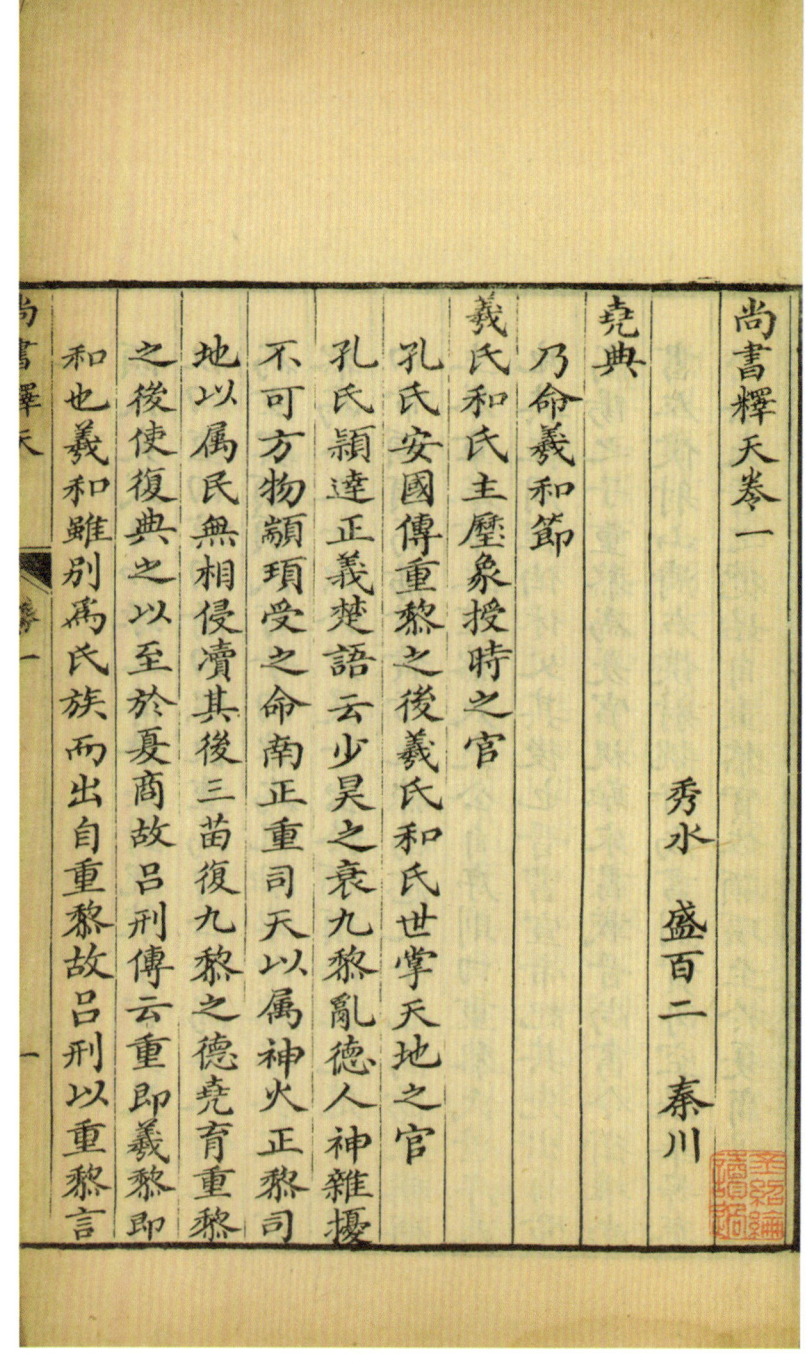

006　尚書釋天六卷（2-1）

006　尚書釋天六卷

清盛百二撰。清乾隆間刊。寫刻頗精。卷前盛百二乾隆十八年（1753）自序。封面鎸"李氏開雕"。鈐"大興金氏繩齋藏書之印""金紹綸讀過""臣金紹綸""榘齋所學"等印記。

盛百二，字秦川，號柚堂，浙江秀水人。生卒不詳，約乾隆間人。精天算。有《柚堂文存》四卷等存世。

卷末有程瑤田墨跋一則："言天之書能令讀之而稱快者，真奇書也。是書可謂明白顯易矣。蓋懸象著明目有了義，而人顧晦之，多見其惑也。然非苦心孤詣者久，安能若是乎。無才無筆固亦不能若是矣。丁君小雅昔年得是書以示吾友戴東原，戴君有稱意處輒以朱筆圈之。戴君深於曆象而於人慎許可，獨是書無貶詞，足以見盛君文章之妙矣。今戴君已化爲異物，而余在京師與小雅對衡而居，時時得相與論難今古，小雅出是書令余心躍。余非知盛君者，聊附數言以致余感云。乾隆庚子六月十二日歙浦程瑤田。"字甚精美。

006　尚書釋天六卷（2-2）

程瑤田，字易疇，安徽歙縣人。經學家。通音律，善鼓琴。晚年失明，猶成《琴音記》二卷。跋中提到之小雅，即丁傑，曾與戴震、程瑤田同修《四庫全書》。喜聚書，長於校讎。

榘齋爲勞乃宣之號。勞氏浙江桐鄉人，道光二十三年（1843）生，民國十年（1921）卒。同治進士，曾任直隸知縣，後任京師大學堂總監督、學部副大臣、代理大臣。辛亥革命後，反對共和，主張還政清室，被任爲法部、學部尚書。後隱於上海。著有《榘齋籌算叢刻》等。

金紹綸，北京大興人。乾隆、嘉慶時在世。曾校勘《孟子外書》四卷，嘉慶二十三年（1818）星帶草堂刊。

尚書私學卷一

揚州江昱賓谷纂

虞書

堯典

堯典紀堯事甚略蓋爲舜原禪受之本也舜典雖

夏史作然紀舜事甚詳禹皋盆稷皆贊帝之功

皆爲舜而連及之故俱命曰虞書至禹貢專紀

禹績自當列於夏書

九族孔傳謂高祖玄孫之親禮記喪服小記曰親

親以三爲五以五爲

007　尚書私學四卷

清江昱撰。清乾隆刻本。半葉九行十九字，白口，左右雙邊。卷前程廷祚序，乾隆二十一年（1756）天津王又樸序，吳敬梓序，乾隆七年（1742）江昱自序，二十年（1755）江昱再序。

內封面鈐"書呈欽定四庫全書館採入提要"長方朱印，爲乾隆間進呈四庫館而被列入存目之本。進呈者爲程晉芳，其家藏本也。《四庫全書總目》著錄程晉芳進呈家藏本一百八十三種，入存目一百六十七種，此其一也。程晉芳，字魚門，號蕺園，祖居新安，乾隆三十六年（1771）進士。四庫館開，被舉爲總目協勘官，書成，擢翰林院編修。程氏藏書五萬卷，藏書處曰"桂宧"。乾隆四十九年（1784）卒，之後藏書散失。

此《尚書私學》流傳至稀，唯《北京圖書館善本書目》著錄一无批无校之清鈔本，半葉九行二十五字，無格。

007　尚書私學四卷（3-2）

007　尚書私學四卷（3-3）

禹貢古今注通釋卷一

　　　　金匱侯楨子勤氏纂
　　　　　　　　　從姪孫侯學愈
　　　　　　　　　外孫吳豫昶　校刊

禹貢

書序曰禹別九州隨山濬川任土作貢孔氏安國傳曰

禹制九州貢法孔氏穎達正義曰賦者自上稅下之名

治田出穀經定其差等謂之厥賦貢者從下獻上之稱

以所出之穀市其土地所生以獻謂之厥貢王氏炎曰

九州有賦有貢九賦諸侯以供其國用九貢諸侯以獻

於天子繫貢名篇有大一統之義焉楨案貢者夏后氏

008　禹貢古今注通釋六卷

清侯楨撰。清光緒六年（1880）重刊，木活字本。版心下鎸"古杼秋館"。卷末光緒六年王奉森跋稱："從叔子勤著有《禹貢古今注釋》，鎪板行世。髪逆之變，版毀，拓本亦無一存者。甲戌森公車入都，從朱西山侍御處携歸，擬重鎪，儉於貲，不果。今年夏吾族纂修宗乘工竣，族侄復曾即以聚珍板印行。吾叔生平著作甚富，今所存者僅此本與《古杼秋館文賸》而已。"

此書最早爲咸豐辛亥（1851）古杼秋館刻本。乙亥（1995）南游，獲於上海。

書中另夾有廣告一張，稱："子勤公所著《古杼秋館遺稿》詩文集兩種及《禹貢古今地理注釋》四卷，由無錫吳禮讓堂印送傳世。倘蒙海內外大文學家或圖書館、教育會等處索閱，請說明何種，將寄法詳示，並附郵票十分，逕寄江蘇無錫大成巷中吳日永收，鄙人接示後謹當掛號寄贈無誤也。"

008　禹貢古今注通釋六卷（2-2）

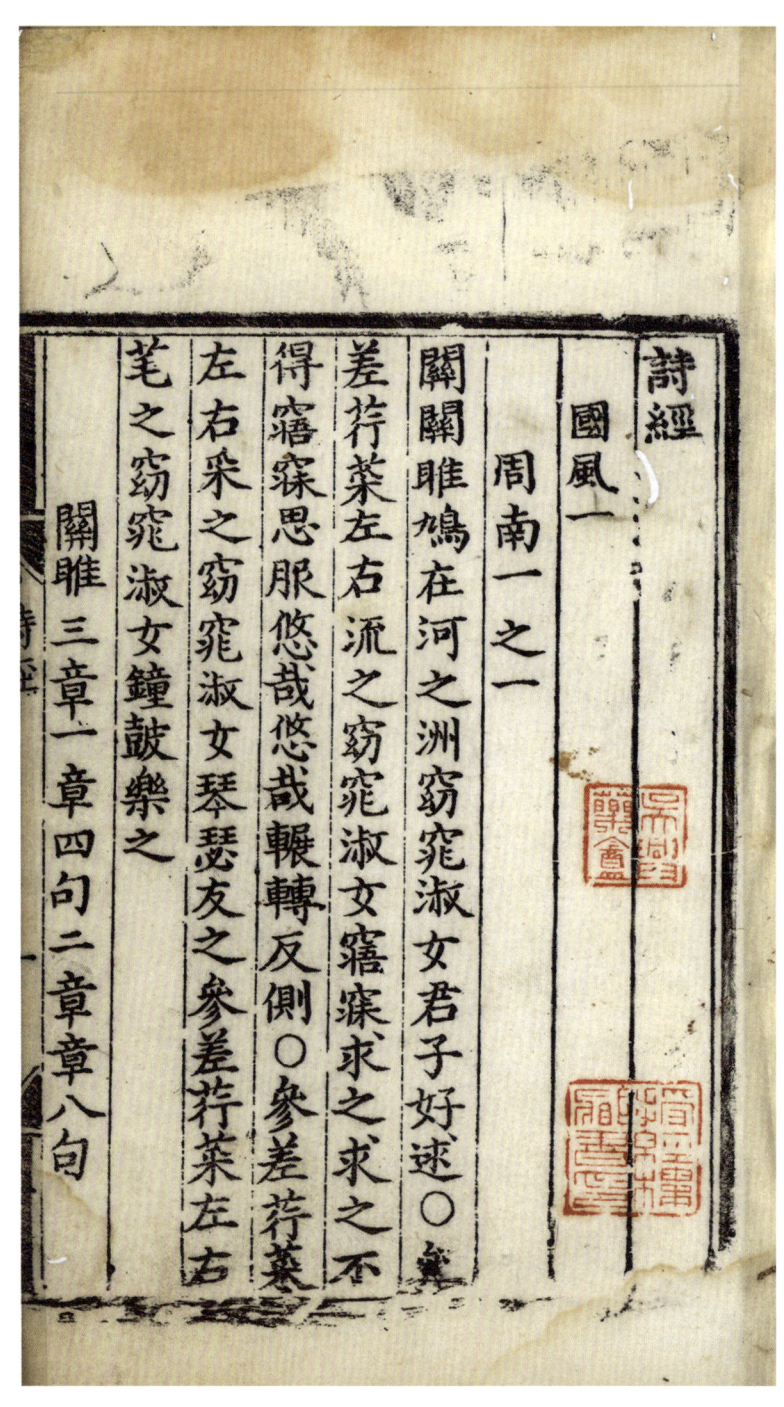

009　詩經

009　詩經

　　開本闊大,楮墨黝黑,皮紙。半葉九行十八字,上下黑口,黑雙魚尾,四周雙邊,存一册。版刻不明,雕版古雅,至遲疑在明中期之前。

　　卷内鈐"吴興藥盦""授經樓藏書印"二朱文印,蓋爲清沈德壽舊藏。沈德壽,字藥盦,浙江慈溪人,"性好聚書,一日見友人陸君存齋藏書之富,心竊慕之,乃遍訪通都大邑,故家遺族,聞有善本輒購之,不惜重貲。不數年積書五萬餘卷,顔其樓曰'抱經'以藏庋之"。(陳邦瑞《抱經樓藏書志》序)。沈德壽曰:"余僅温飽,不能巨貲購書,則惟自奉儉約,不爲無益之費,輒遇異書傾囊必購,人皆迂而笑之。余以爲夙好在此,願薄富貴而厚於書。"著有《抱經樓藏書志》六十四卷。其藏書印爲"授經樓藏書印""浙東沈德壽家藏之印""抱經樓藏書印""藥盦珎玩""宋元秘本"等。

詩說卷上

棲霞曬書堂原本

孫男聯蕤茹校字
　　聯薇芬
曾孫男國鎮繼國珍同校字
　　　　斌

程子曰詩小序要之皆得大意只後之觀詩者亦添入
張子曰詩序亦有後人添入者則極淺近自可辨朱子
曰細思之小序終是去他不得愚謂朱子辯序存序並
行不悖後儒自生藤葛耳

010　詩説二卷

　　清王照圓撰。清光緒八年（1882）東路廳署刊，順天府進呈御覽本。白紙二册。鈐"浩劫餘編"印。

　　王照圓，乾隆二十八年（1763）生，字瑞玉，號婉佺，山東福山縣人。"長於訓詁，亦善文學"，著有《列女傳補註》《列仙傳校正》《夢書》《曬書堂閨中文存》等。郝懿行妻，與郝氏夫唱婦隨，在其著作上多有襄助。咸豐初年病故，享年近九十歲。

　　此書爲官刻進呈御覽本，刊刻恭雅，非一般坊刻本可比。卷前鈐有"上諭"，實爲最佳廣告，以此爲號召，以利銷行也。

010　詩説二卷（2-2）

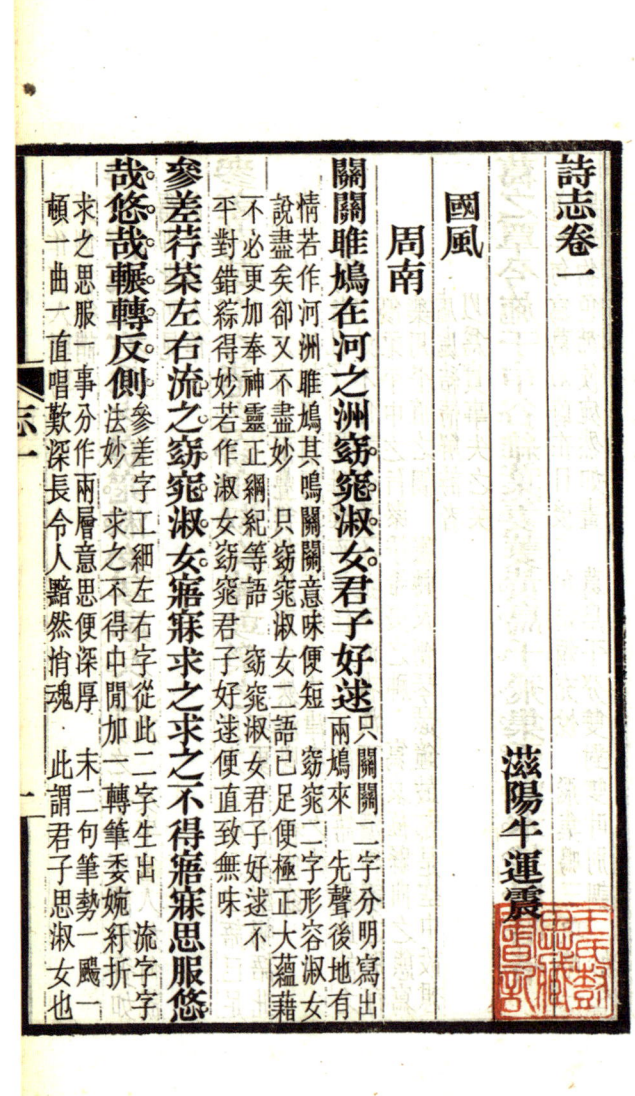

詩志八卷

011　詩志八卷

清牛運震撰。民國間武强賀氏重刊。白棉紙二册。鈐"天津市文物管理處圖書資料室"印。

此書有嘉慶戊寅(1818)空山堂刻本。賀氏即依此本重刊。卷前有嘉慶五年(1800)"牛均"序。

《詩志》爲評論《詩經》專著,在諸多《詩經》評注本中頗具影響。

牛運震,字階平,山東滋陽人。生於康熙四十五年(1706),卒於乾隆二十三年(1758),年五十二歲。雍正進士,歷官秦安、平番等縣知縣。撰有《空山堂文集》十二卷、《史論》二十卷、《春秋傳》十二卷、《金石圖説》二卷。

此書早年獲於天津古籍書店。當時正逢該店重開業,上架之書多且較廉,急取之(當時該書店玻璃書櫃中另有一部,定價則高了一倍)。武强賀氏刊書以精著稱,余別有幾種,皆不凡。

早年間,余從上海獲牛運震《金石圖説》一部,返天津時,張振鐸得見,初聞書名,即呼"牛運震撰",驗證之後不無小小得意,其率真之態令人莞爾。

新定三禮冕服圖卷第一

書纂述之初詔儼總領其事故作序焉

美矣物之紀文之理又盡善矣其新圖凡二十卷附於古今通禮之中是

同能得其能則成失其能則敗禮圖至此能事盡矣當官御物事人不

無攸濟既勤且哲何滯不通有以見臨事盡心當官御物匪匪勤理

象遵其文譯其器文象推合略無差較作程立制昭示無窮匪哲匪勤

則惠朝用其互聞呂望存其兩說非其學無以臻其極非其明無以宣其

凡舊圖之是者則率由舊章順考古典否者則當理彈射以實裁量通者

正末躬命繢素不差毫釐華文而行恐迷其形範以圖為正則應若宮商

以光隆於一時垂裕於千古遂鑽研尋繹推較詳求原始以要終體本以

大裘冕　袞冕〔與后褘衣畫細紐　鷩冕　毳冕

玄冕　　韋弁服　皮弁服〔冠弁服　三公毳冕

上公袞冕　侯伯鷩冕　子男毳冕　卿大夫玄冕

爵弁　　皮弁　　諸侯朝服

周大子吉服有九冕服六弁服三凡九也故司服云王祀昊天上帝

則服大裘而冕祀五帝亦如之享先王則袞冕享先公饗射則鷩冕

012　新定三禮圖十四卷

河南聶崇義集注。通志堂藏板。半葉十六行二十八字。卷首清康熙丙辰（1676）納蘭成德序。小字本，寫刻頗精，內附圖不少，亦甚精緻。通志堂刻書以《通志堂經解》最爲著名，此即其一。

余得之於太原古舊書店，十餘架古書中檢而出之。時在一九九七年之夏，同行者書友楊智宏。智宏兄受余影響，亦愛古籍。多年積澱，頗有幾種善本。惟惜存之不堅，時常變換，今已所剩無幾。

康熙精校精刻本，勝於一般明版，此言誠不虛也。

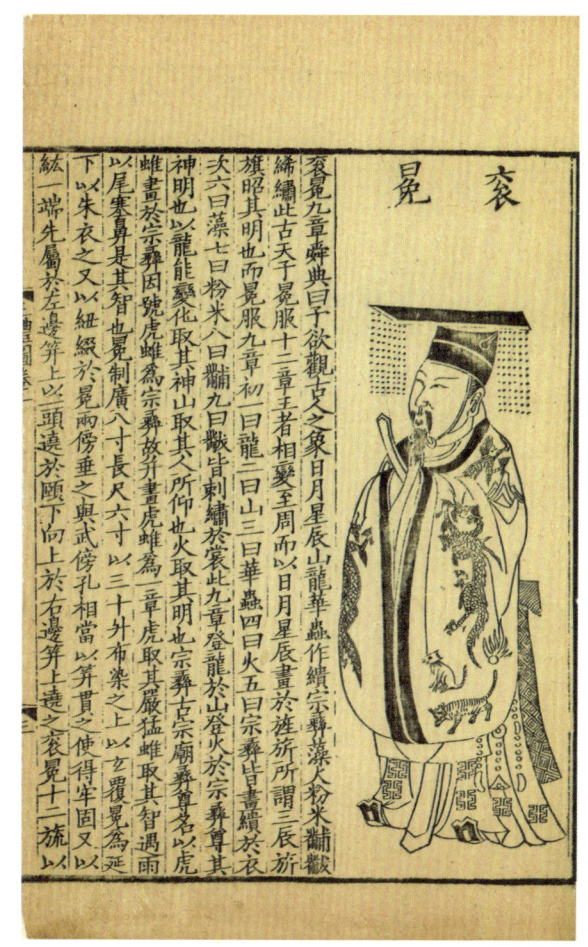

012　新定三禮圖十四卷（2-2）

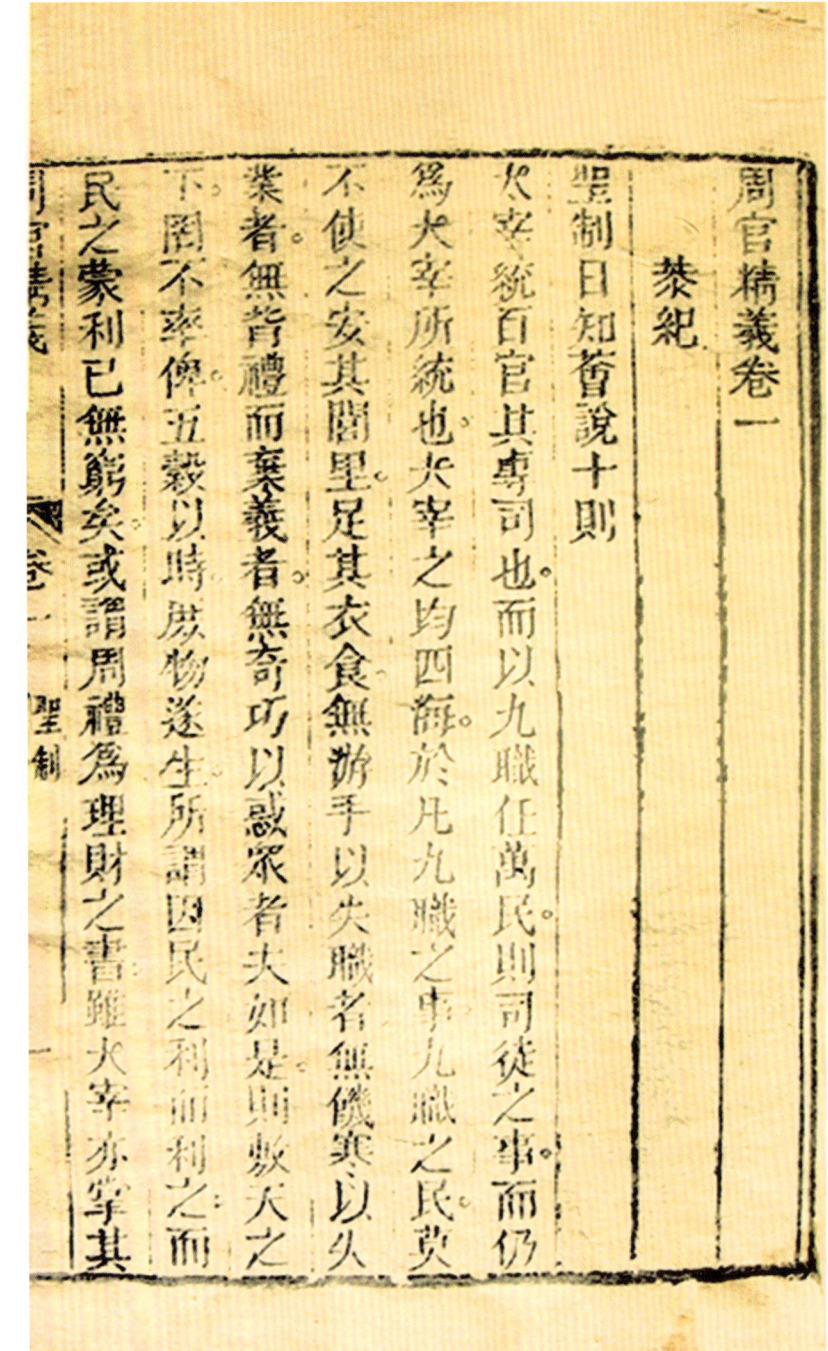

013　周官精義十二卷(3-1)

013　周官精義十二卷

　　潁川連叔度編次。清乾隆甲寅（1794）孟春鑴,本衙藏。竹紙六册。

　　卷前甲寅小春泉南秦道然序。乾隆四年（1739）安徽督學梁溪秦潮序,乾隆乙未（1775）連門山"凡例",後鑴"金陵李士果刊"一行,鈐"居易堂"印。

　　《清華大學圖書館藏善本書目》著録。

　　一九九四年夏,余與單位二領導參加四川樂山少數民族文學研討會,會後途經成都,在一餐館吃火鍋,余不耐辣,出店閑走,碰巧進了成都古籍書店,店内空無一人,余選書數種,綫裝僅此。

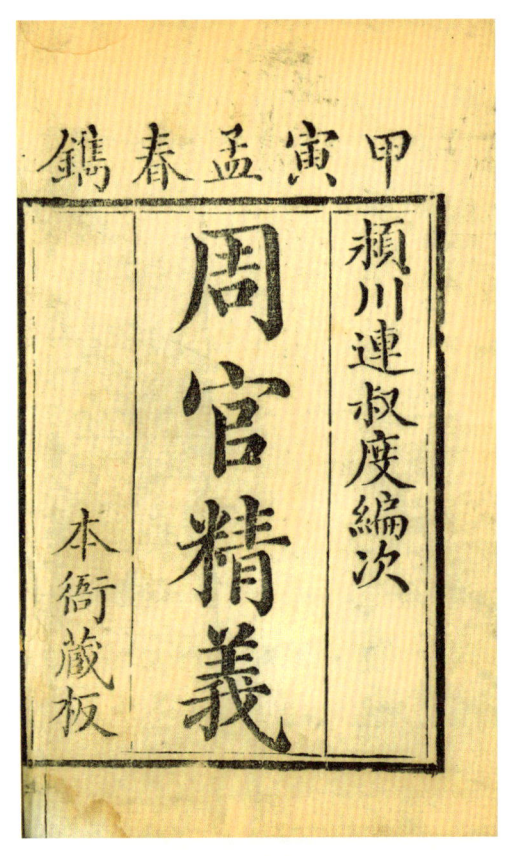

013　周官精義十二卷（3-2）

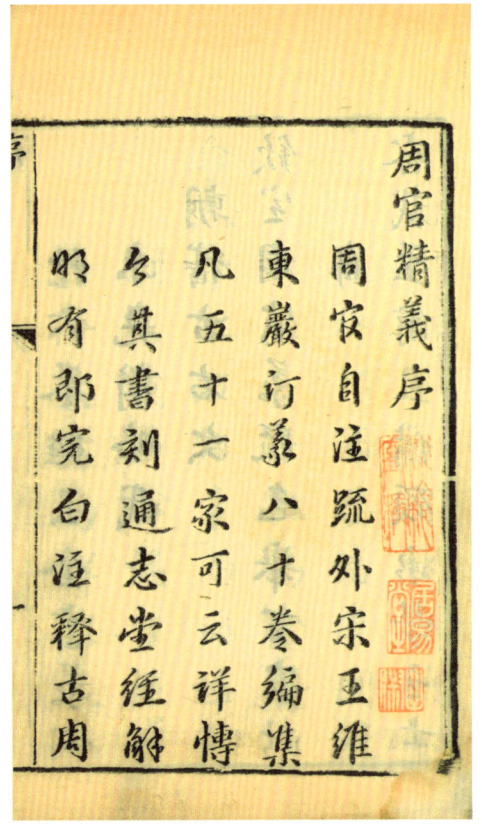

013　周官精義十二卷（3-3）

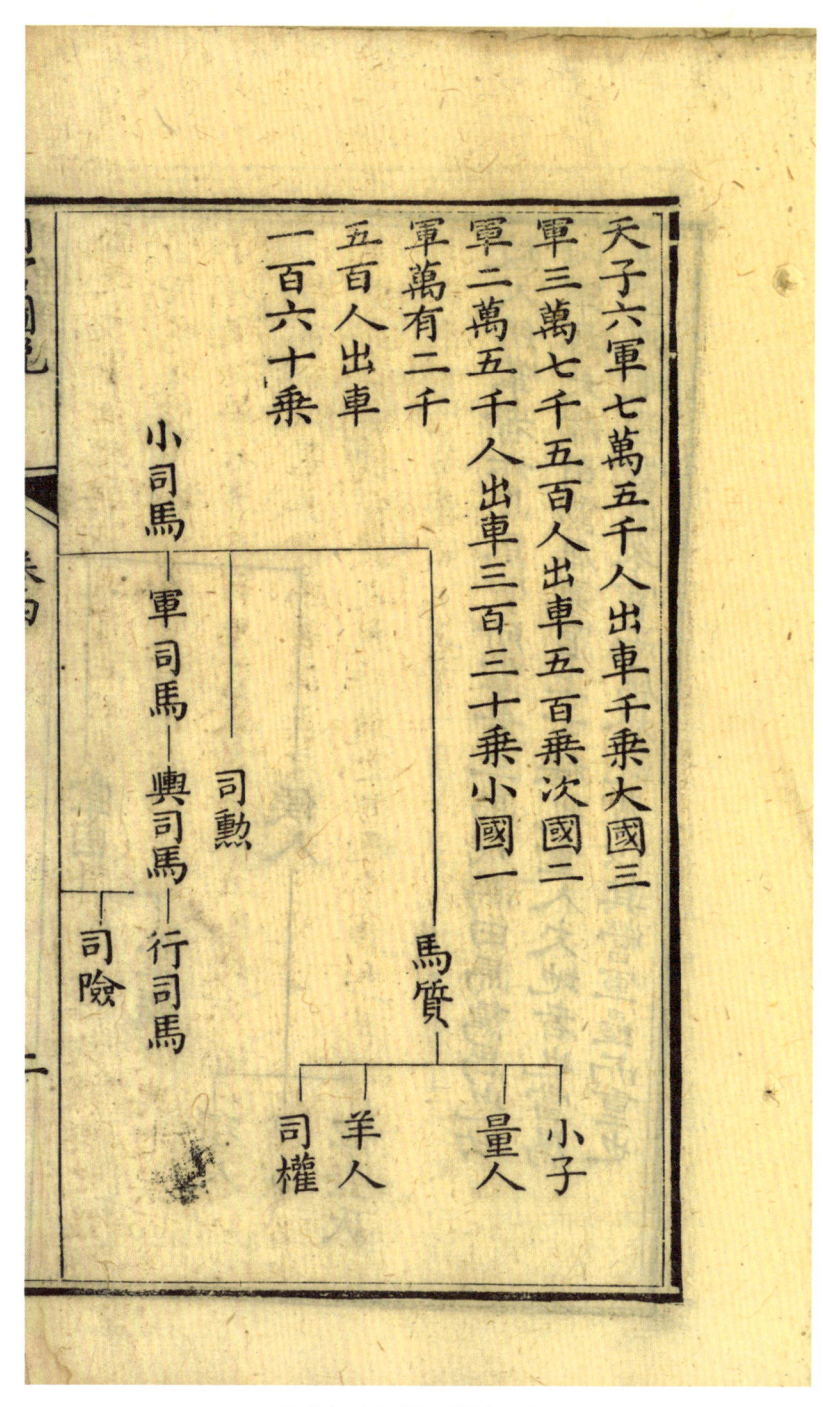

014　見菴錦官錄周官圖說六卷(2-1)

014　見菴錦官録周官圖説六卷

清李錫書撰。清嘉慶六年（1801）刻本，寫刻。白紙一册。鈐"植林藏書"印。

《周官》，後名《周禮》，是古經學重要典籍之一。與《儀禮》《禮記》並稱"三禮"，對中國古代官制的建置産生過深遠影響。涉及城鄉建置、禮樂兵刑、天文曆法、宫室車服、農商醫藥、工藝製作等，是研究古代官制、政治史、文化史的重要參考。

《錦官録》一作《見菴錦官録》，又題作《藥石山房叢書》，李錫書撰，爲清代叢書，但不見於《中國叢書綜録》。《錦官録》收書八種附録二種，即《見菴制藝》一卷，《四書臆説》十二卷附《辨誤》一卷、《辨異》一卷，《見菴雜著》一卷，《河洛圖説》四卷，《周官圖説》六卷，《釋地圖考》二卷，《釋星圖考》一卷，《環海圖考》四卷。撰者晚年居成都，其書故有《錦官録》之名。

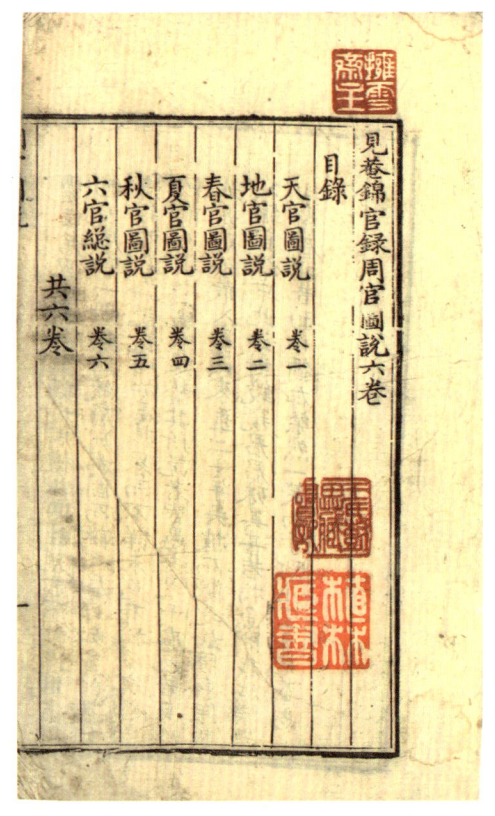

014　見菴錦官録周官圖説六卷（2-2）

卷前有序，署"嘉慶五年之元宵日見菴自記於汶川官署之藥石山房"。卷一至卷六依次爲《天官圖説》《地官圖説》《春官圖説》《夏官圖説》《秋官圖説》《六官總説》。采用圖式解釋周禮中的職官制度。

此書爲《續修四庫全書》未收的禮圖類典籍，王鍔的《三禮研究論著提要》稱"今俱存佚不詳"。

李錫書，字洪九，號見菴，山西静樂人，乾隆五十五年（1790）進士，嘉慶四年（1799）任汶川知縣，六年（1801）調蒲江，八年（1803）調蓬州，長於《易》《禮》。

此爲嘉慶六年停雲館刊，寫刻，單刻本。嘉慶二十一年（1816）收入《見菴錦官録八種》中。

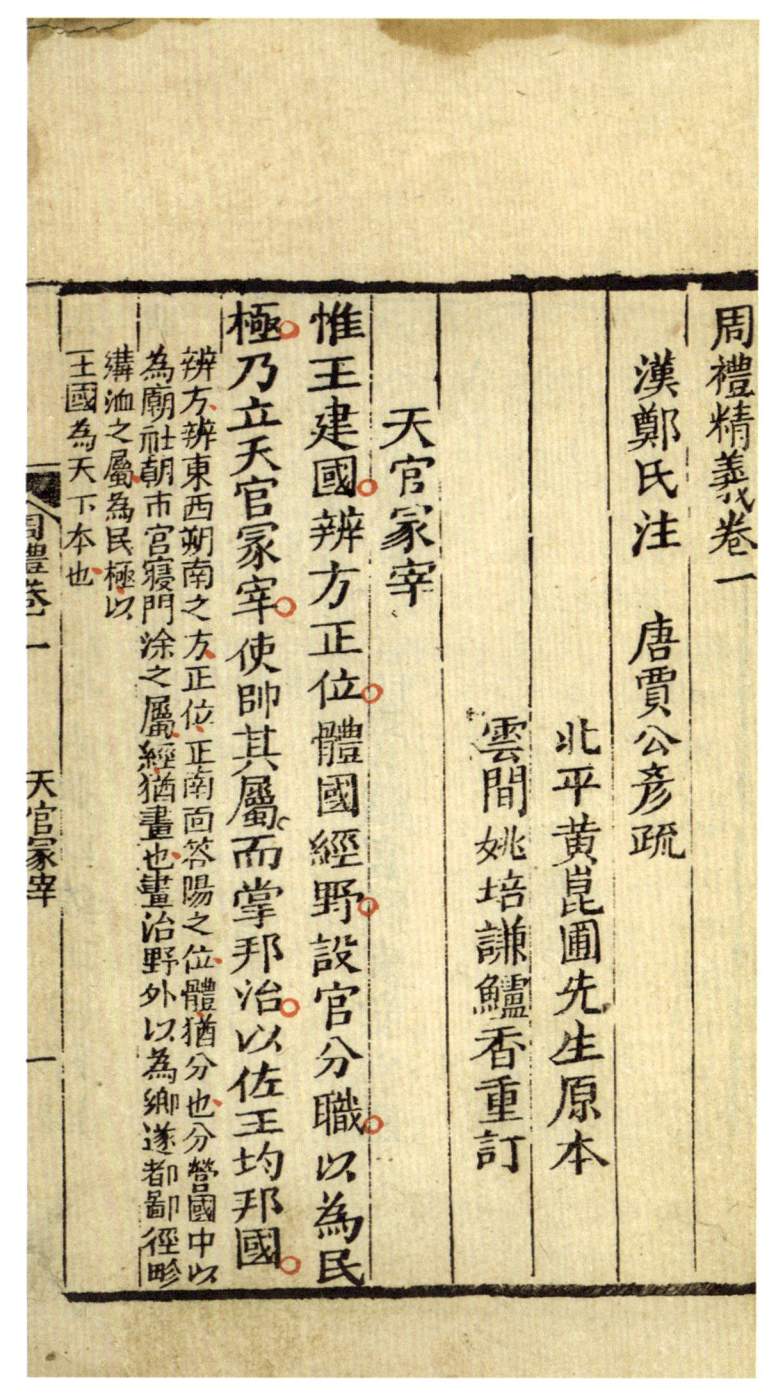

015　周禮精義六卷

015　周禮精義六卷

　　清黃叔琳撰,姚培謙訂。清乾隆間刻本。竹紙四册。書眉間有批。卷前甲寅泉南秦道然序。

　　黃叔琳有《周禮節訓》六卷,乾隆間刊。

　　此書曩年獲於呼和浩特市古舊書店。該書店經數次搬遷,最後落脚在市新華書店大樓内,然古書所剩已不多,陳列於幾個玻璃櫃内。余從中檢出此書,價百餘元。此後,這幾櫃綫裝書便看不到了,據説被南方書商捆載而去,自此,呼和浩特市古舊書店便不復存在。各地古舊書店的命運大同小異,大多已不存在。即便存在,也以售賣新印古籍爲主,綫裝書不是没有便是惜售,已是名存實亡了。

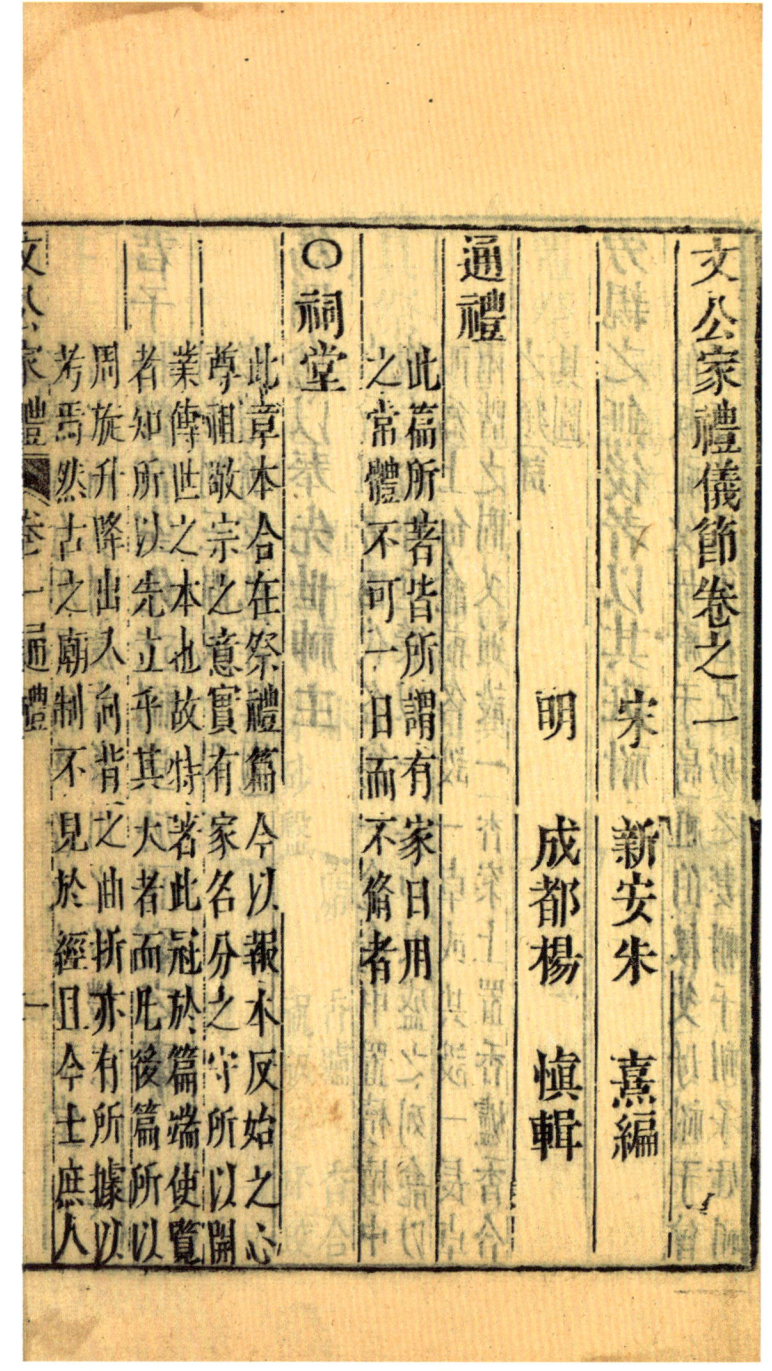

016　文公家禮儀節八卷(2-1)

016　文公家禮儀節八卷

　　宋朱熹編,明楊慎輯。清康熙刻本。竹紙八册一函。卷末有"朱子家禮書後",署"康熙辛巳仲秋新安汪鑒謹識"。封面及書口上均鎸"文公家禮",卷一大題則標"文公家禮儀節",每節大題下鎸"紫陽書院定本"。書中有插圖數十幅,較精。

　　《朱子家禮》又稱《文公家禮》,是朱熹一部禮學著作,有關通禮、冠、婚、喪、祭等禮儀,對後世影響較大。本書爲明代楊慎將朱熹書中論及家禮的部分輯爲一編,並詳加注釋而成。

　　此書已不憶獲於何時何地,甚至幾乎忘其存在,今作《擁雪齋藏書志》,翻檢一過,卷中插圖較耐觀,彰顯明代版畫風格,故録之。

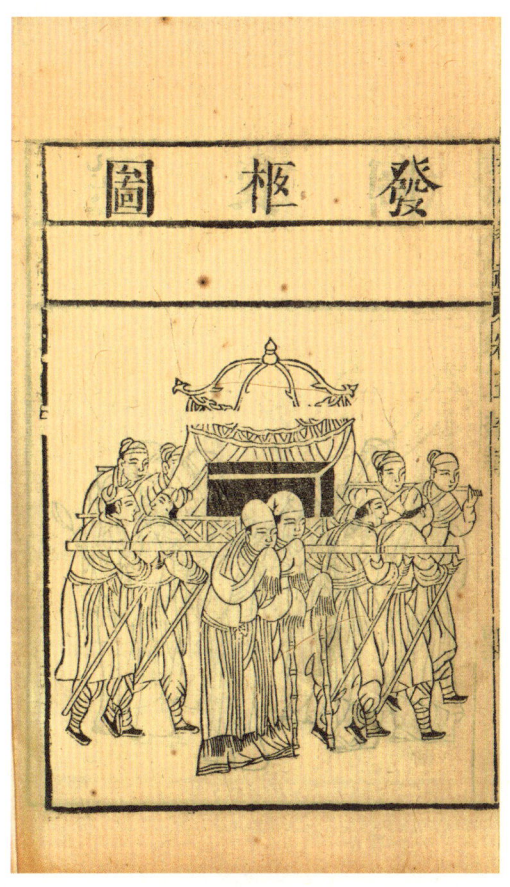

016　文公家禮儀節八卷(2-2)

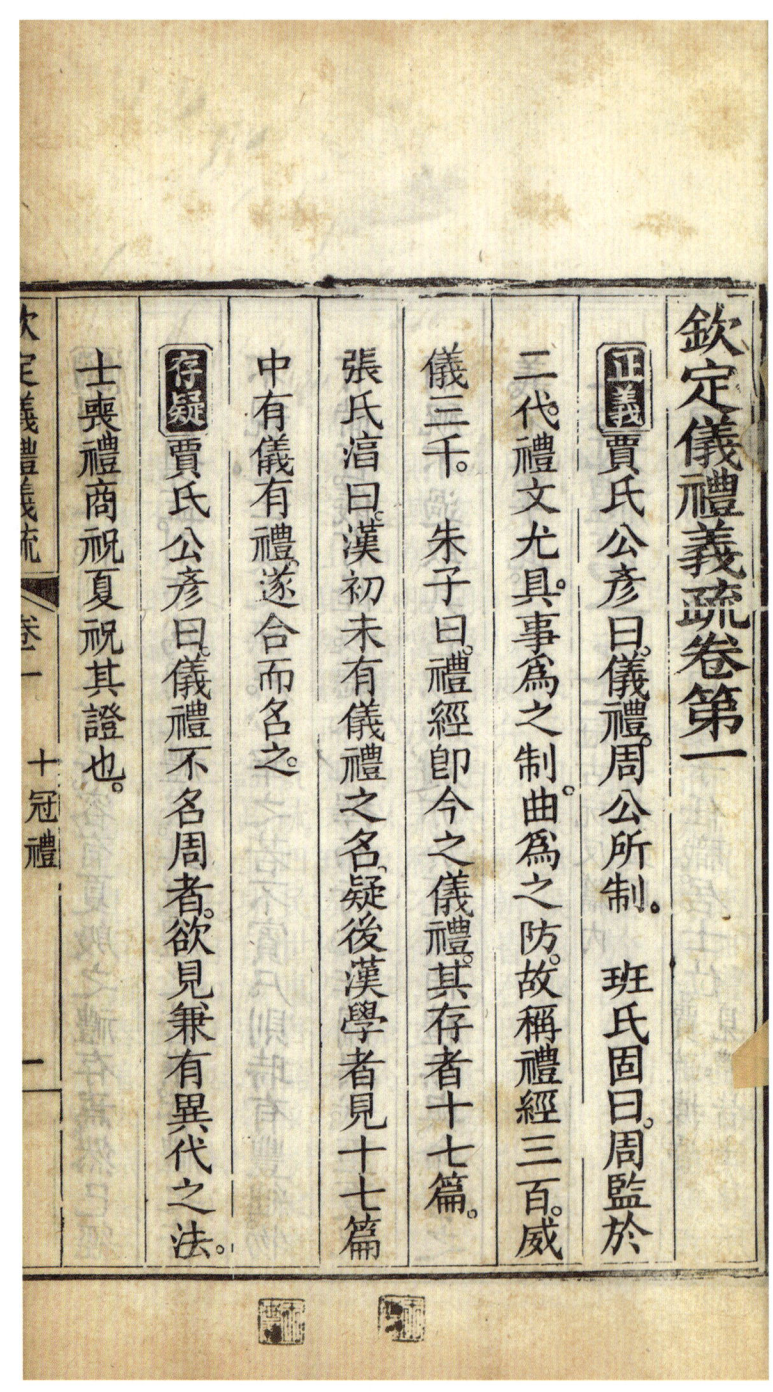

017　欽定儀禮義疏四十八卷首二卷（2-1）

017　欽定儀禮義疏四十八卷首二卷

清同治十年(1871)湖北崇文書局刻本。帶圖,白紙三十二册,四夾。鈐"天津書局"印。

清乾隆十三年(1748),御定《三禮義疏》之第二種。參校各重要版本而一一正其訛謬,可稱善本。

是書開本宏闊,行格疏朗,白紙,寫刻上版,頗爲大氣。湖北崇文書局所刻書向來以字扁密排、黑糊一片而遭貶,然亦有刻印甚可觀者,此書即爲其一。書中配圖甚多,較精細。

乙亥(1995)冬往廊坊,以一千六百元之價從石木齋取此,一路頗累人也。

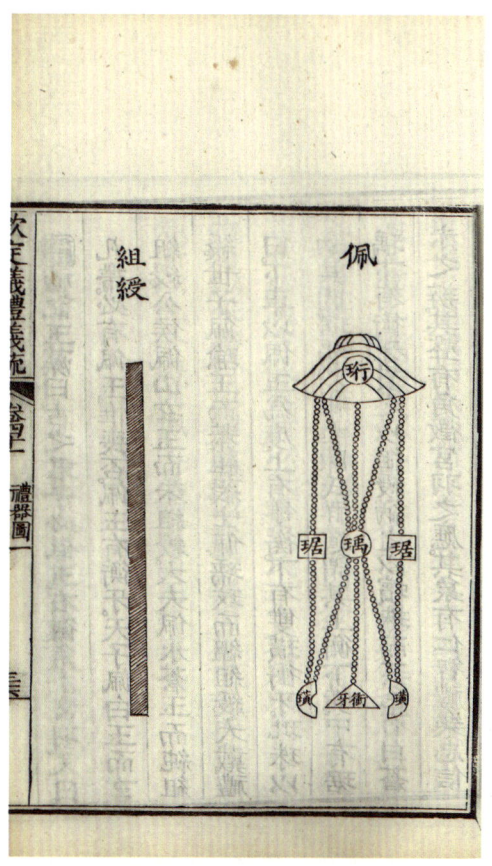

017　欽定儀禮義疏四十八卷首二卷(2-2)

> 元人鋟城法
> 卯川
> 雖小戲語却
> 精鍊有致

春秋左傳

哀公

元年春王正月公卽位

楚子陳侯隨侯許男圍蔡

○吳王夫差敗越于夫椒報檇李也遂入越越子

元年春楚子圍蔡報柏舉也里而栽廣丈高倍

夫屯晝夜九日如子西之素蔡人男女以辨使

疆于江汝之閒而還蔡於是乎請遷于吳

以甲楯五千保于會稽使大夫種因吳大宰嚭

018　春秋左傳十五卷

明孫鑛批點。明萬曆四十四年（1616）閔齊伋刻朱墨套印本。棉紙。半葉九行十九字，白口，四周單邊。每卷末鎸"萬曆丙辰吳興閔齊華、閔齊伋、閔象泰分次經傳"。

我國是首先發明套版印刷術的國家，據王重民考證，套版印刷術是在十七世紀初年，由安徽的徽州起源，然後傳到湖州、南京、蘇州、杭州等地。湖州吳興的閔氏家族，率先用套版印刷術刊印古籍，此《春秋左傳》即爲其首刊之套印本書，素有"閔刻第一本"之稱。雖首次嘗試套印，然套印頗爲準確，再加紙白如玉，墨色黝然，展卷奪人目睛。之後，吳興凌氏亦以套印術大量印書，據統計，閔、凌二氏所刊套印書約百餘種，嘉惠士林，光彩印刷，實在功不可没。

此書封面尚存絹籤。周越然稱閔刻："遇原訂者，其封面之絹籤，每每存在，雅致可愛，得之者當保存之。"以此看來，此書當爲原裝之本。周氏又稱閔刻天頭地角窄，此書亦然。

卷内鈐"懷素館主""康靖後裔"等朱印，封面墨書"晋城劉氏季均藏"，未知何人。書獲於山西。

此書入選《國家珍貴古籍名録》。

018　春秋左傳十五卷（2-2）

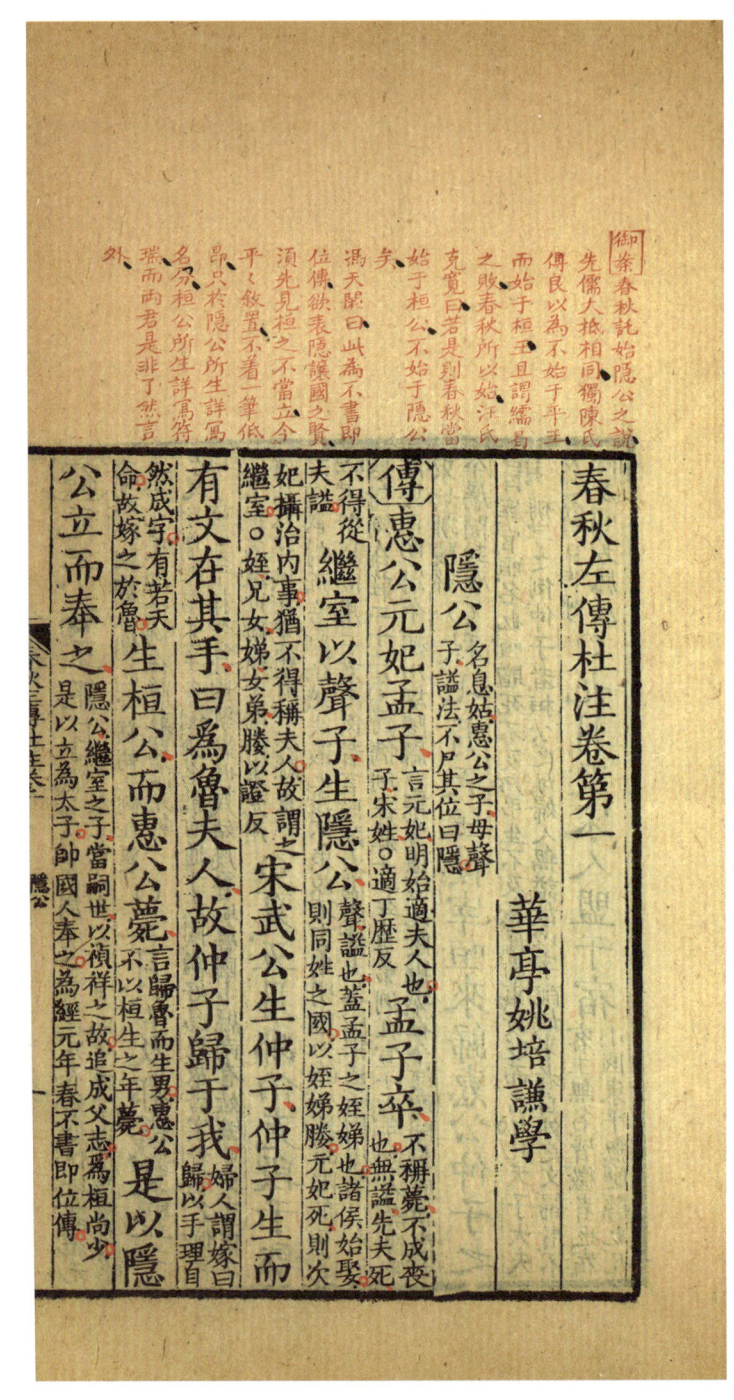

019　春秋左傳杜注三十卷(2-1)

019　春秋左傳杜注三十卷

　　清姚培謙撰,龐書田補訂。清道光七年(1827)重刊乾隆十一年(1746)陸氏小鬱林刻本,洪都漱經堂藏板。竹紙。朱墨套印。十二冊二函。書口鐫刻工省南、聖傳、德昭、德崇等。

　　是書套印本未見著錄,而以竹紙套印者亦稀見。小鬱林原板則非套印。有考書者稱套印之初以竹紙試驗,然後再以白紙刷印,未知確否。此書套印之朱色眉批有的不甚清晰,或與"試驗"有關?然此書雕刻甚精,蓋出於其時江蘇良工之故。姚培謙等人著作大多皆委省南、聖傳等名手操刀。余另藏小鬱林刻《唐宋八家文讀本》一書,刻工亦同。

　　此書先得一函,自思配齊無望,不意數日後又偶獲一函,終成全帙,誠幸事也。

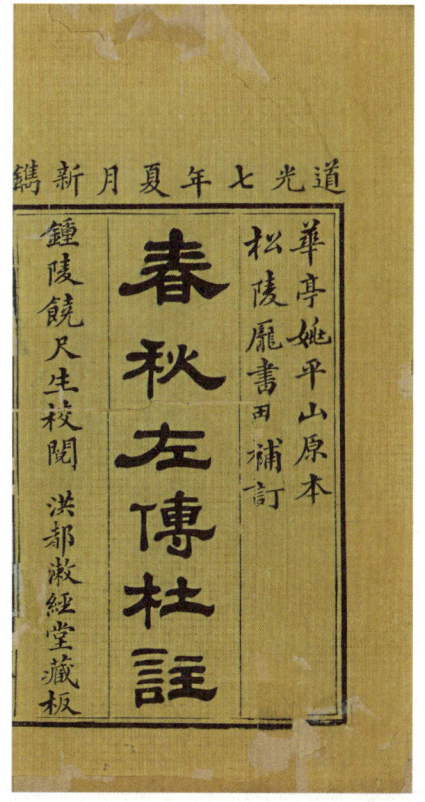

019　春秋左傳杜注三十卷(2-2)

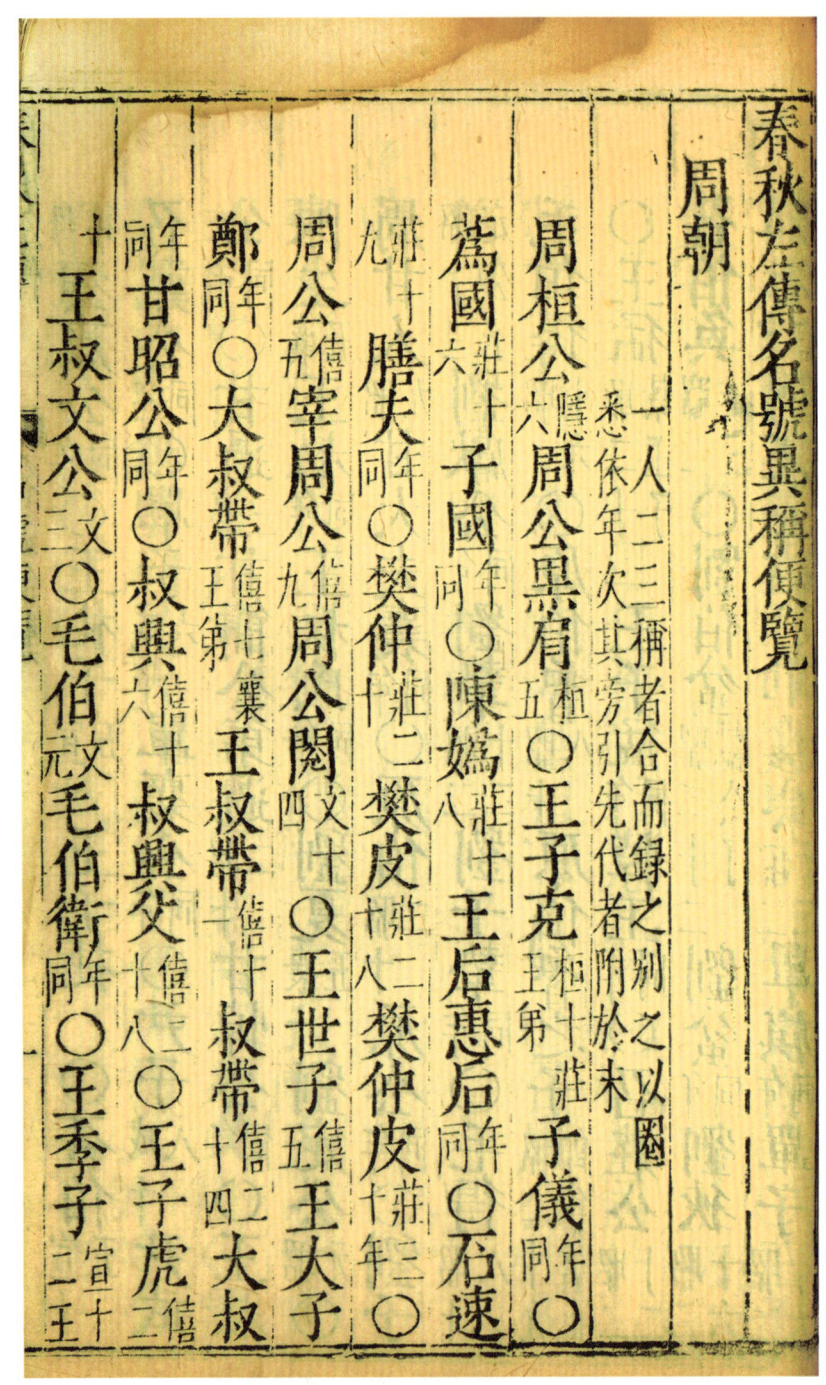

020　增補春秋左傳杜林合註二十卷（2-1）

020　增補春秋左傳杜林合註二十卷

　　明萬曆間金陵抱青閣、十乘樓梓行。半葉十行二十一字，白口，單黑魚尾。扉葉鐫"彙纂古今諸名家評釋"。

　　此書《中國古籍善本書目》著録。偶得於天津瀋陽道一舊鐘表鋪。明版無疑，惜缺失首册。翌日再至該地，遍檢群書無之。餘書皆近刊《四書》《五經》之類，亦多不全。店主言於某大户人家胡亂收來，胡亂售之。

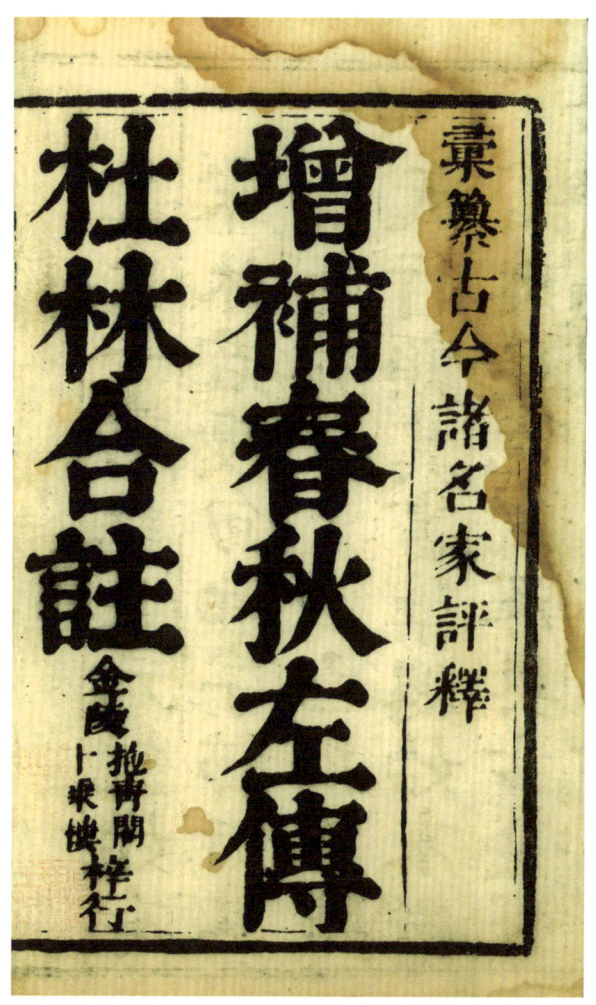

020　增補春秋左傳杜林合註二十卷（2-2）

欽定春秋傳

隱公

名息姑。惠公子。周公八世孫。隱者謚也。曾雖侯爵據臣子言之故謂之公耳

左傳惠公元妃孟子孟子卒繼室以聲子生隱公宋武公生仲子仲子生而有文在其手曰為魯夫人故仲子歸於我生桓公而惠公薨是以隱公立而奉之

胡傳春秋不作於孝公惠公者東遷之始流風遺俗猶存鄭武公入為司徒善於其職則猶用賢也晉侯捍王於艱錫之秬鬯則猶有誥命也王曰其歸視爾師則諸侯猶來朝也義和之覺謚為文侯則列國猶有請也及平王在位日久不能

隱公元年

021　鈔本御製春秋傳説彙纂

　　清鈔本。竹紙四册。卷前録清康熙六十年(1721)御製序,序稱:"特命詞臣纂輯是書,以四傳爲主,其有稱於經者删之;以集説爲輔,其有畔於傳者勿録。書成凡四十卷,名之曰《傳説彙纂》。"查《湖南省古籍善本書目》著録此書,標三十八卷(存七卷),與《春秋四傳》同。此鈔無卷數,未知全否。卷末有乾隆十二年(1747)檢選知縣臣張錫錦跋。内封面墨書:"乾隆年抄本,購于絳州,價洋貳拾元整。民國十一年月峰記。"鈐張氏一印。

　　此鈔丁丑年(1997)游天津地攤獲之。時張克然先生(津門舊時老書估)在旁,以檢選知縣鈔此並爲之跋而奇之,余亦同感。張氏時有轉收之意,未之與也。乾隆間精鈔本已具文物價值,況原藏者民國十一年(1922)購此已費銀二十元,不可等閑視之也。

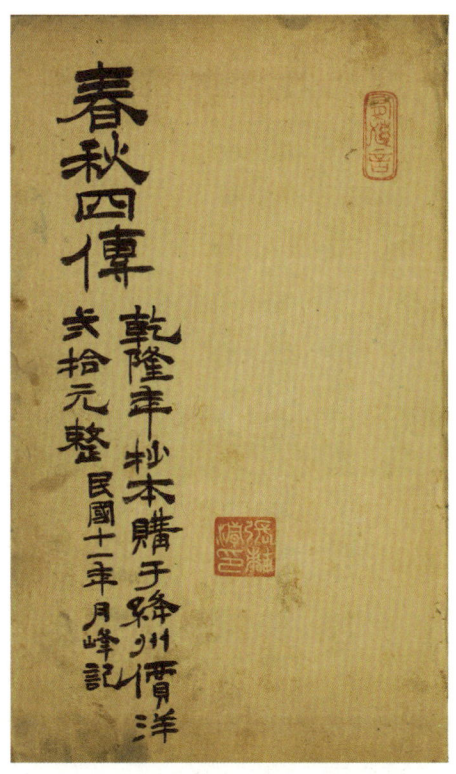

021　鈔本御製春秋傳説彙纂(2-2)

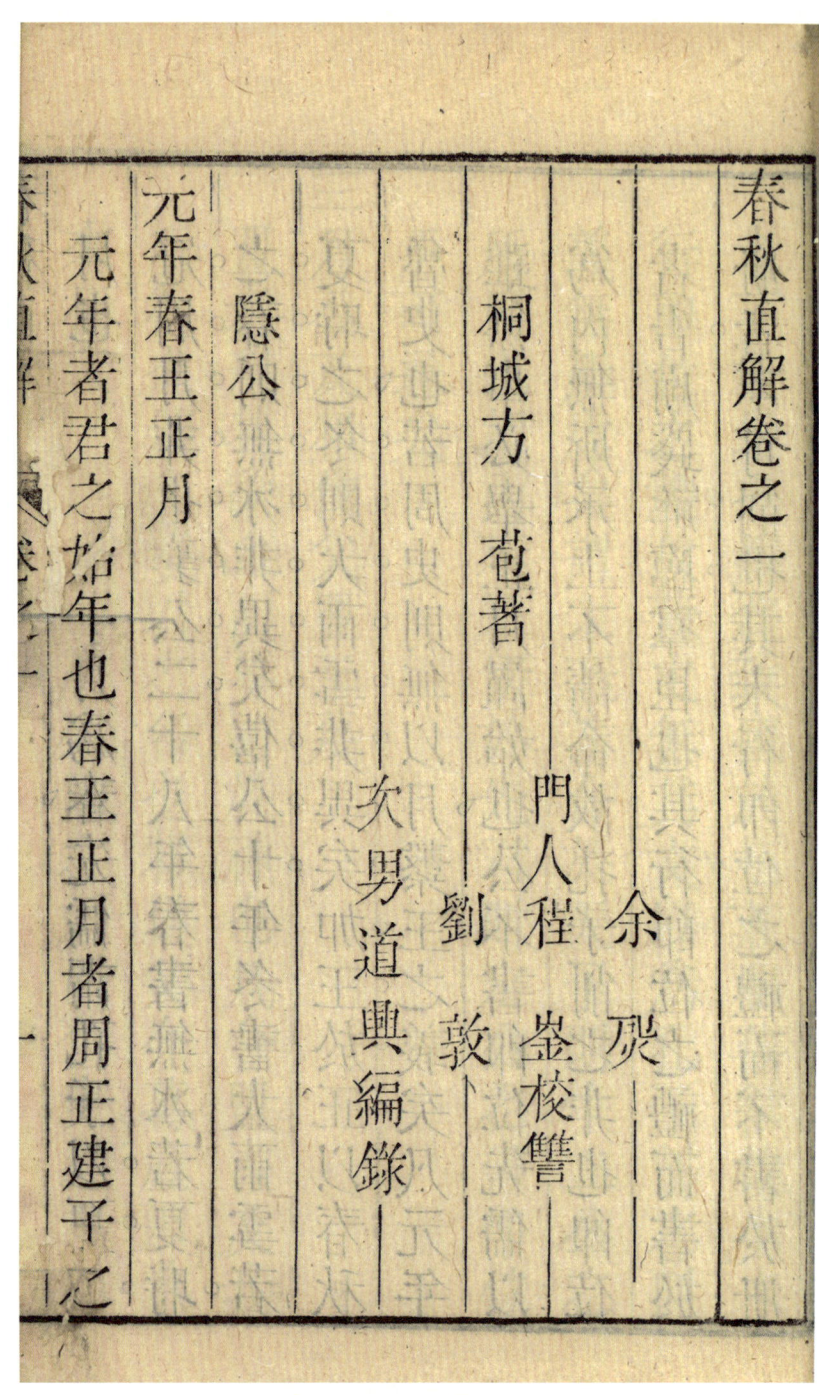

春秋直解卷之一

桐城方苞著

門人程崟校讎

　　　劉敦

次男道章編錄

隱公

元年春王正月

元年者君之始年也春王正月者周正建子之

022　春秋直解十二卷

清方苞著。清乾隆刻本。《抗希堂十六種》本。竹紙八册。半葉九行十九字,單黑魚尾,左右雙邊。

方苞(1668—1749),字鳳九,號靈皋,晚號望溪,清安徽桐城人。康熙進士,官至禮部右侍郎,經史館總裁。清代散文家,桐城派宗師。

另存方苞著《左傳義法舉要》一卷、《史記注補正》一卷,均爲《抗希堂十六種》之零種。

《清華大學圖書館藏善本書目》標《春秋直解》"九行二十二字,白口,左右雙邊,康熙、嘉慶間桐城方氏抗希堂刻本"。待考之。

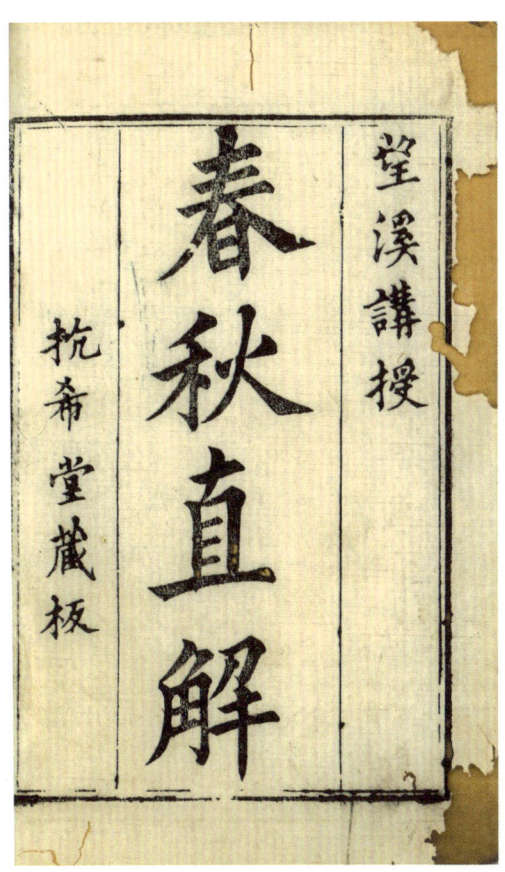

022　春秋直解十二卷(2-2)

023　公羊傳鈔一卷穀梁傳鈔一卷（3-1）

023　公羊傳鈔一卷穀梁傳鈔一卷

清高梅亭集評。清乾隆五十三年(1788)刻本。白紙大開本，二册。欄上鐫評。

卷前乾隆五十三年高嶹序。高嶹，字梅亭，直隸順德府和陽人。曾在山西兩任沁源知縣，一任臨汾知縣。曾主持纂修《臨汾縣志》。

此二書爲《高梅亭讀書叢鈔》之零種。該叢書另有《明文鈔》《史記鈔》《國語鈔》《國策鈔》等共十五種。集録史上諸多名篇，加以評注，評語大多出自名家。

書庚午(1990)秋獲於呼和浩特古舊書店。該店原在舊城百年老店"麥香村"對面，余中學時代常去看書，後遷至民國時比利時教會建立的教會醫院(後改爲市立醫院)舊址，與余所居銀行大院正對面僅一街之隔，余得以時常顧及。二十世紀六七十年代該店古籍存而不售，後稍有鬆動，也祇允許有關係者進入。後來，余與趙經理混熟了，也便成了該店的常客，時而買些零星小册。庚午之秋，趙經理因書店眼看完不成當年銷售任務，央余多購些書以應急，余很快從銀行取出一千元，全部買了該店的書(當時余月工資僅二百餘元)，其中有此二册，今店失人亡，空留懷想。

023　公羊傳鈔一卷穀梁傳鈔一卷(3-2)

023　公羊傳鈔一卷穀梁傳鈔一卷(3-3)

春秋微旨卷上

唐　陸　淳　纂

清河　張海鵬　校

隱公元年春王正月

左氏云初惠公元妃孟子孟子卒繼室以聲子生隱公宋武公生仲子仲子生而有文在其手曰爲魯夫人故仲子歸於我生桓公而惠公薨是以隱公立而奉之不書即位按也

公羊曰元年者何君之始年也春者何歲之始也王者

024　春秋微旨三卷

　　唐陸淳纂,清張海鵬校。清嘉慶十年(1805)虞山張海鵬照曠閣刊本。白紙一册。半葉九行二十一字,白口,左右雙邊,書口下鎸"照曠閣"。《學津討原》二十集,收書一百七十七種,此其一也。該叢書據張海鵬所得明毛晉《津逮秘書》之板片,增損補益彙編而成,皆有關經史實學、朝章典故、遺聞軼事以及書畫譜録之類,可備考證。

　　張海鵬,字若公,號子瑜,江蘇常州人。絶意科第,篤志書籍,富藏書,尤喜刻書,嘗言"藏書不如讀書,讀書不如刻書;讀書祇以爲己,刻書可以澤人"。另刻《墨海金壺》一百十四種、《借月山房彙鈔》一百三十五種及《太平御覽》一千卷。

　　卷内鈐"童氏石塘""臣濂"二印。童石塘,字濂,清中後期揚州人氏,官郡丞,書畫、古籍收藏家。梁章鉅《浪跡叢談》有載。童氏二印爲清代篆刻大師吳讓之所治。另有"趙心齋""任澤雨印"二印。任澤雨後名趙心齋,我國著名地質學家,雅好藏書。余存書中尚有數部鈐此二印。

025　新刻批點四書讀本（2-1）

025　新刻批點四書讀本

　　含《大學章句》一卷、《中庸章句》一卷、《論語集注》十卷、《孟子章句》七卷。清道光七年(1827)墨緣齋發兌,粵東省城內藝芳齋刊刷,書口鎸"愷元堂"。白紙,朱墨套印,十四冊二函。

　　余於古籍套印本多有青睞,祇要財力允許,幾乎每見必收。上世紀九十年代初於廊坊石木齋得見此書,喜其紙白墨潤,刷印清晰,且書品上佳而購之。後又見此書數部,非殘即破,不能與之相比矣。

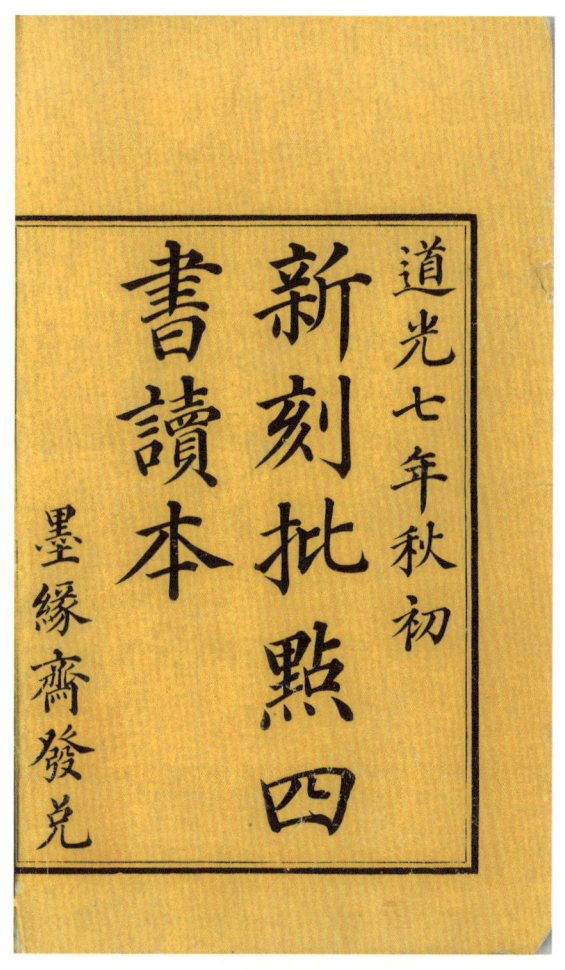

025　新刻批點四書讀本(2-2)

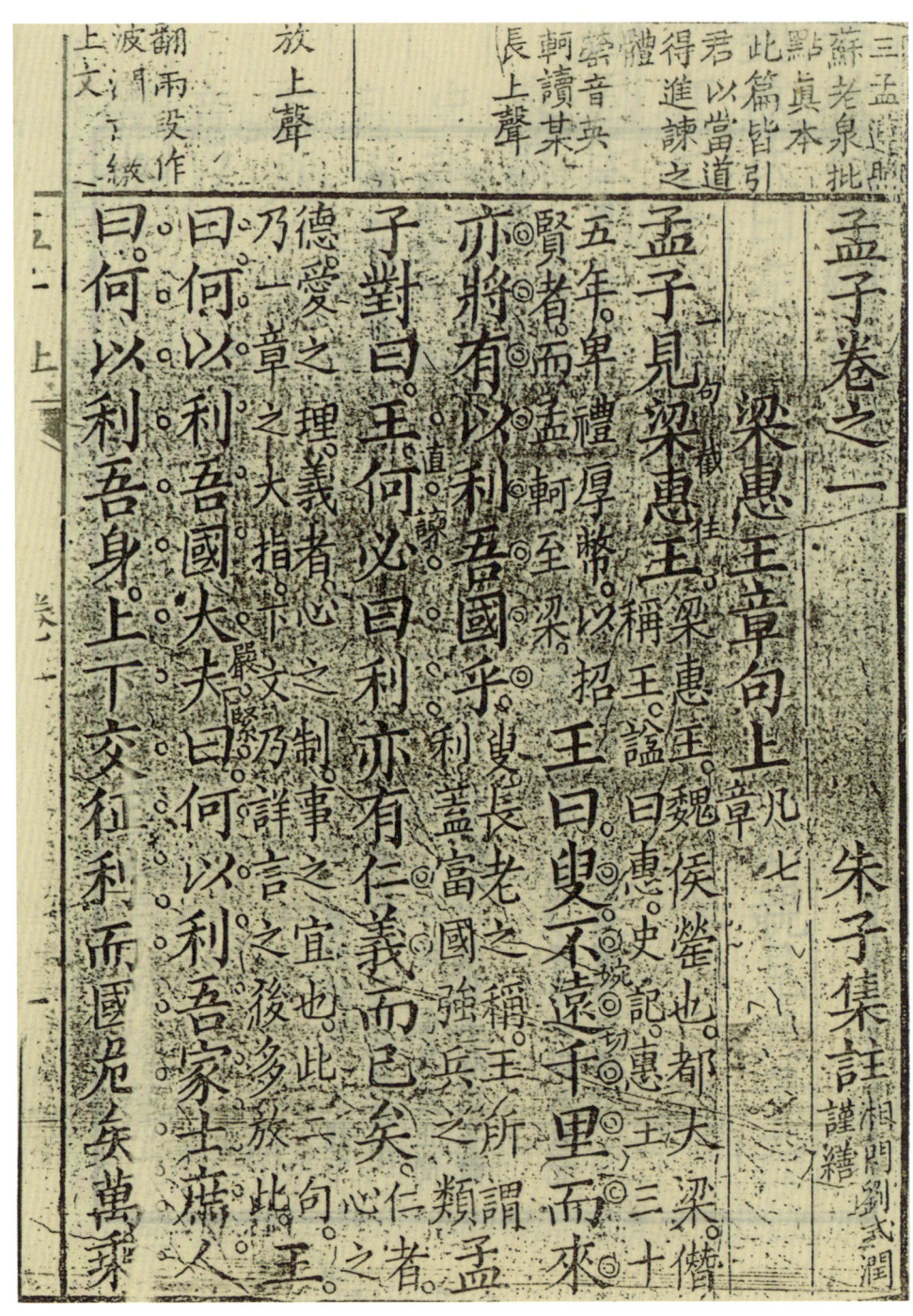

026　孟子七卷

026　孟子七卷

　　七册,兩截板,下截半葉九行十七字,寫刻頗精,大題下鎸"湘門劉式潤謹繕"。劉氏無考,疑爲湖南刻本。書紙頗粗厚,細審經裱裝,頗不多見。書中避"玄"字,"弘"字則不避,似爲雍正間刊。另見嘉德拍賣公司拍品書影,有一《孟子》,與此本版式字體悉同,標明刻本,待考。

　　此書二十年前於北京古籍書店得見,標價千元,女經理許以捌佰元可售,亦未之取。次年上京,見此書尚在,不復議價亟取歸。陳東在京曾見此書,欲購未允。

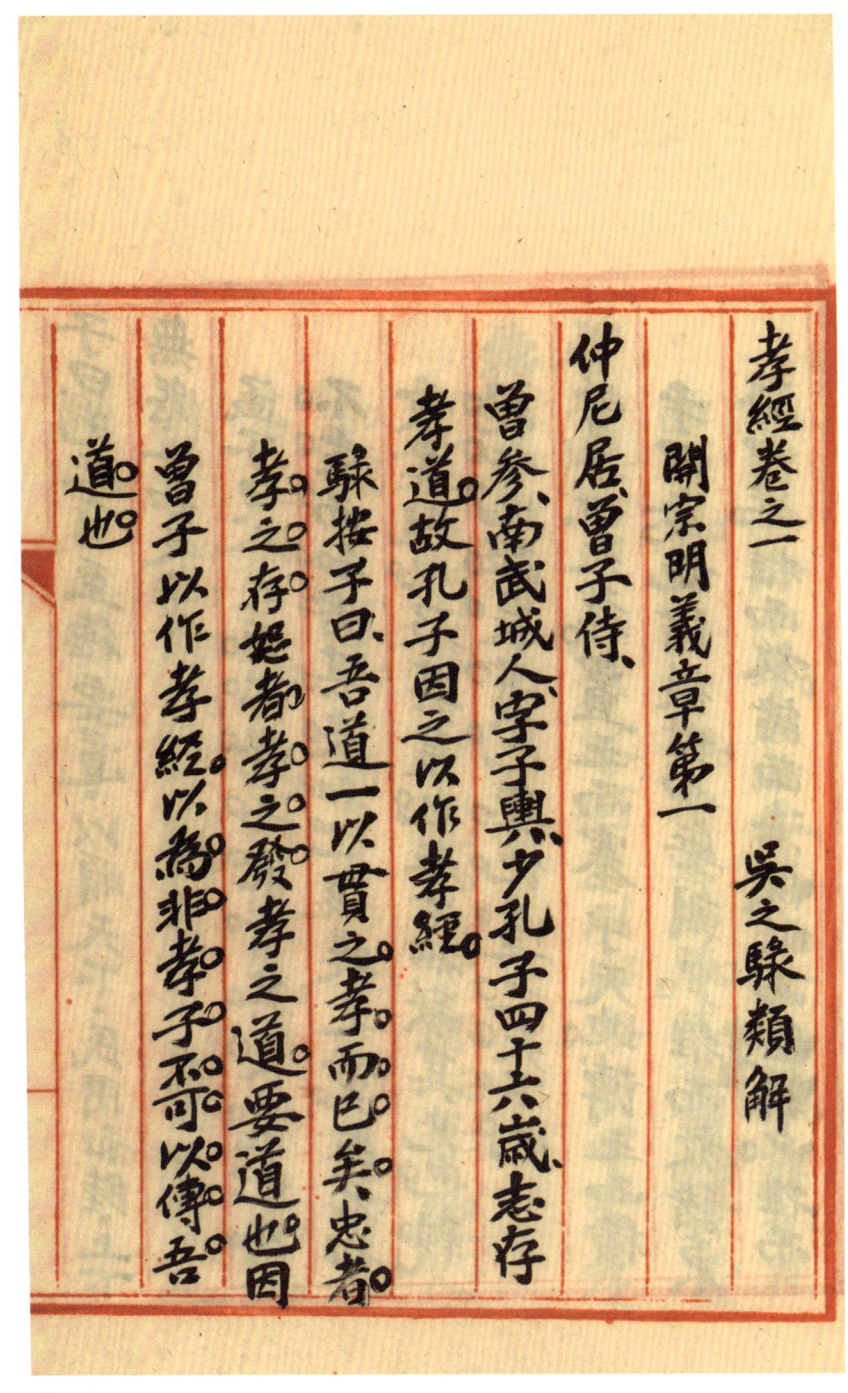

孝經卷之一　　吳之騄類解

開宗明義章第一

仲尼居，曾子侍、

曾參、南武城人、字子輿、少孔子四十六歲、志存孝道、故孔子因之以作孝經

騄按子曰吾道一以貫之孝而巳矣、忠者孝之存、恕者孝之發、孝之道要道也、因曾子以作孝經、以為非孝子不可以傳吾道也

027　鈔本孝經類解十八卷

清吳之騄撰。民國十四年（1925）據康熙原刻本鈔録，鈔者歙縣吳保琳。半葉九行，行十四至十七字不等，眉端有批語。朱絲欄，兩厚册，書品如新。

此書《四庫全書總目》著録，入《存目》。《中國古籍善本書目》則未著録，其餘各家公私書目均未載之，原書可定爲稀見之本。

吳之騄，字耳公，號達菴，安徽歙縣人。康熙壬子（1672）舉人，官至鎮江教授。另著有《桂留堂集》等。

卷末吳保琳跋稱："民國壬戌秋，鶴秋族侄由里中族人處，以契作質，假到此書二册，琳於八月初八日親手録訖。……民國乙丑年夏四月廿七日，琳又依鈔本手録一通……寄呈族長受之展覽焉。查此書原刻本，乃喻義堂藏本，寶翰樓梓行。每半頁直裁衣尺六寸，橫四寸，每半葉九行，行二十五字……統計二百三十九葉。琳又將公傳略各文，冠諸首，不在原刻之列也。"

卷前又墨書："此書尚係由原刻本依鉤粘此，以待重刊此書者用焉，保琳志。"鈔者所加有張伯行《吳教授之騄傳》一篇、《歙縣志·文苑》載《吳公之騄傳》一篇、《歙豐南吳氏世譜》有關吳之騄傳記一篇。原刻既稀見，賴此鈔得以流傳，且又比原刻增加傳記三篇，洵可寶貴也。近年余於歙縣程氏處獲民國間該地"吳氏書畫著作展覽會"展品十餘種，此其一也。此鈔日後或可印行，則保琳之功大矣！

吳保琳爲吳蔭培（字少渠）子，字林伯，一字吝白，晚年自號豐南老人。京師法律學堂畢業，曾任職江西高等審判庭。民國十七年（1928）任平原縣縣長，一年後卸任。後僑寓濟南，住司里街三十二號借廬（見余藏《鈔本嚶鳴集》吳保琳跋）。後定居北京，住北京什刹海東得過且過齋（見余藏鈔本《古梅吟稿》吳保琳跋）。亦曾供職於外交部，一九五六年一月尚在世，卒年不詳。編著有《停雲集》《歙縣金石志》《歙詩徵》《吳氏收藏書畫史》《皖歙物產考略》《歙邑叢書》《堪輿叢書》等，曾參與校印家刻本《坐花閣詩餘》，增訂《豐南志》。

朱子論述小學綱領

朱子曰學之大小固有不同然其為道則一而已是方其幼也不習之于小學則無以收其放心養其德性而為大學之基本及其長也不進之于大學則無以察夫義理措諸事業而收小學之成功是皆衡諸事業而收小學之成功是皆衡大小所以不同特以少長所習之異宜其高下淺深先後之殊非若古今之判然不可以相為而不可以誤入也今使幼學之

小學句讀

古者小學 學即教學也朱子言古昔小子所學之事

教人以灑掃應對進退之節 古者八歲入學而教以灑掃應對洒塵運箒于地以去塵埃揮拂有節應對長有問則對對與長有問則問對灑掃應對此小學童稚之事

愛親敬長隆師親友之道 愛父母敬長上尊師傅親朋友小學所習之事

皆所以為修身治國平天下之本 教者由中出則無小學即則無大學其實修習之功欲其修習之與後必反於幼小之講明其理修習之於幼稚之時

而必使其講而習之於幼稚之時 欲其修習之與後知識日長其事不使至將冠行禮之時而始教之則知已開物欲已熾扞格不勝之患矣

化與心成之患也 今三代小學之全書皆不可見

今其全書 今三代小學之全書皆不可見

前有蒙養本

028　匯纂忠孝經小學備旨講義翼朱

　　清張躬先、顧繩武撰。清康熙三十六年(1697)金閶十乘樓刻本,書簽鐫"忠孝經小學備旨講義翼朱",兩截板,竹紙,存一册。

　　卷前康熙三十六年江友弟、王聞晉序,次康熙丁丑(1697)秋八月張行石序,次例言,次聖賢圖像二十八幅。

　　此書未見著錄,雖僅剩一册,然版畫雕刻精細,可爲一存。

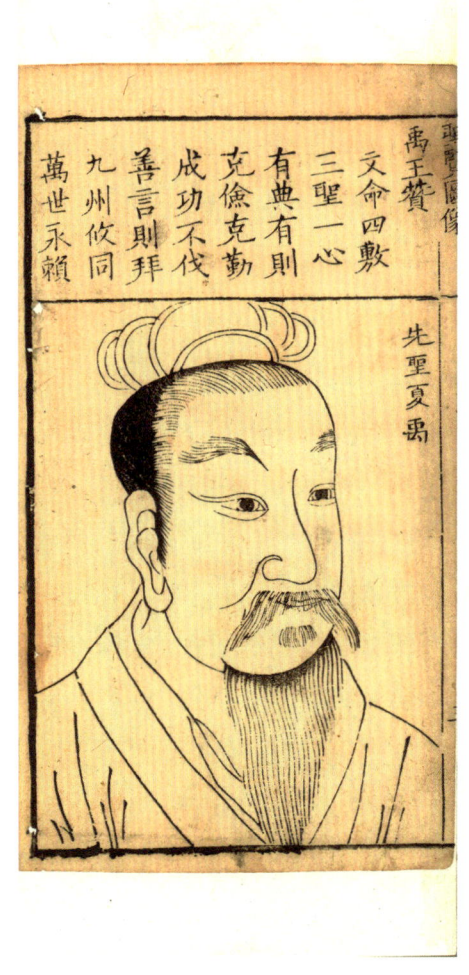

028　匯纂忠孝經小學備旨講義翼朱(2-2)

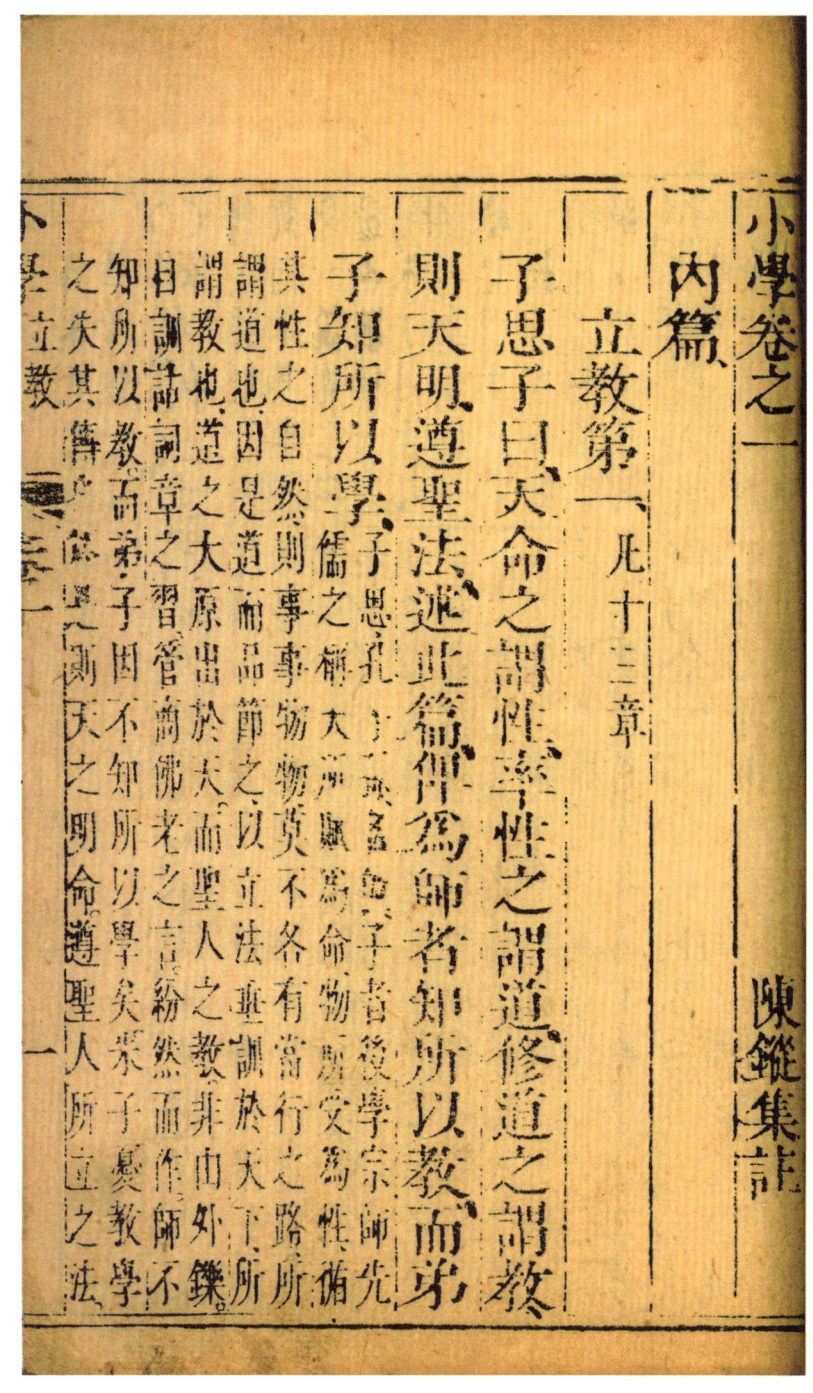

029　小學正義

　　清陳鎡集注,封面右鎸"陳大始原本,學耨莊刊",左鎸"朱子童蒙須知、孝經刊誤合刻"。四册訂爲二册。

　　卷内"玄""寧"字均不避諱。《中國版刻綜録》歸爲清刻,標"清陳鎡撰",王重民《中國善本書提要》著録《吕晚村先生四書講義》四十三卷,陳鎡序,版刻及作序時間均爲康熙二十五年(1686)。

　　陳鎡生平不詳。

　　《四庫全書總目》《清史稿・藝文志》《販書偶記》均不載此書。

　　早年間於平遥一古董鋪收之,同時所得另有貼金木佛一尊。

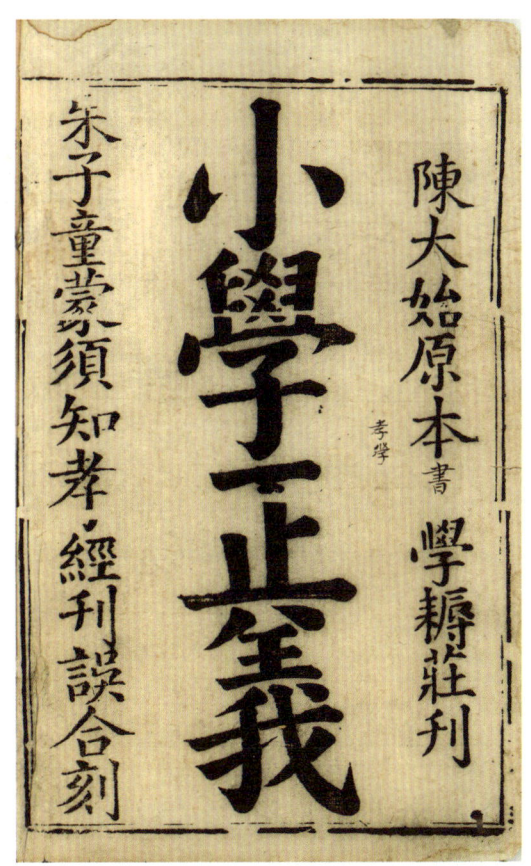

029　小學正義(2-2)

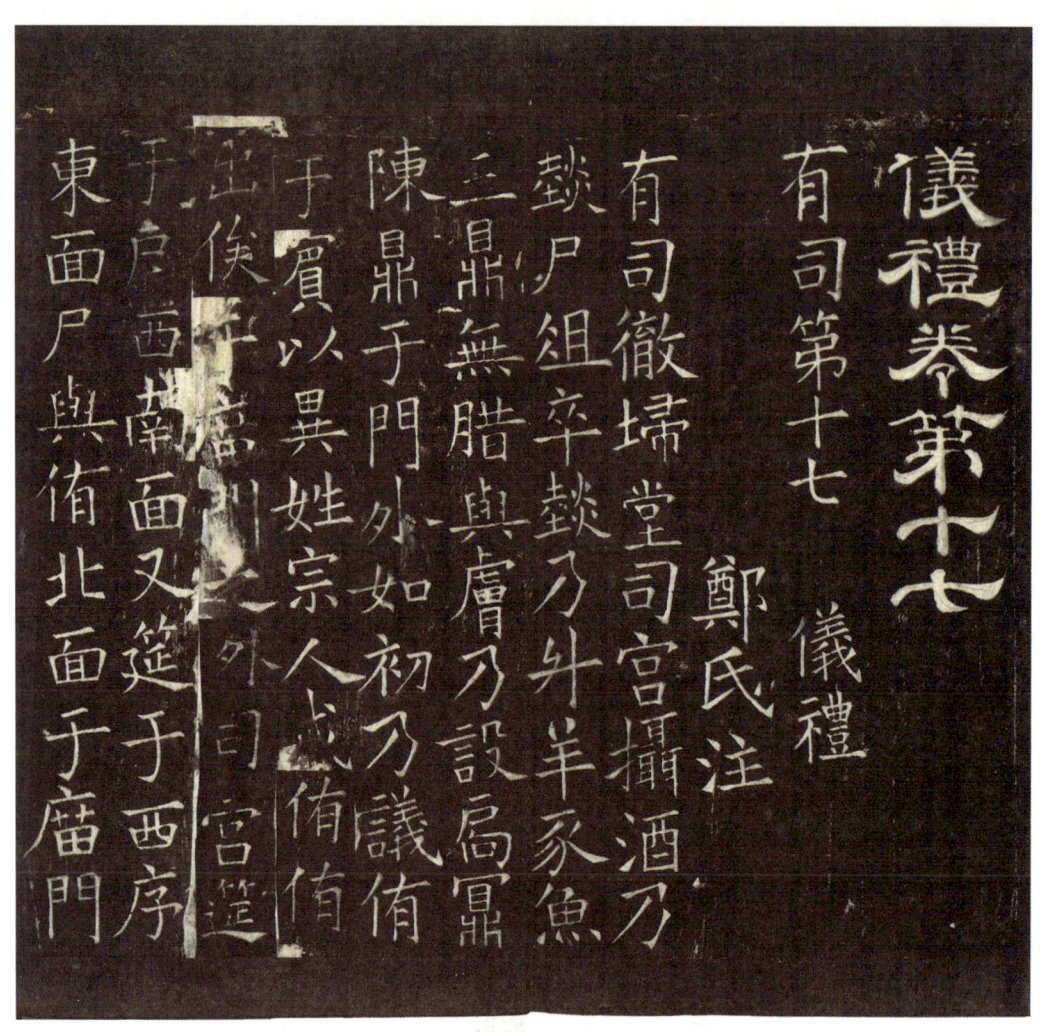

030 唐石經

030　唐石經

　　即開成石經。始刻於唐文宗太和七年(833),開成二年(837)完成。現立於西安碑林博物館。唐石經當時所刻衹十二經,闕《孟子》。

　　明嘉靖時關中大地震,致碑林所藏唐石經有所損毀。民國十五年(1926),皕忍堂根據石刻本,依原拓字體影摹刻板,以宋板補殘缺字,成《景刊開成石經》。

　　余藏《唐石經》拓本,有《尚書》卷三、十二;《儀禮》卷十二至十七;《禮記》卷一、二。經摺裝九册,藍綾封面。拓本年代不詳。

　　一九九六年夏訪平遥,於張姓書賈後人手中購書一批,臨行前見此拓本置於窗臺之上,一併取之。

經典釋文卷第一　序錄

唐國子博士兼太子中允贈齊州刺史吳縣開國男陸德明撰

序

夫書音之作作者多矣前儒撰著光乎篇籍其來既久誠無閒然但降聖已還不免偏尚質文詳略互有不同漢魏迄今遺文可見或專出己意或祖述舊音各師成心製作如面加以楚夏聲異南北語殊是非信其所聞輕重因其所習後學鑽仰罕逢指要夫筌蹄所寄唯在文言差若毫釐謬便千里夫子有言必也正名乎名不正則言不順言不順則事不成故君子名之必可言也言之必可行也斯蓋言乎大矣盛矣無得而稱矣然人稟二儀之渟和含

031　經典釋文三十卷

唐陸德明撰。清同治十年（1871）粵秀山文瀾閣重刻抱經堂本。白紙十二冊二函。附《經典釋文考證》三十卷，清盧文弨撰。

扉葉鎸"粵秀山文瀾閣藏版"，鈐"粵東文雅齋發兑"，有"直隷運售各省官刻書籍圖記"大印。函套書簽下墨書"丙戌春日，青穀"。

戊寅（1998）春陪家母至京診病，住京城長城旅館，同室一旅客見余擺弄古書，知余所好，第二天竟抱一包古書來，内有此册。另有佳書數部，盡入囊中，所費亦不甚多。此余多年購書生涯中之一奇遇也。

031　經典釋文三十卷（2-2）

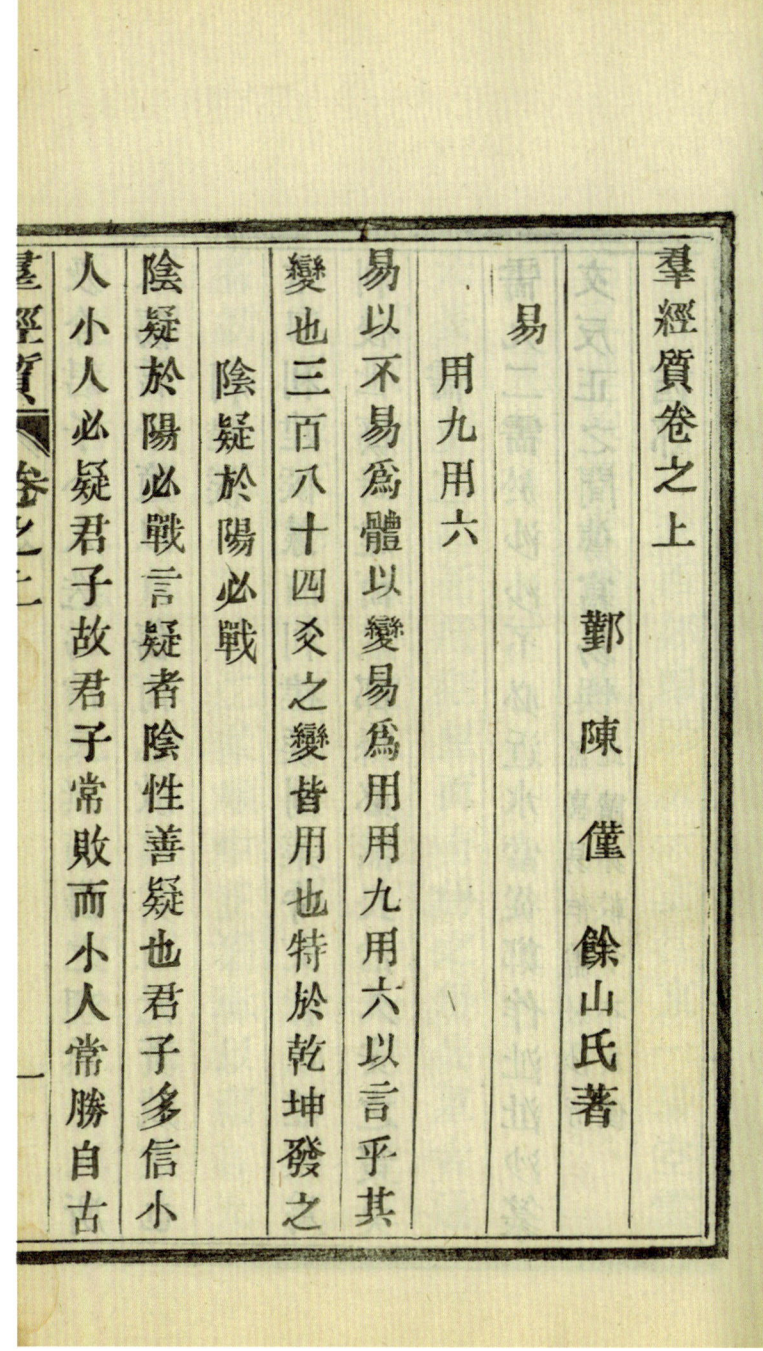

群經質卷之上

鄞 陳　僅 餘山氏著

易

用九用六

易以不易為體以變易為用用九用六以言乎其變也三百八十四爻之變皆用也特於乾坤發之

陰疑於陽必戰

陰疑於陽必戰言疑者陰性善疑也君子多信小人小人必疑君子故君子常敗而小人常勝自古

032　群經質二卷

清陳僅撰。清光緒十二年（1886）四明文則樓陳氏刊，木活字本。卷末鐫"嵊邑丁魯峰刊字"。此書開本闊大，版式疏朗，白紙二册。

據載，清代活字本除家譜外，流傳至今者約兩千餘種，可考者七百餘種。活字印本一般衹印數十部，至多不過百餘部，即使光緒木活字本，今亦稀見。

卷内鈐"瞿氏補書堂所藏""殘史樓主人之印"諸印。補書堂爲瞿宣穎之齋名。瞿氏字兌之，號蛻園，湖南長沙人，生於光緒十八年（1892），或作二十年（1894），民國間曾任北京政府國務院秘書、國史編纂處處長、印鑄局局長、國立北平師範大學、燕京大學、輔仁大學教授。著有《汪輝祖傳述》《長沙瞿氏家乘》《中國駢文概論》《補書堂文錄》等。藏書甚富，曾於北平圖書館寄存藏書近兩萬册，有《善化瞿氏補書堂寄存書目》。瞿澤方近撰《瞿鴻禨晚年在上海》一文，稱："瞿宣穎後來把瞿鴻禨在長沙老家所有的藏書設法運到北京，全部捐給了北平圖書館。"究竟是捐贈還是寄存，抑或先寄存後捐贈，待考。

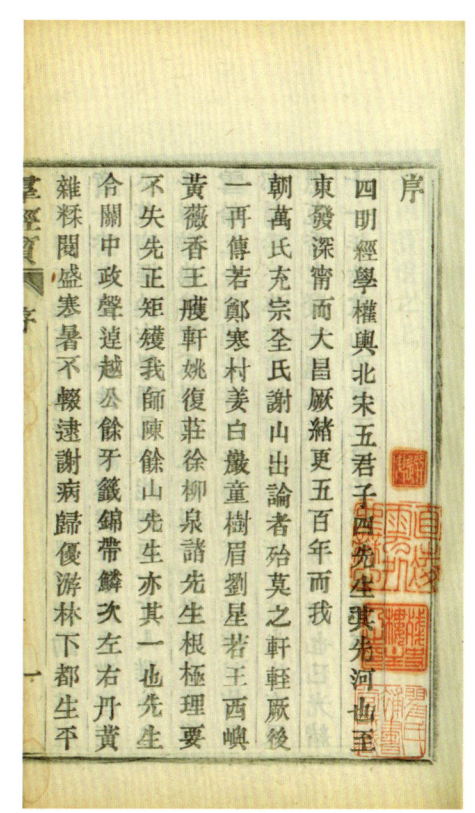

032　群經質二卷（2-2）

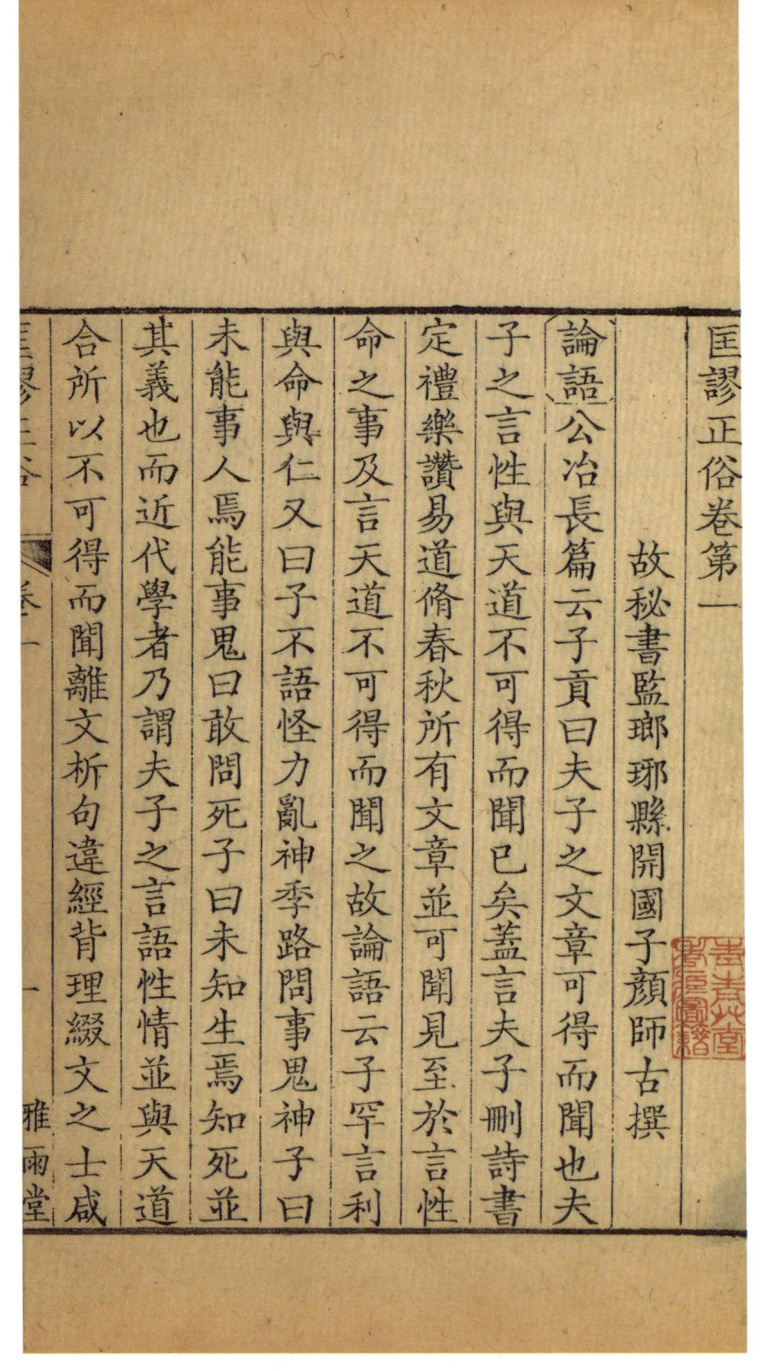

033　匡謬正俗八卷(2-1)

033　匡謬正俗八卷

唐顔師古撰。清乾隆二十一年(1756)雅雨堂精刊。竹紙二册。

是書爲文字訓詁類要籍。撰者"以世俗之言多謬誤,質諸經史,匡而正之,謂之《匡謬正俗》"。宋代爲避太祖諱,更名《刊謬正俗》。元、明無刻本,乾隆間盧見曾重刻。此盧刻本版刻精良,墨色清純,可稱善本。

内葉有墨書三行:"乾隆四十三年二月二十日閲於宣府之時恩寺,緑溪靳介人。"

靳榮藩,字介人,號緑溪,室名"凌雲亭",山西黎城人。雍正四年(1726)生,乾隆四十九年(1784)卒。乾隆十三年(1748)進士。歷任直隸龍門縣知縣、遷安縣知縣、蔚州知州、遵化州知州等,官聲頗佳。喜讀書、藏書。乾隆三十五年(1770)刻《吳詩集覽》四十卷。另撰《談藪》二卷、《緑溪詩》等。

另鈐"祥熊過眼""蝸廬藏書""青青草堂考藏圖籍"三印。

孫家溎,字祥熊,號蝸廬,藏書處爲蝸寄廬,浙江寧波人。工詩能畫,性喜藏書,尤重版本,明清鈔校本所藏頗多。民國二十年(1931)夏,鄭振鐸、趙萬里等人至寧波訪書,在孫家溎蝸寄廬處得見明藍格鈔本《録鬼簿》,以三人之力一夕鈔畢。後北大曾付之影印。

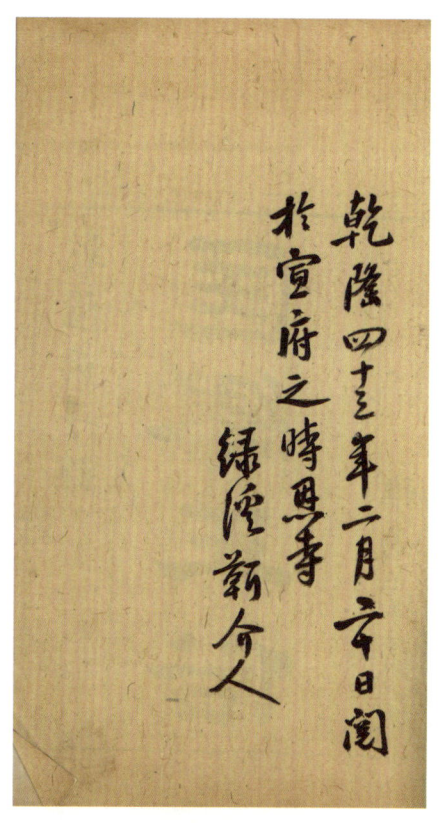

033　匡謬正俗八卷(2-2)

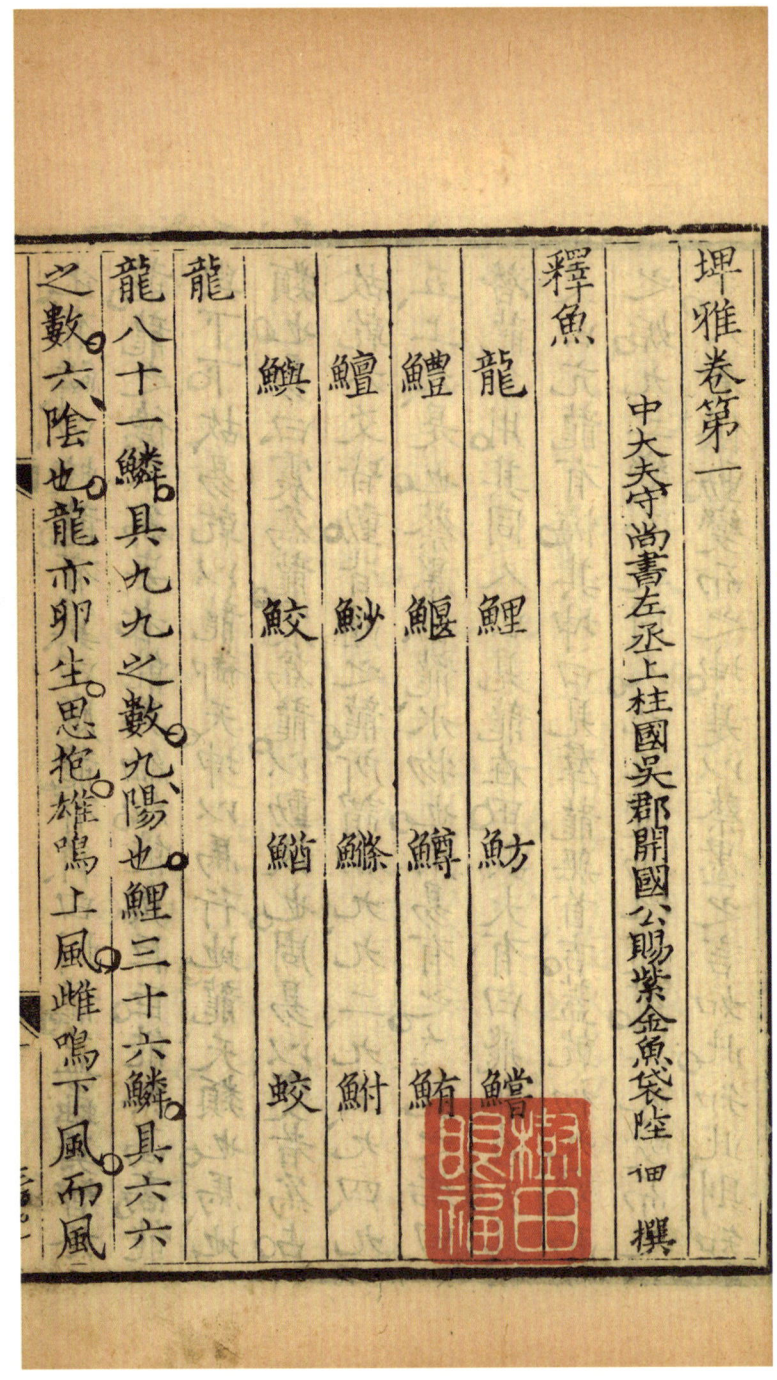

034 埤雅二十卷(3-1)

034　埤雅二十卷

四册。半葉十行二十一字,四周雙邊,白口,雙魚尾,版心下鐫字數。此書有墨釘。寫刻精湛,筆帶鋒棱,墨色亦重,初印無疑。避"玄"不避"弘"。卷前天運庚□八月秋日張存性序,卷末鐫"後學顧棫校本"一行。

卷内鈐"武昌柯逢時收藏圖記"印。柯逢時爲清季湖北著名藏書家,字遜庵、巽庵,號懋修。光緒九年(1883)進士,歷任編修、江西布政使、廣西巡撫、户部侍郎等職。熱心於校刻醫書,與繆荃孫、楊守敬等過從甚密。一九一二年歿時,藏書二百餘箱,二子各得其半。日人曾以二十萬元購其重要藏書。一九五一年柯氏後人將遺書三千餘册捐獻中南圖書館(今湖北省圖書館)。

此書得之於書估段某。書中另夾有一張藏經紙書籤,頗古雅。

段老闆亦好飲酒,雖患有高血壓,亦不顧也。但酒後不售書,却堅守不誤。因此,在購書之前與其飲酒,最多半醉:一顧其命,二爲購書順利。此書即爲半醉後成交者,是爲一記。

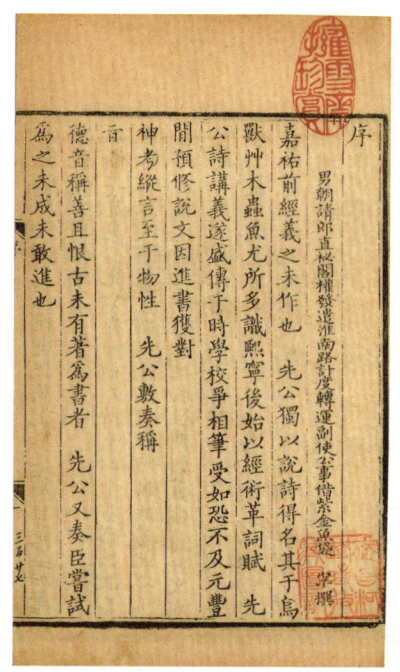
034　埤雅二十卷(3-2)

034　埤雅二十卷(3-3)

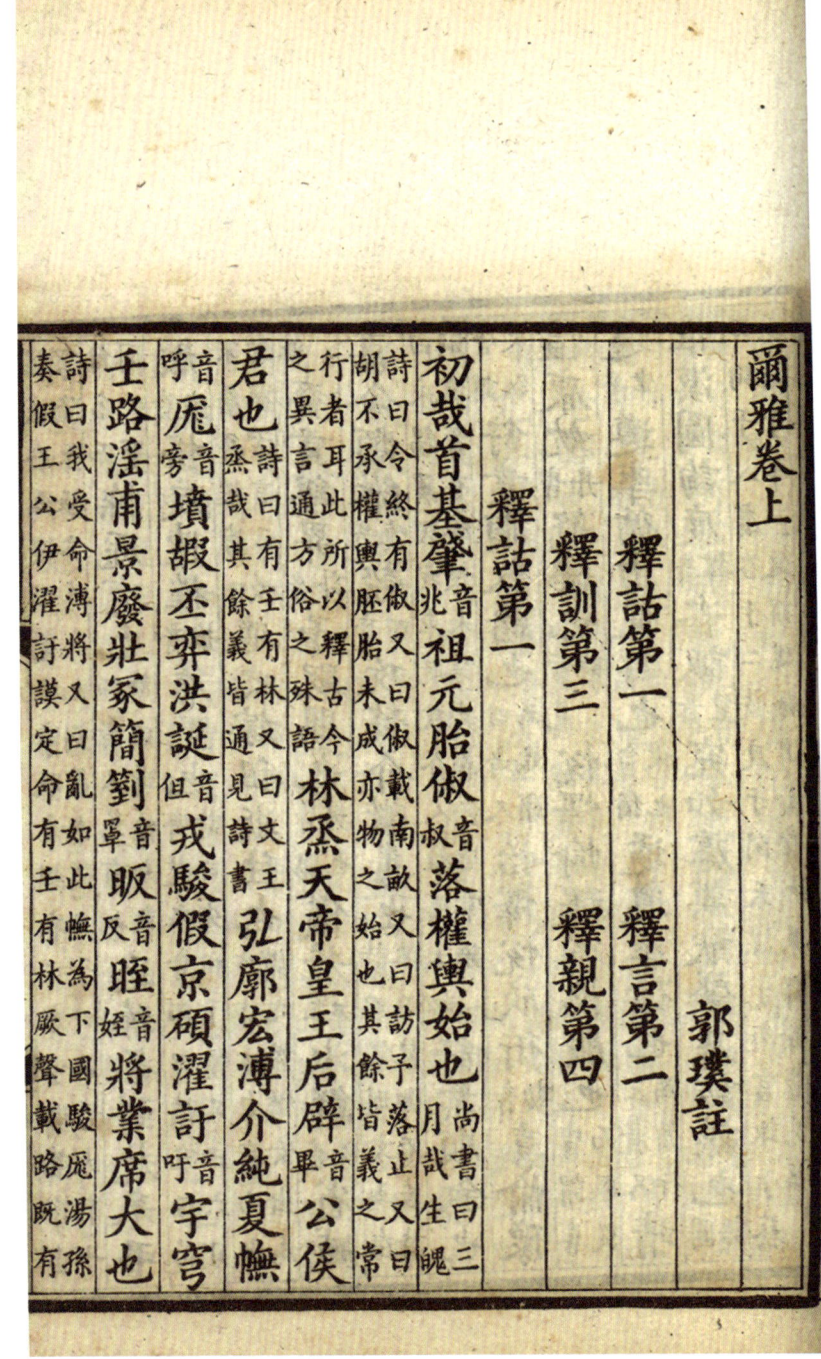

035　爾雅音圖

晉郭璞注。清光緒十年(1884)上海同文書局石印。巾箱本。白紙二册。

此書據嘉慶六年(1801)曾氏藝學軒覆刻影宋繪本影印,秣陵陶士立臨字,當塗彭萬程刻。

同文書局爲中國人自辦的第一家近代石版印刷圖書出版機構,由廣東人徐秋畦、徐鴻復、徐潤等人於光緒八年(1882)在上海創辦。同文書局用石印法大量影印古籍,一八九二年至一八九四年,爲清廷按原大影印殿本《古今圖書集成》一百部,使書局影響愈加擴大。後書局經營不善,庫存積壓漸多,市場需求不旺,遂於一八九八年停辦。

此書爲光緒十年書局鼎盛時期之作,校對精湛、印刷清晰,不失爲同文書局乃至我國石印出版物的代表之作。因此,鄭振鐸在一九五四年於北京北海團城舉辦的古籍展覽中,曾將此書列爲展品之一,足以證明其價值。

035　爾雅音圖(2-2)

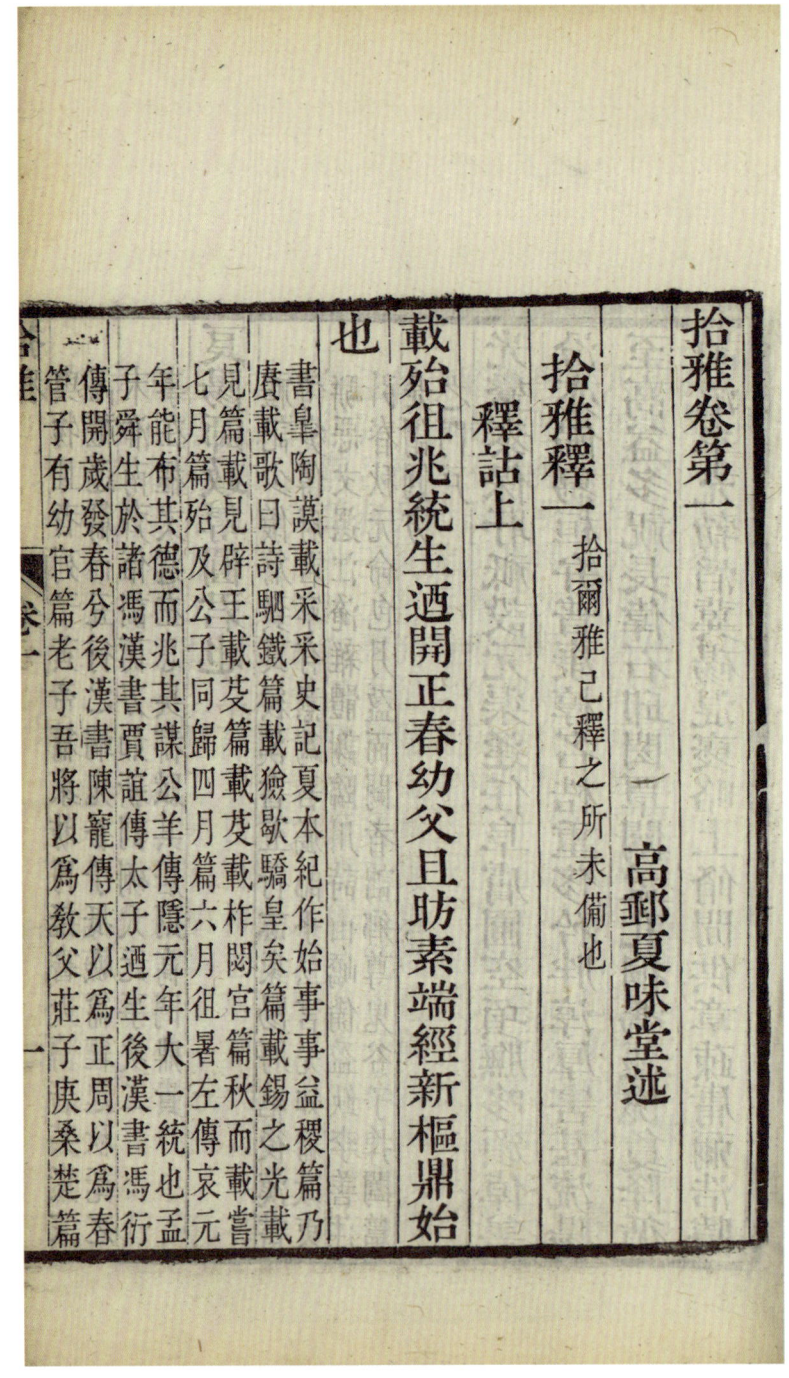

拾雅卷第一　　　　　　高郵夏味堂述

拾雅釋一

釋詁上　　拾爾雅已釋之所未備也

載殆徂兆統生迺開正春幼父且昉素端經新柩鼎始也

書皋陶謨載采采史記夏本紀作始事事益稷篇乃殂徂兆載歌曰詩駉鐵篇載獫歇驕皇矣篇載錫之光載芟篇載芟柞閟宮篇秋而載嘗見篇載見辟王載芟篇載芟柞閟宮篇載暑七月篇殆及公子同歸四月徂暑左傳哀元年能布其德而兆其謀公羊傳隱元年大一統也孟子舜生於諸馮遷書馮衍傳太子迺生後漢書賈誼傳開歲發春兮後漢書陳寵傳天以為正周以為春兮老子吾將以為教父莊子庚桑楚篇管子有幼官篇

036　拾雅二十卷

清夏味堂述,夏紀堂注。封面鎸"嘉慶己卯秋七月遂園藏本"。白紙八册一夾。

卷前清嘉慶己卯(1819)夏五月夏味堂自叙,標"拾雅原序",次嘉慶庚辰(1820)孟春月夏紀堂《拾雅注序録》稱:"伯兄澹人著《拾雅》六卷……讀者咸以不見注釋爲憾,紀堂不揣拿陋,偕兩姪齊林、雲林請爲之注,弗許,再三請始授讀,三月而竣……"

此書版本較複雜。二十卷本,館藏(如北京師範大學圖書館)一般都定爲嘉慶二十四年(1819)刊,但依夏紀堂序看,最早也應爲嘉慶二十五年(1820)刻成。《販書偶記》著録爲道光二年(1822)高郵夏氏遂園刊,北京大學圖書館亦藏有鎸道光二年牌記的本書,但余藏此書無之,姑且存疑。

戊寅(1998)春獲於呼和浩特市"文苑古舊書店",蓋其從内蒙古大學某教師家收購者,原書主人曾任職於北京大學,喜購書,且藏書保存完好,書品如新,苦心可見,誠不易也。

036　拾雅二十卷(2-2)

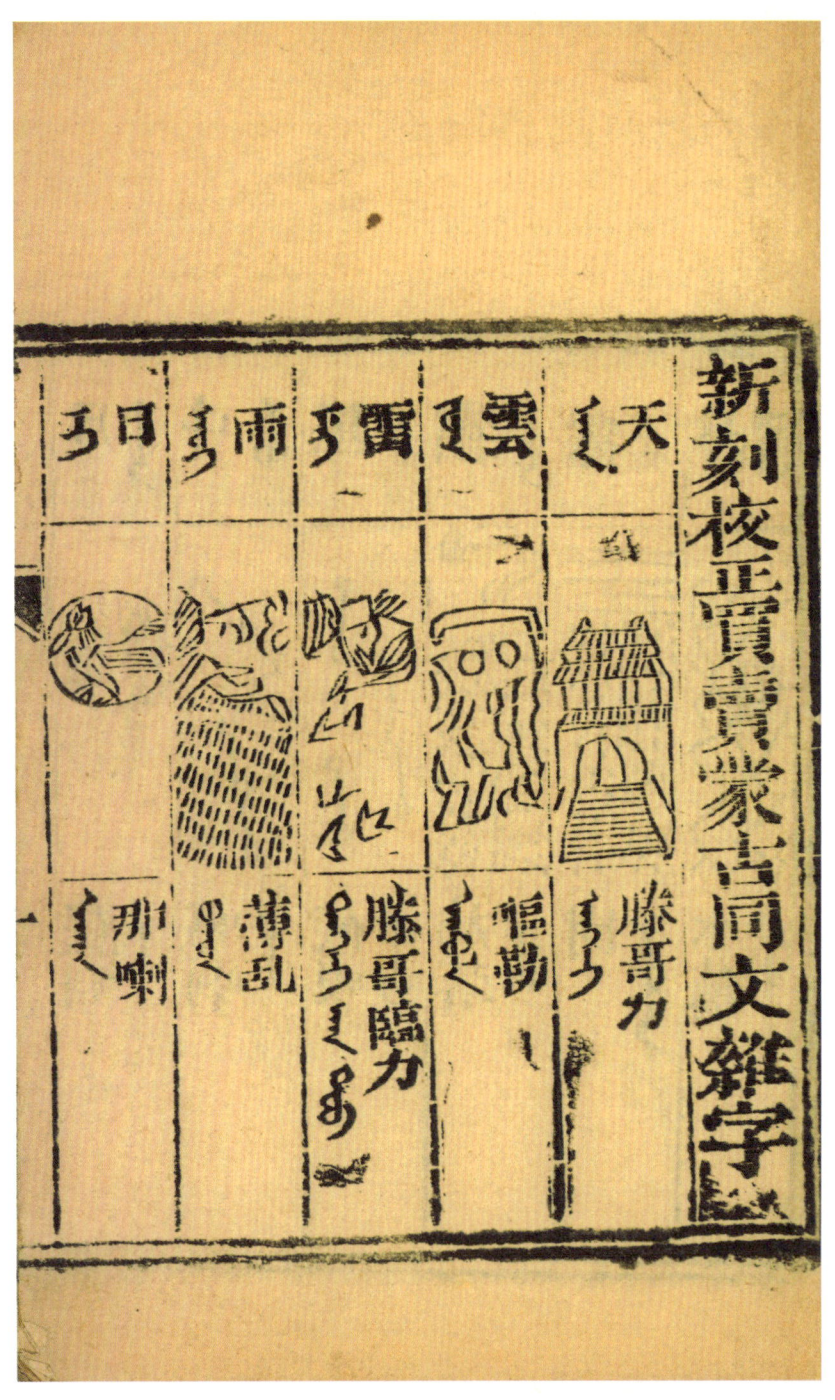

037　滿漢同文新出對像蒙古雜字（2-1）

037　滿漢同文新出對像蒙古雜字

　　清刻本,京都打磨廠文成堂梓行,竹紙一册,小開本,木刻圖甚多。每葉分爲三欄:上欄名詞,中欄爲圖,下欄爲與上欄名詞相對應之蒙文。

　　此書爲不懂蒙文的滿、漢人自學蒙語的日常會話手册。書中反映了當時與蒙古地區相互交易的商品內容以及交易方式等,提供了當時的經濟、民俗等豐富資料。書中版畫雖不甚精細,亦存古樸之趣。

　　書之來源已無印象,偶從篋中撿出,恐存世無多,姑錄於此。

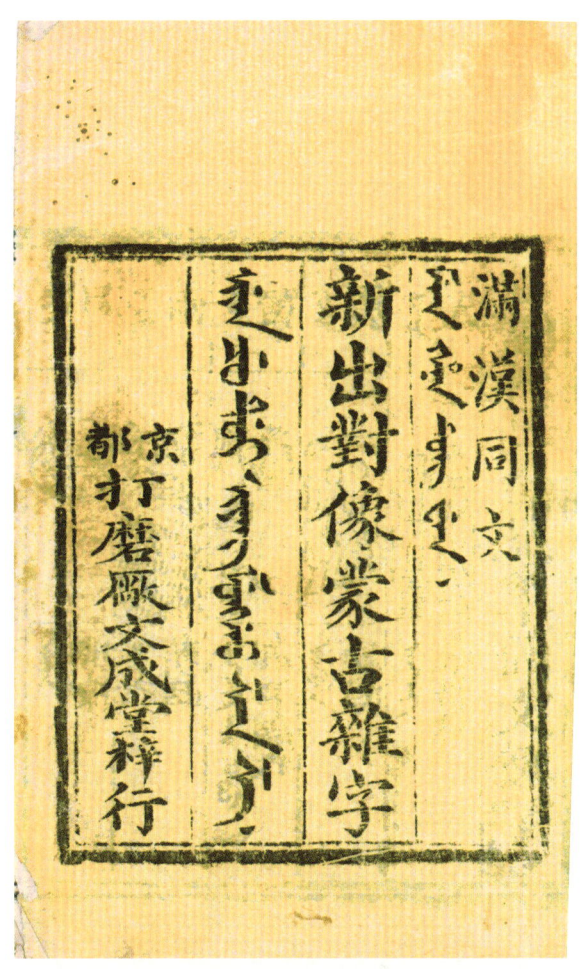

037　滿漢同文新出對像蒙古雜字(2-2)

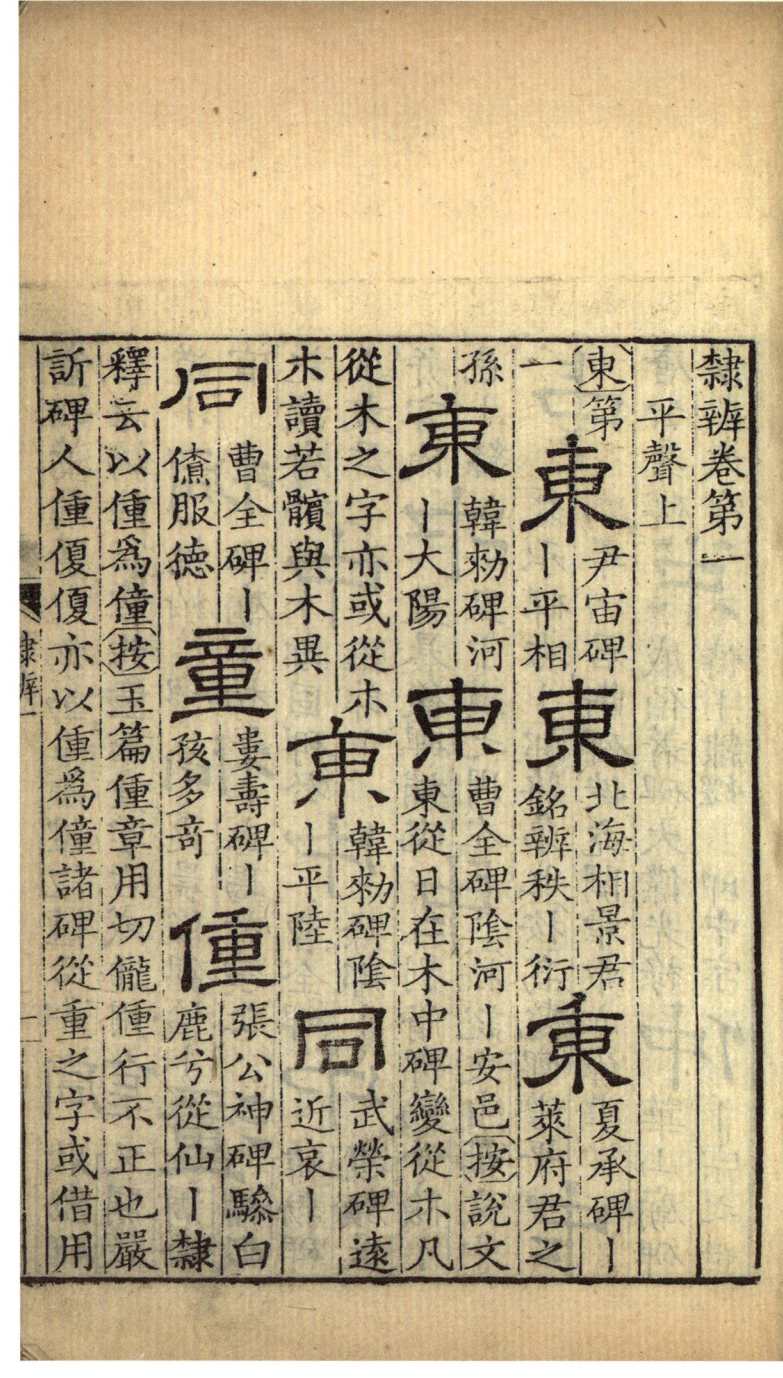

038 隸辨八卷（2-1）

038　隸辨八卷

清康熙間項氏玉淵堂曾刻《隸辨》八卷,雕版精甚,夙爲善本。原本固不易得,此乾隆間黄晟重刊玉淵堂本,亦稱精妙,可以善本視之。

乙亥(1995)初冬余江南訪書時,於揚州古籍書店獲此,所費頗昂。另得崇禎刊棉紙本《孔叢子》一部。挾書出店,時大雪紛飛,幾難行路,詫江南之地竟有如此好大雪也。

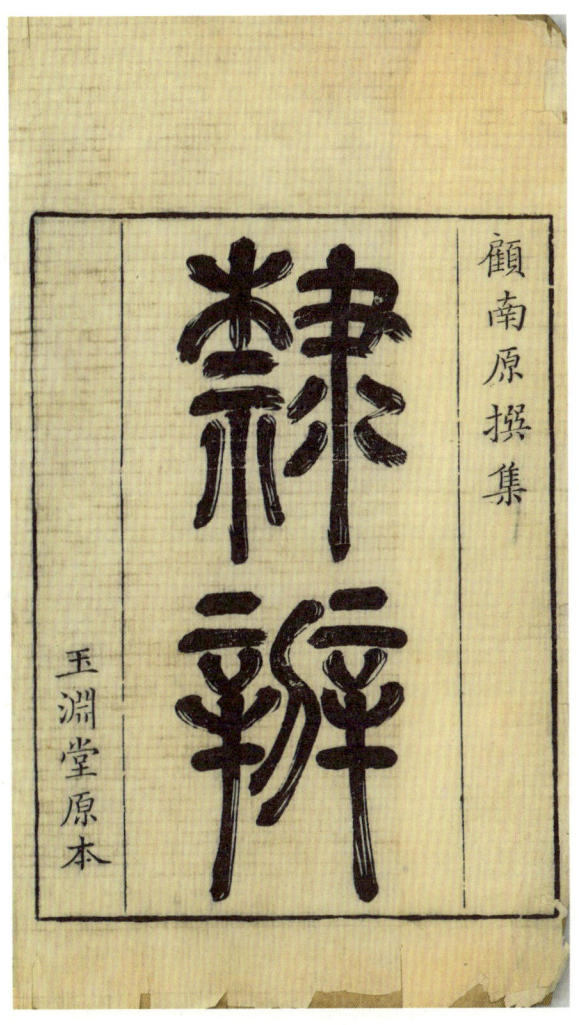

038　隸辨八卷(2-2)

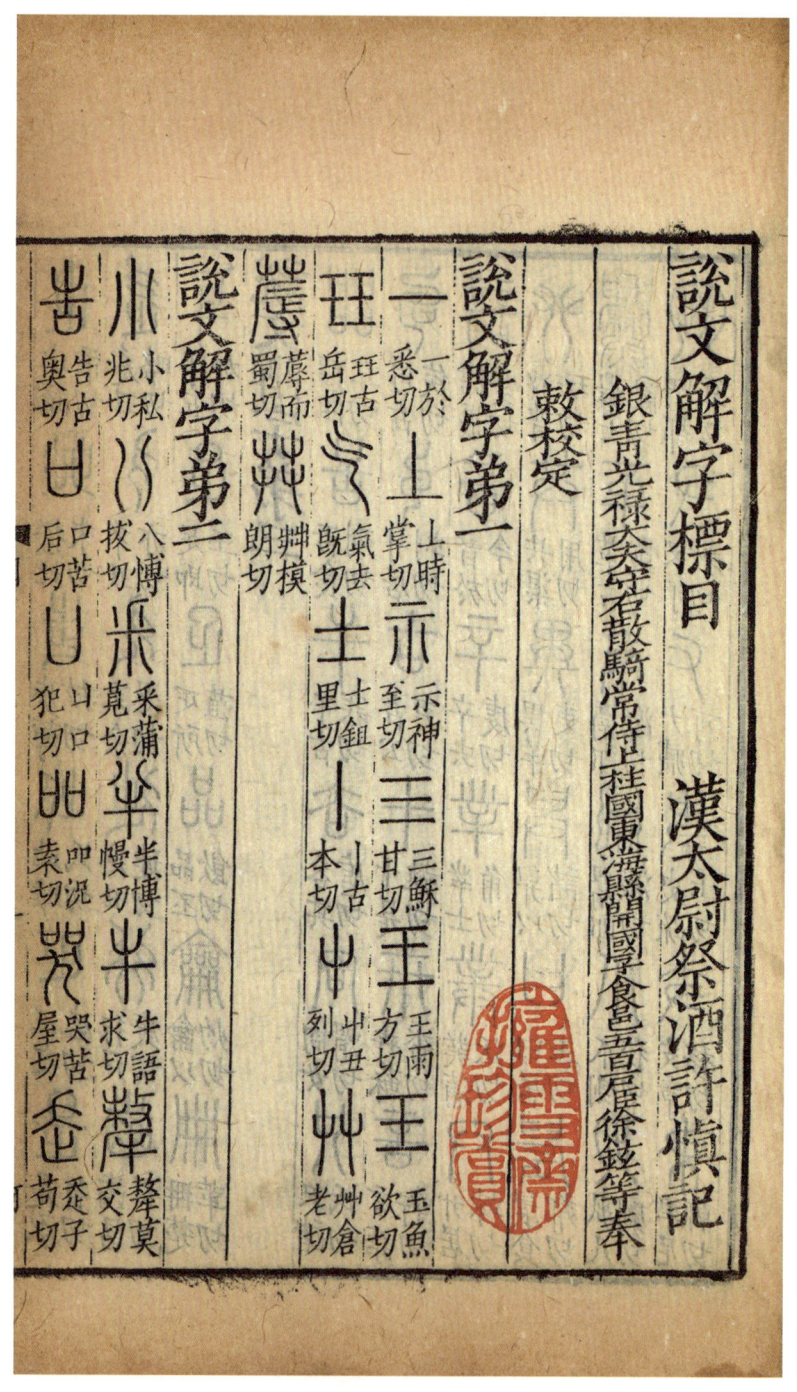

039　説文解字十五卷(2-1)

039　説文解字十五卷

漢許慎撰。清嘉慶十四年(1809)孫星衍仿宋刊本。扉葉鎸"五松書屋藏"。卷首《孫氏重刊宋本説文序》。目後標"江寧劉文奎、弟文楷、文模鎸"。此仿宋本爲南京劉氏兄弟所刻,雕版精湛,無愧出乎名手。版心下宋版刻工亦依樣摹刻出,幾可亂真。

《中國古籍善本書目》著録。十年前曾於書友陳東處得見汲古閣白紙大本《説文》一部,開化紙精印,惜價昂未購。

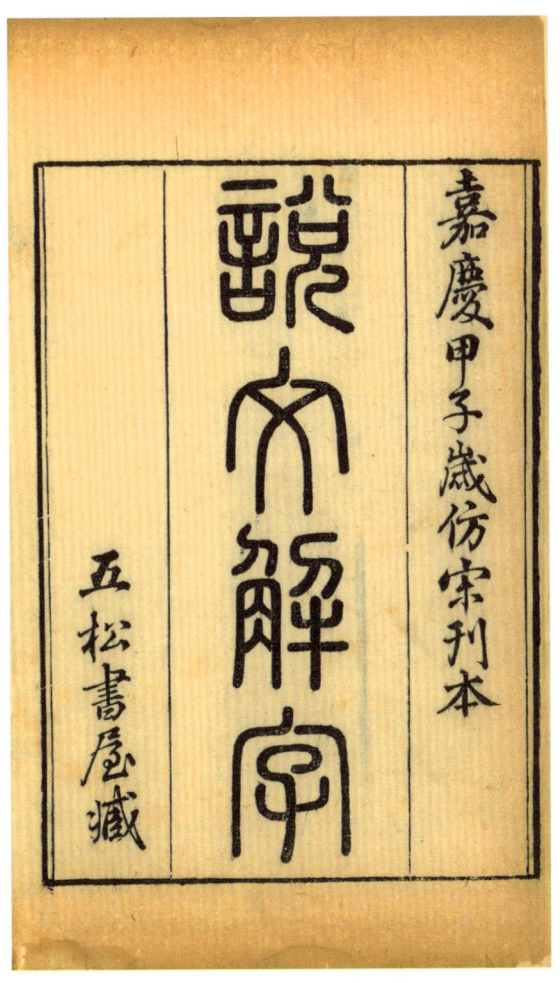

039　説文解字十五卷(2-2)

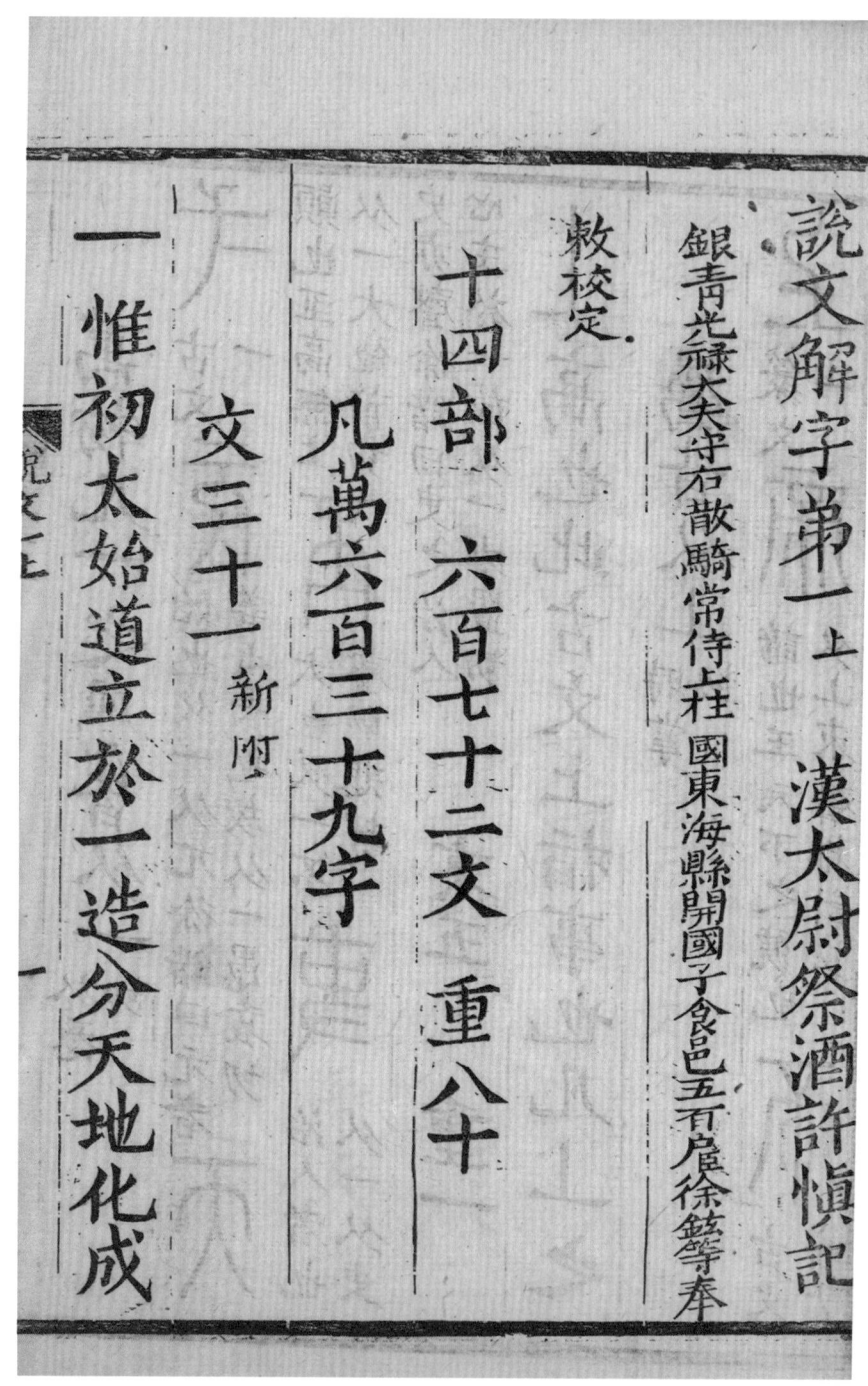

說文解字第一上　漢太尉祭酒許慎記

銀青光祿大夫守右散騎常侍上柱國東海縣開國子食邑五百戶臣徐鉉等奉

敕校定

十四部　六百七十二文　重八十

凡萬六百三十九字

文三十一　新附

一　惟初太始道立於一造分天地化成

040　説文解字十五卷

漢許慎撰,宋徐鉉等校定。清同治十年(1871)大興朱筠依宋本重雕,宛平許瀚校字。八册一函。

朱筠,字竹君,一字美叔,號笥河,順天大興人。乾隆十九年(1754)進士,授編修。任《四庫全書》纂修官,富藏書,編有《椒花吟舫書目》,所藏書在晚年因火災損失不少,書散後,相繼歸於劉燕庭、翁心存、羅振玉等。著有《笥河文集》。

此書得之於天津書友張金吾。金吾爲張振鐸大公子,長余几歲,隨其父,喜藏書。當時每每天還未亮,金吾便拿著手電筒於瀋陽道古物市場四處尋覓。喜收小説、術數類書。二十多年匆匆閃過,老爺子張振鐸已於二〇一七年三月仙逝,享年九十七歲。今猶健在,不知金吾兄境況如何,頗念之。

此《説文》字大行疏,雕版頗精。猶憶早年於廊坊石木齋得見汲古閣刻《説文》一部,開本闊大,開化紙精刊,開價千五百元而未購,甚可惜也。

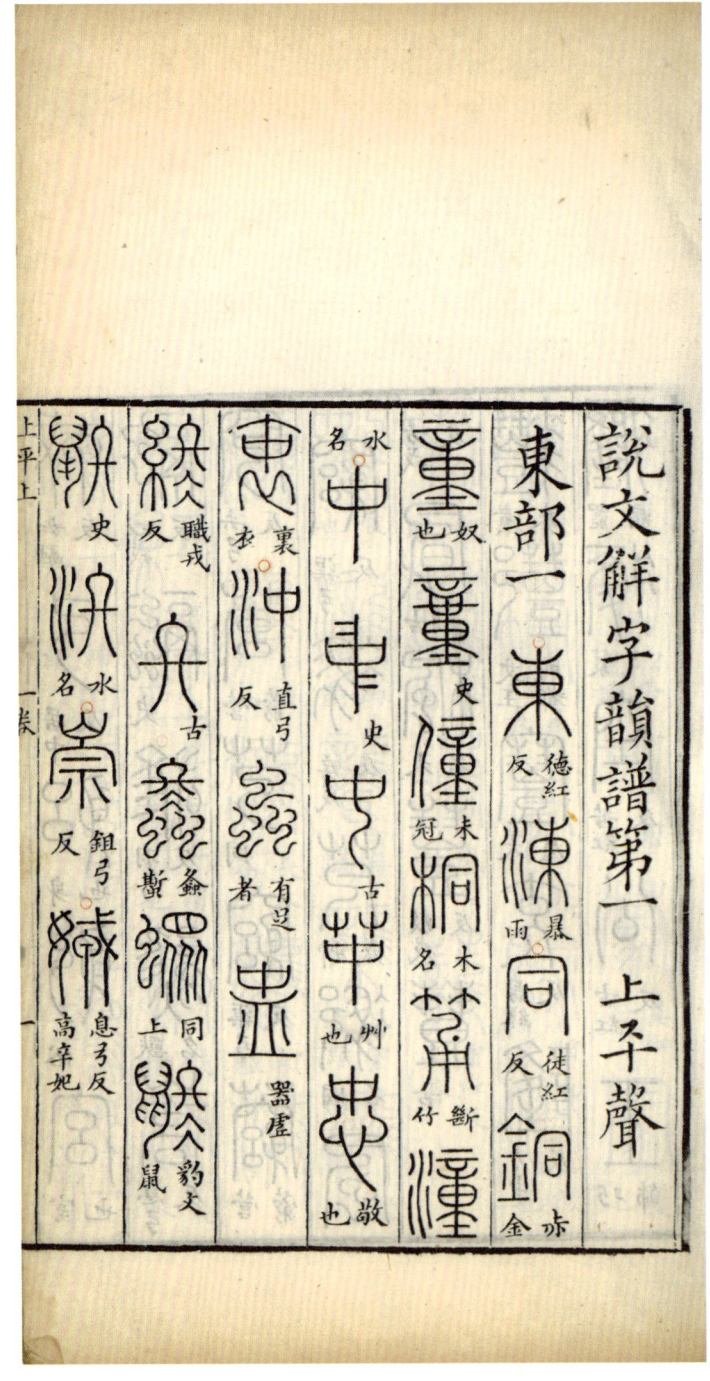

041　説文解字韻譜十卷（2-1）

041　説文解字韻譜十卷

南唐徐鍇撰。清同治三年(1864)吴縣馮桂芬覆日本影宋鈔本。二册。

此書篆寫上版,頗精美,卷前馮桂芬長序亦爲精刻,惜未署刻工之名。

卷前有湯安墨筆題識:"伯儼道兄好古篤學,見余案上有此書,賞愛不已,因以爲贈。"鈐"臨澤"朱印一方。湯安,浙江嘉興人,字臨澤,曾任上海市文史研究館館員。長於聲韻文字學,著有《六朝墓志菁華》等。一九六七年逝世。

書中另鈐"劉伯年"印。劉伯年,字思若,晚署伯儼,齋號爲明遠樓、半閣、今是樓,重慶人。師從王个簃,爲缶翁再傳弟子。精治印,善畫。曾任上海市文史研究館館員。

041　説文解字韻譜十卷(2-2)

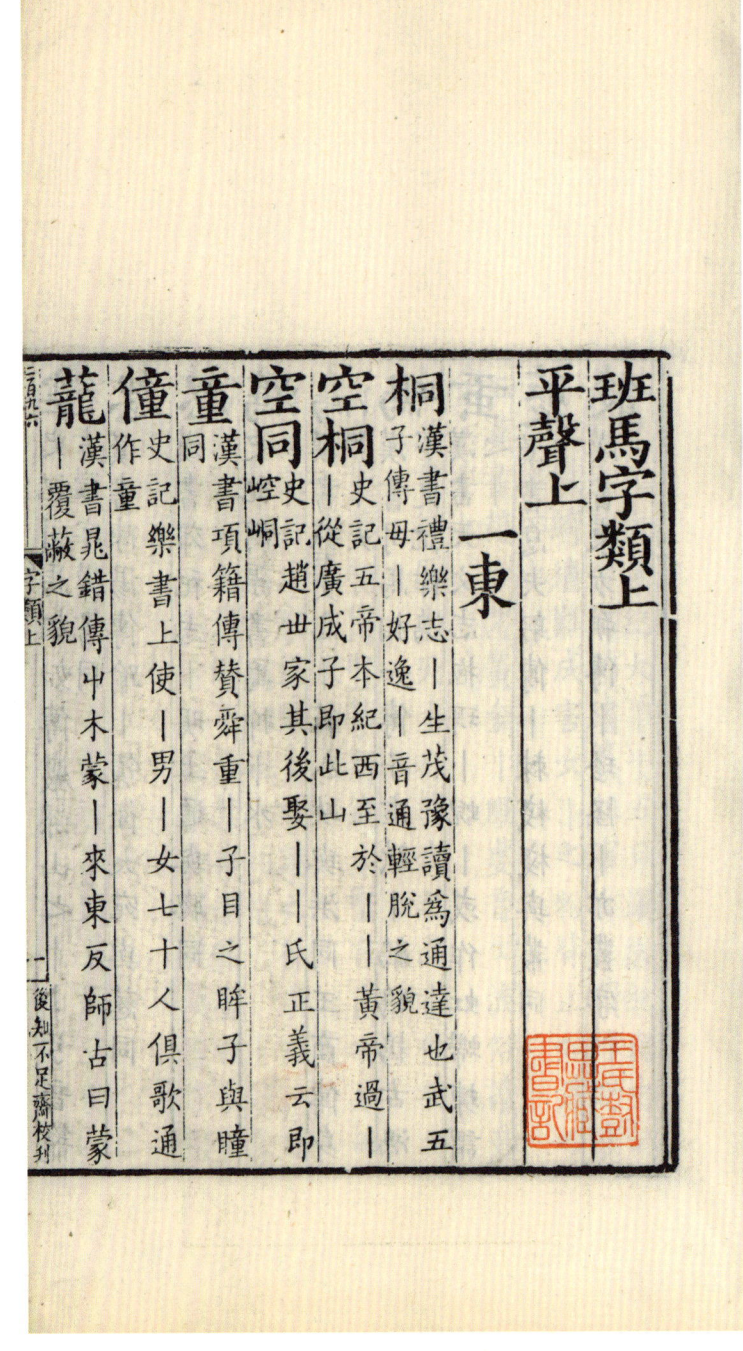

042　班馬字類二卷

宋婁機撰。清光緒九年（1883）後知不足齋仿宋精刊。卷內鈐"廣雅書院經籍金石書畫之印"大印。大開本，白紙一厚册。

廣雅書院爲張之洞一八八七年籌建，翌年建成並開學。書院取名自"廣者大也""雅者正也"。學員由兩廣各州府縣嚴格挑選，各選拔一百名，一律住院，學不進益者開除，學制三年。教學既吸收傳統教學模式，又具有新學的特色。課程分經學、史學、理學、文學四門，學生可自由選擇。原定學制三年，後改爲九年。首任學長爲梁鼎芬，後任有朱一新、廖廷相、鄧蓉鏡、譚瑩、丁仁廣等。廣雅書院，是晚清洋務派創辦諸多書院中最具影響的一個。光緒二十七年（1901）清政府下令廢除書院後，改爲兩廣大學堂，光緒二十九年（1903）又改爲兩廣高等學堂。

此爲《後知不足齋叢書》之零種。此叢書爲鮑廷爵於光緒八年至十年（1882—1884）間刊刻，主要憑藉家藏古籍，彙輯稀少、珍貴傳本並校勘而成。

此書余原藏二部，其中一部不鈐印，已讓於河北卓先生。

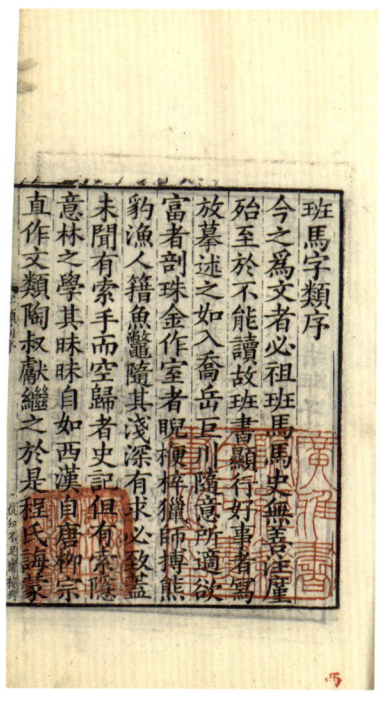

042　班馬字類二卷（2-2）

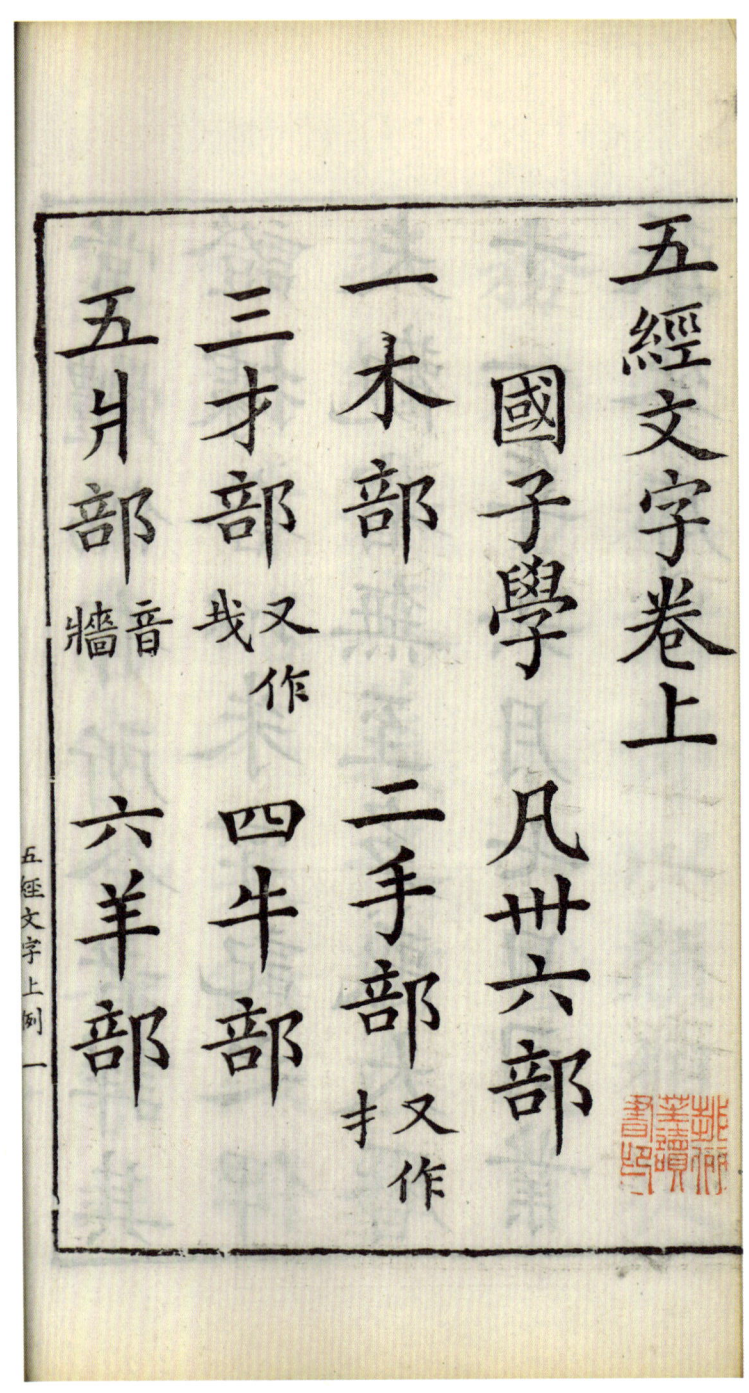

043　五經文字三卷附九經字樣一卷

　　清乾隆五年(1740)馬曰璐精刻本。無格,紙白如霜,字大如錢。三册。卷前《五經文字序例》,大曆十一年(776)六月七日司業張參序,《九經字樣》後馬曰璐識語(乾隆五年)。耿文光《萬卷精華樓藏書記》言《五經文字》有馬曰璐本,從宋拓石經中寫出,板於家塾,有改易,有脱字。

　　鈐"鄒氏家藏""勤藝堂鄒氏藏書記""鄒儷笙讀書記"等印。余另藏有《唐音審體》,卷内亦鈐此印,書紙亦甚佳,獲之於琉璃廠書肆。此本則於平遥購得。

　　鄒存淦(1849—1919),字儷笙,室名勤藝堂,浙江海寧人。清末民初醫學家、藏書家,著有《外治壽世方》《師竹廬主人記年編》《修川小志》《己丑曝書記》等。周作人曾藏鄒存淦之書達十餘種。其中七種有鄒氏題跋。他曾將這些題跋彙輯起來,成《勤藝堂題跋》一文。

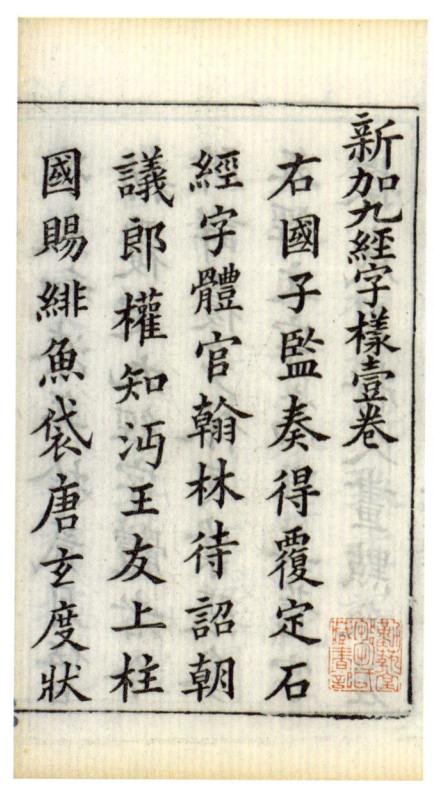

043　五經文字三卷附九經字樣一卷(2-2)

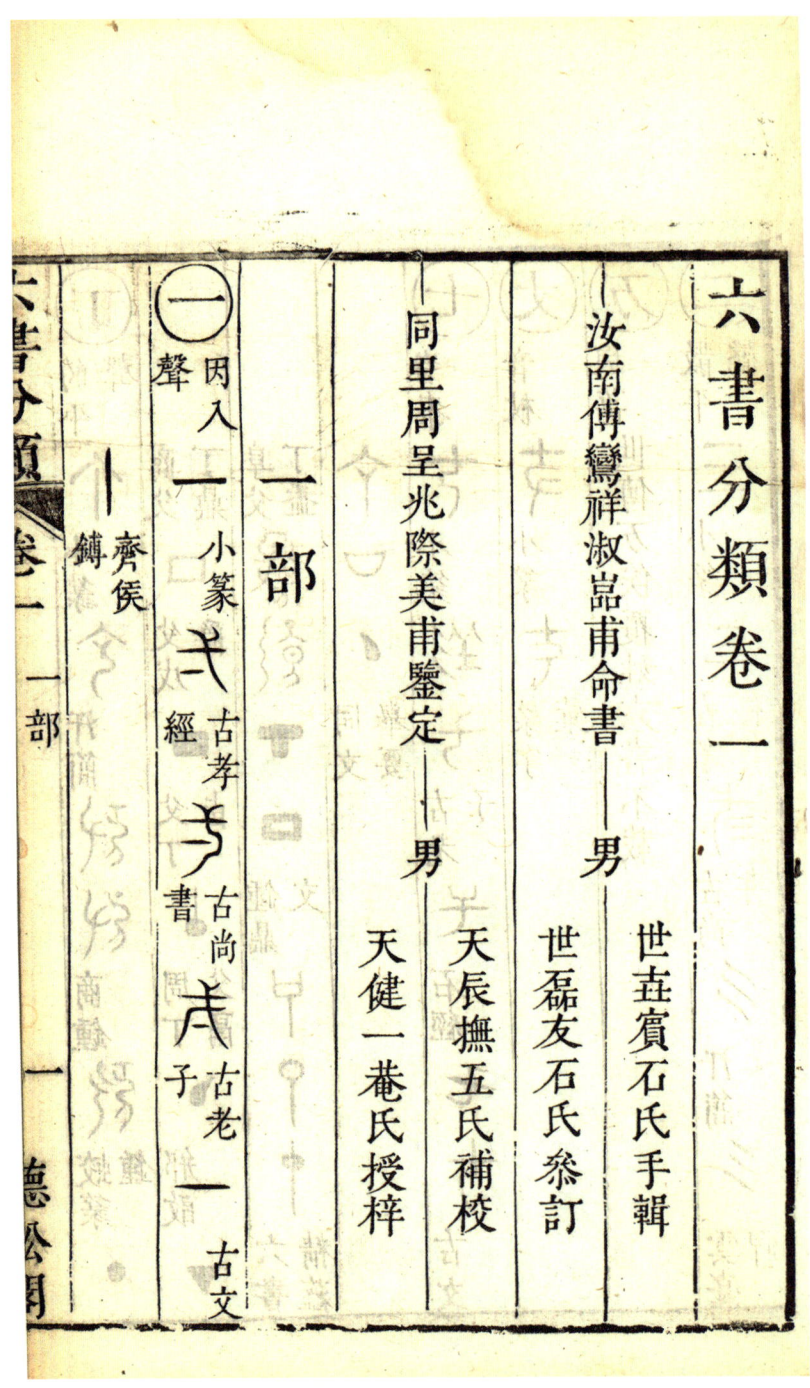

044　六書分類十二卷首一卷

清傅世垚撰。清康熙四十四年(1705)刻本。白紙十二册。書口鎸"聽松閣"。此爲字書,余不甚喜之,然此書開本敞闊,寫刻精良,再加紙白如霜,存之亦妙。曩於滬上福佑路古玩市場購得,時一鄉下人攤前頗爲擁擠,余搶出此書才知缺第十二卷。

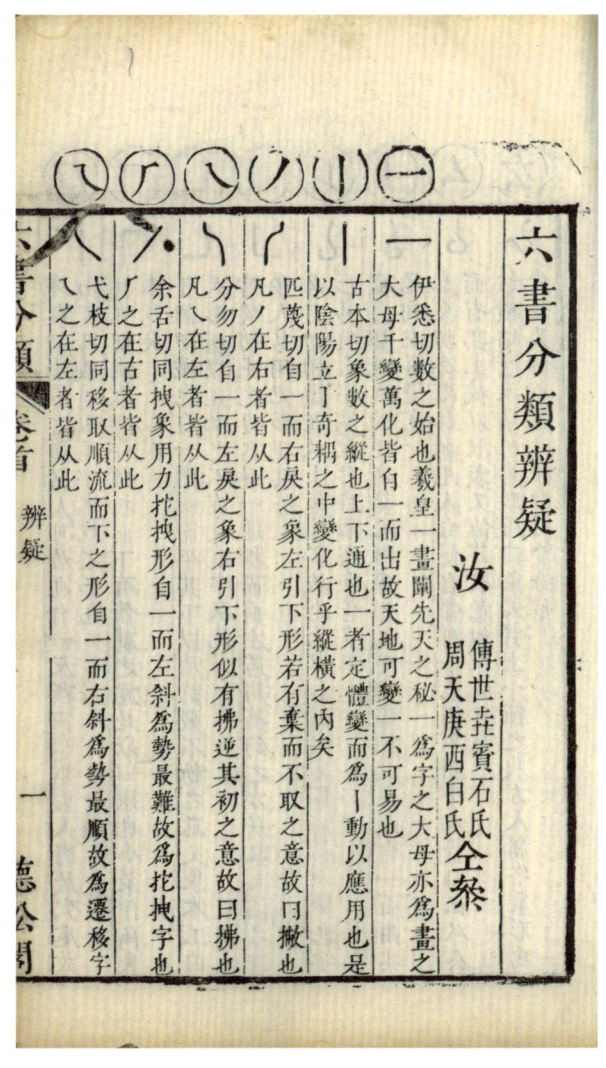

044　六書分類十二卷首一卷(2-2)

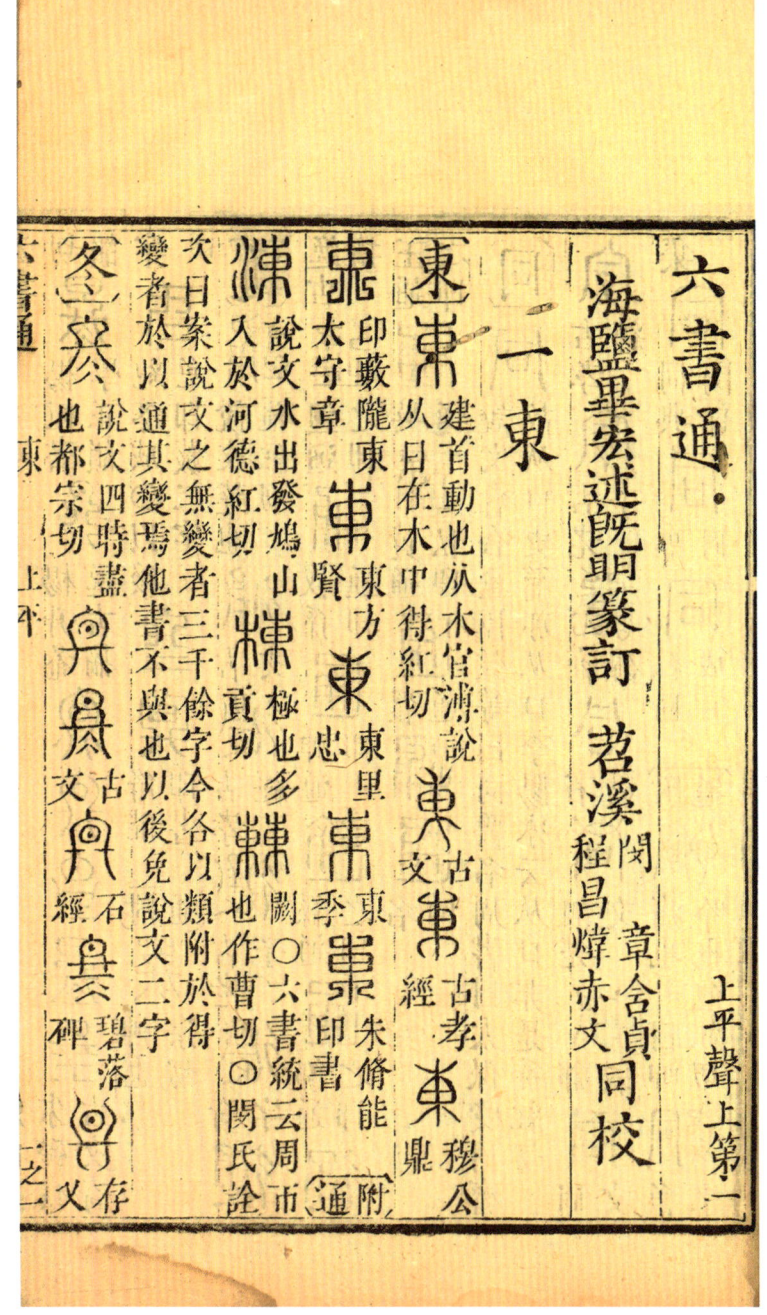

045　六書通十卷(2-1)

045　六書通十卷

　　清閔齊伋撰,畢宏述篆訂。清乾隆六十年(1795)依五十九年(1794)本重印。竹紙六册。

　　此爲文字學專著,首列說文撰文,下列古文、籀文、金文及印章文字。篆文自周秦至以後,收羅較全。音釋亦詳備。書非珍罕,然開本敞闊,摹印精湛,雖乾隆間後印本,亦可供閑時賞玩。

　　此書於安徽歙縣得來。此乃人文薈萃之地,昔日做學問者多,故甲部之書存世亦多。

045　六書通十卷(2-2)

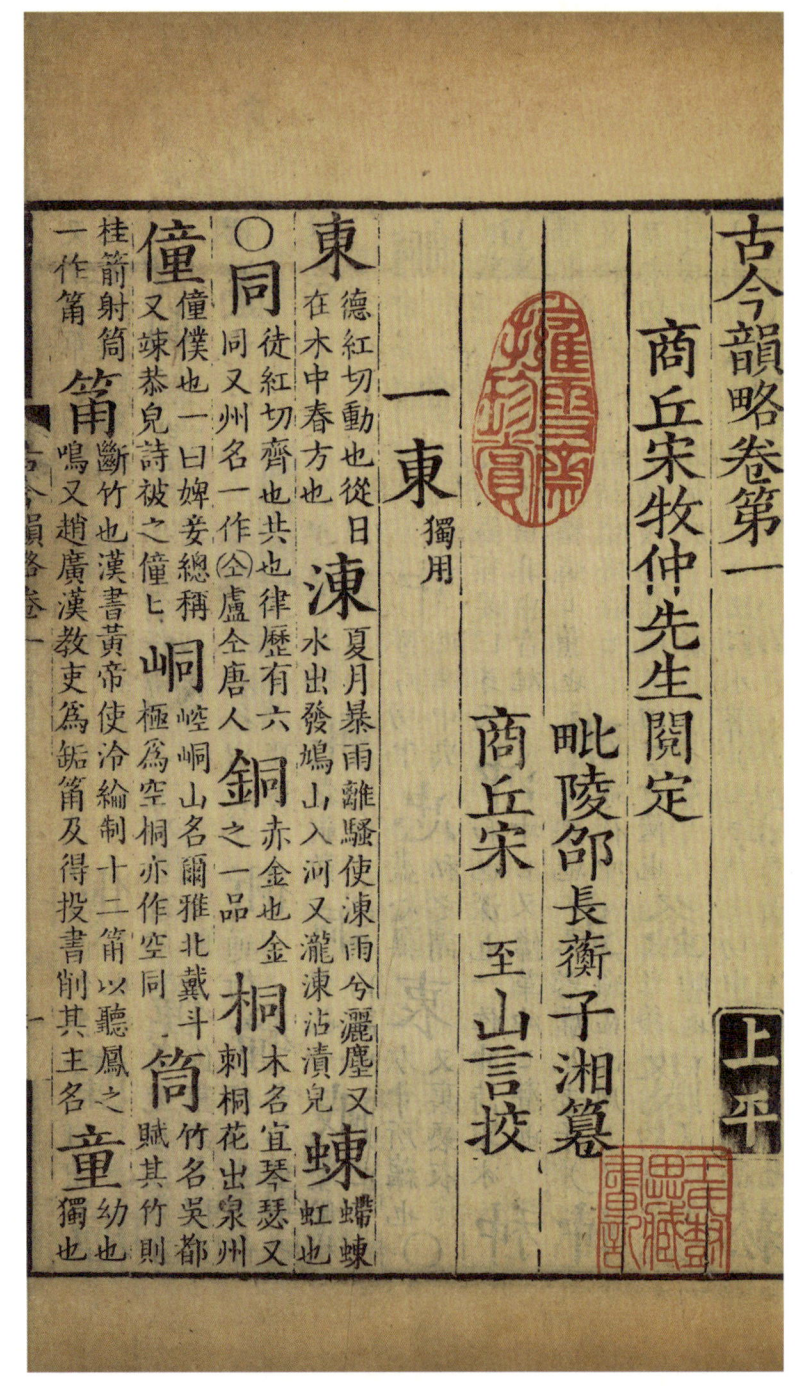

046　古今韻略五卷（2-1）

046 古今韻略五卷

　　清邵長蘅撰。清康熙三十五年(1696)精刻本。五册。半葉九行十四字,小字雙行二十八字,黑口,單黑魚尾,四周單邊。卷一小題標"商丘宋牧仲先生閱定,毗陵邵長蘅子湘纂,商丘宋至山言校"。

　　卷前有康熙丙子(1696)宋犖叙,稱:"子湘謬以予爲知言,發凡、起例必折衷於予。庚三年書成,名曰《古今韻略》,謁予叙。予觀是書援據精確,增刊不苟,注釋簡而核,典而不蕪蔚乎。"目後又有邵長蘅長篇《例言》,詳論今韻、古韻,可以學術論文視之。

　　此書軟體寫刻,康熙間原板,洵爲善本。丙子年(1996)偶獲於呼和浩特市"文苑古舊書店"。

046　古今韻略五卷(2-2)

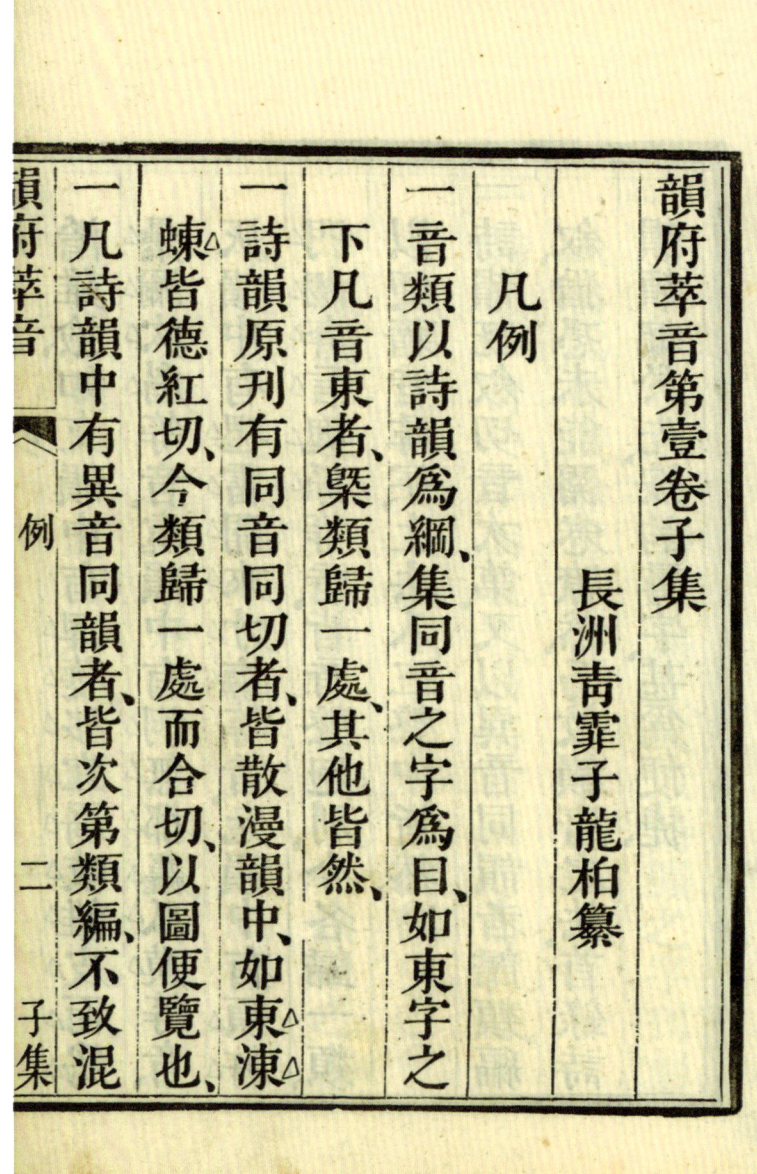

韻府萃音第壹卷子集

長洲青霏子龍柏纂

凡例

一音類以詩韻為綱、集同音之字為目、如東字之下凡音東者槩類歸一處、其他皆然、

一詩韻原刊有同音同切者皆散漫韻中、如東凍蝀皆德紅切今類歸一處而合切以圖便覽也、

一凡詩韻中有異音同韻者皆次第類編、不致混

047　韻府萃音十二卷

　　清龍柏撰。清嘉慶十五年（1810）廣東心簡齋刻朱墨套印本。白紙六册，存子、丑、寅、卯、辰、巳六集。撰者序後有"粤東書院前心簡齋承刊"，小字雙行。封面鎸"渤海松筠閣藏板"，或爲心簡齋利用松筠閣藏板刊印？

　　此書爲以音查字的字典，不多見。卷前有龍柏二序，其嘉慶十五年序猶如訴苦，言："柏自五旬以後境歷迍邅，不獨家資如洗，且負欠累累……歲近七十，漂泊難歸，暮景無多，終何了局？感乏恒產以養生，思藉梨版以爲業，輒勉力付之剞劂……或稍獲蠅頭，遂全償欠，養生之計惟冀大方君子恕勿翻刻，阻我生機是幸，特再序。"

　　己卯年（1999）太原之行，於太原古籍書店購得。當時祇圖套印而不知書殘。該店綫裝書尚有十餘架，通行本居多，然亦間有可取之書。余所購萬曆版《鹽邑志林》本《聖門志》，即其一也。後余曾數番入店，所獲頗豐，再數年，該店惜售不出，祇將新印古籍撑門面。後又從網上購新編《太原古籍書店書目》，書價騰動，而好書已無多，且爲内部銷售。今該書店已關門歇業，與我呼和浩特市古舊書店命運殊同，可爲一歎。

西河合集

蕭山毛奇齡 字晚晴　稿
　　　　　　又春遲
　　　　　　文輝克有　較
　　　　　　遠宗姬潢

易韻一

古行文多用韻自尚書古經并各傳外凡諸子百氏及周秦間文以暨史記漢書淮南參同諸書往往間及韻語而在古經則周易尤甚顧周易非盡用韻者其象象原辭亦偶然及之惟夫子上下象傳并雜卦傳則無一不韻一如詩歌銘頌賦誄之所為以其用讚體讚必盡韻舊所謂贊周易是也

048　易韻四卷

　　清毛奇齡撰。清康熙間刻《西河合集》本。存二卷一册。

　　《西河合集》分經、文二部,共四百九十六卷,存目若干種。有康熙間李塨等刻本,乾隆三十五年(1770)陸體元據康熙李塨等刻本修訂重印。

　　毛奇齡,字大可、晚晴,又名初晴。生於明天啓三年(1623),卒於清康熙五十五年(1716),浙江蕭山人。明亡,曾哭宫三日。康熙十八年(1679)薦舉博學鴻儒科,試列二等,授翰林院檢討,充《明史》纂修官。二十五年(1686),尋假歸,不復出,潛心著述。

　　十餘年前,呼和浩特市文苑古舊書店段老闆收書一大批,係内蒙古大學陸永俊舊藏。余從中擇出數部,内有此,然當時不知係殘書。並所見有陶湘精刻《儒學警悟》一套,卷内墨批無數。當時開價千元,而余力不能勝。此書後售與廊坊陳東,數年後陳欲售我,近萬元之價,仍無力得之。其後陳東將此書上拍,得善價。

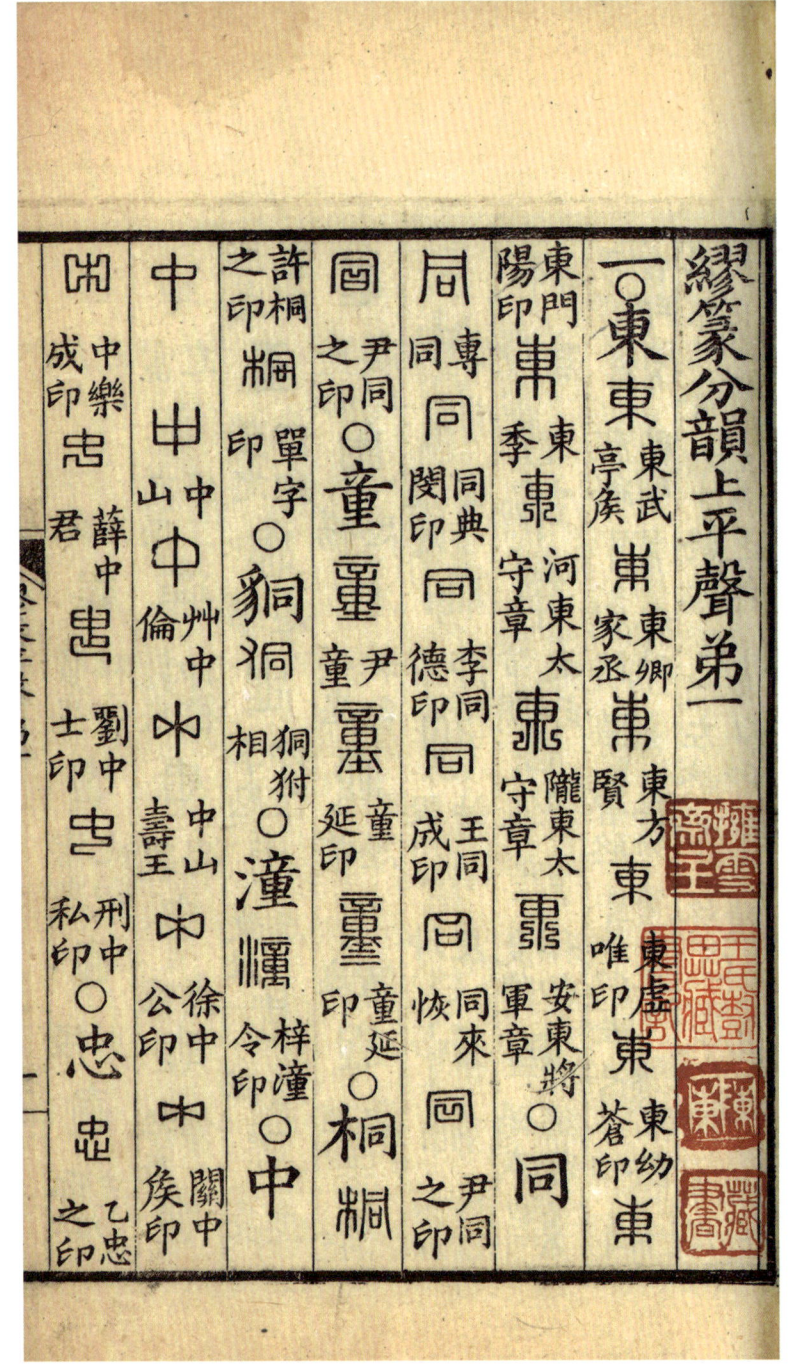

049　繆篆分韻五卷補一卷(2-1)

049　繆篆分韻五卷補一卷

清桂馥撰。清光緒間姚氏咫進齋重刊本。三册。卷末鎸"姚覲元重校刊"一行。

補卷首有嘉慶元年（1796）桂馥序，稱："予少時篤嗜古銅印，凡南北收藏家，不遠千里求之。所見日多，因采集印文，仿《漢隸字原》，作《繆篆分韻》。"此爲篆刻工具書。"繆"是"綢繆"之意，因其文屈曲纏繞，故名之。桂馥將漢、魏印文統稱爲"繆篆"，並類編其文爲《繆篆分韻》。

此書未收入姚氏《咫進齋叢書》中。

書爲陳東"石木齋"舊藏。余與陳東初識於京城潘家園，時在二十世紀九十年代中期。後曾數十次前往廊坊購其存書，所獲頗多。最早版本爲宋、元、明遞修本《周書》完整一部，計二十四册。記得交易後連夜送余上火車站，一路上難捨其書，幾欲反悔。另有宋版佛經（已忘其名）十三開，售余僅千餘元。陳東也曾數次來寒舍購書，因余惜售，祗略去一二，至今仍覺對不起他。我們也曾結伴訪書

049　繆篆分韻五卷補一卷（2-2）

至京、津、晉等地。記得在太原某賓館曾有過一次徹夜長聊，陳君述其訪書之艱辛，甚至幾乎搭上性命，至今難忘。陳君後來主掌古籍拍賣，曾多次促余送拍，一直未能遵命。余也曾數次提供訪書信息給他，其中包括紹興九峰舊廬舊藏，還得到他的信息費，其情可感。陳東以極其敬業之心將古籍拍賣搞得有聲有色，引領潮流且多有創新，書界刮目。不料二〇一〇年春拍前夜，陳東竟因操勞過度猝然離世。今撫書憶人，百感莫名。

欽定四庫全書

四聲等子

提要

臣等謹案四聲等子一卷不著撰人名氏錢
曾讀書敏求記謂即劉鑑所作之切韻指南
蓋一經翻刻特易其名今以二書校之若辨
音和類隔廣通侷狹內外轉攝振救正韻憑
切寄韻憑切喻下憑切日寄憑切及雙聲疊
韻之例雖全具於指南門法玉鑰匙內然詞
義詳畧顯晦迥有不侔至內攝之通照遇果

050　鈔本四聲等子

舊鈔本一册，不著撰人。封面墨書"閑存齋寫藏本戊辰春日靈苑山人題記"，鈐"靈苑""不學無術"二印。卷末有陳澧題記云："余購求此書十餘年不可得。前年徐公可鈔杭州四庫本寄贈，昨以付許青皋刻之。此等韻家最古之書，講音韻者不可不知也。丙辰八月六日陳澧題記。"次趙齊嬰記曰："等韻之書最古者，有司馬温公《切韻指掌圖》，然《傳家集》不著録，未可定爲温公手著，則此書爲最古也。吾師陳先生留心購求，徐公可鈔以寄贈，但其中筆誤頗多。……可以意求者輒爲改正，其餘無原本可校概仍其舊。又原鈔本三十六字母及七音全清、次清等字，用朱寫每頁一圖，共廿六行，今改用墨寫，每頁廿行，從其便也。咸豐九年十月番禺趙齊嬰鈔並記。"

又次閑存跋曰："曩讀四庫書提要，知有《四聲等子》，十數年來未之見也。甲子秋於趙君子韶處得假此帙，手録一通，其中筆誤略經趙君訂正，而上下舛錯以及偏旁點畫之訛，仍復不少。明知無原書可校，難免臆改之失，然管見所及，記其自得，仍將原字朱書本葉之上，以備參考，或者不爲博雅所嗔乎？同治戊辰正月二十有八日閑存補記。時客恩州。"卷末又有祖耕一跋："右《四聲等子》一部，趙子韶太老師所鈔也，當謹藏之。後所爲跋尾疑是許青皋先生筆也。此二人皆嗜書篤學之士，得其墨蹟宜珍藏之耳。癸巳五月於殘稿中檢得之，因裝釘成册並記其原委於此。祖耕。"鈐"慶耕"印。

許玉彬，字璘甫，後字伯鬲，號青皋，所居名"水蓀老屋"。平生好古，尤好收書，凡善本不惜重價收之，於是書日富而家日貧，書亦散出。

此鈔得之於海王邨。刻本少見，名家鈔跋，足堪珍重。

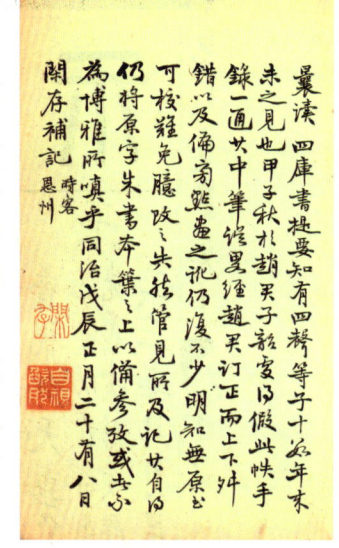

050　鈔本四聲等子（3-2）

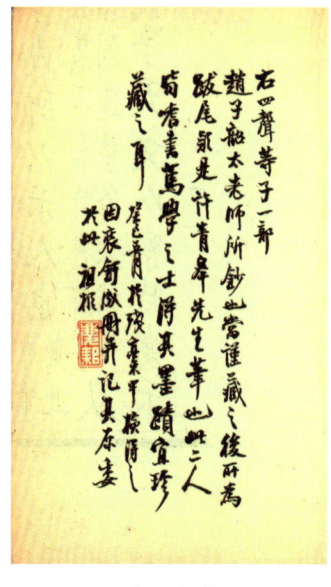

050　鈔本四聲等子（3-3）

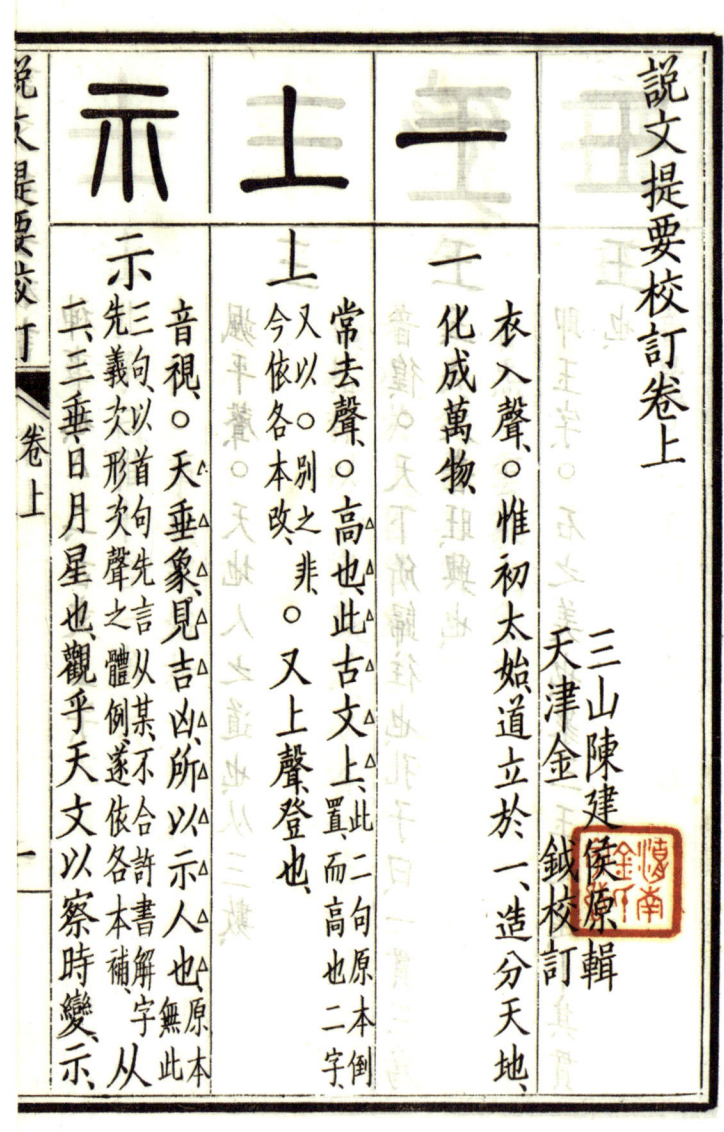

051　許學四種

天津金鉞編。是書收《說文提要校訂》二卷,《說文提要增附》《說文約言》《許君疑年錄》各一卷。鈐"遼南金氏家塾"朱印。撰者自存本。

金鉞,字浚宣,號屏廬,清末監生,民政部員外郎。著有《屏廬文稿》《戊午吟草》等。善畫,喜網羅舊籍,究心鄉邦文獻,爲近代天津喜刻書的藏書家,近三十年刻書二十餘種,輯有《屏廬叢刻》《天津詩人小集》等。

是書爲宛平德子元書、北京著名刻書坊文楷齋刻印,開本闊大、紙墨精良,洵爲書林近代善本。

《天津金氏屏廬刊印各種書籍價目》載,每種書因紙墨印刷不同而書價不等。此《許學四種》宣紙精墨印者,每部定價二十元;毛邊紙印者,每部定價十元。

051　許學四種(3-2)

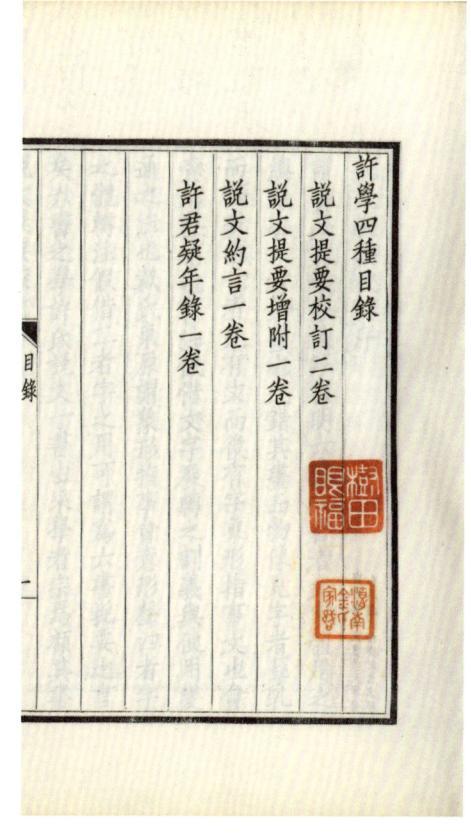

051　許學四種(3-3)

楚辭韵讀附宋賦

屈原離騷經

帝高陽之苗裔兮朕皇考曰伯庸〇攝提貞於孟陬兮惟
庚寅吾以降〇胡冬反東皇覽揆余於初度兮肇錫余以
嘉名〇名余曰正則兮字余曰靈均〇眞耕紛吾既有此內
美兮又重之以修能〇反其屍江離與辟芷兮紉秋蘭以
爲佩〇音邳汨余若將不及兮恐年歲之不我與〇朝搴阰
之木蘭兮夕攬洲之宿莽〇音姥日月忽其不淹兮春與
秋其代序〇惟草木之零落兮恐美人之遲暮〇不撫壯而
棄穢兮何不改乎此度〇也乘騏驥以馳騁兮來吾道夫

052　江氏音學十書

江有誥撰。民國間渭南嚴氏刊。白紙四册。存《羣經韵讀》一卷、《先秦韵讀》一卷、《楚辭韵讀》一卷附《宋賦韵讀》一卷。是書内封面鎸"甲戌十月渭南嚴氏斠刊于成都",卷末鎸"渭南嚴氏賁園書庫刊鎸""渭南嚴氏孝義家塾校刊"牌記。

渭南嚴氏即嚴雁峰(其子嚴谷聲)。祖上爲巨商,喜聚書,築"賁園書庫"以貯之,達三十萬卷。其刻書亦甚精,字迹周正清晰,筆畫綫條勻稱,紙質潔白柔軟,裝幀大方美觀,可稱現代善本。美國國會圖書館專闢"渭南嚴氏精刻善本書籍室",庋藏嚴氏所刻之書。其刻書專用老刻工,用料亦甚講究,故自不凡也。此書爲嚴谷聲與蜀中名儒龔道耕共同校訂精刻,亦甚可觀。

此書民國刊本流傳稀少,所見多爲一九五七年四川人民出版社據民國刊本重印者。《中國叢書綜録》所著録的,亦爲一九五七年四川人民出版社重印本。

乙亥(1995)秋至津門,於文化街古籍書店架上翻出,亟購之。民國精刻如此者,實不多見也。

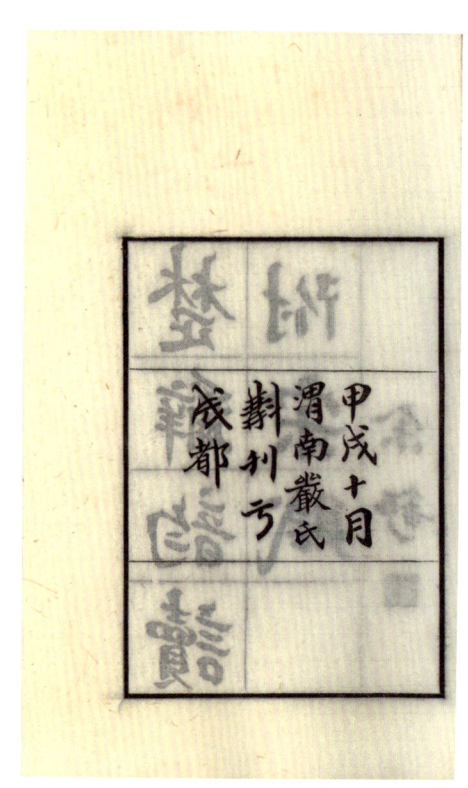

052　江氏音學十書(2-2)

史部

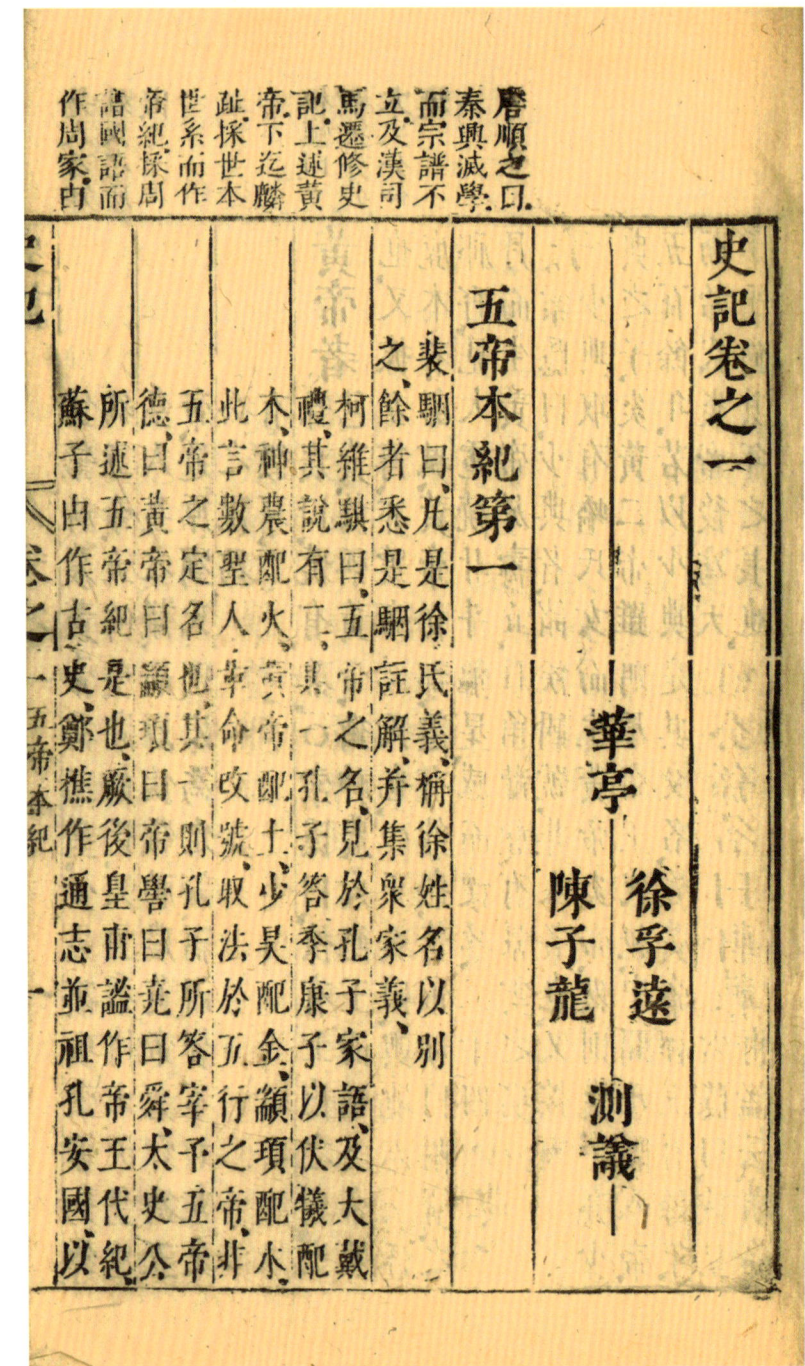

史記卷之一

五帝本紀第一

華亭　徐孚遠　陳子龍　測議

053　史記測議一百三十卷

明徐孚遠、陳子龍測議。明崇禎間刊本。

華亭徐孚遠序,崇禎庚辰(1640)華亭陳子龍序,徐孚遠凡例。半葉九行二十字,白口,單白魚尾,左右雙邊。眉端鎸諸家評語。黃棉紙二十四冊。

《中國古籍善本書目》著録,收藏於國内十餘家圖書館。是書於史事及注解,多有訂正、發明之處。乾隆間武英殿版《史記》所附考證,多取其説。

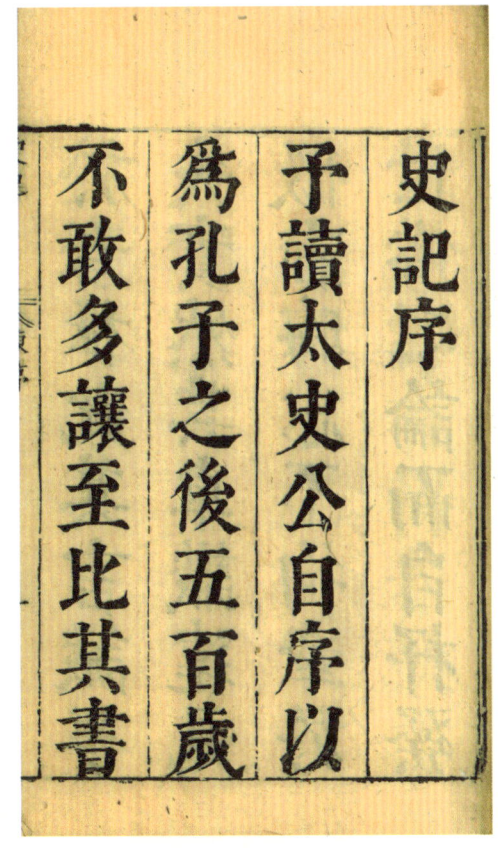

053　史記測議一百三十卷(3-2)

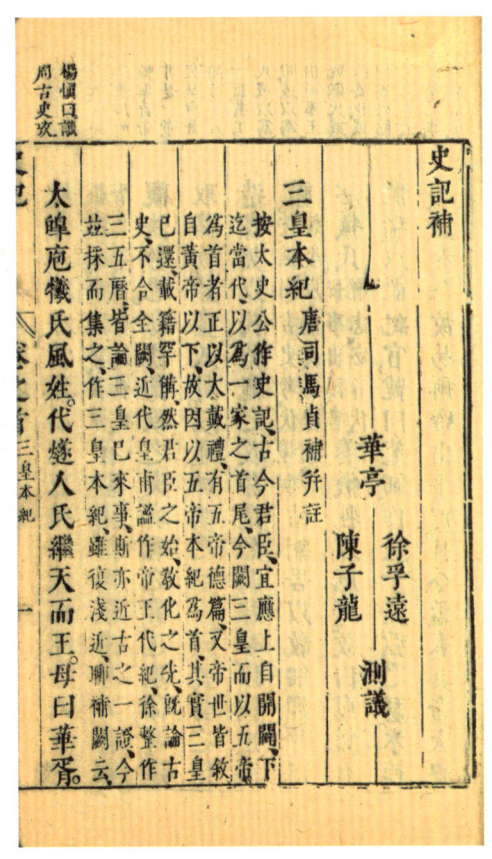

053　史記測議一百三十卷(3-3)

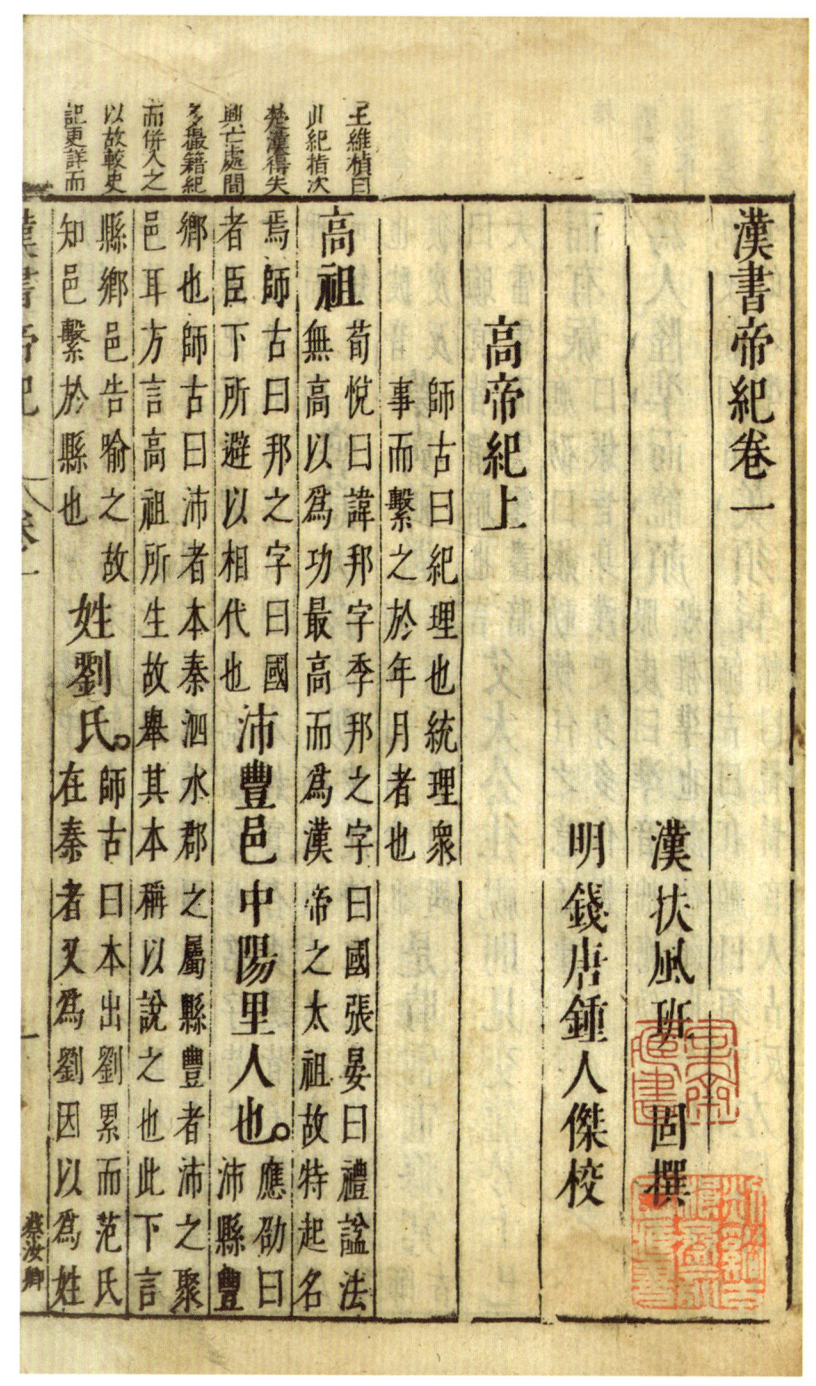

054　漢書一百卷（3-1）

054 漢書一百卷

此書又名《前漢書》。漢班固撰。明萬曆間鍾人傑校刻本。三十二册。半葉九行二十字,白口,白魚尾,四周單邊,眉上鐫批。卷前武林黄汝亨序,萬曆辛巳(1581)何洛之序,同年王世貞序,茅坤序,萬曆癸未(1583)陳文燭序,《漢書》序例,鍾人傑新刻《漢書》凡例。刻工蔡汝卿、蔡爾言、徐玉陽、王益之等。内《列傳》卷一至卷四爲鈔配,字甚佳。鈐"惕菴""高人龍印""劉谿古根齋俞氏藏書"等三印。個别卷内有墨批。

高人龍,字惕菴,清康熙二十七年戊辰(1688)進士,翰林院庶吉士,吏部文選司郎中。學問淹博,性情端介。工詩文,著有《惕菴語録》。

此書《中國古籍善本書目》著録爲明萬曆四十七年(1619)刊,《中國人民大學圖書館古籍善本書目》亦然,與此本行格、版式悉同。

是書乙亥年(1995)獲於廊坊。

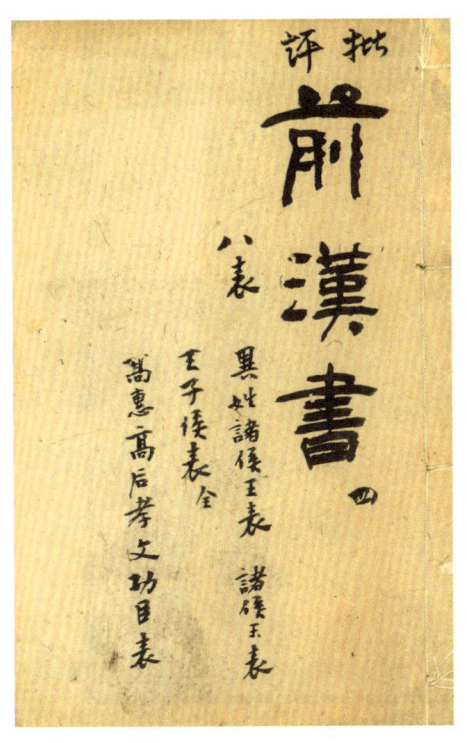

054 漢書一百卷(3-2)

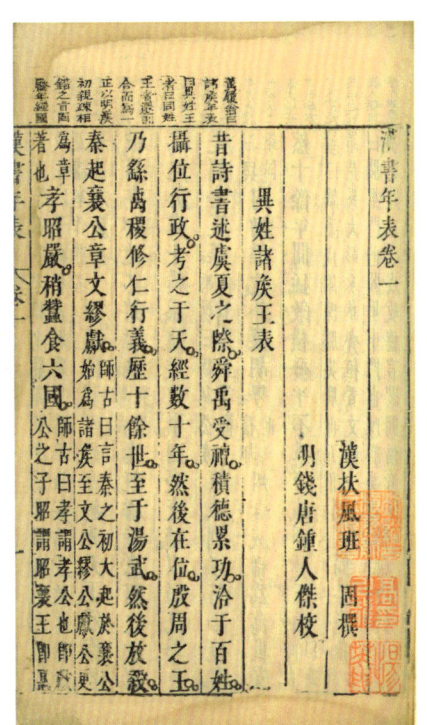

054 漢書一百卷(3-3)

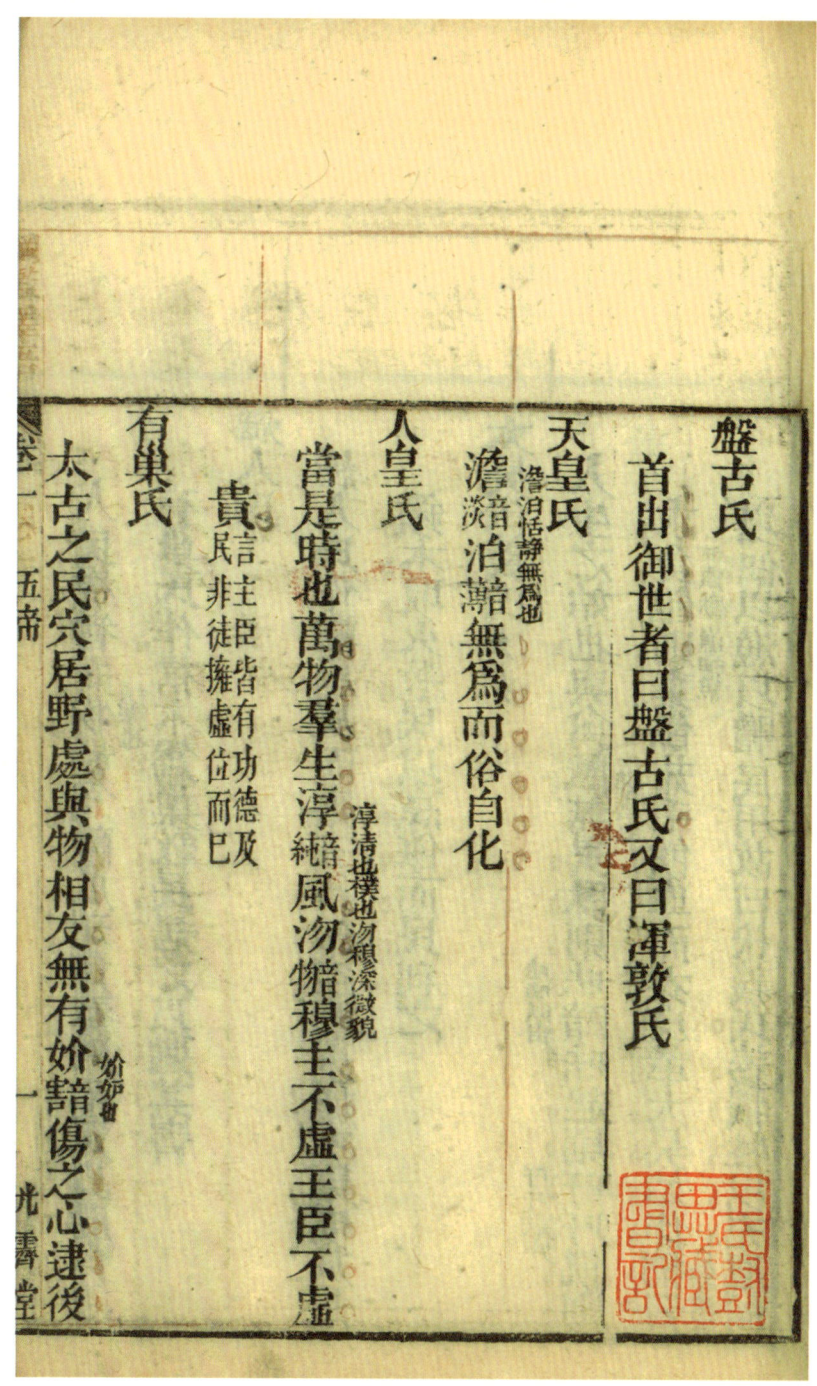

055　綱鑑擇語十卷

清司徒修輯。清咸豐乙卯（1855）愛蓮書屋重刊，朱墨套印，八册一函。書口鎸"光霽堂"。

卷前嘉慶丁卯（1807）輯者自叙云："顧欲究其大義，自須求之全書，至其中零星語言，有精采照耀，足供帖括之用者，每展玩輒不忍釋，爰擇録之，哀成，名曰《綱鑑擇語》，例主載言不載事。"

此書《販書偶記》正續編皆未著録。

055　綱鑑擇語十卷（2-2）

光武帝紀第一上

後漢書一上

唐章懷太子賢注

世祖光武皇帝諱秀字文叔〔伯仲叔季兄弟之次長兄伯升次仲故字文叔焉〕南陽蔡陽人〔禮祖有功而宗有德光武中興故廟稱世祖諡法能紹前業曰光克定禍亂曰武伏侯古今注曰秀之字曰茂南陽郡今鄧州縣也蔡陽縣西南〕高祖九世之孫也出自景帝生長沙定王發〔春陵鄉名本屬零陵泠道縣在今永州唐興縣北元帝時徙南陽蔡陽故城今在隨州棗陽縣東事具宗室傳〕發生舂陵節侯買〔長沙郡今郴州縣也〕買生鬱林太守外〔前書曰鬱林郡今貴州縣鬱林郡秦官〕外生鉅鹿都尉回〔鉅鹿郡今邢州縣也前書曰都尉本郡尉秩比二千石景帝更名都尉〕回生南頓令欽〔南頓縣屬汝南郡故城在今陳州項城縣西前書曰令秩千石至六百石〕欽生光武〔東觀記曰欽為濟陽令光武生濟陽宮光武年九歲而孤養於叔父良身長七尺三寸美須眉大口隆準日角〔鄭玄尚書中候注云日角謂庭中骨起狀如日〕性勤於稼穡而兄伯升好俠養士常非笑光武事田業比之高祖兄仲王莽天鳳中〔王莽建國六年改為天鳳〕迺之長安受尚書略通大義〔東觀記曰受尚書於中大夫廬江許子威資用乏與同舍生韓

056　後漢書一百二十卷續漢書志三十卷

南朝宋范曄撰,唐李賢注,晉司馬彪撰志,梁劉昭注補。
封面牌記曰:"同治癸酉仲秋嶺南使署校刊。"韓江書局據汲古閣本刊。
卷内鈐"無惑樓""佰頌""知不足"印。
此書購時遭改爲精裝本,歸後重新恢復綫裝,訂爲十六巨册。

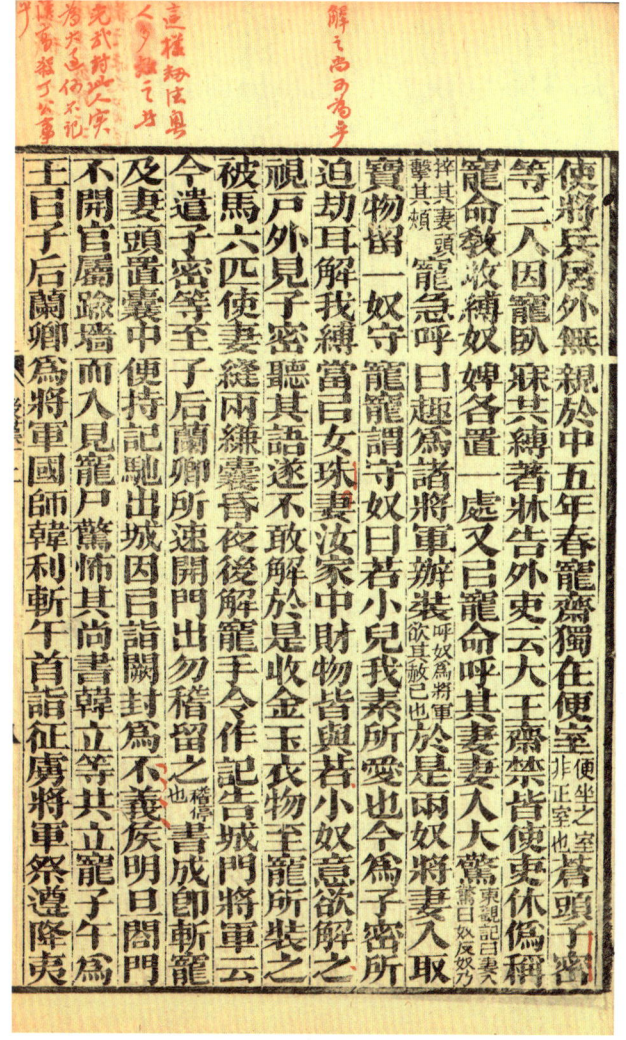

056　後漢書一百二十卷續漢書志三十卷(2-2)

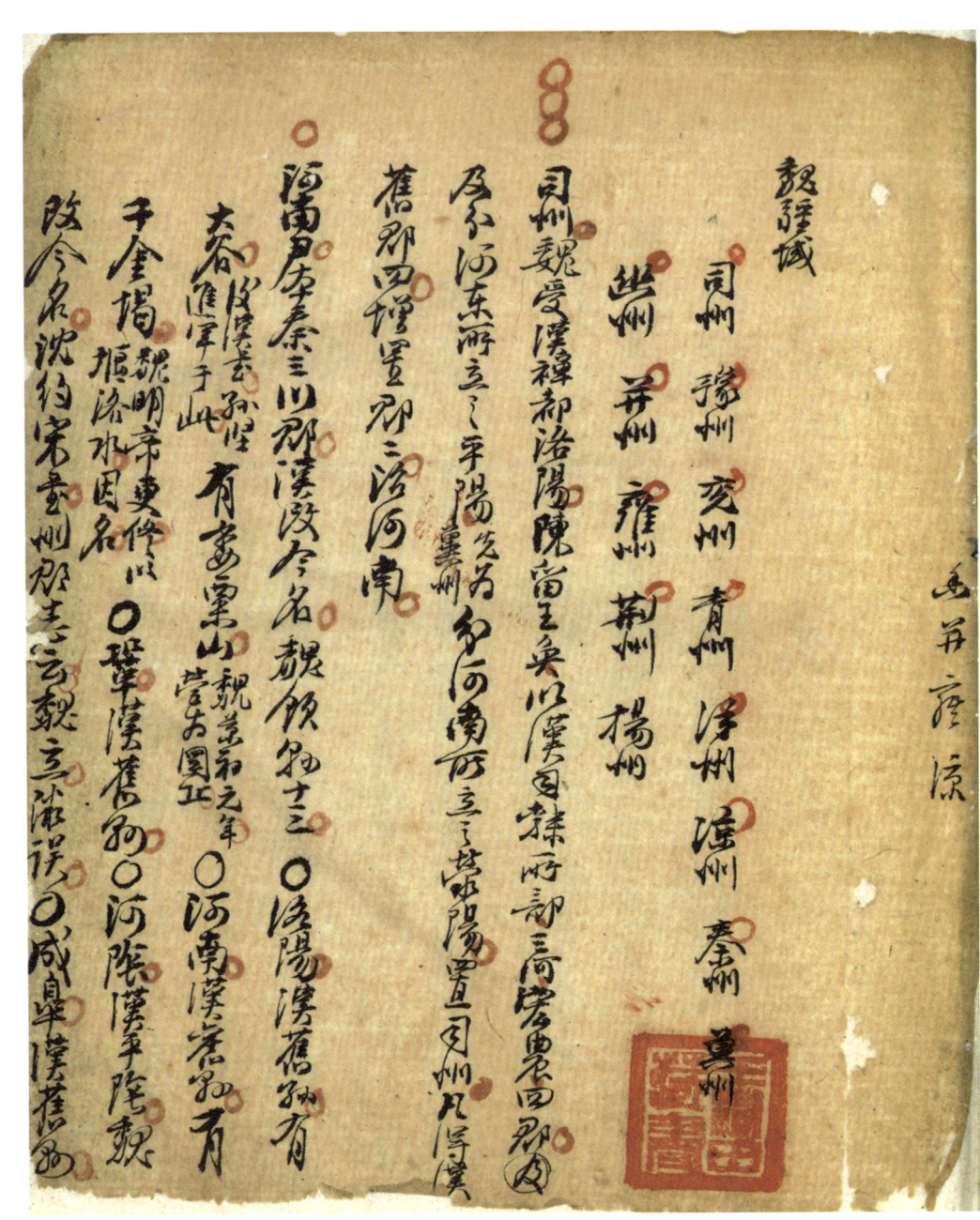

057　稿本補三國疆域志集注(2-1)

057 稿本補三國疆域志集注

稿本,存卷上《魏志》四册。無格,百餘葉,蠅頭小楷密布,間有朱筆校正,浮簽纍纍。撰者無考,卷末署"丙寅九月初八日□□"。考清洪亮吉著有《補三國疆域志》,兩者相較,開頭部分無異,後則不同。如"北平郡"一條,朱筆批曰"今遵化古北平";"下曲陽"條上批"又有上曲陽,即今定州曲陽";"新野"條上批"今南陽有新野州";"臨沮"條上批"今襄陽南漳州古臨沮";等等。

此稿本上世紀九十年代得之於北京琉璃廠古籍書市。當時書市所售古籍賤如白菜,引得書友蜂擁搶奪,此情形今猶歷歷在目。譬如今之藏書大佬韋力先生,當時也是搶書一族,正所謂英雄不問出身也。

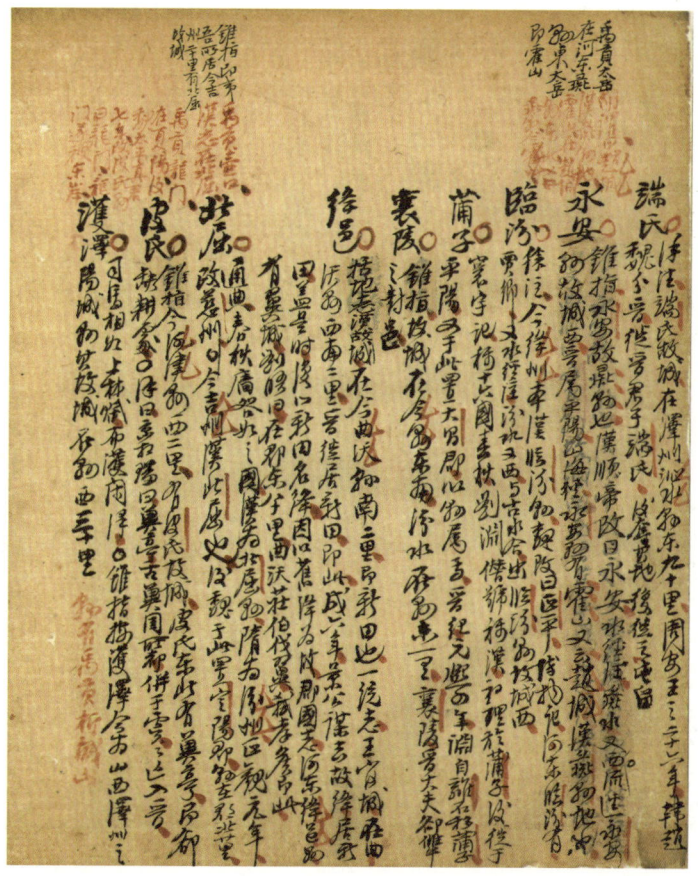

057 稿本補三國疆域志集注(2-2)

晉畧本紀一　　荊溪周濟譔

武帝

帝諱炎字安世氏曰司馬楚漢時印為殷王都河內其後因居溫云八世至漢征西將軍鈞生豫章太守量量生潁川太守儁儁生京兆尹防防子八其第二子曰懿懿子九八長曰師次曰昭

懿妻張氏河內平臯人生三子師昭榦張有權暑魏武初辟懿懿辭以風痺天暴雨不覺自起收書家惟一婢見之張恐事泄手殺婢遂自執爨及懿寵柏夫人不禮張張視懿疾懿曰老物可憎何煩出也張恚不食諸子亦不食懿乃謝之既而告人曰老物不足惜慮兒耳魏正始八年卒武帝受禪追尊曰宣穆皇后

帝昭長子也懿字仲達漢末為魏國太子中庶子魏武察其雄豪欲除之賴太子丕以免文帝末以撫軍將軍錄尚書與曹眞陳羣並受顧命明帝即位封舞陽矦遷驃騎將軍太和元年都督荊豫二州鎭宛平孟達叛四年遷大將軍加大都督假黃鉞與曹眞伐蜀青龍四年遼東叛徵詣京師景初二年平遼東還至薊使者迎勞增封詔便道復鎭

058　晉略十五卷序目一卷

　　清周濟撰。清道光十九年(1839)味雋齋原刻本,竹紙十册。卷内鈐"遜夫過眼""南京市圖書館藏書"等印。每卷後有止非墨書"何日讀罷"之語。

　　味雋齋板刻成後,未及多印,即因戰亂而毁亡,故原刻本存世甚稀。光緒二年(1876)重刊本則較爲常見。黄永年、賈二强《清代版本圖録》著録此書,並説明重刻本版心下方有册次,爲鑒別版本早遲之一法。余據此對照内蒙古圖書館所藏光緒本,信然。

　　書獲於南京書友李某。

058　晉略十五卷序目一卷(2-2)

五代史卷第一

梁本紀一

本紀因舊以爲名木原其所始起而紀其事與時也即位以前其事詳原本其所自來故曲而備之見其起之有漸有暴也即位以後其事略居尊任重所責者大故所書者簡惟簡乃可立法

太祖神武元聖孝皇帝姓朱氏宋州碭山午溝里人也其父誠以五經教授鄉里生三子曰全昱存溫〈變諱〉其書名義在誠卒三子貧不能爲生與其母傭食蕭縣人劉崇家全昱無他材能然爲人頗長者存溫勇有力而溫尤兇悍唐僖宗乾符四年黃巢起曹濮存

059　五代史七十四卷

此書又名《五代史記》。宋歐陽脩撰,徐無黨注。明楊慎評,鍾名臣訂。竹紙十六册。半葉九行二十字,白口,左右雙邊,眉上鐫批。明建安陳師錫序。有墨批。鈐"秀水金氏雙桂堂藏"等印。另有二印被滅去。"玄""弘"不避,晚明刻本。十年前游滬,於胡承樑半葉齋得之。

金蓉鏡,浙江秀水人。字學範,又字殿臣、甸丞,號莘甫、潛父、潛廬、香巖、香巖居士等。室名雙桂堂、香巖庵。光緒十五年(1889)進士,官於湖南。浙江近代著名藏書家。著有《潛廬文鈔》《痰氣集》《訓俗常談》等。卷内夾有陳重泰手札一紙,另存。

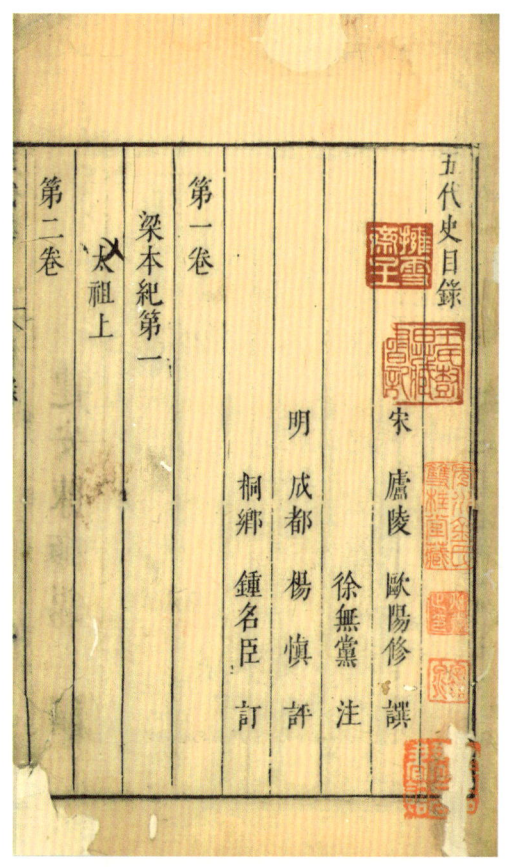

059　五代史七十四卷(2-2)

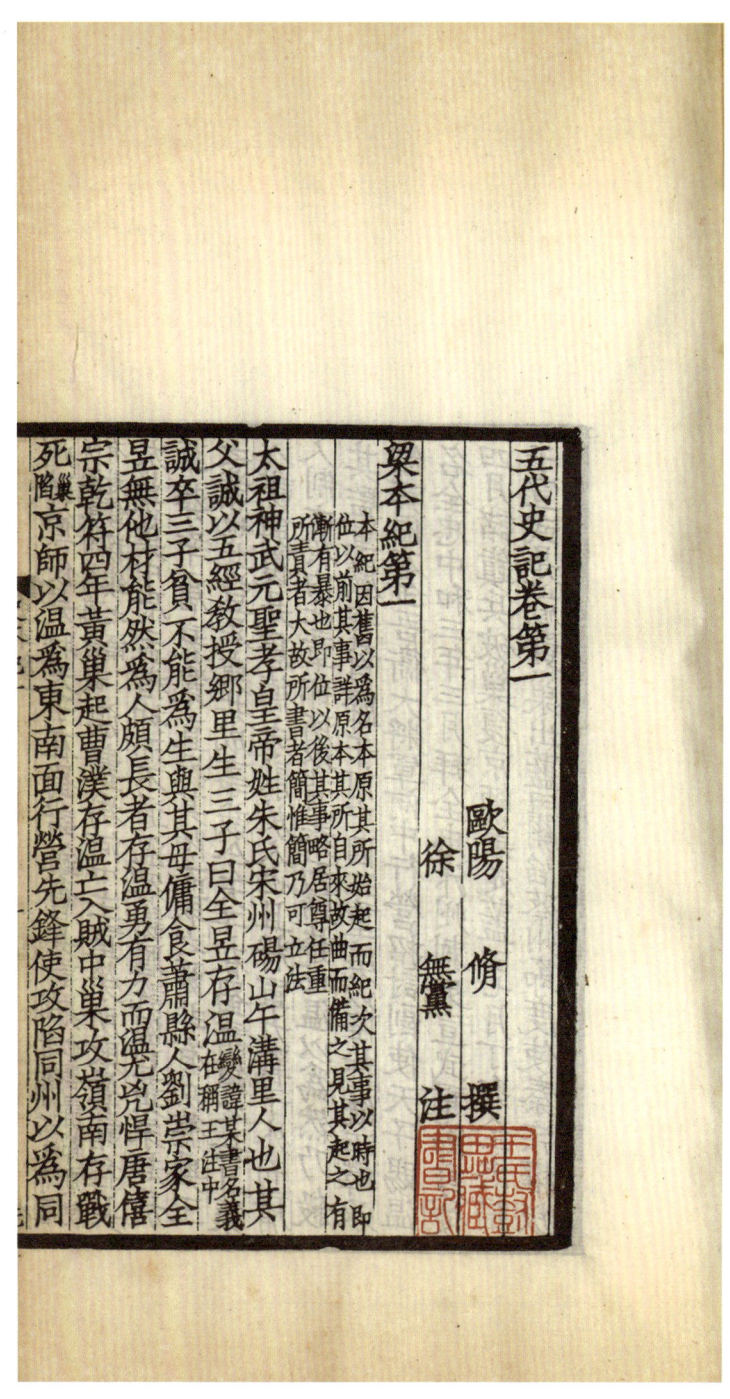

060　五代史記七十四卷

宋歐陽脩撰。清宣統三年(1911)貴池劉世珩刊,陶子麟刻梓。十二册。劉世珩爲民國間刻書大家,陶子麟亦名手,此影宋小字本《五代史記》,爲其代表之作也。另刻有大字本《玉臺新咏》,與此並稱於世,不讓宋板。葉昌熾《緣督廬日記鈔》卷十四云:"徐積餘觀察所贈《隨庵叢書》共十種,皆仿宋元刻……皆有'鄂省蘭陵街陶子麟鋟木'字,亦皆出其雕造,精美相埒,吳中無此良工也。"

余早欲得此書,惜無覓處。乙亥年(1995)天津古籍書店重新開張,店堂布置一新,上架之書多,且標價不甚高。余購書一包,是書在内。翌年再至該店,書價騰貴,不敢問津矣。

大字本《玉臺新咏》,曾於書友陳東家得見,價昂不能取之。

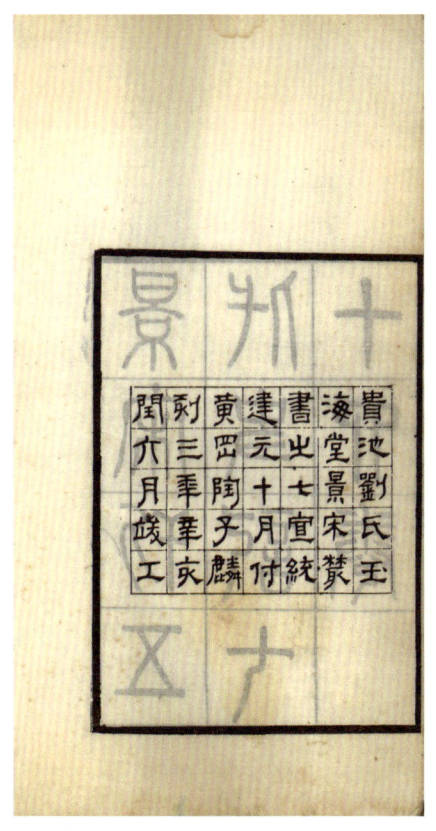

060　五代史記七十四卷(2-2)

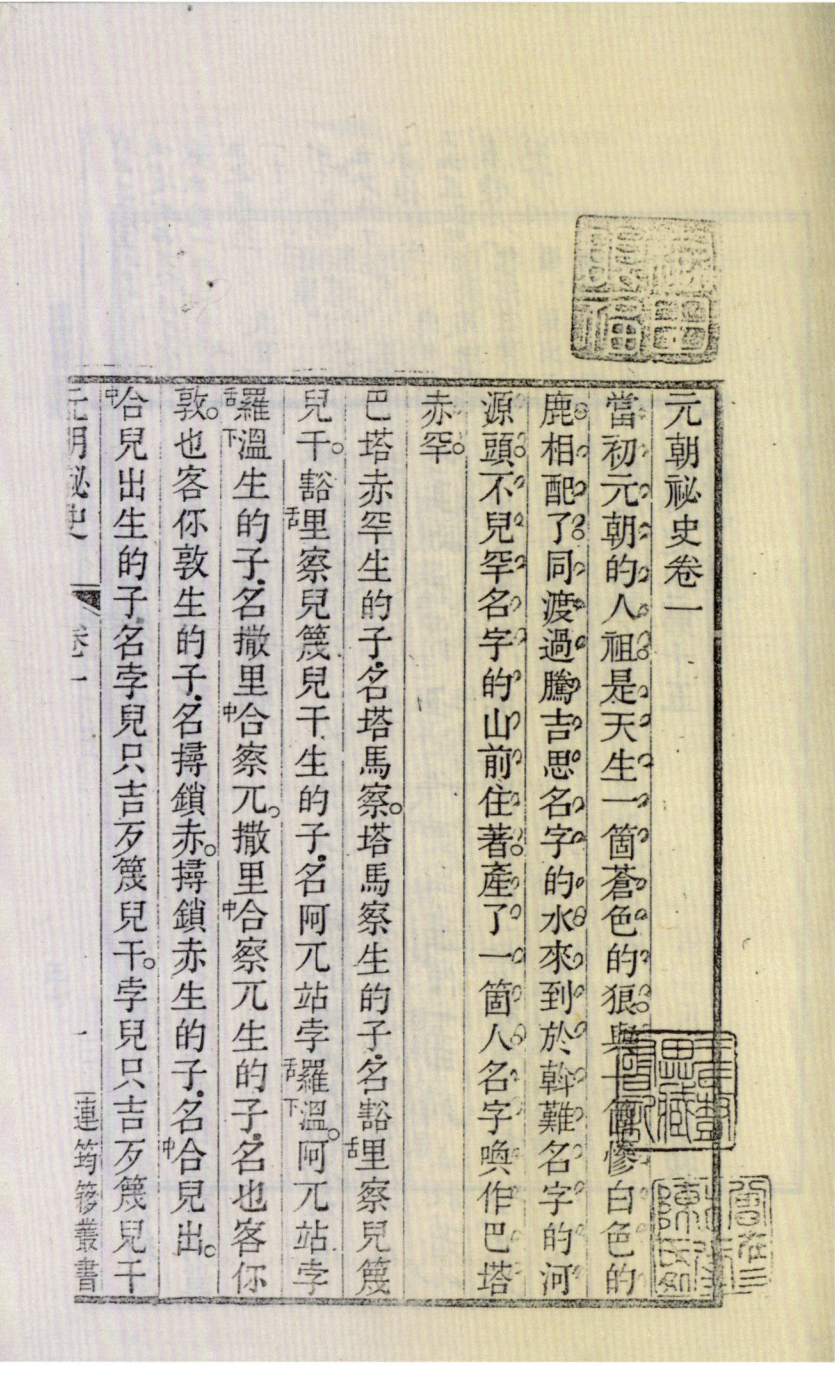

061　元朝祕史十五卷

061　元朝祕史十五卷

元忙豁侖紐察脱察安撰。清道光間刊,靈石楊氏《連筠簃叢書》本。二册。《四庫全書總目》稱是書:"足補正史之紕漏,雖詞語俚鄙未經修飾,然有資考證,亦讀史者所不廢也。"《書目答問補正》評曰:"叙元先世及太祖、太宗兩朝,最得其真。"余另存明清遞修本《元史》,可與此書參照。

卷内鈐藏印爲"舊在三百堂陳氏處"。曾三百堂爲清陳奐室名。陳奐,江蘇長洲人,字淖雲,號碩甫,又號師竹、南園老人。經學家。曾主杭州汪氏振綺堂二十餘載,著述甚豐。

每册封面另有墨書"無隅"二字。方爾謙,字地山,又字無隅,雅好集藏文物,並有"聯聖"之稱。其書法挺峭,有山林氣,觀此二字頗類也。

卷末附錢大昕跋,另有佚名朱批,皆考證文字。後有方爾謙墨跋一則,録以待考:"張石州《蒙古詳細圖》,昨春得於瀋陽書肆,大喜賦詩紀之……該圖托存於奉天國立圖書館,今日閱書至此,感慨殊深,淒憐不可禁也。十六年四月十二日於新民研究會中記之。"

扉葉另有一段墨批:"葉刻與此本大有異同,當參校。""葉刻"爲湘潭葉德輝觀古堂據影元鈔本所刻之本,未見,較此本爲晚,亦頗善。

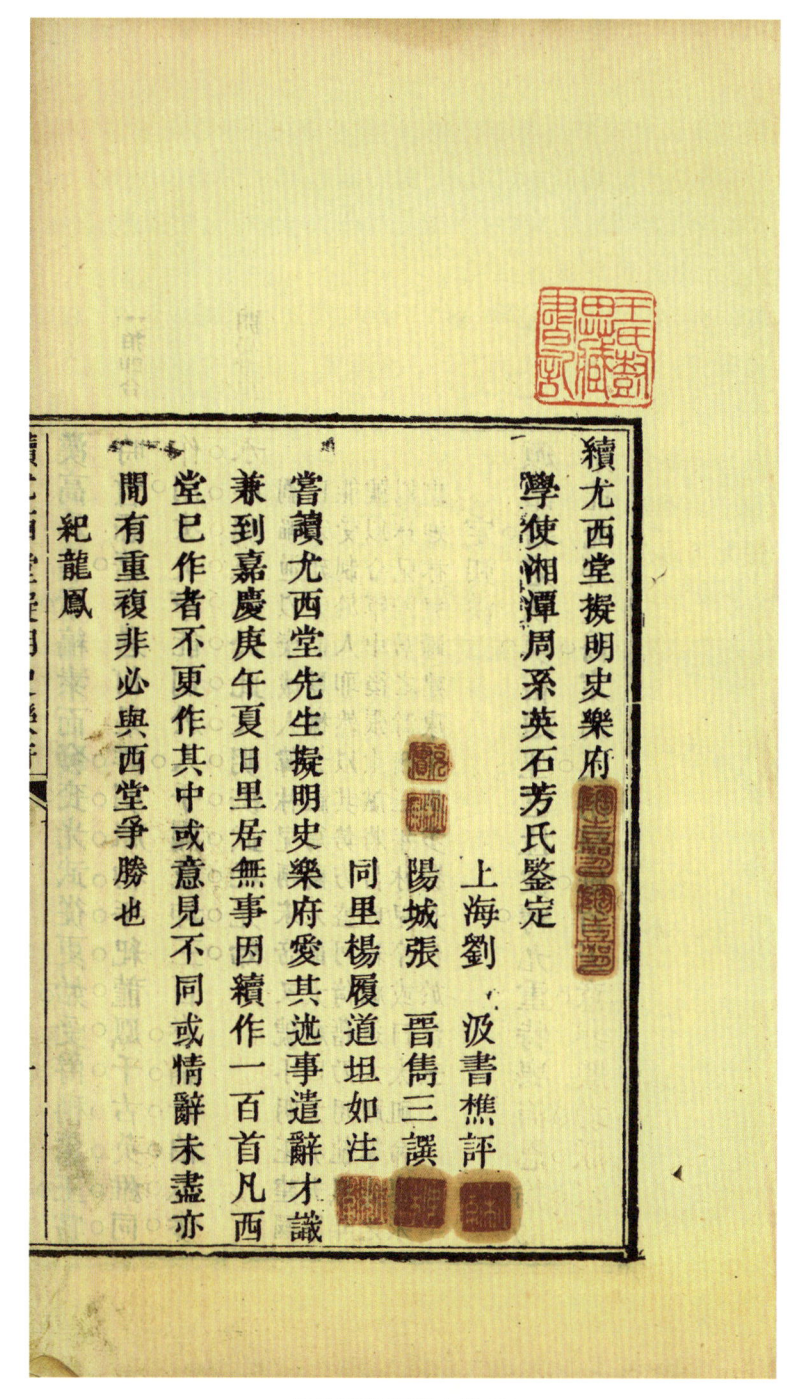

062　續尤西堂擬明史樂府（2-1）

062　續尤西堂擬明史樂府

清張晉撰,劉汲評,楊履道注。清嘉慶十九年(1814)寧武試院刻本。白紙一册。卷末附《仿元遺山論詩絕句》一卷。

張晉,字雋三,山西陽城人。張晉有志於史,多以歌咏論史。此續作百章,不但補前西堂之不足,且多有發揮,有利於解讀明史。

卷前嘉慶壬申(1812)周系英序,曰:"《續尤西堂明史樂府》百章,質而不俚,婉而多風,節奏天然,斷制精確。不覺一讀一擊節,非徒言語妙天下,蓋其學識過人遠矣。斯必傳無疑也。"其時張晉《豔雪堂詩集》已開雕,尚未竣工,時任山西提學使周系英"梓而傳之"。

卷前鈐"陶嘉"印。

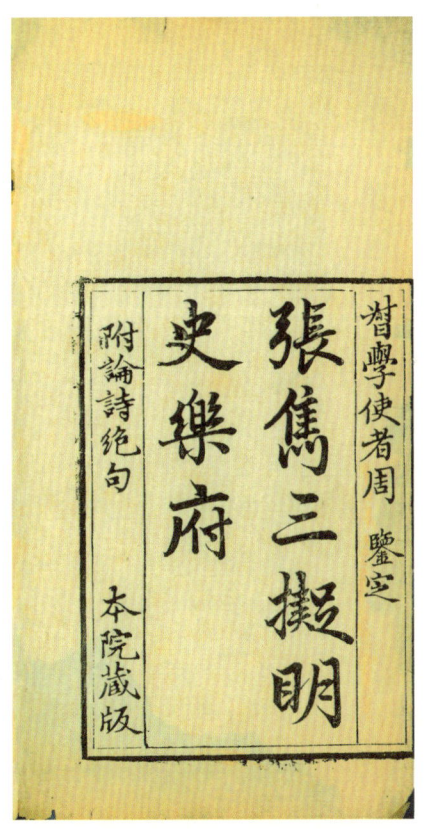

062　續尤西堂擬明史樂府(2-2)

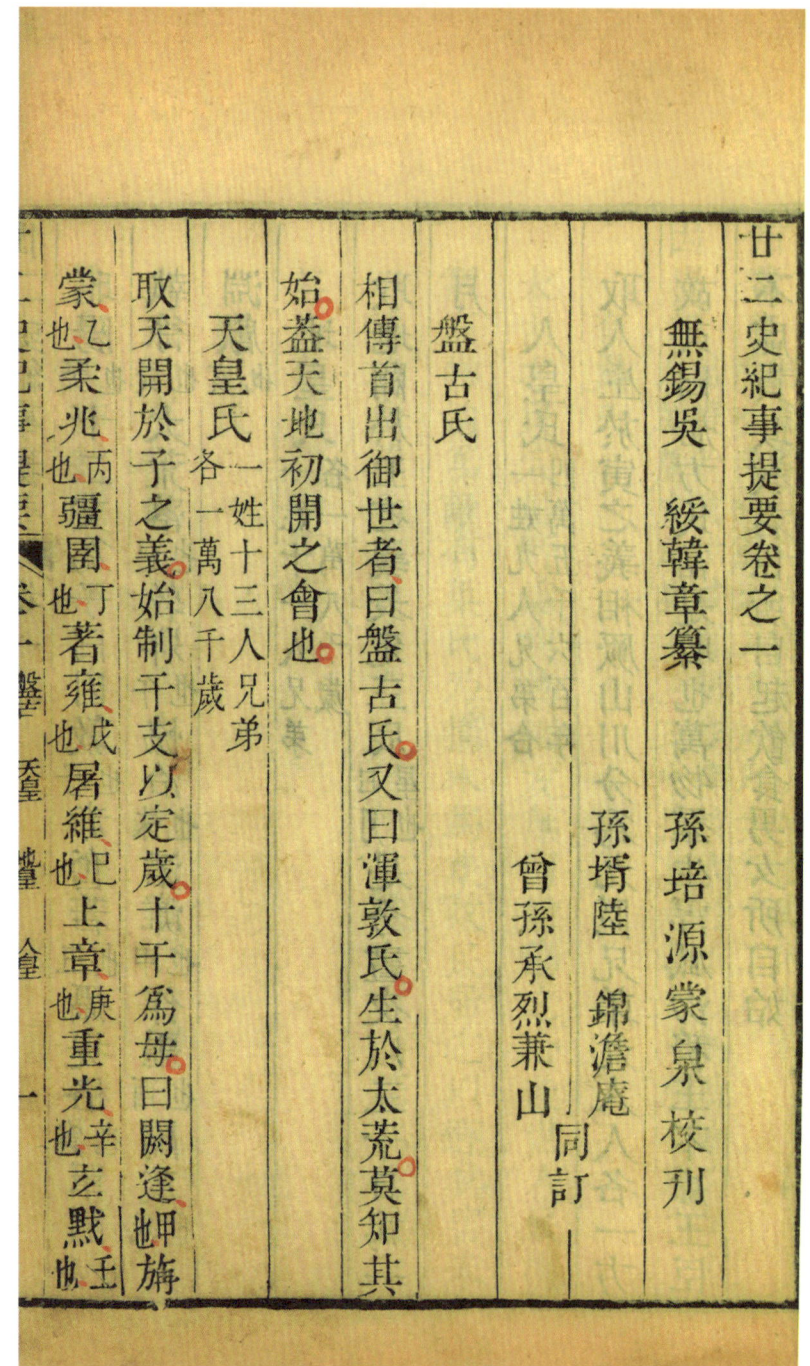

063　廿二史紀事提要八卷（2-1）

063　廿二史紀事提要八卷

清吳綏纂,孫培源校刊,孫婿陸錦、曾孫承烈同訂。竹紙六册。白口,單黑魚尾,四周單邊,半葉十行二十四字。卷前有清乾隆丙寅(1746)王步青序,次乾隆十一年(1746)汪學回序,次凡例,稱:"是編原名《通鑑摘錦》,蓋於每段事實中摘其數字標題於前,好句天成,燦如列錦,使閱者識此數字則全文俱可記憶,且易於采用,集腋成裘,採心釀蜜,頗有益於學者。"

吳綏,字韓章,無錫人,生卒不詳。

此書得之於瀋陽書友。書面雅致,別具一格,亦惜書之人也。

此書被《四庫全書》列爲"存目",頗稀見。

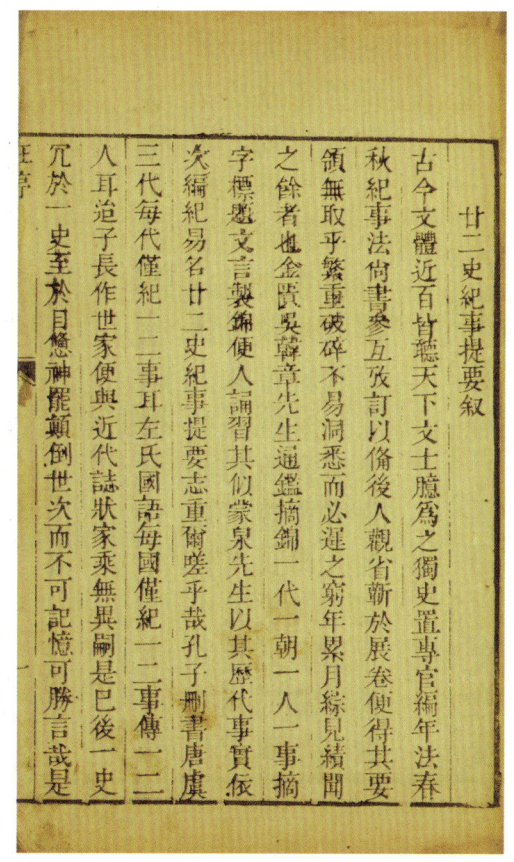

063　廿二史紀事提要八卷(2-2)

續資治通鑑卷第一

賜進士及第誥封資政大夫都察院右都御史總督湖北湖廣等處地方軍務兼理糧餉世襲二等輕車都尉畢沅纂集

朱紀一 起上章涒灘正月 盡十二月凡一年

太祖啟運立極英武睿文神德聖功至明大孝皇帝諱匡胤姓趙氏涿郡人高祖朓唐都令會祖珽御史中丞祖敬唐成成二年既世宗母杜氏後唐天成二年既世宗母杜氏後唐天成二年既世宗母杜氏後唐天成二年既世宗母杜氏後唐天成二年既世宗

帝生於洛陽夾馬營赤光繞室異香經月不散體有金色人事周世宗朝累官至殿前都點檢恭帝即位改朱州節度使進封開國侯依前都點檢

建隆元年遼應歷十年春正月乙巳周歸德軍節度使檢校

太尉殿前都點檢趙匡胤稱帝先是辛丑朝周羣臣方

064　續資治通鑑二百二十卷

清畢沅撰。清同治八年(1869)江蘇書局補刻畢氏本。白紙六十册。

此書上與《資治通鑑》相銜接,即起於宋太祖建隆元年(960),下訖元順帝至正二十八年(1368),以編年體形式記載宋、遼、金、元之歷史,撰者積二十餘年之力,四易其稿而成。此書畢沅生前僅刻一百零三卷,畢家因貪污遭籍没而止,書稿散佚。桐鄉馮集梧買得全稿補刻成二百二十卷。梁啓超曰:"有畢《鑑》則各家續《鑑》皆可廢也。"

畢沅,字纕蘅,號秋帆、靈巖山人,江蘇鎮洋人。乾隆二十五年(1760)進士,官至兵部尚書、湖廣總督。博通經史,著述頗豐。一七九七年病逝。

庚午(1990)秋,余從滬上古籍書店一次購書千餘册,當時古書銷售頗冷,店方視余爲大買主,主動從庫房搬出幾套大部頭古書來,其中有此書,定價僅百元。今則前塵夢影,恍如隔世矣。

戰國策卷第一

東周

高誘注

秦興師臨周王續周顯王後語 而求九鼎周君患之以告顏率續率名也當如字或云力出切後語注
顏率曰大王勿憂臣請東借救於齊顏率至齊謂齊王續齊宣王後語曰夫秦之為無道也作畫錢集作一
欲興兵臨周而求九鼎周之君臣內自盡
計與秦不若歸之大國夫存危國美名也得九鼎
厚寶也願大王圖之齊王大悅發師五萬人使陳臣
思將以救周而秦兵罷齊將求九鼎周君又患之顏
率曰大王勿憂臣請東解之顏率至齊謂齊王曰周
賴大國之義得君臣父子相保也願獻九鼎不識大

065　戰國策三十三卷札記三卷

漢高誘注。《札記》黄丕烈撰。清同治八年(1869)崇文書局覆嘉慶黄氏摹宋刻本。白紙大開本五册。

《戰國策》者,戰國游士輔所用之國,爲之策略,故名之。三十三篇,四百九十章。當時無統一之名,劉向在整理編訂爲一書之後,才確定了此名。高誘最早爲《戰國策》作注,至北宋曾鞏合諸家之本作了訂補。南宋時,剡川姚宏有注本,頗忠於原作,至清代黄丕烈影寫覆刻,收入《士禮居叢書》,今統稱姚本。此書即據嘉慶間黄丕烈讀未見書齋影宋本重刊,頗得宋版《戰國策》風貌,卷末及札記末尾嘉慶牌記尚存。湖北崇文書局雕版一向受人詬病,此書開本敞闊,摹刻精良,爲該書局少見之傑作。

己卯(1999)秋呼和浩特市書友張蘭春從山西某人處收書一批,余選購幾種,此書在内。此次購書,成爲余購藏古書最後一抹餘暉,此後再無此機會矣。

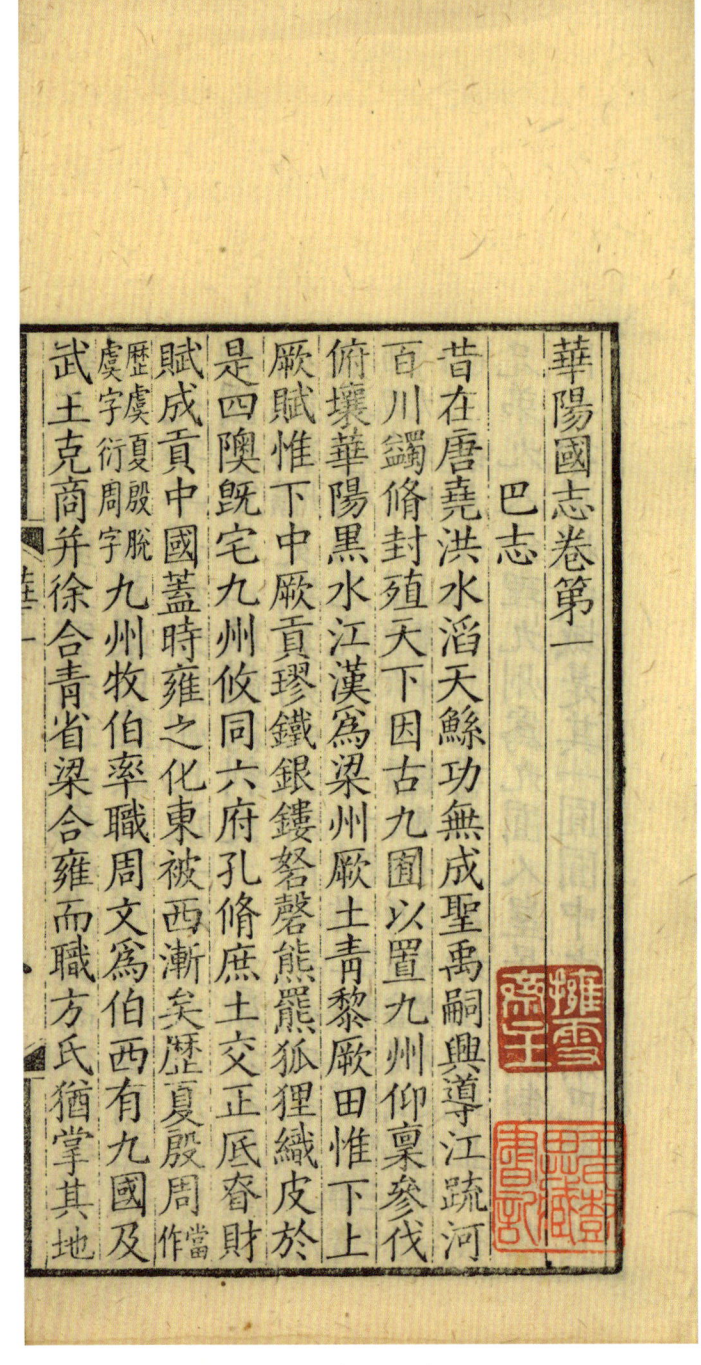

華陽國志十二卷(2-1)

華陽國志卷第一

巴志

昔在唐堯洪水滔天鯀功無成聖禹嗣興導江疏河
百川蠲脩封殖天下因古九囿以置九州仰稟參伐
俯壤華陽黑水江漢爲梁州厥土青黎厥田惟下上
厥賦惟下中厥貢璆鐵銀鏤砮磬熊羆狐狸織皮於
是四隩既宅九州攸同六府孔脩庶土交正底慎財
賦成貢中國蓋時雍之化東被西漸矣歷夏殷周作
虞字夏殷周字脫衍
九州牧伯率職周文爲伯西有九國及
武王克商幷徐合青省梁合雍而職方氏猶掌其地

066　華陽國志十二卷

封面鎸"嘉慶十九年歲在甲戌刊成,題襟館藏"。廖寅序後鎸"金陵劉文奎、劉文楷、劉文模鎸"小字一行。劉氏兄弟以鎸刻精湛著稱,今其所刻之書日稀且貴,得此非易,敢不珍惜。

卷內鈐"謝興堯藏""秀水謝興堯藏書章""五知書屋"等印,知爲謝興堯舊藏。謝氏爲著名學者,其民國間所撰《書林逸話》影響頗大,可見其對版本以及當年書肆情形瞭解之深。興堯亦喜藏書,嘗言:"我自三十年代至六十年代,無論居京旅滬,在汴在蓉,經常出入書肆,搜求舊籍。日積月纍,積少成多,質量上新舊都有,數量上則滿坑滿谷。""文革"中曾焚書並以廢紙價處理過舊書,後又時常到中國書店以古書換取新書。余另有《六朝麗指》等書,亦其舊藏。

卷內眉端有朱批,未知是否謝氏手筆。

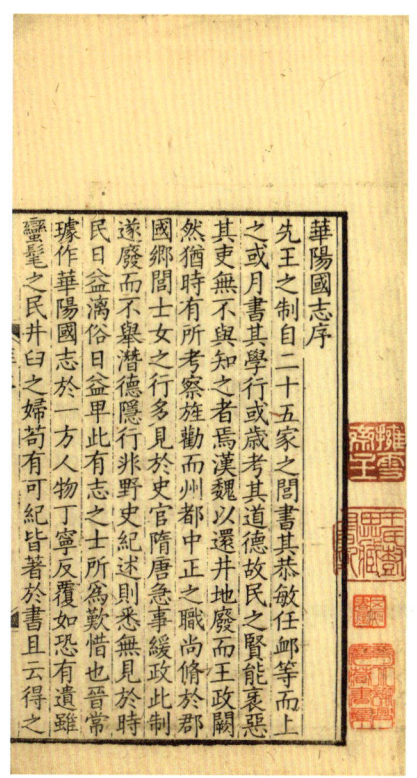

066　華陽國志十二卷(2-2)

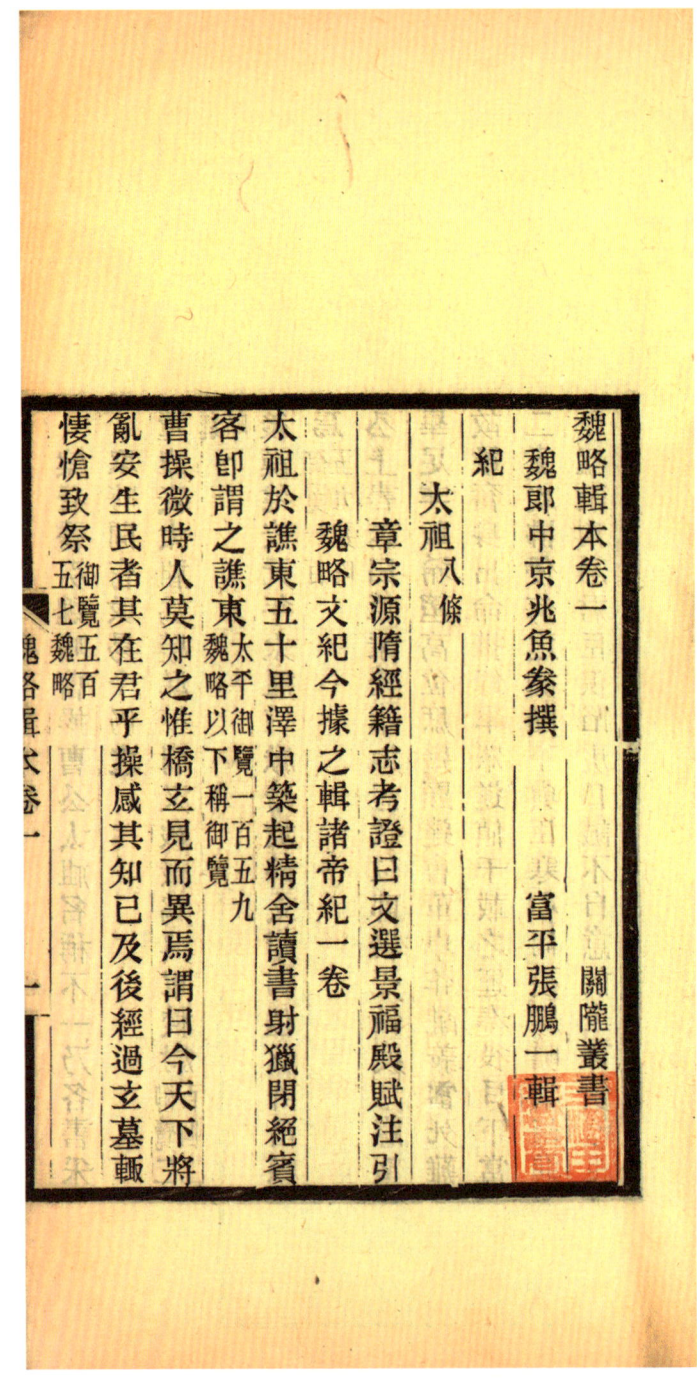

067 魏略輯本二十五卷（2-1）

067　魏略輯本二十五卷

　　三國魏魚豢撰,張鵬一輯。一九二四年陝西文獻徵輯處刻本,二册。
　　《魏略》,史稱"巨細畢載,蕪纍甚多"。唐時失傳,至民國時有張鵬一《魏略輯本》問世,然不足《魏略》二十分之一。
　　卷首題下鎸"關隴叢書"一行,然查《關隴叢書》中並無此書,不知爲何,待考之。
　　内蒙古古籍專家何遠景見余此書,稱"稀見",時在二十年前。遠景小余幾歲,今已退休。時光荏苒,垂垂老矣。時乙亥(1995)暮春花窗下。

067　魏略輯本二十五卷(2-2)

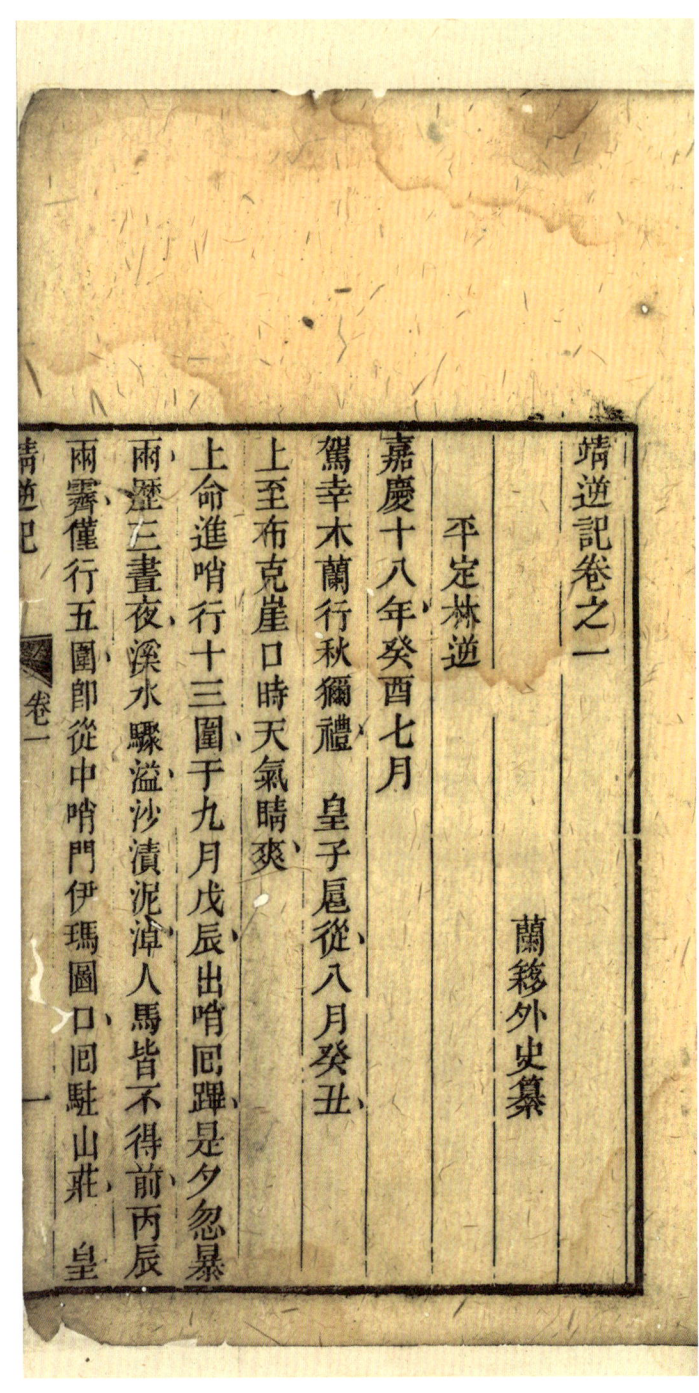

靖逆記卷之一

蘭簃外史纂

平定林逆

嘉慶十八年癸酉七月

駕幸木蘭行秋獮禮 皇子扈從八月癸丑

上至布克崖口時天氣晴爽

上命進哨行十三圍于九月戊辰出哨㢩躍是夕忽暴

雨歷三晝夜溪水驟溢沙漬泥淖人馬皆不得前丙辰

兩霽僅行五圍卽從中哨門伊瑪圖口回駐山莊 皇

068　靖逆記六卷

清蘭簃外史纂。清嘉慶庚辰(1820)春鎸,正道堂梓。竹紙,訂三册。半葉九行二十一字,白口,單黑魚尾,左右雙邊。

此書稀見。雷夢水《古書經眼錄》著錄,所見爲嘉慶二十五年(1820)春文盛堂刻本。余藏此本刊刻亦在嘉慶二十五年春,惟見《中國版刻綜錄》著錄此正道堂本,藏南京大學圖書館,未知與文盛堂本孰先孰後,是何關係,待考。

是書記嘉慶十八年(1813)河南天理教起義始末及被清政府鎮壓過程,頗具史料價值。卷一《平定林逆》《豫親王削爵》;卷二《金鄉守城事》《長垣定曹之變》《平定東省逆匪》;卷三《開州東明長垣剿賊事》《滑縣之難》《滑潽用兵事》《道口之捷》《司寨之捷》《平定滑縣》;卷四《平定陝西三才峽匪》;卷五、卷六爲林清、馮克善、李文成等人事迹。

此書獲於石家莊卓承元先生。卓先生長余近十歲,福建人,儒雅而知書,與余多有交往。其多年來奔波於各地拍場、舊書攤,甚是辛苦,經手古書無數,也僅得溫飽而已。老妻十年前病逝,身邊僅有一智障兒陪伴,晚境可想而知矣。

渚宮舊事卷一

將仕郎守太子校書余知古撰

周代上

鬻熊為周文王師成王即位封其孫熊繹於楚以子男之田居丹陽寶枝江在南郡枝江縣廣曰後六世熊渠立封長子康為句亶王治江陵史記集解徐史記楚世家集解張瑩曰今江陵也

康死國絕熊渠之後數世至文王熊貲始大遂都郢楚世家

今江陵北郢城紀城是也後九世昭王避敵遷郢家楚世惠王因亂遷鄀宜城是也既立復歸而舊史缺原註許慎注鄀字云楚郡今江陵北三

見按惠王之末墨翟重繭趨鄀鄀原註楚郡今江陵北十里有鄀班子折謀宣王之時王宮遇盜鄀寧見黜城是也

069　渚宮舊事五卷補遺一卷

唐余知古撰。清嘉慶十九年(1814)孫星衍校刊,平津館本。

卷內鈐"仁龢朱復廬校藏書籍"印。朱復廬即朱學勤,字修伯,清代浙江仁龢(今屬杭州)人。咸豐三年(1853)進士,官至大理寺卿。藏書室名"結一廬",爲清季著名藏書家,藏有宋元明刻及精鈔本凡數百種。其亡後,藏書歸於豐潤張佩綸。

此書內容多述古楚地人物與掌故,且爲名人舊藏,頗堪珍存。

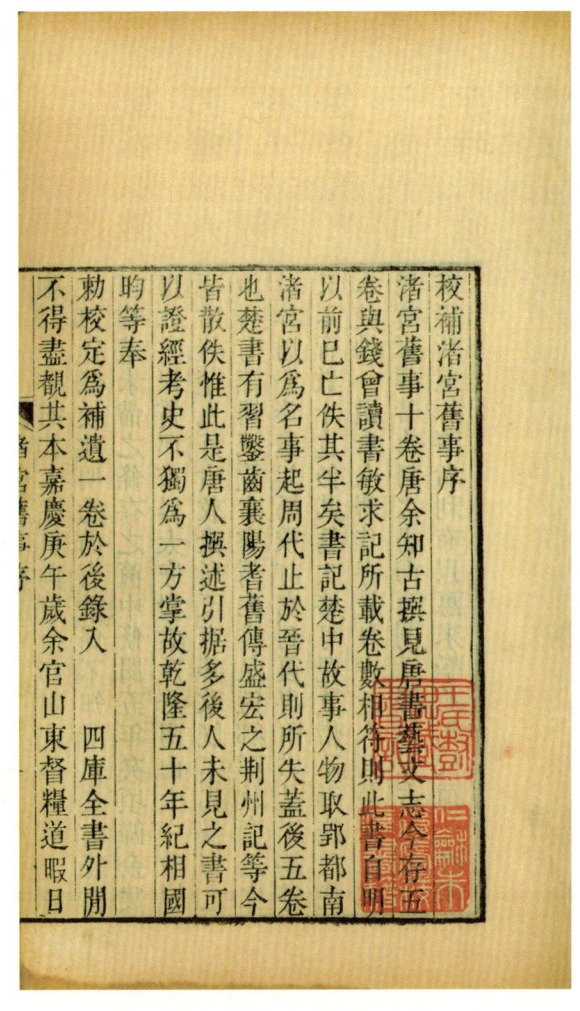

069　渚宮舊事五卷補遺一卷(2-2)

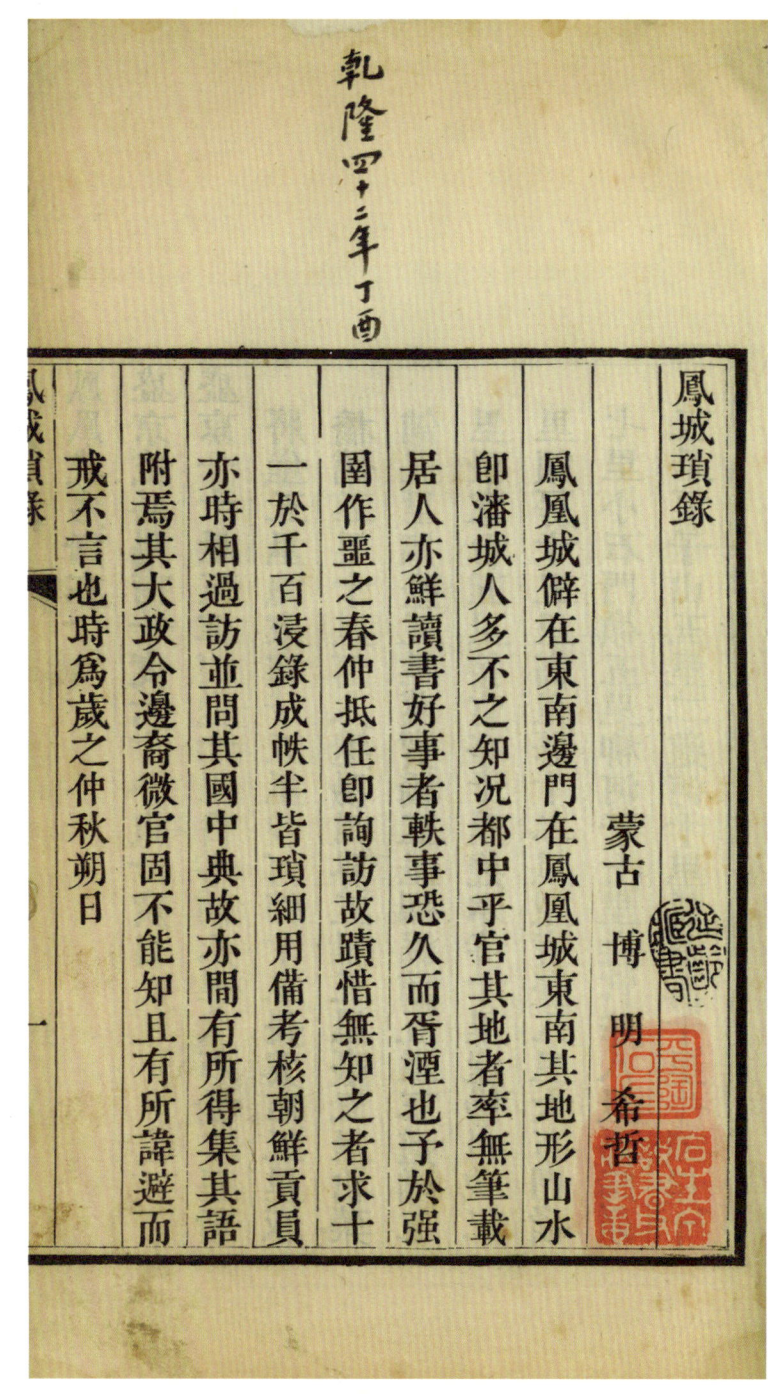

070　鳳城瑣錄(2-1)

070　鳳城瑣録

清博明著。清嘉慶六年(1801)刊。白紙一册。卷前鈐"石生泉悦書甫藏書章""平陶石藏""延齡藏書"等印。卷内有石生泉跋稱："此刻是西齋三種：《西齋詩集》《西齋偶得》和此録也。刻版精善。此録經翁覃溪、邵楚帆兩先生鑒定，是可傳也。鳳城者，鳳凰城也，在奉天之東南四百二十八里，與朝鮮接界，兩國往來之要道也。其地居人鮮讀書者，官其地者亦不見記載。博明著録記其山川、地理、風俗、鳥獸、草木、各種出産，還附有當時朝政及貢物。地理、山川、草木最詳者爲人參一條，《本草》不及其詳者也。按博明字希哲，乾隆進士，四十二年官鳳凰城邊門章京，後官雲南迤西道。此録藏予家有年，當日亦從介休購得之。"

此書與《西齋偶得》共爲《西齋雜著二種》。石氏所言《西齋詩集》，應爲《西齋詩輯逸》三卷，同時刻。黄裳《清代版刻一隅》著録《西齋偶得》，稱爲"佳刻"。《前塵夢影新録》則著録博明著三種，稱"校刻精雅，初印明麗。有翁方綱題詞，爲手書上板者"。

此書後歸介休師延齡，師氏另有一跋。余則獲於其舍，時辛巳(2001)初春，雪花飛揚之日。

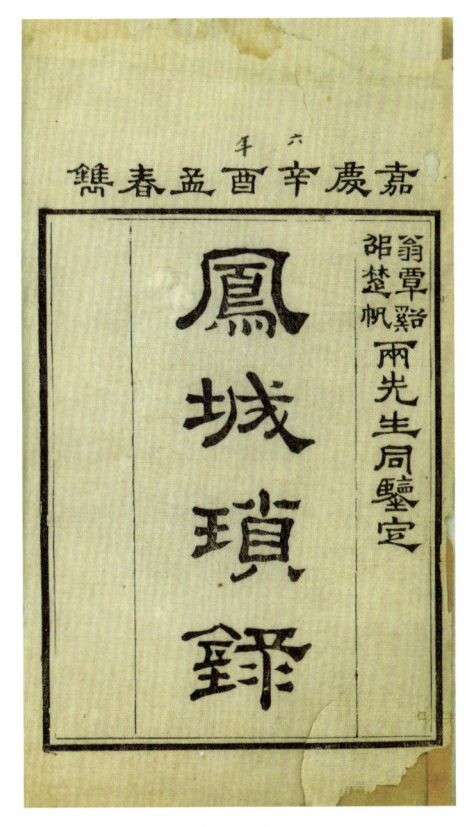

070　鳳城瑣録(2-2)

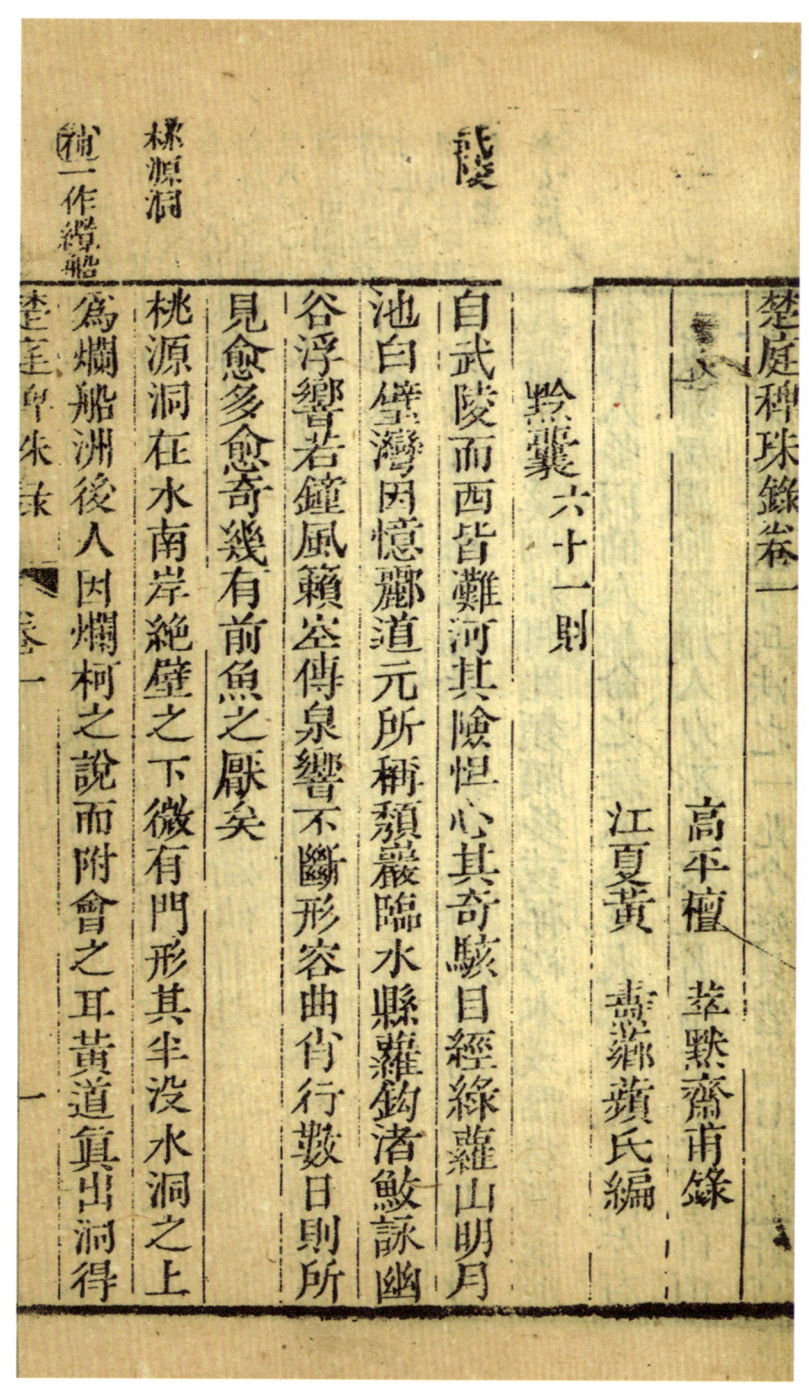

楚庭稗珠録卷一

高平檀萃黙齋甫録
江夏黃壽崶鶼氏編

黔囊六十一則

武陵

自武陵而西皆灘河其險怛心其奇駭目經綠蘿山明月池白壁灣因憶酈道元所稱預嶂臨水縣蘿鉤渚鮫詠幽谷浮響若鐘風籟空傳泉響不斷形容曲肖行數日則所見愈多愈奇幾有前魚之厭矣

桃源洞

桃源洞在水南岸絕壁之下微有門形其半沒水洞之上一作纜船洲為爛船洲後人因爛柯之說而附會之耳黃道鎮出洞得楚王舁朱朱

071　楚庭稗珠録六卷

清檀萃輯,黃燾編。清乾隆三十八年(1773)刻巾箱本。半葉十行二十二字,白口,單魚尾,左右雙邊。眉上鐫批。封面鐫"楚庭稗珠"。

卷前有乾隆三十八年黃燾序,同年檀萃序。黃序稱:"一日,出《楚庭稗珠録》六卷見示,且屬編次之。光怪陸離,聲華璀璨,山川草木,鳥獸蟲魚,靡不羅舉而駢列之。其中九江、五溪考辨綦詳,輔翼乎《水經》《輿圖》。若乃前朝軼事、先賢名迹,片善必舉,單辭必録,感人心、振風教,大有合於《荆楚歲時記》《襄陽耆舊傳》之意,盖非'諸皋''夷堅'所可同日語也。"

沈津《美國哥倫比亞大學東亞圖書館訪書記》一文,曾談及此書:"此外還有一部清檀萃輯、黃燾編《楚庭稗珠録》,清乾隆九曜山房刻本,四册,較初印。此書中國人民大學圖書館存一部。七十年代香港中文大學的有關人士曾視此書爲孤帙,並據香港陳氏藏本影印,而哥大此本則較香港陳氏本爲勝,文字更完整,字畫也更清楚。"查《中國人民大學圖書館古籍善本書目》,亦標巾箱四册,乾隆三十八年刻本,並注明"未見著録"。

余此本爲六册,未署刻印之名,行格與人大本同。是書得之於太原古籍書店。

都城紀勝

灌圃耐得翁

〔市井〕

自大內和寧門外新路南北早間珠玉珍異及花果時新海鮮野味奇器天下所無者悉集於此以至朝天門清河坊中瓦前灞頭官巷口棚心眾安橋食物店鋪人煙浩穰其夜市除大內前外諸處亦然惟中瓦前最勝撲賣奇巧器皿百色物件與日間無異其餘坊巷市井買賣關撲酒樓歌館直至四鼓後方靜而五鼓朝馬將動其有趁賣早市者復起開張無論四時皆然如遇元宵猶盛排門和買民居作觀玩幕次不可勝紀隆興間

072　都城紀勝

宋灌圃耐得翁撰,清曹寅輯。清康熙四十五年(1706)揚州詩局刊本。《棟亭藏書十二種》本。與《釣磯立談》合訂一册。另存《新編録鬼簿》二卷一册。

揚州詩局爲康熙四十四年(1705)五月[謝國楨稱爲"四十年"(1701)],由康熙指令江寧織造曹寅設立,爲内府刊印殿版書籍。詩局集合了諸多文人學士及雕刻名手,於四十五年刊成《全唐詩》九百卷。該書字體極爲秀麗,雕刻也精美雅觀,被譽爲"康版"之典範,對後來印書影響頗大。此《都城紀勝》爲揚州詩局繼《全唐詩》之後所刊的又一佳作,字體、版式一如《全唐詩》,觀之賞心悦目、韵味無窮。正如謝國楨先生所言,該書"尤爲精緻秀麗,爲當時刻書家所艷稱"。卷末刻有"棟亭藏本丙戌九月重刊於揚州使院"牌記。

卷首鈐"東武劉氏味經書屋藏書印""嘉蔭簃藏書印""棟亭藏書"諸印。"東武劉氏"即劉喜海(字燕庭),"嘉蔭簃"亦其室名。劉喜海爲清末藏書大家,聚書甚富。葉昌熾曾有詩贊曰:"卅載搜奇書滿家,藏來寶刻遍天涯。"今得其舊藏,余深幸之。

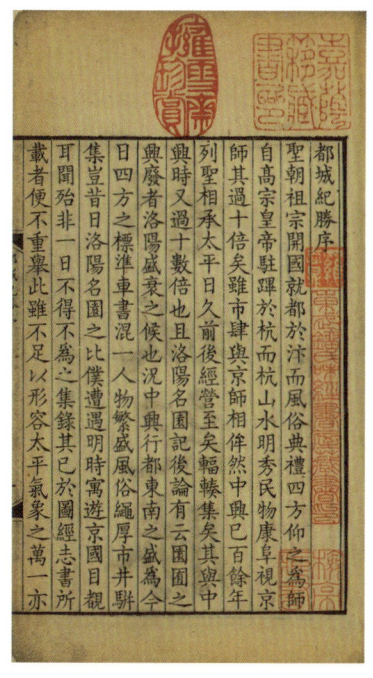

072　都城紀勝(3-2)

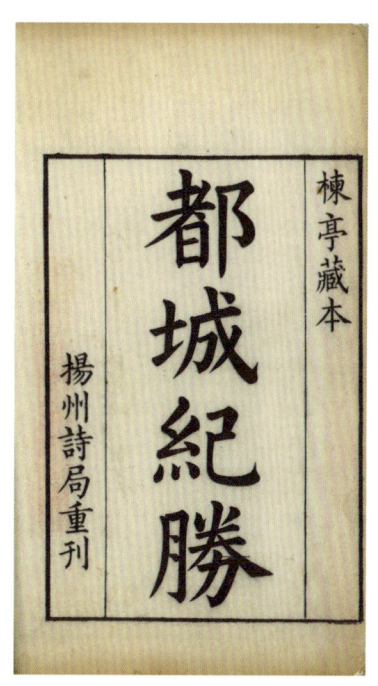

072　都城紀勝(3-3)

瀛壖雜志卷一

長洲 王 韜 紫詮甫

往余客居滬上偶有見聞隨筆記綴歲月既積篇帙遂多
閱跡炎歊此事乃廢然章帝知珍懷璞自賞庋藏微篋不
忍棄捐庚午春間還自泰西日長多暇搜諸故篋其橐猶
存稍加編輯伤得盈四五卷因擬分次錄出并益以近事
以公同好憶余自同治紀元至此忽忽將十年矣歲月不
居頭顧如許遇來海上故人有招余作歸計者覺胸次頓
有中原氣象回憶舊游迴如隔世則展覽斯編淚不禁涔
涔下也辛未四月二十日天南遯叟識

上海居南吳盡境古為禹貢揚州之域春秋屬吳後屬越名
不甚著旋入於楚戰國時相傳為楚春申君封邑秦置膠縣

073 瀛壖雜志六卷

清王韜撰。清光緒元年(1875)刊木活字本。白紙二册。

王韜,生於一八二八年,原名利賓,後改名韜,字紫詮,號仲弢,又號天南遁叟、蘅華館主等,江蘇長洲(今屬吳縣)人。一八四九年在滬任職於英國教會所辦墨海印書局,一八六二年曾代名爲太平軍獻策,被清政府通緝,流亡香港。一八七四年創辦《循環日報》,主持格致書院。一八九七年病逝於上海。

王韜著述多達四十餘種,此其一也。書中所記多與上海有關,可爲研究上海史作參考。王韜著作,余另存《松濱瑣話》《遁窟讕言》二種,一鉛印一石印。

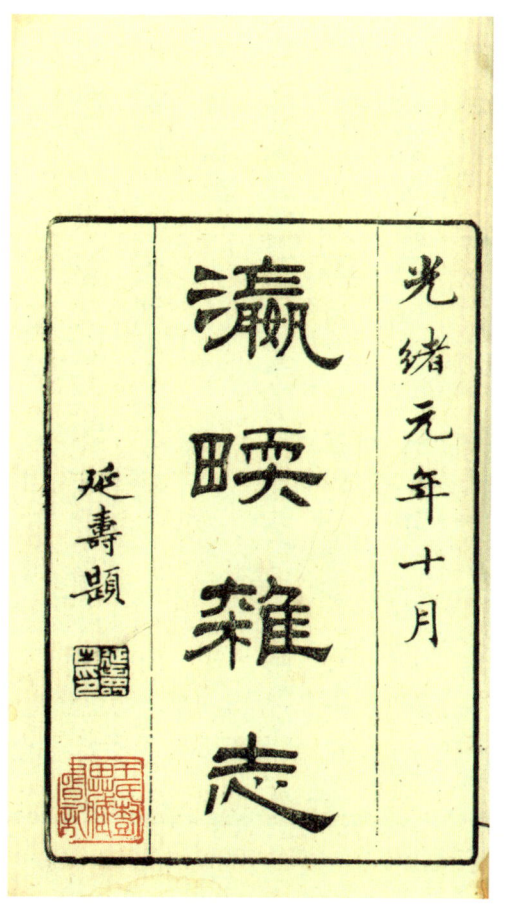

073 瀛壖雜志六卷(2-2)

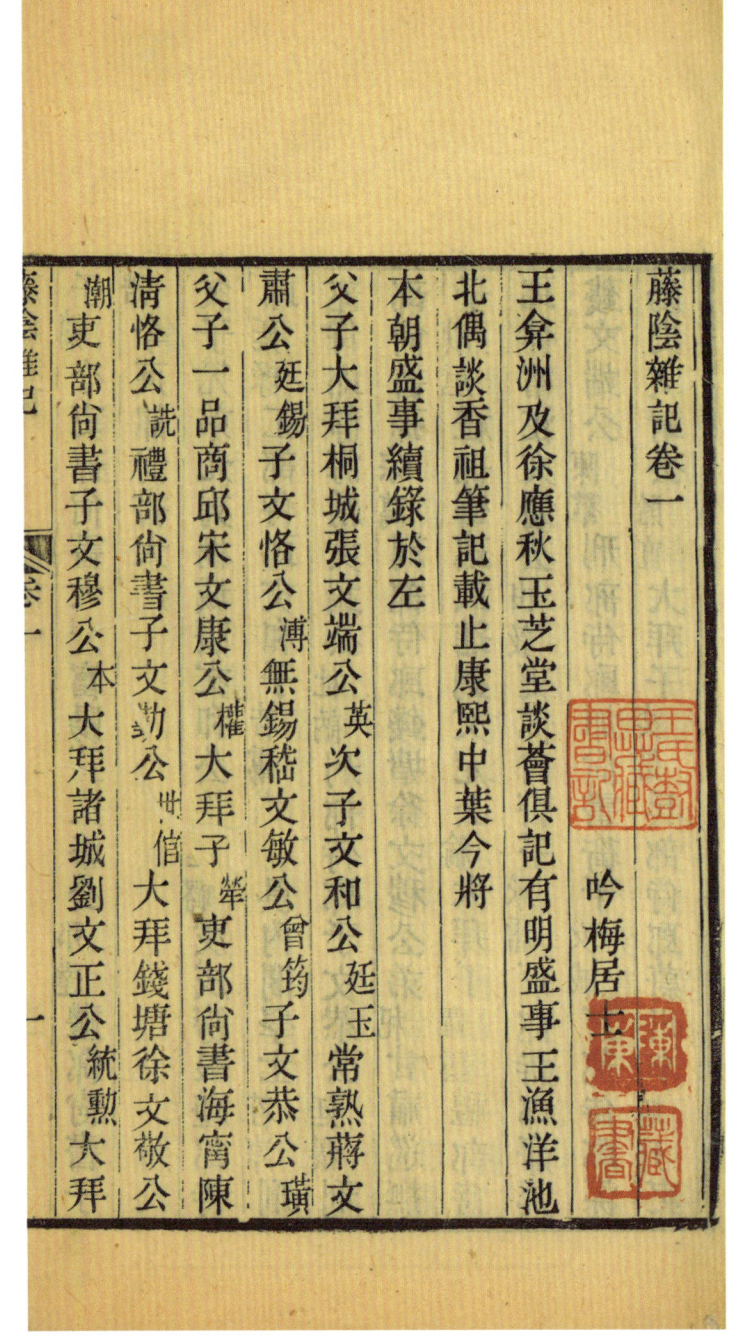

藤陰雜記卷一

吟梅居士

王弇洲及徐應秋玉芝堂談薈俱記有明盛事王漁洋池北偶談香祖筆記載止康熙中葉今將本朝盛事續錄於左

父子大拜桐城張文端公英次子文和公廷玉常熟蔣文肅公廷錫子文恪公溥無錫嵇文敏公曾筠子文恭公璜

父子一品商邱宋文康公權大拜子筠吏部尚書海甯陳清恪公詵禮部尚書子文勤公世倌大拜錢塘徐文敬公潮吏部尚書子文穆公本大拜諸城劉文正公統勳大拜

074　藤陰雜記十二卷

清戴璐撰。清光緒三年(1877)刻本。二册。鈐"陳東"藏書印。

此書爲清代前期北京之建設、名勝、舊聞等等的筆記。對京師皇城沿革所述尤詳。卷前撰者序，稱："余弱冠入都，留心掌故……於是目見耳聞，隨手漫筆……寓移槐市斜街，固昔賢寄迹著書地，院有新藤四本，漸次成陰，恒與客婆娑其下，爰仿漁洋《香祖》之例，即以名之。"

戴璐，字敏夫，號吟梅居士，浙江歸安人。乾隆進士，歷官工部郎中、太僕寺卿。晚年任揚州梅花書院山長。撰有《石鼓齋雜記》《吴興詩話》《秋樹山房詩稿》等。

本書初刻於嘉慶元年(1796)，光緒三年由沈自重重刻，即此本也。書獲於廊坊石木齋。

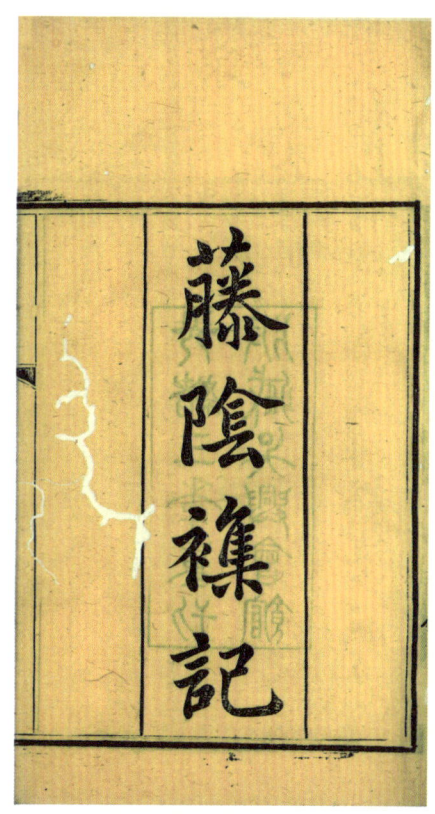

074　藤陰雜記十二卷(3-2)

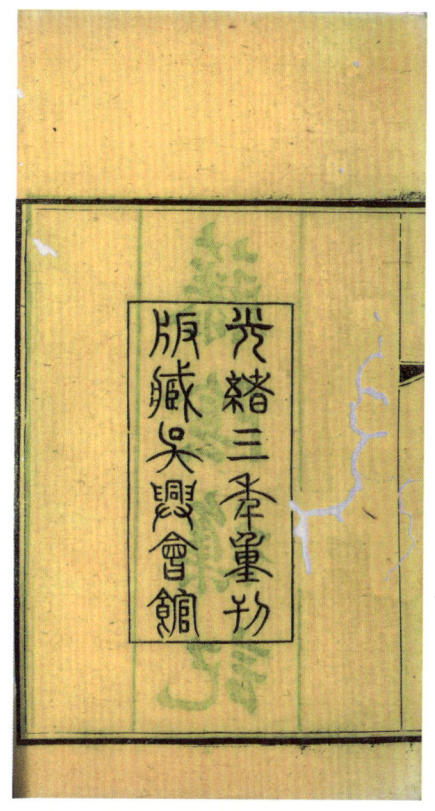

074　藤陰雜記十二卷(3-3)

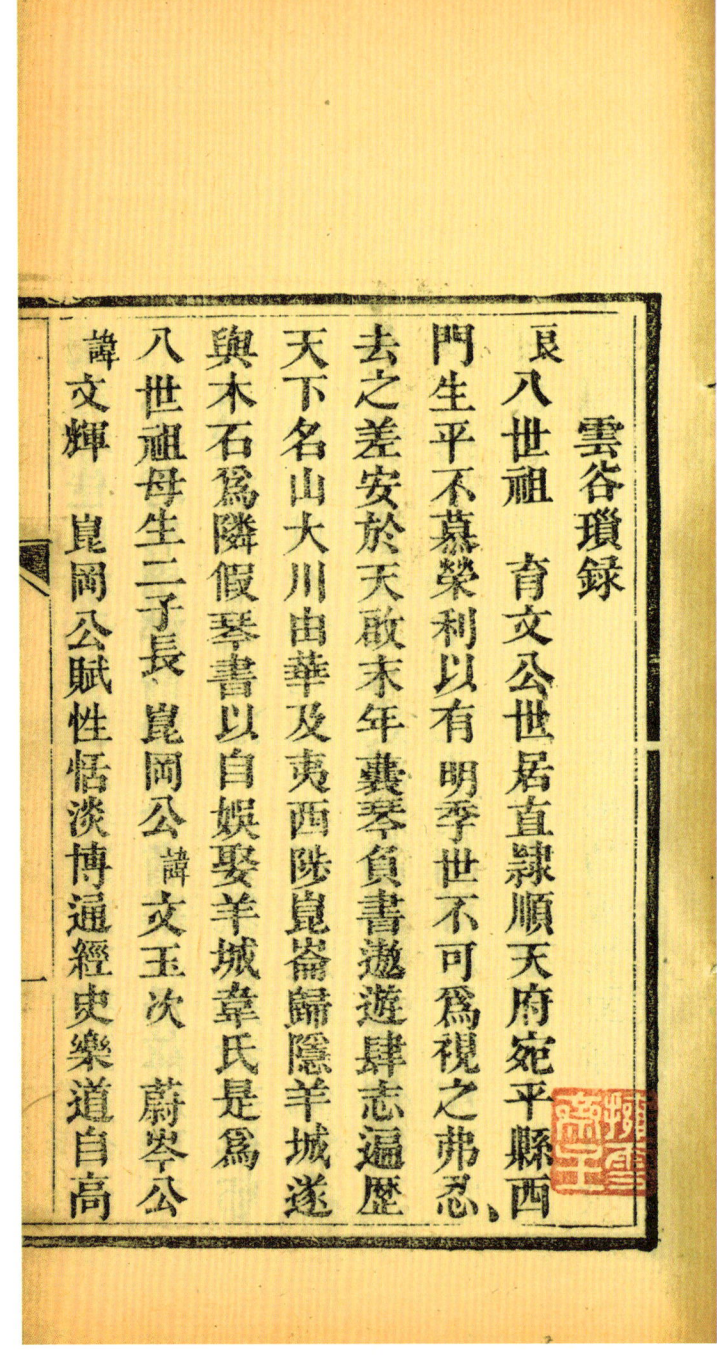

雲谷瑣錄

八世祖 育文公世居直隸順天府宛平縣西門生平不慕榮利以有明季世不可為視之弗忍去之差安於天啟末年囊琴負書遨遊肆志遍歷天下名山大川由華及夷西陟崑崙歸隱羊城遂與木石為隣假琴書以自娛娶羊城韋氏是為八世祖母生二子長 崑岡公 諱文玉 次 蔚岑公 諱文輝 崑岡公賦性悟淡博通經史樂道自高

075　雲谷瑣録

清馬秉良撰。清咸豐四年(1854)刊,憩雲山房藏板。一册。

馬秉良,字雲谷,桂林人,回族,須長徑尺,人皆呼曰"馬髯"。工篆隸,善丹青,嘗自繪《雲谷圖》,二百餘名家爲之題跋,後毀於火災。著有《雲谷瑣録》《桑榆吟草》。

卷前咸豐三年(1853)朱琦序,咸豐元年(1851)沈昌世序,咸豐四年李天球序,同年鄭獻甫跋。此書對了解當時桂林的歷史文化以及太平天國在當地的活動情況,均具參考價值。

此書被收入《雲谷集》,《雲谷集》收馬秉良《雲谷圖》《桑榆吟草》《雲谷瑣録》三種書。

《販書偶記》正續編皆失收。

075　雲谷瑣録(2-2)

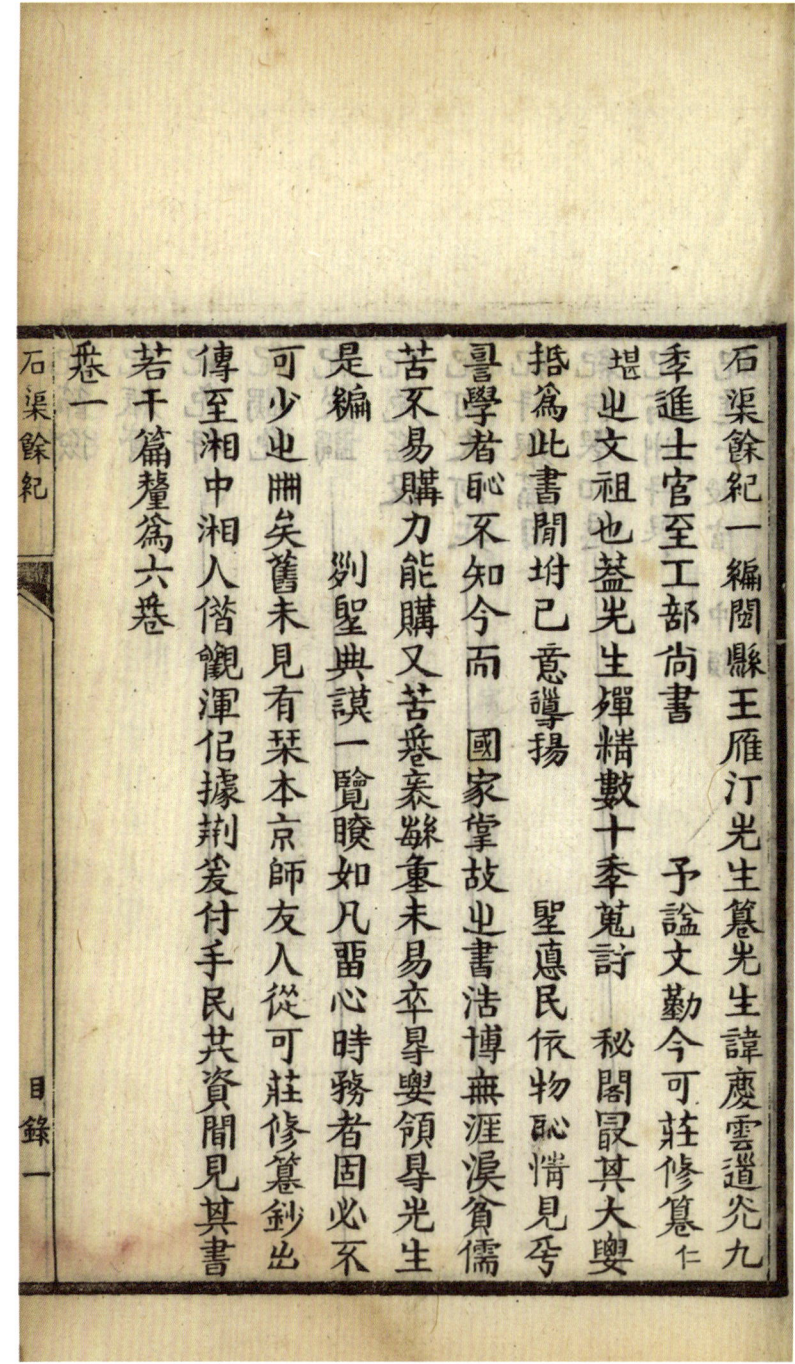

石渠餘紀一編閩縣王雁汀先生纂先生諱慶雲道光九季進士官至工部尚書　予謚文勤今可莊修纂仁堃之文祖也蓋先生殫精數十季蒐討　聖惠民依物恫情見乎抵為此書聞坊已意導揚　　　　　　曷學者恥不知今而　國家掌故業洽博無涯溪貧儒苦不易購力能購又苦叢卷蔟繁未易卒尋奧領尋先生是編　　劬聖典謨一覽瞭如几雷心時務者固必不可少迆刪矣舊未見有槧本京師友入從可莊修纂鈔出傳至湘中湘人偕觀渾侶據荊笈付手民共資間見其書若干篇釐為六卷

卷一
石渠餘紀　　　　　　　　　　　目錄一

076　石渠餘紀六卷

　　清王慶雲撰。清光緒十四年（1888）寧鄉黄氏校刊。六册。前有黄氏光緒十四年序。此本爲是書最早之本。另有光緒十六年（1890）攸縣龍氏刻本，光緒二十八年（1902）上海書局石印本較爲通行。

　　此書記清初至道光間典章政事，於財政、經濟所記尤詳。唯字多古體，頗難識。然雕刻古雅，别具一格，亦妙。書衣墨書"文口購於西京書肆，民三十二，九月"，未知誰家舊日堂前燕也。

　　書獲於廊坊陳氏。紅木夾板，包角，精整可愛。

076　石渠餘紀六卷（2-2）

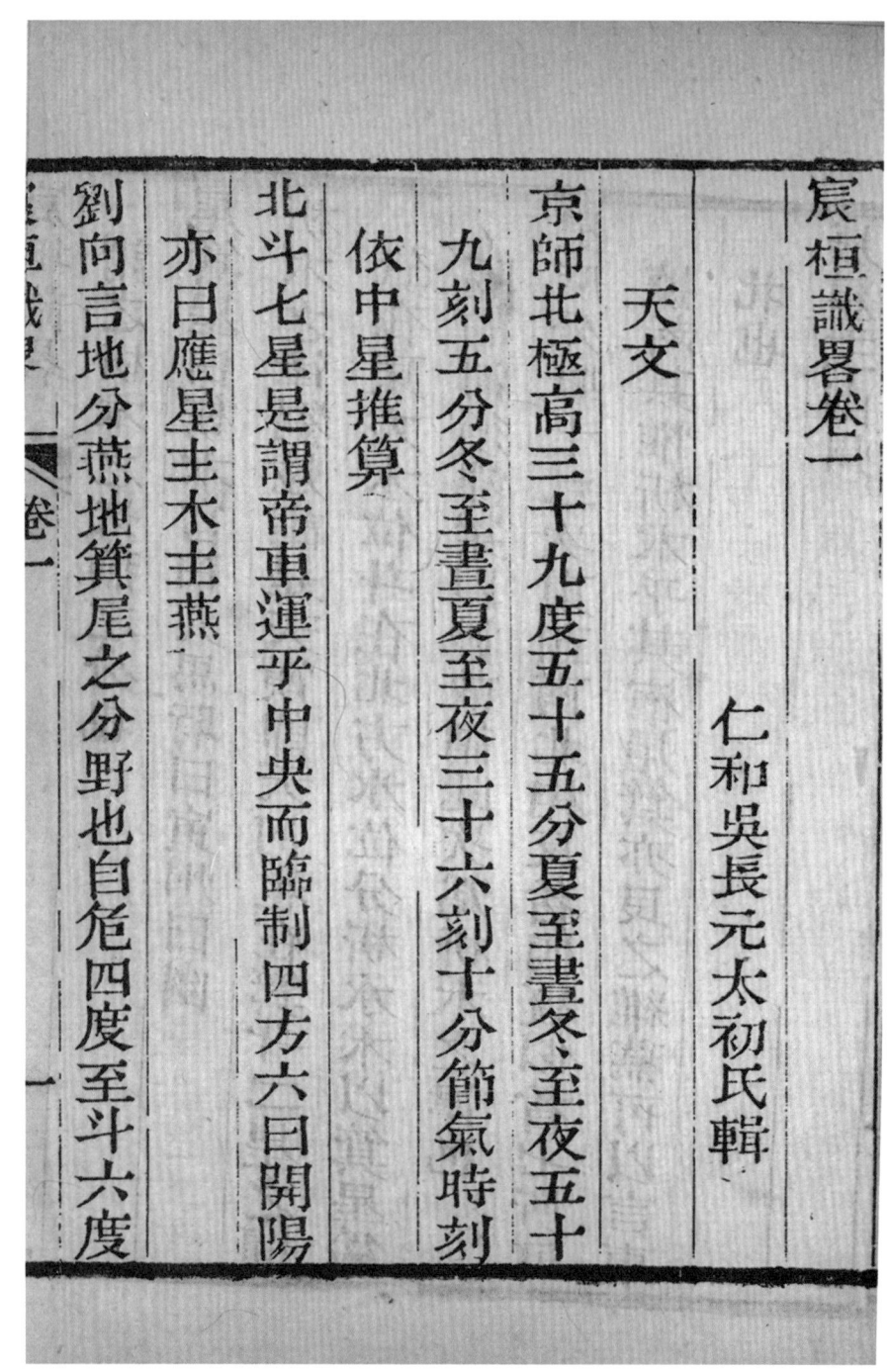

宸垣識略卷一

仁和吳長元太初氏輯

天文

京師北極高三十九度五十五分夏至晝冬至夜五十九刻五分冬至晝夏至夜三十六刻十分節氣時刻依中星推算

北斗七星是謂帝車運乎中央而臨制四方六曰開陽亦曰應星主木主燕

劉向言地分燕地箕尾之分野也自危四度至斗六度

077　宸垣識略十六卷

清吳長元輯。清光緒丙子（1876）刊。八册。書簽標"寶材堂梓"。分天文、形勢、水利、建置、大内、皇城、内城、外城、苑囿、郊坰、識餘等。卷前有圖十餘幅，爲朱印，較爲少見。卷内鈐"琴石"印。書簽上有墨書"宛平芩學室存"數字。書中另有一紙手迹，述北平舊日情景，頗具史料價值。

郭家聲（1869—1945），字琴石，室名忍冬書屋、芩學室，直隸武清（亦作宛平）人。光緒二十九年（1903）進士，歷任八旗高等學堂、蒙古學校教員及輔仁大學名譽教授。著有《忍冬書屋詩集》，詩名彰著。喜好書法，收藏名人墨迹和碑帖拓片。

嘗見京城什刹海邊荷花市場"五柳居"舊書鋪中有此書，書經金鑲玉裝訂十餘册。店主徐元勛原爲書肆舊人，索價

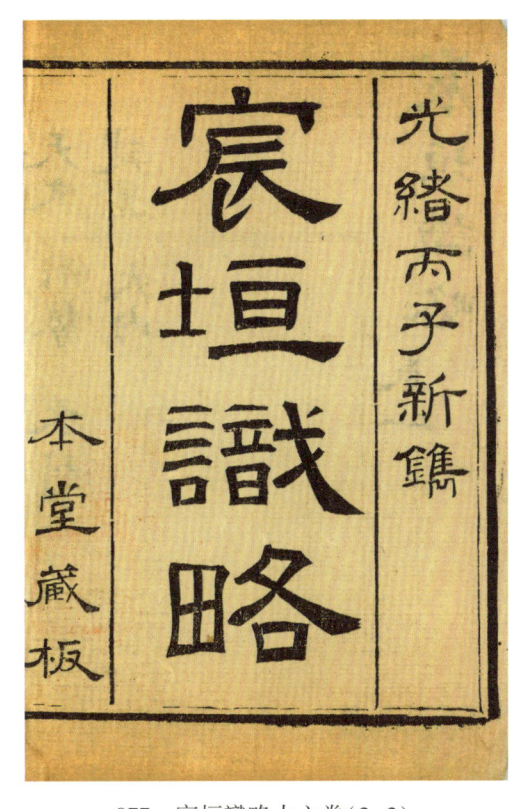

077　宸垣識略十六卷（2-2）

一千五百元。此後不久，書店關歇。老徐擅補古書，嗜酒，多年前已病逝。

北京作爲文化古都，最吸引我的，除了新舊書店，還有公園、名勝古跡。另外，早年間曾居住過的老地方，如百萬莊、西交民巷、白堆子，也常引起思念之情。今日從網上購到剛出版的《朝内166號記憶》一書，爲紀念人民文學出版社成立六十周年而作。余一九七七年曾爲出版詩集，在出版社招待所小住三日，與當時社長韋君宜見過面，當時的責編劉會軍，今已是副社長了。插圖者古干，亦是當今畫壇大家。四十年彈指一揮間，細數之下，余最愛的還是北京。惜因養貓，北京已多年未去了。今女兒雪瑩已在北京工作，要長作北京人了，似也是一種緣分，爲之欣慰。

永甯祗謁筆記

○同治十一年二月二十六日工部以西陵承辦事務衙門榮毓等奏報經
派查勘應修各工繪單請
派大臣承修欽奉
鈐派 臣董恂暨兵部左侍郎 臣崇厚 臣恂隨帶 臣部郞中鍾濂錫繽陸調陽主事楊鴻典（崇少司馬字地山鍾字稚泉錫繽陸調陽主事楊鴻典字厚安陸字健卿楊字鶚山）
○二十九日請
訓先由欽天監擇吉於三月初四日申刻開工工部於請
派摺內聲明本日請
訓摺內復聲明

078　永甯祇謁筆記

清董恂撰。清同治十一年(1872)刻本,帶圖。是書卷內鈐有"一氓讀書""成都李一氓"諸印,知爲老革命家、藏書家李一氓舊藏。一氓先生知書愛書,閑時喜逛書肆冷攤,多年不懈,收藏頗富。晚年將其所藏珍罕善本、名家字畫大部分捐公,此舉光照藏界。其歿後,所遺藏書有些流入廠肆,是書即其一也。

二十年前偶游北京冷攤,曾見一大套油印的《中國古籍善本書目》徵求意見本,封面上赫然有墨書"李一氓用"四字。有心購存,無力載歸,祇好作罷。後知此徵求意見本標注各書行款,而後來正式出版時却删去了,始知其珍貴,然已無從尋覓了。

一氓先生著有《一氓題跋》一書,余早有之。二十年前在潘家園舊書市場得見此書,其中朱筆批改無數,並鈐"李一氓"印,知是作者親筆校改之本。惜乎此書已被另一東北書友先行購去,求其轉讓未果。後又恰巧同住一旅社,再次商求,終未得允。怏怏而歸,其憾何如!

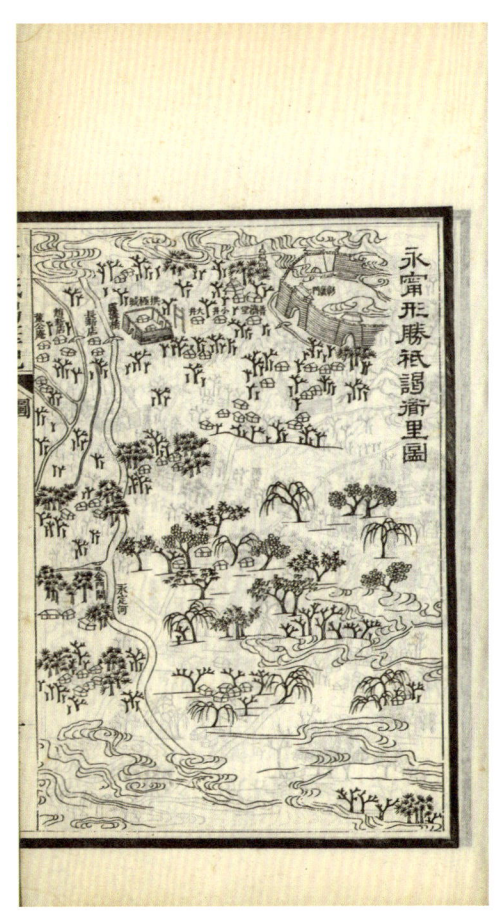

078　永甯祇謁筆記(2-2)

溪南志

沿革

昔者聖人區分井畫而有鄉之名為然世遠更政不同而地無異為不審其初不足以示後之視之猶今之視昔也吁是志溪南沿革之畧溪南者豐溪之南也溪北曰龜溪舊名之又曰介溪唐宋以來名溪之南今溪北江祈有龜齡里鄉名舊曰游仙南唐舒學士雅以狀元及第更名中鵠

疆界

鄉隣族黨共入相睦守望相助皆境土之內也疆界

079　鈔本溪南志

不著撰人,鈔者不詳。鈔本。一册。無格,半葉十行二十字。

溪南是位於安徽省歙縣的一個小鄉鎮,舊時亦稱豐溪、豐南、溪南,位於黄山南麓,歙縣西部,因位於新安江上游、豐樂水之南,而得名"豐南"。西溪吴氏自唐代就定居於此,出現了很多鹽商世家,而且自古就極富文風,出了衆多進士及朝廷官員。伴隨鹽商財富的積纍,以吴廷(號江邨)爲首的收藏大家也獨樹一幟。

此鈔本爲安徽第一部由私人撰寫的鄉鎮志,類似於没有世系的家譜,爲後人留下許多生動而具體的鄉鎮史事,具有很高的歷史、人文價值。

查豐南吴氏家族族長吴吉祜修、民國二十九年(1940)豐南族人吴保琳增補的《豐南志》,《豐南志》即此《溪南志》。

此鈔本得自於安徽歙縣程姓書估。

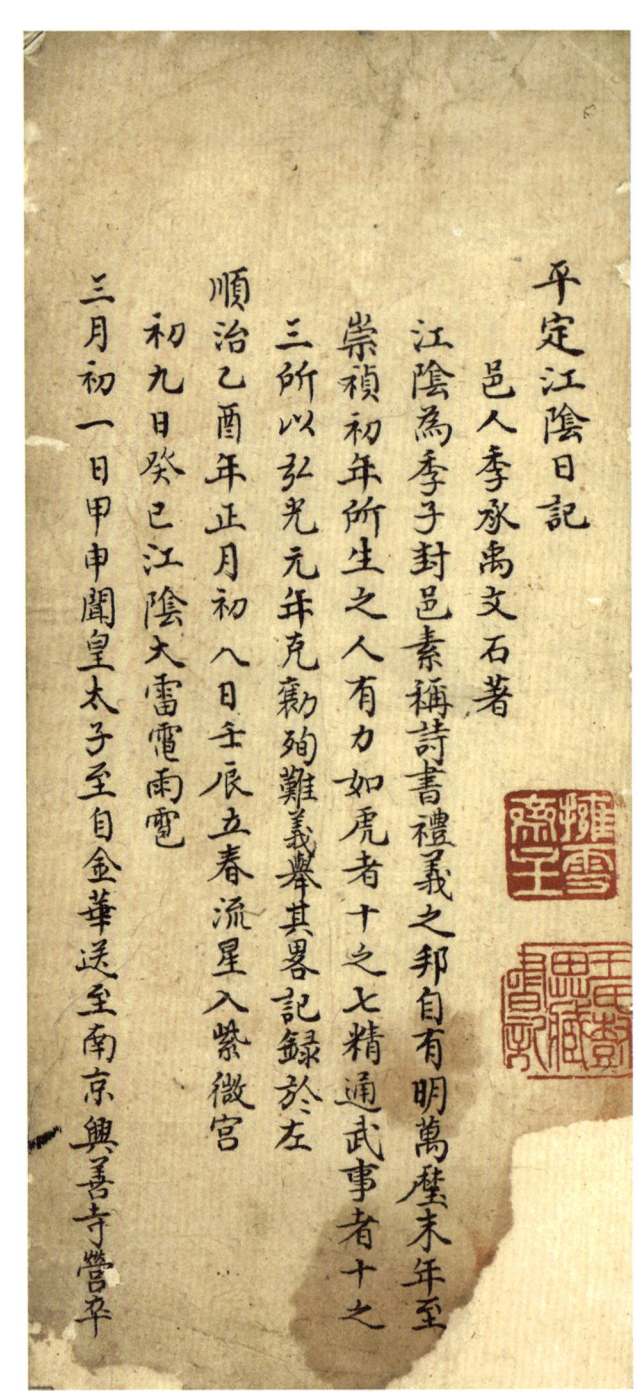

080 鈔本平定江陰日記

080　鈔本平定江陰日記

舊鈔本。一册。毛訂。竹紙無格,半葉八行二十四字。封面墨書"江上孤忠録",卷端題"平定江陰日記",下署"邑人季承禹文石著"。卷末云:"此乙酉年江陰實録也。季文石名承禹,於圍城中日記。文石生於天啓六年,殉難時年二十有一。八月二十一城破之日,混跡於逃民之中潛出,後歸,杜門不出,終身不應試云。"

此鈔專記順治乙酉年(1645)六、七、八月間,清兵圍攻江陰城,以及城中軍民與之殊死血戰之情形,驚心動魄,氣壯山河。此鈔爲實録,頗具史料價值。

此書未見刻本。中國國家圖書館、南京圖書館藏有鈔本。經對校,文字與此鈔略有異。

乙亥年(1995)獲於蘇州。其時所見出於常州某户鈔稿本甚多,未多顧也。

太平天囯聖營格言必讀

一乾坤世界江山轉模當知物極必反器滿必傾是以世人善少惡多真微邪廣久結迷途難以洒旬因此

天父特命

天王真主下凡開疆拓土掃除韃狗恢復中國破二百餘載殺戒去邪留正則涇渭可分愿世人能知順逆能守真道悔改前愆則可獲免而

081　鈔本太平天國雜鈔

毛裝一册。書衣墨書"吕五桂抄"。封面寫"天朝己未,静天候盧□□□□,翠峯□"。依次爲《天情述序》(未完),署"太平天國己未九月□日敬録,盱江鳳邑翠峯謹撰";《太平天國三年新刻起事來歷真傳序》《太平天國聖營格言必讀》(此格言較長,凡二十條例);《真天命太平天國九門御林忠正京衛軍侍王李爲諄諭四民》《滚單》《二次滚單》《大英國平清王布告》《太平天國二月十五日洪秀泉、馮雲山、楊秀清、胡一洗、曾旦秀等布告》《揚州城内扶乩》《咸豐十年二月十七日長毛破杭城告示》《真天命太平天國靖忠報國覺天燕黄暨渠帥爲誨諭四民勿驚師旅事》《太平天國庚申十年五月□日布告》《四言訓民、六言安民、日日敬》;《真忠報國静天候盧布告》《四言警諭》《六言軍令》《太平天國癸好三年□月□日真天命太平天國禾乃師贖病主左輔正軍師東王楊、右弼又正軍師西王蕭布告》等。其中《大英國平清王布告》《太平天國聖營格言必讀》《滚單》等史料價值較高。

此鈔獲之於安徽歙縣,乃當年太平軍征戰之地。

書名爲余自擬。

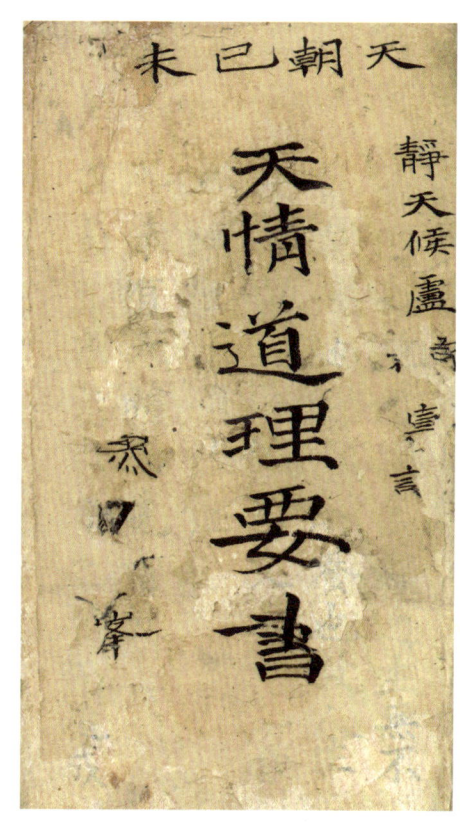

081　鈔本太平天國雜鈔(2-2)

史通通釋卷一

唐 彭城 劉知幾 撰
南杅秋浦 起龍 二田 釋

內篇

六家第一○合起六家結共八章

自古帝王編述文籍外篇此二字一作史篇言之備矣古往今來謂古今正史篇首提史字權而爲論其質文遞變諸史之作不恆厥體釋二句揭出全書題目流有六一曰尚書家二曰春秋家三曰左傳家四曰國語家五曰史記家六曰漢書家今略陳其義列之於後

按此篇序也史體盡此六家六家各有原委其舉數也欲溢爲七而無欠欲減爲五則不全是史通總挈之綱領也其辨

082　史通通釋二十卷

唐劉知幾撰,清浦起龍注。清光緒成都志古堂刻本。白紙一函四册。

卷内有守玄老人批語,鈐"廬谿"等印。

書獲於太原南宮舊物市場。二十世紀九十年代中後期,余曾多次往顧太原南宮市場,在此得書多種,也得以結識山西書友多人。惟市場内時有僞古書出現,且扒手衆多,防不勝防。至今仍視爲險地,已多年不往矣。

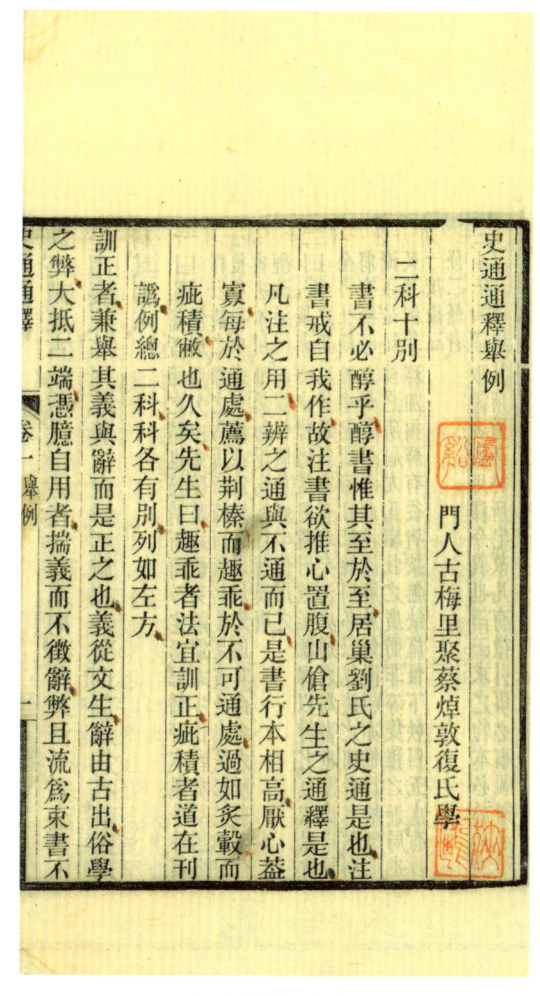

082　史通通釋二十卷(2-2)

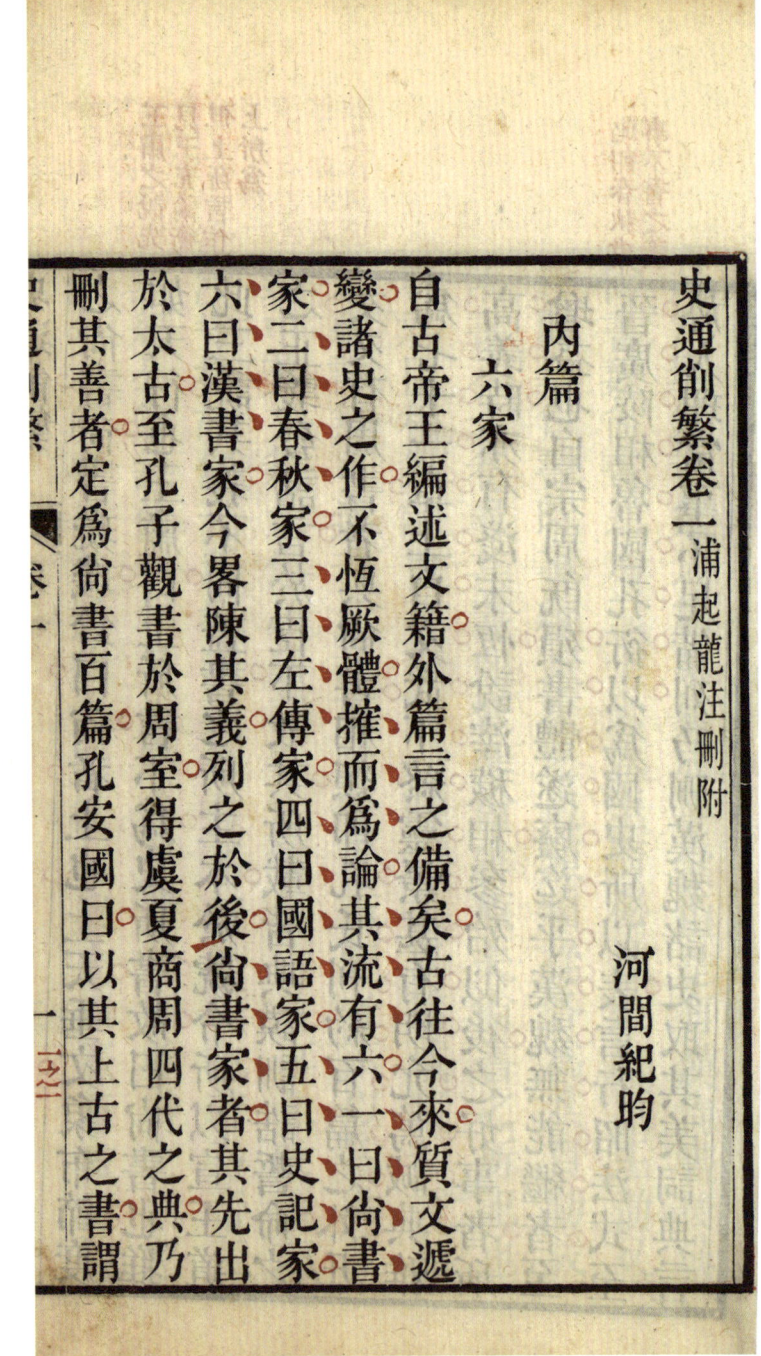

史通削繁卷一 浦起龍注删附

河間紀昀

內篇

六家

自古帝王編述文籍外篇言之備矣古往今來質文遞變諸史之作不恆厥體摧而爲論其流有六一曰尚書家二曰春秋家三曰左傳家四曰國語家五曰史記家六曰漢書家今畧陳其義列之於後尚書家者其先出於太古至孔子觀書於周室得虞夏商周四代之典乃刪其善者定爲尚書百篇孔安國曰以其上古之書謂

083　史通削繁四卷

唐劉知幾撰,清紀昀校。清道光十三年(1833)兩廣節署刻本,朱墨套印,白紙四册。

紀昀取劉知幾《史通》加以評點,披其菁華,芟其蕪蔓,述史籍源流,雜評古人得失,爲一代史評名著。

書得之於厚德書店任保平,蓋從京城潘家園購來者,書品甚佳。余原藏此書一套,購於廊坊石木齋,後轉讓當地書友。

封面鈐"廣川漢磚亭主人珍藏"印。

083　史通削繁四卷(2-2)

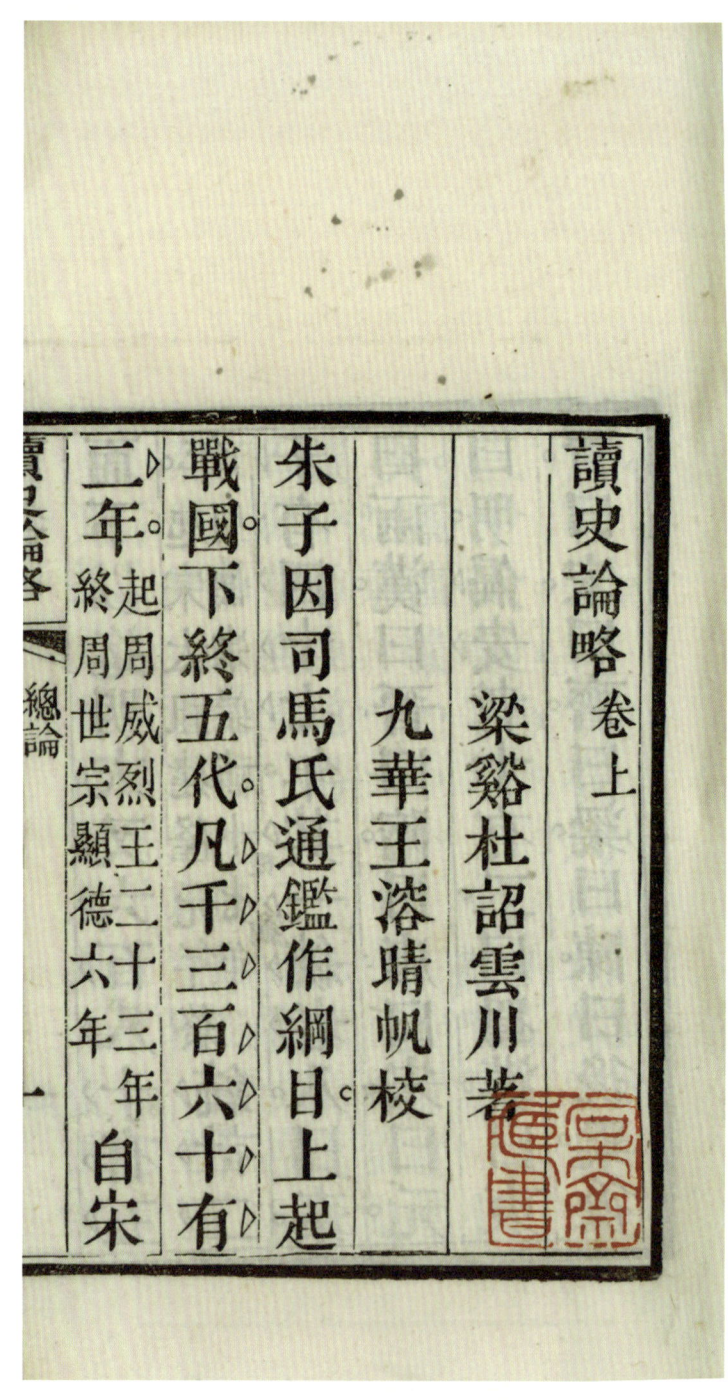

084 讀史論略二卷(2-1)

084 讀史論略二卷

清杜詔著,王溶校。清刻本。白紙二册。封面鎸"資善書屋藏"。鈐"石木齋藏書"印。

卷前瑯琊王澍序,雲川杜詔序。杜詔序稱此書蓋因元代潘榮所撰《通鑑總論》而作。他認爲《通鑑總論》"全無結構,前後顛倒錯亂……貽誤不少,余因就正史略爲論次,較潘氏似稍明順"。於雍正八年(1730)成書。

此書論歷朝興亡事蹟,上起戰國,下訖明末,計兩千餘年,然内容簡略,間有疏誤。唐邦治撰《訂續讀史論略》補其疏、正其誤。

此書紙白如霜,刊刻靜雅,避"弘"而不避"寧",似爲乾隆至嘉慶間刻本。

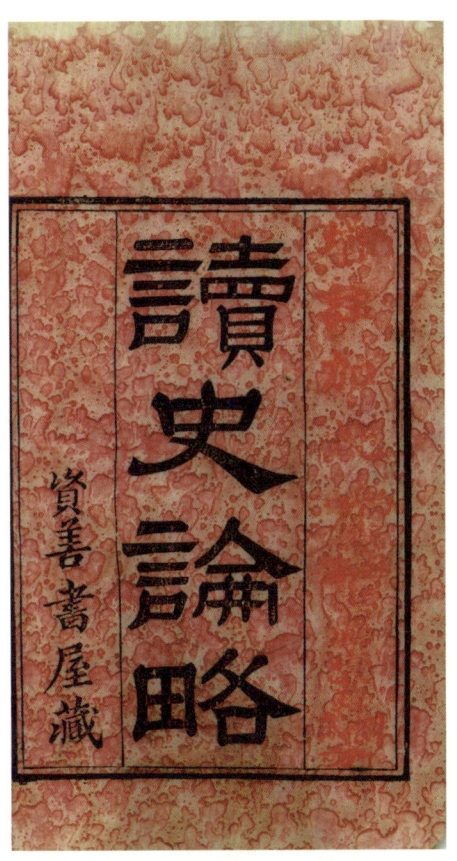

084 讀史論略二卷(2-2)

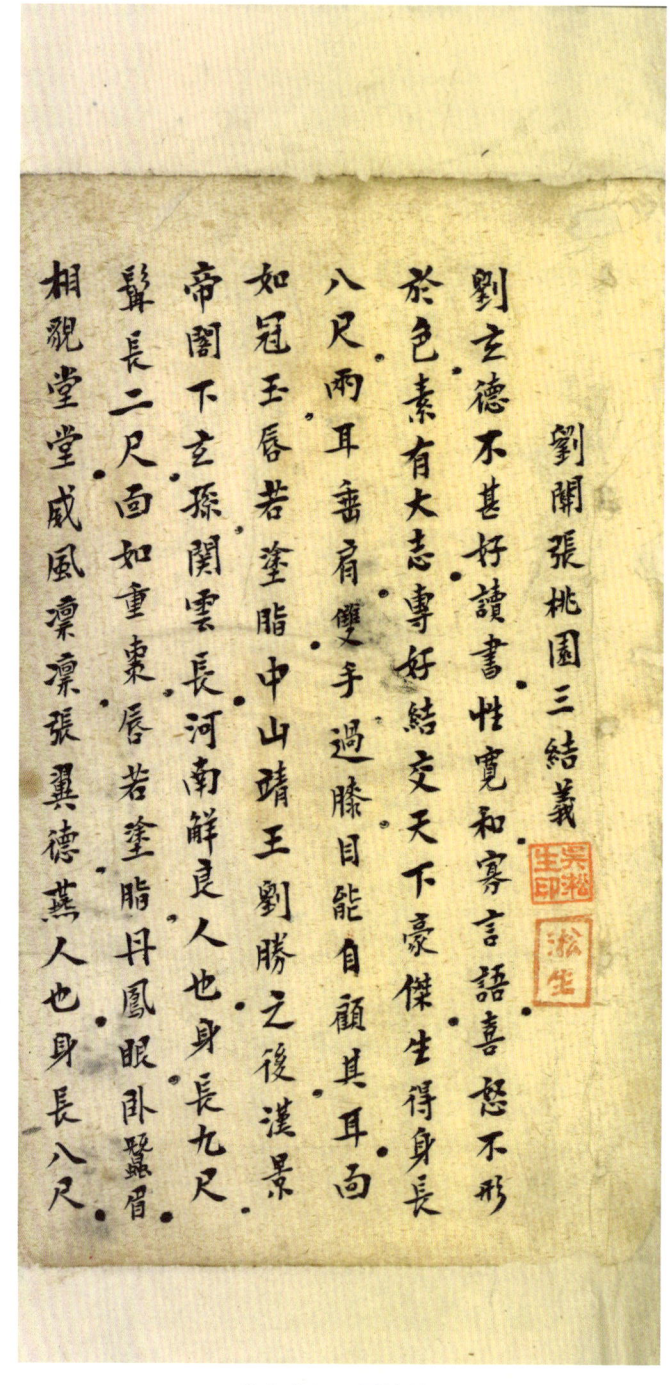

085　稿本嘉語三國精華(2-1)

085　稿本嘉語三國精華

鈔者吴淞生。稿本二册。白紙無格，字精，避"玄"。卷内鈐"吴淞生印""淞生"二印。

此鈔以"劉關張桃園三結義"始，終於"三國始末總歎歌"，以《三國演義》爲材，取其中人物、嘉言、故事等引而述之，既前後關聯又獨立成章。如此編排法前所未見。

卷末"父囑淞生立身"一則，無關三國，然所述立身之法、做人之道，頗堪玩味。吴淞生未知何人，曾在上海經商，約在清末之際。

此鈔未見公私著録，疑似稿本。

書來自安徽歙縣，人文薈萃之地，時見奇書。

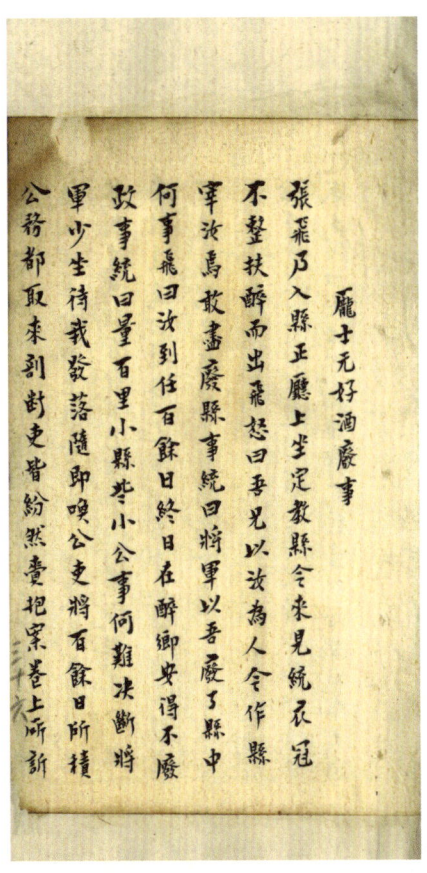

085　稿本嘉語三國精華（2-2）

烈皇小識卷一

烈皇帝爲光廟第五子孝純劉太后所出而撫育于李莊妃天啓二年九月冊封信王七年二月出就外邸成婚冊妃周氏熹廟病危魏忠賢遣腹奄涂文輔迎上入宮上時自危甚袖食物以入不敢食宮中物是夜秉燭獨坐見一奄攜劍過取之留置几上許給以賞憫邏者欲以酒食問左右何從取給左右對宜取之光祿因傳令旨遍犒之歡聲如雷周后在外邸禱小無虛晷

086　明季稗史彙編

清留雲居士輯。東城琉璃廠刊。竹紙十冊一函。

鈐"鴿峰草堂""周氏左季收藏書籍印""符超德印"等印。

周左季名大輔，字左季，常熟人。室名鴿峰草堂。喜藏書，尤好鈔錄善本秘笈，精通金石版本之學。

本書收明末野史十六種，即《烈皇小識》八卷、《聖安本紀》二卷、《行在陽秋》二卷、《嘉定屠城紀略》一卷、《幸存錄》二卷、《續幸存錄》一卷、《求野錄》一卷、《也是錄》一卷、《江南聞見錄》一卷、《粵游見聞》一卷、《賜姓始末》一卷、《兩廣紀略》一卷、《東明聞見錄》一卷、《清燐屑》二卷、《吳耿尚孔四王合傳》一卷、《揚州十日記》一卷。

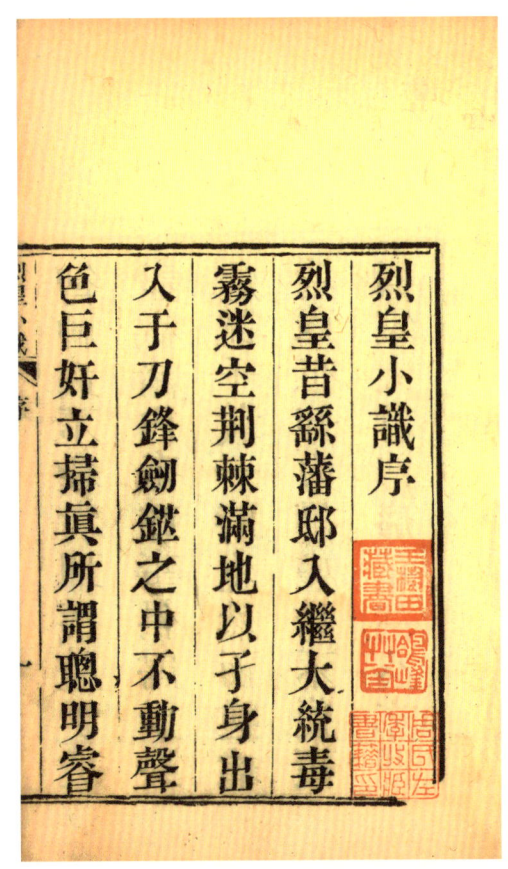

086　明季稗史彙編（2-2）

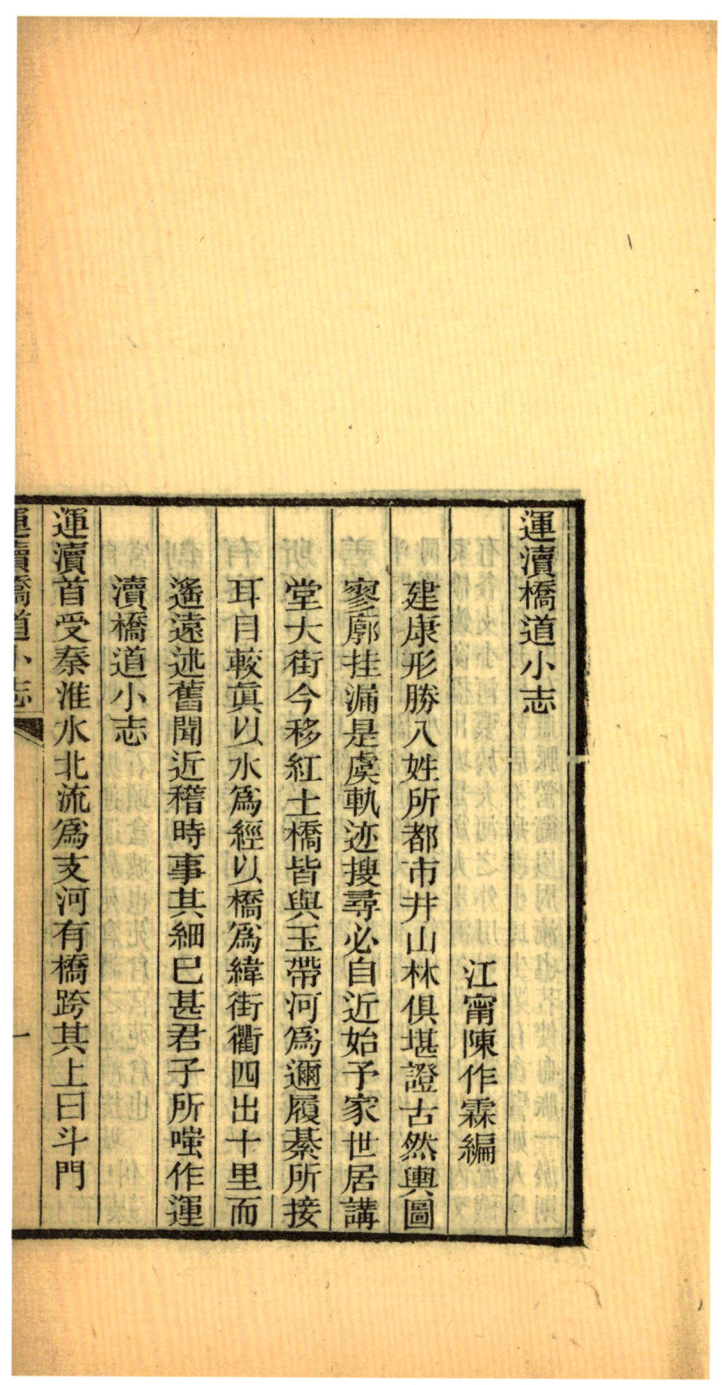

運瀆橋道小志

江甯陳作霖編

建康形勝八姓所都市井山林俱堪證古然輿圖寥廓挂漏是虞軌迹搜尋必自近始予家世居講堂大街今移紅土橋皆與玉帶河爲邇履綦所接耳目較眞以水爲經以橋爲緯街衢四出十里而遙遠逖舊聞近稽時事其細已甚君子所嗤作運瀆橋道小志

運瀆首受秦淮水北流爲支河有橋跨其上曰斗門

087　金陵瑣志五種

陳作霖編。清光緒庚子（1900）金陵冶麓山房刻本，帶圖。存二册。

此書存《運瀆橋道小志》一卷、《鳳麓小志》四卷、《東城志略》一卷、《金陵物產風土志》一卷。

陳作霖，字雨生，號伯雨，晚號可園，南京人。一生勤於著書，總計近三十種。尤致力於鄉邦文獻的採集、整理和編纂，如《金陵通傳》《金陵通紀》等。一九一八年，還應馮煦之聘，出任江蘇通志館總纂。另撰《可園文存》《詩存》《詞存》等。一九二〇年病逝於南京。其後，其子陳治紱又將所著《鍾南淮北區域志》《石城山志》二種彙輯爲《續金陵瑣志二種》，附於《金陵瑣志》後。一九八七年揚州廣陵古籍刻印社曾影印《金陵瑣志五種》，以廣流傳。

此書十餘年前獲於南京朝天宮舊書市場。該市場在南方頗有名氣。當年平遥書商彭令即在此市場購到沈復《浮生六記》佚文一卷，轟動一時。然余當年在此所獲古籍寥寥，此後也再無機會來過。

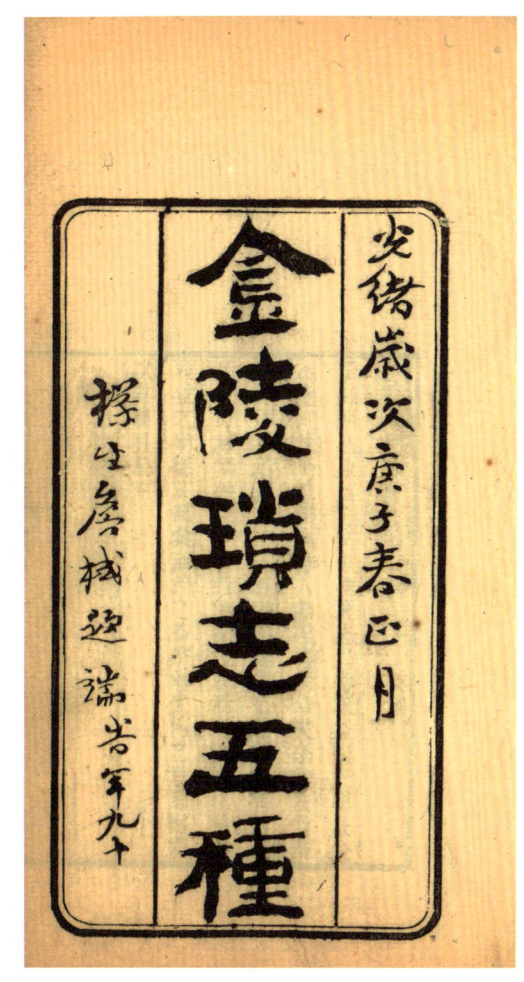

087　金陵瑣志五種(2-2)

金陵賦一卷 並序

江甯程先甲一夔箸　同縣傅春官校刊

蓋京都之作大氐諷頌兩軌而已迺其鋪陳形勢與夫草木鳥獸之瓌異人物之珍雜反諸司契殆猶秕糠議者謂古無志乘髮尊京都志乘旣與茲製可廢蒙竊竊惑焉夫志乘之例俶落禹貢班張所陳曷嘗不原本載籍若夫稽之地圖驗之方志則太沖且自道之矣而當時人士競誦互寫是何說與特後之作者營于諷頌之誼輒釛覘圖經以足篇裘積地志以成幅太傅所啁抑又不免余旣生長巨麗之域目稔綵華之習竊以為劉向言其域分變之有涯者也朱贛條其風俗變之無涯者

088　金陵賦

程先甲著。清光緒二十三年（1897）刻本。竹紙一册。卷前光緒二十三年魏家驊序,卷末傅春官跋。

程先甲,江蘇江寧人,字鼎丞,又字一夔,室名千一齋,住南京大百花巷十一號,人稱百花先生。清末任南京江南高等學堂教習,組織"霞社",任社長。精訓詁、音韵之學,著作四十餘種,已出版二十四種,有《選雅》《選學管窺》等,收入《千一齋全書》中。《金陵賦》爲其二十一歲時創作,乃研究南京民俗之重要資料。

程先甲生於一八七一年,一九三二年病卒。

此書稀見。《販書偶記》未錄入,《清人別集總目》著錄爲宣統三年（1911）重刊本,藏中國國家圖書館、南京圖書館、遼寧省圖書館、湖南圖書館。

此書曩歲與陳作霖《金陵瑣志五種》一同收來。原藏主顯係對南京文獻有興趣者。

088　金陵賦（2-2）

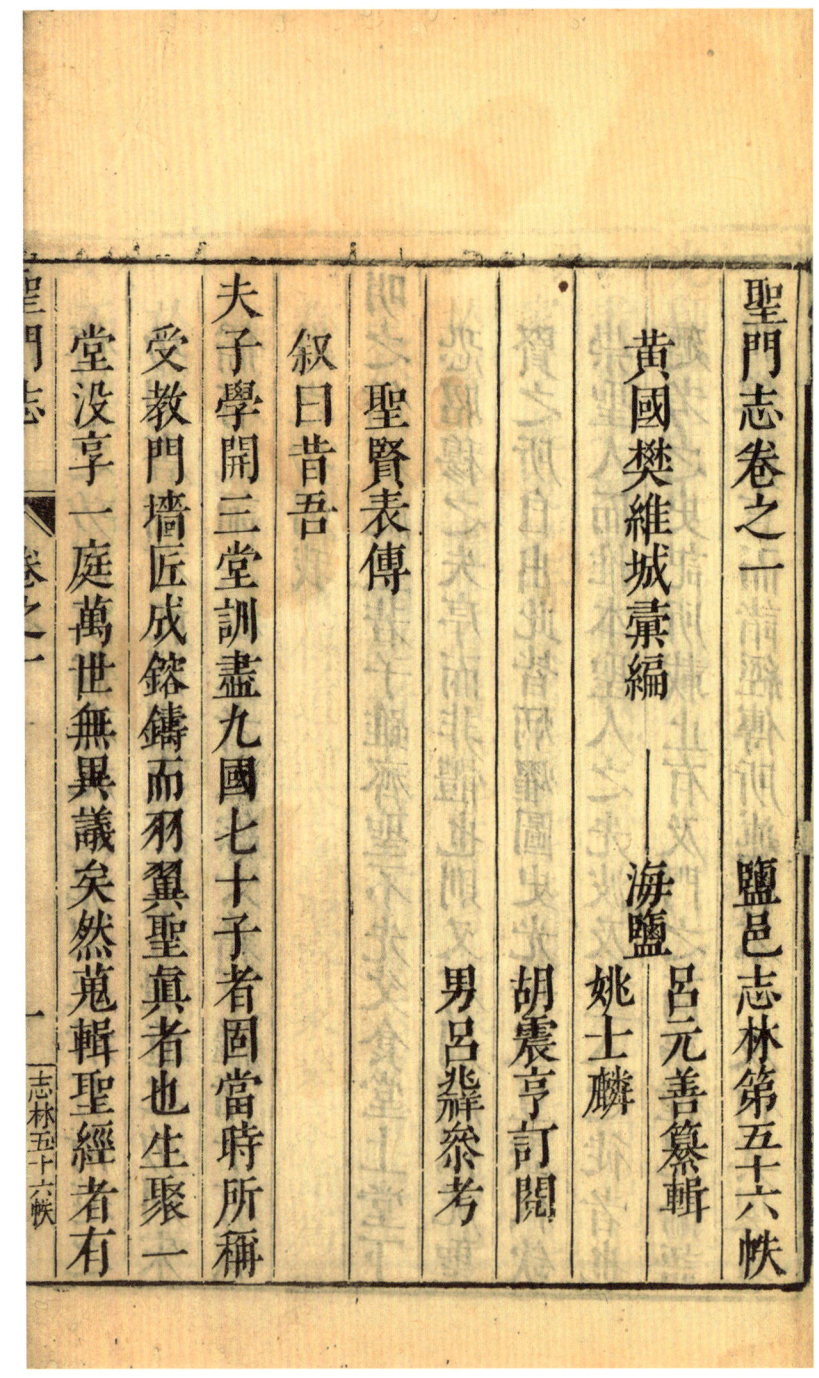

聖門志卷之一　鹽邑志林第五十六帙

黃國樊維城彙編

呂元善纂輯

海鹽姚士麟

胡震亨訂閱

男呂兆祥叅考

聖賢表傳

叙曰昔吾夫子學開三堂訓盡九國七十子者固當時所稱受教門牆匠成鎔鑄而羽翼聖眞者也生聚未堂没享一庭萬世無異議矣然蒐輯聖經者有

089　聖門志六卷

此明末刻《鹽邑志林》本。卷一《聖賢表傳》、卷二《從祀列傳》、卷三《四氏封典》《四氏顯裔》、卷四《禮樂》、卷五《遺迹》、卷六《二氏世系》。經與民國間涵芬樓影明本對照，涵本祇五卷，卷數不同，目録亦與此本有異。署名兩本亦各自不同，此本爲"黄國樊維城彙編，海鹽吕元善、姚士麟纂輯，胡震亨訂閲，男吕兆祥參考"。行格字數則與涵本同。此本比涵本多一序。此本版心下鎸"志林五十六帙"。

此書纂輯成於明天啓間，海鹽令樊維城刻入《鹽邑志林》。崇禎三年(1630)左右，吕氏子兆祥等就原版改换題銜，略加增改，另印單本，谓爲家刻。崇禎十年(1637)後，又有再改换本，則僅有五卷，涵芬樓影明本即是。兩種改换本已是流傳較稀(崇禎三年本僅上海圖書館等三家有藏)，原本之貴則明顯可見。

此書有墨筆批校，校語前稱"亮功按"，似爲王亮功親筆。王亮功，山西定襄人，字鳳皋，道光十四年(1834)舉於省，司訓代州，遷寧武教授。嗜古籍，收藏甚富。年八十七卒。著有《易説》《通鑑紀事年表》《讀史贅要》等。《中國歷代藏書家辭典》有傳。

此書數年前得之於太原古籍書店，序言個別字有損，曾請王叔磐先生補字。

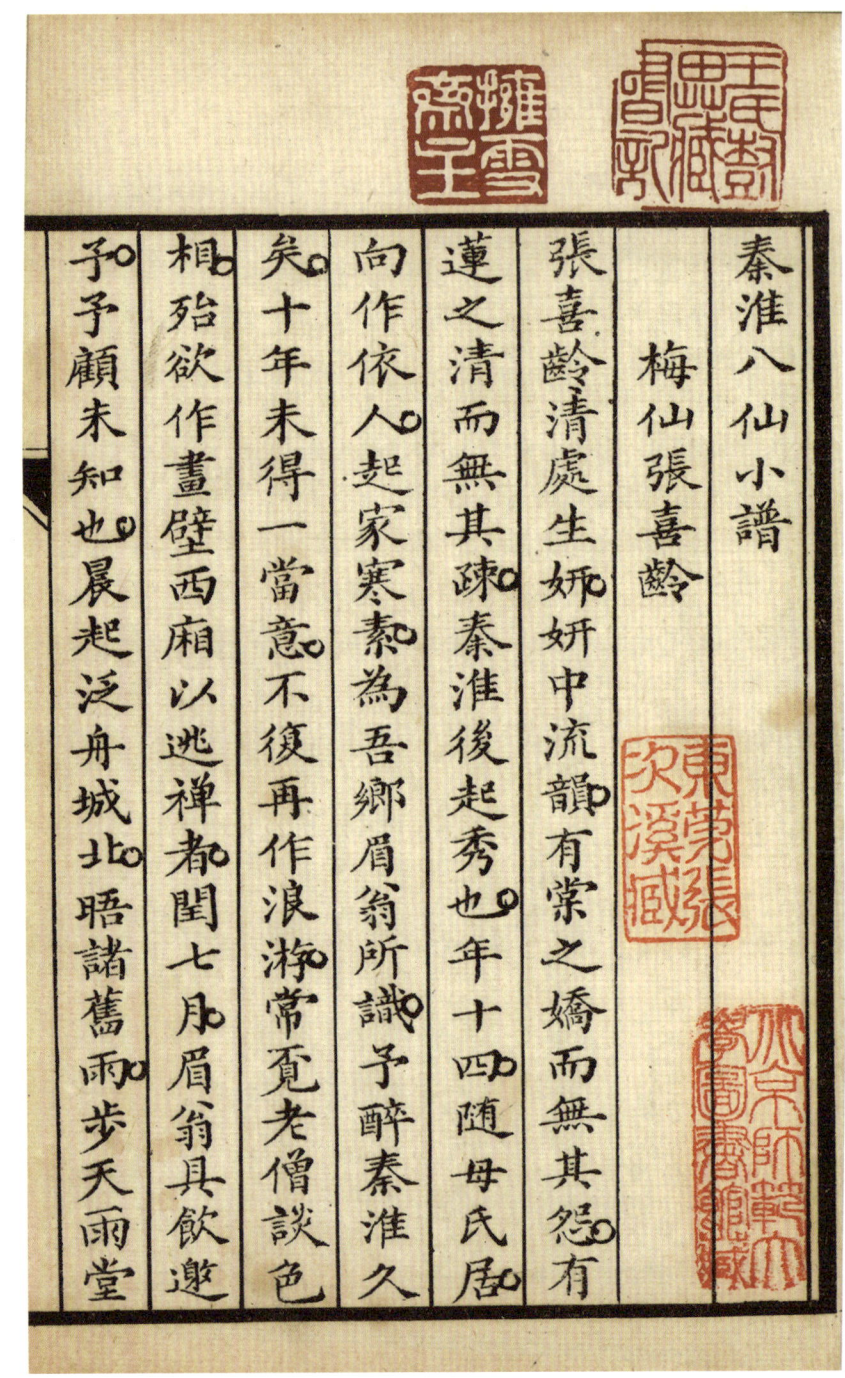

秦淮八仙小譜(2-1)

090　秦淮八仙小譜

　　撰者無考。民國十七年(1928)掃葉山房石印。序跋中有"栩栩子曰""茉莉園""隨園"字樣,待查。卷内鈐"北京師範大學圖書館藏""東莞張次溪藏"二印。

　　張江裁,字次溪,廣東東莞人氏,室名"燕歸來簃",曾任北平研究院史學研究會編輯。精史料掌故,著有《燕都名伶傳》《清代燕都梨園史料》等。富藏書,約三萬餘册。一九六七年藏書皆被封存,一九六九年落實政策,退還其子女。後一部分藏書售予北京師範大學圖書館,一部分售歸北京中國書店。

　　此書早年間見於京都海王邨,以内容稀見攬之。

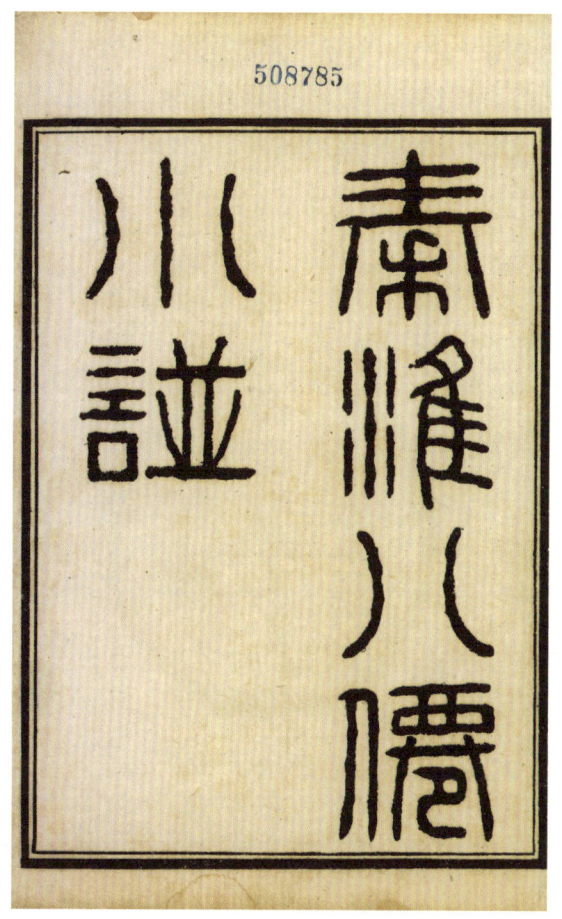

090　秦淮八仙小譜(2-2)

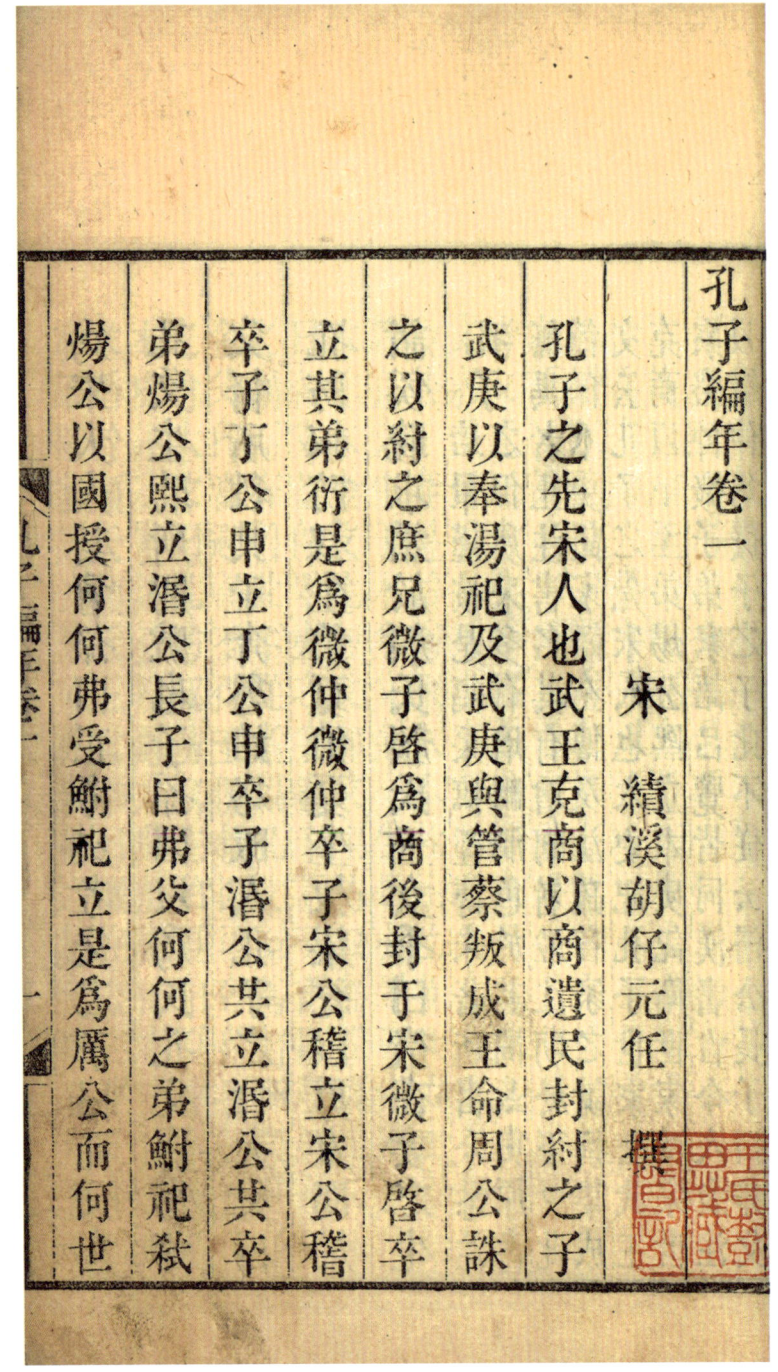

091　孔子編年五卷(2-1)

091　孔子編年五卷

宋胡仔撰,清胡培翬校注。嘉慶二十三年(1818)金紫家祠刻本,旌德湯庭光鎸。一册。

該書是最早的孔子家譜,以《論語》爲藍本,参以《春秋三傳》《禮記》《孔子家語》《史記·孔子世家》諸書,去僞存真,舍繁取精。四庫館臣論此書曰:"由宋迄元、明,集聖跡者,其書日多,亦猥雜日甚。仔所論次,尤爲近古,故錄傳記之首,以見濫觴所自焉。"

胡仔,字元任,安徽績溪人。胡舜陟次子,紹興元年(1131)隨父赴任廣西,居嶺外七年。十三年(1143),其父遭秦檜陷害,遂隱居浙江湖州之苕溪,以釣魚自適。著《苕溪漁隱叢話》前後集一百卷。

此書購自山西平遥一張姓人家。

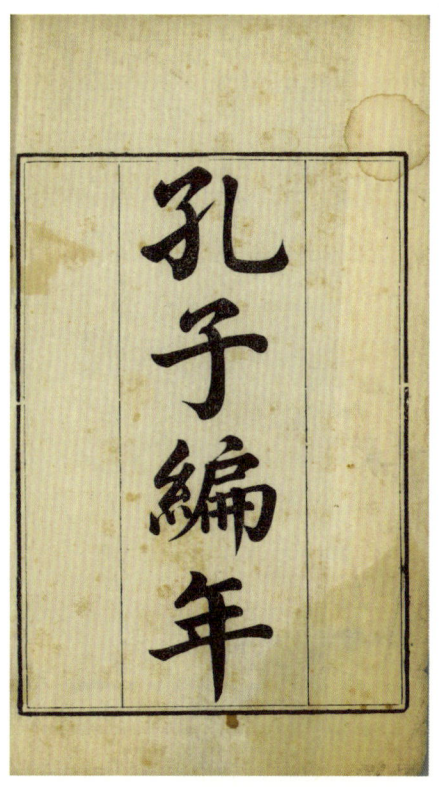

091　孔子編年五卷(2-2)

列女傳卷之一

錢塘梁端無非校注

母儀傳

有虞二妃

有虞二妃者帝堯之二女也長娥皇次女英舜父頑母嚚父號瞽叟弟曰象敖游於嫚舜能諧柔之承事瞽叟以孝母憎舜而愛象舜猶內治靡有姦意四嶽薦之於堯堯乃妻以二女以觀厥內二女承事舜於畎畝之中不以天子之女故而驕盈怠嫚猶謙謙恭儉思盡婦道瞽叟與象謀殺舜使塗廩舜歸告二女曰父母使我塗廩我其往二女曰往哉舜既治廩乃捐階瞽叟焚廩舜往飛出象

（眉批：去病蓁於嫚髫作放嫚而謂放辟邪侈也）

092　列女傳八卷

漢劉向撰,清梁端校注。清道光間錢塘汪氏振綺堂刻,同治十三年(1874)遞修本。白紙二册。卷内有墨批。

卷前道光癸巳(1833)汪遠孫序,卷末同治十三年曾本跋,稱:"《列女傳》校讀本八卷,乃先伯母梁嫄人纂録而先伯父右史公訂定付梓者也。咸豐間粵寇之亂,振綺堂藏書散佚殆盡,各種書板僅有存者,此書之版佚去幾半。今夏寓書家弟曾學檢視殘闕,爲補刻於粵東,復從番禺陳蘭甫學録假得揚州文選樓阮氏畫像本對校一過……"

卷内有墨批數則,署"去病案",似陳去病之手迹也。

陳去病,字巢南,又字佩忍,別字伯儒,室名百尺樓、浩歌堂,江蘇吴江人。一八九八年創辦雪恥會,成立神交會,任上海《警鐘日報》主筆,參加《江蘇》《國粹學報》編輯,一九〇九年與柳亞子等創建南社,參加過辛亥革命、討袁、護法等活動。曾任江蘇博物館館長、東南大學教授等職,著有《浩歌堂詩鈔》《百尺樓胠録》《正氣集》等。一九三三年病逝,享年五十九歲。

陳去病輯刊的《笠澤詞徵》及《吴江詩録》,余早年間於上海古籍書店先後購獲,可謂與其有緣。

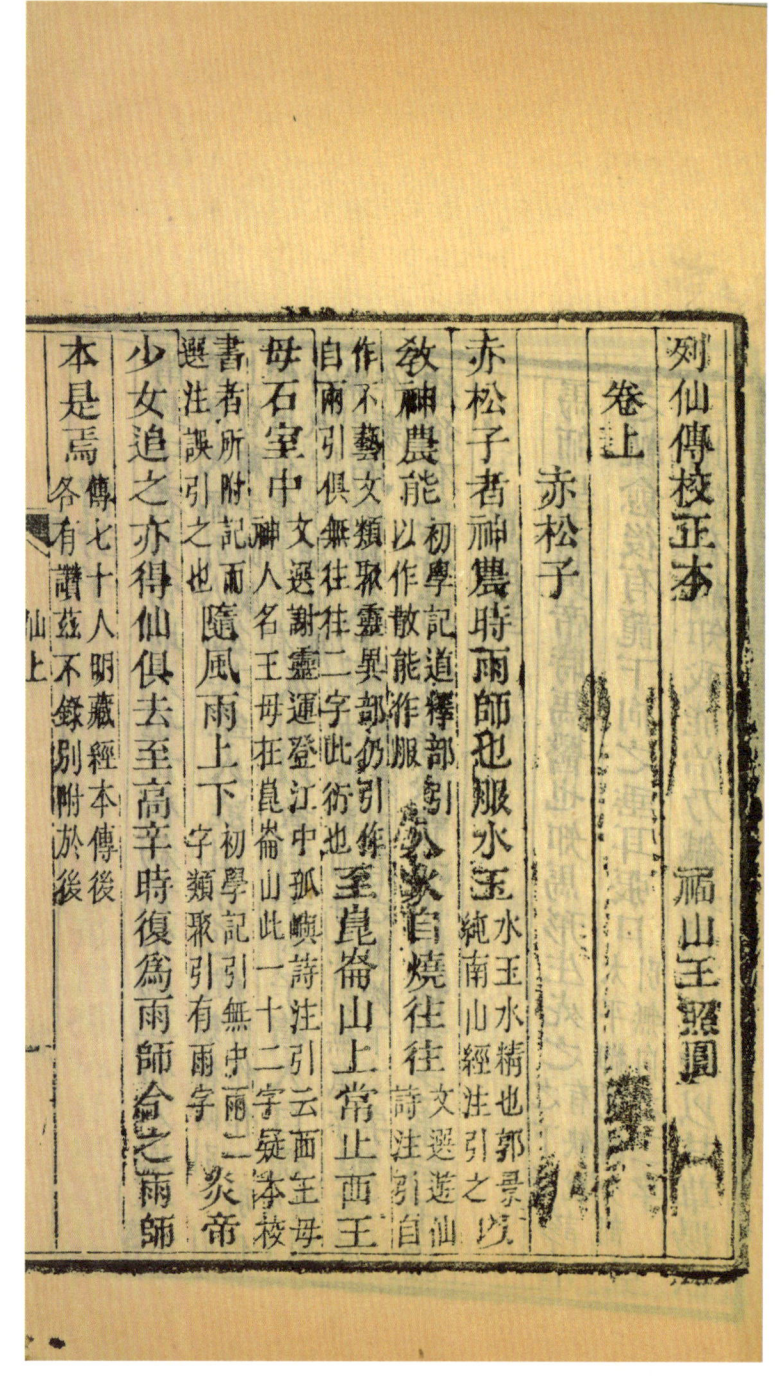

093　列仙傳校正本二卷列仙傳贊一卷夢書一卷（2-1）

093　列仙傳校正本二卷列仙傳贊一卷夢書一卷

清王照圓撰。清刻本。一册。

卷前嘉慶十七年(1812)洪頤煊序,卷末王照圓嘉慶九年(1804)跋,後附《列仙傳贊》一卷、《夢書》一卷。

《列仙傳》傳爲劉向撰,爲我國傳世第一部神仙人物傳記著作。宋以來傳本共叙述了七十位神仙的姓名、身世、事蹟。王照圓補注此書,詞簡義洽,校正精確,誠爲經典之作。

王照圓,人物簡介見本書010"詩説二卷"。

此書得自呼和浩特市書友老段,至今已二十載有餘。當時其所存古書尚多,盡可隨意挑選。老段經營古書較早,記得曾將收得的林則徐、杭世駿舊藏并帶批跋之本售予北大圖書館,當時還拿不到書款,所得也無幾,今可視爲"天方夜譚"也。

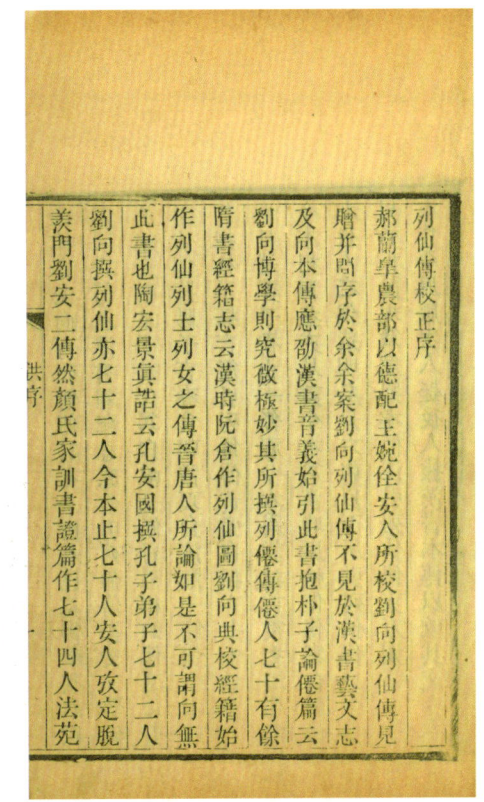

093　列仙傳校正本二卷列仙傳贊一卷夢書一卷(2-2)

鶴徵錄卷第一

嘉興李集敬堂輯
從孫富孫續輯
孫男遏孫

一等二十八

彭孫遹字駿孫號羨門浙江海鹽人明御史宗孟孫順治己亥
進士候選主事由禮部尚書吳正治薦舉授編修官至吏部侍
郎乞歸著有松桂堂南淮香匳倡和等集
先生成進士越數年即為萬里之游所過名山大川仗劍賦
詩自甲辰至丙午囊中得詩三百餘篇名曰南淮集嶺南陳
先生序之余家所藏一冊為阮亭先生評本用朱筆甲出上

094　鶴徵録八卷後録十二卷

　　清李集輯,《後録》李富孫、李遇孫續輯。清嘉慶十六年(1811)漾葭老屋刻本。白紙六册。

　　此書記康熙己未至乾隆丙辰(1679—1736)詞科之人逸聞遺事,多爲正史所不采。李集乾隆甲寅(1794)序曰:"是録所述意在表揚遺行,散華落藻,點筆紛披,以志一時之盛。"材料來源爲老輩流傳、趨庭訓示。《後録》輯者爲李集之從孫,亦有序,作於嘉慶二年(1797)。

　　辛未(1991)秋於滬上福州路古籍書店購書千餘册,此書在内。每册價僅四元。余訝其廉,曾詢書店店員,答曰:"也想漲,市里不准。"當然,後來還是逐漸漲了起來,再後來拍賣會興起,書價則純粹市場化了。

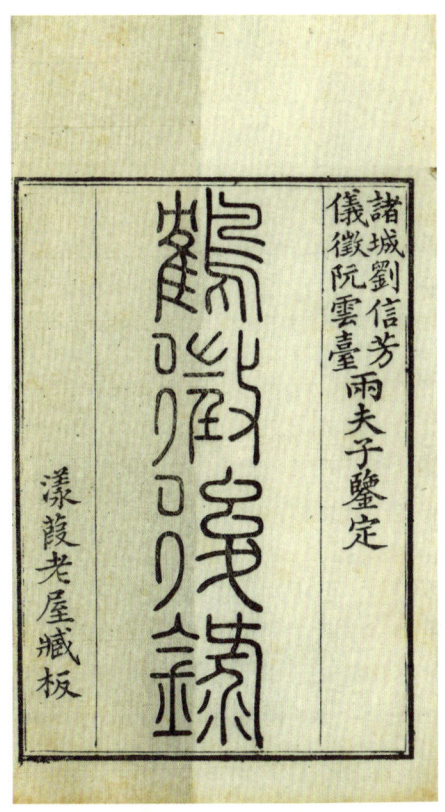

094　鶴徵録八卷後録十二卷(2-2)

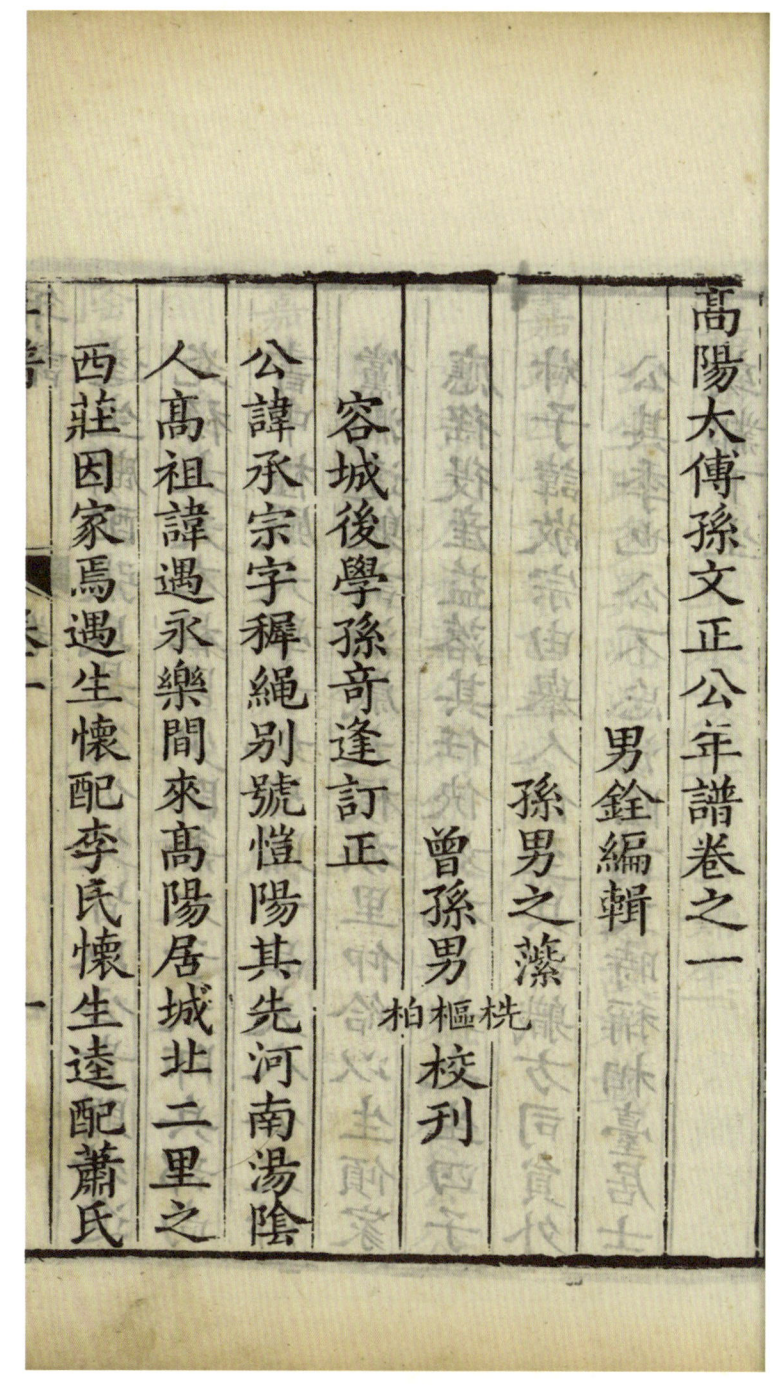

高陽太傅孫文正公年譜卷之一
　男銓編輯
　孫男之滌
　曾孫男柏樞校刊　橚

容城後學孫奇逢訂正

公諱承宗字稚繩別號愷陽其先河南湯陰
人高祖諱遇永樂間來高陽居城址二里之
西莊因家焉遇生懷配李氏懷生逵配蕭氏

095　高陽太傅孫文正公年譜五卷

　　譜主爲明高陽孫承宗。清孫銓編輯。清乾隆六年(1741)爾然刊。半葉八行十八字,白口,單黑魚尾。封面鎸"師檢堂藏板"。

　　孫承宗,字稚繩,高陽人,明嘉靖四十二年(1563)生,萬曆三十二年(1604)進士,授編修。熹宗即位,充日講官,後任宰相。明末清兵攻高陽,被執,自殺身亡,年七十六歲。諡"文正"。有《高陽集》十二卷,清順治間刊,嘉慶十二年(1807)補刊。

　　此書寫刻,白紙五册。其中卷首第六、七葉爲硬體,書中間"寧"字不避,疑乾隆後補刊。

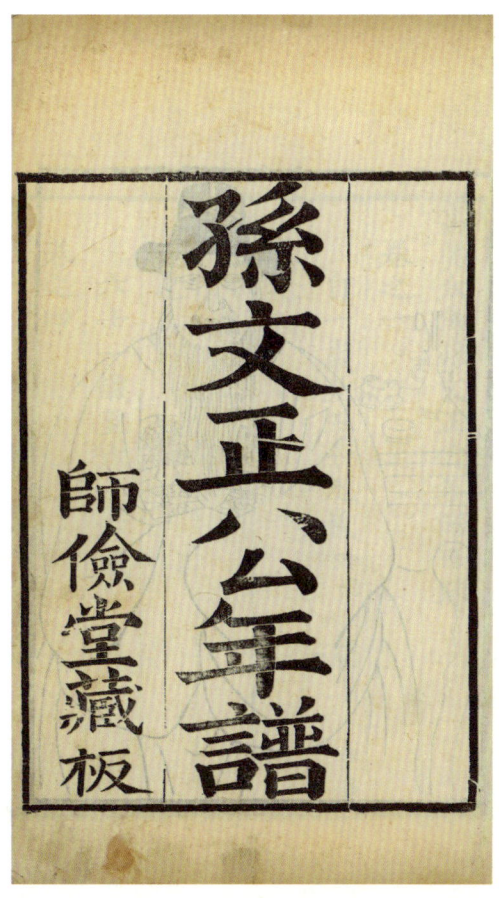

095　高陽太傅孫文正公年譜五卷(2-2)

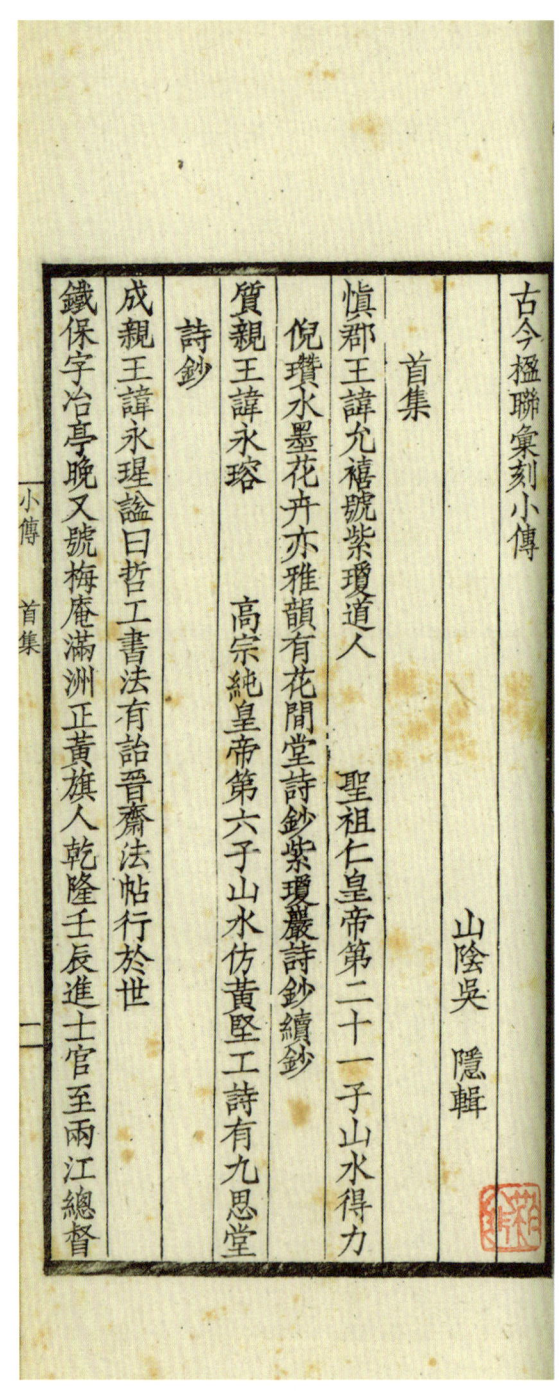

096　古今楹聯彙刻小傳（2-1）

096　古今楹聯彙刻小傳

　　吳隱輯。清光緒三十三年(1907)西泠印社精刊。白紙二册。
　　此書共收錄明清二百餘書家小傳。
　　吳隱,字石潛,號遁盦(遯盦),室名三餘堂,浙江山陰人,西泠印社創始人之一。工書畫、篆刻。編印《苦鐵碎金》《遯盦集古印存》《吳昌碩印存》等書。一九二二年離世。
　　此書版式狹長,少見。早年間得之於天津古文化街白笑非之白雲軒。白氏爲津門老書估,余數年間曾多次選購其書,頗有幾種善本。

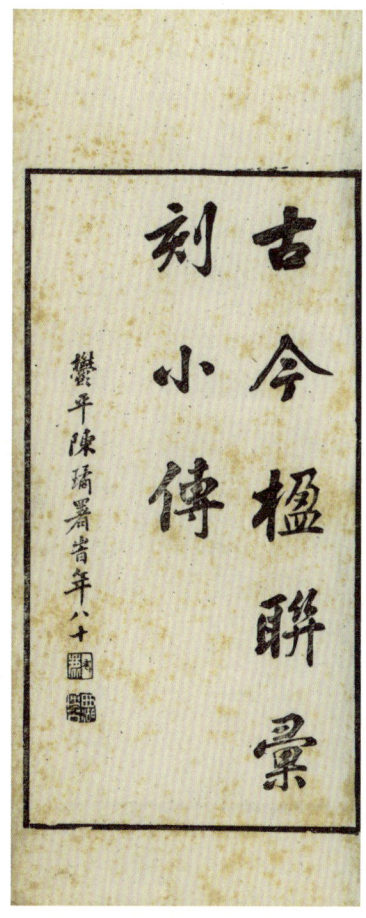

096　古今楹聯彙刻小傳(2-2)

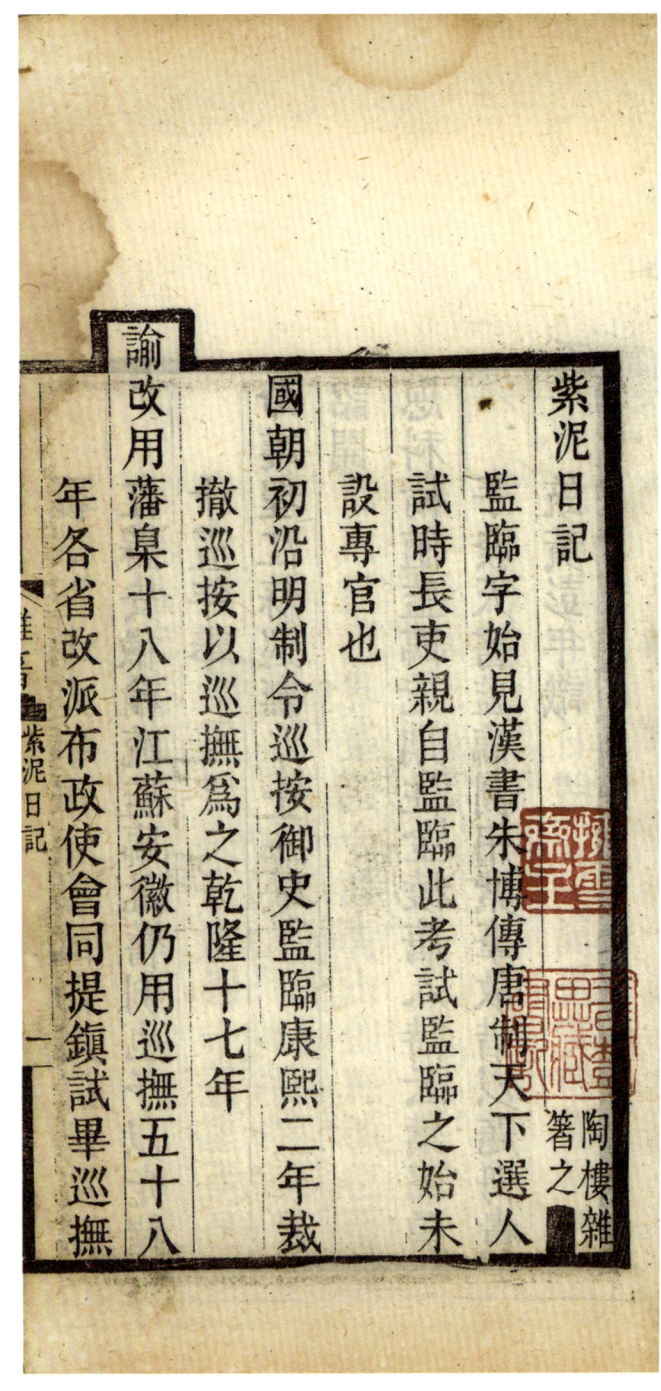

紫泥日記

監臨字始見漢書朱博傳唐制天下選人試時長吏親自監臨此考試監臨之始未設專官也

國朝初沿明制令巡按御史監臨康熙二年裁撤巡按以巡撫爲之乾隆十七年諭改用藩臬十八年江蘇安徽仍用巡撫五十八年各省改派布政使會同提鎮試畢巡撫

097　紫泥日記

清黄彭年撰。清光緒十五年(1889)陶樓校刻。白紙一册。卷端題"《陶樓雜著》之□"。

卷前黄彭年序稱："光緒十五年奉命護理江蘇布政使，詔開恩科，輪值監臨，先期往金陵。唐人詩云'紫泥盈手發天書'，監臨例用紫筆，故藉以題册。"

此書記載黄彭年光緒十五年七月二十四日至八月三十日，以江蘇巡撫身份監臨恩科鄉試情形，每日一記，計三十八天日記。日記對當時科場情形所記甚詳，是清末科舉考試的絕好資料。

黄彭年，字子壽，號陶樓，貴州貴築人。道光二十七年(1847)進士，授翰林院庶吉士。咸豐初年，隨父在籍辦團練，後入川督駱秉章幕。曾主講關中書院，後李鴻章聘其修《畿輔通志》，並主講蓮池書院。光緒八年(1882)升湖北按察使，十一年(1885)調陝西按察使、署理布政使，後遷江蘇布政使，十六年(1890)調湖北布政使，殁於任上。

黄氏才幹卓著，爲官清廉，爲百姓辦實事，爲一代名宦。其著述較多，主要有《東三省邊防考略》《金沙江考略》《銅運考略》《陶樓詩文集》等。亦工書畫，藏書甚富，其藏書處曰"萬卷樓"，有《萬卷樓書目》行世。

此日記編入《陶樓雜著》四卷，但卷首題下鎸"陶樓雜著之□"爲墨釘，書口"雜著"之卷數亦爲墨釘，蓋當時尚未確定卷次，爲試印本。該書字體偏隸，頗耐看，屬精刻之本。己亥秋獲於海王邨古舊書市，價四元。

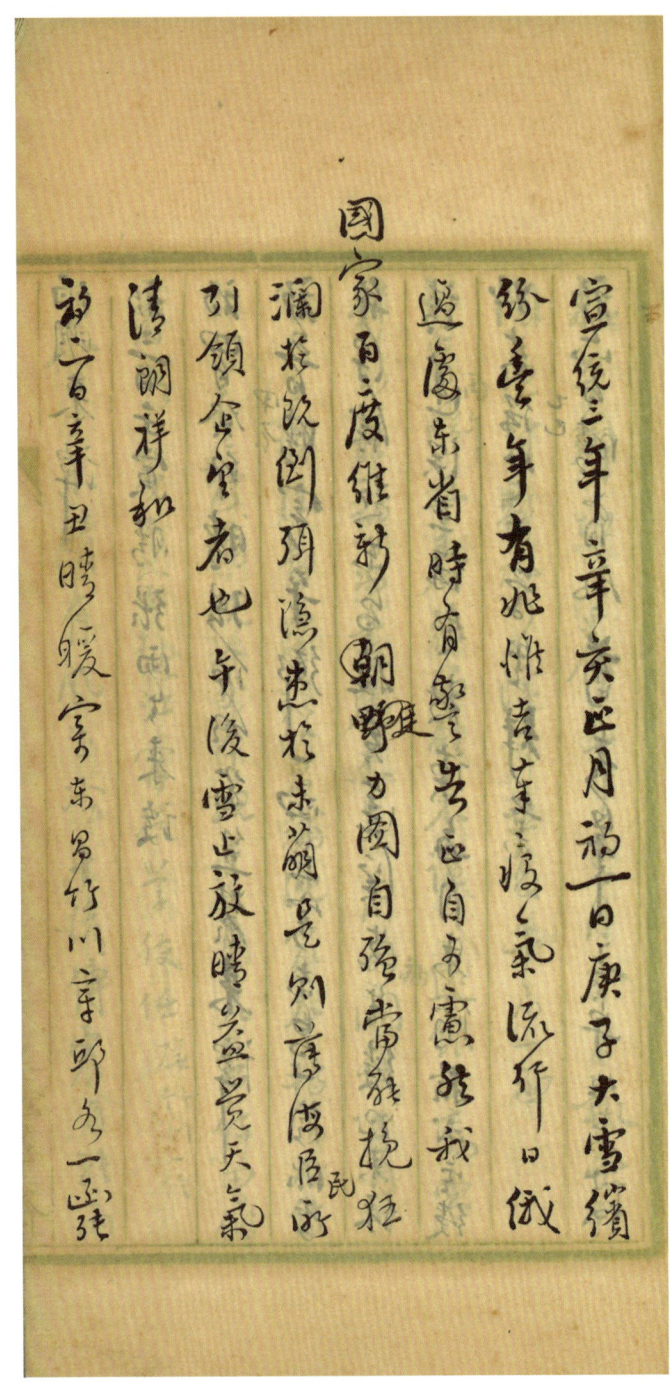

098 稿本澹盦日記(2-1)

098　稿本澹盦日記

撰者不詳。綠格。竹紙一册。封面墨書"宣統辛亥第一本",起於宣統三年(1911)正月初一,止於八月三十日。

此日記寫於保定,撰者時在保定直隸官硝局任職,河北平鄉人。繼任者爲宋子元。日記正月三十日記"董悟宸赴都,辦理本局四年預算表"。日記中赴飯局甚多,赴宴者多爲當地官員,如"觀察"之類。撰者與張雨生、張伯明、王卓如、孫子久、趙玉泉、李師彦、王次康、趙盛甫多有來往。撰者酷愛圍棋,手談之記比比皆是。國内政局、朝廷任免也爲其所關注。

此稿本日記曩獲於呼和浩特市"文苑古舊書店",蓋二十世紀八十年代末於無錫古舊書店購回者,書後標價伍角。當年這批書現該店仍有遺存,但多係殘本,束之高閣,無人搭理。遥想當年書源之豐富,書價之低廉,而余僅略沾此福,恨不能再生一回。

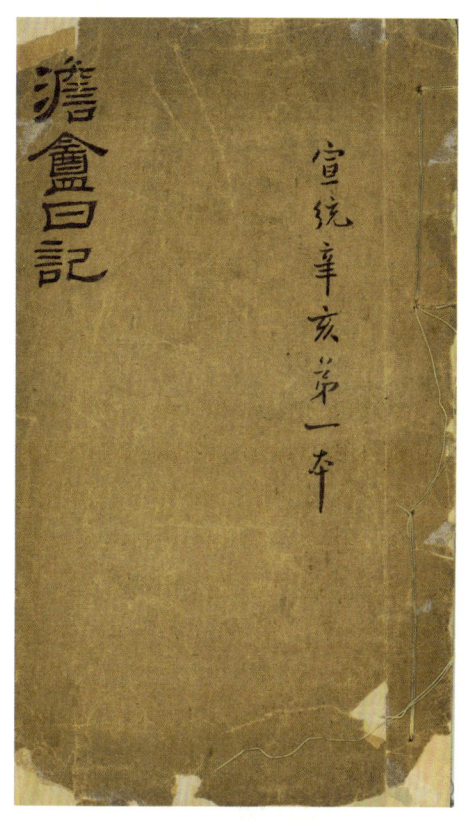

098　稿本澹盦日記(2-2)

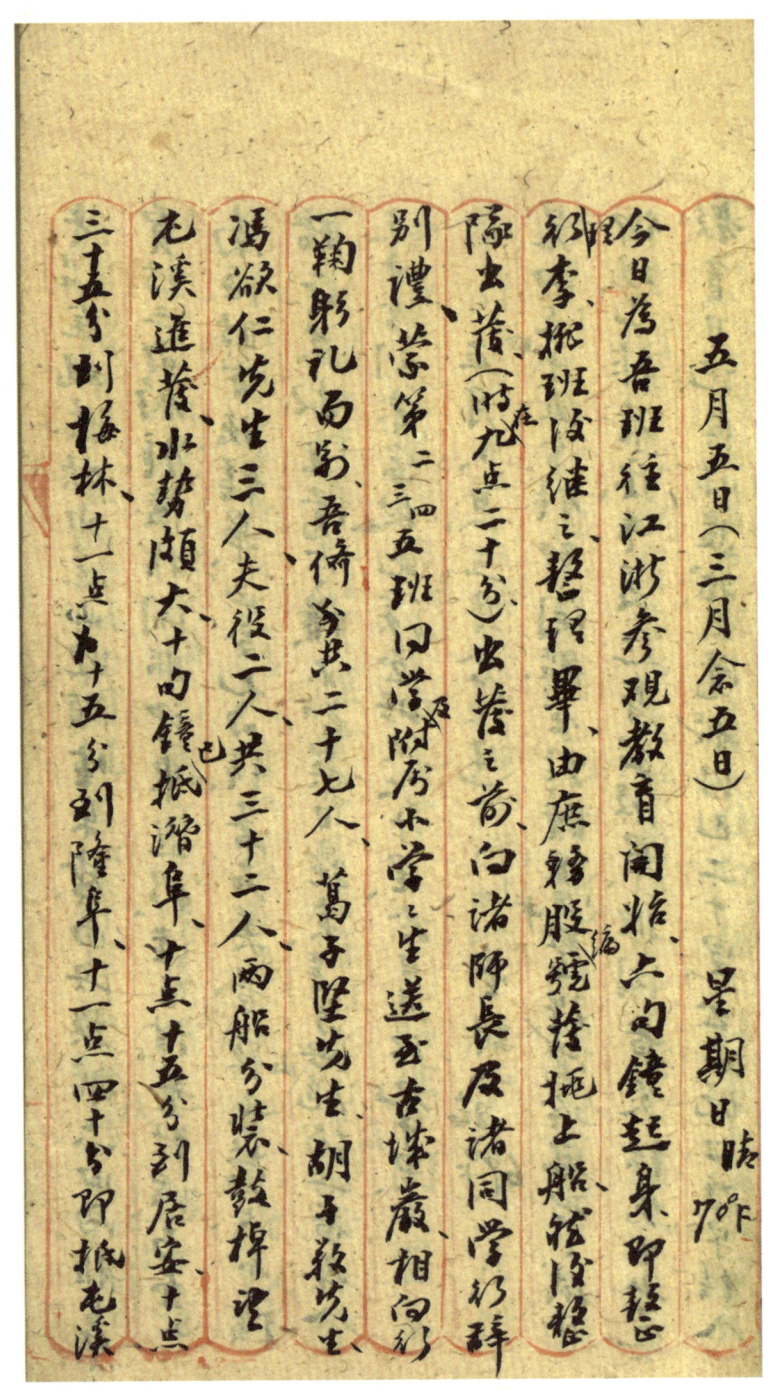

099　稿本省齋日記（2-1）

099　稿本省齋日記

查輔紳撰。查氏爲徽州二師第一屆畢業生,婺源北鄉山坑人。一九一八年曾在二師本科第四年級學習。查氏另有一日記鈔本,封面墨書"民國六年十二月省齋查輔紳",收藏在民間。此爲民國間在安徽徽州二師之實習日記。日記起自三月三日,終於八月十八日,所記以授課活動爲主,兼及日常起居、人生感言及社會新聞等。其中五月五日至六月二十四日爲"參觀教育日記",沿途所記甚詳,於此可窺見民國間教育事業及社會生活之一斑。

綫裝三册,字甚精整。封面墨書"省齋"二字。

此稿本日記於安徽歙縣得來,費銀百餘元。

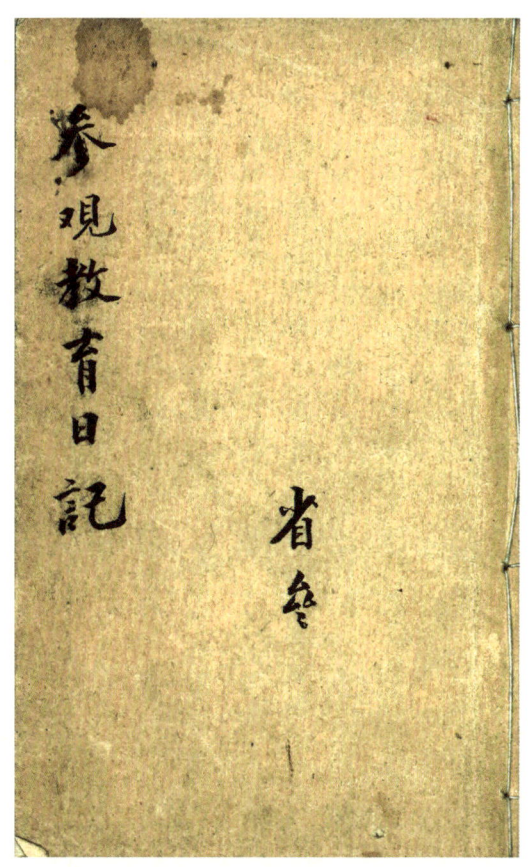

099　稿本省齋日記(2-2)

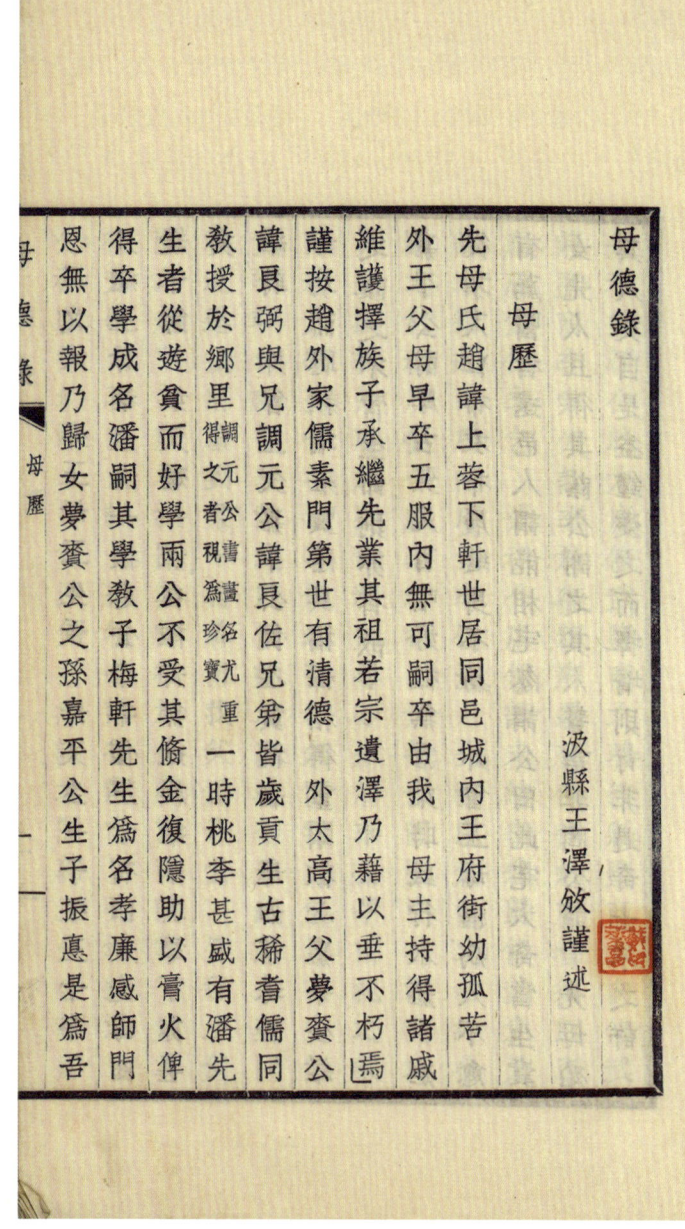

100 母德錄附銜恤日記

100　母德録附衛恤日記

王澤敩撰。民國二十三年(1934)鉛印。藍印本。

此書爲撰者懷念母親之作,對母親逝世之後的治喪活動逐日記録,尤爲詳細。

王澤敩,字仲劉,生平不詳,卒於一九五一年。其父王錫彤,河南衛輝人,一九一五年任民國參政院參政,著名實業家。王澤敩爲王錫彤第二子,曾任民國省參議院議員。

據稱,設於北京植物園的王錫彤墓園有墓冢三座,主墓是王錫彤和趙夫人的,東南側是長子王澤敷的,正對大門的是次子王澤敩墓。王澤敩墓占了墓園好位置,且較氣派,而長子王澤敷墓是磚砌的,較寒酸。據王氏後人稱,是弟弟王澤敩占了哥哥王澤敷的墓地。而該墓園是王澤敩民國二十二年(1933)負責建造的,並且先於其兄而亡,便形成了墓園現有的格局。此格局有違倫理,是爲無德,有負母教。通過此事,再觀此書,又別有一番滋味。

卷前鈐"沈季豐"等印。

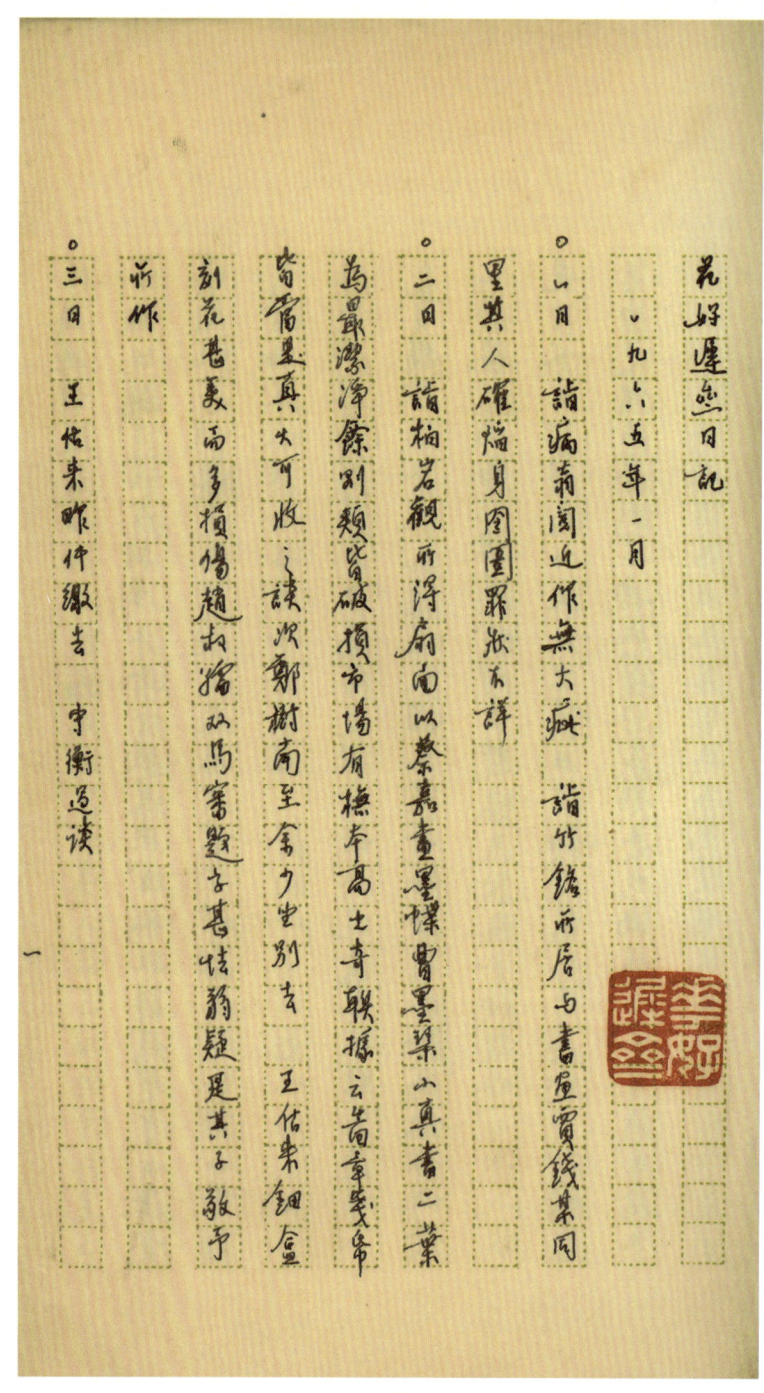

101　稿本花好遲齋日記(2-1)

101 稿本花好遲齋日記

　　陸紹庠撰。一九六五年一至二月日記。所記多爲戲考文字,兼及字畫收藏、詩作等。
　　陸紹庠,又名陸鳴岡,字頌堯,號隴梅,室名花好遲齋。上海人。希社社員。收藏名家稿鈔校本、日記甚富。民國間寓所遭火,所藏俱焚。新中國成立之初復又大舉收書,京滬古籍拍賣時見其遺藏上拍。
　　此陸氏日記數年前於"孔夫子舊書網"得見,不被人識,遂輕取之。

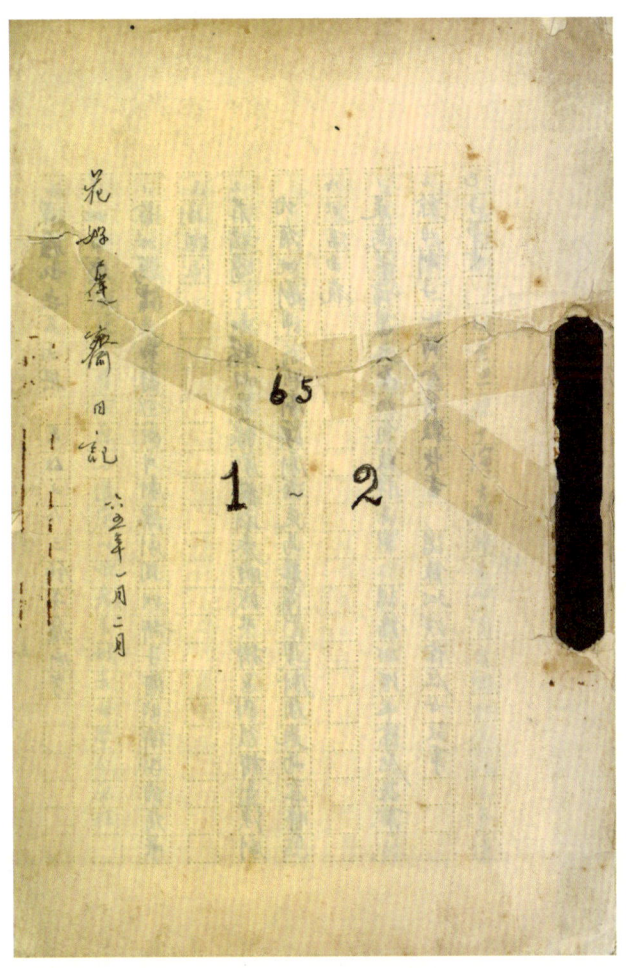

101　稿本花好遲齋日記(2-2)

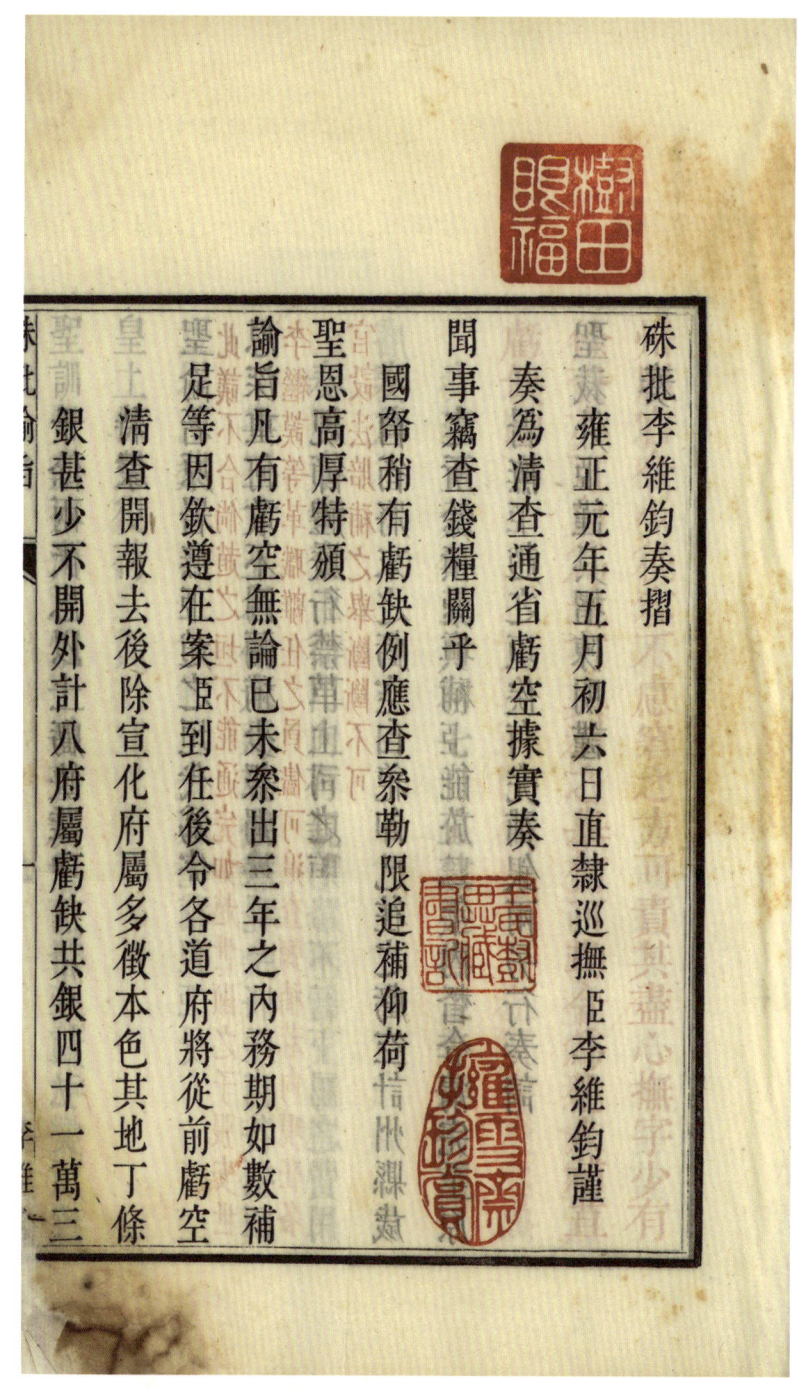

102 硃批諭旨(2-1)

102　硃批諭旨

清李維鈞奏摺。允祿、鄂爾泰等編。清雍正至乾隆間武英殿朱墨套印木活字本。開化紙一厚册。

《硃批諭旨》全書三百六十卷。雍正十年(1732)，胤禛揀選即位以來親筆批閱群臣的奏章，彙爲此書，乾隆三年(1738)刻成。

李維鈞，浙江嘉興人。康熙三十五年(1696)由貢生選授江西都江縣知縣，後兩任刑部員外郎、江南道監察御史、直隸守道。雍正元年(1723)二月擢升直隸巡撫，二年(1724)十月升直隸總督，加兵部尚書銜。李維鈞的快速升遷，與年羹堯向雍正的舉薦有關。雍正三年(1725)八月，李維鈞因年案被革職抄家，並因與年合夥侵吞虧欠銀兩四十萬兩、捏造誣陷他人等罪而下獄，不久病死獄中。

從此奏摺看，雍正的批復及相關諭旨，頗有意味。李任巡撫時，雍正曾批曰："天下督撫皆當如此留心，擴而充之，何慮吏治不肅、民生不遂耶？"兩年後，又批曰："你不怕做貽笑於人之督撫，朕不甘爲輕舉妄動之人主！"由親至疏，不到兩年，何其速也。亦可見"伴君如伴虎"言不虛也。

此書早年相遇於海王邨古籍書市，以百元得之。

102　硃批諭旨(2-2)

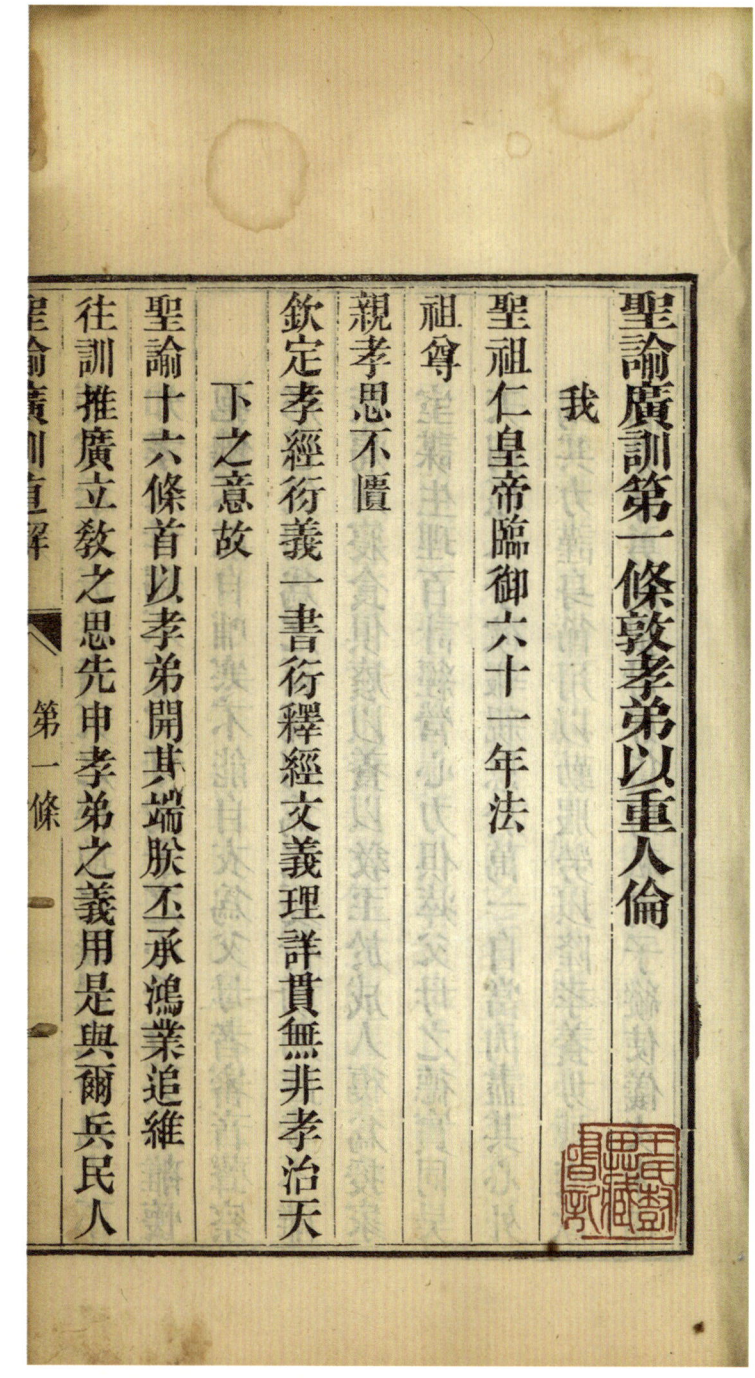

103　聖諭廣訓直解（2-1）

103　聖諭廣訓直解

清王又樸撰。清道光三十年(1850)官刻本。二册。

《聖諭廣訓》是雍正二年(1724)出版的官修典籍,訓諭世人守法和應有的德行,並定爲考試内容。道光三十年敕頒的《聖諭廣訓直解》,是此書各種版本中較著名的。

此書開本闊大,版式疏朗,字體端雅,紙張潔净細軟,疑似殿版。

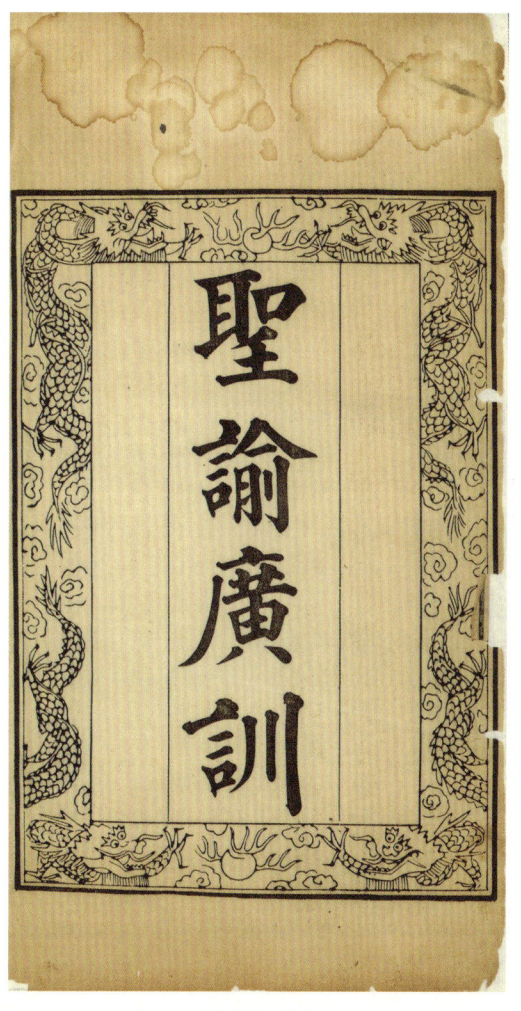

103　聖諭廣訓直解(2-2)

大總統祀天儀

前祀三日

大總統頒

誓戒辭於文武百官曰某年月日冬至本大總統代表國民恭祀上天於南郊凡百有位其齎乃心齊乃志各揚其職戒哉毋忽逐齋戒散

齋二日致齋一日　散齋理事如舊惟不弔喪不問疾不飲酒不作樂不茹葷致齋惟祀事得行其餘悉斷

右齋戒

前祀一日昧爽執事官　凡執事官均由內務部酌派　掃除壇內外壇上藉以臺

鞔張大次於外壇左門外甬路之東各部院設陪祀官便次於甬路之西燎人積柴於燎爐壇上第一成正中設籩豆案一其左饌案一正中少西祝案一南嚮又南鑪几一居中左右鐙几各一東福胙桌一尊桌一接桌一均西嚮西接桌一東嚮

右供張

104　祀天通禮

政事堂禮制館撰。民國三年(1914)印製。綫裝一册。

一九一四年冬至,中華民國在北京天壇舉辦了中國歷史上最後一次祭天通禮,在此之前,由政事堂禮制館頒布《祭天冠服制》,印製《祭天通禮》《祀孔典禮》《祭祀冠服圖》等四種,此爲其一。

此書獲於呼和浩特市一擺書攤老嫗。此老嫗與呼和浩特市舊日文豪、曾任土默特旗總管、呼和浩特市副市長的榮祥後人頗熟悉,據稱經常自榮家收些古舊書,此册乃在其中。

此書又有爲朱啟鈐所撰一説。袁世凱復辟稱帝時,朱任大典籌備處處長。

104　祀天通禮(2-2)

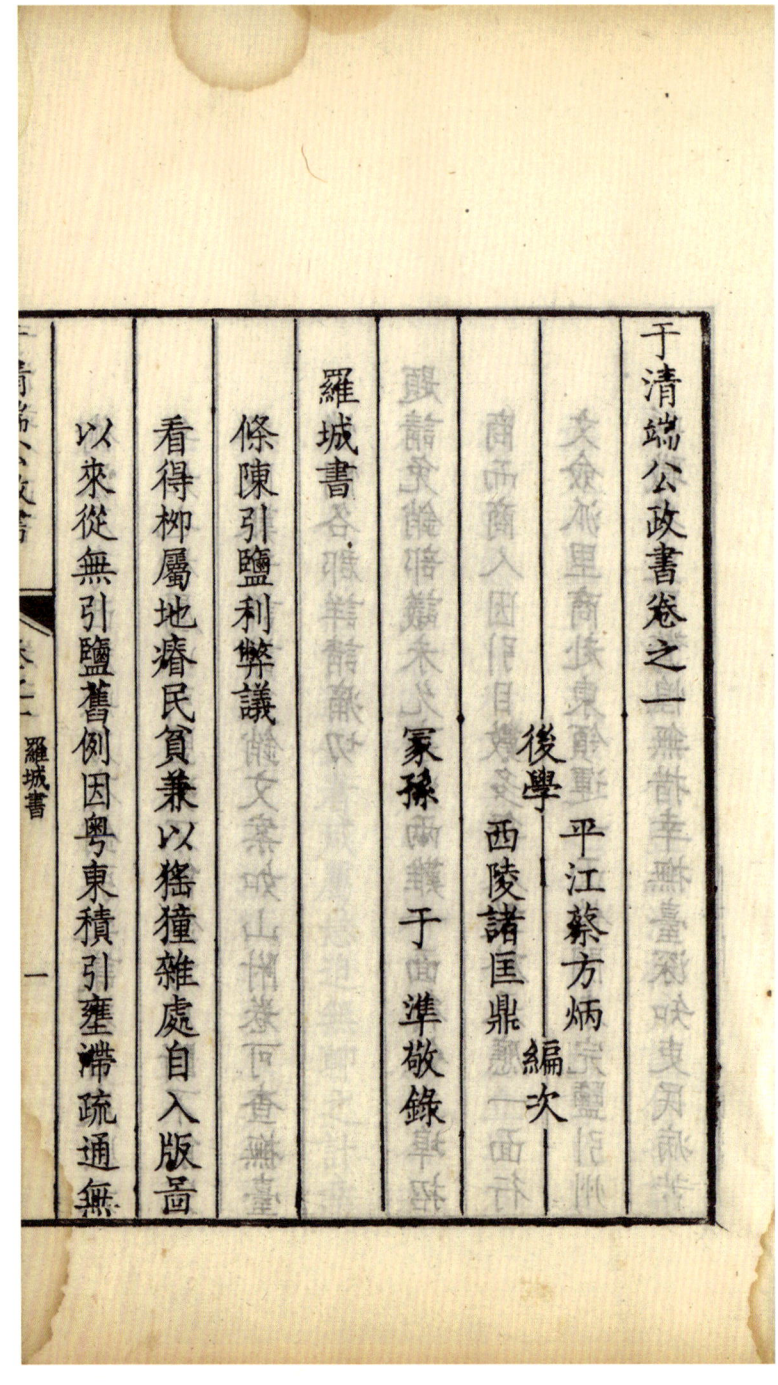

105　于清端公政書八卷首編一卷外集一卷(2-1)

105　于清端公政書八卷首編一卷外集一卷

清于成龍撰，蔡方炳、諸匡鼎編次。清康熙四十六年（1707）于準刻本。白棉紙。十册。初印本。

卷前康熙二十二年（1683）李中素原序、同年劉鼎原跋，卷末蔡方炳跋、奕喜跋、康熙四十六年于準跋。

于成龍，字振甲，號如山，清奉天蓋平人。明崇禎三年（1630）生，清康熙三十九年（1700）卒。曾任直隸總督、左都御史、鑲紅旗漢軍都統、河道總督。卒謚襄勤。著名廉臣，外集《從好錄》稱："公待己甚嚴，而待人則恕，處己則儉，而濟衆偏奢，每聽斷時遇民有必不能償者，則傾囊代償，盡其俸薪亦無吝惜。"有民謡曰："要得清廉分數足，唯學于公吃糠粥。"

是書凡三刻，有康熙二十二年本、四十二年（1703）本，此四十六年本仍用原序、原跋，至於賜文、賜詩、聯匾等及遺像，皆載之外集，較之前兩刻全而善。

是書《中國古籍善本書目》著錄。

此書紙白刻精，且爲初印之本，展卷喜人。余曾連日購獲善本數部，時購此書，恰逢先父三十周年忌日，悲喜交集，撫書一歎。

105　于清端公政書八卷首編一卷外集一卷（2-2）

魏實齋刺史西川實政紀畧

魏實齋刺史西川實政紀畧、政紀畧墨州生員大司冠敏果
實齋刺史名煜、實齋其號也、直隸蔚州生員大司冠敏果
刺史名煜實齋其號也直隸蔚州生員大司冠敏果
公環極先生五世孫生於世德名門弱冠即講氣節樂
公環極先生父義母嚴教有本源故其言行迥不猶人壯
談忠孝盖先父義母嚴教庚申召其後齋更部移檄直
歲見忠推於鄉里嘉慶庚申召
歲見考推蓋於鄉里嘉慶敏果公賢良
仁宗睿皇帝追念敏果公賢良仁宗睿皇帝追
召其後齋更部移檄直隸總督行查蔚州州牧采鄉評
以實齋名報部明年辛酉二月吏部帶領引
見奉
齋名報部明年辛酉二月吏部帶領引

106　魏實齋刺史西川實政紀略一卷

清喻中訥、沈鋭、張立愛撰。清道光二十五年(1845)來鹿堂刻本。一册。寫刻、無格、黑口。

撰者三人爲魏煜幕友，書中所述魏煜西川實政頗詳。

魏煜，號實齋，直隸蔚州生員，歷任四川樂山知縣等職，任職二十餘載。此書撰者爲其幕僚，所記皆魏煜刺史在西川從政事。

此書未見著録。

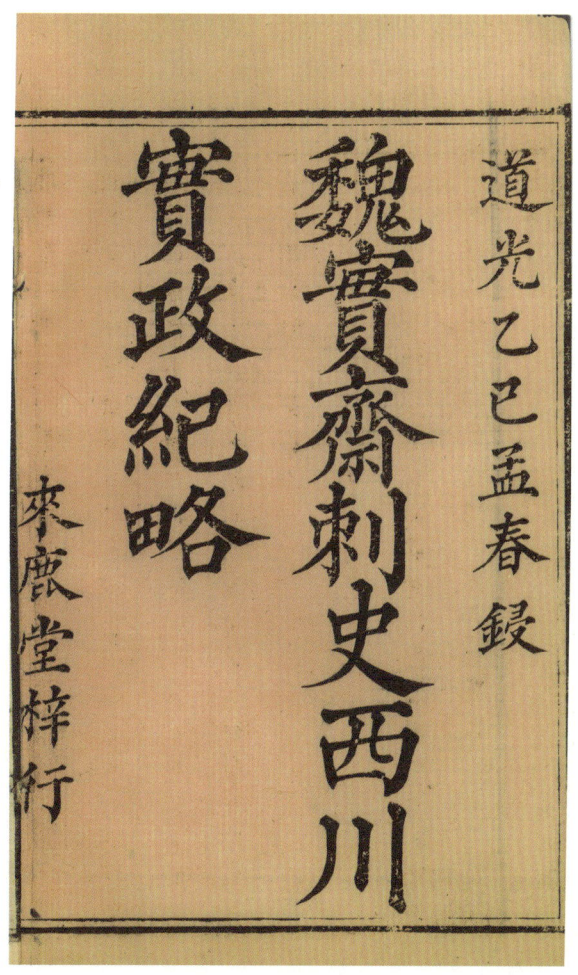

106　魏實齋刺史西川實政紀略一卷(2-2)

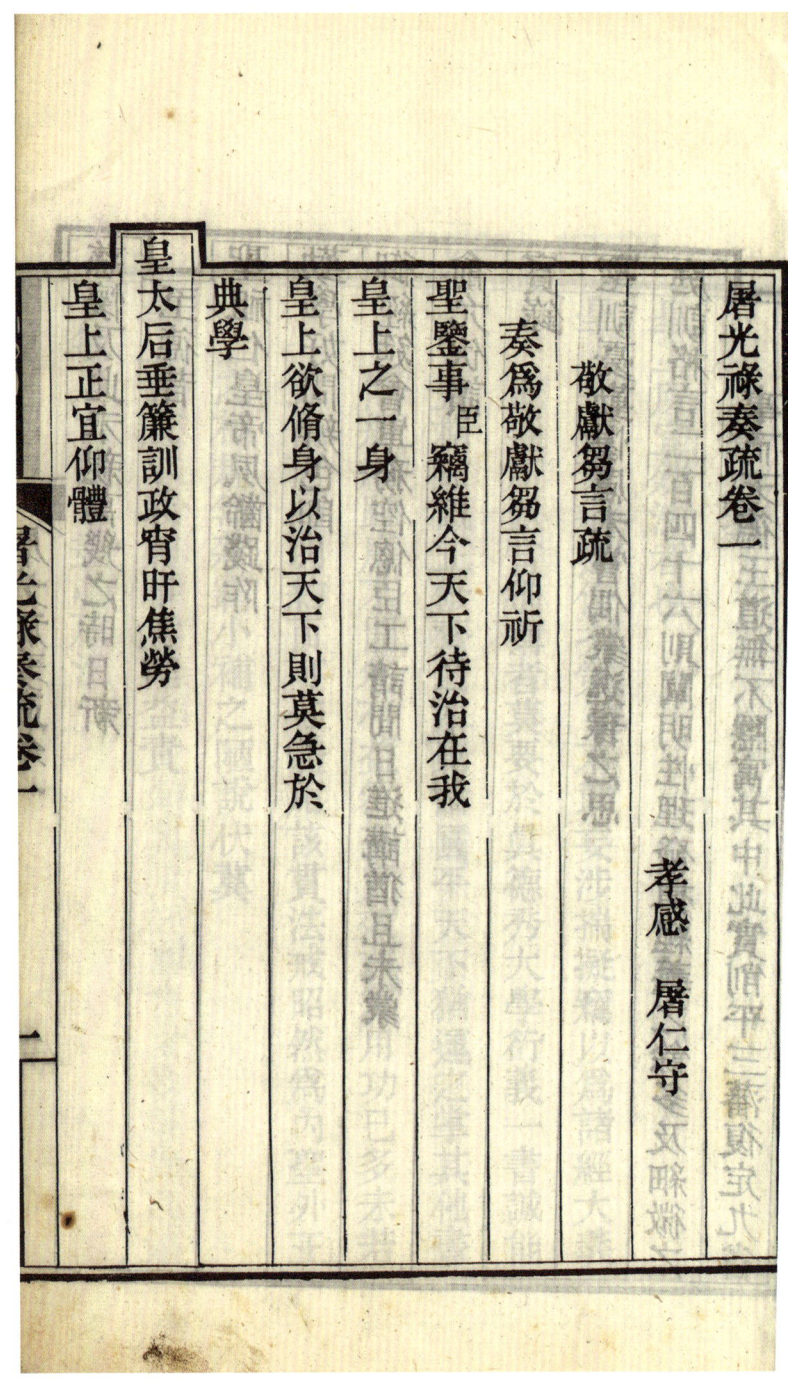

107 屠光祿奏疏四卷(2-1)

107　屠光禄奏疏四卷

清屠仁守撰。一九二二年潛樓校刊。初印本。白紙二册。

屠仁守,字敬夫,號梅君,湖北孝感人。同治十三年(1874)進士,授翰林院編修,後轉御史,以敢於直諫聞名朝野。曾彈劾李鴻章;提出請宦官(李蓮英)勿預政事;更請太后節游觀、停建頤和園,觸怒慈禧,有旨"革仁守職,永不叙用!"去官後,游學山西,主講令德堂,任山長。育才有方,廣受贊譽。一九〇一年陝西大學堂開辦,屠仁守任總教習。一九〇三年病逝於西安。

卷前一九一三年胡思敬序,一九二一年劉廷琛序,稱:"每頌先生言,輒為唶歎不自勝。先生歸道山,廷琛貽書其哲嗣,請為先生刊疏稿,遷延二十餘年,中間所遭不幸,蓋有難言者……"

此書開本闊敞,字大行疏,初印明麗,有端莊謹嚴之氣象,可視為對諫官屠仁守的致敬之作。

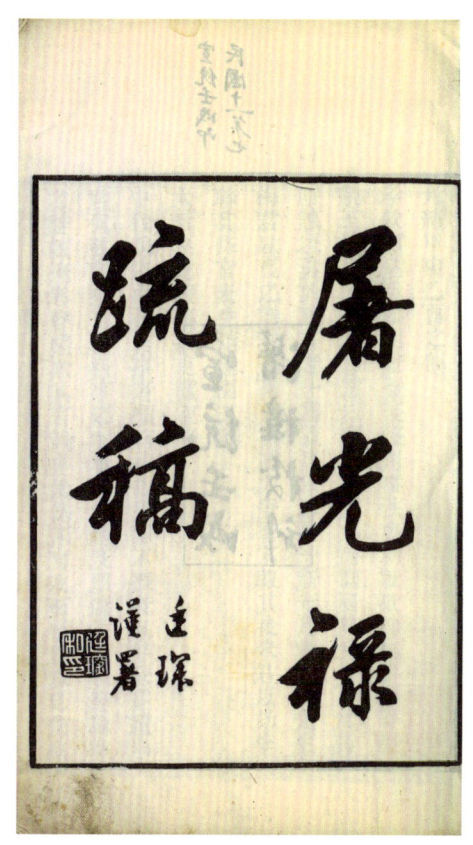

107　屠光禄奏疏四卷(2-2)

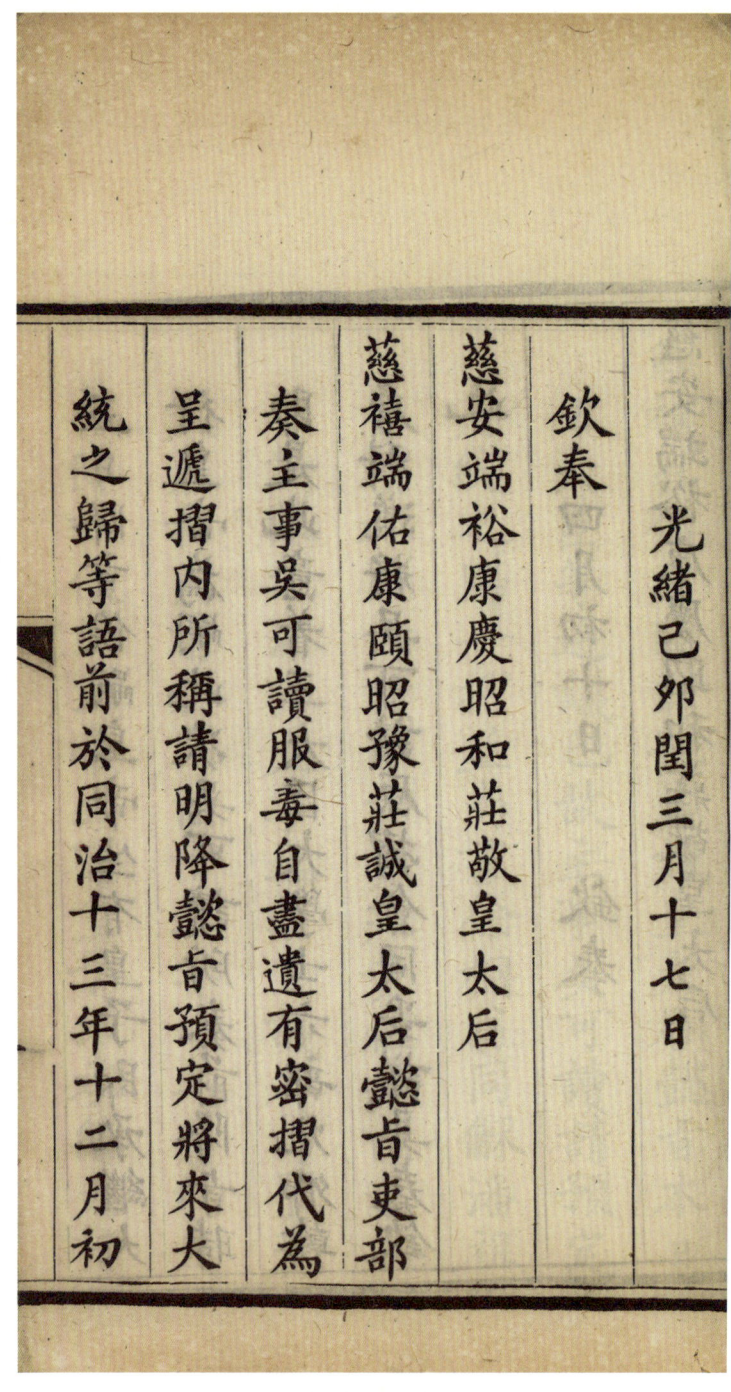

108 吳柳堂先生諫文(2-1)

108　吴柳堂先生诔文

　　清光绪八年（1882）刻本，写刻。白纸一册。封面题签陈宝琛。

　　吴可读，字柳堂，号吴樵，道光三十年（1850）进士，同治十一年（1872）补河南道监察史，以劾甘肃提督成禄罢职。光绪间复起用爲吏部主事，光绪五年（1879）三月二十六日奏请两宫太后请爲穆宗立嗣而自缢。此事被后人称之爲清史上"乾坤双眼泪，铁石一儒冠"。吴可读去世后三年，其家人将此"诔文"及有关的纪念诗文汇编成书以爲纪念。

　　书应爲二册，存一册。《清代版本图录》著录爲光绪二十三年（1897）北京书坊文华堂刻本。

　　该刻本早年获于海王邨书肆，与黄永年所获此书爲同一处。

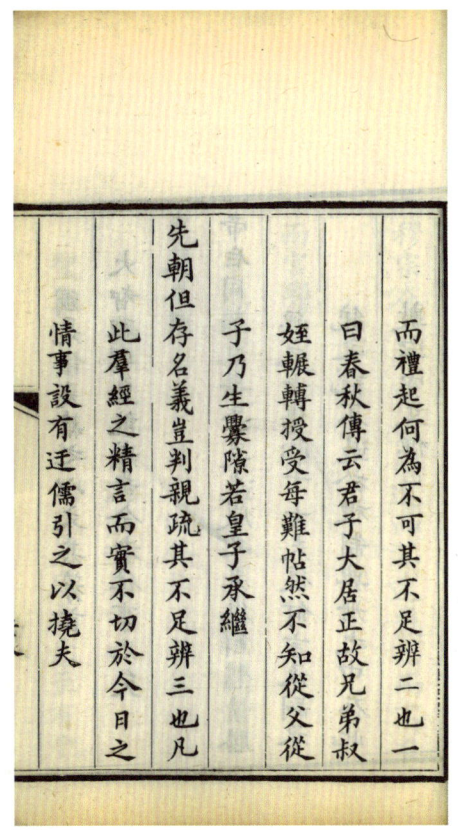

108　吴柳堂先生诔文（2-2）

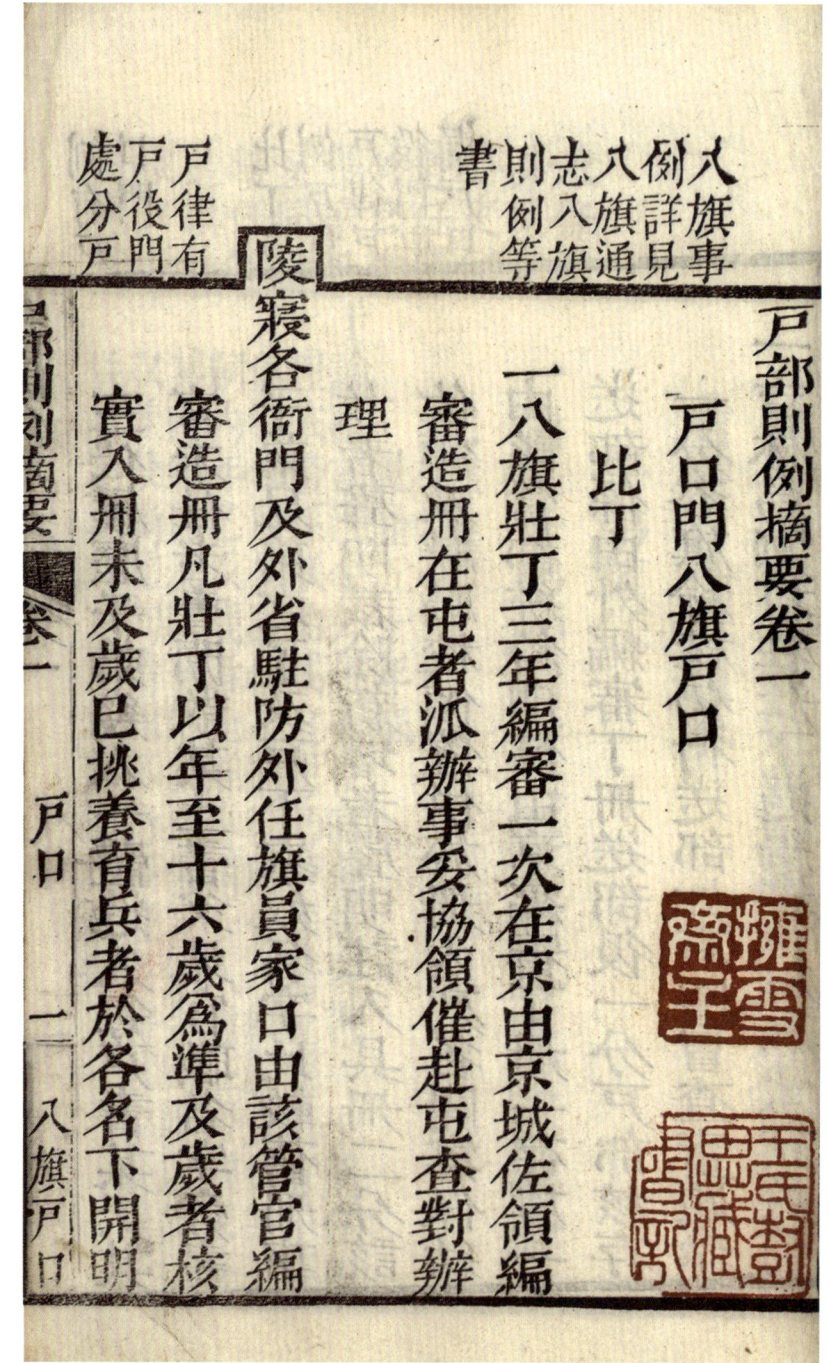

109　户部则例摘要（2-1）

109　户部則例摘要

　　清乾隆五十九年(1794)刻本。白紙六册。小開本，眉上鎸批。封面上鎸"乾隆五十九年夏鎸"。右鎸"户部爲錢糧之總匯，則例乃成憲之大全。是刻綱舉目張，條分縷析，卷帙簡而款目備，凡錢穀家當奉爲掌握之珍也。謹誌"。左上鎸"纂至乾隆五十九年三月"，下鎸"本堂藏板"。

　　卷前乾隆五十八年(1793)嘉平月山陰馮應煜序，次凡例，次目録，分別爲户口門、田賦門(上、下)、庫藏門、倉庾門、漕運門(上、下)、錢法門、鹽法門、關稅門、廩禄門(上、下)、兵餉門、蠲恤門、雜支門、通例等，共十六卷。

　　《欽定户部則例》乾隆四十一年(1776)編成，並定制五年一修。從乾隆四十一年至同治四年(1865)，先後修訂過十四次，主要内容除規定户部職掌外，分立户口、田賦、庫藏、倉庾、漕運、鹽法、茶法、参課、錢法、關稅、廩禄、兵餉、蠲恤、雜支等門類，類似經濟法規。

　　此書未見著録。

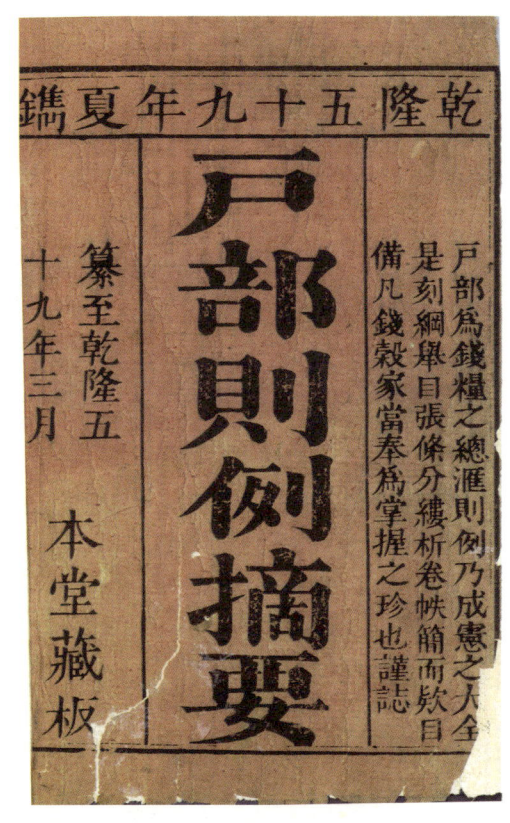

109　户部則例摘要(2-2)

戶部謹

奏爲奏

聞請

旨事臣等查得臣部核算地丁兵馬鹽課奏
銷關稅季報考核等項江南等十四司
向有飯食銀兩於雍正四年經
怡賢親王查明具
奏行文批解酌量司務之繁簡甄別官員

110　户部收取應解飯銀条例一卷(2-1)

110　户部收取應解飯銀条例一卷

清雍正間户部刊印。白紙一册。半葉八行十七字,白口,單黑魚尾,四周雙邊。此書不知名何,姑擬之。

飯銀,即清代京官正薪之外的補貼,由户部掌理。户部設飯銀處,掌稽飯銀之出入,即管理各省解繳户部飯銀之收入。飯銀處專掌收支内閣司員飯銀,這種飯銀由各省總督、巡撫及市政使咨送,以充官員饗食費用,亦即養廉費用。

十餘年前,余自京門小攤購獲明嘉靖刻本一厚册,爲《歷代史纂左編》。初不以爲意,後拆取該書襯紙時,發現竟是部完整之書,即此書也。一書而身懷另一書,遇余而產下,實爲不可多得之事。

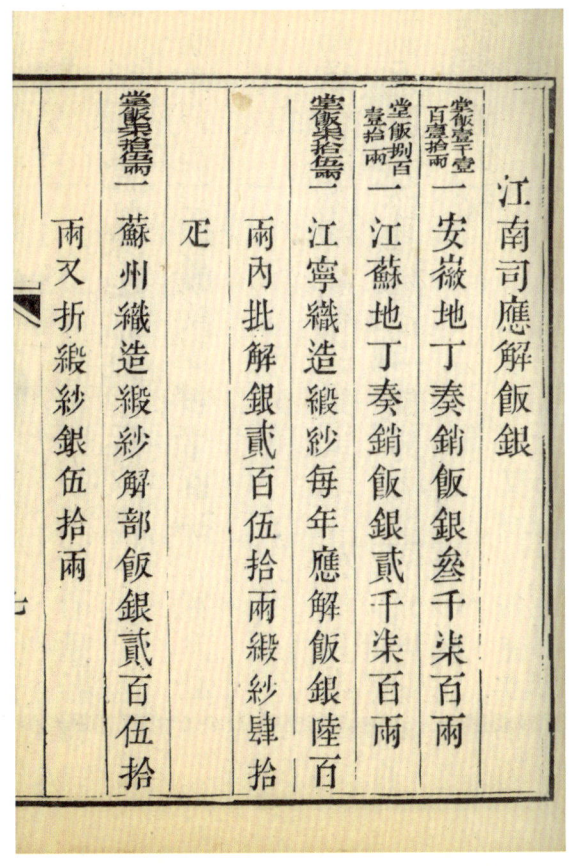

110　户部收取應解飯銀条例一卷(2-2)

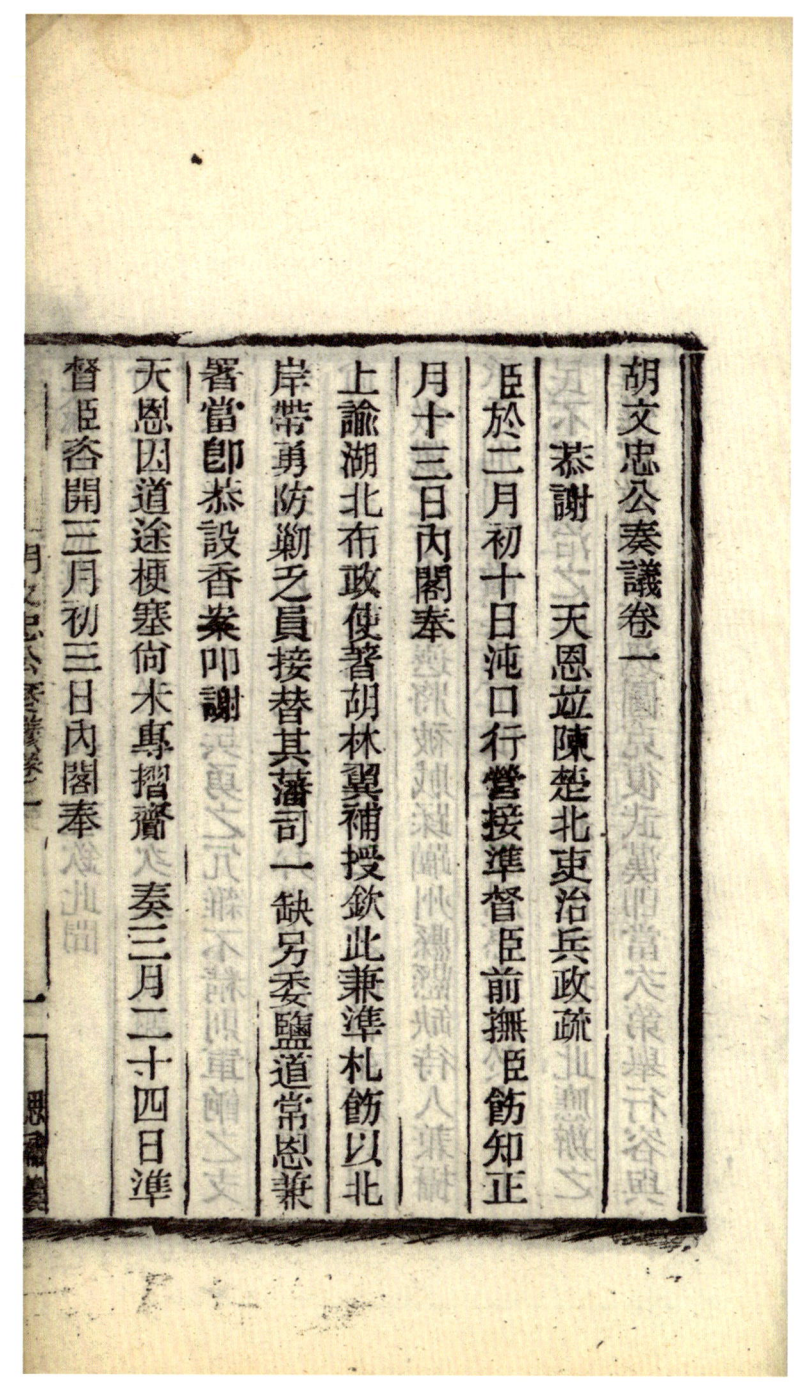

111　胡文忠公奏議六卷（2-1）

111　胡文忠公奏議六卷

　　清胡林翼撰。清光緒二年(1876)思補樓刊木活字本。白紙六册。思補樓還以木活字印《資治通鑑補》《蠶桑備要》等書,後者余有之,版式與此書類同。

　　思補樓爲清常州大藏書家盛宣懷室名,未知此類木活字本是否出於其手。

　　此書二十世紀九十年代初購於上海古籍書店。當時一次購古書千餘册,可謂平生豪舉也。

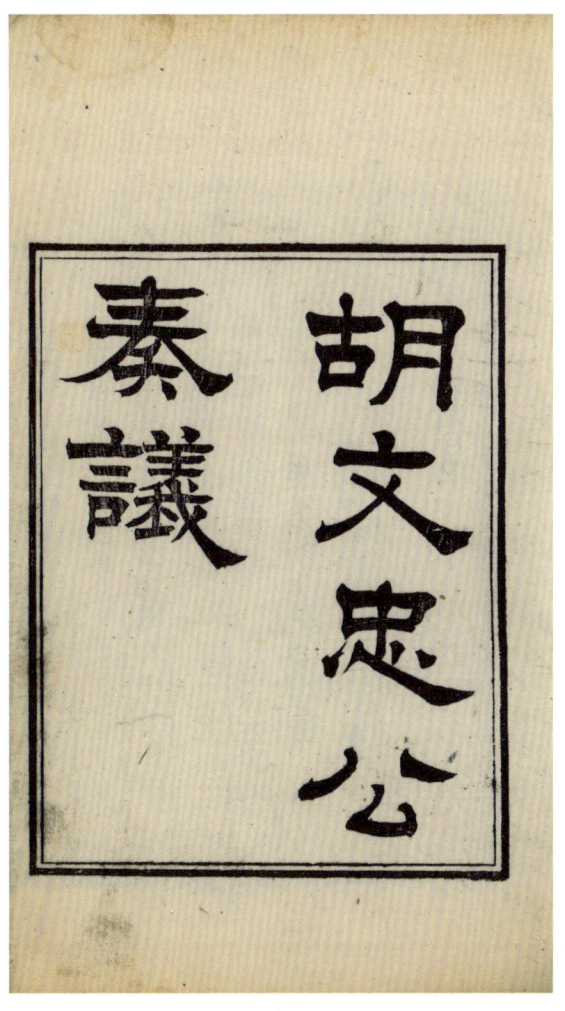

111　胡文忠公奏議六卷(2-2)

惜抱先生尺牘卷一

與劉海峯先生

久未啟候昨得舍弟信來云三老伯自歸家後
起居甚好但不喜入城日城中誠無佳處然樅
陽亦頗塵囂三老伯居之果能適意耶朝夕何
以自給聞在徽州時有足疾今已愈未鄉聞亦
復有可與其語者不罷於老伯忽忽不見遂二
十年偶一念及令人心驚自少至今懷沒世無
稱之懼朝暮自力未甘廢棄然不見老伯孰與

112　惜抱先生尺牘八卷

　　清姚鼐撰,陳用光録。清咸豐五年(1855)海源閣刊。皮紙二册。封面篆字鎸"咸豐五年九月刊成",版心下鎸"海源閣"三字。

　　卷前有咸豐五年梅曾亮序,云:"……因以新城陳氏刊本延高君伯平重爲校刊,伯平遂悉手寫之以上版,字體渾穆,使此書益可欽玩。"宣統間小萬柳堂曾據此本重刻,亦甚佳,在各拍場多次流轉,然海源閣本則鮮見。

112　惜抱先生尺牘八卷(2-2)

澗于集

復宗載之姊丈

弟入都以來有志奮發欲困知勉行少窺古作者門徑匆匆數月家兄凶問遽至追維半生撫植之恩悲從中來不能自已終日昏昏幾於以淚洗面其時舍姪益以牢就道眷屬尚滯都門弟故未能請急旅邸荒寂益以牢愁詩情酒興從此銳減較往歲客湖上時真有今昔同之慨承詢婚期去歲本未擇定後有功服自未便率行吉禮現奉慈命已於前月畢姻所費不過五兩無煩借及天錢摯意殷肫雖非所敢任固自令人感泐長安居頗不易償他日酒通紛集待質金貂再當修顏公乞米之書成君鳳諾京秩無不高寒而敝署尤為清苦

113　澗于集書牘六卷

清張佩綸撰。一九二二年豐潤張氏澗于草堂刻本,卷末鎸"湖北黃岡陶子麟刊",黃岡饒星舫寫樣上板。五册一函。

張佩綸,直隸豐潤人,字幼樵,別號嘉禾鄉人、澗于,同治十年(1871)進士,曾入李鴻章幕,"清流派"代表之一。中法戰争時,致福建水師覆滅,遂被謫戍,後遷居南京至終。爲李鴻章女婿,孫女張愛玲。著有《澗于集》《澗于日記》等。

此書爲張氏次子志潛所編,卷後跋曰:"志潛輯刻先公奏議、詩文既竣事,復思先公在朝在野所交皆名公巨卿,□聞碩學,往來書札非關朝局即涉學術文章,足補奏議、詩文所未及,亟宜廣爲搜輯,以永其傳。"

陶子麟,湖北黃岡人,專營刻書業,設刻書肆於武昌,以摹刻古本舊體著稱。曾刻過劉世珩《玉海堂影宋叢書》、張鈞衡《擇是居叢書》、徐乃昌《南陵徐氏隨庵叢書》以及《徐文公文集》《玉臺新咏》等,皆追古絶妙,名重一時。

此書早年間購於海上,所得另有奏議一函,已轉讓他人。《澗于集》存世較多,書版解放後猶存,今以陶刻而身價驟增。

兩罍軒尺牘卷一

歸安吳雲愉庭著

葉東卿光生志說

庚申秋間奉到手諭當肅復間烽煙頒洞未知曾否達到深切馳系辰下敬惟福躬安泰精神強固為頌雲罷職後仍寓申江杜門養疾頗得從事翰墨合家無儲蓄食指繁多新米僕賃之資不免如韓昌黎之日求於人以度時月客冬承鎮江道府敦修焦山志書於今春二月到山籍館餬粥入為贍家之計從此得為太平幸民躬耕養蜀中之便記為顧巳足不復再存騖外之心矣去年將舊藏古銅印千紐印成數部敬乘許信臣姻兄就養就中訪見宋列石林奏議附副譾謹在蘇州汪閬元家亂後莫知閱其序文能賜跋數行書以弁端榮感無既亦曾記及容隨時留心訪覓以副吾師蹤跡此書關系師門祖典從前潤臣世兄亦曾記及容隨時留心訪覓以多地雲常在焦山郎或暫返藏擬為積古齋之續現巳成稿計分十卷吾師處搜輯未廣見聞又隘必多此如有效釋一并見示雲所輯吉金款識一書擬即寄下如有效釋一并見示雲所輯吉金款識一申江山中亦有人招呼此幾惠通可無疑釋題詠並載惟此鼎之獲保全年吾師攜置金山未幾賊至該山寺僧理藏土內造至鎮江收復雲守此郡訪得之而此鼎之獲保全實金山寺僧之功不可沒也現在金山多兵勇駐宿此鼎無可度藏故移置焦山如師意以入焦山志書為然祈付一示即可照辦逝

沈朗亭大司農兆霖

十月杪接奉九月十八日鈞答蒙指示南北用兵大勢及封疆清形冰鑑高懸無微不燭大臣憂國之意溢乎言詞莊誦迴環欽感交至比於邸報中欣聞朝端清肅政化一新明公晉陞樞垣冀襄密勿佐中興之盛治措六寓於安扦舞之聲殷於薄海厚在蔭末尤切軒鬓南方軍務於前臬署陳大概總緣兵成痼疾將少良材以致餉竭鉛鉄效鮮尺寸此中委曲匪筆能殫至於假撫郡之名寓招徠之意原

114　兩罍軒尺牘十二卷

清歸安吳雲著。清宣統二年(1910)上海時中書局石印本。白紙四冊。

封面有辛巳夏六月慰農題記一則:"吳愉庭有吏才,精金石學,交游多一時名達。昨閒步東安市場,小書攤上購得其尺牘四本,價祇八角。午窗翻閱,足遣永日。惟中有數頁圈點乖謬,至可惡耳。"

吳雲撰《兩罍軒彝器圖釋》,同治間吳氏精刻本,早年間曾於呼和浩特市古舊書店得見,六冊,價百餘元。數日後余決意收之,不料已被當地收藏大家、書法家楊魯安先生購去,雖不無惋惜,然"寶刀"歸"壯士",自是一種緣分,也算適得其所吧。

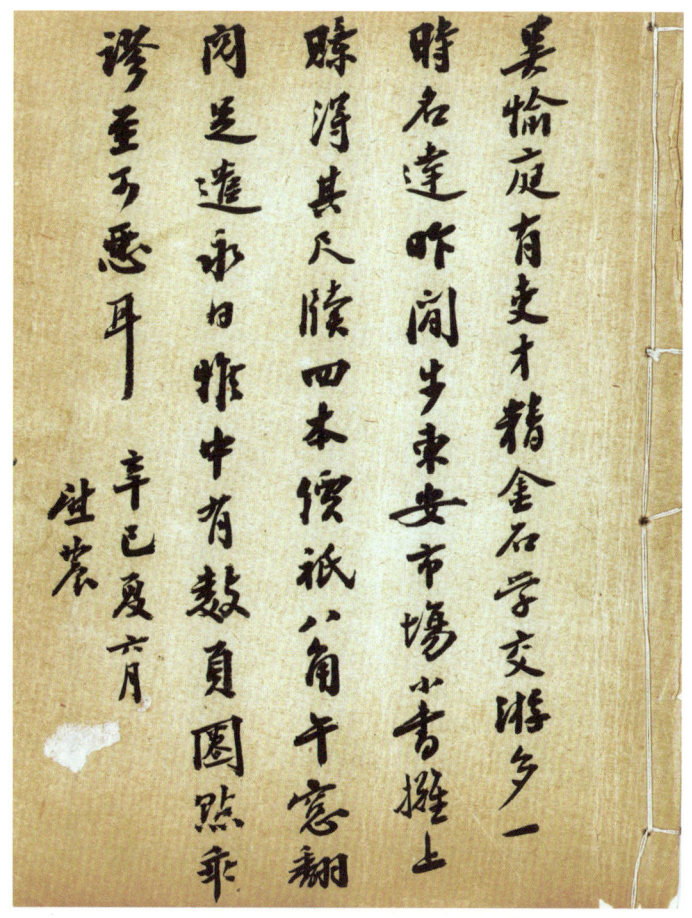

114　兩罍軒尺牘十二卷(2-2)

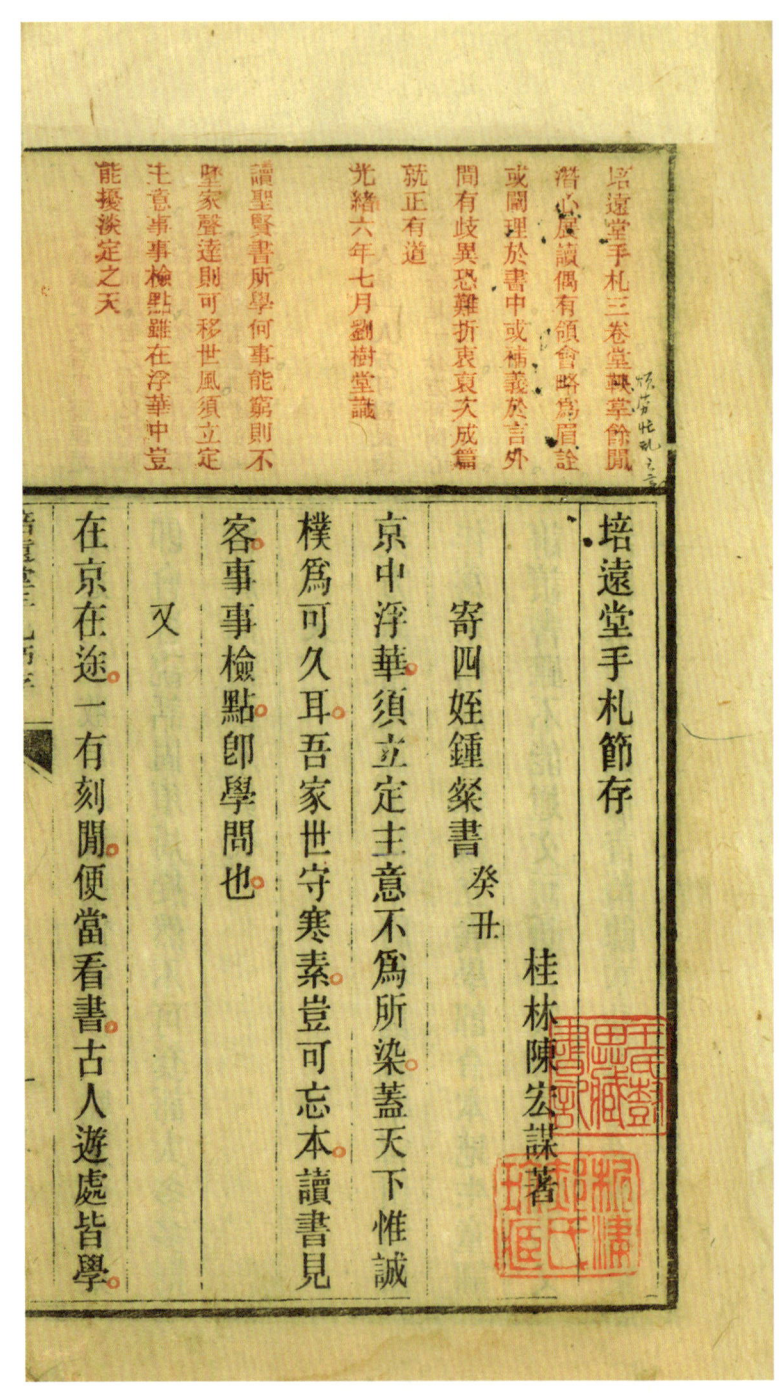

115 培遠堂手札節存三卷

115　培遠堂手札節存三卷

清陳宏謀著。清光緒間浙江書局重刊,朱墨套印,間有墨批,鈐"進峰珍藏""析津郝氏珍藏"二印。

是書開本闊朗、雕版精緻,版面爲二節,上節朱墨印劉樹堂批語。此手札樸實近理,"可輓官場虛文積習"。無序跋,卷末鎸"浙江書局重刊,丁立誠、嚴曾鑑、宋元煦校"。卷前上欄紅印光緒六年(1880)劉樹堂識語。

丁丑(1997)冬游天津瀋陽道古物市場,遇老書估張克然,正手持此書翻閱,想是剛從市場購獲者。知余喜套印本,即讓歸余所有。此老去世已多年,人亡書在,徒增唏噓。

另存《培遠堂手札節要》三卷,爲光緒末年刻印,白紙大開本一册。

陳文恭公手札節要卷上

寄四姪鍾燦

京中浮華須立定主意不為所染蓋天下惟誠樸為可久耳吾家世守寒素豈可忝本讀書見客事事檢點即學問也

狂京狂途一有刻閒便當看書古人遊處皆學不過為能收放心耳驕傲奢佟一點不可沾染即會客說話固須周旋然不可套語太多多則涉於油滑而不真矣

夷方風俗化導不易今將各處義學官田清出作為束修於各鄉設立義學即令本地生童訓誨讀書雖不能

116　陳文恭公手札節要三卷

116　陳文恭公手札節要三卷

　　清光緒間刊。一册。卷前有光緒三十二年(1906)豐城毛慶蕃序,序後有悦書墨跋曰:"此精刻大本陳文恭公手札三卷,出資者直隸布政使寶棻,藏舊本者張汝爔,序者毛慶蕃也。此書刊於北方,早些年傳本甚多,近幾年來此本亦不多見。讀此可知陳公之應朝政事,居心接物,爲國爲民不談虚言,盡講實理之一片婆心,真不愧爲一代之理學名臣矣。癸丑九月十八日悦書識。"

　　悦書者,本名石生泉,山西平遥人氏。酷愛讀書,喜收藏古籍、碑帖、字畫等物。余甲戌年(1994)至平遥收書,於一張姓者家中獲書一批,内中有其舊藏數種。另得其自印《董傅書室題跋》二册,每書所記甚詳,間有感言,質樸無虚。此公舊藏二十世紀六七十年代時毁去大半。一九九一年逝世,享年八十五歲。

新刻精纂詳註仕途懸鏡卷之一

豫章王世茂爾培甫纂輯
辜陽蕭時機道化甫校訂

新選州縣上府尊通用啟

新選州縣上府尊通用啟，伏以切簡命以心驚，啟事謬塵于赤縣，州官易黃堂，州官易赤縣，為屬邑
恩光而魂悚，紀綱新畫示于黃堂，堂為台臺，職幸隸于
前驅，期敢趨乎後乘，敬憑于暴俯瀝寅丹恭惟
老大人台臺，名世斗山，清朝柱石，崎千尋之峻律
耿耿孤標，把九曲之汪洋，恢恢雅量，自策名于仕籍
即注意于 宸疏，聲譽夙孚，永藉股肱之重，荷以高

盜搶

趙甲等始為狗盜之雄，旋作雞鳴之道搶
人于浮梁鎮，額傷見存，就執于巡檢司，斬
渎安免馮壬唆盜證
良𠠄緣昔仇之召釁
陳癸捏情等物無非
見利以萌貪孫丙等

117　新刻精纂詳註仕途懸鏡八卷

　　明王世茂纂輯,蔣時機校訂。封面鎸"梅墅石渠閣藏板"。半葉十行二十字,白口,單黑魚尾。眉端鎸四六判語。卷前有王世茂天啓丙寅(1626)一序。

　　本書輯録明代獄政文書。

　　王世茂,字爾培,明萬曆間金陵書坊車書樓主人。

　　蔣時機,寧波人,室名石渠閣。

　　此書王重民《中國善本書提要》著録,所見美國國會圖書館藏本與此書同。唯所標梅墅石渠閣"梓"與"藏板"有異。《中國古籍善本書目》亦著録此書,衹中國國家圖書館藏有一部。查《北京圖書館善本書目》則未見,確爲"稀見"之本。

求氏宗譜序

余館史稱國統君政臣才民俗闓前代藝文志載郡縣氏族書知求始姚陳封於周故於唐而大盛於宋世濟其美代有偉人前甲子歲余釋褐餘姚姚惟李最著是時建新南北義學延請山長柳園陸先生造就諸生有求生者與年家誼知李更詳交最善今歲春自姚來閩丞餘詢知求氏修鐫宗譜余心賞者久之仲秋余往京途經浙東與故老士民話舊適求生持宗譜謁余道譜修輯之由余闓之慨然曰家之有譜所以明本源辨昭穆敘尊卑別親疏啟敬宗睦族之思與承先貽後之道故家有譜系之學又有譜系之書世之襄失其傳者可勝道哉委巷庶姓無責矣卽名家巨族亦多闕焉夫名家巨族其

序

118 彩繪本求氏宗譜(2-1)

118 彩繪本求氏宗譜

木活字本。白紙四巨冊。包括《求氏源流》《求氏宗規》《家訓》《遺囑》《祖像》《外紀係圖》《本紀係圖》《本紀行傳》《外紀行傳》等。

是書不知撰於何年,經清乾隆己未(1739)、道光丁酉(1837)、咸豐乙卯(1855)三修。此爲清光緒戊寅(1878)重修本,民國三年(1914)刊印。卷內有彩色手繪祖像數十幅,歷經百餘年猶熠熠生輝。

譜牒即家政也,其可純風化、敦人倫,推而廣之,"修齊治平之道富焉"。明方孝孺言:"有族者皆睦,則天下誰與爲不善?"封建社會以宗譜維係本族,在維持社會穩定上亦有一定積極意義。此書對研究歷史、民族發展史、民俗民風等,具有較高價值。惜傳世無多,"堪與國史並珍"。

此書得自上海福佑路舊書攤,時在乙亥(1995)初秋小雨過後。

118　彩繪本求氏宗譜(2-2)

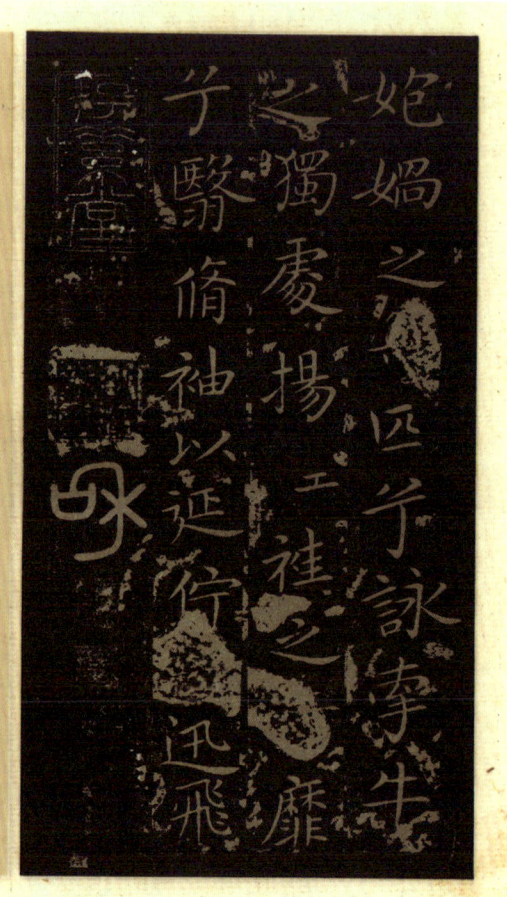

右先曾祖桑植府君所藏宋本十三行 祖考廉生公 伯祖曉瀛公嘗傳習奉為枕中秘咸同黔中苗亂繼家汗漫 祖妣劉太夫人以授先君梓㮈公間關懷挾以出險阻在吾家近百年歷三世矣中間文幾為歲寒賻歸而先世題跋竟邊劉章 先母傅太夫人每舉涕以語孤兒引為憾事啓鈐不肖敬謹受持不敢須臾離者又三十餘年老矣故都摩挲敢紙證諸朋好顧以此今紙墨特精較之近世流傳者損字差少雖青箱世守閟焉不求表襮延天壤間名蹟故廣爲弥遠 先人寶護手澤之勤且示子孫以善繼之道爰付景印益誌之家乘云 民國二十有四年十二月朱啓鈐謹識

119　紫江朱氏家乘（2-1）

119　紫江朱氏家乘

朱啟鈐修,民國二十四年乙亥(1935)存素堂刊。排印本。白紙六册一函。

此家譜內含《紫江朱氏家乘》四卷、《紫江朱氏三世遺墨》一卷、《聽自然齋鐵筆拓本》一卷、《蠖園文存》三卷。家譜記載了上起康熙九年(1670)朱之鵠始遷紫江,下至一九三五年朱氏家族近三百年的綿延歷史。

此書開本闊大,原裝原函,紙白墨潤,觸手若新。其中《先世遺文》《鐵筆拓本》二册,用套色珂羅版印刷技術,影印朱氏所藏拓片、遺墨、書畫、玉佛等文物,傳原物之精神,令人歎爲觀止。可稱歷史上印刷最豪華、精美的舊家譜。

朱啟鈐,祖籍貴州開陽,字桂辛,號蠖公,北洋政府時代任交通總長、內務總長、代理國務總理。一九一九年退出政界,經營實業,從事古建築研究,出版《李明仲營造法式》。

此書丙子(1996)夏購於北京隆福寺中國書店内櫃。購時原包裝尚存,上書"内朱氏家乘計十六本。朱總長查收。北平觶齋印書社緘。十二月十七日。第拾號"。

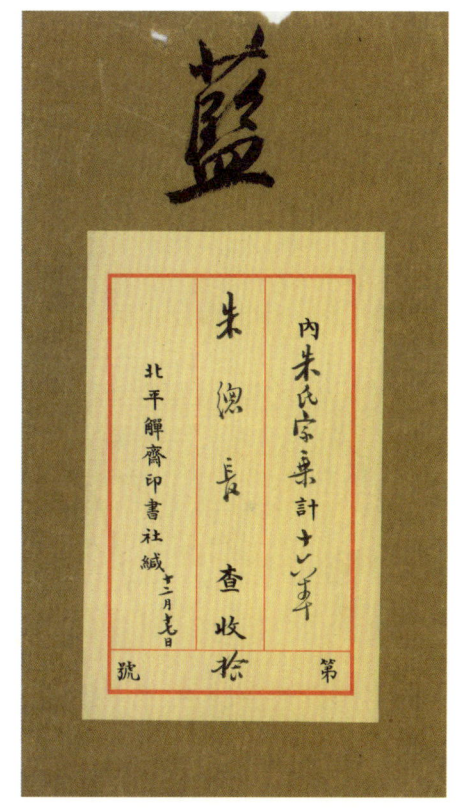

119　紫江朱氏家乘(2-2)

郭葆昌,字世五,號觶齋,河北定興人,室名愛吾廬。辛亥革命後籌劃實業,爲袁世凱在景德鎮燒造"洪憲瓷"。富收藏,《三希堂法帖》中的兩件曾被其收藏。自印藏畫名錄《觶齋書畫錄》,徐世昌作序。

觶齋印書社由郭葆昌主辦,民國間曾精印項子京《名瓷圖譜》,黃綾爲面,所用紙爲郭氏特製,極爲考究,可謂不惜成本。朱啟鈐《李仲明營造法式》亦郭氏印製,精美異常。

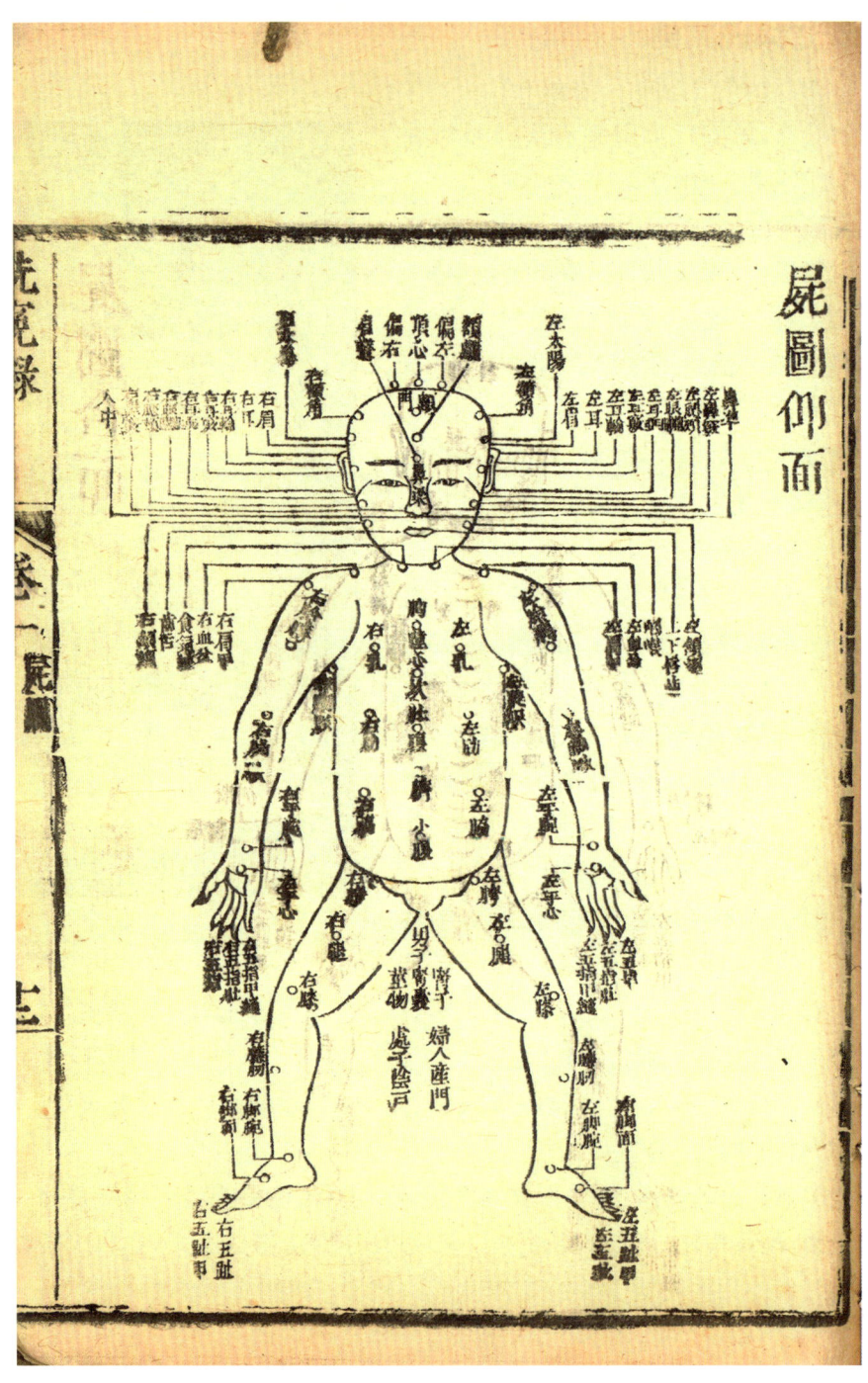

120　律例館校正洗冤錄四卷(2-1)

120　律例館校正洗冤録四卷

　　二册。此書爲我國早期法醫檢驗專著。最早版本爲宋淳祐丁未(1247)宋慈自刻本《洗冤集録》五卷,已失傳。今存元刻本藏北大。此書有康熙三十二年(1693)國家律例館刊本,曾欽頒全國,此爲乾隆五年(1740)律例館刊本。近刊《洗冤録校譯》一書,序稱此書:"……內容則大加充實,且眉目清晰,條理井然,益於實用,實爲佳本。"

　　余另有同治間刊套印《補注洗冤録集證》,較常見。孫星衍仿元刻本《洗冤集録》,余曾於天津舊書肆獲見,惜書品欠佳,且索價驚人而舍之。

　　是書得之於天津古物市場。時津沽資深書估張克然在旁,曾考問余是何版本。余答似在清初,張老微笑未語。其對余所撰書話頗存好感,每見必鼓勵有加,慚愧。此公十年前已逝去,惜未在其生前多加請教。

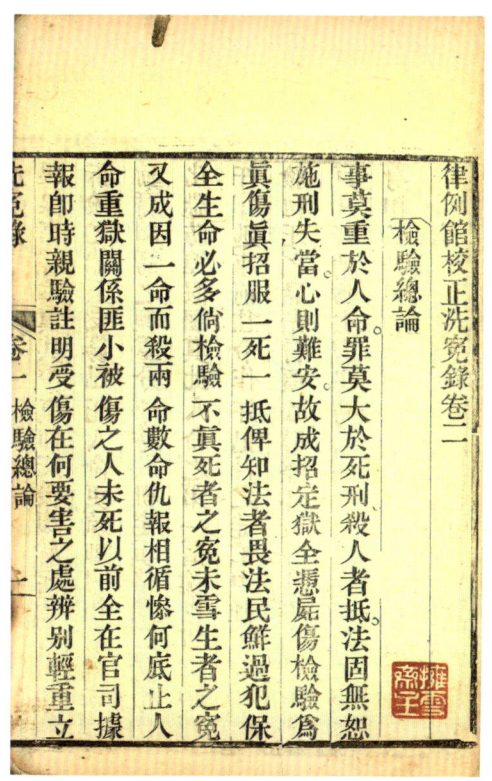

120　律例館校正洗冤録四卷(2-2)

重刊補註洗冤錄集證卷一

武林王又槐蔭庭氏增輯　山陰李觀瀾虛舟氏補輯
父山孫光烈臨川氏參閱　會稽阮其新春畬氏補註
武林王又樗鳳偕氏校訂　元和張錫蕃鶴生氏重訂加丹

檢驗總論

事莫重於人命，罪莫大於死刑。殺人者抵法，固無怨；施刑失當，必則難安。故成招定獄全憑屍傷，檢驗為真傷真招服。一死一抵，俾知法者畏法，民鮮過犯，保全生命。必多倘檢驗不真，死者之冤未雪，生者之冤又成，因一命而殺兩命數

此章專論檢驗未死以前，既死以後，初死之屍應檢，死之屍分為四項

121　重刊補註洗冤錄集證五卷

宋宋慈撰,清王又槐、阮其新補註。清同治四年(1865)重校刊,粵東省署藏板。六册。白紙。五色套印。

宋宋慈撰《洗冤集錄》,是法醫學專著中最古者。卷中以朱、藍、黃、綠四色刊註文,補證於天頭,正文墨色爲宋慈原著。五色套印,在我國歷代刻本中極爲少見。

書獲於當地古舊書店,先後獲取兩部,書品較次者已易去。

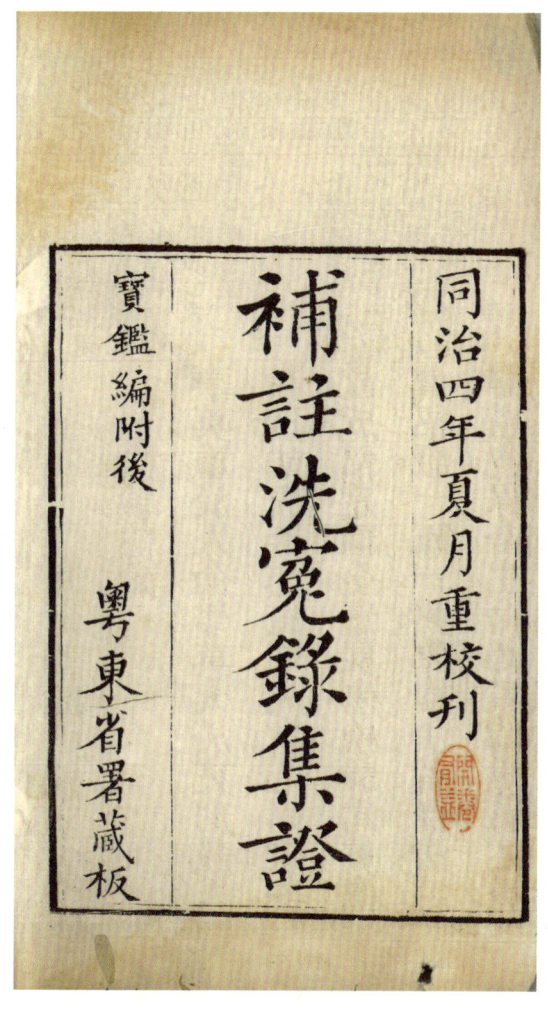

121　重刊補註洗冤錄集證五卷(2-2)

宋淳祐閒湖南提刑參議宋慈嘗萃
內恕錄等書成洗冤集錄五卷厥後
代相增易辨驗益精俾沈冤得以昭
雪曰洗冤者洗發其冤使無枉縱冤
字賅生死兩造檢驗不眞妄擬償抵
者蒙冤矣實係致命坐令漏網死
生者被冤死矣二者均不可不慎○朱慈
父惠誤
古人通稱檢驗佩觽作朱慈惠爲相
字惠父讀律佩觽作朱慈惠爲相
驗拆蒸爲檢驗
凡問人命全憑干證與屍傷干證者
見打之人屍傷者被打之迹干證猶
有扶同屍傷不容稍僞然惟速驗其
傷未變其傷易明久則發變潰爛
傷非傷與顏色深淺長闊分寸便難
辨別其鬱叢生矣

洗冤錄詳義卷一

海寧許槤編校

檢驗總論

事莫重於人命罪莫大於死刑殺人
者抵法固無怨施刑失當心則難安
故成招定獄全憑屍傷檢驗爲眞傷
眞招服一死一抵俾知法者畏法民
鮮過犯保全生命必多倘檢驗不眞
死者之冤未雪生者之冤又成因一

成招定獄全憑
屍傷

122　洗冤録詳義四卷首一卷

清許槤編校。清光緒間刻本。白紙五冊。

書中正文分上、中、下三欄刊刻,字體整飭,筆畫斬方,初印。另有插圖十幅,刻亦精。此書據咸豐六年(1856)許氏刻書牌記一併刻出,黄裳《清代版刻一隅》稱此書咸豐刻本,"每册前書衣亦刻成,刊書名、册數及子目,便檢閱也"。此書亦然。黄裳又云:"雖咸豐刻,傳世甚稀,未嘗再遇。"咸豐原刻余從未得見,而此光緒重刊本亦難得一遇,收之有幸。

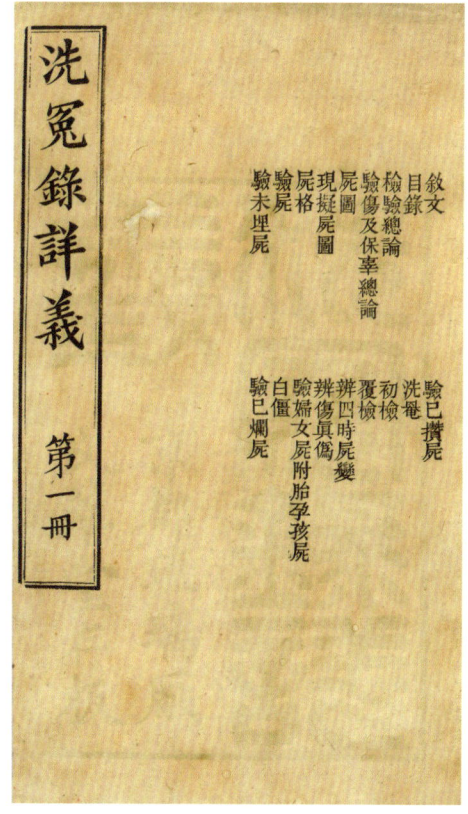

122　洗冤録詳義四卷首一卷(3-2)

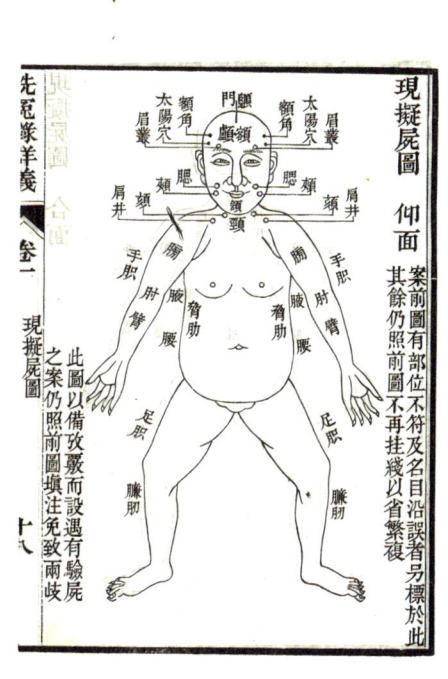

122　洗冤録詳義四卷首一卷(3-3)

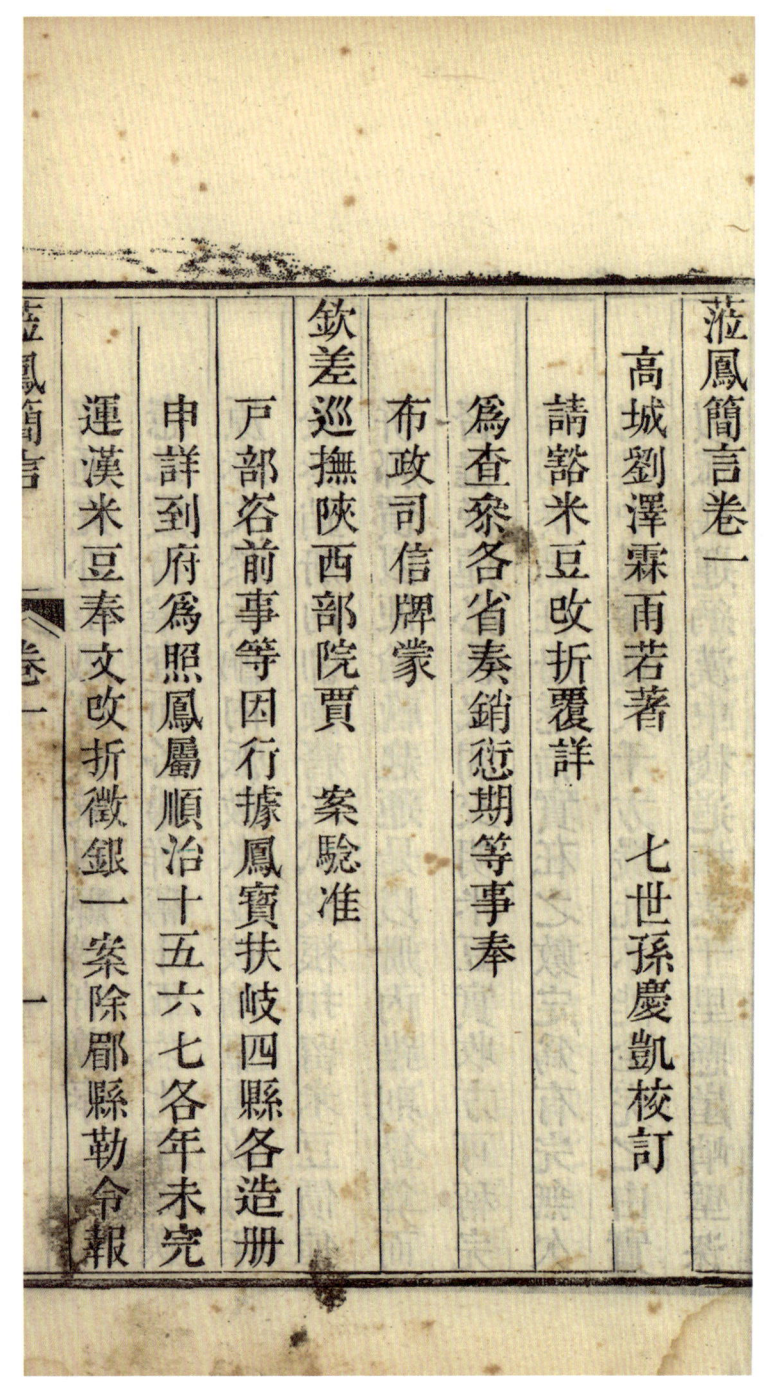

菶鳳簡言卷一

高城劉澤霖雨若著　七世孫慶凱校訂

請豁米豆改折覆詳

為查參各省奏銷愆期等事奉

布政司信牌蒙

欽差巡撫陝西部院賈　案驗准

戶部咨前事等因行據鳳寶扶岐四縣各造冊

申詳到府為照鳳屬順治十五六七各年未完

運漢米豆奉文改折徵銀一案除鄜縣勒令報

123　蒞鳳簡言四卷

清劉澤霖撰。清道光十三年(1833)重鐫,鶴和堂藏板。白紙四册。

劉澤霖,直隸人,貢生,清順治十六年(1659)任漢中府同知,卒於一六七三年。

此書爲撰者任鳳翔知府時所作錢糧、刑名公文及審查記録。戊寅年(1998)得之於潘家園舊書攤,不甚在意。甲戌(1994)年初赴京爲手術母親陪床,抽暇往潘家園一顧,古書稀少且貴,往日景象再不復見,可爲慨歎。

123　蒞鳳簡言四卷(2-2)

洛陽名園記

宋 華州 李廌 撰　明 東吳 毛晉 訂

富鄭公園

洛陽園池多因隋唐之舊獨富鄭公園最為近關而景物最勝游者自其第東出探春亭登四景堂則一園之景勝可顧覽而得南渡通津橋上方流亭堇紫筠堂而還右旋花木中有百餘步走蔭樾亭賞幽臺抵重波軒而止直北走土

124　洛陽名園記一卷甘澤謠一卷芥隱筆記一卷

宋李薦撰,明毛晉訂。此毛晉汲古閣刻三種,時在明末,每種後有毛氏跋語。一冊。汲古閣刻書甚多,原不足重,今時光流轉,古書日稀,毛刻遂堂而皇之登善本之堂矣。

此書獲於蘇州,當時收取者另有緑君亭刻《洛陽伽藍記》。"緑君亭"亦毛晉室名,早期刻書用之,唯以此室名署所刻書者甚少見。余不意得之又輕易失去,甚可惜也。

洛陽伽藍記卷弟一

魏撫軍府司馬楊衒之譔

城內

永寧寺熙平元年靈太后胡氏所立也在宮前閶闔門南一里御道西

其寺東有太尉府西對永康里南界昭元曹北鄰御史臺閶闔門御道東有左衛府府南有司徒府司徒府南有國子學堂內有孔丘象顏淵問仁子路問政在側國子南有宗正寺南有太廟廟南有護軍府府南有衣冠里御道西有右衛府府南有太社社南有凌陰里即四朝時藏冰處也九級府府南有太尉府府南有將作曹曹南有中有九層浮圖一所架木為之舉高九十丈有剎復高十

125　洛陽伽藍記五卷

魏楊衒之撰。清道光十三年(1833)錢塘吳氏原刻,光緒二年(1876)洛陽西華禪院刊。白棉紙一冊。

卷前光緒二年劉毓楠序,道光十四年(1834)朱紫貴序,道光十三年吳若准序。卷前有圖一幅。

是書記述北魏洛陽諸佛寺,"伽藍"乃梵語佛寺之統稱。書分五卷,按地域分城內、城東、城南、城西、城北,記述佛寺七十餘處。先寫立寺人、地理方位及建築風格,次相關人物、史事、傳說等,反映了廣闊的政治經濟背景及社會風俗人情。其文筆散中帶駢,"秾麗秀逸,煩而不厭",頗具文采。撰者生卒不詳,北平郡人,與佛教人士多有來往。

此書刻工古樸,且用白棉紙刷印,在清末實不多見。

綠君亭本《洛陽伽藍記》,余早年間曾獲於蘇州,後讓與天津老書人張振鐸,爲余初涉古籍之失,深可記痛。

125　洛陽伽藍記五卷(2-2)

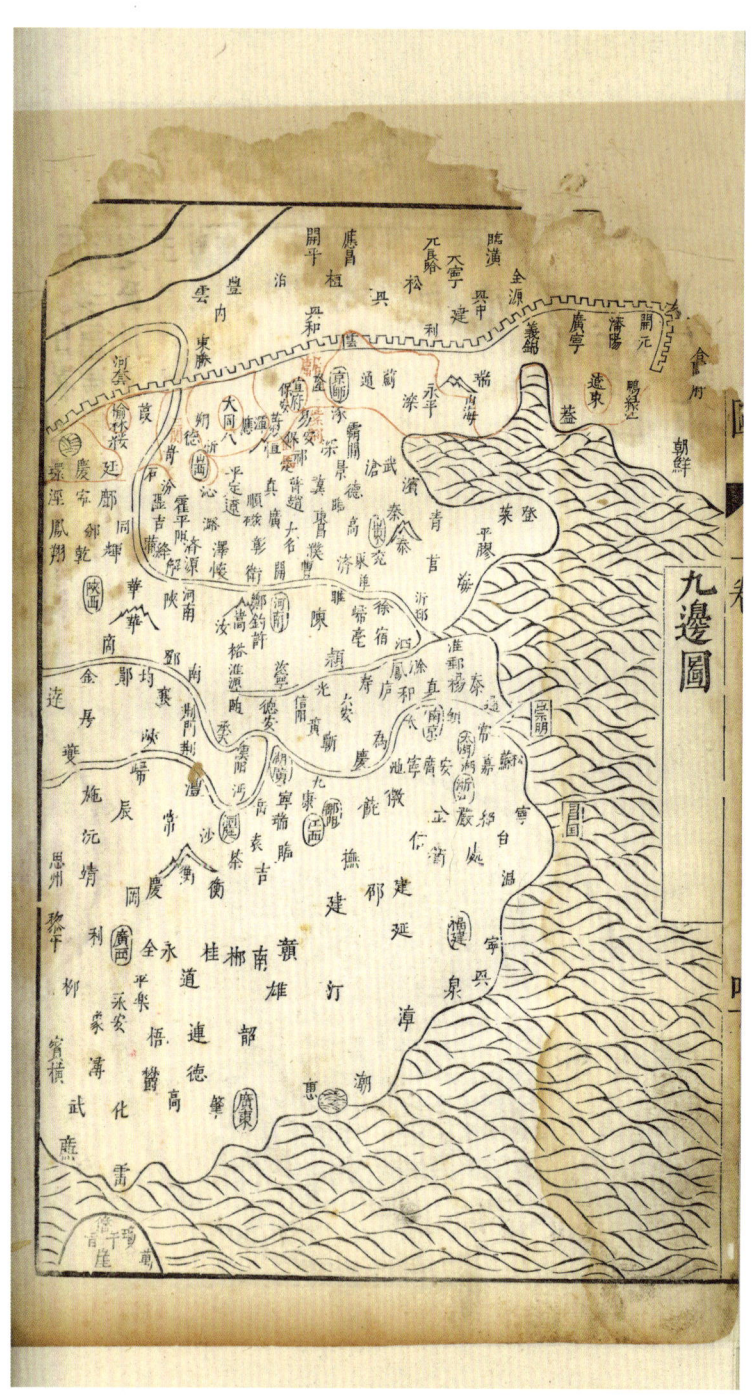

126　今古輿地圖三卷(2-1)

126　今古輿地圖三卷

明吳國輔、沈定之撰。明崇禎間刊。朱墨套印本。半葉十行二十四字，白口，四周單邊。卷前崇禎十六年（1643）陳子龍序，崇禎十一年（1638）吳國輔序。

此書爲清代禁書。卷内《九邊圖説》"語多指斥"，云："夷狄之爲中國患自古然矣。……漢之匈奴、唐之突厥，繼且與中國分南北朝焉，宋有夏遼金，元卒移國祚，且主中國也。天地晦冥，日月陰翳。……歷聖培養德何厚也，何物小醜，輒敢逆我顔行。"陳子龍序亦有"干犯"之語。《四庫全書》列爲存目。

此書清姚覲元《清代禁毁書目》著録爲明沈定之輯；《四庫簡明目録標注》著録爲崇禎中吳國輔撰；《中國古籍善本書目》著録爲明吳國輔、沈定之撰；孫殿起《清代禁書知見録》著録爲明山陰吳國輔、沈定之同撰。考該書陳子龍序，有"吳公出其所輯藏《歷代輿地圖》相示"之語，吳國輔序云："父執四明沈定之究心經世，起而修輯之，與予共商，不宜自秘，乃梓之以公於世，爲天下有心人一臂之助云。"以此看來，其時吳出其所藏或已是完成之稿也。

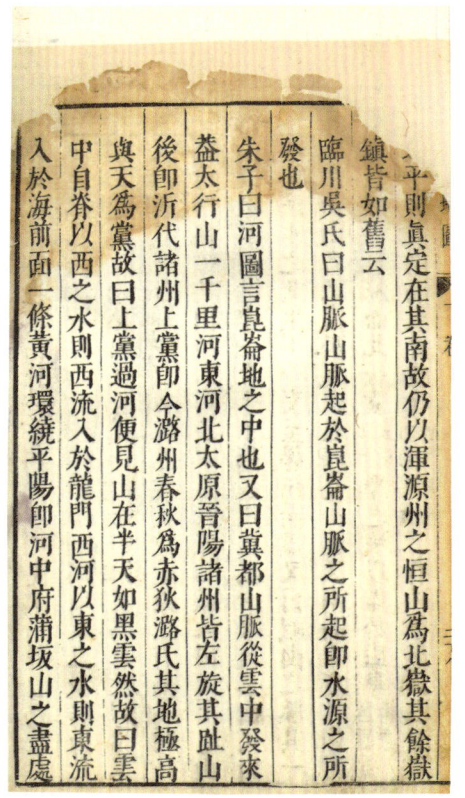

126　今古輿地圖三卷（2-2）

此書版心鎸上卷、下卷，《四庫全書》稱無卷數，上述各家則均著録爲三卷。錢曾《讀書敏求記》著録爲二卷，書名爲《古今輿地圖》；《四庫全書》著録爲不分卷。余藏此書與錢曾著録同，惟版心之上破損，未知書名若何。上册《大明肇造圖》《大明萬世一統圖》《九邊圖》；下册自宋而元，中間似缺一册。

美國國會圖書館藏有此書，嘗見其書影，三卷全。惟卷上《九邊圖》有圖無文，有欄無字，蓋文字已被刪去也。似此，可定爲清初後印本。

此書《國家珍貴古籍名録》著録。

瀛環志畧

五臺徐繼畬松龕輯著

會稽陳慶偕慈圃參訂
福山鹿澤長春如
沁水霍明高蓉生採譯

目錄

卷一
　地球
　皇清一統輿地全圖
　亞細亞
　亞細亞東洋二國
　亞細亞南洋濱海各國

卷二

127 瀛環志略十卷

此清道光二十八年(1848)初刻本。開本闊大,字體雄壯,附圖甚多。鴉片戰爭前後,我國產生一批探索"夷情"之譯著,此其一也。撰者徐繼畬在《瀛環考略》的基礎上,修訂補充成此書。全書以圖爲綱,介紹世界各國地理、歷史狀況,爲國人瞭解國外情形提供豐富資料。王韜稱此書:"綱舉目張,條分縷析,綜古今之沿革,詳形勢之變遷,凡列國之強弱盛衰,治亂理忽,俾於尺幅中,無不朗然,如燭照而眉晰,則中丞之書,尤爲言核而意賅也。"

內蒙古烏海市圖書館藏有此書初刻,定爲善本。此非降格以求,實自有其價值也。清中期推行閉關鎖國之策,此書之出現,頗耐人尋味也。

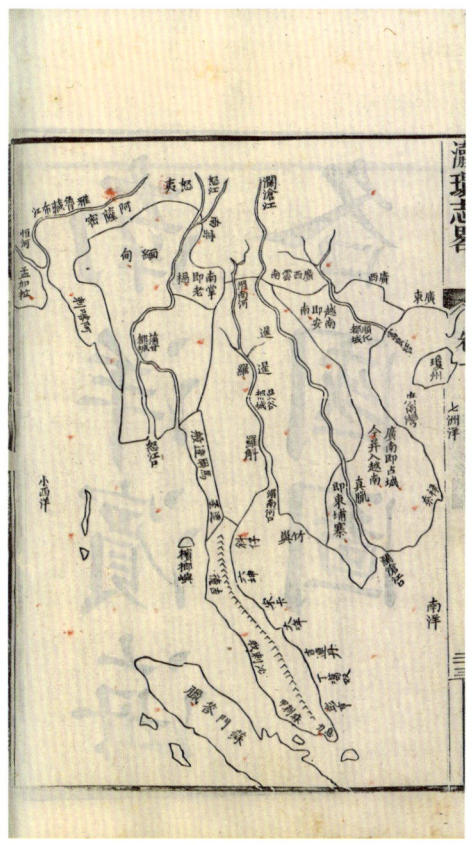

127　瀛環志略十卷(2-2)

歷代輿地沿革險要圖序

方今天下一統，試求自中外禔福父老難蜀辭人才子傳靈運潤色鴻業賦序，但有浮華之辭引典若此，二子試求自躬覽典籍左傳圖畫古谿形勝之地景福殿賦稽合乎同異西都丛著於篇紀皇后答魏信天下之壯觀也賦東京余既思摹二京而賦三都賦序之地圖賦序三都夫盛衰隆替侯論古今常有洪與魏文金湯失險贊而社稷矣論四故曰豪士王侯設險以守其書論下上覽古在答美麗泰豈不然哉蜀講者洪水沸出父老蜀夏國辨亡四噢入貢賭白九土攸分賦蜀都卓哉煌煌美新泰真神明之后疏鑒賦江吳人置表守家是開金運碑交封禪周變商俗銘遷邑易式也引典然記籍所載養生其詳不可得聞矣對禪周變商俗銘遷邑易京賦東京漢功頌周公藉已成之勢王踐恩九州之博大兮駢體國經制都豐鎬臣

128　歷代輿地沿革險要圖

　　清光緒五年(1879)饒氏家刻本。朱、墨、緑三色套印一巨册。此爲最早刊本,後被多次翻刻。翻本圖皆朱色。光緒二十四年(1898)本改"圖説",王尚德重繪,上海文賢閣石印。光緒三十二年至宣統三年(1906—1911),楊守敬、熊會貞重校刻本,分訂三十四册。

　　乙亥(1995)夏於北京冷攤偶然得見,一老者正持此書與書估討價還價。余熱眼旁觀,心怦怦然。書價不諧,老者戀戀舍書,余亟照價付款,挾書而去。廢品堆中,撿得佳册,所謂"撿漏"也。在此之前於相同地點以廉價於舊衣亂服中得萬曆版《黄帝内經素問》,亦屬奇遇。書緣有定,誠不虚也。

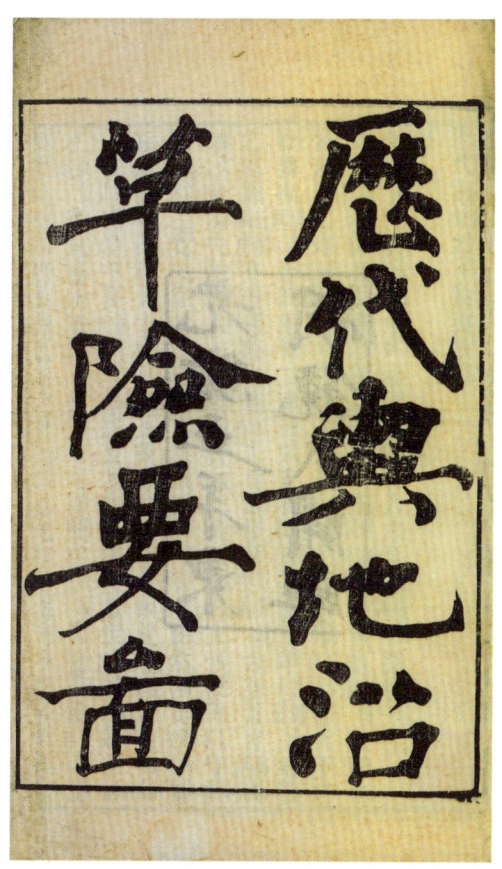

128　歷代輿地沿革險要圖(2-2)

皇朝藩部要略卷之一

前史官　壽陽　祁韻士　纂
　　　　寶山　毛嶽生　編次
　　　　江陰　宋景昌　校寫
　　　　平定　張　穆　覆審

內蒙古要略一

蒙古元裔也元之亡其子孫之在漠南北者百餘部率更迭為盛衰內蒙古皆漠南諸部之近我者科爾沁部六札薩克及札賚特杜爾伯特郭爾羅斯阿嚕科爾沁四子部落茂明安烏喇特八部十六旗與阿拉善青海

129　皇朝藩部要略十八卷附表四卷

清祁韻士纂。清道光間筠渌山房刻本。八册。半葉十行二十一字，白口，左右雙邊。小題爲"前史官壽陽祁韻士纂，寶山毛嶽生編次，江陰宋景昌校寫，平定張穆覆審"。版心下鎸"筠渌山房"。《內蒙古要略》二卷、《外蒙古喀爾喀部要略》六卷、《厄魯特要略》六卷、《回部要略》二卷、《西藏部要略》二卷。

卷前道光十九年（1839）李兆洛序，卷末道光二十五年（1845）祁寯藻跋稱："武進李申耆前輩見而好之，因屬寶山毛生甫先生爲參考編輯，江陰宋勉之補表，成書二十二卷，題曰《藩部要略》，從《西陲要略》例也。又越七年，平定張石州復爲校補譌脱，乃墨諸版，石州又以先大夫之創爲各傳也……"

《中國邊疆圖籍録》著録此書凡三種，一爲道光間筠渌山房本，四册；一爲道光間本，八册；一爲光緒十年（1884）浙江書局本，八册。此書似爲原本，待考。

此書頗稀見，又關涉邊疆歷史、地理，宜妥存之。

130 鈔繪本揚州畫舫録十八卷（2-1）

130　鈔繪本揚州畫舫錄十八卷

　　清李斗撰。李斗，字北有，號艾塘，江蘇儀徵人。清乾隆間人。著有《永報堂集》，內含《奇酸記傳奇》和《歲星記傳奇》兩種戲曲作品。

　　《揚州畫舫錄》爲李斗歷時三十年完成，書中據耳聞目見，詳細記載了揚州的園亭奇觀、風土人情等。現存有乾隆六十年（1795）自然盦初刻本、同治十一年（1872）方濬頤重刊本等。

　　此鈔繪本源自《揚州畫舫錄》中之插圖，有數十幅之多，未知臨摹原圖或是插圖原稿。二十年前購於安徽歙縣。

130　鈔繪本揚州畫舫錄十八卷（2-2）

都門雜記目錄

楊靜亭編輯　　　　張琴鶴泉氏增補
　　　　　　　　　徐永年壽臣
李南圃校正　　　　趙昶子明
　　　　　　　　　金德藻建候氏重校

圖說
風俗
對聯
翰墨
古蹟

131　都門紀略

清楊静亭撰。清同治三年（1864）伴花齋刊。竹紙三册。

此書含《都門雜記》《都門會館》《都門雜咏》三種。卷前均有道光二十五年（1845）楊静亭原序。又有同治三年徐永年書於伴花齋之序。蓋此書最早版本爲道光二十五年本，後翻刻不斷，隨意增添，版本繁亂。以至《都門會館》封面下鎸"板存琉璃廠寶文齋書畫處隨時修補"字樣，意指仍欲隨時增添内容。

此書早年間購於安徽歙縣。

辛德勇君曾有一文詳細考證此書版本源流。辛先生曾在深圳《南方都市報》刊發《訪書天下，擁書塞上》一文，對余之藏書情況予以介紹。余與辛先生從未謀面，然二十年前即已知其人。當年辛先生從呼和浩特市"文苑古舊書店"購到一部清早期開化紙精印的《陸宣公集》，認爲是撿了大漏，不無得意。其實，此書余先他而看到，店主開價八佰元，而余一因眼力不够，二又惜財，將此善本佳刻錯過。辛先生收藏古籍，一在精刻，二在稀見，三是不爲人看重的零星小册，並從中挖掘出有用的資料，可謂眼光獨具。余五年前《聚書瑣記》出版後，曾寄奉先生一册，以求教正。辛先生很快來電，似對此書較感興趣。先生所著書，余買過不少，會心適意，獲益匪淺。

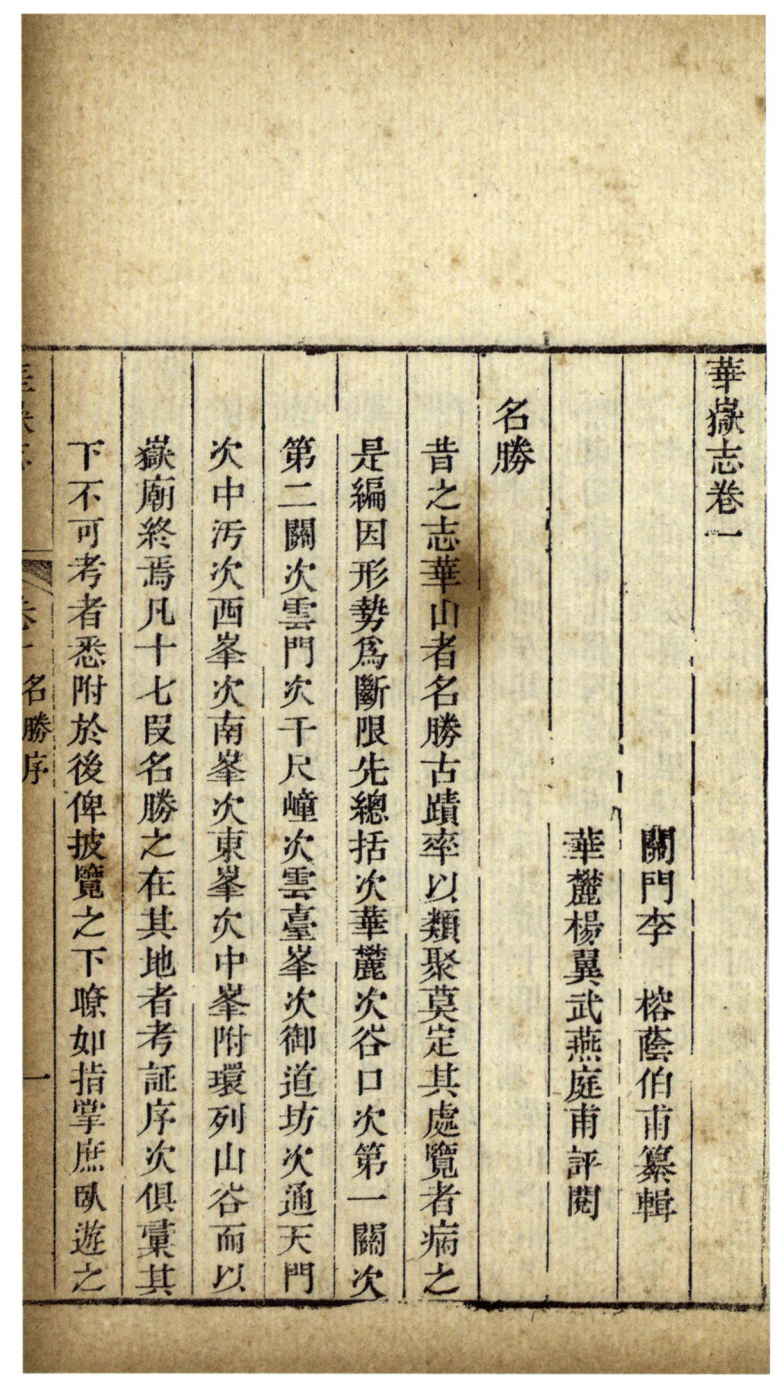

華嶽志卷一

　　　　關門李　榕蔭伯甫纂輯
　　　　華麓楊翼武燕庭甫評閱

名勝

昔之志華山者名勝古蹟率以類聚莫定其處覽者病之
是編因形勢爲斷限先總括次華麓次谷口次第一關次
第二關次雲門次千尺㠉次雲臺峯次御道坊次通天門
次中汚次西峯次南峯次東峯次中峯附環列山谷而以
嶽廟終焉凡十七叚名勝之在其地者考証序次俱彙其
下不可考者悉附於後俾披覽之下瞭如指掌庶臥遊之

132　華嶽志八卷首一卷

清李榕纂輯。清道光十一年(1831)刻光緒九年(1883)重修本。原裝原籤,四厚册一函。卷前光緒九年陳爵之序,光緒癸未(1883)楊昌濬序。卷前有圖數十幅。

《華嶽志》爲現存有關華山最爲完備的志書,可據此研究華山道教淵源及重要人物,道教養生法及華山的儒家文化。

李榕,字蔭柏,陝西潼關廳人,清貢生,未仕,於華山雲臺精舍居住二十餘年。書於道光元年(1821)修成,卷首有康熙、乾隆等人御製詩。該志分爲華嶽圖、名勝、人物、物産、金石、藝文等,每類在紀事前均以小序叙述纂輯之旨,序次清晰,記載詳明。

此書來自廊坊陳東,當時石木齋存有此書兩部,另一部在陳東逝世後於德寶上拍。

一九九三年,江蘇廣陵古籍刻印社曾翻印,訂爲六册。

132　華嶽志八卷首一卷(2-2)

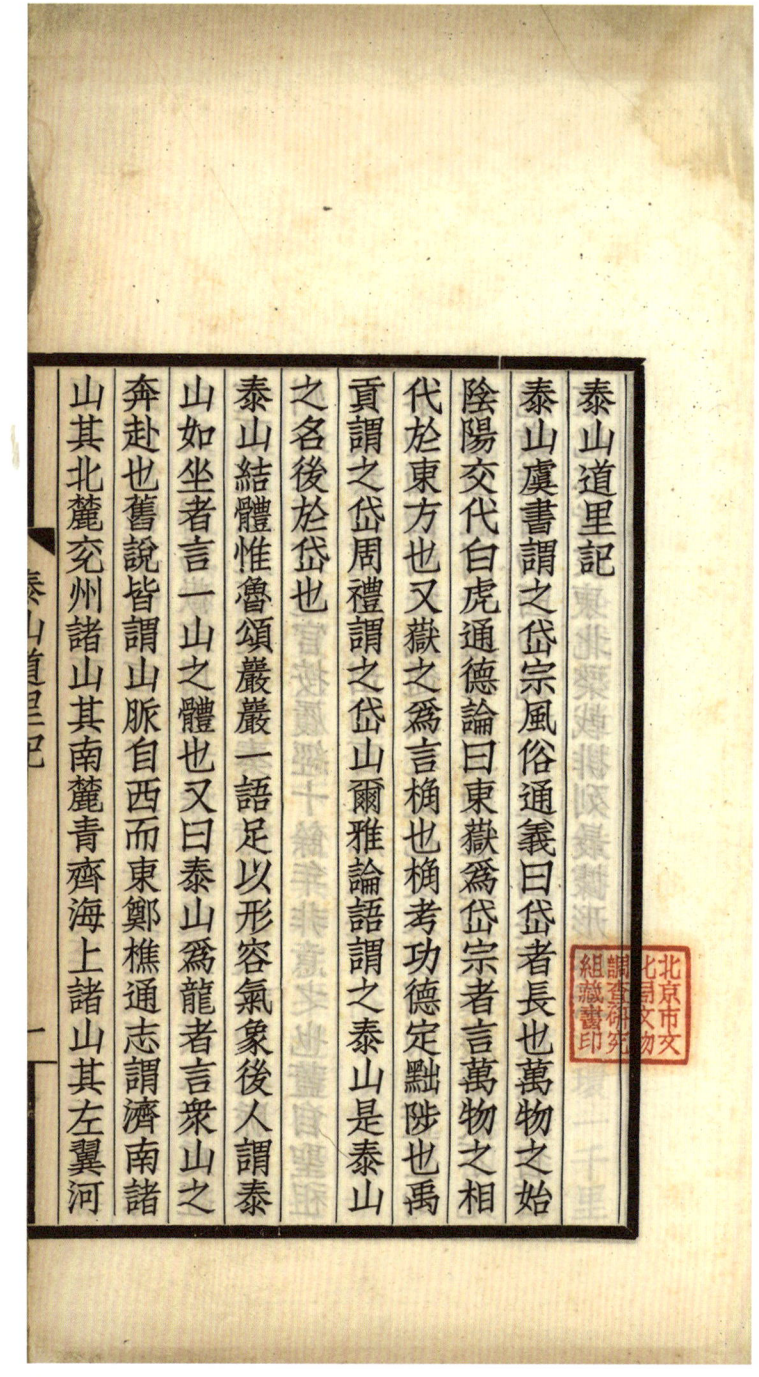

133　泰山道里記(2-1)

133　泰山道里記

清聶鈫撰。一九二二年排印本。帶圖。白紙一册。鈐"北京市文化局文物調查研究組藏書印"。

卷前有民國十一年(1922)一月天津徐世章序,稱:"因取是書,詳加校讎,繪以精圖,付諸剞劂。"以此看來,書爲民國十一年徐世章刊本。

撰者自叙稱爲著此書,凡四易其稿,歷時三十年。此書記叙泰山山脉、道路、名勝古跡、金石等,記叙翔實,考證嚴謹。

聶鈫,字劍光,泰安人。卷前乾隆庚寅(1770)李成鵬跋云:"余友聶君劍光讀書好古,癖嗜山水,家徒壁立,環座圖書蕭然。暇日竹杖芒屩,窮山水幽阻處,采古今金石文,歸輯《泰山道里記》一帙。"

133　泰山道里記(2-2)

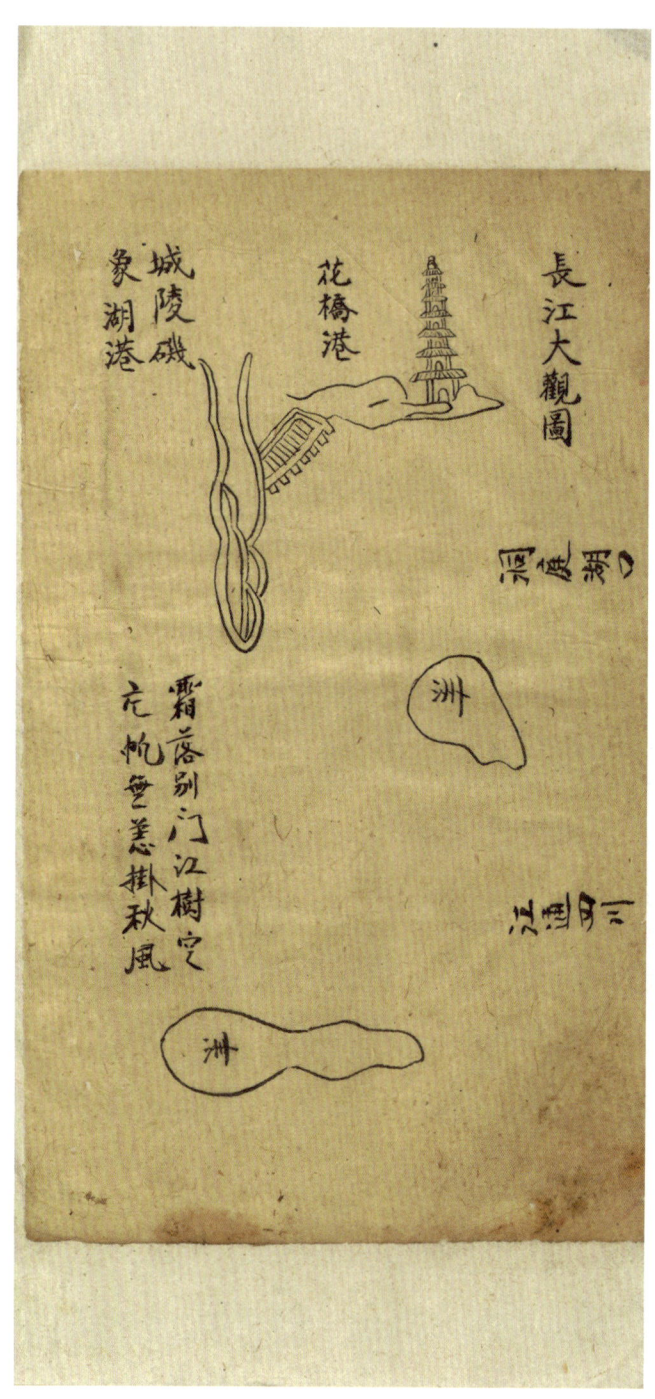

134　鈔繪本長江大觀圖(2-1)

134　鈔繪本長江大觀圖

舊鈔繪本。綫裝。白紙一册。

內有多幅手繪圖,所繪長江沿岸各處名勝古跡,並以古詩相配。

此鈔未知源自何本,撰、鈔者均無考。

由於修建三峽,有些古跡已不復存在。二十年前,余曾有三峽之游,輪船沿江而下,兩岸風光秀麗,如詩似畫,非北人可想象。余坐享美景,心曠神怡,恰船中有一年輕女子對余久久凝視,余不知此爲何人,又何故對余目光專注。此景此情,難得一遇,附帶一記。

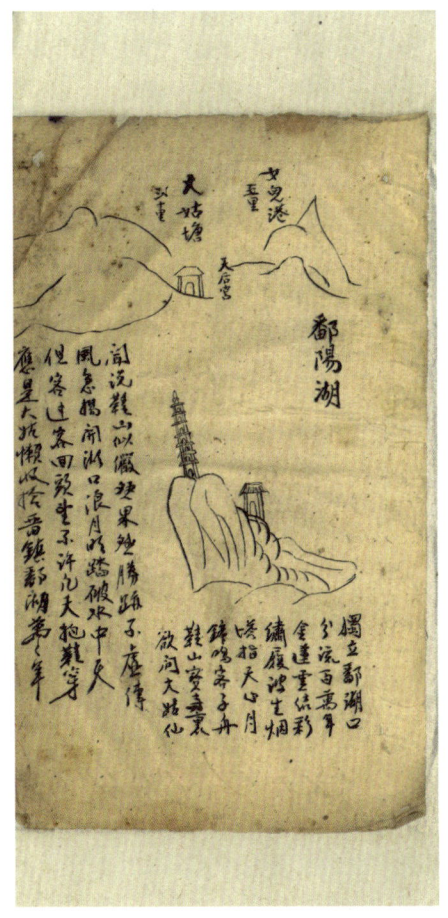

134　鈔繪本長江大觀圖(2-2)

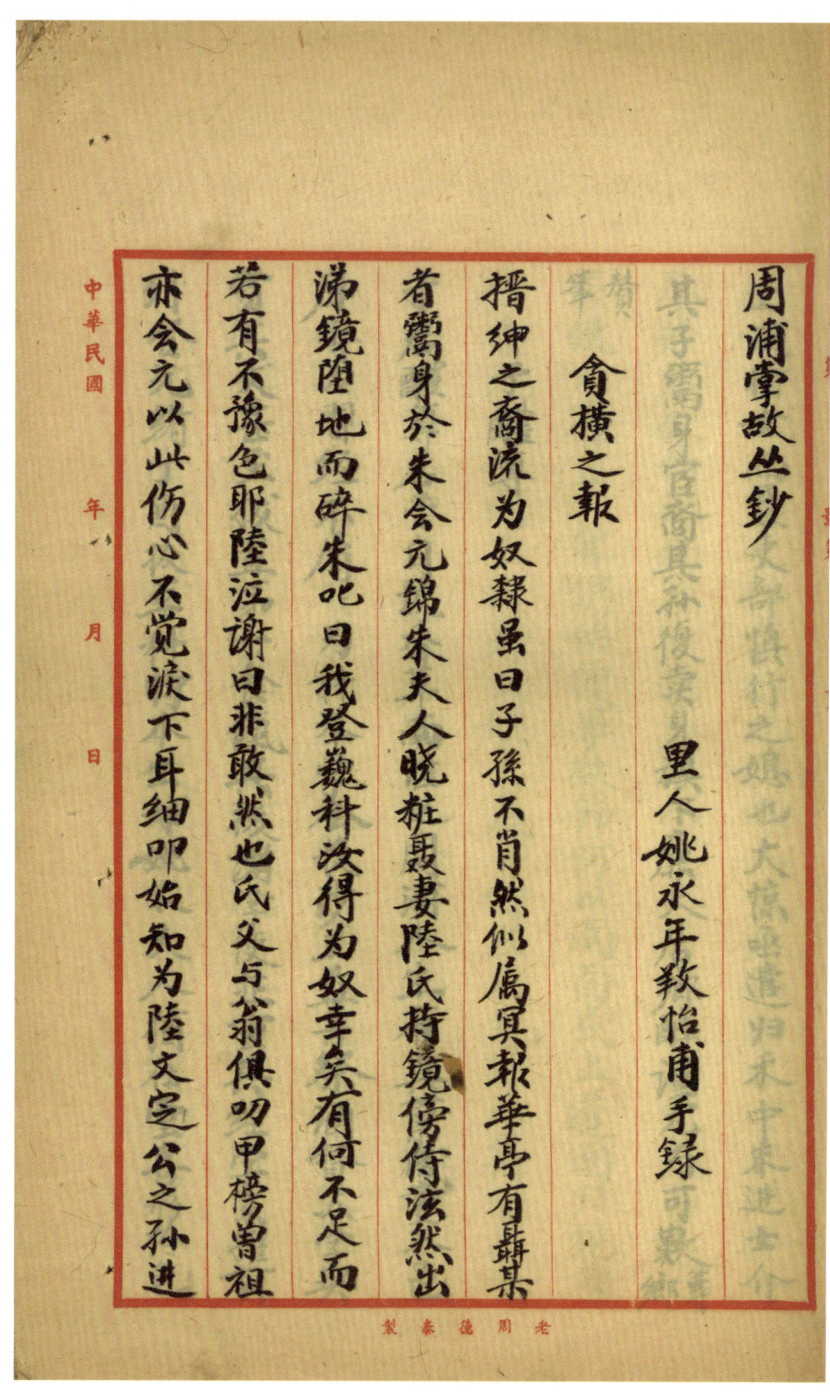

135　稿本周浦掌故叢鈔

135　稿本周浦掌故叢鈔

題"里人姚永年養怡甫手録"。鈔於標有"中華民國"字樣的朱欄稿本之上。一册。

姚養怡,生於一九〇五年,卒於一九九二年,字永年,號祖夔,上海南匯周浦鎮人。南社社員、上海樂天詩社社員、上海市地方史學研究會會員。生平創作古詩詞過千首,收集地方掌故不遺餘力,其所輯《周浦小志》一九四九年鈔本,被上海博物館收藏。編撰有《周浦南蔭堂姚氏叢刊》《周浦姚氏家乘雜詠》,所輯稿本有《周浦掌故叢鈔》《周浦文獻》《周浦竹枝詞鈔》《周浦詩存》《永定寺小志》等。遺有《養怡文稿》四卷。輯南匯詩人蘇局仙《蓼莪居詩鈔》《東湖山莊詩稿》,由上海文史研究館出版。

嘗見二〇一〇年北京傳是拍賣公司上拍翁覃溪《詠物七言詩》原稿,上有姚養怡題跋:"此一册詠物七律詩卷,爲覃溪先生手録原稿……名賢手跡,歷劫不滅,吉光片羽,彌足珍貴。乙丑嘉平上澣南匯姚永年養怡謹跋。"鈐"姚永年印""養怡長壽"二印,蓋爲一九八五年所書。

此稿本數年前偶獲於"孔夫子舊書網",後有一上海書友數番索購,未予之也。

秦游日錄

藏園居士

太華神秀甲於五嶽余懸覽諸家游記及地志山圖神往者久矣祇以僻在西秦關河間阻未遑攀涉昨歲晤寇君申夫詢入陝途程因與邢君凭之商略偕游之計今歲二月于右任張溥泉二君過訪藏園言及鐵軌敷設已抵潼關入華之程剋期可達地方靖謐行旅安便盍用馳溯清明前日余掃墓暘臺習靜於清水院中林君子有自申江北來入山過訪言將有華嶽之行已期梁眾異夏劍丞會於徐州邀余爲侶適有他事覊牽未果暮春三月燕都花事既闌欲賦西征以償夙願與其議者爲楊君蔭北邢君凭之徐君森玉周君立之江君翊雲諸人既而楊邢二君

136　秦游日録一卷附登太華記一卷

傅增湘撰,署藏園居士。一九三三年五月藏園刻本。白紙一册。

傅增湘爲清末民國著名藏書家,余至今未收羅到其舊藏一種,引爲憾事。惟十幾年前在陳東石木齋得見一藏園親筆題籤本,但因書主惜售而未得。此《秦游日録》爲傅氏一九三二年游太華後所作。曾於一九三二年由天津《大公報》以排印本刊行。書中景物描寫真切動人且文筆優美,如"再登四天門,則傾崖雄岫,孤秀獨撐。至上方,則排松送青,山花艷發,恍游匡廬雁蕩間,忘其在秦中矣"。

此書早年獲於琉璃廠書市。卷前有圖二十幅。

余曾藏民國間傅增湘影印《永樂大典》一巨册,得之於呼市古舊書店,後陳東見而喜之,與其换來周作人舊藏一部,鈐"苦雨齋"印。

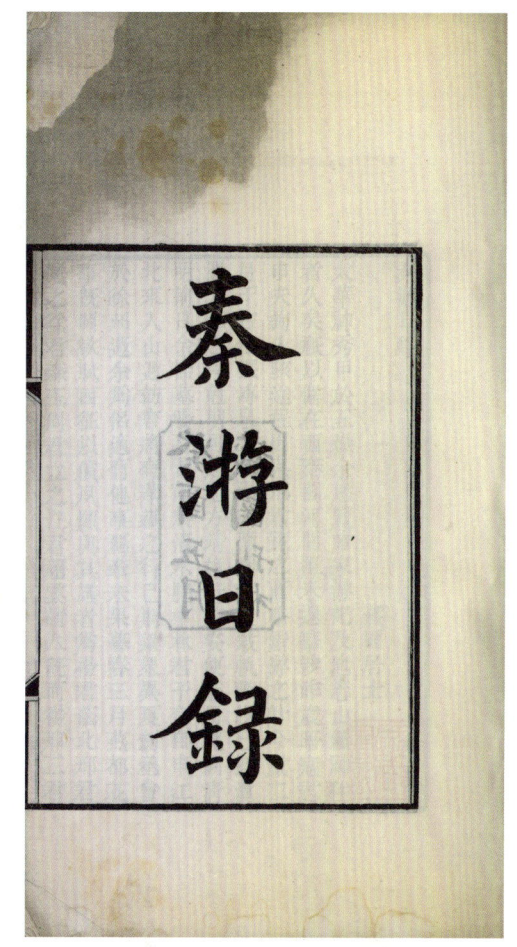

136　秦游日録一卷附登太華記一卷(2-2)

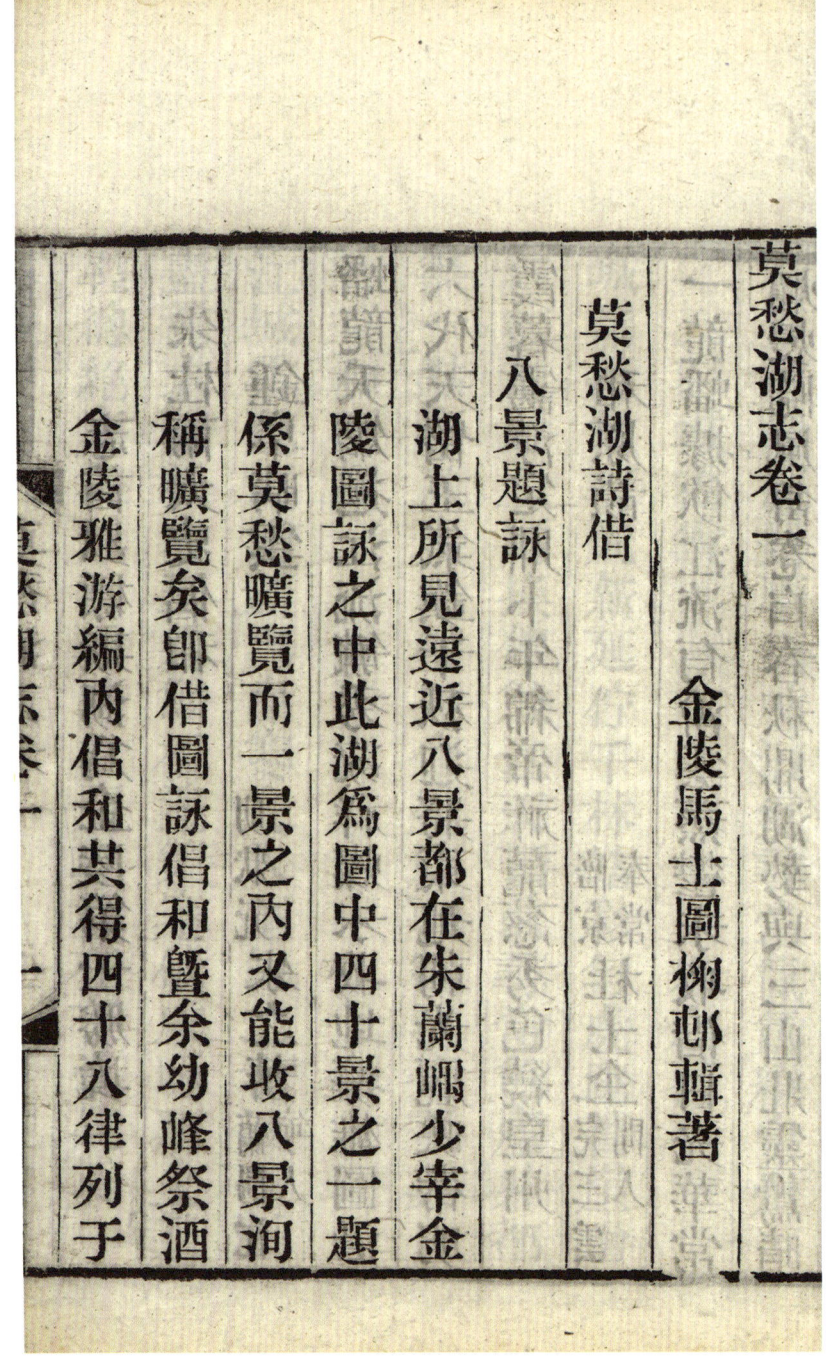

137 莫愁湖志六卷莫愁湖詩文一卷（3-1）

137　莫愁湖志六卷莫愁湖詩文一卷

清馬士圖輯著。清光緒八年(1882)六月重刊。白紙三册。圖五幅。卷末一葉爲長沙伯純何憲彝撰楹聯一幅，署民國十六年(1927)，字體、版式與前不合，似爲後添。

卷前嘉慶二十年(1815)馬士圖序，光緒八年六月薛時雨序，黃鈺、鮑淳、車持謙、吳藻題詞。

二十世紀九十年代之初，余在上海胡君承樑陪同之下，於古籍書店購得此書，價僅數十元。猶憶八十年代中期，余有南京之行，住宿恰在莫愁湖畔，印象殊深。數十年逝去，此湖僅此一游，今湖尚在，人已漸老，不知此生能再觀湖否？

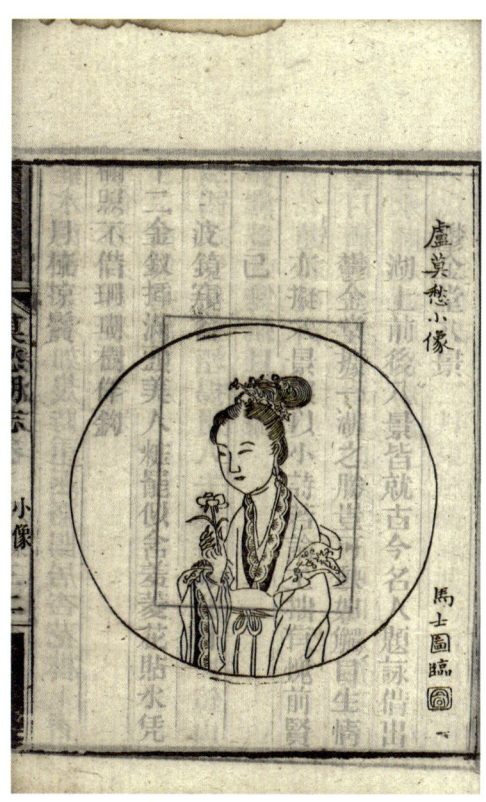

137　莫愁湖志六卷莫愁湖詩文一卷(3-2)

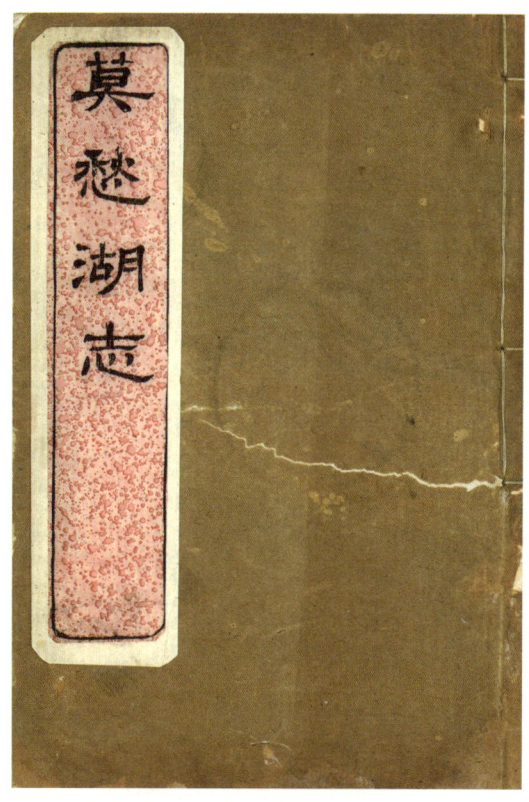

137　莫愁湖志六卷莫愁湖詩文一卷(3-3)

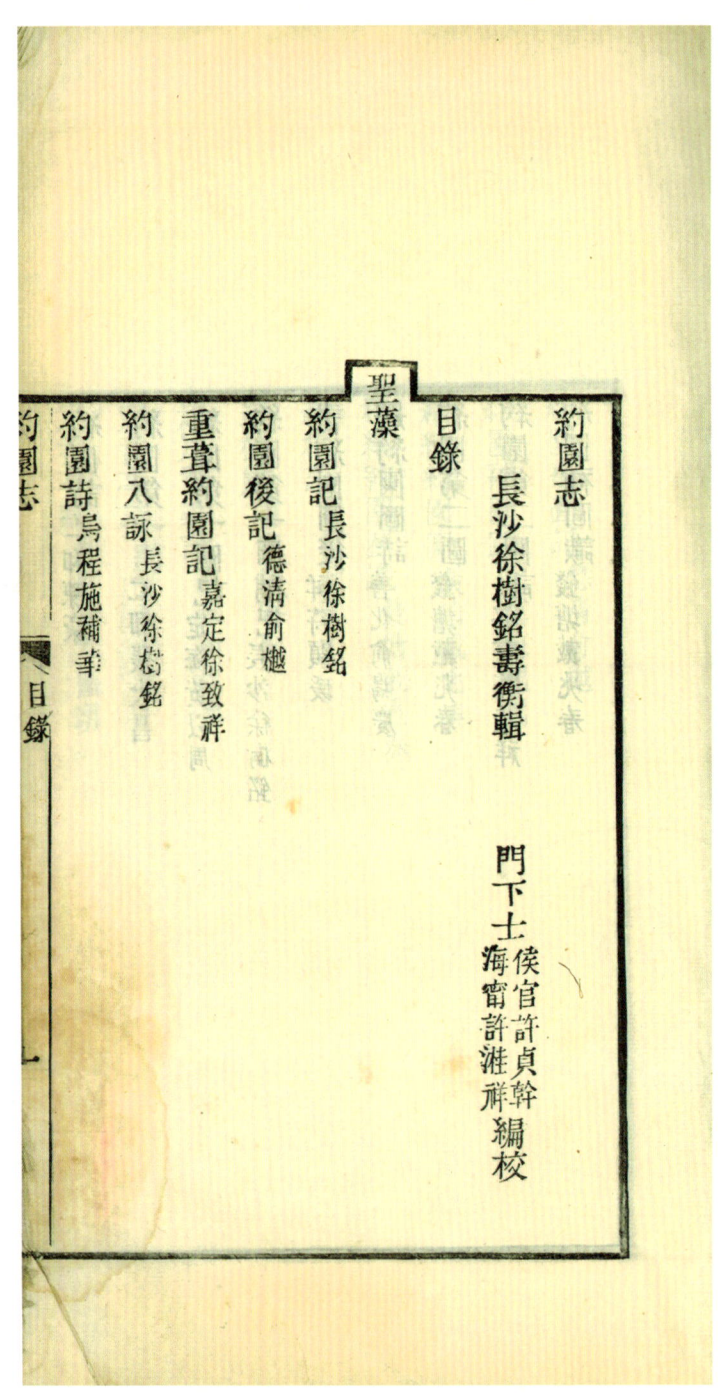

約園志四卷(3-1)

138　約園志四卷

清徐樹銘輯。清光緒丁酉(1897)刻本。白紙一册。

徐樹銘,字伯澄,號壽蘅,長沙人。道光二十七年(1847)進士,官兵、吏、禮、刑部左右侍郎,工部尚書。嗜書畫、金石,藏書數十萬卷。另著《澄園詩集》十卷、《浙闈紀事詩》等。卷前光緒二十三年(1897)徐樹銘叙,次壽衡叙後。

卷内鈐"吴國男子汪大鐵之印"。汪瀾,字子東,號大鐵,室名芝蘭草堂,無錫人。民國間著名印人,工詩文、擅書法、精鑒賞。師事趙古泥,間學趙悲庵,亦從袁克文學書法。晚年患絶症,自知時日無多,請朱其石寫一墓碑:"印人汪大鐵之墓。"後有人質疑"印人"或爲印度人,遂又改之。

余存乾隆本《李義山詩集》,爲汪大鐵舊藏,卷内分三色過録前人批校,鈐印有"曾經錫山芝蘭草堂藏""夔堂""飛龍□星之齋""局促樓"等。

此書早年間獲於呼和浩特市"文苑古舊書店",店主曾包下無錫古舊書店一大批書,此書在焉。

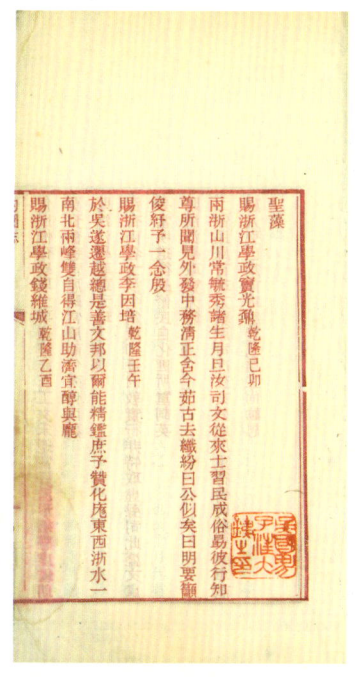
138　約園志四卷(3-2)

138　約園志四卷(3-3)

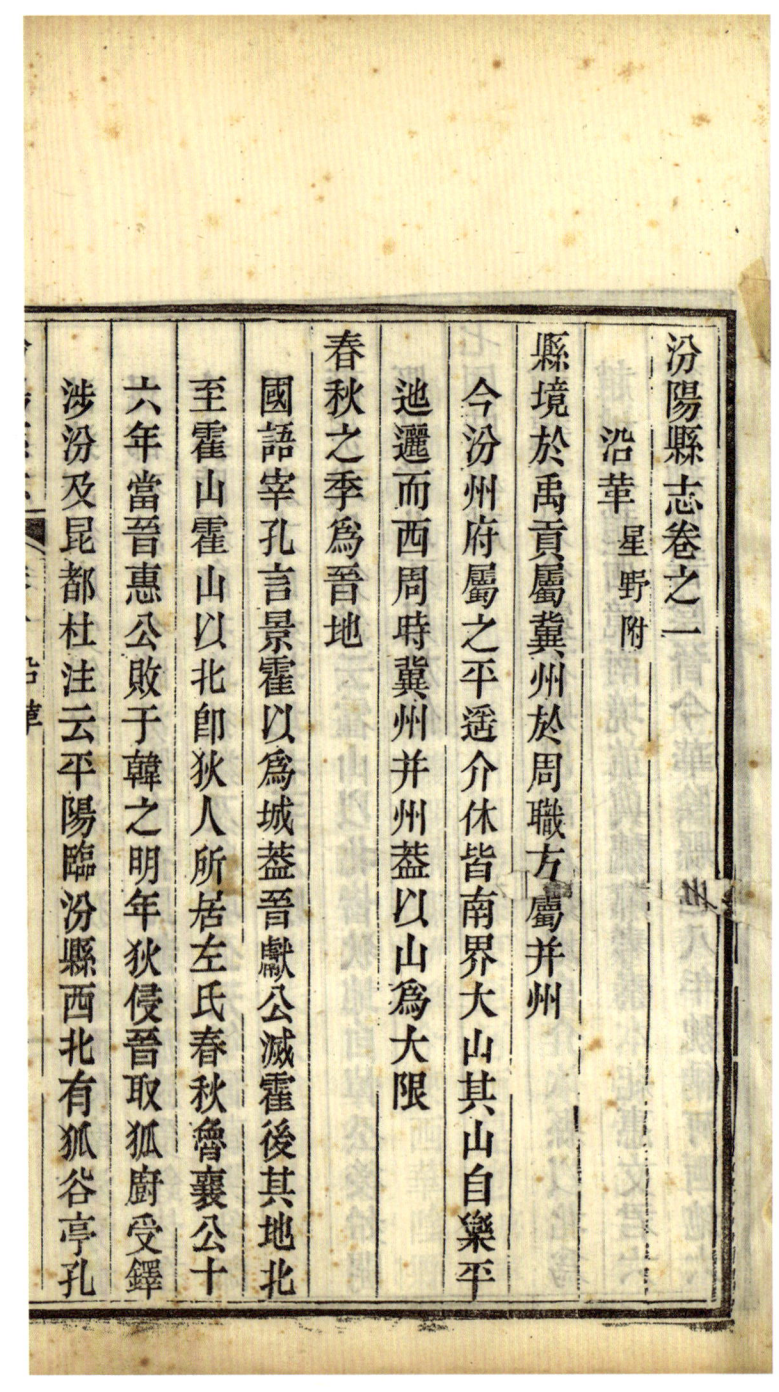

汾陽縣志卷之一

沿革 星野附

縣境於禹貢屬冀州於周職方屬并州

今汾州府屬之平遙介休皆南界大山其山自樂平

迤邐而西周時冀州并州蓋以山為大限

春秋之季為晉地

國語宰孔言景霍以為城蓋晉獻公滅霍後其地北

至霍山霍山以北卽狄人所居左氏春秋魯襄公十

六年當晉惠公敗于韓之明年狄侵晉取狐廚受鐸

涉汾及昆都杜注云平陽臨汾縣西北有狐谷亭孔

139　汾陽縣志十四卷首一卷

清周貽纓修。清咸豐元年(1851)刻本。白紙八册一函。有圖數十幅。

此書奉乾隆舊志爲圭臬,前志所定例言十三則亦刊於卷首,詳細記載了汾陽縣乾隆至咸豐的史實。

地方志余藏之無多,戊寅(1998)夏於滬上福佑路彭氏舊書攤購舊志一册,係小綠天孫毓修鈔本《開化志》,並鈐其印。惜返津後被張振鐸購去,此乃余藏書史上"走麥城"一例,深可記痛。

與此書同獲者另有一部《介休縣志》,嘉慶版,白紙帶圖,後被山西榆次劉某購去。彼專門收藏有關山西之文獻,曾從余處獲書數部,皆可存之書。今後似可仿韋力《失書記》一一記之。

139　汾陽縣志十四卷首一卷(2-2)

籌辦秦湘淮義振徵信錄

經辦義振梁溪唐錫晉彙刊

卷上

序

庚子協振泰中募捐啟

丙午協振湘中募捐啟

振秦振湘振淮告神疏

庚子十二月會同嚴紳攜振抵陝上陝撫岑中丞稟

辛丑正月由陝赴南省督漕撫學蕭泉道府憲稟

辛丑四月會同嶽紳上管理戶部王中堂稟

140　籌辦秦湘淮義振徵信録二卷

唐錫晋彙刊。清光緒三十四年(1908)木活字本。竹紙二册。

光緒庚子年(1900)秦中大旱成灾,丙午年(1906)湘中水潦,同年長淮以北暴雨爲灾,清廷命唐錫晋前往三地賑灾。此書上卷録各募捐啓、禀;下卷録賑灾之糧款數,存三地賑灾之詳細資料。

唐錫晋生於一八四七年,卒於一九一二年,字桐卿,號潛叟,江蘇無錫人。同治貢生,曾任安東教諭,後改長洲。任内以賑事聞名,有"大善士"之稱。

此書未見著録,且爲木活字本,雖清末之刊,插架自當有其地位也。

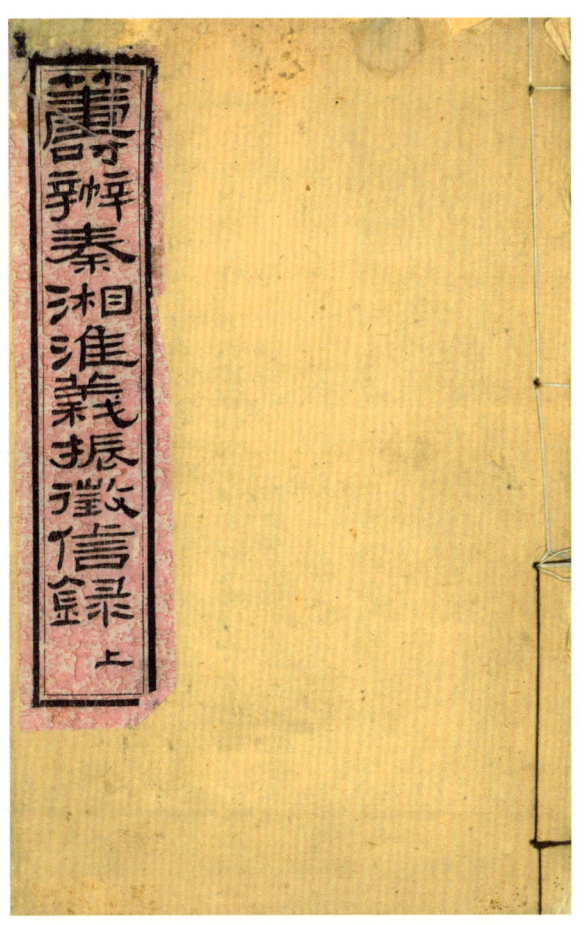

140　籌辦秦湘淮義振徵信録二卷(2-2)

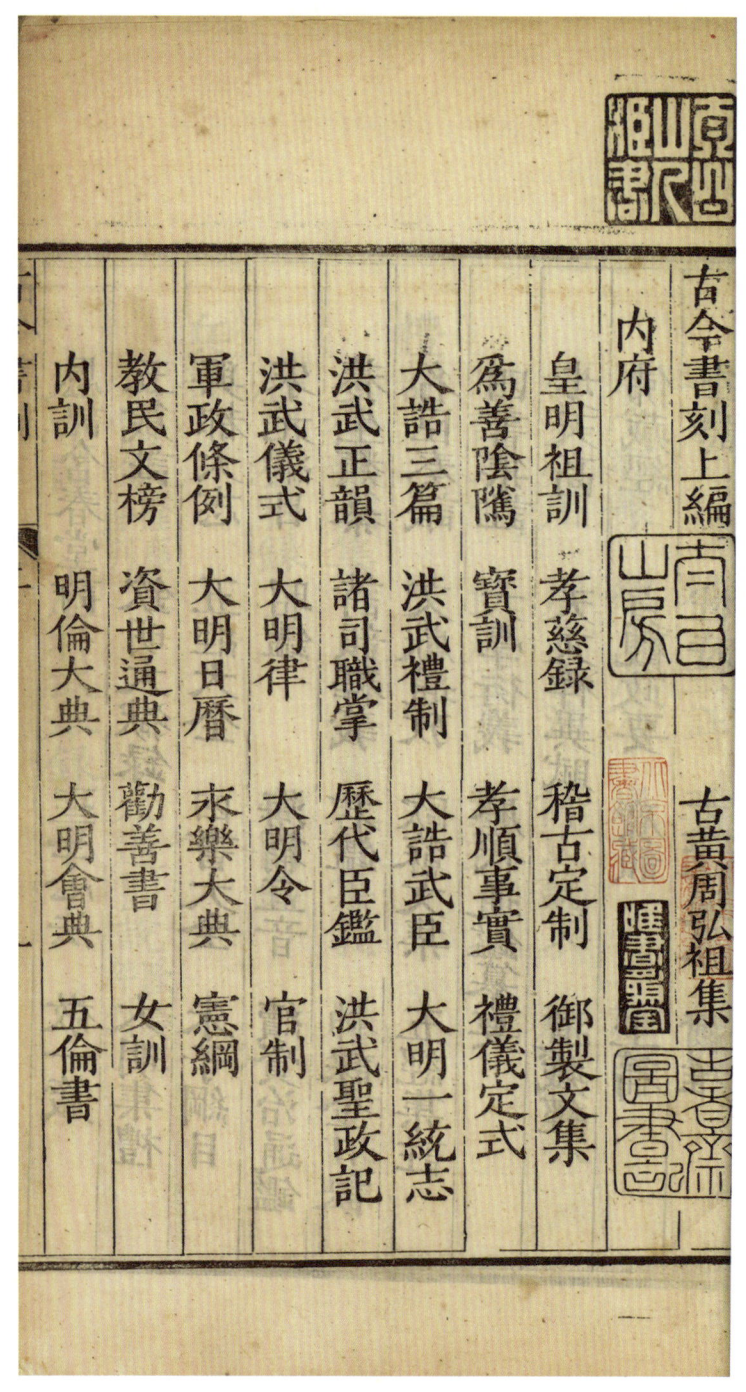

141　古今書刻二卷（2-1）

141　古今書刻二卷

明周弘祖撰。清光緒三十二年（1906）葉德輝仿明刻本。白紙二册。鈐"北京圖書館藏書""松坡圖書館藏"等印。

此爲《麗樓叢書》十種之一。上編載各直省所刊書籍，下編録各直省所存石刻。卷前葉氏自序云："《明史·藝文志》及各家藏書目均不著録，《四庫》未經采入，亦未存目，殆由傳本甚少耳。"葉氏據日人所藏之本影刊，行格、誤字一仍其舊。

松坡圖書館是爲紀念蔡鍔將軍，於一九二三年正式建立，館址在北海公園快雪堂。首任館長爲梁啓超，該館於一九二九年併入國立北平圖書館，即北京圖書館（現中國國家圖書館）前身。

辛巳（2001）春余再入津門訪書，於白雲軒得見此書及道光原刊本《文字蒙求》，惜價昂未取。歸來懷念此書，又匯款白雲軒郵來。書之內容已無足觀，唯取其版刻精美而已。

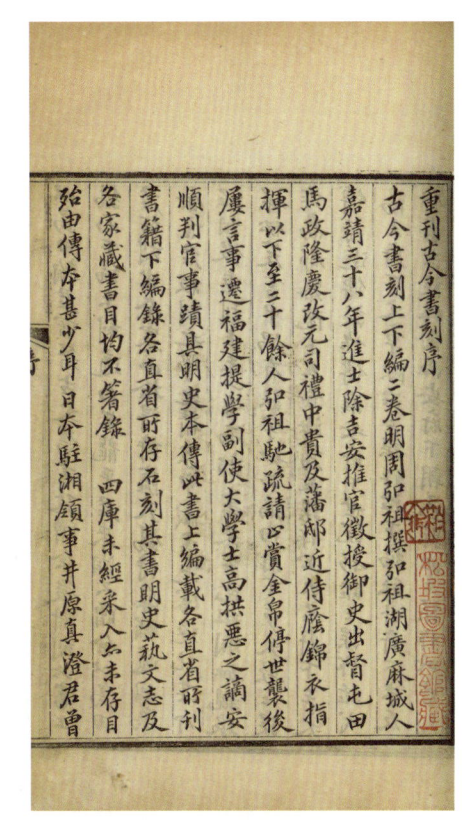

141　古今書刻二卷（2-2）

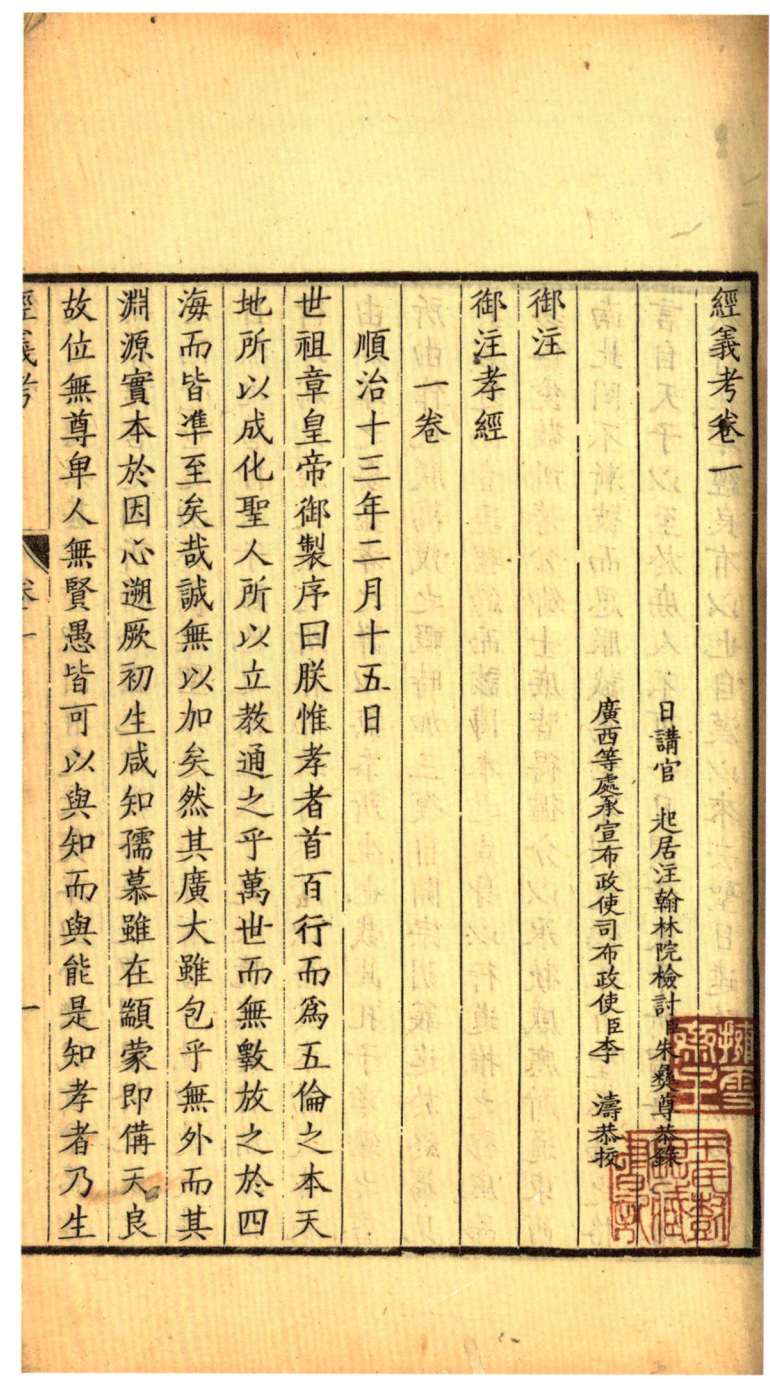

經義考卷一

　　　　日講官　起居注翰林院檢討朱彝尊恭錄
　　　　廣西等處承宣布政使司布政使臣李
　　　　　　　　　　　　　　　　　　濤恭校

御注

御注孝經

　一卷

順治十三年二月十五日

世祖章皇帝御製序曰朕惟孝者首百行而為五倫之本天地所以成化聖人所以立教通之乎萬世而無敷放之於四海而皆準至矣誠無以加矣然其廣大雖包乎無外而其淵源實本於因心遡厥初生咸知孺慕雖在頴蒙即備天良故位無尊卑人無賢愚皆可以與知而與能是知孝者乃生

142　經義考三百卷

　　清乾隆乙亥(1755)刻本。四十八册。半葉十二行二十三字,白口,單魚尾,四周單邊。封面鎸"朱竹垞太史編""曝書亭藏板"。卷前兩淮鹽運使臣盧見曾《進書表》,書於甲戌(1754)之年;次康熙己卯(1699)陳廷敬序,康熙四十年(1701)毛奇齡序,目後乾隆乙亥盧見曾識語,稱:"《經義考》全書告成,余既爲之序,又編總目二卷。此書初撰原名《經義存亡考》,嘗以二十餘卷質吾鄉漁洋先生,於《居易録》載其大凡。……已刻一百六十七卷,其宣講立學、家學、自序三卷本闕,今補刻一百三十卷。"每卷後鎸覆校者名姓。

　　刻頗精,小字勁秀。初印,紙亦綿軟潔净。呼和浩特市古舊書店嘗貯古書於一室,内多通行本,然亦間有可取之書。余曾多次選購,拔其精萃。此《經義考》部頭頗巨,本不欲收取,後解捆翻閲,始覺其刻精,且完整無缺,故亟購之。

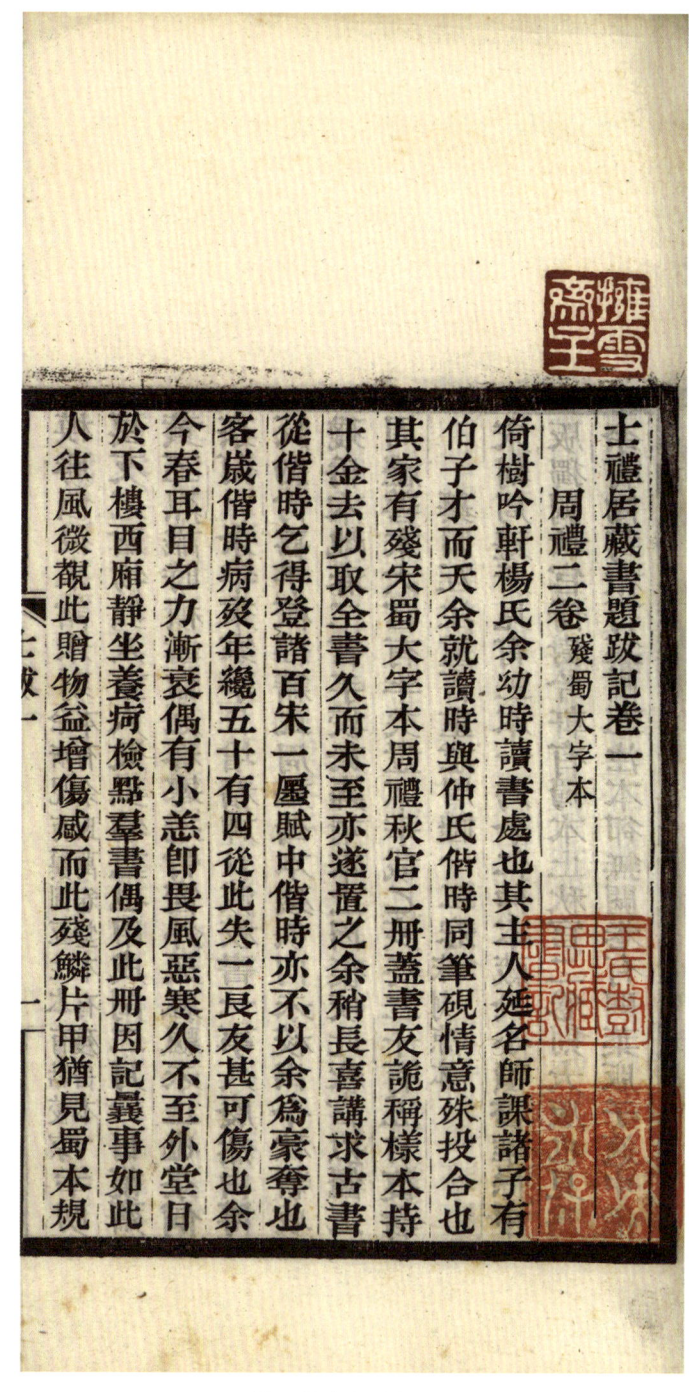

143　士禮居藏書題跋記六卷(2-1)

143　士禮居藏書題跋記六卷

清黃丕烈撰。清光緒十年(1884)潘祖蔭滂喜齋刊。四册。墨色尚帶紅,蓋爲初印之本。

是書收黃丕烈自乾隆五十四年至道光四年(1789—1824)題跋三百餘首,除闡述各書學術價值、考證版本外,連及收書、藏書軼聞及書價,讀來並不枯澀,亦可見其真性情。余向來喜讀藏書題跋,古今善作題跋者多矣,余最服膺者一爲黃丕烈,一爲黃裳。自黃裳殁後,幾無人能繼矣。

143　士禮居藏書題跋記六卷(2-2)

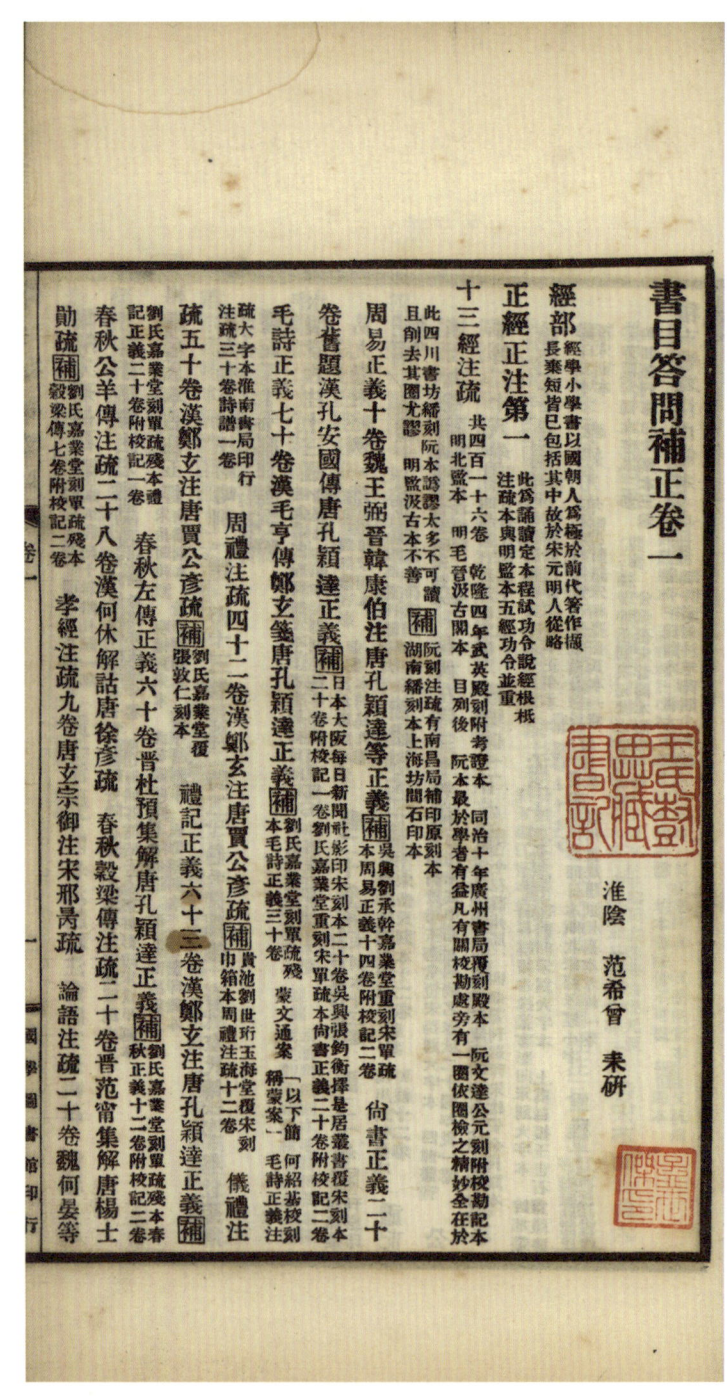

144　書目答問補正五卷附二卷

民國間南京國學圖書館排印本。二册。卷内墨批甚多,將范希曾補正謬誤之處一一正之,頗具價值。卷内鈐"孟世傑印""盋山精舍"二印。

孟世傑,河北大興人,字咸宇,史學家。歷任燕京大學、北平大學、法政大學、北平師範大學、北京女子師範大學、東北大學、四川大學教授等職。著有《中國最近世史》《中國近百年史》《先秦文化史》等書。一九四二年棄世。盋山精舍在南京,時爲國學圖書館所占據。該館當時的出版物,鈐此印者尚有《正氣堂集》等。

此書數年前得自北京古籍書店,一見傾心。

144　書目答問補正五卷附二卷(2-2)

隋滔于儉志

遺見厰群偁吾儧滔于志其少旁有任城李泰源跋沒是敢陽故蹟已槃失載青應宿逶来瑩窆罝西廡廊右步亦當之當是初出土打本恍桂書岭皋同年贐逹所貽必光緒四年八月孫祿植誇于東邸

隨王婆灘頌塗陽令功德頌碑

緱禾史墾孫拓翏門入王唐當懋榮所箸南北朝碑玫隄

星鼓山石崖涛碑沾末必塙撗鼓山石崖北朝刻石

145　稿本寶漢樓碑帖題跋（2-1）

145　稿本寶漢樓碑帖題跋

　　稿本一册。無格。清孫禄增撰,寫於光緒初年。封面墨書"孫氏跋語,魏晋",所跋碑帖有《隋淳于儉志》《隋王娑羅頌滏陽令功德斷碑》《隋張景略銘》《玄公姬氏》《後魏太保太尉公劉貴志》《後魏咸陽太守劉玉志》《東魏李文静公志》《東魏勃海太守王槃虎志》《東魏高堪志》《北魏鄭道忠志》《北魏根法師碑》《魏征西大將軍曹真斷碑》《聖教序》《漢孔彪碑》《陳德碑》《孔宙碑》《乙瑛碑》《封龍山碑》《漢淮源廟碑》《漢楊叔恭》《宋爨龍顏碑》《禮器》《北周聖母寺碑》。册中還録有李慈銘、譚獻等人觀孫氏藏碑跋語數十則。其中李慈銘題跋約半數之多,可視爲李慈銘研究珍貴資料。

　　孫禄增,字叔黼,號鏡江,浙江歸安人。同治十年(1871)進士,任翰林院編修,官宜春知縣。嗜金石,兼工篆籀。《中國古籍善本書目》史部金石類著録有《寶漢樓碑刻目録》稿本,清孫禄增藏並跋,藏徐州圖書館。

　　此書二十世紀九十年代中期,於琉璃廠古籍書市購獲。

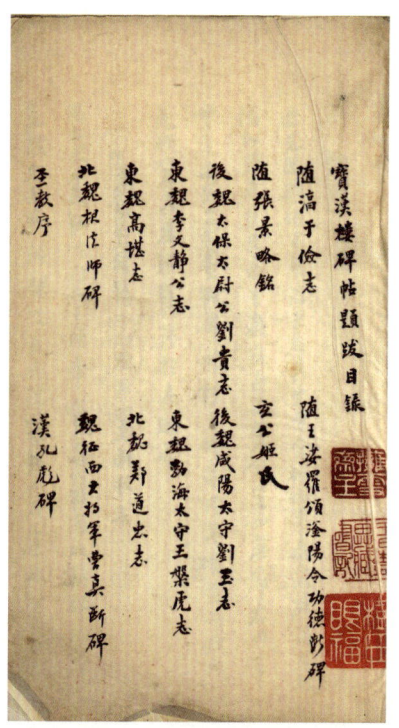

145　稿本寶漢樓碑帖題跋(2-2)

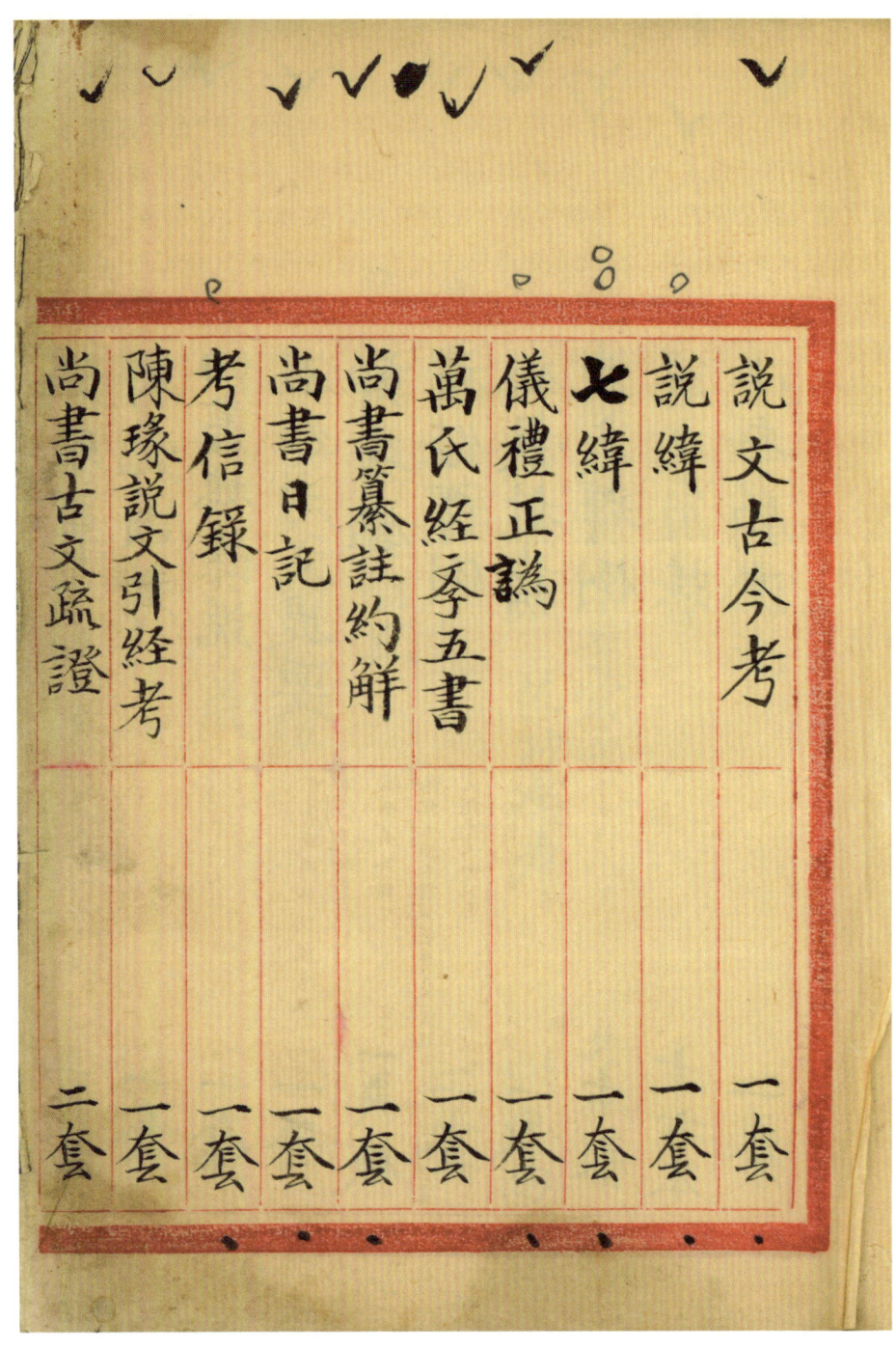

146 稿本海蠹閣書目(2-1)

146　稿本海蠹閣書目

書目稿本。一册。朱絲欄。封面鈐"坦齋之印""緑天吟館"等印。

卷末有佚名跋曰:"此海蠹閣書目也,惜無詳注且未編次。小松丈病中均已棄去,其中當不乏善本,只《守山閣叢書》一種即值千金,恐所得未必萬之三五。聚書者之散佚往往如此,可爲浩歎。"於此跋可知藏主爲小松,室名海蠹閣。

經查,王常師,字道新,又字小松,室名"海蠹閣"。生於一八八七年,山東黄縣人。其父王守訓賜進士出身,曾任國史館纂修之職,府第額爲"太史第"。王常師蔭補刑部主事,未進京任職。辛亥革命後,閉門讀書,可在床上仰面書寫蠅頭小楷。一九三八年黄縣淪陷後,堅持不就僞維持會會長之職,避居北平。一九三九年卒於北京。著有《士鄉方言證》《海蠹閣叢談》及歷史小説《遼呆記》。並爲其父整理遺稿,撰《王松溪年譜》,提及其父有藏書印曰"武英殿纂修官黄縣某海蠹閣鑒藏書籍藝文印,子孫保之",並附記其藏書之事云:"先君自少年即喜收書,且精於目録之學,惟意在四部遍羅,專爲裨於實用,故衹求善本,不尚宋元。……每得書輒重付裝整,插架森列。……所得有怡府明善堂、高郵王氏、益都李氏、崇雨舲中丞諸家舊藏不少。……藏書尋常之本則鈐'光緒初書歸黄縣王氏海西閣'印。後改'海西'曰'海蠹',以示知不足之意。作'海蠹閣藏書'大章,凡最上之本則鈐之。"

此書早年間得之於海王邨古籍書市。

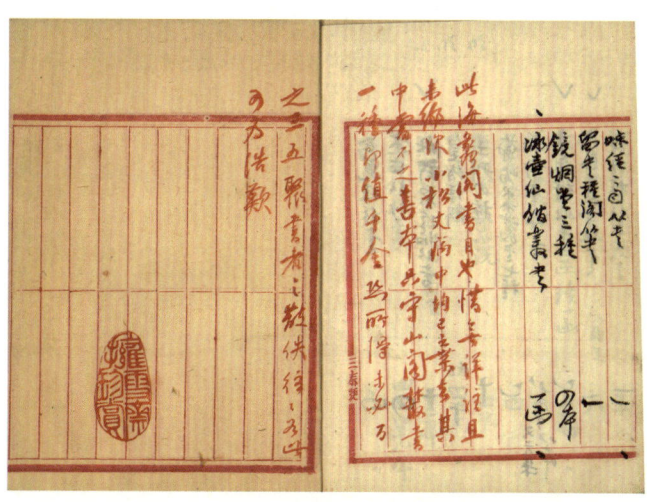

146　稿本海蠹閣書目(2-2)

某部											
某類書	名	版本	撰人	收稿日期	附註						
經部 四書類	論語釋疑一卷	論語王氏義說一卷	論語王氏義說一卷	論語王氏義說一卷	論語周氏義說一卷	論語繆氏說一卷	論語陳氏義說一卷	論語譙氏注一卷	論語衛氏集注一卷	論語旨序一卷	論語袁氏注一卷	論語體畧一卷
	魏王弼撰 清馬國翰輯	魏王肅撰 清馬國翰輯	魏王肅撰 清馬國翰輯	魏王朗撰 清馬國翰輯	魏周生烈撰 清馬國翰輯	繆協撰 清馬國翰輯	魏陳羣撰 清馬國翰輯	晉譙周撰 清馬國翰輯	晉衛瓘撰 清馬國翰輯	晉繆播撰 清馬國翰輯	晉袁喬撰 清馬國翰輯	晉郭象撰 清馬國翰輯

147　鈔本續修四庫全書總目提要編目二種(2-1)

147　鈔本續修四庫全書總目提要編目二種

鈔本兩册。一册封面墨書"馮汝玠先生書目";一册標"孫蜀丞,研究所"。均藍綾封面、封底,綫裝,卷内朱絲欄。内文詳載書名、卷數、版本、作者。馮氏書目天頭處鈐"已撰"紅印;孫氏書目載收稿日期,自民國二十三年(1934)二月二十六日至民國二十六年(1937)一月十七日。

一九二五年,日本"東方文化事業總委員會"決定由該會下屬"北平人文科學研究所"主持撰寫《續修四庫全書總目提要》,主要采取特約撰稿人撰寫方式。從一九二八年至一九三一年六月,擬定待撰提要的書目二萬七千餘種,之後轉入提要的撰寫。一九四一年太平洋戰争爆發,次年五月撰寫工作停止。抗戰勝利後,該提要原稿歸中國科學院圖書館收藏,共三萬一千餘篇,按撰寫人分册裝訂,計二百零七函。

147　鈔本續修四庫全書總目提要編目二種(2-2)

此兩册編目,爲該提要之零種。丁丑年(1997)余游北京報國寺書攤,獲見此鈔,同時所見另有謝國楨、王重民、謝興堯等人數種。經比較,此二種文字較多,因以購之。己卯年(1999)中國書店曾拍賣此編目凡九十二册,以一萬六千五百元之價售出(後知這批鈔本已到日本)。余不知此鈔當年何以流落書攤,又慶幸寒齋獨存二册。天壤之間,風塵之後,書歸何處,誰能知之!

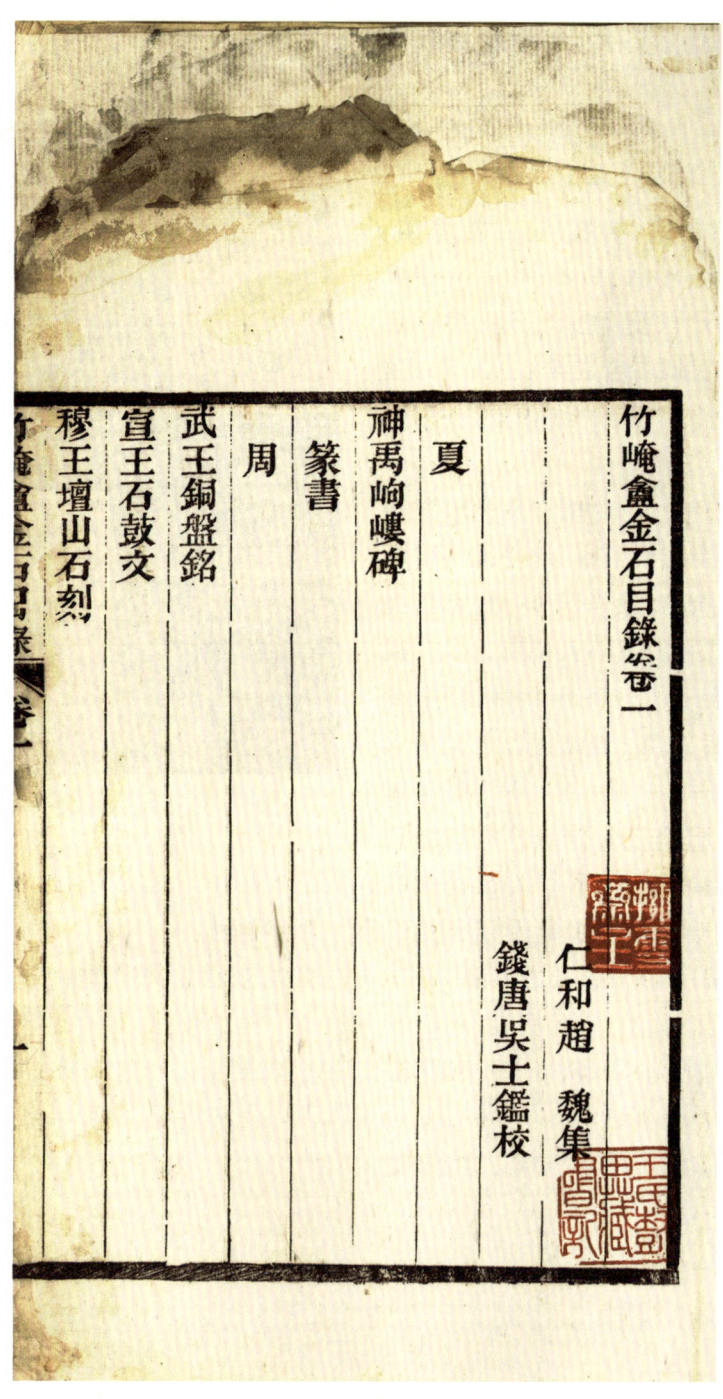

148　竹崦盦金石目錄五卷(2-1)

148　竹崦盦金石目錄五卷

清趙魏撰,吳士鑑校。清宣統間刻本。白紙四册。墨色尚帶紅,初印本也。卷前宣統二年(1910)吳士鑑序。

趙魏,字恪生,號晉齋,又號菉森,浙江仁和人。生於一七四六年,卒於一八五二年。家藏碑版甚多,長於碑版考證。善畫,兼精篆隸。藏書亦富,曾收藏宋本《金石錄》十卷。藏書及金石處名竹崦盦。編有《竹崦盦傳鈔書目》《竹崦盦金石目錄》等。

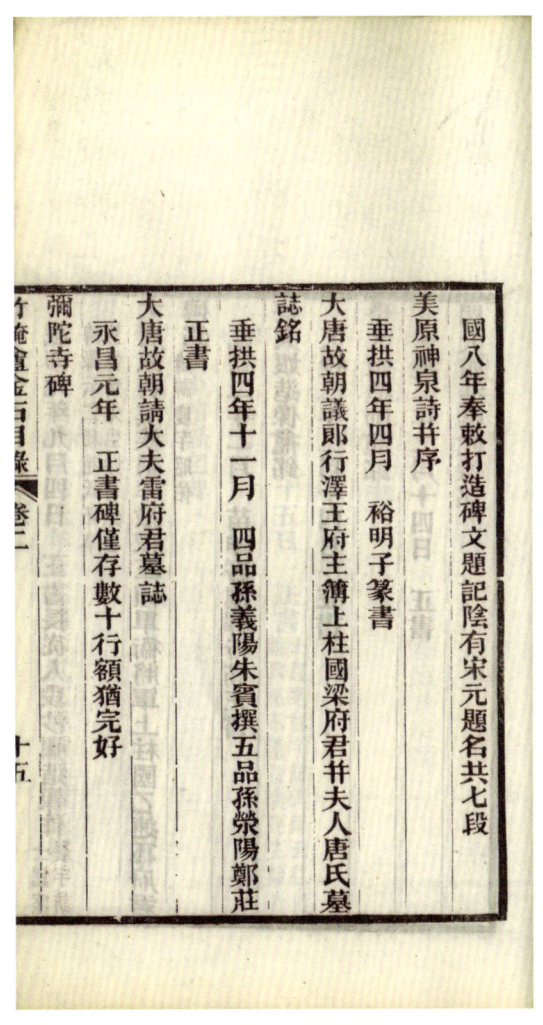

148　竹崦盦金石目錄五卷(2-2)

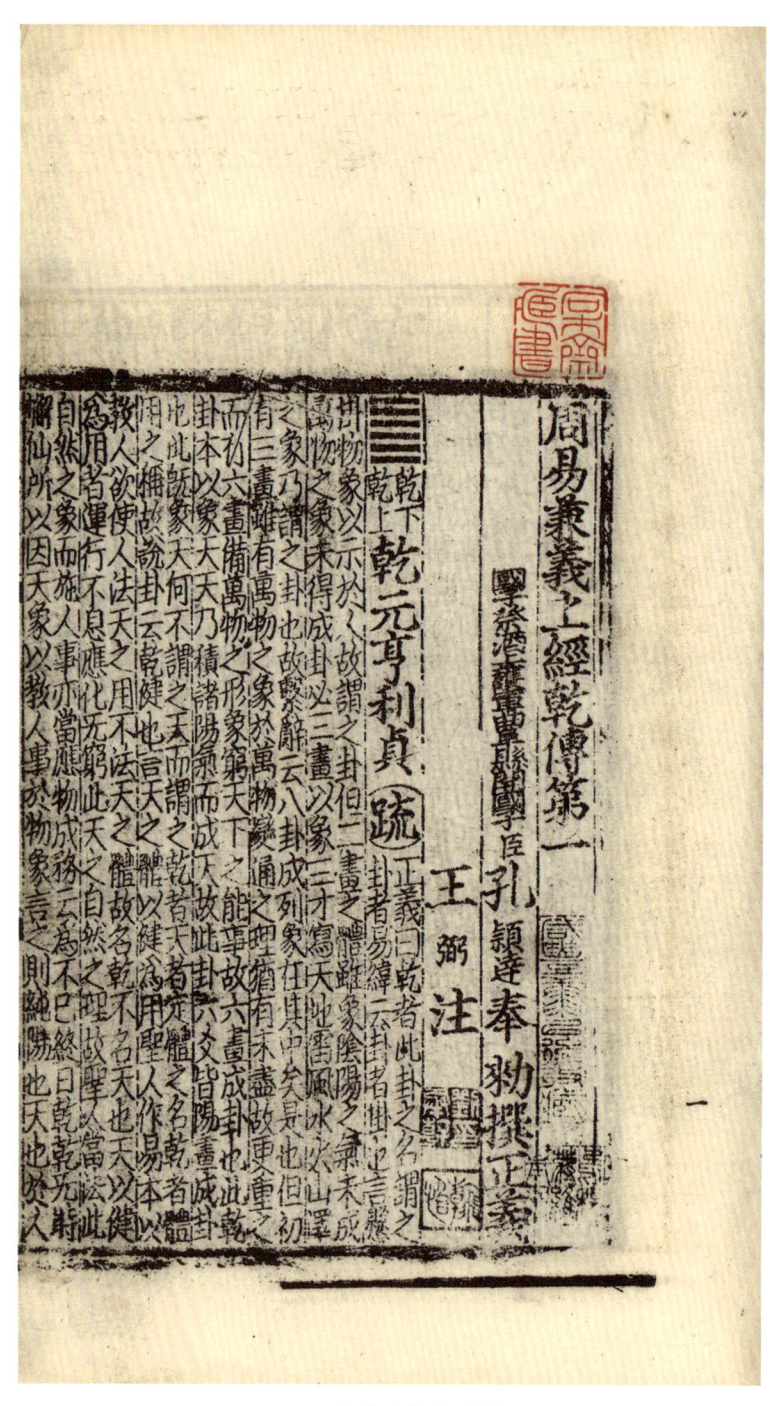

149　嘉業堂善本書影

149　嘉業堂善本書影

此吳興嘉業堂劉承幹所藏之善本書影,民國十八年(1929)石印本。大開本,白紙五册。傅增湘序,劉承幹跋。

嘉業堂,乃中國近代著名藏書樓,藏有宋元刊本一百五十餘種,明、清刊本、鈔本八千餘種。此書影收所藏宋、元及日本古刻本一百八十餘種。由於私家藏書缺乏比對,書之鑒定者或礙於情面、就高不就低等原因,據考證,該書影著錄錯誤者三十餘種。此現象歷代藏書家書目中不乏其例,似一通病也。

劉承幹留意收集清人別集,故嘉業堂收集清人別集甚富。其淪落後,藏書歸於三處,復旦大學圖書館得其清人集部書;臺灣"國立中央圖書館"得其明人別集書;香港大學馮平山圖書館得其明代集部以外雜書。而浙江圖書館亦有嘉業堂舊藏之本。

既藏書便不能不留心版刻,然經常是無條件面對善本,而歷代藏書家所留善本書影,却不失爲補救之一法,其功大矣。黃裳《清代版刻一隅》、黃永年《清代版本圖錄》余早備置,時常翻檢,其中書影皆清代版刻,於余更爲適用。劉氏書影購時費銀四百金,惜印刷模糊,時代所限,在印刷技術上,與今之不能相比矣。

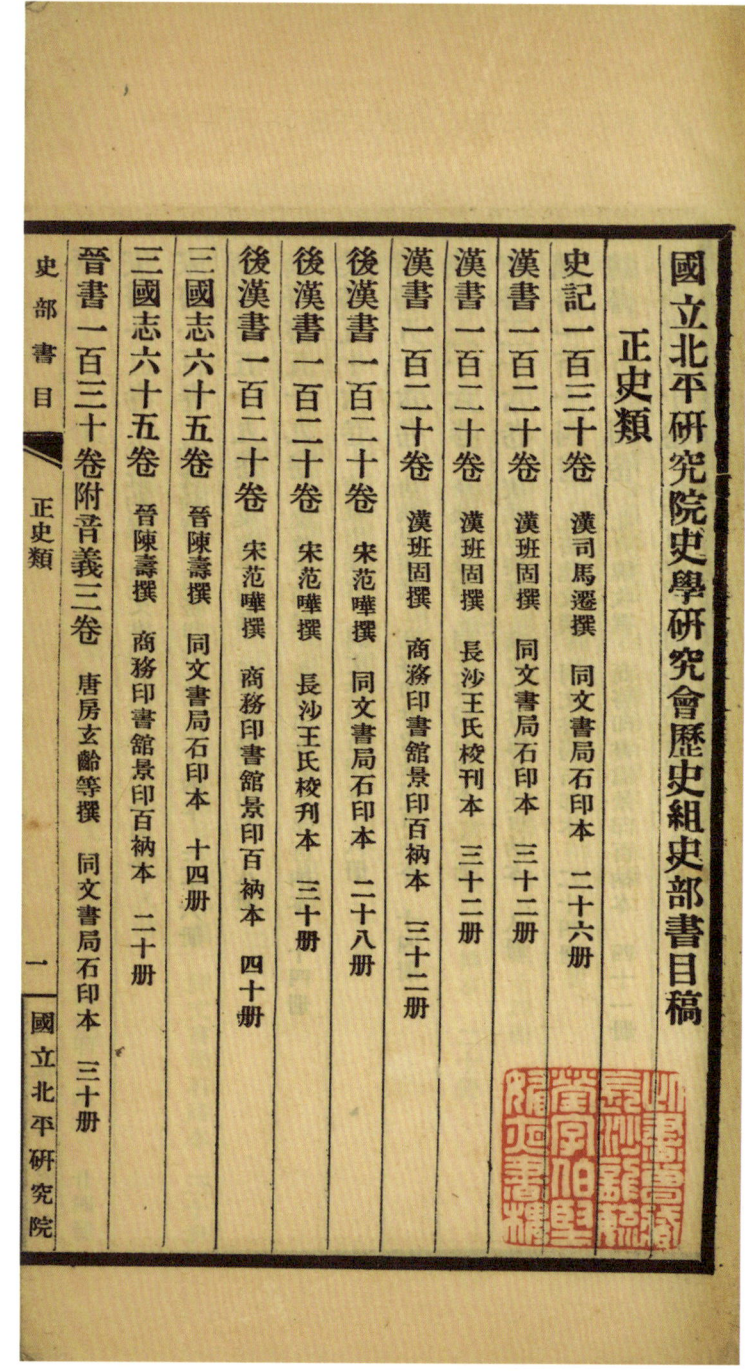

150　國立北平研究院史學研究會歷史組史部書目稿

150　國立北平研究院史學研究會歷史組史部書目稿

民國排印本。綫裝一册。間有批注。鈐"此書曾藏長沙龍毓瑩字伯堅媚夜書樓"白文方印。

卷前"例言"稱："是編之作意在便繙閱、免散亡，故新舊兼收、鉅細並蓄。""本組藏書有限，且多經見之籍，惟於北平掌故、邊疆史料年來收集略有成數……"

龍毓瑩，字伯堅，中醫醫學史專家，湖南攸縣人。解放前曾任湖南衛生實驗處處長，新中國成立後任中央衛生實驗所所長。"五四運動"時期，曾創辦《新湖南》。一九八三年龍毓瑩病逝，年八十二歲。撰有《黃帝内經集解》《現存本草書録》等。

國立北平研究院史學研究會歷史組，成立於一九三五年七月，主任爲顧頡剛。當時史部之書收藏有五千餘册，當年即請劉君佩、張次溪、吴玉年編成此書目，費時近一年。

龍氏一生酷愛收藏古籍，其舊藏數次見於國内古籍拍賣會。

目錄學發微

開宗明義篇第一

目錄之學，由來尚矣！詩書之序，即其萌芽。及漢世劉向劉歆奉詔校書，撰爲七畧別錄，而其體裁遂以完備。自是以來，作者代不乏人，其著述各有相當之價值。治學之士，無不先窺目錄以爲津逮，較其他學術，尤爲重要。今欲講明此學，則其意義若何？其功用安在。不可不首先叙明者也。

隋志言「劉向等校書，每一書就，向輒別爲一錄，論其指歸，辨其訛謬。叙而奏之。」章學誠所謂「劉向父子，部次條別，將以辨章學術。考鏡源流」也。梭響通其後作者，義叙或不能盡符斯義，輒爲通人所詆訶，雖自通志藝文畧目錄一家，已分四類，繼此枝分歧出，派別斯繁，不能盡限以一例：而要以能叙學術源流者爲正宗，昔人論之甚詳。此即目錄爲尤甚，故自來有目錄之學。吾國學術。素乏系統，且不注意於工具之述作，各家類然，而以目錄爲書，而無治目錄學之書。蓋昔之學者，皆熟

此書為許師贈我指點津華 武陵余嘉錫季豫述 宓後

余嘉錫 錢廼明

151　目録學發微

余嘉錫述,民國間北平中國大學講義,錢迪明藏書。北平巨魁堂裝訂講義書局訂。綫裝一册。

余嘉錫認爲目録學的根本意義在於"辨章學術,考鏡源流"。此書是寫作較早而又比較系統的目録學著作,其中對目録書的體例、目録學的源流、歷代目録書類例的沿革闡述甚詳。著者於一九三二年至一九四九年在北京各大學講授目録學時,即以此爲講義,並未正式出版,有學者自行付印,此書即是。

余嘉錫,字季豫,湖南常德人,曾任輔仁大學教授兼國文系主任、文學院院長,中央研究院院士。一九五五年卒。

錢迪明,民國間曾在故宫文物陳列所任課業組主任。

此書爲内蒙古大學陸永俊舊藏,得之於文苑古舊書店。

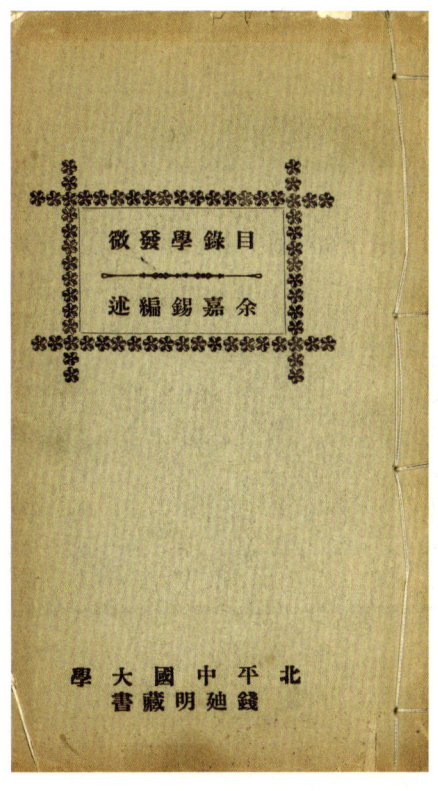

151　目録學發微(2-2)

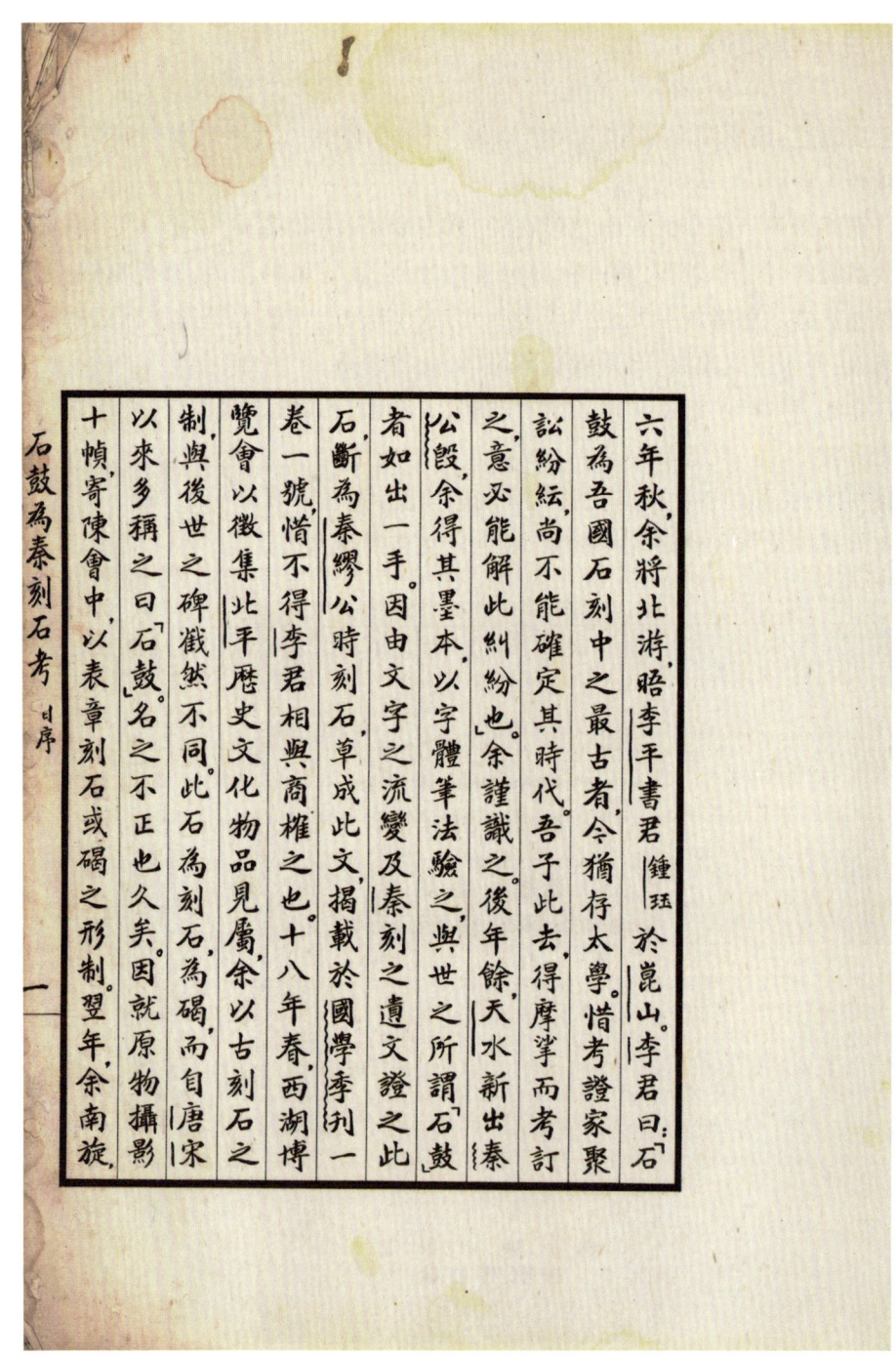

152 石鼓爲秦刻石考(2-1)

152　石鼓爲秦刻石考

馬衡撰。一九三一年影印本,《凡將齋金石叢稿》本。大一册。

石鼓文爲我國刻石之祖、篆書之宗。由於刻於十座花崗岩石上,石墩外形似鼓,故稱"石鼓文"。它介於甲骨文、金文和小篆之間,屬於大篆範圍。但石鼓文究竟刻於何時? 在學術界一直有爭議。

一九三一年,馬衡此書發表之後,石鼓文爲秦物的結論遂成共識。馬衡主張石鼓文與秦公簋屬同時代,製作於秦穆公時期。

馬衡,字叔平,别署無咎、凡將齋。生於一八八一年,卒於一九五五年,浙江鄞縣人。西泠印社第二任社長,一九三三年任故宫博物院院長。解放後,任全國文管會主任,撰《漢石經集存》《凡將齋印存》《凡將齋金石叢稿》等。

152　石鼓爲秦刻石考(2-2)

153　西嶽華山廟碑（2-1）

153 西嶽華山廟碑

此碑立於東漢延熹八年（165），隸書，典雅壯偉。漢碑極少留書者姓名，此碑文末有"書佐新豐郭香察書"名款。碑文記述歷朝帝王禪祭天地的祀典和當朝弘農太守袁逢主持重修華嶽廟碑的經過。

該碑整飭端莊，其字體方整勻稱，氣度典雅，隸書而篆意濃厚，兼有楷法，朱彝尊稱其爲"漢隸第一品"。

此碑明嘉靖三十四年（1555）毀於地震，傳世原石拓本有四。一、長垣本，宋拓早本，曾藏明王文蓀處，入清後藏宋犖、陳崇本、永理、端方處，後歸日本中村不折氏。二、華陰本，明商雲駒、郭宗昌，清王宏撰、朱彝尊、端方等遞藏，現藏故宫博物院。三、四明本，原拓整張裱軸，明末四明豐道生、天一閣范氏藏，入清歸錢大昕、阮元等遞藏，現藏故宫博物院。四、順德本，金農藏，後歸香港利榮森，後捐香港中文大學。

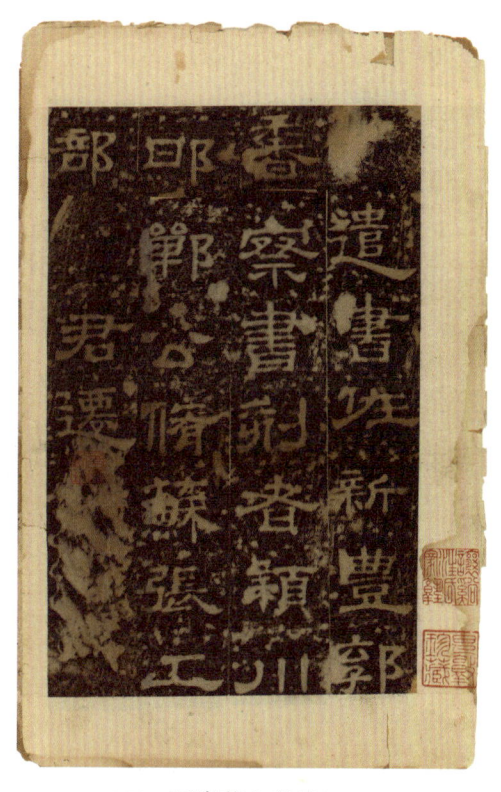

153 西嶽華山廟碑（2-2）

此舊拓本一册，結尾存"張工部君遷"數字全。册内鈐"由敦珍藏""讓溪汪氏家塾""承霈敬閱真蹟""辛巖秘玩"等印記。

汪由敦，字師苕，號謹堂，又號松泉居士，安徽休寧人。生於康熙三十一年（1692），卒於乾隆二十三年（1758），官至吏部尚書。學問淵深，工書法。汪承霈，汪由敦三子，字受時、春農，號時齋。官至兵部尚書，嘉慶十年（1805）卒。善書、能畫。

田楠，清山西崞縣人，字辛巖，精書法，富而好學，藏書樓曰"卓觀"。

此碑帖戊寅（1998）春獲於呼和浩特市郊區陶卜齊一農户家，其人自稱早年由山西崞縣遷來。所得另有明版《山草堂集》等。

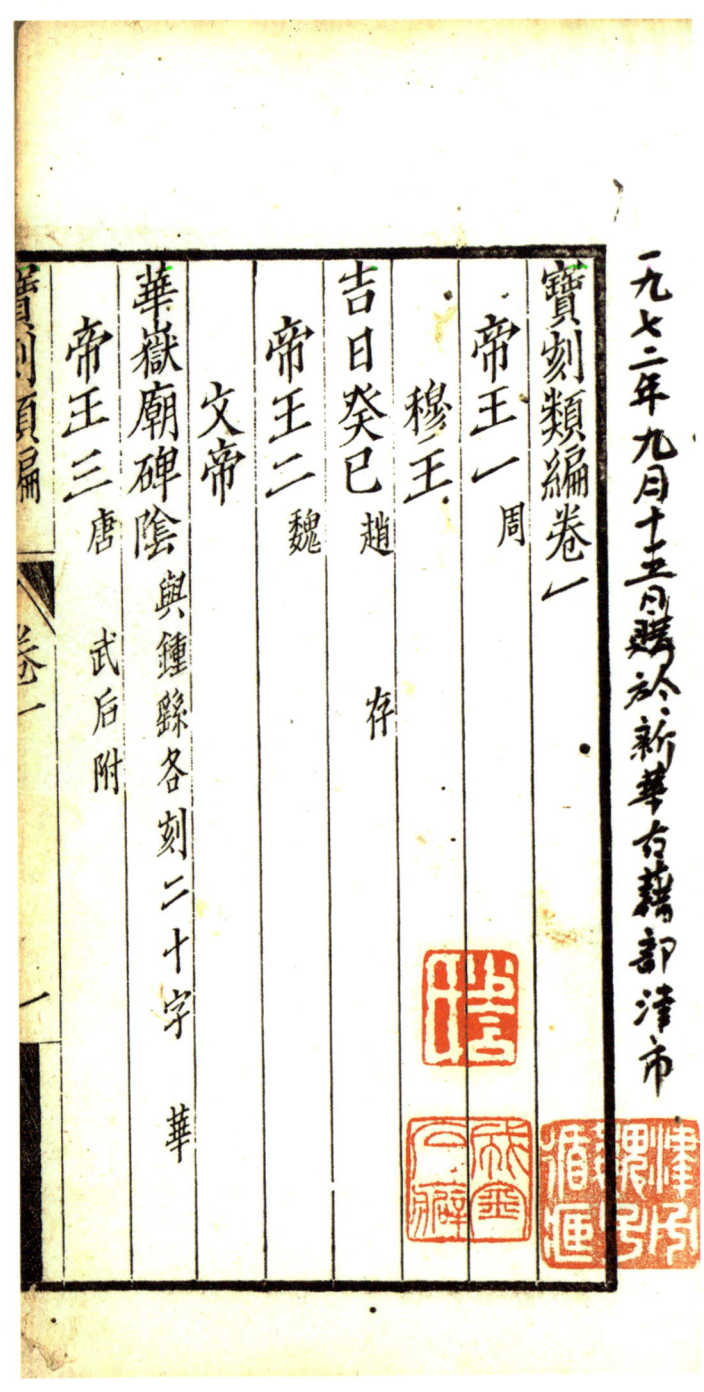

154 寶刻類編八卷

154　寶刻類編八卷

巾箱四册。白紙。封面鎸"欽定四庫全書本。嘉蔭簃藏板",扉葉鎸"道光十有八年歲次著雍閹茂五月,東武劉氏校刊於臨汀郡署十七樹梅花山館"。

是書仿宋精刻,甚爲可觀,惜未署寫刻之人名姓。劉喜海爲清中後期藏書大家,刻書亦多,以金石類書籍爲主,大多精善。寒齋所存揚州詩局刻本《都城紀勝》《新編録鬼簿》《釣磯立談》,即其舊藏也。

二十世紀末游京城潘家園,於一天津書估攤上獲此書。

卷内鈐"醉紅軒""津市魏子循藏"等藏印數枚。魏子循,民國間天津舊藏家,或爲書商。

此書《清代版本圖録》著録。書應爲八卷,目録祇六卷,查目録六卷後有接補痕,目録第三葉之"三"字爲粘貼者。另,卷前《四庫全書》該書提要"序"標六卷,不符,亦爲挖補後所爲。此書估作僞手法頗爲巧妙,未見原書、不辨根底者,易上當也。《一氓題跋》一書中,有《明崇禎本張愈光詩文選》一文,文中所述書賈作僞手段,與此書同。"做工精到,幾不可察。"

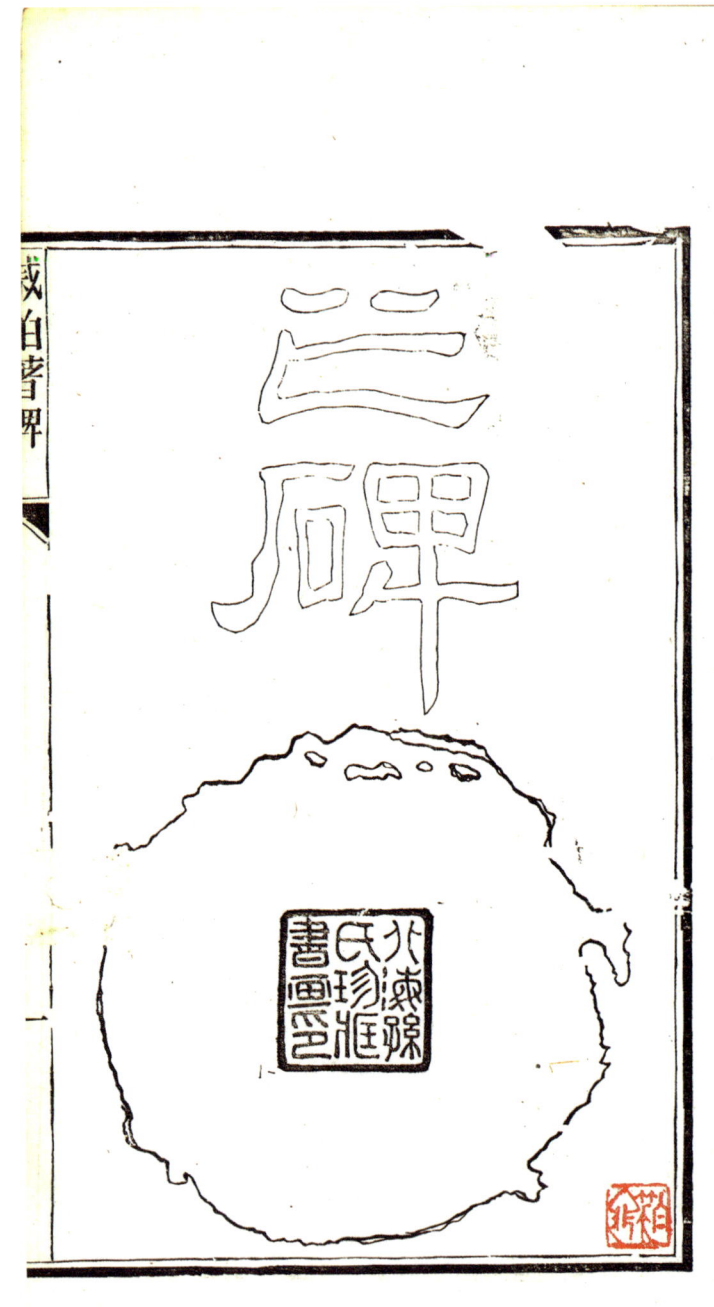

155 望堂金石文字(2-1)

155　望堂金石文字

楊守敬編。清同治至宣統間飛青閣雙鉤刻本。白紙大開本十六册。

該書爲隨搜隨刻隨印隨售之著作,故歷時四十餘載才完成,而且別有名稱:《激素飛青閣摹刻古碑》《激素飛青閣藏碑》等。其中一種爲木活字本。

楊守敬,字惺吾,號鄰蘇,湖北宜都人。同治六年(1867)中舉,官至湖北通志局纂修,一八八〇年至一八八四年任駐日欽使隨員期間,曾在日收集古書十萬餘册。其藏書處曰"鄰蘇園",藏書四十餘萬卷,其中宋元刊本、孤本二萬卷。一九一五年一月九日病逝,享年七十六歲。著有《水經注疏》《日本訪書志》《古泉藪》等。

戊寅(1998)訪津門古文化街白雲軒書店得見此書,以六百元收入囊中。後与店主白笑非在"狗不理包子店"品嘗名吃,文苑古舊書店老闆段存瑞在焉。

155　望堂金石文字(2-2)

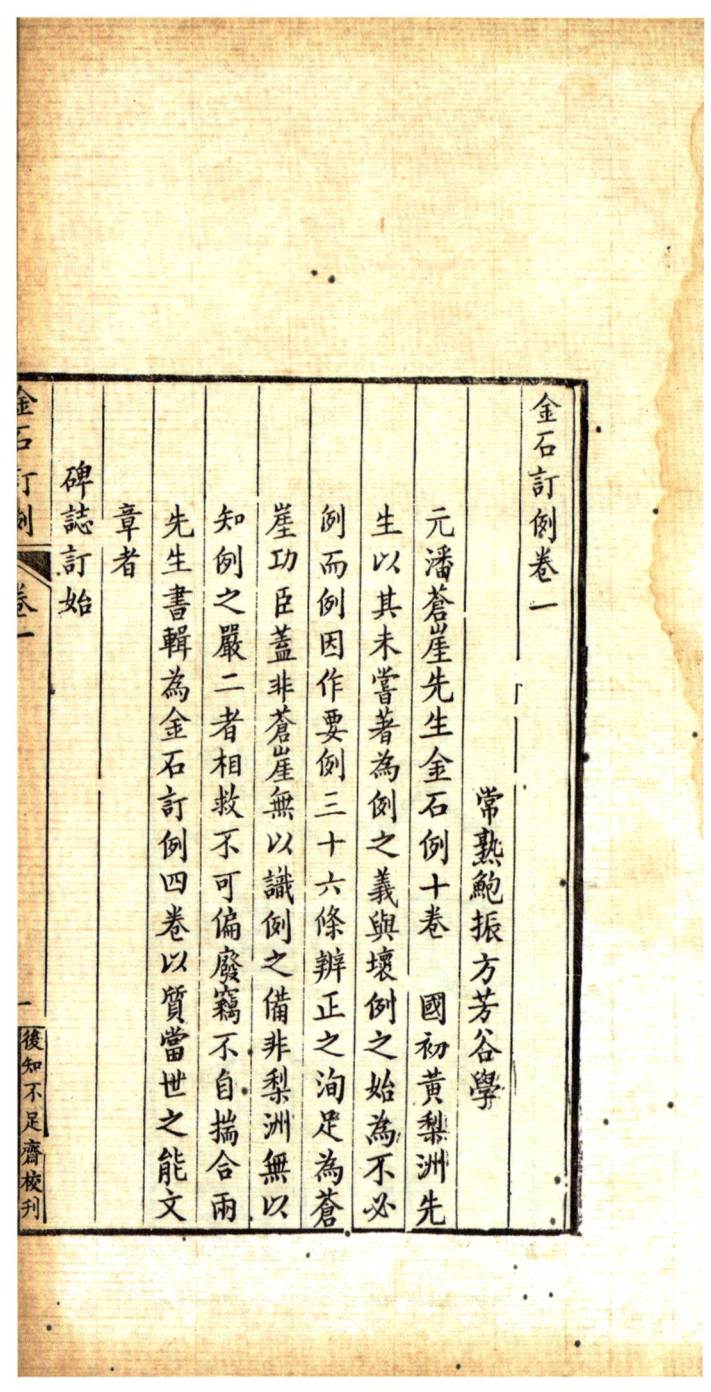

156 金石訂例四卷(2-1)

156　金石訂例四卷

清鮑振方撰。卷首有"光緒甲申暮春常熟後知不足齋校刊"牌記,每卷首下刻"後知不足齋校刊"字樣,《後知不足齋叢書》本。白紙二册。

鮑振方,字芳谷,江蘇常熟人。是書研討金石志銘之制式,校訂、補益元潘昂霄《金石例》、清黄宗羲《金石要例》而成,凡設五目,每目下設數十條,一一解説之。又徵引原文,加按語證之。

《後知不足齋叢書》由藏書家鮑廷爵編輯,是涵蓋經史子集、包括珍稀善本的大型叢書。依照知不足齋舊例,凡佛道、誣妄、志怪等著作一概不收,共收書計五十六種,多爲經説、小學、金石、目録之書。

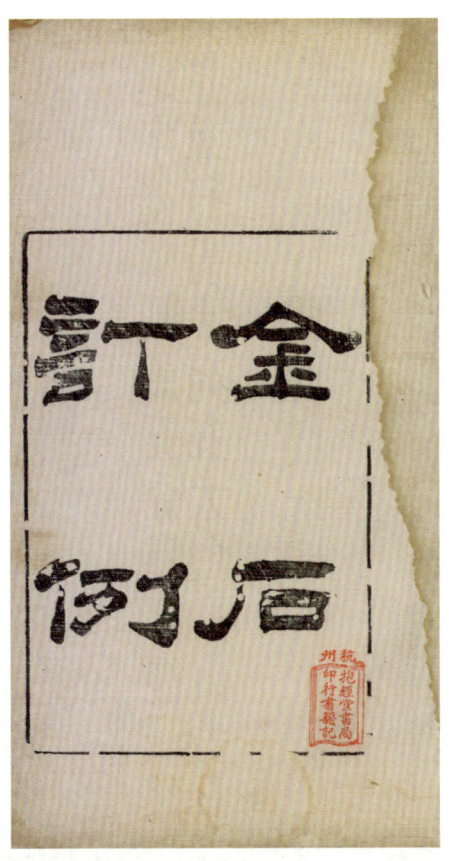

156　金石訂例四卷(2-2)

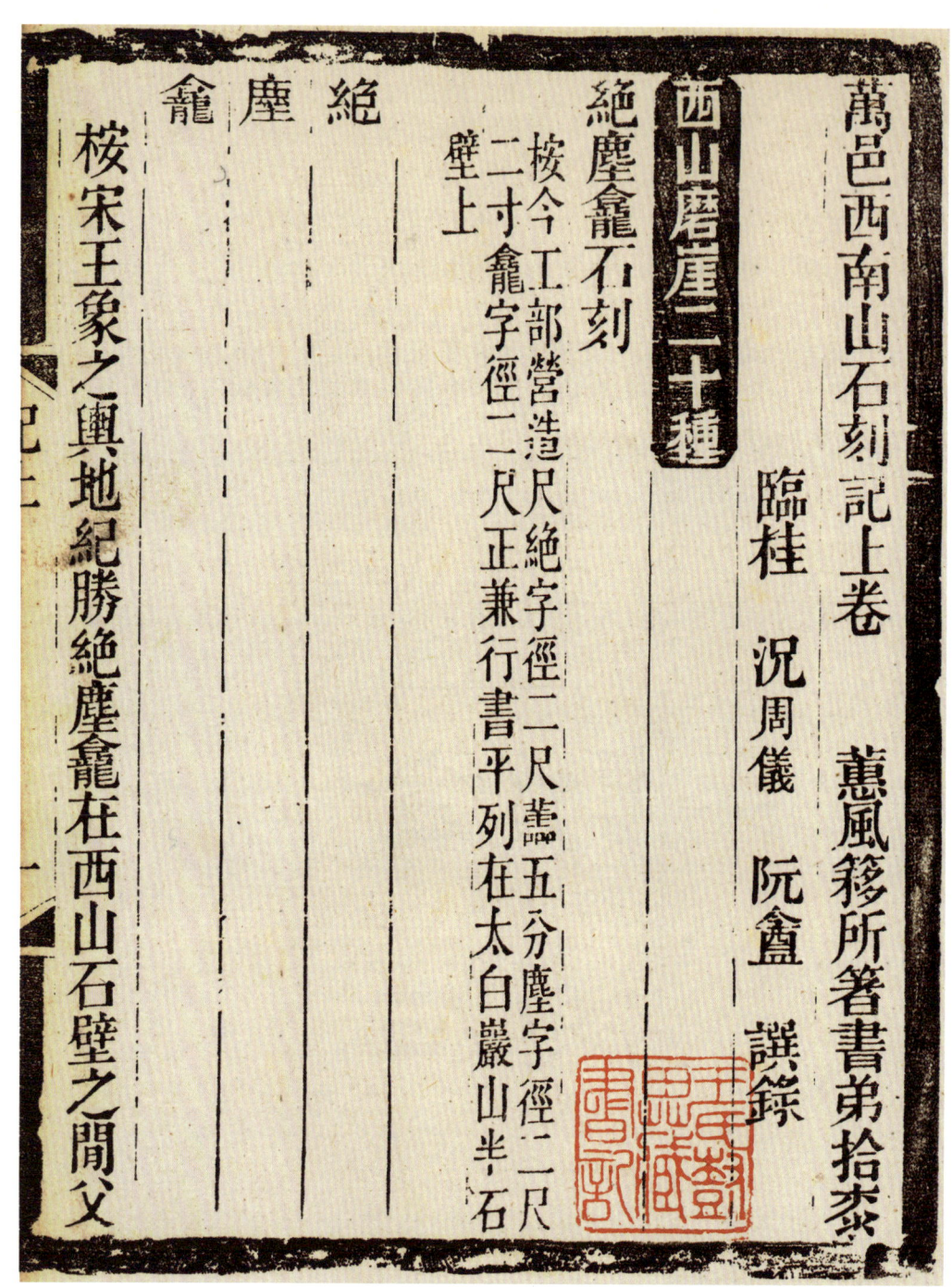

157　萬邑西南山石刻記二卷附錄一卷（2-1）

157　萬邑西南山石刻記二卷附録一卷

況周頤撰録。一九〇三年西巖講院鎸,熊紹衡承領,《蕙風簃所著書》第十七。

光緒十七年(1891),況周頤至萬縣白雲書院作主講,此書爲其講學之餘所著。

況周頤,原名況周儀,因避宣統帝溥儀諱,改名況周頤。字夔笙,號蕙風、阮盦,廣西臨桂人,清末民初著名學者、詞人。撰《蕙風詞》等。此二書余均有之。

此書開本闊大,版框粗重,小版心,皮紙印,別具一格。

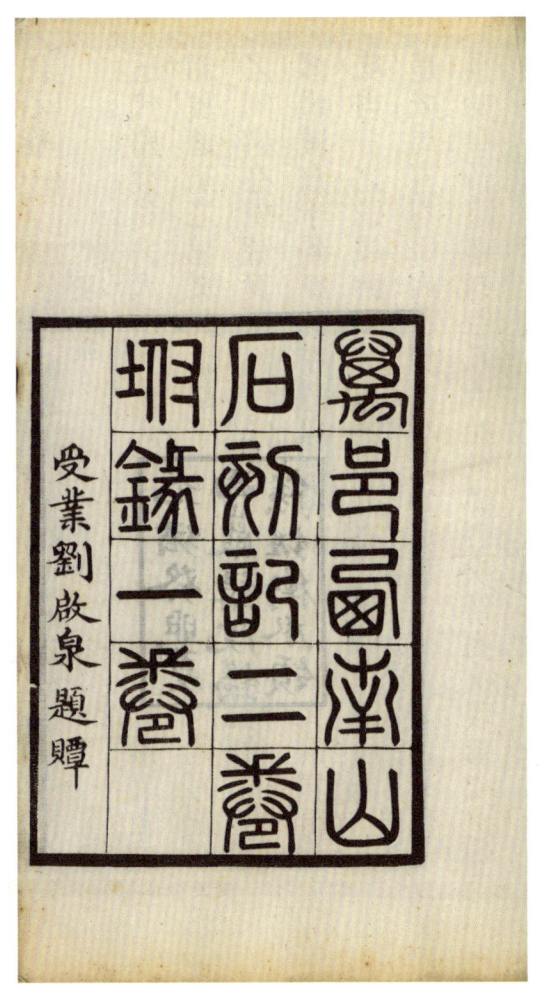

157　萬邑西南山石刻記二卷附録一卷(2-2)

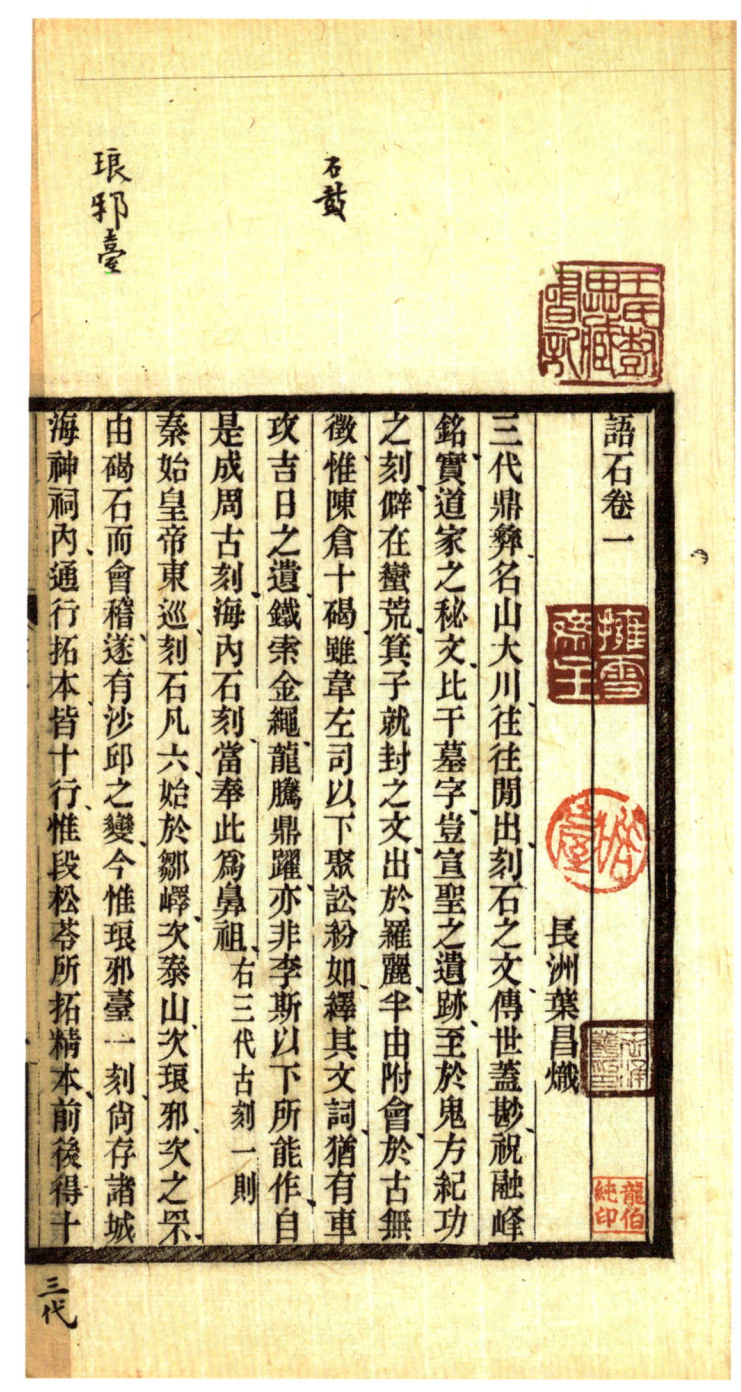

158　語石十卷（3-1）

158　語石十卷

葉昌熾爲晚清著名學者，著述頗豐，《藏書紀事詩》《語石》流行於世。前者余有鉛印本，時常翻讀；後者爲碑刻學名著，翻印不斷。此本爲宣統元年(1909)葉氏自刻，獲見於津門舊書鋪，因見卷內朱批甚多，故以昂値購入。

卷末鎸"蘇城徐元圃、子稺圃刻印"。此爲葉氏原刻本，後有覆刻，字體酷肖，唯開本、版框尺寸略大，歷年來此書上拍多爲覆刻本，不可不察。鄭偉章《書林叢考》稱葉昌熾著《語石》即請陶子麟刻板，誤也。

書中鈐"喈臺""王涌華印""龍伯純印""冀人"諸印。龍志澤，號伯純，桂林人。早年師從康有爲，曾任廣西大學國文教授、國立中央大學教授、廣西通志館編纂。著有《文字發凡》，有一九〇五年廣智書局鉛印本。

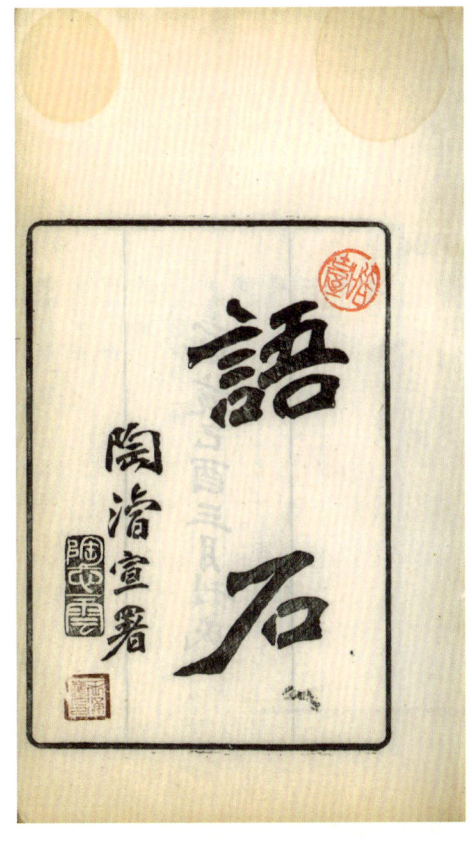

158　語石十卷(3-2)

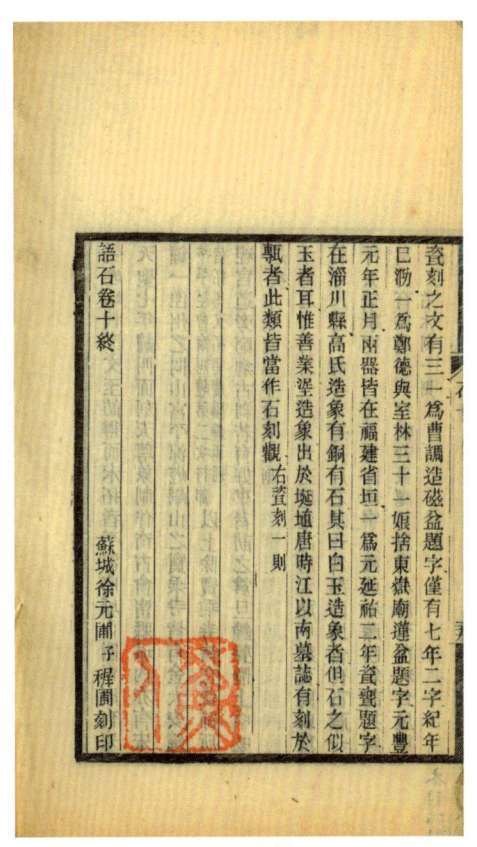

158　語石十卷(3-3)

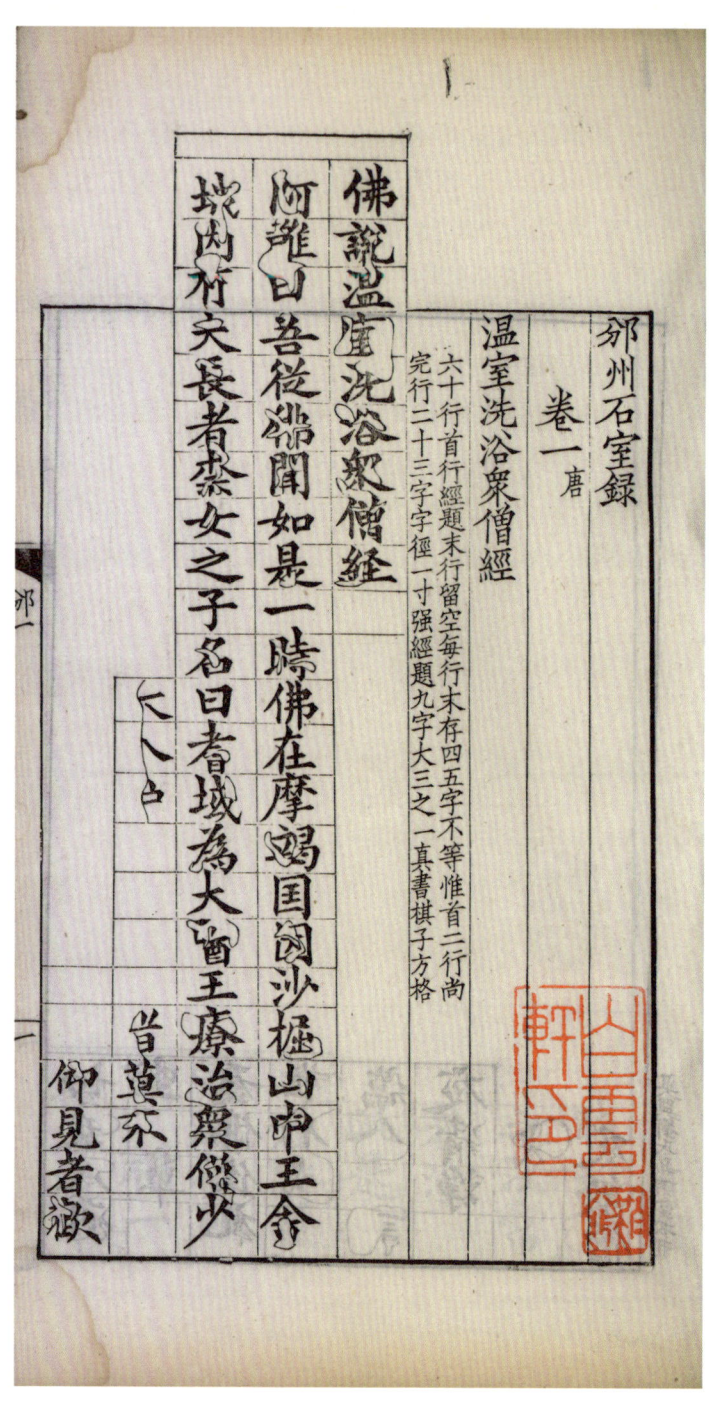

159　邠州石室錄三卷(2-1)

159　邠州石室録三卷

葉昌熾撰《語石》，余已入藏。《語石》爲徐元圃刻字，此乃陶子麟上木，饒星舫書寫，仿宋極精妙。民國四年（1915）劉承幹刻《嘉業堂金石叢書》，此爲其中一種。每葉後有"吴興嘉業堂校刊"牌記。另，民國三年（1914），葉氏由蘇州赴上海，於愛文義路八十四號劉承幹舍，爲其校陶子麟仿宋刻《前四史》，附帶一記。

卷內鈐"白笑非"印。白氏爲天津文化街一老書估，余每至天津瀋陽道書市，總見其大早挎籃尋覓，滿頭白髮，晃過市塵。經營古書已多年，此書即於其書鋪"白雲軒"購得。

邠州舊屬陝西。今無此名。

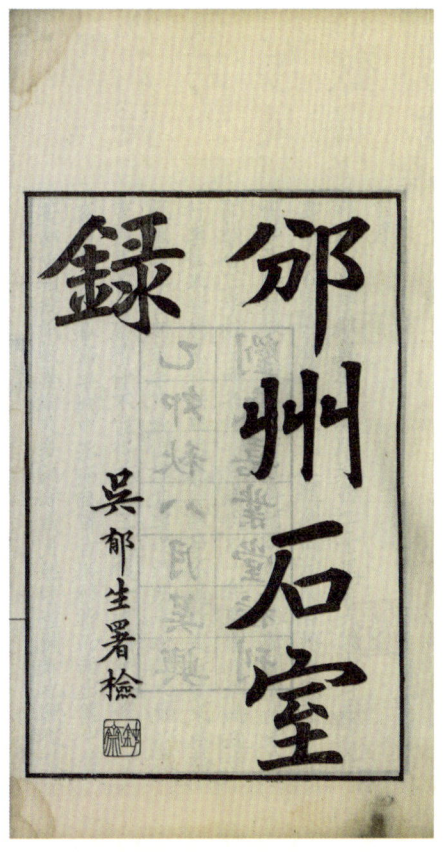

159　邠州石室録三卷（2-2）

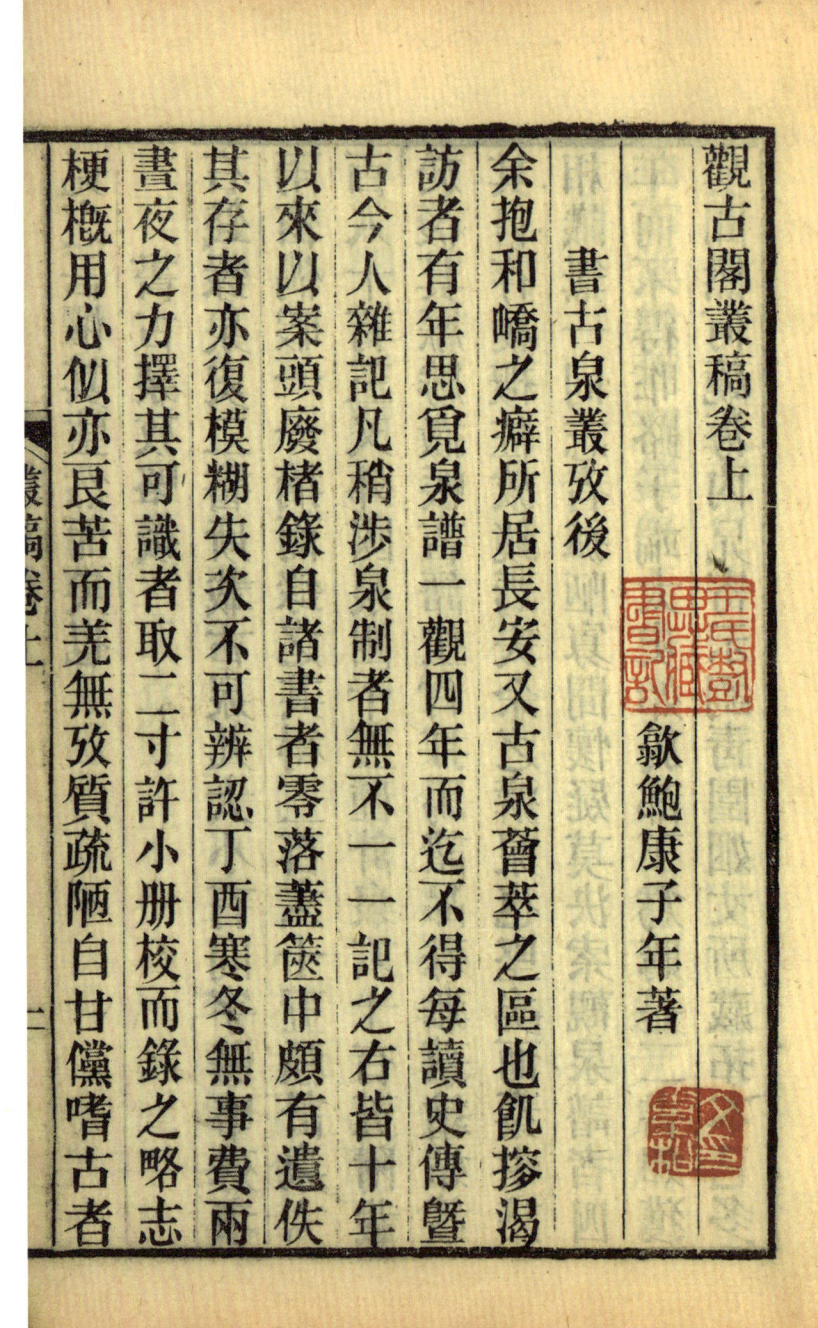

觀古閣叢稿卷上

歙鮑康子年著

書古泉叢攷後

余抱和嶠之癖所居長安又古泉薈萃之區也飢揓渴
訪者有年思覓泉譜一觀四年而迄不得每讀史傳暨
古今人雜記凡稍涉泉制者無不一記之右皆十年
以來以案頭廢楮錄自諸書者零落盡篋中頗有遺佚
其存者亦復模糊失次不可辨認丁酉寒冬無事費兩
晝夜之力擇其可識者取二寸許小冊校而錄之略志
梗概用心似亦良苦而羌無攷質疏陋自甘黨嗜古者

160　觀古閣叢稿二卷

清鮑康著。清同治癸酉(1873)福山王懿榮刊。竹紙一册。此書卷上爲古泉題跋,卷下爲詩作。

刻本字黑且大,開本敞闊。版本學家楊成凱(林夕)先生在其《清刻本漫話》一文中,稱此書"刻印可觀",故以書影傳之。

卷内鈐"文素松印"。文素松,字含和,號舟虚,室名思簡樓,江西萍鄉人。保定陸軍軍官學校畢業,歷任黄埔軍校教官、廣州衛戍司令部參謀長、中央兵工試驗廠廠長、總司令部高級參謀等職。公餘從事考古學研究,爲民國時著名文物鑒賞家,著有《寰宇訪碑錄校勘記》《金石瑣錄》《瓦削文字譜》等。

楊成凱,著名語言學家、版本學家。此公聰明過人,算數、象棋、圍棋、版本之學無所不精。上初中時,其於上海古籍書店郵購了一部嘉慶刻本《樂府雅詞》,用水彩代替朱砂和雌黄,將異文都録在《四部叢刊》本上。其刊於二十世紀八十年代《讀書》雜志之《獨惜斯文留半卷》等文,余最愛讀,令人折服。余之《擁雪齋書影》出版後,曾寄奉先生一册,很快便接到他的來電,對拙作有所褒獎,意在勉勵。又自言體弱多病,已久不出門了。其收藏詞集甚富,内中多有珍罕之本,惟深藏不露,徒令人生羨。成凱先生於二〇一五年病逝,享年七十五歲。古籍圈又少了一高人,余又失一前輩書友,兔死狐悲,不勝哀惋。

古泉叢話卷一

貨六化

右周寶六化漢書食貨志周景王鑄大錢文曰寶貨
國語景王二十一年將鑄大錢賈逵曰大於舊餘案
寶化平錢當鑄於二十一年以前大錢者寶若干化
也平錢余見之吳我鷗銓部珩家寶四化劉燕庭太
守喜海有之六化余家有一枚即此
何子貞翰林紹基於都城廠肆見泉譜十許本以示
余余復札云來譜寶貨冠首甚當然其鉤摹之錢則
非也宋洪遵泉志論寶化甚核乃以四化六化歸於

161　古泉叢話三卷

清戴熙撰。清同治十一年(1872)滂喜齋刊。一册。此爲潘祖蔭刻本，卷前有潘氏一序。稱："此本以鮑子年、胡石查農部兩家手鈔本合校，吳清卿編修欣然願爲手録，於同治壬申十一月刊成。"可見所據爲鈔本。吳大澂手書上板，字體敦厚精整，頗耐觀。清末精刻如此者蓋不多見。卷内鈐"趙子忠藏書印""好古賞奇□藏"等印。

是書得之於某市古籍書店。其時遍檢架上之書，幾無可取，偶於另一架暫不出售之書中尋出此册，志在必得，急付二百金離去。此舉似上盗一等，然見書眼熱，得書心切，全然不顧。書生之癡拗亦可見一斑了。一笑。

子部

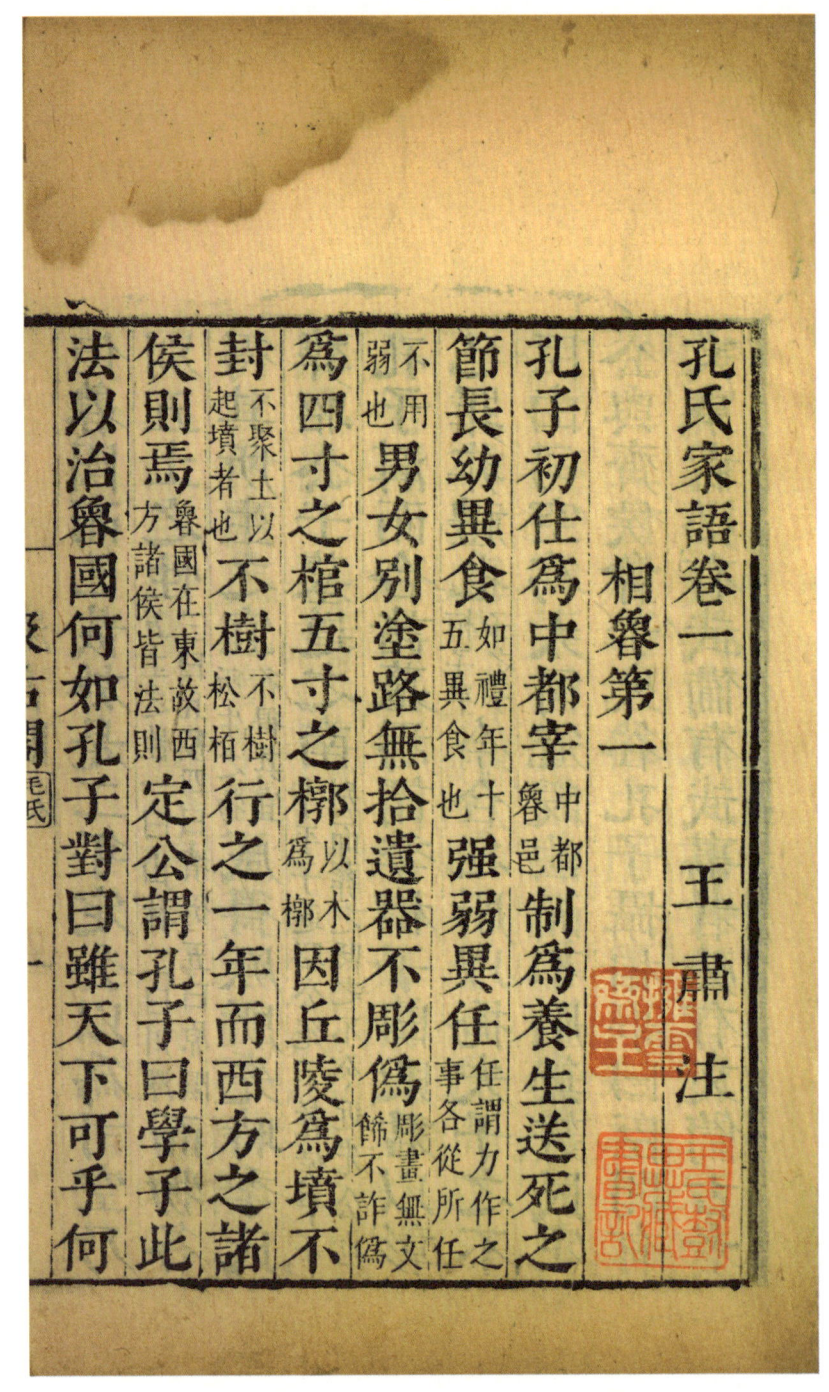

162　孔子家語十卷

魏王肅注。又名《孔氏家語》。封面鎸"汲古閣校。吳郡寶翰樓",並鈐"寶翰樓藏書記"朱文印。半葉九行十七字,白口,左右雙邊。每卷首葉版心鎸"汲古閣毛氏正本"。中國國家圖書館善本書目著錄此書爲"汲古閣刻,清寶翰樓重刊"。

卷末有毛晉跋,另附明正德二年(1507)何孟春一跋。毛晉跋稱,北宋刻王肅注本,久佚未見,後偶得此本二部,雖俱有殘,然經互補,合二爲一,終成是書。嘆爲"書幸矣,余幸矣"。

書套書簽墨書"汲古閣本,儀封張氏收藏"。卷前有"儀封大宗伯易禮樂名臣加太子太保諡清恪張公正誼堂藏書"二寸見方朱文大印。正誼堂爲儀封(今蘭考)張伯行堂號。

張伯行,字孝生,號恕齋,康熙二十四年(1685)進士,官至禮部尚書,以清廉剛直稱。彙刻《正誼堂全書》。丙子年(1996)於京偶獲其舊藏十餘種,此其一也。

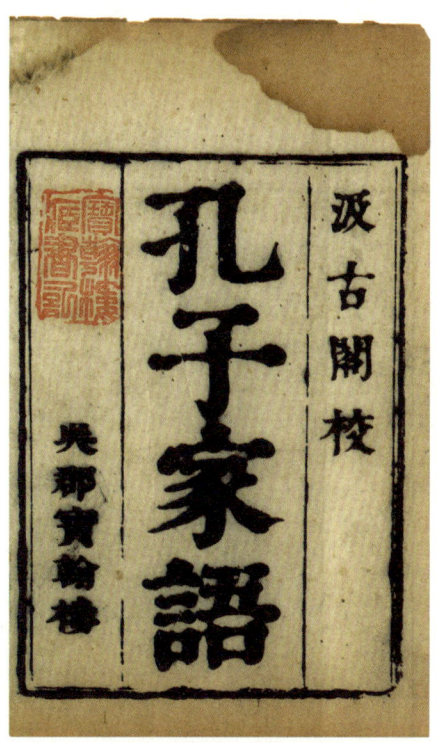

162　孔子家語十卷(2-2)

孔氏家語卷一

相魯第一

孔子初仕為中都宰 中都魯邑 制為養生送死之節 長幼異食 年十
五異 強弱異任 任謂力任之事 各不用弱也 男女別塗 路無拾遺 器不彫
偽 飾不詐偽 為四寸之棺五寸之槨 椁以木因丘陵為墳 不封
土以起墳者也 不樹 不樹松栢 行之一年而西方之諸侯則焉 西方諸侯皆效
則定公謂孔子曰學子此法以治魯國何如 孔子對曰雖天下
可乎何但魯國而已哉 於是二年定公以為司空 乃別五土之
性 五土之性一曰山林二曰川澤三曰丘陵四曰墳衍五曰原隰 而物各得其所生之宜
各得厥所先時季氏葬昭公于墓道之南 季平子逐昭公公
其宜 咸得厥所 先時季氏葬昭公于墓道之南 死于乾侯平子
不別 而葬之 孔子溝而合諸墓 焉謂季桓子曰貶君以彰己
不合近先公也 及右閭

163 孔子家語十卷

163　孔子家語十卷

魏王肅注。清乾隆四十六年(1781)書業堂覆刻明汲古閣本。竹紙二册。

封面上鎸"乾隆辛丑仲秋鎸",右鎸"魏東海王子雍注",左鎸"書業堂藏板"。版心下刻"汲古閣"。

毛晋汲古閣本《家語》源自宋本。《四庫全書》所選用的《孔子家語》就是毛晋本。《四庫全書總目提要》認爲此本"爲毛晋所校,較之坊刻猶爲近古矣"。現今凡乾隆前各家翻刻的汲古閣本《孔子家語》皆可以善本視之。如《清華大學圖書館藏善本書目》著録的《孔子家語》,即爲乾隆五十五年(1790)天禄齋覆刻汲古閣本。

二十世紀九十年代中期,余曾十餘次赴滬購書,每至必逛文廟書市,此書即購於該地。當時的文廟書市攤位衆多,人流熙攘,古舊書攤觸目皆是。余曾從書市幾位賣家獲得住址,連夜即去訪書,因天黑路遠,且不辨路徑,頗費一番周折。其中一家主人已睡下,最終還是爲余開門觀書,精誠所至,終有所獲。余至今已近二十年未至上海,據説文廟書市仍在,但古舊書已是寥寥,不堪一觀了。

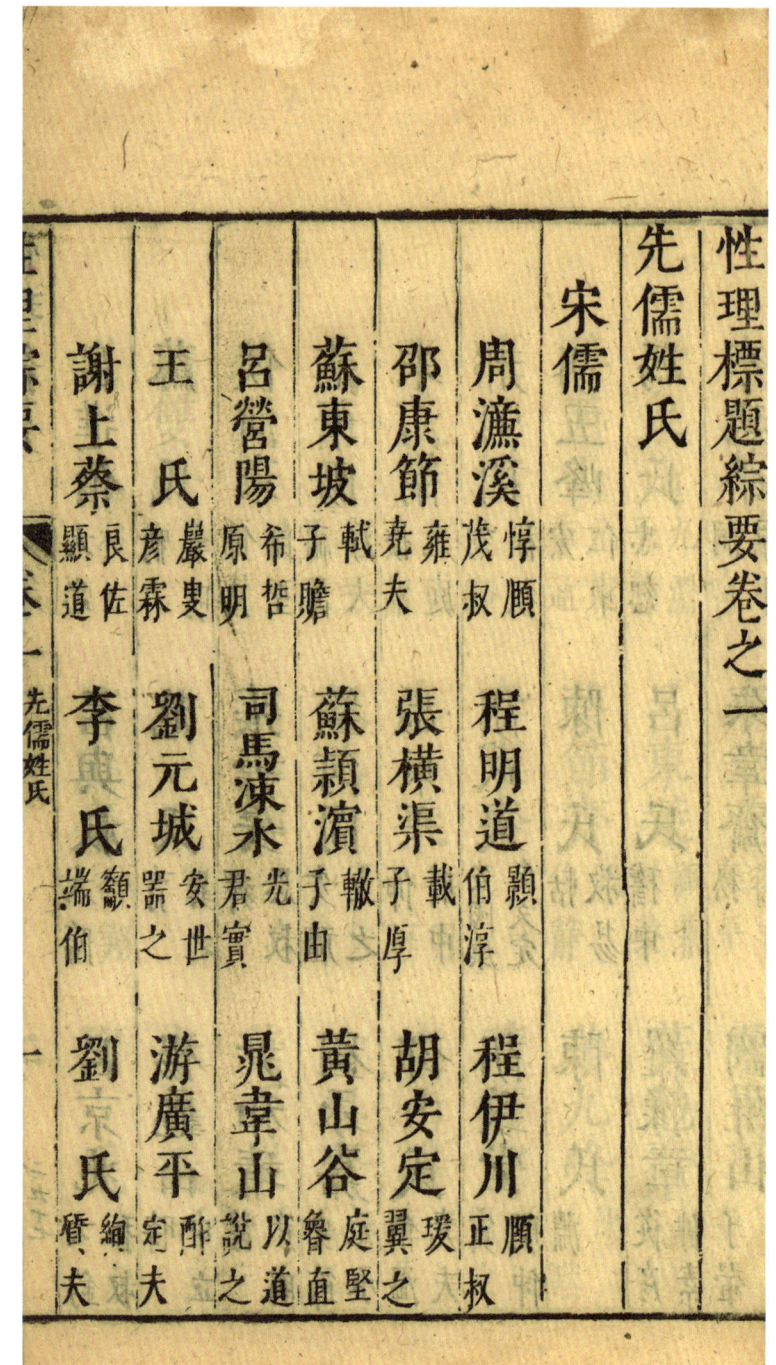

164 性理標題綜要二十一卷

164　性理標題綜要二十一卷

明詹淮輯,陳仁錫訂。明崇禎二年(1629)刻本。竹紙一册,存卷一。

此書又名《性理彙要》,眉上鎸評。

早年逛津門瀋陽道,於舊書攤得此書,價五十元。同時於張振鐸所設古籍書店得見明殘本一批,摞之於地,每册價亦五十元,稱爲學生講課所用。時張振鐸親戚張某亦在店内,約余翌日觀書。第二天,張某果用自行車馱書一疊來,書係清殿本銅活字本《古今圖書集成》殘本,約數十册,開價亦每册五十元。余其時不知其書之貴重,以殘書不值拒之。今此書上拍,每册成交價亦在數萬元之上。此乃余藏古書二十年來較大失誤之一,不可不記。

孔叢子卷之上

　　　　　　　漢太傅孔鮒著
　　　　　　　明裔孫孔衕植較

嘉言第一　是書之篇以孔子子思子
　　　　　子高子順之言爲之先後

夫子適周見萇弘言終退萇弘語劉文公曰吾觀
孔仲尼有聖人之表河目而隆顙黃帝之形貌也
修肱而龜背長九尺有六寸成湯之容體也然言
稱先王躬履謙讓洽聞強記博物不窮抑亦聖人
之興者乎劉子曰方今周室衰微而諸侯力爭孔
丘布衣聖將安施萇弘曰堯舜文武之道或湮而

165　孔叢子三卷

漢孔鮒著,明孔胤植校。明崇禎刻本。棉紙二册。

甲戌(1994)冬過揚州古籍書店,徐經理許以入庫選書。庫在三樓,以四部列架,洋洋大觀矣。内中佳册甚多,且標價廉甚。余驚喜之餘選書一批,後經徐經理重新定價,皆高不可攀而多舍去,唯此本價稍可而取之,意在不虛此行而已。今之古書日貴,視昔則如見小巫也。

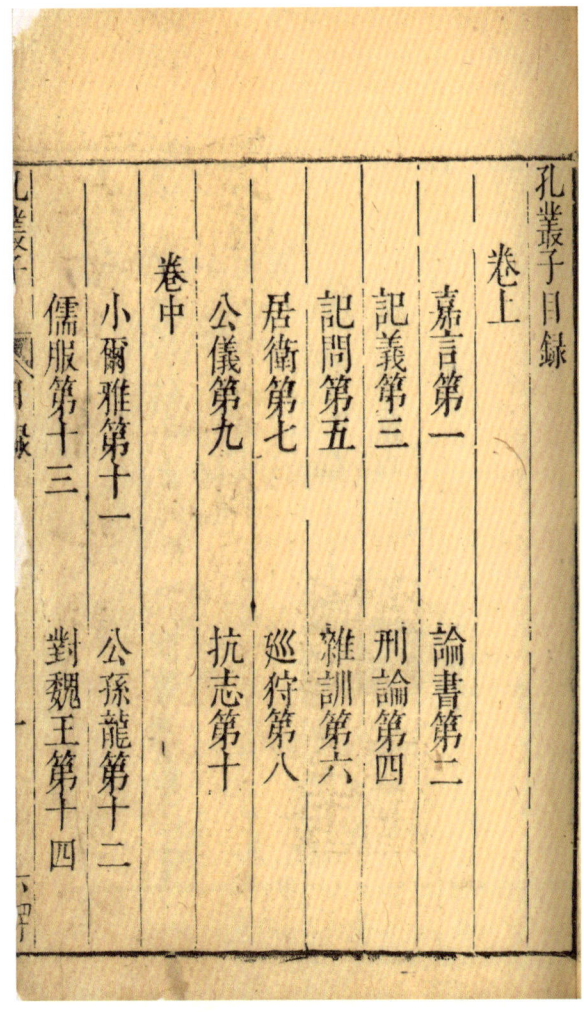

165　孔叢子三卷(2-2)

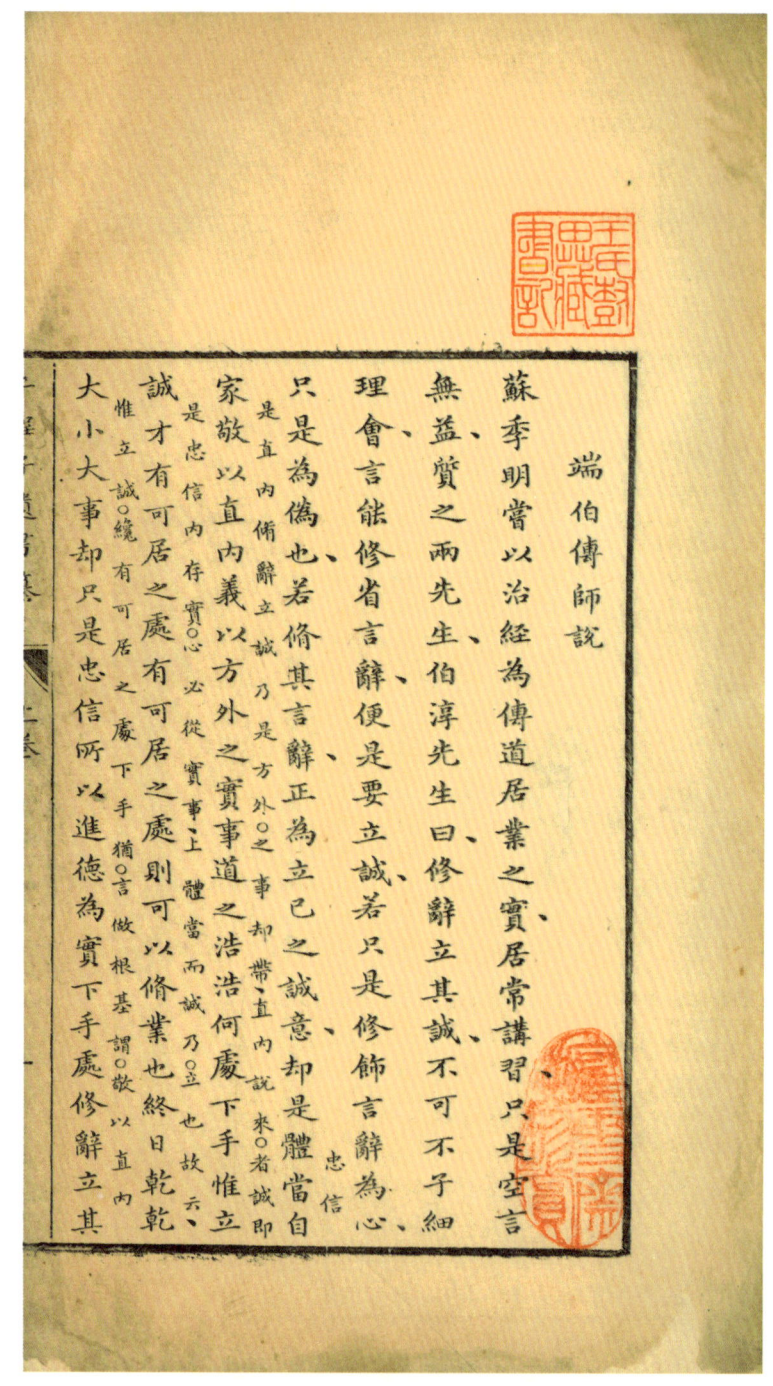

166 二程子遺書纂二卷(2-1)

166　二程子遺書纂二卷

清李光地撰。清康熙間刊,書中避"玄"。

書凡四册。無格,白口,單黑魚尾,四周雙邊,竹紙窄簾紋。小字寫刻,頗精。有襯紙,裝訂古雅。

此書精選程顥、程頤語録,並加以句讀及釋評。

因無刻書牌記,初不知此書是何版本。後見京城某拍賣公司上拍此書,行格、尺寸悉同,定爲康熙版,遂明其身份矣。

此本庚午(1990)秋獲之於呼和浩特市古舊書店。

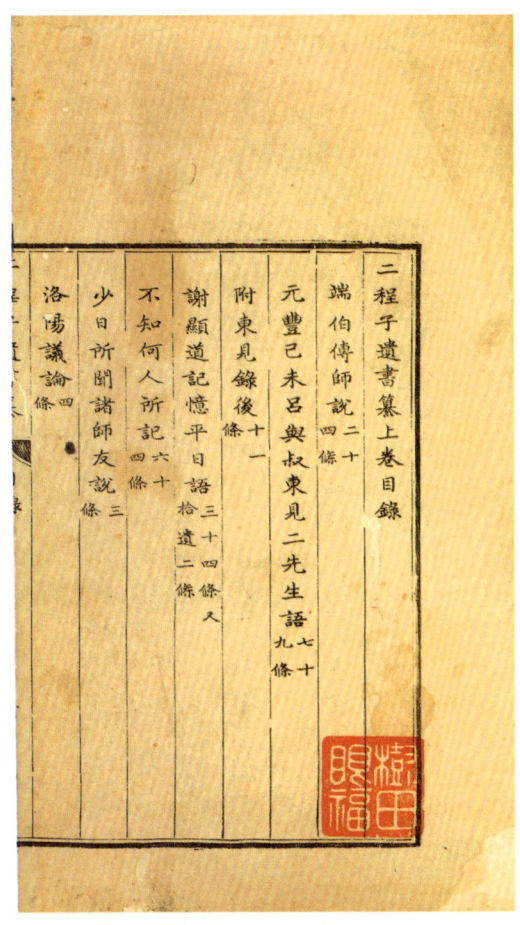

166　二程子遺書纂二卷(2-2)

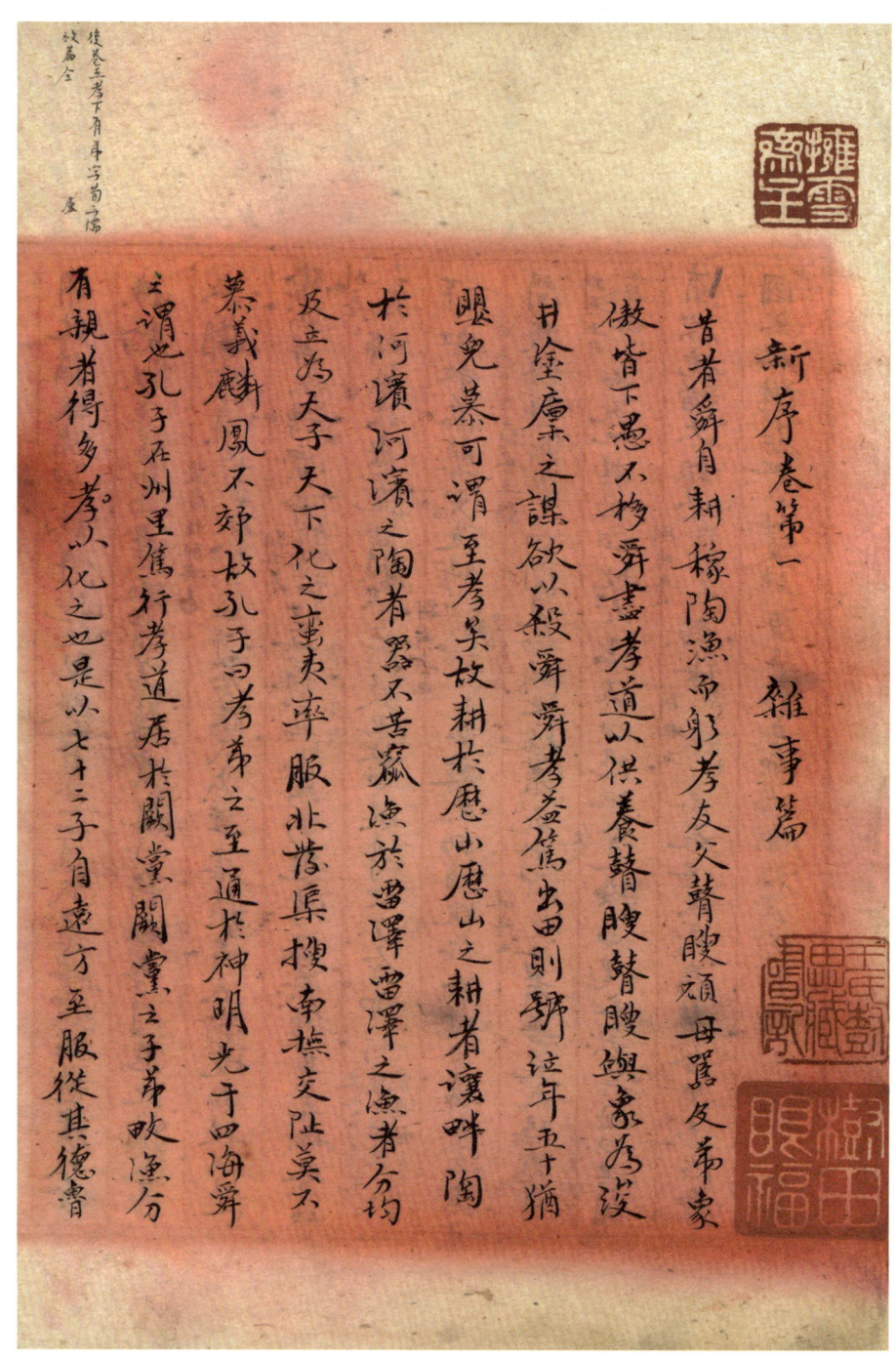

167　鈔本新序(2-1)

167　鈔本新序

鈔本。二冊。朱絲欄。未完之稿。卷內批校甚多,蠅頭小字精甚,間有鉛筆筆迹。批語下署"盧"字,未知何人。一九七七年臺灣曾出版《〈新序〉今注今譯》,撰者盧元駿,或爲此人?又墨批首書"孫云",可能過錄他人之語,亦待考之。書衣有"三十八年一月"字樣。

此稿本不記何年獲於北京小攤。攤主稱從京城某大户人家收來。

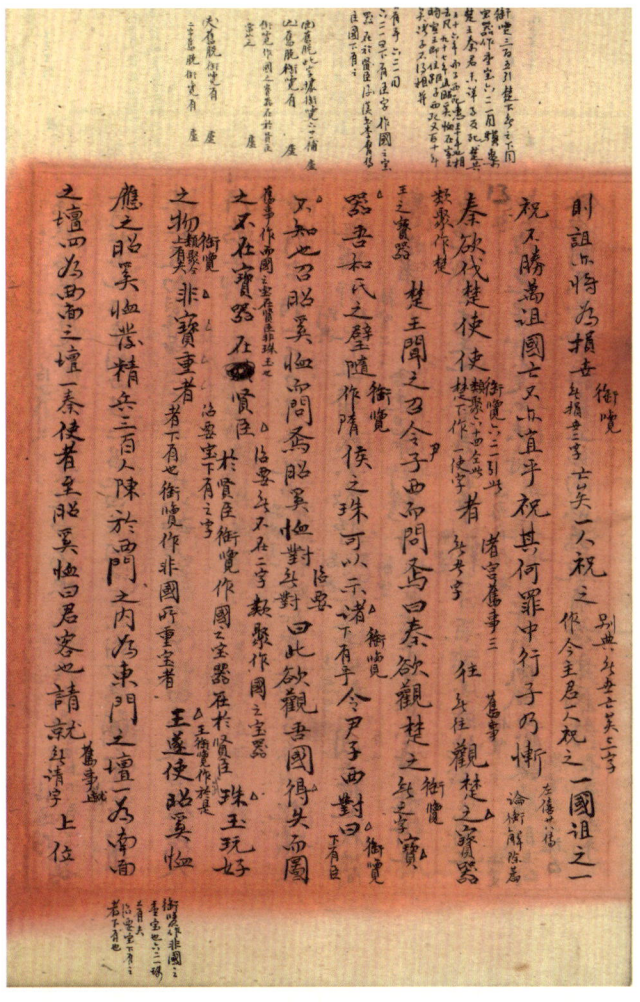

167　鈔本新序(2-2)

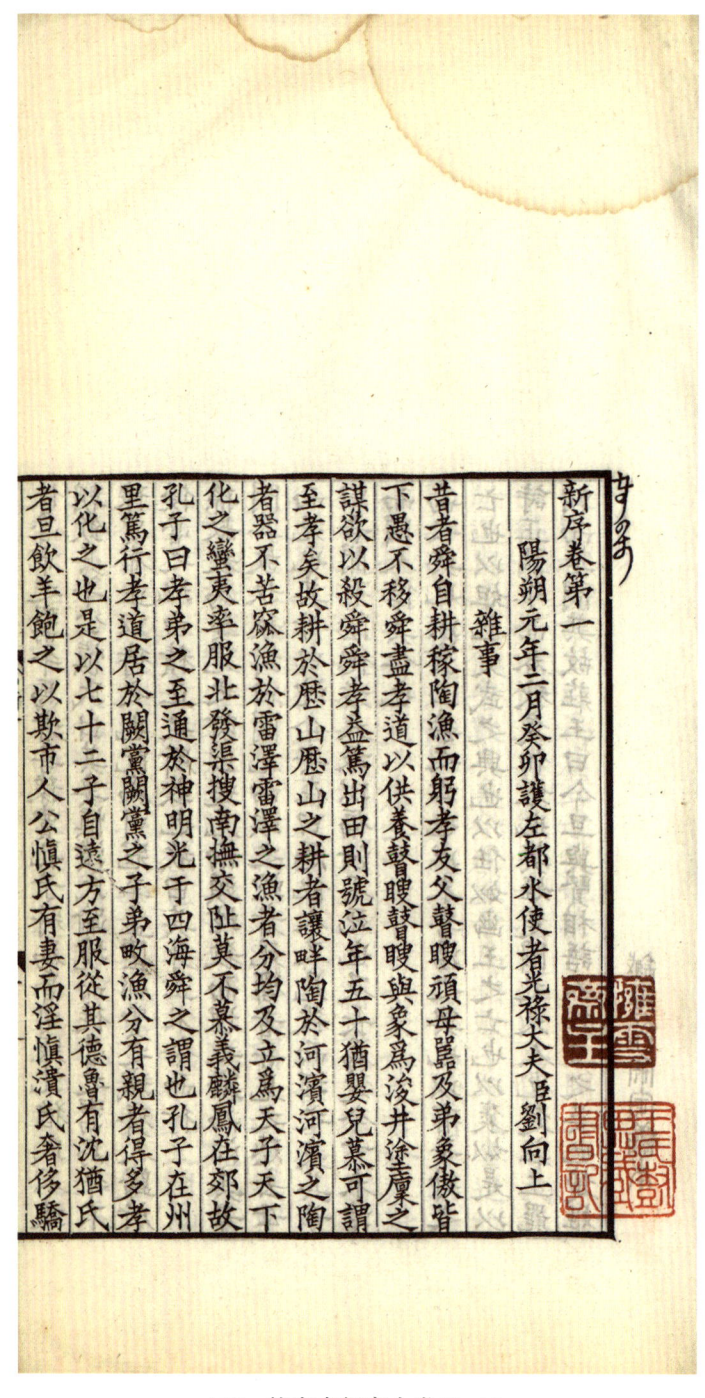

168　校宋本新序十卷（2-1）

168　校宋本新序十卷

《鐵華館叢書》本。一册。卷末鐫"光緒癸未以蔣子遵校本繕錄上版臘月訖工"。後又鐫"吳門徐元圃刻"。每葉欄外鐫"鐵華館審定善本"。

鐵華館爲清蔣鳳藻室名。鳳藻,字香生,吳縣人,官福寧知府。光緒九年至十年(1883—1884)延請葉昌熾主持校刊《鐵華館叢書》凡六種,此爲其一。據何義門校宋本摹刻,葉氏校勘極精。刻工徐元圃、摹字金緝甫,皆其時寫刻名手,故此晚清刻本,實不讓清三代善本也。

余曾以此本與《漢魏叢書》本《新序》對校,勘出些許誤字,蓋宋刻原誤也。

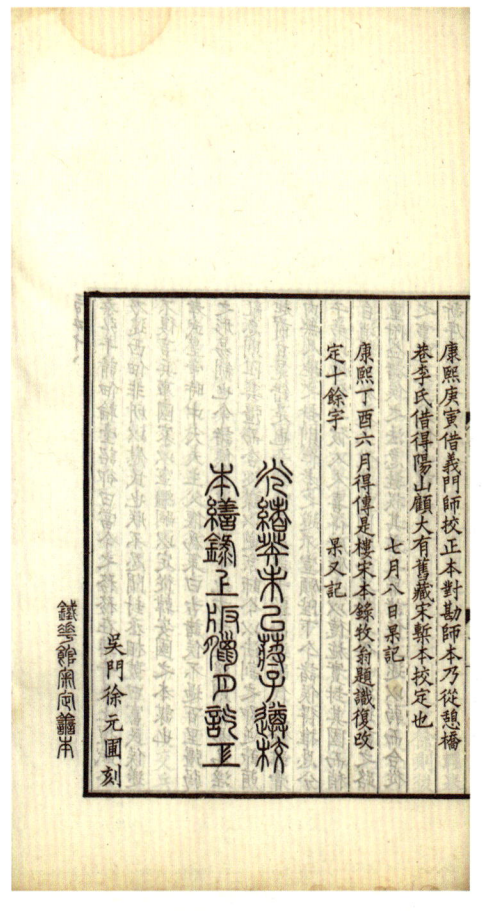

168　校宋本新序十卷(2-2)

說苑卷一

　漢　沛郡劉向著　鍾人傑閱

君道

晉平公問於師曠曰人君之道如何對曰人君之道清淨無為務在博愛趨在任賢廣開耳目以察萬方不固溺於流俗不拘繫於左右廓然遠見踔然獨立屢省考績以臨臣下此人君之操也平公曰善

齊宣王謂尹文曰人君之事何如尹文對曰人君之事無為而能容下夫事寡易從法省易因故民不以

169　説苑二十卷新叙十卷合刻

漢劉向撰。明末刊，《漢魏叢書》本。鈐"獨山莫友芝字子偲號邵亭眲叟影山草堂圖書之印"。此乃長方朱文大印，印文又如此之繁，誠爲少見。

莫友芝，字子偲，號邵亭，晚號眲叟，貴州獨山人。道光十一年（1831）舉人，咸豐八年（1858）任知縣，不赴任，曾在曾國藩門下數年。善書法、精文學、富藏書，於版本目録學有深研。著有《邵亭詩鈔》《黔詩紀略》《邵亭知見傳本書目》等。

莫氏影山草堂藏書頗精，得其舊藏一種，深自慶幸。

另鈐有"吴榮曾印"一枚。吴榮曾，一九二八年生，江蘇蘇州人。北京大學歷史系教授（曾在内蒙古大學工作過，後調回北京大學）。任中國先秦史學會及中國錢幣學會副會長。此公舊藏寒齋另存有幾種。

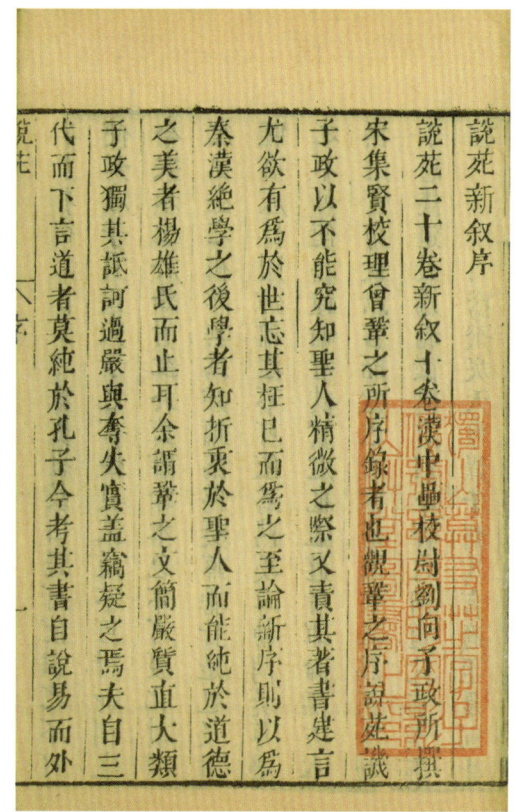

169　説苑二十卷新叙十卷合刻（2-2）

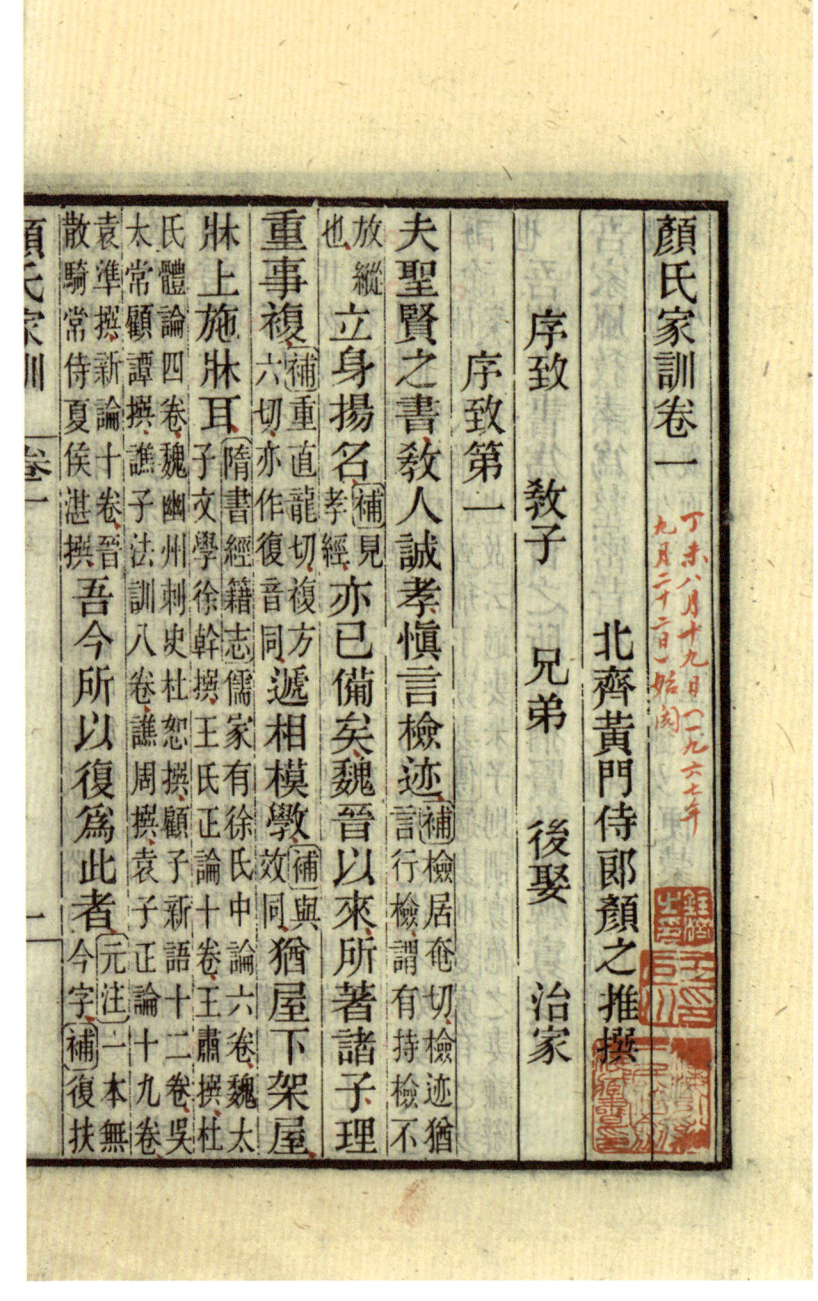

170　顔氏家訓七卷

民國十七年(1928)成都祥記書莊據抱經堂本校刊。白紙四册。

卷内朱筆批校,每册後有朱跋。鈐"王巨川印""銓濟之印""天徒校讀"諸印。王巨川,字銓濟,近代上海知名藏書家。室名"倚劍樓",藏書盈室。著有《倚劍樓詩稿》。王佩諍《續補藏書紀事詩》有其條目。

王氏數跋皆書於一九六七年,故每有驚世欷亂之語。如:"憶去年此日,正遭厄境,生於斯世,有生之樂蓋難云矣。日日鞭撻,人何以堪,噫。""時正號召大聯合,於是學校、工廠等互相親睦,械鬥之風亦少殺。蓋國慶將屆,觀瞻不雅。能發能收,智珠在握。"一跋中提到劉絜敖教授乘亂校曲,恐其將滅絶之事,隨之又云:"便道再訪瞿翁兑之,經此酷遇,坐卧一小室中,苦於無書可讀,擬爲一瓻之借。然我同具此厄,聞書雜沓,卒難整理,人已視爲天禄琳琅矣。"瞿兑之即瞿宣穎,上海清末民初著名藏書家。余所藏光緒木活字本《群經質》等書,即其舊藏。瞿氏突遭牢獄之厄,以至無書可讀,後竟死於獄中,令人深歎。

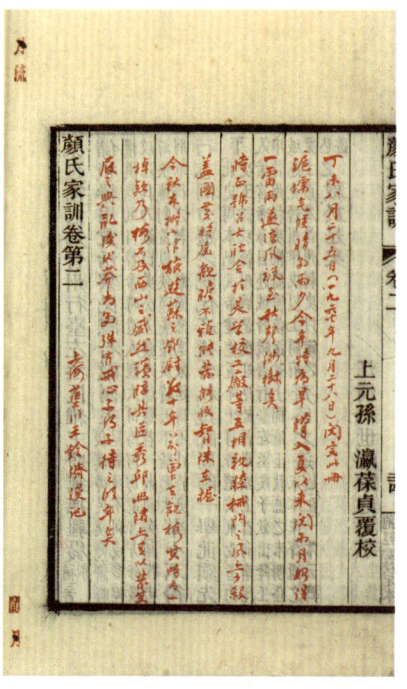

170　顔氏家訓七卷(2-2)

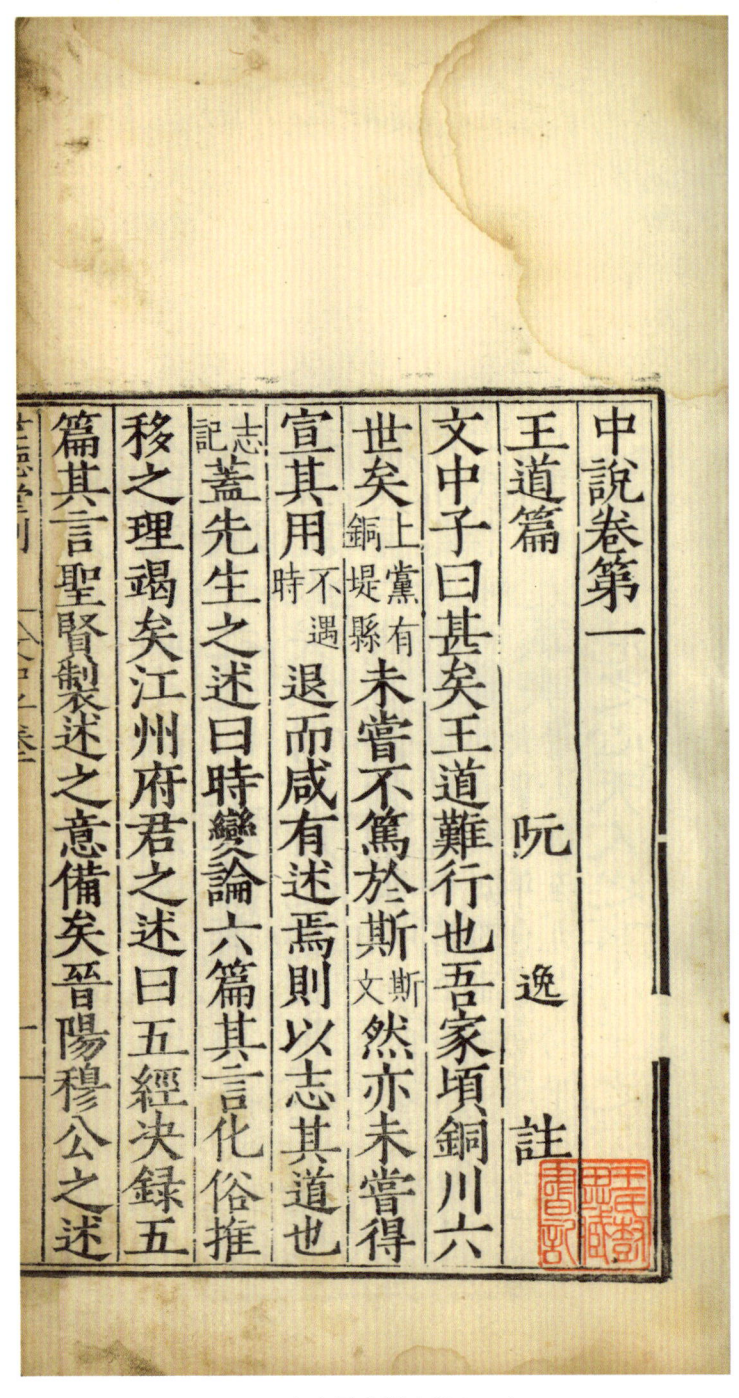

171 文中子中説十卷（3-1）

171　文中子中説十卷

宋阮逸注。明嘉靖十二年(1533)顧春世德堂刊,《六子書》之一種。棉紙四册。半葉八行十七字,白口,四周雙邊。版心上鐫"世德堂刊"。

世德堂刊書較精,世有定評。毛春翔《古書版本常談》舉明刻精美者凡三十二種,吳郡顧春所刻《六子全書》即在其中。此書行疏字大,用墨亦淡,可謂古色猶存。嘉靖十二年刻成,距今已歷近五百年,天災人禍,水火無情,而是書獨能幸存於天壤間,可謂造化非淺矣。

此書當年獲自陳東"石木齋"。原裝二厚册,經余改裝爲四册,無益之舉也。

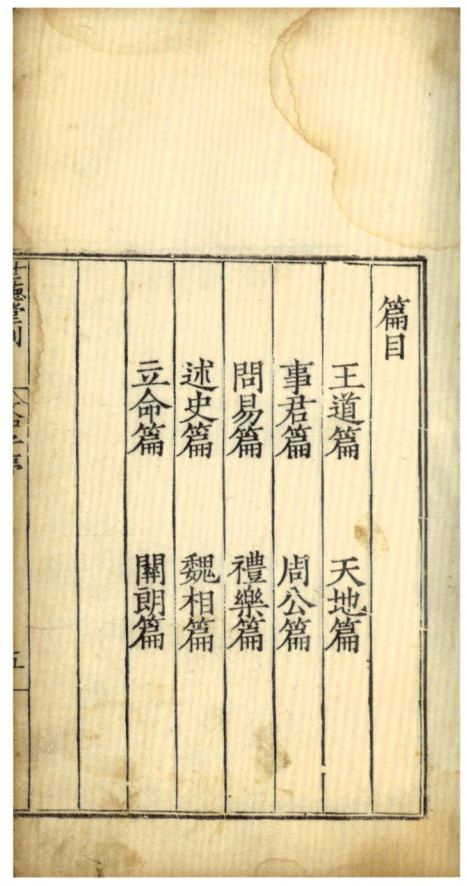
171　文中子中説十卷(3-2)

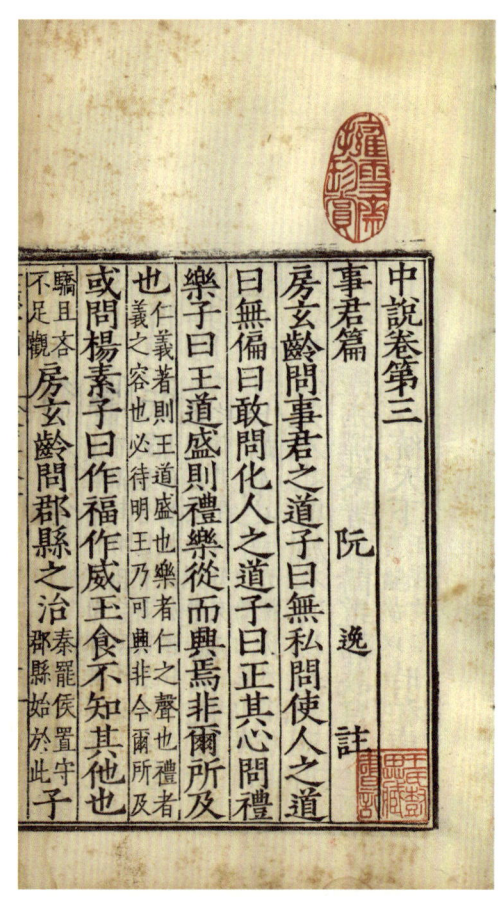
171　文中子中説十卷(3-3)

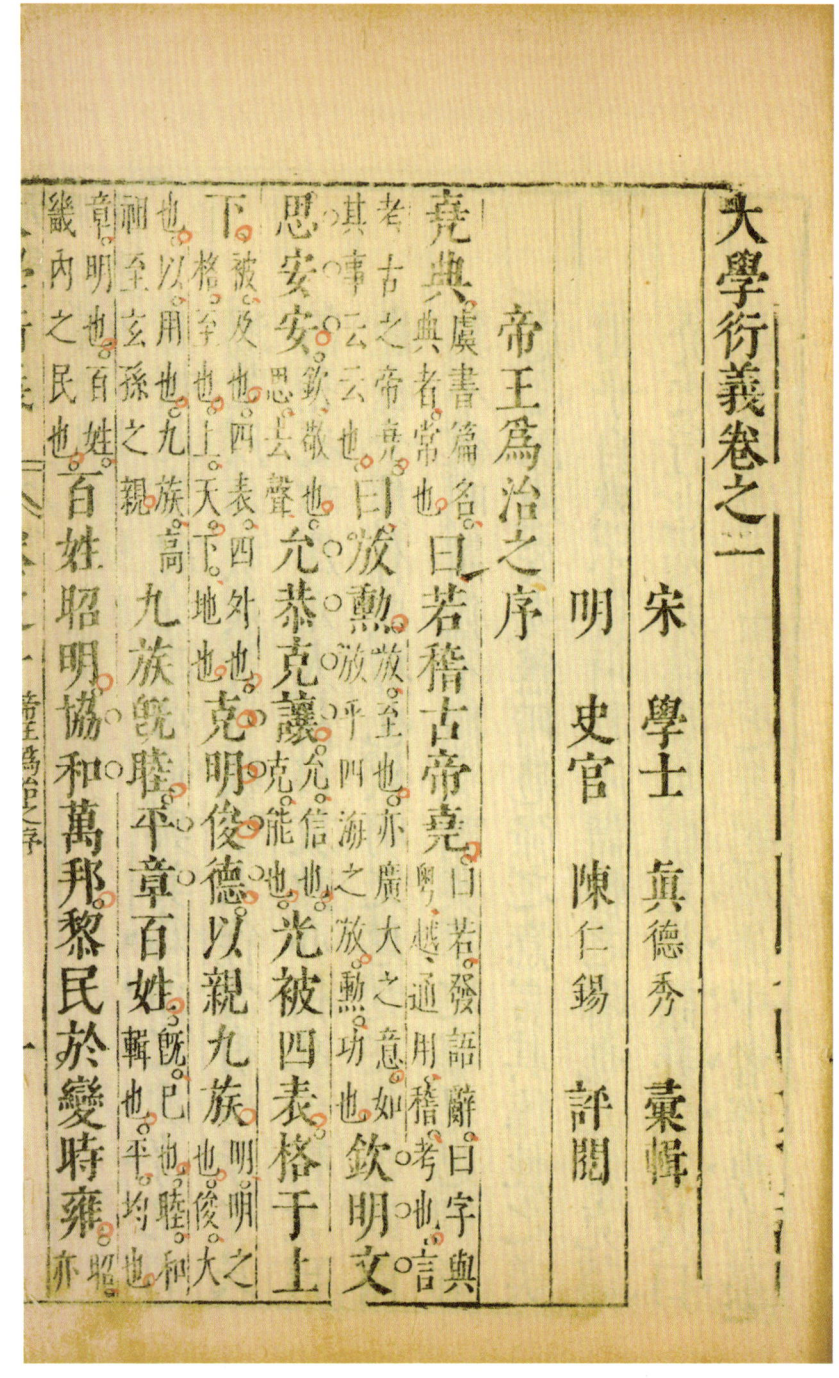

172　大學衍義四十三卷(2-1)

172　大學衍義四十三卷

宋真德秀撰,明陳仁錫評。明崇禎間刻本。十二册。半葉十行二十字,白口,單魚尾,四周單邊。封面鐫"梅墅石渠閣藏板",並鈐"石渠閣藏板"大方白文印。前文震孟序,聖諭《大學衍義》,崇禎壬申(1632)陳仁錫序,真德秀序。大題下鐫"宋學士真德秀彙輯,明史官陳仁錫評閱"。

乙亥年(1995)購於琉璃廠書市。時余至已晚,蓋從書垛(書垛者,當年亲歷之書友自能領會)中抽出者,價八百金。該書市起初以一元一册售綫裝殘書,頗招人也。後衹售完整之書,書價與店内相差無幾,乏人問津。自辦拍賣活動後,古籍書市遂銷聲匿迹矣。

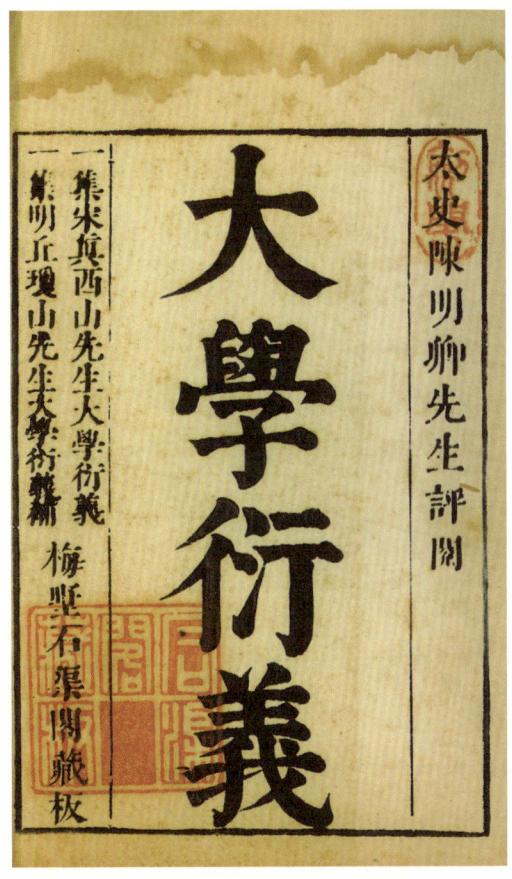

172　大學衍義四十三卷(2-2)

讀書續錄卷上

往年因讀張子心中有所開即便箚
之矣之言遂於讀書心中有所開時隨即箚記有一
條一二句者有一條三五句者有一條數十句者積
二十餘年乃成一集名曰讀書錄蓋以備不思遺塞
如張子所云者近年以於讀書時日記所得者積久
復成一集名曰讀書續錄但有得即錄不覺重復者
多欲皆刪去而意謂既亦以備不思遺塞則辭雖重
復亦可為屢省之助云河東薛瑄謹識

乾知大始坤作成物造化生物皆乾為之主而坤則無所
為惟順承天施而已　河津本
造化人事皆以靜為主造化非專一翕聚則不能

173　薛文清公讀書續録十二卷

明薛瑄撰。明末刻本。棉紙四册。半葉十二行二十二字,黑口,雙黑魚尾,左右雙邊。

薛瑄,字德温,號敬軒,山西河津人。生於洪武二十二年(1389),永樂十九年(1421)進士,曾任大理寺正卿、禮部侍郎、翰林院學士等職。於天順八年(1464)卒,謚"文清"。著有《薛文清公全集》四十六卷。

是書二十世紀九十年代中期購於海王邨古籍書市,以殘本出售,一元一册,"撿漏"是也。

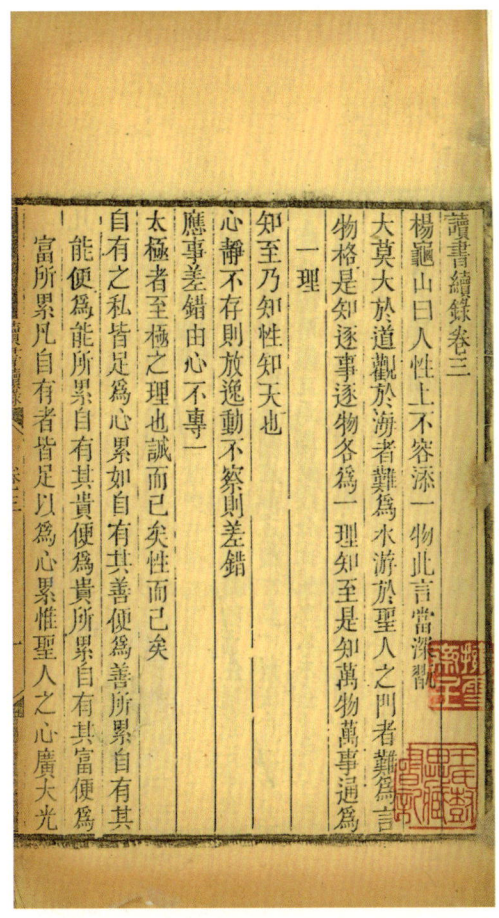

173　薛文清公讀書續録十二卷(2-2)

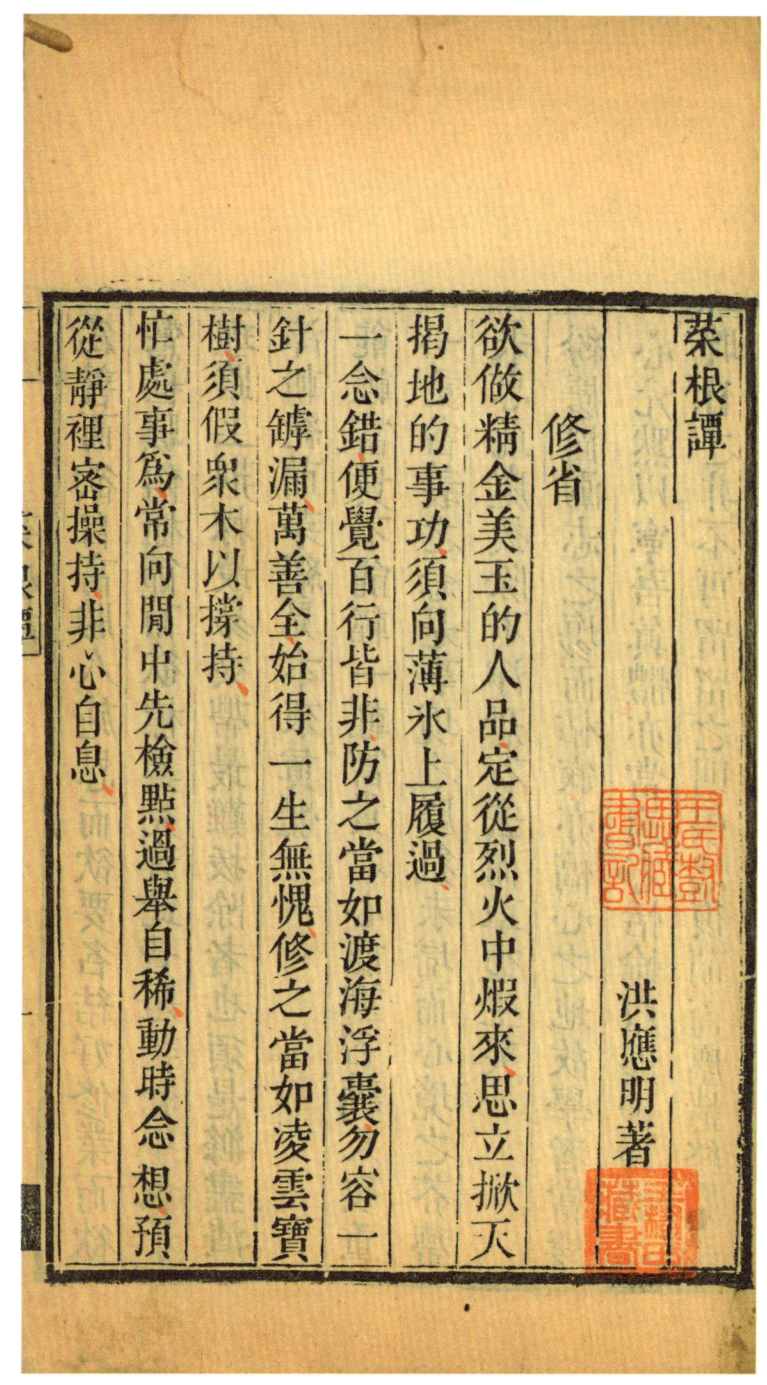

174　菜根譚(2-1)

174　菜根譚

明洪應明著。清乾隆三十三年(1768)刊。卷末有"乾隆三十三年潭柘山岫雲寺監院來琳重刊"標記。半葉十行二十字,四周雙邊,書口方框內標"菜根譚"三字。卷前三山病夫通理序,書於乾隆三十三年。卷末附音釋。

書後墨筆錄木歌生王霨銘四則,署"咸豐庚申端午雲岫江青記"。卷前鈐"居易堂"等三印。

此書版本頗多,現存有明刊本、乾隆三十三年常州天寧寺本、民國二十年(1931)武進陶氏《還初道人著書二種》本等。此乾隆三十三年岫雲寺監院本與同年天寧寺刊本不知有何異同,待考。

此書二十世紀八十年代末得之於呼和浩特市古舊書店。時趙奎任經理,與余友善。此公字佳,尤喜酒,後終以此好奪命。

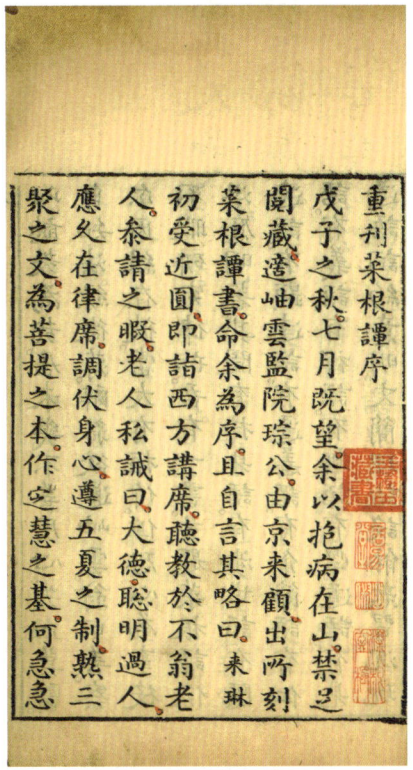

174　菜根譚(2-2)

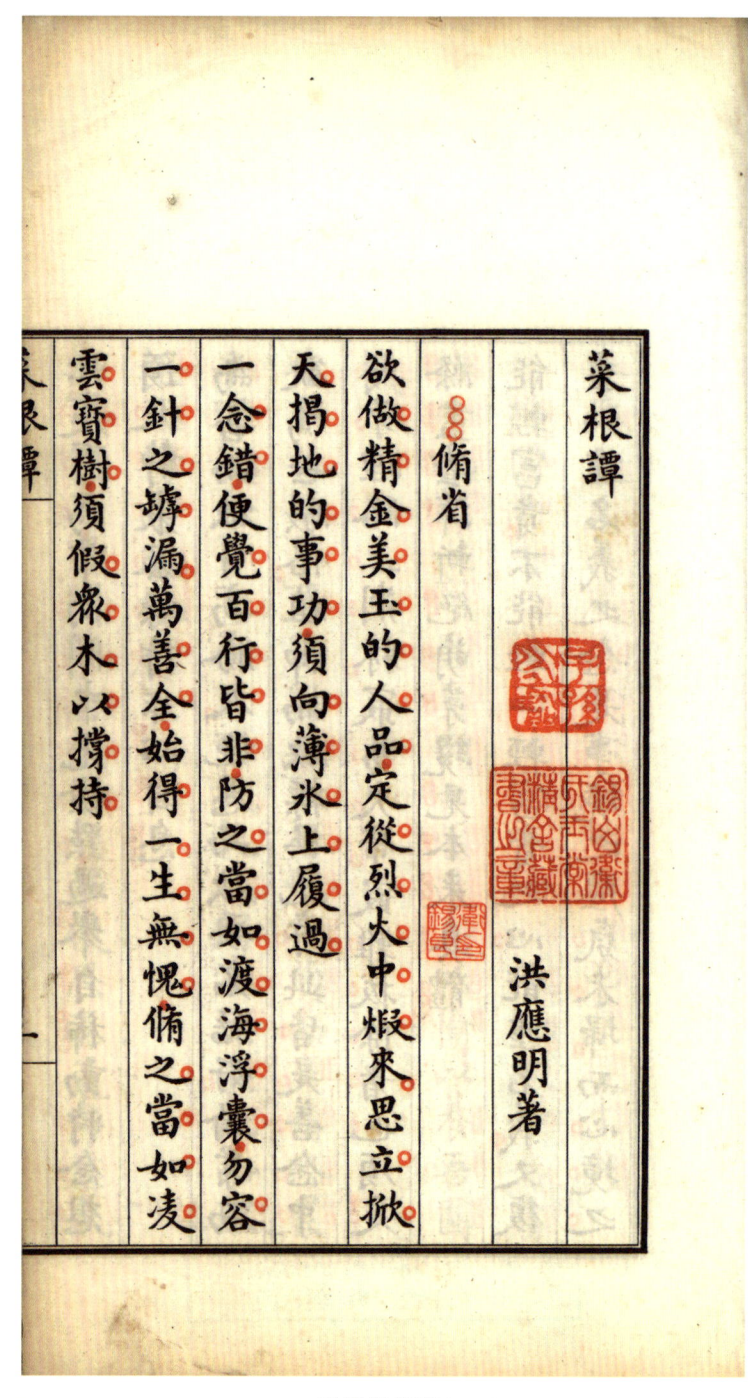

175　洪氏菜根譚(2-1)

175　洪氏菜根譚

　　明洪應明著。民國二十年(1931)武進陶湘影印明本,《還初道人著書二種》本,白紙一冊。鈐"錫山衛氏玉棠精舍藏書之章""外臺仙館珍藏""衛錫良印"等印。

　　卷前庚午日涉園識,稱:"甲子歲,鳳禹門將軍藏書大出,得舊鈔本,前有遂初堂主人識語,朱欄恭楷,類內府寫本……同時在廠肆得明刻《仙佛奇蹤》八卷,亦應明所撰……爰合印之,名曰'還初道人著書二種',以廣流傳云。"

　　陶湘,字蘭泉,號涉園,江蘇武進人。民國間著名藏書家,其涉園藏書三十年間達三十萬卷。其藏書特點爲不佞宋,重收藏明嘉靖版、汲古閣本、閔版套印本、武英殿本、開化紙本等,皆具較高藝術性、觀賞性。並且每部書從寫版刊印到紙墨裝潢,力求盡善盡美,是典型的賞玩型藏書家。其刻書亦多,亦甚講究版刻之美,在這方面,與同時之董康、吴昌綬齊名。惜余至今無此人一刻,惟幸有此影印之本,稍得安慰,當好自存之。

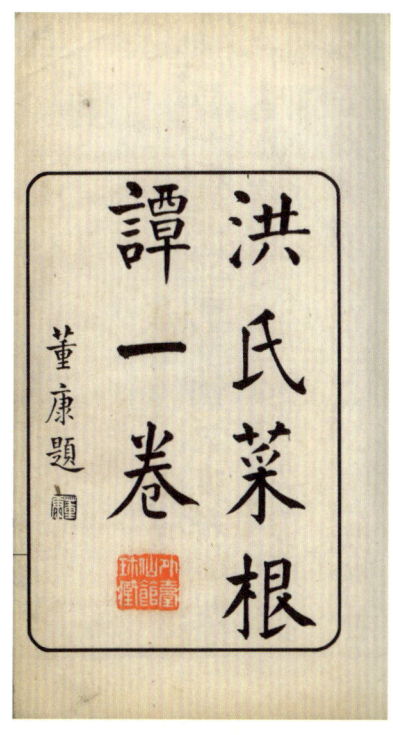

175　洪氏菜根譚(2-2)

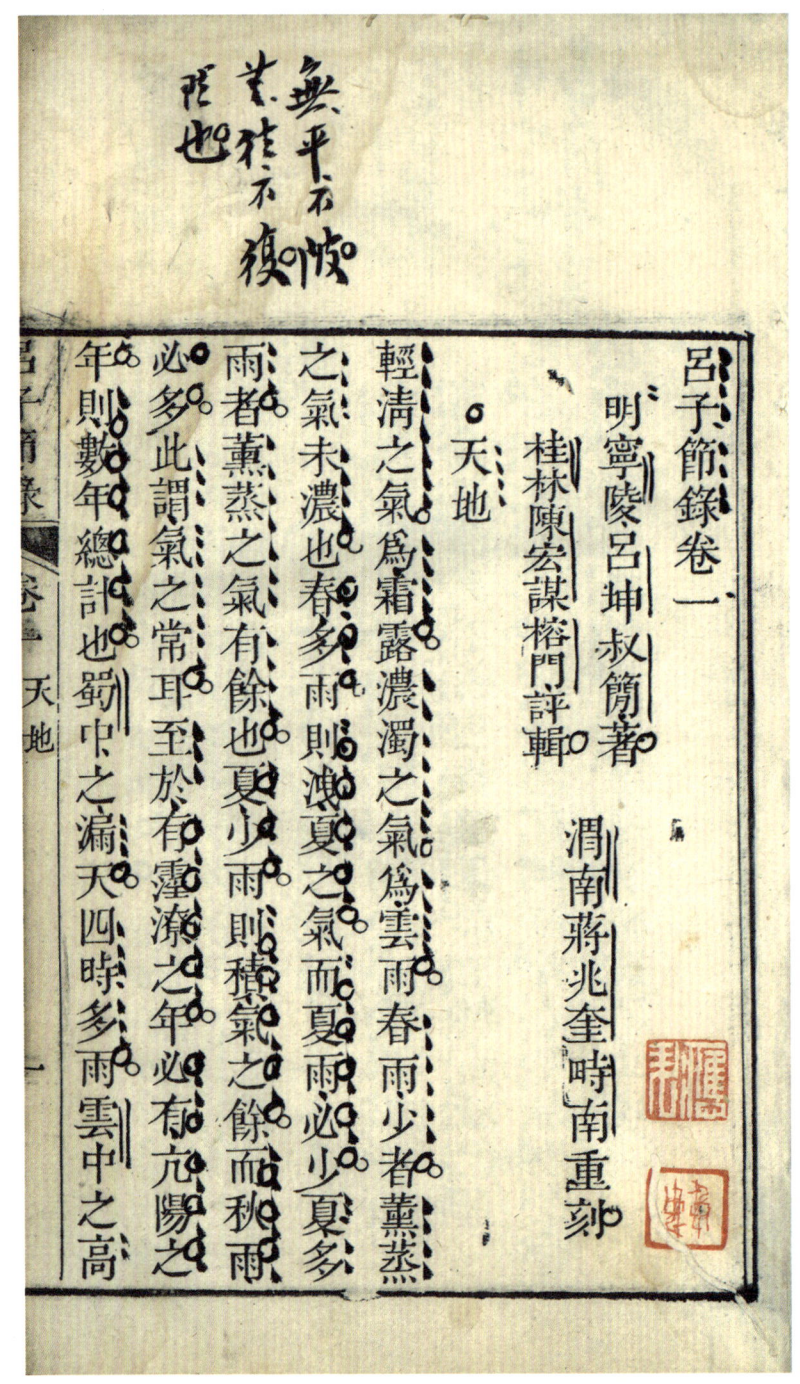

176 呂子節錄四卷(2-1)

176　吕子節録四卷

明吕坤著,清陳宏謀評輯。渭南蔣兆奎重刻。白紙。無格。半葉九行二十字。卷內墨批甚多。鈐"應升"等印。

卷前有乾隆元年(1736)陳宏謀序,稱:"數年前,余偶游書市,於故紙堆中得《呻吟語》二册。……其中偶有過高之語,余稍節之,録其醇者,間就鄙意,綴以評語。"

《呻吟語》爲明萬曆間刊,六卷。吕坤晚年經删補成《呻吟語摘》三卷。是書即《呻吟語》之節本,陳宏謀乾隆元年刊。乾隆三年(1738)陳宏謀得見《呻吟語》原書,又采録初刻所遺者,復爲補遺二卷。然摘鈔之本實吕坤自定,宏謀蓋爲不知,故復拾人所棄也。此書無補遺二卷,爲初刻之本。

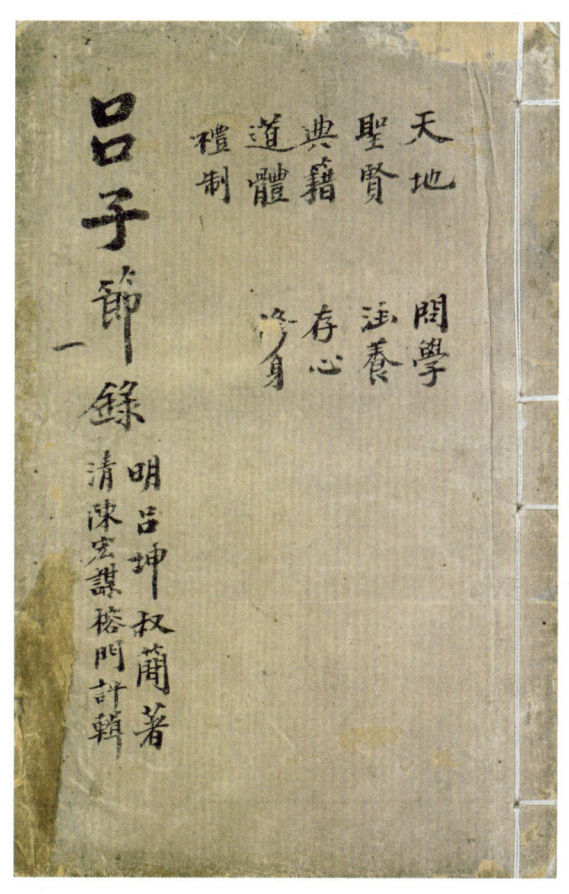

176　吕子節録四卷(2-2)

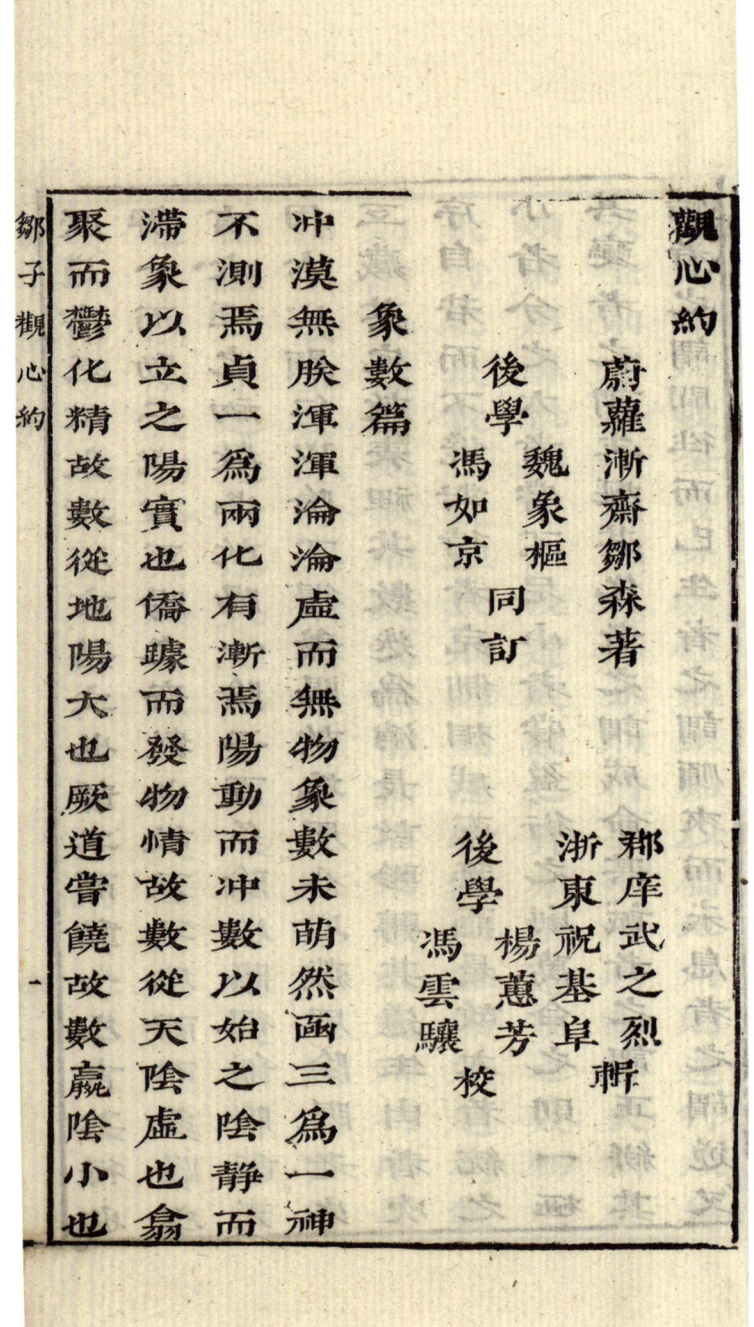

觀心約

蔚蘿漸齋鄒淶著

郟鄏武之烈 浙東祝基阜 同訂
後學 魏象樞
後學 馮如京
後學 楊蕙芳 校
後學 馮雲驤

象數篇

冲漠無朕渾渾淪淪虛而無物象數未萌然畫三為一神不測焉貞一為兩化有漸焉陽動而冲之陰靜而滯象以立之陽實也儔躔而發物情故數從天陰虛也聚而鬱化精故數從地陽大也厭道當饒故數贏陰小也

177　觀心約

明鄒森撰。清順治十二年（1655）馮如京刻本。白紙精印。墨色清晰，字體偏扁。版心題"鄒子觀心約"。

鄒森，號漸齋，河北蔚州人，嘉靖辛卯（1531）舉人，未仕卒。鄒氏此書未及付梓便一病不起，書稿亦散佚。鄉人武之烈於市上得原稿，請魏象樞爲之作序，後由商城知縣衛貞元出資刊行。

是書爲單刻。全國僅清華大學一家有藏。二十世紀九十年代中期，於京城潘家園一蔚縣人手中購得。所獲另有元刻明清遞修本《元史》中之《列傳》部分。

同時所獲另有《新刊復庵鄒先生言行錄》一卷，白紙一册，正德四年（1509）宋瓛序，正德六年（1511）張憲序，與上書用紙同，疑後印。

習齋語要上

天津徐世昌纂

顏李學卷一之一

知一善則斷然為之知一惡則斷然去之庶乎善日積而惡日遠也

外面多一番發露裏面便少一番著實

惡人之心無過常人之心知過賢人之心改過聖人之心寡過寡過故無過改過故不貳過僅知過故終有其過常無過故怙終而不改其過

舉步覺無益莫行啟口覺無益莫言起念覺無益莫思

怠惰之容不設於身淫肆之言不出於口放僻之念不生於心君子人歟君子人也

陽剛陰柔而天下定陽下陰上而天下和今夫心天理陽念也常

178　習齋語要二卷

清顏元撰,民國間天津徐世昌纂。《顏李學》卷之一。一册。開本闊大,版刻端整、疏朗。

封面有趙元禮墨筆題跋:"壬申五月,誦洛奉檄權蠡縣,徐東海贈顏李學三種,以爲敷政興學之本,即希察閱,當知所取法也。元禮記。"鈐"趙元禮"朱印。另鈐一長方印,印文模糊已不可辨。

趙元禮,字體仁,又字幼梅,號藏齋,天津人,工書法,並專攻蘇體,豐腴中透出勁健,飽滿中不乏力度,被譽爲天津四大書法家之一。趙元禮擅詩名,一九二一年與嚴範孫、金息侯、王守恂等人組織"城南詩社",又以"天津近代詩壇三傑"享譽津門。其詩工雅平實,不矜奇異。

趙元禮一九三九年病逝,享年七十二歲。著有《藏齋詩集》十三卷、《藏齋隨筆》、《詩話》等。書爲徐世昌贈趙元禮者,二人有交誼,徐對趙頗爲關照,曾對趙言:"君鄉試五次,二次出房而不中,我爲之氣短。今被舉爲議員,我頗欣慰。"又言:"君不必研究政治、法律,可努力學詩,以求深造。"

此書乙亥歲(1995)得自天津瀋陽道一舊鐘表鋪。

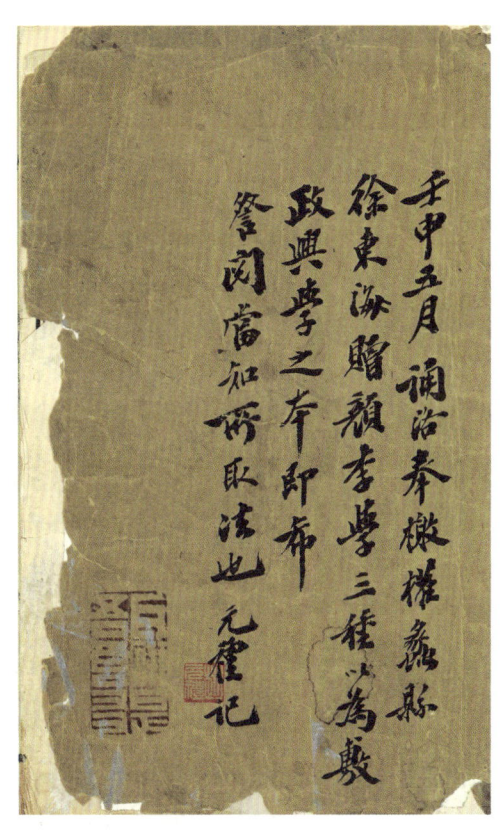

178　習齋語要二卷(2-2)

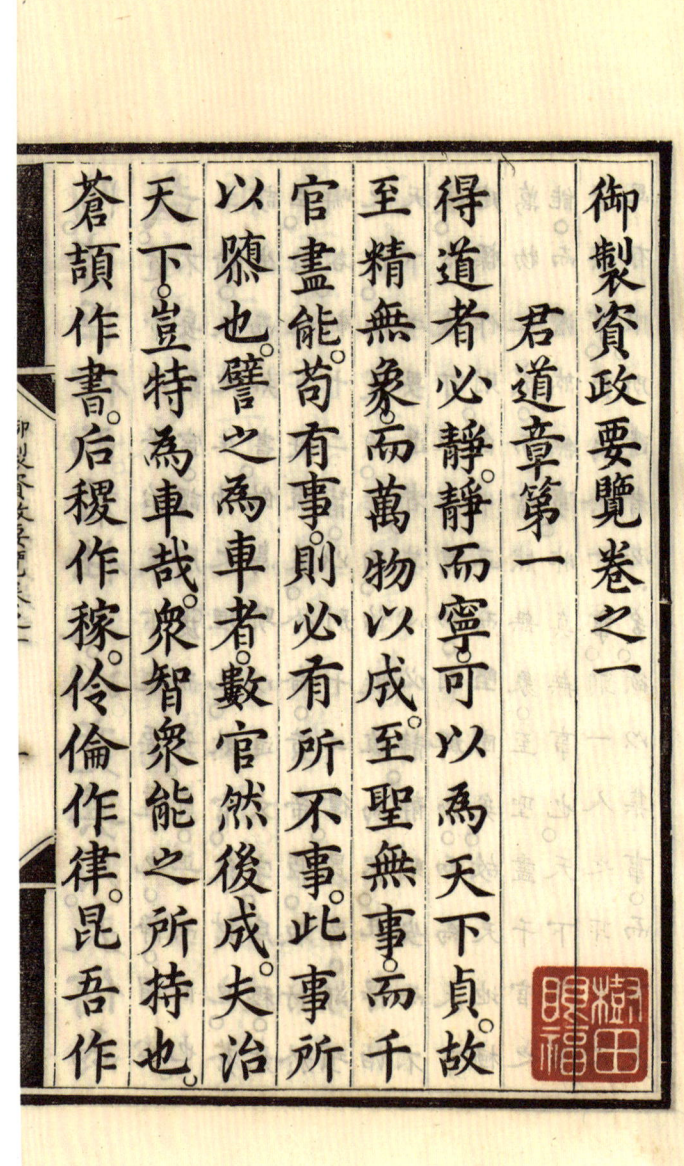

御製資政要覽卷之一

君道章第一

得道者必靜。靜而寧。可以為天下貞。故至精無象而萬物以成。至聖無事而千官盡能。苟有事則必有所不事。此事所以隙也。譬之為車者。數官然後成。夫治天下。豈特為車哉。眾智眾能之所持也。蒼頡作書。后稷作稼。伶倫作律。昆吾作

179　御製資政要覽三卷

清順治十三年(1656)内府刻本。三册。包背裝,藍綾面,版式闊大,行格疏朗,字體端莊,紙墨俱佳。清初内府刻書仍由經廠中原工匠承辦,版式、字體、裝潢一仍舊時風格,校勘則轉勝於前。

此書有三種不同版本,此爲最巨者。甲戌年(1994)中國書店操辦書市,時有佳册出之。余以千元之價搶購到此書,至今仍欣慰也。據云書爲故宫博物院散出者。殿版書類似瓷器中之官窑,隨歲月之流轉,身價會愈加不凡矣。

二十世紀九十年代之前,殿版書不甚爲人看重,價亦不甚高。自古籍拍賣會興起之後,殿版書風起雲涌,身價驟增。記得當年在陳東家觀書,殿版書總有十餘種,甚至有楠木夾裝者,豪華備至,開價也僅二三千元。後陳東組建拍賣公司,曾設殿版書拍賣專場,亦可見其收藏殿版之富。當然亦可證明此公眼光超前,非一般玩書者可比。陳東經營古書之道,書界少有。

179　御製資政要覽三卷(2-2)

范式字巨卿山陽金鄉人少遊太學與河南張劭字元伯者爲友二人並告歸鄉里式謂劭曰後二年當過拜尊親乃共刻期至期劭白母殺雞炊黍候之母曰二年之別千里結言何相信之審耶劭曰巨卿信士必不失期至期果到升堂拜母盡歡而別又式嘗寢劭馳赴之未到卿吾以某日死某日葬子豈能相及乎式馳赴之未到而喪已發將至壙柩不肯進其母撫之曰元伯豈有望耶移時見有素車白馬號泣而前母曰必巨卿也至則果然式艴絣引柩乃前式遂留止家次爲修墳樹然後去。

180　聖諭像解

清康熙二十年(1681)梁延年承宣堂原刻後印本。白紙大開本,初刻初印,裝潢素雅。版心下鎸"承宣堂"。

康熙九年(1670),上諭十六條頒發之後,時任安徽繁昌知縣的梁延年定期到縣學宣講,又"伏而讀之,獨念禱詞典雅,恨未必周之,爰僭加注釋,急梓以行,俾合邑家傳户誦焉"。梁氏隨後又考慮到"若夫山童野竪,目不識丁,與婦人、女子,或未知悉也"。於是又配以插圖,廣爲發行。

郭味蕖《中國版畫史略》稱此書:"圖版至爲繁富,諸凡人物面貌神情,相當生動,他如斜簷飛翠,山石竹刻,佈局運刀,極具匠心。圖版繪工和刊工雖未留名,但從刀鋒婉麗和貫串一氣來看,必出徽派名手。"

余原藏光緒間江蘇撫署石印本,開本略小,繪畫也算精良,但不能與之相比矣。余原以爲此書爲康熙原刻本,後發現書中"弘"字已避諱,則後印無疑。

180　聖諭像解(2-2)

西齋語錄卷之一

總論經書

俗語云好話人人都會說好話個個不能行竊思好話人固不能行好話人亦不會說蓋言者心之聲也人之心必至公至明大中至正其發而爲言則無私無曲不偏不倚而表裏精粗內外本末無所不到故聖人之言吐辭爲經傳流萬世而不可易賢人之言抑揚少偏陷入異端而不自知常人之言每有出於無心而合乎至理者學者之言每有

181　西齋語錄四卷

清郭元鎬撰。清乾隆二十四年(1759)介邑嗃嗃堂刻本。竹紙，四冊一函。半葉九行二十字，白口，無格，左右雙邊。卷前有乾隆二十三年(1758)梁錫璵序，次乾隆戊辰(1748)春二月郭元鎬自序。

郭元鎬，字翰武，號西齋，山西介休人。專治經史之學。

此刻本《清華大學圖書館藏善本書目》著錄。

得書之日，妻又因買書費銀而埋怨不休。余自知藏書乃自得其樂，然影響生活，以致家庭失和，而心實不安也。所幸現今已無書可購，即便有也價昂難取，無形中得以解脫也。

181　西齋語錄四卷(2-2)

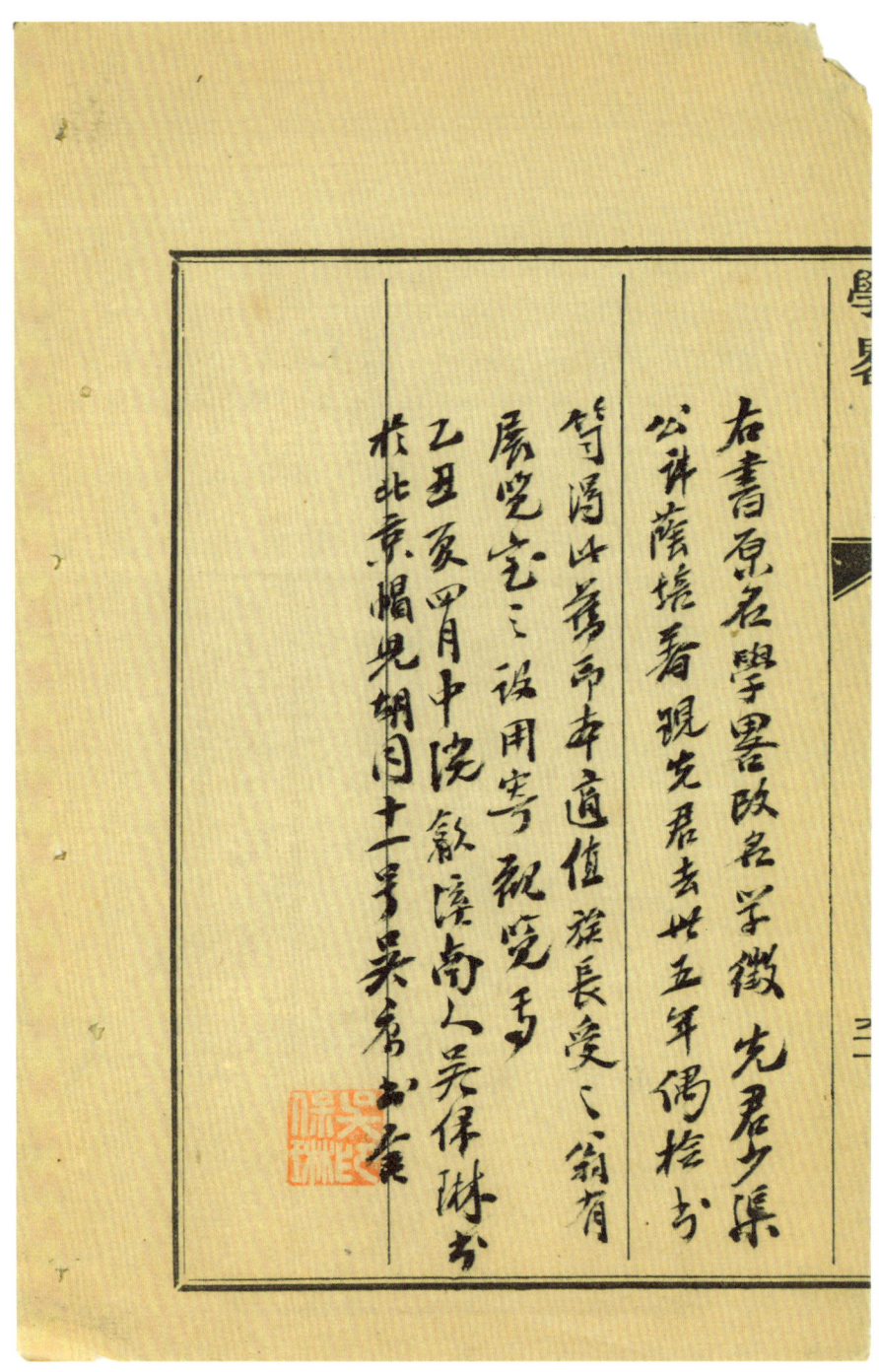

182　學略

清吳蔭培撰。清光緒三十年(1904)排印本,蜀抱軒家塾本。竹紙一册。

吳蔭培,字少渠,安徽歙縣人。同治舉人。官刑部、外務部郎中。著有《易象圖説》《蜀抱軒文雜鈔》《紫雲山房詩詞稿》等。

此書內容爲撰者取歷代經傳之言,略加解釋,分爲立教、爲人、反己、立志、爲學、力行、存心、應事、處人、慎言、懲忿、保身、理財、養心、安命等共十五條,以爲"正心"之教。"凡天下之事、之理,由人心生,心術正則趨向端,心術不正則趨向岐……正人心以正家國,正家國以正天下。"

卷前有甲辰(1904)初春艮思氏一序。

封面墨書"吳氏書畫展覽室存。展字二十五號。一共三册,此爲第一。歙吳少渠蔭培著",鈐"吳保琳捐置"朱長

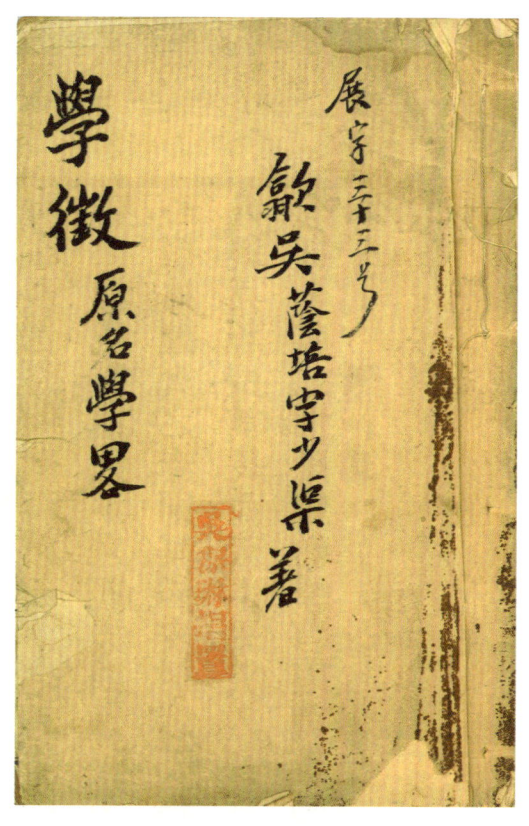

182　學略(2-2)

印。卷末吳保琳墨跋稱:"右書原名學略,改名學徵。先君少渠公諱蔭培著。現先君去世五年,偶檢書笥,得此舊印本,適值族長受之翁有展覽室之設,用寄觀覽焉。乙丑夏四月中浣歙溪南人吳保琳書於北京帽兒胡同十一號。"鈐"吳保琳印",白方。

此書早年得之於歙縣書估程振邦。數月內先後得歙人吳保琳鈔本、其收集之刻本近十種,爲民國間歙縣舉辦"吳氏書畫展覽會"吳保琳之捐贈品。

勸學篇上

同心第一

范文正為秀才時即以天下為己任程子曰一命之士苟存心於利物於人必有所濟顧亭林曰保天下者匹夫雖賤與有責焉夫以秀才所任任者幾何一命所濟濟者幾何然而積天下之秀才則盡士類積天下之命官則盡臣類積天下之匹夫則盡民類若皆有持危扶顛之心抱冰握火之志則其國安於磐石無能傾覆之者是故人人親其親長其長而天下平人人智其智勇其勇而天下強大抵全盛之世庠序以勸學官以興能朝廷明於上則人才成

183　勸學篇

　　清張之洞撰。清光緒二十四年(1898)兩湖書院刻本。白紙一大册。卷前光緒二十四年張之洞序。

　　《勸學篇》認爲傳統的經史之學是一切學問的基礎，士大夫治學要放在首要地位。書中尤其強調三綱五常，意在抵制維新派君主立憲之論，堅持君主專制權威，在政治上有一定保守性。

　　張之洞，字孝達，號香濤、香巖。河北南皮人，歷任山西巡撫，各地學官、總督，後任大學士、軍機大臣。一九〇九年卒。

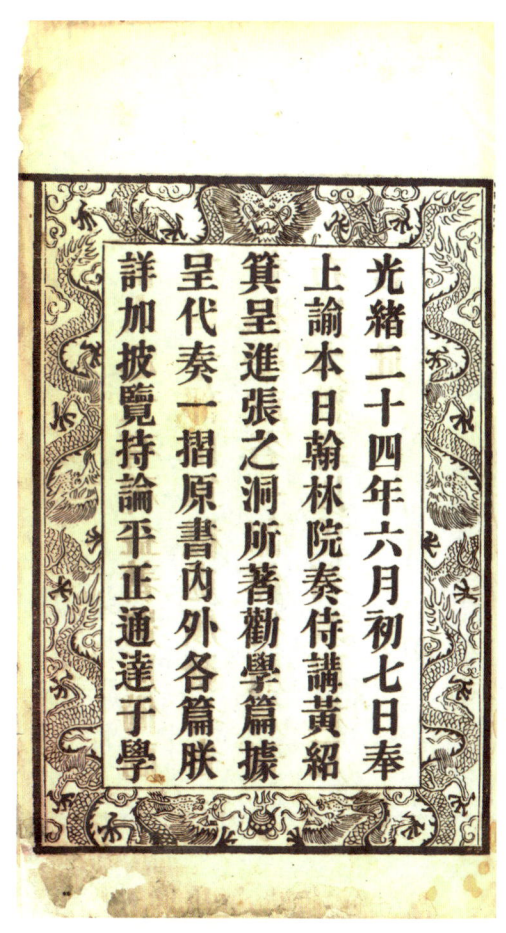

183　勸學篇(2-2)

輶軒語

輶軒語 按試畢集諸生於堂行賞罰申以董戒名曰發落使書律令學政按試畢集諸生於堂行賞罰申以董戒名曰發落使書行部之處凡士習得失文學利病不惜竭知詳說然漏刻有限不能盡言且子衿如林到者不能共聞聞者不能悉記故舉當為諸生言者條分約說筆之於書以代喉舌分為三篇上篇語行中篇語學下篇語文其間頗甚淺近聞及精深緣質學非一深者為高材生勸勉淺者為學僮告戒要皆審切時勢分析條理明白易行。

一無勤說使者嘗謂蜀中士人聰明解悟鄉善好勝不膠己見易於鼓動遠勝他省所望不以此言視為不為大言空論稱心而談規填引伸觸長異日成就必有可觀使者自惟資學不逾中人益之荒落堂謂一人之知綜括無闕特在官言官誼無多讓云爾光

緒元年月日提督四川學政侍讀銜翰林院編修南皮張之洞書

本名發落語或病其質因取揚子雲書輶軒使者絕代語釋之義謂輿蜀使者有合命曰輶軒語

184　輶軒語

清張之洞撰。清光緒五年(1879)貴陽刊。大開本白紙一册。

卷前張之洞光緒元年(1875)序。上篇語行,中篇語學,下篇語文。後附學究語、敬避字、磨勘条例、勸置學田説。書口鐫刻工陳長安、彭芸、王道盛、侯玉堂、金雲山、高維之等。

《輶軒語》有多種刊本,此書與光緒五年貴陽刻本開本、版式同,故可定爲貴陽刻本。余喜其開本特大,寫刻殊精,有刻工名,頗存古意,喜而留之。

己卯(1999)獲於呼和浩特市一舊書攤,價四十元。攤主爲余初中同學,原爲電纜廠工人,下崗後從事多種職業,後設書攤已多年,仍不懂書。

書後鈐"呼和浩特第一師範學校圖書章"。該校設初中部,余五十年前曾在此就讀,校址原爲康熙帝第四女恪靖公主的府第。園内一式古建築,有湖、有亭、有假山、有鐘樓,校園後部爲宿舍區,余睡大通鋪,吃每月九元大鍋飯凡三載,逍遥一年後下鄉,自此與"公主"長别矣。

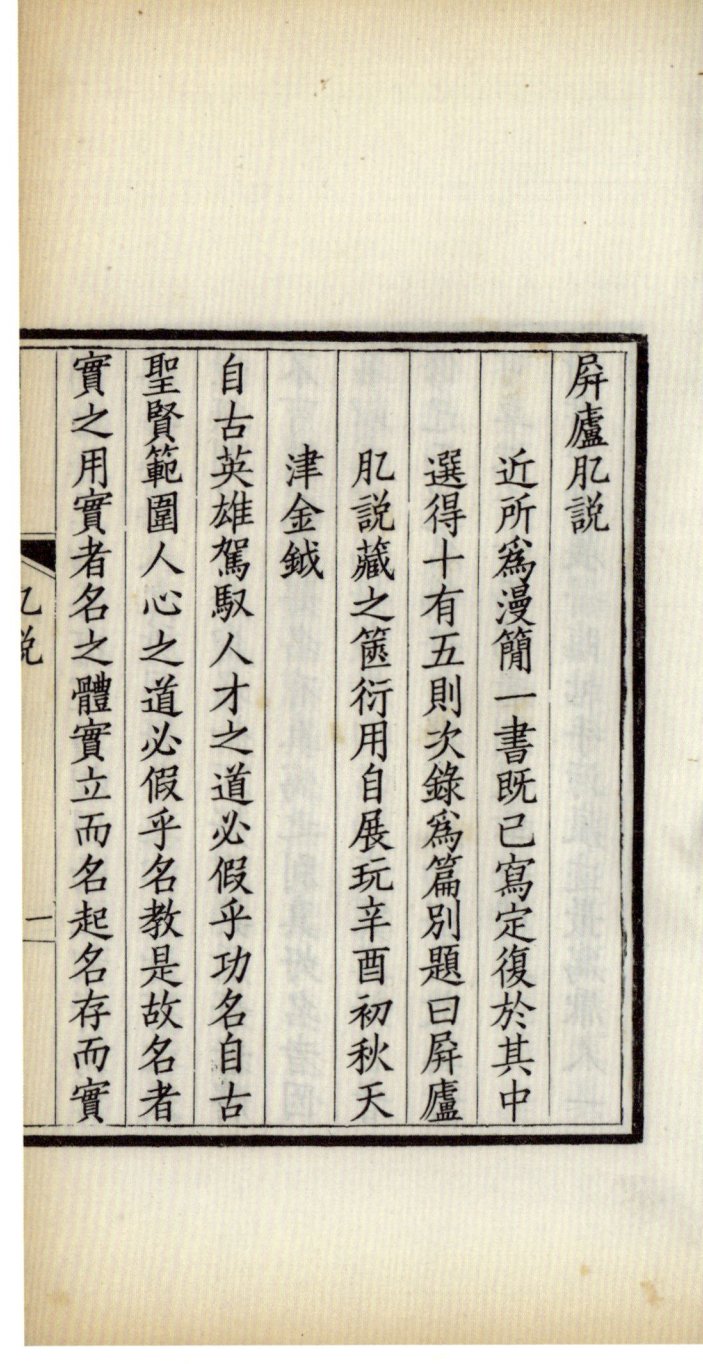

屏廬肊說

近所爲漫簡一書既已寫定復於其中
選得十有五則次錄爲篇別題曰屏廬
肊說藏之篋衍用自展玩辛酉初秋天
津金鉞

自古英雄駕馭人才之道必假乎功名自古
聖賢範圍人心之道必假乎名教是故名者
實之用實者名之體實立而名起名存而實

185　屏廬肊説二卷

　　金鉞撰。民國十年(1921)自刻本。卷前有辛酉(1921)王守恂序。開篇撰者《小引》稱："近所爲《漫簡》一書,既已寫定,復於其中選得十有五則,次録爲篇,別題曰《屏廬肊説》。藏之篋衍,用自展玩。"觀此書字大行疏,紙白墨濃,開本闊朗,展卷賞心悦目。雖薄薄一本,風采盡顯,確是專爲玩賞而刻印的書。

　　金鉞爲民國間天津著名藏書家,藏書、刻書、品書集於一身,無愧爲好書之徒也。

185　屏廬肊説二卷(2-2)

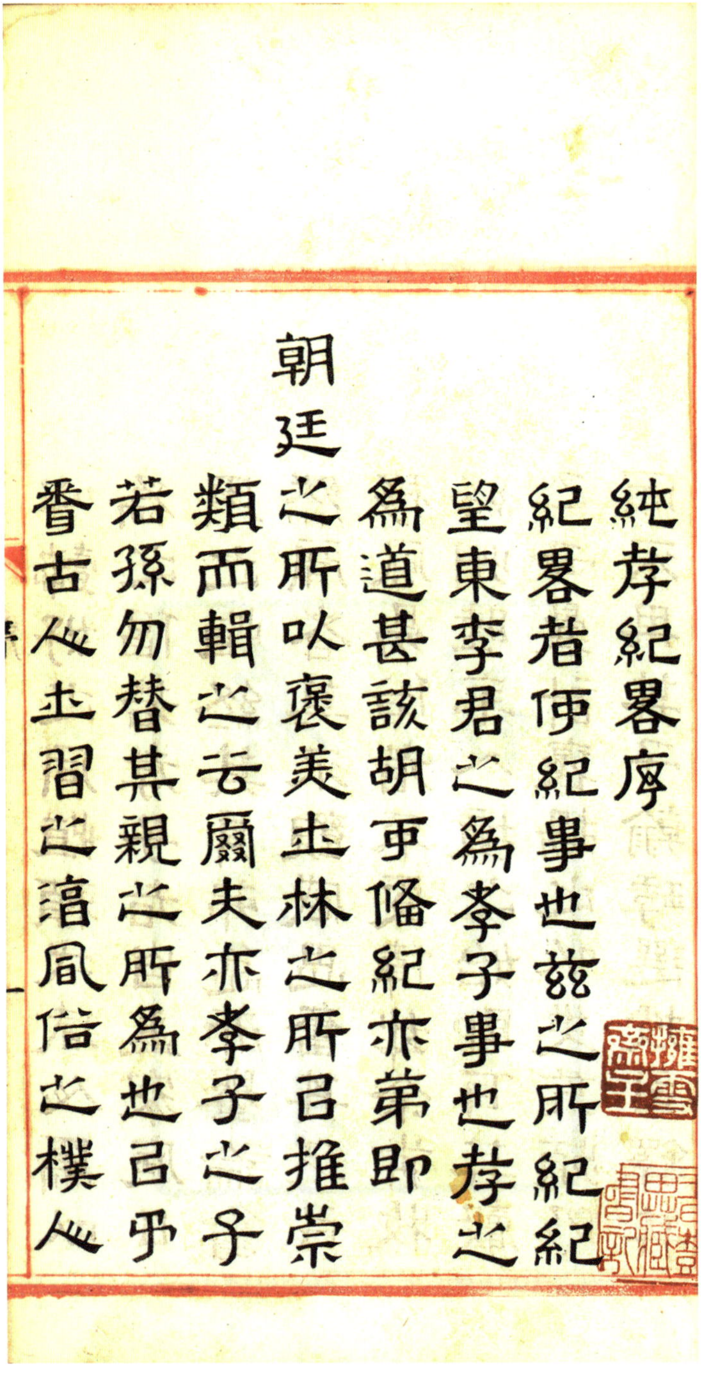

純孝紀畧序
紀畧者俾紀事也茲之所紀紀
望東李君之為孝子事也孝之
為道甚該胡可偹紀亦第即
朝廷之所以褒美士林之所以推崇
類而輯之云爾夫亦孝子之子
若孫勿替其親之所為也以予
晉古人士習之湻風俗之樸人

186　純孝紀略一卷崇祀孝弟祠通菴李公紀事詩録二卷(3-1)

186　純孝紀略一卷崇祀孝弟祠通菴李公紀事詩録二卷

此二種書，爲清嘉慶間山西地方官員，爲表彰已故監生山西絳州李養亨孝行，爲之題請旌表建坊所刊印，包括李養亨生前事實及彙録奏章、諭旨、墓表、行狀、各級官員及文士的題贈詩文。

李養亨（1707—1774），字通菴，號望東，山西絳州正平坊人。

清嘉慶間寫刻本。紙白墨潤，紅印邊欄，蠟箋封面原裝。連史紙，三册。

此書十餘年前京城偶見，喜其刻印精雅，且觸手如新，樂而收之。二〇一一年上海朵雲軒古籍春拍上拍此書，底價一萬元，成交價二萬七千元，可見此書頗招人愛。

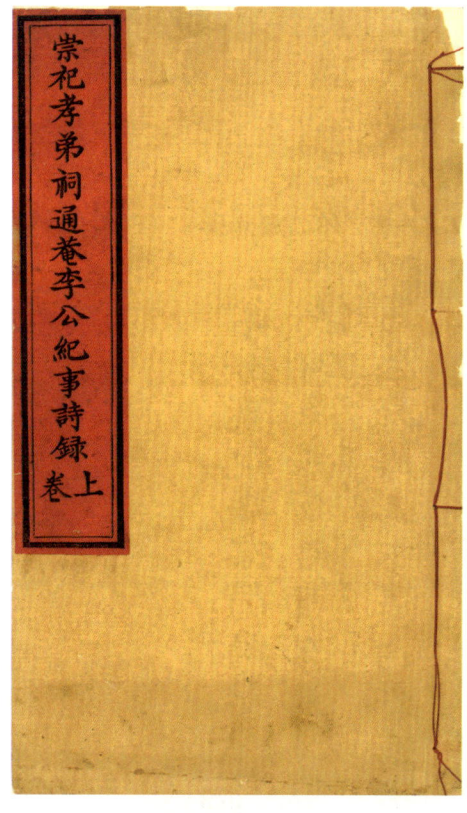

186　純孝紀略一卷
崇祀孝弟祠通菴李公紀事詩録二卷（3-2）

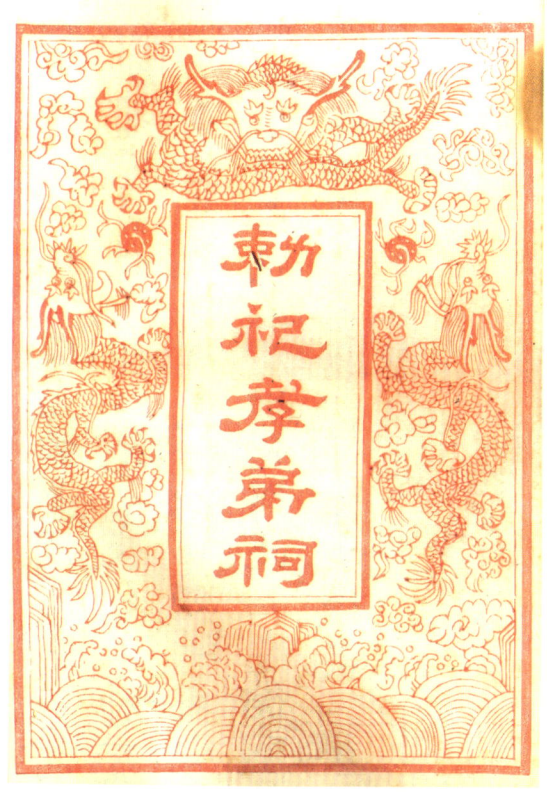

186　純孝紀略一卷
崇祀孝弟祠通菴李公紀事詩録二卷（3-3）

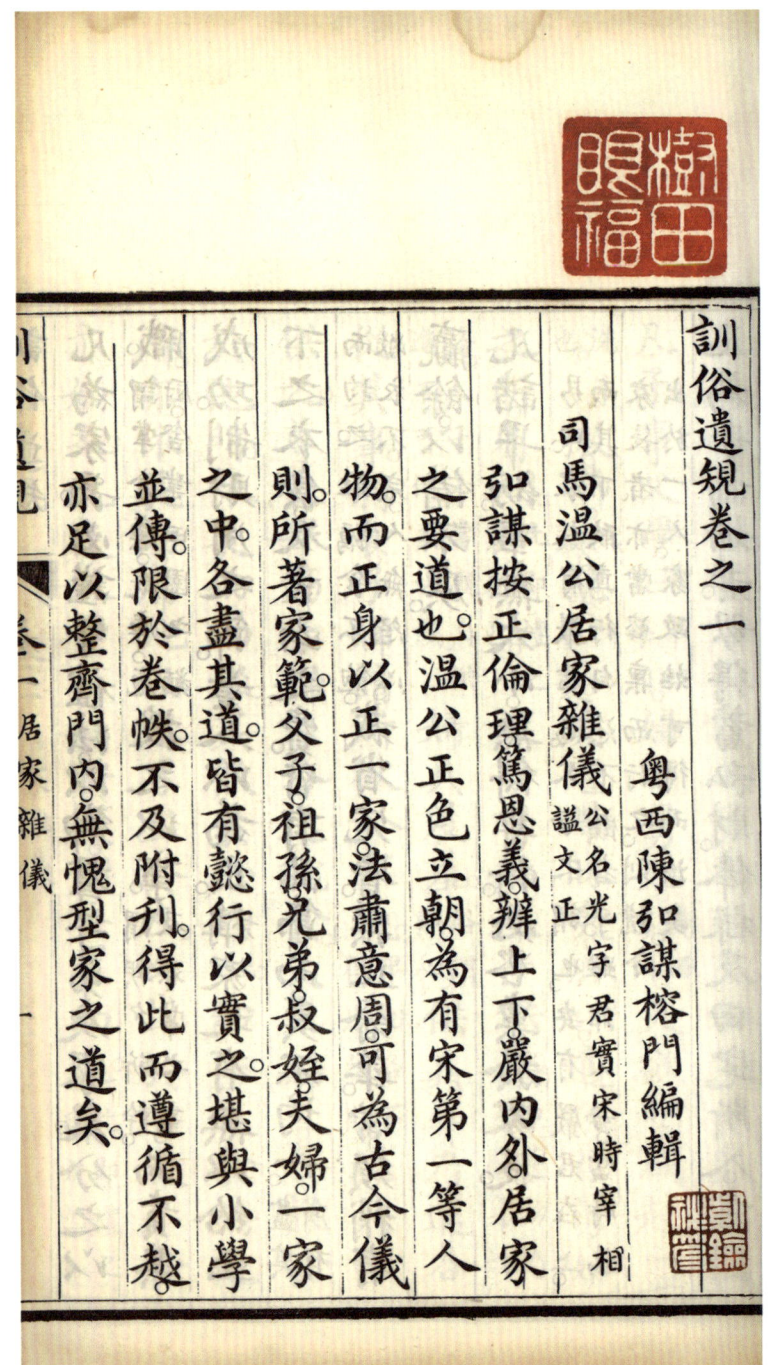

187　訓俗遺規四卷（2-1）

187　訓俗遺規四卷

清陳弘謀編輯。扉葉鐫"道光元年重刊,思過堂藏板"。二冊。卷前乾隆七年(1742)陳弘謀序。

《五種遺規》本。《五種遺規》有乾隆間陳氏培遠堂刻本,道光十年(1830)重又補刻。常見此書如含英閣本等皆竹紙,匠體字。此書寫刻甚精整,楮墨精良。

人皆俗,當時時訓之。至俗不可耐,訓之晚矣。然亦不可深訓,雅中沾俗,方纔有趣,人盡去俗,古書盡可不必觀矣。何況人之俗根甚深,焉能盡去。

187　訓俗遺規四卷(2-2)

圖繪經商獻曝錄

鎮海丁方鎮健行述　　太倉李巘檀園評

上海周湘隱厂繪

習商概要

古者重士而不重商，故商雖為四民之一，而獨居於末。然致富之道莫先於商，是以范蠡用計然之術富堪敵國，馬遷著貨殖之傳，比之封侯，爭光史冊，有聲有色。至今日則時移勢換，世界以商戰富國，故凡欲覘一國國勢之強弱者，可於其商業之盛衰卜之。而商人之地位遂至是而益隆，商業之關係亦至是而

188　圖繪經商獻曝錄

丁方鎮述,周湘繪圖。一九三〇年中華書局排印本。白紙一册。鈐"葉儉"印。

是書凡四十二章,附六十三圖,爲近代社會首部經商學說圖書。該書全面闡述了經商觀念,以古人嘉言懿行以資觀感。李檀園品題、周隱厂繪圖、朱青黎評注。朱煜時序稱:"此書之所述,字字皆正心誠意,從肺腑中流出,可以砭俗,可以勉善,可以風世,不但經商之人當奉爲枕中鴻寶,而涉世之君子亦應人手一編,以當座右之銘。"

丁方鎮,字健行,晚號塞翁,別號知止居士。浙江鎮海人,民國十三年(1924)在上海創設寶大祥棉布號,後又開設多處分店,買賣興隆。寶大祥在上海灘頗有名氣,有"嫁女要到寶大祥"之説。富藏畫,好著述,也善畫。著有《先令珠算法》《煙雲過眼錄》《墨林挹秀》《知止詩錄》,另輯《二十四孝圖考》及《感應篇説詠》二書。

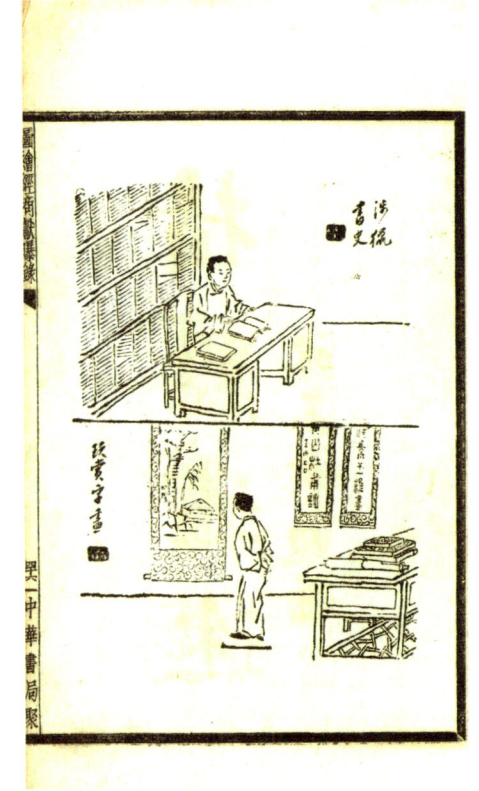

188　圖繪經商獻曝錄(2-2)

周湘,字印侯,號隱厂,曾師從楊伯潤、錢慧安、吳大澂、王秋言、姚梅伯等名流,工山水,兼及仕女人物,亦擅書法、治印。光緒三十三年(1907),在上海創辦布景畫傳習所,劉海粟、徐悲鴻、汪亞塵等人均爲該所學生。又創辦中西國畫函授學堂及上海油畫院,出版《美育雜志》。晚年隱居家鄉,生活窘迫,鬱鬱不樂,甚至將自己存留的佳作付之一炬。一九三三年辭世,享年六十二歲。

乙亥(1995)秋獲於海王邨古籍書市,價十元。此書不爲多見,且文圖並茂,直指商界良心,八十餘年後對世人尤其是從商者猶具警示作用。

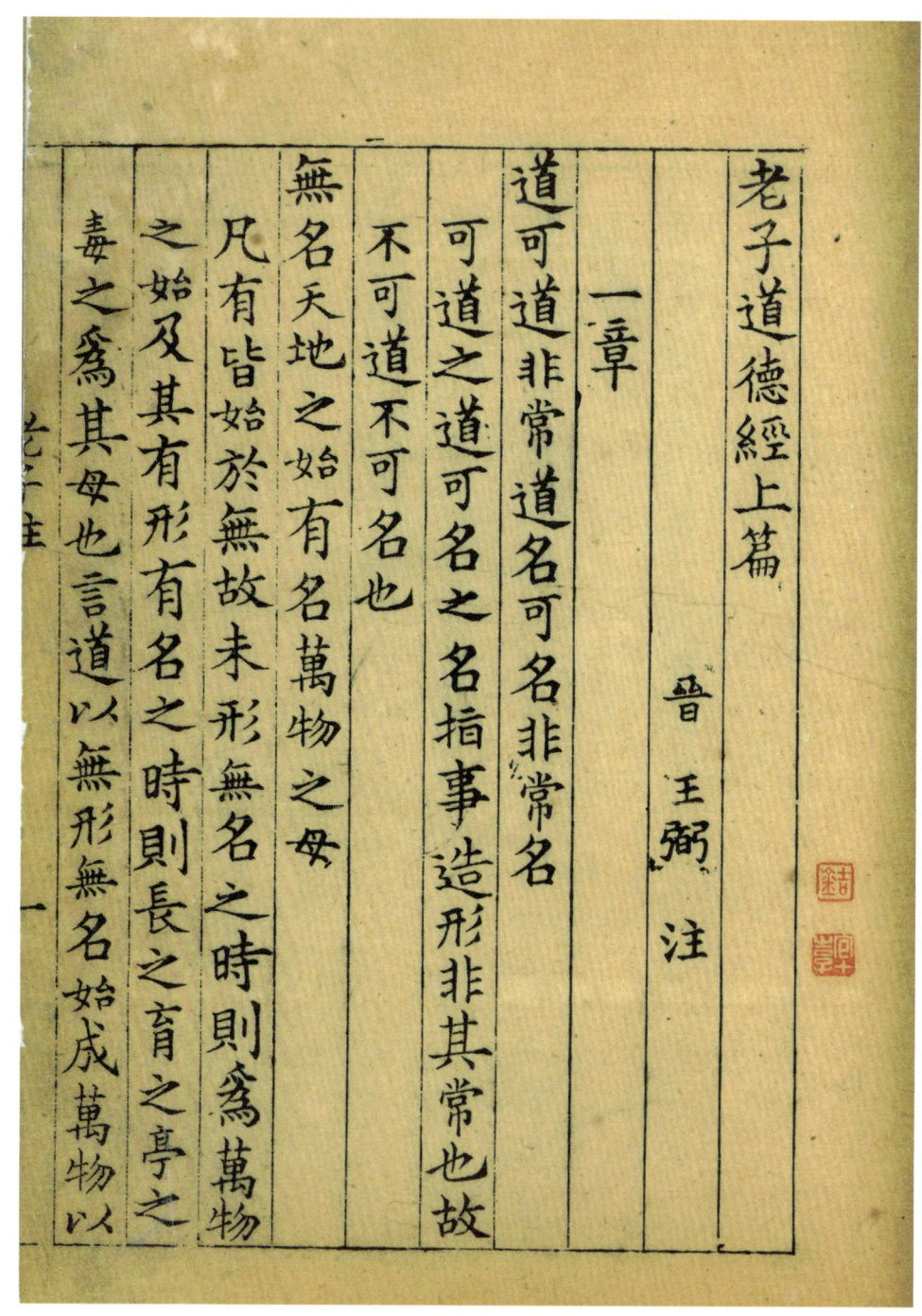

189 老子道德經二卷（2-1）

189　老子道德經二卷

晋王弼注，清黎庶昌輯。清光緒十年（1884）遵義黎氏日本東京使署影刻本。《古逸叢書》之六。美濃紙。大開本二册。封面墨書"參白法齋藏書□□自記"，卷前鈐"包氏于軌藏"。

包于軌，一九〇三年生於北京，浙江紹興人，室名參白法齋。著名書法家，博學多識，通文史，精詩詞，尤善對聯，曾在王府井畫店舉辦過個人畫展。解放前曾在天津造幣廠任職，後任鞍山鋼鐵公司副管理師，解放後曾任北京市政協秘書，一九五七年申請離職，曾被中央美院聘爲書法教師，一九七二年七月二十六日死於山西稷山看守所。

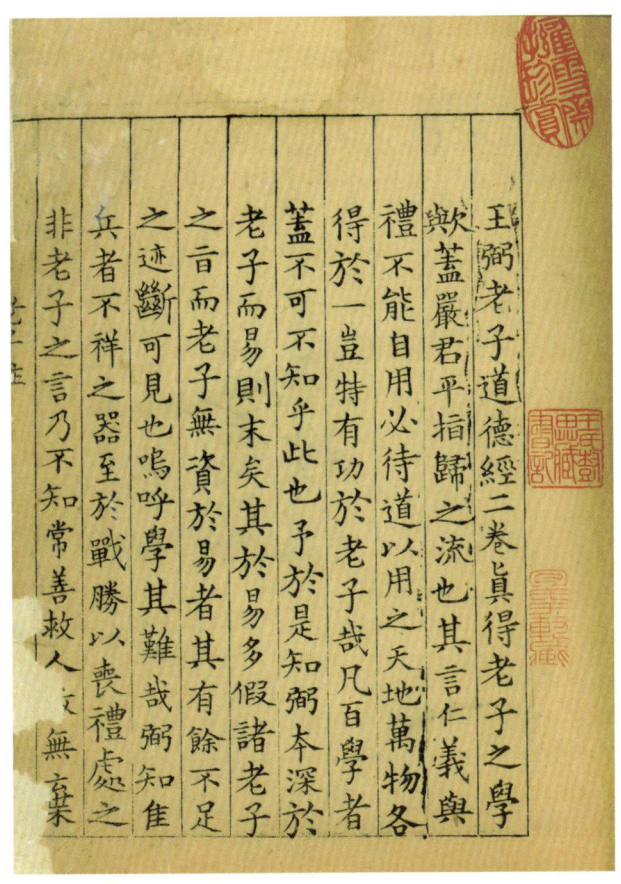

189　老子道德經二卷（2-2）

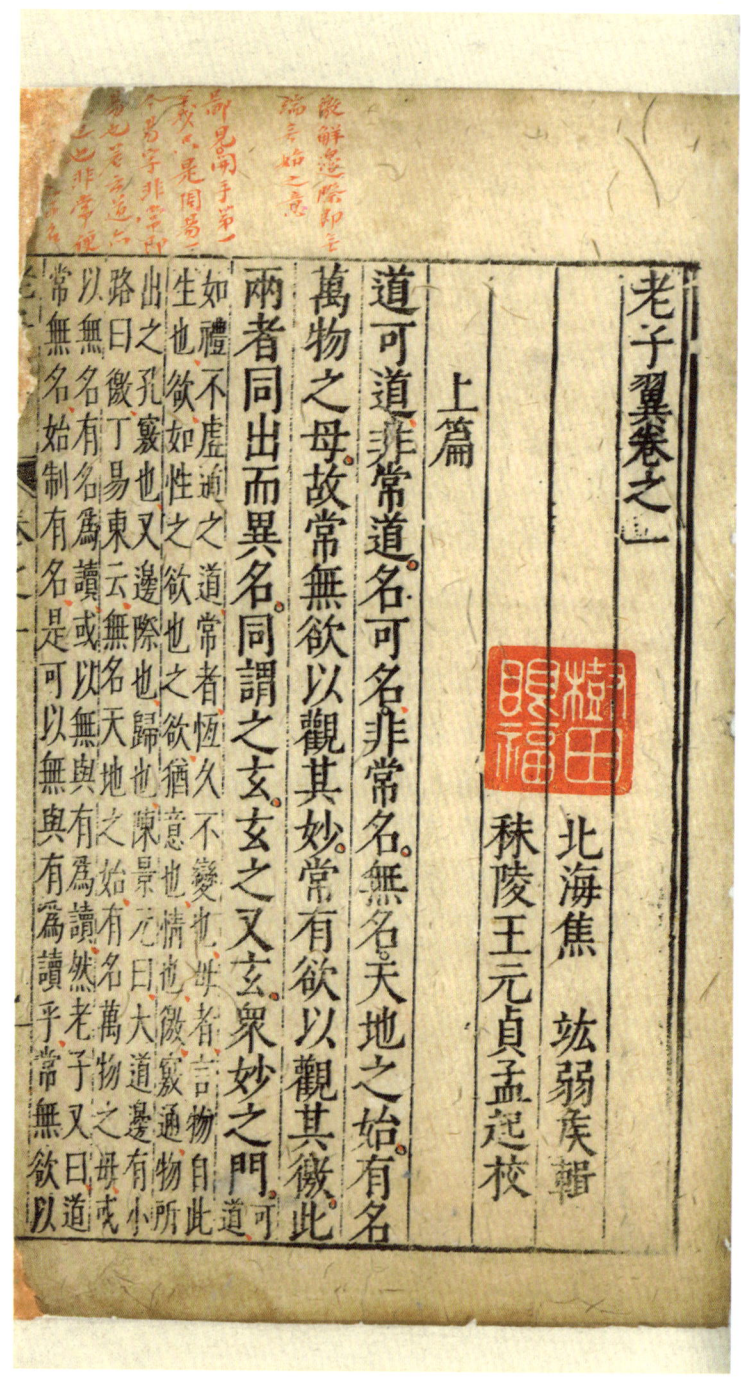

190 老子翼三卷(2-1)

190　老子翼三卷

明焦竑撰。明萬曆十六年(1588)王元貞刻本。三册。半葉十行二十字,白口,單黑魚尾,左右雙邊。與《莊子翼》八卷合刻。大題下鎸"北海焦竑弱侯輯,秣陵王元貞孟起校","玄"字不避。

卷内朱批甚多,未知誰人手筆。

卷一《采摭書目》"上篇";卷二"下篇";卷三《附録》《考異》。乾隆五年(1740)三多齋翻刻《老子元翼》爲二卷,附《考異》二卷、《附録》一卷,亦焦竑撰。

丙子(1996)秋南下訪書,於蘇州"天賜莊書店"得見此書,亟購之。同時另購十餘部書,所欠書款歸後郵還店主,其情可感。

此書與《莊子翼》同爲清代禁書。

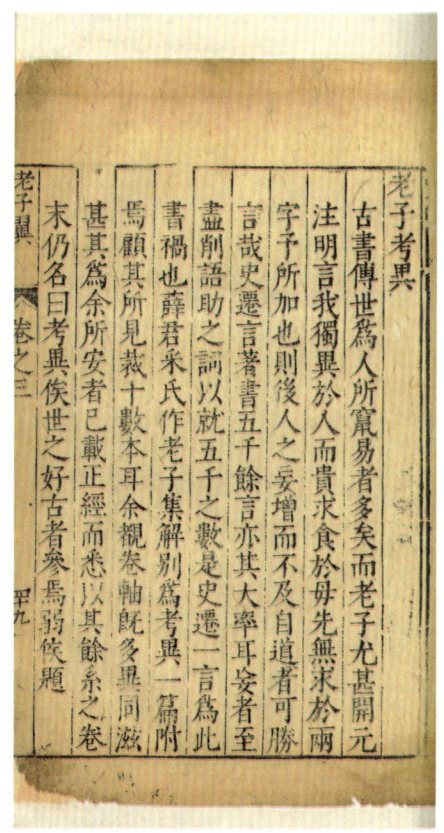

190　老子翼三卷(2-2)

莊子因卷之一

三山林雲銘西仲許逑

內篇逍遙遊第一

北㝠有魚其名為鯤鯤之大不知其幾千里也總貼出大字是大
之綱化而為鳥其名為鵬鵬之背不知其幾千里也○大字分貼背
怒而飛其翼若垂天之雲○所覆者廣
之怒即怒號於全之意乃用力之意
是鳥也海運則將徙於南㝠南㝠者天池也○已上已敘鵬風齊諧人信故鵬者志怪者也
此風力而南㝠者天池也○南㝠句解一譏作案齊諧何解
南從也○南㝠者天池也
大風力而南㝠者
齊諧古書名○南㝠句解他書俱可無有那能如許跌宕波瀾
語作起引者他書俱

莊子因卷之一逍遙遊諧之

191　莊子因六卷

清林雲銘評述。清康熙五十五年(1716)自刻本。竹紙六册。

林雲銘,字西仲,號損齋,福建侯官人。順治十五年(1658)進士,官徽州府通判。少嗜學,每探索精思,竟日不食。暑月,家僮具湯請浴,率和衣入盆,衣盡濕,始覺。里人皆呼爲"書癡"。著有《楚辭燈》《挹奎樓選稿》等。

此書得自"孔夫子舊書網",售者爲一福建書友。

南華發覆卷之一

梁谿性通蘊輝甫注

西安方應祥孟旋甫較

內篇逍遙遊第一

內外者道德二字也內以道言外以德言內雖有七秖發揮道之一字外篇有十五秖發揮道之字德之一字道之真以治身是以言內緒餘以為天下國家無為為之

逍遙遊

逍遙遊者人之所以遊道也唯道集虛人能虛已遊世其孰能害之觸處之所以不得逍遙子無何有之地惟至人乘天地之正遊無窮不變解脫無礙人出愛是以好惡不驚死生自由之地其所以為道遙遊也

北冥有魚其名為鯤鯤化鵬之喻托物寓意以明大自由此其所以為道遙遊也要見有此大魚始而

192　南華發覆八卷

明梁溪釋性涵蘊輝甫注。明天啓刻本。竹紙六册。半葉九行二十字,小字雙行同,白口,單黑魚尾,四周單邊。封面鎸"句曲宣茂公先生手著,文奎堂梓行"。大題下鎸"梁溪性涵蘊輝甫注",卷一前鎸"西安方應祥孟旋甫校",後七卷所鎸校者均各不同。卷前丙寅(1626)陳繼儒序,次明金陵清凉山孔雀頭陀梁溪性涵蘊輝序。不避"玄""丘""寧"等字。封面墨書書名及每卷次第等。署"悦三"。

此本與嚴寶善《販書經眼録》著録之《南華發覆》類同。唯嚴氏所著録者未涉及"文奎堂"。孫殿起《販書偶記》著録《南華發覆》爲六卷(疑孫氏未見全書,故此),雍正間刊,實誤。此本早年購於揚州古籍書店,尾失一葉。

金丹百句註序

余讀紫陽翁悟真云不求大道出迷途縱負賢才豈丈夫未嘗不廢書而嘆也夫人生不過百年之軀詎是賢否富貴賤各有不同一旦盡年常同歸為有求一生世寄存歷劫不壞者抱此紫陽悟真之詩對以迷者之當頭棒喝也翁之曠世之才殊獵三教於生死之間犬西巔慶遇青城丈人授以金丹大道由此披修一乘而世宗仰沁而得授卻人果獲罪禮叩深自韜晦後念酬志夢託苦修無不譏訕予明又著金丹百句自心比下率以西詞神出竅一切大悟無不議拈於詞四與遠氣釋諸浮于虛浮字都明因句加以箋註偉学者貢于經鄉此中之寓不敢于玄字玄字者延訝言師竹機此八參了珍

193　鈔本金丹百句註

道家類書。未署名。朱絲欄鈔本。不分卷,一册。前有道光六年(1826)廖復盛序,卷末寫"民國三十三年八月七日夏曆六月十九日鈔竣"。

廖復盛,號坦然子,四川瀘州人。著有《醒道雅言》,道光間刊。

此書對明代孫汝忠《金丹真傳》中之《金丹五百字》加以註釋。一訣一註凡百題,詩句皆言交媾、煉丹、修養之術。是鈔未見著錄。查《四庫全書總目》,有《金丹詩訣》二卷,未知是否此書。

曩年訪滬上古籍書店,方購書一批,豪興正濃,一老者言朋友因買房缺款欲售藏書。余聞之大喜,即隨其乘人力車而去。不意所見僅三兩種民國刊本,悵悵不可言。書主旋又出示此鈔,以百元付之,方不枉此行也。

194 墨子十六卷(2-1)

194　墨子十六卷

清畢沅校注。清乾隆四十九年(1784)畢氏靈巖山館刻《經訓堂叢書》本。三冊。卷前畢沅序,卷末孫星衍跋。畢氏序曰:"《墨子》七十一篇,見漢《藝文志》。隋以來爲十五卷、目一卷,見隋《經籍志》。宋亡九篇,爲六十一篇,見《中興館閣書目》。實六十三篇,後又亡十篇,爲五十三篇,即今本也。"

卷内鈐"朱櫟藏書""九芝仙館"二印。"九芝仙館"爲清朱振采室名。朱氏一七八〇年生,一八四二年卒,字冕玉,號鐵梅,江西高安人,原名朱櫟,嘉慶舉人。藏書逾三萬卷。著《江城舊事》《經典質疑》《九芝仙館詩文鈔》。

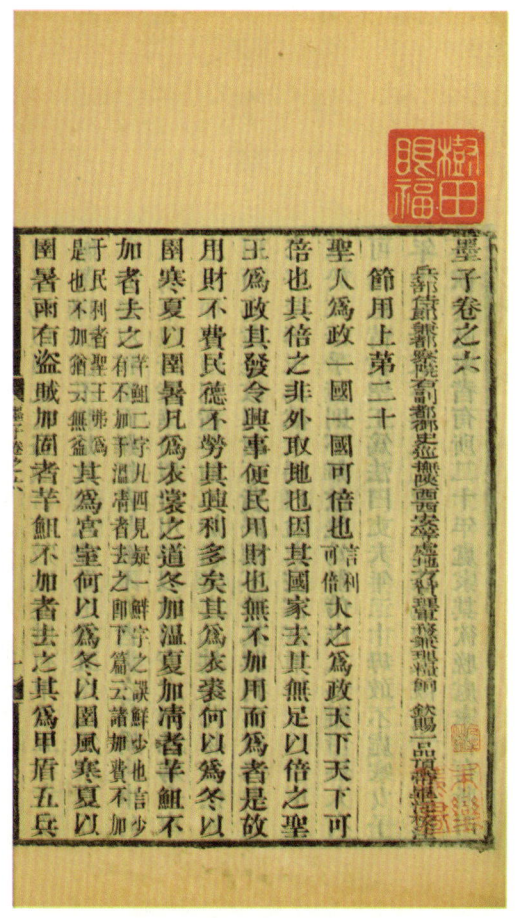

194　墨子十六卷(2-2)

武備志卷四十八

防風茅元儀輯

戰畧考

南宋

開封尹闕、李綱言綏復舊都、非宗澤不可、乃拜東京留守知開封府時敵騎留屯河上金鼓之聲日夕相聞、而京城樓櫓盡廢民兵雜居盜賊縱橫人情洶洶澤威望素著既至首捕誅舍賊者數人、下令曰為盜者贓無輕重悉從軍法由是盜賊屏息

195　武備志二百四十卷

明茅元儀輯。清道光間木活字本。白紙大開本，帶圖。存十七册。

此爲明代大型軍事類書，文二百餘萬字，圖七百三十八幅，彙集兵家、術數之書二千餘種，歷時十五年輯成。有明天啓元年（1621）本。乾隆年間被列爲禁書。

茅元儀，字止生，號石民，又署夢閣主人，浙江歸安人，茅坤之孫。曾爲兵部侍郎楊鎬幕僚，後得兵部尚書孫承宗重用，崇禎二年（1629）升副總兵，治舟師守覺華島，獲罪遣戍漳浦，鬱鬱而亡。

此書二十年前獲於呼和浩特市書友張蘭春。蘭春與余同庚，原爲一印刷工，喜讀、藏古書，經常利用出差機會在京城琉璃廠觀書、淘書，又與書店段老闆熟識，多從其處購廉價之書。生計所迫，所藏之書大多轉讓他人。此書當時售余僅十五元一册，十七册乃陸續得之。雖不全（也很難集全），木活字且帶圖，大可存之。

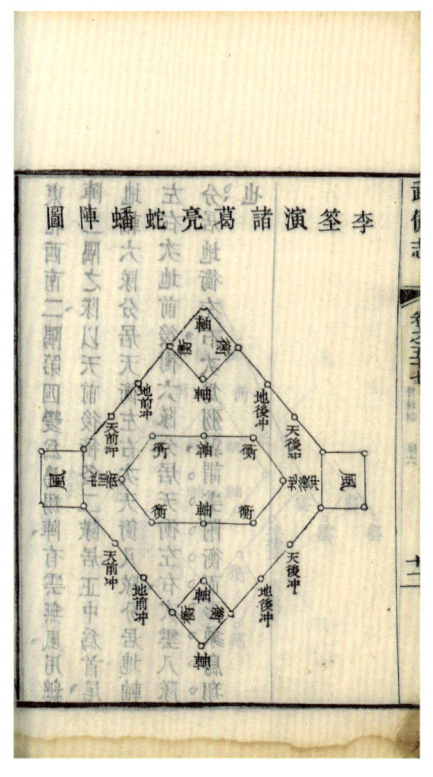
195　武備志二百四十卷（3-2）

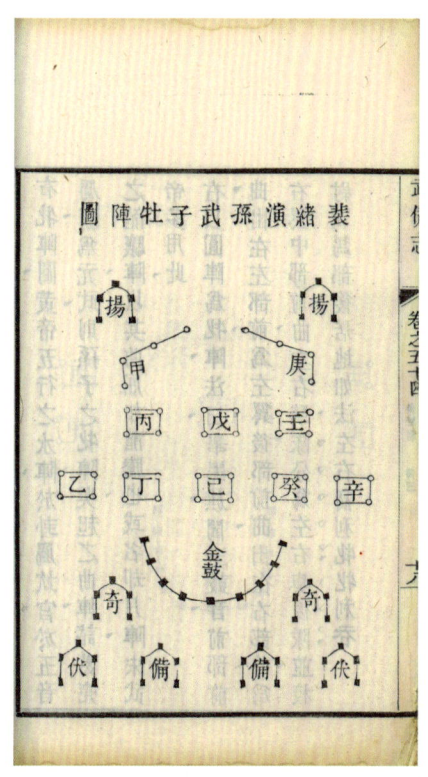
195　武備志二百四十卷（3-3）

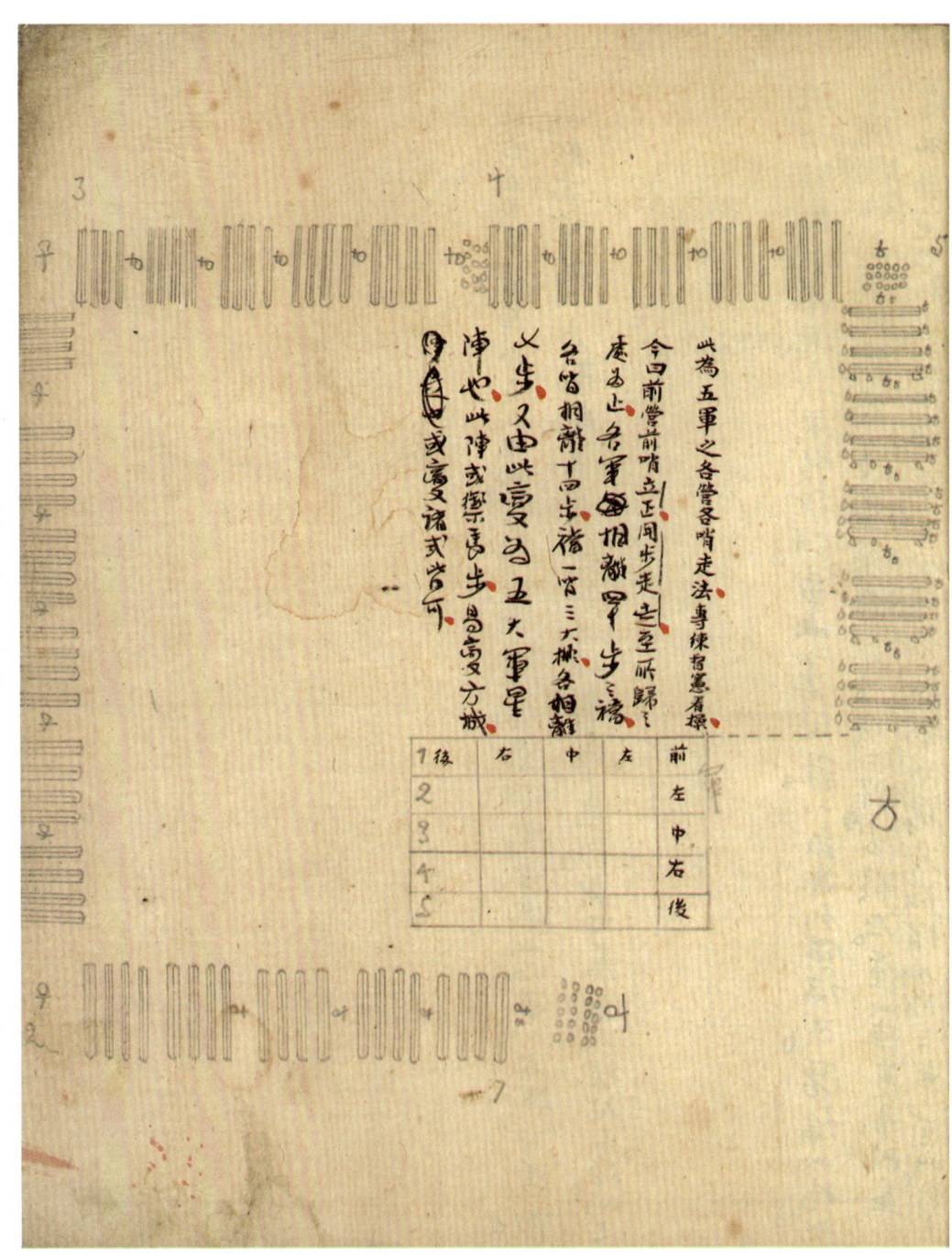

196　砲法真訣

清鈔本,大方本。一册。封面墨書"饒州錦泉"。

此爲兵書,言砲之布陣及使用,采問答式。圖多。冷攤得來,存之有年。

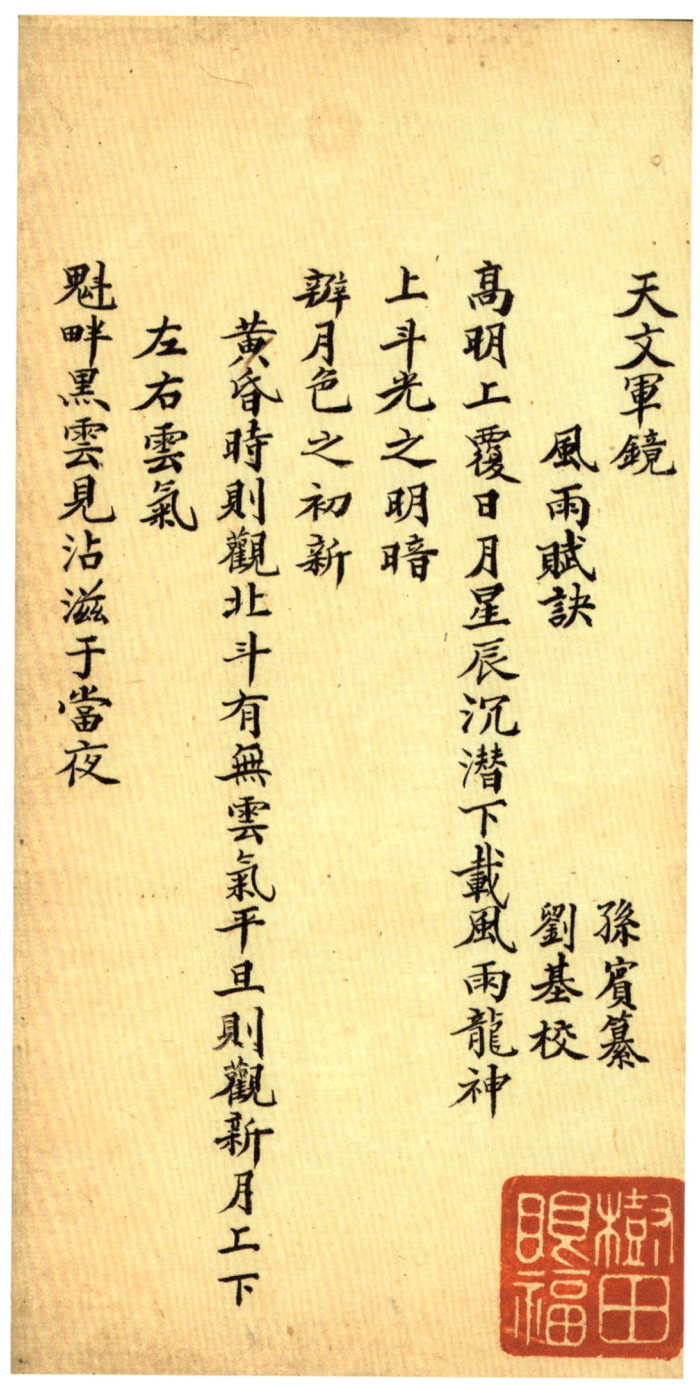

天文軍鏡　　　　孫賓纂
　　風雨賦訣　　劉基校
高明上覆日月星辰沉潛下載風雨龍神
上斗光之明暗
辨月色之初新
黃昏時則觀北斗有無雲氣平旦則觀新月上下
左右雲氣
魁畔黑雲見沾滋于當夜

197　彩繪鈔本天文軍鏡（2-1）

197　彩繪鈔本天文軍鏡

兵書。鈔本。與《行軍須知》《秘授陰符兵法》合爲八册。《天文軍鏡》署孫臏纂，劉基校。然孫臏所傳書，未見有此。或恐托名之作，亦未可知。查該書祇《讀書敏求記》有載，但又列《九宮行營》之名，未知何意。《行軍須知》未署撰者，經查有明嘉靖元年（1522）孟鳳據舊本重刻本，二卷，前有嘉靖元年孟鳳序，云："予奉命提督宣大軍務時，與將領談兵，多未之學，欲盡教以《武經七書》，恐卒難入，檢行篋中，得舊録鎮遠顧總兵家藏《行軍須知》一册。"余藏此鈔無序無卷數，共二百二十條，從目録看，"佈戰"爲"合戰"，餘皆同。《秘授陰符兵法》署"雲夢真人鬼谷子輯注，九峰道人陳羽士藏識，晋陵天鈞玄隱子拜授"。

該鈔黃紙無格，帶手繪彩圖，字體端秀。曾經修補，有襯紙。"玄"字均缺筆避諱。

歷代統治者不許民間藏鈔兵書，違者嚴辦。此鈔本兵書能保存至今，實屬不易。乙亥（1995）秋至蘇州，經協商，王德中先生慨然見讓，實爲此次南下訪書之白眉。天津張振鐸曾以重金求售，未允。此前於王德中處另獲鈔本《易萃》一部，已讓與張。

197　彩繪鈔本天文軍鏡（2-2）

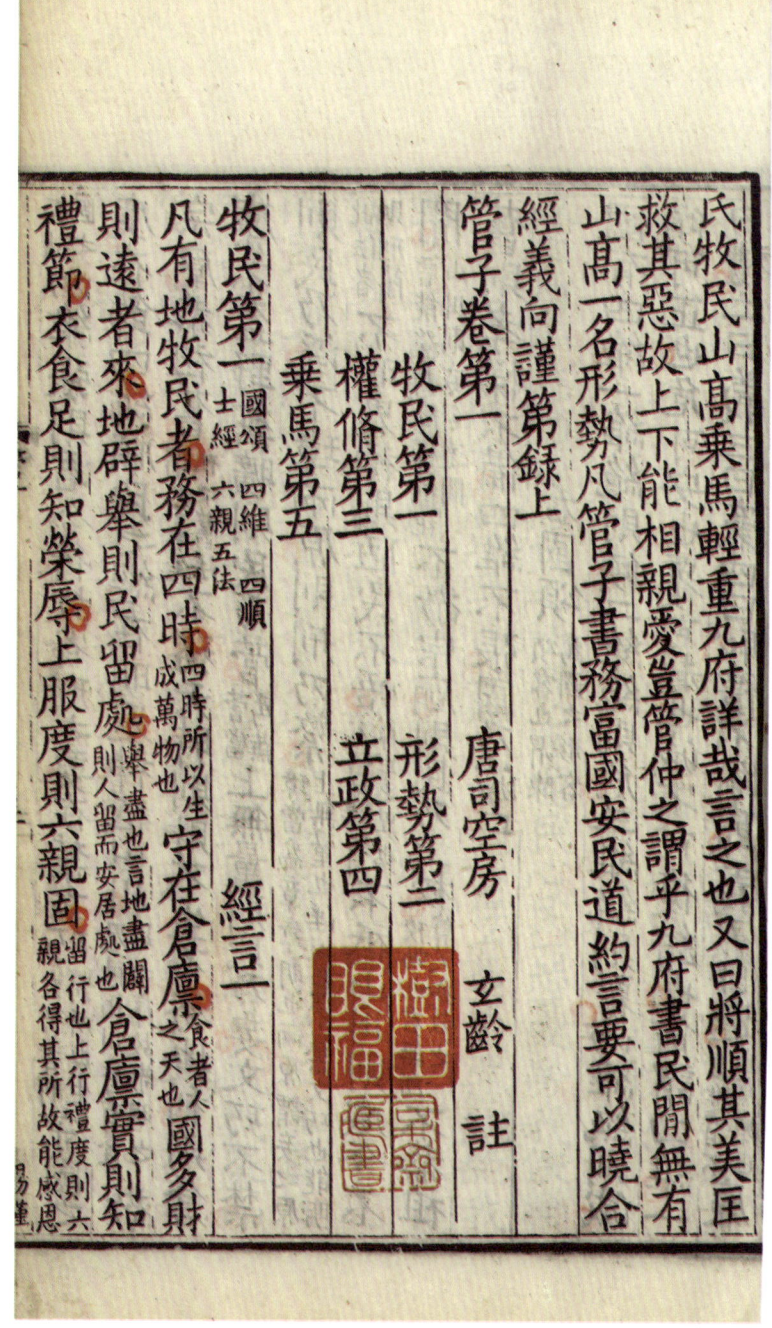

管子卷第一

經義向謹第錄上

唐司空房玄齡 註

牧民第一 士經六親五法

形勢第二

權脩第三

立政第四

乘馬第五

經言一

牧民第一 國頌 四維 四順

凡有地牧民者務在四時 四時所以生成萬物也 守在倉廩 食者人之天也 國多財則遠者來 地辟舉則民留處 舉盡也言地盡闢則人留而安居處也 倉廩實則知禮節 衣食足則知榮辱 上服度則六親固 親各得其所故能感恩

198　管子二十四卷

　　唐房玄齡注。清光緒五年(1879)常熟張瑛覆宋紹興本。白紙四册。版心鎸刻工張通、王彬等人,宋代杭州地區刻工。首楊忱序,瞿氏書目,黃丕烈記,戴望記,卷末張嵊跋。

　　卷内朱筆批校甚多,未知出誰人之手。每批首皆標"桂志"。

　　是書獲於河北廊坊。

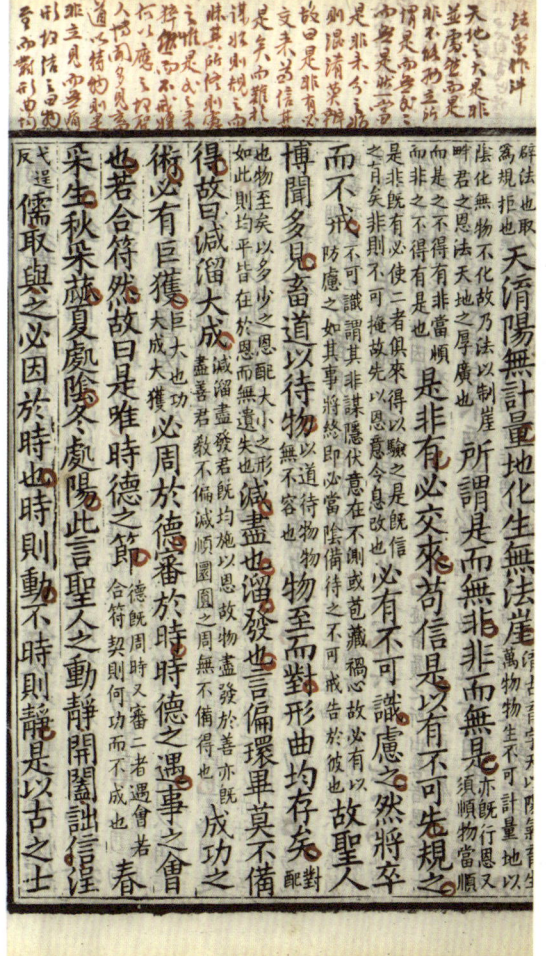

198　管子二十四卷(2-2)

韓非子纂卷上

金陵張榜賓正纂

初見秦篇華有

臣聞不知而言不智知而不言不忠爲人臣不忠當死言而不當亦當死雖然臣願悉言所聞唯大王裁其罪

臣聞天下陰燕陽魏連荊固齊收韓而成從將西面以與秦强爲難臣竊笑之世有三亡而天下得之其此之謂乎臣聞之曰以亂攻治者亡以邪攻正者亡以逆攻順者亡今天下之府庫不盈囷倉空虛悉其士民張軍數十百萬其頓首戴羽爲將軍斷死於前不至于人皆

韓非子纂二卷

199　韓非子纂二卷

明張榜纂。《群言液》叢書本。明萬曆三十九年(1611)刊。竹紙一册。半葉十行二十一字,白口,單黑魚尾,欄上、行間鐫評,無序跋。

《韓非子》歷來版本頗多,主要有"乾道本""叢刊本""道藏本""迂評本""趙本"等版本。《韓非子》原文有五十五篇,但至趙用賢刻本前的各種版本衹是五十三篇脱葉缺刻的《韓非子》。明萬曆十年(1582),趙用賢購到五十五篇的宋本《韓非子》,他用近時流行本對字句差錯加以改定,保留舊著,然後刊出,即"趙本"是也。明萬曆三十九年,金陵張榜(字賓王)以"趙本"《韓非子》二十卷爲底本,删節爲二卷,重加批語,成《韓非子纂》,即此書也。後稱"張榜本"。朱士泰、吳賁、金堡都翻刻過此本。

張榜本的初刻本應是朱士泰校訂本,並有其序,次張榜序,其他翻刻本也都有此二序,但此本無之,未知何因。正文題下不列他人,也與他本不同。待考。

張榜所輯《群言液》,收書七種,共十四卷,《中國叢書綜録》未載,罕見。"群言",群書也。瀝液,去渣滓,取其漿汁,謂汲群書之精華。

乙亥年(1995)返天津瀋陽道古物市場,於冷攤拾取此書,同時所獲另有張榜輯刊《淮南鴻烈解輯略》二卷,版式與此書同,乃此行所獲之白眉也。

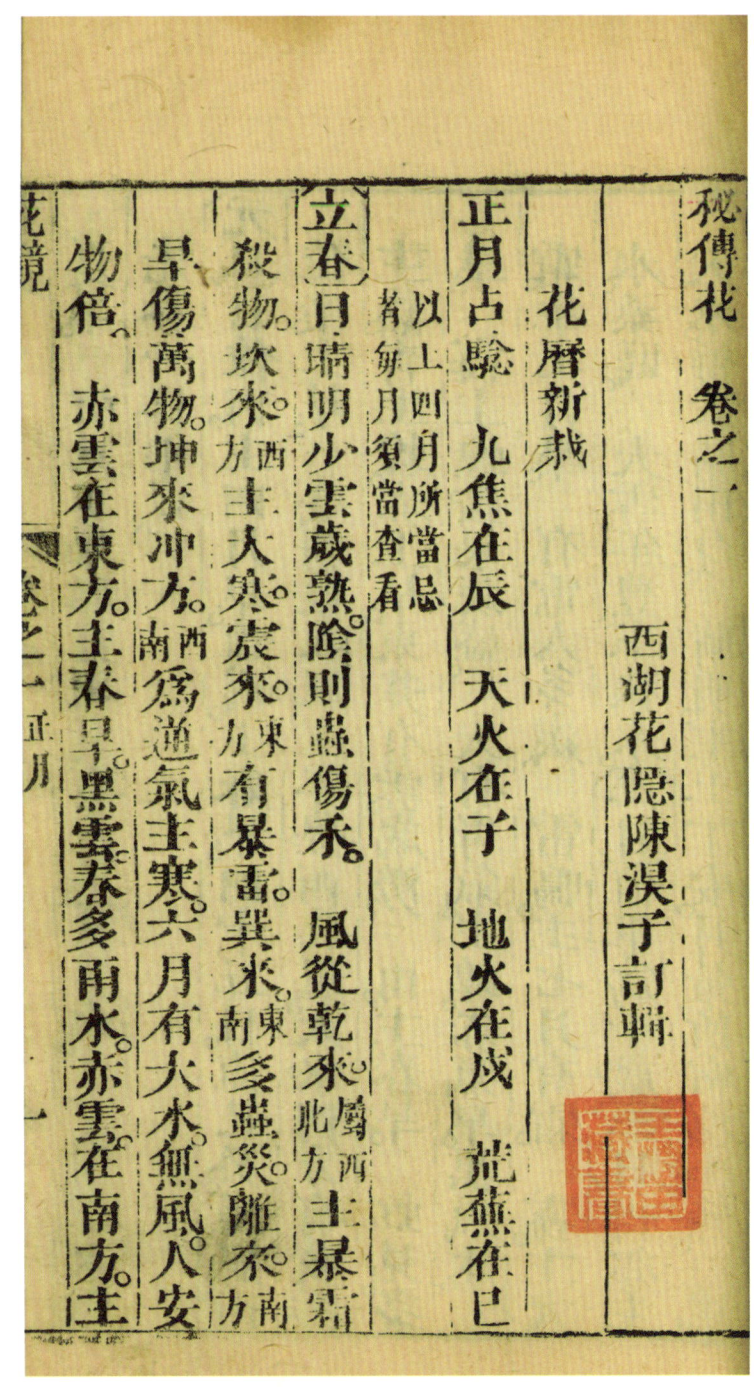

秘傳花鏡 卷之一

西湖花隱陳淏子訂輯

花曆新裁

正月占驗 九焦在辰 天火在子 地火在戌 荒蕪在巳

立春日晴明少雲歲熟陰則蟲傷禾。風從乾來屬西北方主暴霜殺物。坎來冲方西主大寒。震來方東有暴雷。巽來東南多蟲災。離來南方主旱傷萬物。坤來冲方西南為逆氣主寒。六月有大水無風八安物倍。赤雲在東方。主春旱。黑雲春多雨水。亦雲在南方主

正月占驗 以上四月所當忌者每月須當查看

200　花鏡六卷

清陳淏子訂輯。清刻本。帶圖。竹紙六册。

卷前康熙戊辰(1688)西湖花隱翁陳淏子序,云:"余生無所好,惟嗜書與花。年來虛度二萬八千日,大半沉酣於斷簡殘編,半馳情於園林花鳥,故貧無長物,只贏筆乘書囊,枕有秘函,所載花經、藥譜,世多笑余花癖兼號書癡。噫嘻!讀書乃儒家正務,何得云癡?至於鋤園藝圃,調崔栽花,聊以息心娱老耳。"

余二十世紀末偶獲一猫,近二十載綿延不斷,今已蓄猫滿室,尚有不少流浪猫待哺之,不堪其累矣!弄花雅事也,養猫則俗透,自不可比擬。然愛物之心正同,人存善念心自安,信哉!

書二十年前所獲,刊印漫漶,不自珍重。

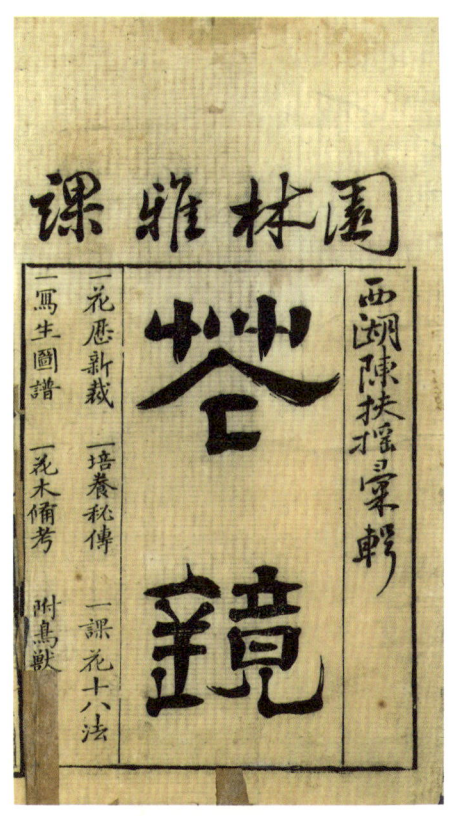

200　花鏡六卷(3-2)

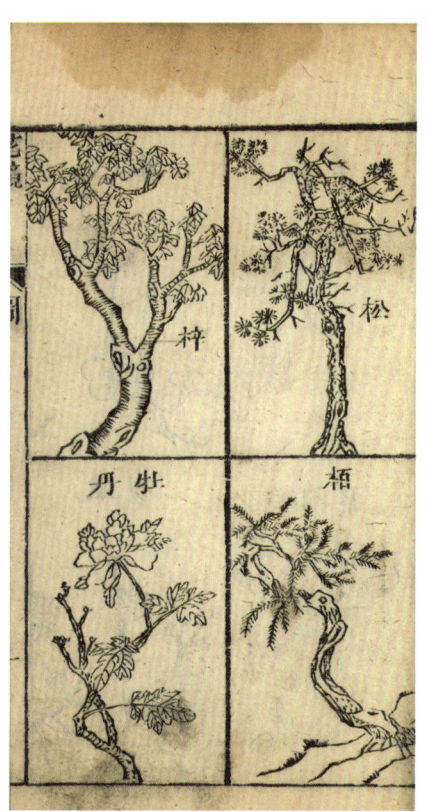

200　花鏡六卷(3-3)

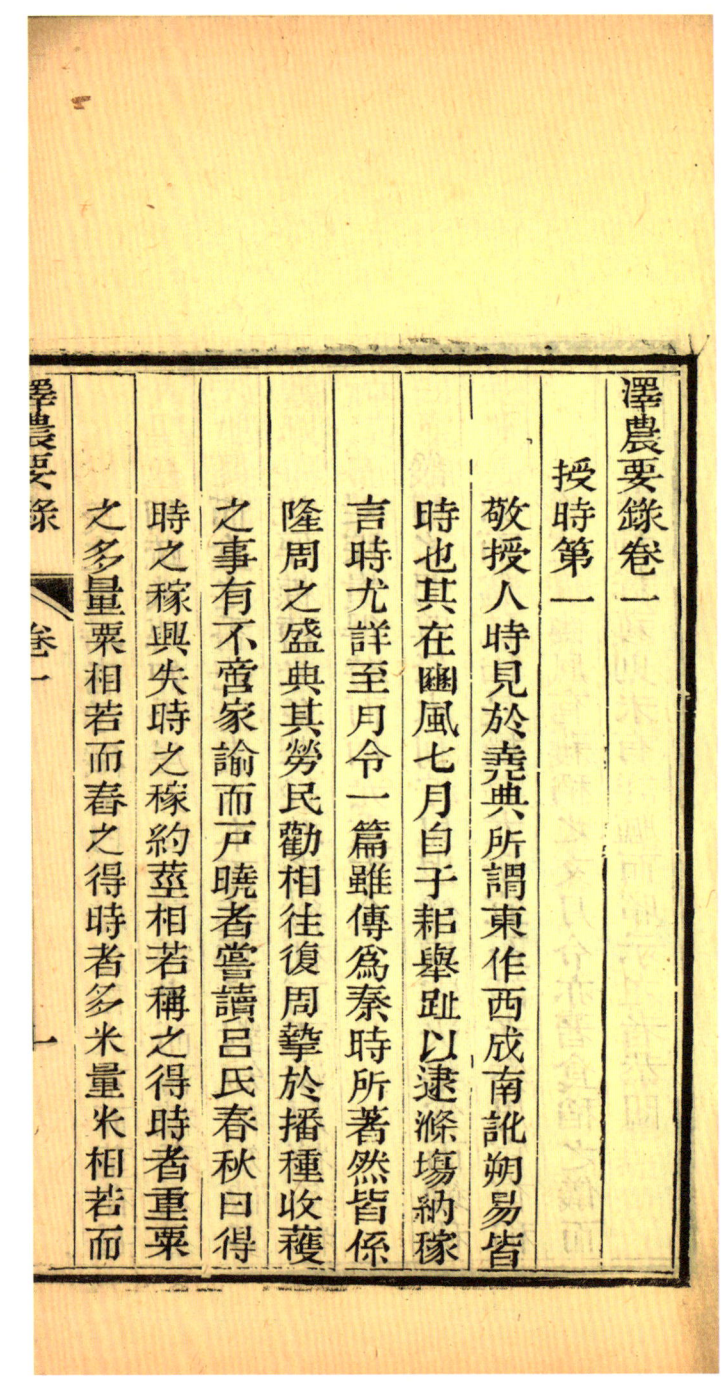

澤農要錄卷一

授時第一

敬授人時見於堯典所謂東作西成南訛朔易皆時也其在豳風七月自子耜舉趾以逮滌場納稼言時尤詳至月令一篇雖傳爲秦時所著然皆係隆周之盛典其勞民勸相往復周摯於播種收穫之事有不啻家諭而戶曉者營讀呂氏春秋曰得時之稼與失時之稼約莖相若稱之得時者重粟之多量粟相若而舂之得時者多米量米相若而

201　澤農要録六卷

農書。清吳邦慶撰。二册。内分十門,每門前有作者小引。卷前有道光四年(1824)作者序。序稱:"古今公私藏書簿録農家者流,亦寥寥。"究其原因,"農習其業而不能筆之於書,士鄙其事而未由詳究其理,即今世傳有《齊民要術》《農桑輯要》諸書,亦不過供學者之流覽,於服田力穡者毫無裨補也。"此說頗有理。然學者總結農業生産經驗也算有功於農,難能可貴了。

余一九六八年八月響應號召,赴内蒙古巴彥淖爾盟磴口縣四壩公社插隊落户,前後凡三年,仍不曉農事,蓋無心務此也。余寶貴的青少年時期,也因此耽誤。返城後,在某小學教授"農業生産知識"課,實乃誤人子弟也。此一段涉農經歷至今難忘。

此書頗罕傳,少見著録。

201　澤農要録六卷(2-2)

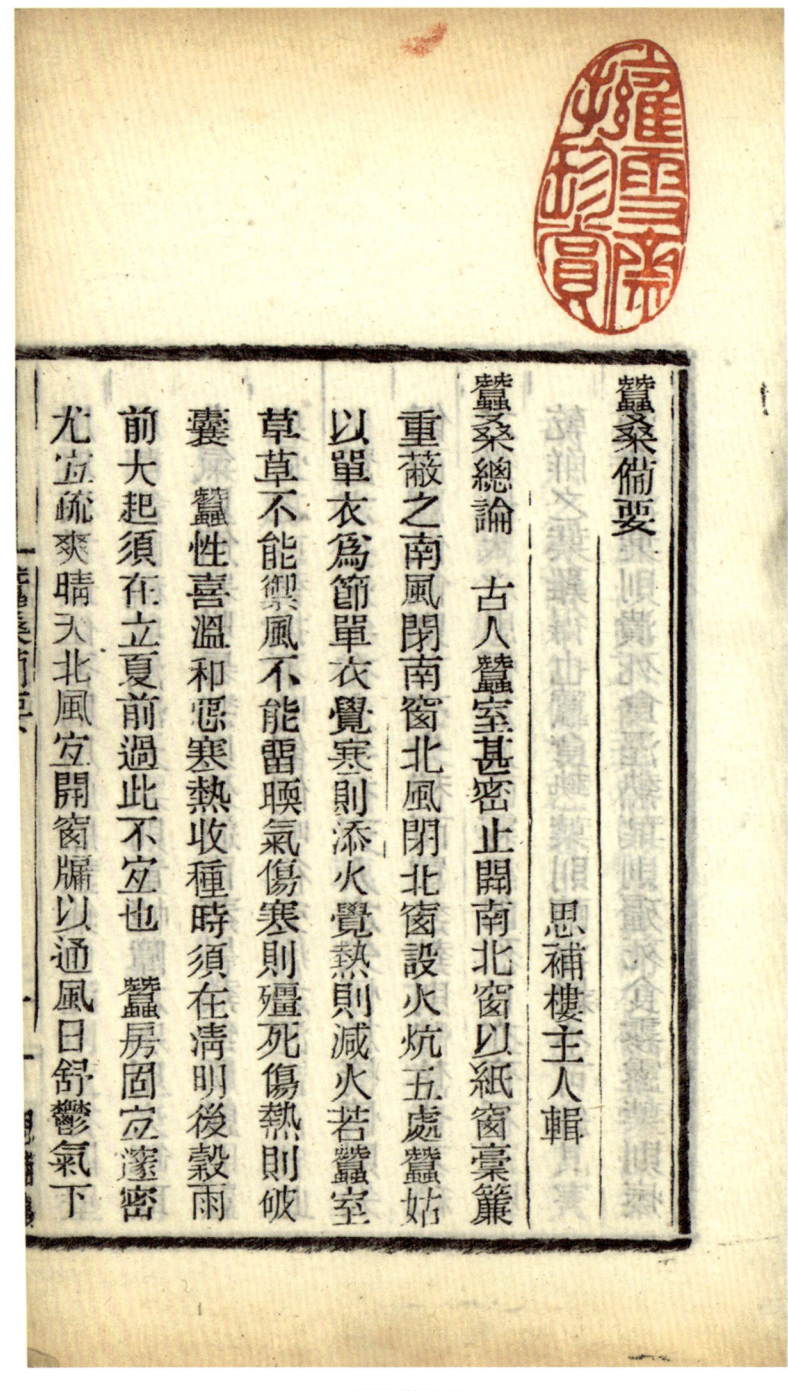

202　蠶桑備要（2-1）

202　蠶桑備要

清光緒丙子(1876)思補樓主人輯。木活字本。是書未見著錄。

余另存《胡文忠公奏議》六冊,木活字本,亦思補樓刊。思補樓爲清季武進盛宣懷室名,亦其刊書處,所刊木活字本頗多。

無序跋,有圖,一册。

張秀民等著《中國活字印刷史》附活字本目錄,較詳,然未載此書。

書獲於滬上,價廉。

202　蠶桑備要(2-2)

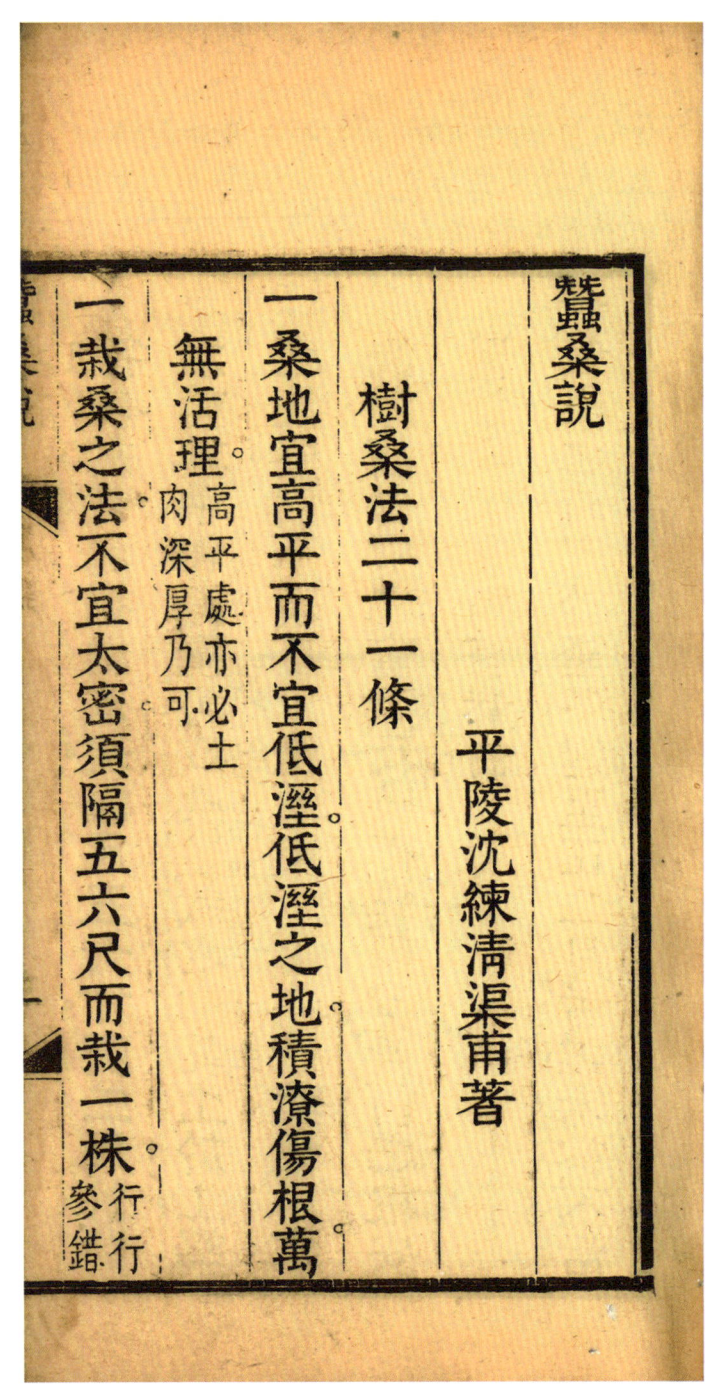

蠶桑說

平陵沈練清渠甫著

樹桑法二十一條

一桑地宜高平而不宜低溼低溼之地積潦傷根萬無活理。高平處亦必土肉深厚乃可。

一栽桑之法不宜太密須隔五六尺而栽一株參錯行行

203 蠶桑説

清沈練著。清光緒十四年(1888)刊。一册。

沈練,字清渠,江蘇溧陽人,道光舉人。夫妻二人均精於養蠶,道光間刊此書,以推廣養蠶技術,後又衍成《廣蠶桑説》,咸豐五年(1855)病逝。

中國自古農桑並重,蠶桑書成爲古農學中的一個重要門類。此類書爲數不少,中國國家圖書館《中國古農書聯合目録》編列的蠶桑書有一百二十種,大部分刊於清末以後。

此書寫刻,字體頗存古意,別具一格。

203 蠶桑説(2-2)

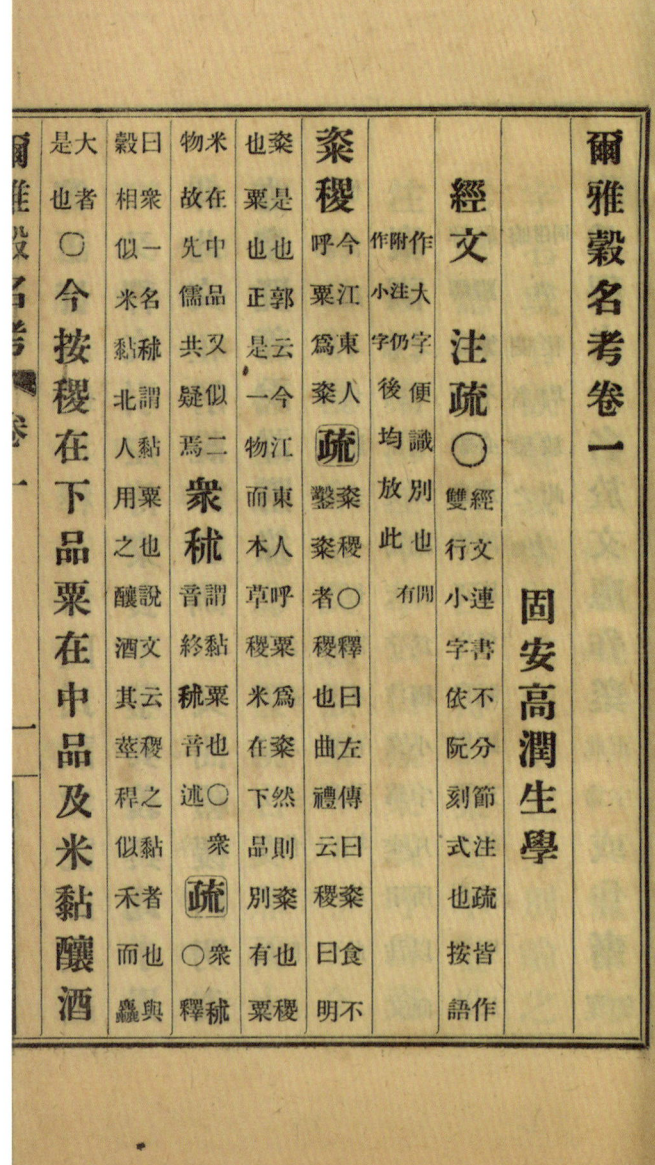

204 爾雅穀名考六卷首一卷末一卷（2-1）

204　爾雅穀名考六卷首一卷末一卷

固安高潤生撰。民國間笠園排印本，《古農學叢書》本。雙色套印。八冊。封面鎸"群經農事考之一"。牌記曰"笠園古農學叢書甲部"。卷末鈐"笠園編纂之章"朱印。

此農學專著。撰書起因一爲古代"經生習農業，五穀不分，爲世詬病久矣"；二爲《農政全書》《授時通考》等古農書，"體近襃鈔，説多淺陋""拉雜成書，語多舛謬，其考究論列之辭尤不足據"；三爲"今農校教科書純用東瀛譯本，於本國農學家言皆擯而不采，既非保全國粹之證，且氣候土壤中外各殊，削趾適履，恐新步未尋，轉併故步而兇之矣"。成此書，一爲保存國粹，二爲"置諸農校，參入教科"。撰者其志可嘉，其功亦不可没矣。

此《古農學叢書》，撰者擬按經、史、子、集四部分類纂輯。經類曰"群經農事考"；史類曰"中華農事歷史"；子類曰"農事舊學新硎"；集類曰"農事風雅集"。然遍查有關書目，均不見《古農學叢書》著録。《中國叢書綜録》亦不載之。王毓瑚《中國農學書録》更未提及。《販書偶記》載《爾雅穀名考》，是將叢書零種混入，且刊期"丁卯"有誤，應爲"丁巳"。卷末《答客難》已註明"丁巳印訖"。以此看來，《古農學叢書》似未完成，祇出《爾雅穀名考》一種。

204　爾雅穀名考六卷首一卷末一卷(2-2)

高潤生，河北固安人，字菉坡，又字春飄，號笠園，別號笠園耕夫。光緒十五年(1889)進士，官翰林院編修、御史。精農學，另刊有《歷代勸農事略》。

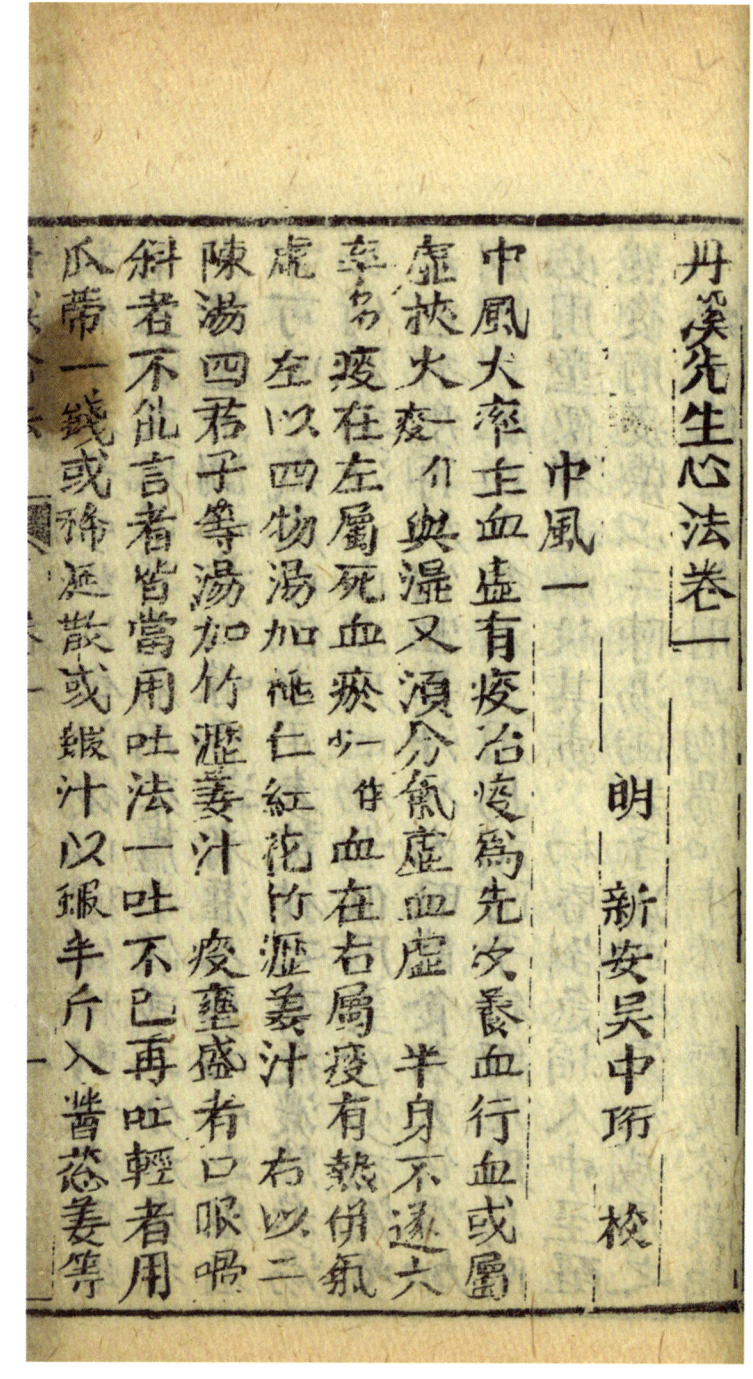

205 丹溪先生心法五卷附餘二十二卷附錄一卷(3-1)

205　丹溪先生心法五卷附餘二十二卷附録一卷

元朱震亨撰,明吳勉學、吳中珩校。黃棉紙。巾箱二十册。半葉十行二十字,白口,四周單邊。《丹溪心法》五卷,《附録》一卷,《附餘》六種二十二卷,計爲《脉訣指掌》一卷、《金匱鈎玄》三卷、《醫學發明》一卷、《活法機要》一卷、《證治要訣》十二卷、《證治要訣類方》四卷。卷内鎸"宏德堂開雕",又鎸"隆文堂藏板"。"玄""弘""寧"字均不避。此書似爲吳勉學萬曆間刊本。另有嘉靖丙申(1536)刊本、映旭齋刊本、《中國醫學大成》本等。

朱震亨(1281—1358),字彦修,世稱丹溪先生,元代婺州義烏人,朱震亨通過多年臨床經驗,倡導滋陰學説,創立了丹溪學派,被譽爲金元四大家之一。《丹溪心法附餘》中的《丹溪心法要訣》《丹溪心法附方》爲其弟子門人根據朱氏臨床經驗整理而成。

余不諳醫書,亦不喜收留,所存大多易去。乙亥年(1995)於太原古舊書店架上得見此書,以明版稀見,且書品齊整,故取歸。

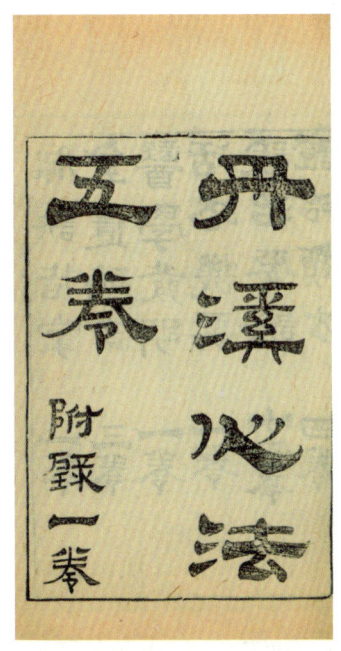

205　丹溪先生心法五卷附餘二十二卷附録一卷(3-2)

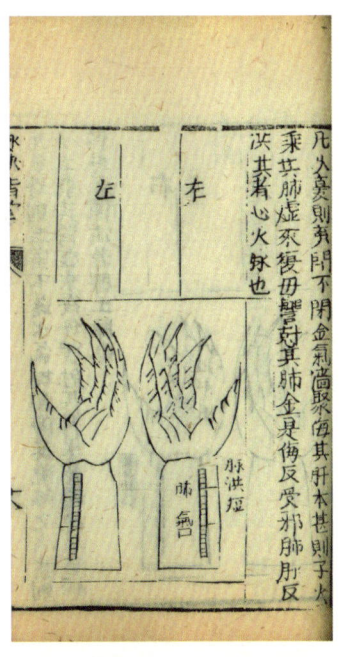

205　丹溪先生心法五卷附餘二十二卷附録一卷(3-3)

脉經卷之二

○平三關陰陽二十四氣脉

左手關前寸口陽絕者無小腸脉也苦臍痺少腹中有疝瘕王月（王字一本作五）卽冷上搶心刺手心主經治陰心主在掌後橫理中（卽太陵穴也）

左手關前寸口陽實者小腸實也苦心下急痺（一作急痛）小腸有熱小便赤黃刺手太陽經治陽（腸者非）太陽在手小指外側本節陷中（卽後谿穴也）

左手關前寸口陰絕者無心脉也苦心下毒痛掌中熱時時善嘔口中傷爛刺手太陽經治陽

206　脉經十卷

晋王叔和撰。明刻本。存卷一至三、卷八至十。竹紙五册。半葉十行二十字，小字雙行同，白口，四周雙邊。

《脉經》爲我國現存最早的脉學專著，分十卷九十八篇。原有"手檢圖三十一部"，今已亡佚。此書最大貢獻：一、首次將脉象歸爲二十四種，並對每種脉象均有具體描述；二、將晋以前的診脉方法、脉象所反映的病理變化以及脉診的臨床意義等許多重要文獻資料收集保存下來。

此書版本頗多，主要有：元天曆三年（1330）廣勤書堂刻本、明成化間據元泰定本翻刻本、明趙府居敬堂刻本、明萬曆三年（1575）福建刻本、清道光十九年（1839）刊《守山閣叢書》本等。余藏此書明版無疑，刻工精整，施墨濃黑，展卷古色襲人。但不知爲何家何時刻本，待考。

早歲游太原，偶然得之。

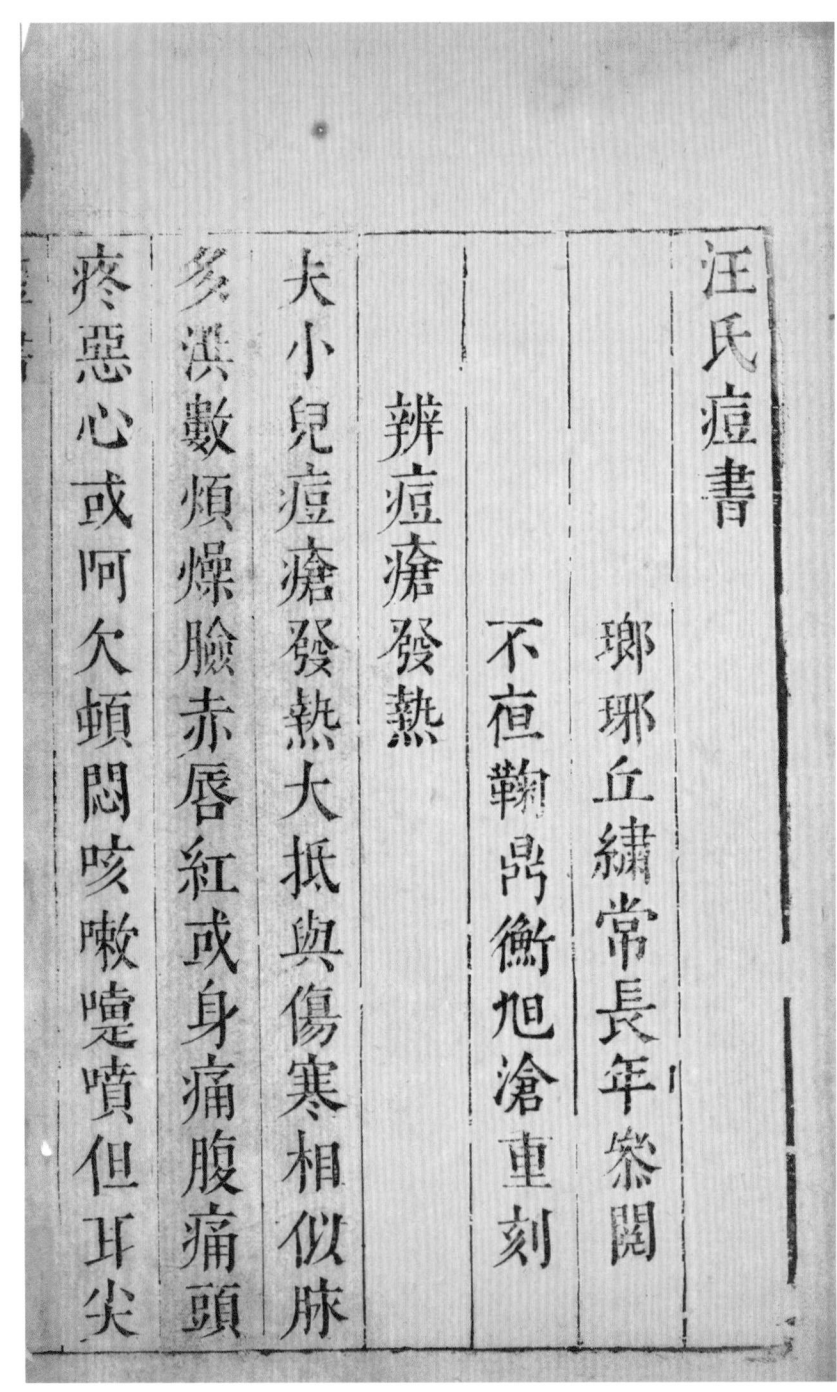

207　汪氏痘書(2-1)

207 汪氏痘書

明汪若源撰。明萬曆間鞠鼎衡刻本。竹紙一冊。半葉七行十五字,白口,四周單邊。卷前有萬曆丁丑(1577)汪若源《痘書小引》。此書又名《痘診大成》,成書于明萬曆五年(1577)。

早歲游太原,於文廟旁一古董鋪一堆殘破綫裝書中淘來,幸完好無損。《中國古籍善本書目》著録此書,僅北京大學圖書館、南京大學圖書館、中醫科學院圖書館存之,屬稀見之本矣。

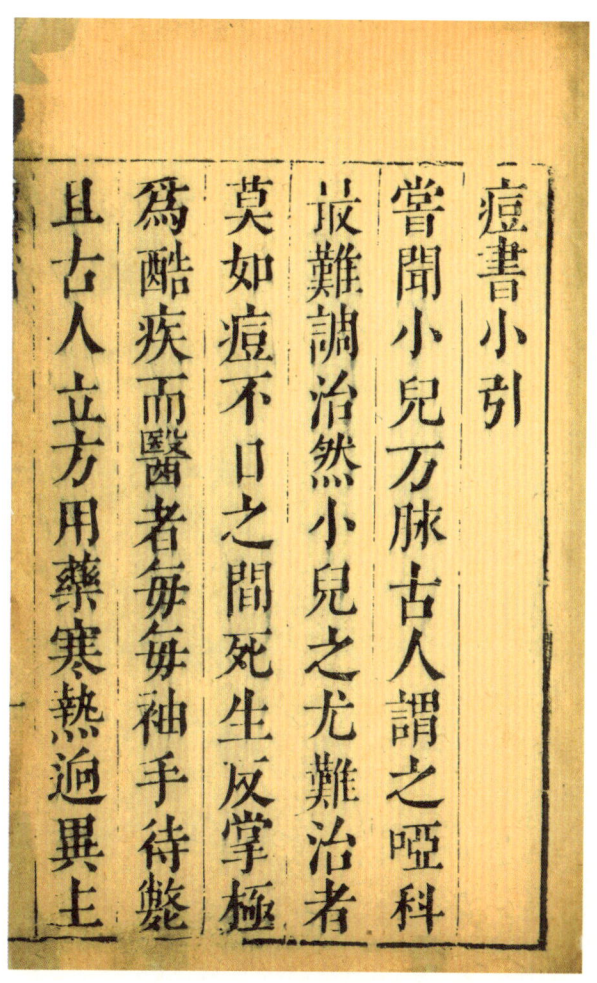

207 汪氏痘書(2-2)

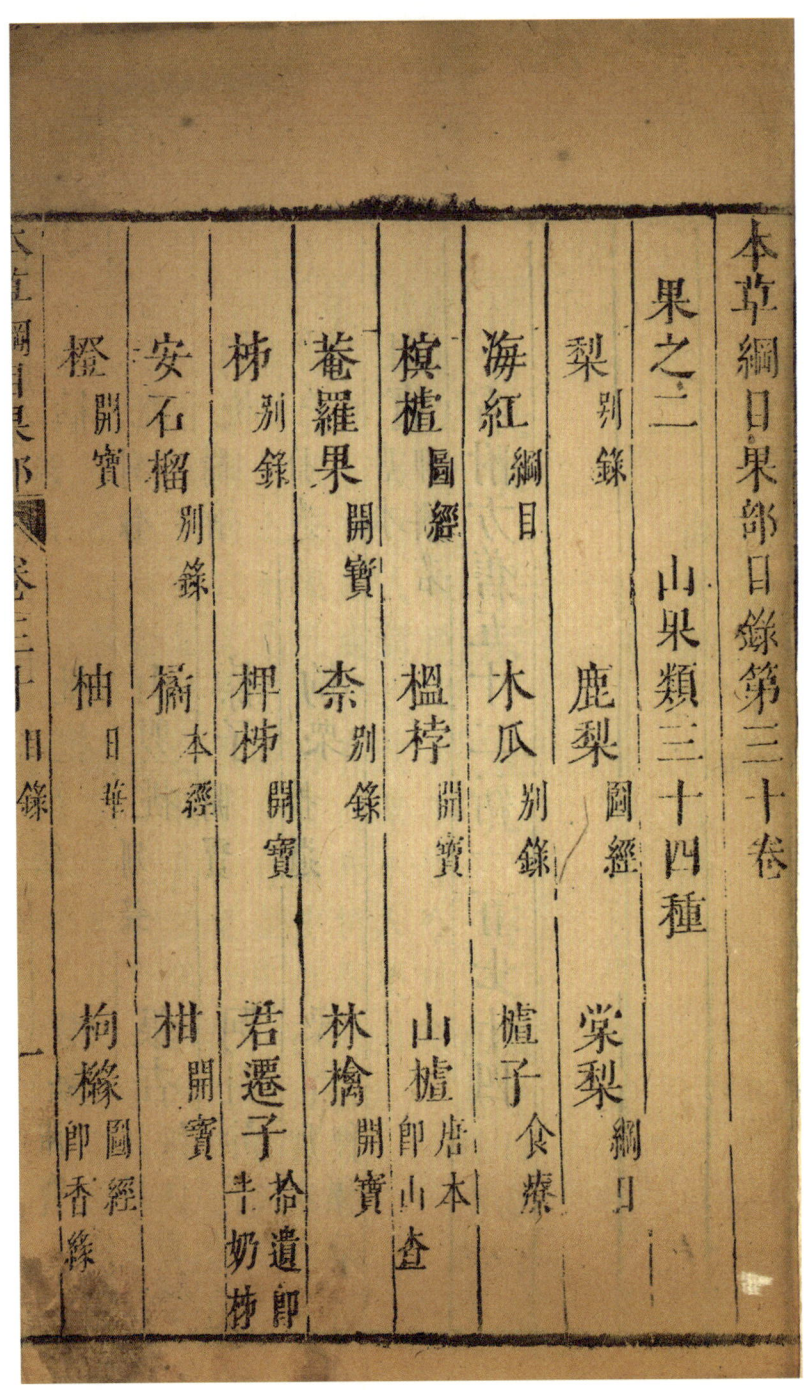

208　本草綱目五十二卷

明李時珍編。明崇禎十三年(1640)武林錢蔚起刻本。竹紙四十九册。半葉九行二十字,小字雙行同,白口,四周單邊,單黑魚尾,不避"玄""弘"。

《本草綱目》初刻於一五九六年,爲金陵胡成龍所刻。後有一六〇三年由夏良心、張鼎思序刊的江西本,刻印精良,並改正了金陵本的很多錯誤。再後來是三年後由楊道會、董其昌序刊的湖北本。一六四〇年六有堂刊的錢蔚起本,是在對江西版仔細校勘後精心印製的,但也出現一些新的錯誤。入清後,有書業堂、本立堂、大文堂、務本堂、芥子園等多家書坊刊印此書。金陵初刻本極爲罕見,今國内僅存兩部:一在中國中醫科學院,一在上海圖書館。

余所藏《本草綱目》,經比對,爲明崇禎十三年杭州錢蔚起刻本,行格同,册數同,在文字方面,杭州本與金陵本及江西本有異同,如卷三十五"厚樸"條"集解"中,"時珍曰朴樹膚白肉紫,葉如槲葉","槲葉"二字處,金陵本原缺,江西本亦無之。"小品"一句,金陵本、江西本"小品"俱作"小山"。如此等等,經對比,余所藏此《本草》,實爲明崇禎十三年錢蔚起所刻杭州本。

此書二十年前所購,爲一集寧年輕男子送至家中。書缺前三卷,無圖。

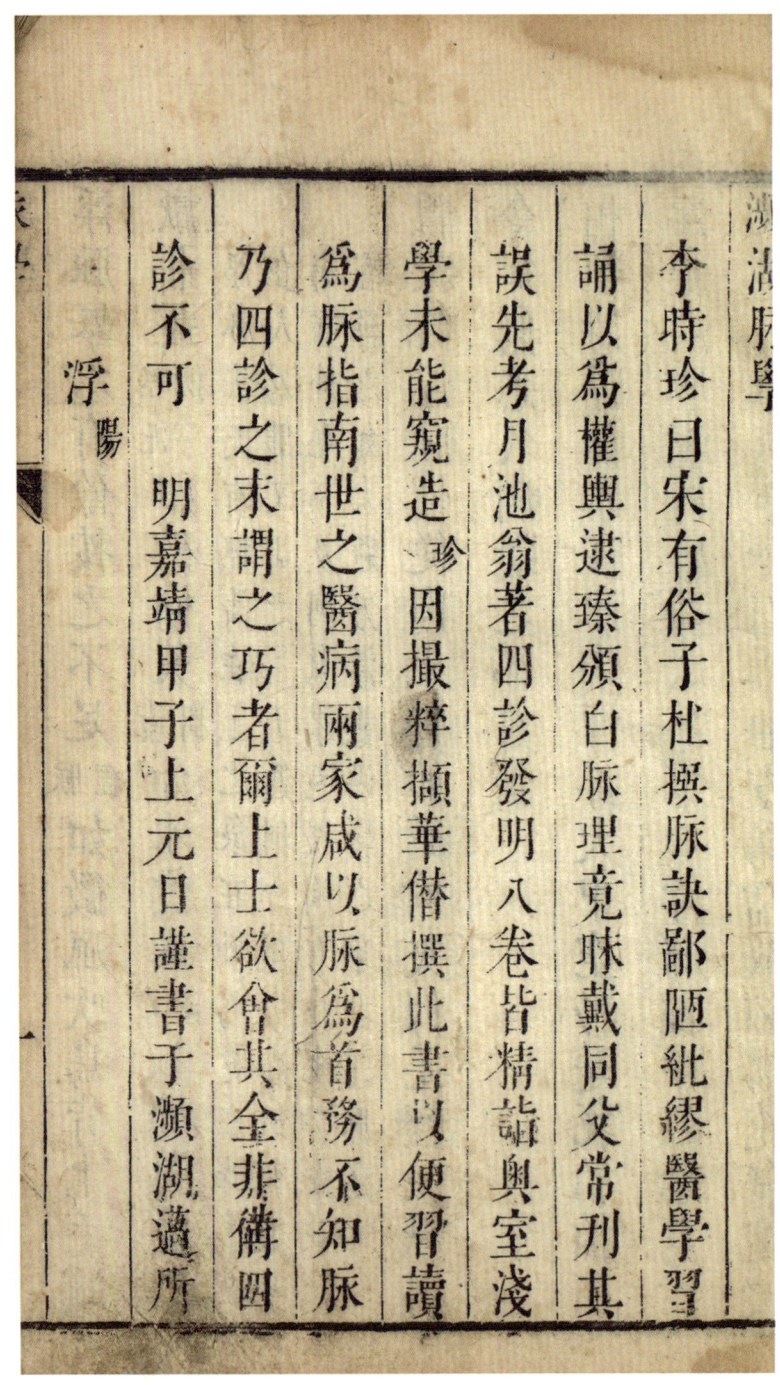

209 奇經八脉考

明李時珍編。明萬曆癸卯(1603)長洲張鼎思序刊本。白紙一册。含《瀕湖脉學》《脉訣考證》《奇經八脉考》三部分。

本書論述奇經八脉,考證歷代有關文獻,對每條奇經的循行和病餘等,進行了系統的歸納和整理,並提出了撰者個人的見解。

余不解醫籍,亦向無研讀之趣,丁卯(1987)重游京城報國寺,偶遇此書,時無所獲,便以廉價收入。報國寺已多年未顧,書漸少而價日高,不如在家養猫。

瘟疫論上卷

具區吳有性又可甫著
松陵許永康爾寧校閱

○原病

病疫之由,昔以為非其時有其氣,春應溫而反大寒,夏應熱而反大涼,秋應涼而反大熱,冬應寒而反大溫,得非時之氣,長幼之病相似,以為疫,余論則不然。夫寒熱溫涼乃四時之常,因風雨陰晴稍為損益,假令秋熱必多晴,春寒因多雨,較之亦天地之常事,未

210　瘟疫論二卷補遺一卷

清吳有性著。清康熙五十四年(1715)德文堂刊。竹紙巾箱二册。

吳有性,字又可,號淡齋,江蘇吳縣人,明末清初傳染病學家。他認爲瘟疫不同於一般的外感疾病,《瘟疫論》提出瘟疫是由一種不可見的異氣所致,由口鼻而入,創立了瘟疫學説。開中醫探討傳染病研究之先河,並啓發了清朝的瘟病學派。

此書早年間得之於天津瀋陽道古物市場。該市場余曾多次往返,收穫頗豐,爲余收書之福地也。

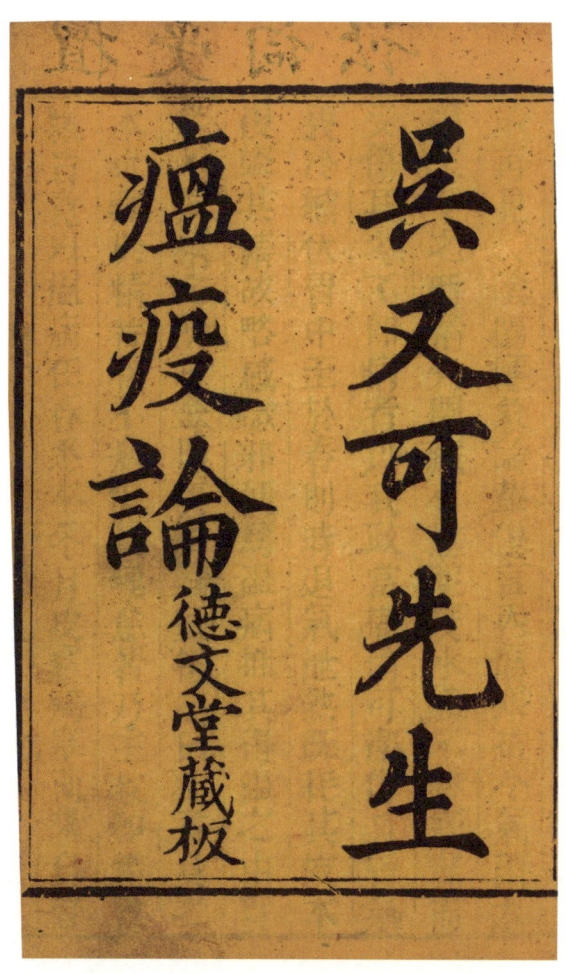

210　瘟疫論二卷補遺一卷(2-2)

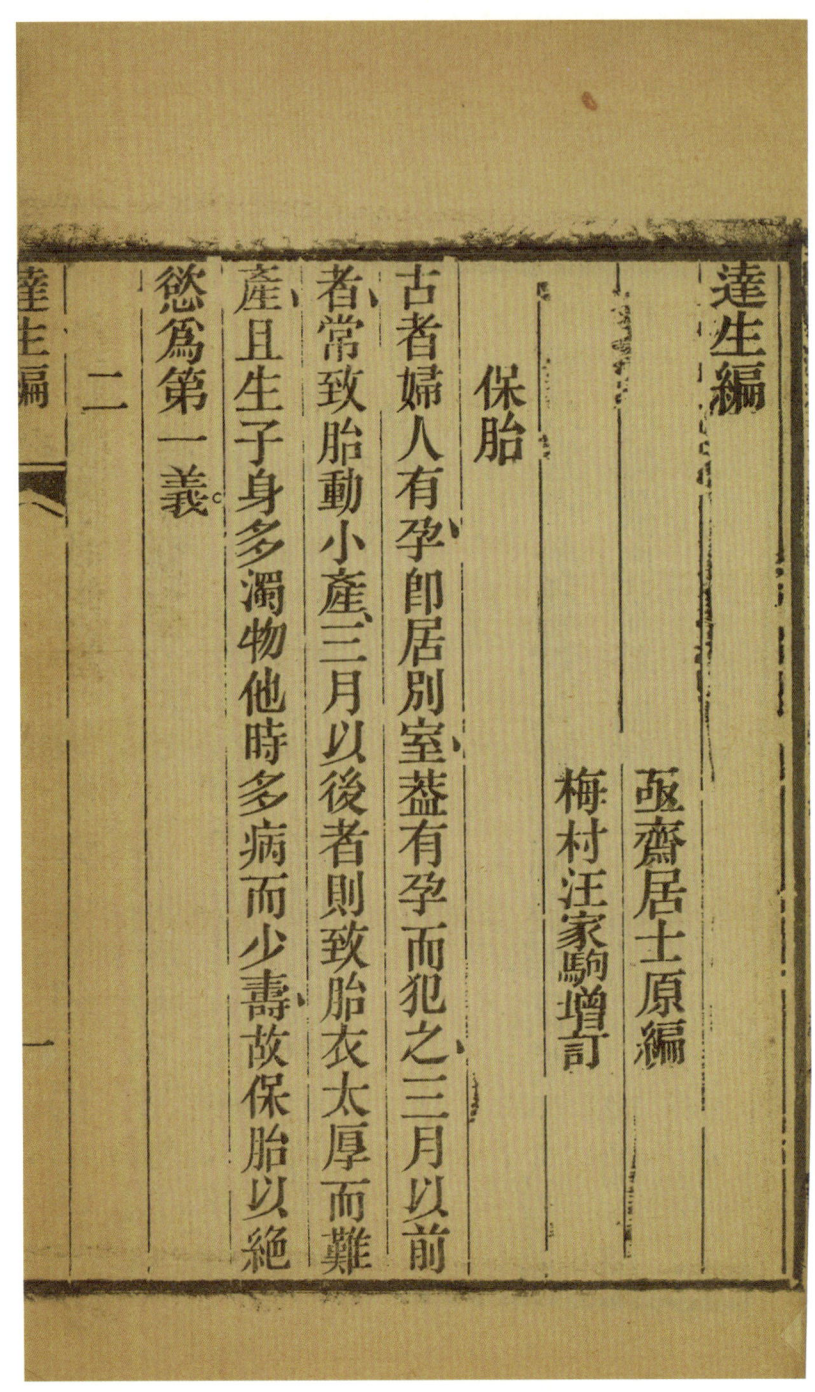

達生編

亙齋居士原編
梅村汪家駒增訂

保胎

古者婦人有孕即居別室蓋有孕而犯之三月以前者常致胎動小產三月以後者則致胎衣太厚而難產且生子身多濁物他時多病而少壽故保胎以絕慾為第一義

211　達生編

清亟齋居士編,汪家駒增訂。民國五年(1916)新刊。油光紙一册。京都打磨廠東首路南文成堂書鋪藏板。

卷前咸豐己未(1859)不求聞達道人序,康熙乙未(1715)天中節亟齋居士記於南昌郡署之《達生編引》。卷前此書鋪承辦刷印各種善書廣告。

《達生編》撰者生平不詳。此書刊行於康熙五十四年(1715),至民國二百年間多次重刊。該書爲産科專書,針對胎前産後諸多事宜闡發精闢見解,辟除分娩過程中的各種鄙俗。

此書之特殊不在内容,而在封面所鐫"洪憲元年新刊"上。一九一五年十二月十二日,袁世凱下令改"中華民國"爲"中華帝國",并下令廢除民國紀元,改民國五年爲"洪憲元年"。後在多方勢力反對下,袁世凱八十三天的登基夢破滅,袁被迫宣布撤銷帝制,恢復民國。"洪憲元年"並未真正實現便灰飛煙滅。世間署"洪憲"年號的瓷器、銀元、地契等實物,偶有所見(多爲僞品),但書籍却少之又少,難得一見。它是一段特殊歷史的見證物,頗具收藏價值。

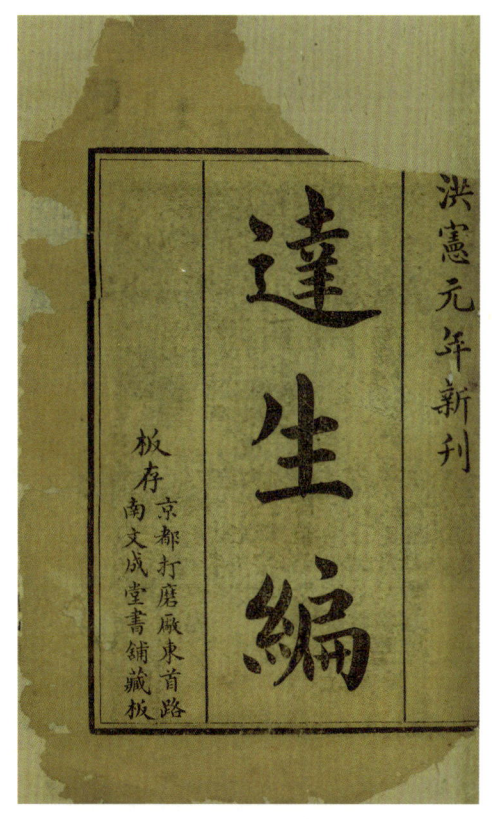

211　達生編(2-2)

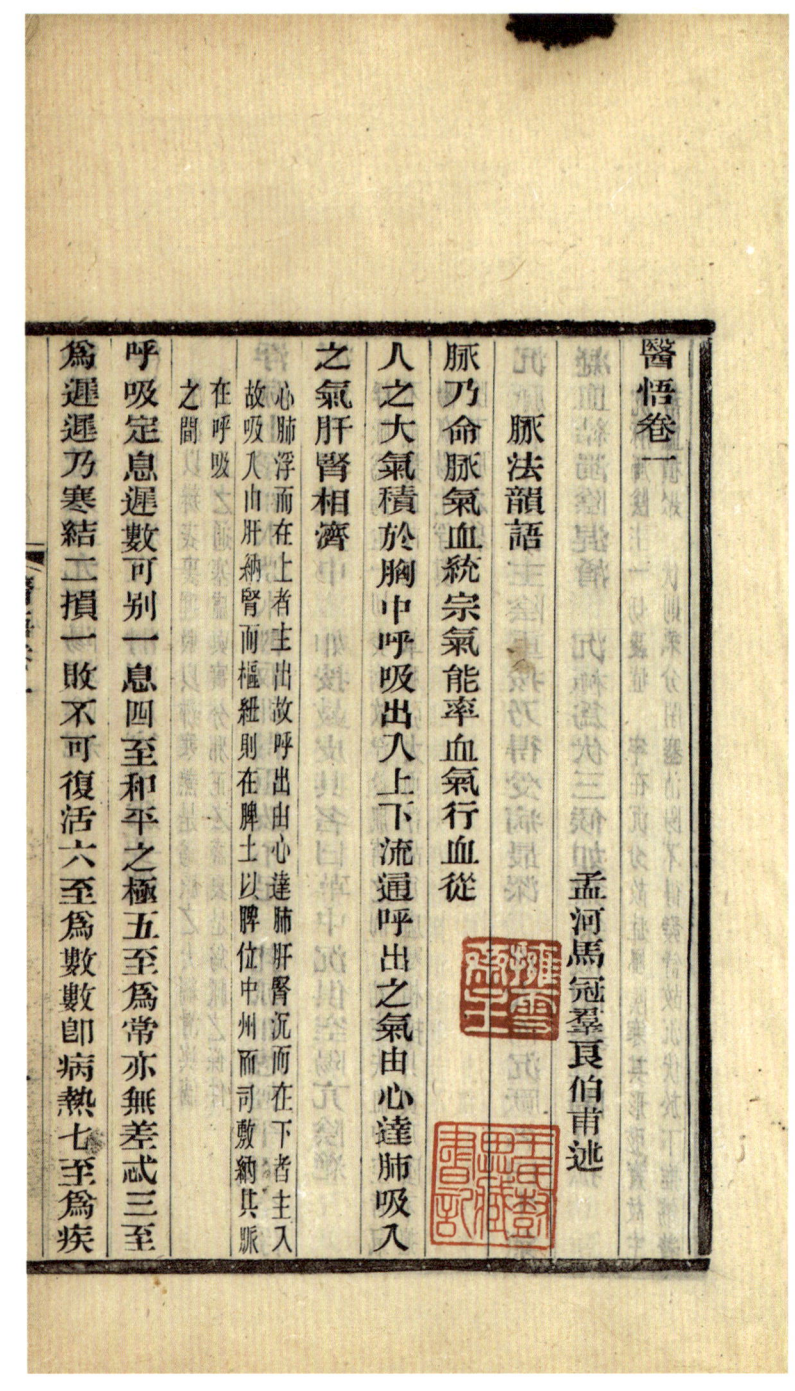

醫悟卷一

孟河馬冠羣良伯甫述

脈法韻語

脈乃命脈氣血統宗氣能率血氣行血從
人之大氣積於胸中呼吸出入上下流運呼出之氣由心達肺吸入
之氣肝腎相濟

心肺浮而在上者主出故呼出由心達肺肝腎沉而在下者主入
故吸入由肝納腎而樞紐則在脾土以脾位中州而司敷納其脈
在呼吸之間

呼吸定息遲數可別一息四至和平之極五至為常亦無差貳三至
為遲遲乃寒結正損一敗不可復活六至為數數即病熱七至為疾

212　醫悟十二卷

清馬冠群撰。清光緒十九年(1893)刊,木活字本。二册。

余不諳醫術,歷年所得醫書大多易去,如明萬曆刊《黃帝内經素問》完整一套,寫刻甚佳,本應留下玩賞而換了其他書。《醫悟》雖爲光緒刊本,但以木活字排印並不多見,自應珍視。

天津周叔弢先生乃民國間大藏書家,新中國成立後將多年珍藏的宋、元、明善本悉數捐獻國家。晚年又熱心收集木活字本,竟至數百部之多,後又全數捐給天津圖書館。從中亦可見木活字本之收藏價值。當代藏書家韋力,亦有收集木活字本之好,據稱已收集到數百種,真乃"後生可畏"也。

212　醫悟十二卷(2-2)

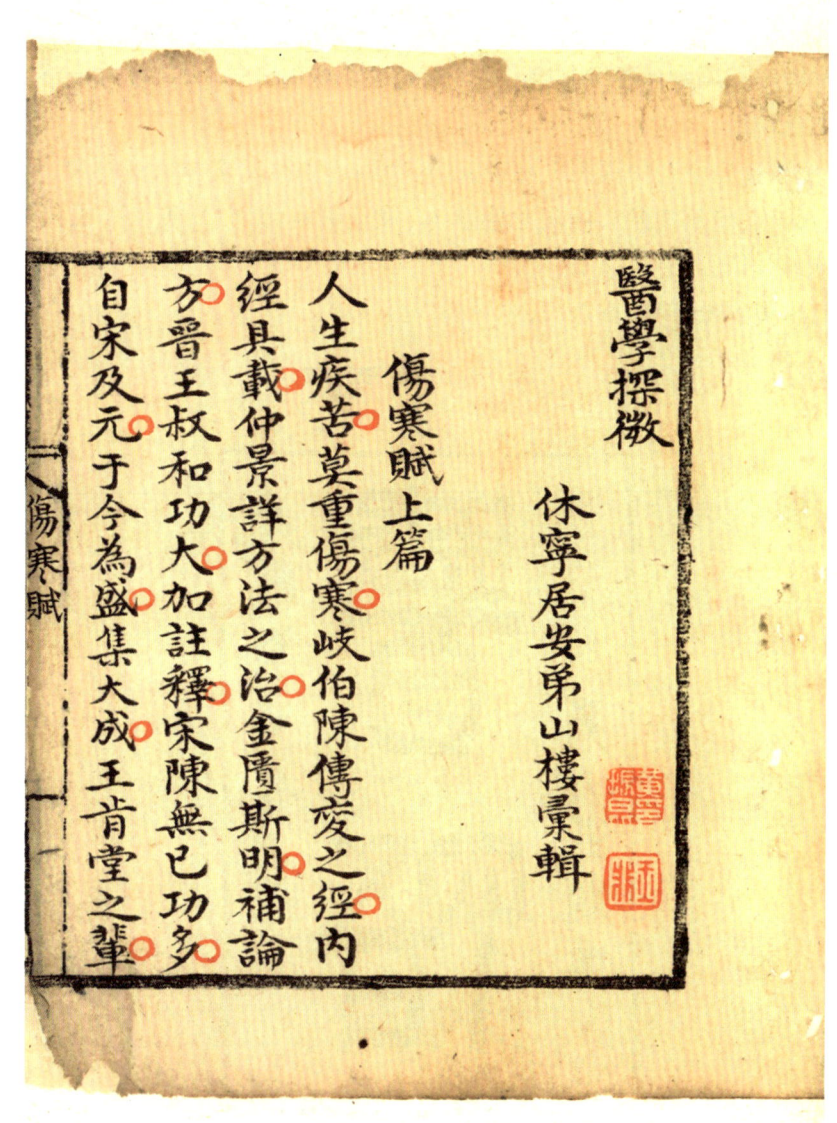

醫學探微

休寧居安弟山樓彙輯

傷寒賦上篇

人生疾苦莫重傷寒岐伯陳傳爰之經內經具載仲景詳方法之治金匱斯明補論方晉王叔和功大加註釋宋陳無已功多自宋及元于今為盛集大成王肯堂之輩

213　稿本醫學探微

清休寧居安弟山樓彙輯。白紙十一册。欄上鐫評。鈐"黃振昆印""玉非"二印。

黃振昆,字玉非,室名弟山樓,清乾隆間安徽休寧人。乾隆十五至十七年(1750—1752)輯成《弟山樓印存》一至三集,撰《居安黃氏族譜·休寧》二十一卷。

此稿本早年從歙縣郵來,書經重裝,訂爲十一册。後乃知其爲黃振昆手寫稿本,不無小小得意。

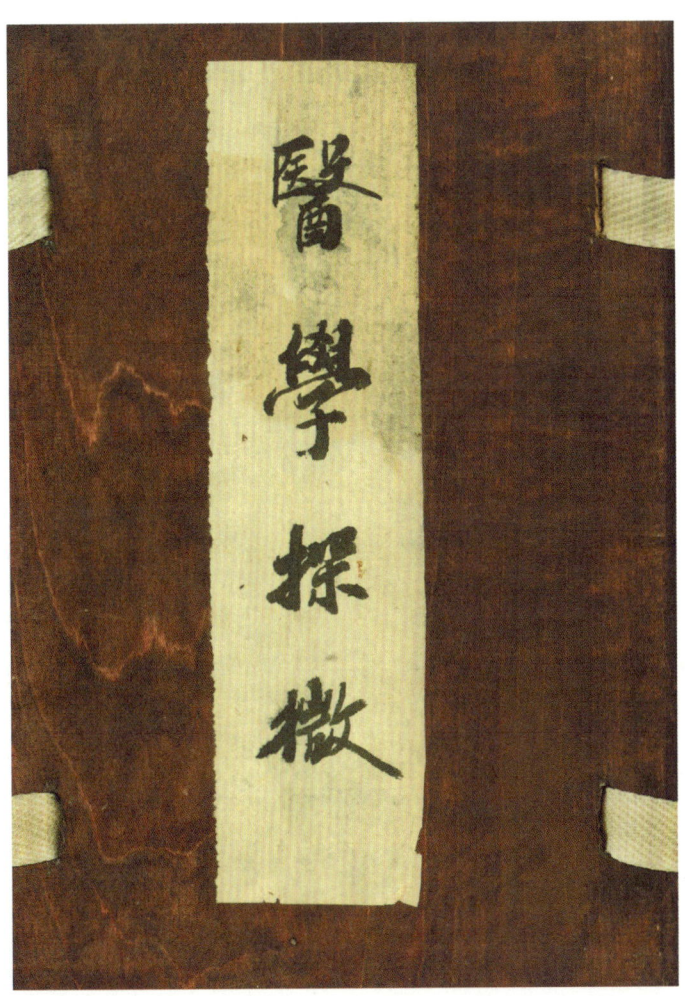

213　稿本醫學探微(2-2)

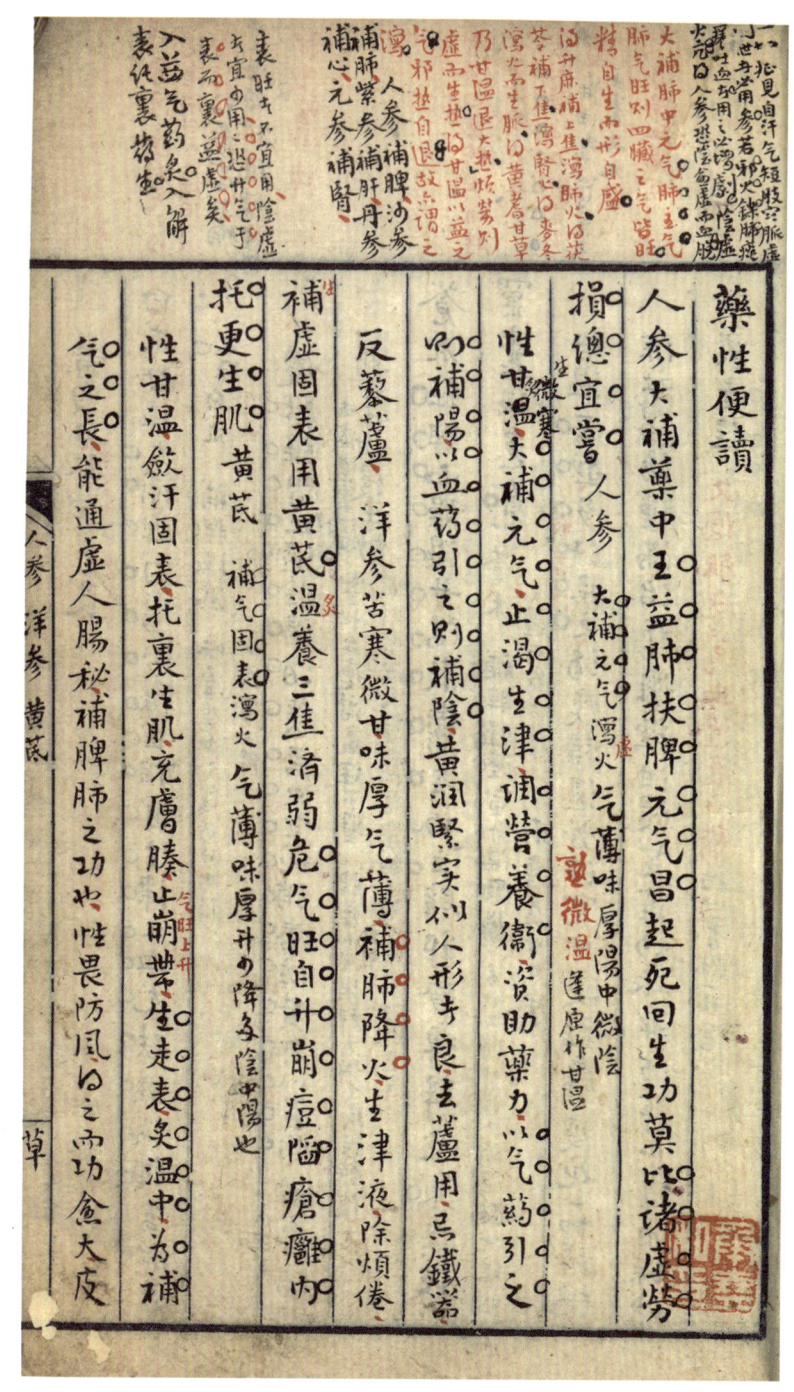

藥性便讀

人參

大補藥中王，益肺扶脾元氣昌，起死回生功莫比，諸虛勞損總宜嘗。

人參 大補元氣，瀉火，氣薄味厚，陽中微陰。

性微寒（ 蘆微溫 蓬蘆作甘溫 ）

性甘溫，大補元氣，止渴生津，調營養衛，資助藥力，以氣藥引之則補陽，血藥引之則補陰，黃潤緊實似人形者良，去蘆用，忌鐵器。

反藜蘆

洋參

洋參苦寒微甘，味厚氣薄，補肺降火，生津液，除煩倦，自升崩痘瘡癰內。

黃芪

補虛固表用黃芪，溫養三焦，瀉弱危，氣旺自升崩痘瘡癰內。

托更生肌 黃芪 補氣固表，瀉火，氣薄味厚，升而降，陰中陽也。

性甘溫，斂汗固表，托裏生肌，充膚膝，止崩帶，生走表，炙溫中為補氣之長，能通虛人腸秘，補脾肺之功也，性畏防風，忌之兩功，食大皮。

（人參 洋參 黃芪 草）

214　鈔本藥性便讀

　　封面墨書"藥性洛誦",下標"月漁自署",鈐"月漁"朱印。開卷爲《筆花藥隊》,下署"歸安江涵暾筆花著",下鈐"許家棫"白文印。眉端有朱墨二色增批,後附《草部目》。卷末有一跋:"此卷從胡君星曉借鈔,云出潛川余氏。言雖不文而簡約可取。學醫之初桄也,若欲深究其原旨,當上探本徑,旁綜群説。續有所得,當補書簡端。庚子八月豆園誌。"鈐"際唐"朱印。

　　書衣後又有一跋:"雖云新知,久覯之識,雖云一簣,久覆之正。汲汲而往,芒芒而還,君子所怖,我赧杜顔。月漁學醫漸有得,書以自悚。庚子冬仲。"書衣另有墨書"曠夷草堂鈔帙",鈐"天放"朱印。

　　卷端鈐"承堯私印"。

　　查"際唐""承堯"即許承堯,字際唐,號疑庵,晚號苊公,安徽歙縣人。生於一八七四年,卒於一九四六年。一九〇四年爲清翰林,曾任甘肅甘凉道道尹,後辭職回故里。編纂《歙縣志》,另著《歙故》《歙事閒談》等。晚年久寓上海。藏唐人寫經頗富。書法作唐人體,隸書得力於張遷碑。"月漁""豆園"則未知何人。"曠夷草堂""天放"亦無考,數跋落款日期皆爲庚子秋冬。

　　此書載述約三百種中藥,每藥以五言或七言歌訣解析之。許氏批點則在分析藥理、補充驗方等方面不乏創見。

　　是鈔毛裝一册。字頗古拙,與許承堯所題"歙縣志"三字筆法類似。書自歙縣郵購得來,喜而藏之。

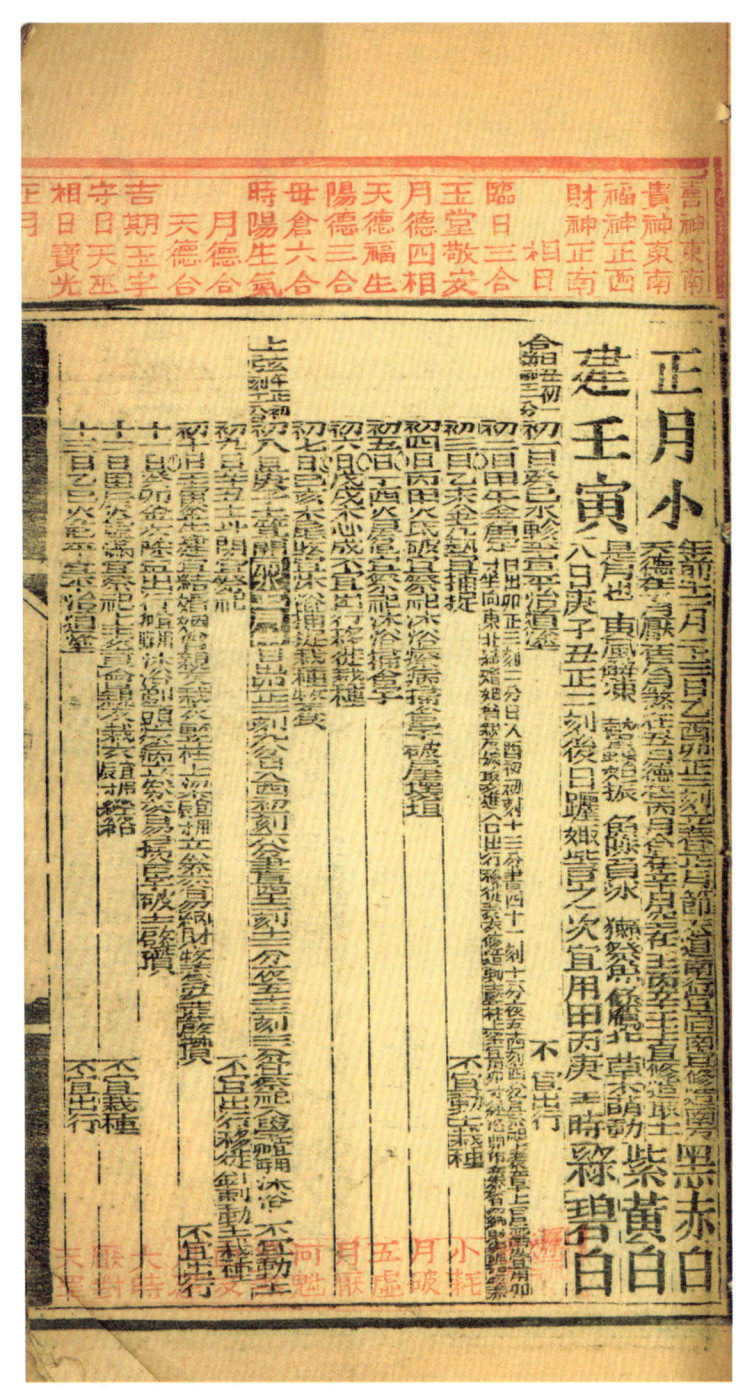

215　清光緒宣統時憲書(3-1)

215　清光緒宣統時憲書

　　此數種清光緒、宣統各年時憲書,皆爲紅色封面,朱墨套印,封面鐫"欽天監欽遵御製數理精蘊印造時憲書,頒行天下"。歷代皇帝都很重視曆法的頒製,到唐代時,爲了防止民間濫印曆書,唐文宗下令今後曆書必須由皇帝親自審定,官方印製。自此,曆書有"黃曆"之稱。清乾隆繼位後,爲避其名諱"弘曆",改稱時憲書,直至清末。

　　曆書是按照一定的曆法排列年、月、日、時並注明節氣的參考書籍。曆書由政府頒發,公布來年的年號、節日、節氣,反映自然界時間更替和氣象變化的客觀規律,指導農業生產,也作爲政府公文簽署日期的依據。

　　據《中國古籍善本書目》,清代宣統前之曆書皆入善本之列,且全國館藏每年不超過三部,較爲少見,豈可忽視。其中宣統三年(1911)、"四年"(民國元年,1912)的時憲書,更具歷史意義與價值。

　　此十餘冊時憲書,二十年內分別獲於內蒙古、山西地攤及網上。書品不一、開本各異,刷印效果亦各不同。

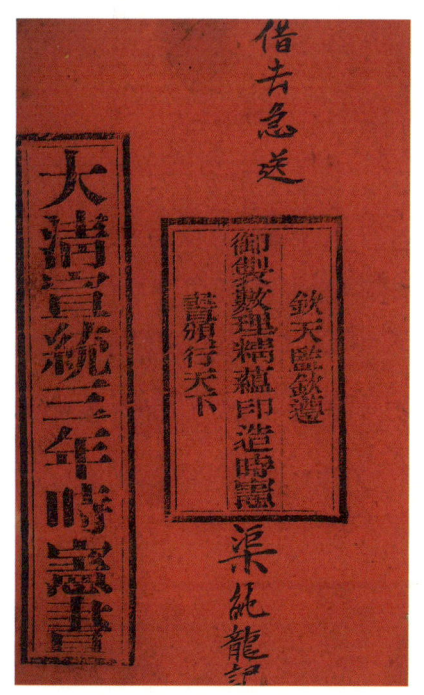

215　清光緒宣統時憲書(3-2)

215　清光緒宣統時憲書(3-3)

衡齋算學 第一冊

歙汪萊著

弧三角形

弧角比例銳鈍大小知不知條目

對角求對邊

一原所知角銳對邊大又所知角銳所求對邊恆小

一原所知角銳對邊大又所知角鈍所求對邊恆大

一原所知角銳對邊足九十度與對邊大同

一原所知角銳對邊小又所知角鈍所求對邊恆大

一原所知角銳對邊小又所知角銳則不能定

一原所知角銳對邊小又所知角審又所知角鈍所求對邊小於原所知角

一原所知角銳對邊小又所知角審又所知角銳則不能定

一原所知角鈍對邊小又所知角之外角小於原所

216　衡齋算學遺書合刻

清汪萊著。清咸豐四年(1854)夏燮鄱陽縣署刻本。白紙二冊。鈐"顧明"印。

此書含《衡齋算學》七卷、《衡齋遺書》九卷。在闡述弧三角形解法時，闡發邊角相求之原理，以求會通，皆獨得之秘，超過梅文鼎、江永、焦循、戴震等人同類著作。論開方術具有"導向先路"作用。

汪萊，字孝嬰，號衡齋，安徽歙縣人。嘉慶癸酉(1813)卒。

此咸豐本國內僅清華大學圖書館一館有藏，可以罕見稱之。道咸間兵亂頻生，板毀稿亡之事時有發生，再加算學之書印量不多，故存世無幾。嘉慶間汪氏自刊七卷，亦不多見，《中國叢書綜錄》無著錄，光緒壬辰(1892)聞梅書塾刊《衡齋算學遺書合刻》，則較常見。

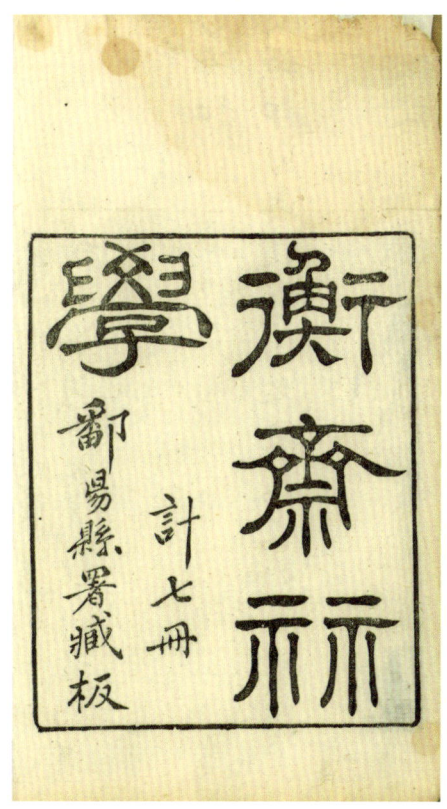

216　衡齋算學遺書合刻(2-2)

句股淺述

句股名目

句股弦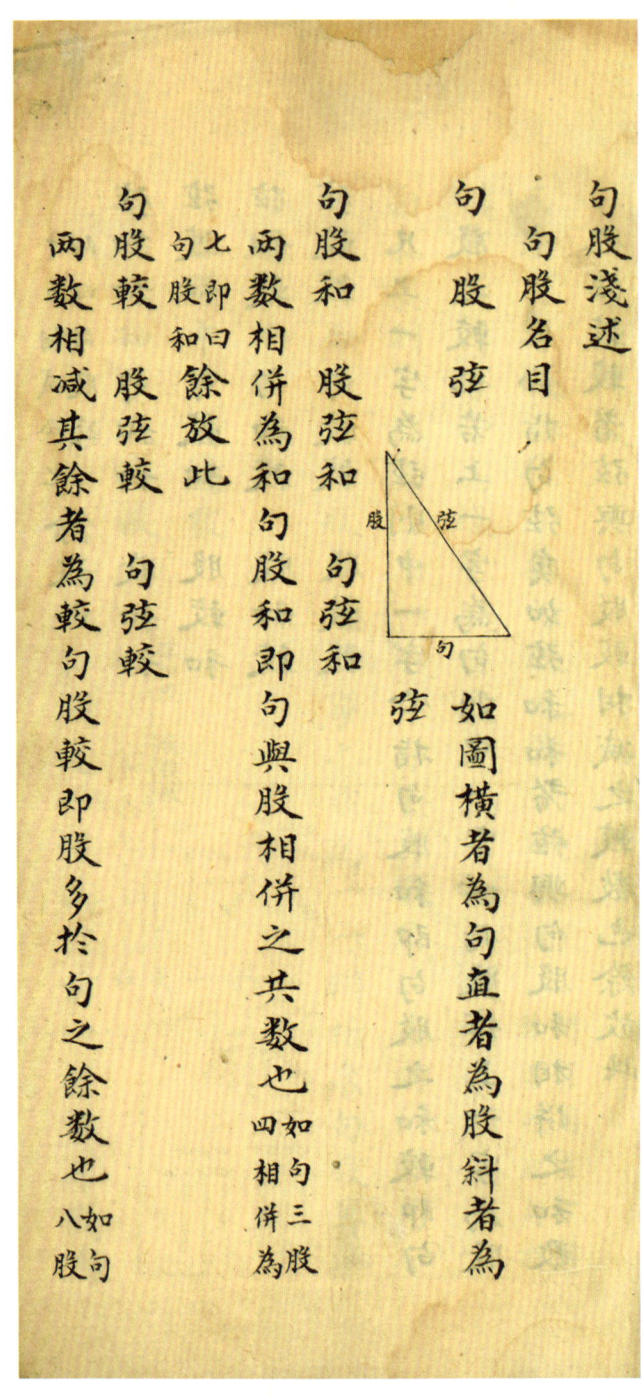

弦 如圖橫者為句直者為股斜者為

句股和 股弦和 句弦和

兩數相併為和句股和即句與股相併之共數也如句三股四相併為七即曰句股和餘放此

句股較 股弦較 句弦較

兩數相減其餘者為較句股較即股多於句之餘數也如股

217　鈔本句股淺述

清鈔繪本。一册。白紙無格,字精,有圖。卷内避"玄""弘"諱。

此爲算書,未見著録。

内容雖較偏,但精整清鈔現亦少見。

《清華大學圖書館藏善本書目》著録戴震撰《句股割環記》三卷,清鈔本,鈐徐乃昌藏書印。

撰者梅冲,字抱邨,安徽宣城人。梅曾亮之父。嘉慶五年(1800)举人。除深研數學外,於古文詩詞皆有造詣,著有《莊子本義》《離騷經解》等。梅氏家族,祖孫四代人,出了十多位數學家,可謂數學家家族。

是書得於安徽歙县,存之有年。

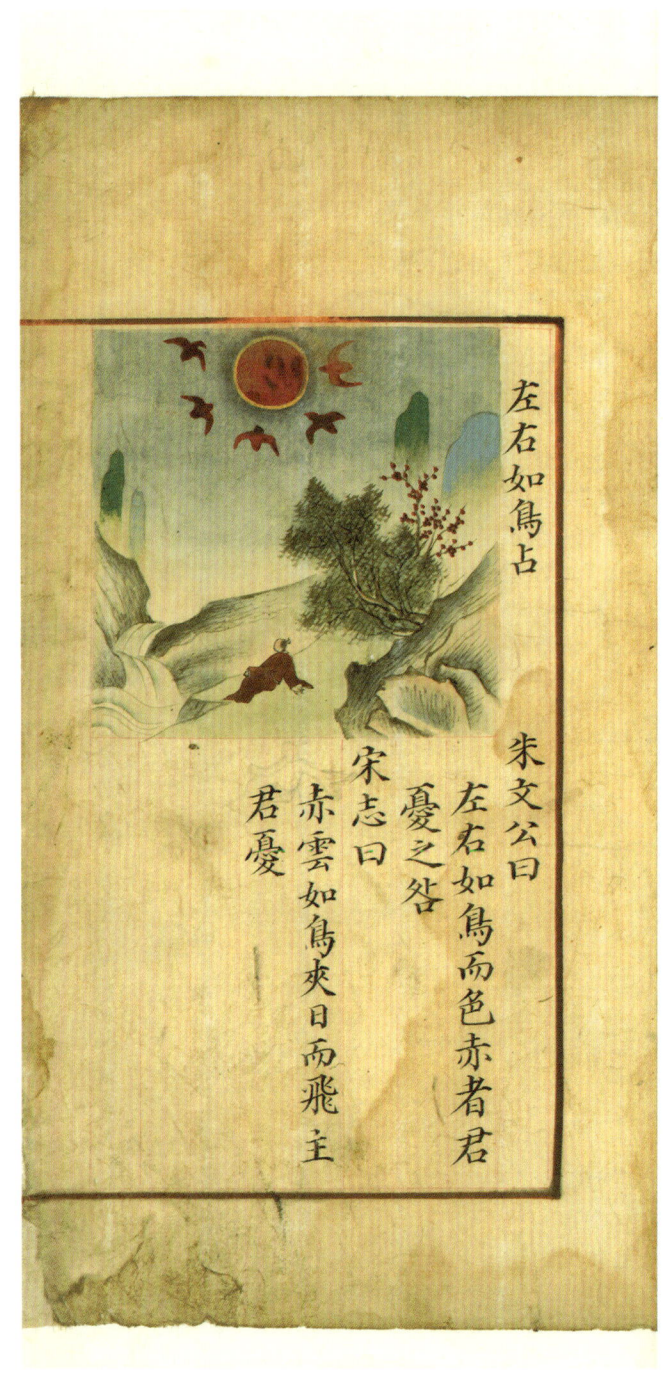

218 彩繪鈔本日相志(2-1)

218　彩繪鈔本日相志

　　此鈔本屬術數類。一冊。有彩繪圖百餘幅,色彩絢麗,圖亦精緻。文字引朱文公及《宋志》《晋書》《隋書》《乾坤寶典》《開元占經》《古今通占》《己巳占》等語,書法亦佳。

　　皮紙,封面及裝訂皆古色,然編、繪及鈔者皆無考。

　　是書在京偶游地攤時獲之。余本不喜收數術類書,然彩繪鈔本頗難遇,存之亦妙。

218　彩繪鈔本日相志(2-2)

仙機水法全卷

明德邑董潛甫德彰著
金陵甘　煦祺壬校訂

論二十四山水龍入手左陽右陰順逆秘訣

楊公曰二十四山分順逆認取陰陽祖與宗陽從左邊團團轉陰從右路轉相逢張公曰太極分而兩儀奠二炁布而順逆行故左陽右陰龍行二路而陽順陰逆炁本一源左行從亥子而進右行自子亥而旋陽中有陰陰中有陽天根月窟妙合元機兩儀者天地也二炁者陰陽也天地即大陰陽

219　仙機水法一卷附一卷

　　明德邑董潛甫著。清道光庚戌(1850)甘氏津逮樓刊木活字本。卷前有甘煦弁言。二十年前於安徽歙縣郵購來,同時得者尚有甘氏所刊《水法宗旨節録》一書,版式悉同。道光三十年(1850)金陵甘氏津逮樓另刊木活字本《帝里明代人文略》。半葉九行十九字,白口,四周單邊,單魚尾,封面鎸"道光庚戌夏六月,甘氏津逮樓集印"雙行牌記,亦與此書同。

　　甘氏津逮樓爲清季南京著名藏書樓,甘國棟時,藏書已達十餘萬卷。後歷經長子甘福、長孫甘煦、次孫甘熙,聚書愈多。宋版《金石録》三十卷,即其鎮庫之寶。咸豐三年(1853),太平軍攻占南京,津逮樓藏書悉成灰燼。一九五一年,甘氏後人將藏書連同書板全部捐獻給南京圖書館。

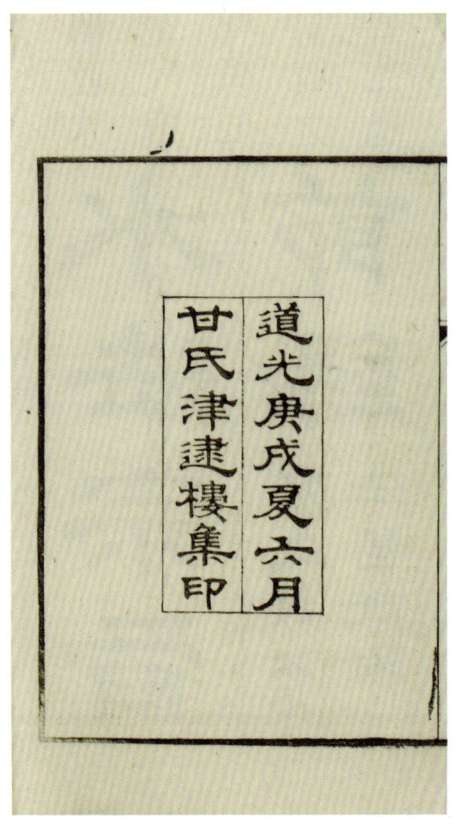

219　仙機水法一卷附一卷(2-2)

水法宗旨節錄

海陽程永芳子遠纂輯

金陵甘煦祺壬校訂

平洋立向收水訣

凡登穴場既定穴道須審水從何方發源到堂何方出口將羅經格准方位若合水局以水局收之合金局以金局收之合火木局以火木局收之所謂認水立向者此也務要從胎養長生冠帶臨官帝旺而來從衰病死墓絕方出口所謂來於生旺去於囚謝者此也若胎養長生水來大旺人丁冠

220　水法宗旨節録一卷附圖説一卷

　　清海陽程永芳纂輯,金陵甘煦校訂。木活字本。白紙一册。書牌曰"道光庚戌夏六月甘氏津逮樓集印"。半葉九行十九字,白口,單黑魚尾,四周單邊。

　　津逮樓爲江南著名藏書樓。除藏書外,津逮樓還刊印過《津逮樓地書》九種、《阮氏筆訓》一卷、《金陵水利論》一卷、木活字本《帝里明代人文略》二十卷等書。余收藏的津逮樓木活字本《水法宗旨節録》及《仙機水法全書》,皆屬稀見之本。

220　水法宗旨節録一卷附圖説一卷（2-2）

奇門遁甲大全源流

奇門之說論者謂始於黃帝刪於呂望張良漢以前往ミ散見於他書至於隋志藝文專書始有一十三家唐益倍之則其學之來亦不在近矣陰符經曰爰有奇器是生萬象八卦甲子神機鬼藏張良注云六癸為天藏可以伏藏由是言之即奇門之權輿也大戴礼記明堂篇曰明堂者古有之也凡九室九一二四六八三七五蓋即河圖之義而奇學之九宮耳漢藝文志有明堂陰陽二十三篇又明堂陰陽五篇宣帝時魏相上表采易陰陽及明堂月令言五帝所司各有時東方之卦不可以治西方南方之卦不可以治北方乃以八卦方位配明堂之九室后漢張衡傳鄭元既註九宮之說而南齊高帝本紀云九宮者一逢二

221　鈔本奇門遁甲大全

漢諸葛武侯撰，明劉伯温輯。此清鈔本，避"玄"。鈔者爲史廷光。早年間於歙縣收來，重訂爲八册。帶圖。

卷前有己卯年(1939)四月作周史昭濟述，云："此鈔本《奇門》與坊間所售不同，看其筆墨功夫，知我曾祖父輔堂史廷光公手筆。"

奇門遁甲融周易、天文、律曆、陰陽五行學説於一體，對目前探索中國傳統決策學有重要參考價值。此書最早刻本爲明萬曆年間，後經屢次增修。

書獲於安徽歙縣，余所藏術數類書，多購於此。

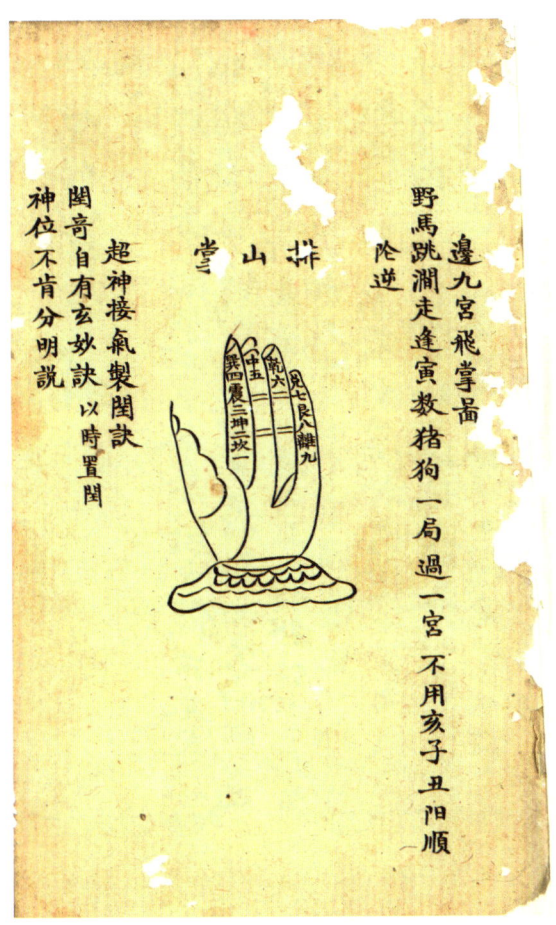

221　鈔本奇門遁甲大全(2-2)

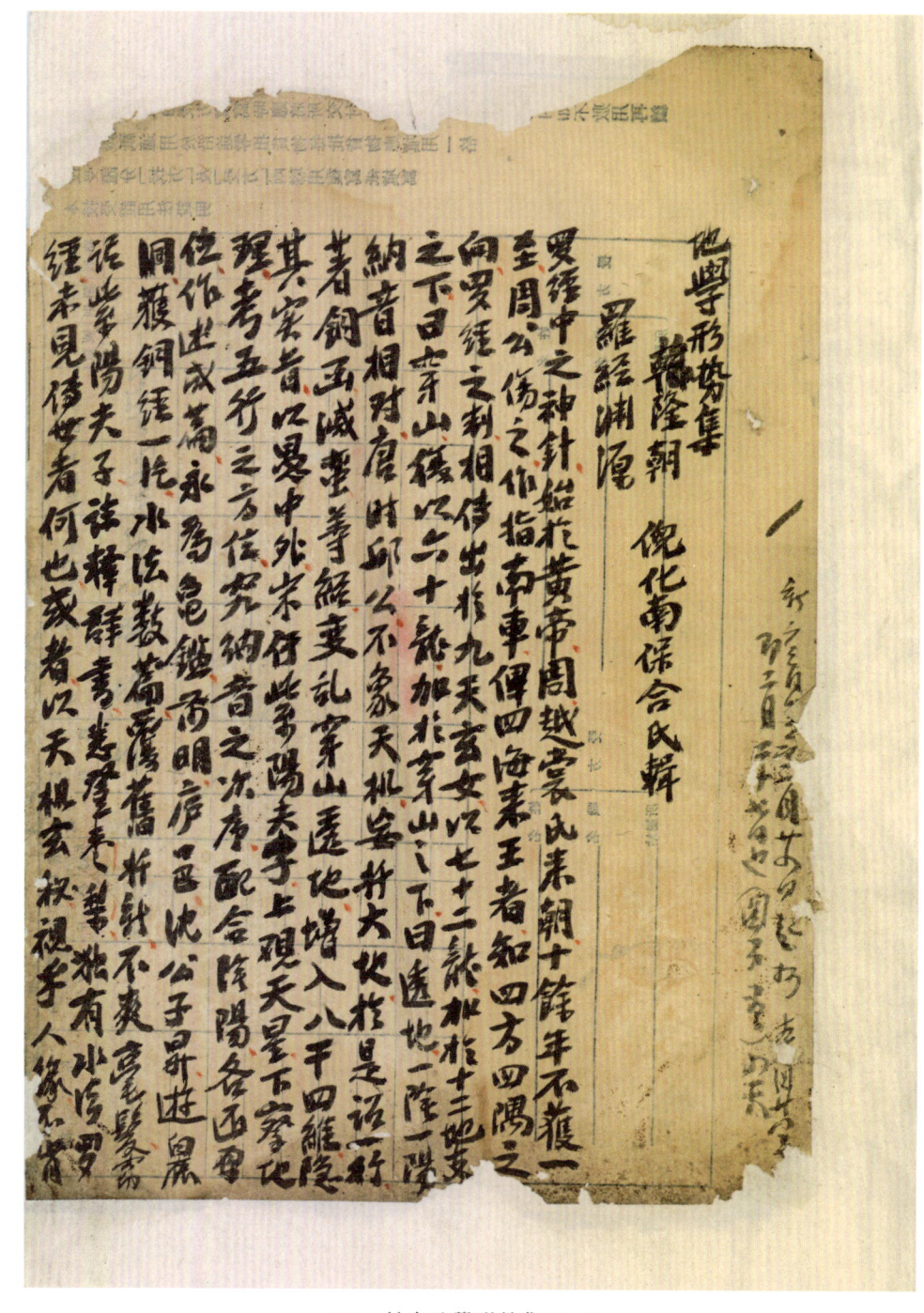

222　鈔本地學形勢集(2-1)

222　鈔本地學形勢集

清倪化南輯。民國鈔本。二册。封面墨書"戊寅清明前六日寄受之族長惠存,林伯贈"。

卷末有吴保琳墨跋:"地學形勢集一册,係先君子倩人鈔存,坊間此書頗少,不知借自何人,余携此册輾轉間不離左右,今恐失落,手録一册寄贈族長受之先生惠存。余誓自今日起凡見有堪輿書之珍本定録一册寄上,每十種為一集,名曰《堪輿叢書》。兹録得此册外,已有《錦囊經》《狐首經》等,未録出者《地理問答》一種耳。並記於此,戊寅年二月下旬吴保琳附記。"

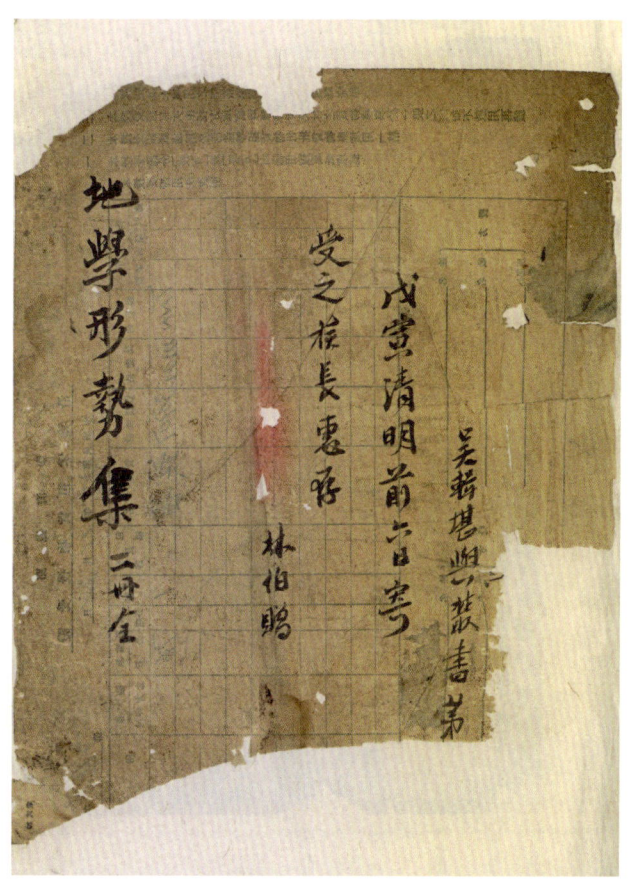

222　鈔本地學形勢集(2-2)

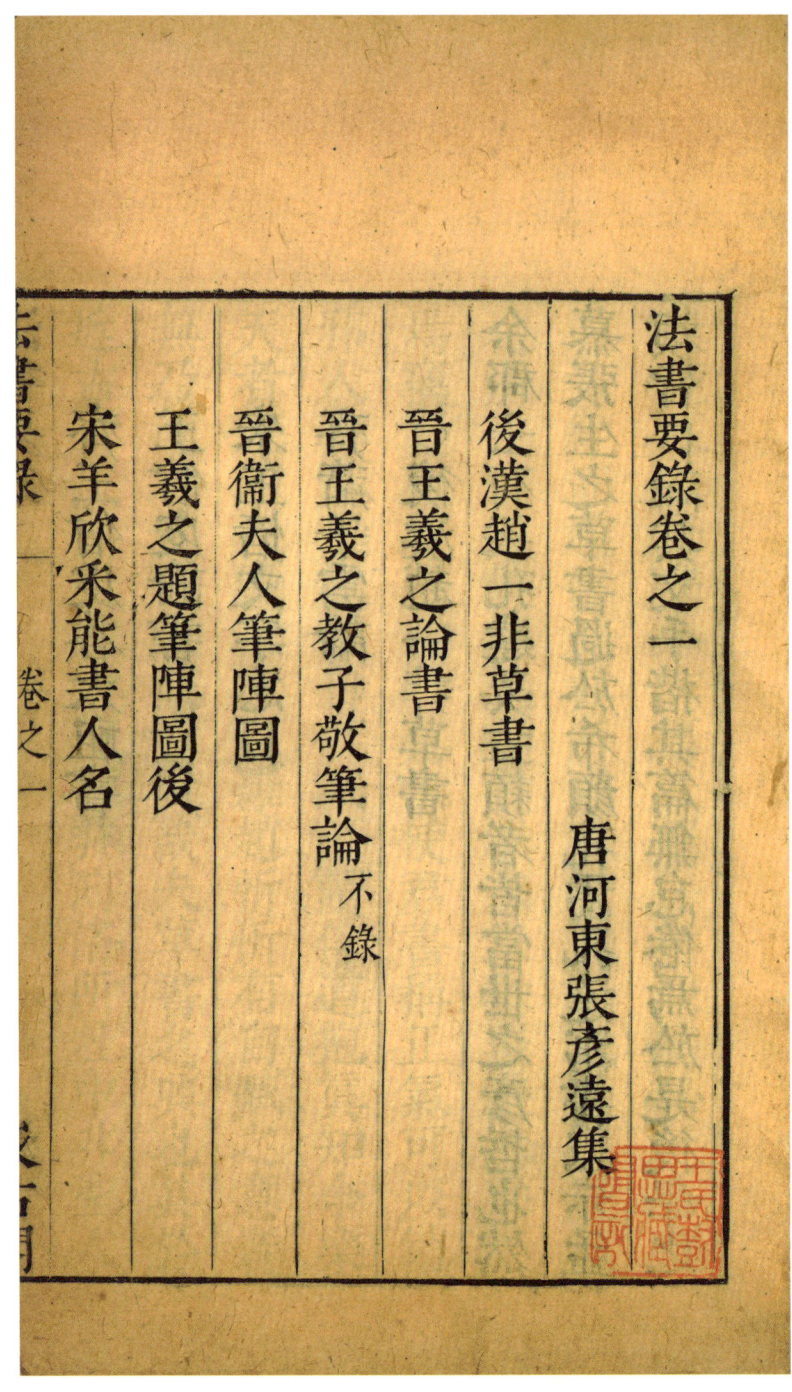

223　法書要録十卷

唐張彥遠輯。明毛晉汲古閣刻本。五冊。是書載東漢至唐元和名家書法理論文章及著名法書著錄等。此書另有《王氏書畫苑》《學津討原》等本。卷內鈐"錢均伯珍藏秘書記""均伯過眼""蓬莊珍賞""靜妙山房""秀水珊瑚館主""仙其胡菊潭藏書印"等印。

彥遠，字愛賓，蒲州猗氏（今山西臨猗）人。出身宰相世家，官至大理寺卿。唐代畫家、繪畫理論家。菊潭為胡世安之別號。胡世安，四川井研人，明崇禎元年（1628）進士，改庶吉士。清順治時，累官武英殿大學士，兼兵部尚書。康熙二年（1663）卒。工詩文，撰有《秀巖集》等。均伯為錢均伯，未詳何人。周越然所藏鈔本《愧郯錄》中，亦鈐"錢均伯珍藏秘書記""均伯過眼""靜妙山房"等印。

此書獲於蘇州張珂處。

此書有乾隆刊本，強恕堂藏板，八卷八冊。

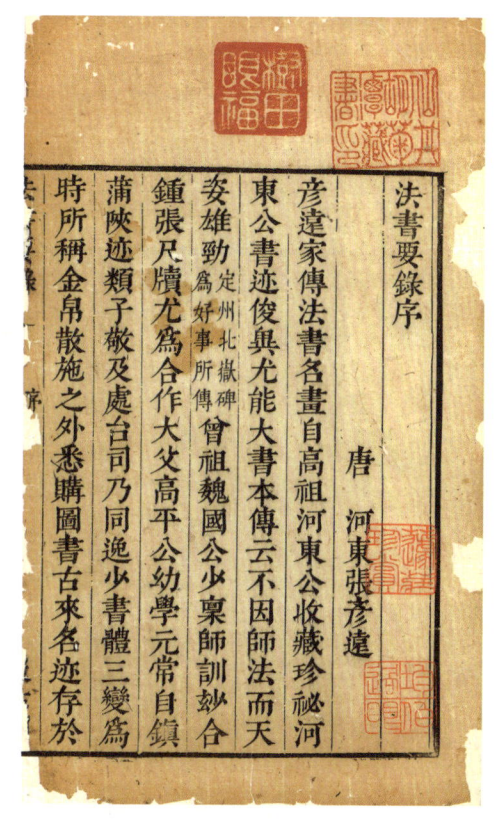

223　法書要錄十卷（2-2）

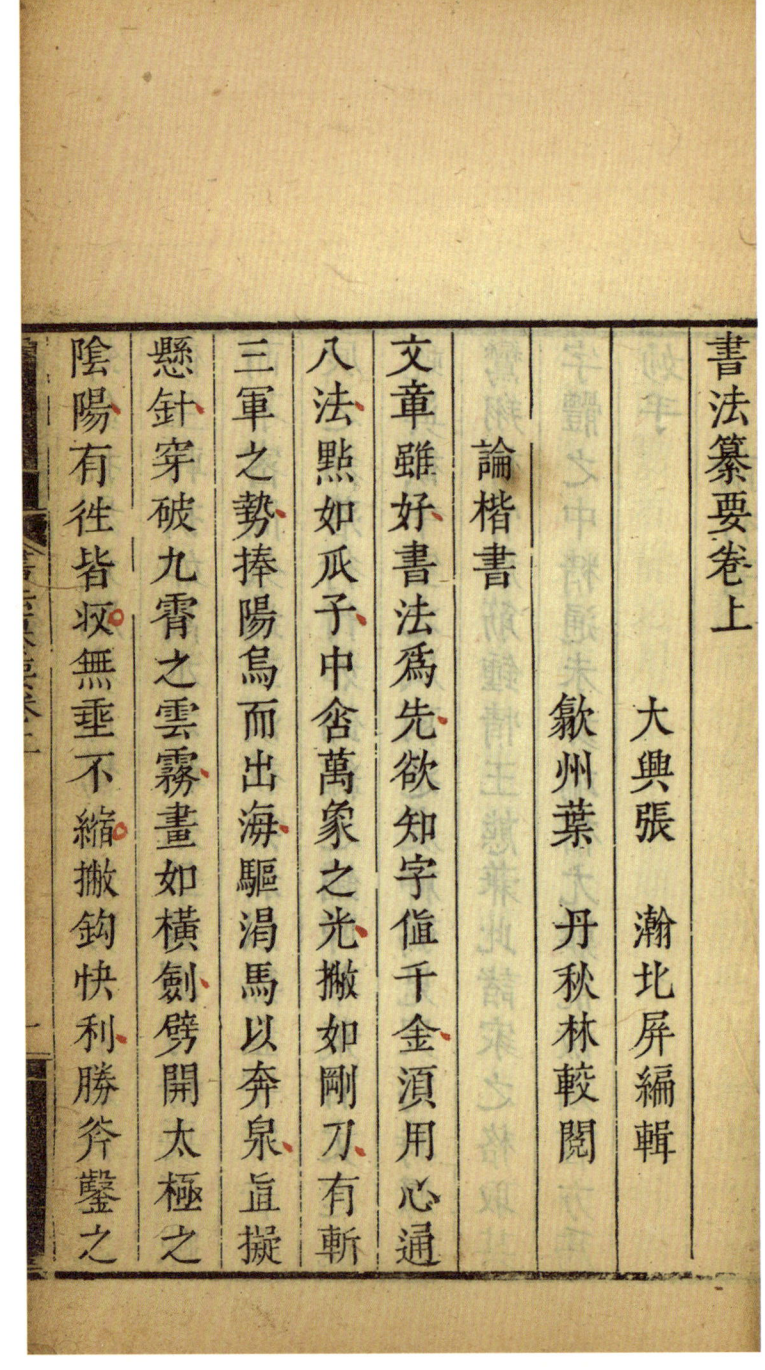

書法纂要卷上

　　　　大興張　瀚北屛編輯
　　　　歙州葉　丹秋林較閱

論楷書

文章雖好書法為先欲知字偭千金須用心通
八法點如瓜子中含萬象之光撇如剛刀有斬
三軍之勢捧陽烏而出海驅渴馬以奔泉宜擬
懸針穿破九霄之雲霧畫如橫劍劈開太極之
陰陽有往皆收無垂不縮撇鈎快利勝斧鑿之

224　書法纂要二卷

　　清大興張瀚編輯，歙州葉丹校閱。一册。半葉九行十八字，黑口。"弘"不避。張瀚康熙六十年(1721)序，葉丹跋。

　　此書稀見。前數年得之於廠肆。卷内鈐"曾在老泉口處存"，未知何人。

　　余於書法本不在行，二十年前於京城書市獲見，喜其字體纖秀，版式疏朗可觀，故而購之。

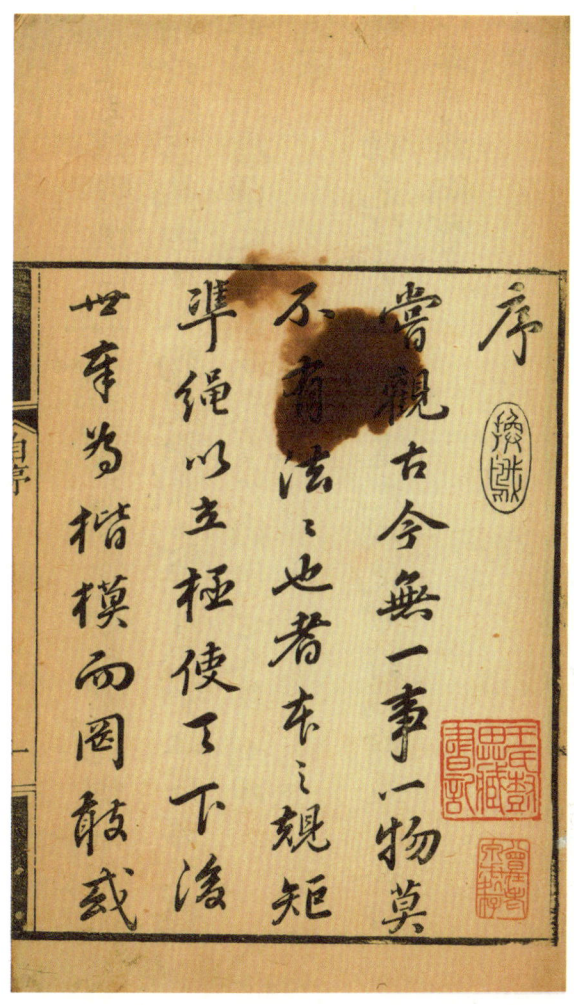

224　書法纂要二卷(2-2)

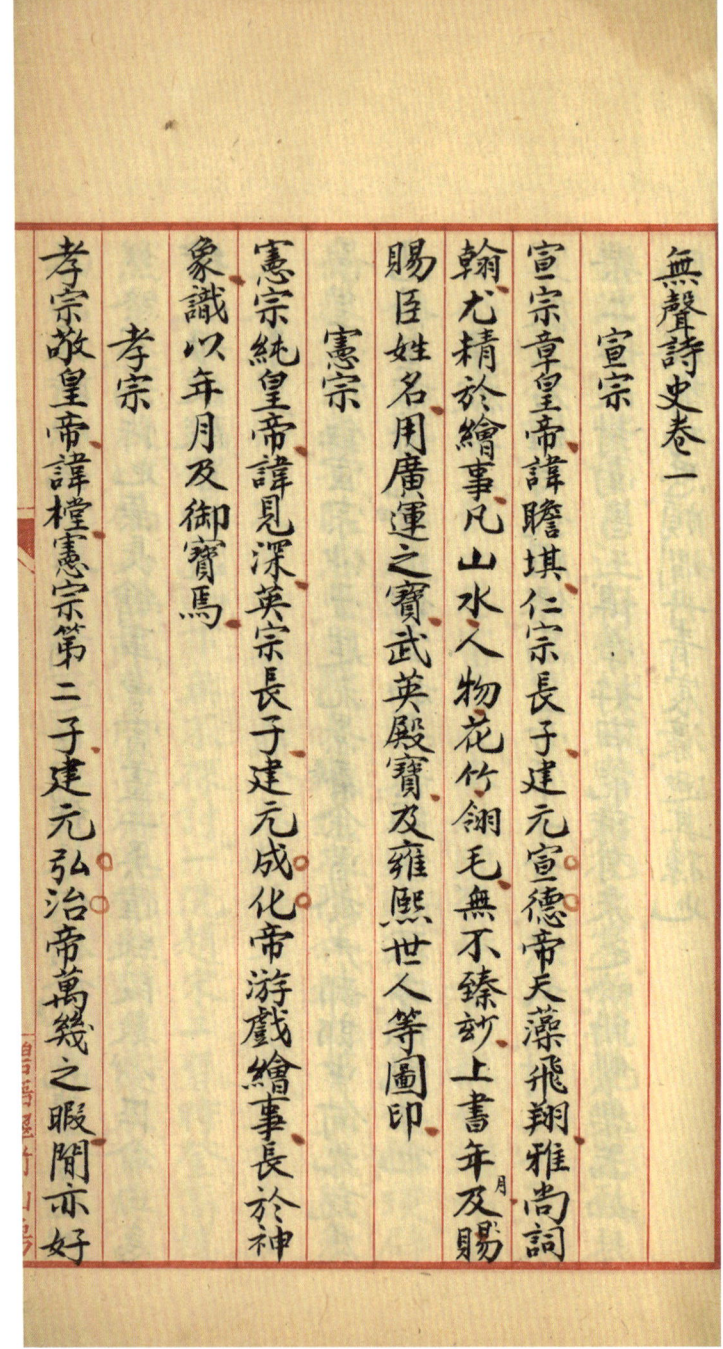

225　鈔本無聲詩史(2-1)

225　鈔本無聲詩史

清姜紹書撰。鈔本。一册。朱絲欄,字體端雅。版心鎸"碧梧翠竹山房",似爲齊學裘室名。齊學裘,字子貞,一作子冶,號玉溪,别號蕉窗,晚號老顛。室名雲起樓、聽雨舫、金石龕、寶楔室、碧梧書屋、碧梧翠竹山房等。一八七五年尚在世,安徽婺源人。工詩善畫,光緒間寓上海,著有《蕉窗詩鈔》《見聞隨筆》等。卷末鈐"亞塵""虹隱樓""江南汪氏""汪亞塵書畫記"等印,知爲民國間大畫家汪亞塵舊藏。

此書乙亥年(1995)得於蘇州張珂,當時所見另有夏仁虎《清宫詞》鈔本一册,精美異常,惜索價過昂而失收,至今思之仍心痛也。

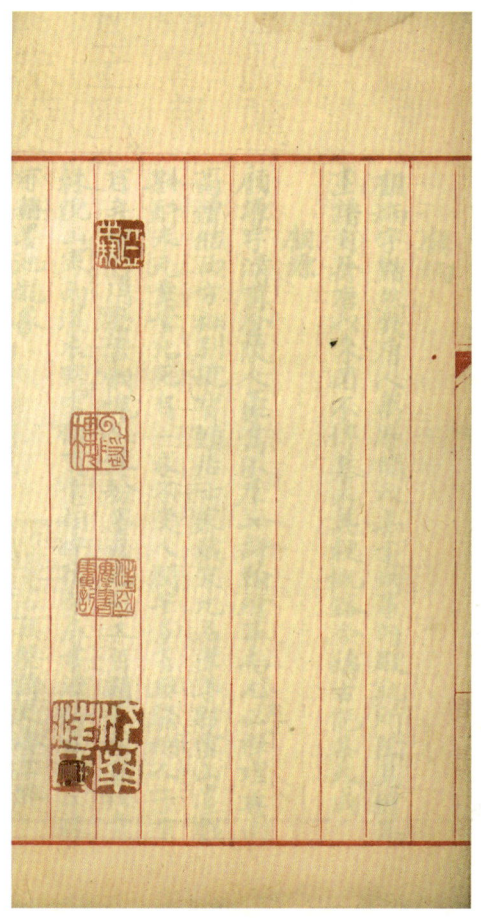

225　鈔本無聲詩史(2-2)

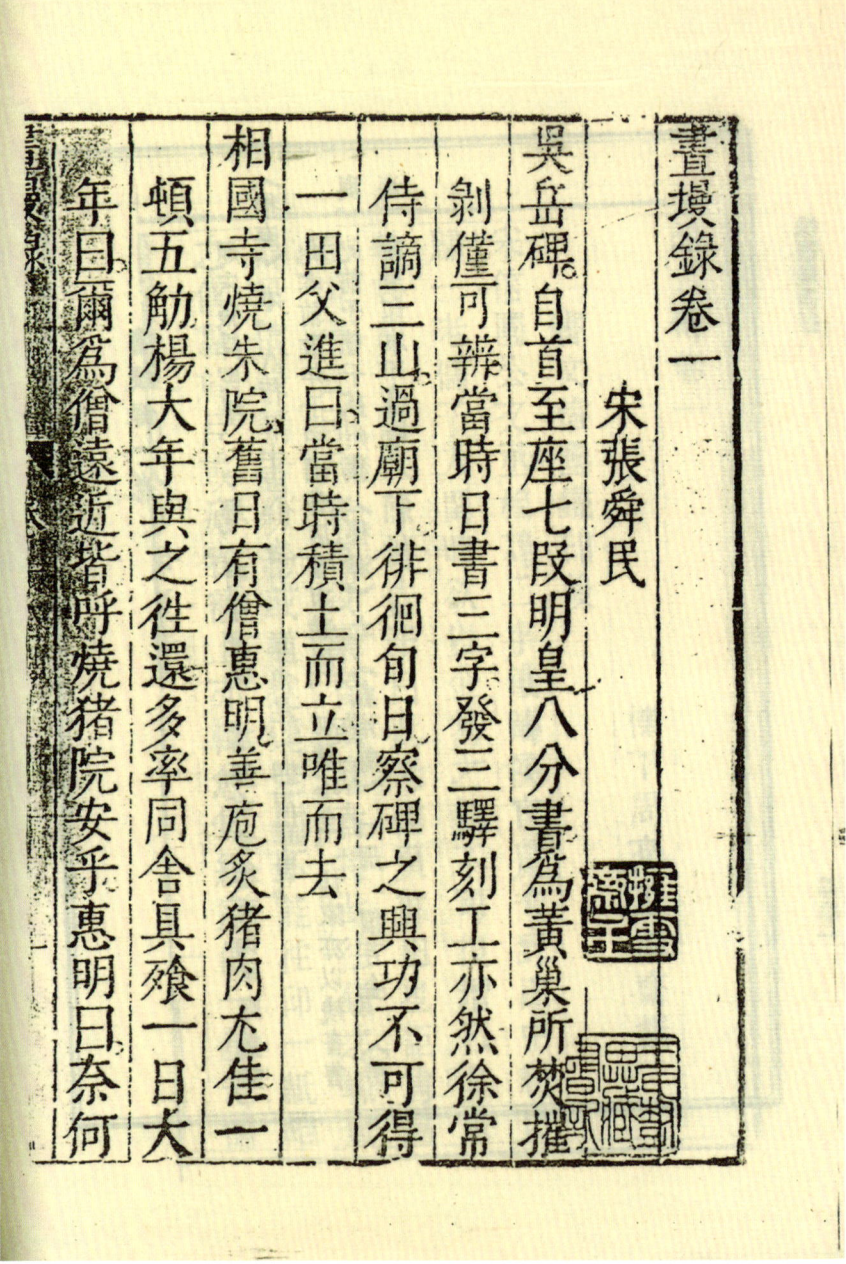

226　畫墁録

宋張舜民撰,明商濬輯。明萬曆中會稽商氏半野堂刻《稗海》本。一册。半葉九行二十字,白口,單魚尾,四周單邊。

此本二十世紀九十年代初於中國書店書市購獲。初疑不全,店家亦以殘書售與。後查一卷即全。此前余曾於蘇州獲《稗海》本《蠡海集》一册,價百金。

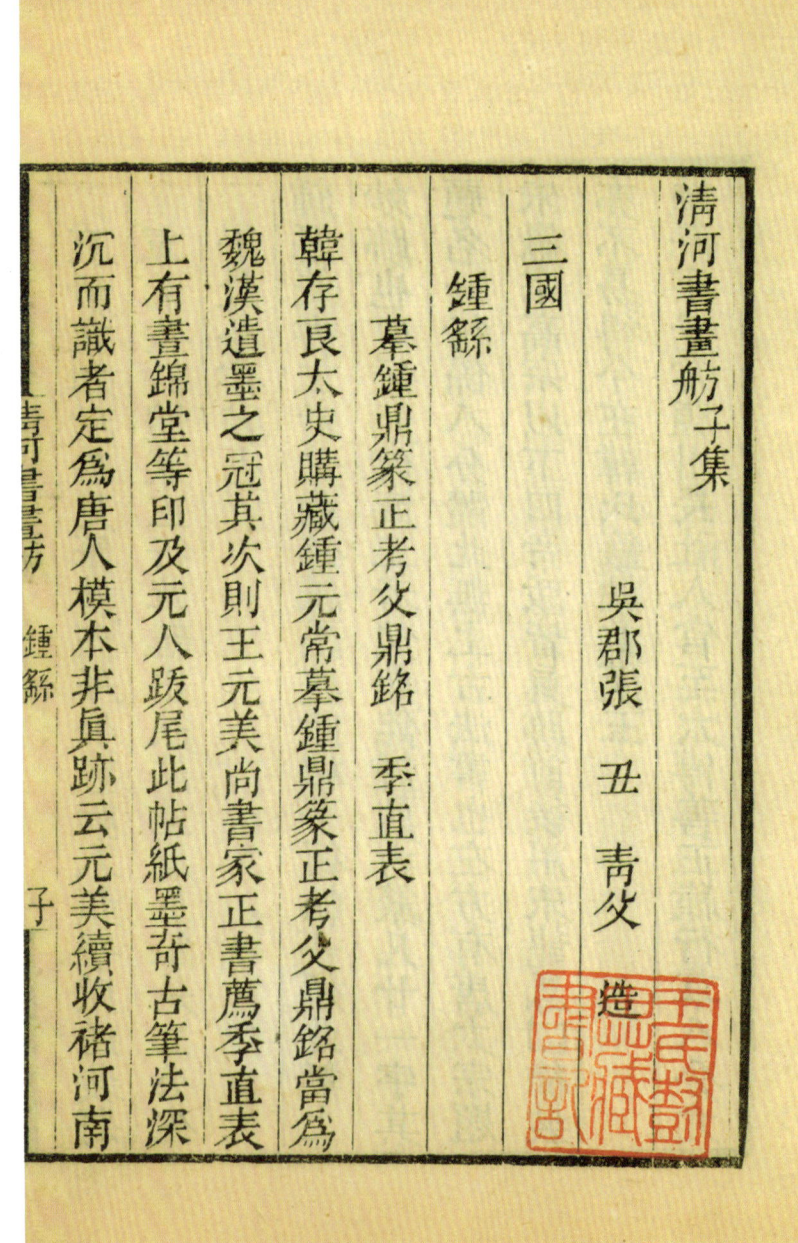

227　清河書畫舫十二卷(2-1)

227　清河書畫舫十二卷

　　明張丑著。清乾隆刻本。竹紙。十二册二函。封面鎸"池北草堂開雕"，前有乾隆二十八年（1763）嚴誠序，每卷末鎸"乾隆壬午（亦有癸未）吳長元池北草堂（亦有寶雲樓、半舫）校記"。

　　是書刻尚精工，小字勁秀，頗耐觀也。內容多關書畫見聞，以人爲綱，以其流傳書畫爲目，採諸家評鑒，各注所出，附加評論，間有考證之文。所錄題跋、印記較詳，可供參證。

　　丙子年（1996）得之於北京燈市口中國書店，價二百金，頗廉。己卯年（1999）重至該店，存書多已騰貴矣。

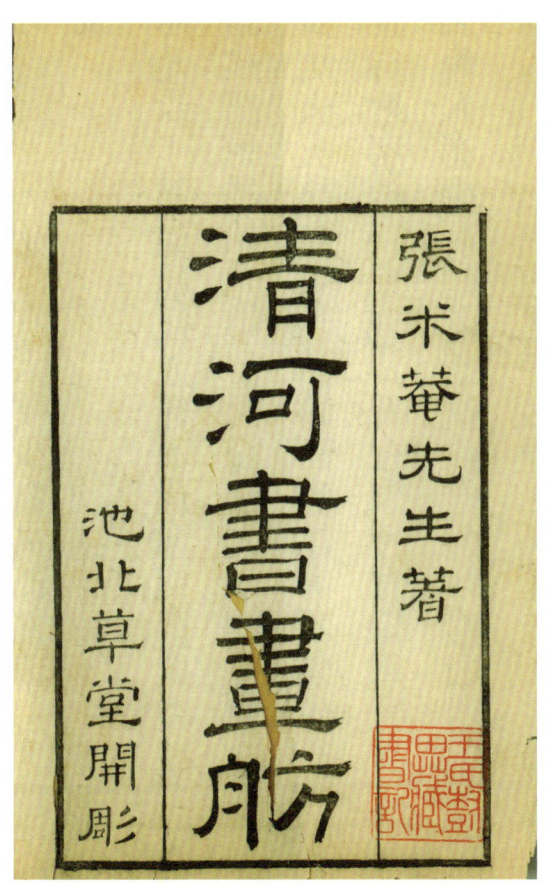

227　清河書畫舫十二卷（2-2）

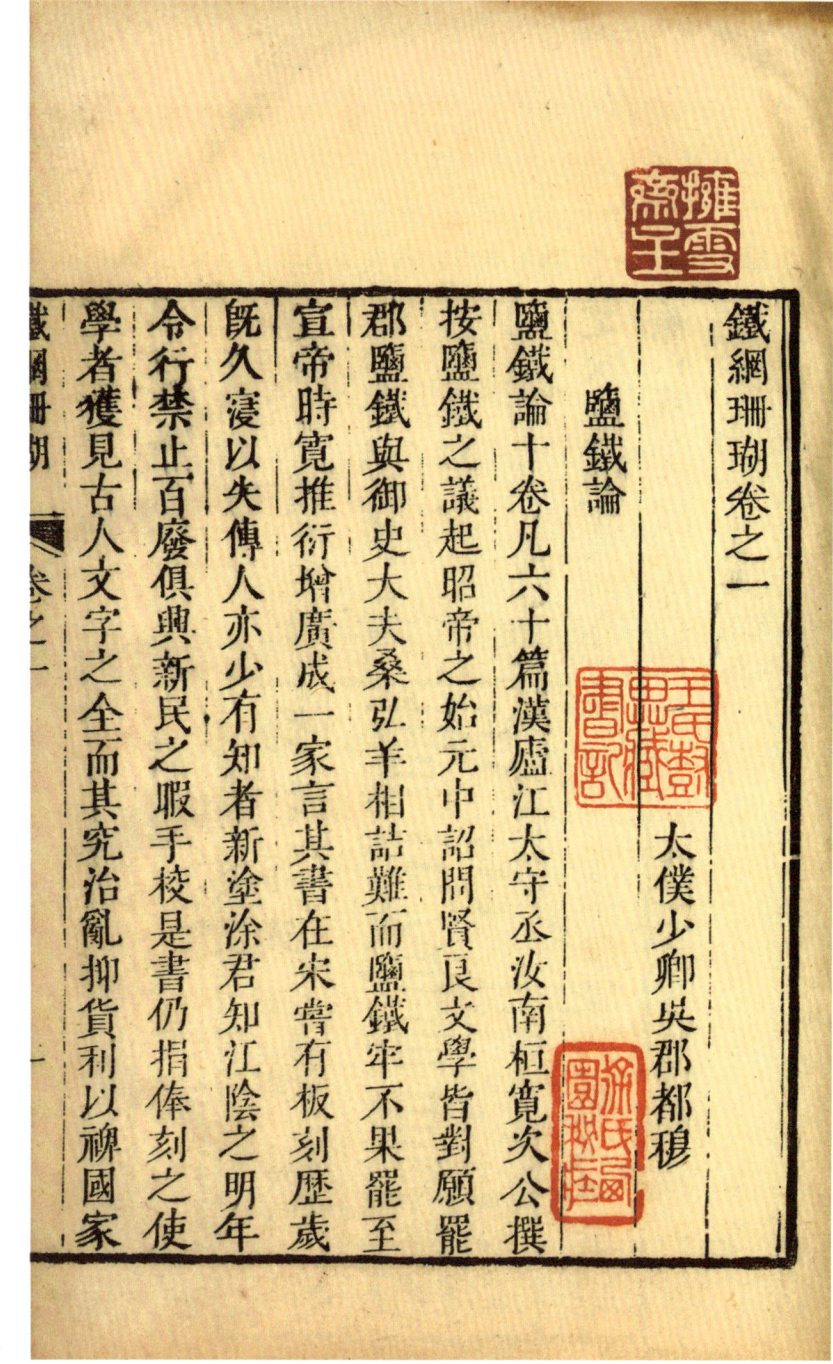

鐵網珊瑚卷之一

鹽鐵論

太僕少卿吳郡都穆

鹽鐵論十卷凡六十篇漢廬江太守丞汝南桓寬次公撰按鹽鐵之議起昭帝之始元中詔問賢良文學皆對願罷郡鹽鐵與御史大夫桑弘羊相詰難而鹽鐵卒不果罷至宣帝時寬推衍增廣成一家言其書在宋嘗有板刻歷歲既久寖以失傳人亦少有知者新塗涂君知江陰之明年令行禁止百廢俱興新民之暇手校是書仍捐俸刻之使學者獲見古人文字之全而其究治亂抑貨利以裨國家

228　鐵網珊瑚二十卷

明都穆撰。清乾隆間光霽山房重刊本。卷前乾隆戊寅(1758)沈德潛序。鈐印頗多,計有"襄陽王氏立齋藏書章""徐氏西園秘藏""海陵丁燮甫珍藏書畫章"等,另有一大方印不可辨。

明朱存理撰《鐵網珊瑚》十六卷,有雍正四年(1726)年希堯刻本。此都氏《鐵網珊瑚》《四庫全書總目·雜家類》存目。盧紹弓曾指爲荒唐,蓋坊賈僞托之本。耿文光《萬卷精華樓藏書記》云:"……沈歸愚爲之序,以爲都氏後人所刊,不審之甚矣。"然此書確有乾隆二十三年(1758)都肇斌刻本,現藏北京師範大學圖書館,未知如何。

此書丁丑年(1997)獲於天津呼某。

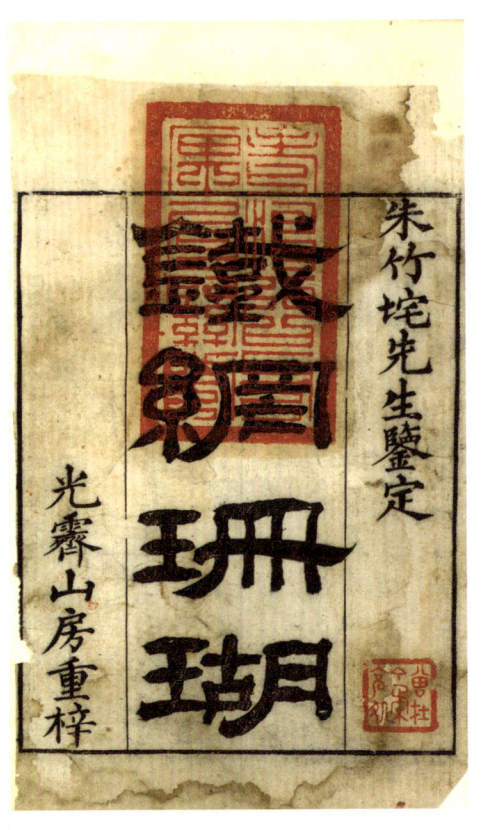

228　鐵網珊瑚二十卷(3-2)

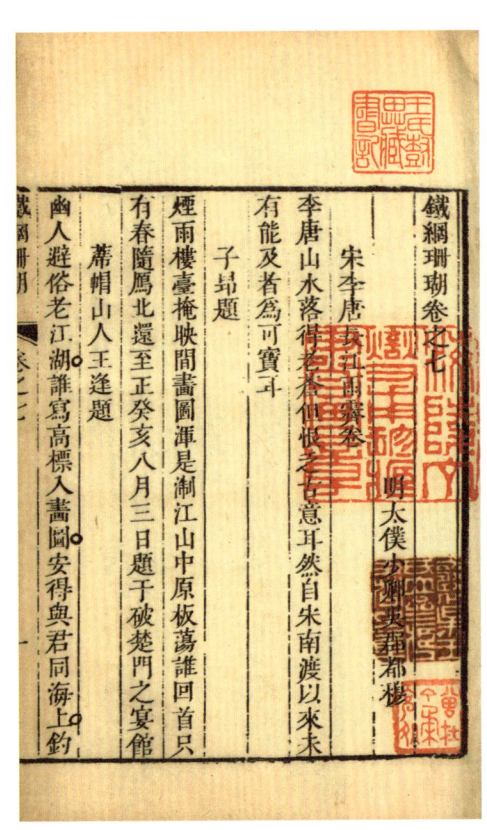

228　鐵網珊瑚二十卷(3-3)

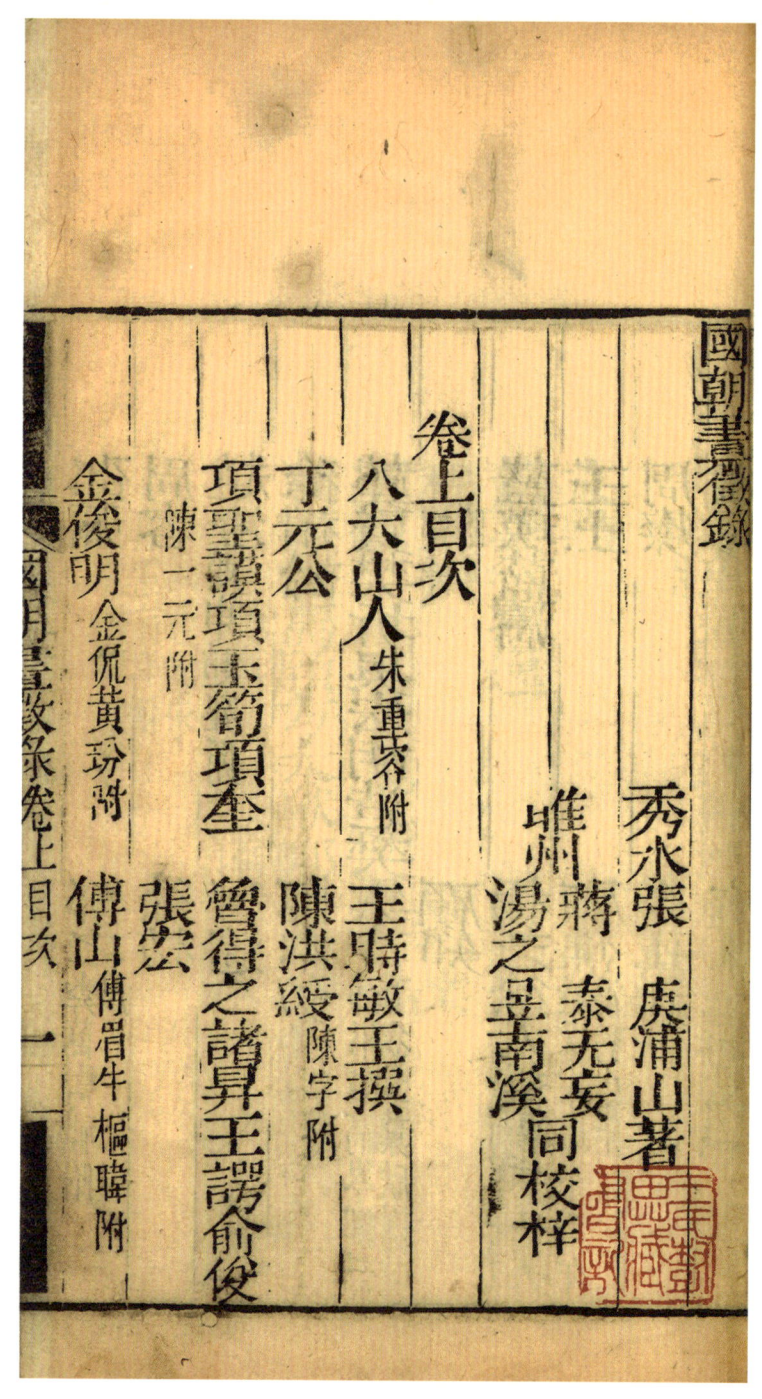

229　國朝畫徵錄三卷續錄二卷（2-1）

229　國朝畫徵録三卷續録二卷

清張庚著。封面鎸"增訂畫徵録"。前雍正十三年(1735)張庚序,後附識曰:"是録創始於康熙後壬寅,脱稿於雍正乙卯,十餘年間凡三上京師,一游豫章,一游山左,再泛江漢,三至中州,江南則經者數矣。載稿於行笥,凡遇圖畫之可觀者,輒考其人而録之,无妄蔣君一見以爲善,即欲爲余開雕,余自愧所見者窄,未敢也。戊午之夏復來睢陽,南溪湯子見之亦以爲當急梓,情甚踴躍,遂與无妄共成焉。……乾隆四年歲次己未五月望日庚識於蔣氏之雲期書屋。"此乾隆間刊本,刊者睢州蔣泰、湯之昱。續録大題下又鎸"析津胡振但韭溪校"。

卷内有墨批,字甚豪放,署"敦記""士記",未知誰何。

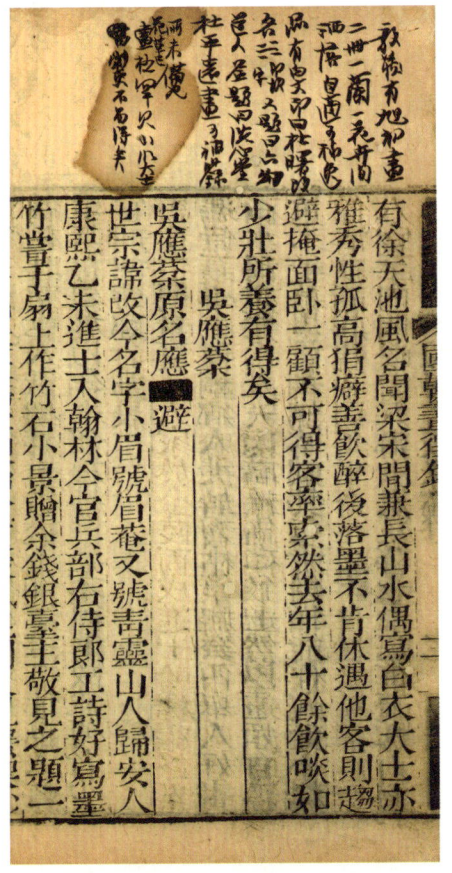

229　國朝畫徵録三卷續録二卷(2-2)

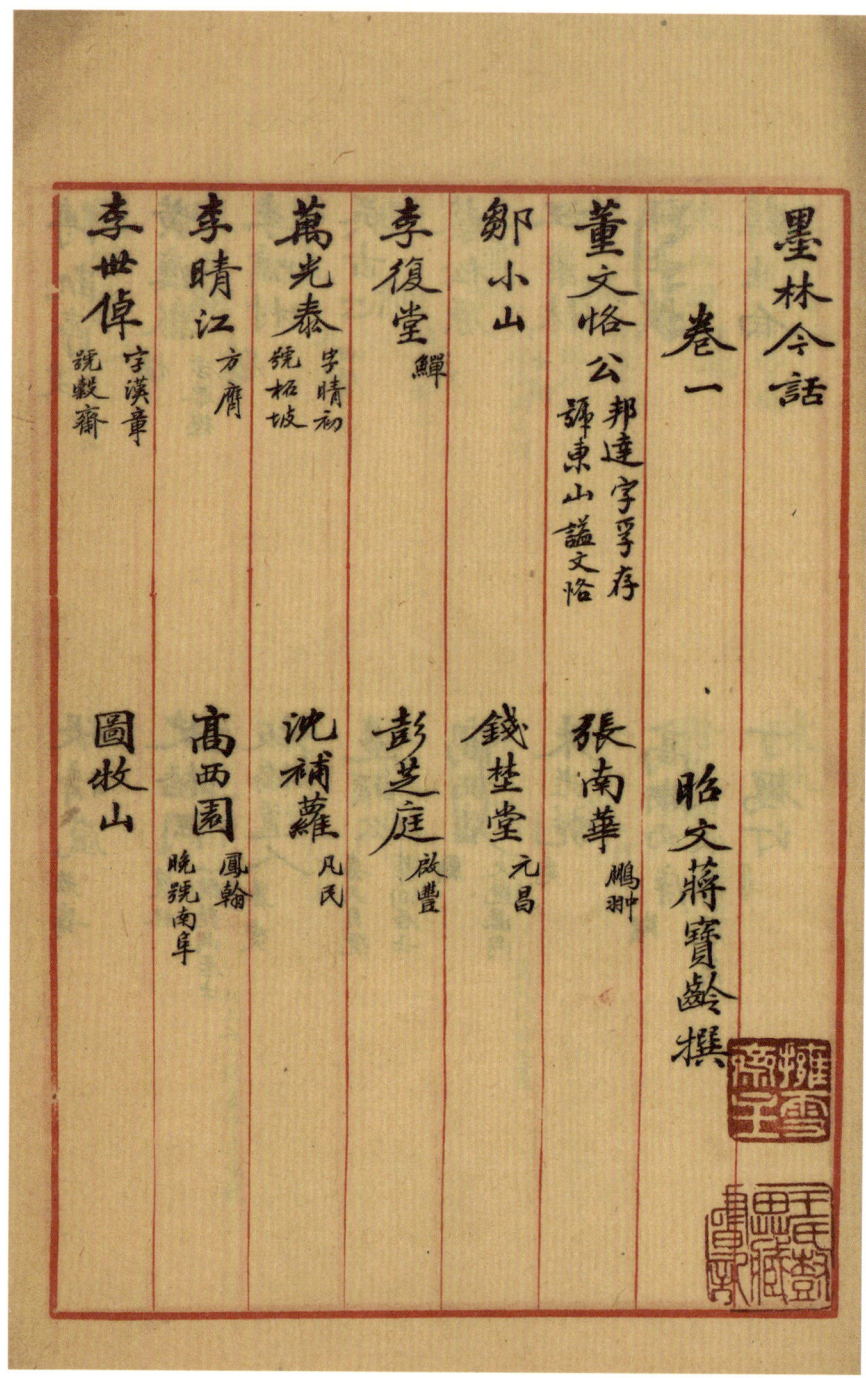

230 稿本墨林今話

230　稿本墨林今話

大開本,朱絲欄,字跡工整挺秀。首葉標"墨林今話,昭文蔣寶齡撰,卷一至卷十八"。後有"墨林今話續編,昭文蔣茝生撰"。

《墨林今話》十八卷,清蔣寶齡撰,記載乾隆至咸豐間畫家一千二百八十六人,多爲江浙人氏,各立小傳,起自董文恪,訖元和閨秀,記述各家姓名里居、韻事畫藝,並涉書法、金石、詩詞、收藏等事。

《墨林今話續編》一卷,清蔣茝生撰。茝生爲蔣寶齡子,字仲籬,昭文人,僑居上海。善畫。《墨林今話》寫成未及刊印,蔣寶齡便逝去。蔣茝生於咸豐二年(1852)集資刊印此書,並補入自編的咸豐間畫家百餘人,編爲一卷,體例一仍其舊。

此鈔本可斷爲稿本的依據,是文字上略有出入,即比印本在所列人物上多一些,如卷四此稿本有王小篷、王映山,印本無之。印本有"水墨瓶菊"(吳補齋),稿本無之等。稿本《續編》有劉葵衫(□勳)、秦午江(鏡□),印本無之。稿本《續編》目錄後有顧沄(字若波)、陸恢(字廉夫)、曹薺原(文埴)、鄭鈺(字雙玉,閩人,工山水)、于嘯軒(工書畫,善刻竹,揚州人)、邱蘇門(安吉人,工蟹,乾隆時部員),印本無之。另,目錄編排亦與印本有異。

此稿本似爲蔣茝生手筆,尚待考證。

此稿本乙亥歲(1995)獲於蘇州,另有盛宣懷舊藏數種,據售者稱,蓋從常州流出者。

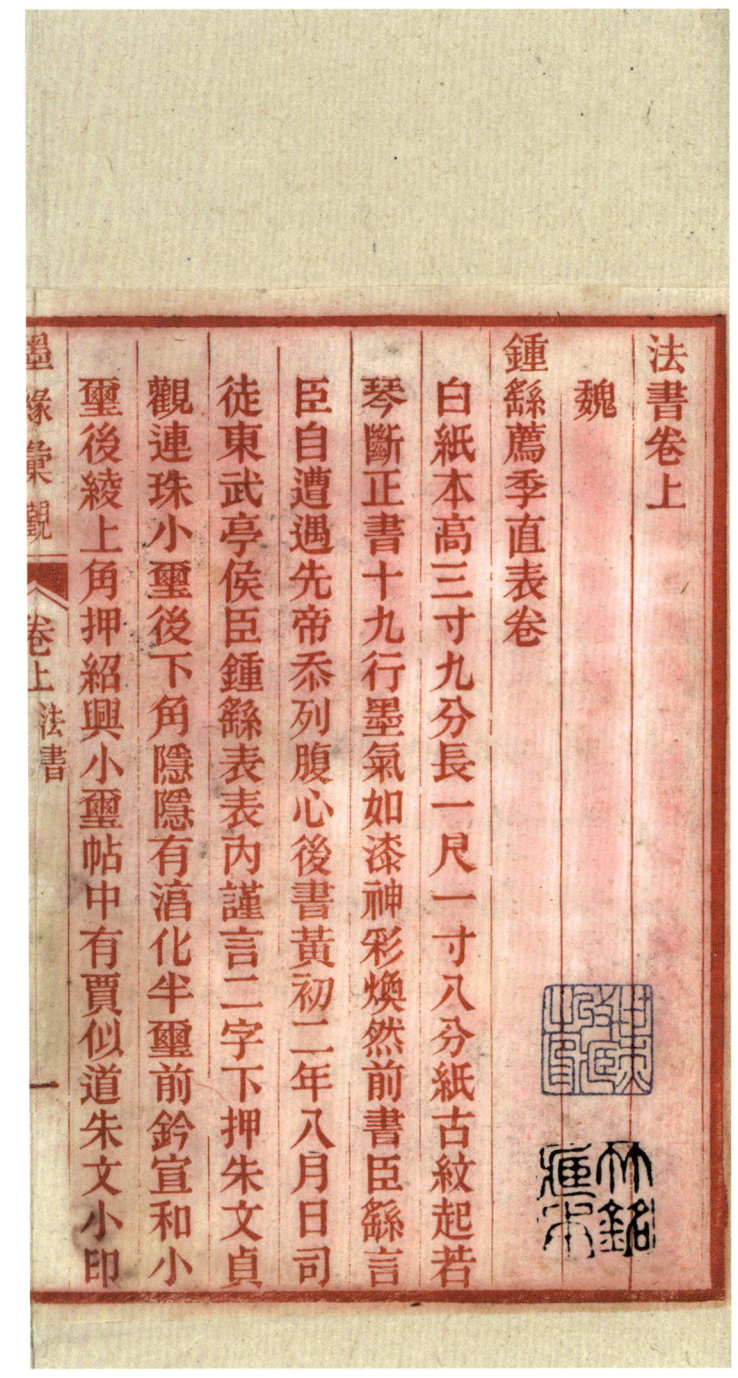

法書卷上

魏

鍾繇薦季直表卷

白紙本高三寸九分長一尺一寸八分紙古紋起若
琴斷正書十九行墨氣如漆神彩煥然前書臣繇言
臣自遭遇先帝忝列腹心後書黃初二年八月日司
徒東武亭侯臣鍾繇表表內謹言二字下押朱文貞
觀連珠小璽後下角隱隱有滃化半璽前鈐宣和小
璽後綾上角押紹興小璽帖中有貫似道朱文小印

231 墨緣彙觀四卷

清安岐撰。清宣統刻本。四卷四册。白紙,朱印本,刊印精良。是書上起魏晉,下訖明末,將所見所藏之歷代名畫、法書,從内容到紙絹尺寸、題記、印記等一一著録,於鑒賞中國書畫甚爲有用。

安岐,字儀周,號麓村,其居曰"古香書屋"。姚大榮《墨緣彙觀撰人考》云安氏爲朝鮮人,從貢使入都,後入旗籍,久居天津。關於其身世,説法不一,今無從印證。但其精於書畫鑒賞,收藏甚富,却是事實。

卷内有"長白馬佳氏""世傑收藏之印""竹銘藏本"等印記。馬世傑,字竹銘,馬佳氏,滿州鑲黄旗,曾任宣統朝御前頭等侍衛。精鑒賞。新中國成立後,曾任故宫博物院鑒定專家。其父紹英,清季曾任度支部大臣。入民國後,在溥儀朝廷任總管内務府大臣。

是書購時尚帶一小册《墨緣彙觀撰人考》,或是當時藏者配套自備者,苦心可見。

是書得於天津烟臺道古籍書店。

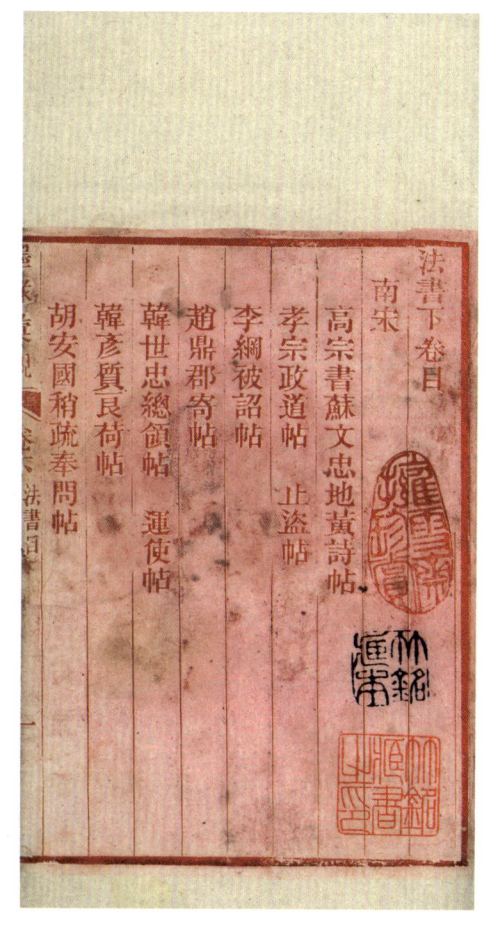

231 墨緣彙觀四卷(2-2)

墨緣彙觀撰人考

安順姚大榮儷桓甫稿

昔人有言傳布古人箸述其功與掩骼埋骴等語最沈痛乃有其箸述傳布甚廣而其人生平仍湮晦弗彰者則墨緣彙觀之撰人是也余甚閔焉特為此書作撰人考己未正月八日識。

墨緣彙觀一書集錄自晉至明法書二卷名畫二卷共四卷卷末各有續錄數葉略加評識用雙行小字附注當條下亦有已見正集評識中而重出者莫明其去取之故昔僅有鈔本流傳光緒初南海伍氏刻入粵雅堂叢書嗣涇陽制軍復以聚珍板排印行世寖廣然皆非足本粵雅本闕名畫上卷中之劉珏沈周五條其錢選梨花及倪瓚雨後空林二條復有闕文涇陽本無闕文惟闕劉沈五條與粵雅同其王紱秀竹晴石一條粵雅尚有涇陽則無疑二刻同出一本而互有佚脫故異同若此然余數見舊鈔本並不闕不解此二刻獨闕何巧合若是近時都下有重梓涇陽本其闕如之蓋得見足本者罕矣是書不箸編輯者姓名惟卷首自序末綴乾隆壬戌松泉老人識於古香書屋。

北京和濟印刷局代印

232　墨緣彙觀撰人考

姚大榮撰。民國八年(1919)鉛印本。一冊。

姚大榮,字儷桓,貴州普定人。光緒九年(1883)進士,歷官內閣中書、起居注主事、刑部主事、大理院推事等。民國後居北京,究心著述。一九三九年逝於天津英租界。有《惜味道齋集》《馬閣老洗冤錄》《西王母國故》等作行世。

近人張增泰在序新版《墨緣彙觀》中稱此書"戔戔小冊,今已不可得"。

二十年前,余逛天津烟臺道古籍書店,與紅印本《墨緣彙觀》共收之。

余藏《巢經巢集》中,有姚大榮墨批甚多,甚可寶之。

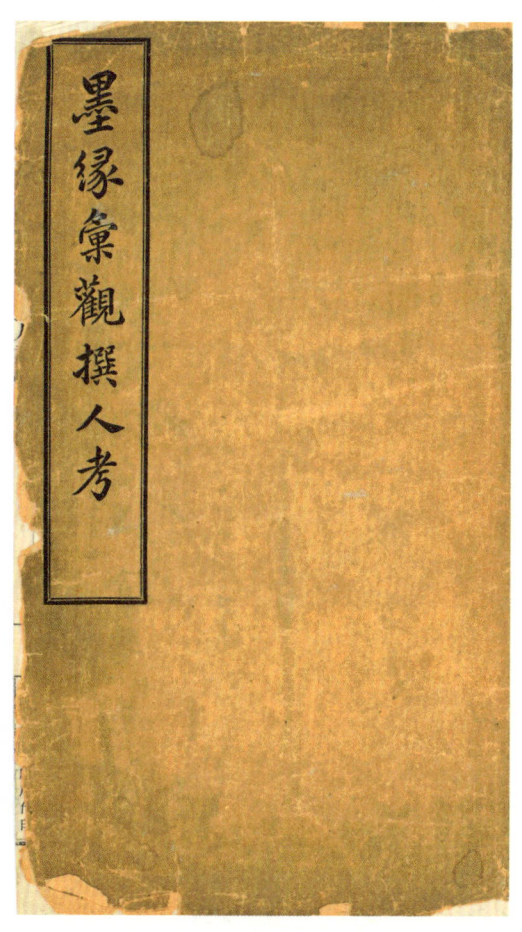

232　墨緣彙觀撰人考(2-2)

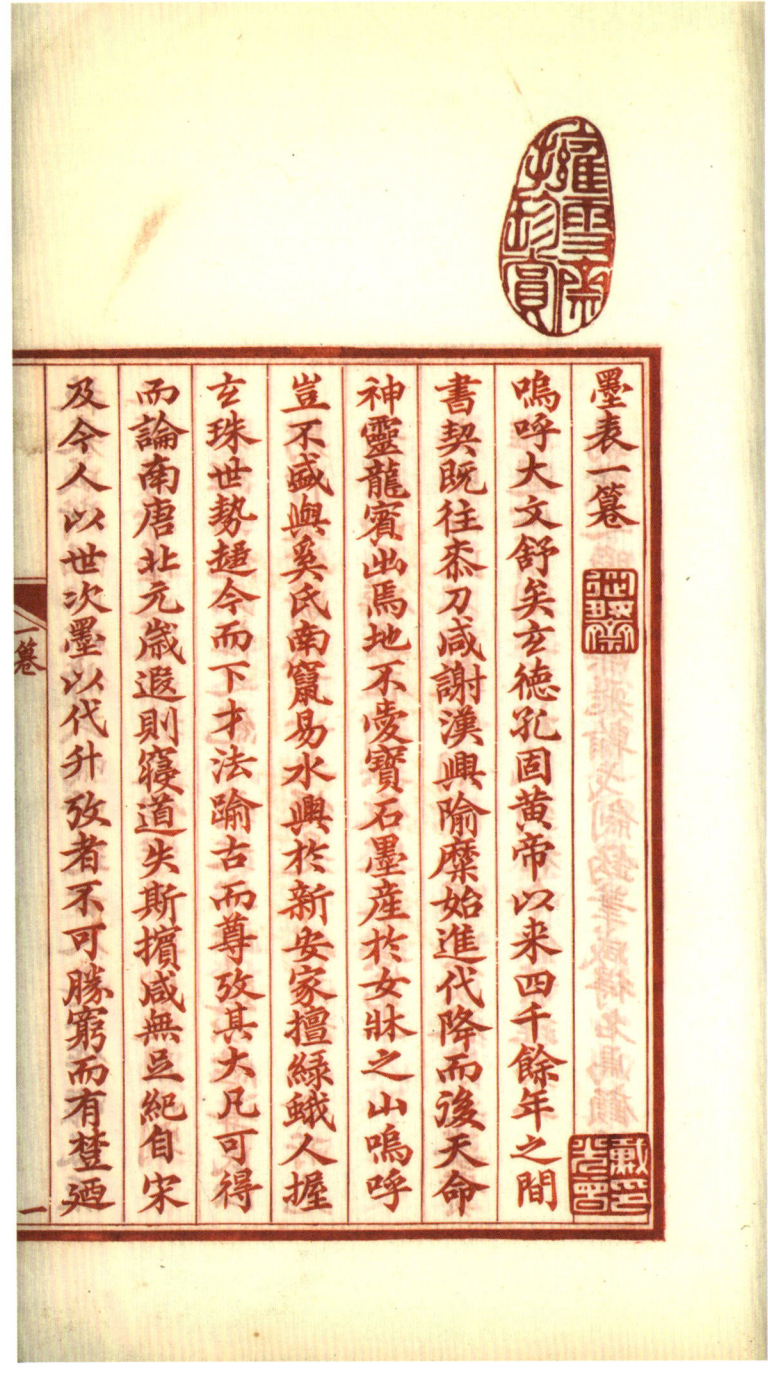

233　墨表四卷(3-1)

233 墨表四卷

明萬壽祺撰。吳昌綬民國間重刻黃燹圃本,朱印本。白紙四卷一册。書尾署"吳興沈良玉刻",撫印甚精,展卷賞心悅目。書中收明墨甚多,列表詳注,一目了然。

上海藏書家黃裳先生在其《前塵夢影新錄》中稱黃燹圃《墨表》一書"傳本稀若星鳳","吳昌綬刻《十六家墨説》,不以錄入。近人藏墨名家考證文字,亦無一字及之,是不但未見其書,亦未知墨林中有此要典也"。黃本"稀若星鳳"固是,然吳昌綬未刻《墨表》一説不確。余所藏此本可爲其證。此書爲單刻本,由民國間北京著名刻書坊文楷齋刻印。周紹良在《墨苑叢劄》一文中稱此刻本"不悉受何人托而刻此書",實際上是受吳昌綬(號松鄰)所托。

該書封面墨筆書"吳松鄰重摹黃燹圃本,甲子九月既望松鄰手贈,蟄蟄公藏"。蟄蟄公即民國間京城四大名醫之一的蕭龍友。蕭龍友(1870—1960),本名方駿,字龍友,號蟄蟄公,四川三臺人。曾任淄博、洛陽等地知縣,後陞知府。一九二八年棄官從醫,創辦北平國醫學院,任院長。解放後,任中華醫學會副會長等職。一生爲發展中醫事業貢獻尤多。精行書,頓挫有力,别具一格。

此書二十世紀九十年代初購於海王邨古籍書市。當時所見此書有一捆,皆紅印本。余衹選封面有墨筆題記者一册,價僅六元。估計爲印者或撰者存留書,後又流入書肆者。京城藏書家孟先生曾求讓,吝惜未允。

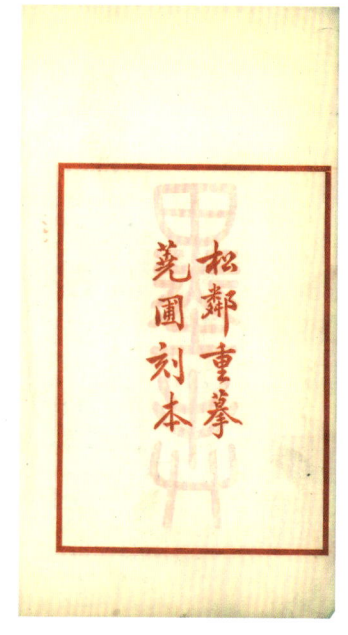

233 墨表四卷(3-2)

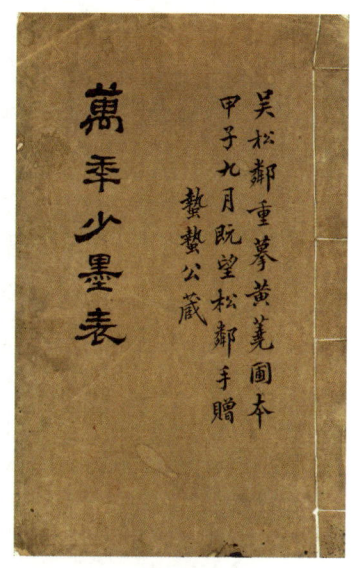

233 墨表四卷(3-3)

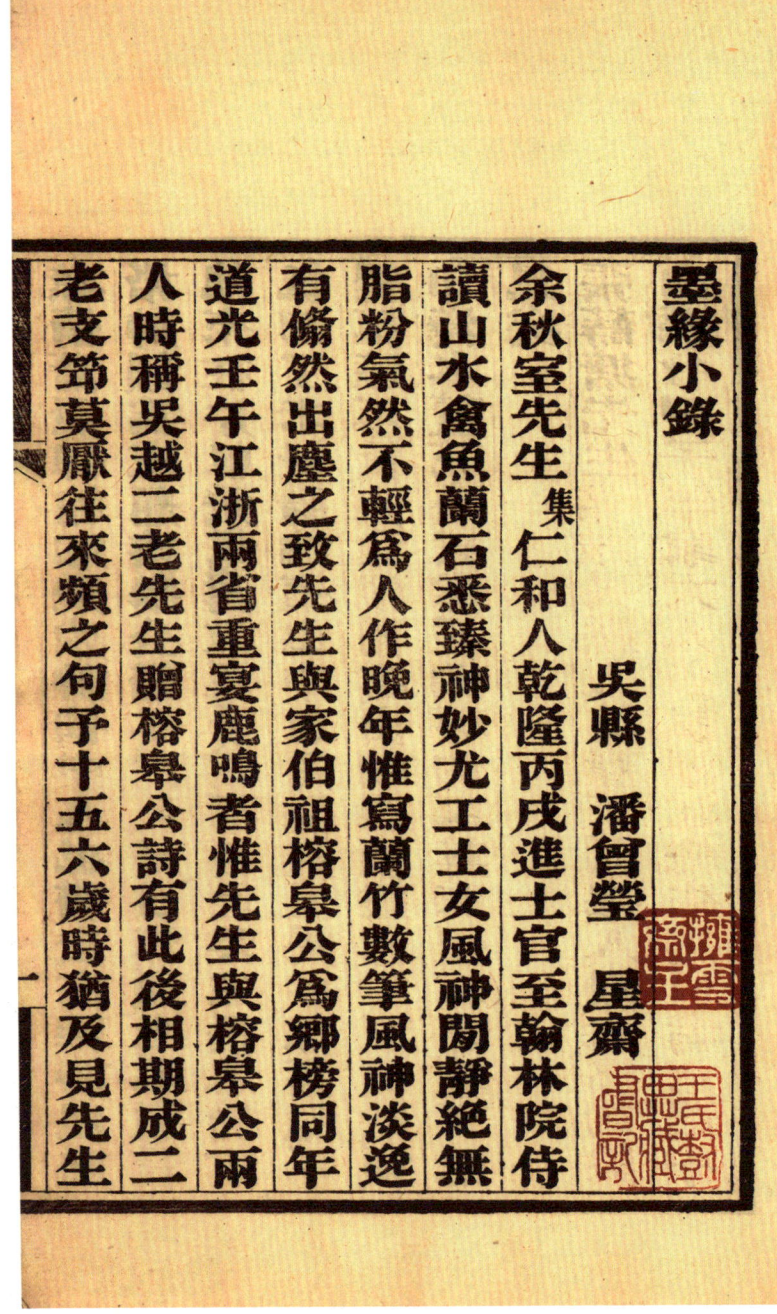

墨緣小錄

吳縣　潘曾瑩　星齋

余秋室先生集 仁和人乾隆丙戌進士官至翰林院侍讀山水禽魚蘭石悉臻神妙尤工士女風神閒靜絕無脂粉氣然不輕為人作晚年惟寫蘭竹數筆風神淡逸有翛然出塵之致先生與家伯祖榕皋公為鄉榜同年道光壬午江浙兩省重宴鹿鳴者惟先生與榕皋公兩人時稱吳越二老先生贈榕皋公詩有此後相期成二老支節莫厭往來頻之句予十五六歲時猶及見先生

234　墨緣小録

清潘曾瑩撰。清咸豐間潘氏家刻本。大開本一册。扁方字體。

潘曾瑩,字申甫,號星齋,吳縣人。道光二十一年(1841)進士,官至工部左侍郎。工書畫,室名小鷗波館、江雪山房等。

此咸豐原刻本,較罕見。民國間書商郭石麟曾訪得一部,售與鄭振鐸,鄭在此書書跋中有"殊感之"之語。

二十世紀九十年代初於滬上福州路古籍書店獲此,價僅一元,今則不可思議矣。

234　墨緣小録(3-2)

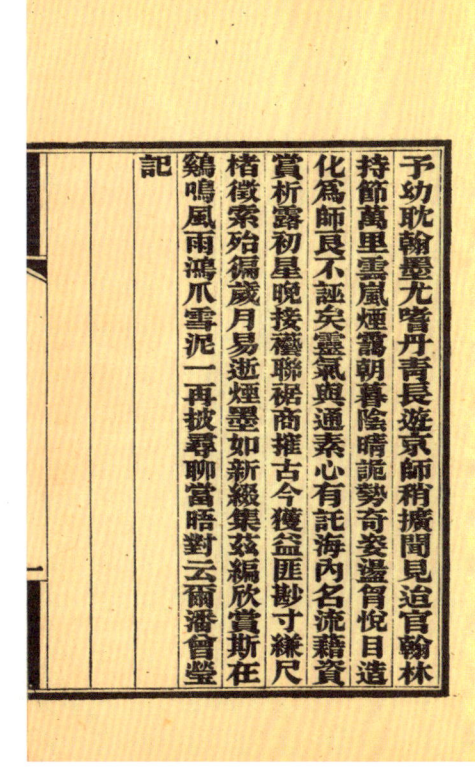

234　墨緣小録(3-3)

235　集雅齋畫譜(2-1)

235　集雅齋畫譜

明新安黃鳳池輯，蔡元勳寫圖，劉次宗手刊。內容分八類：一、《五言唐詩畫譜》；二、《六言唐詩畫譜》；三、《七言唐詩畫譜》；四、《梅竹蘭菊四譜》；五、《唐解元仿古今畫譜》；六、《名公扇譜》；七、《草本花詩譜》；八、《木本花鳥譜》。余藏此畫譜存《梅竹蘭菊四譜》二冊，《唐解元仿古今畫譜》一冊，《草本花詩譜》一冊，共三種四冊。

此畫譜刊於萬曆四十八年（1620），正面爲圖，背面爲詩，竹圖上題有"虎林孫漢陵寫於集雅齋中"字樣。白棉紙，開本闊大。

卷前有墨筆書："上虞陳夢家藏民國卅七年歲莫北平。"另墨筆鈔錄《新鐫草本花詩譜序》二葉，蓋爲陳夢家舊藏。陳夢家，浙江上虞人，民國間著名"新月派"詩人，後致力古史研究，著有《夢家詩選》

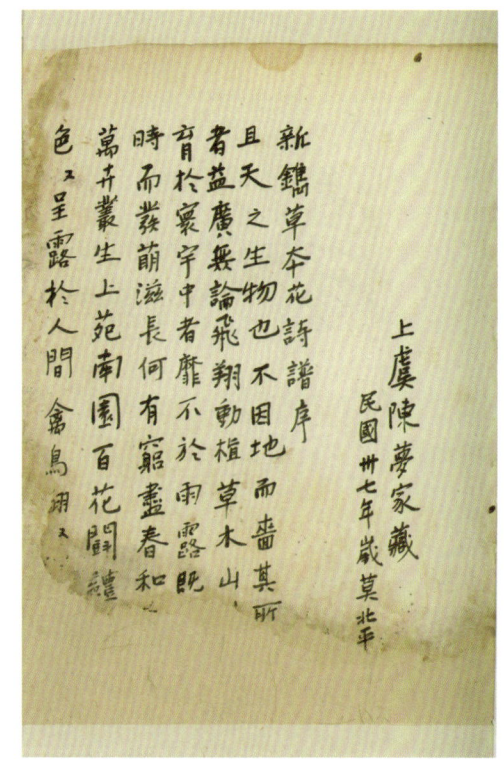

235　集雅齋畫譜（2-2）

《鐵馬集》《西周年代考》《海外中國銅器圖錄考釋》《殷墟卜辭綜述》等。一九六六年九月亡故。

二十世紀末游潘家園舊書市購得。同時所獲另有《今古輿地圖》《釣渭間雜膾》二種。此畫譜頗有名氣，在中國版畫史上有一定地位，故存之。

236 鈔繪本唐詩畫譜(2-1)

236　鈔繪本唐詩畫譜

手繪本。繪者不詳。一册。取唐詩五、六、七言各十餘首繪爲圖,而以原詩書於後或直書於畫幅之上。

《唐詩畫譜》爲明黄鳳池編輯,萬曆間集雅齋原刻。黄氏"遴選唐詩百首,廣求名公書之,顒請名筆畫之"。繪者除蔡冲環外,餘皆不詳。此顯係《唐詩畫譜》刻本之臨摹本。經與《中國版畫史圖録》對照,幾可亂真矣。

《唐詩畫譜》爲古代版畫之珍品,今不易見。此雖臨摹本,亦足寶貴也。

236　鈔繪本唐詩畫譜(2-2)

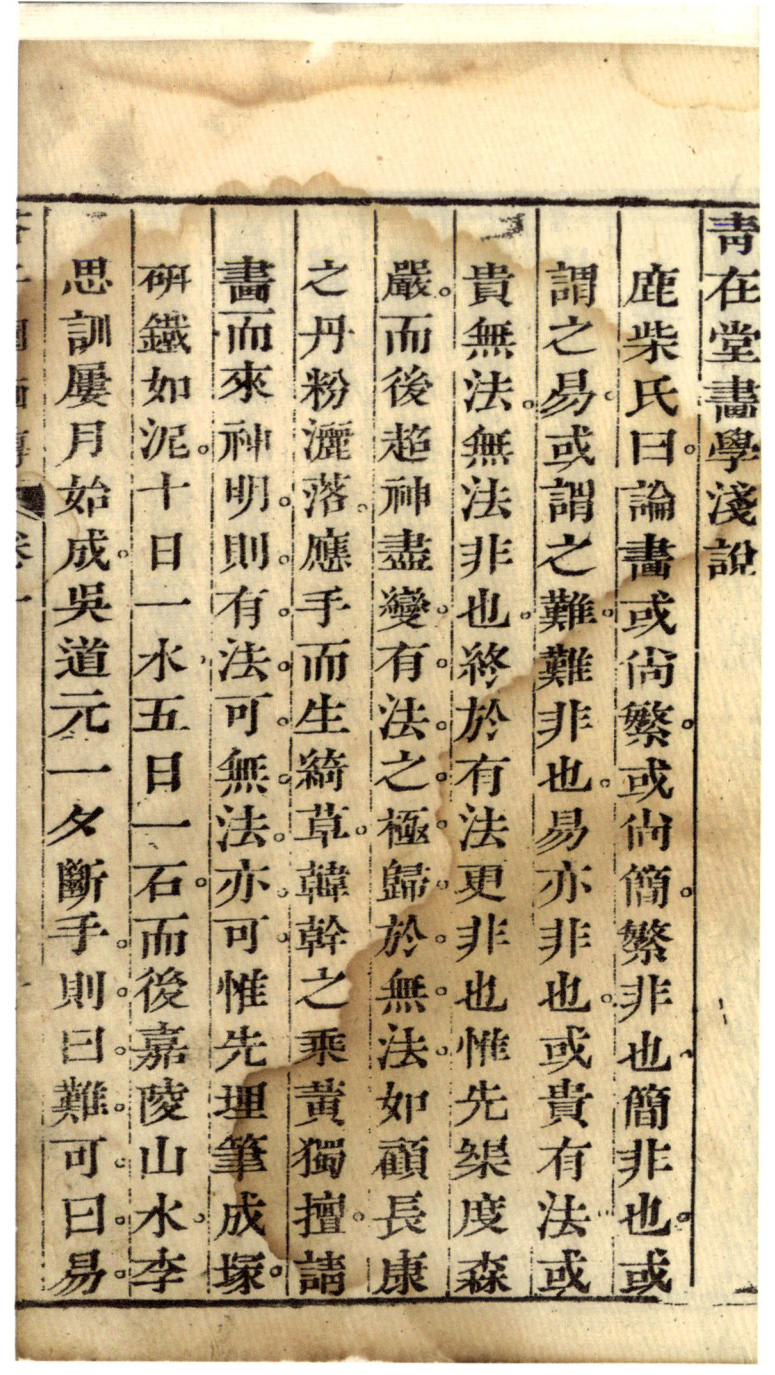

青在堂畫學淺說

鹿柴氏曰論畫或尙繁或尙簡繁非也或
謂之易或謂之難非也易亦非也或貴有法或
貴無法無法非也終於有法更非也惟先規度森
嚴而後超神盡變有法之極歸於無法如顧長康
之丹粉灑落應手而生綺草韓幹之乘黃獨擅請
畫而來神明則有法亦可無法惟先埋筆成塚
研鐵如泥十日一水五日一石而後嘉陵山水李
思訓屢月始成吳道元一夕斷手則曰難可曰易

237　芥子園畫傳(2-1)

237　芥子園畫傳

清王概等撰。清康熙至嘉慶間刻本。套印。白紙三十册。

初集山水譜，五卷，由王概以明畫家李流芳課徒稿爲基礎，加以增編；二集蘭竹梅菊譜，四卷，王質繪圖譜，王概、王蓍、王臬論訂；三集花卉翎毛譜，四卷，爲王概等編畫。初、二集部分套印。初集卷前有康熙十八年(1679)李漁序，卷末有陳扶搖識語："是集始於丁巳春，成於己未冬，歷四十餘月而方告竣。"二集文光堂鐫藏，卷末鐫"乾隆壬寅仲春月金閶書業堂重鐫珍藏。"四集嘉慶間刊，爲人物畫譜，書口鐫"芥子園"，實與《芥子園畫傳》無關。

書非一時一地得來，二十世紀九十年代陸續湊成全書，亦頗不易。

卷内鈐"章武李子鏽字韻齋號琴盦光緒壬寅中和節生"印。李子鏽，原籍章武，祖上避居天津，世代從商。精通中醫，津門四名醫之一。又精書法，擅古琴，酷嗜曲藝。

237　芥子園畫傳(2-2)

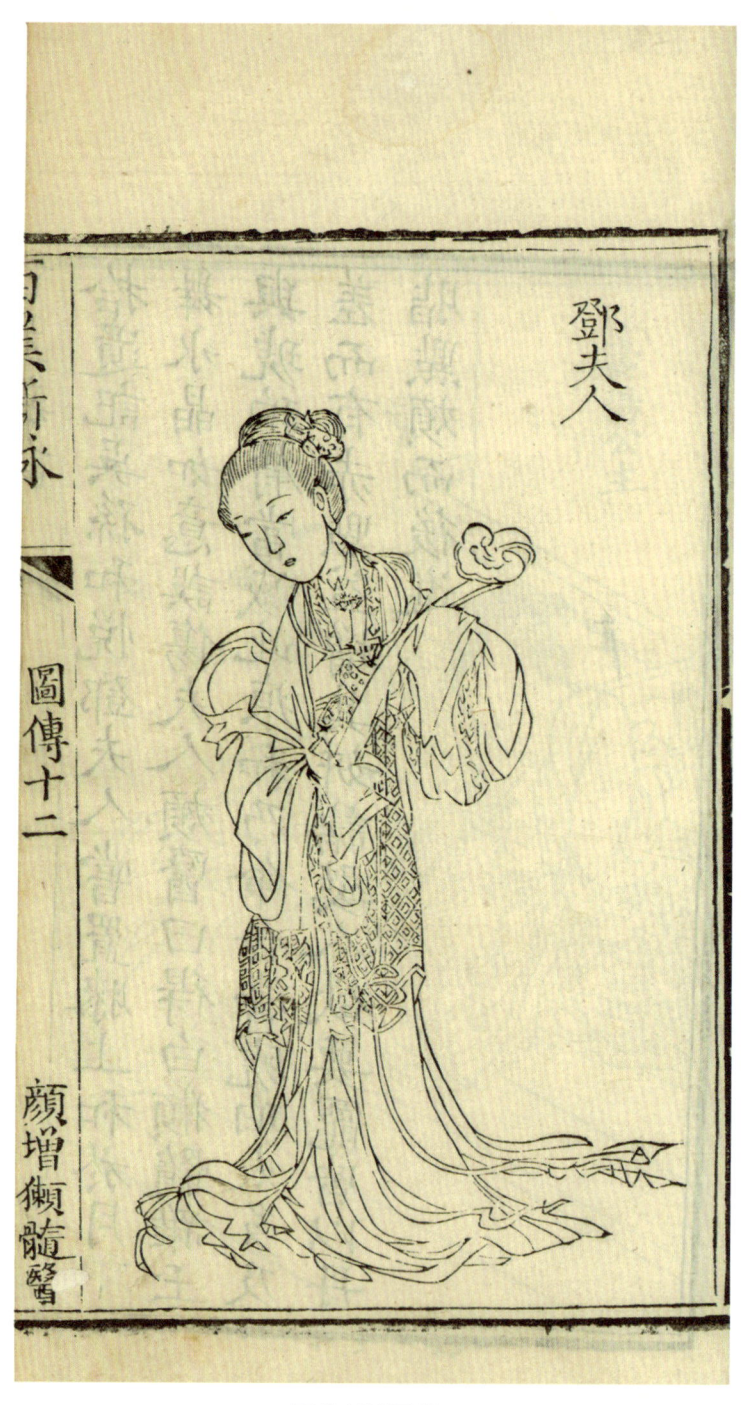

238　百美新詠圖傳

清顏希源編,王翽繪圖。清嘉慶間刊。白紙四册。扉葉鎸"集腋軒藏版"。收歷代美女百人,詩百餘首,圖百幅,每圖均附小傳。卷前嘉慶九年(1804)法式善序,顏希源圖傳詩序。鈐"吴曼公"藏印。

吴曼公,字觀海,自號花影珠字老人,江蘇武進人。善書法、工詞曲,爲文物鑒賞家、收藏家,民國間曾任故宫博物院顧問。吴稚英第五子,一九七九年逝世。

是書原刻於乾隆五十二年(1787),此乃重刊本。寫刻頗精,不記刻工。鄭振鐸稱此書"圖像頗精"。繪圖者王翽,字鉢池,曾供奉内廷,於山川、草木、鳥獸、昆蟲之類,偶一揮毫無不酷肖,而於人物爲尤。

乙亥年(1995)於滬上福佑路老彭舊書攤獲書多部,皆稀見之本,此即其一。

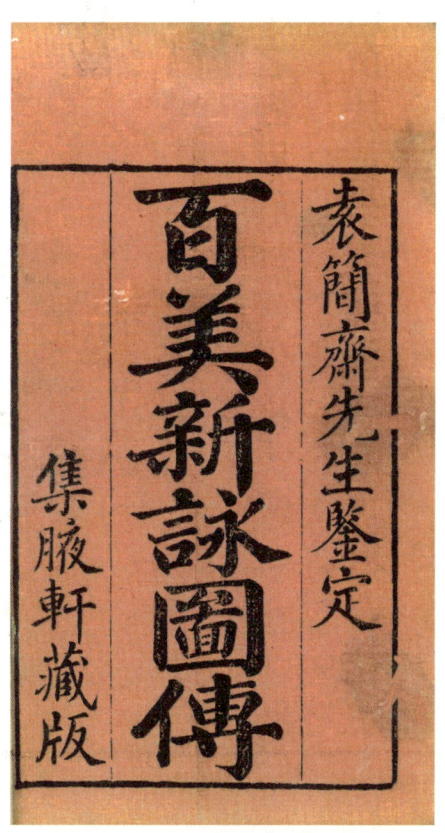

238　百美新詠圖傳(2-2)

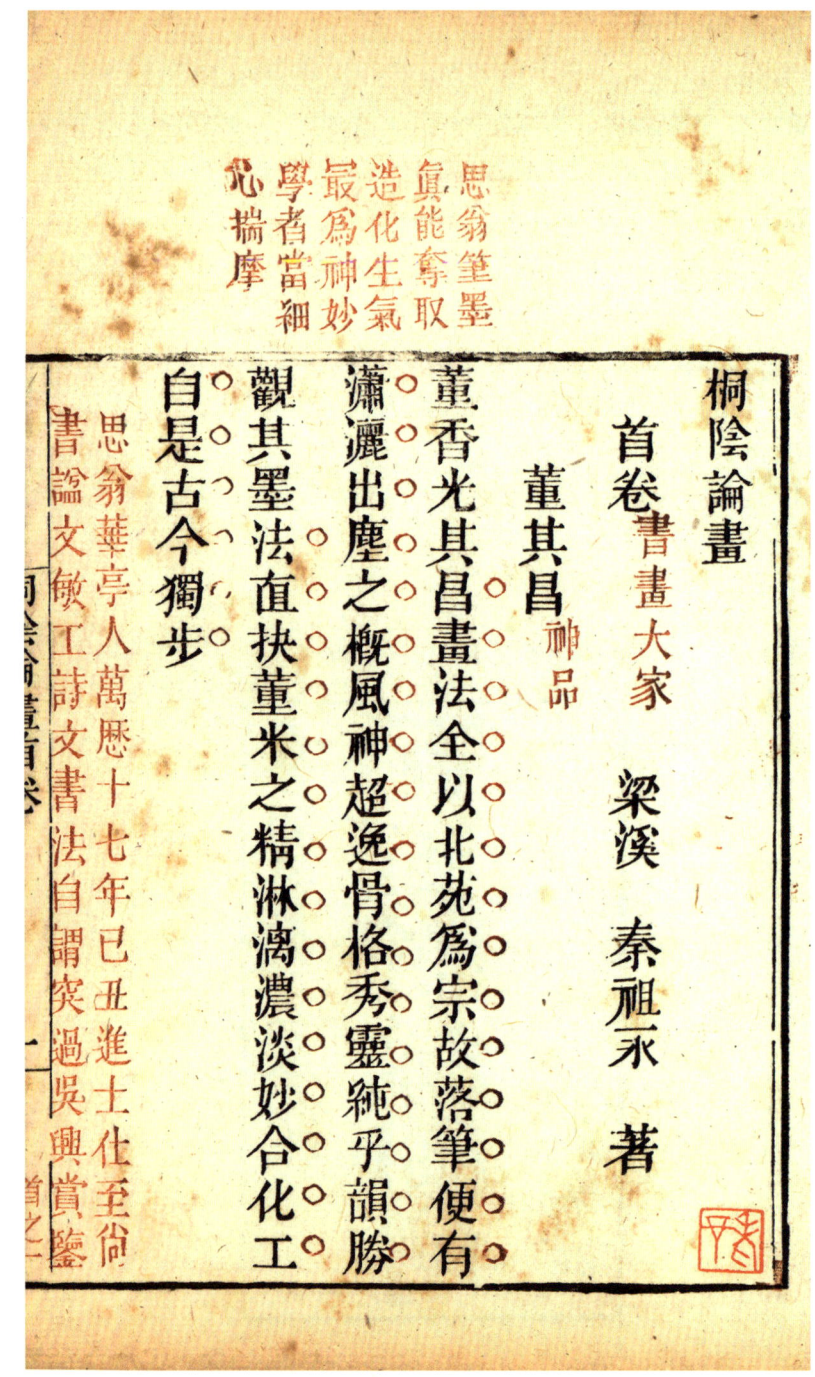

239 桐陰論畫三編六卷（2-1）

239　桐陰論畫三編六卷

清秦祖永著。清同治三年(1864)刊。朱墨套印。白紙四册。

是書以逸、神、妙、能四品評議畫家之法並列小傳,沿自北宋黃休復《益州名畫錄》。

另有光緒八年(1882)刻此書一部,爲初編之後增補而成,體例與初編同,朱墨套印,八册。初編得之於廊坊石木齋,費銀二百四十元;後者於潘家園購得,價四百元。二書品相皆好。

余不知畫,書以套印收之。錄書之日,舍間一隻患病小猫似已痊愈,歡喜無量。

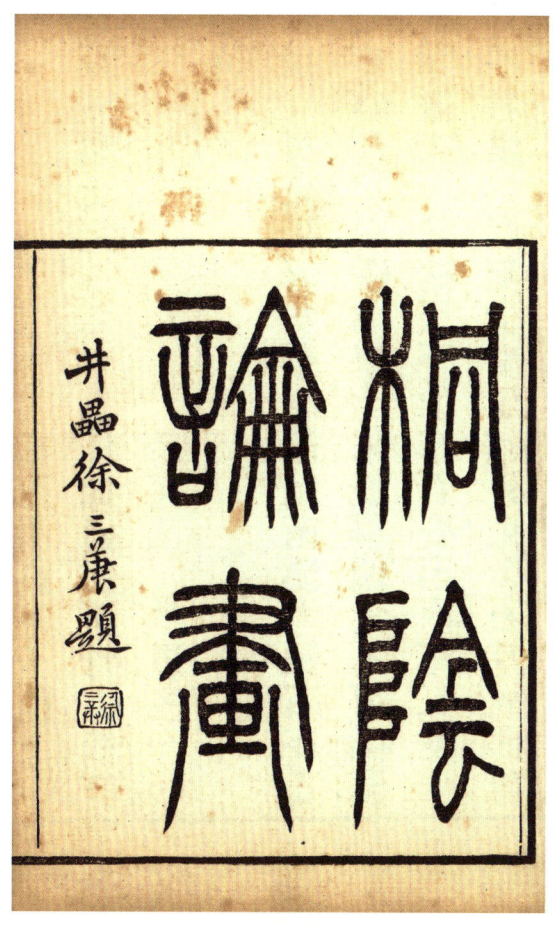

239　桐陰論畫三編六卷(2-2)

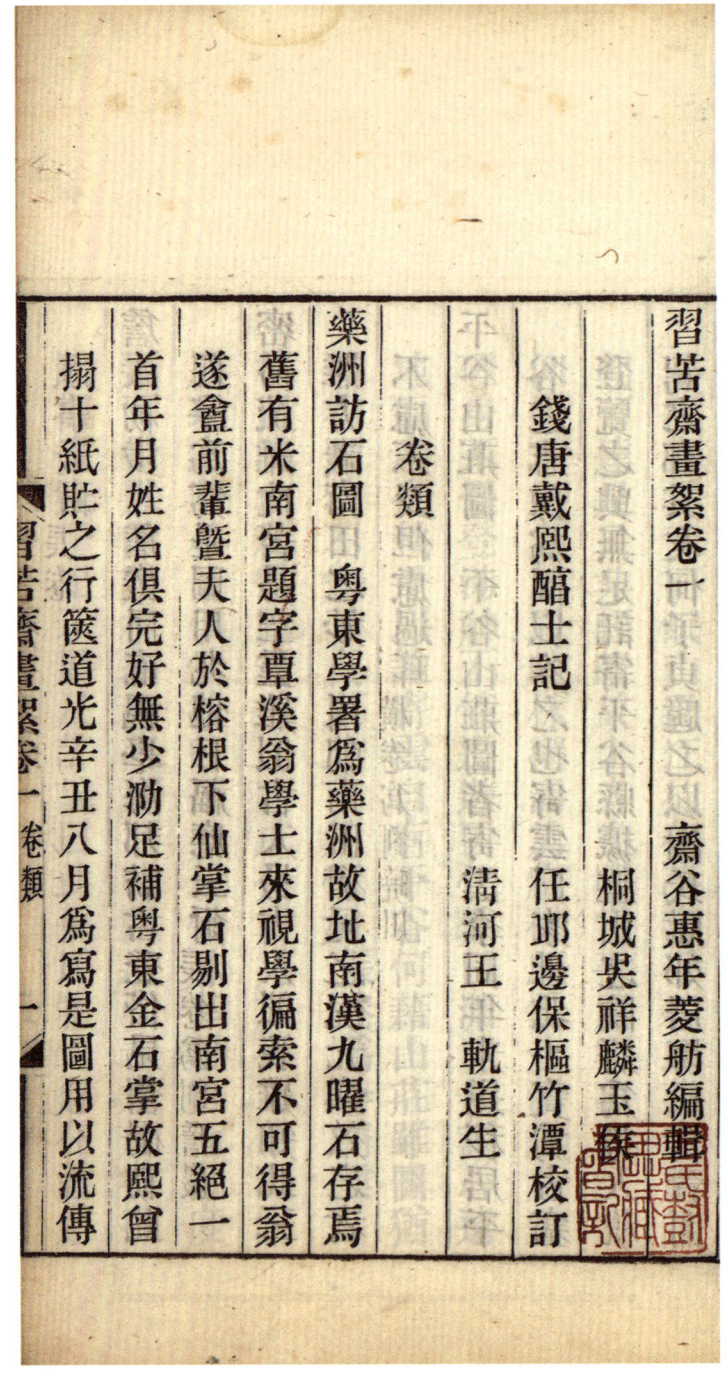

240 習苦齋畫絮十卷(2-1)

240　習苦齋畫絮十卷

清戴熙撰。清光緒十九年(1893)刻本。白紙四册。

此書又稱《戴文節題畫筆記類編》，原爲戴熙的日記手錄，以題跋文爲主，後經整理以卷册、大幅、橫幅、立幅、紈扇、雜件等八類爲編次，記錄了戴氏幾近全部的畫作。

戴熙，字醇士，號鹿牀，室名敬修堂、習苦齋、賜硯齋，浙江錢塘人。道光十二年(1832)進士，官至兵部右侍郎。太平天國克杭州，投水而死。工詩、善書畫。著有《古泉叢話》《尚書沿革表》等。

余存戴熙撰《古泉叢話》一部，同治十一年(1872)滂喜齋刊，刻甚精。

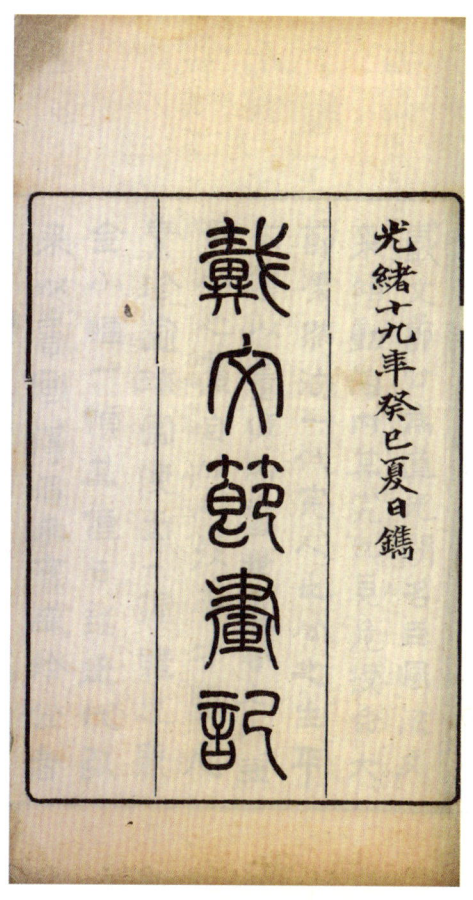

240　習苦齋畫絮十卷(2-2)

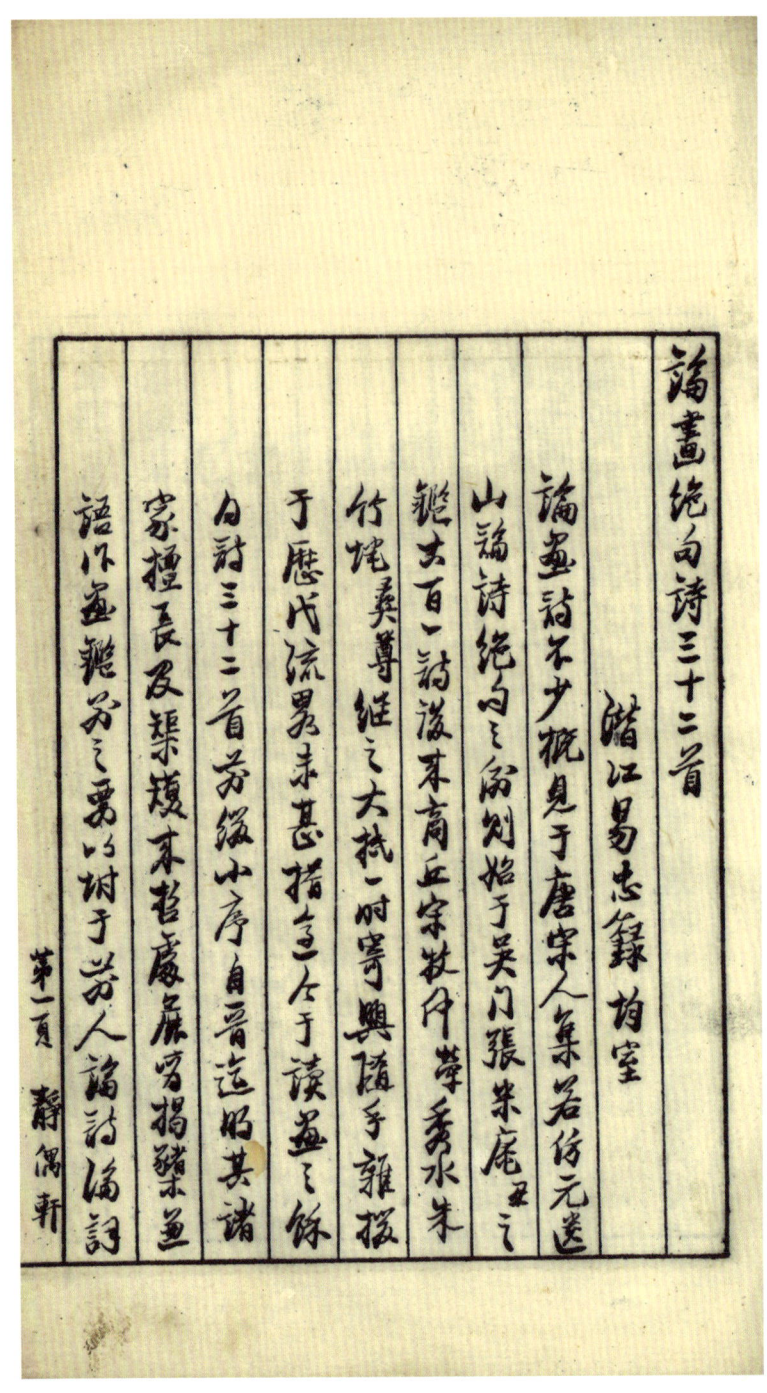

241　穚園論畫絶句詩

清易忠籙撰。民國三十七年(1948)刊。藍印。石印本。白紙一册。

易忠籙,生於一八八六年,湖北潛江人,字均室,號穚園,室名静偶軒、柏風草堂。曾加入同盟會,爲辛亥元勛。善書畫,工隸行,精印學、金石學。

卷前民國三十七年徐永年序,後附李恩純、謝無量等人題辭。

書獲於呼和浩特市"文苑古舊書店"。書經重裝。

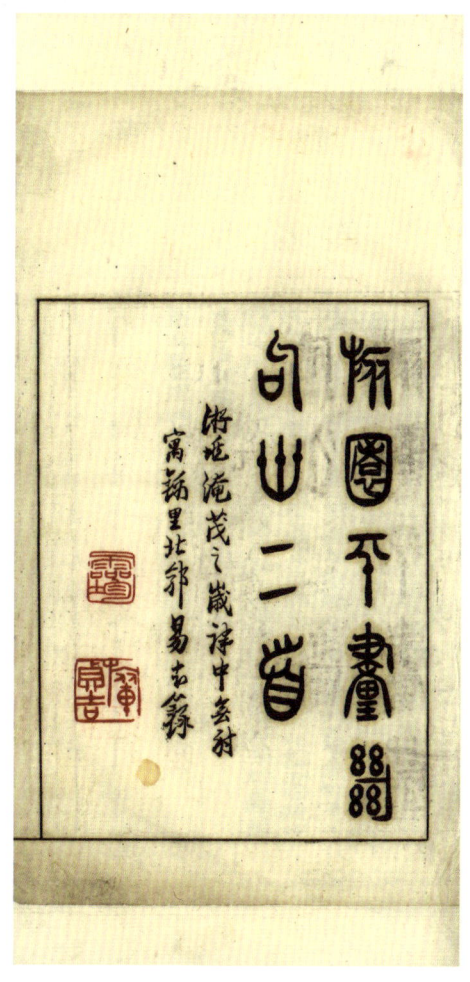

241　穚園論畫絶句詩(2-2)

仙呂鳳凰臺上憶吹簫 新秋三松堂對月用漱玉詞韻

蠻咽籬根句露明松頂句一輪又見當頭叶喜

畫檐波影句冷浸簾鉤叶莎逕筠廊宛轉句小

軒榜讀自署三休叶西風爽句紅牙檀板讀待

賞新秋叶悠悠叶倚闌暗數句三十載前

塵句夢斷痕留叶盼廣寒縹緲叶路阻瓊樓叶

242　水雲笛譜

水雲漫士編。清光緒十三年(1887)刻本。一册。

水雲漫士即潘奕雋,字守愚,號榕皋,一號水雲漫士,江蘇吳縣人。乾隆三十四年(1769)進士,官户部主事。藏書處名三松堂,僅黄丕烈校跋本有百部以上。善書畫,有《三松堂集》等。

卷末曾侄孫鍾瑞光緒十三年跋,曾侄孫祖同跋。潘鍾瑞、潘祖同皆爲清末名流。此書稀見。早年獲於滬上古籍書店,價甚廉。

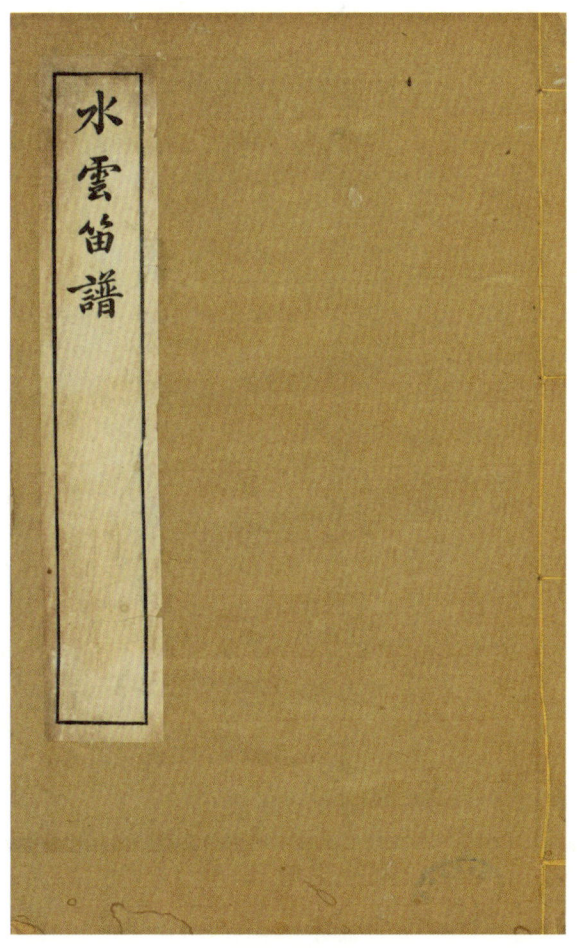

242　水雲笛譜(2-2)

蕭山堂奕譜

光緒六年重刊

原序

奕之為言易也此數云手載奕嘉客易也自一肩以至子萬客有其不窮以通於至而不窮之之畫而極於神之之此而發於化合乎周天畫其奈似極發於先藏神於密訓通於造化之原者未易語此也前輩高手如林吾鄉徐子望友以絕角抗衡上下垂四十年名盛已久差復取前人之成局反覆研討直窮微芒迺攻其瑕此書如此則得如彼則失如此則勝如

243　兼山堂弈譜（2-1）

定遠方氏知守子
瓜下仲卿氏常華全校核

243　兼山堂弈譜

清徐星友撰。清光緒六年(1880)刻本。方冊，一冊。卷末鎸"金陵城内坊口大街弓箭坊内陶文魁刻字刷印處"。

卷前康熙五十八年(1719)翁嵩年序。

徐星友，清初圍棋國手，杭州人。全書共選清初至康熙後期過百齡、周懶予、盛大有、徐星友等名手六十二局棋譜，每局都有詳評。國手施定庵稱此書："誠弈學大宗。所論正兵，大意皆可法。"與《弈墨》《桃花泉弈譜》《忘憂清樂集》共稱中國圍棋四大古譜。

此石木齋舊藏。余十年前酷愛圍棋，因以購之。今疏手談久矣。

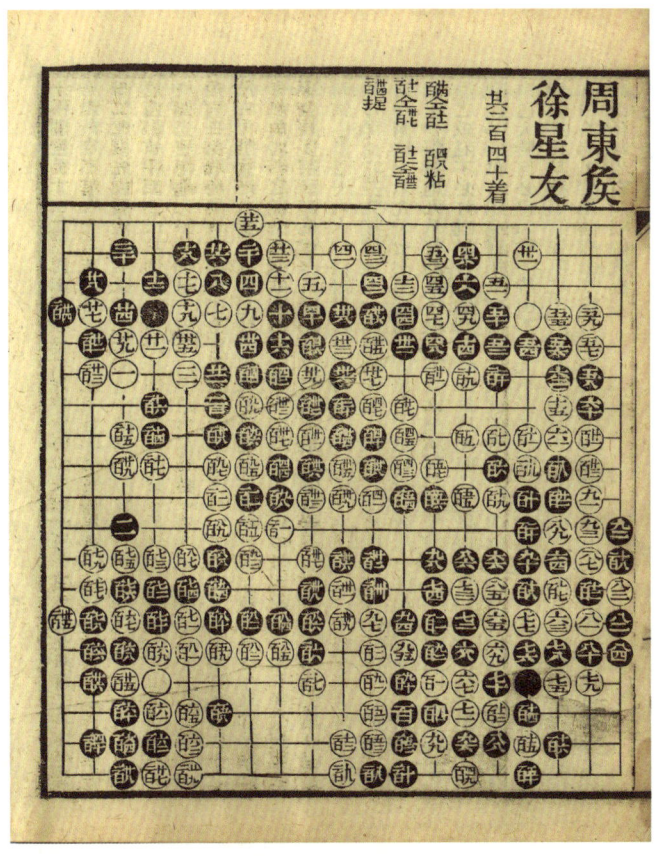

243　兼山堂弈譜(2-2)

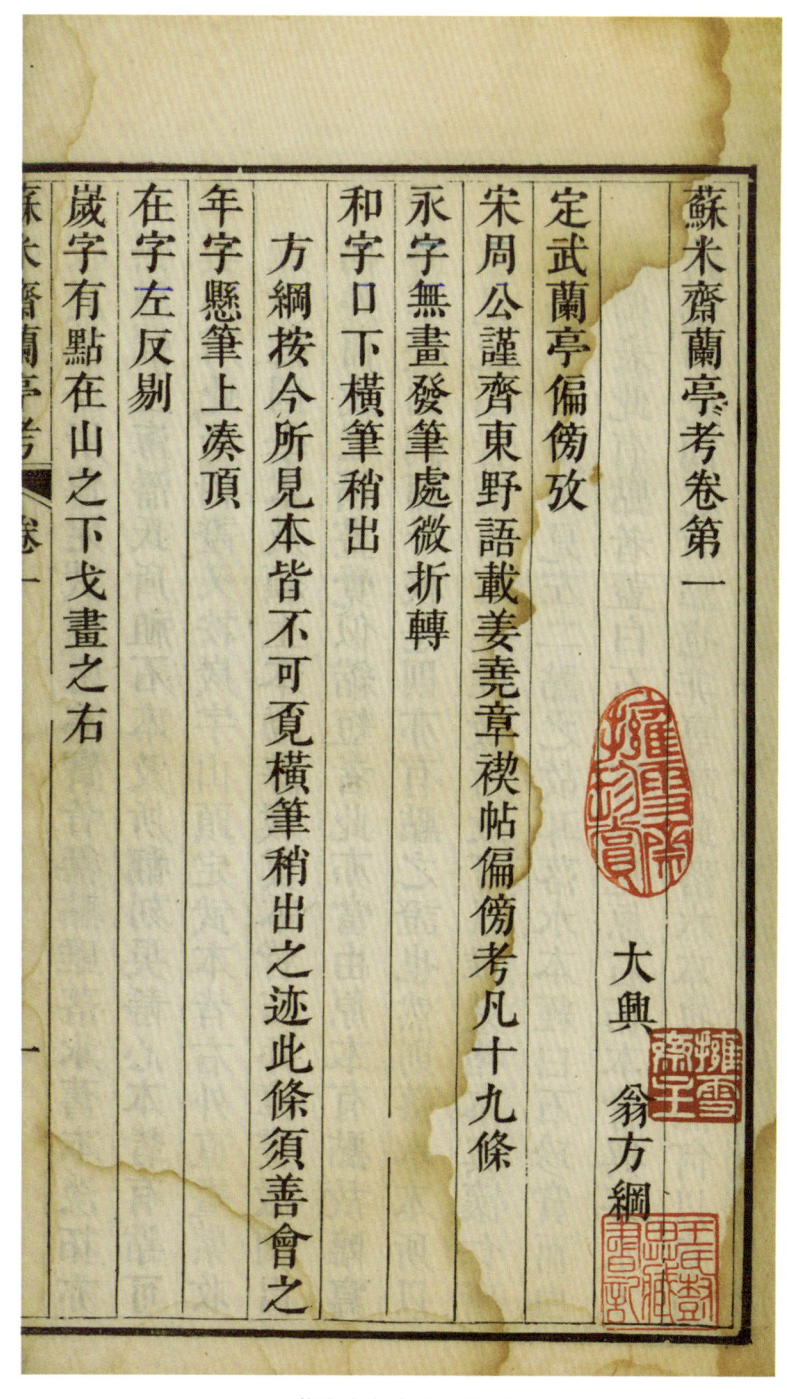

244 蘇米齋蘭亭考八卷(2-1)

244 蘇米齋蘭亭考八卷

清翁方綱撰。清嘉慶八年(1803)羊城西湖街六書齋刊刻。一册。自序稱:"是編於乾隆乙未秋初脱稿,時齋壁有所摹'蘇米書石',故以名之。今廿有七年矣。覆加校核,始芟去冗複,僅存此以俟再定。"

此爲原刻本。紙白墨濃,版式疏朗,刻印俱佳。早年間得於中國書店書市。得時書品甚佳,後染水漬,視之心痛。佳書固不易得,保存亦不可掉以輕心。百餘年舊物,本已歷經風磨塵染,余雖呵護不遺餘力,亦難免有襞也。

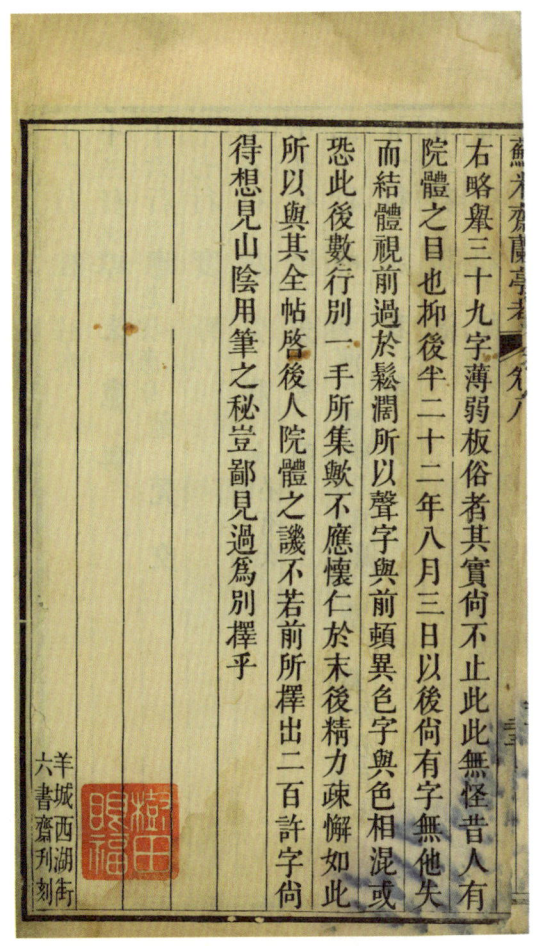

244　蘇米齋蘭亭考八卷(2-2)

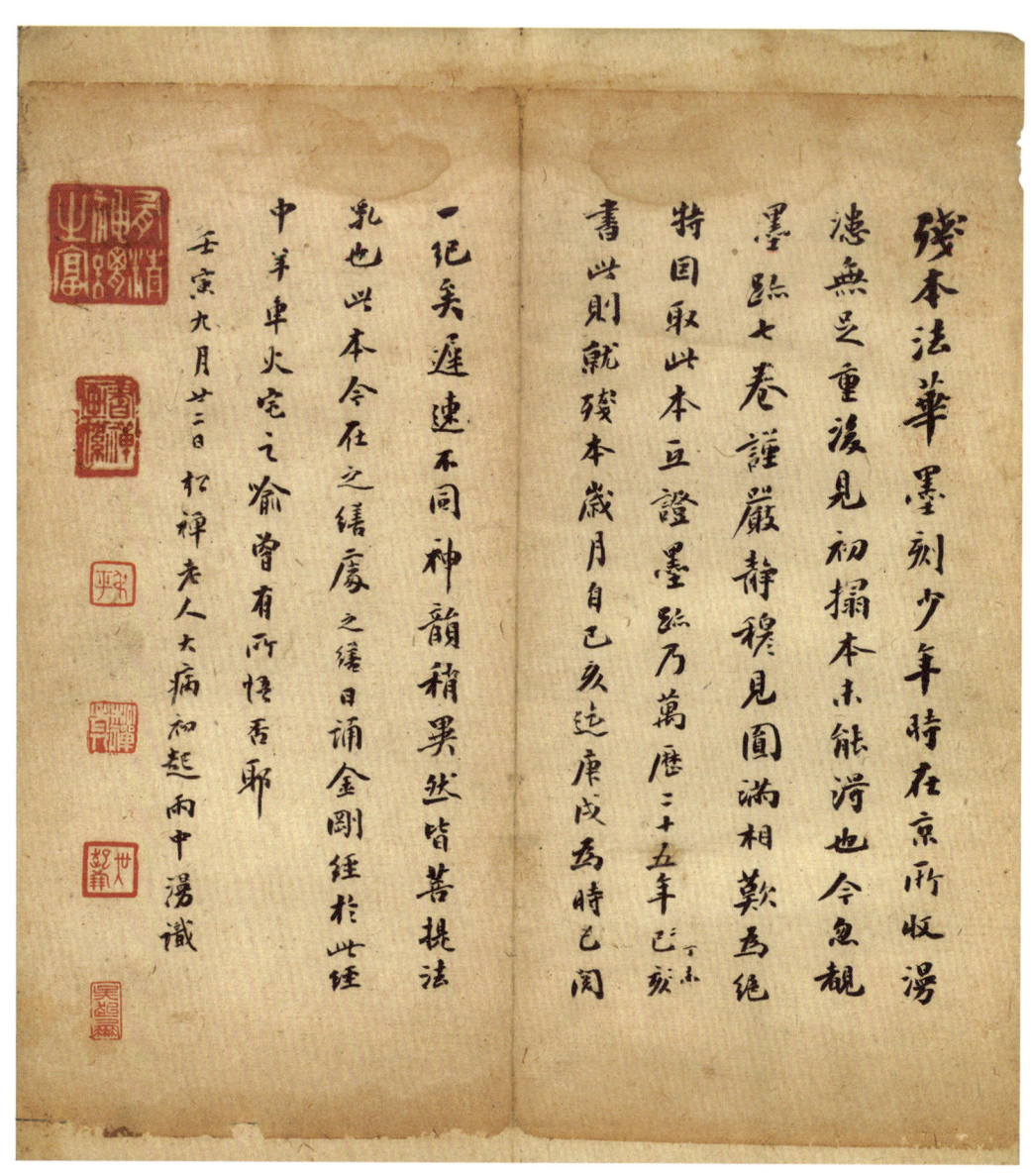

245 妙法蓮華經墨刻 (2-1)

245　妙法蓮華經墨刻

明董其昌書。拓帖一册。存卷二。

卷首有翁同龢一跋:"殘本《法華》墨刻少年時在京所收,漫漶無足重。後見初搨本未能得也。今忽覯墨跡七卷,謹嚴靜穆,見圓滿相,歎爲絶特。因取此本互證墨跡,乃萬曆二十五年己亥書此,則就殘本歲月,自己亥迄庚戌,爲時已閲一紀矣。遲速不同,神韻稍異,然皆菩提法乳也。此本今在之繕處。之繕日誦《金剛經》,於此經中'羊車火宅'之喻,曾有所悟否耶?壬寅九月廿二日松禪老人大病初起雨中漫識。"鈐"叔平""松禪老人"等印。

封面題簽下墨署"戊寅季冬忍華氏屬題,盅友"。

忍華爲常熟翁永孫之字,其室名爲銅華館,爲翁氏後人。

盅友即蕭盅友,字仲淵,號冲友、松緣居士、紙田老農等,江蘇常熟人,民國著名書法家、藏書家,著有《虹巢學吟》《松緣題跋》。

另鈐印頗多,計有"翁之繕印""香山草堂""吳渡""起鵬""曉園鑑珍""虞山翁氏柏古軒藏""翁公勁"等印。

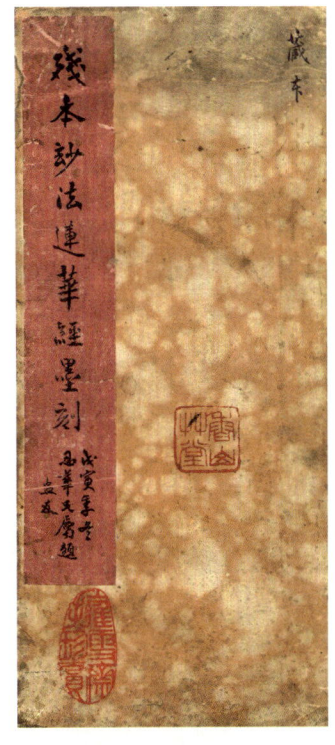

245　妙法蓮華經墨刻(2-2)

翁之繕,字公勁,爲松禪老人四世孫,鄭逸梅《虞山翁氏叢鈔跋》稱:"之繕,號蘭茝。幼即穎慧,得松禪老人歡。及長,彬雅有文,能溯徽風而追逸躅。生平頗多撰述,惜歷經變亂,散佚殆盡。"此松禪老人舊藏後歸之繕,可謂家傳有緒。

李亨特,字曉園,清奉天漢軍正藍旗人,乾隆五十五年(1790)知紹興府,纍遷江蘇按察使,一八一五年卒於黑龍江戍所。《清史稿》有傳。

"羊車火宅",源自佛教經典《法華經》中的一則譬喻:一日宅中突然火起,孩子們全然不覺。一老翁告訴他們,門外有羊車、鹿車、牛車,快出來吧。於是孩子們乘羊車得以逃脱險境。比喻衆生生存於世界中,要受各種迷惑之苦,然猶不知其置身苦中,依然嬉樂其中。

翁同龢因支持維新變法,一八九八年六月十五日,被慈禧强迫光緒帝罷職,開缺回籍,永不叙用。此跋書於一九〇二年,"羊車火宅"之喻,反映了他當時內心的悲苦。兩年後即病逝於故鄉常熟。臨終前,口占一絶:"六十年中事,傷心到蓋棺。不將兩行淚,輕向汝曹彈。"

跋董文敏書永福寺碑

攷咸淳臨安志廣化院天嘉元年建名曰永福即今西湖廣化寺天嘉是南朝文帝國諱此寺殆自六朝以來古矣唐元稹孤山石壁法華經記作于長慶四年其文叙九刺史銜名特詳明天戚二年華亭董文敏作字又非元稹原文擴改西湖金石且不載其碑董書不知何攇此碑應踦踞廣化寺而不載其碑寶雲山下之彌勒院午睡初乙小雨乍晴乃椒步坍近之瑪瑙辟暑西泠癈寺於竹林幽篁見屢哭出石碑半身剔蘚讀之知為唐元稹孤山石壁法華經記似是董華亭筆法邊集數十土工出之蓋完整元文董書碑也適孤山南面重葺照膽臺蜀僧大休為住持遂令數十土工移置照膽臺此碑淪没艸萊中三百年得吾而表襮于世儻亦猶人之顯晦各有其時耶亞為拓出呂為後來修西湖金石志者補入為

庚申十二月張朝墉記

246　董其昌書杭州永福寺石壁法華經記

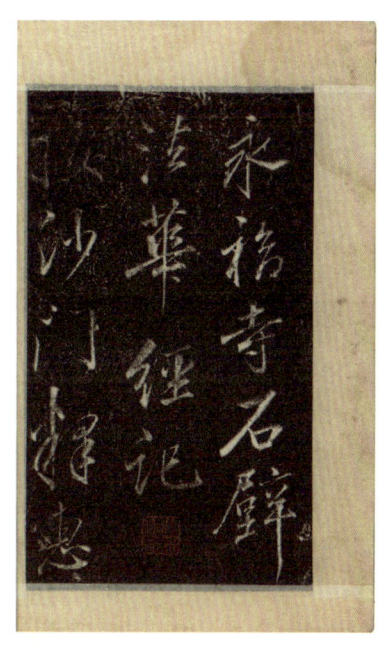

246　董其昌書杭州永福寺石壁法華經記(2-2)

　　此爲民國最初拓本。發現該碑並傳拓者爲張朝墉,時在民國六年(1917)。該拓本卷尾有張朝墉手書一跋,詳記其經過云:"考《咸淳臨安志》,廣化院天嘉元年建,名曰'永福',即今西湖廣化寺。'天嘉'是南朝文帝國號,此寺創自六朝,由來古矣。唐元稹《孤山石壁法華經記》作于長慶四年,其文叙九刺史銜名特詳。明天啓二年華亭董文敏作字又非元稹原文,遍考西湖金石且不載其碑,董書不知何據。此碑應踞廣化寺。而丁巳夏朝墉辟暑西泠寶雲山下之彌勒院,午睡初起,小雨乍晴,乃散步附近之瑪瑙廢寺,於竹林幽黯處見突出石碑半身,剔蘚讀之,知爲唐元稹《孤山石壁法華經記》,似是董華亭筆法。遽集數十土工出之,蓋完整元文董書碑也。適孤山南面重葺照膽臺,蜀僧大休爲住持,遂令數十土工移置照膽臺。此碑淪没草萊中三百年,得吾而表襮於世,儻亦猶人之顯晦各有其時邪?亟爲拓出,以爲後來修西湖金石志者補入焉。庚申十二月張朝墉記。"跋後鈐"半園金石文字"等二印。

　　張朝墉,字伯翔,晚號半園,四川奉節人,以善書名。曾任内閣中書、哈爾濱特區長官公署顧問,歿於北京,時年八十餘歲。余另存有民國本《洞庭席㴲卿先生言行録》一部,卷前有張朝墉民國六年書《清封資政大夫吳縣席公墓誌銘》。張氏時任浙江省省長秘書。

　　卷内另有"錫山王志明"印。王志明爲無錫人氏,字静安,號寄石,南社社員。

　　余於墨拓素欠研究,因見張氏書於該册之手跡甚秀媚,愛不釋手,遂以昂值收入。此民國初年之最初拓本,亦不易得也。據聞,該石今已流入日本。

原道訓　原本也道根眞包裹天地以
夫道者覆天載地而大也
廓四方柝八極
　原流泉浡沖而徐盈
　湧也沖虛也始出虛徐流不止能漸故植
　盈滿以輸於道亦然也滑瀆曰骨
地横之而彌于四海施之無窮而無所朝夕滿也植立也彌猶塞

斯陶方埼曰
唐釋慧琳大
藏音義引許
注曰廓括也
之極也擊柝之柝也
重門擊柝之柝也
是許本嘗作
永說文作庌
正同列子黃
帝篇亦作庌
八極亦作不

247 淮南子二十一卷

漢劉安撰,高誘注。清光緒二年(1876)浙江書局據武進莊氏本校刊,民國十六年(1927)浙江圖書館補刻本。竹紙六冊。卷內有問耕氏朱、墨筆批跋,鈐"易大""問耕校讀圖書"印。卷內有問耕氏朱跋"癸卯初冬以朱筆過錄思適齋書跋卷三"。"思適齋"爲清顧廣圻齋名。

易問耕,雲南昆明人,雲南著名文史專家、書法家。著有《書法講授提綱》《管子集校志疑》等書。

此書二十世紀九十年代初獲於琉璃廠書市,價僅數元。

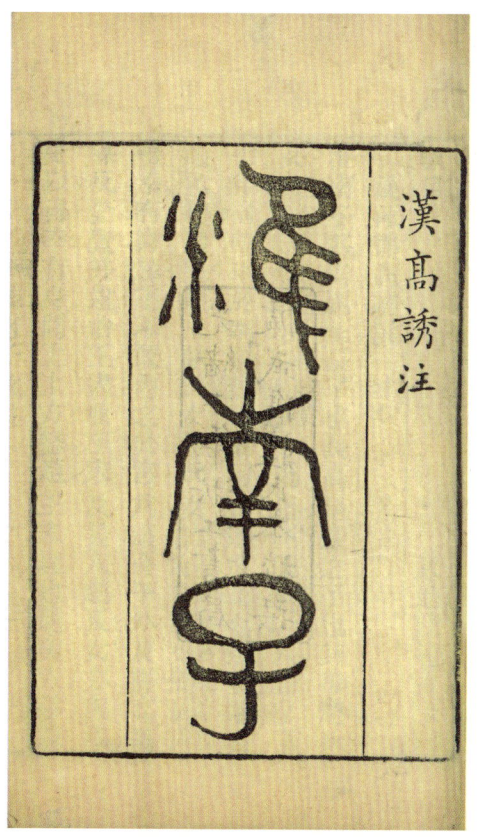

247 淮南子二十一卷(3-2)

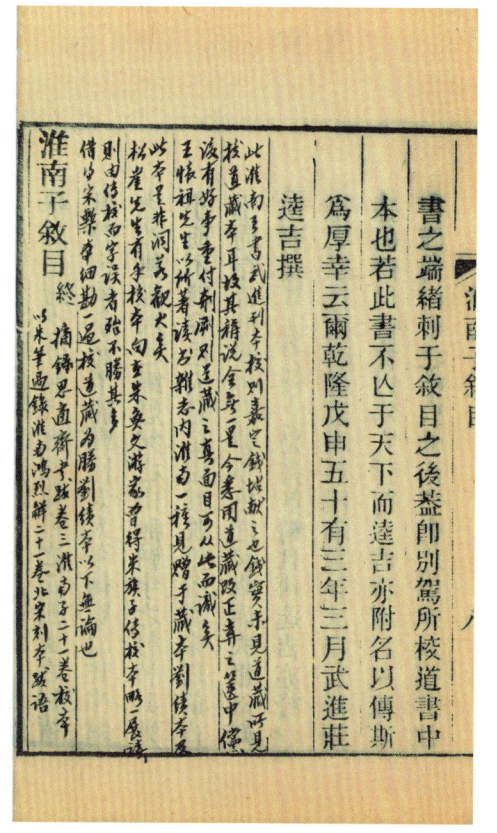

247 淮南子二十一卷(3-3)

淮南鴻烈解輯畧卷上

金陵張榜賔王莢輯

原道訓第一

夫道者覆天載地廓四方柝八極包裹天地禀授無
形源流泉浡沖而徐盈混混汩汩濁而徐清約而能張
幽而能明弱而能強柔而能剛橫四維而含陰陽紘宇
宙而章三光泰古二皇得道之柄立於中央神與化游以撫四方鈞旋轂轉周而復匝巳彫巳琢還
反於樸無為為之而合于道無為言之而通乎德恬愉
無矜而得于和有萬不同而便于性神託于秋毫之末

248　淮南鴻烈解輯略二卷

明末刻本,《群言液叢書》本。一册。半葉十行二十一字,白口,四周單邊,眉端鎸批。卷首顧起元《鴻烈解輯略原叙》,小題"金陵張榜賓王芟輯"。

《群言液》爲張榜所輯,共收書七種十四卷,此書二卷在内。卷前迂齋遯夫墨跋云:"此書芟繁就簡,當得原書之半,是亦《菁華》之數。明人好刪削古書,□□□之一,斷與《左傳》不同,無關輕重。繁文太多,彼此相同,反□人望而生厭。……商務之《菁華》則太略耳。顧氏不知何時代人。……此書近來將絶響,此乃海内之孤本也,識者珍之。"此迂齋遯夫亦未知何人。封面鈐"静思書屋"印。

另有《韓非子纂》二卷,亦張榜所輯,《五經正解》本,與此書同收於天津瀋陽道。後封皮粘貼舊《京報》一張,前封皮内有《古詩歸》一葉,明刻。

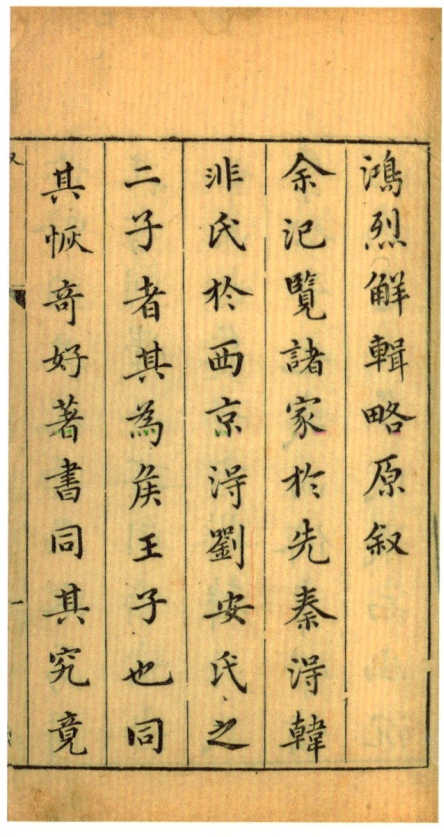

248　淮南鴻烈解輯略二卷(2-2)

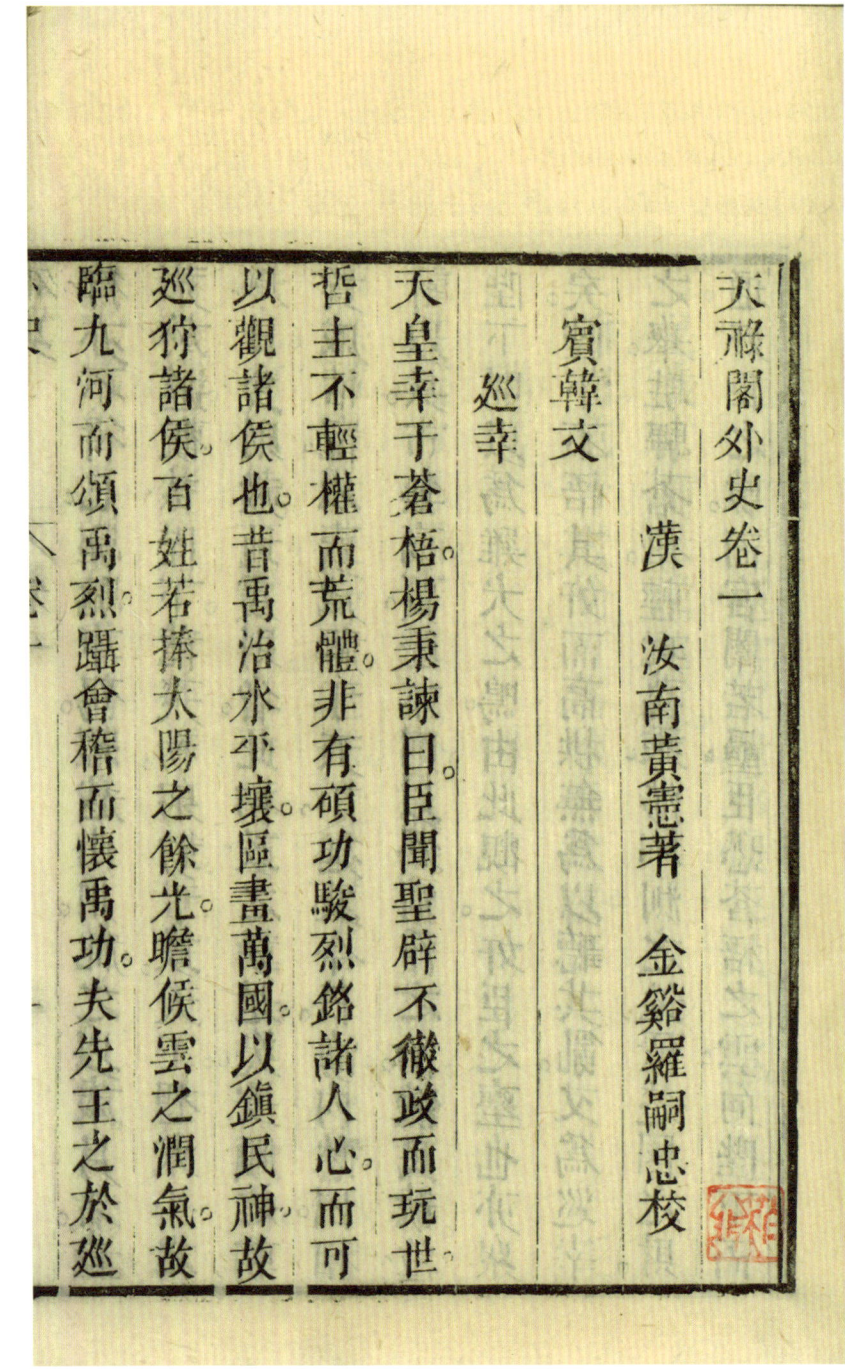

249 天祿閣外史八卷

249　天禄閣外史八卷

漢黃憲著,羅嗣忠校。明萬曆二十年(1592)刻《廣漢魏叢書》本。白紙三册。卷前有嘉靖二年(1523)姑蘇守溪王鏊序。

此爲僞書,黃雲眉《古今僞書考補證》云,是書雖托名黃憲,實爲明王逢年僞撰,録以待考。

丙子(1996)秋獲於津門古文化街白雲軒書鋪。

余每訪津門,有兩處必至,一爲瀋陽道古物市場,一爲古文化街。後者設書店十餘家,公私皆有,古籍書價不甚高,或許與當地物價較低有關。街口對面有一天津包子鋪,包子鮮美可口,出街後必來此飽啖一頓。今據聞此文化街與包子鋪俱已拆除,津門魅力頓減矣。

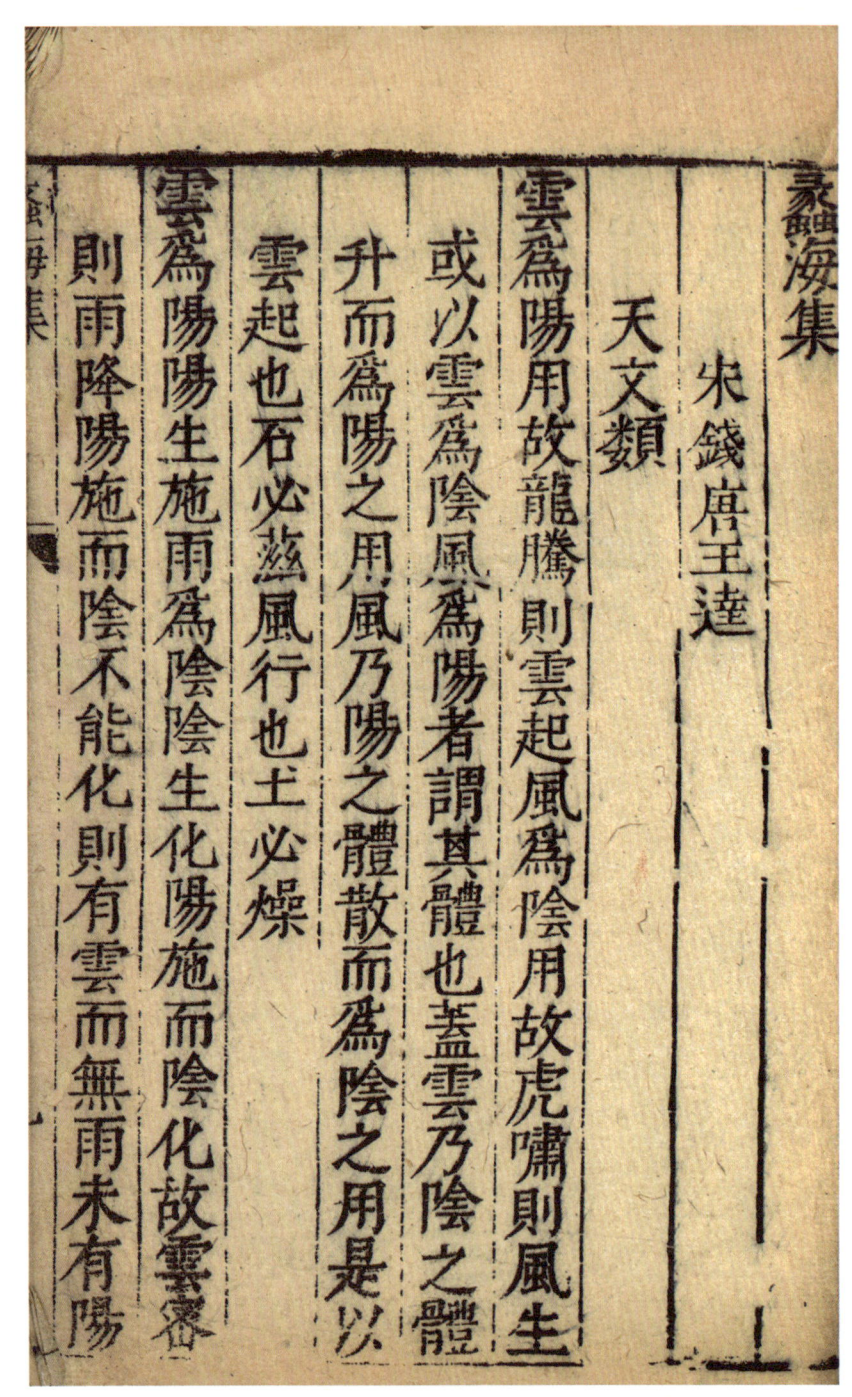

蠡海集

宋錢唐王達

天文類

雲爲陽用故龍騰則雲起風爲陰用故虎嘯則風生

或以雲爲陰風爲陽者謂其體也蓋雲乃陰之體

升而爲陽之用風乃陽之體散而爲陰之用是以

雲起也石必蒸風行也土必燥

雲爲陽陽生施雨爲陰陰生化陽施而陰化故雲霧

則雨降陽施而陰不能化則有雲而無雨未有陽

250　蠡海集

明王逵撰。明萬曆間刊,《稗海》本。竹紙一册。卷前小題標"宋錢唐王逵",《四庫全書總目》考辨爲明永樂間王逵也。王氏"足一跛,家極貧,無以給朝夕,因賣藥。復不繼,又市卜。博究子史百家。……每以疑難質之,無不口應"。是書"推求天地人物之所以然,雖頗穿鑿,而亦時有精義"。王逵另有《蠡海録》一卷,未知是何内容,收入《續百川學海》甲集《説郛》内。

二十年前游蘇州,於書估王氏舍中獲之。所得另有《乾坤法竅》《琵琶記》等,均甚廉。

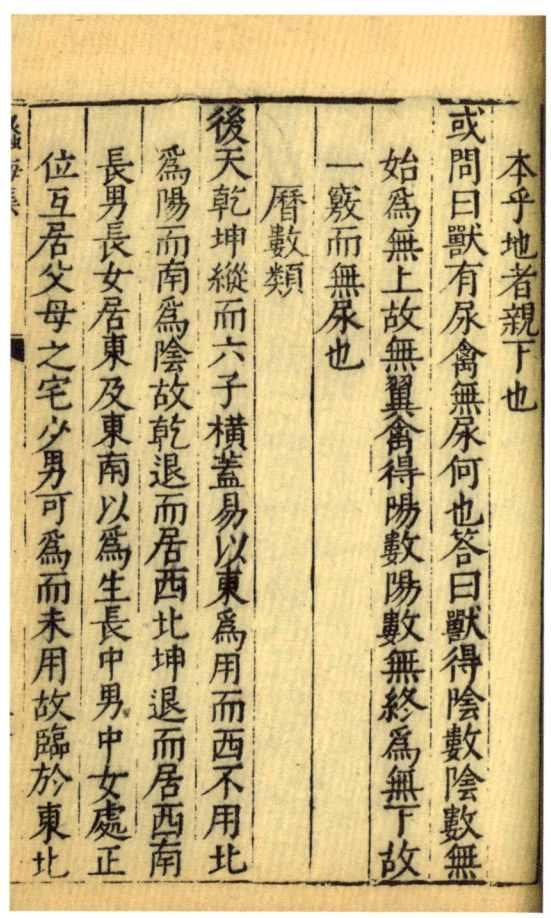

250　蠡海集(2-2)

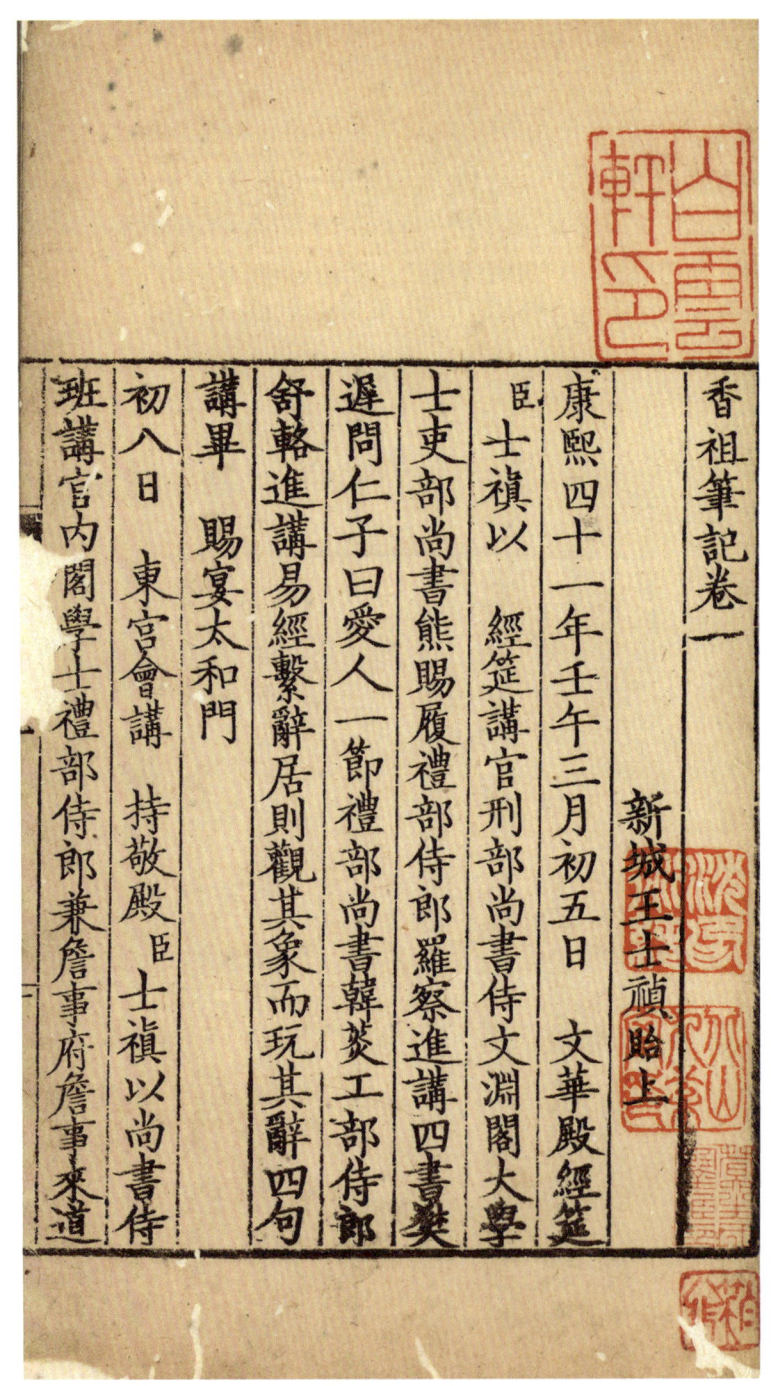

251 香祖筆記十二卷（2-1）

251　香祖筆記十二卷

　　清王士禎撰。清康熙間刊,《王漁洋遺書》本。竹紙十二册。自序云:"適所居邸,西軒有蘭數本,花時香甚幽淡。昔人謂蘭曰'香祖',因以名之。"

　　二十世紀末訪書津門,於白雲軒得見此書,欣然購歸。此康熙精刻之本,間有墨釘,刊印較早,蓋此行獲書之白眉也。

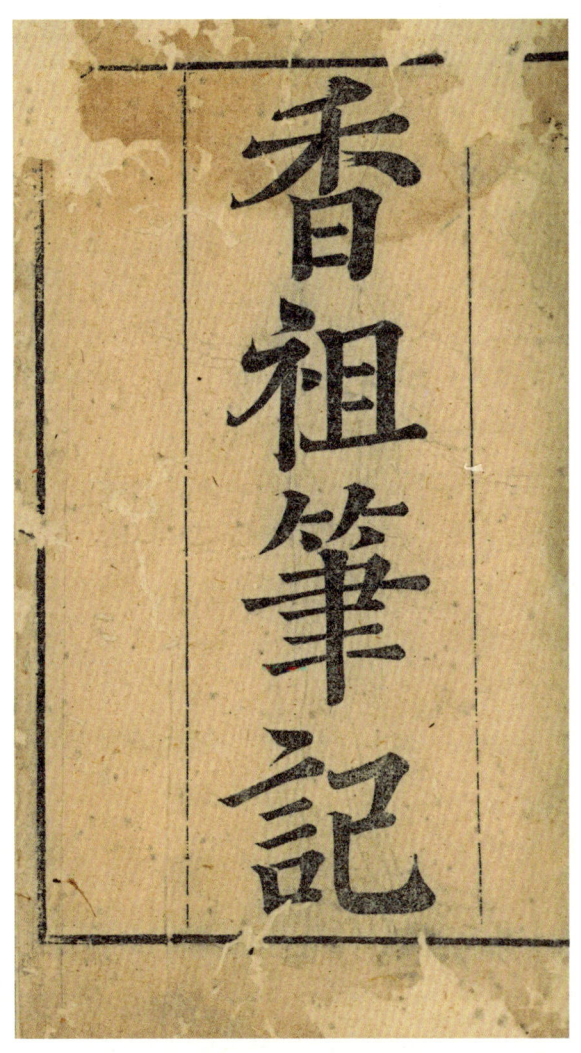

251　香祖筆記十二卷(2-2)

252 因樹屋書影十卷(2-1)

因樹屋書影第一卷

榕下老人筆記

屯溪縣隱校訂

先大人著述甚富常作觀宅四十吉祥相有益於世道人心備錄於此

案頭無淫書。昔人謂黃魯直作艷詞，以邪言蕩人心，其罪非止墮惡道，近日作小說人，豈止艷詞非常，報應人人親見之。案頭如有片紙隻字當盡焚卻，壞心術、喪行止，皆此等書引誘，人家見女，豈無識字者，略一同想豈不本本精良，一一完善手可懼，架上無齊整書。且於何、但觀架上便知腹中。座上有二三十年前老友堂中有七八

書影 卷之一

因樹屋

252　因樹屋書影十卷

清周亮工撰，屯溪螺隱校訂。清雍正三年(1725)重刻本。四册。封面鎸"櫟下老人筆記，賴古堂原本，懷德堂梓"，版心下鎸"因樹屋"。鈐"樂是簃""苬厂藏書"印。

是書爲周亮工名著。康熙辛亥(1671)周氏將此書賴古堂原板毀去，此爲六十年後其子在延重刊本，小字勁秀，頗耐觀。

丙子年(1996)余至中國書店讀者服務部，於書案上得見此書。先有他人請售未允，余又向馬春懷師傅示欲得之意，竟獲之。其時定價已至八百金矣。同時另獲劉師培《左盦集》一部，民國十七年(1928)北平修綆堂刻本，不爲多見。

此乃漏網之禁書，歷經近三百載猶傳至今，且品相上佳，頗不易也。

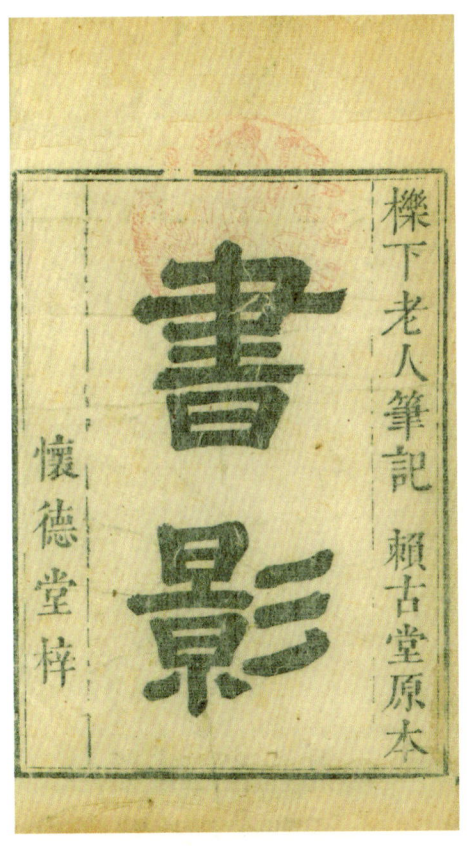

252　因樹屋書影十卷(2-2)

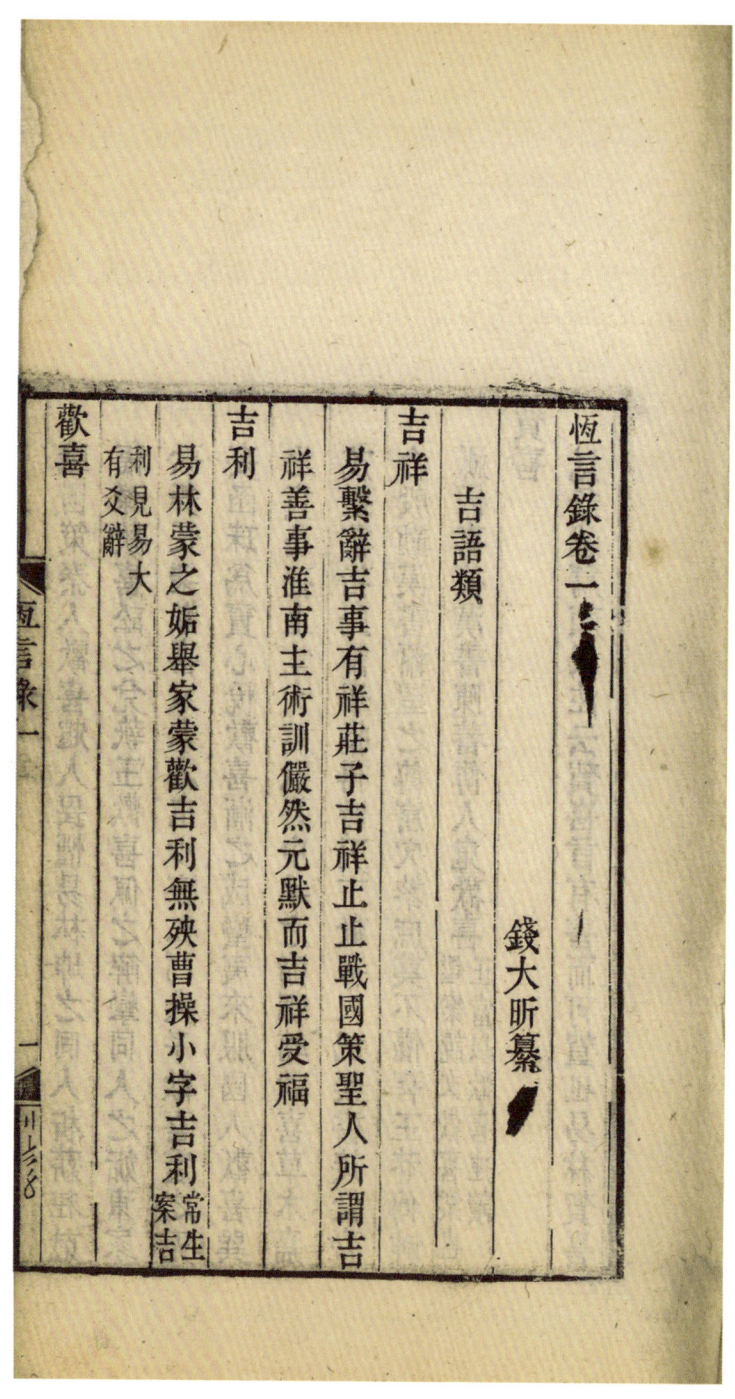

253　恒言錄六卷

清錢大昕纂。清嘉慶十年(1805)揚州阮常生刊。牌記曰"長沙龍氏家塾重刊"。

卷前嘉慶十年夏五月揚州阮常生序。該書爲考證俗語常言的書,收詞語八百餘條,分爲十九類。

周作人有論《恒言錄》一文,謂:"閱之却復有所得,蓋雖同一板本而又殊異也。舊本題阮長生序,今改作'常生',本文中'長生案'云云,亦悉剜改……舊本只末頁題曰'後學甘泉阮鴻北渚,儀徵阮亨梅叔校',今於目錄後添刻一行云'儀徵阮亨仲嘉校',或者此本校改乃出仲嘉之手,以避家諱爲無謂,爲之改正,亦未可知。此等板本之變更,其事甚微,却亦甚有意思,值得查考記錄者也。"對照此文,余之所藏爲改正本,但目錄後及全書不見何人所校字樣,不知爲何。《販書偶記》著錄爲六卷,嘉慶十年阮常生刊,《恒言錄續編》著錄爲十卷,嘉慶十年阮長生刊,其中差異待考之。

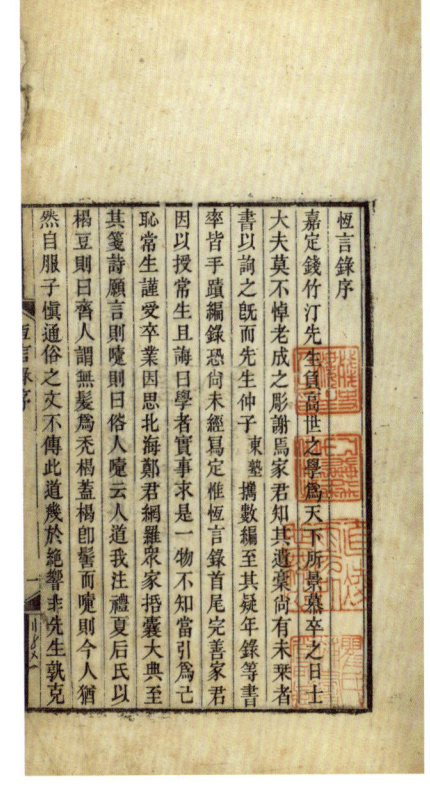

253　恒言錄六卷(2-2)

卷内鈐"瞿氏補書堂所藏""殘史樓主人之印"等印,爲瞿宣穎舊藏。瞿宣穎,字兌之,號蛻園。湖南善化人。早年任印鑄局局長、湖北省政府秘書長等職,後在南京大學、燕京大學、清華大學、輔仁大學等校任教。著有《補書堂書錄》《北平建制談薈》《長沙瞿氏叢刊》等。一九七三年病死於獄中。卷内有鉛筆批校,未知是否瞿氏手筆。

讀書脞錄卷之一

仁和孫志祖

易贊

困學紀聞曰鄭志張逸問贊云我先師棘下生何時人見水經注淈水篇康成有易贊所謂贊云者易贊也志祖案書堯典正義引康成書贊云我先師棘下生子安國亦好此學自世祖與後衛賈馬二三君子之業則雅才好博既宜之矣蓋謂古文尚書之學然則所謂贊云者贊介厚齋誤記以爲易贊闕何兩家亦未舉正

鄭氏易

254　讀書脞録七卷

清孫志祖撰。清嘉慶間刊。二册一函。白紙,大開本。

卷前孫志祖嘉慶己未(1799)六月序。書凡七卷,説經二卷、説子史二卷、雜識三卷。

孫志祖,字貽穀,號約齋,浙江仁和人。生於乾隆二年(1737),卒於嘉慶六年(1801)。乾隆三十一年(1766)進士,官至刑部主事、江南道監察御史。淡於宦情,乞養歸,遂不復出。杜門著述,博物識古,書無不覽,所藏卷帙皆校勘謬誤,丹黄貽遍(孫星衍語)。其藏書樓曰"壽松堂",晚年藏書被丁丙收去。另著有《文選考異》《家語疏證》《文選李注補正》等。

此書獲自段記"文苑古舊書店"。當時段老闆從內蒙古大學老教師陸永俊處获書一批,皆文史類綫裝古籍,間有少量民國鉛印書,雖不算珍罕,然書品却是一流,保存至佳。余從中選取十餘種,此爲其一。此後,老段與我再無這樣的機會了。

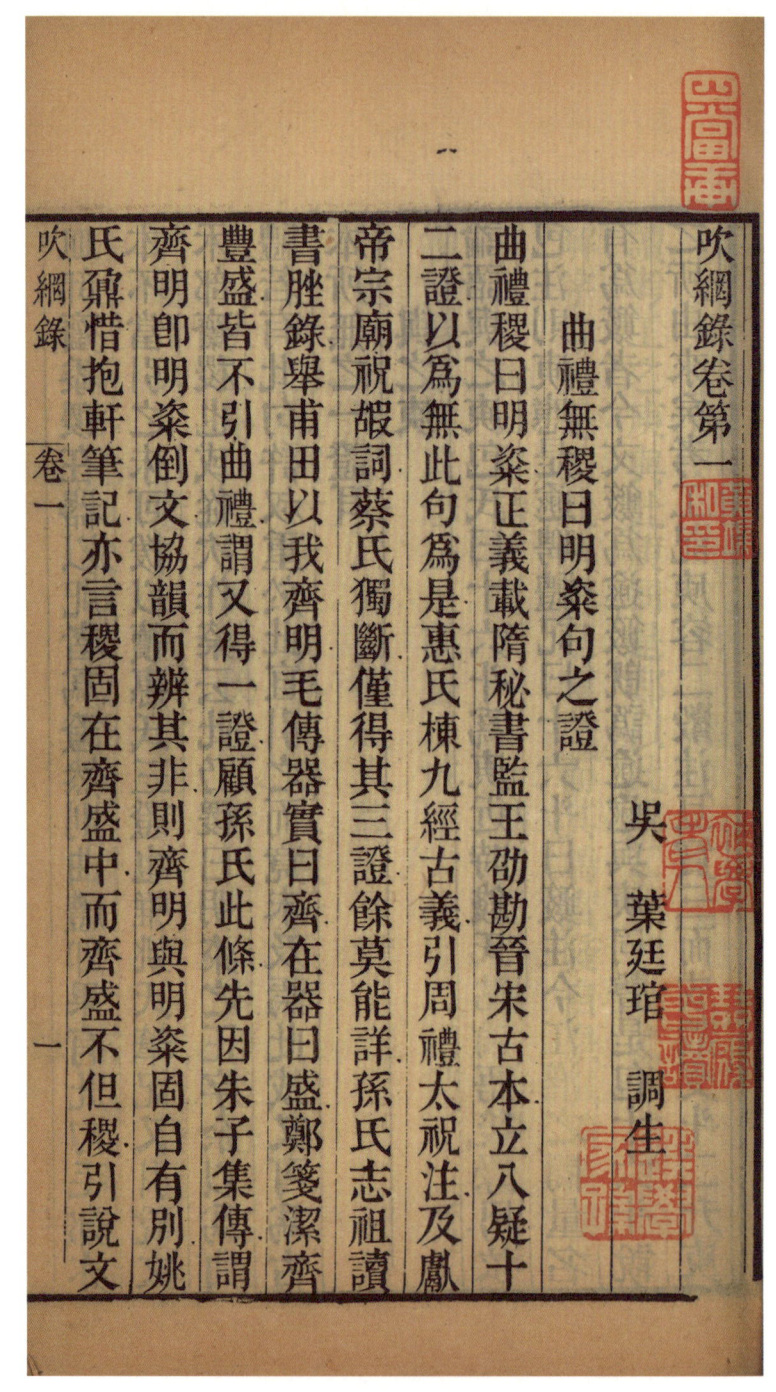

255 吹網錄六卷(2-1)

255　吹網錄六卷

清葉廷琯撰。清同治八年（1869）刻本。竹紙二冊。

卷前同治庚午（1870）烏程汪日楨序，咸豐九年（1859）撰者自序，後庚申（1860）冬附記。卷內鈐印頗多，計有"曼匋經眼""補學老人""黃端字競履號曼匋章""黃競履藏書印""四當軒"等印。

卷末有舊藏者黃端跋，稱："葉調生《吹網錄》六卷兩冊，原刊舊印本，丁丑正月十六日囑溶泉族弟購自舊京琉璃廠群玉齋書店，價洋兩元，廿五日交到。曼匋記於補學庵東窗下。……在原籍遭□，幸未失去，至今十有七年。昨檢此書與《鷗波漁話》，費兩日半時間，各粗□閱一通。此書坊間有石印，小字本，譌誤多不能入目也。《鷗波漁話》有斷板，不及此書清晰多矣。癸巳十月初十日補學老人曼匋黃競履識於津寓。"

黃端，字競履，號曼匋、補學老人，生平未詳，似從醫者，一九六二年六十九歲。喜收藏字畫、古籍，歷年來時有其舊藏上拍。

葉廷琯，字調生，號苕生、十如居士，江蘇吳縣人，陳文述婿。候選訓導。同治七年（1868）卒。家多藏書，喜蓄金石書畫，兼通醫理。此書為撰者在日付刊未竣，人已歿，舊友集資刊行。

書獲於天津瀋陽道一舊書鋪，以有跋為勝。

255　吹網錄六卷（2-2）

人範卷之一

平湖蔣元大始輯
同邑顧廣譽訪谿增
秀水陶模子方校刊
吉林恩壽藝棠重刊

述言

述言者述朱子以後賢人君子之言可以牖啟童蒙脩
明倫紀增長術業者以續小學外篇之嘉言

立教

程董二先生學則曰凡學於此者必嚴朔望之儀其日昧爽
主擊板始擊咸起盥漱總櫛衣冠再擊升堂師長師弟子詣
先聖像前再拜焚香訖又再拜退師長西南嚮立諸生之長

256　人範六卷

清蔣元輯。清光緒二十六年（1900）江南格致書院刻本。二册。封面墨書"王季綏"。

蔣元，字大始，平湖人。乾隆時諸生，幼以家貧而業賈，撰有《古文載道編》《喪祭雜說》《救荒書》《補戰國策編年》《叢桂堂詩文集》《重輯楊園先生年譜》等。年六十九歲卒，貧幾無以殮，鄒氏厚賻之，且撫其孤。

此書顧名思義，録古之賢士善行嘉言以警後人，修身立德之作也。如卷六曰："許文正公嘗暑中過河陽，渴甚。道有梨，眾爭取啖之，公獨危坐樹下不食。或問之，曰：'非其有而取之者，不可也。'人曰：'世亂，此無主。'曰：'梨無主，吾心獨無主乎？'"蓋心正則邪不生。

格致書院是英國人一八七六年在上海創辦的一所完全新型的近代著名學堂，引進西方學制和教材內容、延聘西人授學，開風氣之先。

兩般秋雨盦隨筆卷一

錢唐梁紹壬應來甫纂

詠物詩

近時詩家詠物鉤心鬥角有突過前人者揚州張喆士詠胭脂云南朝有井君王辱北地無山婦女愁長洲女士陶慶餘詠鸚鵡云一夢喚囘唐社稷千秋罣得漢文章皆合兩典成一聯而雄渾獨絕膠州李霞裳進士詠甘草云歴事五朝長樂老未曾獨將漢酉侯題外使事尤奇而確仁和周南卿茂才詠錢云眼孔小於窮措大

257　兩般秋雨盦隨筆八卷

清梁紹壬纂。清光緒十年(1884)錢塘徐氏刻本。白紙八冊。

此書內容龐雜,稽古考辨、詩文評述、文壇逸事、風土名物均有之,爲清代著名筆記之一。

本書最早刊本爲道光十七年(1837)振綺堂刻本,原板在太平天國時期被毀,梁紹壬外甥許兆明重新刻板刊行。

毛澤東晚年喜讀此書並做批註。孫犁言生平最不喜此書,謂梁紹壬此著實欺人之作,好惡因人而異。

梁紹壬,字應來,浙江錢塘人,生平未悉,卒於道光十七年前。

此書保存甚佳,余已得之二十餘載,新若未觸手,而余已老態畢現,能無動於衷乎?

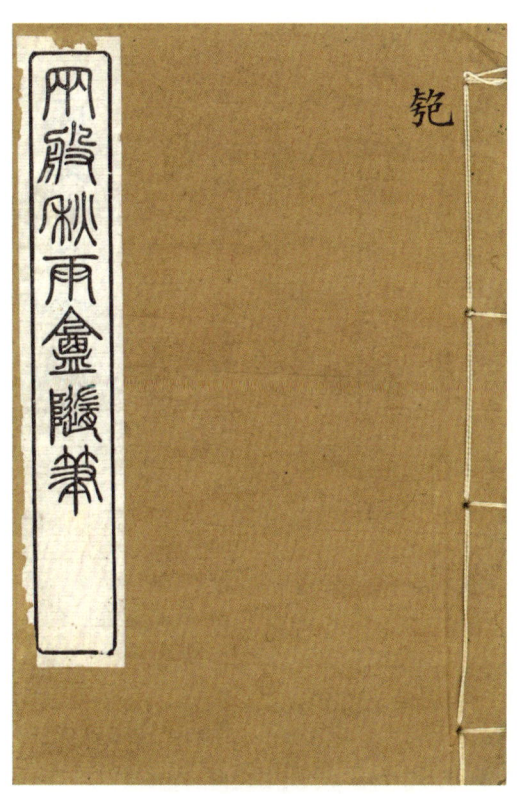
257　兩般秋雨盦隨筆八卷(3-2)

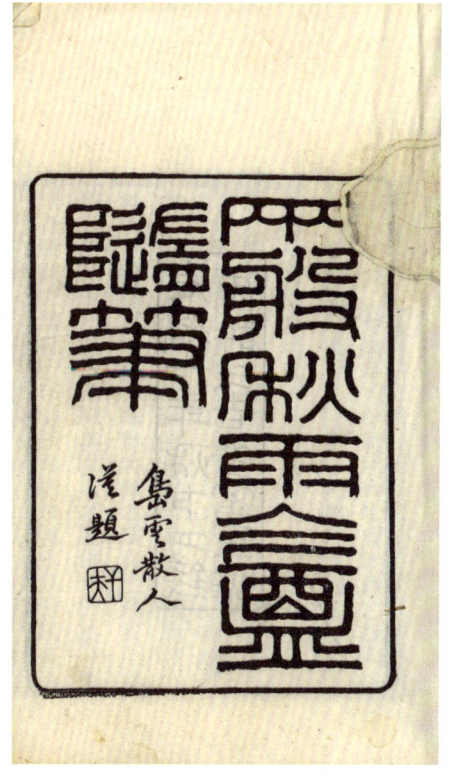
257　兩般秋雨盦隨筆八卷(3-3)

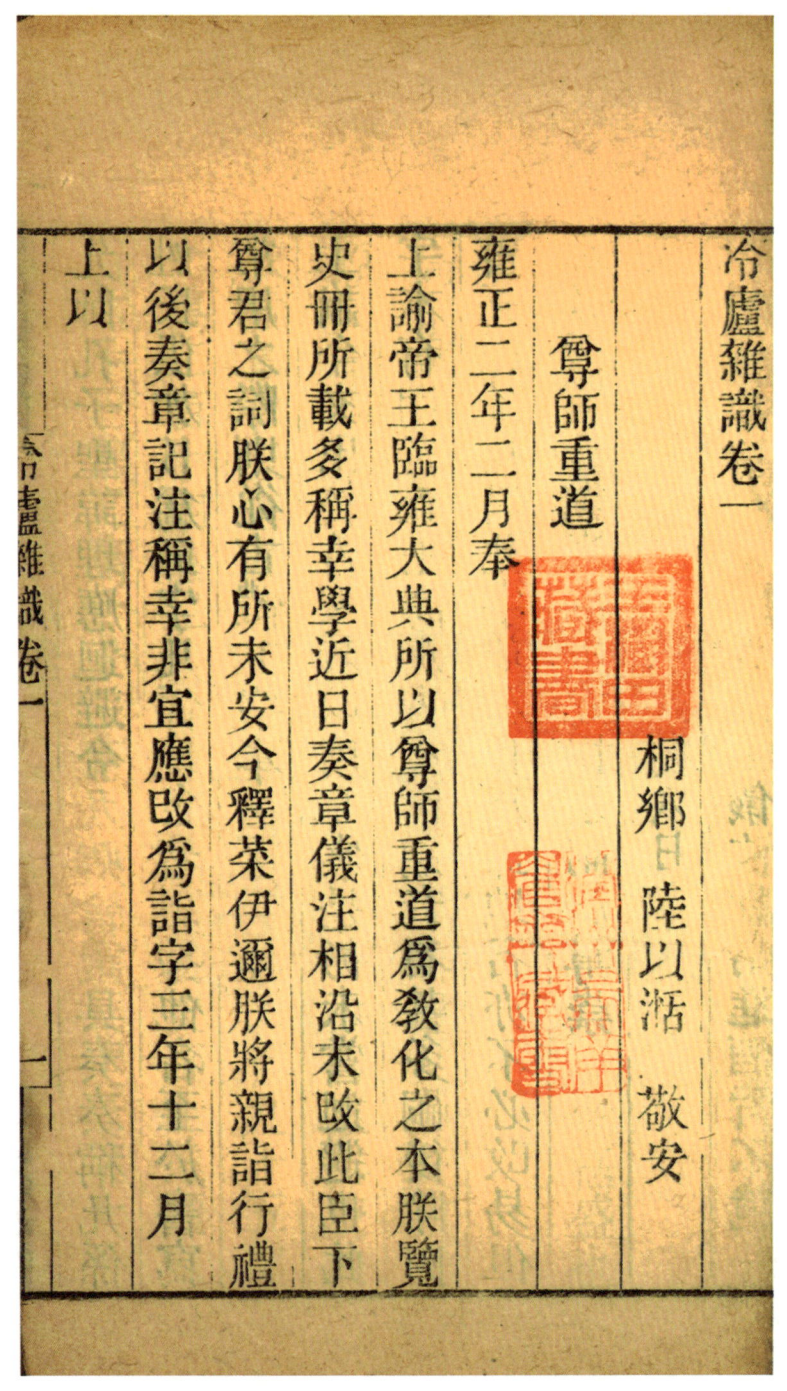

258　冷廬雜識八卷

清陸以湉撰。清咸豐間麟玉山房刊。竹紙四册。鈐"潤州吳庠眉孫藏書"朱長印。

吳庠，原名清庠，字眉生，一字眉孫，別號雙紅豆齋主。江蘇丹徒人，鎮江名士。曾任上海交通銀行秘書長。曾參加南社、午社、麗澤吟社。喜藏書，積書數萬卷，多加以眉批、校釋。藏前人校、鈔本極多，藏書處曰"惜往日齋"。晚年寓居滬西張家花園，生活日窘，所藏書以八千元售予書賈，世多惜之。解放後，吳氏剩餘之書先後讓歸公家。

黃裳在其所藏《比竹餘音》上跋曰："潤州吳庠眉孫，頗有藏書。其人嘗客湘中，得舊本不少。久居滬上，十五年前曾得其手批莫氏書目，所藏尚謹守未去。後乃於肆中得所藏正德翻宋本《黃御史集》，甚得意。又數年身故，書籍掃數爲古書店載去，無緣得見，只得此奇零小册以爲紀念耳。甲辰十一月廿九日，重閱漫題。"

封面墨書"冷廬雜識"，即吳氏手筆，端正疏雅，頗耐觀。

作者陸以湉，浙江桐鄉人，咸豐四年（1854）卒。該書品書論人，可補人物列傳。書中所涉金石書畫、天文沿革、醫理藥方等，亦有一定價值。作者善醫，另有《冷廬醫話》行世。

辛未（1991）深秋獲於滬上，價二十元。

舊德述聞卷一

則澐謹述

魯史郭公闕文之一析封受姓此爲權輿郭出自姬而衍於虢稽諸載籍若可徵矣唐書宰相世系表謂周武王封文王弟虢叔於西虢虢仲於東虢地介虞鄭間平王東遷奪其地予鄭後楚莊耀兵於周因滅虢定王求虢叔裔封於陽曲號曰郭公虢郭音之轉也後漢末大司農郭全代居陽曲蘊蘊生準配鎮鎮官謁者僕射昌平侯其裔徙潁川是其支派又云華陰郭氏亦出自太原漢有郭亭亭會孫光祿大夫廣智廣智生馮翊太

259　舊德述聞六卷

郭則澐述。一九三六年蟄園刻本。白紙二册。牌記曰"丙子夏日蟄園校刊"。卷前丙子(1936)黃懋謙序,丙子郭則澐自序。

此書爲撰者在編印家乘之餘,集先世言行彙爲一書,以勵後輩。書雖後刊,但刻印精工,不失爲民國範本。

郭則澐,福建侯官人,字嘯麓,號龍顧山人、蟄園、蟄雲,光緒二十九年(1903)進士,民國間任國務院秘書長、僑務局總裁等職。一九四七年逝世。撰有《十朝詩乘》《清詞玉屑》《庚子詩鑑》《遁圃詹言》《紅樓真夢》等。

《遁圃詹言》余亦有之,後不知所蹤。

259　舊德述聞六卷(2-2)

梅叟閒評卷一

棲霞郝培元梅庵著

曾孫男聯蒜茹
　　　聯薇芬校字
四世孫男國忠瑞
　　　國斌鑌同校字

世人教子多無法請言束帶帶之在園也小而檢取其
苗施耨鋤長則頻頻摘心以便分幹岔枝到秋枝幹硬
茂大如樹粗如饔卽加束縛制其放蕩比色蒼黃掘起
陰捆去其暴烈又復常常頻撲時時挫折微乾則壓以
石務令父貼圓正又無摧折乃牢牢扎縛以待用噫帶

260　梅叟閒評四卷

清郝培元著。清光緒十年（1884）東路廳署刊。白紙二厚册一夾。鈐"李汝年"印。

卷前，梅庵老人序。撰者爲清代郝懿行之父，卷内撰者文後多有郝懿行之評語，故亦可視爲郝懿行之著作也。

郝培元，字萬資，號梅庵。兩舉優貢生，候選訓導。卒於嘉慶五年（1800）。

郝懿行，字恂九，號蘭皋，山東棲霞人，乾隆二十二年（1757）生，卒於道光五年（1825），著名經學家、訓詁學家。嘉慶四年（1799）進士，授户部主事，二十五年（1820）補江南司主事。懿行處世泰然，著述頗豐，有《證俗文》十八卷、《爾雅義疏》十八卷等二十餘種。

書曩獲於天津瀋陽道冷攤，價僅七十元。書夾板爲粗木所製，較爲厚實。集中撰者之語言粗率，可見其真性情也。

Treasures for Scholars Worldwide

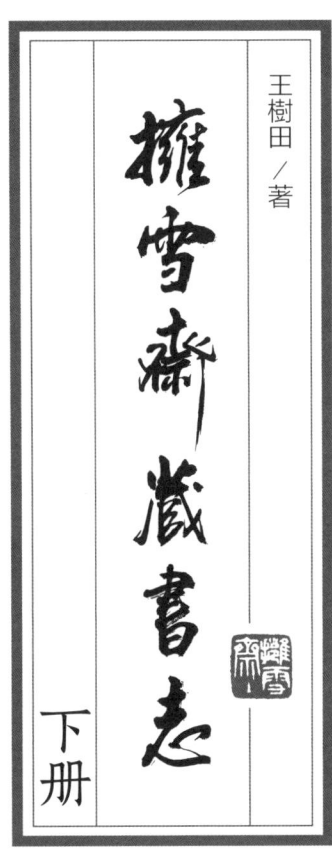

擁雪齋藏書志

王樹田／著

下冊

廣西師範大學出版社
·桂林·

子部

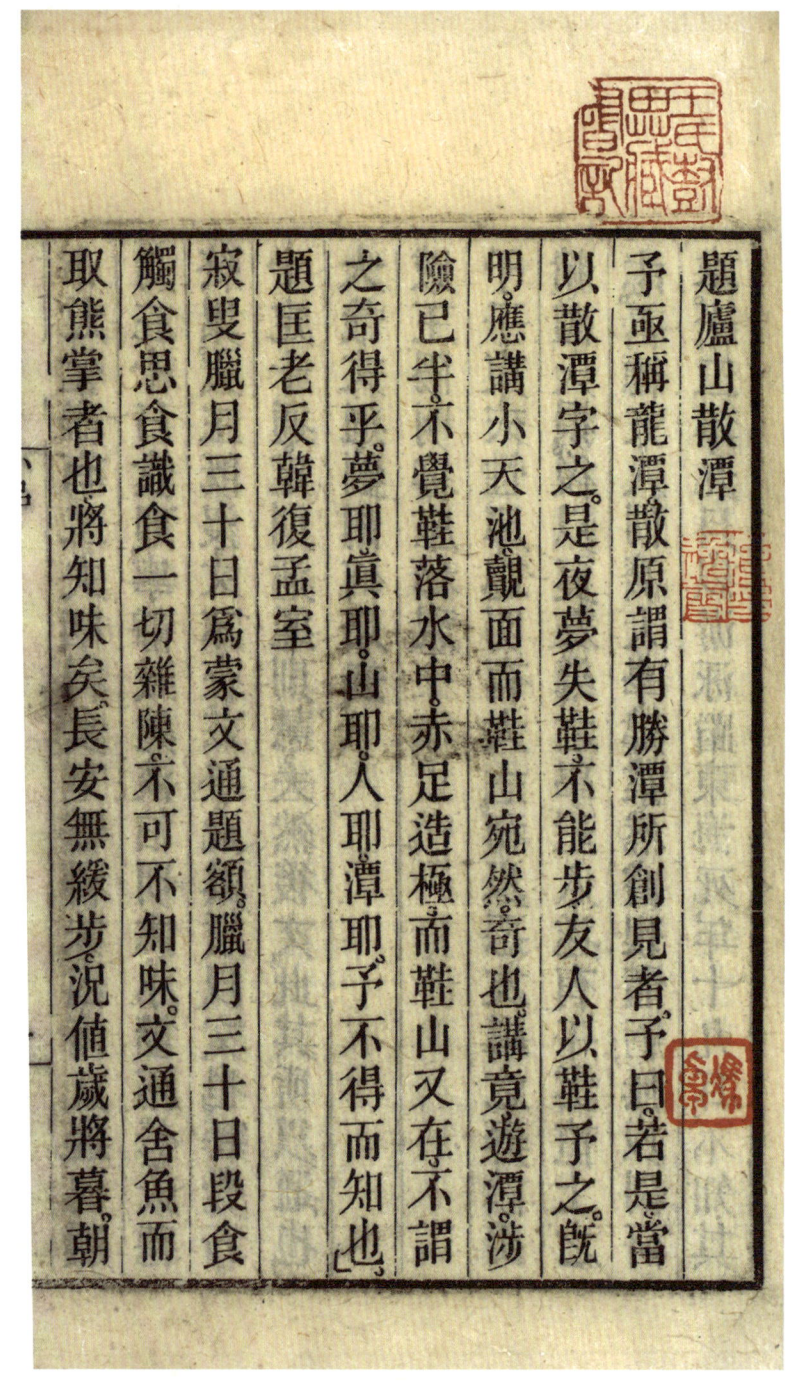

題廬山散潭

子函稱龍潭散原謂有勝潭所創見者予曰若是當以散潭字之是夜夢失鞋不能步友人以鞋予之既明應講小天池覿面而鞋山宛然奇也講竟遊潭涉險已半不覺鞋落水中赤足造極而鞋山又在不謂之奇得乎夢耶眞耶山耶潭耶子不得而知也

題匡老反韓復孟室

寂叟臘月三十日爲蒙文通題額。臘月三十日段食觸食思食識食一切雜陳不可不知味交通舍魚而取熊掌者也將知味矣。長安無縷步況值歲將暮朝

261 竟無小品一卷詩文一卷(2-1)

261　竟無小品一卷詩文一卷

歐陽漸撰。一九四一年支那內學院刻本。竹紙二冊。鈐"蔣逸雪印""馮卓"二印。

《詩文》卷末墨跋曰："三十三年二月精讀一過，逸雪識於白沙。"

歐陽漸，江西宜黃人，字竟無，別稱歐陽居士、宜黃大師。一九〇四年皈依佛教，師從江寧楊文會。在宜昌創辦誠志學堂。一九一一年繼主金陵刻經處，一九一二年在北京、南京等地創辦佛學會。一九二二年創設支那內學院，講學與刻經並進。一九四三年病逝於江津內學院。

蔣逸雪，江蘇建湖人。與文獻學家王獻唐交深。解放後任揚州師範學院中文系教師，退休後歸居鎮江，從事著述。撰有《張溥年譜》《劉鶚年譜》《敦煌考古紀程》《南谷類稿》等。一九八五年卒。

揚之水在其《〈讀書〉十年》一書中記道："梵澄先生對漸師很是心折，再三稱譽其文章之美。當下讓我與他並坐案前，爲讀其記散原一文。果然文氣浩博，凡頓挫處皆有千鈞之力，而敘事多有欣戚之感。"

此書曩購於津門舊書肆。蔣逸雪亦好藏書，其舊藏多次上拍。

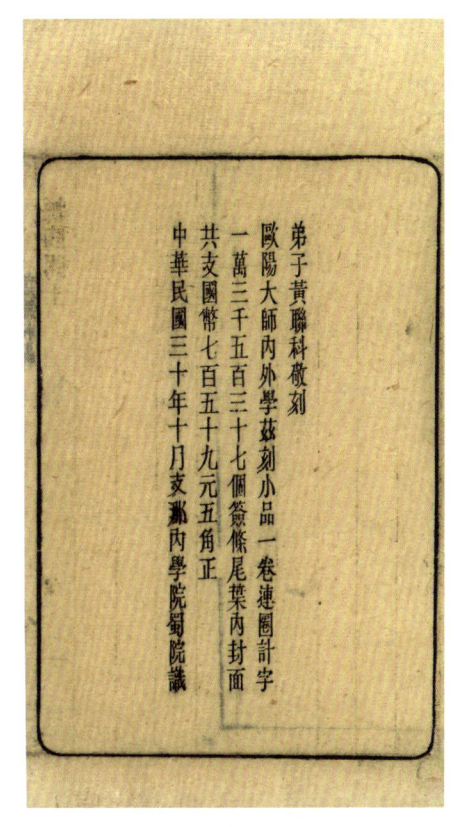

261　竟無小品一卷詩文一卷（2-2）

讀書作文譜卷之二

潑水唐彪翼修輯著
任敏學遜如
正位存素 仝校

看書總論

唐彪曰人之看書先當分可已不可已其可已之書雖易解不必披閱其不可已之書雖極難解必宜反覆求通如初看時竟茫然一無所知不可生畏難心也途時再看或十中曉其一二不可生息倦心也途時再看或十中解其五六更不可復有工夫既到不期解而自明矣大學所謂用力久而一旦豁然貫通者豈虛語歟人安可一閱未能領會即置之也

吳因之曰書義有思之而即得者有思之竟日而後得者有明日

262　讀書作文譜十二卷父師善誘法二卷

清唐彪輯著。清嘉慶十九年(1814)重鎸多文堂藏板。竹紙,四册合訂爲一册。兩書合刻,鈐"子清"印。

卷前康熙己卯(1699)毛奇齡序,康熙戊寅(1698)仇兆鰲序。

唐彪,字翼修,明末清初浙江金華人。《讀書作文譜》總結其寫八股文經驗,"於制舉之文尤注意焉"。《父師善誘法》介紹尊師擇師之法和父兄教子弟之法,以及各種教法常款。爲我國較早以教學法命名的理論著作。

書曩獲於京城潘家園舊書攤。今個別書葉已焦脆掉渣,待修。

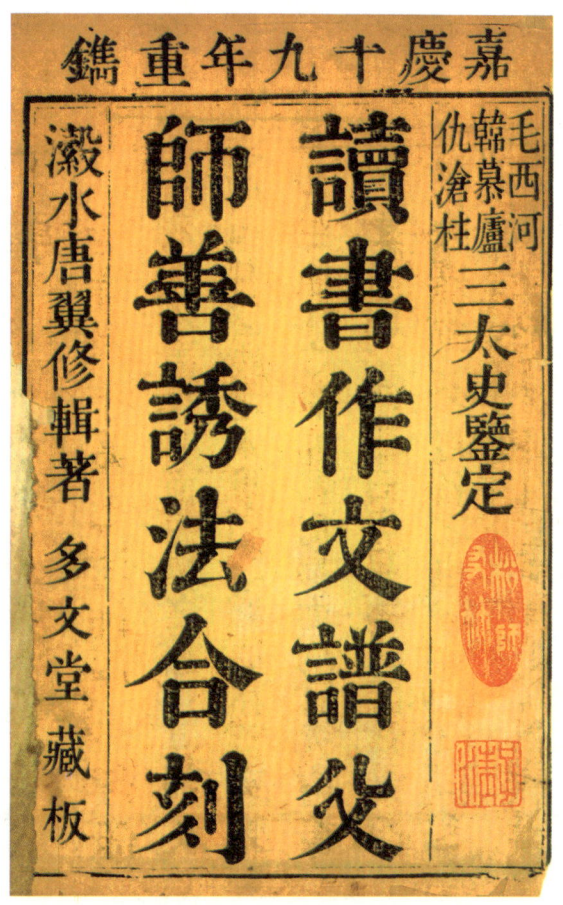

262　讀書作文譜十二卷父師善誘法二卷(2-2)

日知錄集釋卷一

崑山顧炎武著　　嘉定後學黃汝成集釋

三易

夫子言包羲氏始畫八卦不言作易而曰易之興也其於中古乎又曰易之興也其當殷之末世周之盛德邪當文王與紂之事邪是文王所作之辭始名為易而周官大卜掌三易之法一曰連山二曰歸藏三曰周易連山歸藏非易也而云三易者後人因易之名以名之也 【虞氏曰伏羲畫卦自兩儀生四象而四象生八卦而萬物之理惡乎不具然有相錯湯陽動而進左旋而位于西批陰動而退右轉而位于東坎離正于南北而四時首春帝出乎震之象以立又以乾元用九消息之而十二辟卦之象以成六十四卦之易也神農氏之易也神農詳于地辨】

263　日知録集釋三十二卷刊誤四卷

清顧炎武著,黃汝成集釋。清光緒三年(1877)刊。白紙,巾箱十六册。卷末鎸"金陵劉漢州鎸"。

劉漢州約生活於道光年間,爲金陵著名刻工。另刻有《説文解字通釋》等。

北京西單中國書店,隱於横二條,外人不易知。當年據陳東講,北京古書價最便宜的,便是此店,余往身一試,信然,此書即購於此。然架上絶無古書,皆陳列於玻璃櫃中,也僅數十部而已。據説該店舊期刊尚多,爲一特色,另當別論了。

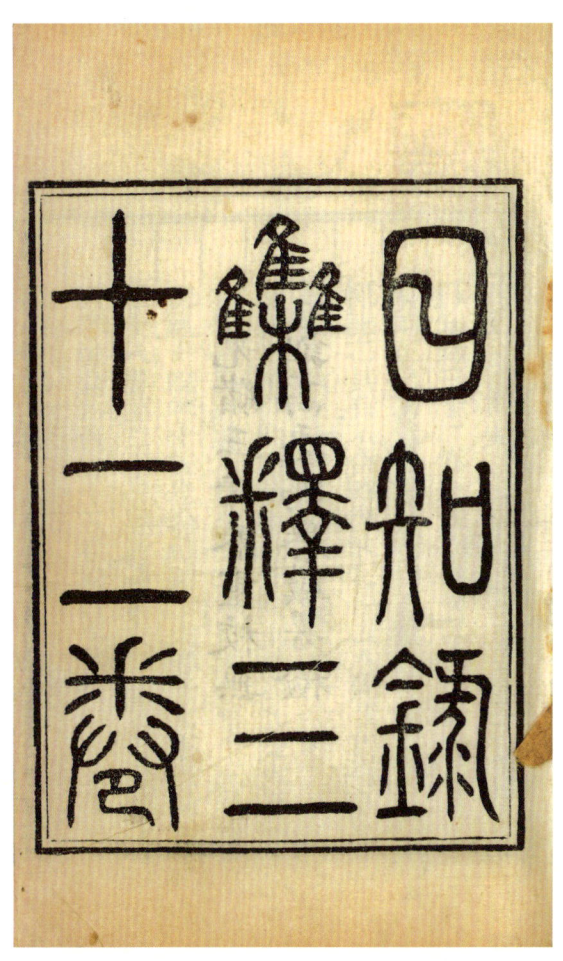

263　日知録集釋三十二卷刊誤四卷(2-2)

日知錄之餘卷一

東吳　顧炎武　亭林著

書法

晉衛恆四體書勢序曰昔在黃帝創制造物有沮誦倉頡者始作書契以代結繩蓋觀鳥跡以興思也因而遂滋則謂之字有六義焉一曰指事上下是也二曰象形日月是也三曰形聲江河是也四曰會意武信是也五曰轉注老考是也六曰假借令長是也夫指事者在上爲上在下爲下也象形者日滿月虧效其形也形聲者以類爲形配以聲也會意者止戈爲武人言爲信也轉注者以老爲考也假借者數言同字其聲雖異其意一也自黃帝至三代其

264　日知録之餘四卷

清顧炎武著。清宣統二年(1910)重刊於吳中。二册。卷前元和鄒福保序。鈐"積學齋徐乃昌藏書"楷書朱長印,另鈐"謝興堯印""弘毅"印。

徐乃昌爲清末民初著名藏書家。

謝興堯,著名藏書家、史學家,號"五知""蕘公"等,精於太平天國史研究。二十世紀四十年代曾寫《書林逸話》,在書界廣爲傳播。

"弘毅"則未知何人,所鈐烏印,一般衹在國喪或家喪時才使用。余藏書中鈐烏印者僅此。

《販書偶記》載,此書有乾隆間刊巾箱本,未見。此宣統本亦稀見。

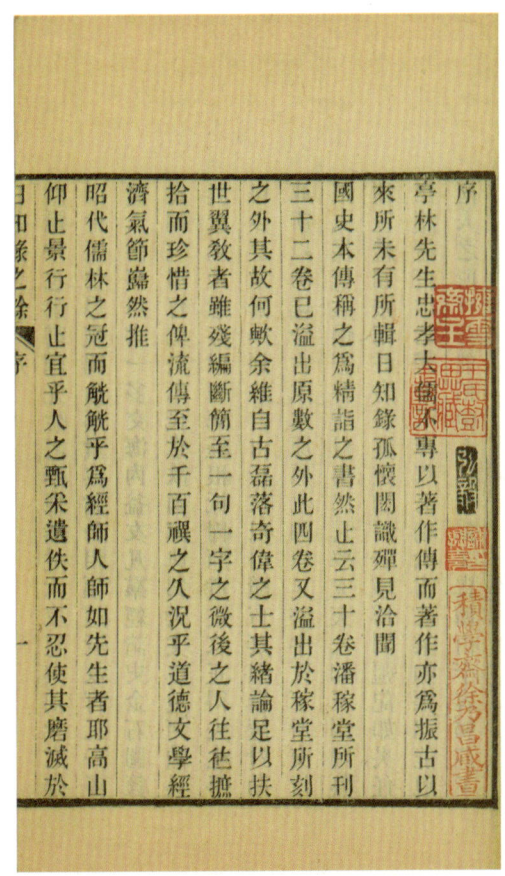

264　日知録之餘四卷(2-2)

大方廣佛華嚴經卷第四十

于闐國三藏沙門實叉難陀譯

十定品第二十七之一

尒時世尊在摩竭提國，阿蘭若法菩提場中。始成正覺於普光明殿入刹那際諸佛三昧，以一切智自神通力現如來身。清淨無礙。無所作止。無有攀緣住奢摩他最極寂靜。具大威德無所染著。

265 大方廣佛華嚴經八十卷

于闐國三藏沙門實叉難陀譯。明刻本。白棉紙經摺裝。存卷二十、三十五、四十、五十四、七十二、七十四,共六册。卷四十、七十二、七十四前刻有釋迦説法圖。卷三十五、五十四爲織錦雲圖面,餘四册爲緙絲面,亦有圖案。半葉八行十五字,字大而圓潤,頗精。

此經又稱《八十華嚴》或《新譯華嚴》,是釋迦成佛後第一次説法,宣説"法界緣起"的世界觀,一微塵映世界,一瞬間含永遠,認爲可以"頓入",是佛教華嚴宗立宗的主要經典。

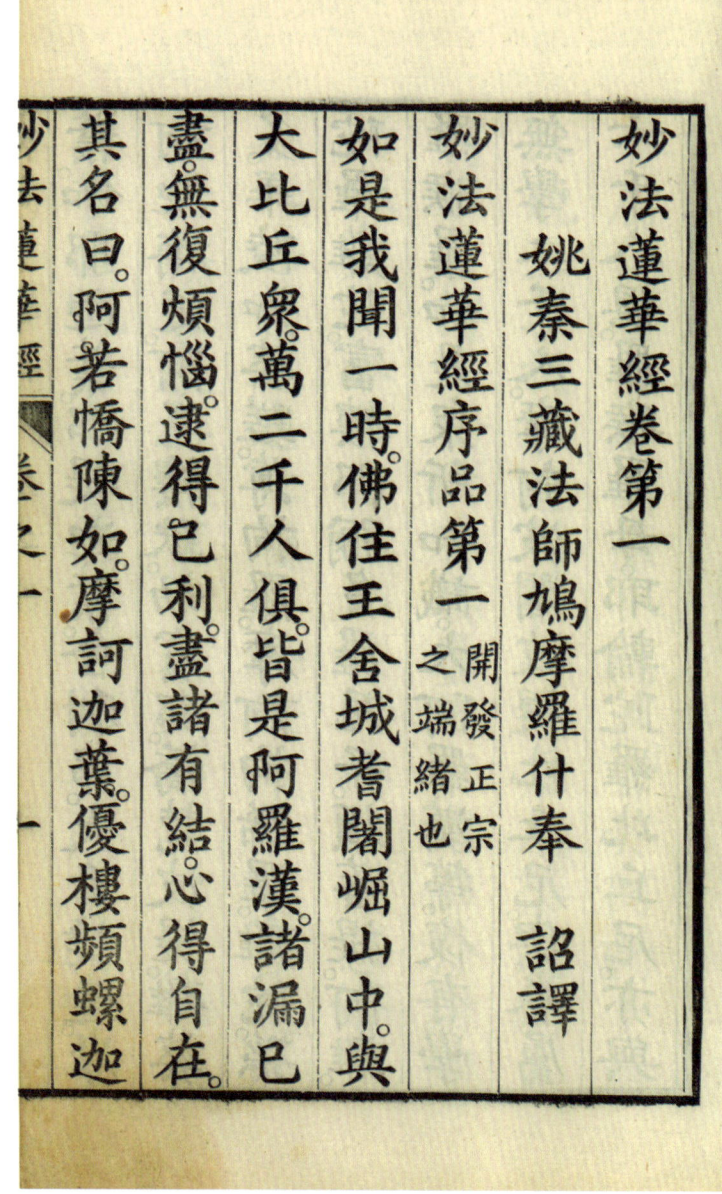

266　妙法蓮華經

清刻本。卷前"妙法蓮華經弘傳序""終南山釋道宣述",正文大題下署"姚秦三藏法師鳩摩羅什奉詔譯",卷末鎸:"順天信士弟子陳連達發心敬謹印施《大乘妙法蓮華經》壹百部,祈保……時年丁酉桂月上旬印施,每部紋銀七錢,共用銀七十兩整,奉送……蓮華寺净業人等助銀六十五兩。"

書中避"弘"字。"順天"爲明清兩朝建制,查丁酉年爲乾隆四十二年,即一七七七年,故此書應是乾隆四十二年所刻印。

此書開本敞闊,紙白如霜,刻工精整,字大而版式疏朗,再加書品甚佳,展卷亮眼。

書係藏友寶艦從山西所獲,余以錢幣類書與其交換而來。

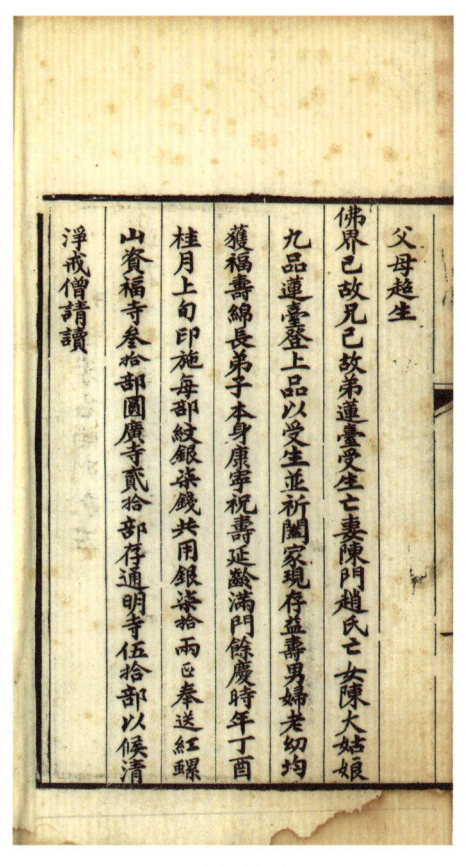

266　妙法蓮華經(3-2)

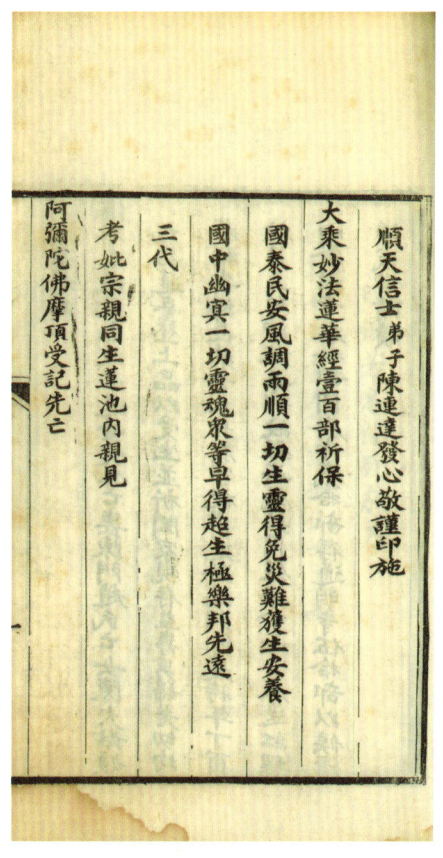

266　妙法蓮華經(3-3)

金剛般若波羅蜜經解註

真定王定柱椒園氏解註
藁城魏鳳山丹峰氏校刊

法會因由分第一

如是我聞我謂集經者即阿難也如是我
聞四字通冠全經之義佛勅阿
難凡諸經之首一時也彼時佛在舍衛國釋佛
皆先安此四字舍衛
迦牟尼如來也國王
波斯匿名長者所施
須達多亦須達拏祇樹給孤獨園太子祇陀
所捨樹園須達多

與大比邱眾千
二百五十人俱比邱者僧也去惡取善爲大
小比邱者善惡俱遣爲大比

267　金剛般若波羅蜜經解註二卷

民國二十年(1931)刻本。藍印本。白紙四冊一函。卷末鎸"燕都文楷齋敬刊"。書後附《金剛感應録》一卷、《金剛經淺説》一卷。

此書由民國間北京著名刻書坊文楷齋刻印,初印,用紙甚佳,墨色清純,且書品如新,誠爲難得之物。前數年北京藏書家田濤來呼和浩特講學,曾在寒舍觀書,對此書賞愛有加,欲以八千金商購之,余笑而未應。又告余包綫裝書不可用舊報紙,乃經驗之談。後田濤不幸早逝,姑記此,以留書林鴻爪。

書曩獲於書友張蘭春,蓋從文苑古舊書店來者。

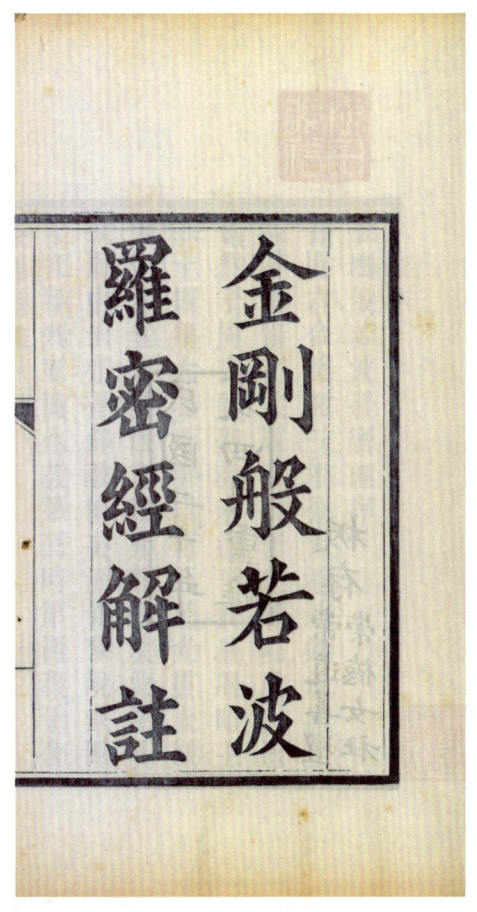

267　金剛般若波羅蜜經解註二卷(2-2)

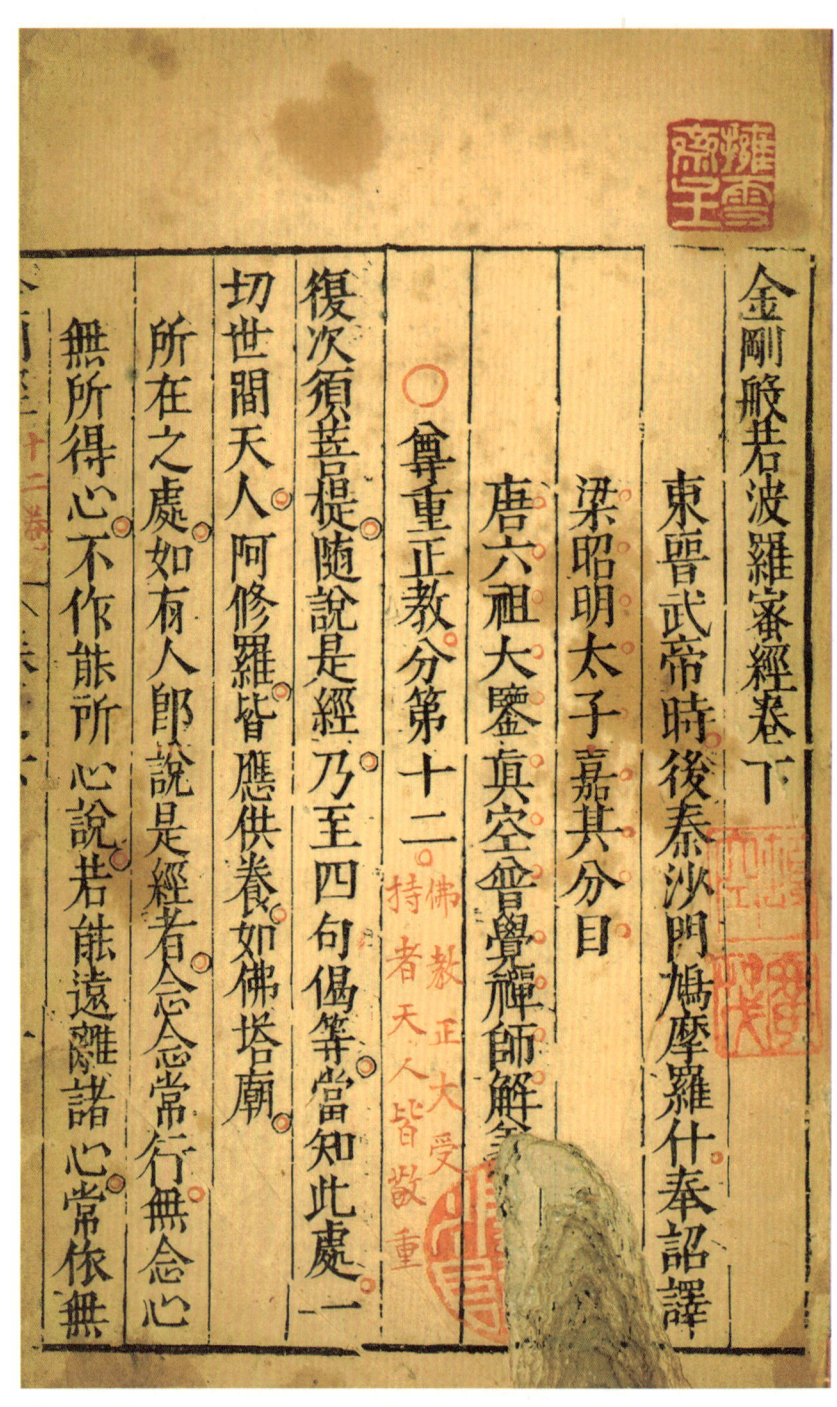

268　金剛般若波羅蜜經（2-1）

268　金剛般若波羅蜜經

東晉武帝時後秦沙門鳩摩羅什奉詔譯,梁昭明太子嘉其分目,唐六祖大鑒真空普覺禪師解義。存下卷一册。錦緞封面。封面手書書名及"再忍堂"三紅字。半葉九行二十字,白口,四周單邊,紙爲褐色,厚而堅。

卷末鎸:"長白弟子錫住發心印施《金剛經》註解一百卷,願看經善信,人人入金剛正慧,個個發菩提道心。"後紅筆又書:"慈山老衲沙門續昌,草號法輪,年近七旬,誓持此經補修接表,後之得心成守護。"

卷内有朱筆批注,鈐"頓空""慈山上人"等印。

此書版本不明,待考。

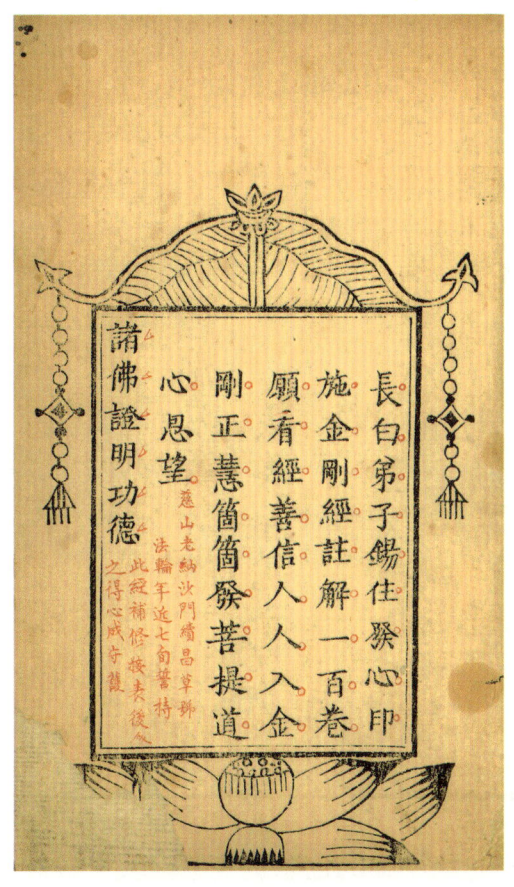

268　金剛般若波羅蜜經(2-2)

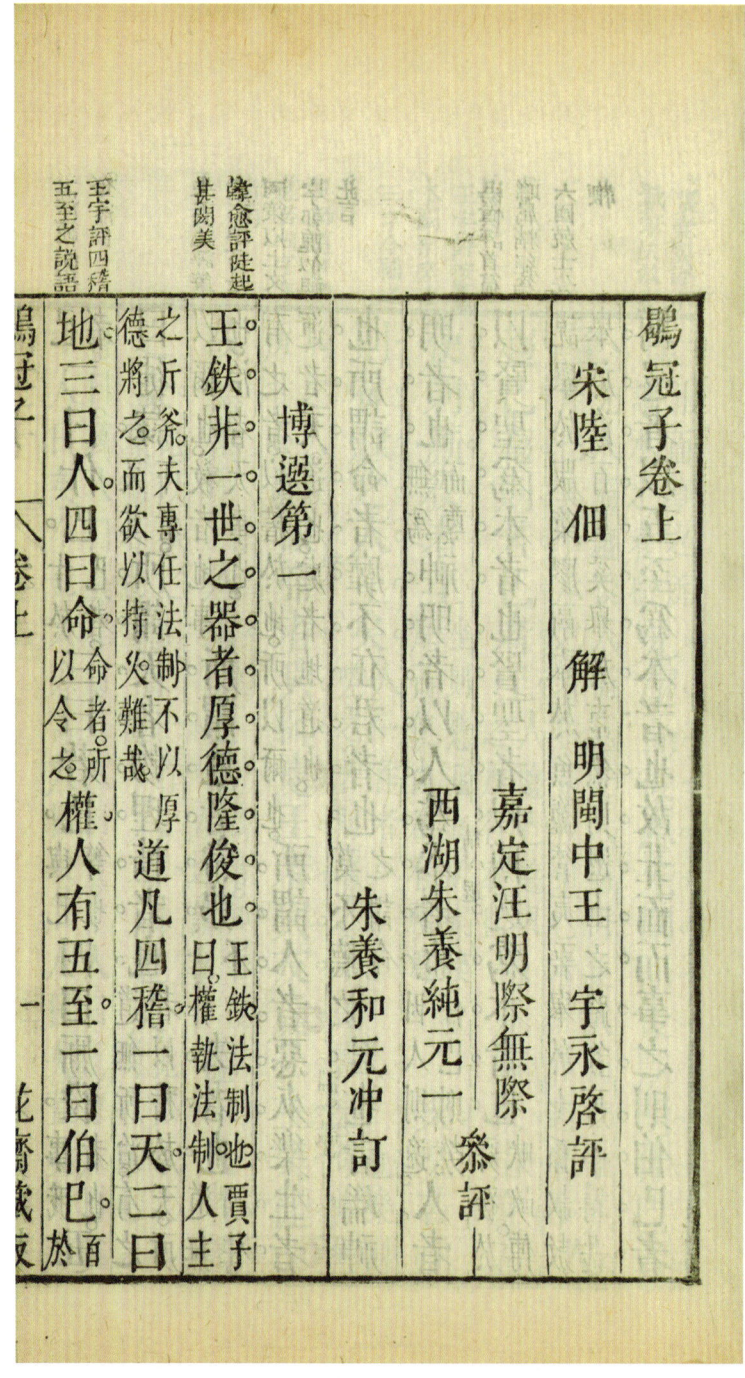

269　鶡冠子三卷

相傳戰國時一隱士撰,姓名不詳,隱居深山,用鶡爲冠,因以爲號。

宋陸佃解,明王宇評,汪明際、朱養純參評,朱養和訂。清嘉慶甲子(1804)重鎸明天啓五年(1625)朱氏花齋刻本。書口鎸"花齋藏板"。姑蘇聚文堂藏板,欄上鎸評,白紙大開本一册。

書二十世紀九十年代中期獲於京城潘家園。當時正逢陳東於園内設攤售書,時近中午,書已無多,余檢而購之。價尚廉。此乃與陳君初識,後交往頻繁,獲益匪淺。

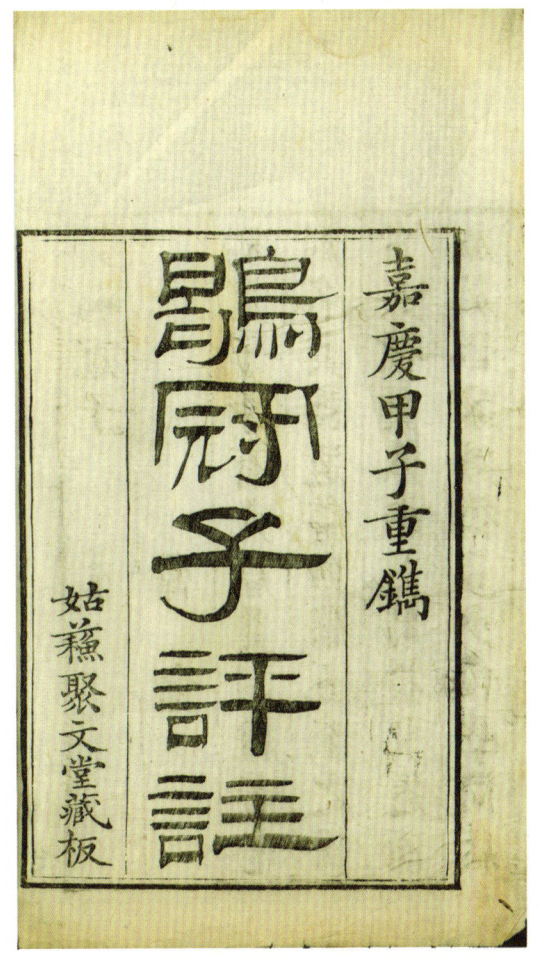

269　鶡冠子三卷(2-2)

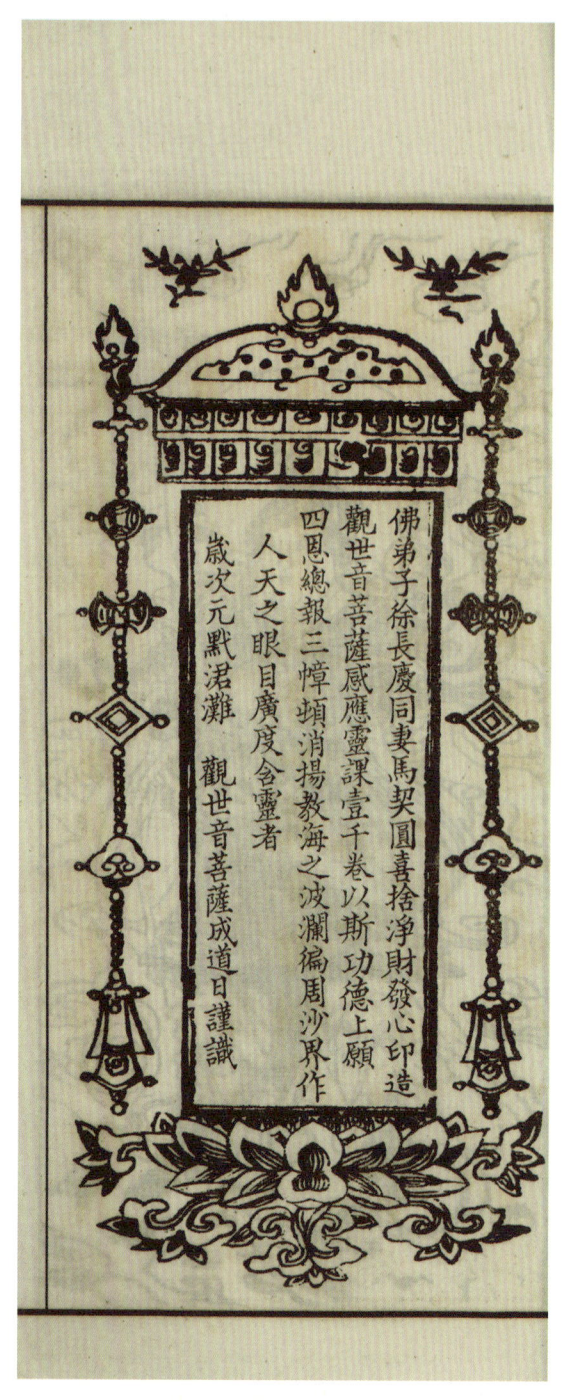

270 觀世音菩薩感應靈課(2-1)

270 觀世音菩薩感應靈課

一九三二年石印明萬曆二十年(1592)衍法寺刻本。版式狹長，白紙一册。内封面書名爲王震題寫。書中插圖共三十四幅。

此書爲徐乃昌夫婦所印者。印光法師序中稱："因徐積餘居士與其夫人得前明古本，石印千卷，以結净緣。"卷末徐乃昌夫婦題記云："佛弟子徐長慶同妻馬契圓喜捨净財，發心印造《觀世音菩薩感應靈課》壹千卷，以斯功德……"

徐乃昌爲民國間著名藏書家、刻書家，題記中之徐長慶即徐乃昌，馬契圓即馬韻芬，各是二人在家修行的法名。此書爲徐乃昌印書的一件實物，不大爲人所知。

此靈簽，其法式是以五枚卜錢占卜，卜錢正面分別鑄有金、木、水、火、土字樣，統稱"字"，背面則空白，統稱"幕"，卜時或"字"或"幕"，"字"者又有金、木、水、火、土之别，相互排列組合，共得三十二種樣式，即三十二種卦象。

此書内容今已不可用，唯書中所存明代版畫三十餘幅頗爲亮眼。當時祗爲插圖而購，後知書爲徐乃昌印製，又獲意外之喜。

270 觀世音菩薩感應靈課(2-2)

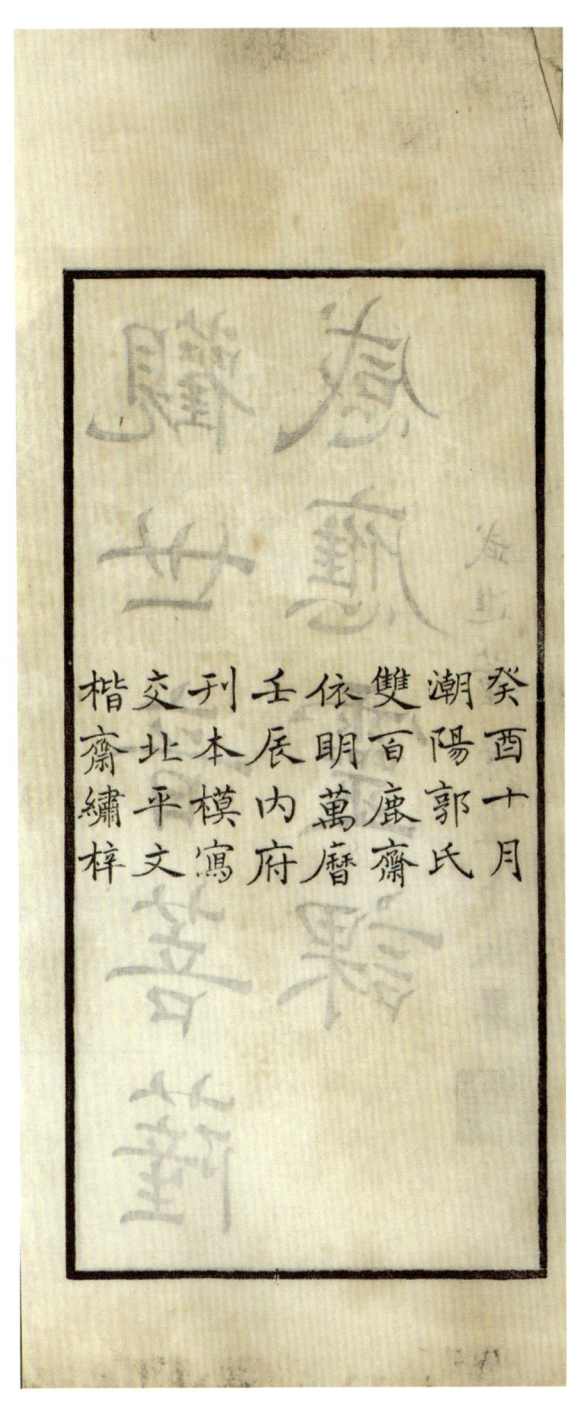

271　觀世音菩薩感應靈課(3-1)

271 觀世音菩薩感應靈課

卷前鎸"癸酉十月潮陽郭氏雙百鹿齋依明萬曆壬辰内府刊本模寫交北平文楷齋繡梓",卷末鎸"同邑陳韋寬續圖並書"。有民國二十二年(1933)六月二十八日潮陽郭泰棣識語。

《觀世音菩薩感應靈課》相傳爲唐代玄奘大師赴西天取經途中遇觀音菩薩慈悲攝受,令其預知前途禍福吉凶而傳。今傳世之本所據乃明萬曆二十年(1592)刻本。明萬曆壬辰(1592)正月十五日,大明中宫皇后下旨京都衍法寺刻印流通,印施百卷,以使臣民決疑,令預趨吉避凶、闡明法寶、慈澤後人。

此書開本碩長,字大行疏,紙白墨潤,並有數十幅版畫,再加以民國間北京著名刻書坊文楷齋精心雕版,不失爲近代版刻之翹楚。

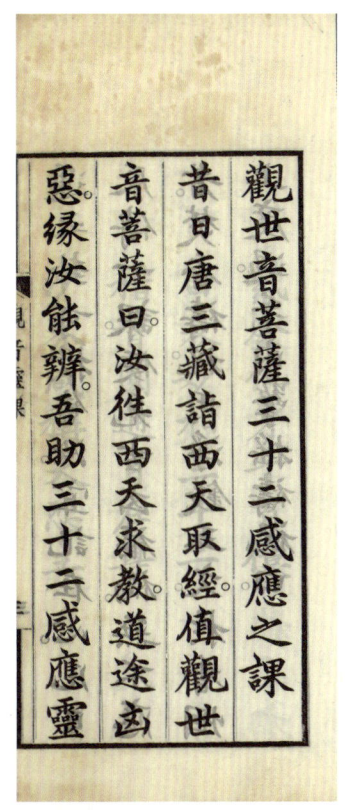

271 觀世音菩薩感應靈課(3-2)

271 觀世音菩薩感應靈課(3-3)

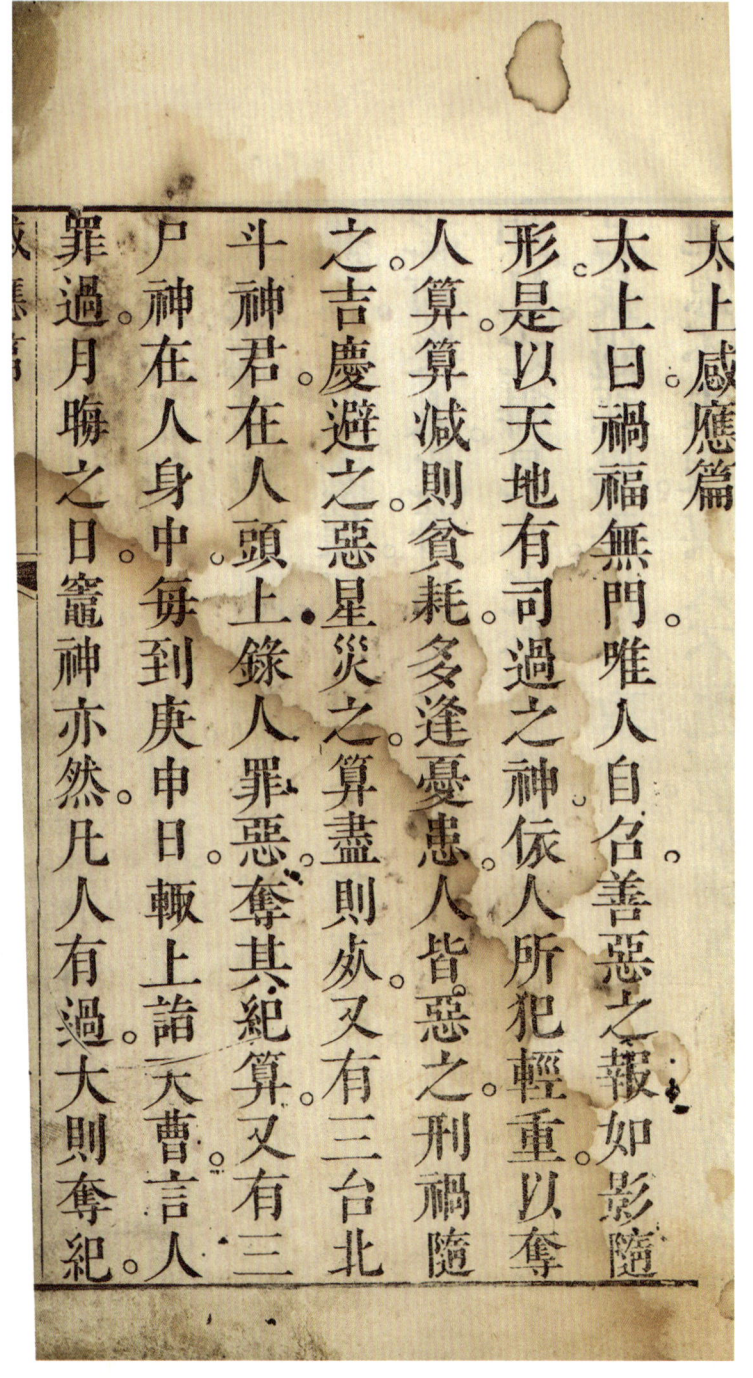

太上感應篇

太上曰禍福無門唯人自召善惡之報如影隨形是以天地有司過之神依人所犯輕重以奪人算算減則貧耗多逢憂患人皆惡之刑禍隨之吉慶避之惡星災之算盡則死又有三台北斗神君在人頭上錄人罪惡奪其紀算又有三尸神在人身中每到庚申日輒上詣天曹言人罪過月晦之日竈神亦然凡人有過大則奪紀

272　太上感應篇

　　清刻本。白棉紙。綫裝一册。卷末鎸"刑部江西清吏司郎中加二級濟南朱綱敬刊"一行。

　　朱綱,字子驄,清代山東歷城人,朱祚之子,任刑部江西清吏司郎中、天津道副使,康熙六十年(1721)任河南按察使,雍正六年(1728)調任湖北按察使,旋又調任湖南布政使,又任雲南巡撫、福建巡撫。雍正六年卒。曾師從王士禎,著有《濟南草》《蒼雪山房稿》等。雍正四年(1726)在其湖南布政使任上刻過《檢尸考要》。

　　此書以白棉紙刷印,誠爲少見。

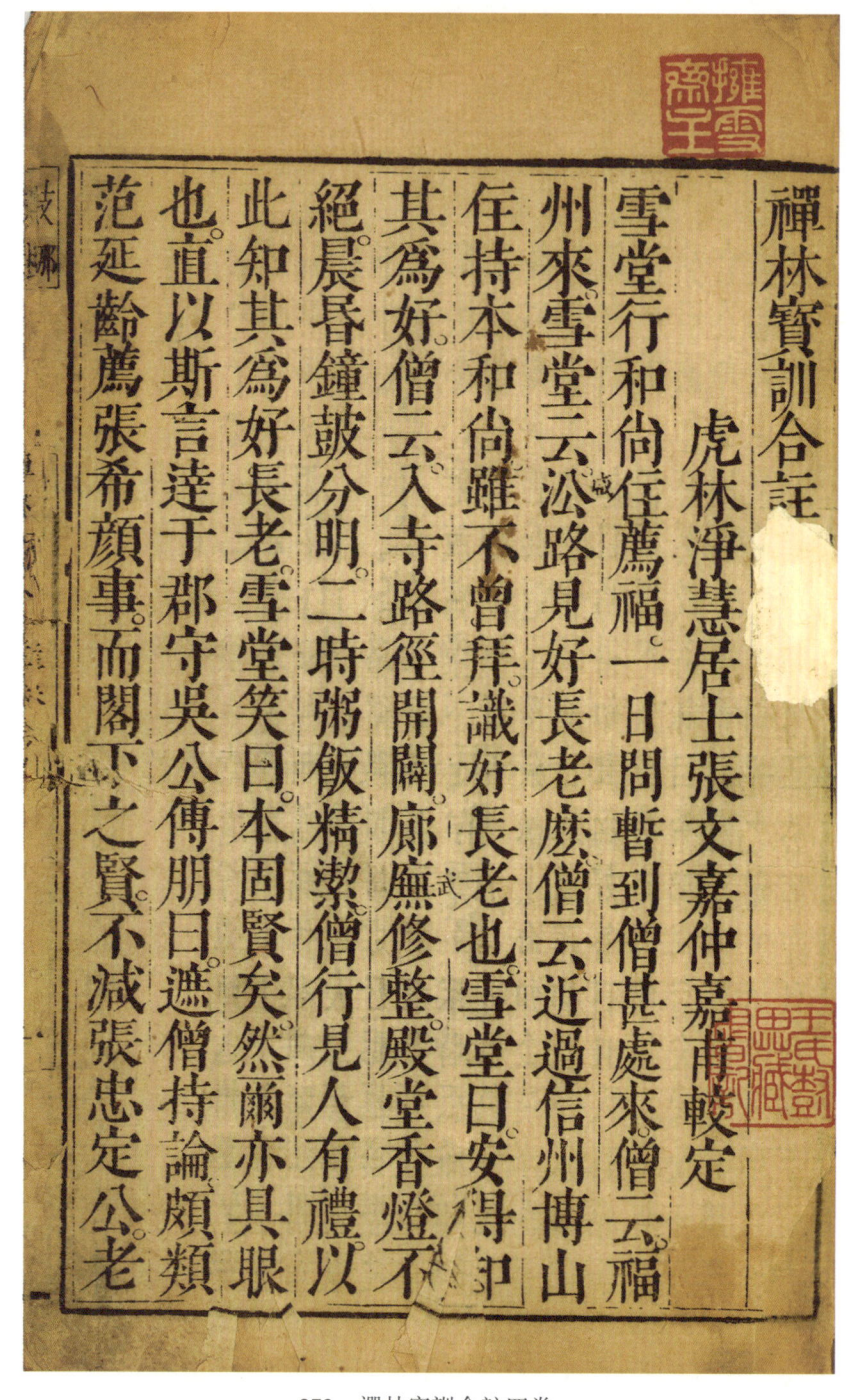

273 禪林寶訓合註四卷

273　禪林寶訓合註四卷

　　虎林净慧居士張文嘉校定,張文憲參閱。一册。版心上鎸"支那撰述"。不避"玄"。十行二十字。每引各家語録後又附釋詞。後附西遁野人净超刻《禪林方語小引》及《禪林方語》。卷末鎸"板存瑪瑙寺梅石房流通"。

　　此書頗似明末刻本,至遲亦在清初。乙亥(1995)夏過忻州,於郊區安邑一農户家得之,花二十元。其他書各家尚多,皆不可取。

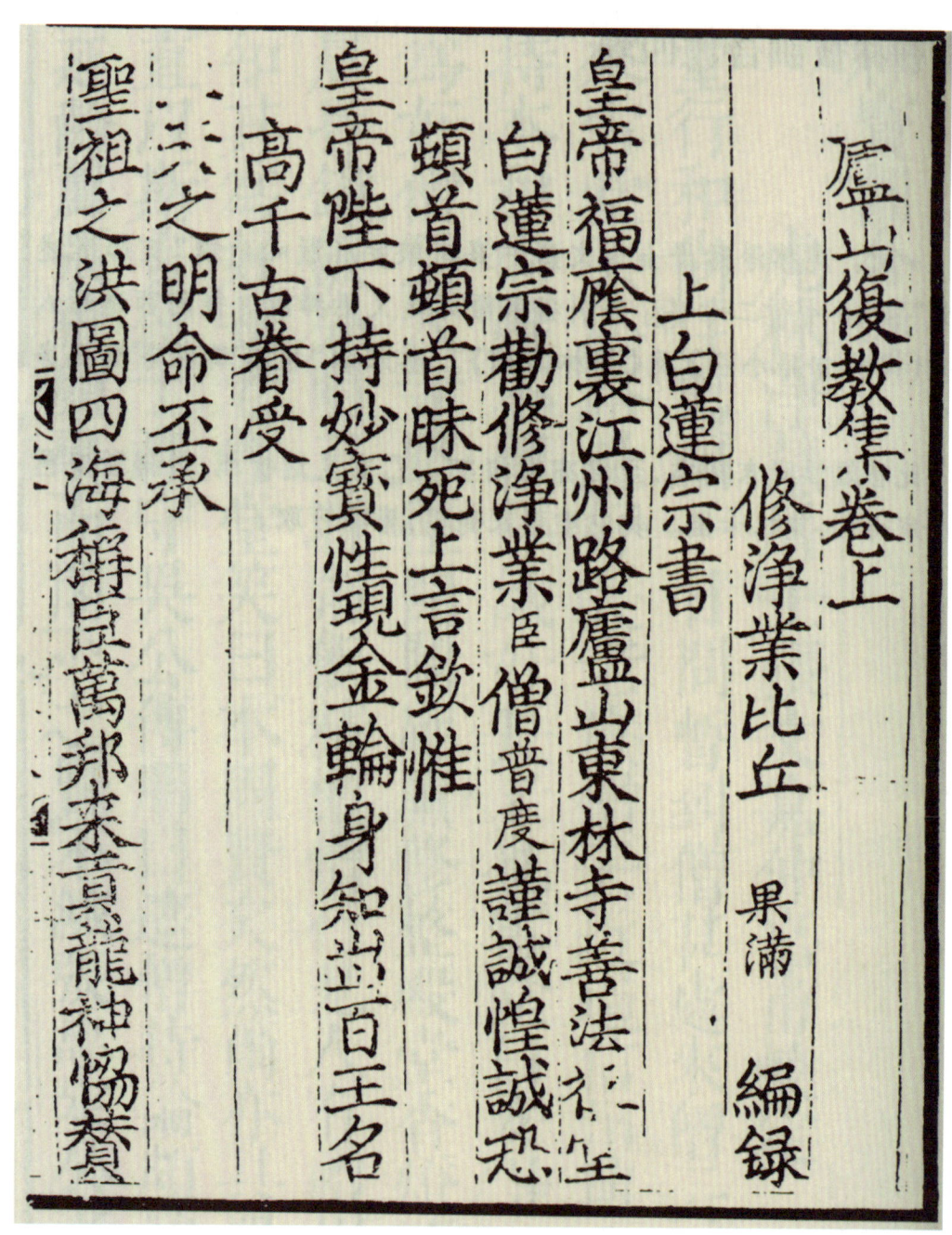

274 廬山復教集二卷

274　廬山復教集二卷

元普度撰,明果滿編。民國間周叔弢據元刊本影印。

元至大元年(1308),元廷禁白蓮教。三年(1310)正月,普度法師在大都上萬言書,請求恢復白蓮教合法地位。次年(至大四年,1311),仁宗下詔弛禁。此書上卷爲普度奏書及仁宗詔書等,下卷爲慶賀白蓮教復興而寫的贊頌。

此書開本闊大,紙墨精良,洵爲民國間有數之精刊。周氏爲藏書大家,所蓄宋刊元槧,爲世所重。其對民國乃至建國後之精刊本亦甚看重,并且身體力行,對其所藏精刻古書不惜重資予以影刊,澤被後人,功不可沒也。余所存僅此一種,然已可見周氏刊書風貌,其餘可想而知矣。

書後印有傅增湘一跋。傅氏與周氏書誼頗好。

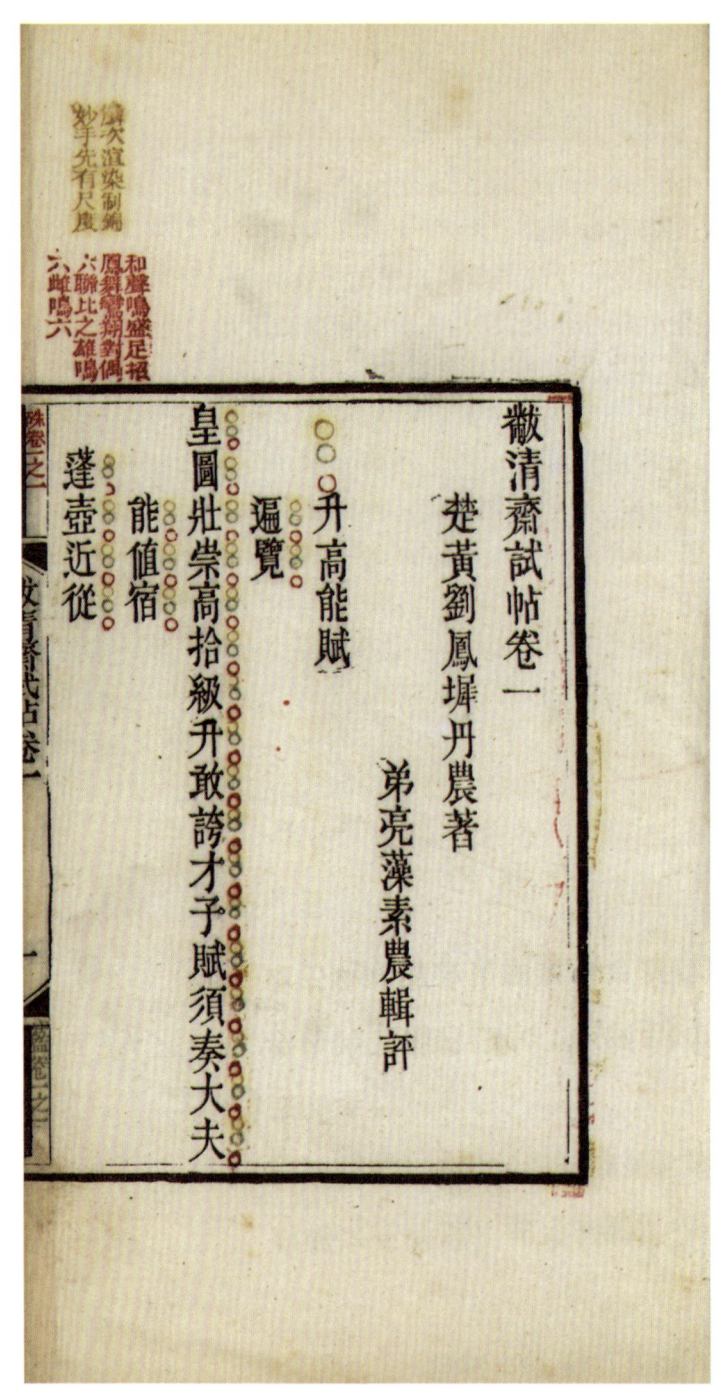

275　黻清齋試帖六卷

　　清劉鳳墀著,劉亮藻輯評。清光緒十二年(1886)家刻本。白紙四冊。此書爲四色套印,李漁江朱筆、胡捷甫藍筆、張雪汀黃筆。卷前各有一序,以不同顏色字體刊出。卷內題下又有孫燮臣、毛燮臣、程九希、張芝卿諸家墨評。

　　此書每冊書衣均有山右李用清墨筆題簽。李用清,字澄齋,號菊圃,山西平定人。同治四年(1865)進士,歷任廣東惠州知府,貴州布政使,署巡撫等。以禁種罌粟過急,激起民變奪職。再起爲陝西布政使,不久復罷去。後主講晋陽書院十年,光緒二十四年(1898)卒。

　　此書雖爲光緒刻本,內容亦無甚可觀,然四色套印罕見。《販書偶記》正續編皆未著録,再加李用清親筆題簽,可以珍本視之。

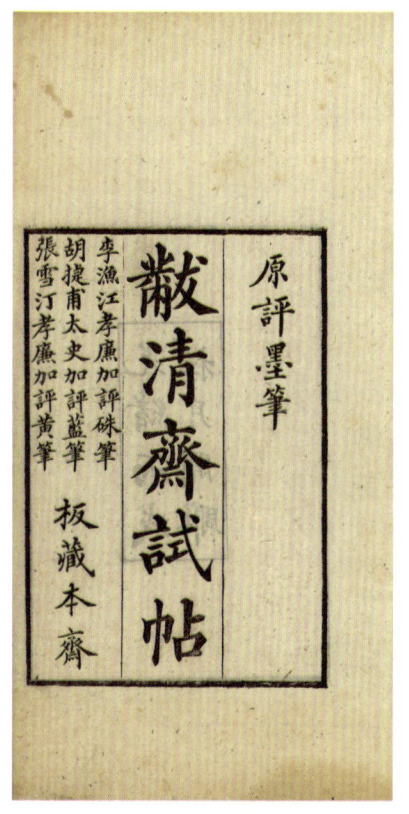

275　黻清齋試帖六卷(3-2)

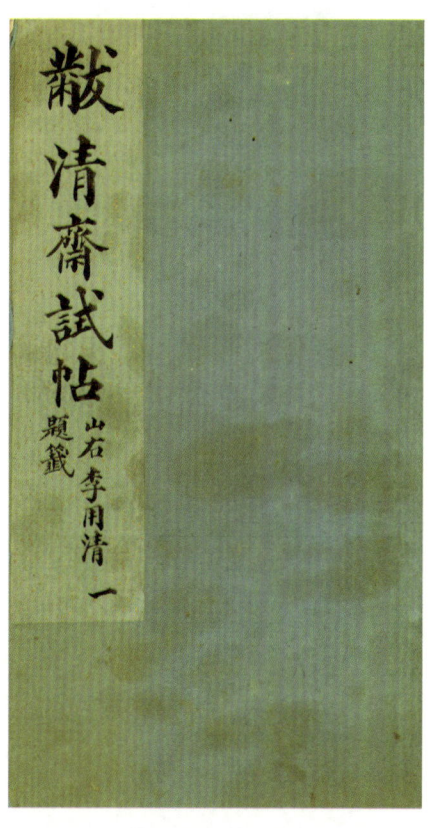

275　黻清齋試帖六卷(3-3)

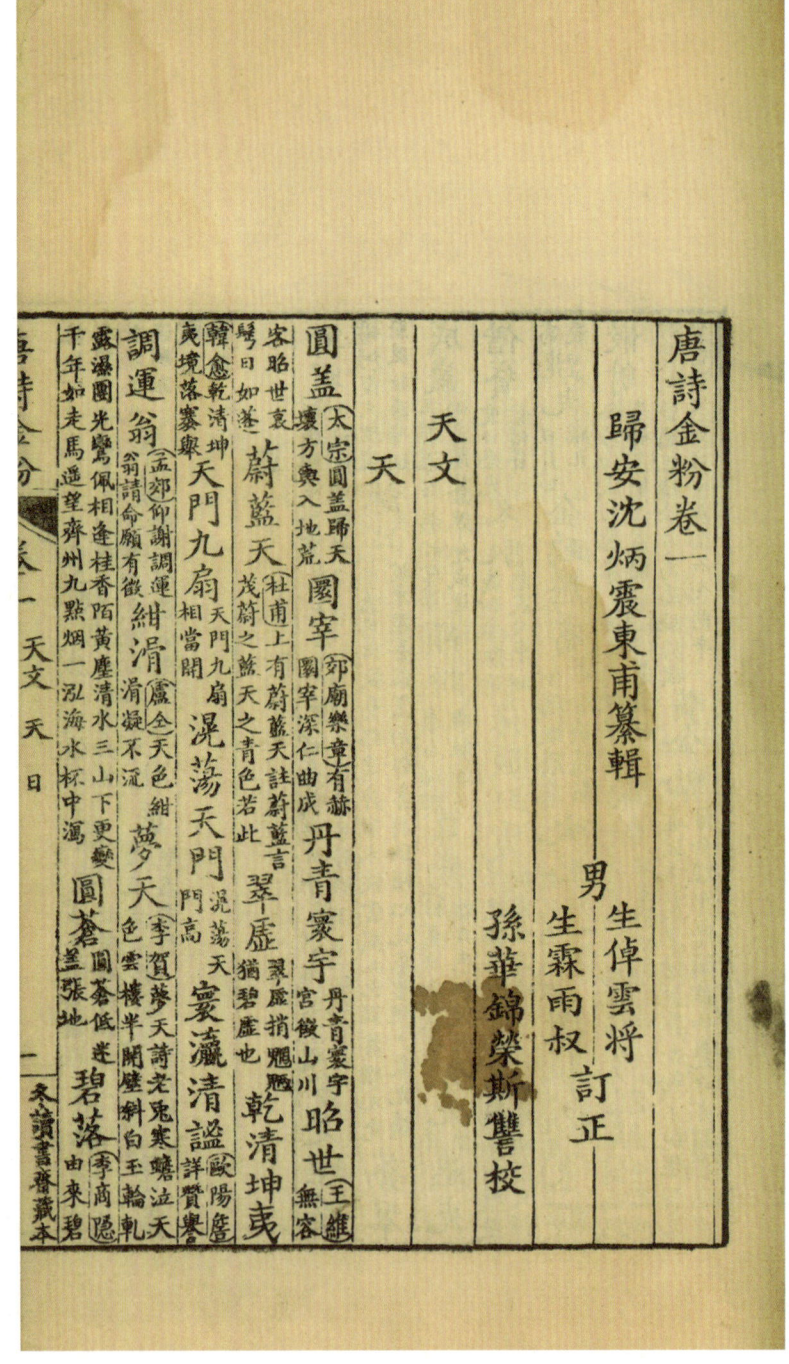

276 唐詩金粉十卷

清沈炳震纂輯。清雍正間冬讀書齋刊。四册。分天文、地理、時令、人事、人倫、仙釋、職官、文史、宮室、服飾、兵器、飲食、音樂、花木、鳥獸、魚蟲等類。

此爲典故詞藻之書,頗便學文之用。《書目答問》稱是書:"典故詳博,引據無誤,既學文筆,又獵詞藻,看此數種,勝於俗謬類書多矣。"今此類書祇可當詞典翻翻。然版刻較精,且流傳已稀,故猶足珍惜也。

書中鈐"吳百年"藏印,未知何人。

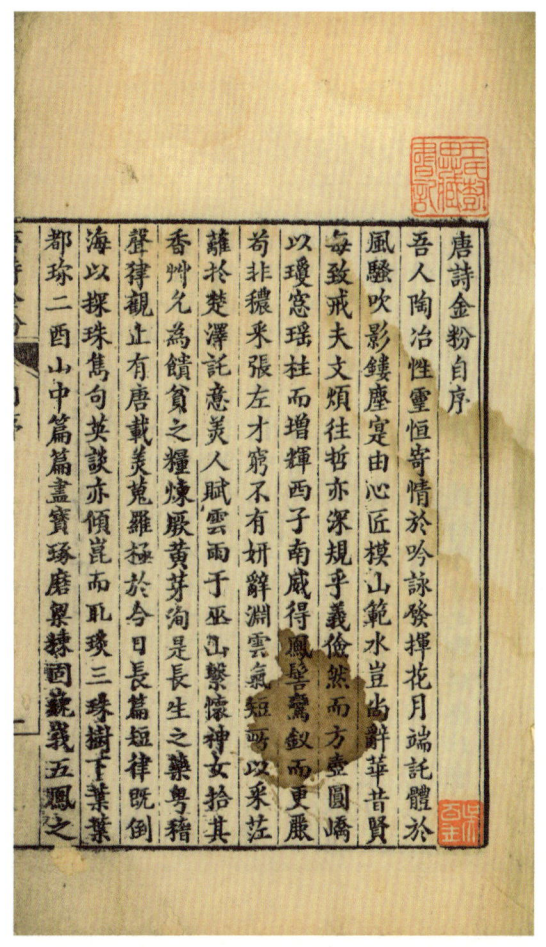

276 唐詩金粉十卷(2-2)

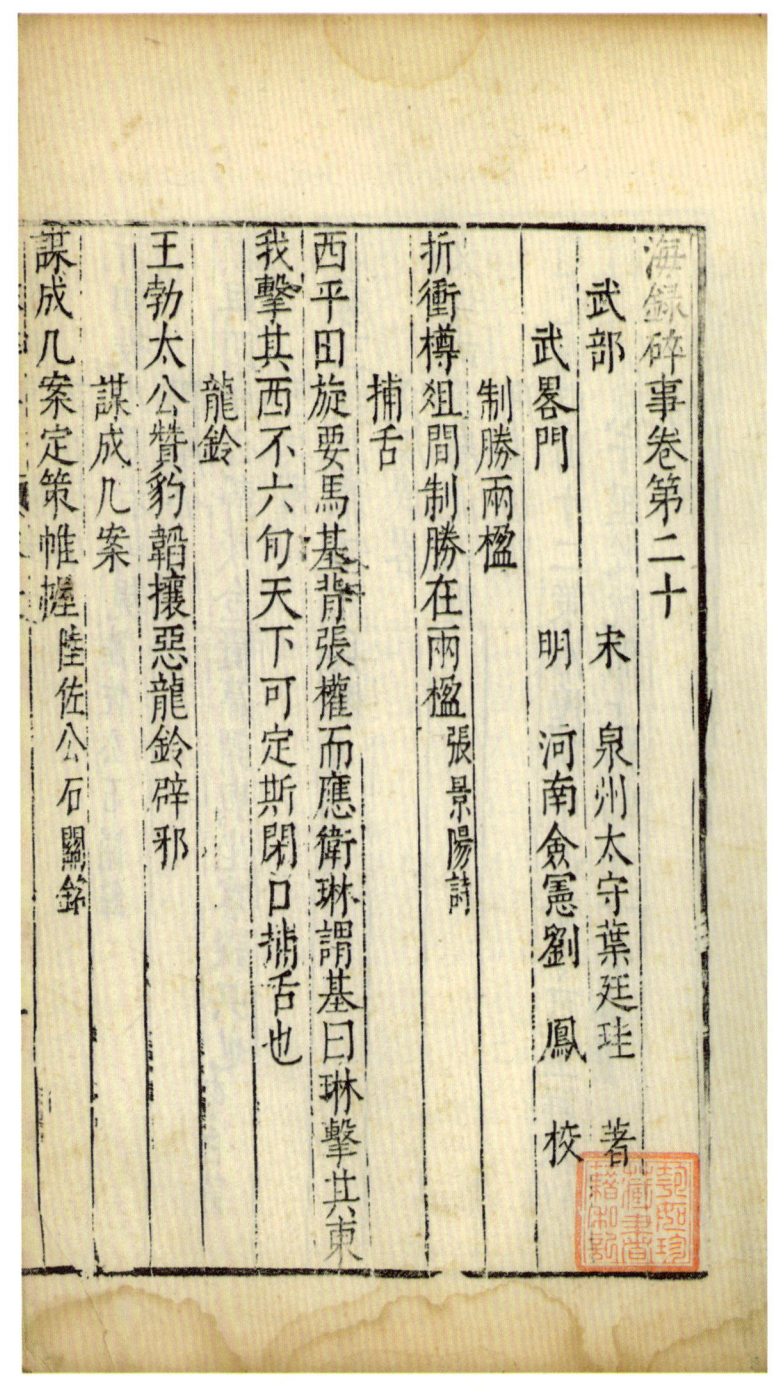

海錄碎事二十二卷

277　海録碎事二十二卷

宋葉廷珪編撰。明萬曆二十六年(1598)劉鳳校刊本。題下鎸"宋泉州太守葉廷珪著,明河南僉憲劉鳳校"。白棉紙,存三册。存卷十一(上下)、卷十三(上下)、卷二十、二十一。鈐"匏如珍藏書籍私記"。

全書分天、地、衣冠服用、飲食器用等十六部,下又分門,凡五百八十一門。屬中型類書,集群書中新奇、未用者於一書,分門別類,標立詞目,頗便搜查。

葉廷珪,字嗣忠,崇安人。政和五年(1115)進士,出知德興縣,紹興中爲太常寺卿。《四庫全書總目》稱其性善讀書。每聞士大夫家有異書,無不借讀,讀無不終卷。常恨無資,不能盡寫,因作數十大册,擇其可用者手抄之,名曰"海録"。其中每條僅標三數字,其注亦不過三數語,故以"碎事"名之。

卷内所鈐"匏如珍藏書籍私記",爲蘇州過雲樓顧文沖所用者。過雲樓藏書,名盛於江南,由顧氏祖孫四代收集、遞藏、呵護,歷經戰亂,損失慘重,但最重要的部分還是保存了下來。其中有宋元舊槧50種,精寫舊本、稿抄本165種,明板書籍149種,清代精印本175種,還藏有王羲之、吴道子、蘇軾、米芾、趙孟頫等名家真跡35種。解放後,顧氏過雲樓藏書分别入藏上海博物館、南京圖書館、蘇州博物館。過雲樓藏書曾於二〇〇五年和二〇一二年兩次在國內上拍,包括宋刻本《錦繡萬花谷》等等。前者拍出2310萬元高價,後者拍出2.2億元之價,令世人驚歎。

《錦繡萬花谷》中鈐有"匏如珍藏書籍私印",此書中即有此印。過雲樓藏書印另有"有竹莊圖書印""顧鶴逸藏書印"等。

此《海録碎事》清代未重印,明萬曆間劉鳳刻本即爲現今所見最早版本。

此書二十年前與書友游北京潘家園,於一地攤之上偶獲。所獲另有些明版殘書,未知有無過雲樓用印。

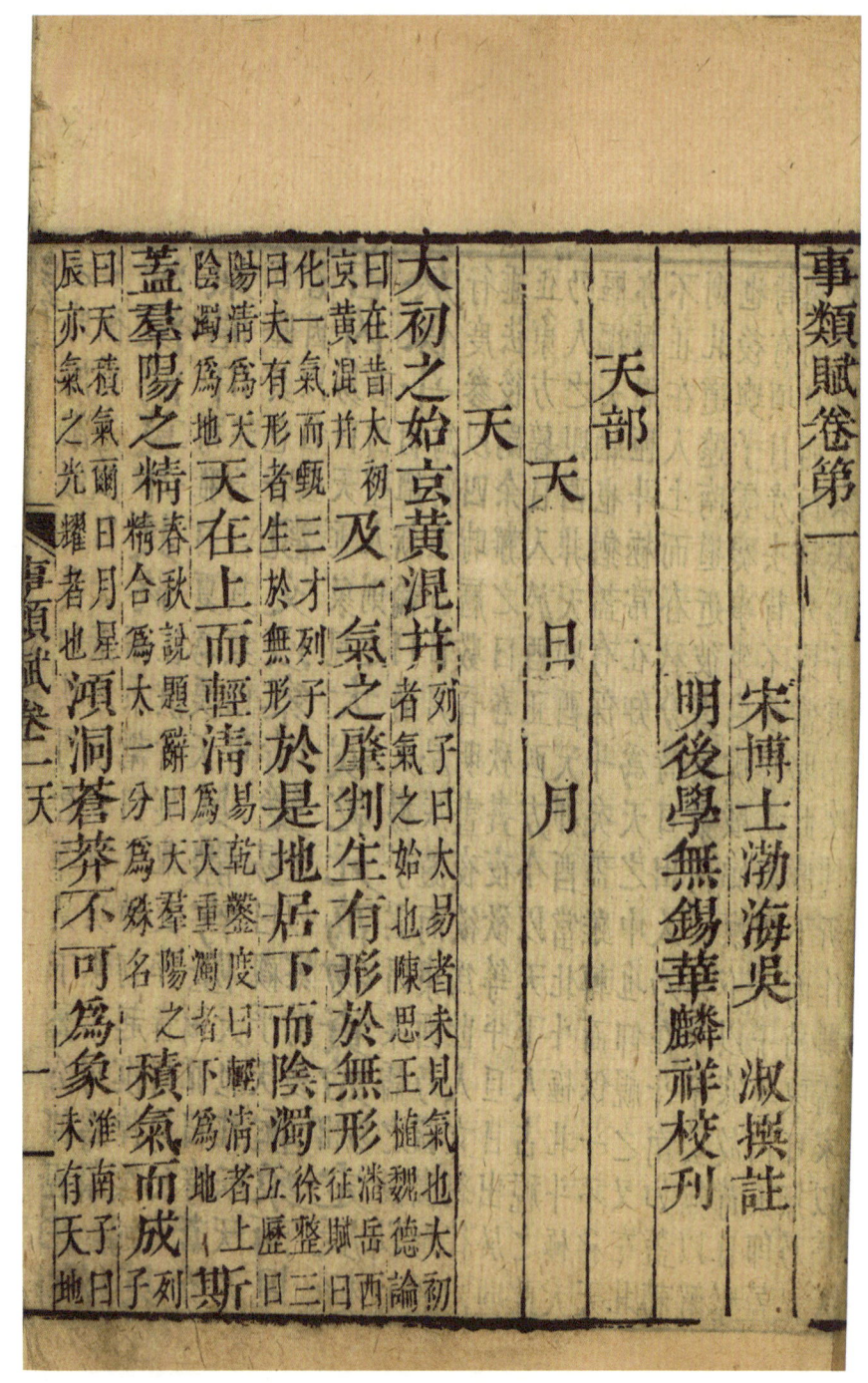

278　事類賦三十卷

宋吴淑撰註,明華麟祥校刊。劍光閣藏板,清康熙刻本。竹紙六册。書口下鎸刻工朱見心、王子祥、吉山、伯秀等人。避"玄",不避"弘""曆"。

此書依宋本校刊,係翻刻明嘉靖華麟祥本。後有乾隆間華希閔四十卷本。瞿冕良《中國古籍版刻辭典》載以上刻工,爲乾隆間無錫刻工,似不確,待考之。

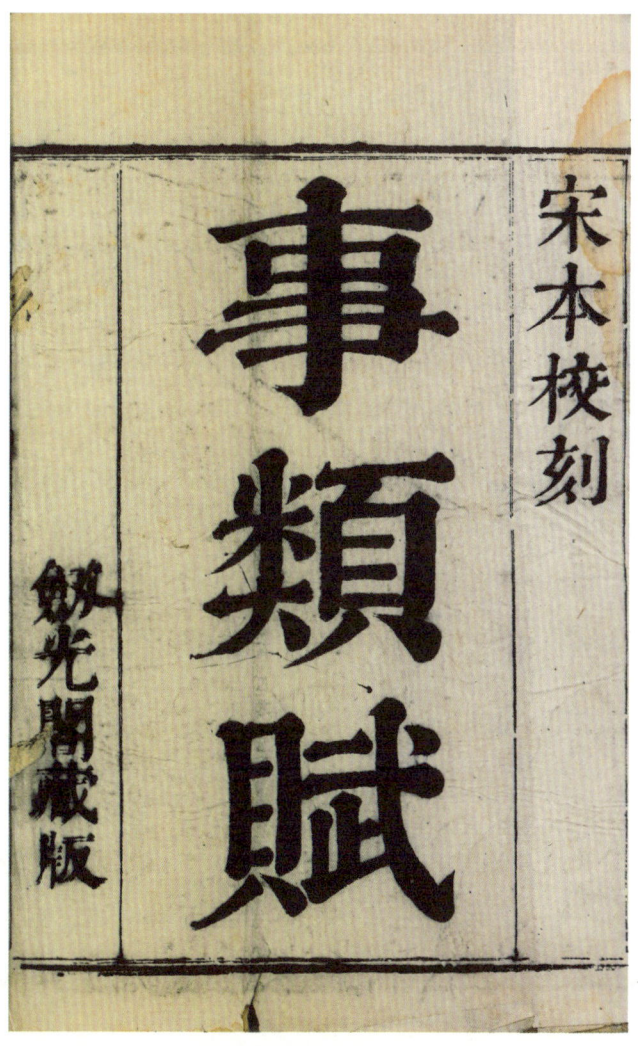

278　事類賦三十卷(2-2)

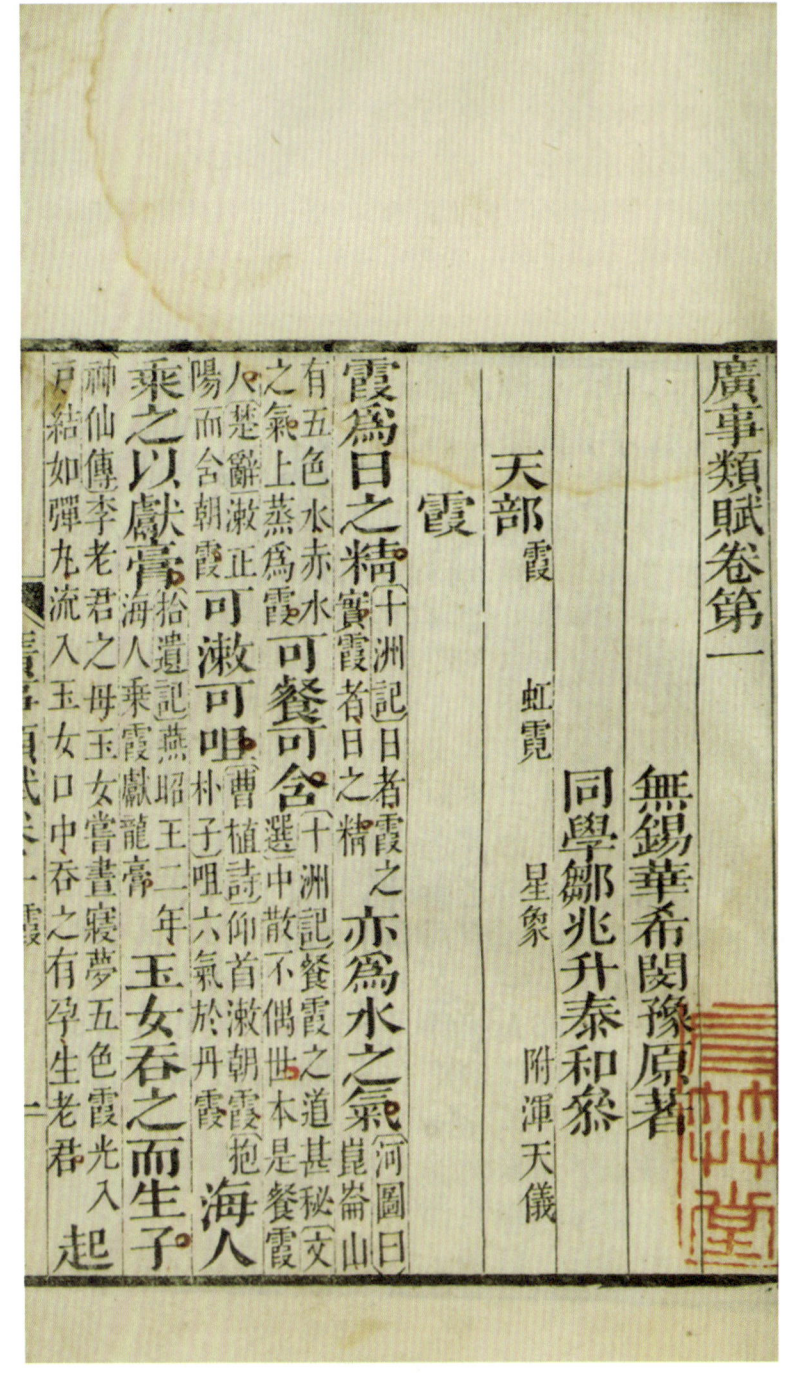

廣事類賦四十卷

279　廣事類賦四十卷

清華希閔著,鄒兆升校。清刻本,龍江書屋藏板。巾箱本。十册。其中第十二卷爲鈔配。鈐"友竹草堂"等印。

《事類賦》,宋吴淑撰,華希閔因校刻此書,病其未備,乃廣爲此編,附刻其後,凡二十七卷,一百九十一子目。

華希閔,生於康熙十一年(1672),卒於乾隆十六年(1751),字豫原,號劍光,康熙五十九年(1720)舉人,任涇縣訓導。

《廣事類賦》版本衆多,然龍江書屋版頗少見,知之不詳。此書開本略小而刻精,似初印。其中鈔配一册之字迹,亦甚佳。

蔣慶第,字季苓,又字箸生,號杏坡,室名友竹草堂,河北玉田人。生於道光三年(1823),殁於光緒三十二年(1906),先後任山東武城、濰縣、汶上、博平、章丘知縣,皆有政聲。撰有《友竹草堂集》。

書早年間獲於安徽歙縣。

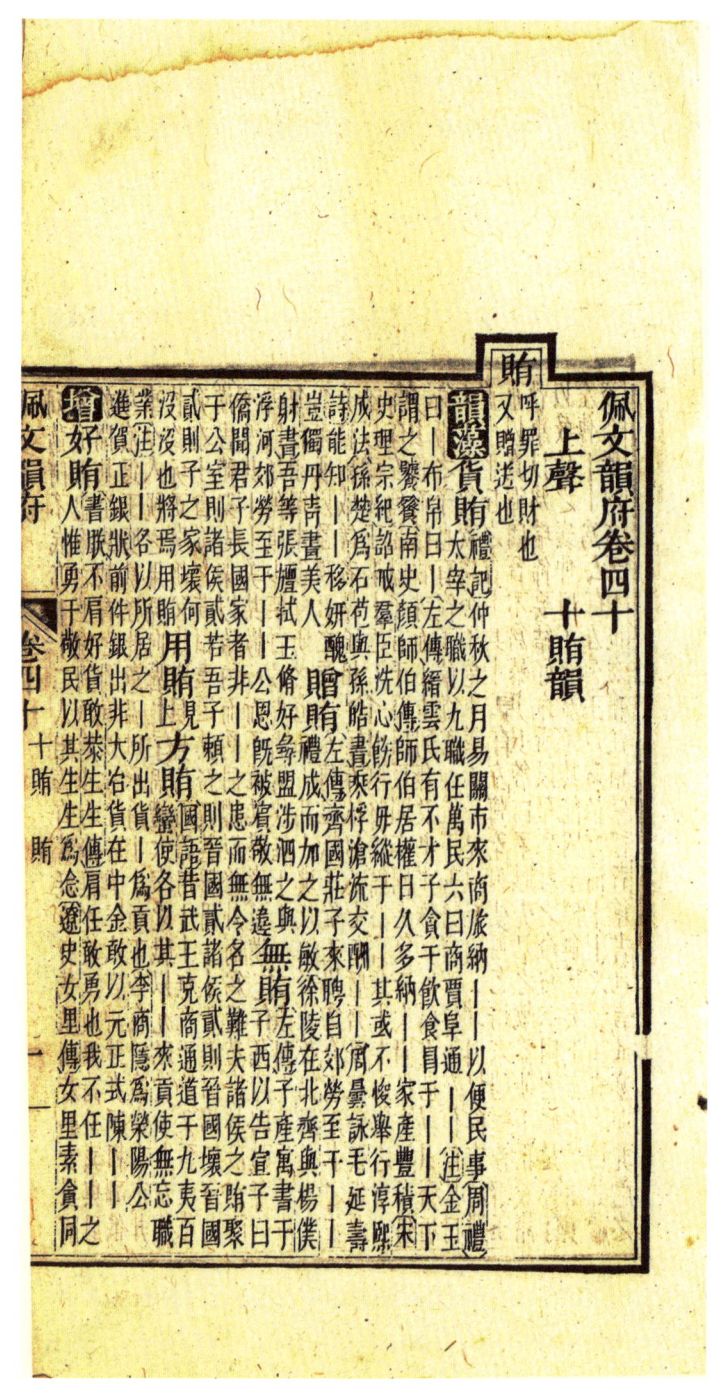

280 御製佩文韻府(3-1)

280　御製佩文韻府

清張玉書、陳廷敬等奉敕纂。嶺南潘氏海山仙館刻本。存卷四十至四十二,一册。封面鎸"長白書院備看官書,勿許撕污,禁止外帶",鈐"長白書院官書""禮賢齋發兑""呼和浩特第一中學圖書室"等印。

長白書院,在内蒙古呼和浩特,又名啓秀書院。清同治十一年(1872),綏遠將軍滿州定安建。光緒五年(1879),綏遠將軍瑞聯修葺,改名啓秀。該院生徒均係滿州旗籍,故亦名滿學。光緒三十年(1904)改爲綏遠中學堂。

長白書院藏書較多,多爲通行本。藏書正面都蓋有"長白書院官書"章。

此雖殘書一册,却可見證呼和浩特教育發展之一段歷史,故頗有保存價值。

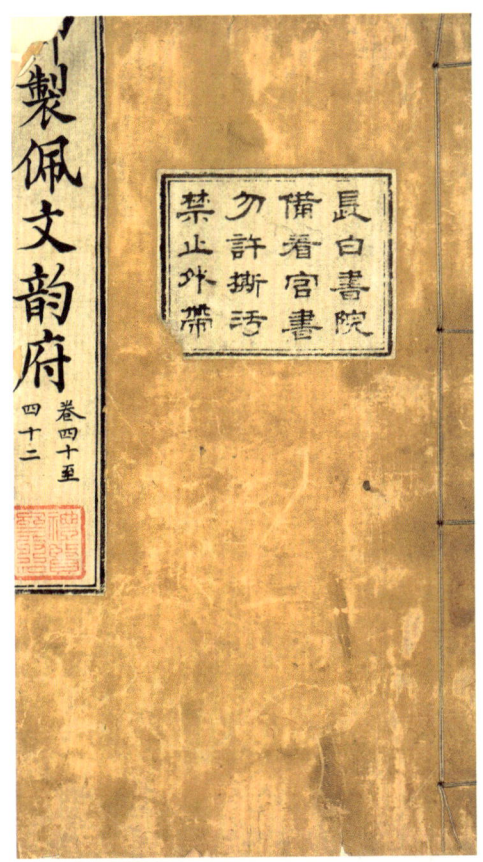

280　御製佩文韻府(3-2)

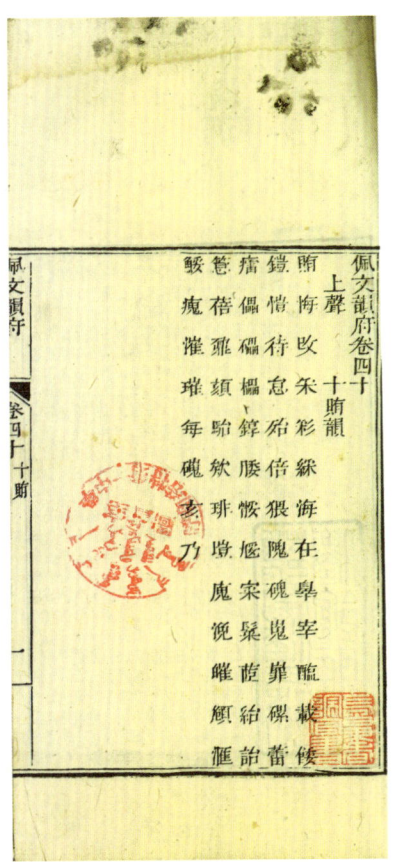

280　御製佩文韻府(3-3)

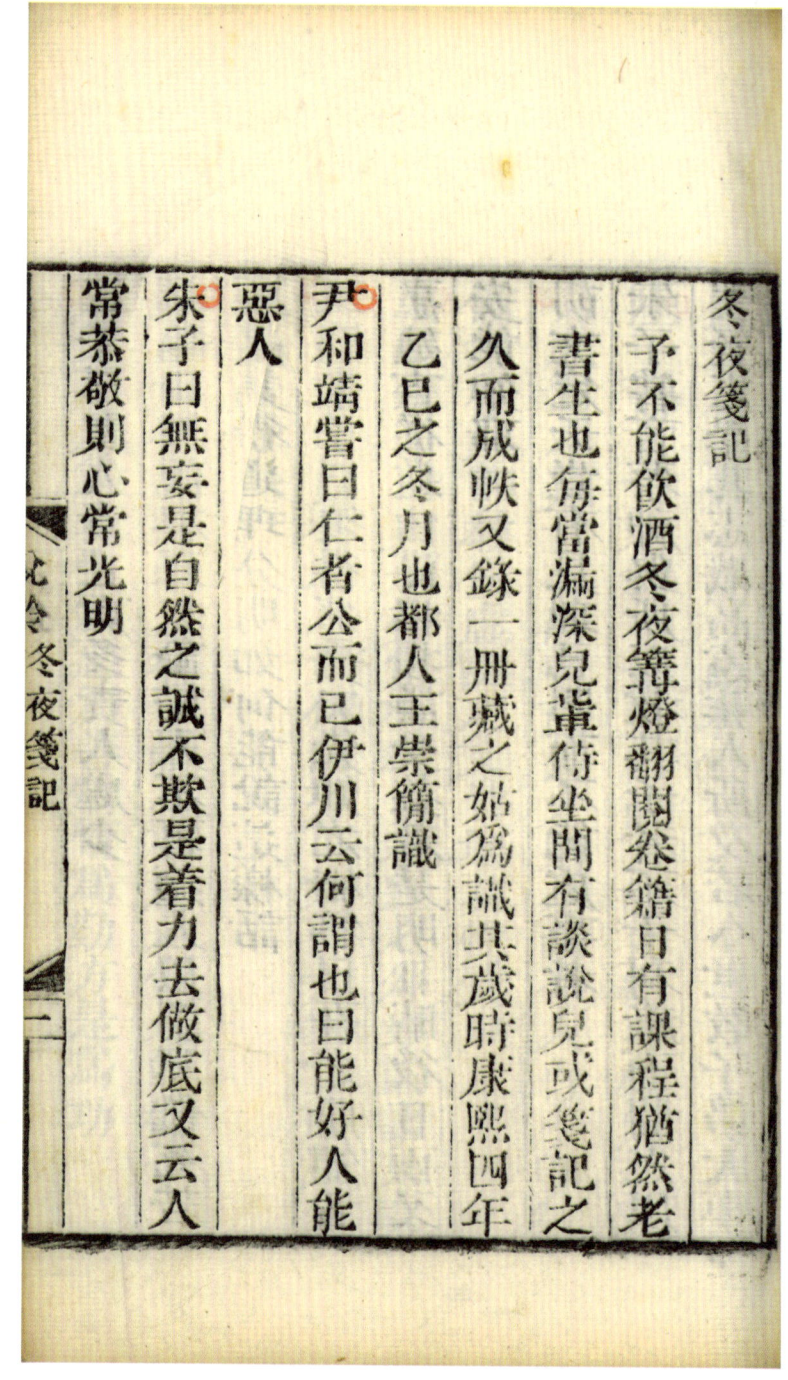

冬夜箋記

予不能飲酒冬夜篝燈翻閱卷籍目有課程猶然老書生也每當漏深見輩侶坐間有談說見或箋記之久而成帙又錄一冊藏之姑為識其歲時康熙四年乙巳之冬月也都人王崇簡識

尹和靖嘗曰仁者公而已伊川云何謂也曰能好人能惡人

朱子曰無妄是自然之誠不欺是着力去做底又云人常恭敬則心常光明

281 説鈴

清吳震方輯。清嘉慶四年(1799)刻本。白紙巾箱本。二十二册。

是書彙輯清初清人所作之見聞錄、日記、筆記、雜記、游記等作品,分前集、後集兩部分,前集三十卷,後集二十二卷。

卷前康熙四十四年乙酉(1705)吳興徐倬序,稱:"於是廣蒐博覽,葺成此書。所收皆京坻典故,殊鄉風俗,辨證今古,洞徹幽明,實有裨於世道,非泛泛尋常之薈萃矣。"

吳震方,字青壇,浙江石門人,康熙進士,官至監察御史,罷歸。康熙四十二年(1703)聖祖南巡,以所輯《朱子論定文鈔》進呈,得復職。著有《晚樹樓詩稿》四卷、《讀書正音》、《嶺南雜記》等。

康熙本前集三十三種,後集十七種,續集七種。

卷前牌記曰:"本朝名家雜著,嘉慶四年重鎸。"另鎸:"歷代説部各有成書,唯本朝未見彙輯,兹偶舉平昔知交,投贈先公同好。諸君子鄴架舊藏、雲亭新著,望祈郵賜,以廣雅集。謹啟。"

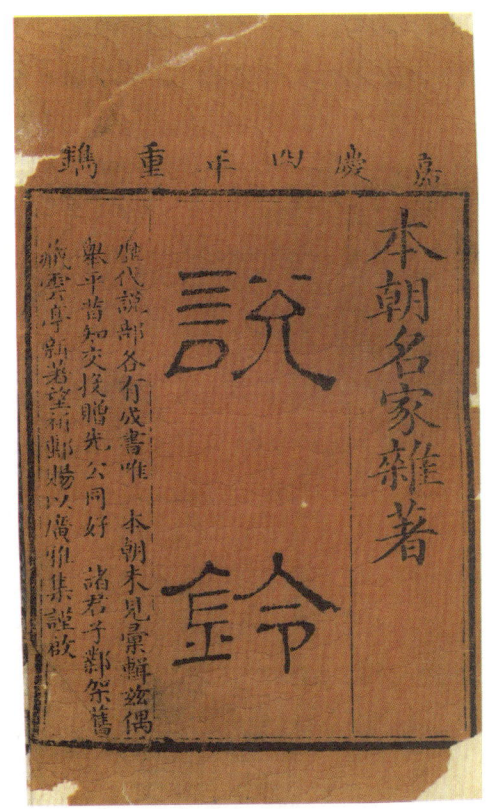

281 説鈴(2-2)

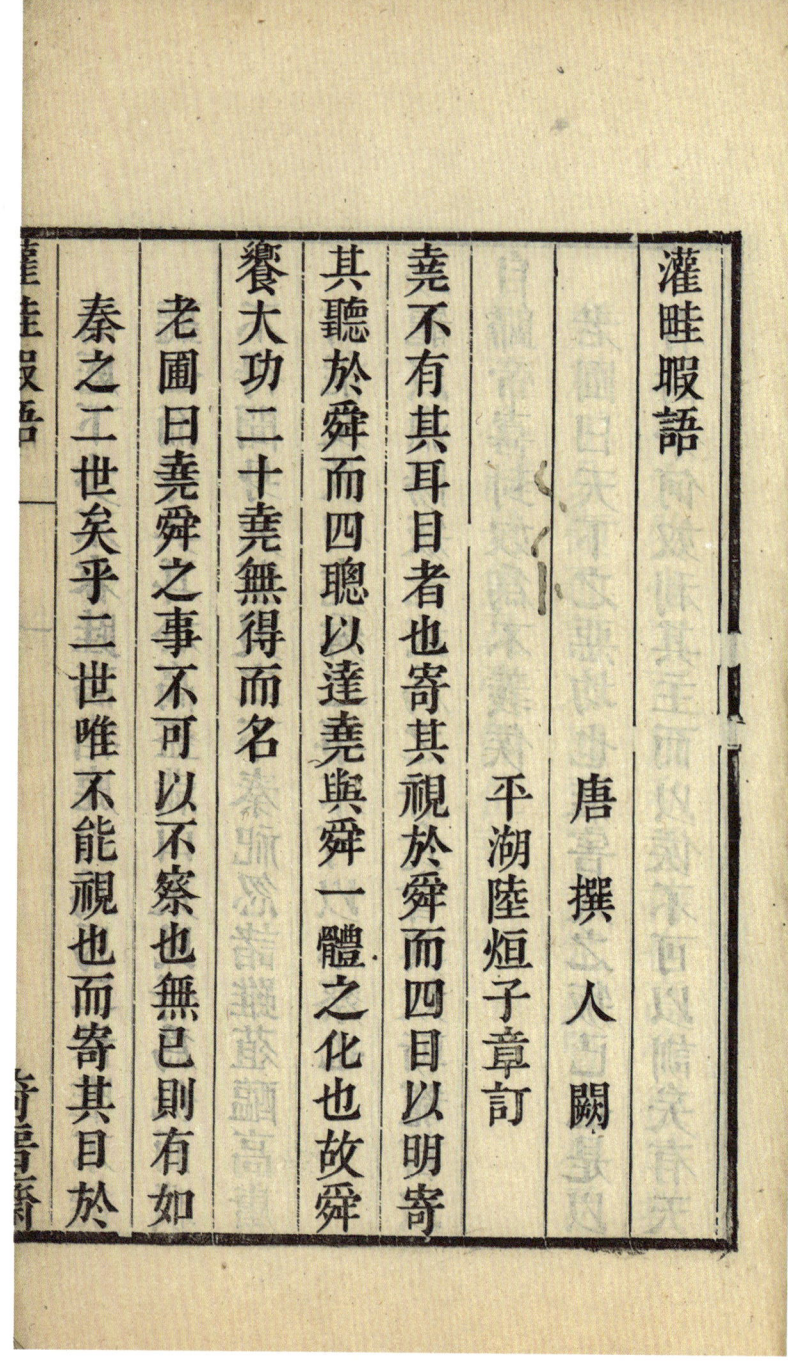

灌畦暇語

唐 撰人闕
平湖陸烜子章訂

堯不有其耳目者也寄其視於舜而四目以明寄其聽於舜而四聰以達堯與舜一體之化也故舜饗大功二十堯無得而名

老圃曰堯舜之事不可以不察也無已則有如秦之二世矣乎二世唯不能視也而寄其目於

282　奇晉齋四種

清陸烜輯。清乾隆中平湖陸氏刊本。竹紙一册。内分《松牕雜録》《灌畦暇語》《平巢事蹟考》《采石瓜洲斃亮記》四種,各一卷。每種後均有陸氏跋語。書口下鎸"奇晉齋"。鈐"錢均伯珍藏秘書印""静妙山房""遽莊珍賞""綉水珊瑚館主""玉生秘笈"等印。

《奇晉齋叢書》内含十六種著作,多爲唐代至明末名家短篇雜著,叢書每種書後,都刻有陸烜愛妾沈虹屏所製手書題跋,鈎玄提要,考訂源流,短小精妙。

陸烜,字子章,一字梅谷,號巢雲子,浙江平湖人。諸生,後棄科舉,廢産購書,鋭意著述,著有《梅谷詩文集》等數十種。其側室沈彩,字虹屏,能詩善畫,工小楷,有《春雨樓集》十四卷,亦嗜藏書、鈔書、爲書題跋。

錢均伯未知何人,余藏汲古閣刻《法書要録》亦鈐其同樣藏印。二書早年間同時獲於蘇州張珂書店,據云蓋從常州流出者。

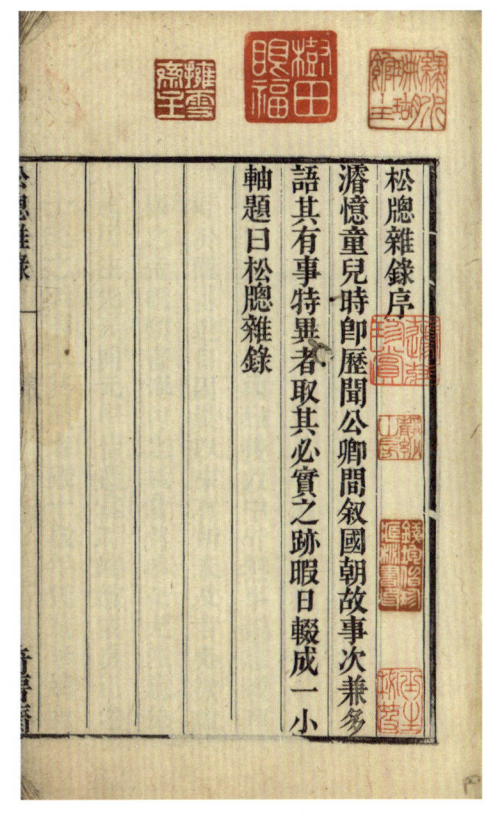

282　奇晉齋四種(2-2)

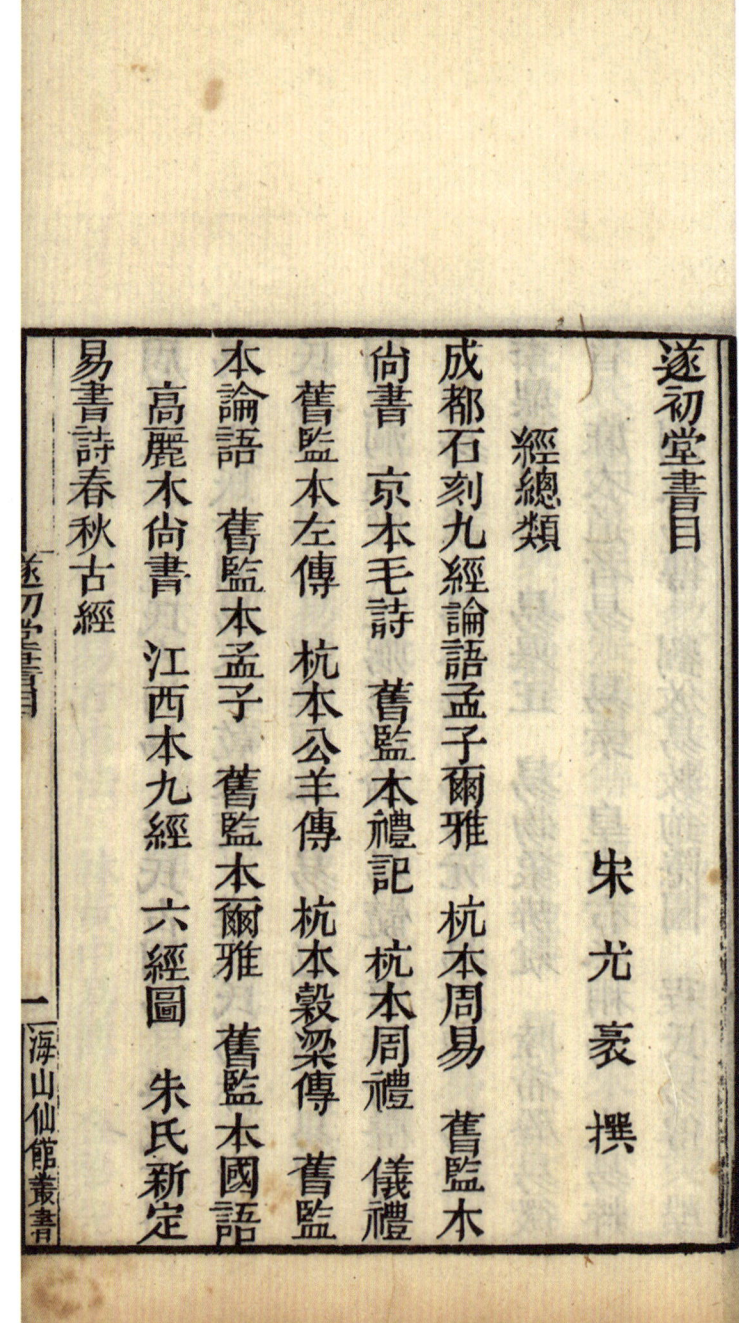

遂初堂書目　　尤袤　撰

經總類

成都石刻九經 論語孟子爾雅
尚書　京本毛詩　舊監本禮記　杭本周易　舊監本
舊監本左傳　杭本公羊傳　杭本穀梁傳　舊監本儀禮　杭本
本論語　舊監本孟子　舊監本爾雅　舊監本國語
高麗木尚書　江西本九經　六經圖　朱氏新定
易書詩春秋古經

283　海山仙館叢書

清潘仕成輯。清道光至咸豐間刊。白紙一百二十八冊,四百八十七卷。

該叢書《例言》稱"但擇前賢遺編,足資身心學問而坊肆無傳本者"作爲收書範圍,故是編收羅了不少久佚之書、稀見之本。另外,叢書人棄我取,廣收中西科技文獻,引進新學,可謂緊隨時代,慧眼獨具。全書於原文不加删節,因刊刻、校勘俱精,歷來爲學者所重。據《清稗類鈔》載,該書板片爲法人所獲,陳列於巴黎博物館。

潘仕成,字德畬,號海山仙館主人,廣東番禺人。約生於嘉慶十年(1805),卒於同治十二年(1873)。官至兵部郎中。潘氏生平"風雅好古",酷愛藏書,好刻書帖,曾築園林別墅"荔香園"爲其藏書、刻書之所,因園門有"海上神山,仙人舊館"對聯,荔香園又被稱爲"海山仙館"。

乙亥(1995)之秋,當地一書友處理藏書,内有此書,以其價廉欣然購下。百餘册大型叢書而完整無缺,且書品如新,亦實難遇也。時乙亥暮春穀雨前一日,朝陽映窗,援筆書此。

283　海山仙館叢書(2-2)

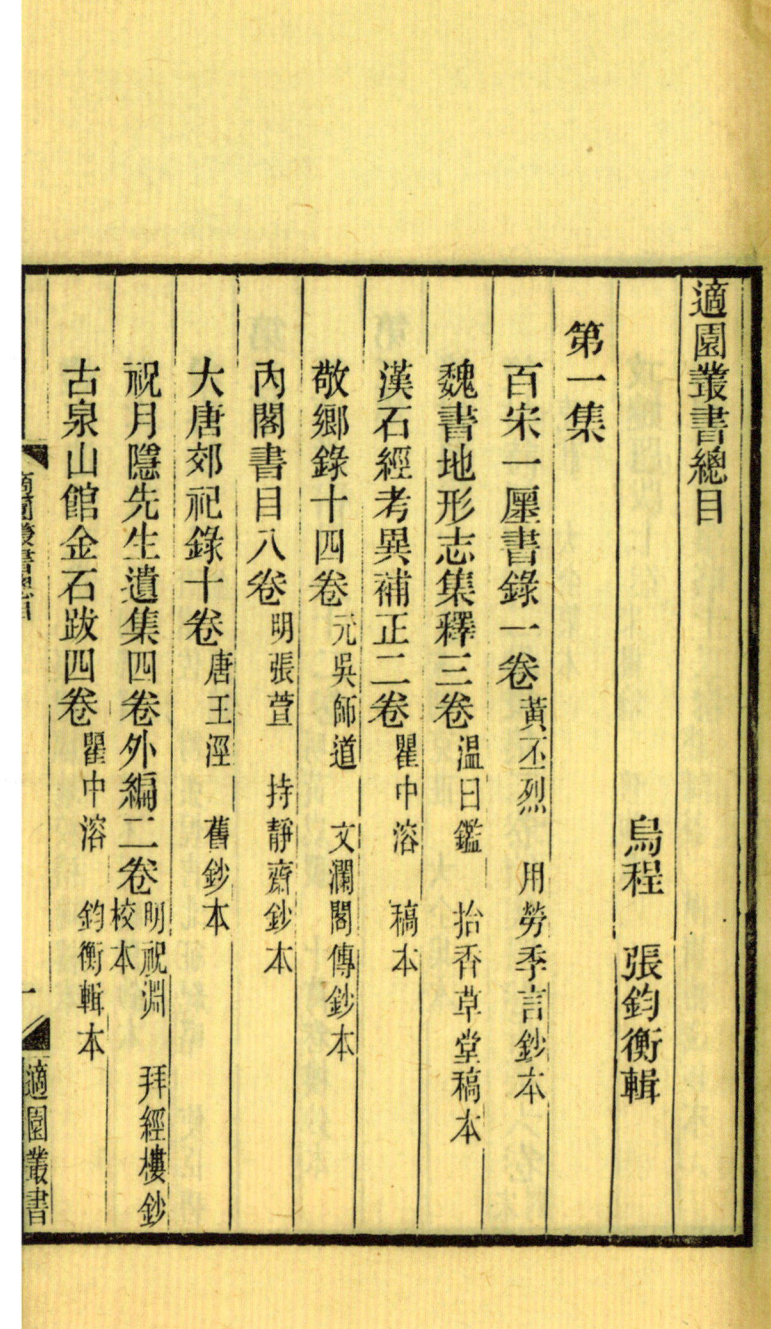

適園叢書總目

烏程 張鈞衡輯

第一集

百宋一廛書錄一卷 黃丕烈 用勞季言鈔本

魏書地形志集釋三卷 溫日鑑 拾香草堂稿本

漢石經考異補正二卷 瞿中溶 稿本

敬鄉錄十四卷 元吳師道 文瀾閣傳鈔本

內閣書目八卷 明張萱 持靜齋鈔本

大唐郊祀錄十卷 唐王涇 舊鈔本

祝月隱先生遺集四卷外編二卷 明祝淵 拜經樓鈔校本

古泉山館金石跋四卷 瞿中溶 鈞衡輯本

284　適園叢書十二集

張鈞衡輯。一百九十二册。卷前有"吴興張氏采輯善本彙刊"牌記，書口下刊"適園叢書"四字。

該叢書係民國二年至六年(1913—1917)所刻，以得書先後，隨輯隨刊，不分門類，共十二集，收書七十八種。此書委托繆荃孫校勘、監刻。其中有些著作向無刻本，有些據原稿本付梓。

張鈞衡，字石銘，號適園主人，吴興人。承襲祖業，財力雄厚，建適園、擇是居以藏書。繆荃孫爲其編《適園藏書志》十六卷，著錄善本九百六十餘部。卒後，其藏書由其子張乃熊繼承，其中一部分善本於一九四九年運至臺灣。孫張珩，字蔥玉，古籍、書畫收藏家，古物鑒賞家。

一九八六年五月，江蘇廣陵古籍刊印社據民國初張氏《適園叢書》原版刷印，分裝二十四函，二百四十册。玉扣紙。書根無"第□集"字樣，爲區别新老版本之一法。庚午(1990)冬購於呼和浩特市古舊書店。書店經理爲發不出年終獎而勸余購書救急，余費千元以半價獲書一批，此書僅合數百元，可謂廉甚。

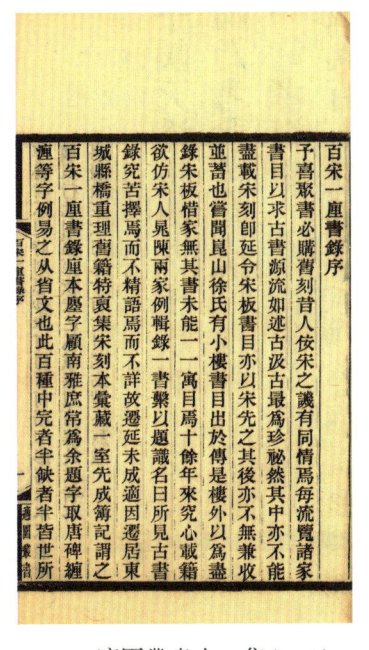

284　適園叢書十二集(3-2)

284　適園叢書十二集(3-3)

尚書源流考

儀徵劉師培申叔

王肅家語後序云孔安國字子國天漢後魯恭王壞夫子故宅得壁中詩書悉以歸子國乃考論古今文字撰衆師之義為論語古文訓二（或本脫二字誤）十一篇孝經傳二篇尚書傳五十八篇皆所得壁中科斗字也又載孔衍上書云此書亦出僞託 魯恭王壞孔子故宅得古文科斗尚書孝經論語世人莫能有言者安國為之今文讀而訓傳其義又撰孔子家語既畢會值巫蠱事起遂各廢不行光祿大夫向以爲其時所未行故尚書則不記於別錄列尚書孔氏傳 謂劉向別錄不論語則不使名家也據彼說知曹魏中業儒者僞造安國三書與家語相應一爲尚書傳一爲論語訓一爲孝經傳論語訓者何晏論語集解所引孔安國說是也其書久亡後世亦無僞本孝經傳者行於晉而亡于梁至於隋代王

285　劉申叔先生遺書

劉師培撰。一九三六年寧武南氏鉛印。白紙。七十四册。

劉師培,字申叔,曾更名光漢,號左盦,江蘇儀徵人。光緒二十八年(1902)中舉,後在上海結識章炳麟等人,參加愛國學社活動,主持《警鐘日報》,加入光復會。一九〇七年赴日本,加入同盟會,創辦《天義報》。一九〇八年變節投附兩江總督端方。後參加發起"籌安會",擁袁世凱稱帝。一九一七年被聘爲北京大學教授,一九一九年主編《國故》月刊。同年逝於北京,年僅三十六歲。

《劉申叔先生遺書》收書七十四種,由劉生前好友南桂馨總裁其事,鄭裕孚録、校勘,錢玄同爲全書策劃。其中錢玄同出力最多,爲實際總編輯。前有錢氏一序,記全書編纂過程,持論公允,實事求是,讀來令人心悦誠服。

此書曩獲於呼和浩特市書友郭某。書品如新,特製函套護之,令一套書不致分散。

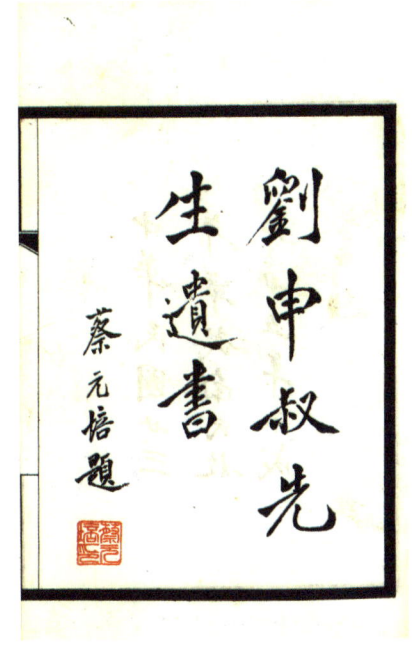

285　劉申叔先生遺書(3-2)　　285　劉申叔先生遺書(3-3)

弘道書上　　　　　　　學人成都費密謹述

統典論

尚書聖緒肇錄二典十翼本始義農紹休太古邃渺麻數綿絡元睿土德天命垂御啟禮贍器覆澤蒸黎開弘漬漸累代裹宣堯舜陟位哲文恭濬光格裔海三王咸享國久遠治化敦淳承遺謨訓周監二代王道克茂風教隆溢孔子逃憲典文以待後世帝王有所據依因時為政濟世安民者也費經虞曰後世言道統徐學謨云道統之說孔子未言也乃不特孔子未言七十子亦未言七十子門人亦未言百餘歲後孟軻荀卿諸儒亦未言也世日以變道日以消漢儒始得奉聖人所言先王成法尊護守衞相

286　費氏遺書三種（2-1）

286　費氏遺書三種

清費密述。民國丁卯(1927)渭南嚴式海重刊大關唐氏怡蘭堂庚申(1920)成都刻本。開本闊大。皮紙三册。

此書含《弘道書》三卷、《荒書》一卷、《燕峰詩鈔》一卷。卷前趙熙、蔣士銓等人序。

費密，字此度，號燕峰，四川新繁人。一生坎坷，與當時海内名流錢謙益、屈大均、萬斯同、朱彝尊、孔尚任等交往密切，其主要著作《弘道書》，至民國初才刊刻流傳於世。《荒書》起自明崇禎三年(1630)，止於康熙三年(1664)，記錄張獻忠禍亂全蜀過程，但由費氏家族一直私守，直至民國九年(1920)，才將《荒書》與《弘道書》《燕峰詩鈔》合刊爲《費氏遺書三種》，收入《怡蘭堂叢書》中。

黄裳曾在舊藏此書上跋曰："丙申秋月，漫遊蓉城訪書，舊書肆多閉歇，佳册絶無……此大關唐氏所刊《費氏遺書三種》却絶佳，撫印俱可入書林妙品也，當爲蜀本最後之精物矣。"壬寅(1962)又跋曰："壬寅清明，夜坐雨，重展此卷，距離初得已五年又半矣。闊大精整，閲之眼明，更書此跋。"

己卯(1999)入滬，於福州路古籍書店獲此。可以近代善本視之，無論内容還是刊刻水平。

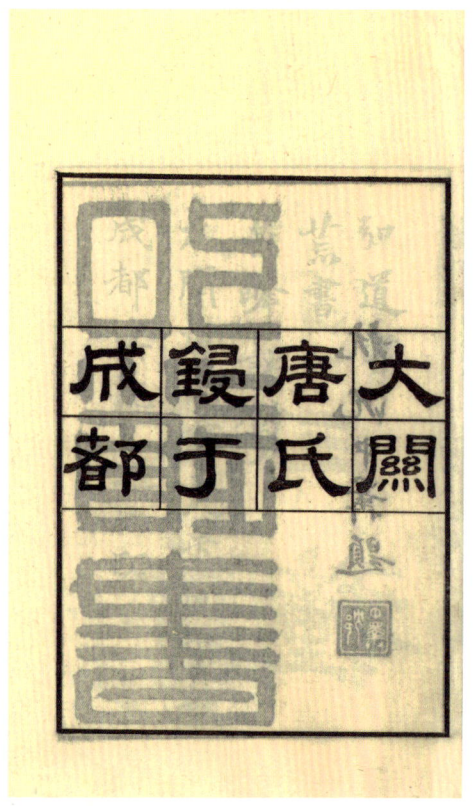

286　費氏遺書三種(2-2)

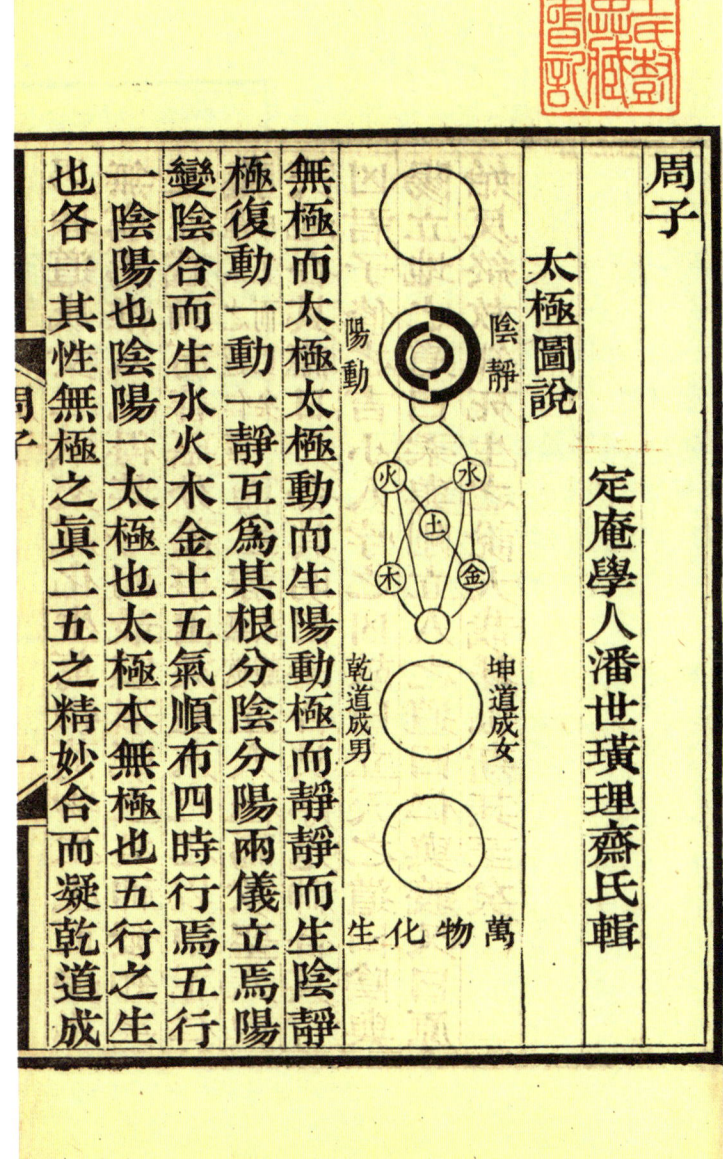

287　不遠復齋遺書（2-1）

287　不遠復齋遺書

清潘世璜輯。清光緒元年(1875)潘遵祁刻本。白紙六冊一夾。

《周程張子合鈔》一卷、《朱子節要鈔》六卷、《得心編》一卷、《高子講義》一卷、《薛子讀書録鈔》四卷、《一得録》四卷。

光緒六年(1880)潘遵祁序云,遺書原刻於道光十六年(1836),咸豐間板毁,同治戊辰(1868)重刻《一得録》,至光緒六年始得將遺書全付剞劂。

潘世璜,字黼堂,號理齋,江蘇吳縣人。乾隆六十年(1795)進士,曾官户部主事。後因母喪丁憂,侍父不仕。一八二九年卒。

此書内容大多爲潘世璜讀二程書及宋明諸儒家語録之體會。其另有《須静齋雲煙過眼録》一書,係潘世璜子潘遵祁從其父日記中輯出者,宣統三年(1911)吳縣潘氏精刻本。是書余原有之,蓋二十幾年前從上海古籍書店以一元之價購得,惜於前數年於"孔網"上易去,今悔之已晚。此《不遠復齋遺書》亦早年購於上海古籍書店者。

287　不遠復齋遺書(2-2)

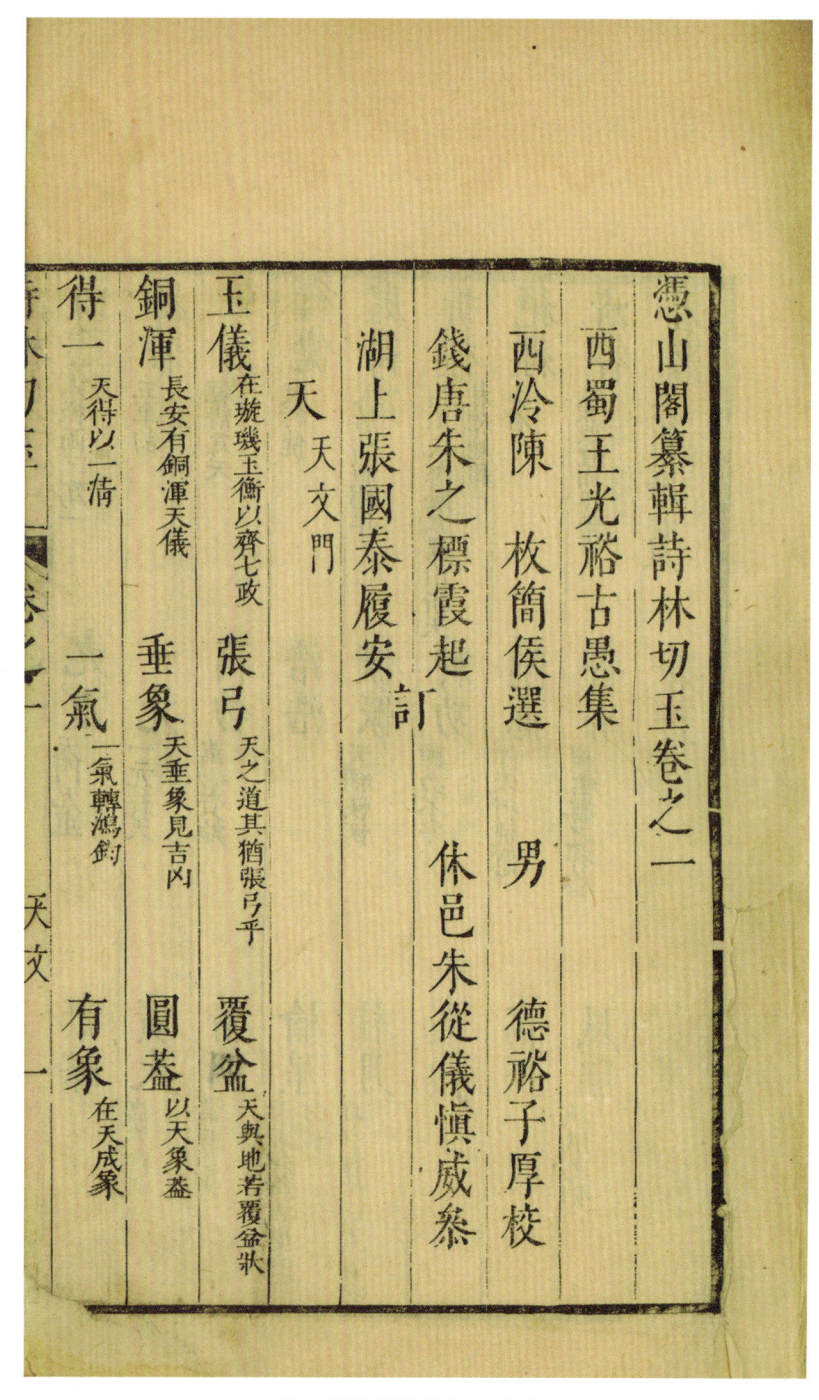

288　憑山閣纂輯詩林切玉八卷

西蜀王光裕古愚集，西泠陳枚簡侯選，錢唐朱之標霞起、湖上張國泰履安訂，男德裕子厚、休邑朱從儀慎威參校。半葉九行二十字，白口，單黑魚尾，竹紙十冊。大題爲"憑山閣纂輯詩林切玉"。書根墨書"詩林大成"。

卷前有康熙五十年（1711）展園虞嗣序，稱："陳氏自著之書繼世俱幾等身……其子子厚青年力學，抗志千秋，處館穀不豐之境，弗忍使先人手澤暫或塵封也。……兹舉其《應酬要書》總成三十卷授梓。……又將李《詩韻》《詩林切玉》二種另成一部，仍歸雙美述也。"《詩韻》或指此書卷八之《笠翁詩韻》。

此書未見著錄。早年自歙縣郵購得來，又於河北平鄉配以書函護之。

憑山閣康熙四十二年（1703）刊《憑山閣彙輯四六留青采珍集》二十四卷，藏中國國家圖書館、北京師範大學圖書館。

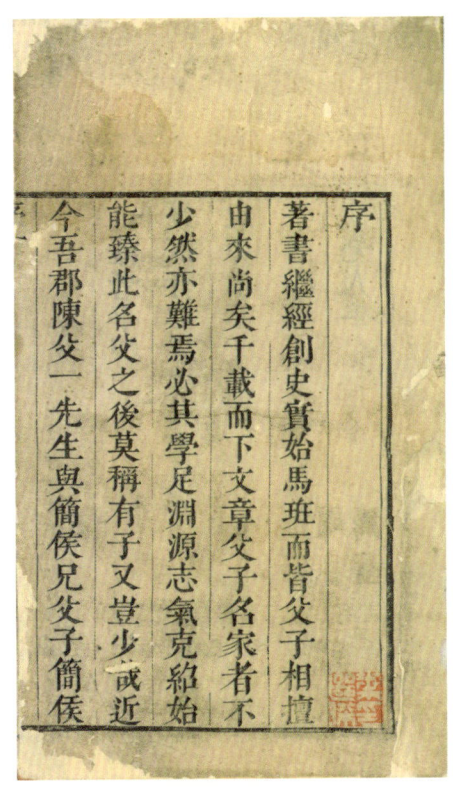

288　憑山閣纂輯詩林切玉八卷（2-2）

西泠舊事百詠

吳江潘焰鸞坡著

漢苑飛螢仙掌覆蘇臺游鹿館娃頹新聞
畢竟誇南宋泥馬偏能渡幾回
蛻岩樂府西湖泛舟調多麗云館娃歸
蘇臺游鹿銅仙去漢苑飛螢南渡錄高
宗質金得逸奔竄疲困假寐于崔府君
廟中夢神人曰金人追及速去之已備
馬門首康王驚覺馬已在側躍馬南馳
一小百尺樓

289　釣渭間雜膾

清潘炤著。清嘉慶間小百尺樓刊。此叢刊收有《海喇行》一卷、《涑水鈔》一卷、《從心錄》一卷、《西泠舊事百詠》一卷、《小滄桑》一卷、附《烏蘭誓傳奇》二卷。余藏缺後一種及附一種。

潘炤,字鷺坡,吳江人。《中國叢書綜錄》著錄此書,僅上海圖書館藏有殘本,稀見如此。余自北京潘家園書攤購得,另有二、三冊因書品太差棄之未取,今已不可得。

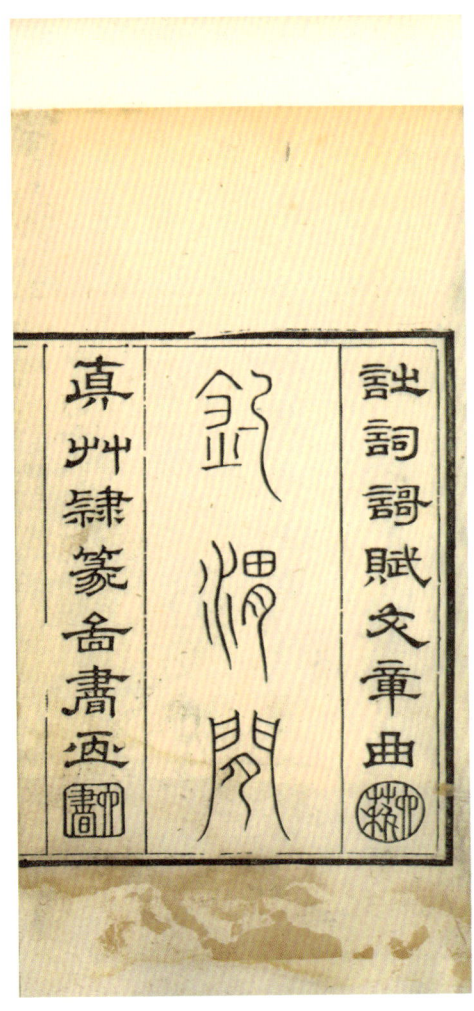

289　釣渭間雜膾(2-2)

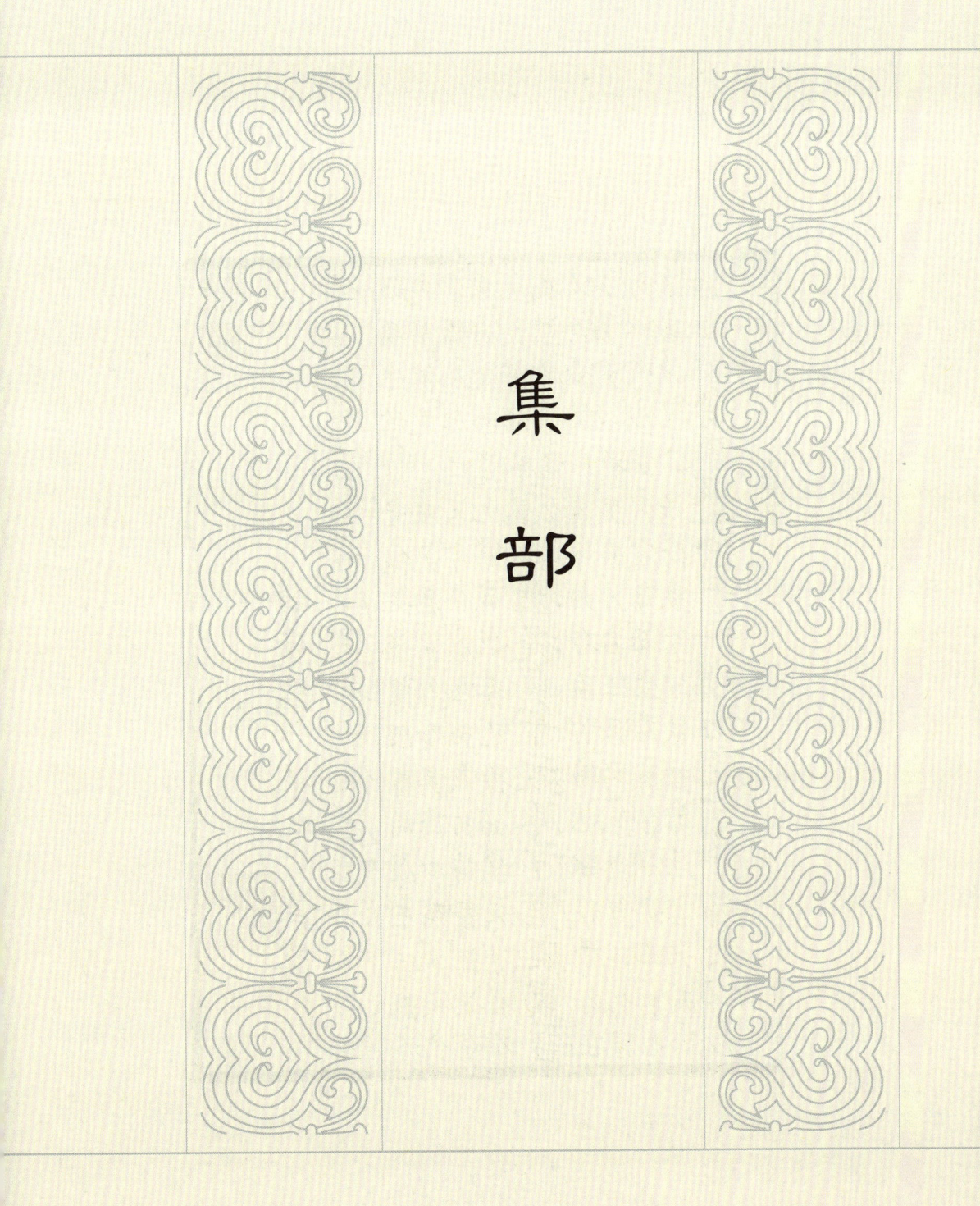

集部

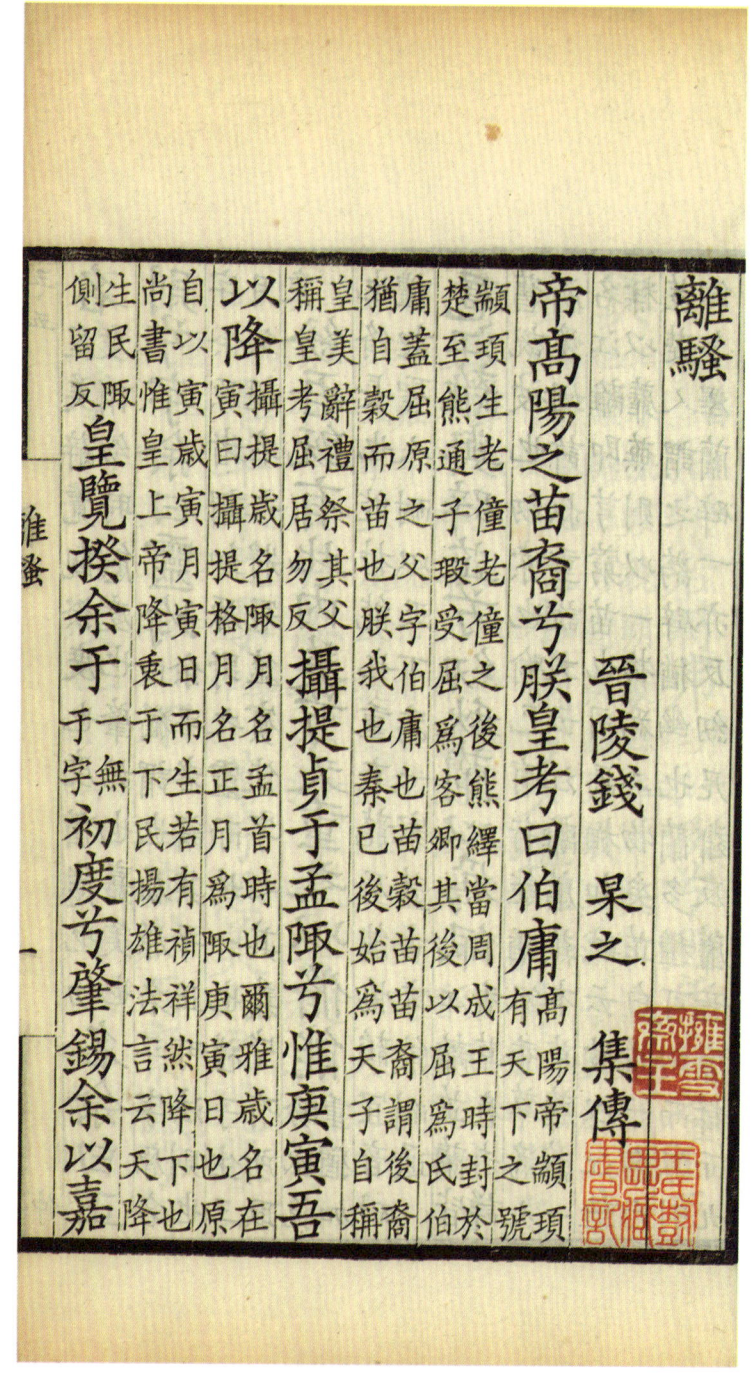

290　離騷集傳

此南陵徐氏《隨盦徐氏叢書》第七種。清光緒三十年(1904)徐乃昌據宋本重雕，延請其時名工陶子麟刻。乃昌以藏書著稱於世，其刻書活動亦海內播名，不少古本賴其力而得以傳揚，重展風采。宋版《離騷集傳》爲黃蕘圃舊藏，乃驚俗之作，展卷可知。前有辛酉蕘圃記一篇，後有孫延一跋。卷前另有方薰蘭畫一幅。

此書二十年前獲於琉璃廠書市，價三十五元。此定價在當時已不算低廉。

290　離騷集傳(2-2)

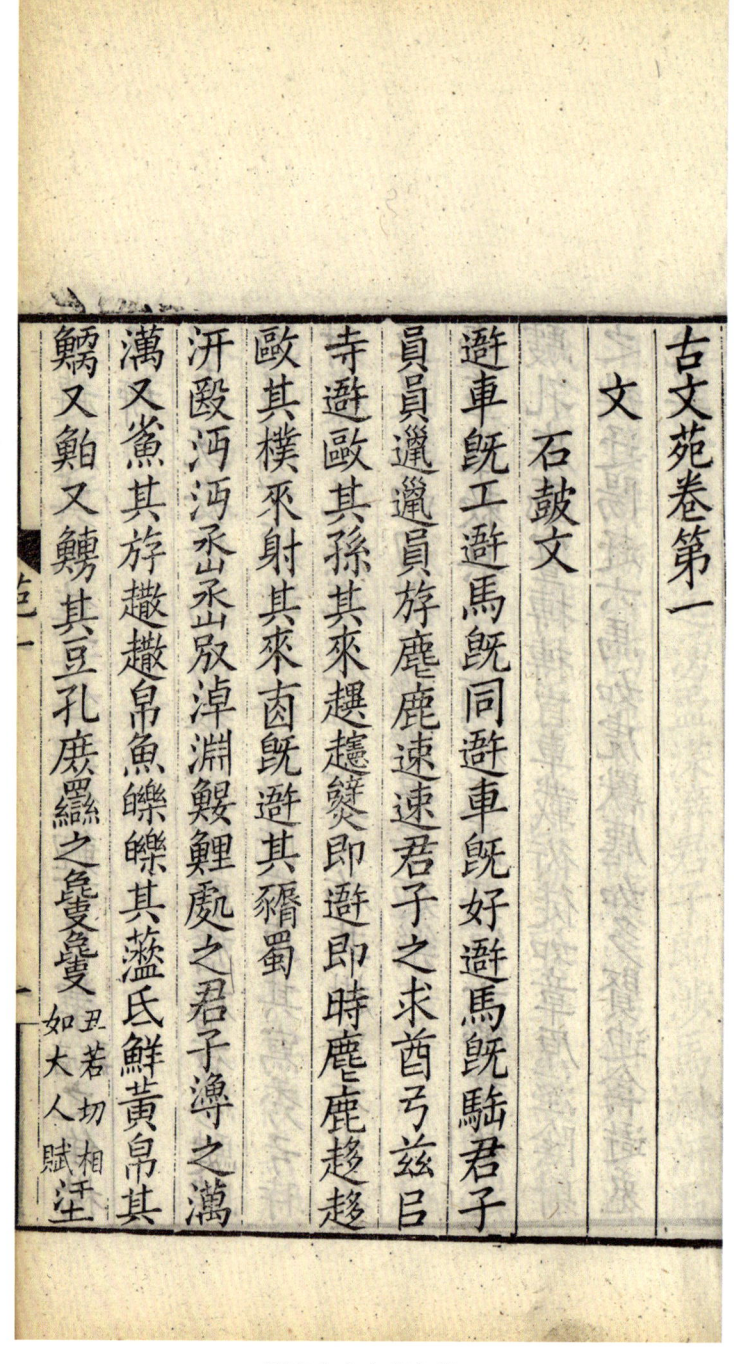

291　影宋本古文苑九卷

不著編者姓氏。卷前鈐"光緒五年飛青閣校"。白紙二册。半葉十行十八字,黑口,單黑魚尾,四周單邊。卷一、五首葉書口鎸"清江楊氏家藏"。"飛青閣"爲楊守敬室名,是書爲楊氏影刻南宋淳熙本,較宋刻二十一卷有注本更接近《古文苑》原貌。

楊守敬,字惺吾,號鄰蘇,湖北宜都人。著名地理學家、金石學家。喜藏書,光緒元年(1875)使日本,大力搜集我國古籍,著《日本訪書志》。藏書多珍本,後移藏故宫博物院,現歸臺灣。

此書刻精,唯不署刻手姓名。

卷内鈐"殘史樓主人之印"諸印。

《書目答問補正》著録此書有"飛青閣覆岱南閣本,……光緒間宜都楊守敬亦刻九卷本",頗疑此二種實爲一書,即此書也。

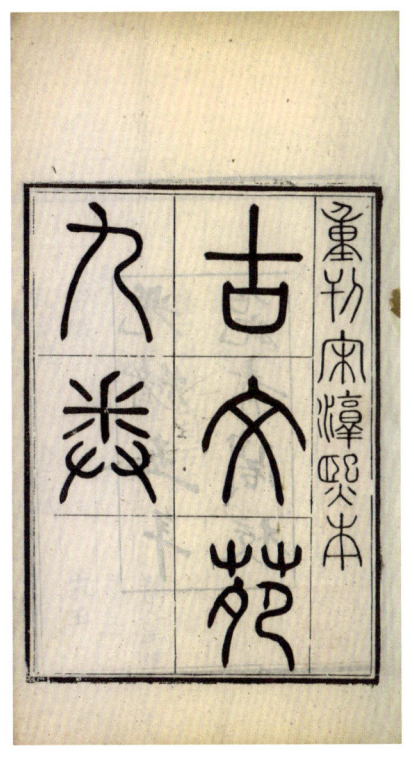

291　影宋本古文苑九卷(3-2)

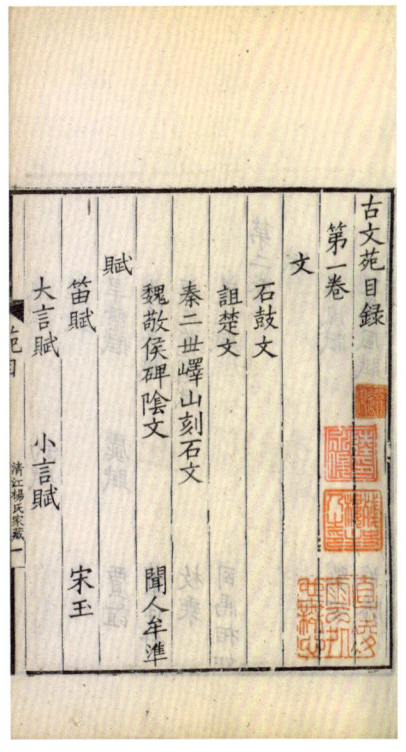

291　影宋本古文苑九卷(3-3)

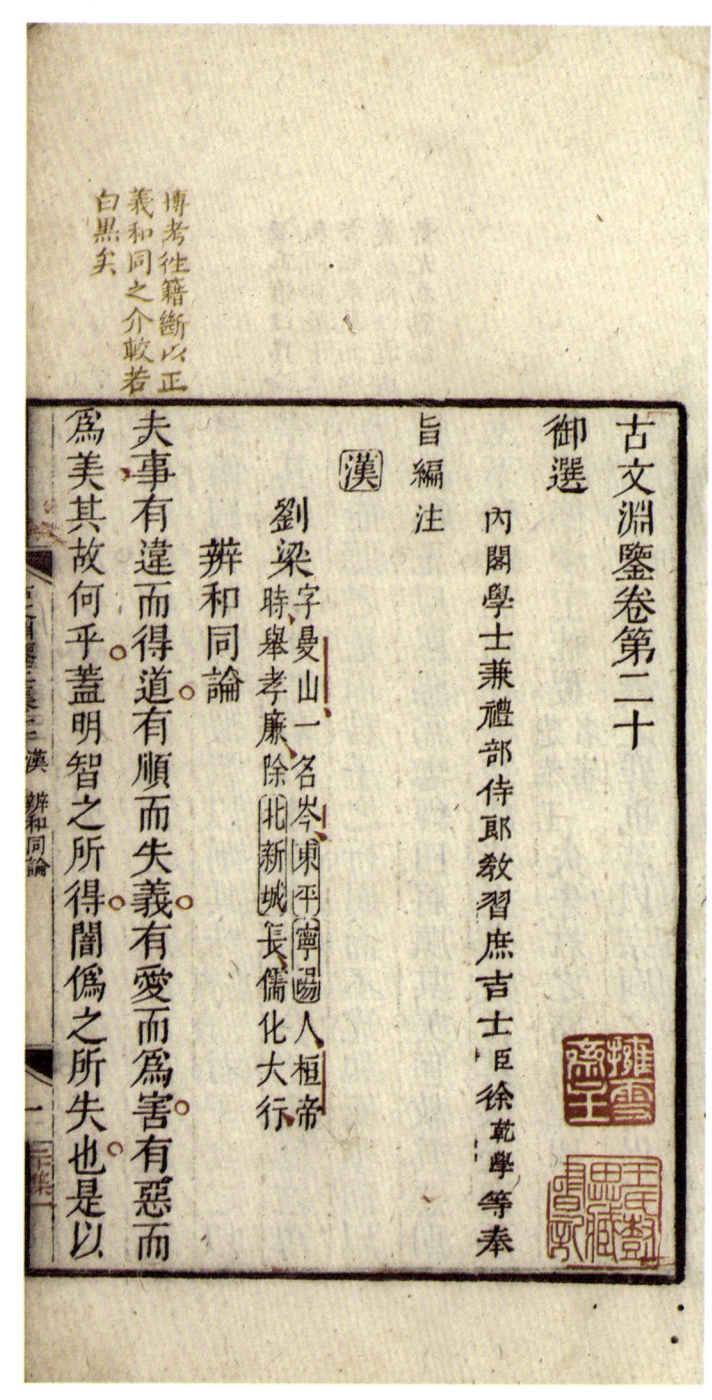

292 古文淵鑒六十四卷

清愛新覺羅·玄燁選,徐乾學等編注。清康熙四十九年(1710)武英殿刻五色套印本。白紙,大開本。存卷二、三、九、十、十八、十九、二十、二十三、四十,共七册。

《古文淵鑒》爲康熙二十四年(1685),聖祖玄燁親自選錄上起春秋、下訖宋末的文章,逐篇品評,命徐乾學等人編注,並載前人各家評語、康熙御批和徐乾學等十一人所作注釋,交武英殿以五色套印,刷印皆極精美,昭顯清初内府多色套印技術的水平。

此書歷年陸續得來。二十世紀九十年代初,此書全套祇售五千餘元,今則上漲幾十倍,集全不易,整購更無可能,一歎。

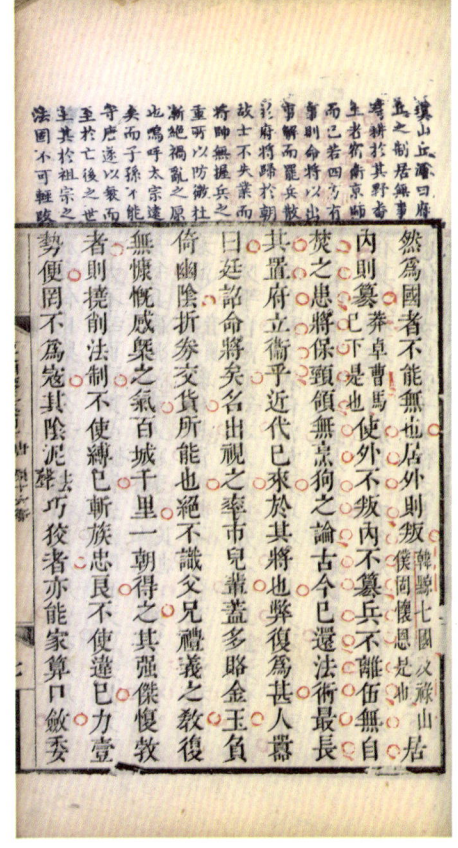

292 古文淵鑒六十四卷(2-2)

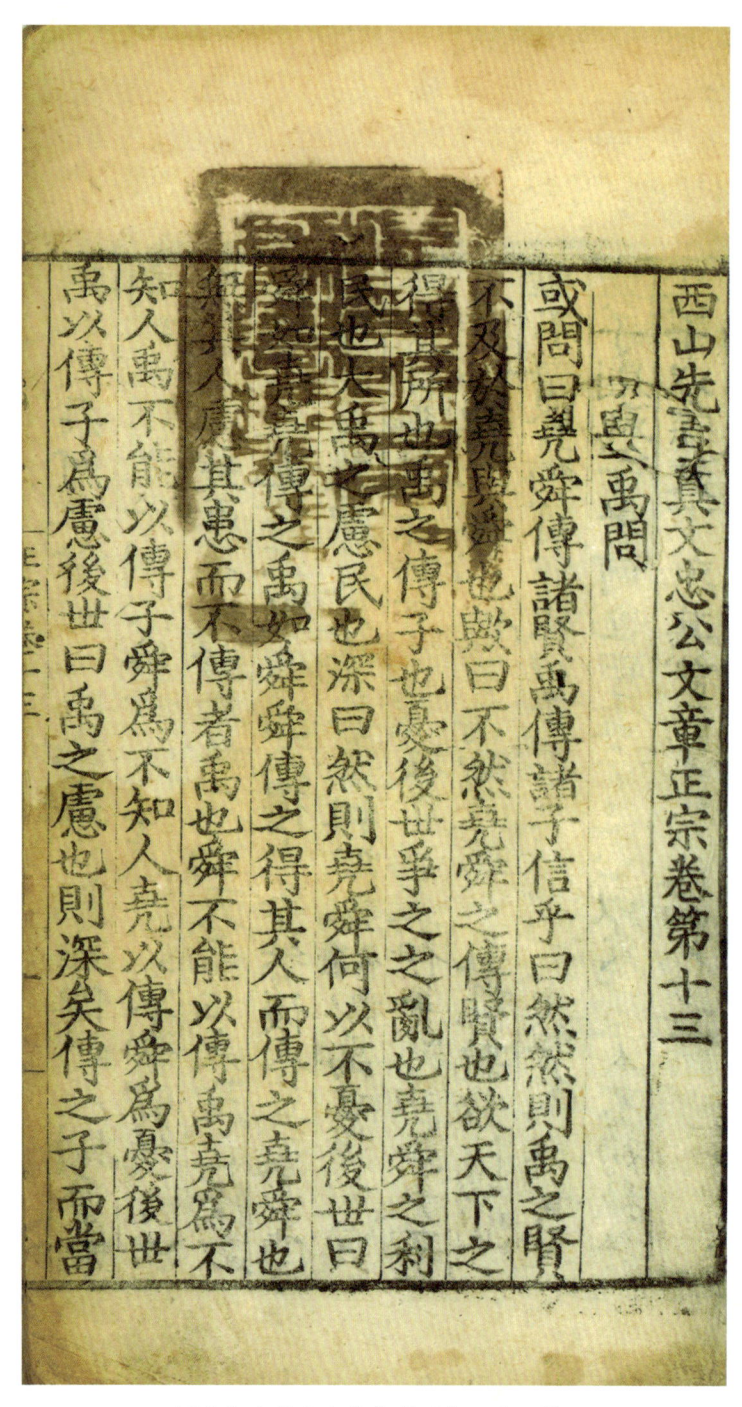

293　西山先生真文忠公文章正宗二十四卷(2-1)

293　西山先生真文忠公文章正宗二十四卷

　　宋真德秀輯。包背裝,棉紙。存七卷五册。半葉十行二十一字,白口,四周單邊。書口鐫刻工"桑""進""奉""劉""百""寬""譚"等。鈐長方大印一枚,不可辨。
　　《文章正宗》版本頗多,此本以字體、版式、紙張、裝幀視之,似在正德與嘉靖之間。嘉靖距今已歷四百餘載,且裝幀仍爲原式,雖非全帙,亦堪珍重矣。
　　書辛巳(2001)夏遇於太原書市。殘書一包,售書人不以爲意,遂以廉價得之。時書友見之,歎爲近年來之奇遇,謂大明版市場時而可見,唯明中期以前之版本且爲原裝者甚難遇之,信哉。

293　西山先生真文忠公文章正宗二十四卷(2-2)

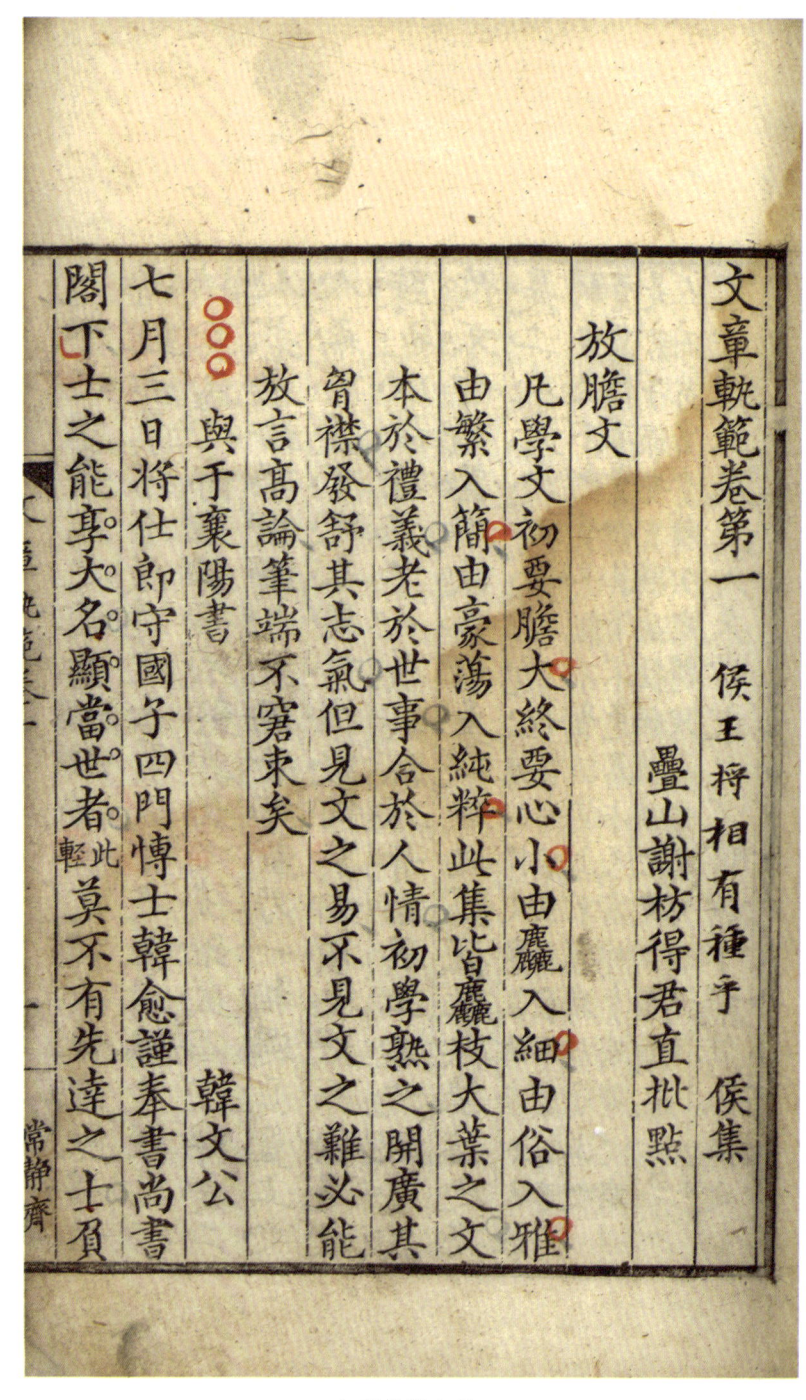

294　文章軌範七卷（2-1）

294　文章軌範七卷

宋謝枋得批點。明嘉靖間常静齋刻本。半葉十一行二十一字,白口,單黑魚尾,左右雙邊。長洲吳曜書,版心下鐫刻工陳祥、姚起等。卷首有正德丙寅(1506)餘姚王守仁序,卷内有無名氏朱批。

目録《歸去來辭》後鐫王淵濟識,稱:"此集惟《送孟東野序》《前赤壁賦》係先生親筆批點,其他篇僅有圈點而無批注。若夫《歸去來辭》則與"種字集"《出師表》一同,並圈點亦無之。蓋漢丞相、晋處士之大義清節,乃先生之所深致意者也。今不敢妄自增益,姑闕之,以俟來者。"

棉紙二册。書經重裝。此本寫刻圓潤,紙墨俱佳,真乃其時名刻也。書今已歷四百餘載,傳至我手,書緣非淺也,自應寶之。

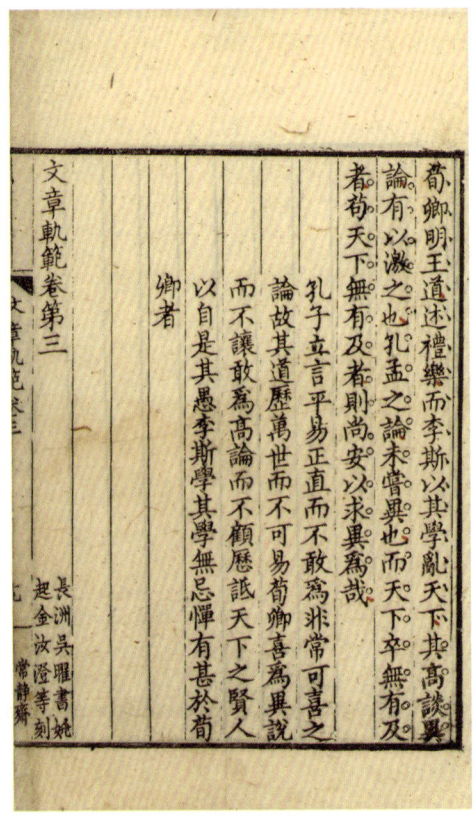

294　文章軌範七卷(2-2)

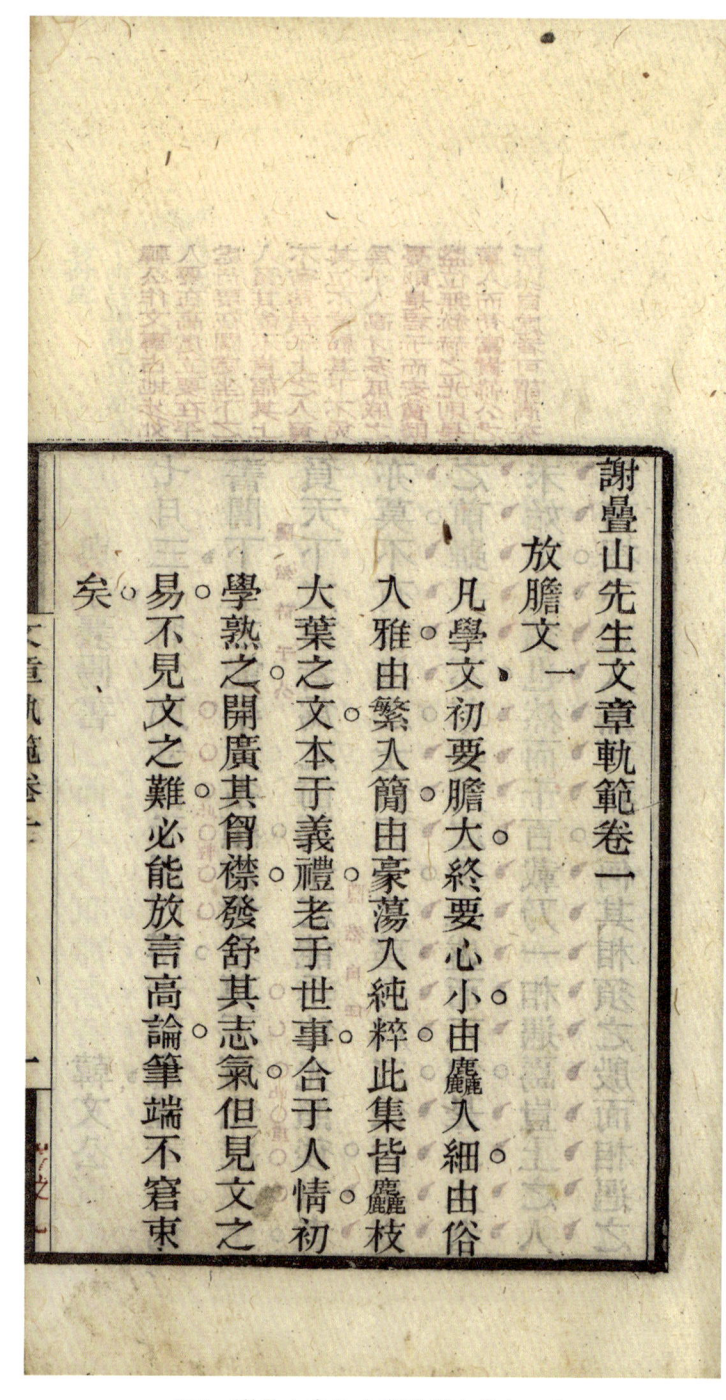

295 謝疊山先生文章軌範七卷(2-1)

295　謝疊山先生文章軌範七卷

宋謝枋得輯注。清咸豐二年(1852)潯陽萬青銓刊。三色套印。白紙二册。分"九重春色醉鮮桃"七集。

《文章軌範》余已入藏嘉靖常静齋本,此三色套印本不多見,聊供展玩。

近二十年前,余在京乘公交時,因懷抱綫裝書,引發一男子好奇心,聊了幾句後,告余前幾天剛看了余在《新民晚報》上發表之《藏書印》一文,當天還與書友談起此文,並且說他也喜藏古書,對套印本尤感興趣。二人越說越興奮,竟都坐過了站。此人即黃河也,家住北京花市大街一帶。之後與其再無來往,僅知其在北京一家拍賣公司掌管古籍拍賣。

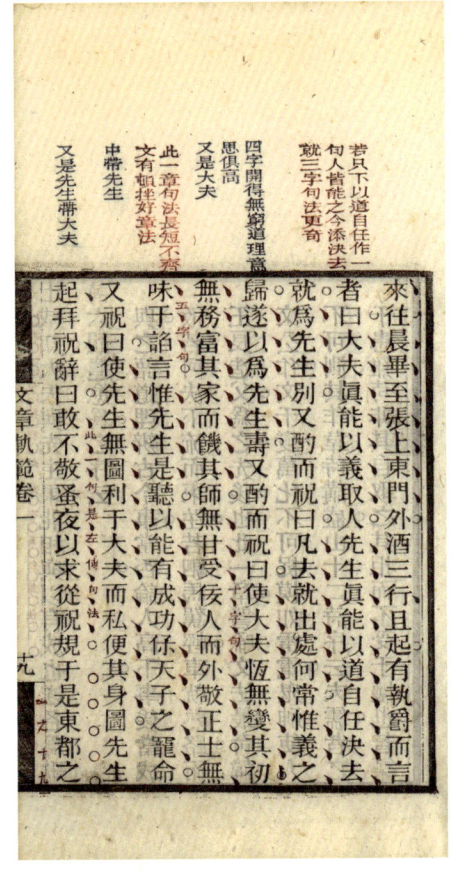

295　謝疊山先生文章軌範七卷(2-2)

文選卷一

唐文林郎守太子右內率府錄事參軍事崇賢館直學士臣李善注上

賦甲

賦甲者舊題甲乙所以紀卷先後今
既改故甲乙並除存其首題以明舊式

京都上

班孟堅兩都賦二首 臼光武至和帝都洛陽西京父老有怨班固
恐先帝去洛陽故上此詞以諫和帝大悅也

張平子西京賦一首

兩都賦序 班孟堅 宗時聆竇憲為大將軍實憲出征匃奴以固為中
護軍憲敗固坐
免官遂死獄中

范曄後漢書曰班固字孟堅此地人也年九歲能屬文長遂博貫載籍題

或曰賦者古詩之流也 毛詩序曰詩有六義焉一曰賦皮賦者古詩之流也諸引皆
文證皆翠先以明後以示作者必句祖述遵准皆類此

成康沒而頌聲寢王澤竭而詩不作 太子諭吉是為成王戚王崩子
康王毛詩序曰頌者以其成功告於神明者也樂稽耀嘉曰本義所生為于毛詩序曰不作而後義

先王之澤也然則作詩票乎先王之澤故王澤竭而詩不作與班孟子曰王者之迹息而詩
亡詩亡然後春秋作

296　文選六十卷

梁蕭統編,唐李善注。清乾隆二十四年(1759)據汲古閣本校訂,懷德堂藏板。卷内鈐"蒙齋""補讀書館珍藏""觀瀾居士"等印。

此書庚午(1990)秋購於王小寧中山書店。此店二十世紀八十年代開設於大學路文化市場,以其規模之大,資金雄厚獨統一時。當時亦經營少部分綫裝古籍,然銷路不暢,後下架移至庫房。余分兩次將其所存古書掃數購下,有數十部之多。其中醫書約占半數,全部轉讓給段記"文苑古舊書店"。

録書之日,股票大漲,滬指已飆升至三千四百多點。反觀古書市場,近幾年呈下降趨勢,不知何日風光再現也。

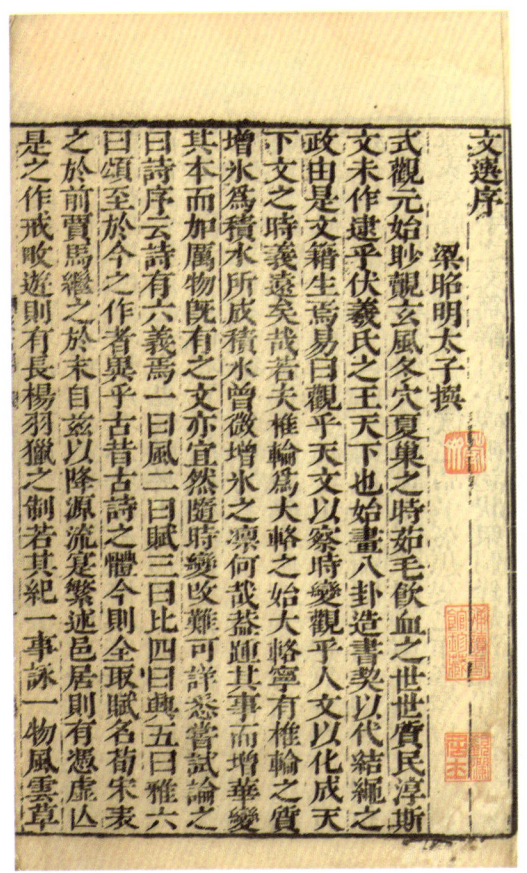

296　文選六十卷(2-2)

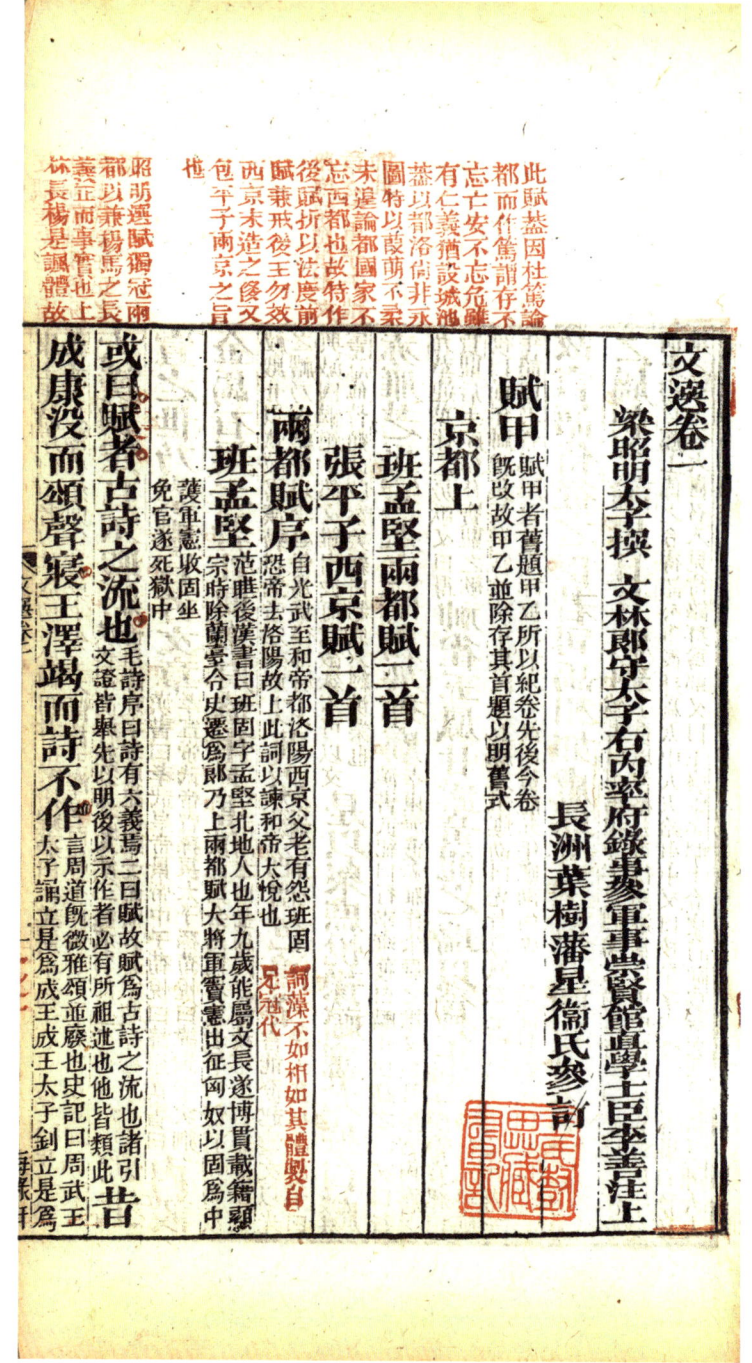

297　昭明文選六十卷（2-1）

297　昭明文選六十卷

　　梁蕭統輯，唐李善注，清何焯評點。清乾隆三十七年（1772）長洲葉氏海録軒刻本。白紙，朱墨套印。十六册。扉葉鎸"海録軒藏板"，鈐"芸生堂珍藏"大方印。

　　此爲我國最早的一部詩文總集，收作家百三十家，作品五百一十四題，版本頗多，歷代不衰。此海録軒本刻印較善。余二十年前以醫書與書商段某换來。

　　海録軒《文選》，余另存殘本數册，待配全。

297　昭明文選六十卷（2-2）

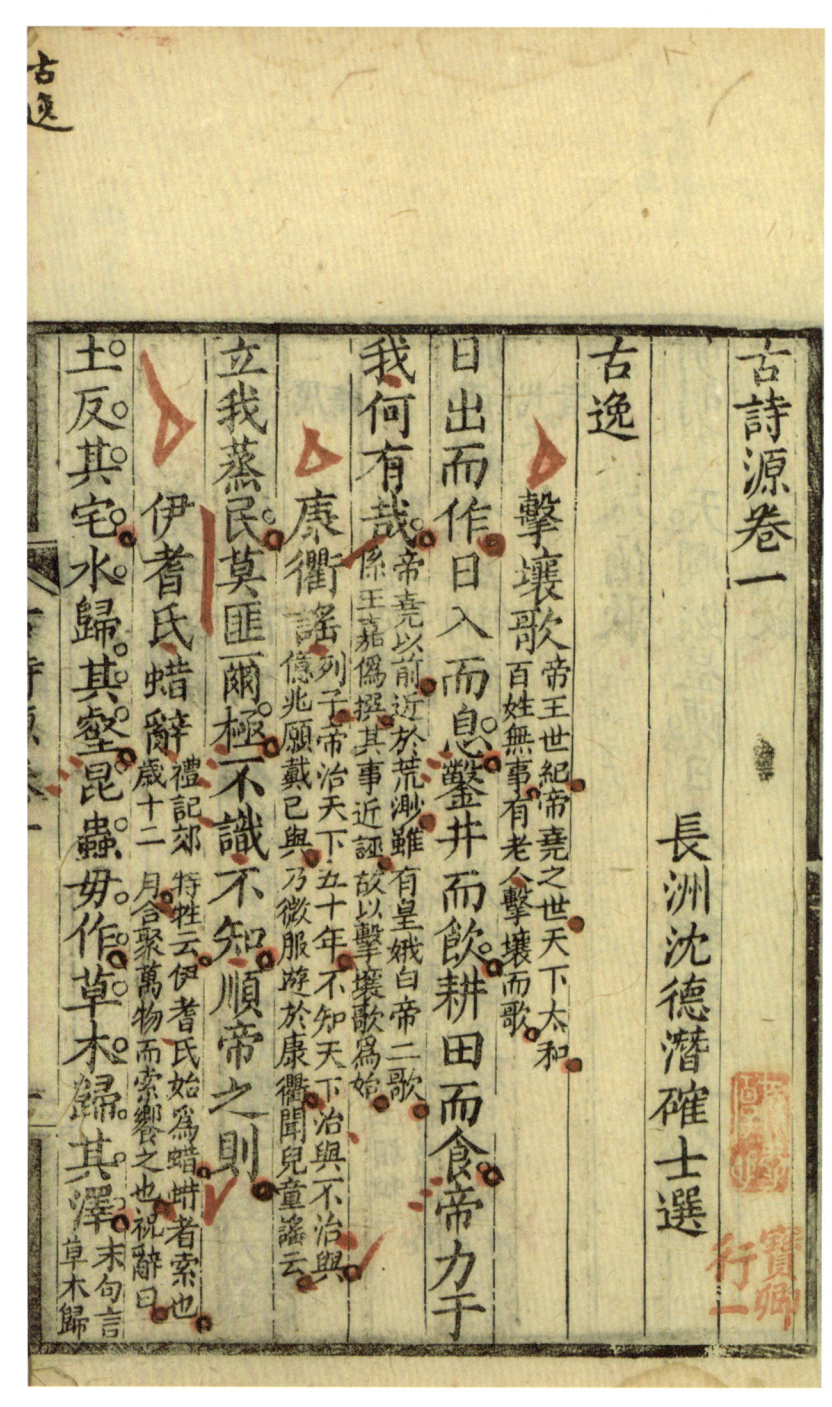

298 古詩源十四卷(2-1)

298　古詩源十四卷

清沈德潛編選。清乾隆間刻本。竹紙四册。

此書選輯先秦至隋的詩歌和民謡七百餘首。序曰："詩至有唐爲極盛，然詩之盛，非詩之源也……則唐詩者，宋、元之上流，而古詩又唐人之發源也。"故而編選此書。

書因編選者之故，爲清代禁書。同光間有多種翻刻本，此爲原刻。

書中墨批甚多。鈐"寶卿行一""存忠厚心"二印。戊寅（1998）秋購於滬上古籍書店，價百元。購時書已經重裝，缺字鈔補，甚精整。

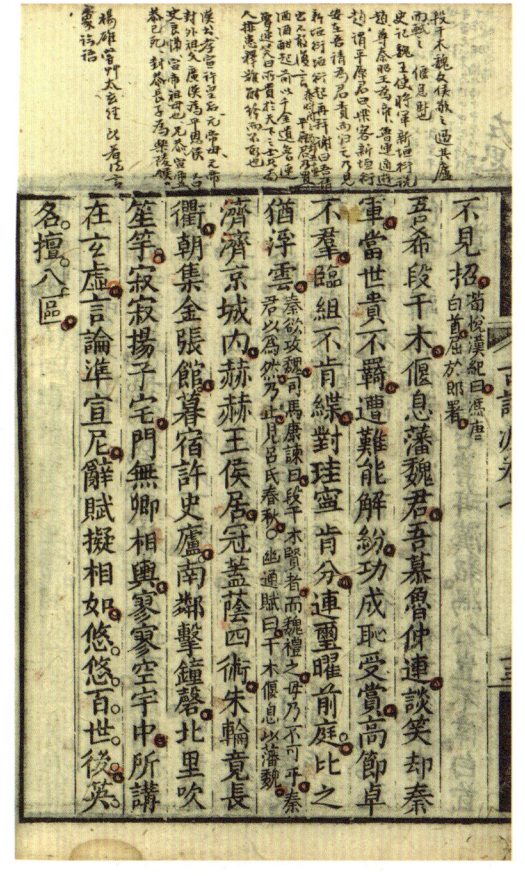

298　古詩源十四卷（2-2）

古詩約選

雲間曹錫寶容圃選　晉陽受業張成年校訂

五言詩

古詩十九首　文選作二十首今東城高且長尚趙多佳人為二首

無名氏

行行重行行　與君生別離　相去萬餘里　各在天一涯　道
路阻且長　會面安可知　胡馬依北風　越鳥巢南枝　相去
日已遠　衣帶日已緩　浮雲蔽白日　遊子不顧返　思君令
人老　歲月忽已晚　棄捐勿復道　努力加餐飯

青青河畔草　鬱鬱園中柳　盈盈樓上女　皎皎當窗牖　娥
娥紅粉粧　纖纖出素手　昔為倡家女　今為蕩子婦　蕩子

299　古詩約選二卷

清曹錫寶選。清乾隆三十八年(1773)刊。竹紙二册。寫刻。眉上鐫評。卷前有乾隆三十八年大興朱珪序,曹錫寶是年自序。

此集收五言古詩二百六十四首,作者五十一人;七言古詩三十八首,作者十二人。朱珪乾隆三十六年(1771)督學山西,曹氏特編選此詩選,朱見而樂爲之序。於此可見,此書當刻於山西。書名葉標"本衙藏板",應是官刻本。古詩選歷代版本頗多,余喜其白紙寫刻頗耐觀而收之。

曹錫寶,字鴻書,號劍亭,又號檢亭,上海人。乾隆二十二年(1757)進士,官監察御史。在任時,曾彈劾過和珅。余存有其舊藏曹寅刻《楝亭十二種》之《新編録鬼簿》,鈐"檢亭"朱方印。

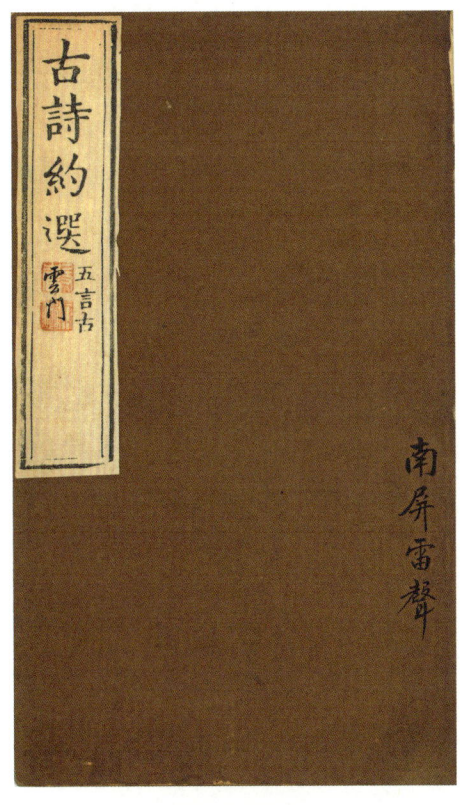

299　古詩約選二卷(3-2)

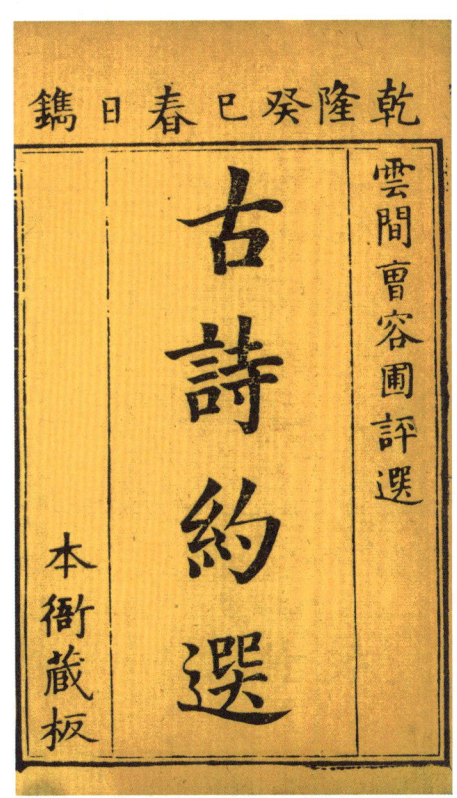

299　古詩約選二卷(3-3)

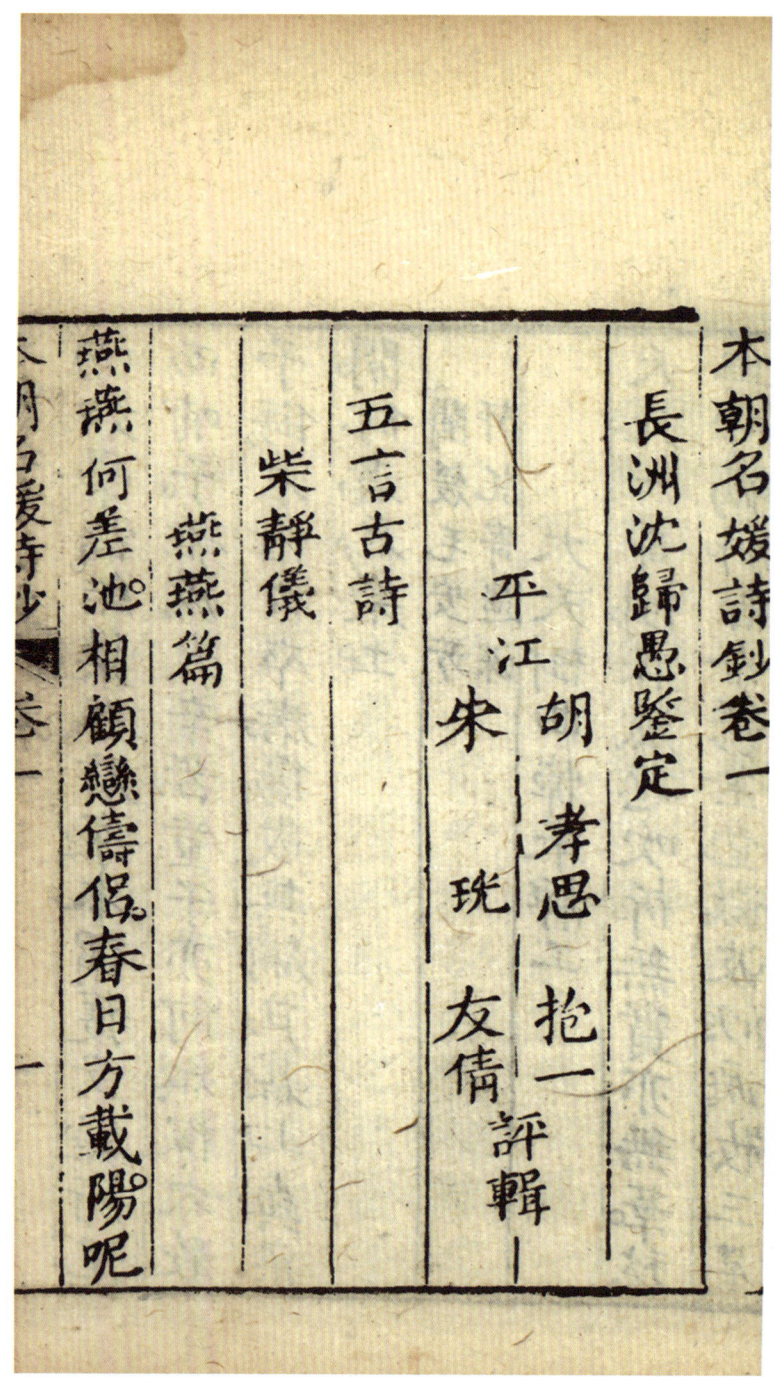

300 本朝名媛詩鈔六卷(3-1)

300　本朝名媛詩鈔六卷

　　清胡孝思、朱珽評輯。清乾隆間寫刻本。白紙巾箱四册。扉葉上鎸"長洲沈歸愚鑒定"，右鎸"平江胡抱一評輯"，左鎸"近光堂藏板"。卷前乾隆三十一年（1766）胡孝思序。凡例曰："……兹就見聞所及擇其風雅之當行者以付棗梨。……隨到隨刻，甲乙出於無心，閱者慎勿以序次錯雜爲怪。……如不吝賜教，有瓊章見貽者，幸郵至蘇郡府學前鳳池門胡抱一舍下，以便續刊。……版藏凌雲閣，倘有翻刻，千里必究。"

　　胡孝思，字抱一，平江（今屬江蘇）人。生卒不詳。

　　此書所見多爲乾隆三十一年凌雲閣刻本，"近光堂刻本"則甚爲少見。另有標康熙五十五年（1716）凌雲閣刻本者（如《中國古籍善本總目》）則更不知有何根據。此書刻尚佳，傳本頗稀。女性之詩不外纏綿香艷，諸如李清照之深沉者亦稀見也。所言續集未知刊出否，想如續行，必也暢銷。

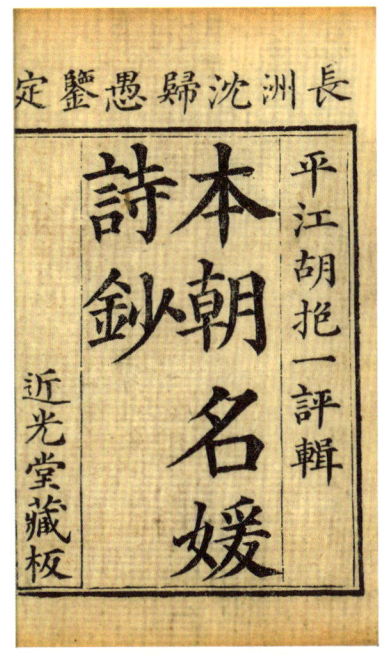

300　本朝名媛詩鈔六卷（3-2）

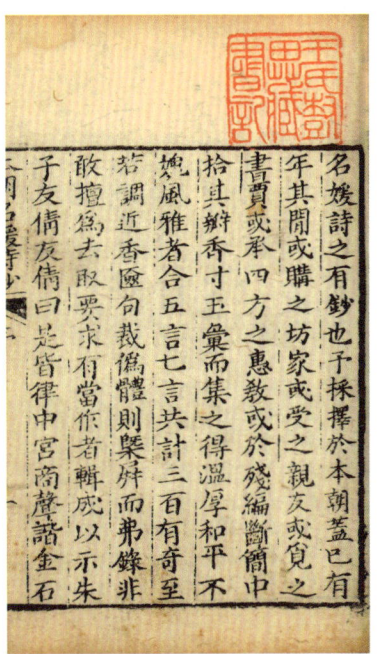

300　本朝名媛詩鈔六卷（3-3）

符瑞堂塾課摘鈔序

省堂溫子右玉知名士久客濟北而好學不輟嘉慶戊午以京兆鄉試雋已未春初與余會於灤干遂稱莫逆因偕赴公車北上途次嘗評隲古今條分縷析寔能見前人深處聽其言恒終夜不厭因爲余言曰

301　稿本符瑞堂塾課摘鈔十六卷（2-1）

301　稿本符瑞堂塾課摘鈔十六卷

題"古塞山人溫省堂手選"。稿本八冊。卷前有嘉慶戊辰(1808)王楷蘇序，稱："省堂溫子，右玉知名士，久客濟北而好學不輟。……余雖未見其集而稔悉省堂之學，閱其標目，皆有用之書，允足垂範後人。省堂雖謙不敢問世，而問世固無愧矣。他日刻成，幸寄我一編，以開茅塞也。"後省堂自叙，云："爰將讀過詩文錄兩帙，次爲八集，分十六卷。首選明文，正入門也；次選名稿，學大家也；次選時墨，觀風尚也；次選讀本，專所好也；詩、賦今古並選，工而求穩也；試策采選本擅博而反約也；疏稿、詔誥、表判分類選之，俾知其體式也。"此叙書於嘉慶十二年(1807)之白雲書室。各集卷前另有序文。

卷內鈐"省堂""溫迺新印""古塞山人""楷蘇""眉山"諸印。白紙無格，字頗工。

溫省堂，字迺新，號古塞山人。山西右玉人。約生於一七五七年。嘉慶三年(1798)舉人。

王楷蘇，山西洪洞人，山西名士。著有《騷壇八略》[嘉慶二年(1797)刊]，編輯《王氏族譜》二十卷等。撰者溫氏未知何人，蓋乾嘉時山西一貧士也。屢試而功名無望，遂編錄此集課授子孫，其用心之良苦，不言而喻也。此鈔數百年前之物，能保存至今，亦頗不易。

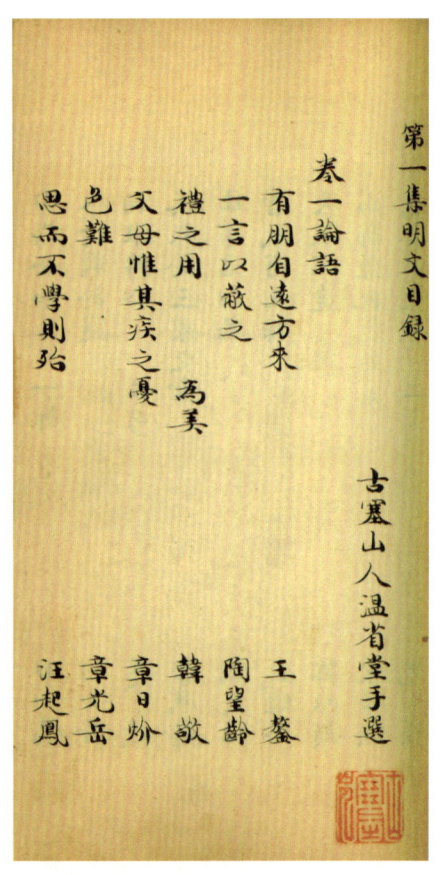

301　稿本符瑞堂塾課摘鈔十六卷(2-2)

六朝文絜卷一

海昌許槤評選

朱鈞參校

賦

蕪城賦　　　　宋鮑照

瀰迤平原南馳蒼梧漲海北走紫塞鴈門柂以
漕渠軸以崑岡重江複關之隩四會五達之莊
當昔全盛之時車挂轊人駕肩廛閈撲地歌吹
沸天孳貨鹽田鏟利銅山才力雄富士馬精妍
故能奓秦法佚周令劃崇墉刳濬洫圖修世以

[朱批：]
宋孝武昨臨海
王子頊有逆謀
張為參軍隨至
廣陵見故城荒
燕乃漢吳王濞
所都濞以叛逆
被誅照因賦其
事諷子頊
從盛時極力說
入總為蕪字張
本如此方有勢
有力

302　六朝文絜四卷

　　清許槤評選,朱鈞參校。清光緒三年(1877)南海馮氏刊本。朱墨套印。二册。書名葉標"享金寶石齋藏版"。卷前有道光五年(1825)許槤序,卷末有光緒三年馮浚光跋。

　　此書道光原刻本刻甚精,開化紙,用墨亦佳,光彩照人。道光本向爲藏家所重,近年拍場時見其蹤跡,然亦非重金不可得。此光緒馮氏刊本雖遜於原刻,但在後印本中堪稱翹楚,亦頗難得。

　　尤爲可貴者,此書函套上存墨筆題簽,署"心畬"。溥儒,字心畬,此其舊藏也。溥儒爲清宗室恭親王之後,爲近現代書畫大師,民國時即有"南張北溥"之美稱。二十世紀末余游潘家園偶遇此書,雖開價甚巨,幾經磨合終購之。正所謂"舊時王謝堂前燕,飛入尋常百姓家"。

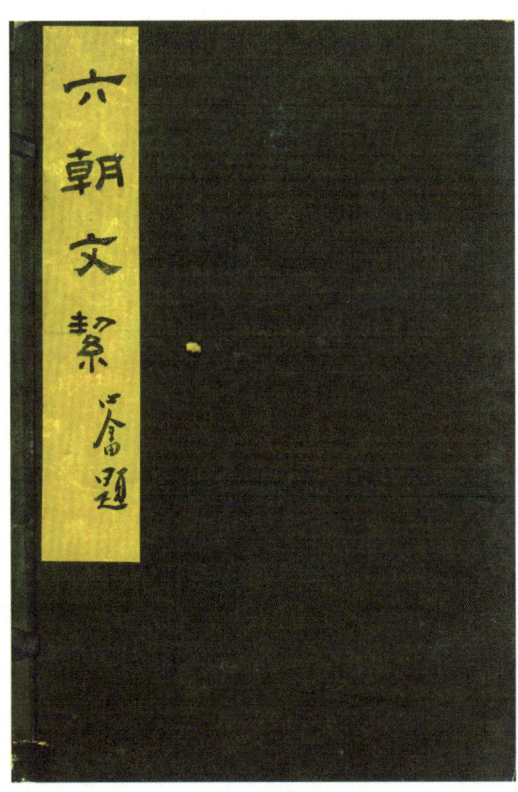

302　六朝文絜四卷(2-2)

六朝文絜卷一

海昌蔣䥛評選

朱銘參校

蕪城賦

宋鮑照

濔迆平原，南馳蒼梧漲海，北走紫塞雁門，柂以漕渠，軸以崑岡。重江複關之隩，四會五達之莊，當昔全盛之時，車挂轊，人駕肩，廛閈撲地，歌吹沸天。孳貨鹽田，鏟利銅山，才力雄富，士馬精妍，故能奓秦法，佚周令，劃崇墉，刳濬洫，圖修世以休命。是以版築雉堞之殷，井幹烽櫓之勤，格高五嶽，袤廣三墳，崒若斷岸，矗似長雲，制磁石以禦衝，糊赬壤以飛

〔眉批〕
宋孝武時，海王子頊有逆謀，照為秦軍隨至廣陵，見故城荒蕪，乃假頊以叛，所都溳為賊攻破滅，照因賦其事諷子頊。

賦盛時極力。

說人總如此。

學張本有力。

方有勢有力。

筆筆從城字洗發此名王勝人處。

303　六朝文絜四卷

清許槤評選。清光緒三年(1877)刻於滬上。小版面,朱墨套印。巾箱本一册。

《六朝文絜》爲清代名刻,原刻道光間刊,許槤手寫,開化紙精印,歎爲精絶。後有數種翻刻,與原刻比,差之天壤。此後印本爲小開本,頗爲少見。

丙子(1996)秋游京城潘家園,於河北蔚縣老喬書攤上購得,價六十元。老喬不甚知書,但手中時有佳册,不全者居多,據説還有殘宋本。余與其曾在勁松中街一旅館同居一室,彼以熏雞、白酒相待,聊至深夜。後聞其在家中中煤氣而亡,距今也已經近二十年了。

303　六朝文絜四卷(2-2)

六朝文絜箋注卷一

海昌許槤評選

德化黎經誥覺人箋注

福州丁林聲玉琴子南
芸耕都瀨伯梁 參定

望江何聲煥仲呂

賦

蕪城賦

集云登廣陵故城作漢書曰廣陵國高帝十一年屬吳景帝更名江都武帝更名廣陵世祖廟建王胥皆都焉竟陵王誕為之討平之誅城中悉誅賦其事宋孝武時臨海王子瑱有逆謀照為參軍隨至廣陵見故城荒蕪乃漢吳王濞所都瑱以叛逆被滅照因賦其事諷子瑱

鮑明遠 沈約宋書曰鮑照字明遠文辭瞻逸好為文章自謂物莫能及照悟其旨為文章多鄙言累句當時咸謂照才盡實不然也歸海王子

304 六朝文絜箋注十二卷

清許槤評選,黎經誥箋注。清光緒十五年(1889)春枕漪書屋藏板,廣陵浦錫五鐫。白紙四册。

卷前道光許槤原序,光緒十四年(1888)張澍序,光緒十五年黎經誥自序。卷末撰者跋、光緒十四年汪宗沂跋。

《六朝文絜》爲名書,所見多套印本,以道光間套印本爲最佳。此書非套印,蓋爲少見。其中一册墨色尚帶紅,初印之本也。

此書二十年前獲於南京古籍書店。價二百元。當時綫裝書初開架,多爲通行本,好書則貯於一密室,閑人不得入內。

304 六朝文絜箋注十二卷(2-2)

六朝麗指

元和孫德謙隘堪撰

駢體文字以六朝為極則作斯體者當取法於此亦猶詩學三唐詞宗兩宋乃為得正傳也易繫辭云物相雜故曰文蓋言文須奇偶相生方成為文然則文章之道語其原始豈轉以駢偶為體要乎自唐昌黎韓氏刱造古文學者翕然從之於是別自名家遂與六朝駢文作鴻溝之劃其甚者執東坡八代起衰之說卑視六朝黜為俳優近世桐城一派且以對偶辭句不得搖其筆端為古文之大戒吾謂文無駢散往讀賈誼過秦論卽據

305　六朝麗指

清元和孫德謙撰。四益宧刊。細黑口，小版心，頗存趣味。卷首癸亥馮煦序，次撰者自序。卷端鈐"積學齋徐乃昌藏書"楷書朱印。

全書八十八則，凡三千言，分述六朝駢文之變遷淵源，論述精審全面。是書稀見，余獲之於琉璃廠書市。時該市出售殘本古書，一元一册，内中頗有善本。書友蜂擁爭奪，余力不勝之，乃於靜僻處專揀全者從容選之。此書雖費三十元，今視之亦甚廉也，況爲徐氏乃昌舊藏乎？

書衣另鈐"梁品如印"。梁品如，河北吴橋人，先後任教於魯迅文藝學院、中央戲劇學院、北京師範大學等，對中國古典文學頗有研究，著有《長生殿本事發微》《稼軒詞辯證》等，一九七五年病逝。

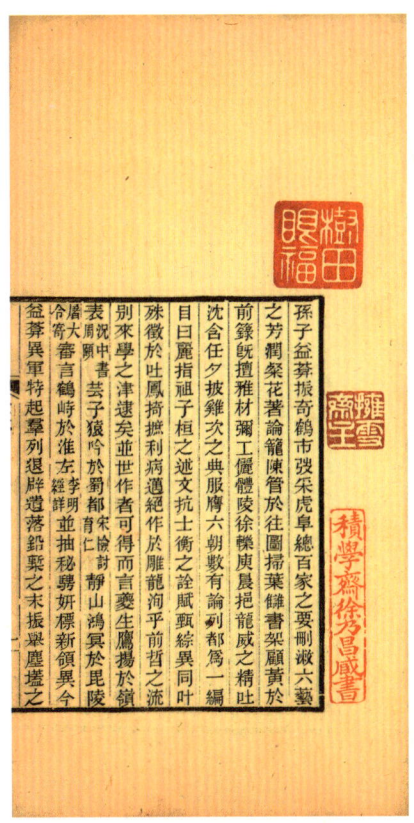

305　六朝麗指（2-2）

才調集選卷上

蜀　韋　縠　原本
新城王士禎　刪纂

沈佺期

古意呈喬補闕知之

盧家少婦鬱金堂海燕雙棲玳瑁梁九月寒砧催
木葉十年征戍憶遼陽白狼河北音書斷丹鳳城
南秋夜長誰爲含愁獨不見更敎明月照流黃

　雜詩

鐵馬三軍去金閨二月遷邊愁歸上國春夢入陽

306　才調集選三卷

清康熙精刻本。三册。前題"蜀韋縠原本,新城王士禎删纂"。卷前王士禎序稱:"……雅鄭雜陳,如侏儒、倡優與《雲門》《咸池》並列堂上,君子譏之。又如太白《愁陽春賦》、王建《宫中調笑詞》亦載卷中,尤非體例。余少時喜觀是集,亦未嘗不病其猥雜,因芟薙蕪莽,定爲三卷,去俗存雅,可以傳矣。"

書獲於海上,時在乙亥(1995)初冬。

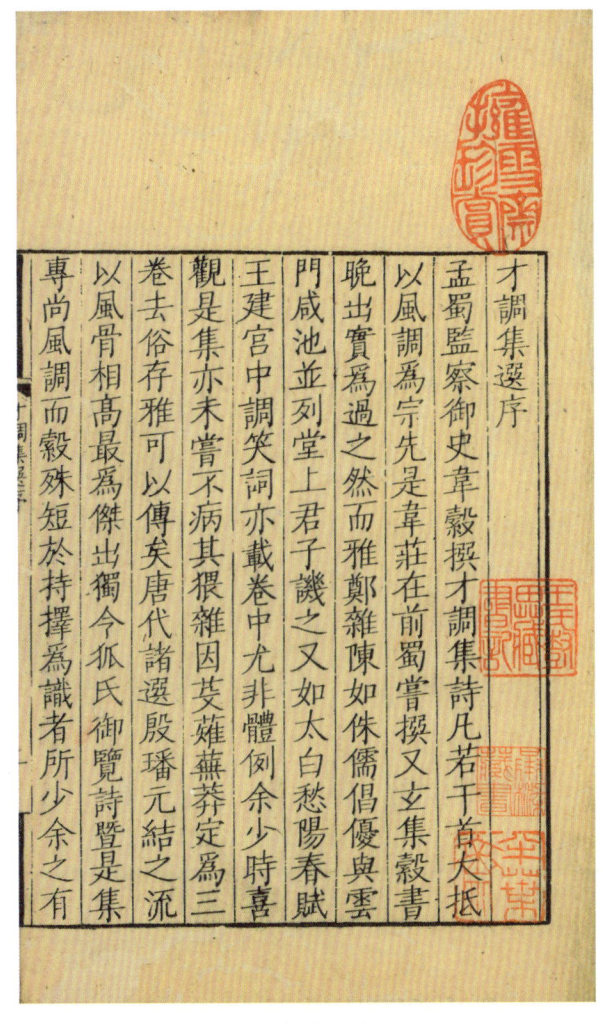

306　才調集選三卷(2-2)

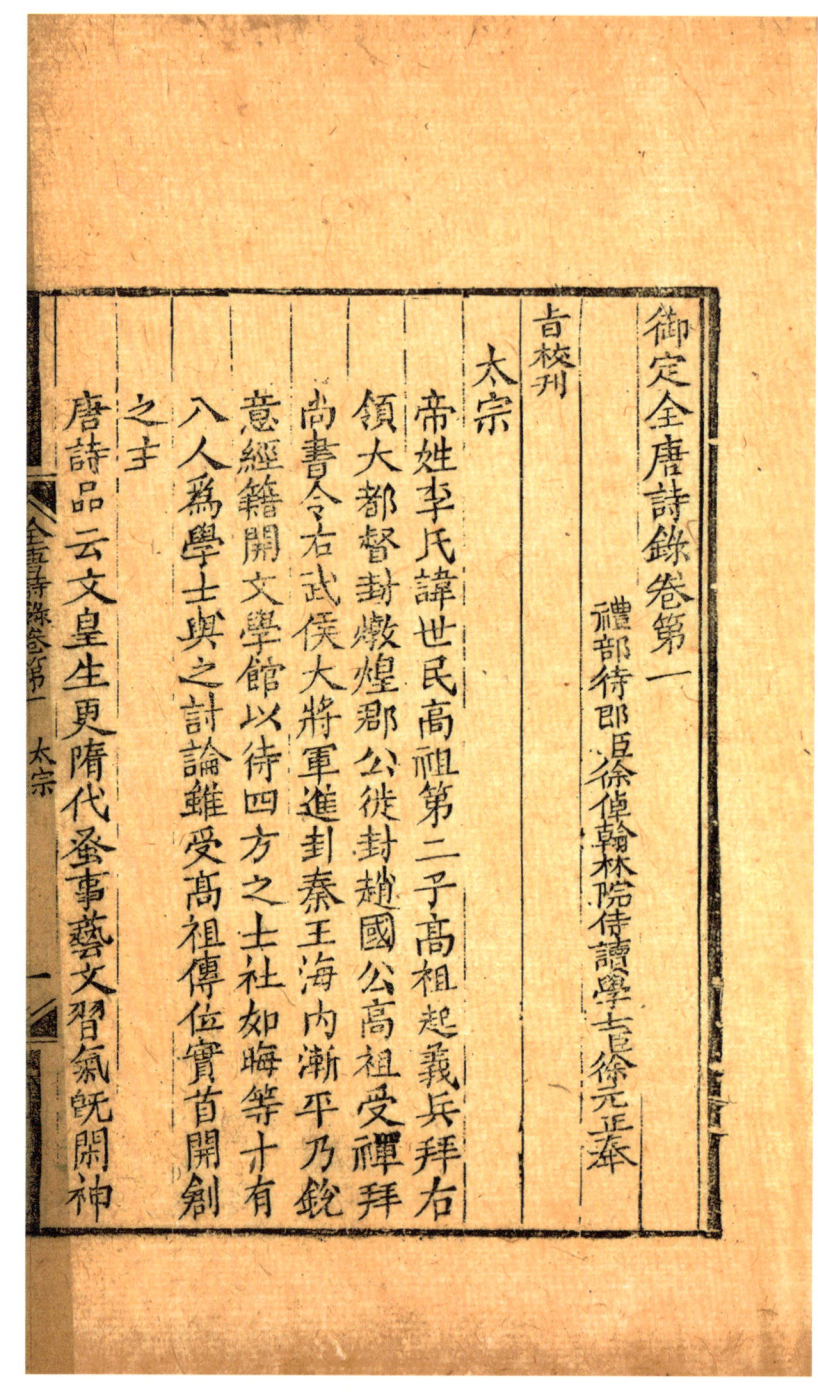

307 御定全唐詩錄一百卷(3-1)

307　御定全唐詩録一百卷

清徐倬、徐元正奉旨刊。二十四册。半葉十一行二十一字。黑口,左右雙邊。卷前康熙四十五年(1706)御製序。

此書比《全唐詩》刊成時間早一年,字體相類,實乃曹寅主持之揚州詩局版刻風格,即所謂"康板"是也。余另存有《楝亭十二種》之零種,亦揚州詩局之傑作。揚州詩局是爲編刻《全唐詩》而專門設立的機構,江寧織造曹寅奉旨開設於揚州天寧寺。

乙亥年(1995)過蘇州,於張珂氏天賜莊書店得見,因囊中已無買書錢,歸後托蘇州書友王德中老人郵購來,頗費周折。據説陳東也曾在此買書,多爲碑帖。

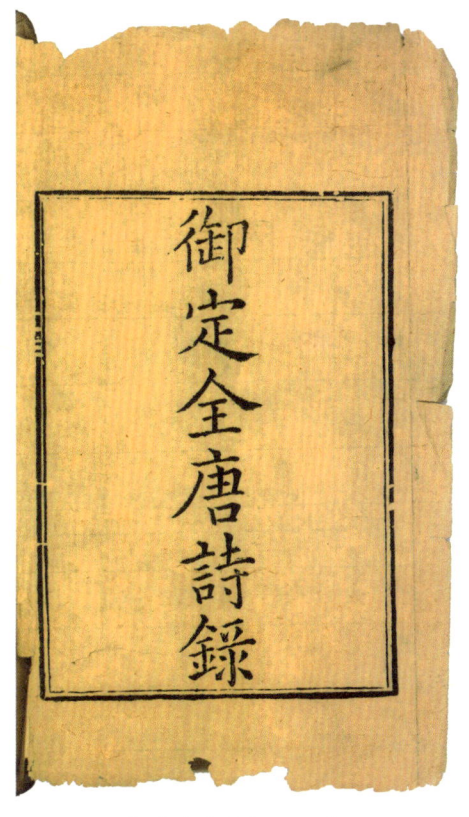

307　御定全唐詩録一百卷(3-2)

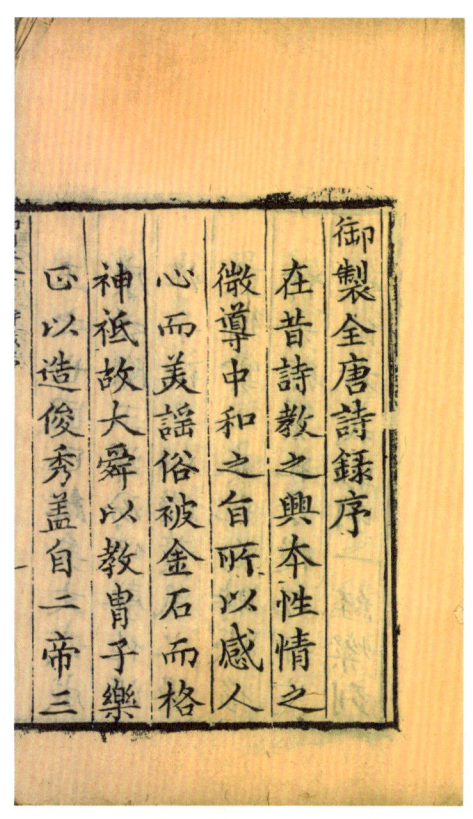

307　御定全唐詩録一百卷(3-3)

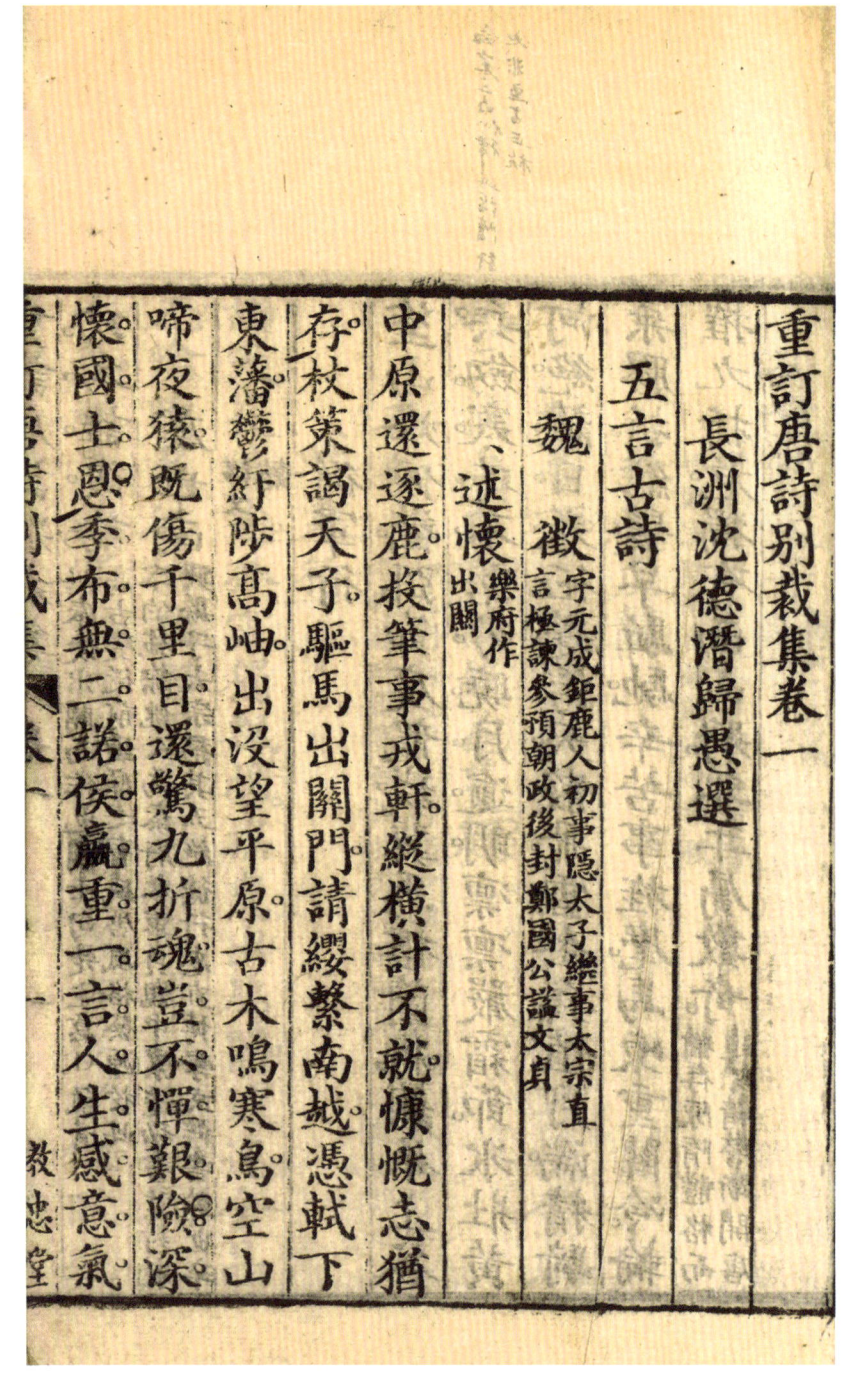

308 重訂唐詩別裁集二十卷(2-1)

308　重訂唐詩別裁集二十卷

清沈德潛選。清乾隆二十八年(1763)教忠堂刻本。竹紙六册。書口下鎸"教忠堂",書套書簽下墨書"甲戌歲冬",鈐"維□"小印。

戊寅(1998)冬抵滬,重至福州路古籍書店,店家似已惜售,可購之書不多,聊選此書以爲不虚此行。

當時架上陳列一部明版《文選》,標價萬餘元,令余驚詫不已。書無函套亦未捆紮,甚擔心其零亂散失。

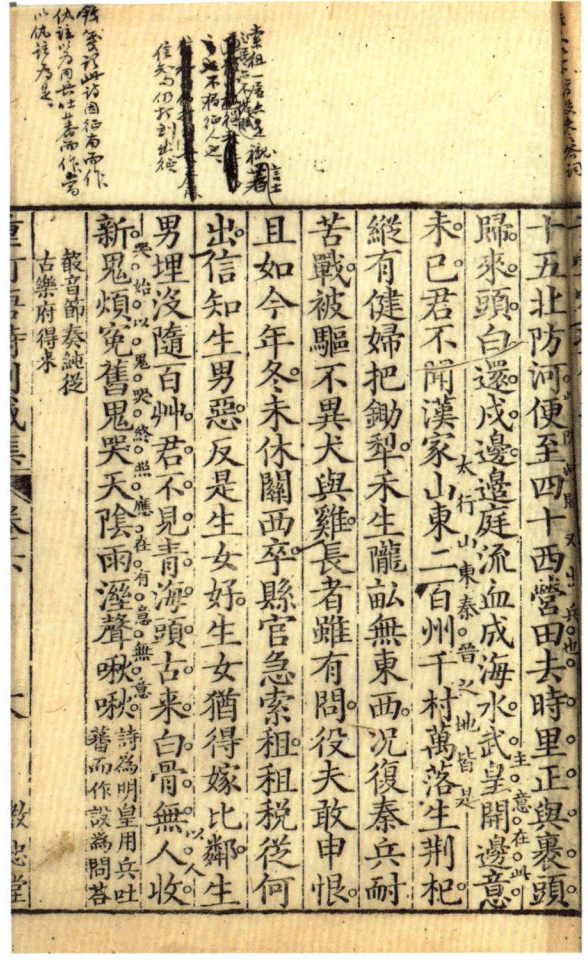

308　重訂唐詩別裁集二十卷(2-2)

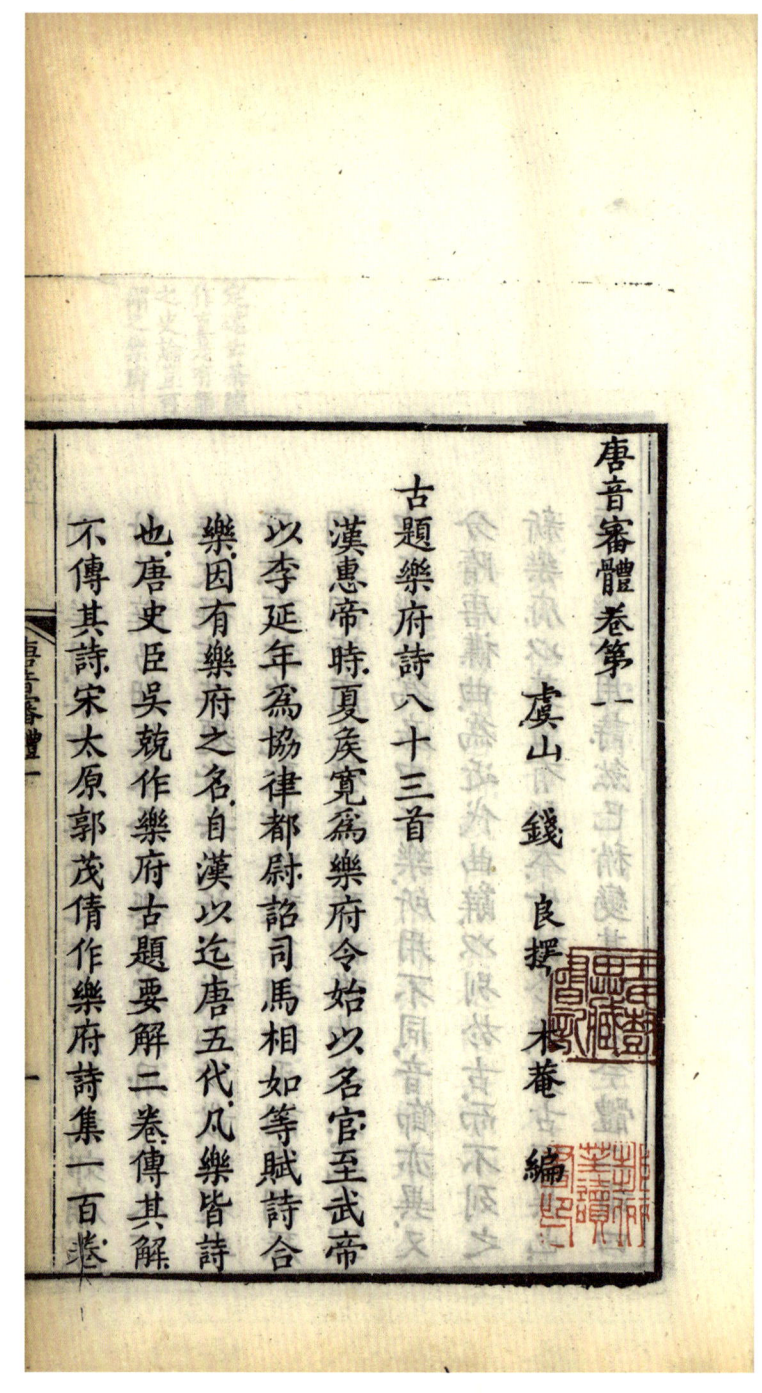

309 唐音審體二十卷(2-1)

309　唐音審體二十卷

　　清錢良擇編。清康熙寫刻本。五册。開化紙。眉上鐫批。鈐"鄒氏家藏""鄒儷笙讀書印""勤藝堂"等印。康熙甲申(1704)陳世安序,次甲申錢氏自序。稱:"……因取唐人詩賦手錄一編,以就正有道,名之曰《唐音審體》。體者詩賦之成法也,千古奇才未有不用法而能成家者。自唐以前其體未備,自唐以後其體漸紛。規矩繩墨,斷以唐人爲式,審體則可以騁才矣。"

　　鄒存淦,字儷笙,生於道光二十九年(1849),浙江海寧人。著有《己丑曝書記》《修川小志》《外治壽世方》等。周作人所藏鄒氏之書達十餘種,其中七種有鄒氏題跋,周曾將這些題跋彙輯起來,成《勤藝堂題跋鈔》一文。

　　二十世紀末,閒市琉璃廠,於遂雅齋架上揀出此書,喜其紙潔墨濃,且爲康熙版初印本,欣然購歸。

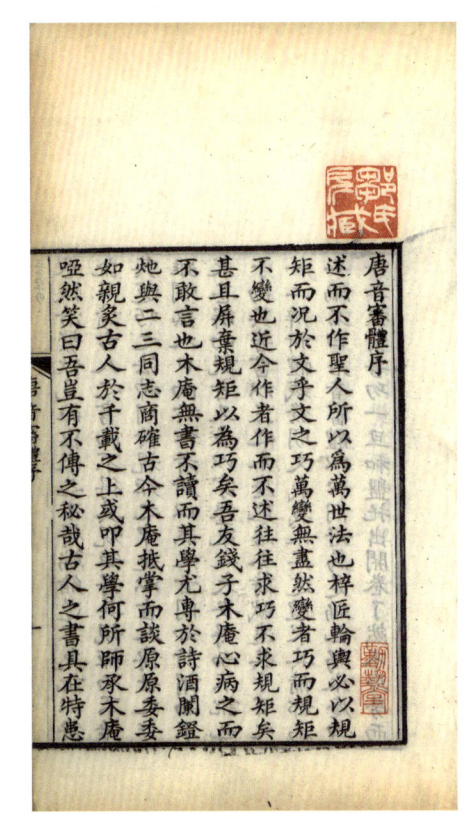

309　唐音審體二十卷(2-2)

中晚唐詩叩彈集卷第二

錫山杜 詔紫綸
秀水杜庭珠詒穀 集

白居易

草 一作賦得古
原草送別

離離原上草一歲一枯榮野火燒不盡春風吹又生遠芳侵古道晴翠接荒城又送王孫去萋萋滿別情

春邨

二月邨園曖桑間戴勝飛農夫春舊穀蠶妾擣新衣牛馬因風遠雞豚過社稀黃昏林下路鼓笛賽神歸

江樓望歸 嬰陷汝州遣別將盧特名等四出抄掠取尉氏園特遴難越中鄒拯公家滎陽自建中四年李希烈採山亭

310　中晚唐詩叩彈集十二卷續集三卷

　　清杜詔、杜庭珠集。清康熙四十三年(1704)采山亭刻本,采山亭藏板。自訂七册。版心下鎸"采山亭"。前有康熙甲申(1704)秦松齡序。

　　書衣墨書"譜笙藏",未知何人。

　　此本原通行,今亦稀見。後有寶仁堂重刻本。

　　余藏唐人合集、别集多矣,以版刻論,多精絶,然並無秘本,書之内容亦多有傳本廣之。至於清中、後期乃至民國間刻精而罕傳之本,似可盡力搜羅,其價值今後當不在清三代精刻本之下也。

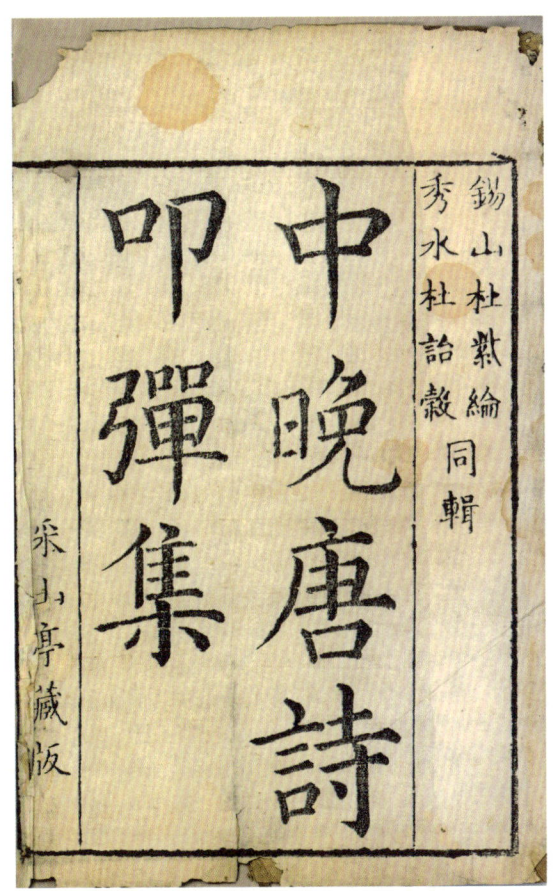

310　中晚唐詩叩彈集十二卷續集三卷(2-2)

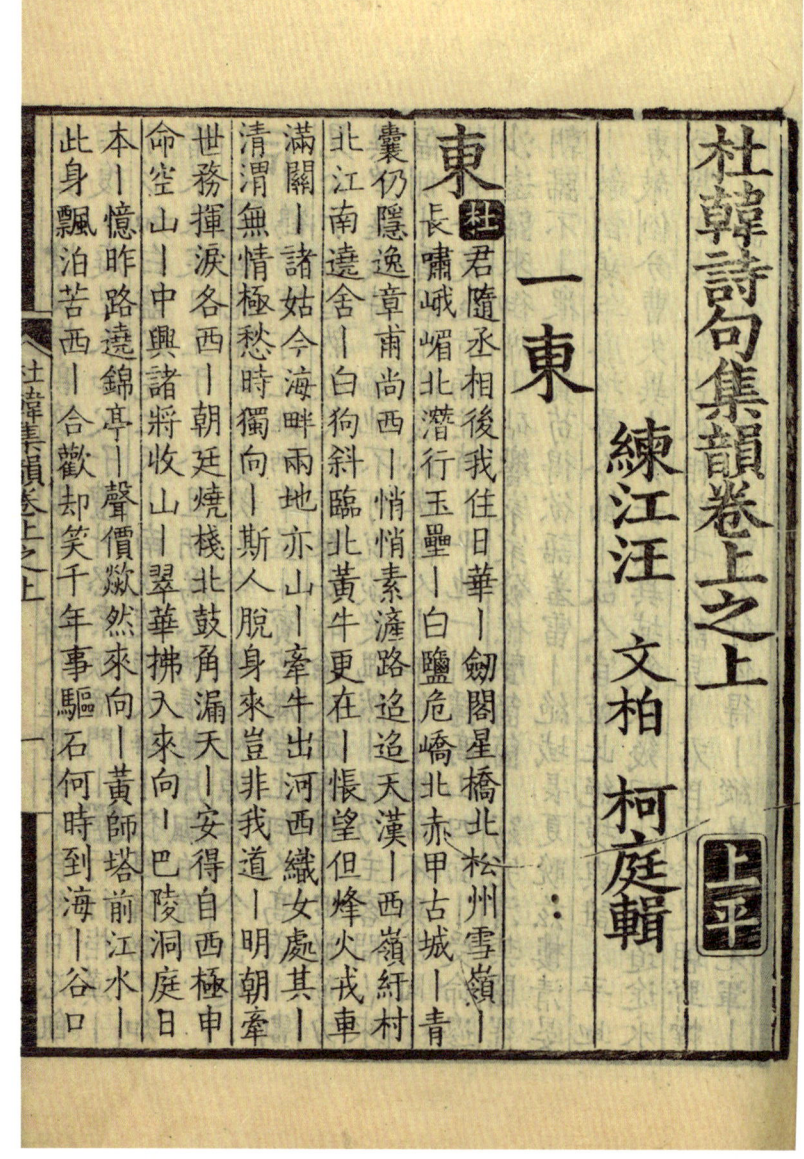

311　杜韓詩句集韻三卷

311　杜韓詩句集韻三卷

清汪文柏輯。清康熙三十五年(1696)洞庭麟慶堂刻本。白紙四册。書口上鐫字數,下鐫刻工姓名,計有張玉、允文、一印、志生、李之、張仲等人。書中避"玄",不避"曆""慎""寧"。

文柏,字季青,號柯庭,嘉興人,官兵馬司指揮。其書取杜甫、韓愈二字詩句,按全韻摘出,編於字下,以爲吟咏者取資。所摘之句,不著原題。

黄裳《前塵夢影新録》著録此書,稱:"康熙刻。此亦汪季青所著書。精刻,厚棉料,最初印本。展卷熠然,奪人目睛。獨山莫氏銅井文房藏書,得之來青閣。"

此書余初不爲重,總以光緒本視之。今經查證,始知爲康熙刻本,且《清華大學圖書館藏善本書目》著録,與余同爲一本。

此書乙亥(1995)秋得之於滬上胡氏半葉齋,胡氏承樑爲余早年書友,久未通音訊,去歲德寶王建亭來呼公幹,告我胡君電話,始得知其現狀:仍買書賣書,多走拍賣行,唯歎古書且貴且得之艱難,有玩不轉之勢。

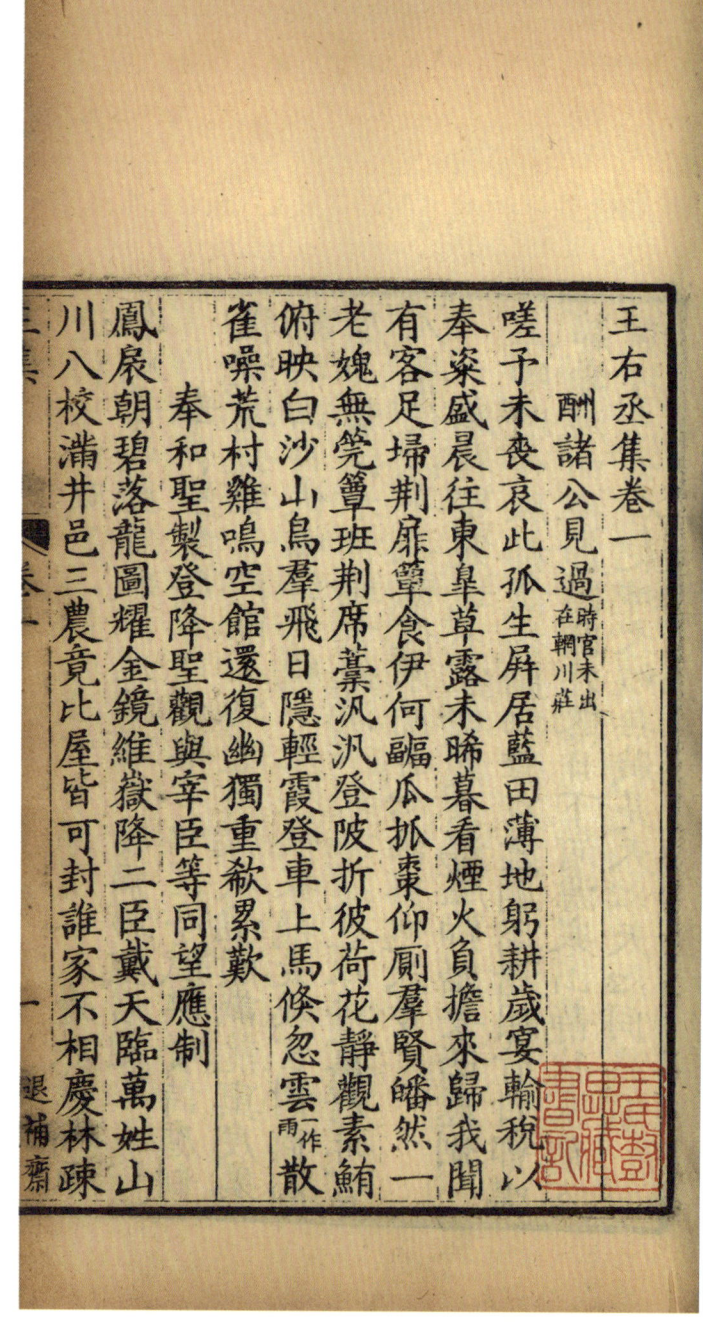

王右丞集卷一

酬諸公見過 時官未出在輞川莊

嗟予未喪哀此孤生屏居藍田薄地躬耕歲宴翰稅以
奉粢盛晨往東皋草露未晞暮看煙火負擔來歸我聞
有客足埽荊扉簞食伊何䕃瓜抓棗仰厠羣賢䁵然一
老媿無笙簧班荊席藁汎汎登陂折彼荷花靜觀素鮪
俯映白沙山鳥羣飛日隱輕霞登車上馬倏忽雲散(一作雨)
雀噪荒村雞鳴空館還復幽獨重欷累歎

奉和聖製登降聖觀與宰臣等同望應制

鳳扆朝碧落龍圖耀金鏡維嶽降二臣戴天臨萬姓山
川八校瀦井邑三農竟比屋皆可封誰家不相慶林疎

312　唐四家詩集二十卷

　　清胡鳳丹輯。清同治間胡氏退補齋刻本。六册一夾。

　　書含《王輞川集》四卷、《孟襄陽集》二卷、《韋蘇州集》十卷、《柳柳州集》四卷,卷前同治九年(1870)胡鳳丹序。另鈐"金筠高氏收藏書籍記"朱方印。

　　胡鳳丹,字月樵,別號桃溪漁隱等,浙江永康人。官至湖北道員。致仕後設退補齋書局於杭州,刻書精審,推爲善本。撰有《退補齋詩文存》,刻印《金華叢書》六十七種等。

　　余藏退補齋刻書凡數種,皆寫刻精良,不遜清三代。此書早年間獲於呼和浩特市古舊書店,時經理已由趙易爲郭,未數年,該書店便不復存在了。

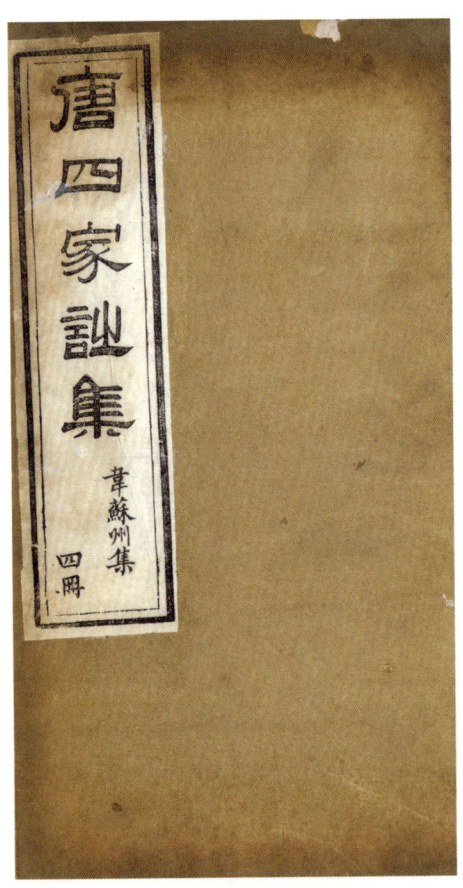

312　唐四家詩集二十卷(2-2)

唐風集卷上　　　九華山人杜荀鶴

今體五言凡一百二十六首

春宮怨
早被嬋娟悞欲粧臨鏡慵承恩不在貌教妾若爲容
風暖鳥聲碎日高花影重季季越溪女相憶採芙蓉

訪道者不遇
寂寂白雲門尋真不遇真祇憑松上鶴便是洞中人
藥圃花香異沙泉鹿跡新詩留姓字他日此相親

送人遊吳
君到姑蘇見人家盡枕河古宮閒地少水港小橋多
夜市賣菱藕春船載綺羅遙知未眠月鄉思在漁歌

313　唐四名家集

明毛晉輯。一九二三年長沙葉氏影印汲古閣本。白紙四册。

此書含李賀《歌詩編》四卷附集外詩一卷、杜荀鶴《唐風集》三卷、吴融《唐英歌詩》三卷、竇常等《竇氏連珠集》一卷。

此書另有一九一四年商務印書館影印汲古閣本。據黄永年稱,爲《四部叢刊》規格,此書顯然不是。但葉德輝刊書一百六十餘種之中,似無此書。另,此書書名又稱《唐人四集》(《中國叢書綜録》),待細考之。

辛巳(2001)春,送大姨歸葬老家後返京,於燈市口中國書店庫房得此。當時先選清刻《後山詩》一部,初疑木活字本,但拿不準,故又返書店换回此書。蓋因不知此乃影印本,所换殊不值也。

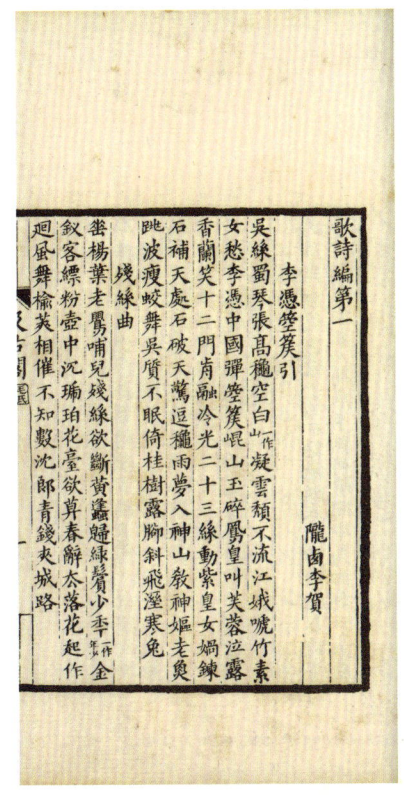

313　唐四名家集((3-2)

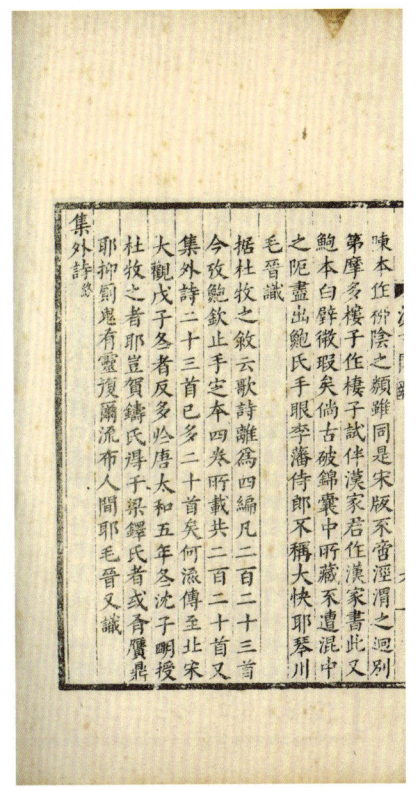

313　唐四名家集((3-3)

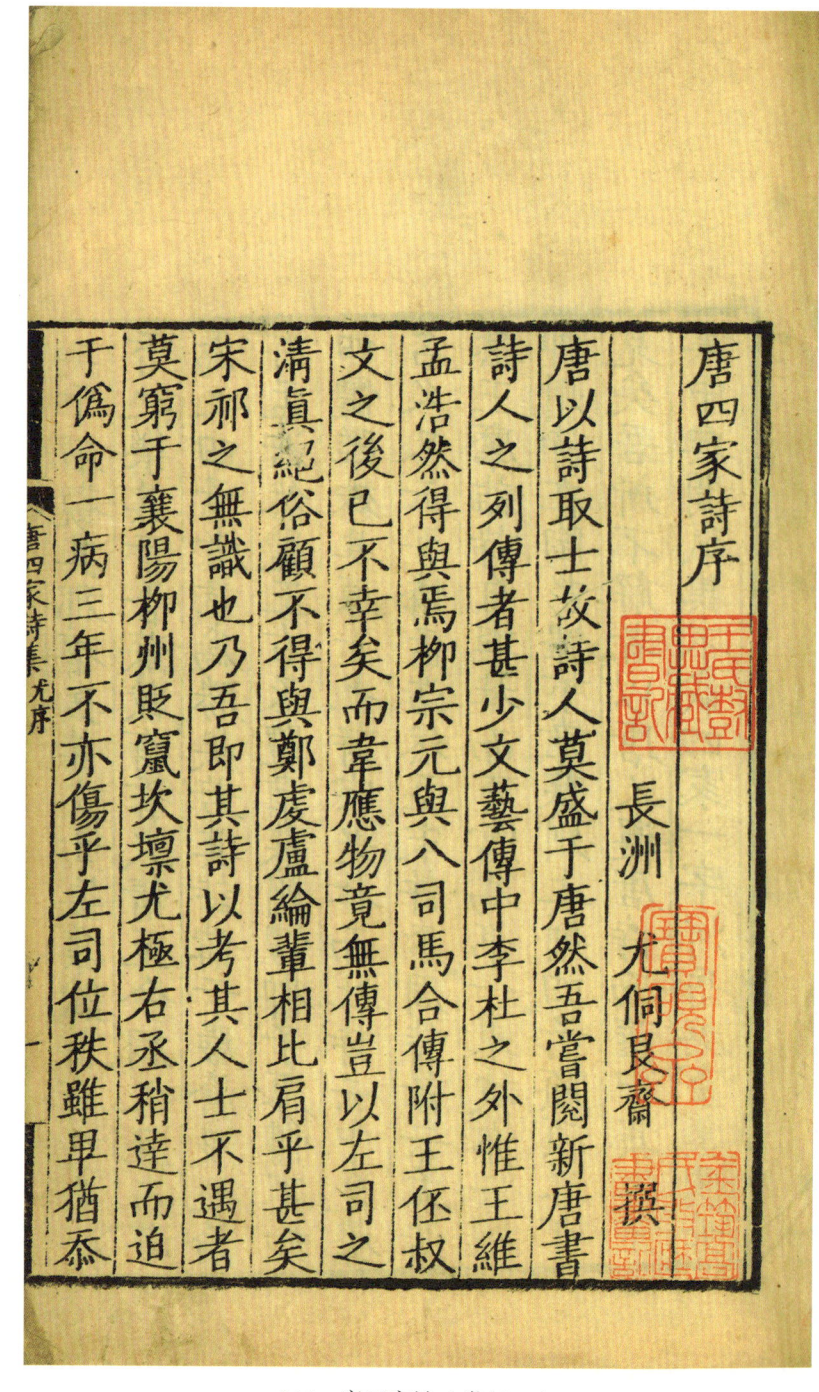

唐四家詩序

長洲 尤侗艮齋 譔

唐以詩取士故詩人莫盛于唐然吾嘗閱新唐書詩人之列傳者甚少文藝傳中李杜之外惟王維孟浩然得與焉柳宗元與八司馬合傳附王伾叔文之後已不幸矣而韋應物竟無傳豈以左司之清真絕俗顧不得與鄭虔盧綸輩相比肩乎甚矣宋祁之無識也乃吾即其詩以考其人士不遇者莫窮于襄陽柳州貶竄坎壈尤極右丞稍達而迫于僞命一病三年不亦傷乎左司位秩雖早猶忝

314　唐四家詩八卷

清汪立銘輯。清康熙三十四年(1695)天都汪氏刊本,刻精。王維、韋應物、孟浩然、柳宗元各二卷,中缺韋應物詩二卷,存三册。

卷内鈐"寶硯齋"藏印,另鈐一高氏藏印。

庚午(1990)於呼和浩特市古舊書店獲之,後知不全,幾番進庫查找,然配全無望。孤雁飄零,亟盼其合群也。

余另藏席氏《唐百家詩》中《韋蘇州集》殘本二册(卷七、卷八),爲康熙間刊,羅紋紙,刻甚精。

314　唐四家詩八卷(2-2)

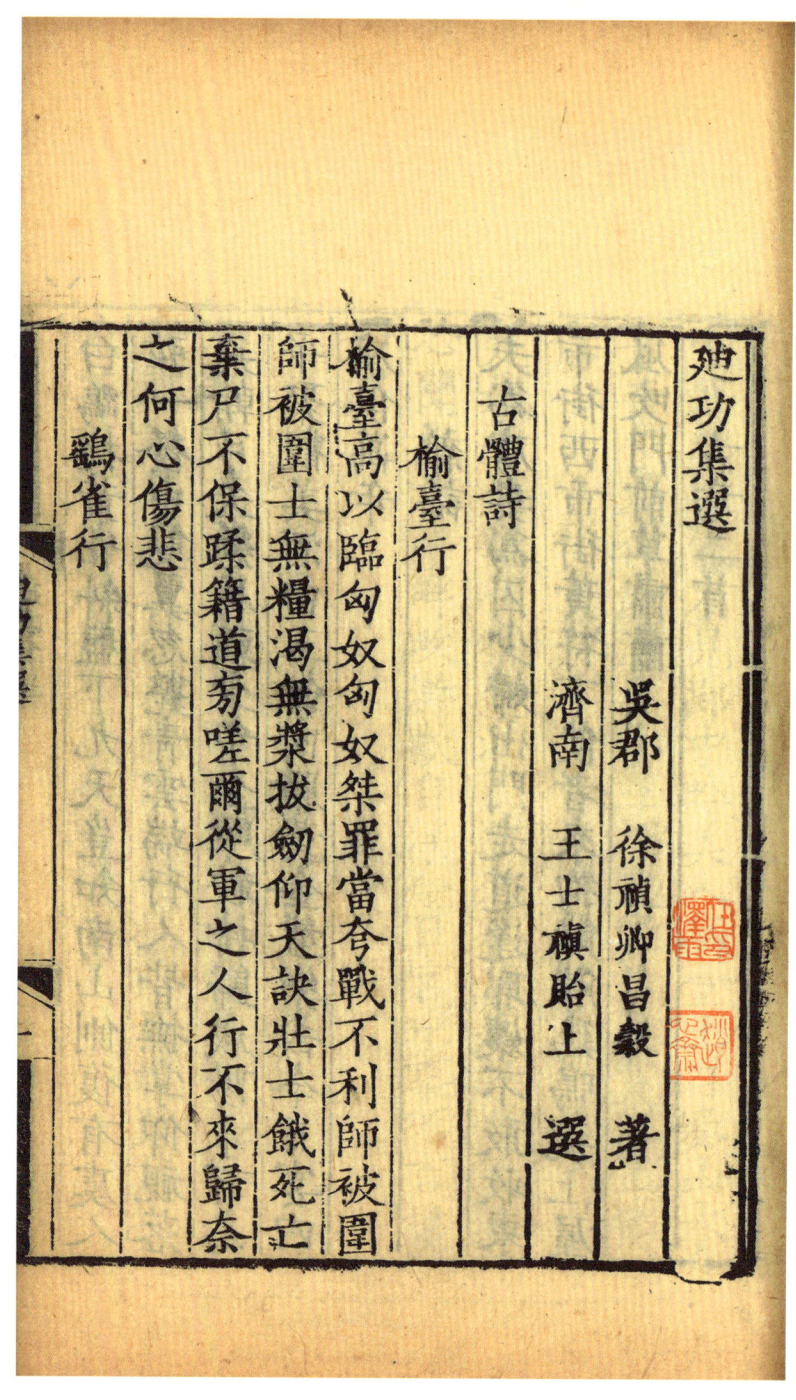

315 四家詩選(3-1)

315　四家詩選

清王士禛選。清康熙三十九年(1700)刊,《王漁洋遺書》本。收《二家詩選》(徐禎卿《迪功集選》一卷,高叔嗣《蘇門集選》一卷);邊貢《華泉先生詩選》四卷;邊習《邊仲子詩》一卷。三種訂爲二册。書名爲余自擬。唯《中國叢書綜錄》著錄邊習爲《睡足軒詩選》,與此本不同。待考之。

後印本王士禛之"禛"字,已改爲"禎"。卷内鈐"任澤雨印""趙心齋"二印。

丙子年(1996)獲於段某。同時另見王士禛《居易錄》一部,惜書品欠佳,雖價廉亦未取。漁洋之書余另有《蠶尾集》《漁洋山人精華錄》《漁洋詩話》等數種。《分甘餘話》曾見於上海,未購。

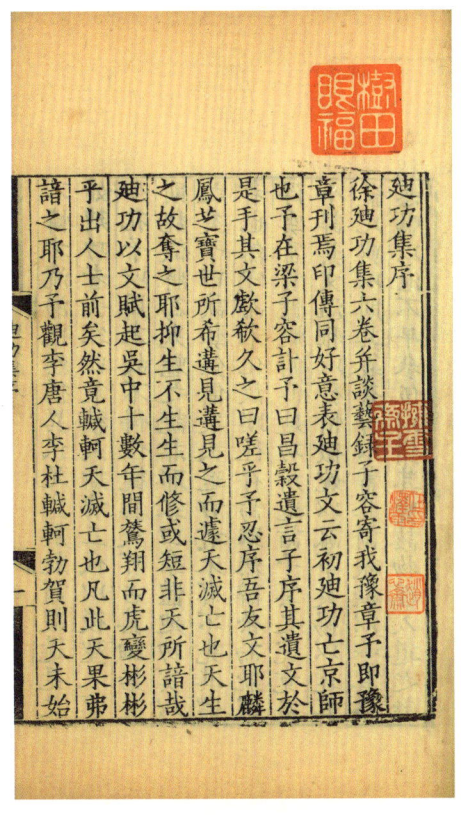

315　四家詩選(3-2)

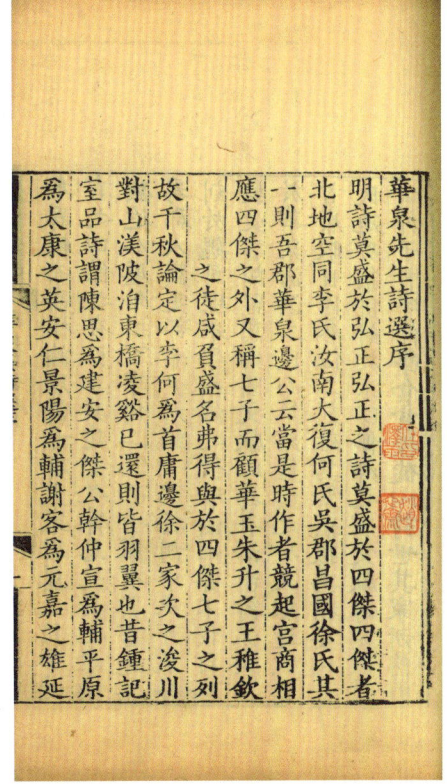

315　四家詩選(3-3)

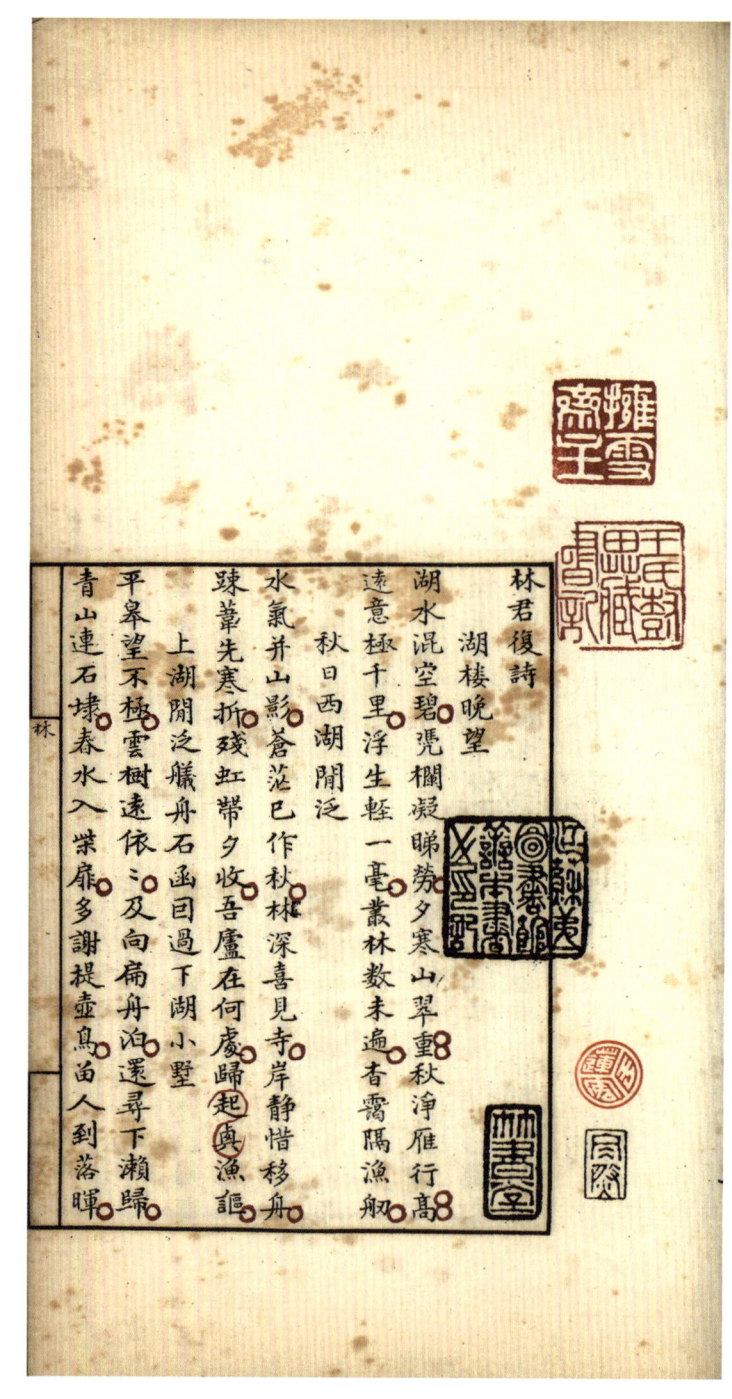

316　戴鹿床手寫宋元四家詩（2-1）

316　戴鹿床手寫宋元四家詩

民國十七年（1928）南京中社影印戴熙鈔本。二册。卷内鈐"于懷""于蓮客"等印，且有批跋。

書名葉墨筆寫："鹿床先生手寫《宋元四家詩》，辛丑得於海王邨，蓮客。"書名左寫："是頁標七家詩鈔，僅存四家。"

林復詩後跋曰："據《林和靖先生詩集》（商務本），共詩三百一十首，此錄纔七十三首，故知乃鹿床選本耳，惟錯落處甚多，且多別字譌體，恐係屬少歲所爲也。據傳鹿床值内廷時，上命書扇，次日宫監傳語曰，以後不可再使寫别字之戴熙書扇了。……庚戌八月蓮客記。"

姜白石詩後跋曰："據《榆園叢刻》本白石道人《詩集》《歌曲》，白石詩共一百七十九首，此錄纔四十二首。"

倪雲林詩後跋曰："據汲古閣本《雲林詩集》共八百零四首，此册僅錄七十首。"

王元章詩後跋曰："煮石山農有《竹齋集》，惜未寫寓目記。……"

另，卷内尚有批語數處。

蓮客即于懷，藏書頗富，近年琉璃廠書市及拍賣會上，時見此公舊藏出現，内中頗有精善之本。余另藏有其民國間影印《錦囊集》一册，封面墨書"清蔭軒長物"，亦于懷親筆。

316　戴鹿床手寫宋元四家詩（2-2）

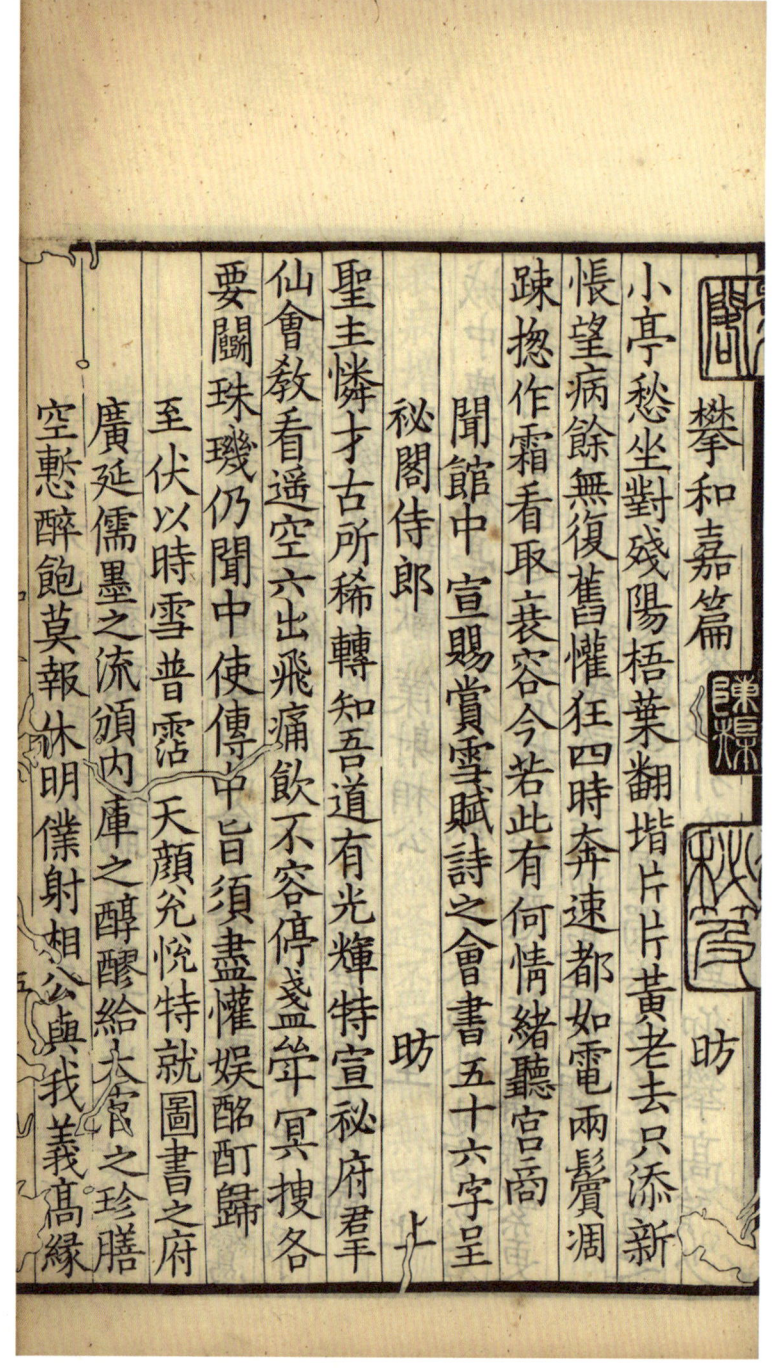

317 二李唱和集(3-1)

317　二李唱和集

宋李昉、李至撰。清光緒十五年(1889)貴陽陳氏影北宋刊本。白紙一册。

卷尾有陳榘跋,云:"《二李唱和詩》一卷,……首尾均有缺葉,何人所刊不可考。然爲北宋槧本,載日本森立之《訪古志》,中國佚此書久矣。光緒己丑春,余於東京書肆收獲,詫爲奇寶,重價購歸。……亟付良工鋟木,與北宋本無毫髮異。佚而不佚,讀者當同爲一快也。"

此書雖爲殘本,然國內久佚,賴陳氏影刊得以流傳,書林善事也。其影刊甚佳,細至書中蟲蛀部分,皆一一以雙鈎描摹上板,在影刊本中實不多見。

宣統三年(1911)羅振玉據此本補刊重印,編入《宸翰樓叢書》中。

317　二李唱和集(3-2)

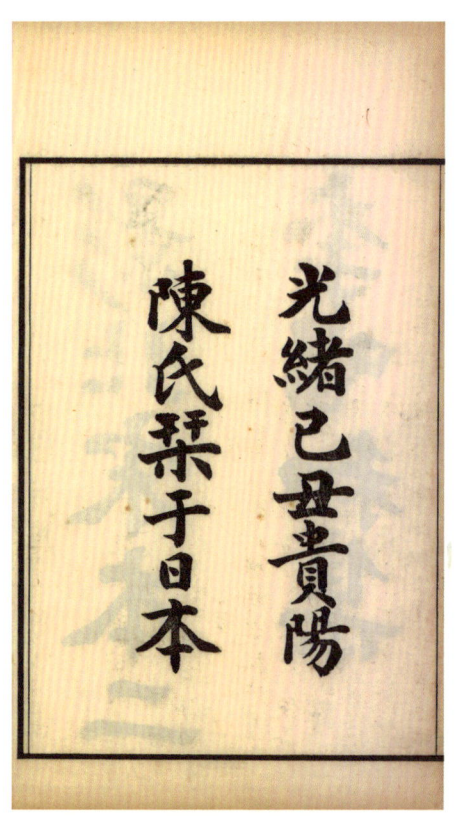

317　二李唱和集(3-3)

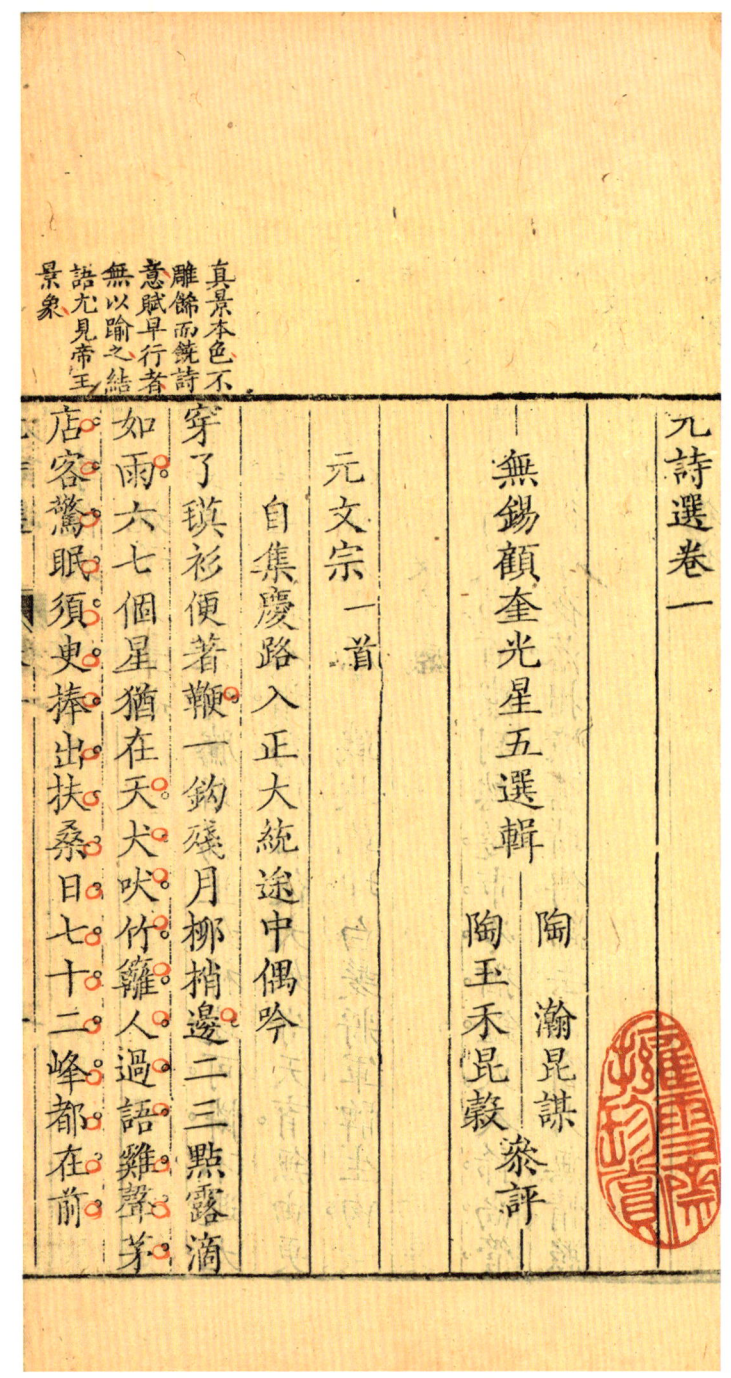

318 元詩選六卷補遺一卷

清顧奎光選輯,陶瀚、陶玉禾參評。清乾隆十六年(1751)精刻本。六册。眉上鐫批。

書爲王叔磐舊藏。余以原存秀野草堂本換來。卷末缺失一葉,王先生以小楷補全,並加一跋於卷尾,意在勉勵云:"……節衣縮食,甚至向人告貸,出京、津、寧、滬、蘇杭各地,遍尋古舊書攤、書肆。高價高買,居破店、食粗糲、飲冷水,每步行,負書笈,艱辛備嘗。以此爲樂,幾十年如一日。……時來敝寓談論古代文化與載籍,並互換古今善本。如君嗜書勝命,刻苦鑽研,日進無疆,實不多見也。王叔磐寫於内蒙古大學,丙子中秋,時年八十有三。"

書中有王師朱批。王師原在復旦大學執教,二十世紀五十年代入内蒙古大學,數十年來專治元代文學。其藏書曾經三散,於今已善本無多。唯萬曆版《王臨川集》、仿元本《詩人玉屑》爲銘心之物,且待以療貧也,可歎。王師已於二〇〇六年仙逝,享年九十二歲。

318 元詩選六卷補遺一卷(2-2)

國雅卷之八　　勾吳顧　起綸玄言　選

張文蕭　名治字文邦號龍湖茶陵州人嘉靖間官官保尚書文淵閣大學士初謚文隱改今謚

薊哀王輓歌四章應制

鳳雛何翩翩頡頏翔天關悲風起中路竟去不復還九

苞旣零落竹實空摧殘惟餘青霄月千古照丹山

曉發黃金屋暮歸北山岡蕭蕭薊門路白日慘不光寒

風厲廣野素旟隨飄揚鴻名照金石脩短寧足傷

嚴霜度中夜悴此瓊瑤柯芳華悲萎質逝水感頹波松

柏古原上落日青莪栽物理有摧折憂傷竟如何

319　國雅

　　明顧起綸選。明萬曆元年(1573)奇字齋刻於吳郡。白棉紙。刊刻甚精。版心下有刻工姓名：顧植、顧堅、羅鑒等人。

　　查《四庫全書總目》，該書正編二十卷、續編四十卷。然續編有誤，應爲四卷。此爲正編八、九卷，續編四卷全，存二册。該書選明諸家之詩，上起洪武，下訖隆慶，仿鍾嶸《詩品》之例。《四庫全書總目》評論該書頗有微詞，稱顧氏選詩標準不嚴，頗有雜、濫之嫌。而且舉出書尾所附書牘二十篇，皆答謝選者入選其詩之文字，大抵與選者攀援唱和，有瓜葛者居多。由此看來，因人情關係或其他原因以至濫編、濫選之現象，當不自今日始。儘管如此，該書畢竟保存了不少明詩免遭散佚，且刊刻精良，於版本方面頗具價值。

　　"奇字齋"爲起綸兄起經室名，刻書多種。

　　此書早年間得之於上海漢口路老書估王廷極處。殘書兩册，索價甚昂。待懷書出門，妻攜幼女已在門外立候多時矣。

　　舊時上海古舊書從業人員，多在漢口路、福州路開設書局，如漢口路七〇四號朱遂翔的抱經堂書局分店、七二二號王富山的富晉書社等。二十世紀九十年代中期，余在福佑路得以結識王廷極先生（他當時在此擺書攤）。其乃上海資深書估，又居住漢口路，想必當年也在此做古舊書生意，詳情惜未深問。余曾數次從其居所購到明末清初小説《鍾情傳》、明白棉紙大開本《奇經八脉考》等書，其中有一次還帶了上海書友胡承樑同往。後來再未至滬，遂失聯繫。不知王老今尚康健否？

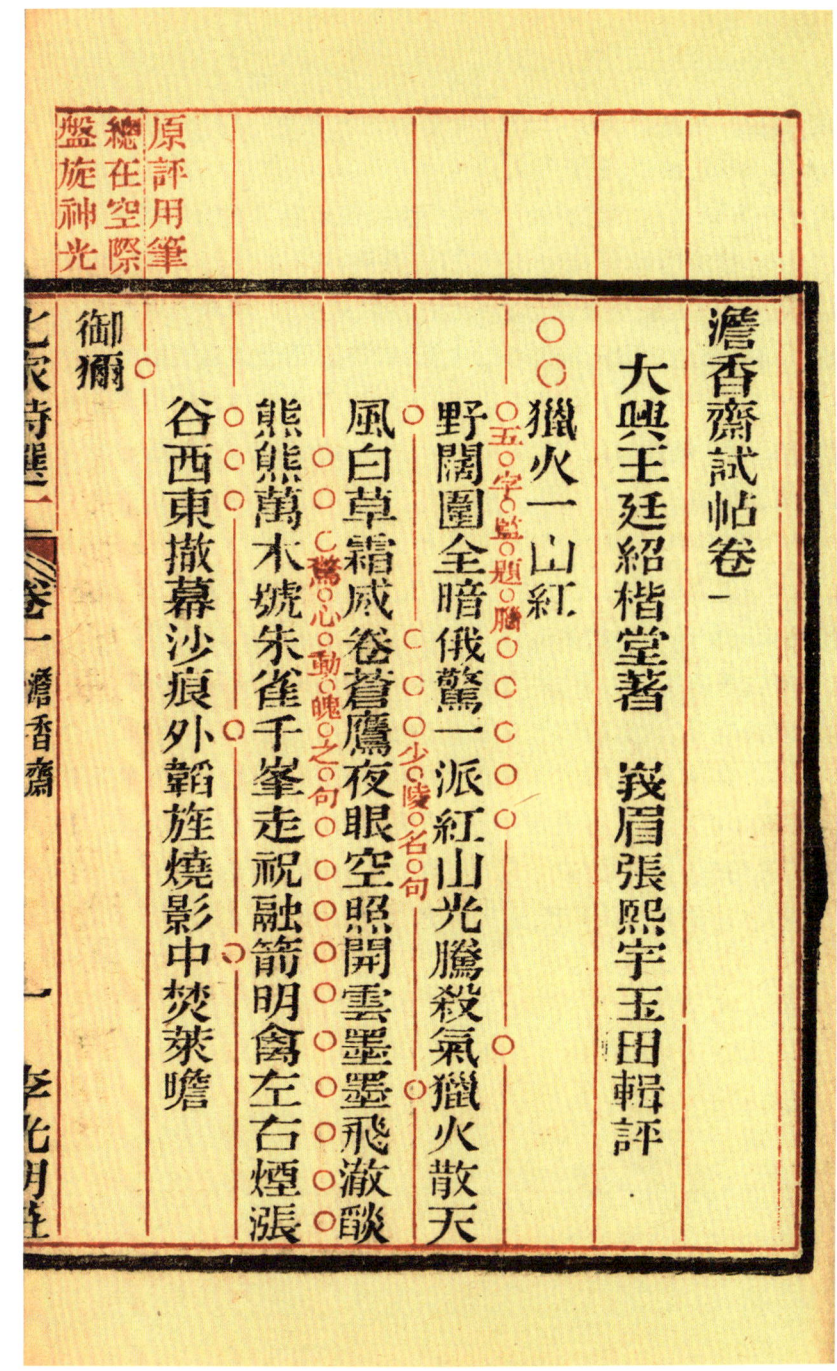

320 朱批增註七家詩選七卷

清張熙宇輯評。清道光十二年(1832)李光明莊刻本。四冊。朱墨套印,紅絲欄,兩截板,眉上鐫評。

李光明莊,是清季著名的私家書坊,位於南京秦狀元巷,專門印製一些童蒙讀物、流行書籍,且多有廣告、書單,前後刊印書籍一百六十餘種。刻書常用兩種字體,一是宋體方字,占多數,一是寫刻歐體楷書。書板多委金陵唐鯉躍雕刻。

此書十五年前購於琉璃廠來薰閣,時選書一批,此書套印、書品甚佳,刊刻亦恭雅,因此入選。

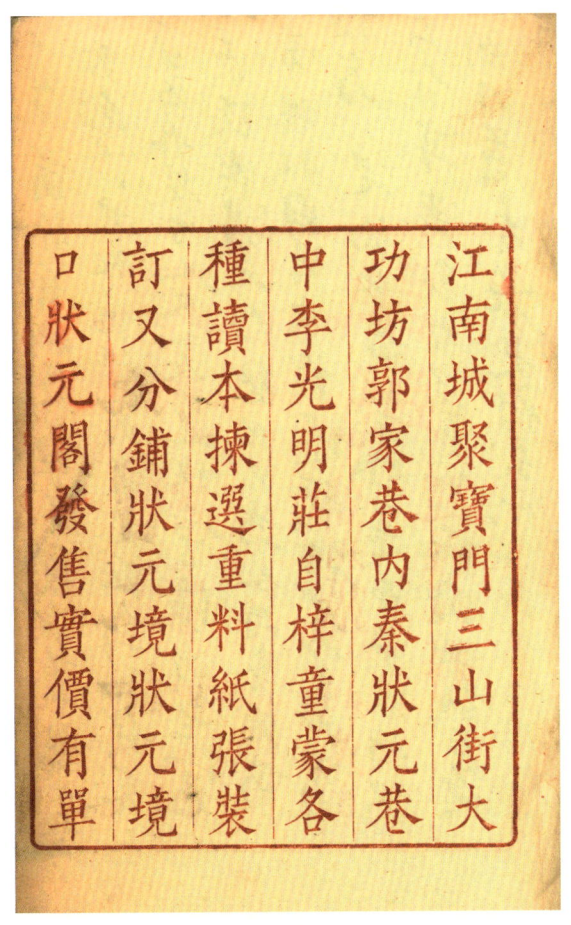

320 朱批增註七家詩選七卷(2-2)

嚶鳴集卷首

新安吳謹心 北平梁緯
古歙唐大樁介亭 南同訂
程嘉賢聲路

萬石〔石君字莆軒自絃弦歌南逸長年九十餘竟
以貧死余讀其詠懷詩有壽老恥為彈鋏客
立旁書似掞刀人又麥蓮跣重溜溪老富
貴竹溪詠牡丹之句想見其為人與吾鄉前
輩常相頡頏覺快讀遺稿擇最佳者為
楷模焉晷緒多希如乎作善予平日所仅
型老介亭聲教力經耳公詠因此故善在
梓而別以首卷冠是刻云〕

因咸詩

因豐以咸尾因竹以咸潤周松以咸櫊因石以咸山
因看以咸氣因藿以咸冠因雲以咸靜因暑以咸
閒因吟以咸儔因酒以咸酣因風以咸頓因月以

321　鈔本嚶鳴集六卷

清新安張節彙編,古歙唐大椿、程嘉賢同訂。鈔本六册。作者近百人,大多爲歙州人,均附小傳。卷前唐大椿乾隆壬辰(1772)序,張節序,乾隆三十六年(1771)程嘉賢序。後張節"凡例",稱:"是刊隨得隨收,無所軒輊,所登亦不一格,即或平日詩名未著,有一二語快慰,鄙意亦所彙存。……寄之梨棗於己丑、庚寅間。……諸友見錄佳篇或繁或簡,故所錄亦多寡不同。……其見之友人著作者亦時採入,聊作一則詩話觀。"後"參校姓氏",多爲集中作者。

張節,字心在,號夢畹。八歲能詩,通醫,著有《周易溯源》三卷、《春秋獻疑》十二卷、《夢畹詩集》二卷、《張氏醫參》十卷等。

鈔錄者爲歙人吳保琳。其跋尾稱:"民一八夏間郵購上海古物流通處《嚶鳴集》六册,内中泰半吾邑先哲之詩,欣幸者久之。此書確係不經見之寫刻本,爲海内所稀,特爲轉錄一通,寄與族長受之存於祠中,如有熱心人,可錄副與之。考此書每半葉十行,行十九字。民一八十一月十七號鈔訖。歙吳保琳林伯記於濟南司里街三十二號借廬中。"其餘各册亦均有吳氏題跋,不記。

此書有康熙間寫刻本,率真草堂藏板。然查各家書目均未著錄,確是稀見。此鈔余庚辰年(2000)於歙縣郵購得之。

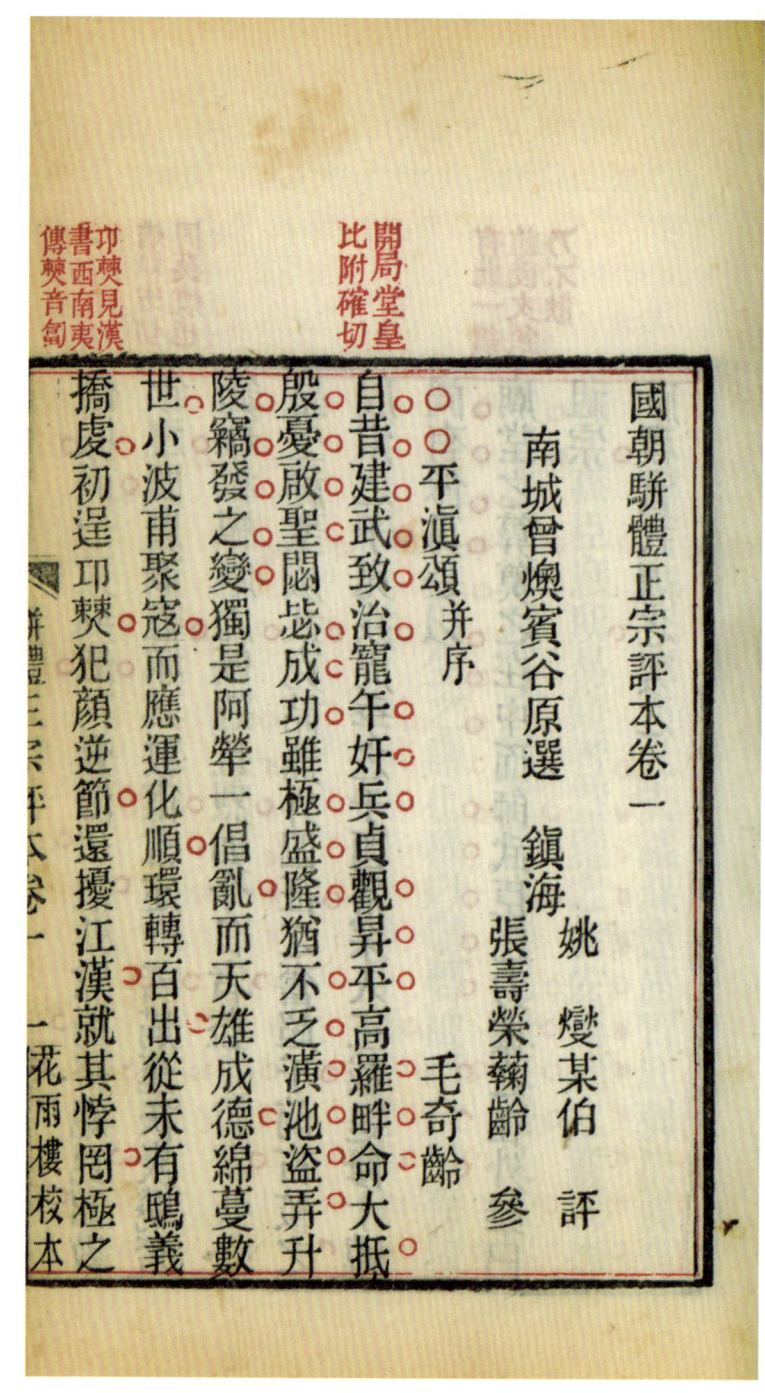

322 國朝駢體正宗評本十二卷（2-1）

322　國朝駢體正宗評本十二卷

清曾燠選,姚燮、張壽榮參評。清光緒十一年(1885)花雨樓刊。朱墨套印。白紙六册。

卷前曾燠序、馮可鏞序、乙酉(1885)三月張壽榮序。此爲清朝駢體文總集,選錄毛奇齡、陳維崧等名家駢文百餘篇。

曾燠,字庶蕃,江西南城人,乾隆四十六年(1781)進士,官至貴州巡撫。

二十年前,余至南京,在楊公井古籍書店二樓獲此書。當時擺設於一玻璃書櫃內,定價不菲。管理書籍者爲一年輕的林師傅,態度和藹。知余喜收套印本,半年後來信告知收到一部,清中後期套印本《四六法海》,價六百元,余猶豫再三,終未能購。

322　國朝駢體正宗評本十二卷(2-2)

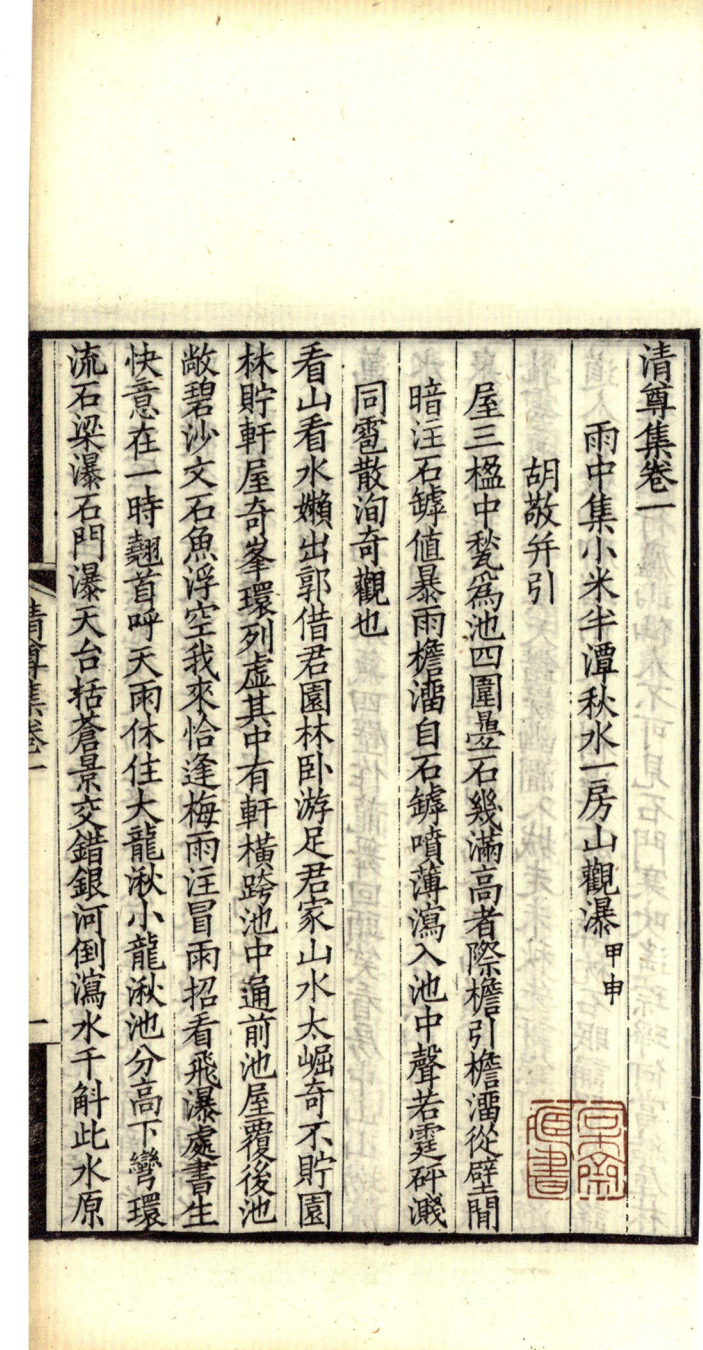

323　清尊集十六卷（2-1）

323　清尊集十六卷

　　清道光十九年(1839)振綺堂刊。四册。振綺堂爲汪遠孫室名。汪氏刻書頗精，余藏有三四種，此其一也。刻工爲杭州愛日軒朱兆熊。愛日軒爲當時杭州著名刻書鋪，黃裳在《清刻之美》一文中，稱道愛日軒刻本"秀美疏朗"。余另有愛日軒所刻《金梁夢月詞》，爲盛宣懷舊藏，刻工爲陸貞一，寫刻精絶。

　　嘗見李慈銘同治戊辰(1868)有關《清尊集》讀書記一則，今録之："病卧閱《清尊集》，汪氏振綺堂所刻也。凡詩詞十六卷，作者七十六人。道光甲申至癸巳間，汪遠孫小米……等爲文酒之會，每月一集，分題賦詩，選其最而刻之。詩詞皆縛於浙派……而言必典雅，多關掌故，承平觴詠，風流可思。漢上題襟，玉山酬唱，相去正不遠耳。"

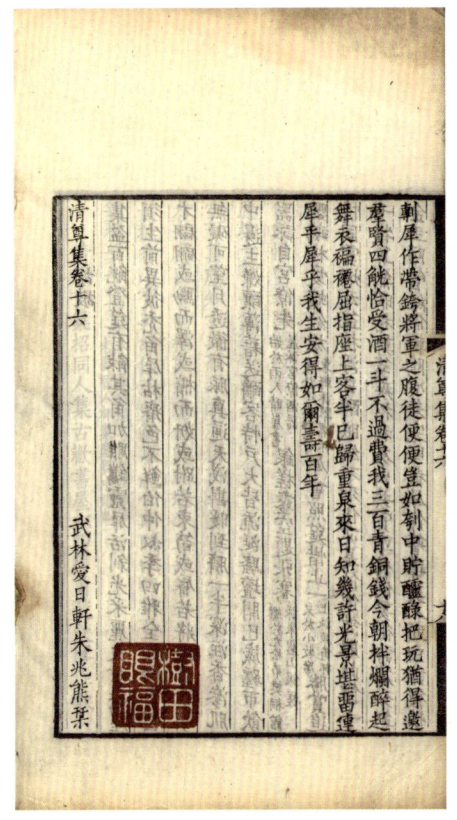

323　清尊集十六卷(2-2)

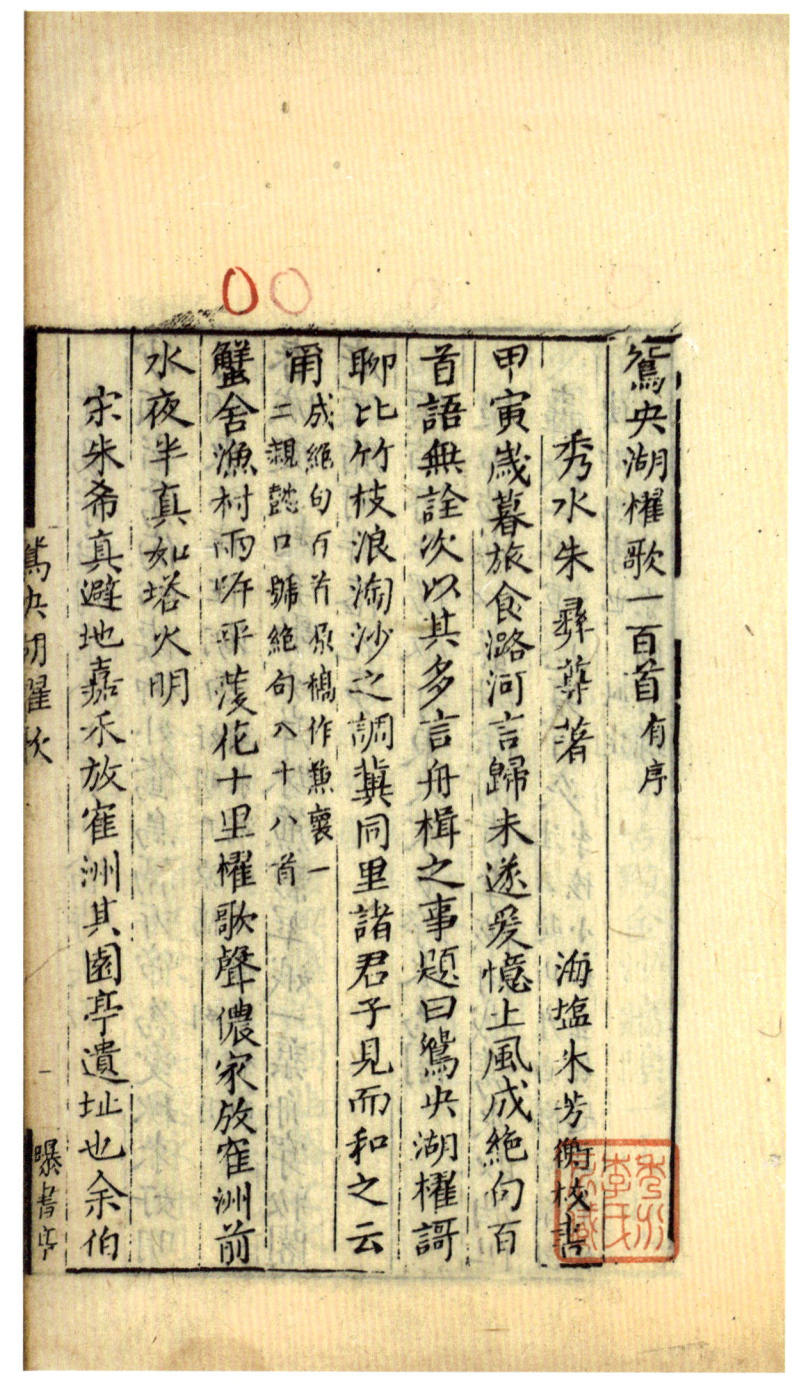

324　鴛鴦湖櫂歌(2-1)

324 鴛鴦湖櫂歌

清乾隆寫刻本。二册。扉葉右鎸"秀水朱竹垞、嘉興譚舟石唱和合編",左鎸"海鹽陸和仲、張芑堂和作附後"。卷前乾隆乙未(1775)梁同書序,次葉封序,次繆永謀序,次李符序。鈐"秀水李氏皮藏"印。

櫂歌最初爲民間操楫浮舟時所唱之歌,後經文人擬作,類似於竹枝詞。自朱彝尊《鴛鴦湖櫂歌》之後,唱和之作不斷。

此書刻尚精,傳本無多,似亦可入善本之列。近年拍場數見其蹤,受人追捧,身價不菲。

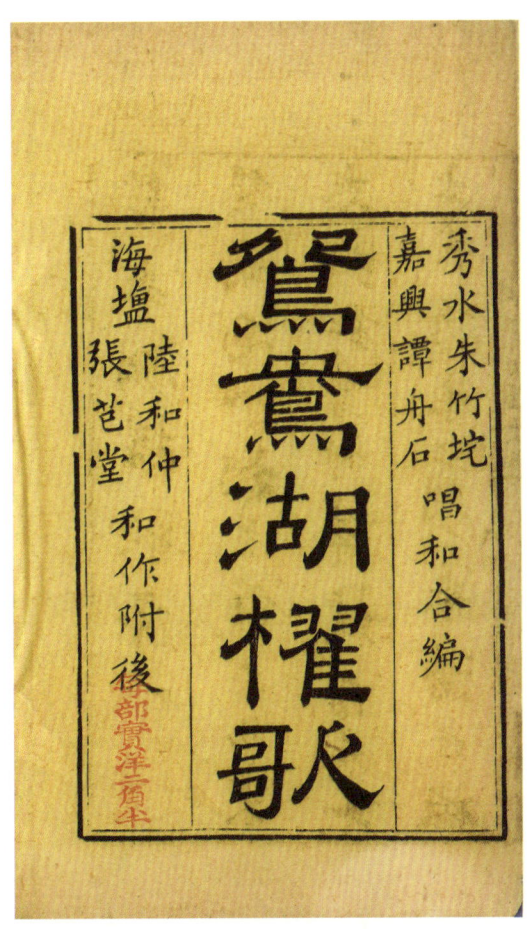

324 鴛鴦湖櫂歌(2-2)

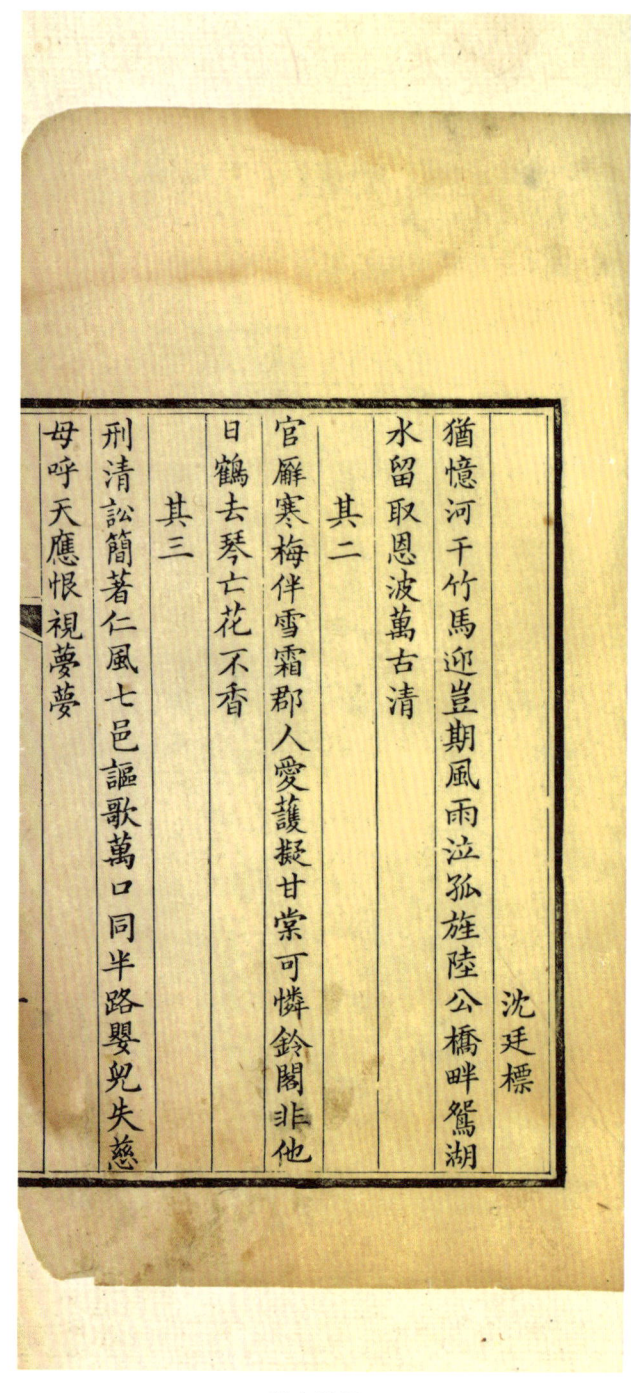

沈廷標

猶憶河干竹馬迎豈期風雨泣孤旌陸公橋畔鴛湖
水留取恩波萬古清
其二
官廨寒梅伴雪霜郡人愛護擬甘棠可憐鈴閣非他
日鶴去琴亡花不香
其三
母呼天應恨視夢夢
刑清訟簡著仁風七邑謳歌萬口同半路嬰兒失慈

325 鴛水絲聲

此爲哀悼馬淇理(字弦揮)之詩集。清乾隆刻本。白紙一册。卷前有乾隆十八年(1753)沈廷芳《中憲大夫弦揮馬公傳》,次《鴛水絲聲序》,乾隆庚午(1750)朱乾序。

於此三篇傳序,知馬氏爲山西介休人,"世爲山右望族",其祖上均有官職。馬淇理之父馬鍾華,先任錦州太守,又陞任兩浙鹽驛道,在任上"搜剔姦蠹、商民利賴,兩地人頌德不衰"。馬淇理少穎異,好爲沉博絶麗之文。曾任浙西中憲、知嘉興府事,任上訪積蠹、塞敝竇,漏規屏絶,絲毫無所染。後"憊精勞神,遘疾不起,易簀時猶諄諄以百姓爲念,無一語及家事。卒之日,士民巷哭,遠近聞之無不流涕"。於此可見馬氏生前政聲頗佳,致死後有此悼念專集,亦情理之中。

作悼詩者凡數十人。詩本無足觀,然此乾隆刻本寫刻甚精,且爲初印本,不可多得也。戊寅年(1998)於太原舊貨市場以廉值購得,遍查書目僅山西圖書館有藏,寒齋又多一稀見本也。

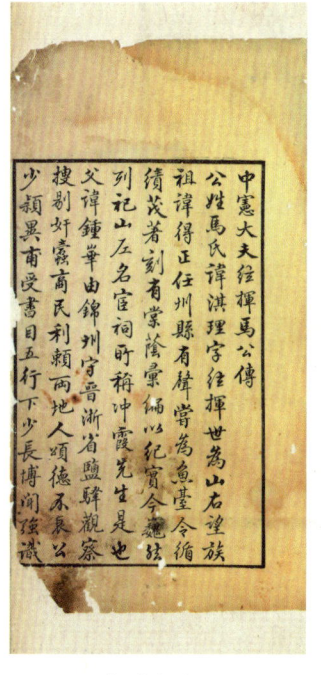

325 鴛水絲聲(3-2)

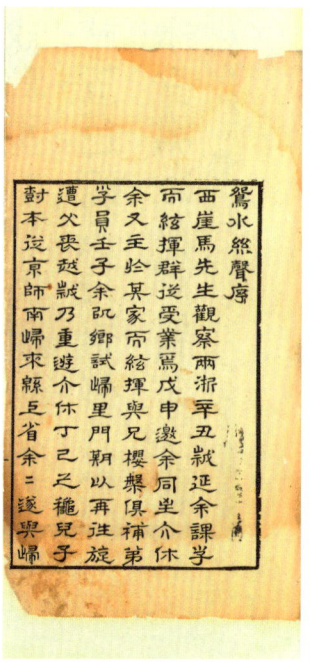

325 鴛水絲聲(3-3)

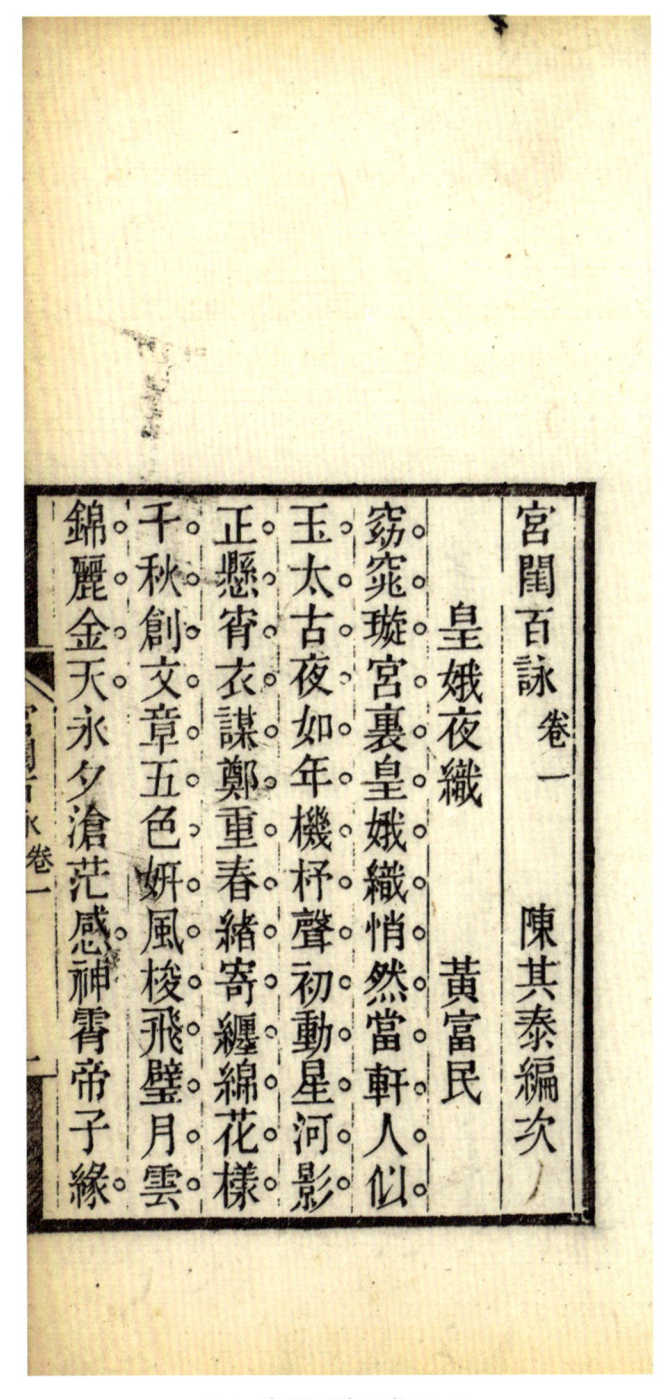

326 宮閨百詠四卷(3-1)

326　宮閨百詠四卷

　　清海鹽陳其泰編次,歸安俞潔參校。清道光間杭州陸貞一愛日軒刻本。白紙,巾箱二册。扉葉鐫"海鹽陳氏桐花鳳閣藏板"。

　　卷前有熊松之、陳其泰、李曾裕三序。後二序一在道光甲辰(1844)、一在乙巳(1845)。此乃詠史詩百餘首,作者爲黄富民、汪體信、汪本銓、蔣道英、温忠彦、李曾裕六人。蓋爲道光乙巳春李曾裕在京邸時與友人拈題各賦,彙訂成編。

　　愛日軒爲道光間杭州著名刻書坊,版本學家黄永年稱陸貞一愛日軒:"方體字刻汪氏振綺堂本《咸淳臨安志》及仿宋字刻《宮閨百詠》,爲其代表作。"

　　此書紙白如霜,小版心,刻字精整,精雅可愛,堪供玩賞。

326　宮閨百詠四卷(3-2)

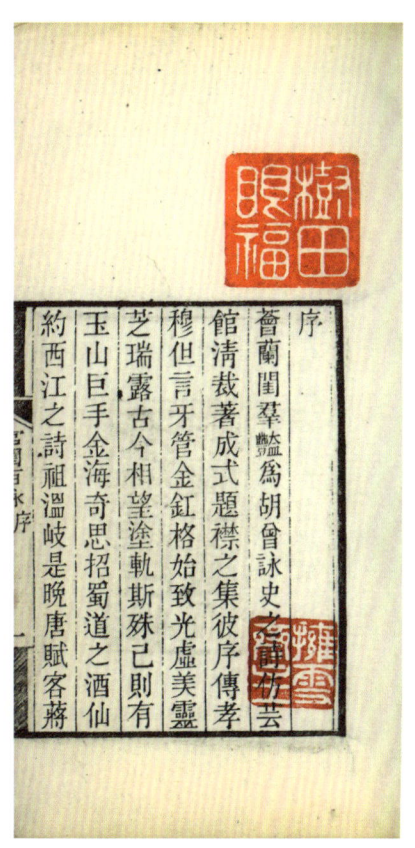

326　宮閨百詠四卷(3-3)

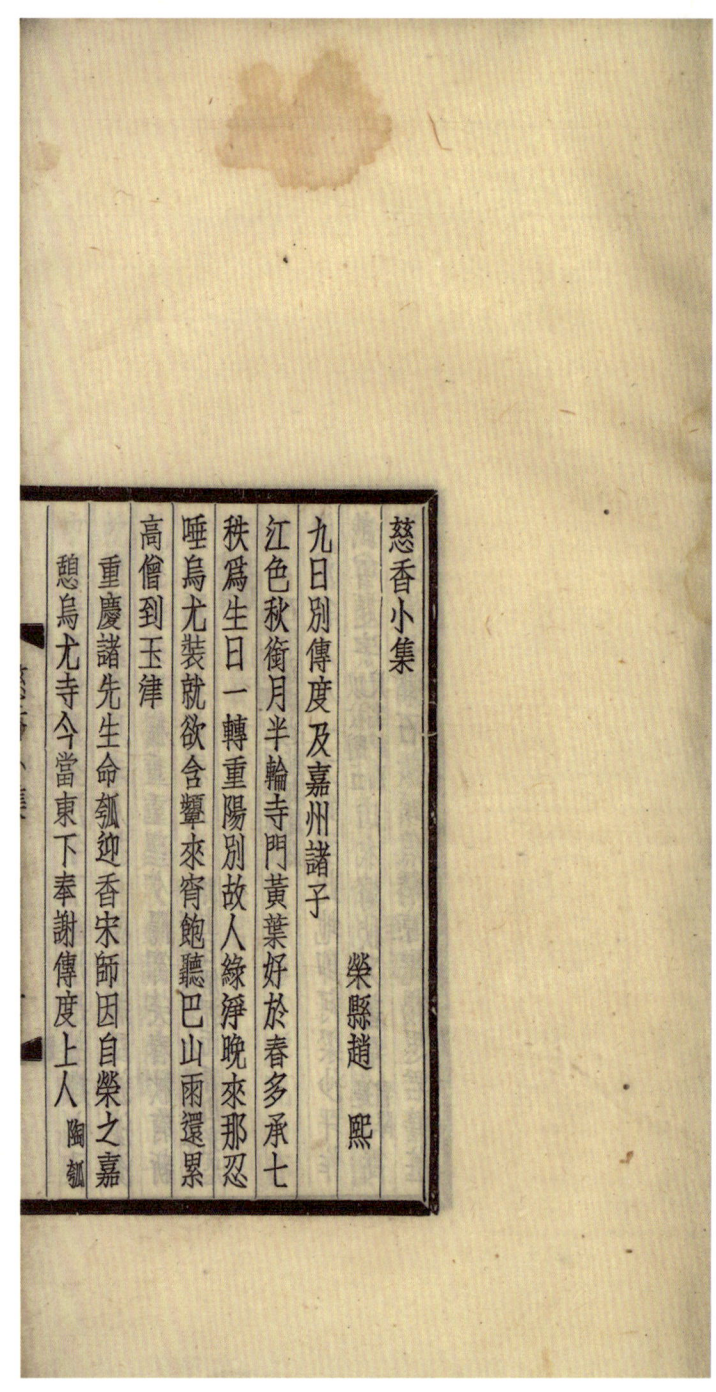

327　慈香小集(2-1)

327 慈香小集

趙熙等撰。民國間刊。白紙一册。封面墨書"尹仲老惠存,李奎安敬贈",並鈐"李奎安印"。

一九三六年,趙熙七十大壽,樂山、重慶兩地門人,邀先生往臨重慶一游。九月初,先生携家眷達渝,住觀音岩下慈香閣。門生故舊輪流宴請,選題唱和,後輯爲《慈香小集》。

李奎安,名光文,別號葵庵居士,光緒五年(1879)生於巴縣,曾任巴縣議事會議長,一九四〇年由于右任提名任重慶第二届臨時參議會副議長。

卷前丁丑(1937)春李伯愷序,稱:"……半載唫詩哀然,葵庵曰'宜存爲雅集',於是葵庵子健夫手録之,題曰《慈香小集》。"

辛巳(2001)夏購於京城一地下旅社。當年余每至潘家園,必於前一日晚至附近一地下旅社尋訪古書,乃先下手之意。書獲後,初以爲木活字本,非也。

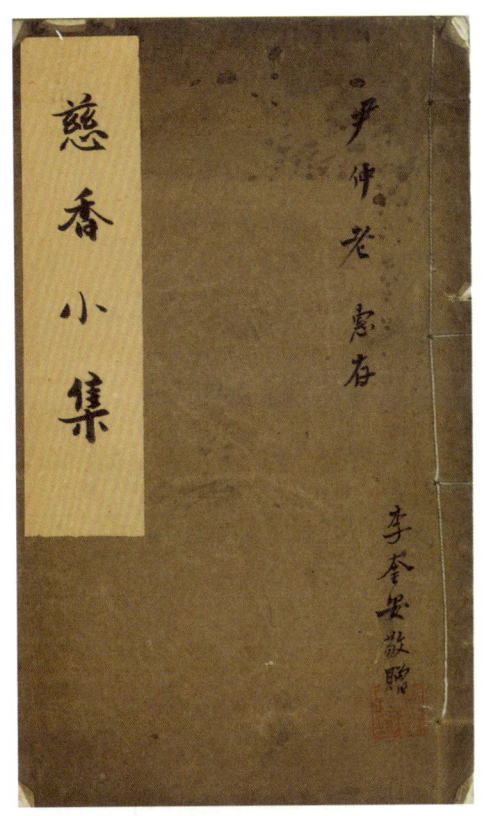

327 慈香小集(2-2)

擁雪齋藏書志

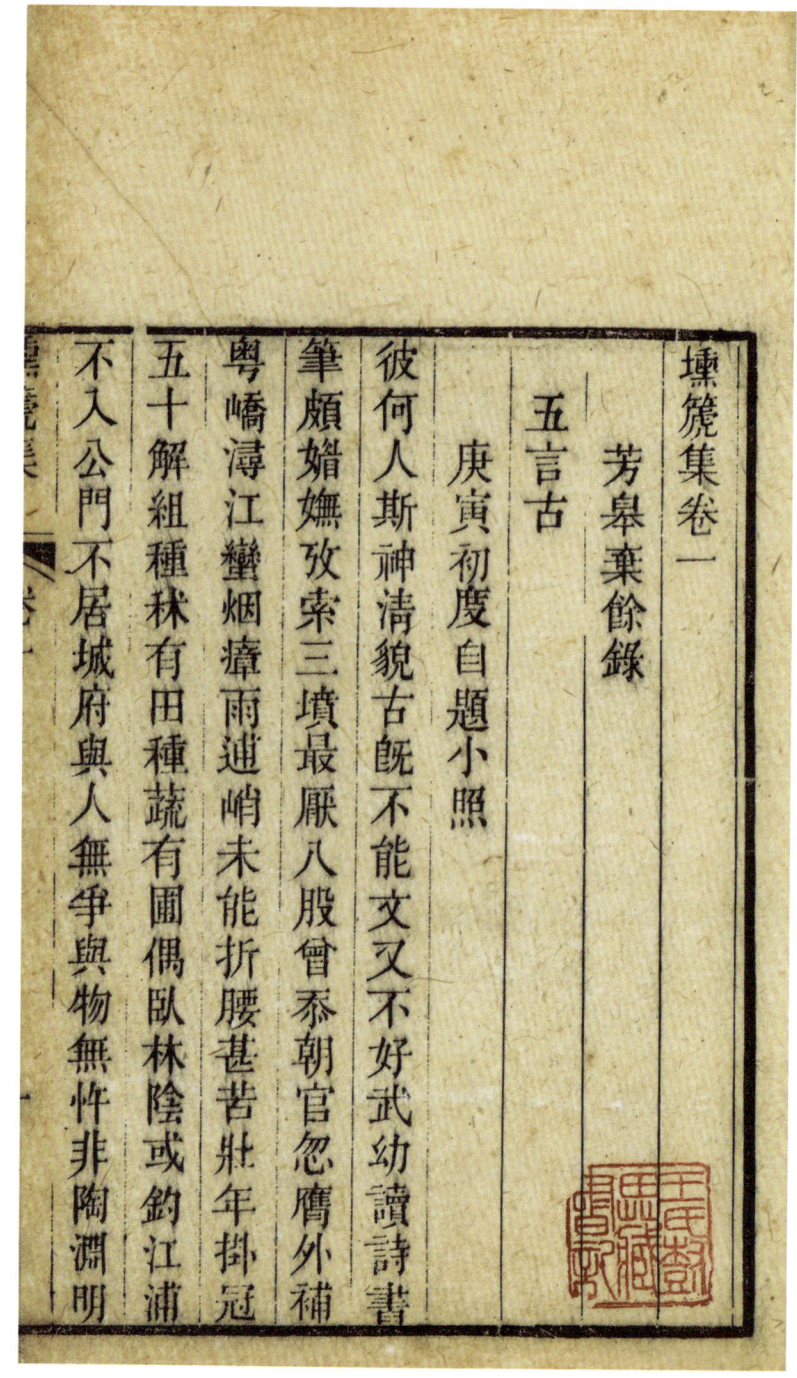

壎篴集卷一

芳皋棄餘錄

五言古

庚寅初度自題小照

彼何人斯神清貌古既不能文又不好武幼讀詩書
肇頗媚嫵效索三墳最厭八股曾忝朝官忽鷹外補
粵嶠潯江蠻烟瘴雨遄屆峭未能折腰甚若壯年掛冠
五十解組種秫有田種蔬有圃偶臥林陰或釣江浦
不入公門不居城府與人無爭與物無忤非陶淵明

328 壎篪集十卷

清劉澤、劉沅撰。清咸豐二年（1852）豫誠堂刻本。存卷一至卷六，一册。

卷前咸豐二年劉沅序，時年八十二歲。

壎、篪皆樂器之名。《詩經》有"伯氏吹壎，仲氏吹篪"之句，後常用以命名兄弟合集。劉澤逝後，其弟劉沅將其兄遺作與己詩合刻刊行，故名《壎篪集》。

劉澤，字芳皋，嘉慶六年（1801）進士，六十歲後任天門知縣，官至直隸鬱林州知府。

劉沅，字止唐，號清陽，又稱"槐軒"，四川雙流人。三次會試均不中，後潛心著述，成《槐軒全書》，收著作二十二種。咸豐五年（1855）卒，年八十八歲。

此書爲咸豐二年初刻本，殊少見。另有咸豐十年（1860）虛受齋刻本、民國二十二年（1933）鮮于氏特園刻本（或影印本）等。

此書獲於平遥侯高昇舍，惜不全。

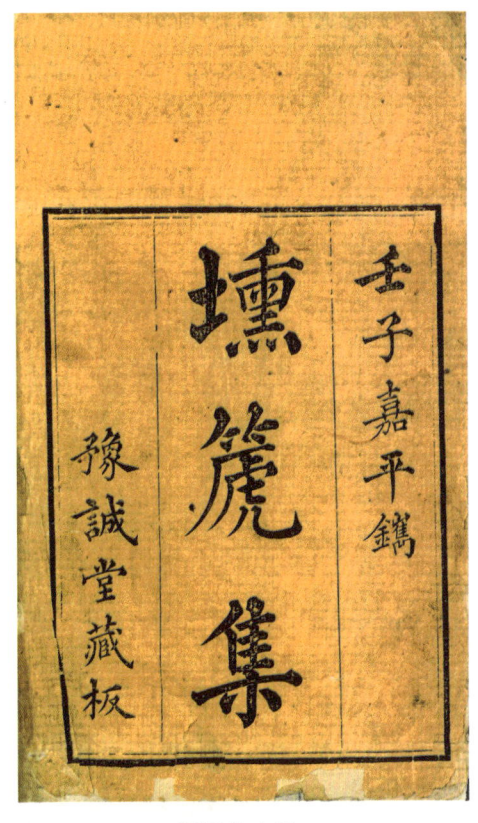

328 壎篪集十卷（2-2）

是賢乎微生畝

戴熙

以賢許先覺者而自命為賢者可進述焉夫曰賢則非先覺者不克當也彼微生畝者豈有當于賢者乎而見為誌乎且天下有世所推許之皆必思其名之克赴乎其人也乃有論其名本為聖門所足重之名而溯其人又為當世所不足重之人豈彼亦有當于衡量者乎而何其姓氏之藉藉人口也如不逆不億而仍先覺者斯其人何如乎而且夫天之生斯民也使先覺覺後覺伊尹不嘗於吠畝中惡其微哉則若是者吾安得不以為賢乎夫賢必有賢之實入世而博聞望者吾知其抱慙于隱微者多也聞風雨而思君

329　水月樓文

　　清戴熙、謝家禾撰。清道光壬辰(1832)書帶草堂藏版。竹紙一册。

　　此書爲戴熙、謝家禾當年爲應試所作八股文,其中戴熙所作十九篇,另有其評語十餘則。

　　戴熙,字醇士,號鹿床、榆庵,錢塘人,祖籍休寧。道光十二年(1832)進士,官至兵部左侍郎,死於太平軍克杭,謚文節。著有《習苦齋文集》四卷、《習苦齋詩集》八卷、《習苦齋畫絮》十卷等。

　　謝家禾,字和甫,錢塘人,清代數學家,與同學戴熙相友善。少嗜西學,尤精算學,撰《衍元要義》一卷、《弧田問率》一卷等。其殁後,戴熙搜其遺稿而梓。

　　此書曩購於安徽歙縣,以或可補戴熙遺文而收存之。

　　此書未見著録。

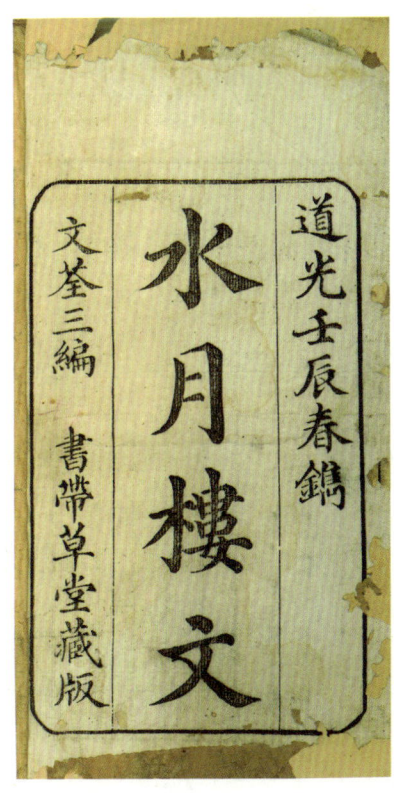

329　水月樓文(2-2)

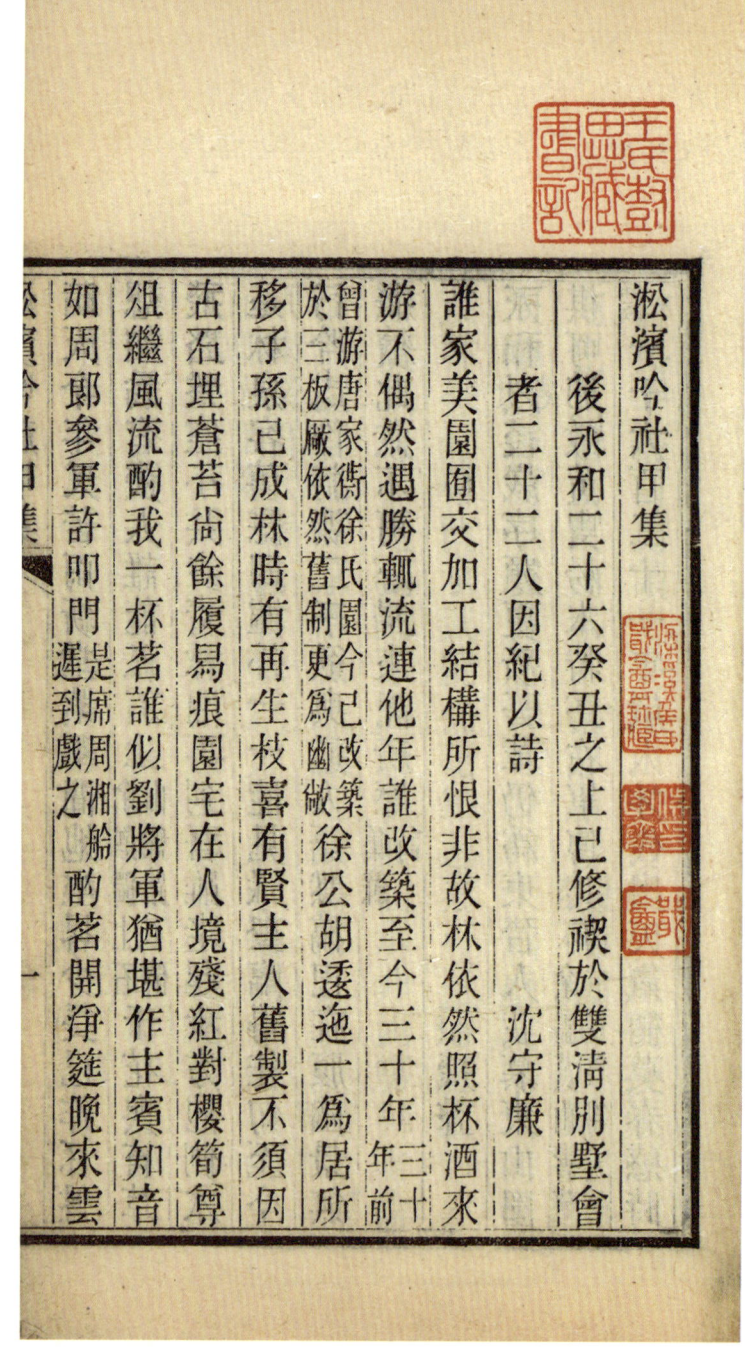

淞濱吟社甲集

後永和二十六癸丑之上巳修禊於雙清別墅會
者二十二人因紀以詩
　　　　　　　　　　　沈守廉
誰家美園圃交加工結構所恨非故林依然照杯酒來
游不偶然遇勝輒流連他年誰改築至今三十年前
曾游唐家衛徐氏園今已改築徐公胡逶迤一爲居所
於三板厰依然舊制更爲幽敞
移子孫已成林時有再生枝喜有賢主人舊製不須因
古石埋蒼苔尙餘履舄痕園宅在人境殘紅對櫻筍尊
俎繼風流酌我一杯茗誰似劉將軍猶堪作主賓知音
如周郎參軍許叩門　是席周湘舲酌茗開淨筵晚來雲
　　　　遲到戲之

330　淞濱吟社集

一九一五年吳興周氏夢坡室刻本。竹紙二册。卷前楊鐘羲、周慶雲序。封面墨書"戊午秋季顧靜吾兄持贈",鈐"學愈字伯文印""曾藏侯伯文家""戢盫"等印。

"淞濱吟社"是民國初年周慶雲、劉承幹等人仿宋元之際遺民吳渭的"月泉吟社",在上海創辦的"遺民詩社"。詩社自一九一三年至一九二五年,共存在了十三年。其中有劉承幹、繆荃孫、徐乃昌、吳昌碩、劉世珩等數十人。這些人在一九一二年武昌起義後流寓海上,詩酒自放,抒發遺民之思、故國之感。

侯學愈,字伯文,別署戢盫,無錫人。教授鄉里三十年,弟子著籍數百人,家蓄圖書數萬卷,手自校刊鄉賢遺著十餘種。學愈《自叙》道:"半生無他嗜好,惟酷喜羅致圖書,遨遊山水,卅年來收藏插架經史子集四部,得三萬二千四百卷。"撰有《尊賢祠考略》六卷、《環溪草堂詩稿》八卷、《吟鷗水榭詩稿》四卷等。

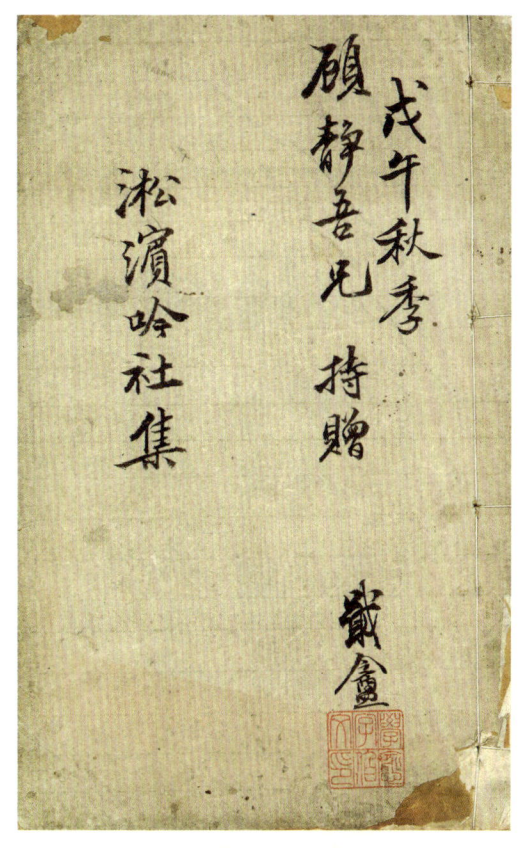

330　淞濱吟社集(2-2)

夢坡室主爲周慶雲,字星雲,號夢坡,浙江吳興人,爲南潯巨富,精於書、畫、金石,收藏頗富。藏書十餘萬卷。著有《夢坡詩文》《南潯志》《莫干山志》《夢坡室獲古叢編》等。一九三三年病逝於上海。

呼和浩特市書商段某,二十世紀八十年代末與他人合夥從無錫古舊書店獲書一大批,內有此册。田濤在《田說古籍》中說無錫古舊書店"由於古籍貨源缺乏,經營無方,終於改換門庭"。即暗指此事。

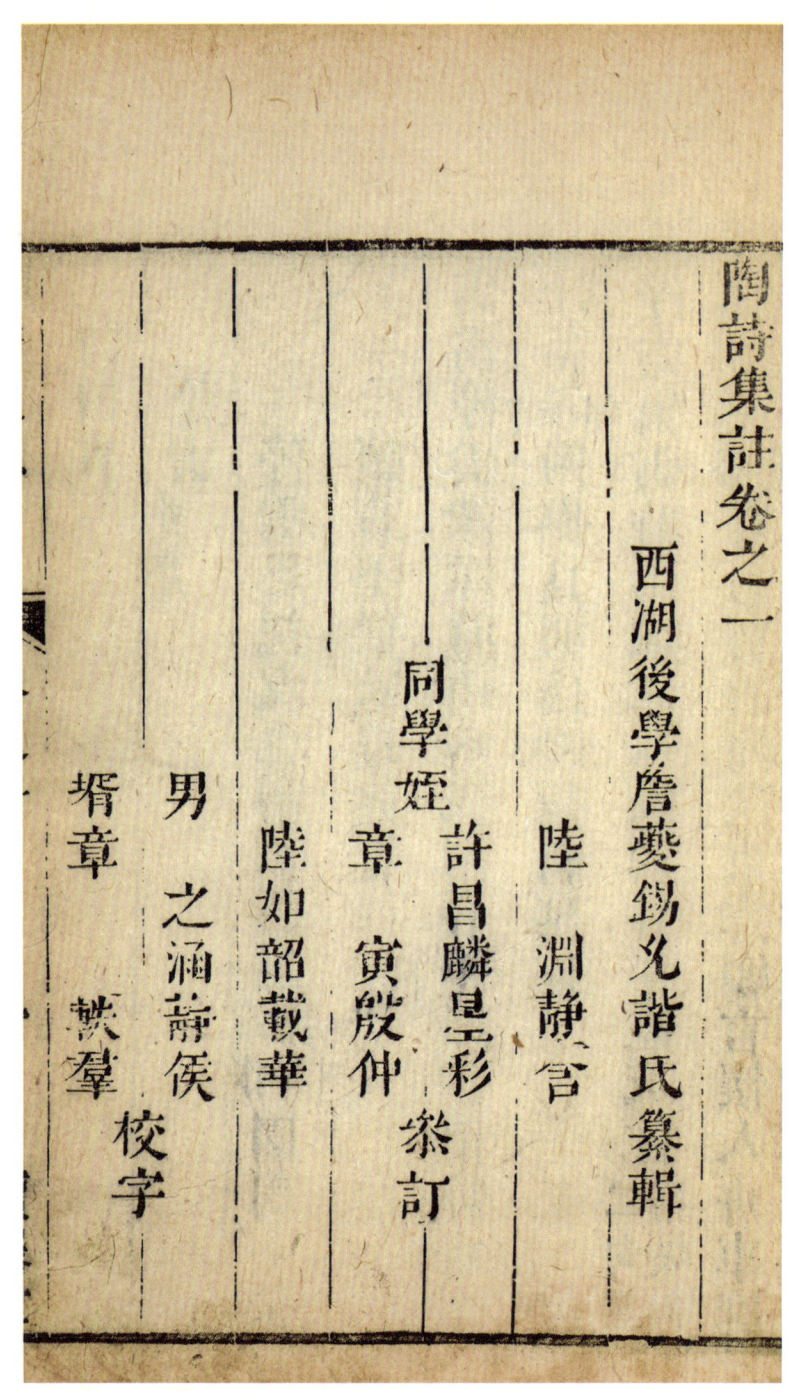

331　陶詩集註四卷附錄一卷（2-1）

331　陶詩集註四卷附録一卷

　　清詹夔錫纂輯。清康熙刻本。二册。後附《東坡和陶集》一卷。卷前有康熙甲戌年(1694)序。扉葉鎸"陶淵明詩集箋注,同人堂藏板",版心下鎸"寶墨堂"。

　　據周作人《陶集小記》載,《陶詩集註》爲四册,除册數不符餘皆合,未知是否此版本？周氏藏《陶集》二十餘種,除是書外,余藏另有兩部爲周氏所無,即胡鳳丹刻《陶淵明集》、套印本《陶淵明詩》。周氏散文冲淡而有味,恐與偏愛陶詩並受其影響不無關係也。

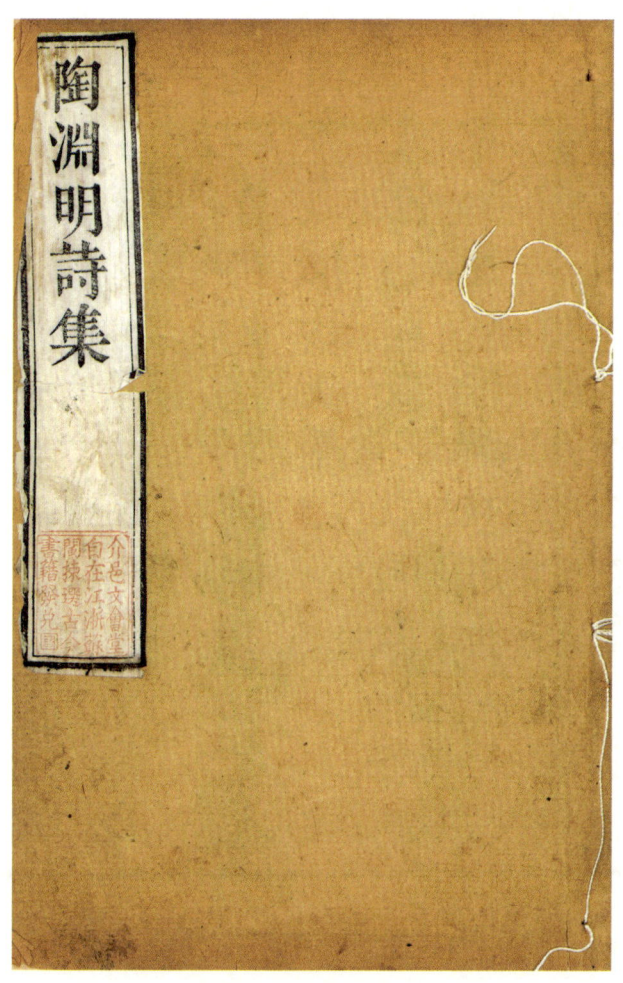

331　陶詩集註四卷附録一卷(2-2)

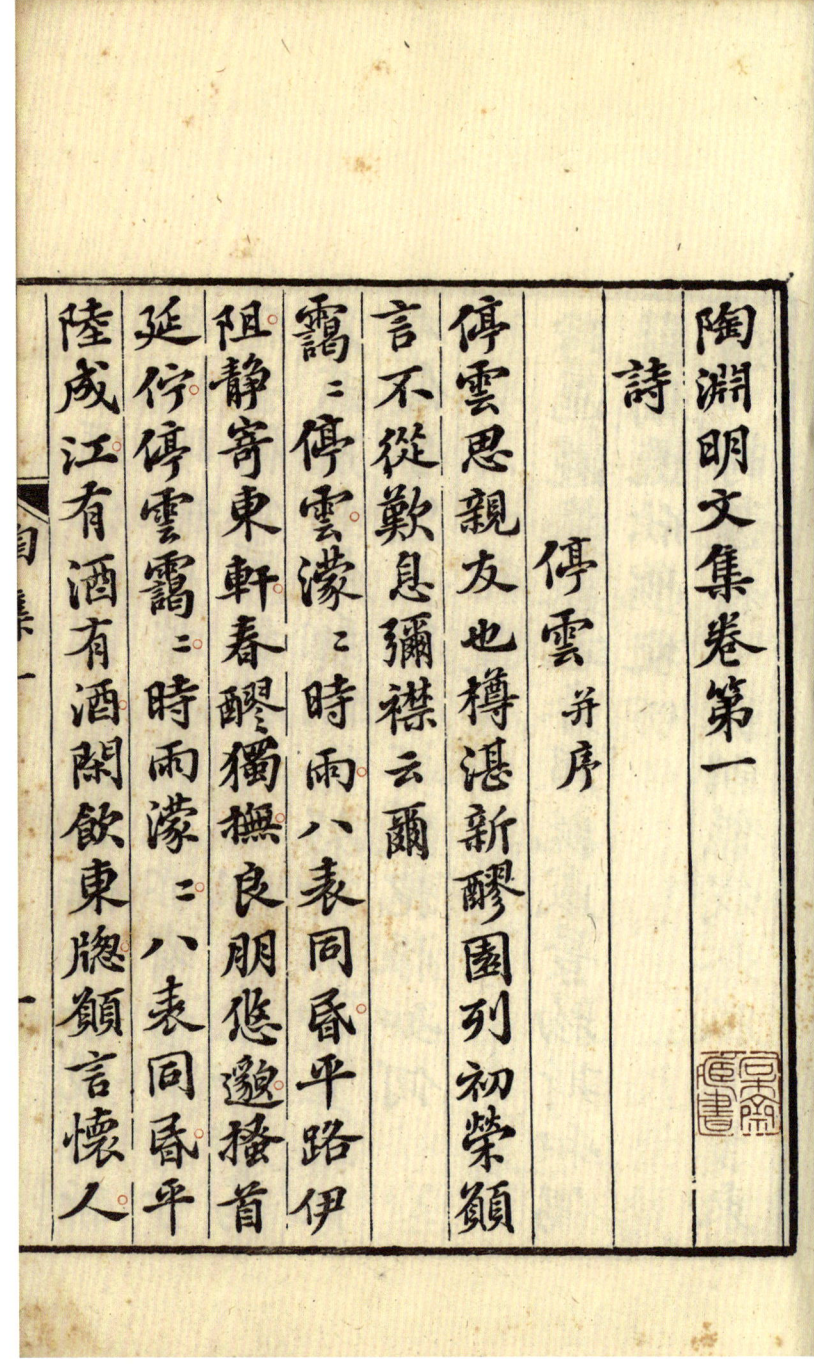

陶淵明文集卷第一

詩

停雲 并序

停雲思親友也樽湛新醪園列初榮願
言不從歎息彌襟云爾

停雲靄靄時雨濛濛八表同昏平路伊
阻靜寄東軒春醪獨撫良朋悠邈搔首
延佇停雲靄靄時雨濛濛八表同昏平
陸成江有酒有酒閒飲東窗願言懷人

332　陶淵明文集十卷

清光緒間愛廬校刊,胡錫燕仿蘇寫本。卷末有光緒己卯(1879)陳澧題記,稱:"湘潭胡伯薊性孤介,隱居不仕。好陶詩,又好東坡書,偶得汲古閣《陶集》,字體似蘇者,喜而臨一本以寄余。伯薊没後,其弟桐生取以付梓,甫開雕而桐生又没。吾邑俞秀山慨然命工刻成之。秀山與伯薊兄弟未謀面而有此雅誼,使《陶集》善本及伯薊妙墨流傳於世,良足尚也。"

此書二册,開本闊大,字體優美,誠近代之善本也。是書丙子(1996)春獲於廊坊陳東,其時雖有惜售之意,而終以數百金易主。

332　陶淵明文集十卷(3-2)

332　陶淵明文集十卷(3-3)

陶淵明詩

停雲一首

停雲思親友也罇湛新醪園列初榮願言
不從歎息〈想一作彌〉襟

靄靄停雲濛濛時雨八表同昏平路伊阻
靜寄東軒春醪獨撫良朋悠邈搔首延佇〈仁一作舟車〉
停雲靄靄時雨濛濛八表同昏平陸成江
有酒有酒閒飲東牕願言懷人〈仁一作舟車〉
靡靡東園之樹枝條〈葉一作〉載榮競用新好
〈競一作〉朋親〈新好一作〉以招怡〈一作余〉情人亦有言曰

333 陶淵明詩

　　此據宋曾集本影刊。原一册訂二册。半葉十行十六字。刊者不詳,清代無疑。卷前有昭文瞿氏書目跋尾,曾集序,後附文、傳等。

　　影刊本以保存古書之原貌見長。今古本難以得見,獲此仿本亦可望梅止渴矣。又古物歷來有贋品之説,唯書之贋品不可與之同論,蓋其文獻價值不變也。

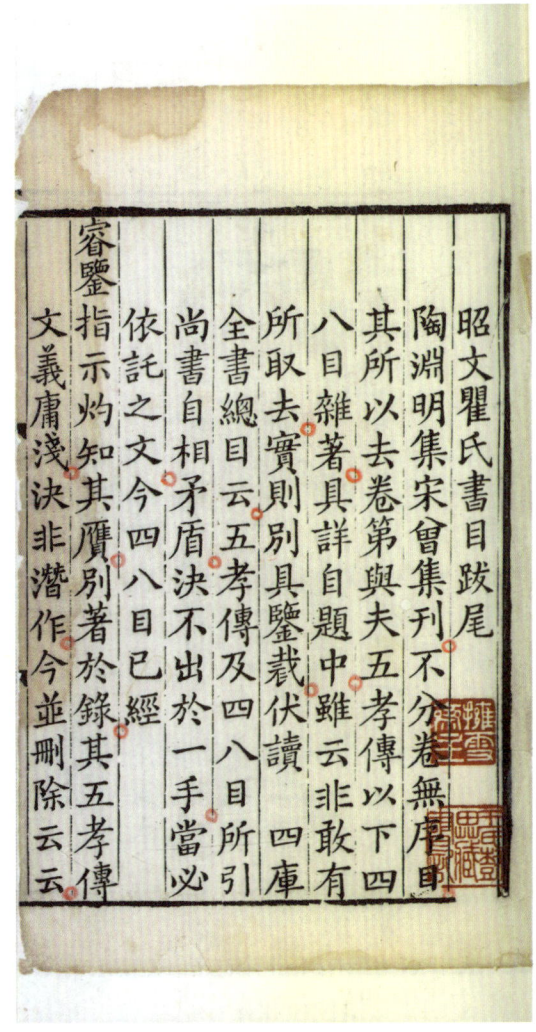

333　陶淵明詩(2-2)

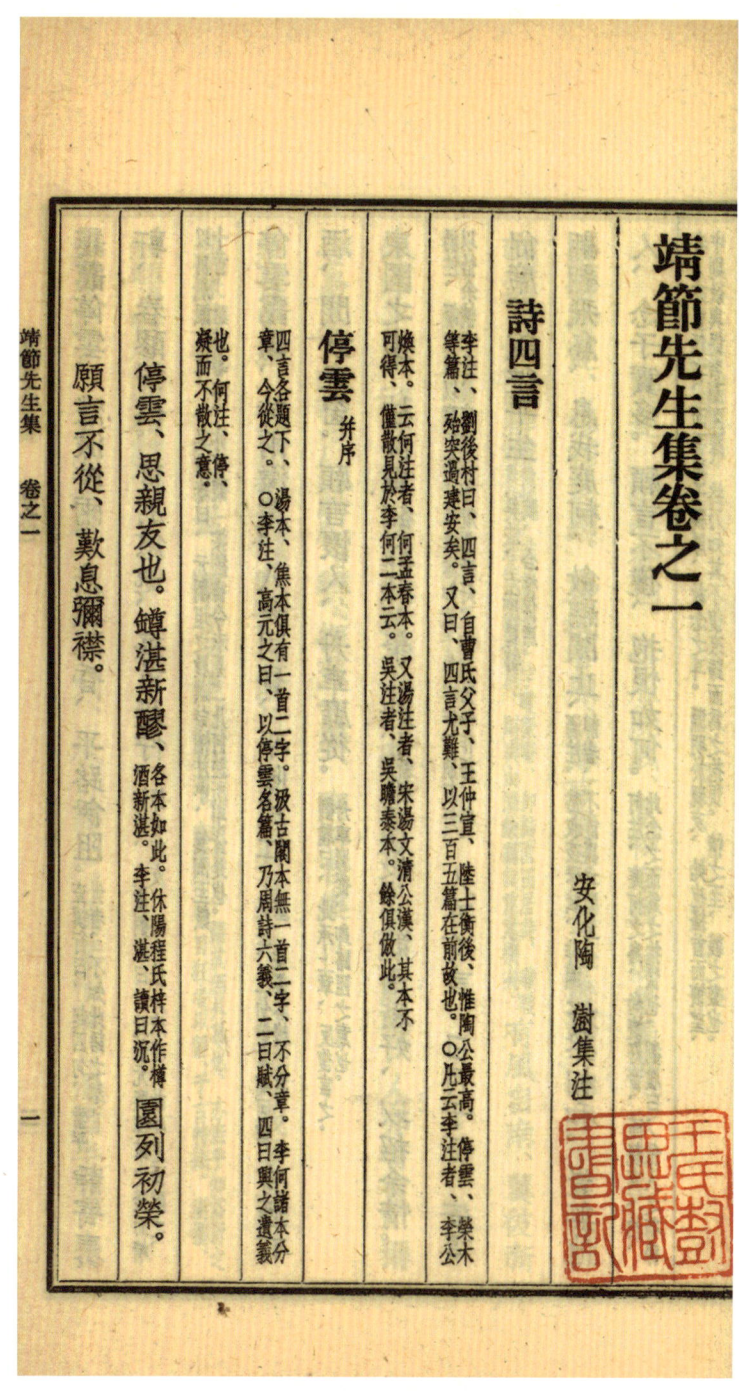

334 靖節先生集十卷(2-1)

334　靖節先生集十卷

　　晉陶潛撰,清陶澍集注。一九五六年文學古籍刊行社刊。綫裝二册。鈐"長樂鄭振鐸西諦藏書"朱印。

　　鄭振鐸爲余所深喜者,無論性情還是藏書之執著。王叔磐老先生生前知余有此好,特將此書贈余,又命余複印一部交他,是不舍其内容,而余獨愛其乃西諦舊藏也。今先生墓有宿草,憶昔忘年之交,頗動情懷。

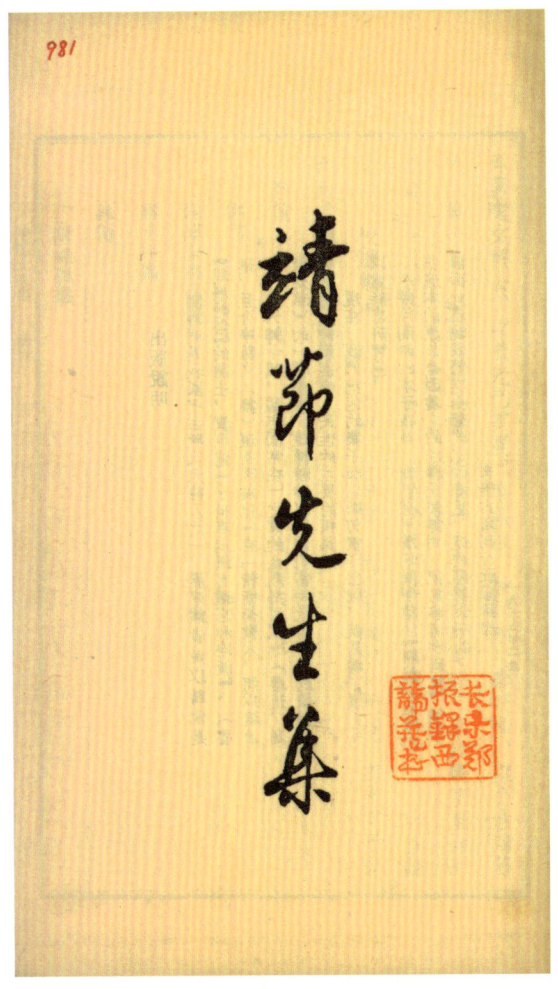

334　靖節先生集十卷(2-2)

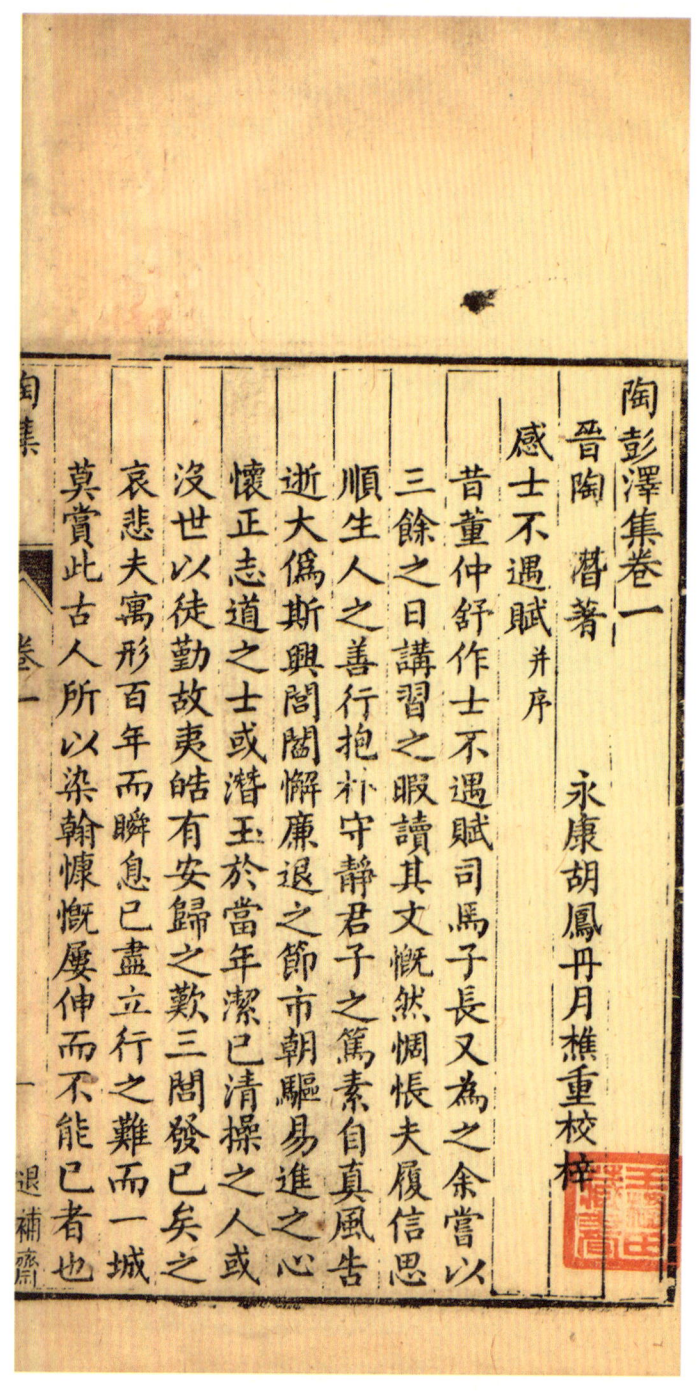

335 陶彭澤集六卷(2-1)

335　陶彭澤集六卷

晉陶潛撰。清同治九年(1870)永康胡氏退補齋刻本。二册。《六朝四家集》本。封面墨書"丙寅三月十日早遊小市所得"。卷末有"蟄公讀過"一行四字。

蟄公,或爲清人曾習經,又或爲清張培榮之字號。

此書早年間購於京城冷攤。胡鳳丹退補齋刻本皆精好,余另藏有幾種。其後人胡某某數年前從拍賣行大肆購買古書,以致書價陡漲,後忽又轉而自辦拍賣公司拍賣古籍,亦可視爲書林逸話。

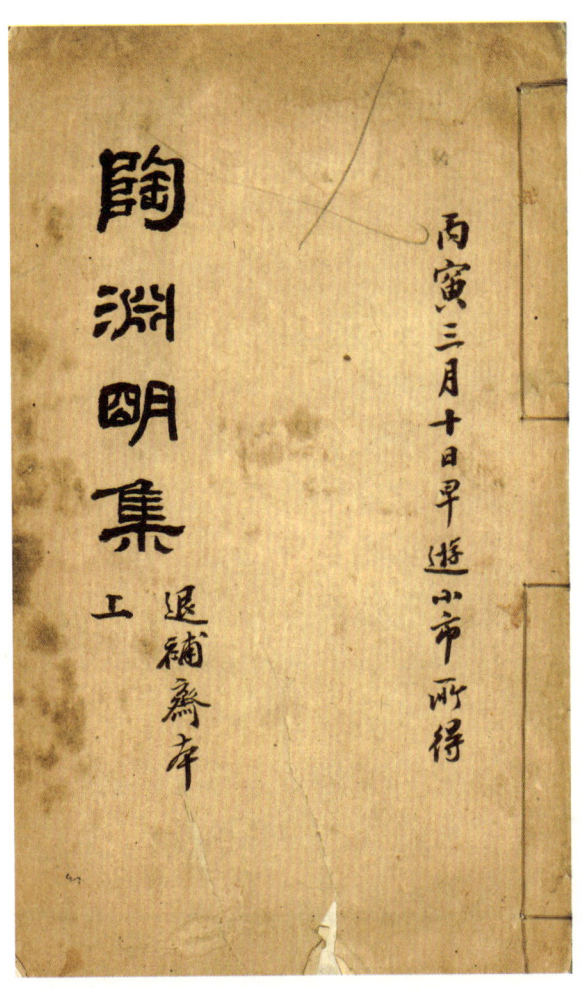

335　陶彭澤集六卷(2-2)

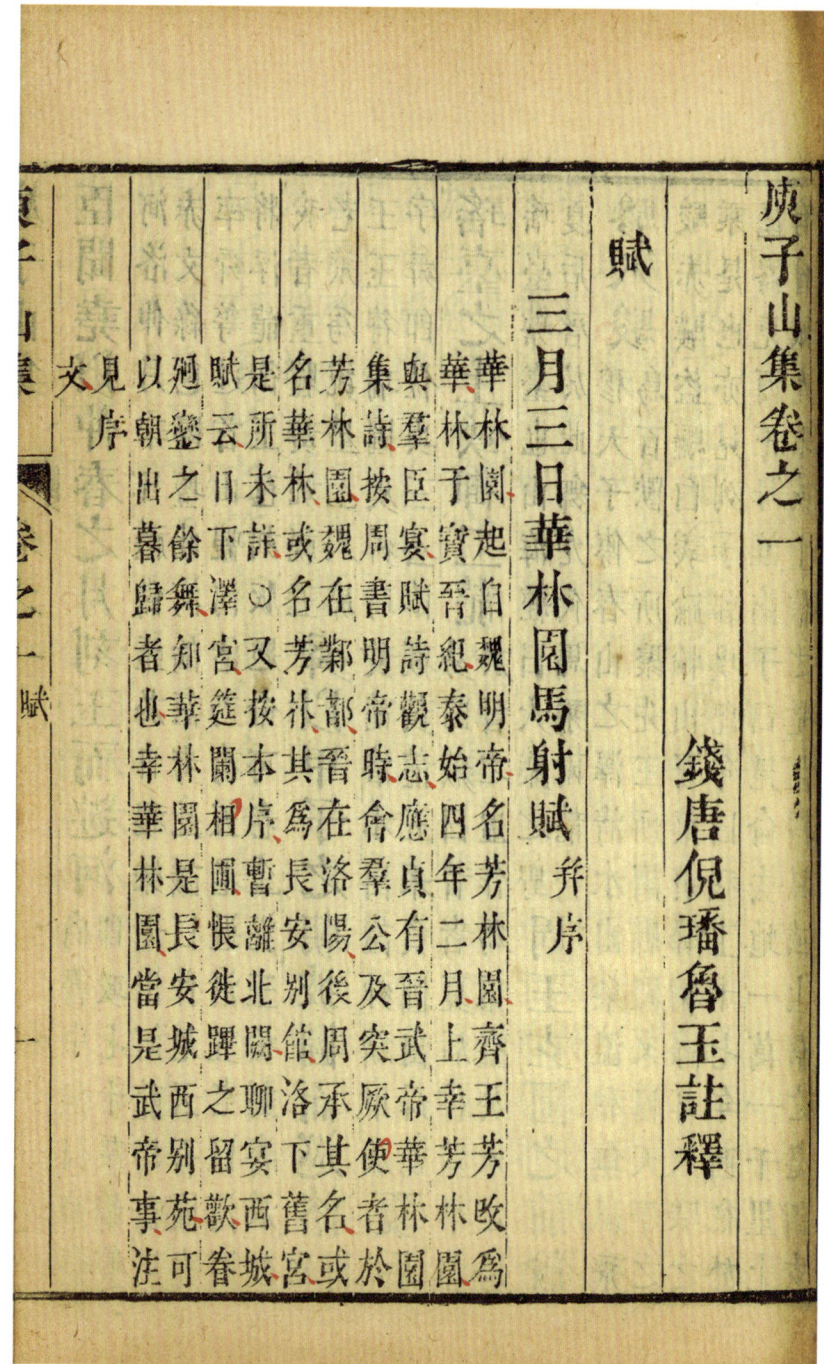

336　庚子山集十六卷

北周庾信撰，清倪璠註釋。清刻本。竹紙十二册一夾。鈐"孫桐長壽""鑑湖珍藏""行有佗齋主人""辛酉年購於福省軍署"印。

庾信，字子山。原集二十卷早佚，今傳各本皆後人所輯。清倪璠註釋的十六卷本較完備，《四庫全書》即采用此本。此本有康熙二十六年（1687）崇岫堂本、道光間善成堂本，改裝爲十二册，此本似爲道光本。

丁丑（1997）秋海王邨辦古籍書市，余得以幸獲此書，價僅一百五十元，連該店彭震堯亦大呼便宜。時至今日，僅所附楠木夾板便不止此價。

夏孫桐，字潤枝，晚號閏庵，江蘇江陰人，光緒十八年（1892）進士，歷官湖州、寧波、杭州等地知府，民國初入清史館，著有《觀所尚齋文存》《悔龕詞》二卷。一九四一年十二月二十二日卒。另鈐藏印三枚，未知何人。

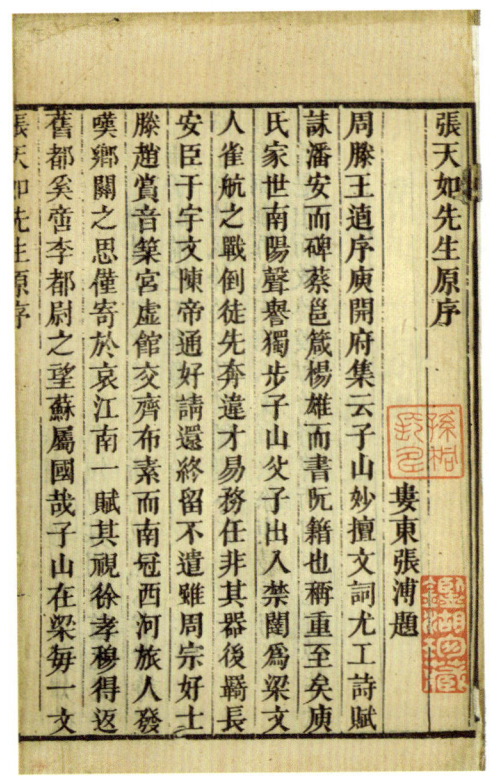

336　庚子山集十六卷（2-2）

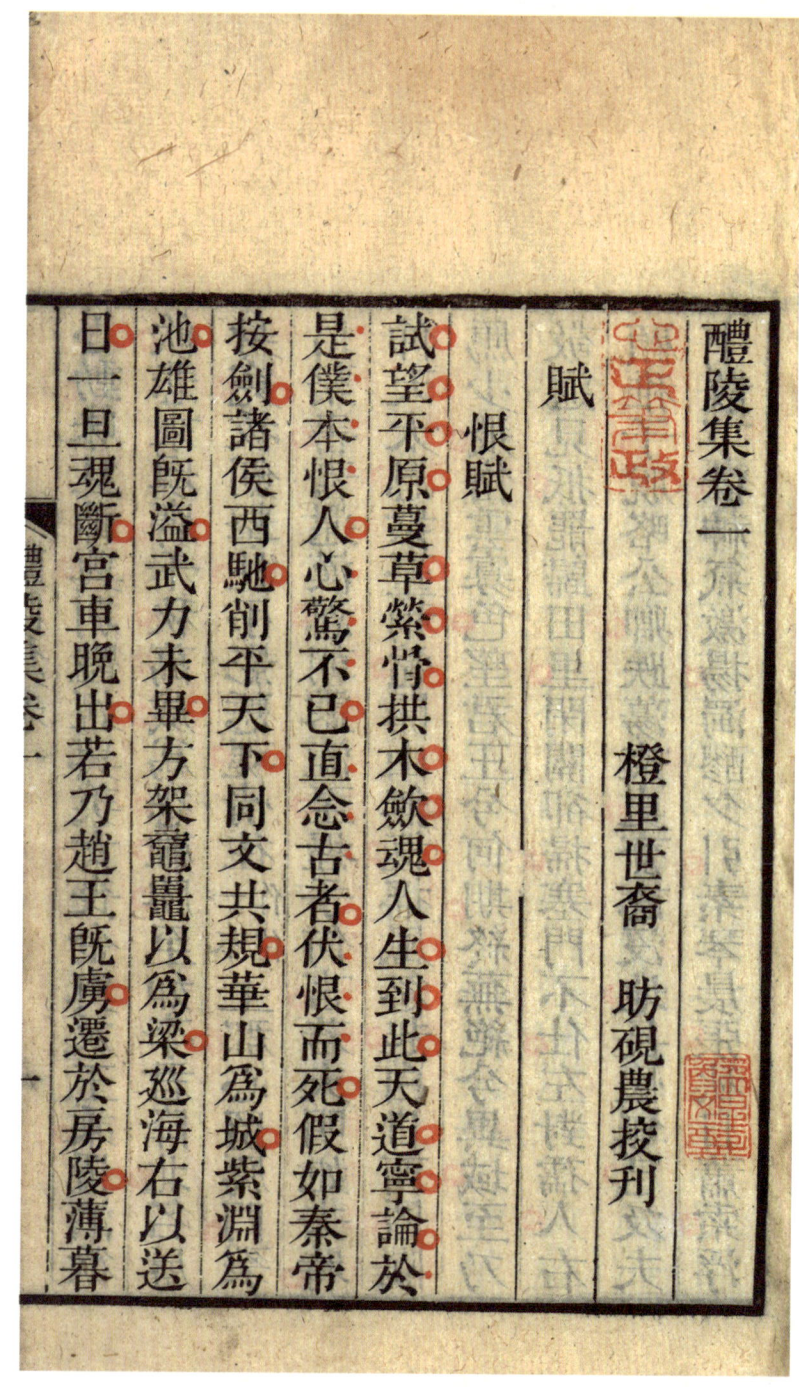

337　醴陵集十卷

南朝江淹撰。清嘉慶庚申(1800)二分明月樓藏板,重刊乾隆乙亥(1755)江昉刻本。竹紙二册。

江淹,字文通,濟陽考城人。早年文思敏捷,頗負盛名,晚年則大不如前,致有"江郎才盡"之譏。江淹於梁天監六年(507)封醴陵侯,故晚年將自己作品結集爲《醴陵集》十卷,并自序云:"人生當適性爲樂,安能精意苦力,求身後之名哉? 故自少及長,未嘗著書,惟集十卷,謂如此足矣。"卷末有乾隆乙亥江昉跋,次嘉慶庚申江士相跋。卷内鈐"松翠堂"等印。

張甄陶,字希周,號惕庵,室名松翠堂,福建福清人。乾隆十年(1745)進士,歷任廣東鶴山、香山、新會、揭陽等縣知縣,因丁憂去官,後授雲南昆明知縣,主講五華書院、貴州貴山書院,晚年因病回福建,主講鼇峰書院。著有《松翠堂文集》《惕庵雜録》,在廣東時有《學實政録》。

二十世紀九十年代,余從歙縣程振邦處購書不斷,其時頗有佳册,惜兩地距離遥遠,好書多被捷足者先行購去,此其剩餘之書,存之已多年矣。

孟憲鈞在其《紙潤墨香話古籍》一書中,稱此江刻本爲清代宋體字精刻本之代表。

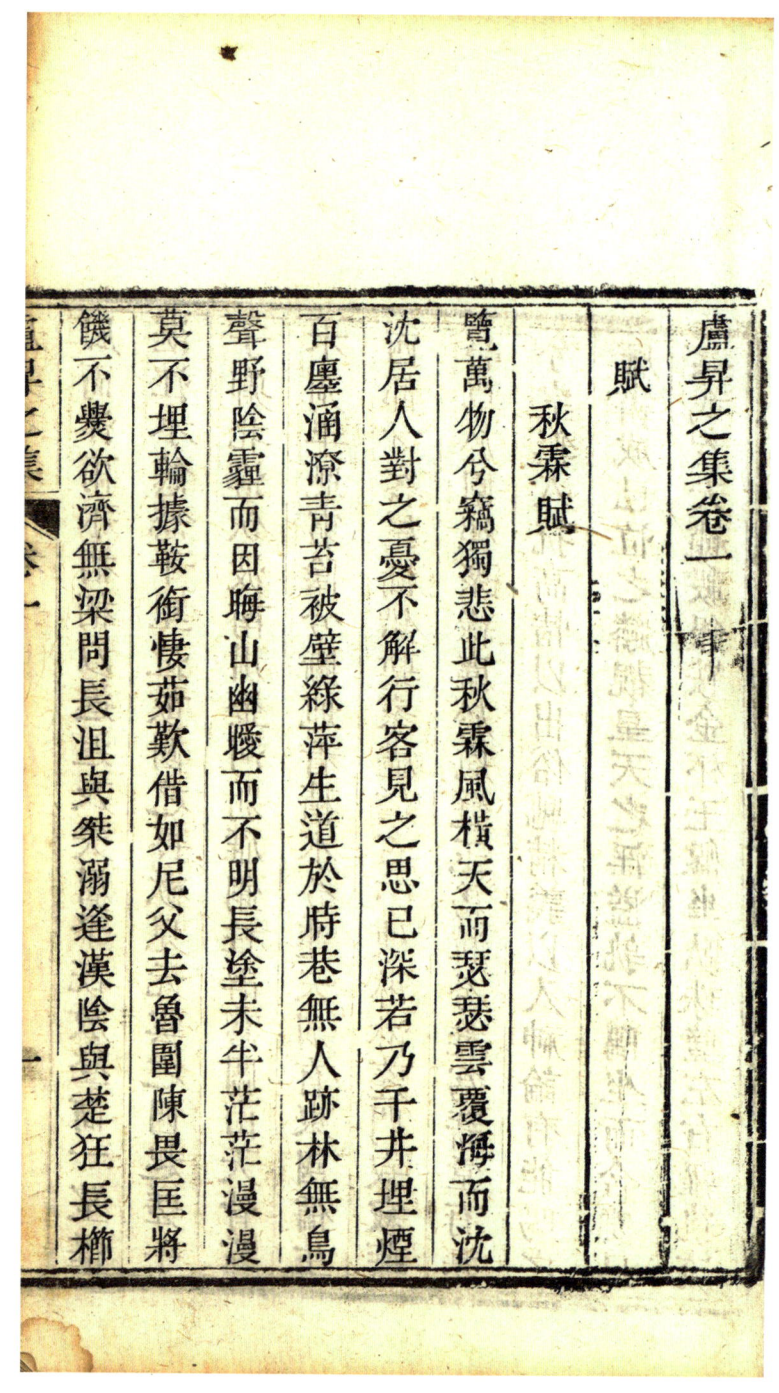

盧昇之集卷一

賦

秋霖賦

覽萬物兮竊獨悲此秋霖風橫天而瑟瑟雲覆海而沈沈居人對之憂不解行客見之思已深若乃千井埋煙百塵涌潦青苔被壁綠萍生道於時巷無人跡林無鳥聲野陰霾而因晦山幽曖而不明長塗未牛茫茫漫漫莫不埋輪據鞍銜悽茹歎借如尼父去魯囧陳畏匡饑不糇欲濟無梁問長沮與桀溺逢漢陰與楚狂長櫛

338　盧昇之集七卷

唐盧照鄰撰。清乾隆四十六年(1781)星渚項氏刊本。《初唐四傑》本。一冊。

盧照鄰,字昇之,自號幽憂子,幽州范陽人,與駱賓王、王勃、楊炯並稱初唐四傑。後染風疾,且貧困交加,與親屬決,自沉潁水。

己卯(1999)春至山西,於介休武氏古舊書店獲此書,承留飯。出門春雨霏霏,一路泥濘。

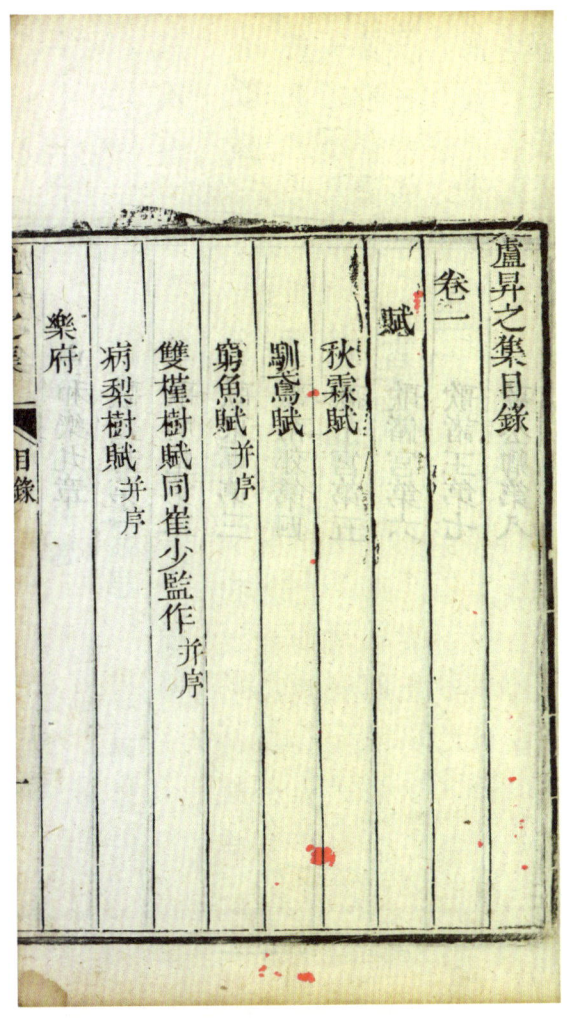

338　盧昇之集七卷(2-2)

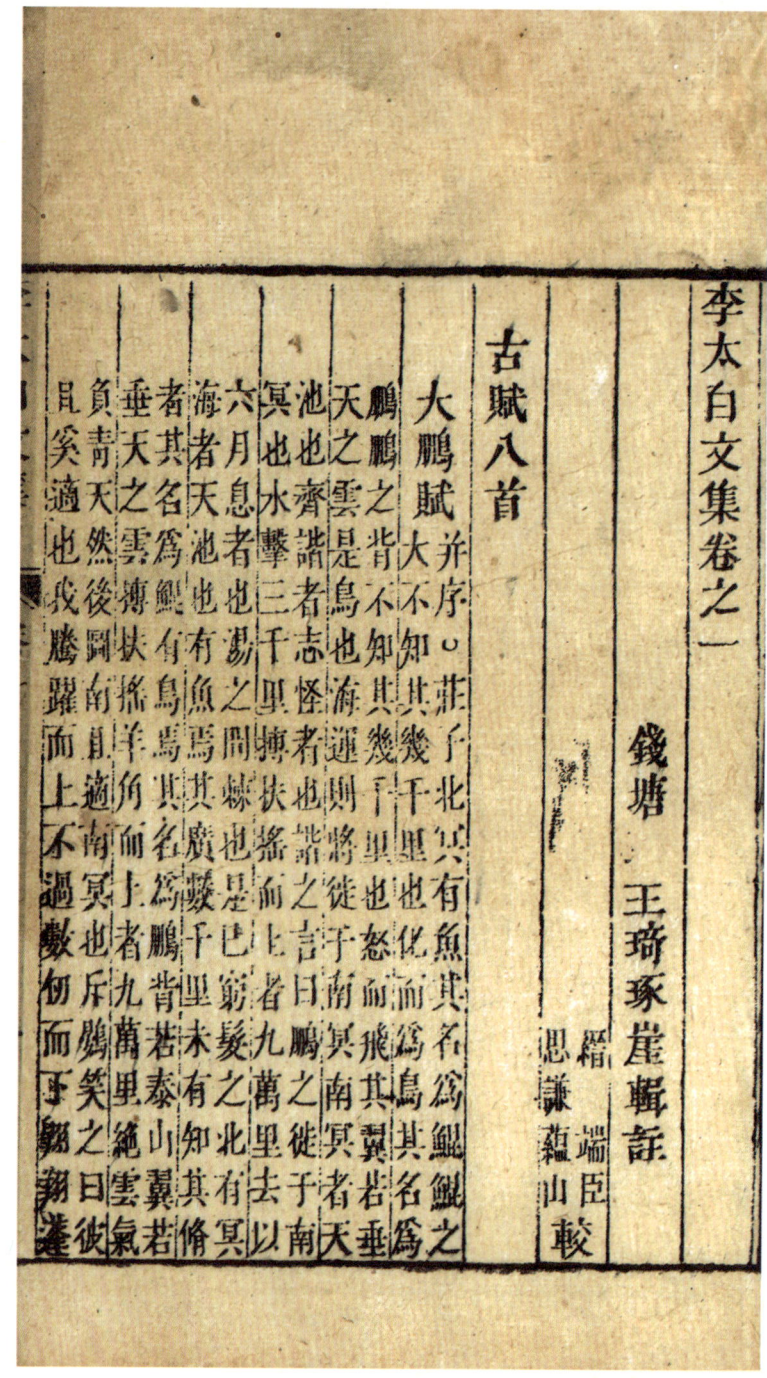

339　李太白文集三十六卷

清王琦輯註。清乾隆間寶笏樓刻二十四年(1759)增補本。十六册二函。半葉十行二十字,白口,左右雙邊。前乾隆己卯(二十四年)齊召南序,次趙信序,乾隆二十三年(1758)王琦序。

寶笏樓刻本刻於乾隆二十三年,三十卷,附録二卷。此增補本爲三十卷附録六卷。《中國人民大學圖書館古籍善本書目》著録此三十六卷本齊召南序後有杭世駿一序,此本爲趙信序。《北京師範大學圖書館中文古籍書目》著録此本爲乾隆二十五年(1760),與《中國古籍善本書目》同,《中國人民大學圖書館古籍善本書目》則著録爲二十四年。其餘行格、版式特徵皆與此本同。

書獲於安徽歙縣。

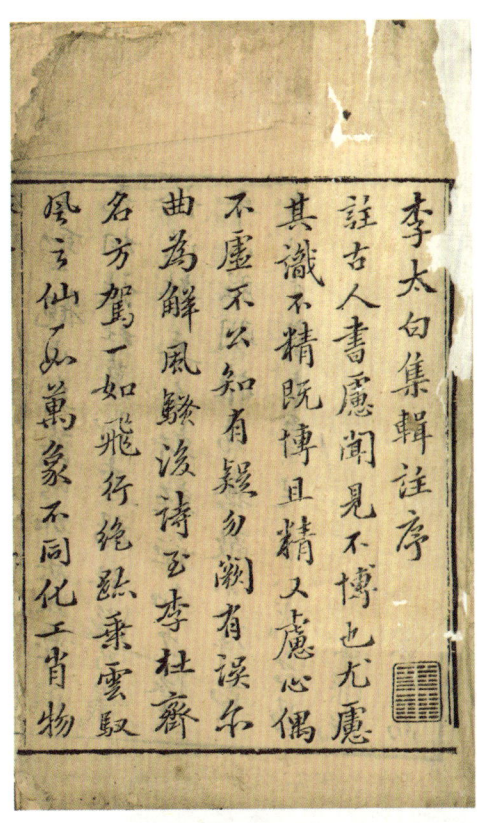

339　李太白文集三十六卷(3-2)

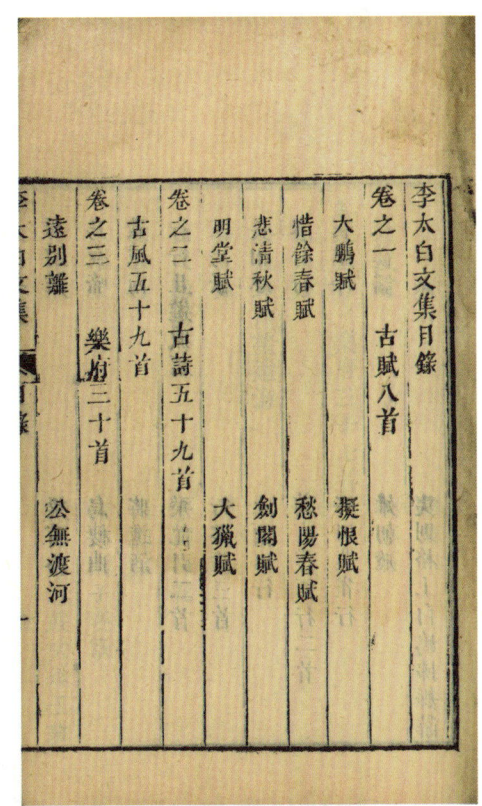

339　李太白文集三十六卷(3-3)

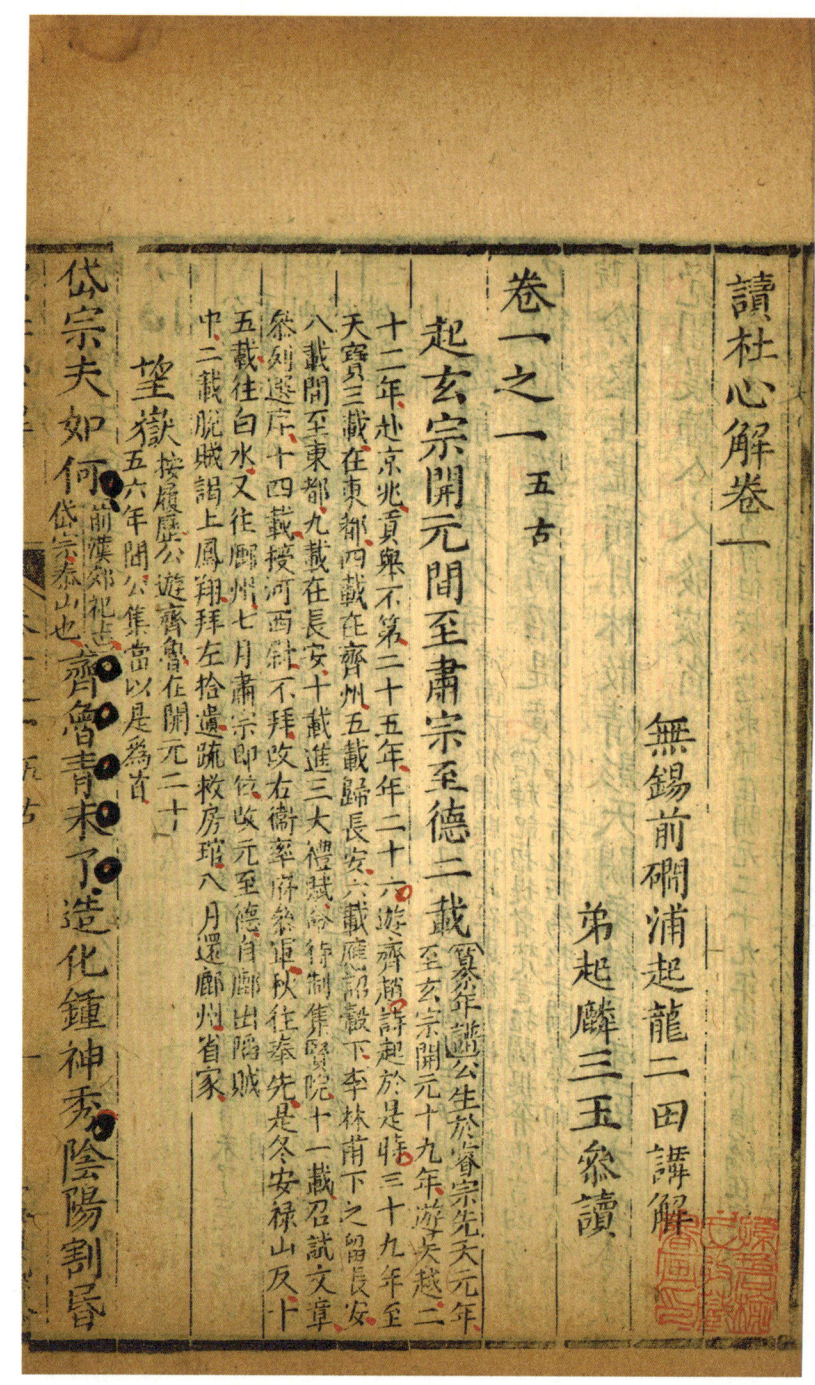

340 讀杜心解六卷首二卷（2-1）

340　讀杜心解六卷首二卷

十二冊二函。扉葉右欄鎸"錫山浦起龍是正",左欄鎸"少陵全書""靜寄東軒藏板"。版心下鎸"寧我齋"。每卷末鎸"雍正乙巳六月前澗浦氏刊定"長方木記。

書衣墨書:"此予十七歲時手讀本也,孝魚題。"孝魚即王孝魚,原名永祥,字孝魚,以字行,山西榆次南莊村人。一九二五年畢業於天津南開大學哲學系,畢業後任東北大學講師,一九三二年任南京中山文化教育館特約研究員,抗戰勝利後任瀋陽東北大學哲學系教授。解放後在中華書局從事古籍整理,並在北大及人大承擔古文獻講譯工作。

340　讀杜心解六卷首二卷(2-2)

"文革"中被遣返回鄉,在京數萬册藏書全部散失,一九七九年交還部分藏書並準回京。一九八一年以八十一歲高齡辭世。主要著作有《船山學譜》《焦學三種》等。卷內墨筆批注甚多。

卷內鈐"孫碧榆氏收藏書畫印"。

己卯(1999)春回鄉送大姨歸葬,返京後於燈市口中國書店獲之。同時所見另有一部王孝魚批注本,價昂未取。

此清代著名精刻本,張廷俊寫、何元安刻。

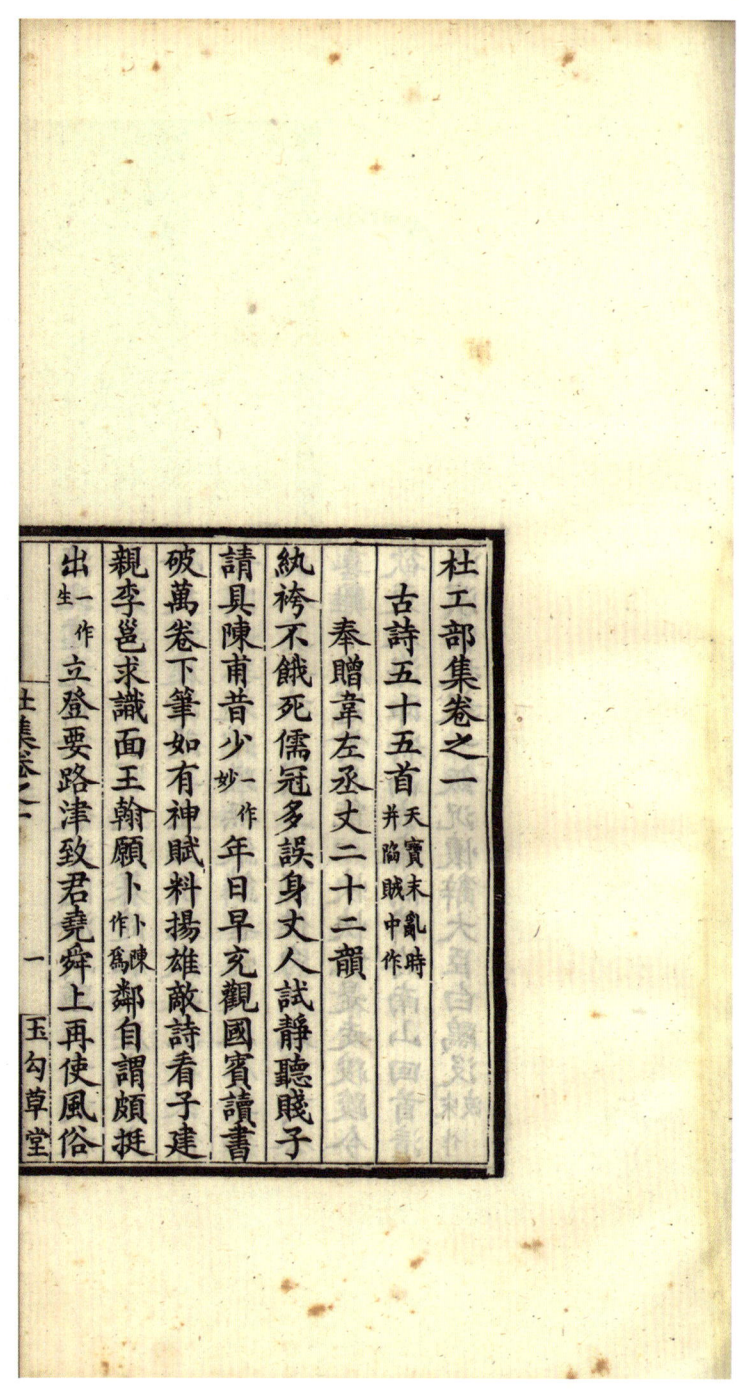

集　部

341　杜工部集二十卷

　　玉勾草堂原本,清同治十一年(1872)致一齋重刊。此書小版心刊印,爲書中別致者,可充書案玩物。刻亦精雅,紙白墨黑,書品齊整。此書玉勾草堂乾隆原刻本爲匠體字,非寫刻。

　　乙亥(1995)冬過廊坊,以三百餘金獲之。其時海淀中國書店櫃内亦見陳列一部,標價至兩千元之巨,可想此書身價之不凡也。二十年前,余游海淀中國書店僅此一回。記得當時店員僅一人,姓徐,書架擺滿一面牆,古籍排列整齊,高處之書需踩凳方能取。老徐進進出出,任顧客翻檢。余衹選了一本《教子圖説》,價百元,喜其開本闊大,書品甚佳也。

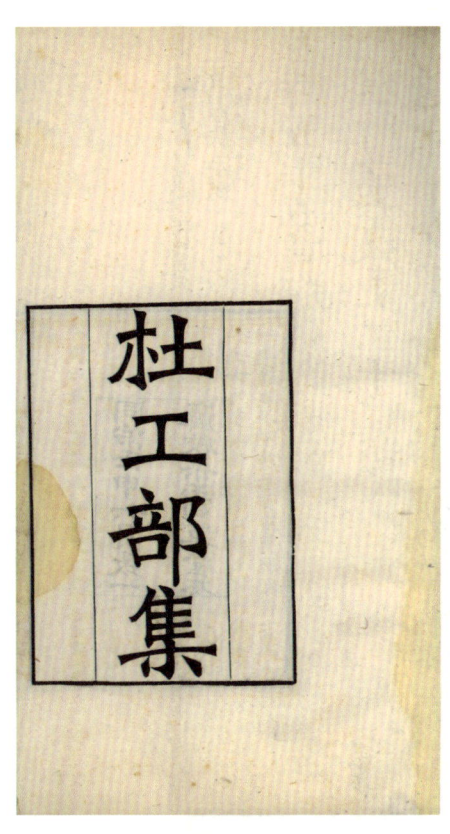

341　杜工部集二十卷(3-2)

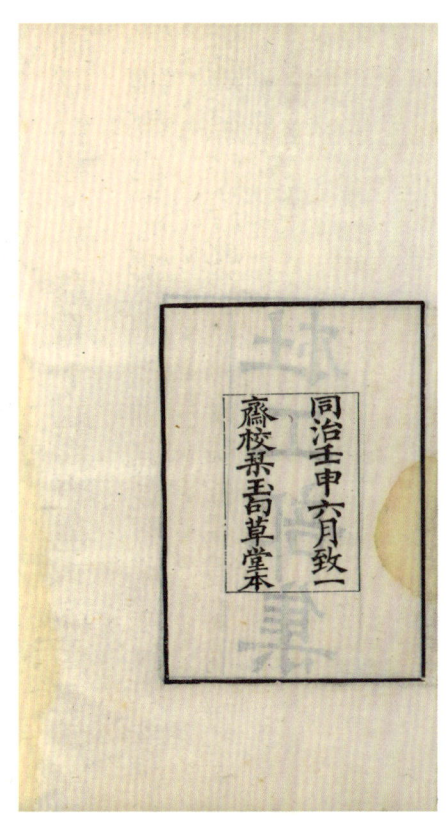

341　杜工部集二十卷(3-3)

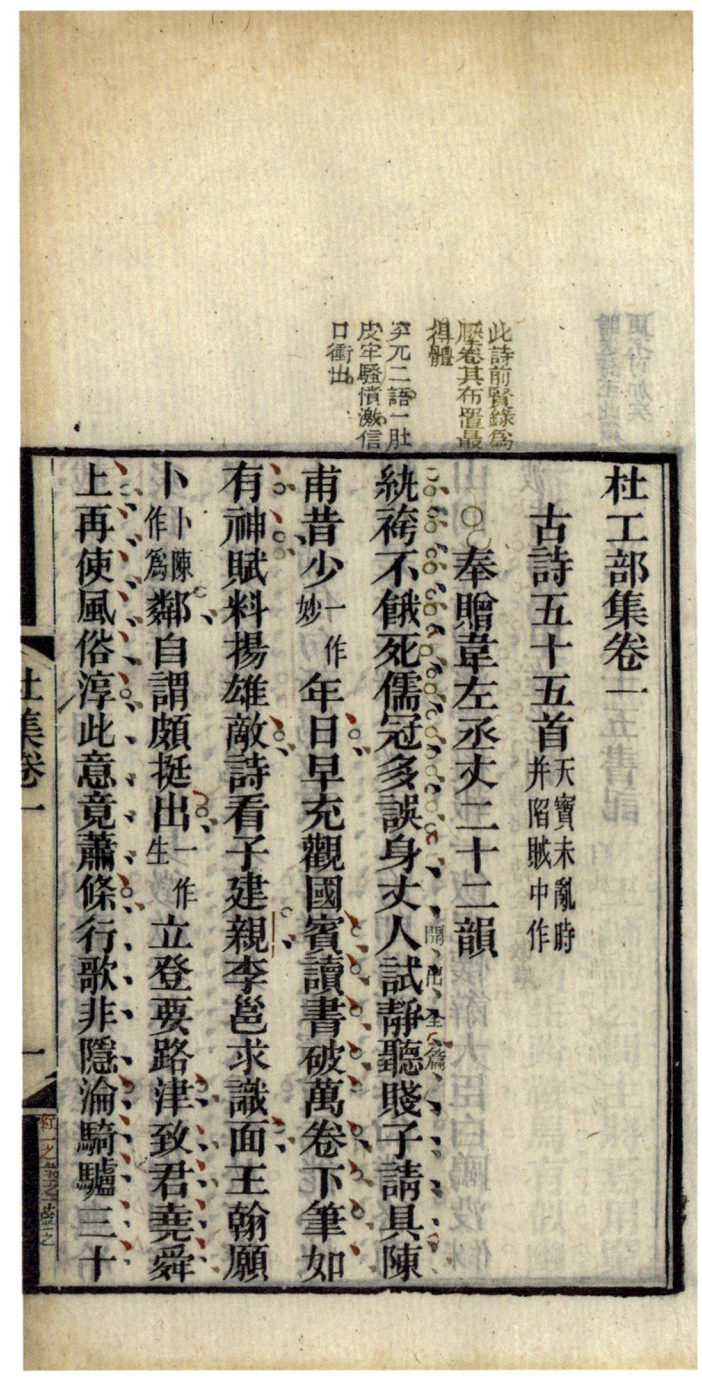

342 杜工部集二十卷（3-1）

342　杜工部集二十卷

　　清光緒丙子(1876)三月粵東翰墨園重刊盧氏芸葉庵本。白紙十册。扉葉鐫"五家評本,王弇洲紫筆、王遵巖藍筆、王阮亭朱墨筆、宋牧仲黃筆、邵子湘緑筆"。加墨印實爲六色。前有盧坤道光甲午(1834)序。

　　雕版套印至清末已呈衰勢,然此六色套印之《杜工部集》却異峰突起,令人驚歎,誠爲我國雕版套印術之代表作也。清代以套印多且精論,當首推廣州,此中原因,尚待探尋。

　　是書乙亥年(1995)得之於廊坊。内中有一册配本,袛紙色稍異。

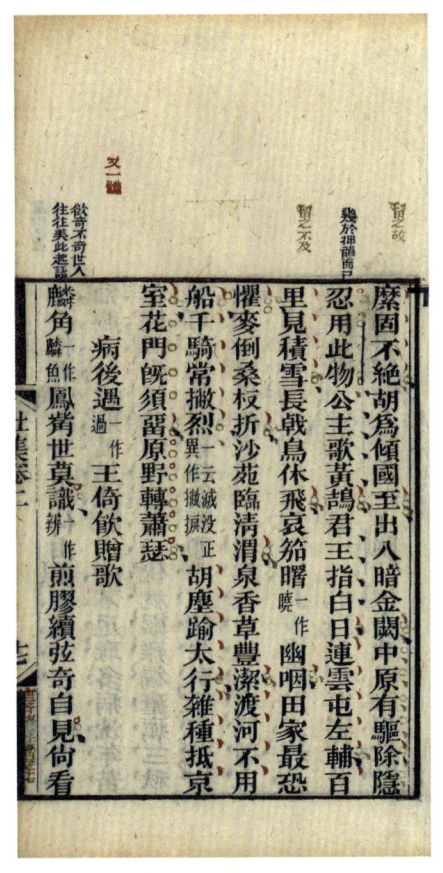

342　杜工部集二十卷(3-2)

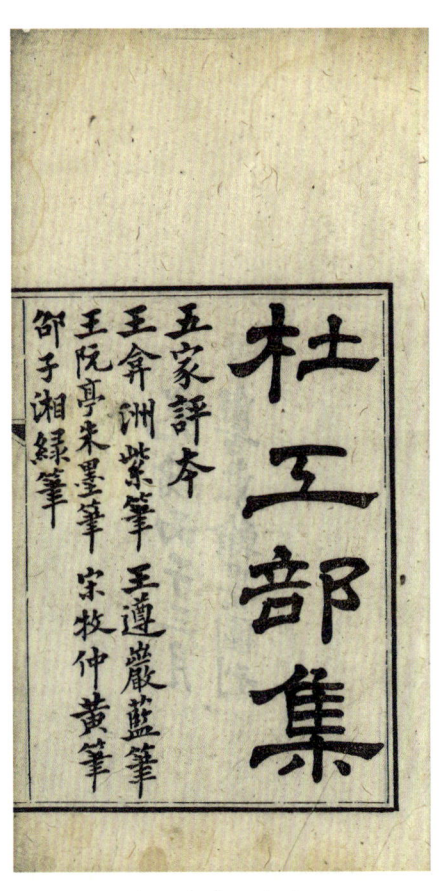

342　杜工部集二十卷(3-3)

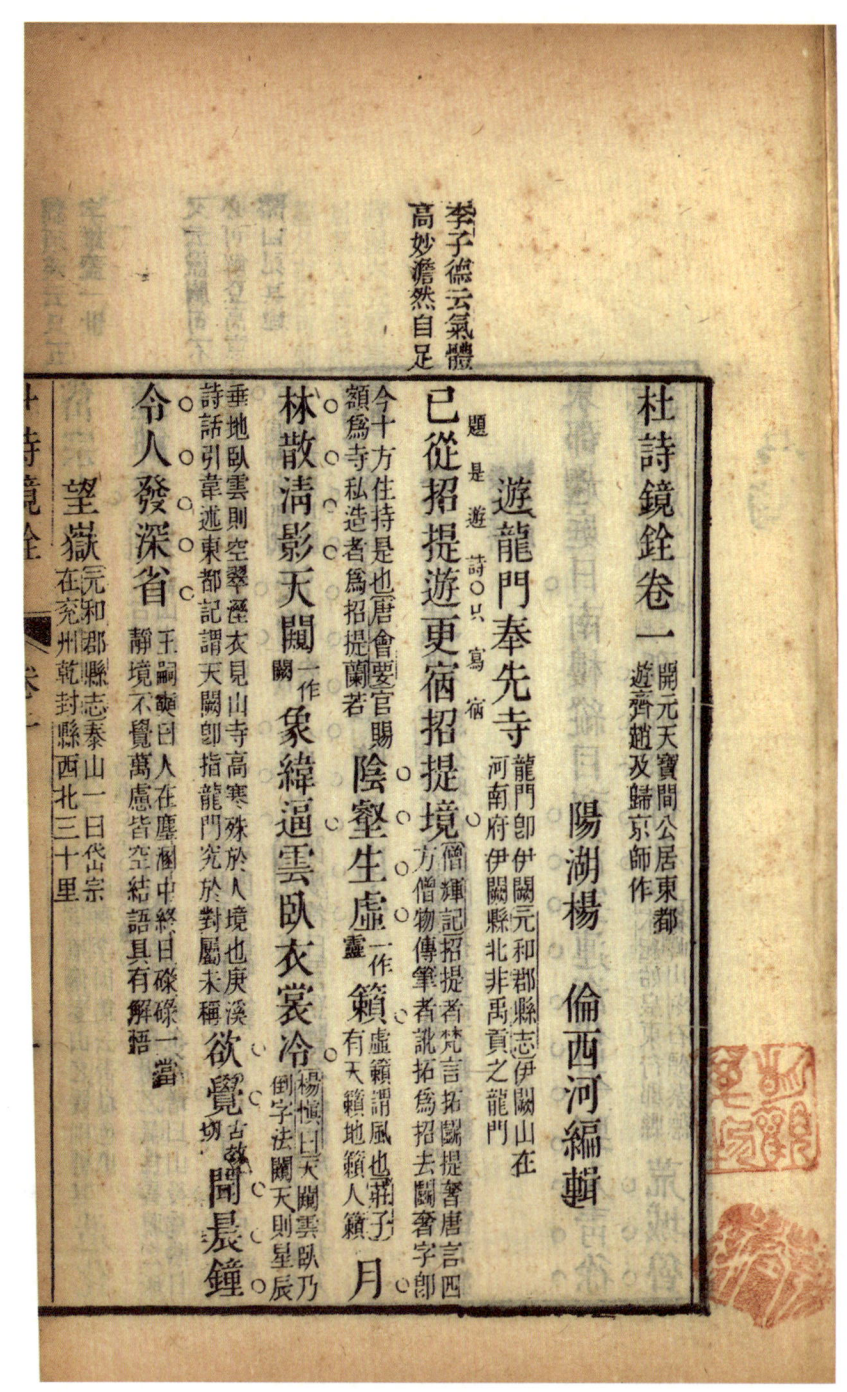

杜詩鏡銓卷一

開元天寶間公居東都遊齊趙及歸京師作

陽湖楊　倫西河編輯

遊龍門奉先寺

龍門卽伊闕元和郡縣志伊闕山在河南府伊闕縣北非禹貢之龍門題是遊詩只寫宿

已從招提遊更宿招提境僧輝記招提者梵言拓䪥提奢唐言四方僧物傳筆者譌拓爲招去䪥奢字今十方住持是也唐會要官賜額爲寺私造者爲招提蘭若

陰壑生虛籟一作霷有天籟地籟人籟月林散清影天闕一作闕象緯逼雲臥衣裳冷楊愼曰天闕雲臥乃倒字法闕天則呈辰欲覺聞晨鐘

垂地臥雲則空翠霑衣見山寺高寒殊於人境也庚溪詩話引韋迪東都記謂天闕卽指龍門究於對闕未穩一當令人發深省王嗣奭曰人在塵闠中終日磽磽一旦靜境不覺萬慮皆空結語其有解悟

望嶽

元和郡縣志泰山一曰代宗在兗州乾封縣西北三十里

343　杜詩鏡銓二十卷

清楊倫編輯。望三益齋藏板,清同治十一年(1872)八月重刊本。二十卷,分裝十二巨冊。卷首有杜子美戴笠小像,甚精。此爲蜀刻本,開本頗大,紙墨尚佳,具有蜀本風格。

是書早見於呼和浩特市古舊書店,因其版刻較近,書非鮮見,且杜詩注本甚多,故未之購。後翻閱此書,喜其書品版式,遂打折而購之。現今古書日少,有此小獲,聊過一回書癮罷了。

封面墨筆題"張幼樵贈本",張幼樵即清末重臣張佩綸,或爲其藏書中散出者。另有藏印兩枚,一爲"燕山頑石",一爲"翰墨緣"。

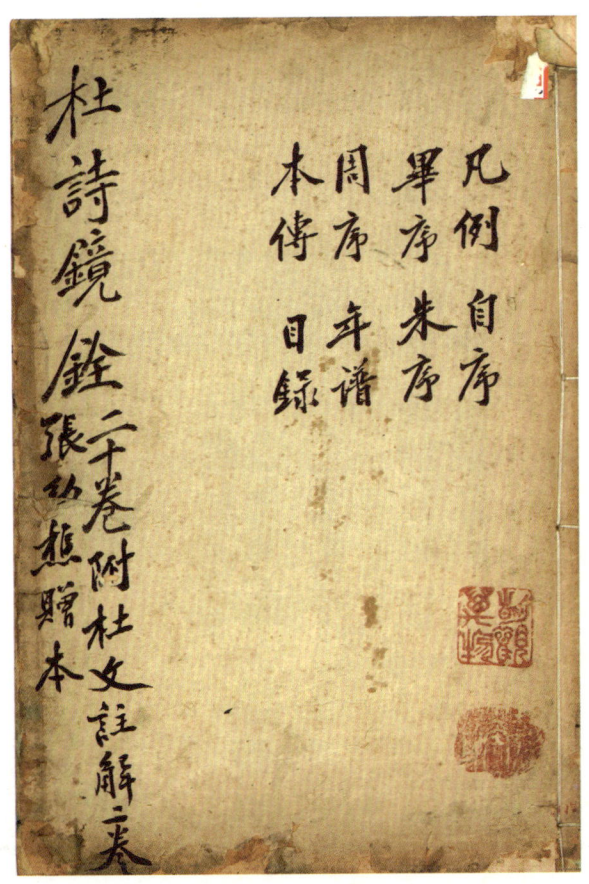

343　杜詩鏡銓二十卷(2-2)

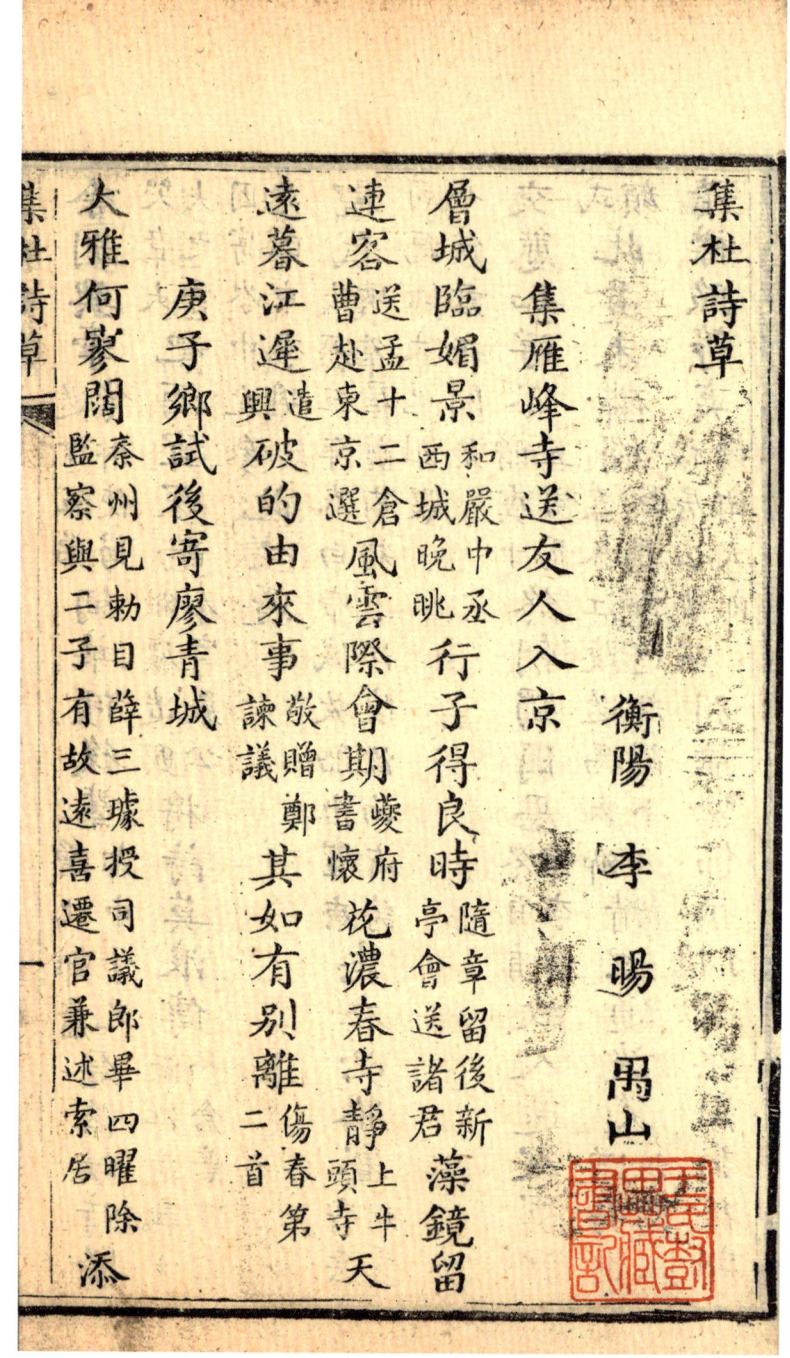

344　集杜詩草一卷春吟回文一卷（3-1）

344　集杜詩草一卷春吟回文一卷

清李暘撰。清乾隆五十七年(1792)刊。寫刻。白紙二册。

《販書偶記》著録爲："《禹山雜著》無卷數,清衡陽李暘撰,乾隆五十六年精刊,分《各家題辭》《集杜律句》《春吟回文》《璇璣碎錦》,凡四類。"

李暘,生於一七五九年,卒於一七九一年,字賓谷,號禹山,湖南衡陽人。乾隆間廩生,五赴鄉闈不售,旋膺寧鄉周静山聘,佐理縣衙文書,數載後省親歸里,得急病,卒年三十二歲。

卷前乾隆五十七年壬子鄧奇逢序。《春吟回文》卷前乾隆五十六年張心法等人序,後乾隆五十一年(1786)李暘自題。

乙亥年(1995)游平遥,後至忻州郵局前古玩攤,得遇一人,言家中有古書若干,即隨前往,僅獲此書二册。書不多見,刻尚精。

344　集杜詩草一卷春吟回文一卷(3-2)

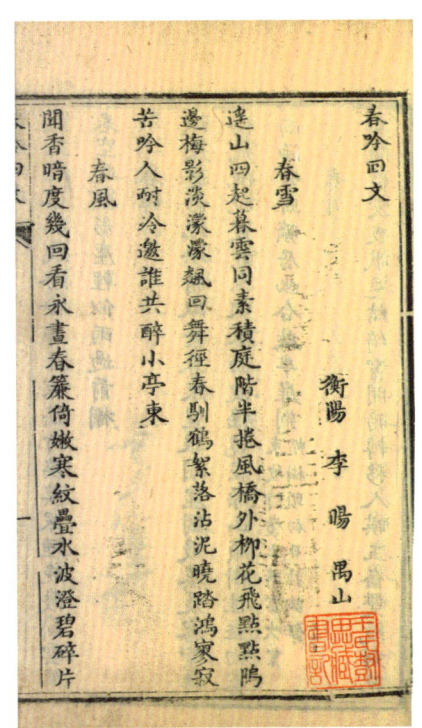

344　集杜詩草一卷春吟回文一卷(3-3)

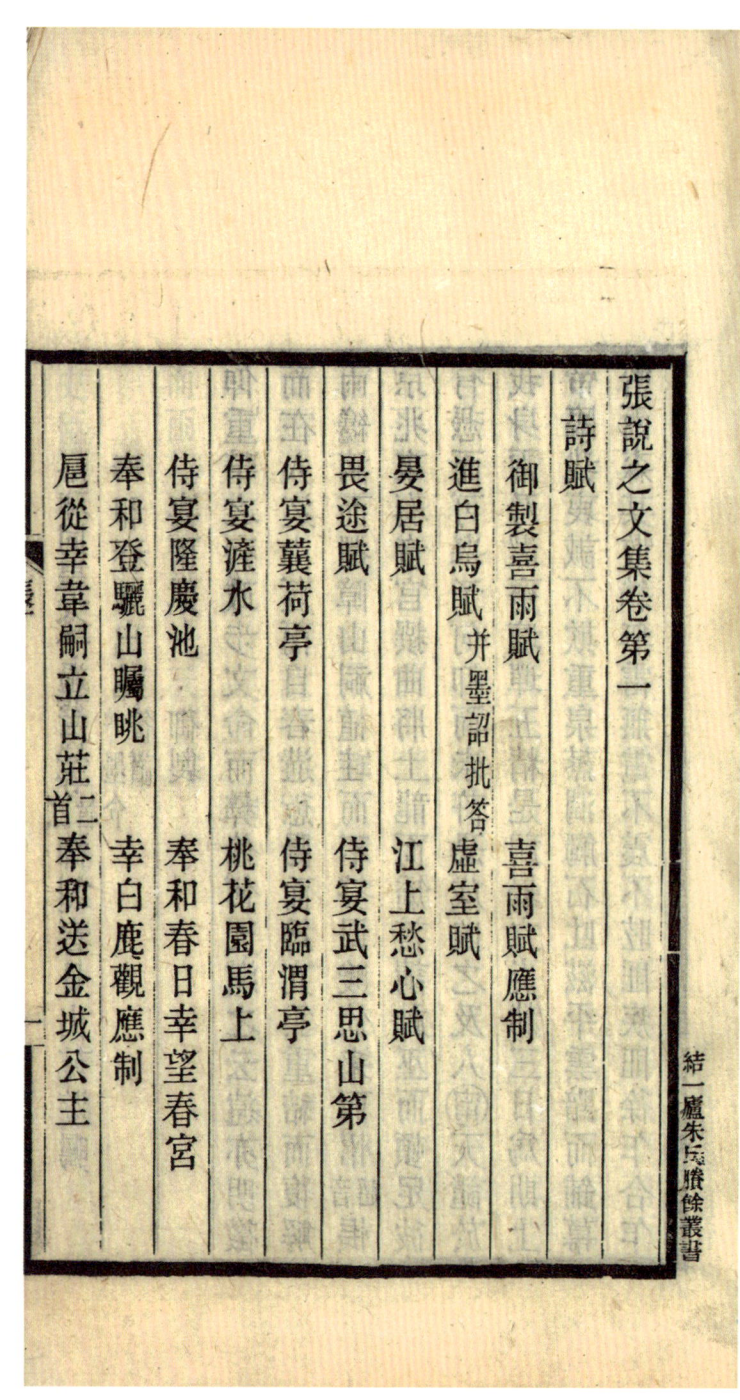

345　張説之文集二十五卷補遺五卷

唐張説撰。一九〇五年仁和朱氏據鈔本刻印。竹紙四册。

張説,字説之、道濟,河東(今山西永濟)人,受封燕國公。他從武則天到唐玄宗時期,出將入相,前後三秉大政,又爲一代文宗。但三十卷的《張説之文集》早佚,明嘉靖刊刻的二十五卷本殘缺不全,且多舛誤。清代對後五卷雖有所補佚,但已非宋本原貌。卷後附光緒乙巳(1905)繆荃孫跋,稱:"仁和朱子涵觀察出眎所藏彭文勤公本,鈔極舊,惜止廿卷,再據吴仲懌侍郎明鈔本,互補以成全璧。今前廿卷用彭本,後五卷用吴本,聊存舊式,而退諸書拾補者另編五卷,似可復卅卷之舊。"

此書每葉前鎸"結一廬朱氏賸餘叢書"一行。朱學勤,字修伯,浙江仁和人,官至大理寺卿,藏書處曰"結一廬",爲清季藏書大家。

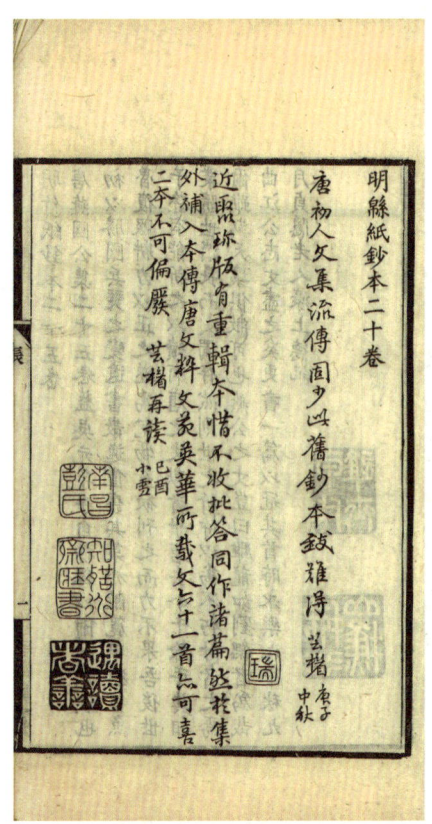

345　張説之文集二十五卷補遺五卷(2-2)

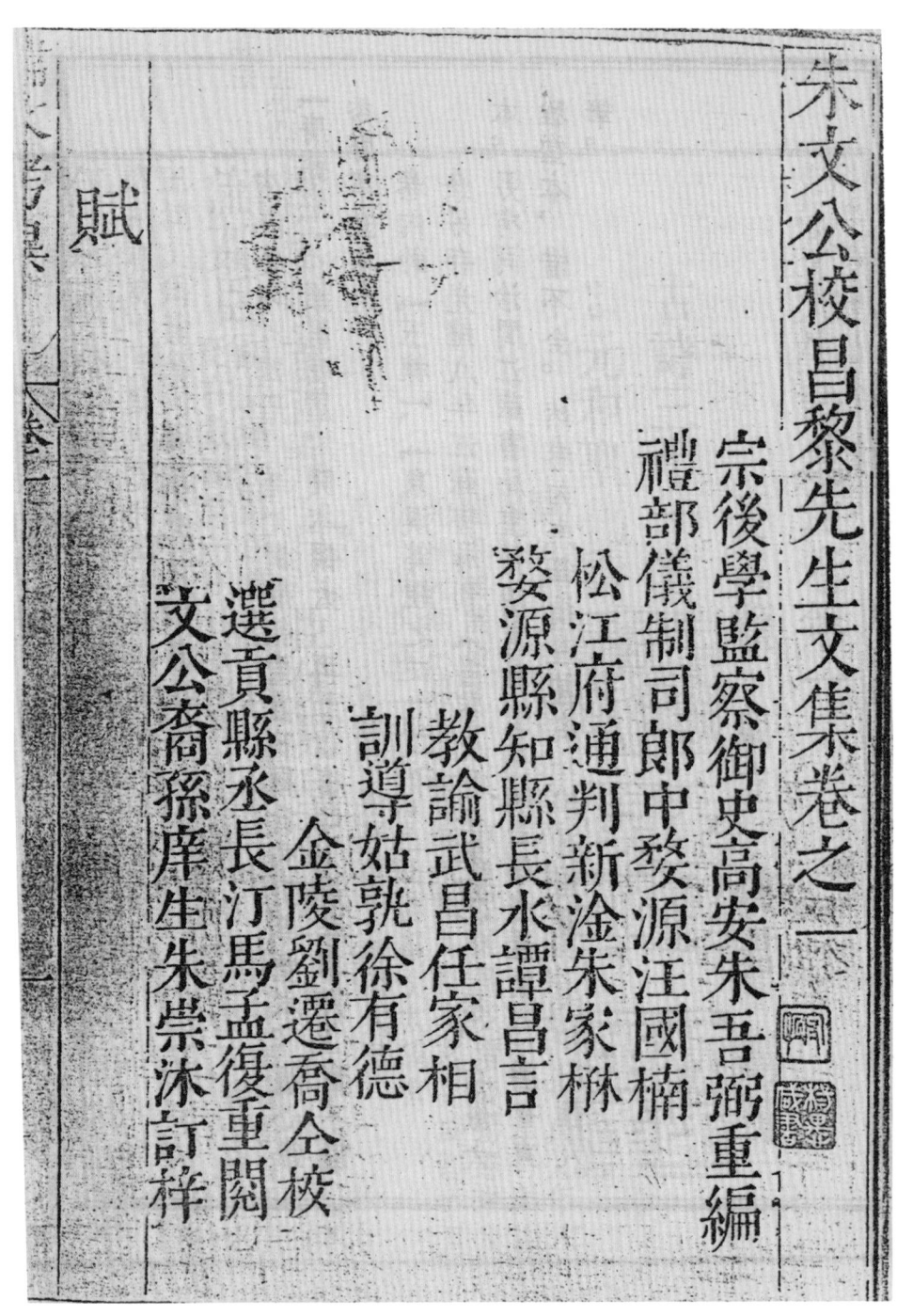

346　朱文公校昌黎先生文集四十卷

346　朱文公校昌黎先生文集四十卷

　　明萬曆間朱崇沐刻本。竹紙十册。半葉九行十八字，小字雙行同，白口，白魚尾，四周雙邊。扉葉右鎸"朱文公校正"；中鎸"昌黎先生文集考異"；左鎸"宋本重刊芝蘭堂藏板"。卷前萬曆三十二年(1604)朱吾弼序，次朱熹《韓文考異》序，次《昌黎先生集》諸家姓氏，次閲訂姓氏。題下鎸"李漢編集"。

　　此書《中國古籍善本書目》著録，文集四十卷外，另有外集十卷、遺文一卷、傳一卷。《中國人民大學圖書館古籍善本書目》亦著録此本，行格與此同。余藏此本中祇文集四十卷，蓋非全帙也。《昌黎先生文集》另有宋刊本四十卷者，現藏上海圖書館，存卷十八。

　　乙亥年(1995)滬上訪書，於書佔彭氏處獲之，以爲完整之書，亟購之。雖如此，余從彭氏處亦曾獲佳册十餘種，喜憂參半，可謂冷暖自知也。

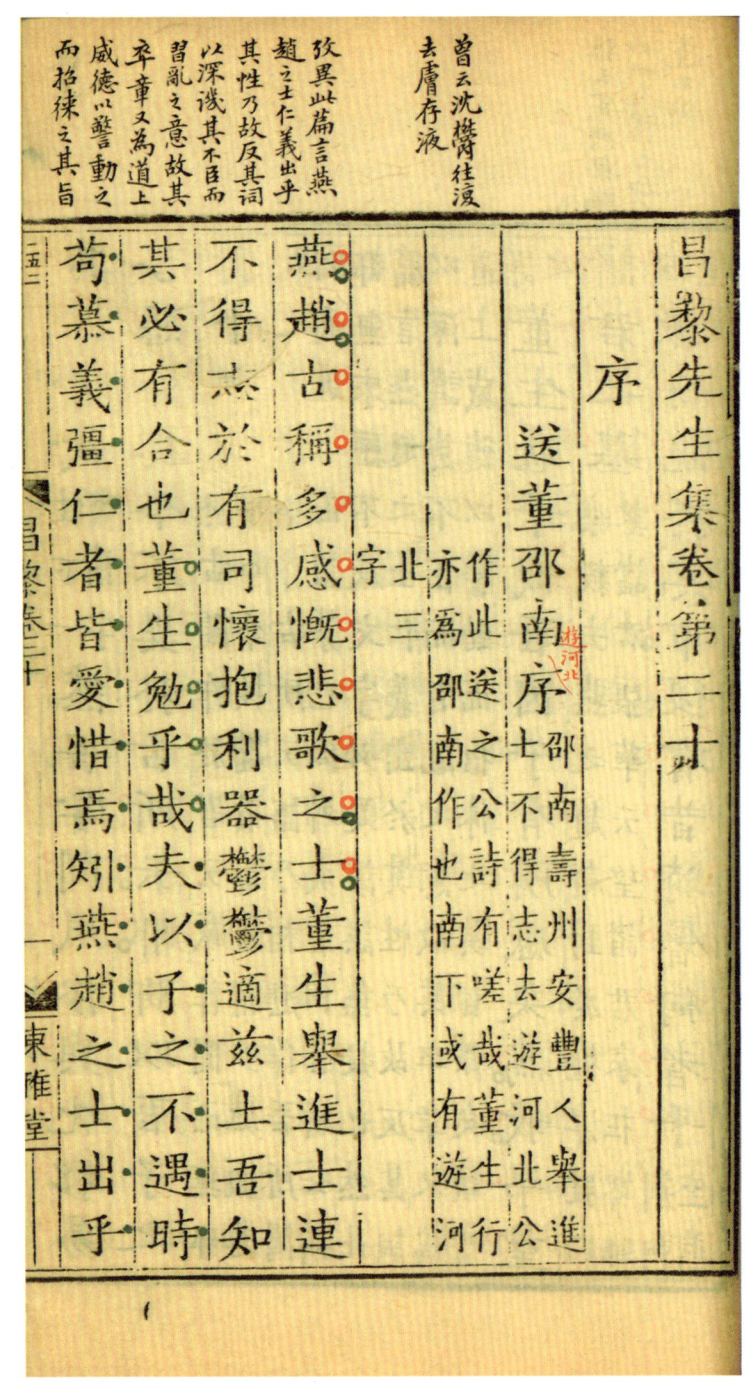

昌黎先生集四十卷(2-1)

347　昌黎先生集四十卷

唐韓愈撰。清同治己巳(1869)江蘇書局依明東雅堂本重刊。存卷一至二十一、卷二十八至三十三,八册。有佚名過録前人批。

《昌黎先生集》四十卷,爲其門人李漢編,《外集》十卷,爲宋人所輯。此集現有者,以南宋魏仲舉編刻《五百家注音辨昌黎先生文集》爲最好。南宋末廖瑩中世綵堂本《昌黎先生集》《外集》《遺文》,明代徐時泰東雅堂有翻刻本,向負盛名。此即同治間翻東雅堂本,幾可亂真。

此書一部分購於天津瀋陽道,售者爲天津玩書者某某。目録做過手脚,以欺不懂此書者。另幾本有批者購於呼和浩特市文苑古舊書店,未知批者何人。

347　昌黎先生集四十卷(2-2)

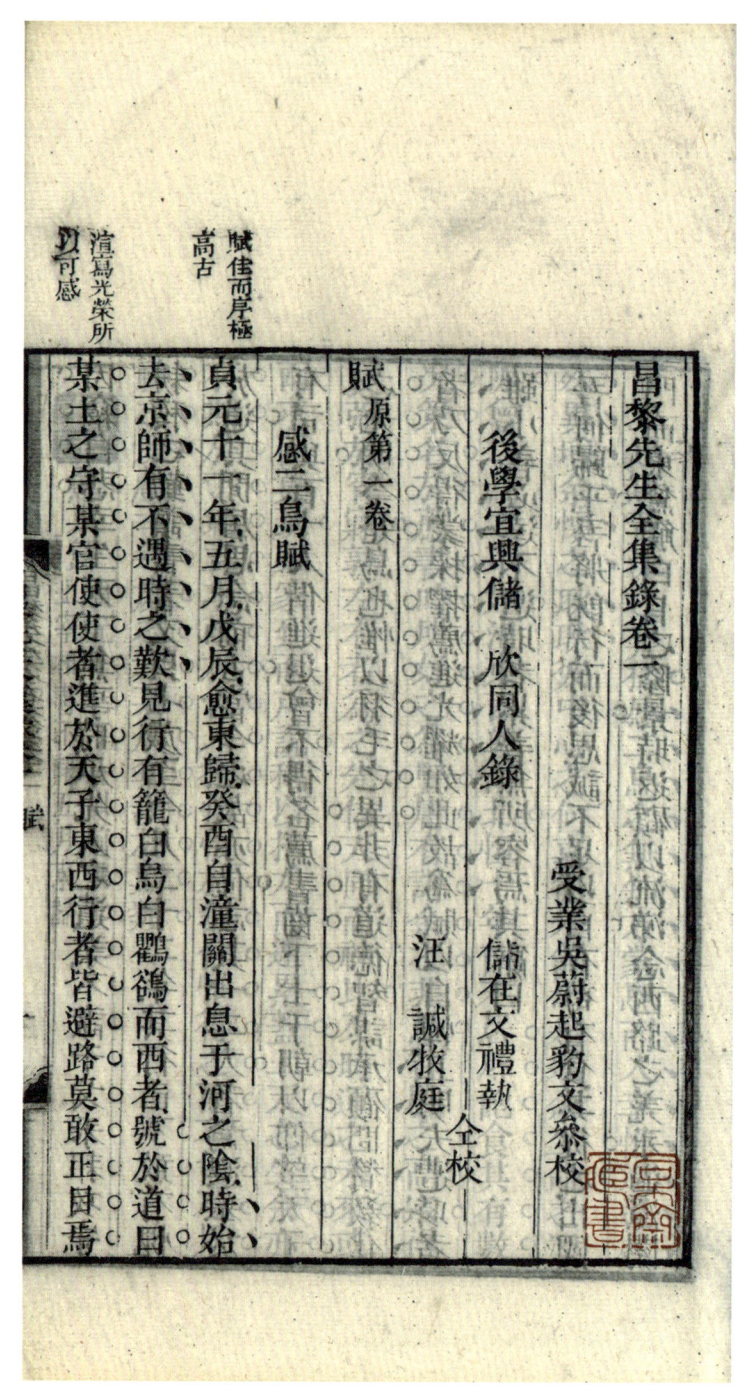

348　昌黎先生全集録八卷

唐韓愈撰。清光緒八年(1882)五月江蘇書局刊。白紙八册。鈐"石木齋藏書"等印。

卷前李漢原序,康熙癸未(1703)儲欣序,云:"韓之文富於海也,温故獲新,老不忍釋。於是以先生全集擇善書者録在净紙,装成八本,錦囊貯之,不頃刻去離几席。"據此可知此書八卷係從全集四十卷中撮取,原編者應爲儲欣。

此書二十年前購於陳東處。時天色已晚,余夜宿其舍,二人和衣於地板上枕書而眠。屋外風雨交加,雷聲震耳,余與陳君卧談至久,不覺天色漸明。此情形猶在目前,而陳君已殁六載矣!人之來去匆匆,余之後,此書又將歸何人哉?

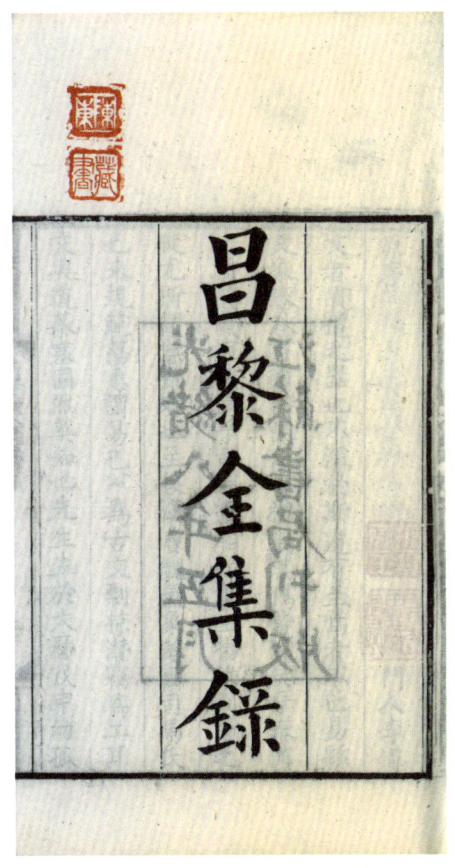

348　昌黎先生全集録八卷(2-2)

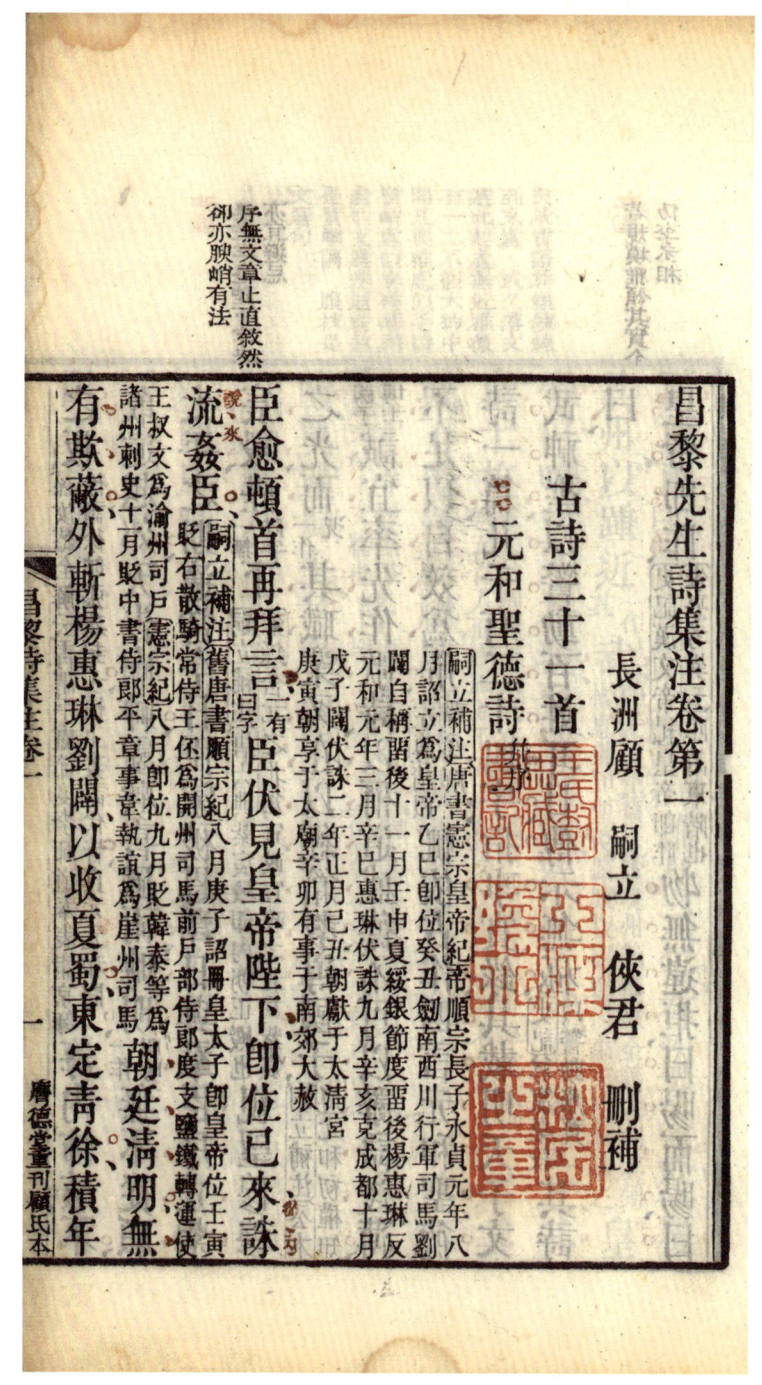

349　昌黎先生詩集注十一卷（3-1）

349　昌黎先生詩集注十一卷

清道光間膺德堂重刊顧氏秀野草堂本。朱墨套印。四册。版心鐫"膺德堂重刊顧氏本"。紙墨明麗，開本闊大，再加以套印，展卷喜人。實不讓秀野草堂本也。

卷前鈐"玉牒豫立""粒民之章""東漢傳經之家"等印。

愛新覺羅·豫立，字粒民，隸滿洲鑲藍旗。道光二十九年(1849)任江蘇鎮江知府。咸豐十一年(1861)太平軍陷城，豫立督親軍開城決戰而亡。祀昭忠祠。工書，善行草。

此書曾另有一部，已于二十世紀九十年代中期與天津古文化街一古籍書店換了別的書。該店似名"文林閣"，經理姓高，負責業務的姓胡(人稱胡胖子)，余曾與之多次接觸，印象殊深。今不知人、店尚在否？

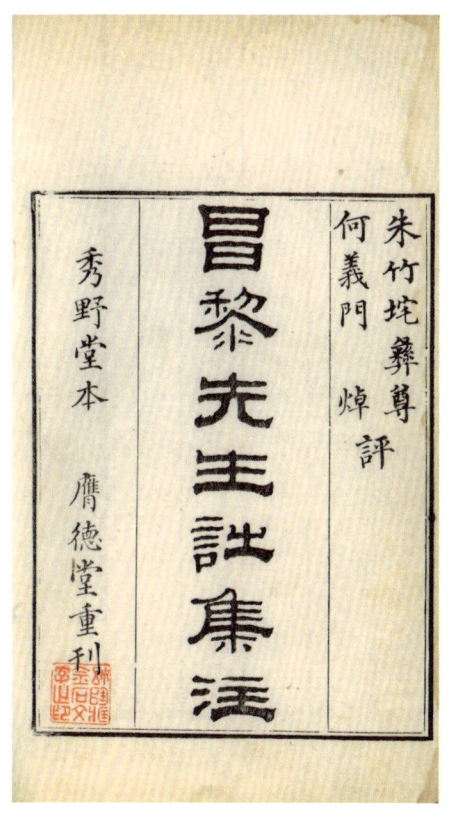

349　昌黎先生詩集注十一卷(3-2)

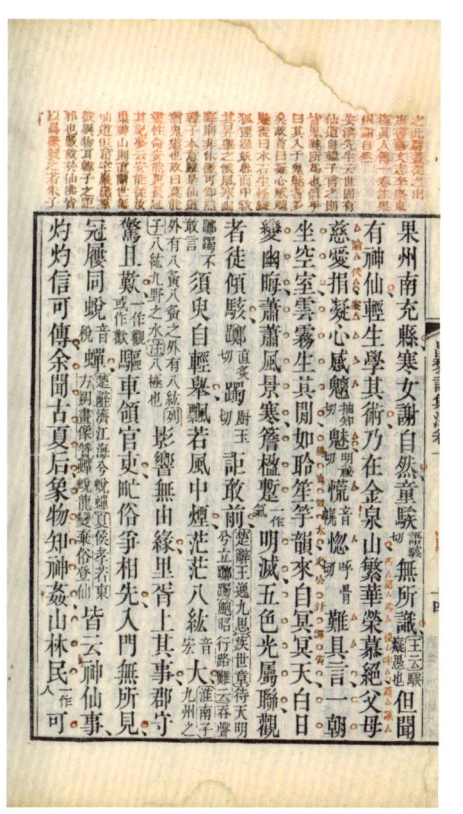

349　昌黎先生詩集注十一卷(3-3)

白香山詩長慶集卷第一

諷諭一 古調詩五言 凡六十四首

古歙汪 立名 西亭 編訂

賀雨

皇帝嗣寶曆元和三年冬自冬及春暮不雨旱爐爐上心念下民懼歲成災凶遂下罪已詔殷勤制告萬邦帝曰予一人繼天承祖宗憂勤不遑寧夙夜心忡忡元年誅劉闢一舉靖巴卭二年戮李錡不戰安江東顧惟眇眇德遽有巍巍功或者天降沴無乃徵予躬上思答天戒下思致時邕莫如率其身慈和與儉恭乃命罷進獻乃命賑飢窮宥死降五刑已責謂吉逋傳也今本皆作責已誤一寬三農宮女出宣徽厩馬減飛龍庶政靡不舉皆由自

350　白香山詩長慶集二十卷後集十七卷別集一卷補遺二卷

　　清汪立名編訂。清康熙四十二年(1703)一隅草堂刻本。白紙十四冊。收《長慶集》二十卷,《後集》十七卷,《別集》一卷,《補遺》二卷。卷前康熙癸未(1703)宋犖序,同年朱彝尊序,凡例,本傳,年譜(附舊譜)。版心下鐫"一隅草堂"。

　　刻頗精,然余已另存一部,丙子(1996)秋獲見,幾經猶豫以九百金購下。前三代精刻本現亦少見,收之亦妙。

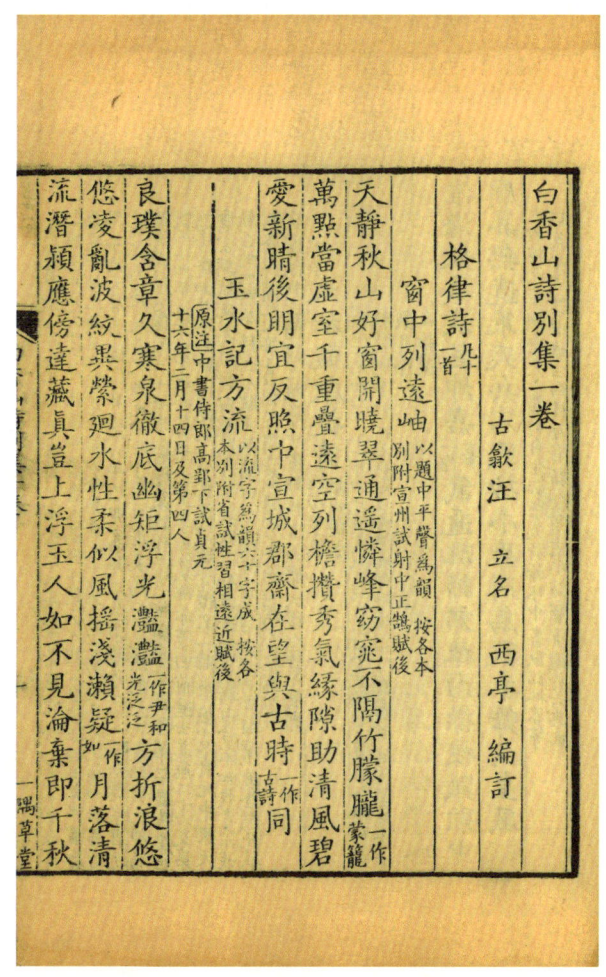

350　白香山詩長慶集二十卷後集十七卷別集一卷補遺二卷(2-2)

唐大家柳柳州文抄卷之二

歸安茅坤坤批

書

予覽子厚書由貶謫永州柳州以後大較並從
司馬遷答任少卿及楊惲報孫會宗書中來政
其為書多悲愴嗚咽之旨而其辭氣環詭跌宕
譬之聽胡笳聞塞曲令人斷腸者也至其中所
論文章處必本之乎道當與昌黎並驅故錄其
可誦者二十九首

351　唐大家柳柳州文抄二十卷

歸安鹿門茅坤批評。明萬曆七年(1579)茅一桂刻《唐宋八大家文鈔》本。二冊。

乙亥(1995)得之於天津古文化街古籍書店。價尚廉。二十世紀六七十年代,余入讀內蒙古師範學院中文系,適值"評法批儒"運動,曾批注過柳文(柳文還曾被北京印過大字本),今視之則甚可笑也。不過,也因此學習了古文,也算動亂年代中的偶獲吧。

昌谷集卷一

隴西李賀長吉著
龍眠姚文燮經三釋

李憑箜篌引

吳絲蜀桐張高秋　空山凝雲頹不流　江娥啼竹素女
愁　李憑中國彈箜篌　崑山玉碎鳳凰叫　芙蓉泣露香
蘭笑　十二門前融冷光　二十三絲動紫皇　女媧煉石
補天處　石破天驚逗秋雨　夢入神山教神嫗　老魚跳
波瘦蛟舞　吳質不眠倚桂樹　露腳斜飛濕寒兔

蔣云此倒裝法至其
設咮取辭所謂辟中之
似也

352　昌谷集四卷

唐李賀著,清姚文燮釋。清康熙五年(1666)建陽同文書院刻本。竹紙二册。半葉九行二十字,白口,四周單邊。眉上鐫評,"玄"字不避。卷前有姚文燮自序,陳式序,錢澄之序,陳焯序,宋琬序,方拱乾序,何永紹序,姜承烈序,黃傳祖序,杜牧序,李商隱《李長吉小傳》,凡例等。

此書《中國古籍善本書目》著録。《昌谷集》版本頗多,雷夢水《古書經眼録》稱清順治八年(1651)刊余光解輯本罕見。

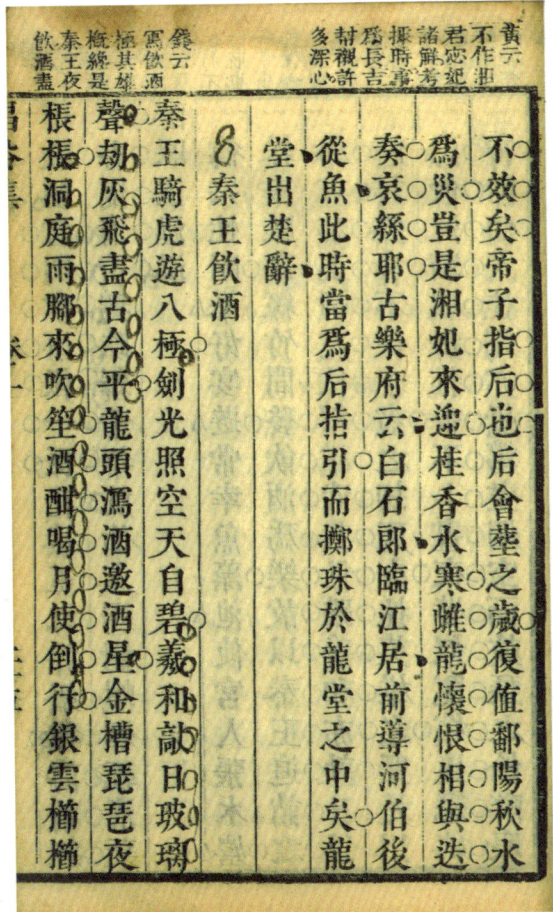

352　昌谷集四卷(2-2)

余克字希之崇禎進士有昌谷詩注
姚文燮桐城人有昌谷詩注

李長吉詩集卷一 吳正子字西泉有長吉詩箋徐渭字文長有昌谷詩注
又有董懋策注與徐注合刻曾益字謙甫有昌谷詩注

桐城吳汝綸評注

○李憑箜篌引

吳絲蜀桐張高秋空白 今作山依宋本改 凝雲頹不流江一作湘

啼竹素女愁李憑中國彈箜篌 中國用孟子中國而授孟子室 崑一作山 荊玉

碎鳳凰叫芙蓉泣露香蘭笑十二門前融冷光二十

三絲動紫皇女媧煉石補天處石破天驚逗秋雨夢

入神坤 一作山 教神嫗 搜神記神嫗成夫人善箜篌 老魚跳波瘦蛟舞吳質

不眠倚桂樹露脚斜飛濕寒兔

殘絲曲 吳正子云此篇言晚春之景

353 李長吉詩集四卷外集一卷(3-1)

353　李長吉詩集四卷外集一卷

吳汝綸評注。民國十一年(1922)武强賀氏精刊。一册。

卷末汝綸子吳闓生跋稱:"賀君性存取先君勘本精刊行世,闓生司其校勘。"賀性存爲賀濤之子,因其父曾師事吳汝綸,故廣收吳氏點評之書而刻之。是書紙白墨濃,刻工尤精,雷夢水在校補《辛亥以來藏書紀事詩》中贊此書及《韓翰林集》"允稱善本",非虛言也。《韓翰林集》亦武强賀氏所刊,余幸而存之,雙美俱在,樂復何言。

民國刻書雖已成强弩之末,然偶有精刻如此者,幾不讓宋版。此類書近年來身價陡漲,似亦不足爲怪也。

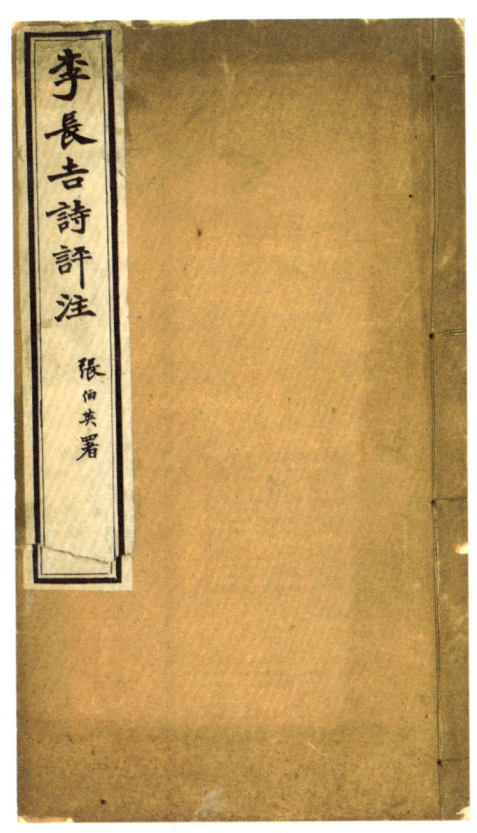

353　李長吉詩集四卷外集一卷(3-2)

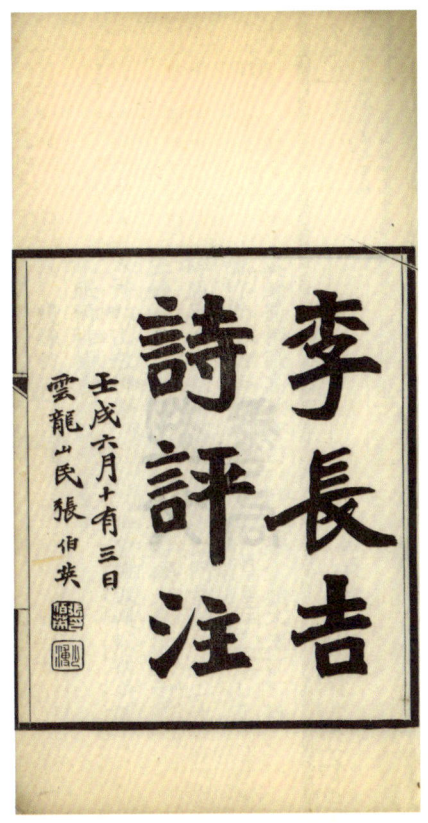

353　李長吉詩集四卷外集一卷(3-3)

從來琢句之妙無有過於長吉者
細讀長吉詩下筆自無庸俗之病
昌谷於章法每不大理會然亦有井然者
須細心尋繹始見每首工於發端百鍊
千磨開門即見其骨力勁險則溫李兩家俱當斂手

李長吉集卷一
黃陶菴先生評本
黎二樵先生批點

余幼好長吉非長吉詩不讀且學爲之甚肖也向有
手記一本朱藍墨三通矣燬於災今於茲刻復以己
意稍論之長吉詩似小古董不足貢明堂清廟然使
人摩挲憑弔不能已其體未純而情有餘也吾後人
讀此知所採擇亦知作詩須從難處落手不嫌酷肖
到此時自然會生出面目來見今人朝學古人暮欲

李長吉集卷一
一埽葉山房石印

354　李長吉集四卷外集一卷

唐李賀撰,清黄淳耀評,黎簡批點。清光緒壬辰(1892)葉衍蘭刊。石印朱批。二册。

此書最大特點是石印而帶朱批套印,誠爲少見。扉葉下端印一行小字"上海文寶五彩印刷公司石印版",或爲當時以新技術印刷而成。此書書品甚佳,版面清朗秀麗,開卷即有俊雅之氣。

354　李長吉集四卷外集一卷(3-2)

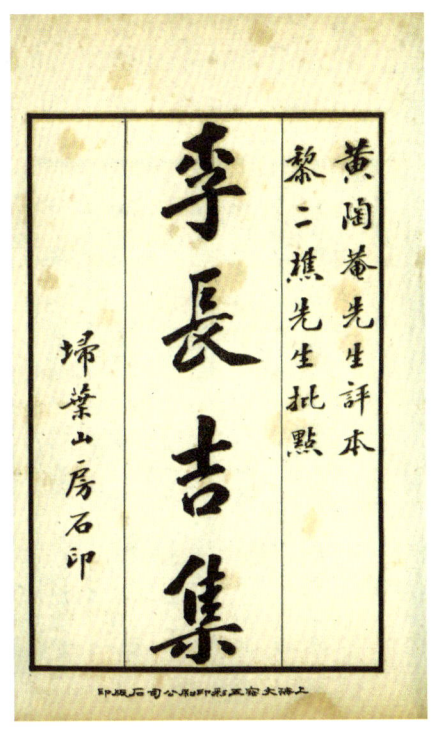

354　李長吉集四卷外集一卷(3-3)

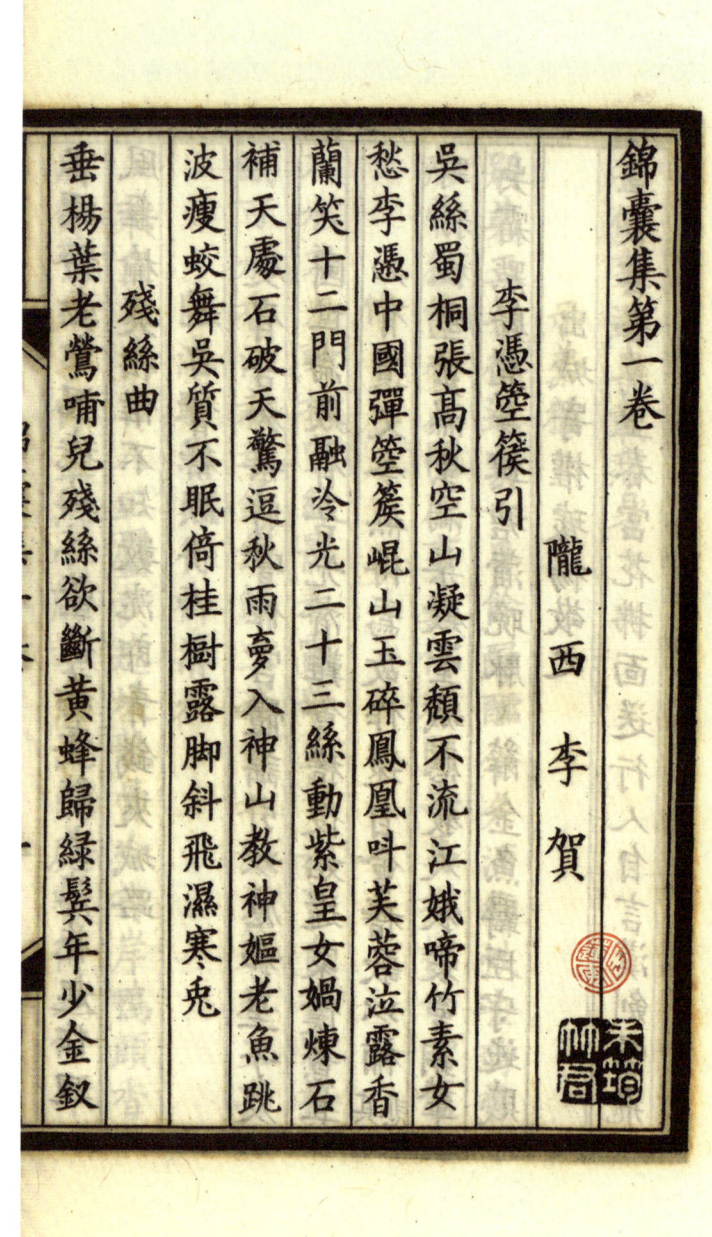

355 影元本錦囊集四卷（2-1）

355　影元本錦囊集四卷

唐李賀撰。影元鮑氏本,《秀水金氏梅花草堂影印善本》之二。紙墨俱佳,大開本。二册。卷末有元至元丁丑(1277)復古堂識語。羅振玉癸亥(1923)署簽。

書衣墨筆題"丙戌得於長春,清蔭叀长物"。鈐"于蓮客"印。于蓮客即于懷,其舊藏余另存有《戴鹿床手寫宋元四家詩》等,皆鈐此印。于氏爲近代北方藏書家、畫家,近年拍場時見其舊藏上拍。

此書獲於琉璃廠書市(于氏舊藏海王邨中國書店所獲獨多)。

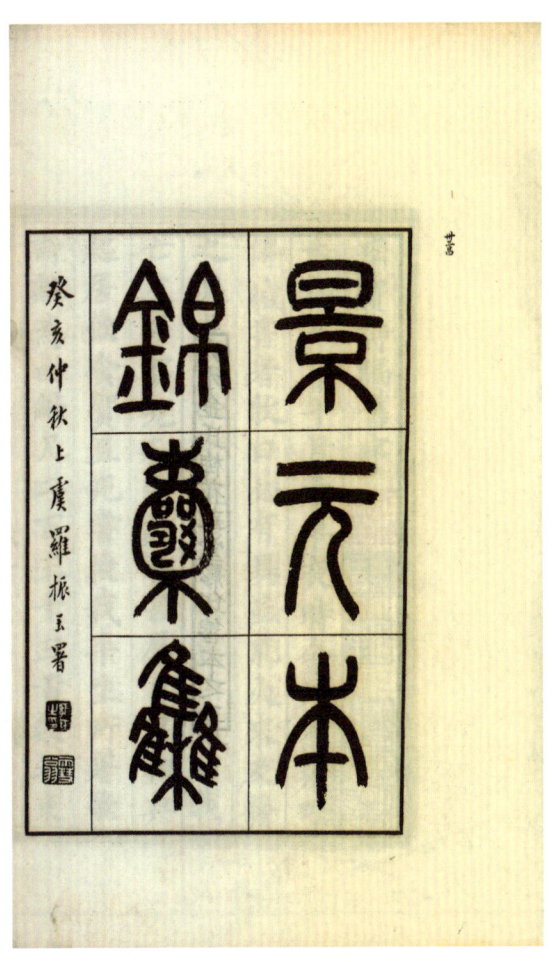

355　影元本錦囊集四卷(2-2)

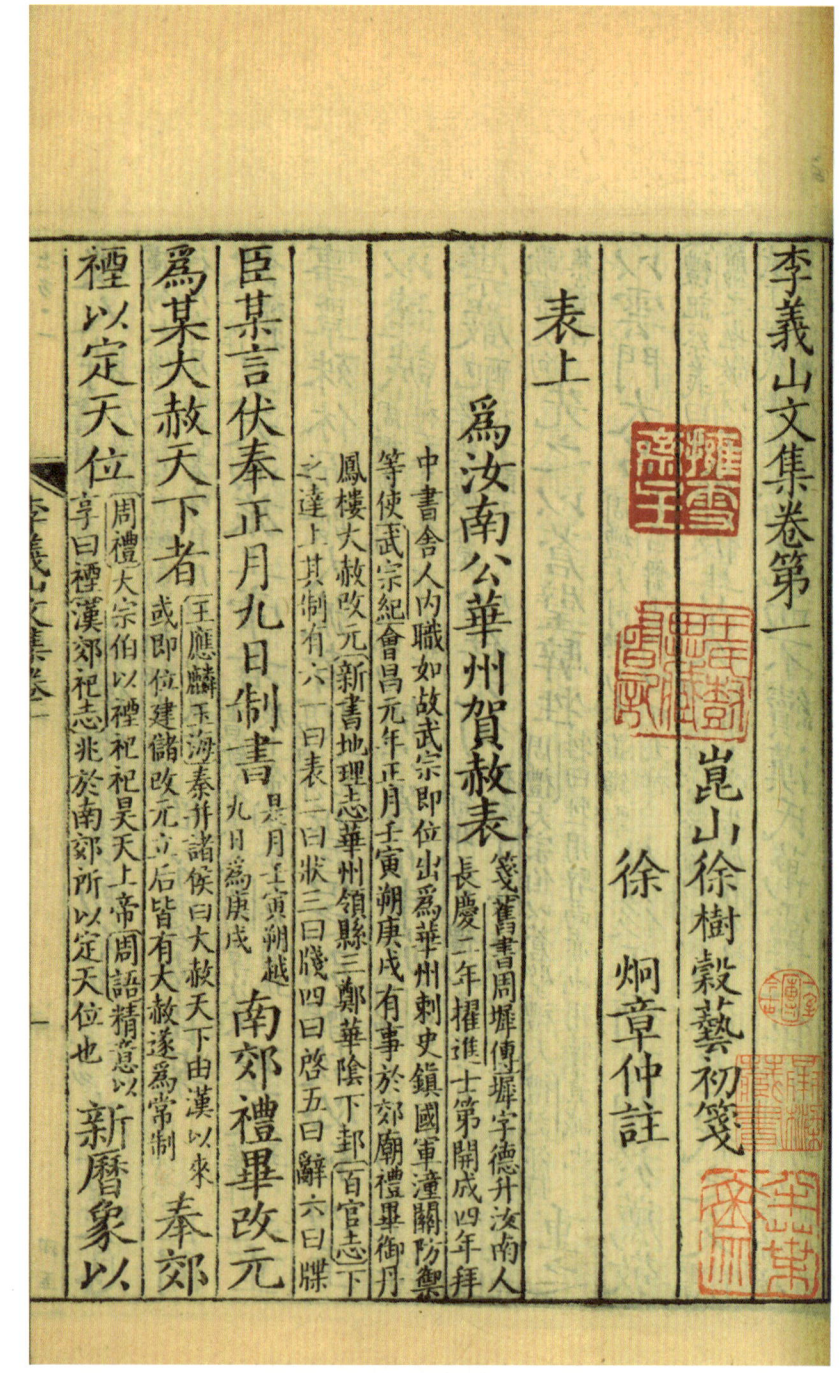

356　李義山文集箋註十卷（2-1）

356　李義山文集箋註十卷

唐李商隱撰,清徐樹穀箋,徐炯註。清康熙四十七年(1708)徐氏花谿草堂精刻本。二册。版心鐫刻工鄧玉、仁心、子玉、子昇、大年等,皆江蘇地區刻手。

乙亥(1995)秋滬上訪書,於文廟冷攤得識胡君承樑。承其不棄,邀至舍中觀書,余得以獲書一批,此書在焉。後聞此君參與古籍拍賣活動,進進出出,又在上海開一古舊書店,頗熱鬧也。所藏精品皆鈐"半葉齋"印,京城拍場時見之。已多年不通音訊,未知人情、書情如何也。舊時書友,頗令人念念。

356　李義山文集箋註十卷(2-2)

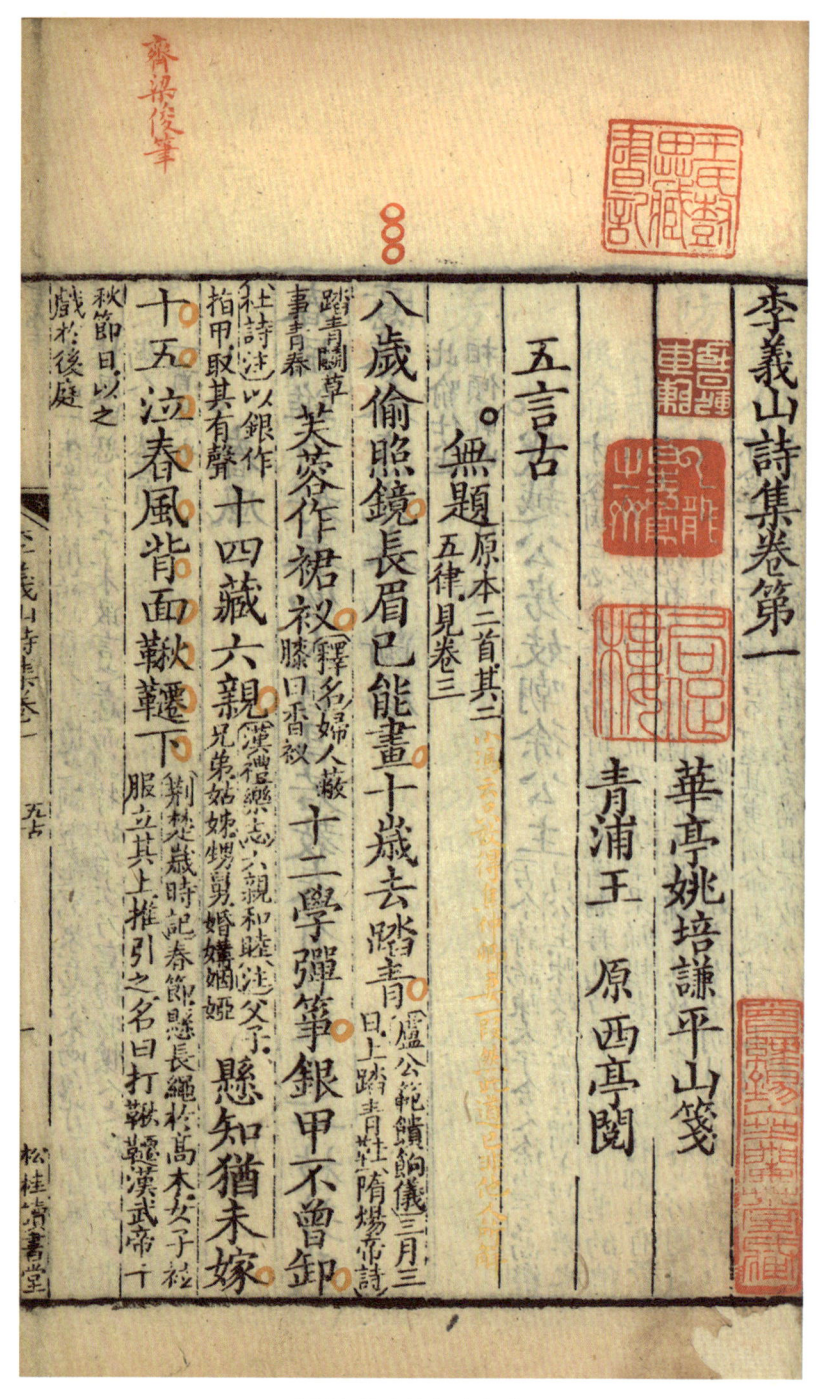

357　重訂李義山詩集十六卷(3-1)

357　重訂李義山詩集十六卷

清姚培謙箋注。清乾隆五年(1740)松桂讀書堂精刻本。二册。卷內三色批校甚多,朱墨燦然,展卷驚人。後有墨跋署"湘靈",清初錢陸燦之別名,佚名過錄其所批也。

卷末鐫"吳郡王煦谷錄"。刻工爲德昭、俊公、正明、吳省南、開山、公佩等。鈐"爕堂""曾經錫山芝蘭草堂藏"等印。

書乃汪大鐵舊藏。汪大鐵,無錫人,字子東,室名芝蘭草堂。民國間著名篆刻家趙古泥弟子,富收藏。余另藏一清末本《約園志》,上鈐"吳國男子汪大銕之印"。

是書爲清代著名寫刻精善之本,且卷內三色批校甚多,頗具價值,宜珍護也。

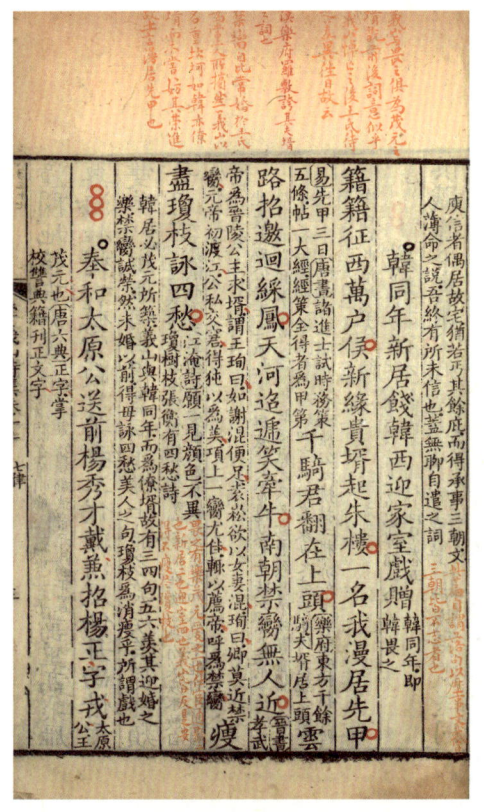

357　重訂李義山詩集十六卷(3-2)

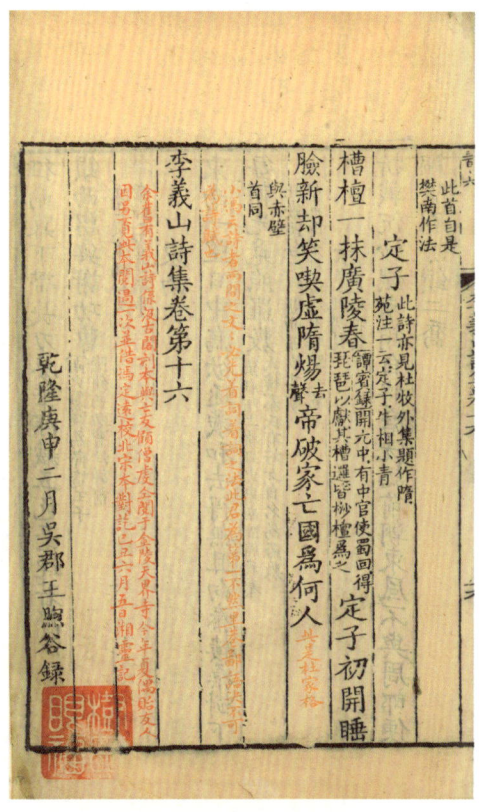

357　重訂李義山詩集十六卷(3-3)

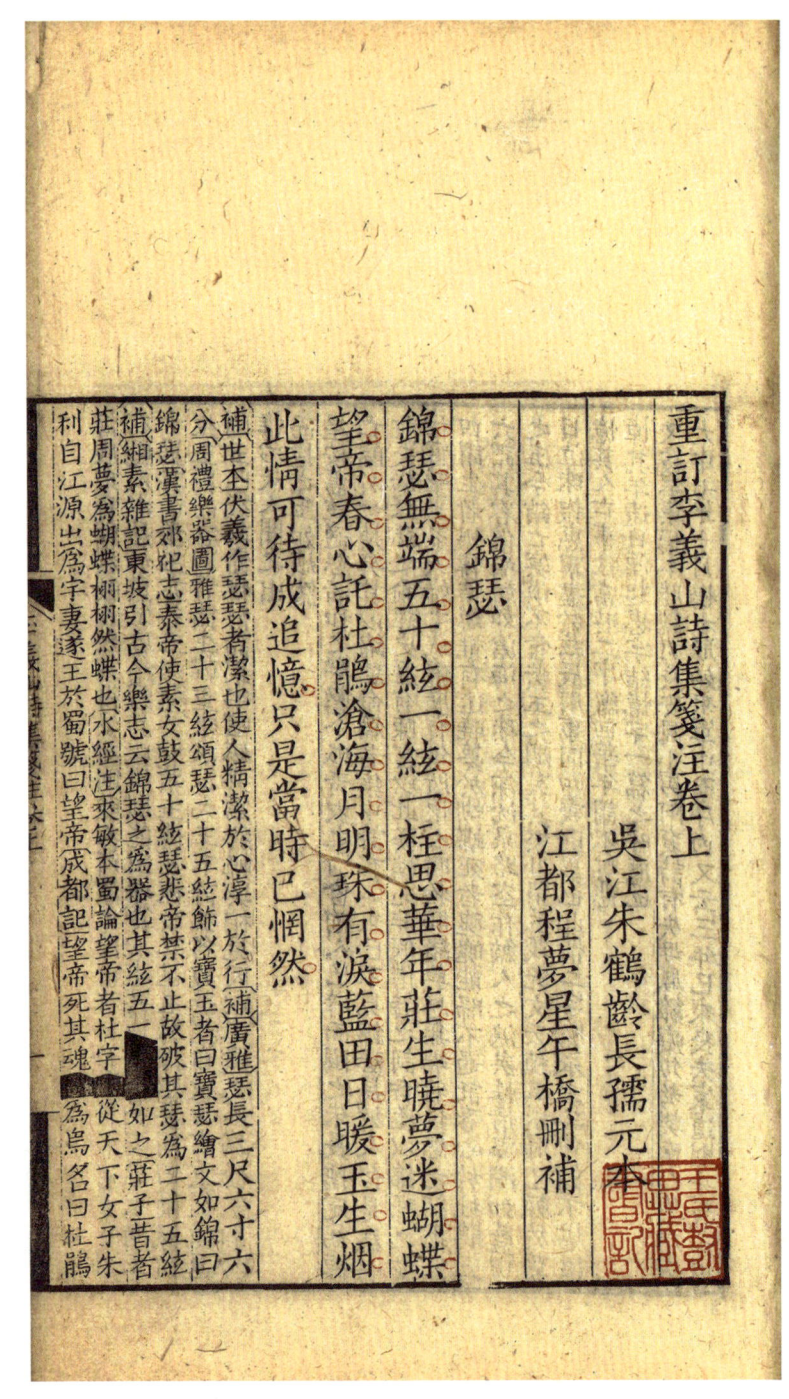

358 重訂李義山詩集箋注三卷

清朱鶴齡箋注。清乾隆十一年(1746)東柯草堂精刻本。四册。附《詩話》一卷，《重訂李義山年譜》一卷。書品尚佳。

丁丑(1997)春陪家母赴京診病，閑時於西單中國書店架上獲見，大喜過望，亟購之。此東柯草堂本校注頗善，寫刻精整，頗不易得見也。其時該店架上絶無佳册，此鶴立雞群之書專候余獲取乎？

358 重訂李義山詩集箋注三卷(3-2)

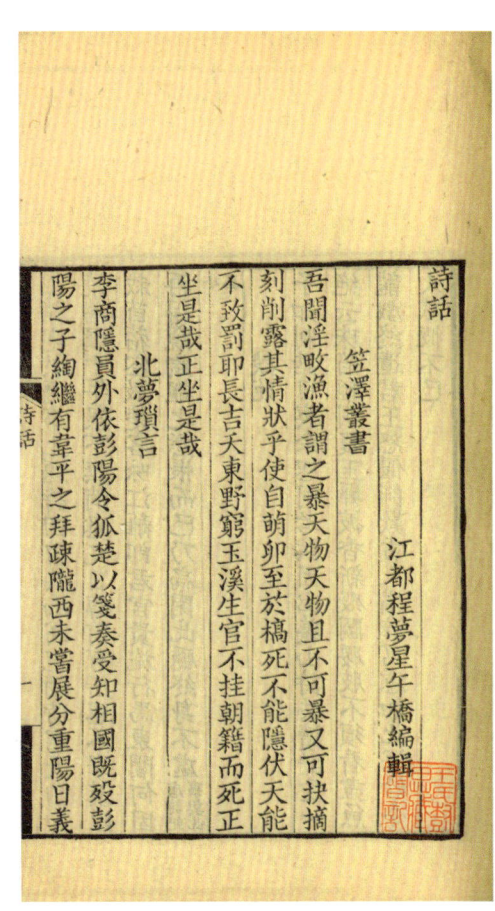

358 重訂李義山詩集箋注三卷(3-3)

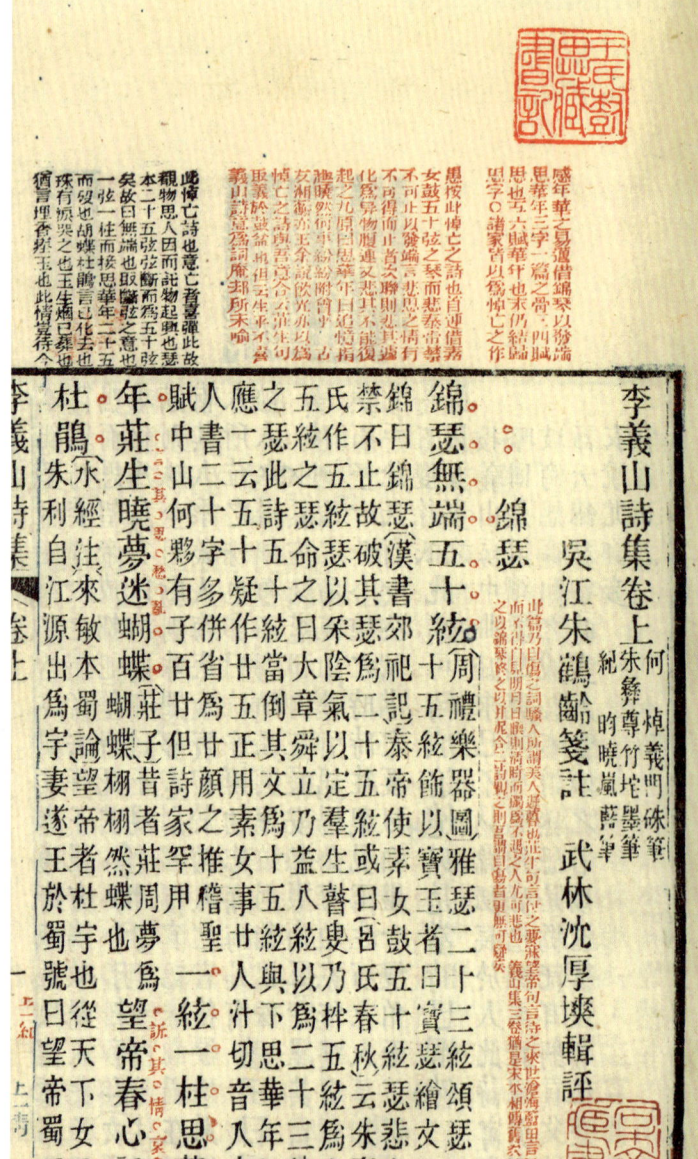

359　李義山詩集三卷(2-1)

359　李義山詩集三卷

清朱鶴齡箋注,沈厚塽輯評。清同治庚午(1870)廣州倅署刊。三色套印。四册。扉葉鈐"廣州林記書莊督造書籍"印,卷末鐫"武林沈映鈐、巴陵方功惠校訂"。

此雖同治刻本,然三色套印較爲少見,也算寒齋所藏諸套印本中可誇之物。乙亥(1995)冬余先於廊坊陳君處購書一批,唯此書諧價未成。是夜余獨宿小店仍惦念此書,翌日决意購買而陳君已出差外地,余堅候二日方得如願,可謂來之不易也。

當年此行於海王邨另見同治刊四色套印、木活字本《陶淵明詩》,惜書品欠佳未購。

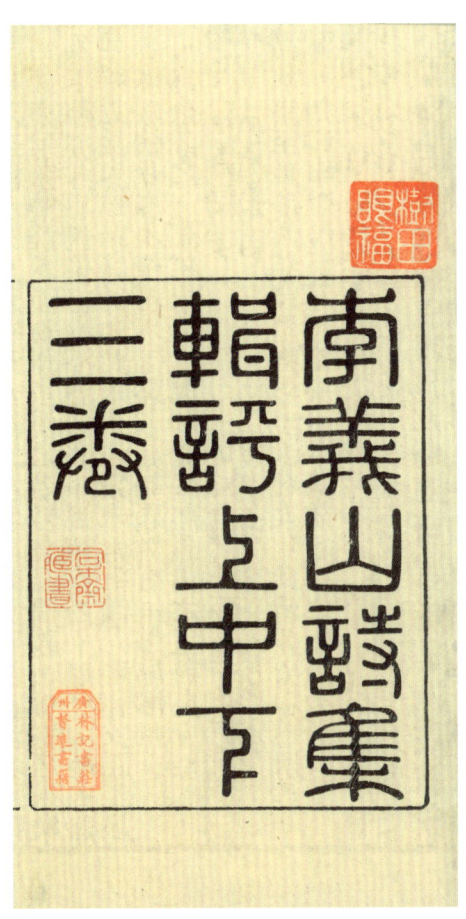

359　李義山詩集三卷(2-2)

玉谿生詩詳註卷之一 編年詩。梭義山懷州河內人當少年未弟時習業於

玉陽王屋之山詳畫松詩偶成轉韻詩其會令狐公文

云故山義我玉谿在中必指玉陽王屋山中無疑也若水經注云河水自潼關東北

流玉澗水注之水南出玉谿北流逕皇天原西又北逕圓鄉城西又北注於河此

義山所云河水又東永樂潤水注之水北出山南流逕永樂故

城西又南入於河此亦稱永樂溪水而初無玉溪之名乃會昌間義山曾寄居永

道中詩云行吟想像草懷景多少梅花塢卻即玉谿玩其詞義實有玉谿屬懷

此與玉陽王屋地雖近接界似稍踰疑卻此玉谿意猶未定近讀元耶律文正王屋

而後人遂以此為玉谿亦非也偶檢三水小牘云高平縣西南四十里登山越玉屋

近王屋山者大可為余說之一證雖未能指明細處必卽義山之玉谿矣

桐鄉馮浩孟亭編訂　　秀水胡重子健參校

韓碑

元和天子神武姿彼何人哉軒與羲誓將上雪列聖恥安史

亂後藩鎮遂多擅命故云坐法宫中朝四夷憲宗得大體淮西有賊五十載唐書

藩鎮傳自吳少誠盜有蔡四十年而禪文云蔡帥之不廷授於今五十年盖大歷末李

希烈為其節度建中時盜建興王貞元二年為陳仙奇樂死仙奇復領鎮頗盡誠

節未幾少誠殺之合凡五十餘年矣封狼生貙貙生羆狼類貙爾雅漢書張衡傳射蟠家之封

　　　　　　　　　　　　豺狼貙貙貙獏似貍註曰今山民呼貙虎之

　　　　　　　　　　　　谿一重校本

360　玉谿生詩詳註三卷年譜一卷詩話一卷註補一卷

　　唐李商隱撰,清馮浩編訂,胡重參校。清嘉慶元年(1796)德聚堂重校本。四册。鈐"宫桂""日栽""日栽斠書記"三印。

　　此書内有《玉谿生年譜》,以編年爲次第排列李商隱生平及作品,後一卷係無法考訂的不編年詩。德聚堂原本刊於乾隆二十八年(1763),後有四十五年(1780)重校本。

　　編訂者馮浩,字養吾,號孟亭,浙江桐鄉人。乾隆十三年(1748)進士,入翰林院,曾巡撫湖南、典試江南,又任御史。撰有《孟亭居士詩稿》四卷、《文稿》五卷等。卒於一八〇一年。

360　玉谿生詩詳註三卷年譜一卷詩話一卷註補一卷(2-2)

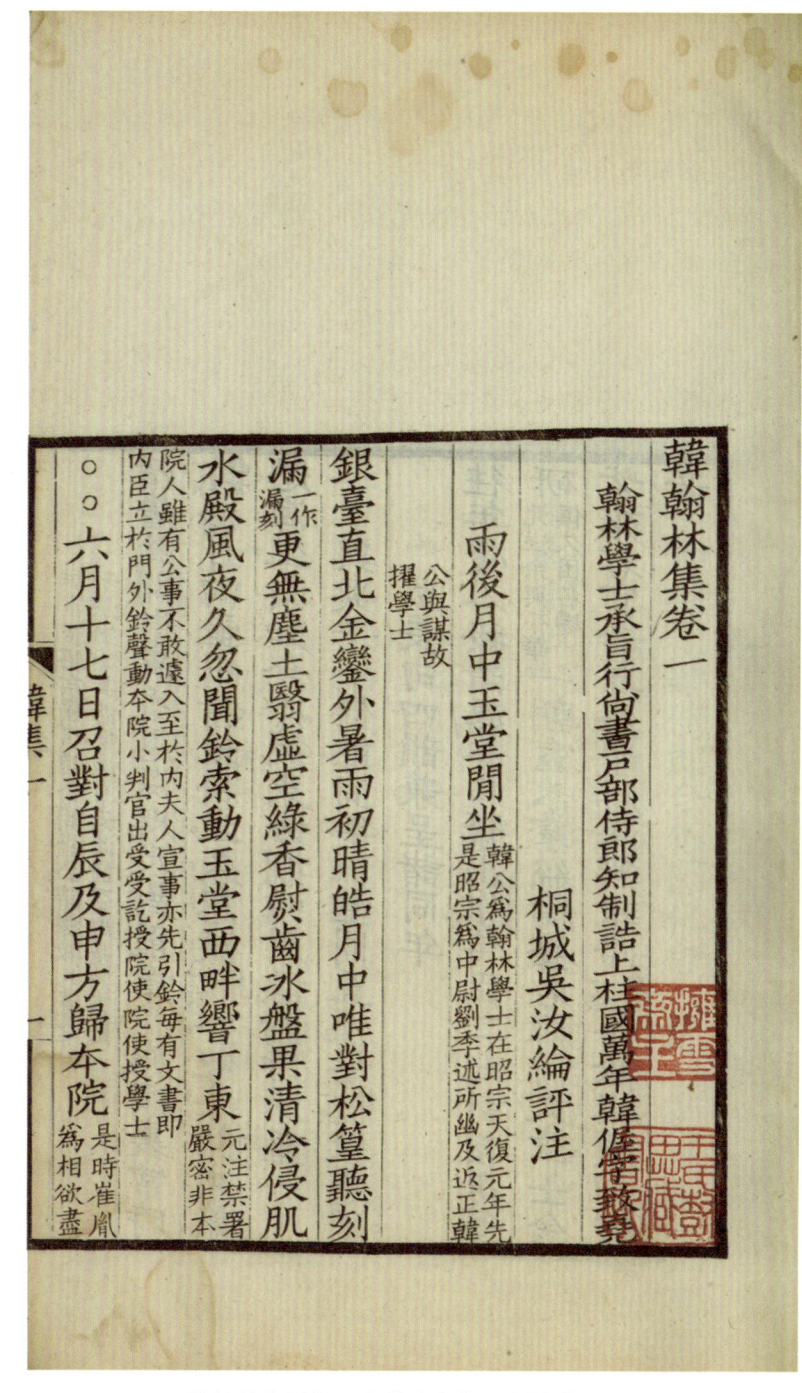

韓翰林集評注三卷附香奩集三卷補遺一卷(2-1)

361　韓翰林集評注三卷附香奩集三卷補遺一卷

　　唐韓偓撰,吴汝綸評注。一九二二年武強賀氏刊。一册。前趙衡序,吴闓生壬戌(1922)跋。水竹邨人徐世昌題簽。

　　賀氏爲武強賀性存,賀松坡子。繼父志,雅愛聚書,刻書尤多且精。其刻書校勘嚴謹,雕版講究。《辛亥以來藏書紀事詩》(雷夢水校補)稱此《韓翰林集》"允稱善本",另稱其所刻《賀先生文集》"每字一筆一畫,無不斟酌盡善"。此集余亦收藏。惜黄永年、賈二强所編《清代版本圖録》竟未涉及賀氏刻書(賀氏在清末亦有精刻本),致有遺珠之憾。

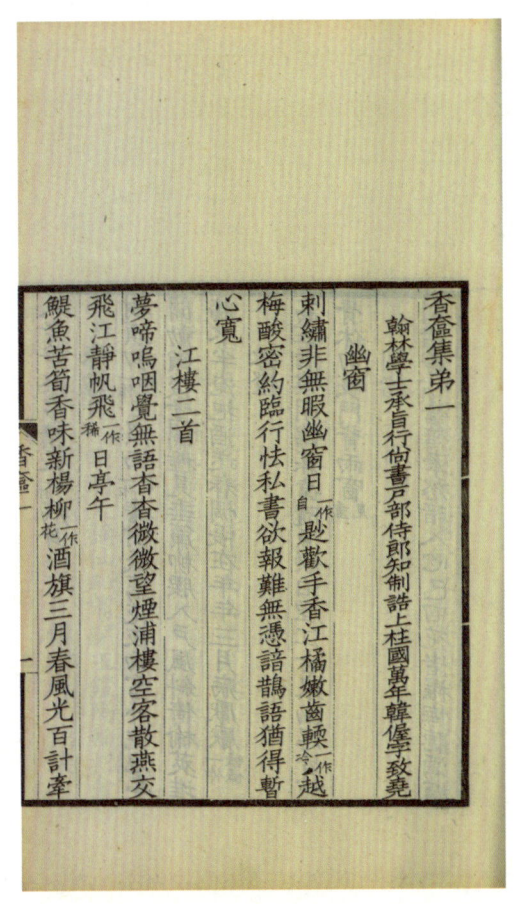

361　韓翰林集評注三卷附香奩集三卷補遺一卷(2-2)

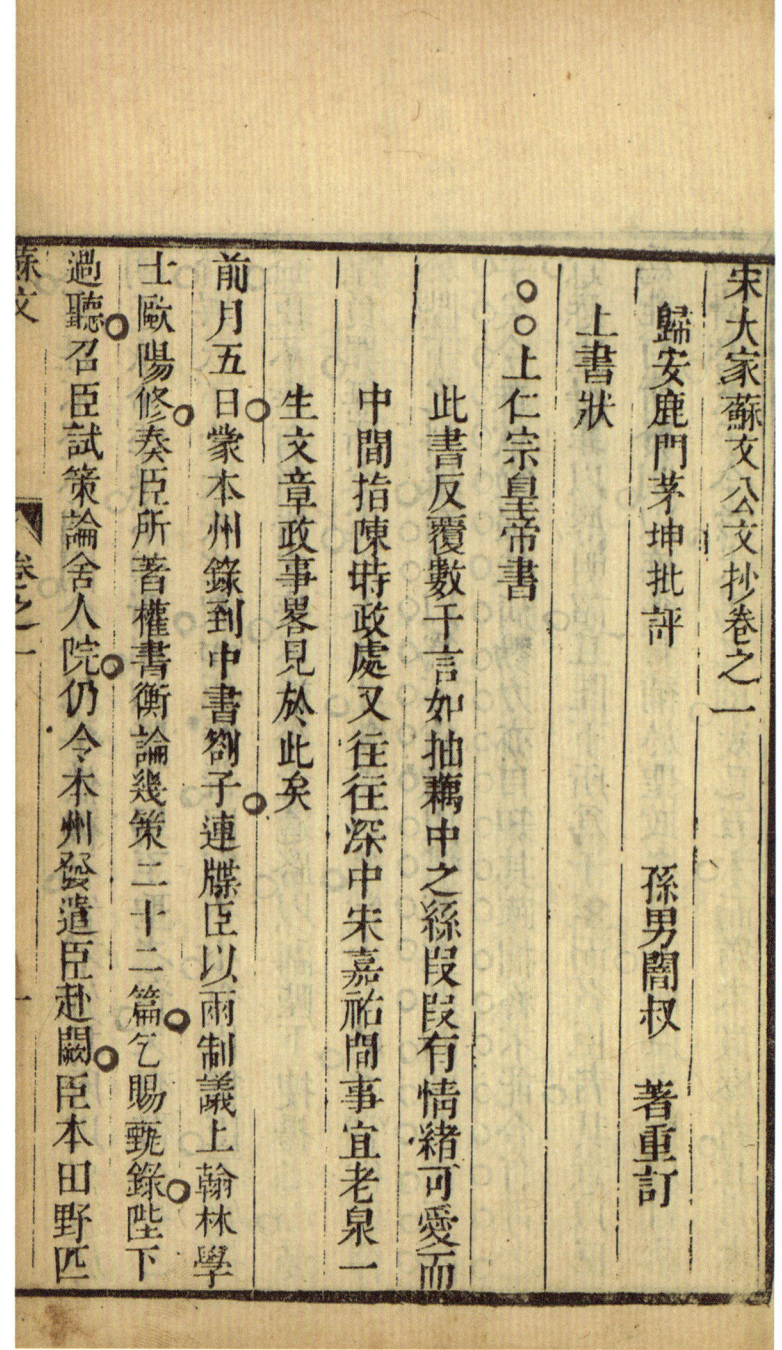

宋大家蘇文公文抄卷之一

歸安鹿門茅坤批評

孫男闇叔 著重訂

上書狀

○○上仁宗皇帝書

此書反覆數千言如抽藕中之絲段段有情緒可愛而中間指陳時政處又往往深中宋嘉祐間事宜老泉一生文章政事畧見扵此矣

前月五日蒙本州錄到中書劄子連牒臣以兩制議上翰林學士歐陽脩奏臣所著權書衡論幾策二十二篇乞賜甄錄陛下過聽召臣試策論舍人院仍令本州發遣臣赴闕臣本田野匹

362　宋大家蘇文公文抄十卷

宋蘇洵撰,明茅坤批評,茅闇叔重訂。清康熙四十五年(1706)刻本。竹紙二册。眉上鐫評,卷内有石和先生墨批。

乙亥年(1995)得之於平遥張某家。張某之父爲當地書販,身後存書尚多,内中有不少平遥文人石生泉舊藏。余先從中選出數十部捆載而去,逾二年,又與書友重至平遥,存書尚在,塞滿一大櫃,翻檢一通,汗流浹背,惜多殘缺不全之本,幾無書可取。唯檢出民國小説數種,却不單賣也。平遥另有侯姓書商,余每至,亦選書數種,也曾引領陳東在此書店購書,記得是部明版史書,以近萬元成交。至今十幾載未至平遥,想已無書可購,内臟掏空,祇剩一空城架子了,一歎!

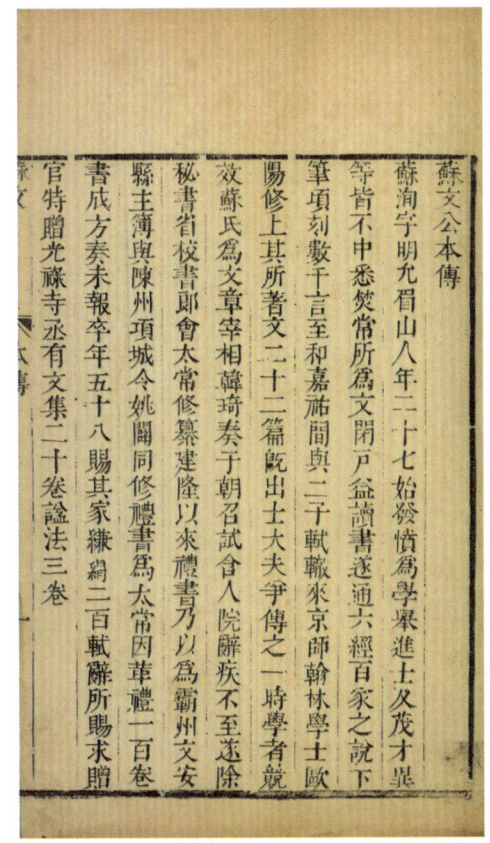

362　宋大家蘇文公文抄十卷(2-2)

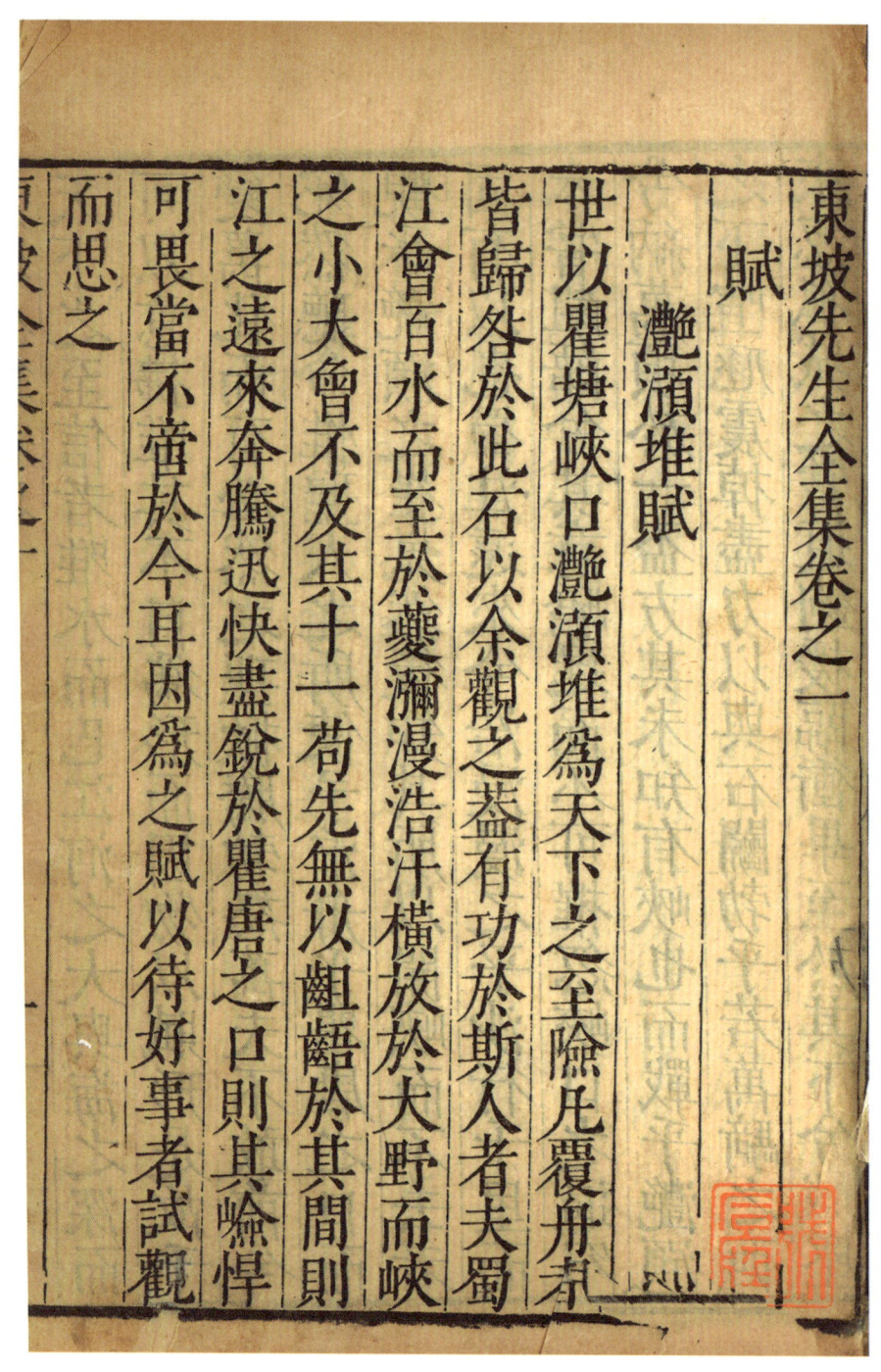

東坡先生全集卷之一

賦

灎澦堆賦

世以瞿塘峽口灎澦堆為天下之至險凡覆舟者
皆歸咎於此石以余觀之蓋有功於斯人者夫蜀
江會百水而至於夔瀰漫浩汗橫放於大野而峽
之小大會不及其十一苟先無以齟齬於其間則
江之遠來奔騰迅快盡銳於瞿唐之口則其崄悍
可畏當不啻於今耳因為之賦以待好事者試觀
而思之

集 部

363　東坡先生全集七十五卷

　　明萬曆刻本。竹紙三十八册。半葉十行十九字,白口,左右雙邊。有刻工。《中國古籍善本書目》著録七十五卷本凡三種,一爲明刻本;一爲明末項煜刻本;一爲明末文盛堂刻本。

　　甲戌(1994)秋得於上海書友處,因缺失前三卷而價廉。乙未(2015)秋於"孔夫子舊書網"以高價競得該書所佚前三卷一册,然尚缺"目録"一册,每思鈔配,惜無佳手耳。

　　余原藏道光版《三蘇全集》兩套,每套均洋洋八十册。六年前,余曾將其中一套在"孔夫子舊書網"上拍賣,有一南通書友吳某應拍。此書友此前曾與余有過幾番交往,尚可信賴。後此書拍至壹萬伍仟元,余仍以萬元之價讓與吳某。後吳某告知南通有一補舊書高手與其熟識,余聞之心動,將藏之多年的周越然《書書書》一書(佚封面)托其修補。不料此後再無消息。網上凶險,誠爲一例。

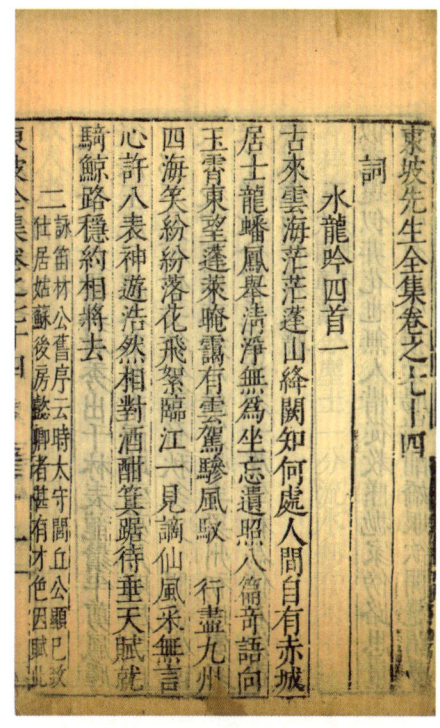

363　東坡先生全集七十五卷(3-2)

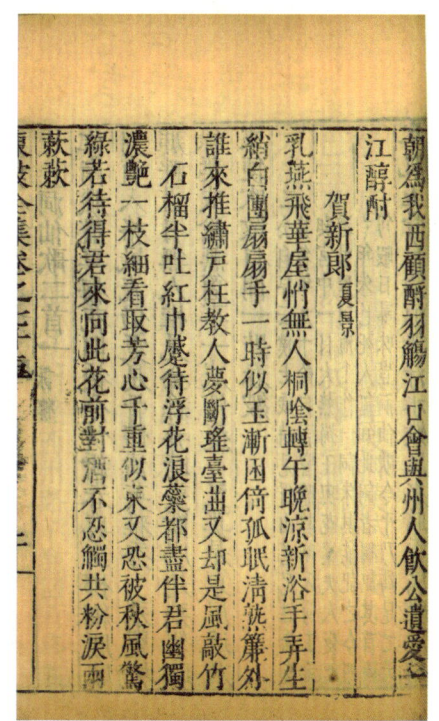

363　東坡先生全集七十五卷(3-3)

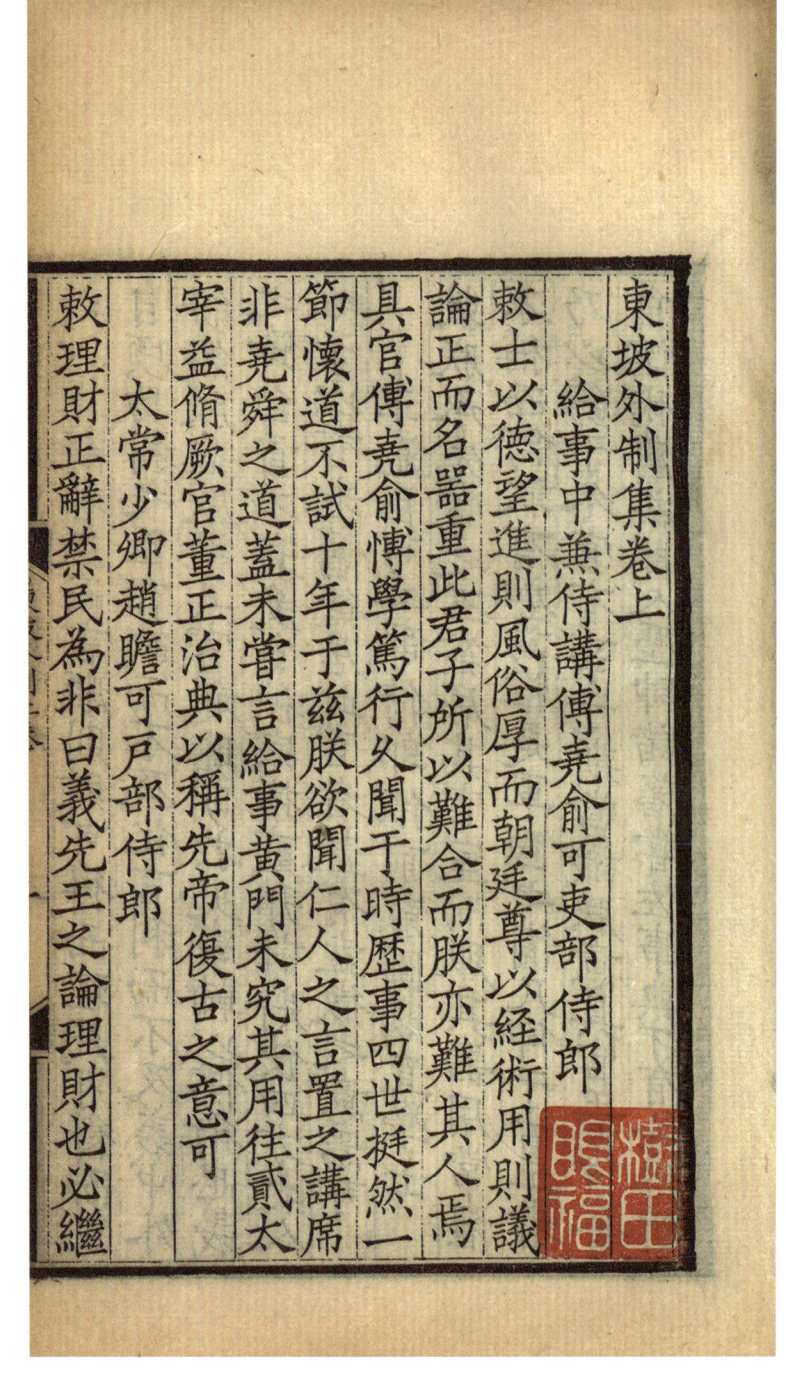

364 東坡外制集三卷(3-1)

364　東坡外制集三卷

清宣統二年(1910)端方寶華盦覆刻明成化本。一册。此《東坡七集》之一種。另六集爲《東坡集》四十卷、《後集》二十卷、《奏議》十五卷、《内制集》十卷、《應詔集》十卷、《續集》十二卷。繆荃孫校勘,陶子麟刻字,内容與形式俱佳,誠爲清末之傑作。黄永年稱此本"精核實轉勝舊本",言不虚也。

余偶於北京沙灘東皇城根兒舊貨市場獲之。書衣尚鈐有京城某單位"五七幹校"之印。該市場有店鋪十餘家,其中有幾家時常有些古書。余二十年前在京陪家母治病,經常去轉轉,偶爾也有不錯的收穫。淘書之後,便在市場中的大排檔叫碗麵,邊吃邊翻所購之書,也算一樂。

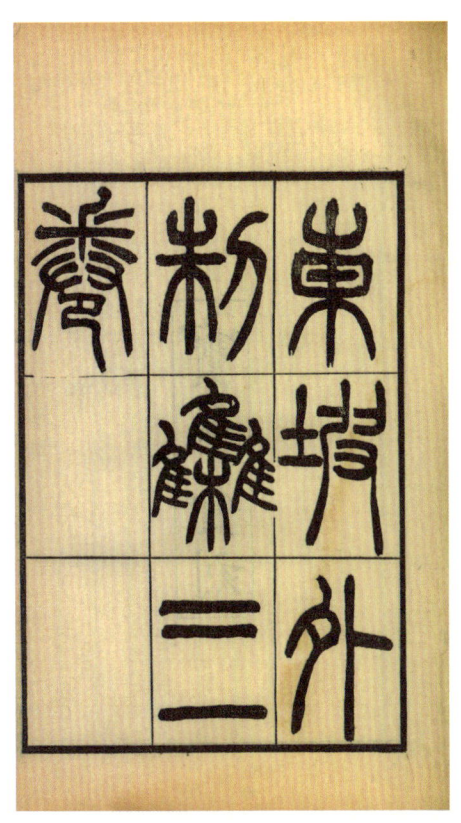

364　東坡外制集三卷(3-2)

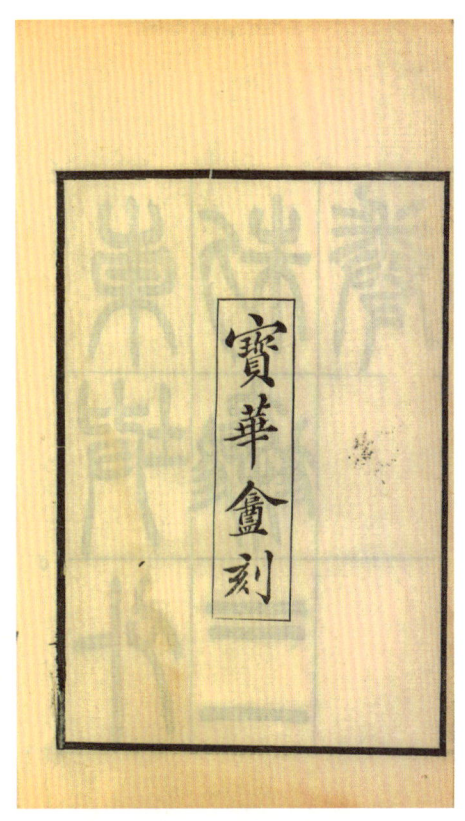

364　東坡外制集三卷(3-3)

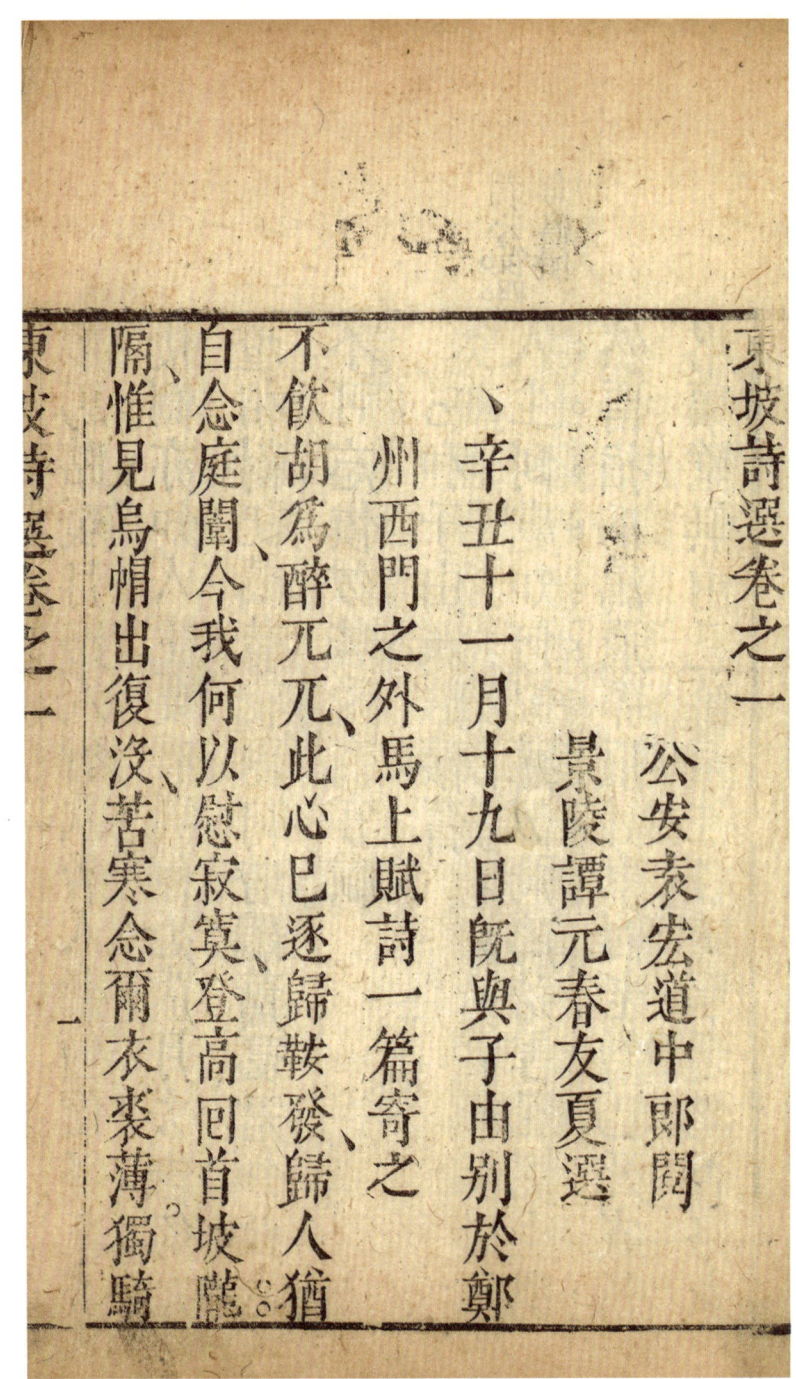

東坡詩選卷之一

公安袁宏道中郎閱
景陵譚元春友夏選

　辛丑十一月十九日既與子由別於鄭
州西門之外馬上賦詩一篇寄之
不飲胡爲醉兀兀此心已逐歸鞍發歸人猶
自念庭闈今我何以慰寂寞登高回首坡壠
隔惟見烏帽出復沒苦寒念爾衣裘薄獨騎

365　東坡詩選十二卷

明袁宏道閲,譚元春選。明天啓間文盛堂刊。竹紙八册。半葉八行十七字,白口,四周單邊,眉上鎸評。"玄"字不避。

卷前天啓元年(1621)譚元春序,後《年譜》《本傳》爲一册,《目録》一册。

此書杜信孚《明代版刻綜録》著録,鄭振鐸舊藏,收入《西諦書目》。《四庫簡明目録標注》著録文盛堂明末刊《東坡全集》七十五卷,此書乃單刊別行也。

丁丑(1997)春京城"萬隆"舉辦古籍文獻拍賣,以清刊本標之。余欣獲此書,價尚廉。

365　東坡詩選十二卷(2-2)

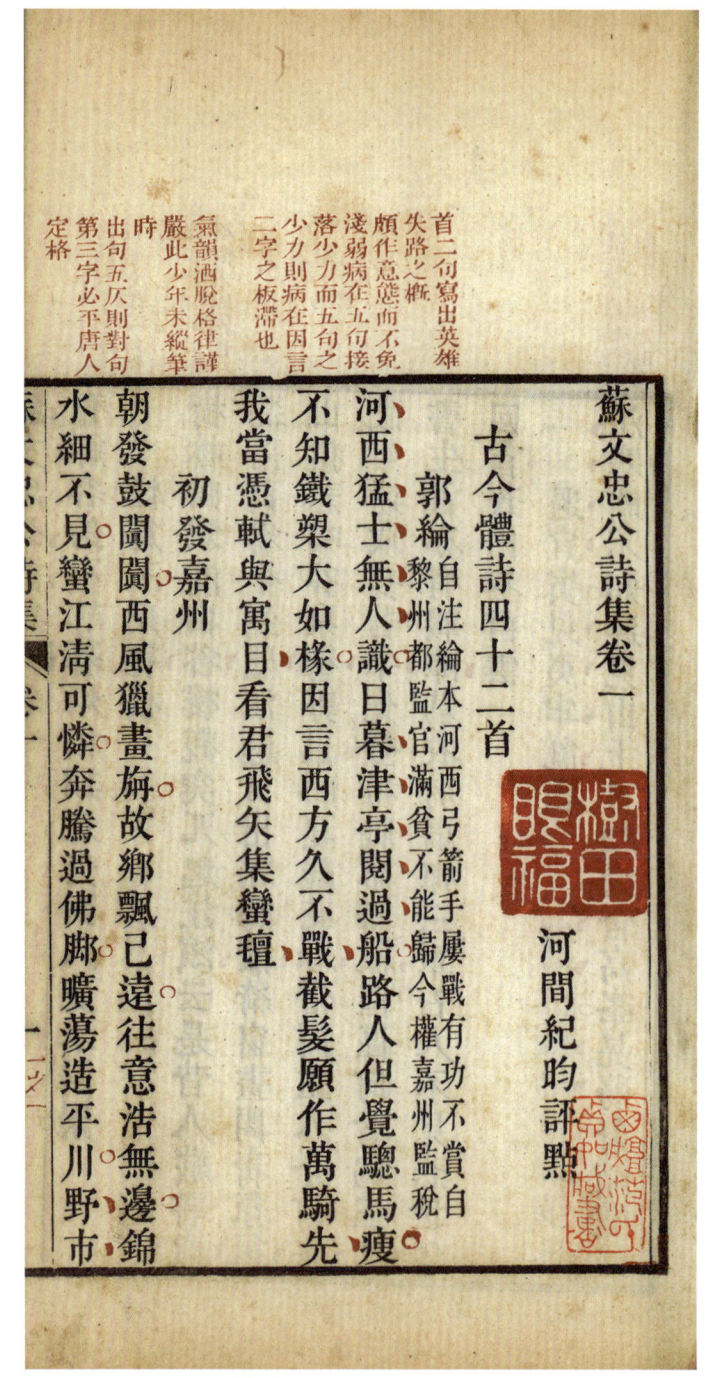

366 蘇文忠公詩集五十卷目錄二卷（3-1）

366　蘇文忠公詩集五十卷目錄二卷

　　清紀昀評點。清道光十四年(1834)兩廣節署刊。套印本。十二册二函。余收集蘇詩頗多,套印祗此一種。刊刻精良,書品上佳,開卷喜人也。

　　鈐"西城范氏貞如藏書"印。范茂松,字貞如,山西繁峙縣人。民國元年(1912)畢業於山西農業學堂,任山西《實業報》社社長。歷任直隸寧河、山東牟平、察哈爾商丘縣知事,在山西任興縣、榮河、芮城等縣縣長職。曾纂修《榮河縣志》二十四卷。富藏書,解放後分别向瀋陽圖書館捐獻藏書近二萬册,向山西博物館捐獻藏書近三萬册。一九五九年逝世,享年七十二歲。

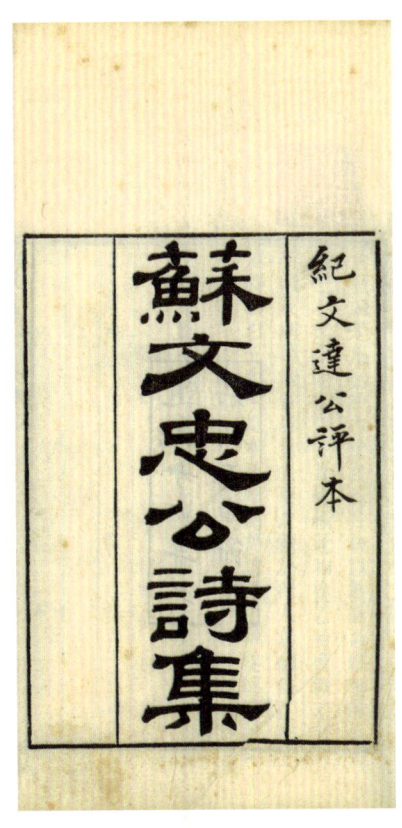

366　蘇文忠公詩集五十卷目錄二卷(3-2)

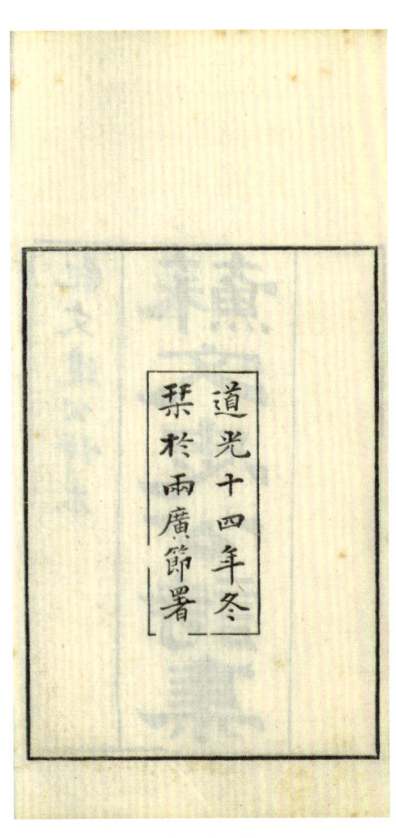

366　蘇文忠公詩集五十卷目錄二卷(3-3)

後山先生集卷第一

詩五言古

妾薄命二首 為曾南豐作

主家十二樓一身當三千古來妾薄命事主不盡年起
舞為主壽相送南陽阡忍著主衣裳為人作春妍有聲
當徹天有淚當徹泉死者恐無知妾身長自憐
葉落風不起山空花自紅捐世不待老患妾無其終一
死尚可忍百歲何當窮天地豈不寬妾身自不容死者
如有知殺身以相從向來歌舞地夜雨鳴寒蛩

送外舅郭大夫槩西川提刑

367　後山先生集二十四卷

宋陳師道撰。清光緒十一年(1885)番禺愛廬據雍正趙氏本重校刻,廣州龍藏街萃文堂承刊。白紙六册。卷前有雍正四年(1726)王原謹、雍正八年(1730)趙駿烈二序,任淵記一篇。版心下鎸"愛廬校本"。

番禺陶福祥,字春海,別號愛廬,學海堂學長、禺山書院院長,師從陳澧,喜藏書及雕刻古籍。其管理學海堂文瀾閣,主持印書,精選紙墨,發兑處名"熔經鑄史齋"。又於藏書之精者選擇雕刻,如《蔡中郎集》《陳後山集》《朱韋齋集》《夢溪筆談》等。余另藏其精刻之胡伯薊手寫蘇書《陶淵明集》,尤爲精妙。

卷内鈐"南州書樓藏書徐湯殷整理"印,南州書樓爲徐紹棨藏書處。徐紹棨,字信符,廣東番禺人,先後任教於廣東大學、中山大學文學院、嶺南大學,并兼任廣東省圖書館館長等職。藏書頗富,藏書室初名"南州草堂",一九二八年改爲"南州書樓"。所藏明版五百餘部,廣東地方文獻最爲齊備。著有《廣東藏書紀事詩》等。其子徐湯殷繼其父志,整理書樓,將珍善本輯爲《南州書樓善本題識》,又將其父文稿彙集釘裝。

此書購自山西榆次陳君,蓋從廣東散出者。同時所得南州書樓舊藏尚有《延秋唫館詩鈔》等。

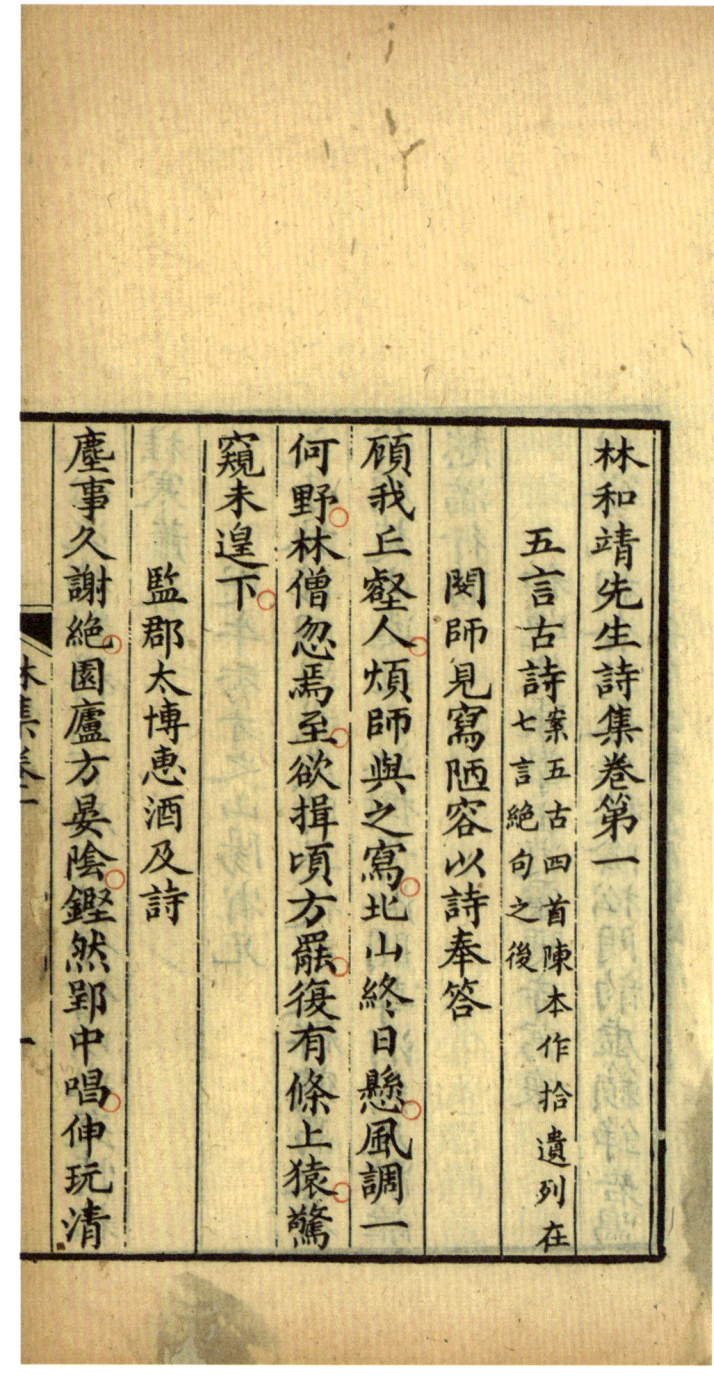

368 林和靖先生詩集四卷詩話一卷續刻一卷（2-1）

368　林和靖先生詩集四卷詩話一卷續刻一卷

　　宋林逋撰。清光緒二十七年(1901)俞氏清蔭堂刻本。白紙二册。卷内鐫"潮郡文在堂刊刷"。是書有光緒二十一年(1895)刊本,此書增補《續刻》及《題跋》,刊刻字體與前稍有不同。

　　此書寫刻,字大而有神,頗耐觀,雖未署名而知刻藝不凡也。

　　書早年得自榆次陳君。陳君乃當地文人,喜收集部之書,人頗豪爽。

　　卷前鈐"丁寶楨"印。丁寶楨,字稚璜,室名十五佛齋,尊稱宮保。貴州平遠人。咸豐三年(1853),三十三歲時考中進士,改翰林院庶吉士,自此步入仕途,後任翰林院編修。丁寶楨是洋務運動重要成員,官至四川總督。一八八六年卒,謚號文誠。

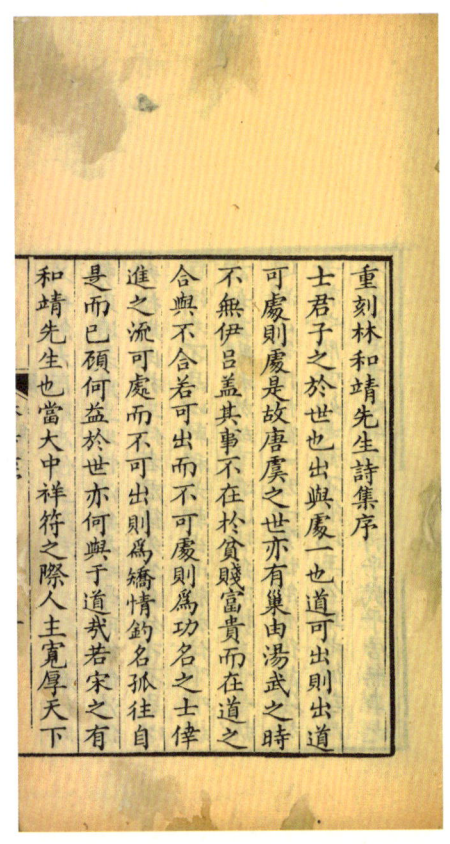

368　林和靖先生詩集四卷詩話一卷續刻一卷(2-2)

范忠宣公集卷第一

古賦

秋風吹汝水賦 時作襄城宰汝州太守帝上賦

歲作噩之窮秋兮策羸驂而獨征嗟旅懷之羈憤兮慼時律之峰嵲遵汝流之縈紆兮背嵩峯之翠橫號霜風之驚慄兮肅天地而淒清獵葭葦于晚岸兮雜紅翠之搖旌脫林實於沙際兮浮瑣碎之秀瑩激回流之平迥兮感緒文之細輕涵夕照之演漾兮蕩澄潭之空明促東逝之滔滔兮卷勤兮服友生之意誠何會合之安而遽更佩主人之眷勤兮服友生之意誠何會合之難久兮特離憂之易幷懍丘園之可服兮將就躍其塵

369　范忠宣公集二十卷附録一卷補遺一卷遺文一卷

宋范純仁撰。清康熙丁亥(1707)范時崇刊。六册。與《范文正集》合刊稱《二范集》。半葉十一行二十一字,白口,左右單邊。書口下鎸"歲寒堂"。卷前樓鑰序,范之柔序,沈圻序,陳宗衛跋,補編後有二十世孫范時崇跋,范能濬跋。前五卷爲詩,後十二卷皆雜文。卷十八至二十爲《忠宣公國史本傳》。又《遺文》一卷載純仁文七首,附以其弟純禮文二首,純粹文十九首,乃其裔孫能濬據舊本重加删補,又《附録》一卷、《補遺》一卷,載純仁《尺牘》一首,附以製詞、題跋等十二首,亦能濬所編訂。

純仁,字堯夫,范仲淹次子,神宗時官至天章閣待制,卒謚"忠宣"。是集有多種版本,《邵亭知見傳本書目》稱此康熙中刊本善。此合刊本雖秖有一種,然版刻精整,書中尚帶墨釘,近乎初印,洵爲善本。《中國古籍善本書目》著録。

書獲於北京燈市口中國書店庫房,打折後八百元。時在本世紀之初,能進庫房選書,又給以打折優惠,今天看來,恍然如夢。

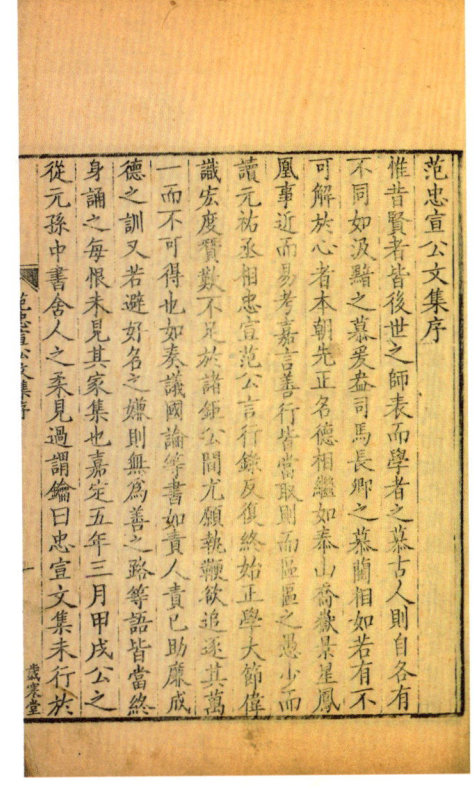

369　范忠宣公集二十卷附録一卷補遺一卷遺文一卷(2-2)

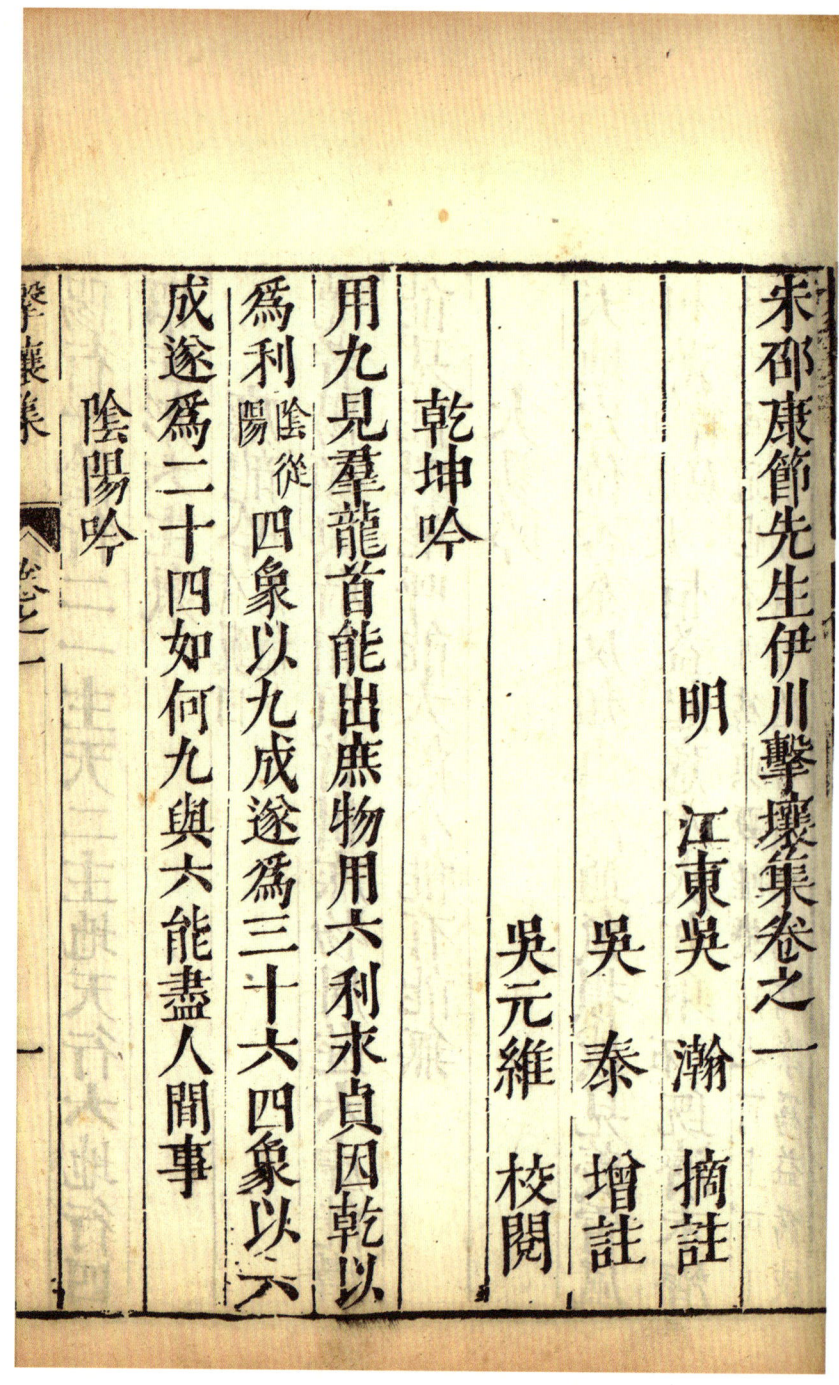

370 宋邵康節先生伊川擊壤集六卷(2-1)

370　宋邵康節先生伊川擊壤集六卷

　　宋邵雍撰。清康熙間家刻本。此書寫刻,字體大而豪放,頗有氣勢。但書中另有一種板滯字體,疑爲補板者,待考。

　　鈐"士珩審定""合肥張氏竹居藏書印""張士珩楚寶父"等印,知爲清張士珩舊藏也。張氏爲安徽合肥人,字楚寶,號弢樓。室名時古齋、竹居、潛亭等。李鴻章外甥,曾主江南製造局六年。辛亥後遁居青島,任造幣廠監督。卒於一九一七年。余另藏其所著《弢樓遺集》,寫刻殊佳。

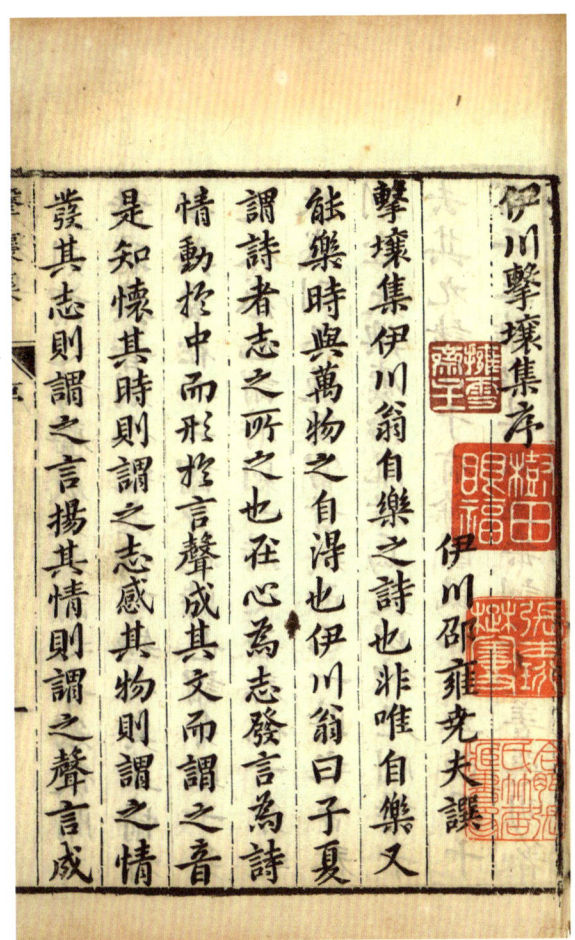

370　宋邵康節先生伊川擊壤集六卷(2-2)

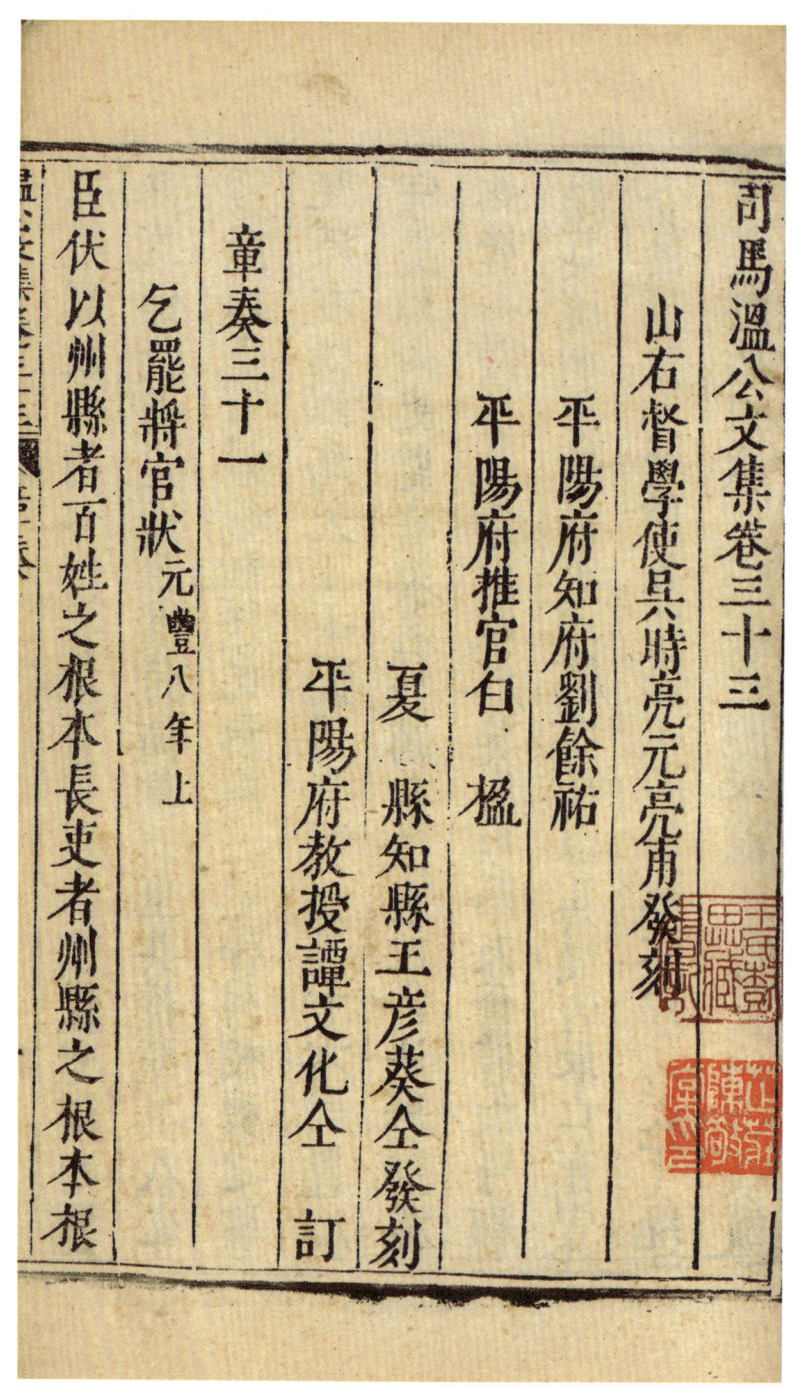

371　司馬溫公文集(3-1)

371　司馬溫公文集

　　明崇禎間刊。大題下鐫"山右督學使吳時亮元亮甫發刻"。又鐫"平陽府知府劉餘祐,平陽府推官白楷,夏縣知縣王彥葵仝發刻"。以此,知爲山西刻本。

　　卷前鈐"芷莊陳敬棠印"。陳敬棠,字芷莊,晚號雲濱野史,山西忻縣人。家富藏書。一九三七年日寇進犯忻縣時,陳氏一家十口服毒殉國。

　　此殘本獲於京城地攤,時在丁丑(1997)之夏。

371　司馬溫公文集(3-2)

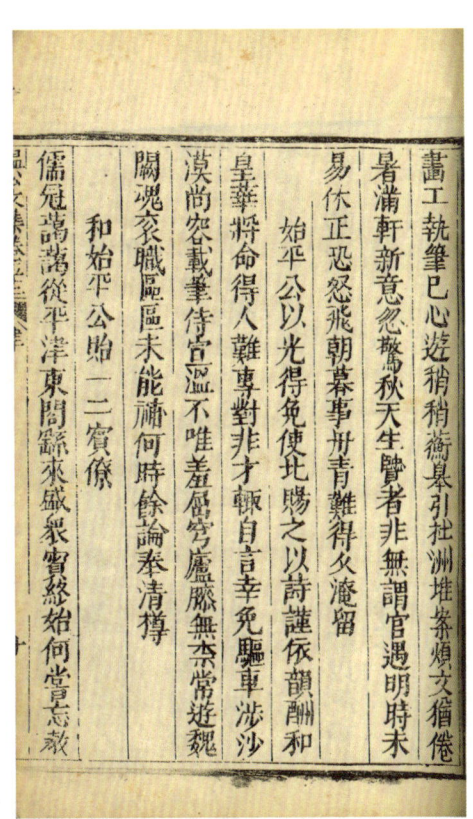

371　司馬溫公文集(3-3)

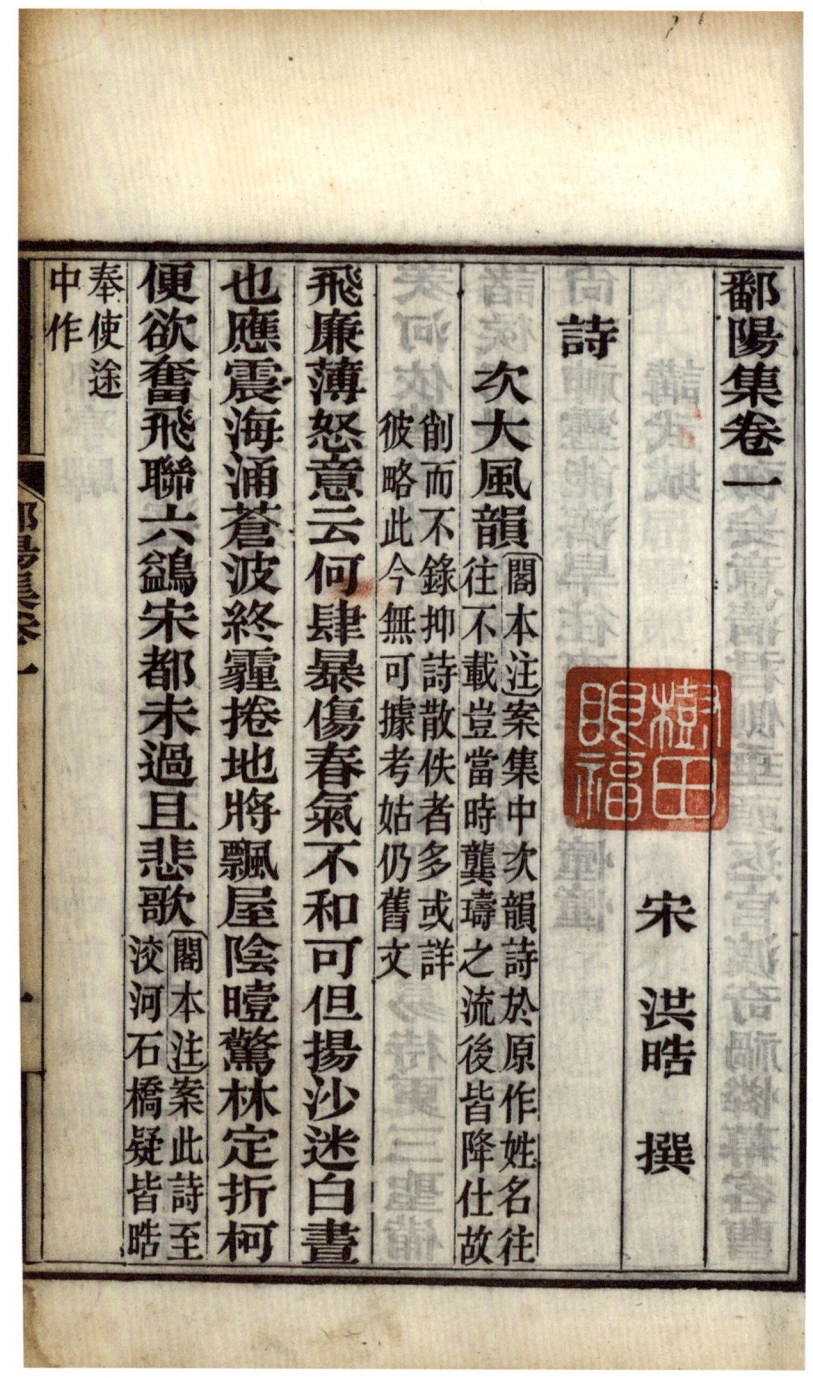

372 鄱陽集四卷拾遺一卷

372　鄱陽集四卷拾遺一卷

宋洪皓撰。清同治九年(1870)三瑞堂刻本。白紙一册。扉葉後鎸"粵東丁氏持靜齋傳鈔閣本,皖南洪氏晦木齋校並拾遺,同治庚午季夏三瑞堂刊,板存金陵"。

《鄱陽集》原爲洪皓之子洪适搜集編成,爲十卷,後十卷本失傳,乾隆間修《四庫全書》,從中裒集内容而成四卷本。另有一種《晦木齋叢書》本較少見,較前者不同處爲有卷首一卷、卷末一卷,收《拾遺》和《附録》,在文字上也互有出入。經過校補的《鄱陽集》,較前本更爲完整,爲一重要版本。

晦木齋主洪氏,名汝奎,别號琴西,安徽涇縣人,自清同治年間,即陸續刊印錢大昕撰寫的洪皓、洪遵、洪适、洪邁等人年譜,並編印洪皓父子及宋至清代其他洪氏學人的著作。

丁日昌,字禹生,室名持靜齋,廣東豐順人。官至江蘇巡撫、福建巡撫,藏書十萬餘卷,多以善本名世,校刊尤精。編有《持靜齋書目》《百蘭山館藏書目》。一八八二年卒。

封面書牌"同治"二字被滅去,似有充古之嫌。其實,此本亦善,大可不必如此。

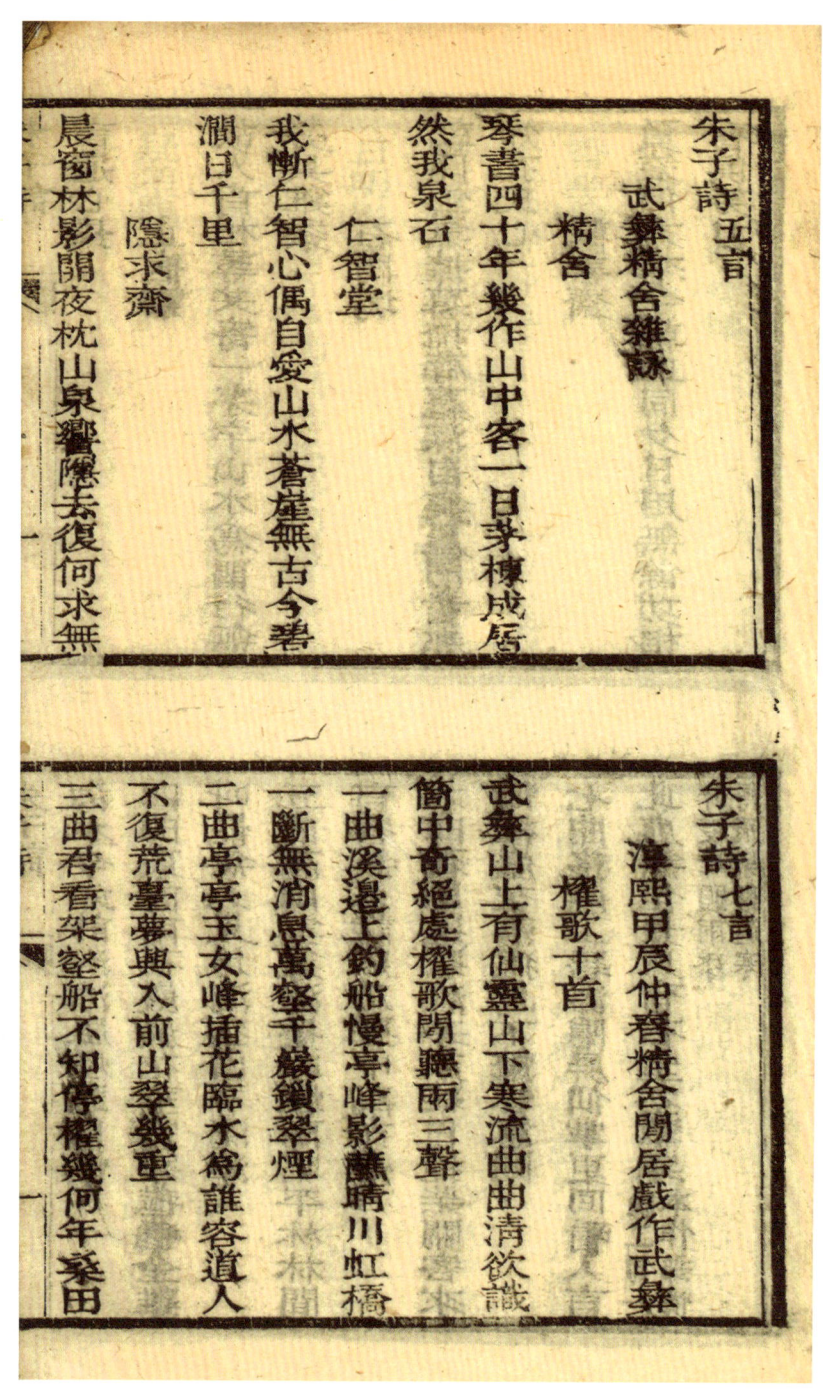

373　朱子詩鈔附文選詩賦擬題(2-1)

373　朱子詩鈔附文選詩賦擬題

宋朱熹撰。清道光戊申(1848)養正軒刻本。兩截板。白紙一册。

卷前道光重陽日新安汪韶舉述。"附言"稱:"朱子詩苦無專刻,每假友人書鈔錄,見於大全者若干篇,見於文集者亦復不少,或彼有而此無,或題同而詩異,兹錄以備……"

此書未見著錄。存之多年,已不記來路。

373　朱子詩鈔附文選詩賦擬題(2-2)

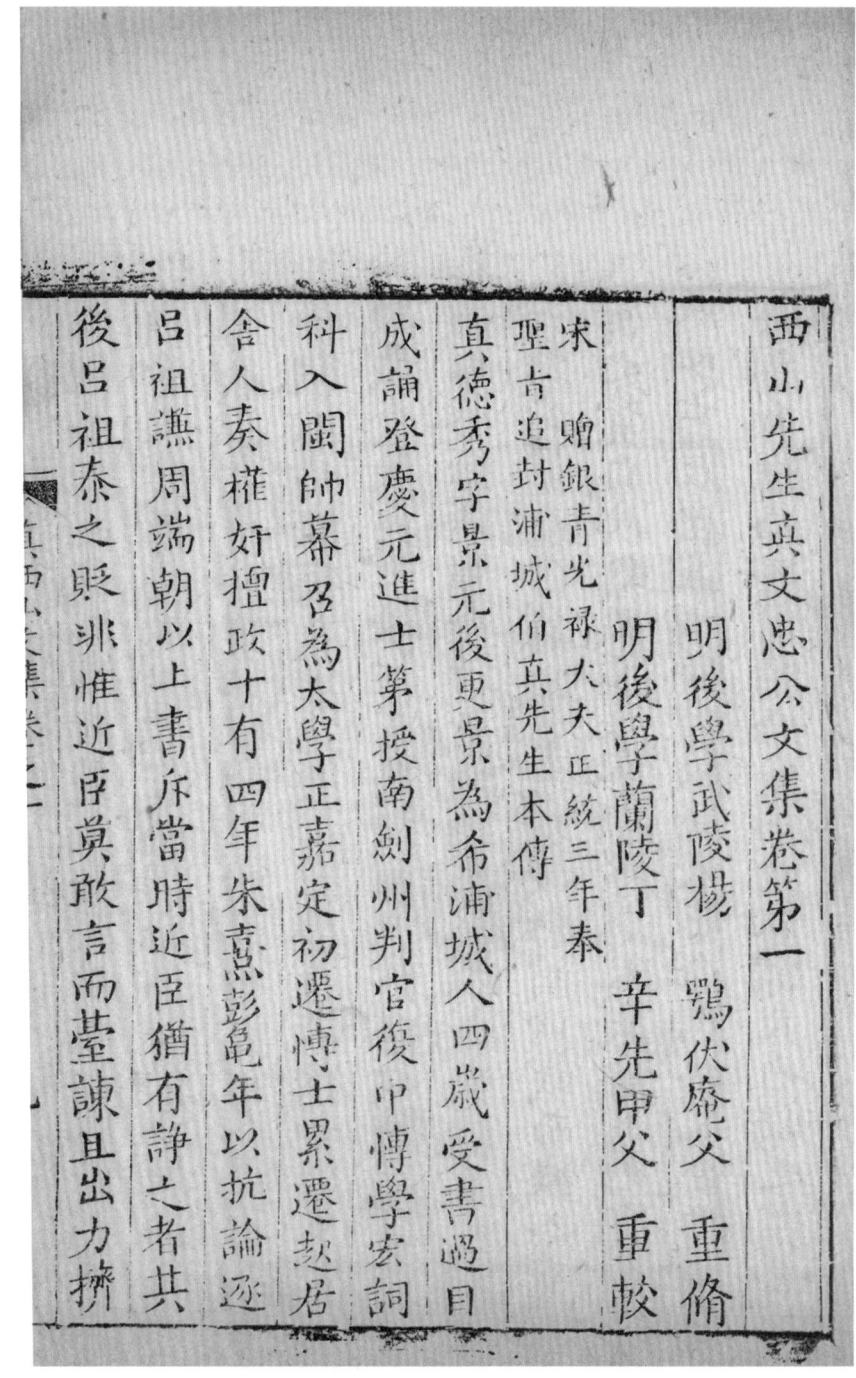

374 西山先生真文忠公文集五十五卷目録二卷(2-1)

374 西山先生真文忠公文集五十五卷目録二卷

宋真德秀撰。明萬曆間拱極堂刊。存卷一至十、卷四十一至五十五，十四册二函。半葉十行二十字，白口，單黑魚尾，左右雙邊，有刻工。大題下鎸"明後學武陵楊鶚伏庵父重脩、明後学蘭陵丁辛先甲父重較"。

卷前丁辛序，萬曆二十六年(1598)金學魯序。

此書前二十年分獲於北京潘家園、天津瀋陽道，書雖不全，幸爲同一版本，原書套裝爲二函，倒也齊整可觀。今古籍日漸難求，閑時啓函檢視，不無歲月催人之感。

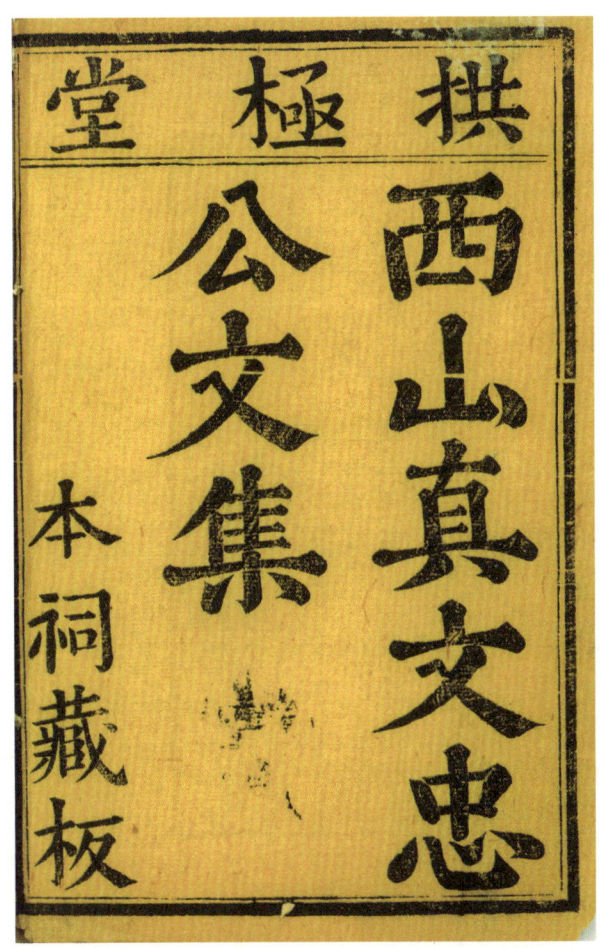

374 西山先生真文忠公文集五十五卷目録二卷(2-2)

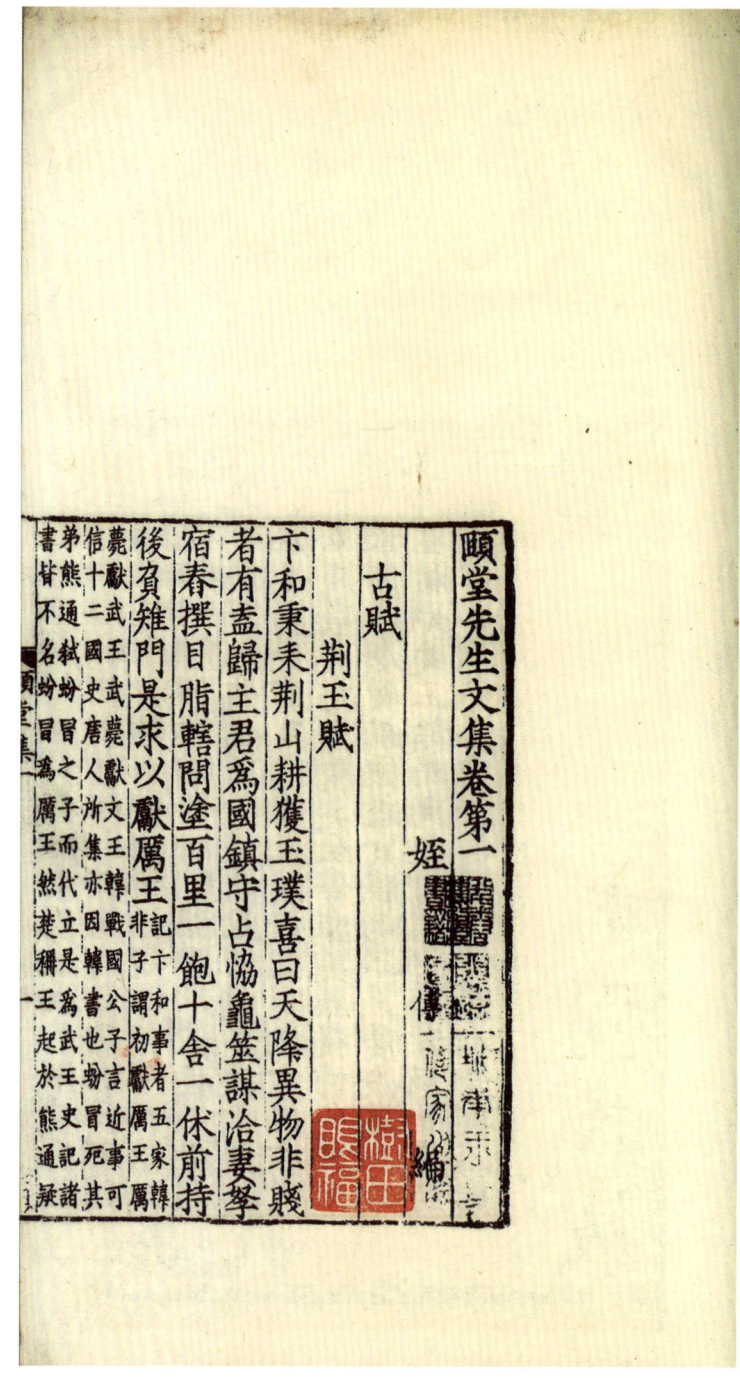

375 宋本頤堂先生文集五卷(2-1)

375 宋本頤堂先生文集五卷

宋王灼撰。一九二三年上海涵芬樓假江南圖書館藏本影印。《續古逸叢書》第二十種。白紙,特大開本一巨册。

卷末有光緒庚寅(1890)丁丙跋,稱:"明柯維騏《宋史新編·藝文志》載王灼《頤堂集》五十七卷,《絳雲樓書目》雖列其名,不著卷數,《讀書敏求記》則曰五卷……此本亦五卷,豈即遵王舊物耶?光緒丙戌猶子立誠下第南旋,得於袁漱六後人處,歸而呈之。先兄歎爲未見。今兄歿已三載,余適病起,展誦斯編,不勝對牀風雨之感。"

王灼,字晦叔,號頤堂,遂寧人。隱居不仕,著有《頤堂集》《碧雞雜志》《糖霜譜》等。

一九一九年,張元濟先生主持商務印書館,繼黎庶昌《古逸叢書》之後,以叢書體例影印刊行《續古逸叢書》。從宋本《孟子》始,到宋本《杜工部集》止,歷時三十八年,出書四十七種。該叢書尺幅大小不一,存閱不便,加之印數無多,且又陸續刊行,今已難見完本。

375 宋本頤堂先生文集五卷(2-2)

白石道人詩集卷上

番陽姜夔堯章著　　仁和許增邁孫校栞

五言古詩

以長歌意無極好爲老夫聽爲韻奉別沔鄂親友

滔滔沔鄂留有醼三宿桑持鉢了白日事賤丸蛣蜣舍堂本作當去石友煙席淩江湘爲君試歌商歌短意則長念楊大日弄清漢波促絃調寶瑟哀思感人多佳人魯山下謂正之日咬哇秦缶擊泠落鄧客歌知音良不易如此粲者何英英白龍孫次皇鄭仁舉眉目古人氣拮据營數椽下簾草生砌文章作逕庭功用見造次無庸垂罄嗟遺安鹿門意詩人辛國士辛泌清句法似阿駒別墅滄浪曲綠陰禽鳥呼頗參金粟眼漸造文字無兒輩例學語屋壁祝蒲本作呼盧舊鈔

白石道人詩集卷上　　一

376　白石道人詩集二卷歌曲四卷

宋姜夔撰,清許增校刊。清同治、光緒間刻本。《詩集》二卷、《集外詩》一卷、《歌曲》四卷、《別集》一卷。

白石詩刻本頗多,以精審論,當推陸鍾輝本。此即依陸本重刻,爲《榆園叢刻》第一種。詩集前有《榆園叢刻》總目,凡三十七種,實則後十一種爲《娛園叢刻》所收,刻於光緒十五年(1889),以藝文小品爲多。余另存其《筆史》《金粟箋説》《端谿硯史》等三種。《榆園叢刻》亦藏《松壺畫贅》《畫憶》二種,皆白紙本,與此白石詩詞竹紙本不同。

卷前鈐"陳屺廬"印。陳氏爲民國間人,喜藏書,因得錢謙益絳雲樓燼餘書一種,室名"片雲樓"。卷内朱筆批校甚多,蠅頭小字,一絲不苟。

此書早年間獲於海王邨古籍書市。

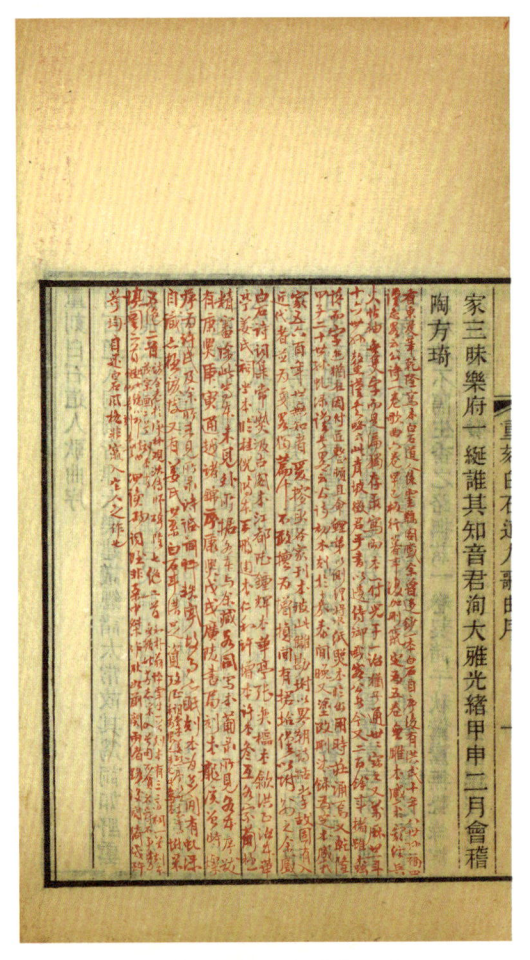

376　白石道人詩集二卷歌曲四卷(2-2)

忠愍公詩集卷上

開府儀同三司太子太傅贈太傅中書令上柱
國萊國公宷

奉和御製中秋翫月歌

賤井銅龍漏水平玉輪初滿物華清光連南極星輝
正影泛中天帝宇明風㐲頓末披輕霧香濕蘭叢泡
零露絳河橫度燦雲章靈鵲羣飛遶宮樹法久照兮
慶昌時樂芳宴兮志疲敷脣文兮玩澄景當嚴更兮
漸求九門祕邃敬尭宸靄靄金波矖目頻進牘豈能
抽鄙思賡歌深媿預朝倫

377　影宋鈔本忠愍公詩集三卷

宋寇準撰。舊影宋鈔本。一册。無格。半葉十行二十字。卷前有參知政事孫抃奉敕撰《萊國寇忠愍公旌忠之碑》，次宣和五年（1123）濟南王次翁書《新開寇公詩集序》，范雍書《忠愍公詩集序》。卷末有隆興元年（1163）長樂辛斁書《後序》。卷内有"□□薌辛之印"等藏印二枚。另有墨筆書"覆宋本"三字。

宋徽宗宣和五年濟南王次翁刻此詩集，宋孝宗隆興元年，長樂辛斁又據王氏本重刊此詩集，此書即據辛斁本影鈔。

舊精鈔本不易見，舊影宋鈔本幾下真跡一等，更宜珍視，清代即爲藏家所寶重也。

是書獲於書估段某。彼二十世紀八十年代末於無錫古舊書店獲書一批，其中佳槧甚多，然皆陸續散出。此爲幸存者，十年後歸余，書緣有定也。

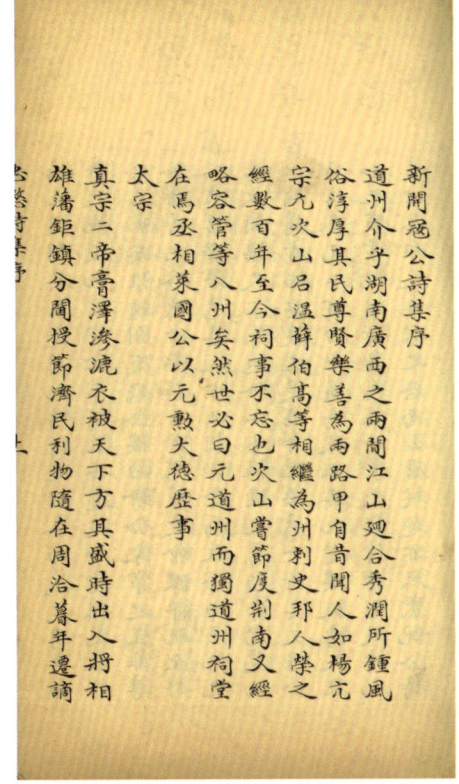

377　影宋鈔本忠愍公詩集三卷（3-2）

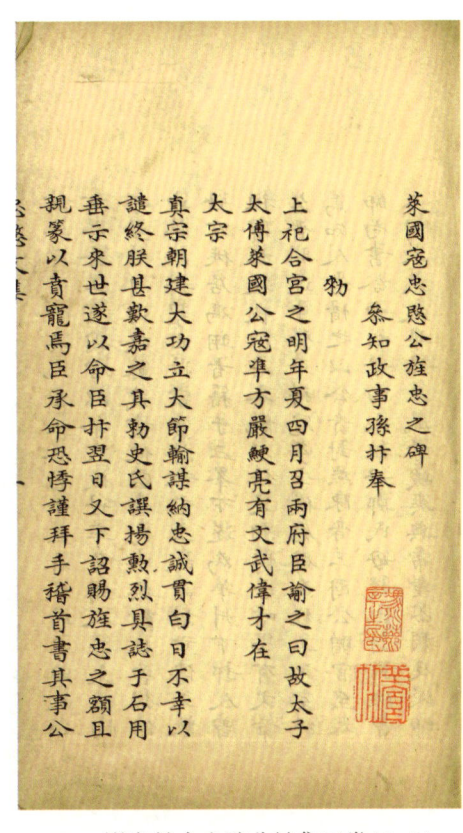

377　影宋鈔本忠愍公詩集三卷（3-3）

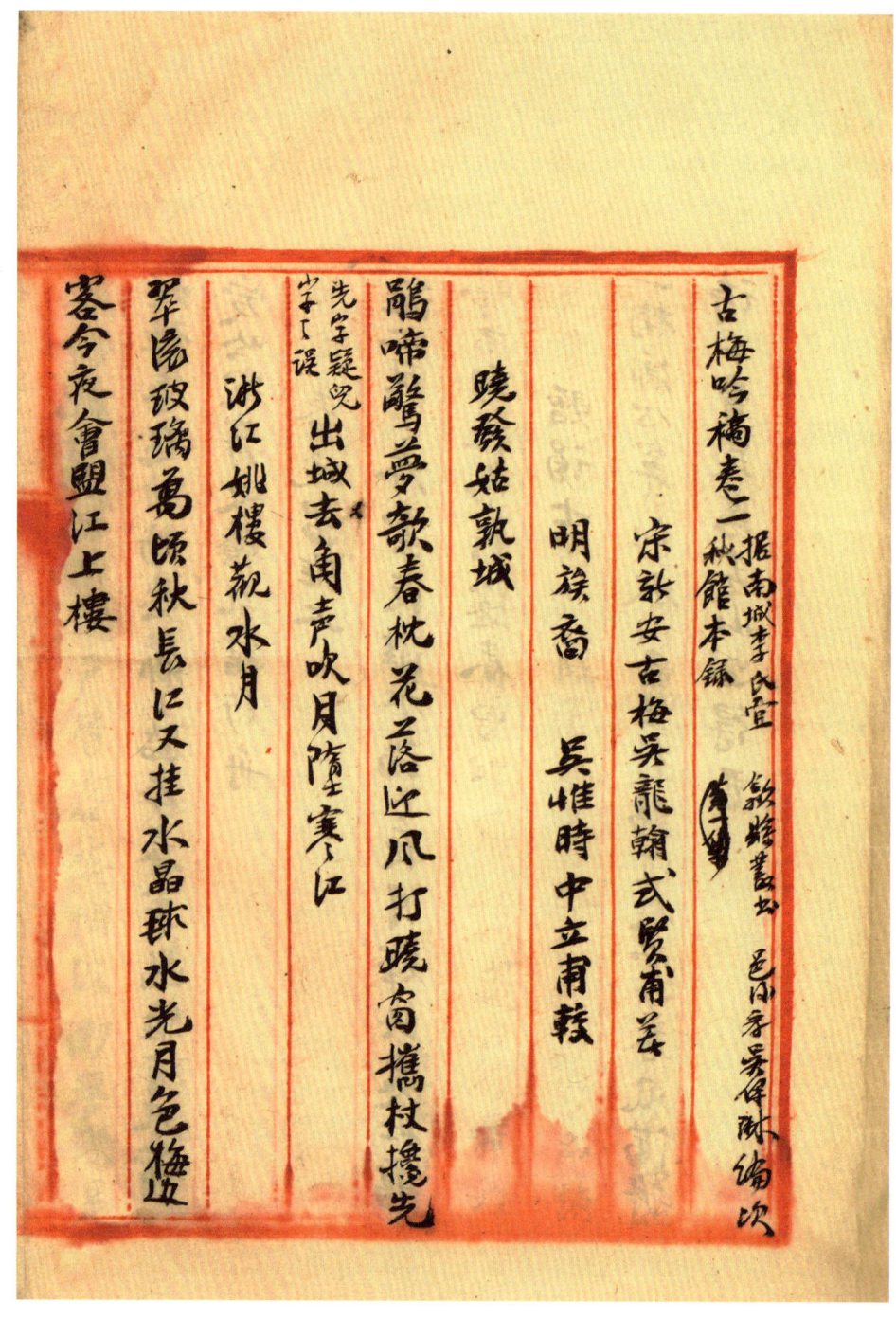

378　鈔本古梅吟稿六卷（2-1）

378　鈔本古梅吟稿六卷

宋吴龍翰撰。鈔本。一册。朱絲欄。據南城李氏宜秋館本録,邑後學吴保琳編次,卷内有校語。卷首訥齋程元鳳原序,録者吴保琳《跋尾》曰:"右《吟稿》一册,予於民國十五年正月在京師廠甸得此,亟手録於歙叢書中。嗣考圖書館中尚無此本,可寶也。民國十六年丁卯正月元宵日琳記於北京什刹海東得過且過齋中。"

吴龍翰,字式賢,南宋歙縣人。咸淳中,貢於鄉,被薦爲編校國史院實録院文學。德祐二年(1276),鄉校請任教授,不久辭去。家有老梅,因號"古梅"。

程元鳳序稱:"吴君式賢詩句老而意新,咀之雋永。"

此鈔得之於安徽歙縣。蓋爲民國間溪南舉辦"吴氏書畫著作展覽會"之物。吴龍翰亦歙縣溪南人也。

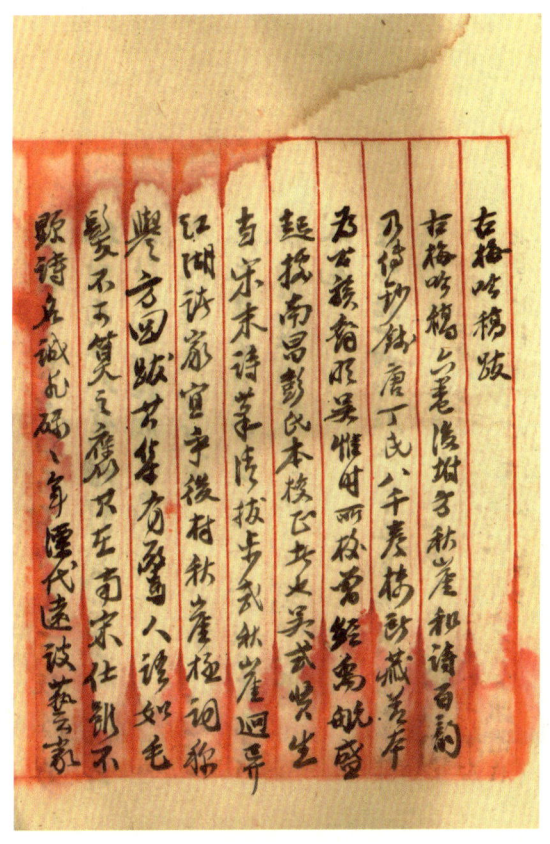

378　鈔本古梅吟稿六卷(2-2)

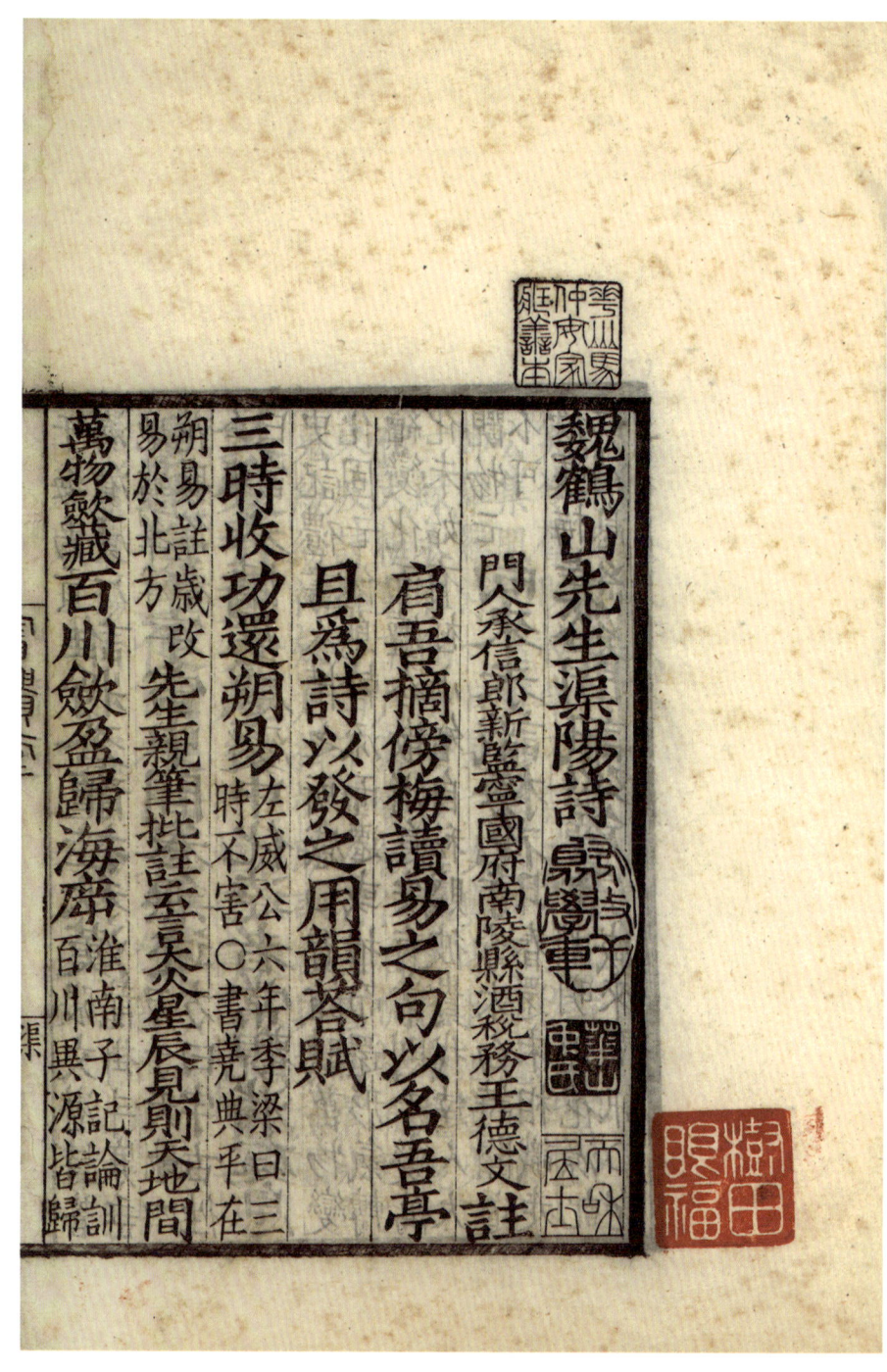

379 魏鶴山先生渠陽詩一卷(2-1)

379 魏鶴山先生渠陽詩一卷

影宋刻本,清光緒二十八年(1902)貴池劉世珩刊於武昌。棉紙一巨册。黄岡陶子麟刻字,開本闊大。版心鎸"富貴堂"。卷末有劉世珩、曹元忠各一跋。

劉世珩刻書頗講究,陶子麟又爲其時名刻手,珠聯璧合,方有此佳作傳世。此雖叢書(《景宋叢書》第二種)零種,然已不易得。書海茫茫,捕撈何物,似全憑機緣也。

書二十世紀九十年代中期獲於琉璃廠書市,價甚廉,蓋彼不重叢書之零種也。

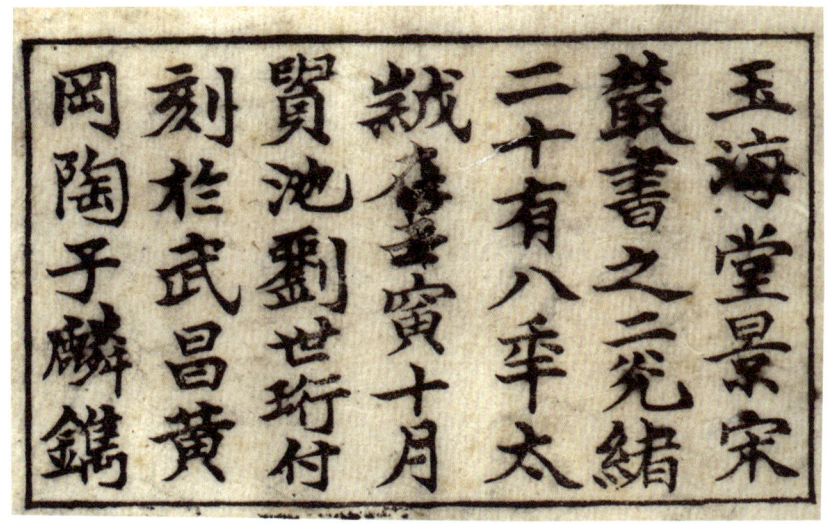

379 魏鶴山先生渠陽詩一卷(2-2)

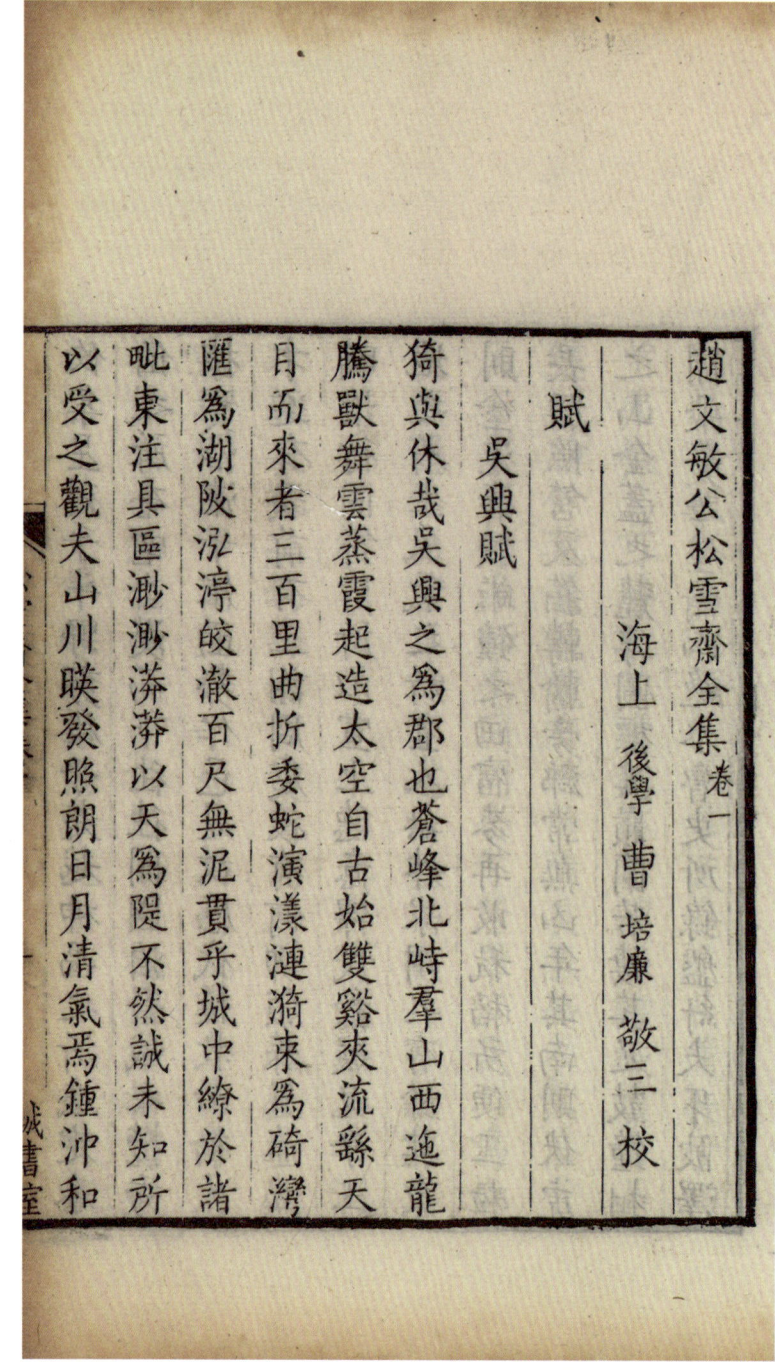

380 趙文敏公松雪齋全集十卷續集一卷外集一卷（2-1）

380　趙文敏公松雪齋全集十卷續集一卷外集一卷

元趙孟頫撰。清光緒八年（1882）洞庭楊氏刻本。白紙四册。扉葉鎸"海上曹敬三重訂，城書室藏板"，書口下鎸"城書室"。

卷前元大德戊戌（1298）戴表元序，清康熙癸巳（1713）曹培廉序，卷末元至元己卯（1279）何貞立跋。此書最早有元代沈伯玉刊本，元末後人輯得遺文編爲外集，至清康熙間始有上海曹培廉據沈氏原本重加校勘，以清德堂名義刊行。

此書精寫上板，秀雅清疏，再加紙白墨潤，誠書林尤物。庚辰（2000）春客京，有幸入燈市口中國書店庫房選書，以書價八折購到此書，同時所獲另有數種古書。開票時，該店一女負責人甚不情願，斥賣書店員："古書現在不愁賣，還給打折！"余見此情形匆匆攜書離去，步出店門，已然夜幕降臨，候在門口的老母親詢問店中發生了什麽事，或許以爲兒子做了什麽不光彩的事吧。

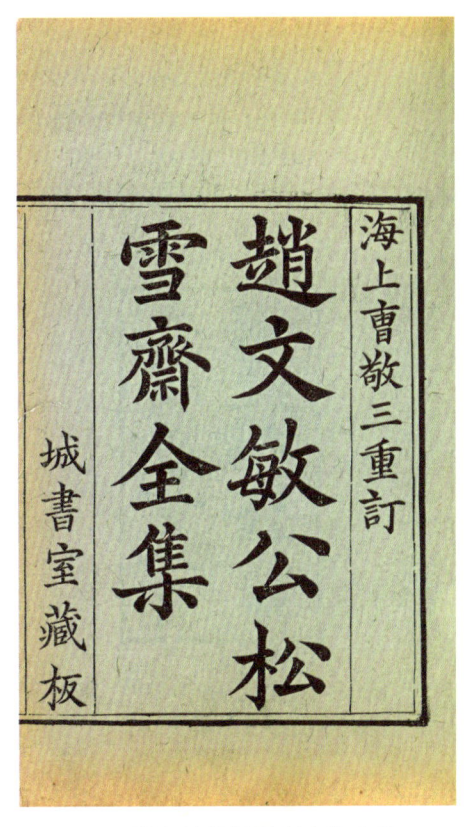

380　趙文敏公松雪齋全集十卷續集一卷外集一卷（2-2）

羅整菴先生存藁卷之一

儀封張伯行孝先甫訂　　　受業諸子仝校

疏

辭免禮部尙書疏

嘉靖六年三月十九日吏部差辦事官齎到公文一通內開節奉聖旨堪任禮部尙書的吏部上緊會推學行老成公議協服的兩員來看欽此會官推舉得守制服滿原改禮部尙書羅欽順禮部左侍郞劉龍俱堪任伏乞簡用一員令其到任管事題奉聖旨是羅欽順便差人齎文去取着上緊前來到任管事欽此咨臣欽遵施行臣孤露餘生

381　羅整菴先生存稿二卷（2-1）

381　羅整菴先生存稿二卷

明羅欽順撰,清張伯行訂。清康熙四十七年(1708)福建正誼堂刻本。白紙一册。

卷前明天啓三年(1623)董其昌原序,明嘉靖十三年(1534)羅整菴《題辭》,張伯行《羅整菴先生傳》。

羅欽順,字允升,號整菴,泰和人。明弘治六年(1493)進士,歷官南京吏部右侍郎、左侍郎、南京吏部尚書,後辭職返鄉,居家二十餘年,淡泊自持,不爲世累。嘉靖二十六年(1547)卒,享年八十三歲,謚文莊。另撰《困知記》四卷、《整菴存稿》二十卷。

此乃張伯行《正誼堂全書》本,《全書》收書六十三種,於同治間刊成。

此爲康熙原刻,殊不易得。書早年購於書販,初疑不全,棄之未顧。

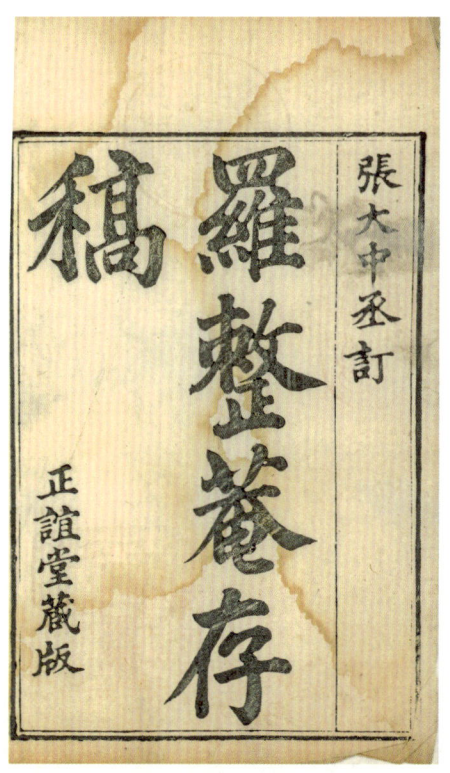

381　羅整菴先生存稿二卷(2-2)

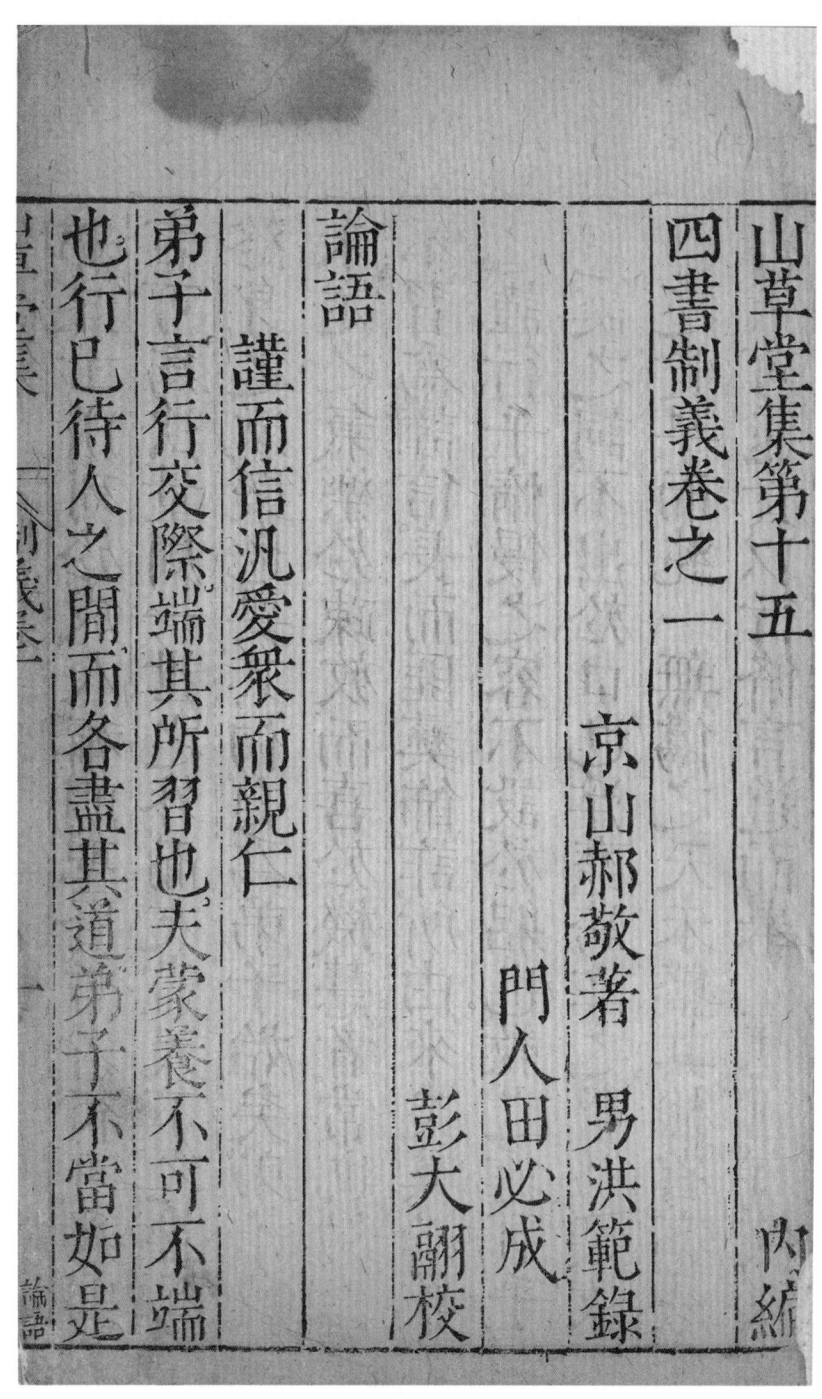

山草堂集第十五
四書制義卷之一　　　　　　　內編
　　　　　　　京山郝敬著
　　　　　　　　　　男洪範錄
　　　　　　　門人田必成
　　　　　　　彭大翺校

論語

謹而信汎愛眾而親仁

弟子言行交際端其所習也夫蒙養不可不端也行已待人之間而各盡其道弟子不當如是

382　山草堂集

明郝敬著,郝洪範校刻。明萬曆、崇禎間刻本。半葉九行十八字,白口,綫魚尾。版心上鎸"山草堂集"。"内編"十六種一百零四卷,"外編"十種四十卷。此本存"内編"第十五卷《四書制義》卷一、卷二、卷三(《論語》《大學》);"外編"第十九卷《批點〈前漢書〉瑣瑣》四卷(全);第二十卷《批點〈後漢書〉瑣瑣》六卷;第二十一卷《批點〈三國志〉瑣瑣》四卷;共五册。《四書制義》卷前有崇禎改元孟秋五日仲興父識語。

雷夢水撰《琉璃廠書肆四記》稱榮華堂孫華卿氏曾得明萬曆間刻本《讀書通》一部計二十卷,明京山郝敬撰。此書即《山草堂集》内編中的一種。丙子年(1996)余獲之於呼和浩特市郊區陶卜齊一農户家,所得尚有拓本《西嶽華山廟碑》,鈐"汪由敦""田梄"印。田梄,山西崞縣人,民國時藏書家,室名"卓觀樓"。

郝敬另撰《論語詳解》二十卷,萬曆間家刻本(男千秋、千石校刻),藏北京大學圖書館。

此書王重民《中國善本書提要》著録。

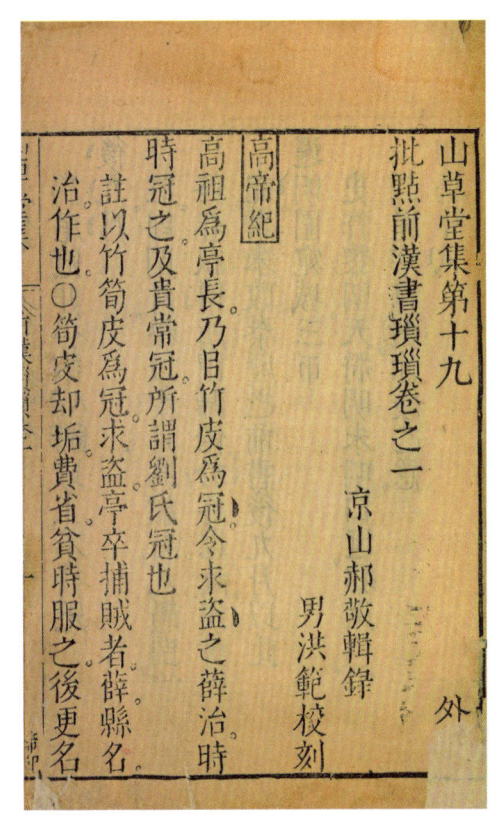

382　山草堂集(2-2)

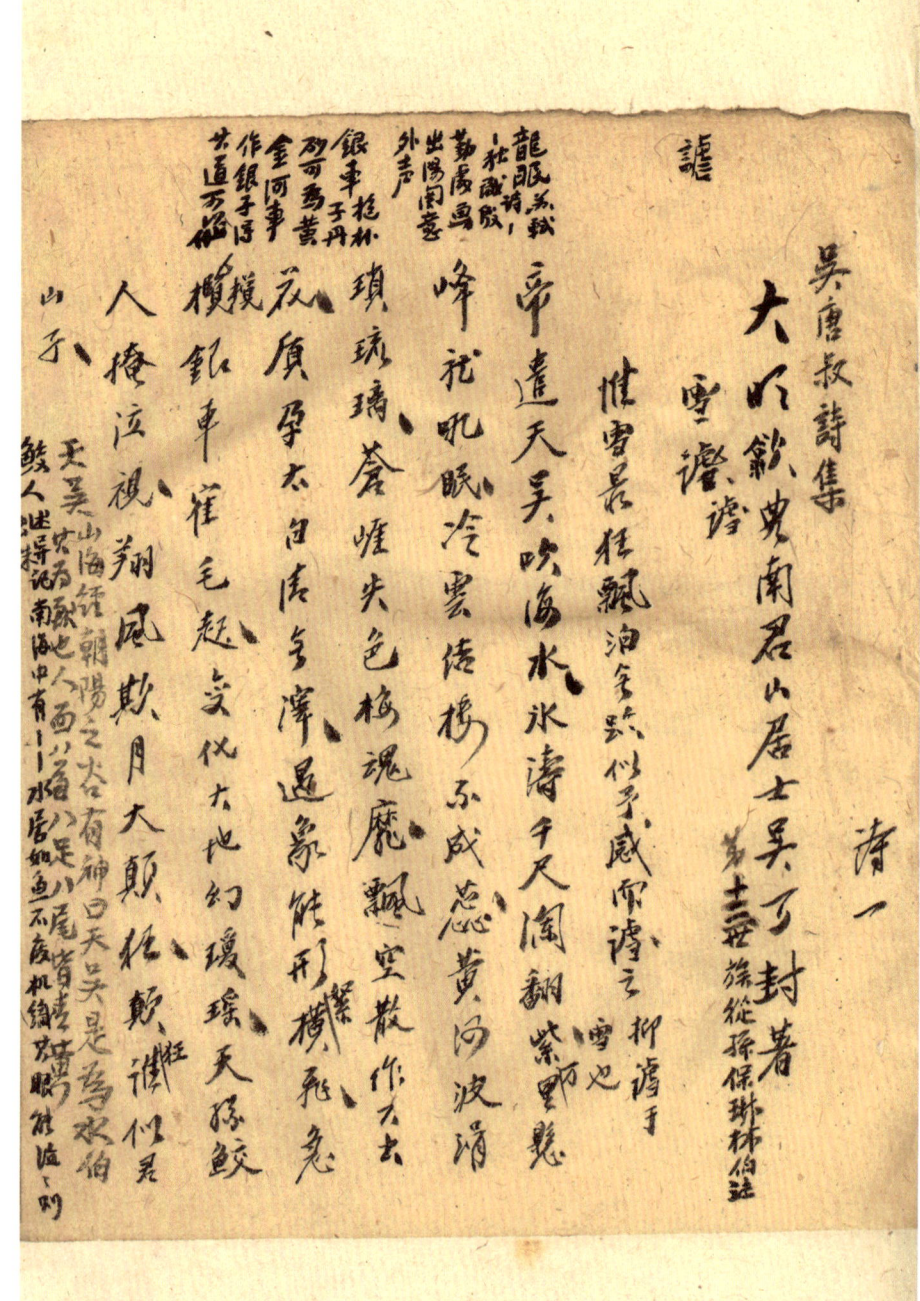

383　鈔本吳唐叔詩集一卷

明吳可封著。鈔本二册。卷前有明崇禎乙亥(1635)吳日宣、弘光元年(清順治二年,1645)吳孔嘉二序。卷內有墨批,出自鈔者吳保琳之手。封面集名爲吳保琳題寫,並有"丁卯二月朔琳手裝"墨書一行。

吳可封,字唐叔,安徽歙縣豐南人。吳守淮從子。工詩。此集刊於明末,依吳孔嘉作序時間看,約在弘光間。南明弘光政權僅存在一年,現存弘光間所刻書極爲少見,此書刻本不見著錄,或僅以鈔本流傳,而鈔本亦甚稀見,珍貴可知矣。

卷末有吳保琳民國十五年(1926)、十六年(1927)、三十七年(1948)三跋,言此鈔亦係自另外鈔本錄出。此鈔爲民國間"吳氏書畫著作展覽會"展品之一,封面標記"展字第五十"。

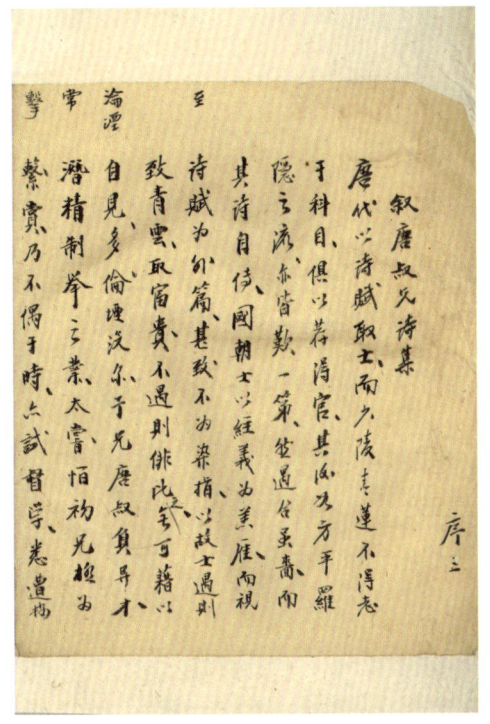

383　鈔本吳唐叔詩集一卷(3-2)

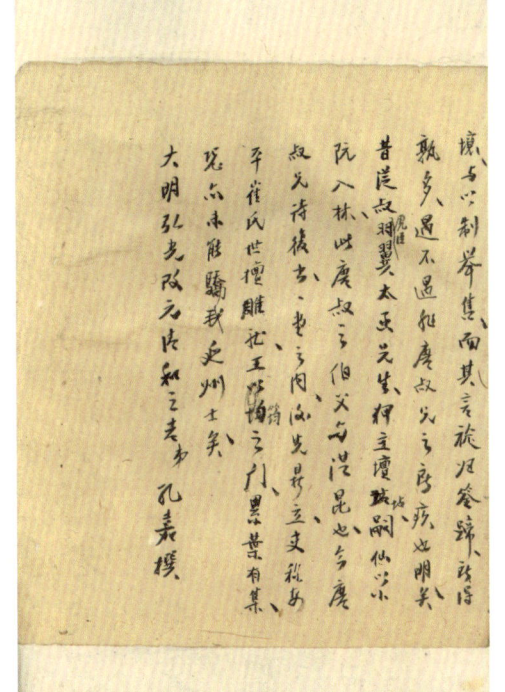

383　鈔本吳唐叔詩集一卷(3-3)

緑滋館叢卷之一

季漢書敘

新都吳士奇無奇撰

余好觀漢魏吳故事間取少連新書典陳氏舊志總挈而互叅之見其事同也而文稍異文同也而義大異文宜因則古有述而不作者矣異當斷則古有自負竊取者矣書奉漢也善哉少連之言曰昭烈雖微其在周季可當魯之隱周之報蓋自昔國祚久長者無如周周而下得天

緑滋館叢卷之一　一

384 鈔本緑滋館稿九卷

明吳士奇撰。民國鈔本。四册。半葉九行十八字,無格,卷末有吳保琳跋:"右太常公集九卷,行之於世者衹有天津第一省立圖書館存一部,可謂鳳毛麟角,絶無而僅有焉。琳十多年訪求不可得,限於財力也。十八年夏以三十元屬該館照録一份,閲月功成。琳又屬平原董君震峰轉録一部,寫資大洋伍元三毛六分,又閲月功成。特郵寄受之族長鑒察焉。爰綴數語於簡端,民一八、六、二五,古歙吳保琳林伯記於平原縣政府。"並鈐"吳保琳印"。每册封面均鈐"吳保琳印""曾在吳林伯處"印,又墨書"展第五十三號"。

吳士奇,字無奇,安徽歙縣人。明萬曆二十年(1592)進士,官至太常寺卿,以拒魏忠賢致仕。另著有《三祀志》《史裁》《皇明副書》《考信編》《徵信録》等書,《歙縣志》有載。

此書明萬曆刻本《中國古籍善本書目》著録僅兩部,一在中國國家圖書館,一在天津。國圖本行格與此書同,另附《緑滋館考信編》二卷、《徵信録》五卷,亦爲四册。

民國十七年(1928)歙縣舉辦"吳氏書畫著作展覽會",吳保琳鈔録此書捐獻於會,列爲第五十三號展品。此書原刻本稀見,此鈔與原本不知異同如何。

桂留堂詩集卷一　　雲門吳之騄逢菴著

五言古一

擬行行重行行

行行向遠道愁絕春風前芳草日已綠浮雲自迴旋佳會何局促離思古盛年我有漆鳴琴其名爲響泉寥寥太古心音聲誰與傳以茲有行役爲予一揮絃調高彈未竟舍徐後流連顧持陽春曲終身莫棄捐

擬青青河畔草

青青芳草姿陽和有生意春深感遊子行役苦不易

385　鈔本桂留堂詩集七卷附餘香草一卷

清吳之騄撰。竹紙四册。半葉十行二十至二十二字不等。無格。封面墨書"丙寅(有兩册書丁卯)臘月受之抄贈展覽室",另書"展字第五十二號"。

吳之騄,字耳公,號達菴,清康熙間歙縣人。另著《孝經類解》十八卷,刻本罕見,余所獲者爲吳保琳鈔本二册。此鈔本鈔者爲受之,蓋歙縣某村吳姓族長,卷後有其民國十六年(1927)跋云:"《桂留堂詩集》萃華族兄藏有原本,據説在京以重價購得,此册及前五卷是録其鈔本……"卷末吳保琳跋稱:"考二十九世從祖之騄公著有《桂留堂詩文集》,世傳甚罕。……今於民國十六年丁卯季春收到受之族長手録《桂留堂詩集》,係由族台萃華翁處轉録。萃華翁以拾貳圓銀幣得之於北京書肆者……吾不禁爲祖先慶幸之至,雖祗詩而無文亦不易也。倘異日得其文集合刊,豈不更妙矣哉?……其《尚書蓴翃言》一書,予搜之北京廠肆幾二十年不得,恐不易之耳。"此跋亦書於民國十六年。

卷前有叔綺序,凌波仙子序,尤侗序,吳世杰序。卷後附《餘香草》一卷,係吳之騄妻汪是(貞庵)所撰,前有序未署名,自稱吳子,或之騄自撰也。汪是,字貞庵,好吟詩,死前將《梅影樓詩》及《伏枕吟》囑之騄訂定,附於《桂留堂集》之後,總名《餘香草》。

《販書偶記》著録《桂留堂文集》十卷、《詩集》八卷、《詩二集》四卷,康熙間刊。《清人別集總目》著録此書,僅日本內閣文庫有藏。另,《桂留堂文集》十卷,康熙二十八年(1689)刻本,藏南京圖書館、復旦大學圖書館。

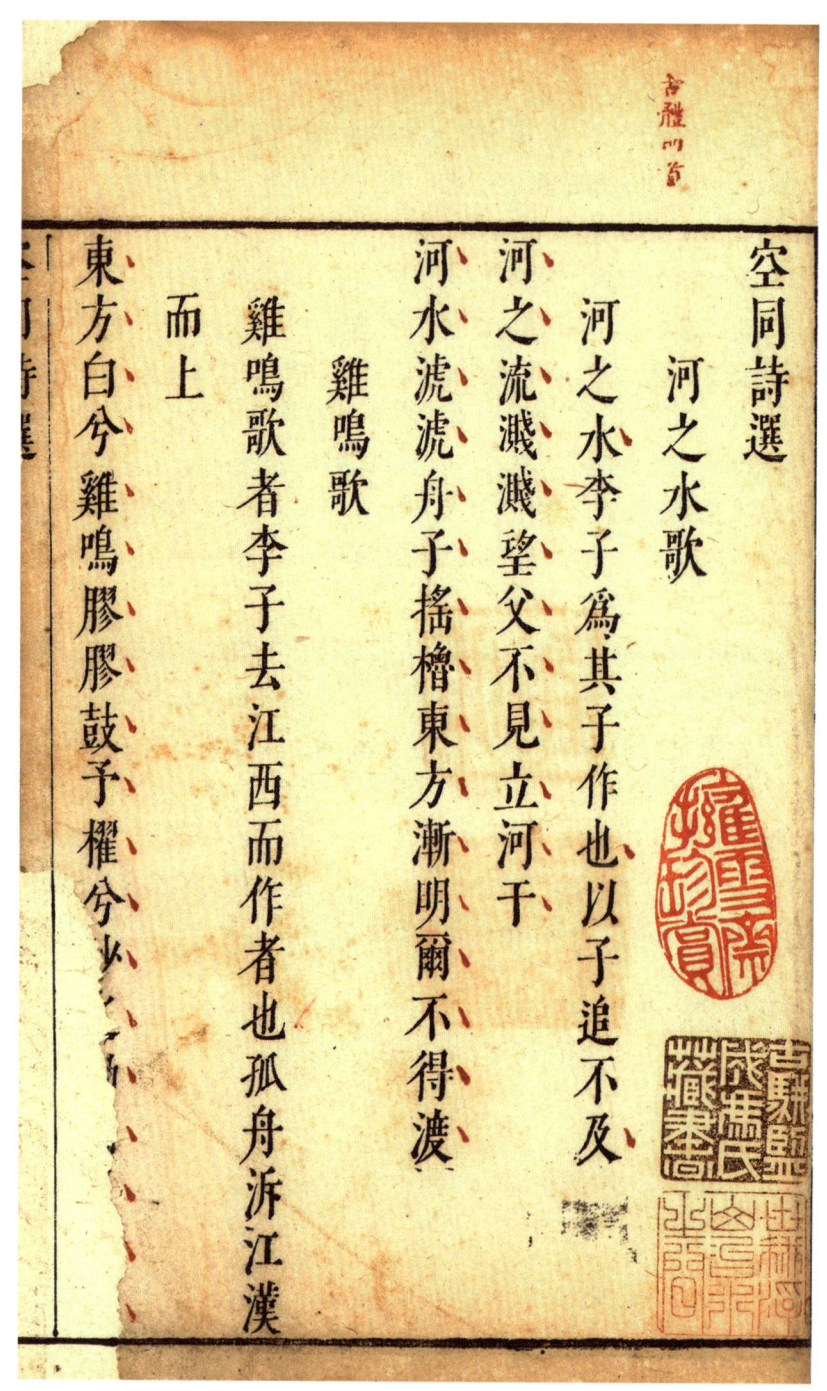

空同詩選

河之水歌

河之水李子為其子作也以子追不及
河之流濺濺望父不見立河干
河水滹滹舟子搖櫓東方漸明爾不得渡
雞鳴歌
雞鳴歌者李子去江西而作者也孤舟泝江漢
而上
東方白兮雞鳴膠膠鼓予權兮

386 空同詩選

明李夢陽撰,楊慎輯評。明萬曆間烏程閔齊伋刻本。套印。一册。棉紙無格,半葉九行十九字,白口,四周單邊。詩凡一百三十六首。卷前有楊慎一序,並鈐"升菴""萬卷樓"二朱印。卷末有閔齊伋跋,鈐"齊伋閔十二"朱印。

余喜收套印之書,歷年所得,僅六十餘種,此爲最古之本。閔氏套印頗負盛名,周越然言言齋藏閔、凌套印之書凡五十八種之多,可謂富矣!今則非拍賣會不得再見也。現今閔、凌套印本已列入國家珍貴古籍,時過境遷,今非昔比,有錢亦難相遇,況無錢乎!

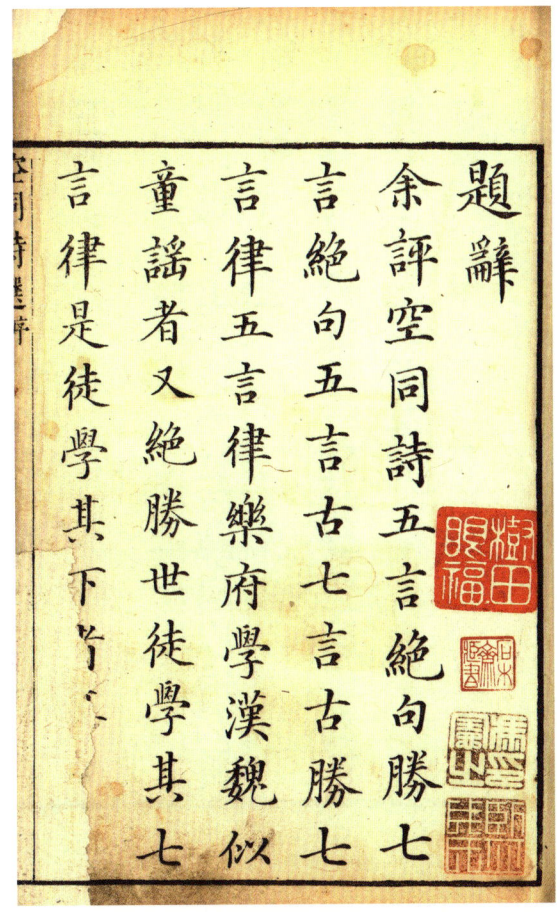

386 空同詩選(2-2)

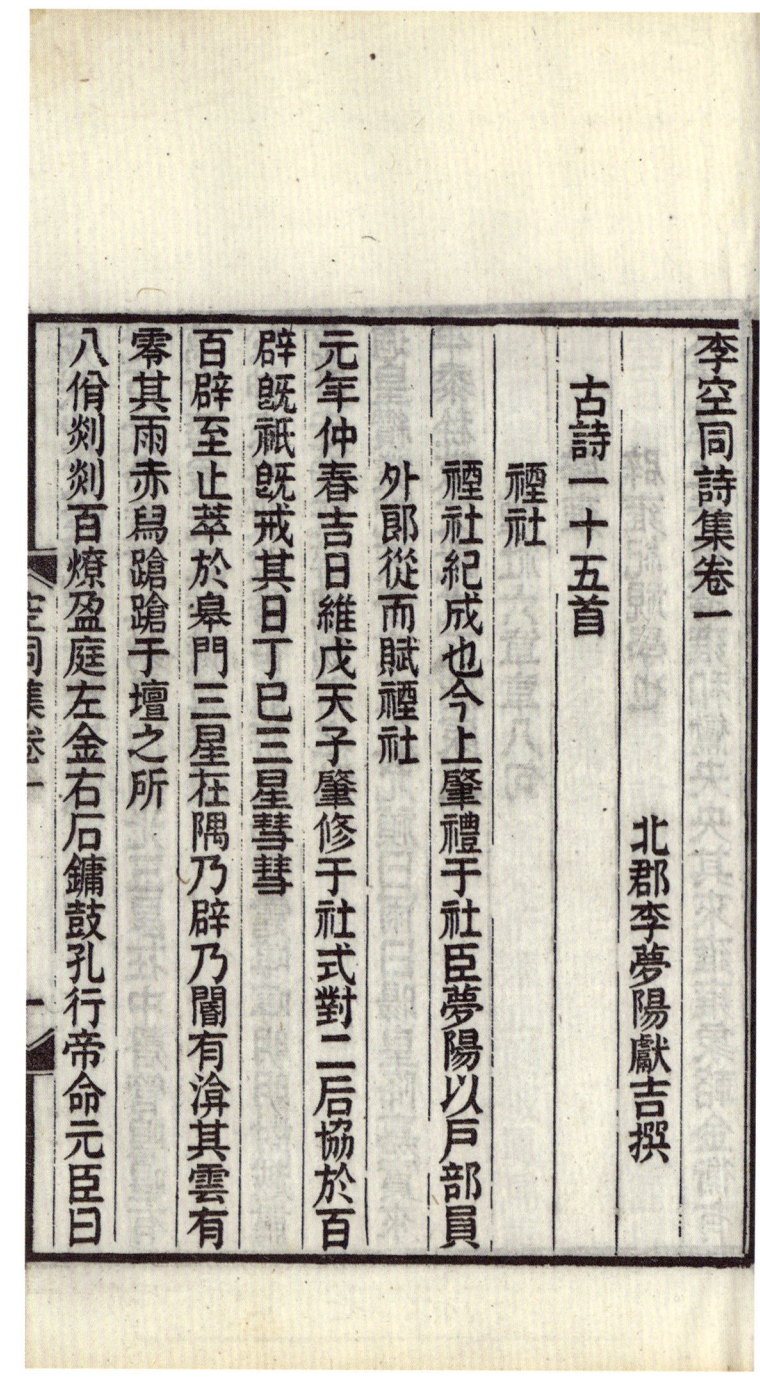

387 李空同詩集三十二卷附録一卷(3-1)

387　李空同詩集三十二卷附録一卷

明李夢陽撰。清光緒二十一年(1895)張氏湘雨樓刊。寫刻。白紙六册一函。鈐"鄆城夏伯子金石圖書記""晋隋唐琴室""夏伯子金石圖書記""中和老人""于生閬"等印。

此爲《弘正四傑集》之一。另三傑爲徐迪功、何大復、邊華泉。此書手書上板,字體端正,隸意濃厚,頗堪玩賞。

夏蓮居,本名夏繼泉,字溥齋,別號渠園,後專修浄業,改名蓮居,又號一翁,山東鄆城人。近代傑出的佛教學者,古琴名家,亦是近代重要收藏家。辛亥革命反清獨立時的"山東各界聯合總會"會長、山東都督府最高顧問兼秘書長,一九二〇年任山東鹽運使。後隱居北京,住京城鼓樓帽兒胡同,以其所藏數十張古琴爲鎮宅之寶。書房即名"晋唐宋琴齋"。著有《歡喜念佛齋詩鈔》《明湖片影》等。

庚辰(2000)四月清明葬大姨於阜平老家,返京後於新街口中國書店内庫選書,書之質量參差不齊,且多有殘缺,余以六百金選中此書,另有一册清末《和珠玉詞》,後在下班鈴聲中匆匆離去。

387　李空同詩集三十二卷附録一卷(3-2)

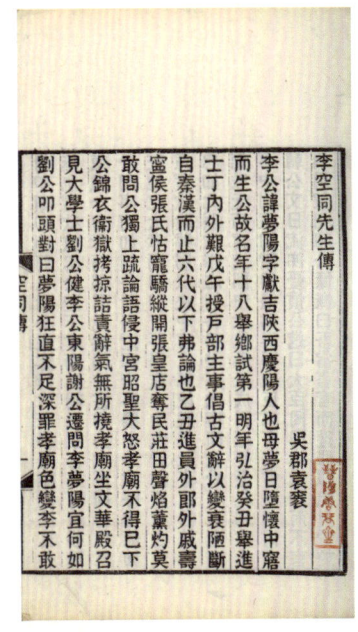

387　李空同詩集三十二卷附録一卷(3-3)

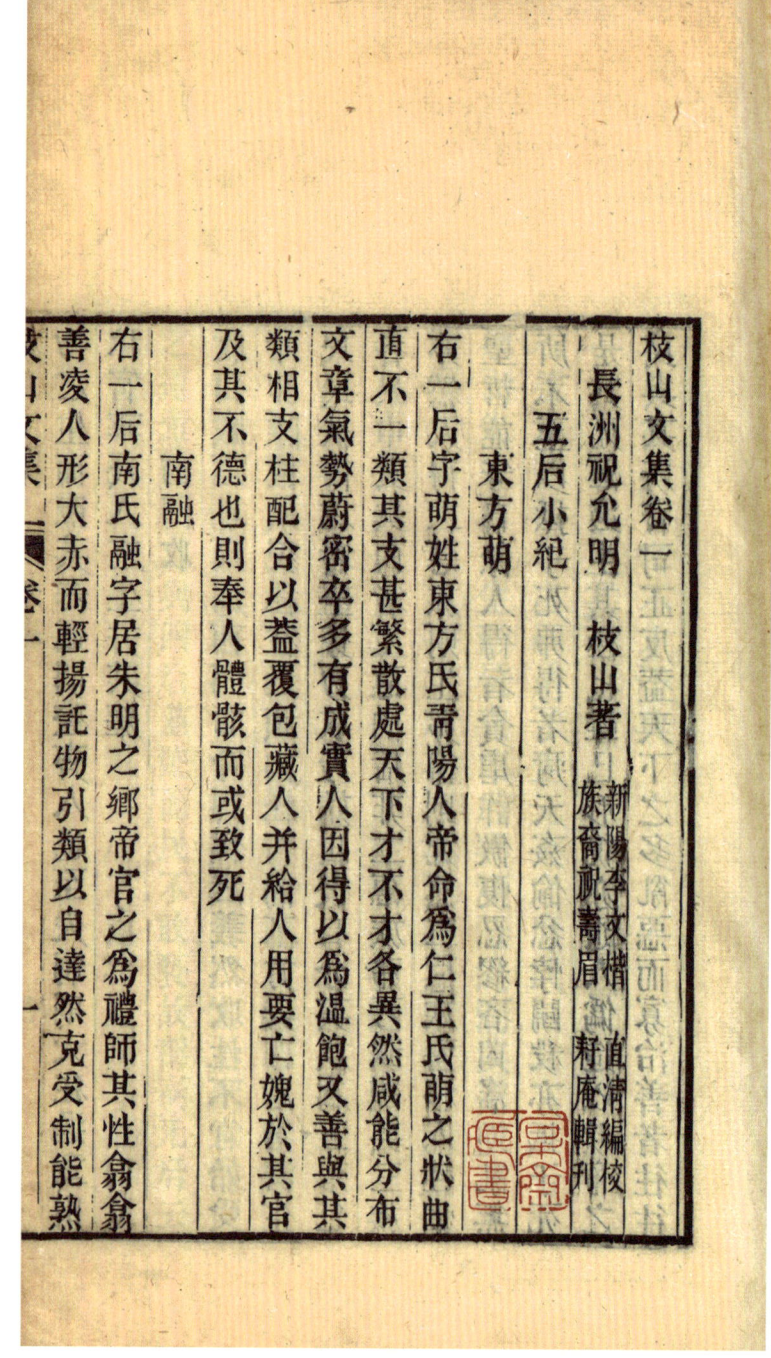

388 枝山文集四卷（3-1）

388　枝山文集四卷

明祝允明著。清光緒元年(1875)元和祝氏刻本。竹紙二册。

祝允明,字希哲,號枝山,江蘇長洲人,家學淵源,工詩文、善書法,與唐伯虎、文徵明、徐禎卿並稱"江南四大才子"。生於天順四年(1460),卒於嘉靖五年(1526)。有《懷星堂集》三十卷、《蘇材小纂》一卷、《祝子罪知錄》十卷等。

卷前光緒元年俞樾序,云:"京兆之族裔籽庵大令以《枝山文集》殘本四卷見示,乃明嘉靖中謝君雍所手錄以贈文衡山先生者。謝君……寫此時年已八十一歲,筆墨黯淡,編次不苟,洵舊帙之倖存者。籽庵因錄副本,付之剞劂,而問序於余……《四庫全書》收《懷星堂集》三十卷,今此本止四卷,非其全者,故止云殘本……讀此亦可見《懷星堂集》之大概矣。"

此書開本闊大,刊印清晰。係石木齋舊物。

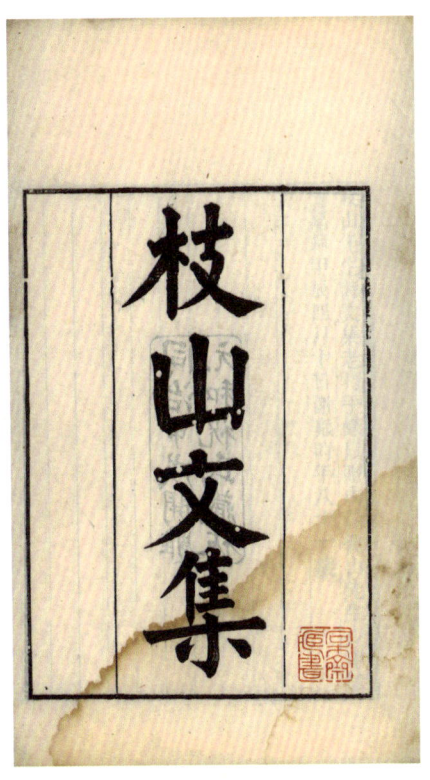

388　枝山文集四卷(3-2)

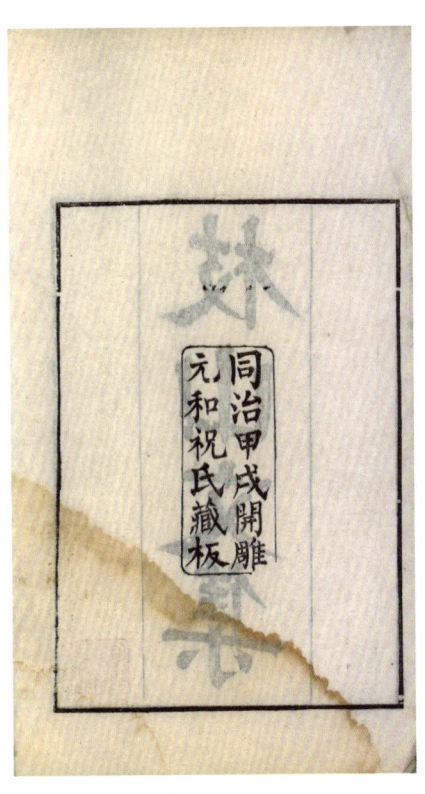

388　枝山文集四卷(3-3)

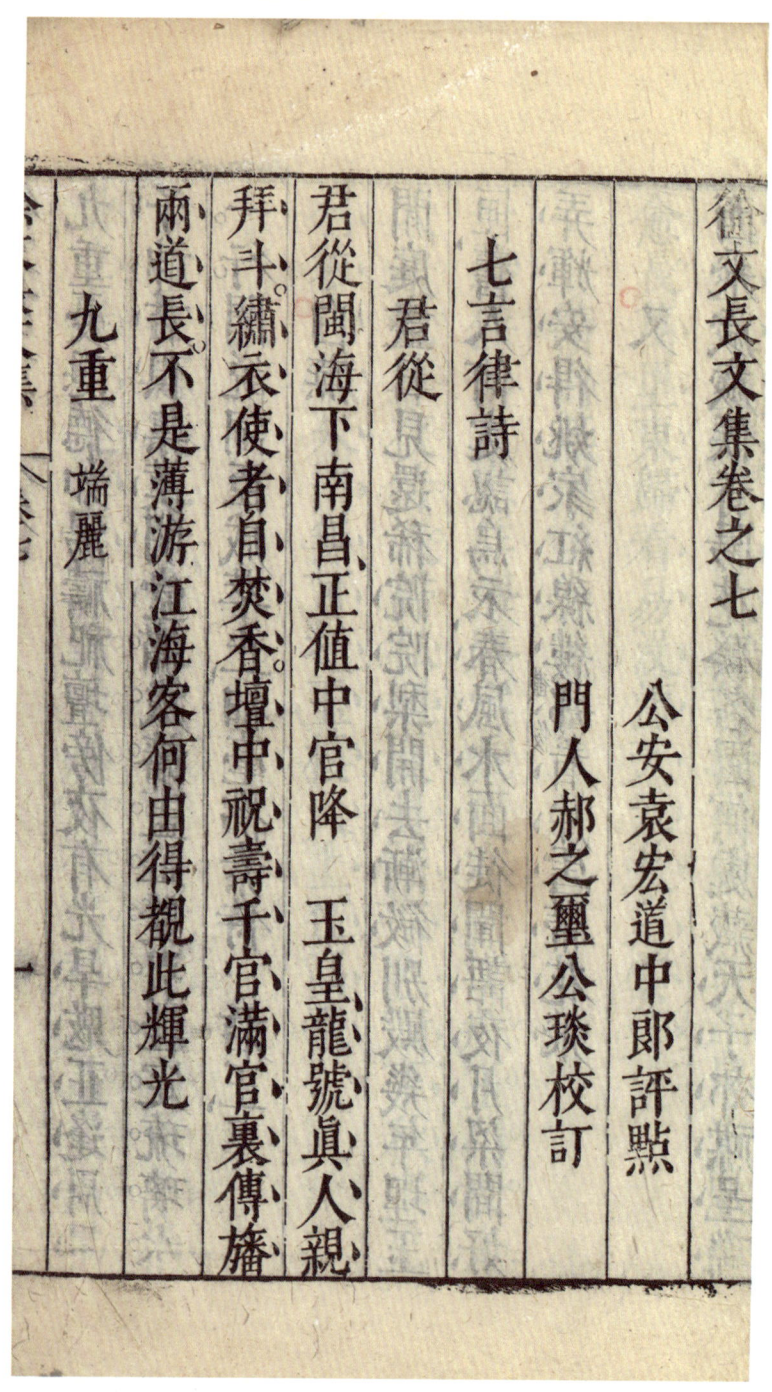

389　徐文長文集三十卷

389　徐文長文集三十卷

明徐渭撰,袁宏道評點。明萬曆刻本。存卷七至十、卷二十四至三十,二册。鈐"龔嘉訓字□庵"印。

徐渭,字文清,後改字文長,別號青藤、天池山人、田水月等,山陰人。袁中郎曾評文長詩曰:"文長既已不得志於有司,遂乃放浪麴蘖,恣情山水,走齊、魯、燕、趙之地,窮覽朔漠。其所見山奔海立,沙起雲行,風鳴樹偃,幽谷大都,人物魚鳥,一切可驚可愕之狀,一一皆達之於詩。其胸中又有一段不可磨滅之氣,英雄失路,托足無門之悲,故其爲詩,如嗔如笑,如水鳴峽,如種出土,如寡婦之夜泣,羈人之寒起。當其放意,平疇千里;偶爾幽峭,鬼語秋墳。"徐詩語氣平實,親切感人。另有雜劇、書畫創作,皆甚可觀。

此書獲自何遠景,距今已近二十載。遠景二十世紀八十年代原爲京包綫餐車廚師,喜逛琉璃廠,所購多殘書。此書即其當時所購後又轉贈於我。遠景後主内蒙古圖書館古籍部,工作勤奮,幾無節假日,曾以一人之力編成《内蒙古自治區綫裝古籍聯合目録》,由北京國家圖書館出版社出版。余多次向其請教版本之學,亦師亦友,相處甚歡。

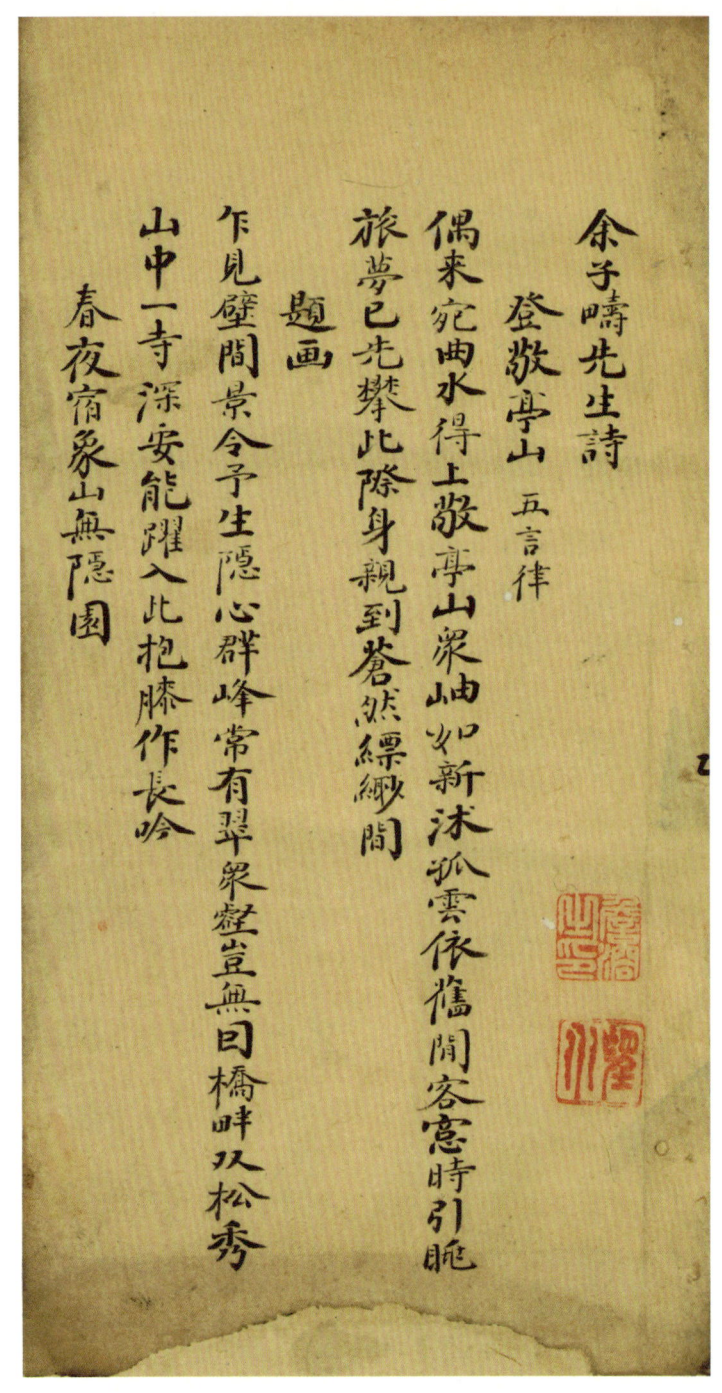

余子疇先生詩

登敬亭山　五言律

偶來宛曲水　得上敬亭山
眾岫如新沐　孤雲依檻閒
容忪時引睇　旅夢已先攀
此際身親到　蒼然縹緲間

題畫

乍見壁間景　令予生隱心
群峰常有翠　眾壑豈無音
橋畔双松秀　山中一寺深
安能躍入此　抱膝作長吟

春夜宿象山無隱園

390　鈔本余子疇先生詩

明余紹祉撰。鈔本一册。白紙無格。收詩三十五首,鈐"詹溶之印"等印。

余紹祉,字子疇,徽州府婺源人。善古文,工行草。四試科場不第,遂居家著書,自號疑庵居士。著《山中吟草》《玄丘素話》,刻於天啓間,稀見。

此鈔本十年前購於"孔夫子舊書網"。當時書價尚可接受,今則古籍書價日貴,即便是網上,也難得一獲。

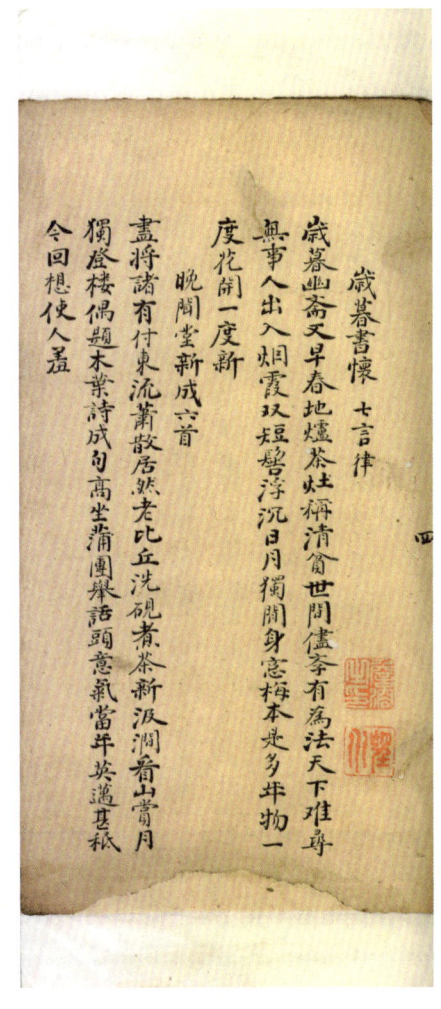

390　鈔本余子疇先生詩(2-2)

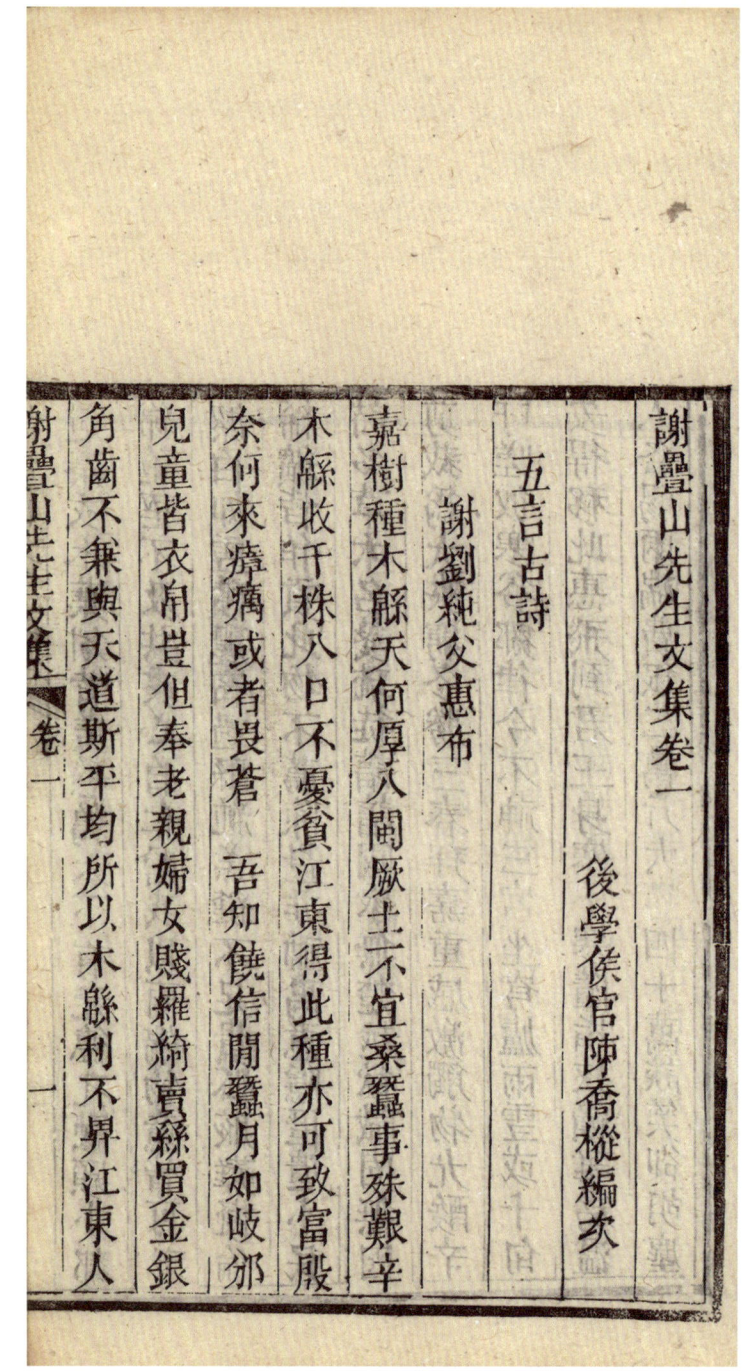

391 謝疊山先生文集九卷詩傳注疏三卷（2-1）

391　謝疊山先生文集九卷詩傳注疏三卷

　　宋謝枋得撰,清陳喬樅編次。扉葉鎸"道光己酉春重鎸,板藏儒學",後附《詩傳注疏》。

　　卷前有序多篇。《詩傳注疏》係從《永樂大典》輯出者。卷末鎸有"光緒十八年祀生謝志高重修,板存祠內"一行。知爲光緒間修板重印者。

　　此書卷七、八、九爲《外集》。

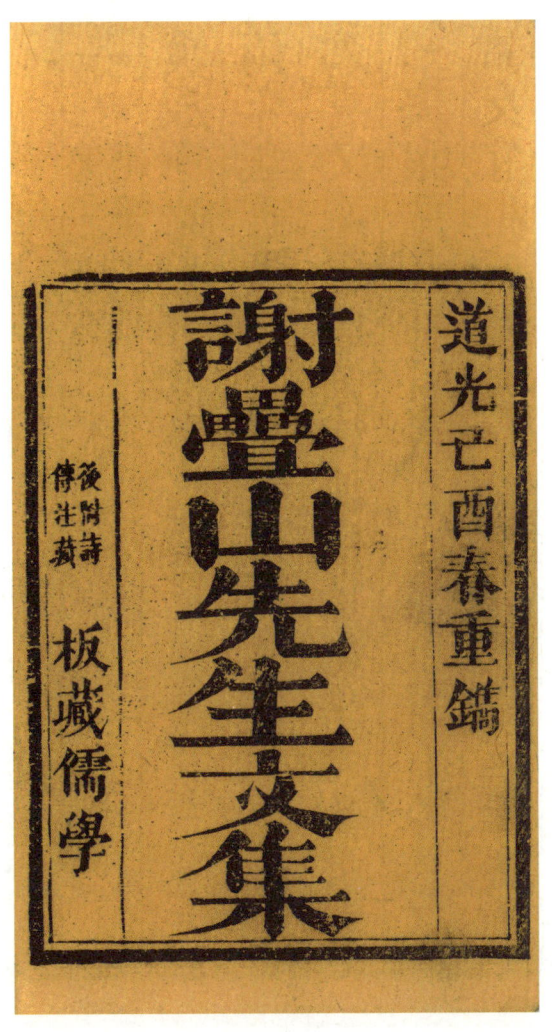

391　謝疊山先生文集九卷詩傳注疏三卷(2-2)

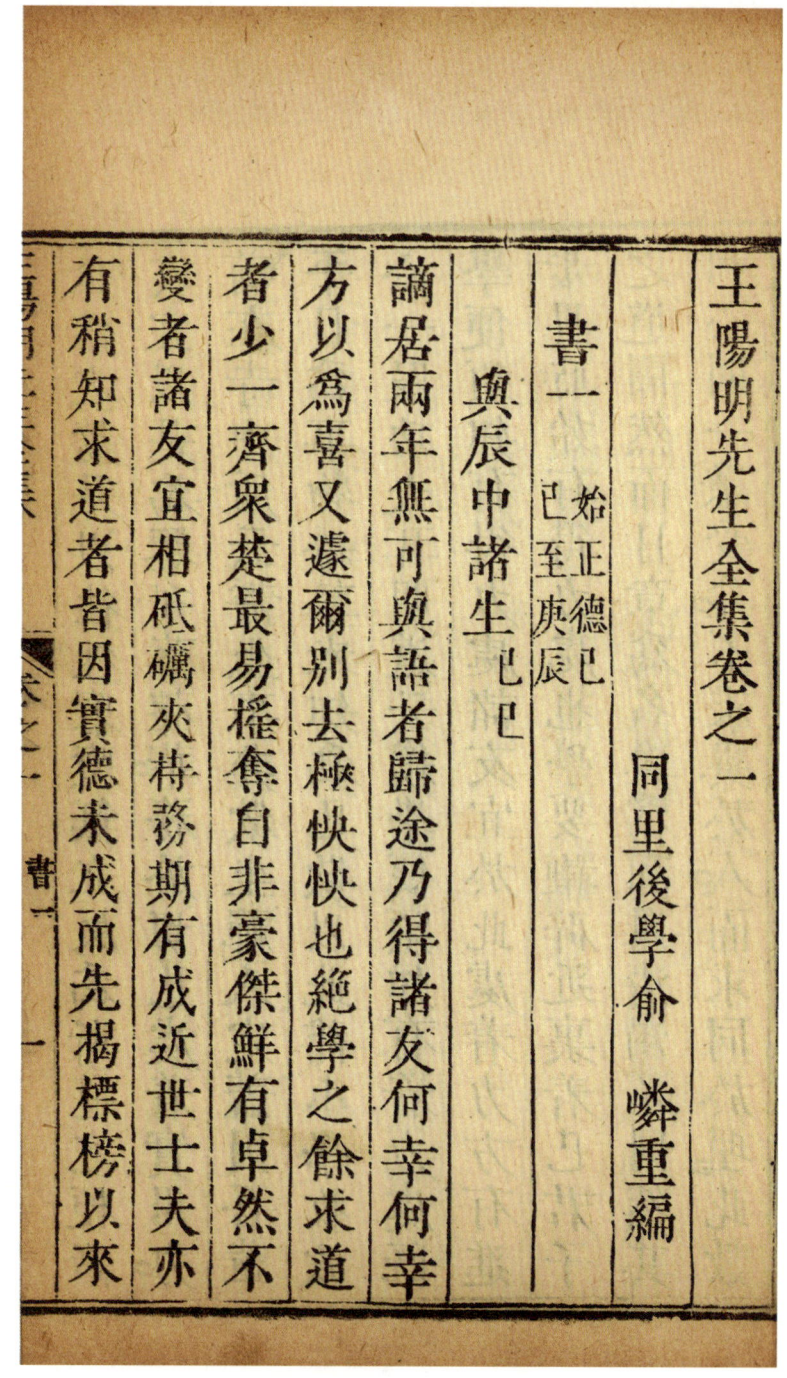

王陽明先生全集卷之一　　同里後學俞嶙重編

書一 己巳至庚辰

與辰中諸生 己巳

謫居兩年無可與語者歸途乃得諸友何幸何幸
方以為喜又遽爾別去極悵悵也絕學之餘求道
者少一齊眾楚最易搖奪自非豪傑鮮有卓然不
變者諸友宜相砥礪夾持務期有成近世士夫亦
有稍知求道者皆因實德未成而先揭標榜以來

392　王陽明先生全集二十一卷

　　清俞嶙重編。清康熙十二年(1673)刻本。竹紙二十一册。卷前俞嶙康熙癸丑(1673)序,王令琴序爲隸書,序後鎸"餘姚史章隸古"。《凡例》後有自公堂老人識語曰:"先生文集……近年以來板多殘失,海内求其遺書卒不易得,予以家藏諸本而梓之,是役也起之於壬子之十月,告成於癸丑之九月,其間亥豕已細加糾正矣。但原本偶有殘損,不敢輕補一字,以蹈自用之失。而讐較精工,則家弟赤文之功,爲不可泯也。"

　　《中國古籍善本書目》著録爲二十二卷首一卷;《中國人民大學圖書館古籍善本書目》著録爲二十卷首一卷;《北京師範大學圖書館中文古籍書目》著録爲康熙十七年(1678)自公堂刻本,二十三册。自公堂未知是否俞嶙之室名,十七年或爲十二年之誤。

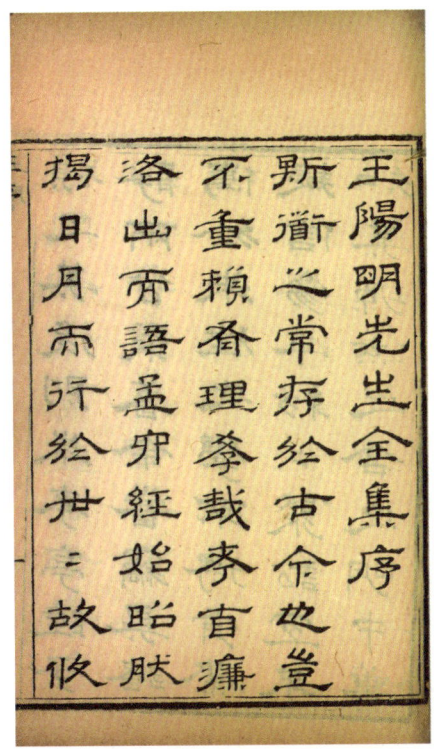

392　王陽明先生全集二十一卷(3-2)

392　王陽明先生全集二十一卷(3-3)

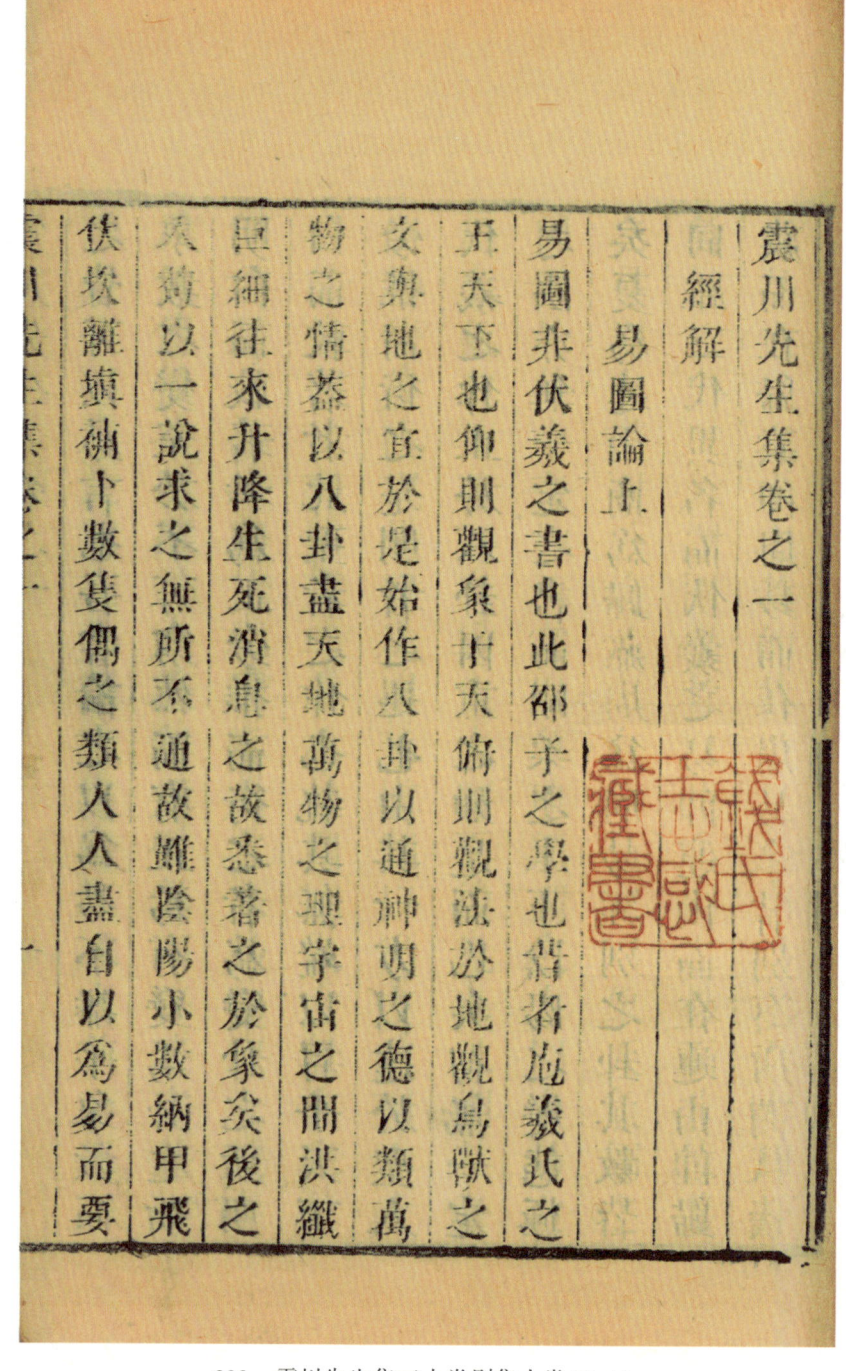

393　震川先生集三十卷別集十卷(2-1)

393　震川先生集三十卷別集十卷

　　清康熙十年至十四年(1671—1675)家刻本。十二册。半葉十行二十字，白口，左右雙邊。卷前康熙癸丑(1673)董正位序，康熙乙卯(1675)徐乾學序，歸莊《凡例五則》等。是集明刻傳本有二：一爲常熟本二十卷；一爲崑山本三十二卷。此本爲歸莊、歸玠據家藏鈔本互相校勘，又補入未刻之作而成，較明本爲勝。

　　卷内錢謙益字樣被墨筆塗去。有墨釘，刻尚精。鈐"錢氏志感藏書"印。《清代版本圖録》中《日知録集釋》書影亦鈐此印，未知何人。辛未(1991)過滬，於上海古籍書店購獲，價甚廉。

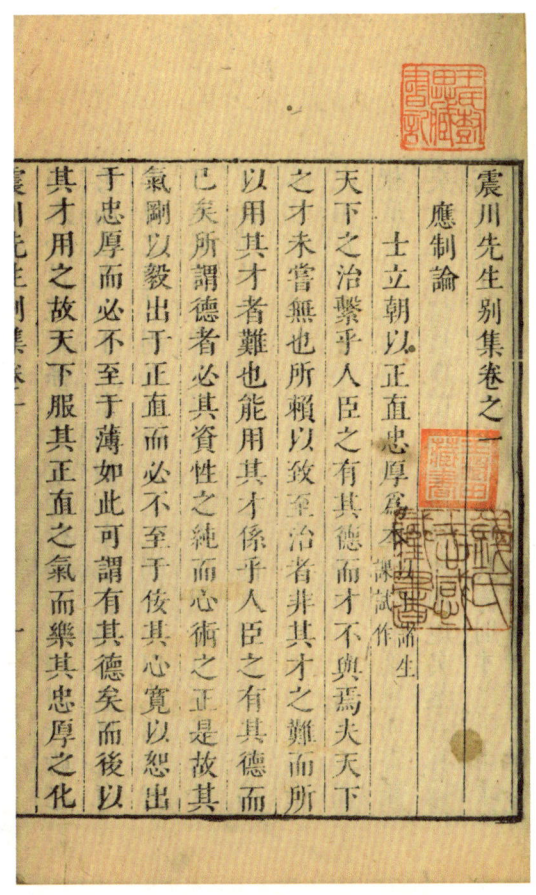

393　震川先生集三十卷別集十卷(2-2)

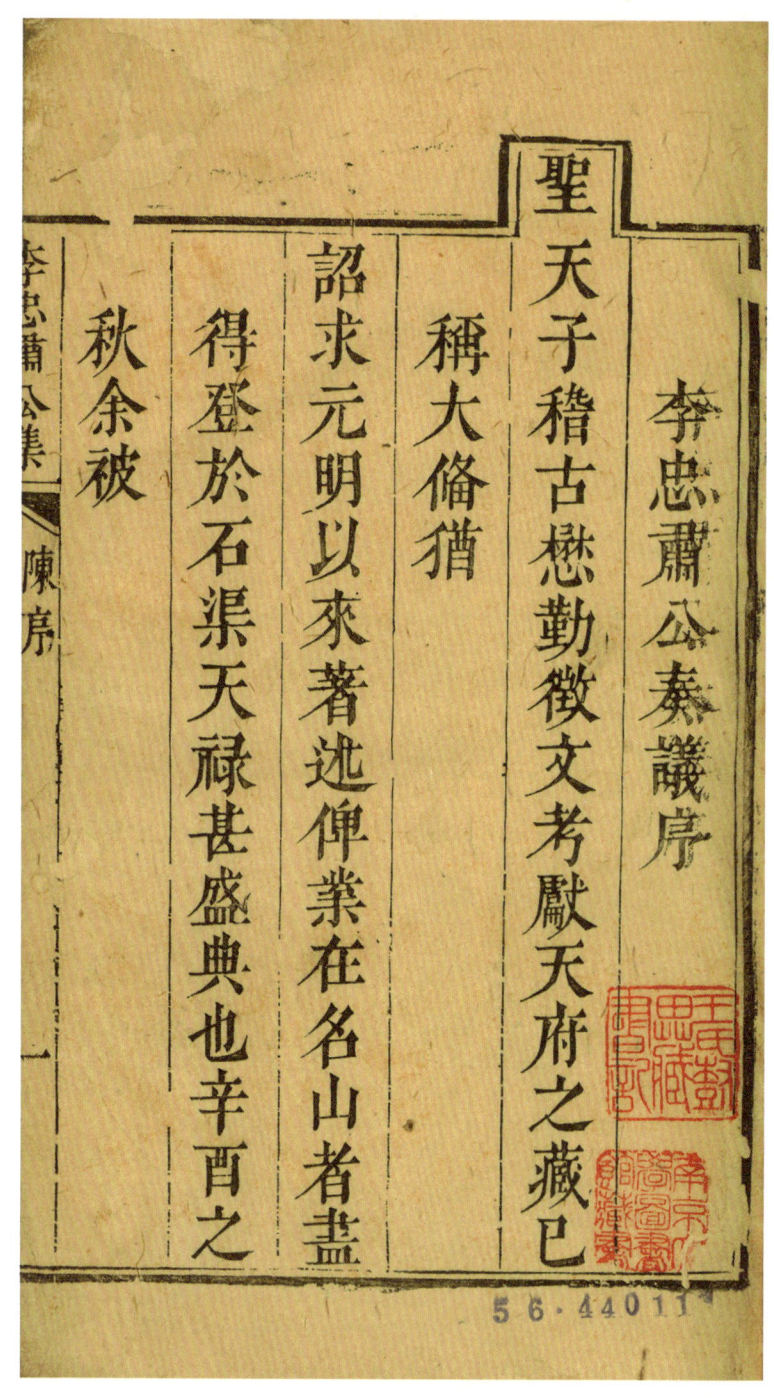

394　李忠肅公集(2-1)

394　李忠肅公集

明李邦華撰。清刻本。竹紙二册。鈐"南京大學圖書館藏書"印。

書不分卷,亦無刊者之名,卷前乾隆八年(1743)陳弘謀序,康熙三十三年(1694)王綜序,雍正四年(1726)沈翼機序。内分像贊、祭文、傳、墓志銘、墓表、輓詩、恭呈書等。

李邦華,字孟闇,江西吉水人。萬曆三十二年(1604)進士,官至南京兵部尚書。崇禎十七年(1644)二月,李自成攻陷北京,李邦華投環而死。贈太保、吏部尚書,清時謚"忠肅"。

《販書偶記》著録爲《李忠肅公集》六卷,同治四年(1865)正氣堂刊木活字本,又名《留丹集》。

此書曩獲於呼和浩特市古舊書店。書中另鈐"内蒙古圖書館藏書"印,或爲當年南京大學圖書館調撥至内蒙古圖書館,而後又流入古舊書店者。

394　李忠肅公集(2-2)

賜誠堂文集卷一

明禮部右侍郎兼翰林院侍讀學士管紹寧譔
八世孫 繩萊 編校
七世孫 貽葵 重校刊

奏疏

廷試策

臣對臣聞帝王之臨涖天下也必其君有推誠置腹之實心而後能使庶明勵翼以恢舊庸熙亮之功必其臣有竭忠宣力之實念而後能使一人垂拱以享和平清靜之福何謂實心人君之所以分猷而共理者臣也君不任賢則無以獨運而成功故必遴選天下之英豪以布列於庶位斯可以牽作省成而俾人人各殫其心力以紓九重望治

395　賜誠堂文集十六卷

明管紹甯撰。清光緒三年(1877)刻本。二册一函。奏疏九卷,代言三卷,雜文三卷,古今體詩一卷。

管紹甯,字幼承,一字謐如,號誠齋,江蘇武進人。明崇禎元年(1628)進士,授編修。崇禎吊死煤山後,福王在南都監國,管紹甯以少詹事拜禮部尚書。一六四五年五月,南都被清兵攻陷,管紹甯拒不剃髮降清,一家人均遭殺害。管紹甯室名賜誠堂,相傳其在殿試對策中,所書"誠"字缺筆劃,崇禎發現後爲其補上,因名齋曰"賜誠堂"。

此書爲管紹甯八世孫管繩萊編校,七世孫管貽葵校刊。管繩萊,乾嘉時人,撰有《萬緑草堂詩集》,余有之。

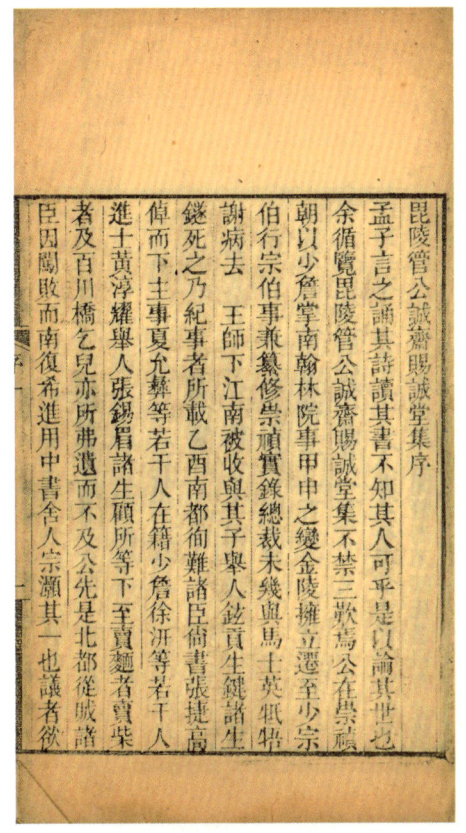

395　賜誠堂文集十六卷(3-2)

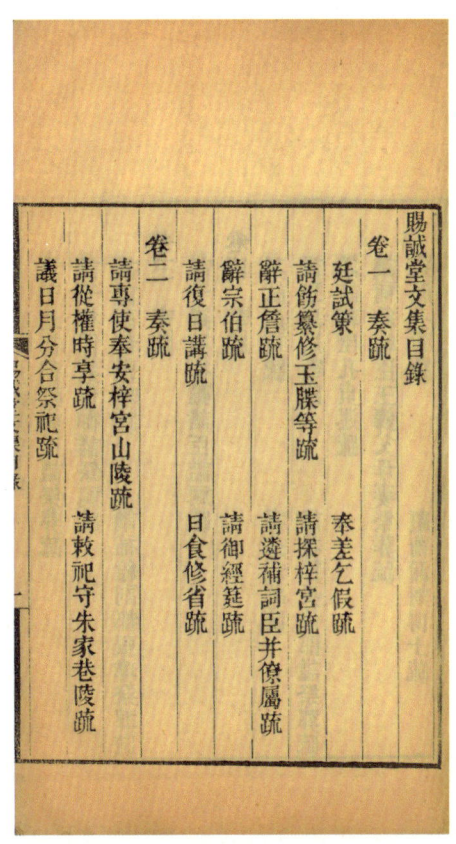

395　賜誠堂文集十六卷(3-3)

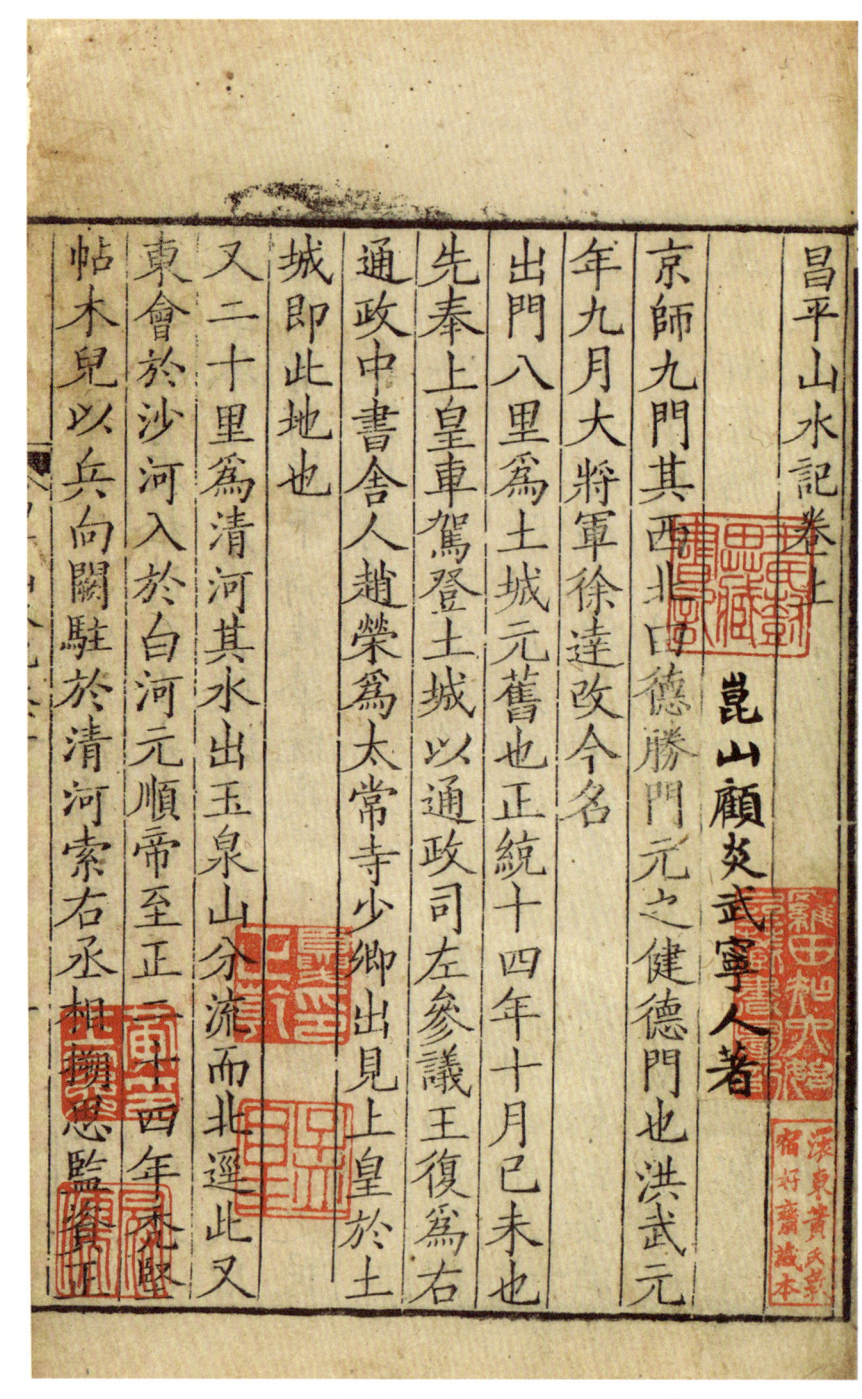

396　亭林遺書十種二十七卷(2-1)

396　亭林遺書十種二十七卷

清顧炎武撰。清康熙間刊。半葉十一行二十字，白口，單黑魚尾，四周單邊。

《左傳杜解補正》三卷，《九經誤字》一卷，《石經考》一卷，《金石文字記》六卷，《韻補正》一卷，《昌平山水記》二卷，《譎觚十事》一卷，《亭林文集》六卷，《亭林詩集》五卷。佚《顧氏譜系考》一卷，存十冊。

初印文集第六卷《讀隋書》一文，乃顧氏鈔自《文獻通考》，爲其門人潘耒所誤收者，此本無之。乾隆間軍機處奏准抽毀書目稱此書内除《亭林文集》《亭林詩集》二種，"均有偏謬詞句，應行銷毀"，又《昌平山水記》亦有"乖謬處應行抽毀"。藏者懼禍，卷内凡"亭林""顧炎武"字樣均滅去，後人墨筆補之。所缺一卷，或恐亦與此有關。書中鈐印累累，計有"灣東黃氏敦宿好齋藏本""黃士冕印""閒莊所藏書畫""孝感夏氏正乾藏書""冠儒""孟皋""夏端柏印""坦堂藏書""惕生"等印。

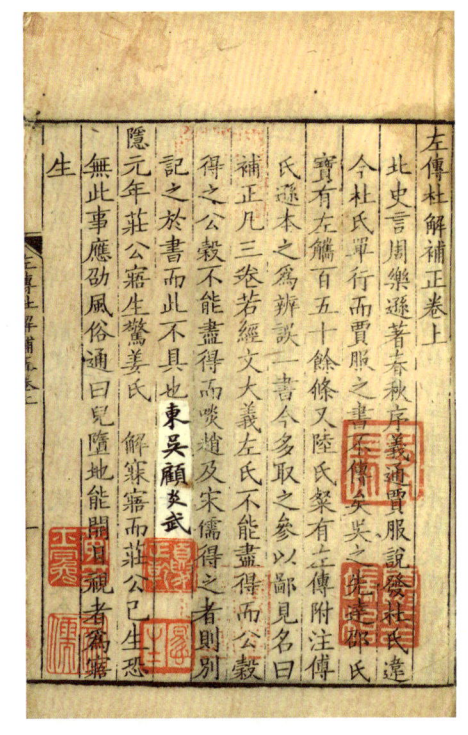

396　亭林遺書十種二十七卷（2-2）

黃士冕，字冠儒，湖北孝感人。夏正乾，字惕生，亦孝感人。黃、夏二人分別刻印《洪樂集》《徐布衣佚稿》並作序。

此書曩獲自天津古文化街呼家書鋪。據云爲京城藏家孟憲鈞寄售者。

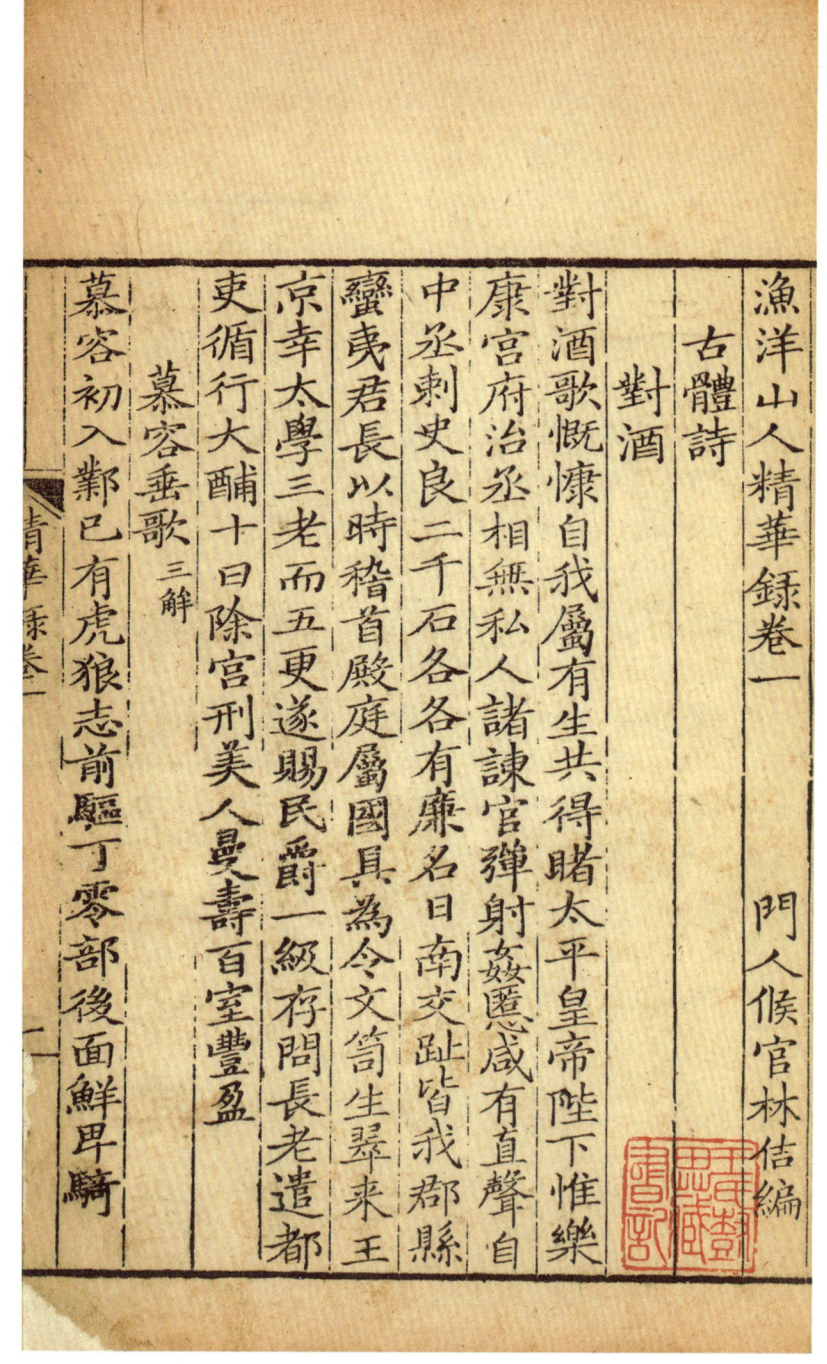

漁洋山人精華錄卷一

門人候官林佶編

古體詩

對酒

對酒歌慨慷自我屬有生共得睹太平皇帝陛下惟樂康宮府治丞相無私人諸諫官彈射姦匿咸有直聲自中丞刺史良二千石各各有廉名曰南交趾皆我郡縣蠻夷君長以時稽首殿庭屬國具為令文筍生驛來王京幸太學三老而五更遂賜民爵一級存問長老遺都吏循行大酺十日除宮刑美人曼壽百室豐盈

慕容垂歌 三解

慕容初入鄴已有虎狼志前驅丁零部後面鮮卑騎

397　漁洋山人精華録十卷

　　清王士禎撰。清康熙三十九年(1700)林佶寫刻本。此書爲林佶四寫之一(林曾爲其三位先生各寫刻書一部,皆至精之品,傳爲美談)。余原於廊坊訪到一部,被天津張振鐸易去,深惜者數年。後在京於冷攤獲見之,惜價昂舍之。數月後到京見此書仍在,亟付款易歸。歸後命工重裝,劉老師傅原爲琉璃廠中人,乃裝裱高手(二十世紀五六十年代曾爲烏蘭夫修補一部兵書)。惜當時已卧病不起,歷數月之久余又將書取回,自行修整,六册訂爲十册。書之得失全在一念間,冥冥中似有鬼神操縱,深可信也。

　　林佶手寫刻本《午亭文編》,余二十年前曾在文苑古舊書店店主老段家得見,書品齊整,然索價千元,未取。此後,再未見此書蹤影。

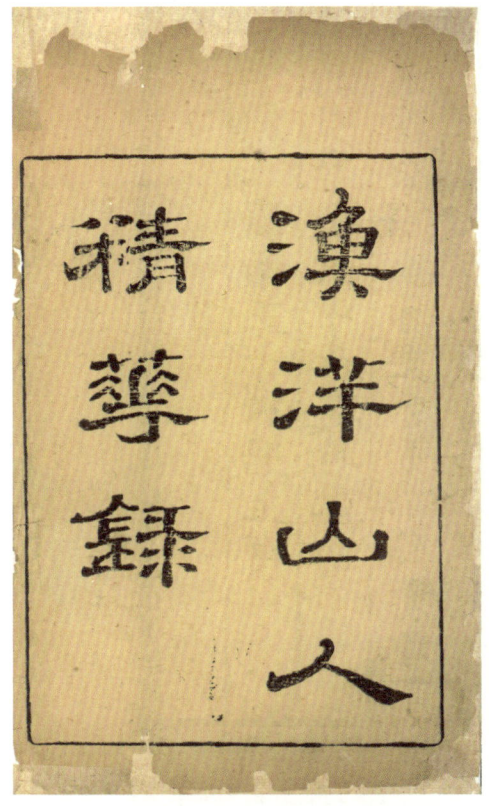

397　漁洋山人精華録十卷(3-2)

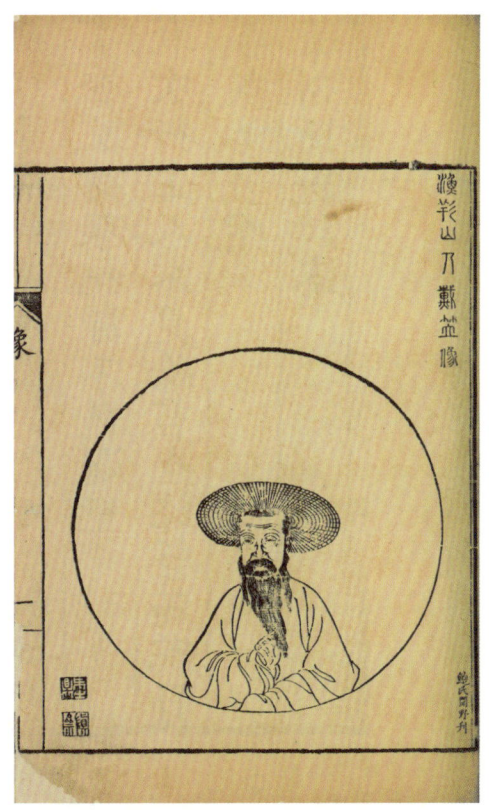

397　漁洋山人精華録十卷(3-3)

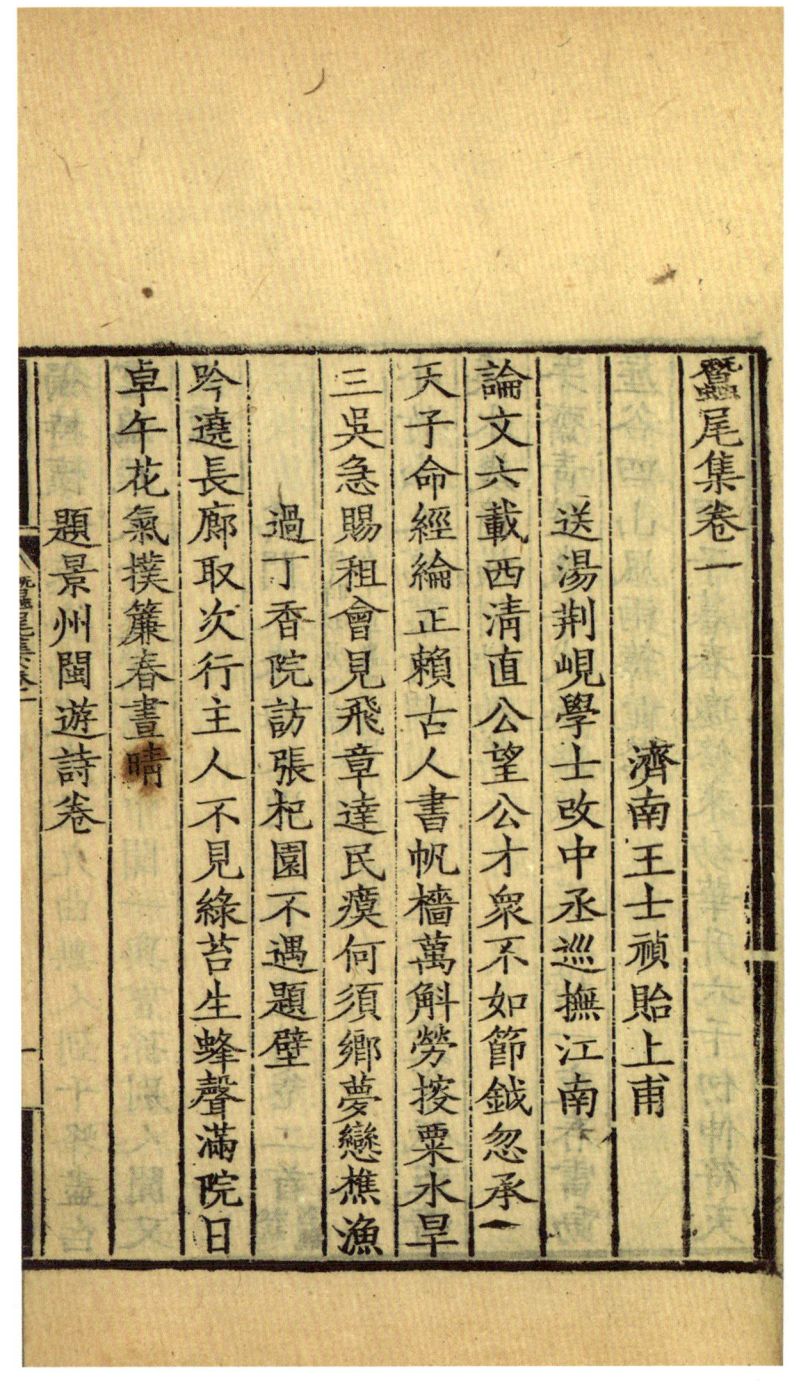

398　鸛尾集十卷續集二卷後集二卷（2-1）

398　蠶尾集十卷續集二卷後集二卷

　　清王士禛撰。清康熙間刻本。竹紙六册。此爲《王漁洋遺書》之一種，該叢書共三十八種二百七十三卷，皆康熙間不同時期輯刻之彙印本，版式、行款、字體各不同。余所存另有《漁洋山人精華録》《二家詩選》《漁洋詩話》等。《居易録》及《分甘餘話》曾獲見，未購。

　　康熙二十三年(1684)冬，王漁洋奉命前往廣東祭告南海，行至山東東平縣遇大雪阻路，雪中樂賞蠶尾山風光，後取"蠶尾"爲書房名，又自號"蠶尾老人"。

　　乙亥(1995)秋携妻帶女南游，返京住潘家園一地下旅社。清晨趕赴潘家園早市，適逢收攤，據聞城管即來清掃，於一山西書估手中匆匆購得，價僅百余元。"鬼市"淘來，亦頗有趣也。

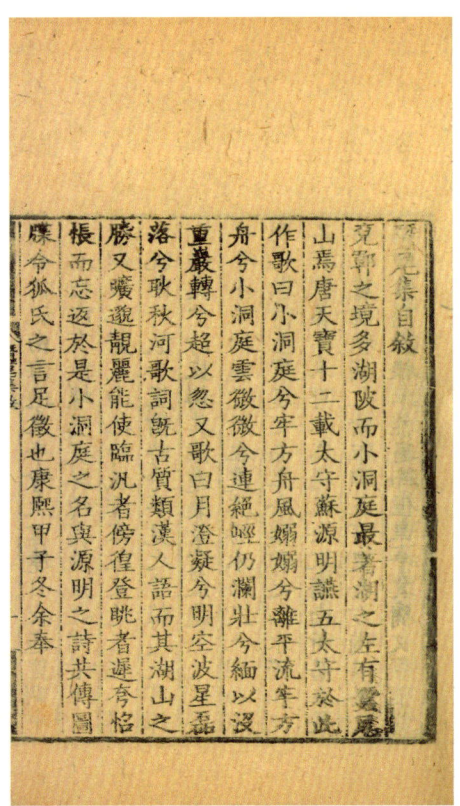

398　蠶尾集十卷續集二卷後集二卷(2-2)

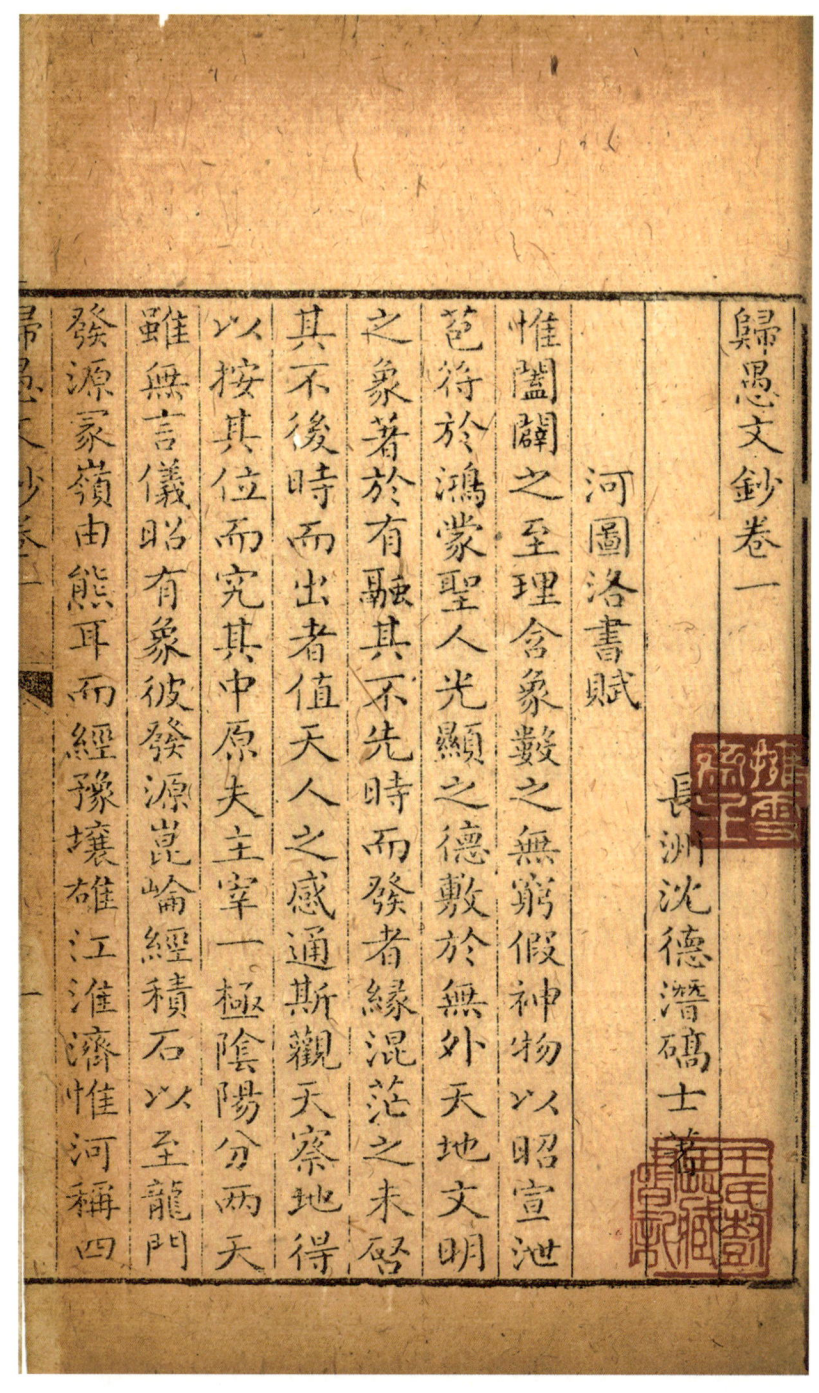

歸愚文鈔卷一

長洲沈德潛確士著

河圖洛書賦

惟闔闢之至理含象數之無窮假神物以昭宣洩苻於鴻濛聖人光顯之德敷於無外天地文明之象著於有馺其不先時而發者緣混沌之未啓其不後時而出者值天人之感通斯觀天察地得以按其位而究其中原夫主宰一極陰陽分兩天雖無言儀昭有象彼發源崑崙經積石以至龍門發源豕嶺由熊耳而經豫壤雄江淮濟惟河稱四

399 歸愚文鈔二十卷（2-1）

399　歸愚文鈔二十卷

清沈德潛著。清乾隆間刊。竹紙四册。此書據手書上板,爲清三代精刻之本。

沈德潛,字確士,號歸愚,室名教忠堂。乾隆四年(1739)進士,曾任内閣學士兼禮部侍郎。另著有《竹嘯軒詩鈔》十八卷,編刻過《五朝詩别裁集》《古詩源》等。

此書原爲陳束"石木齋"舊藏。余十五年前偶獲之,藏庋至今。"石木齋"主今墓有宿草,睹書思人,爲之傷歎。

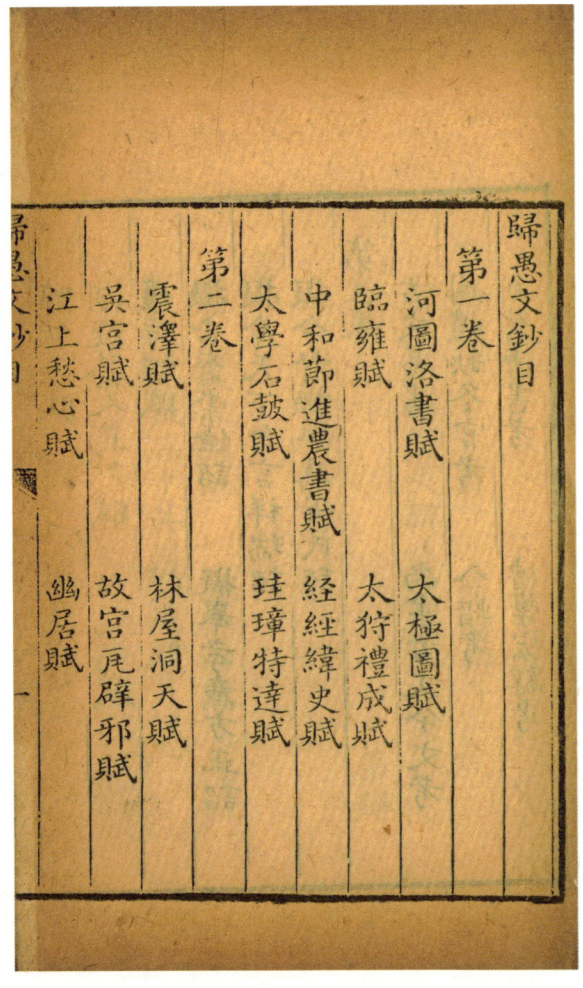

399　歸愚文鈔二十卷(2-2)

矢音集卷一

長洲沈德潛確士

恭和

御製消夏十詠元韻

荷

艷質凌湖鏡，幽香透水窗。盈盈明隔浦，采采涉清江。瀉露珠無笑，搖波影自雙。鳴榔何處響，花外聽摐摐。

蟬

逸韻響松篁，閒園日正長。噪林喧處寂，移樹定中

400　矢音集四卷

清沈德潛撰。清乾隆十八年(1753)教忠堂精刻本。《沈歸愚詩文全集》本。寫刻。竹紙一册。卷前乾隆癸酉(1753)王露序。

乾隆辛未(1751)高宗製詩賜沈德潛,沈恭和之,後將其和詩集爲《矢音集》四卷。雕版甚精,惜未署刻工之名。

此書購於蘇州古籍書店,倏忽已二十六年矣。當年余至蘇州,有三處必去:一是皮市街王德中舍;二是觀前街新華書店;三是人民路古籍書店。在王德中處收穫最大,在新華書店買到過黃裳初印的《前塵夢影新錄》,價二元六角,今在網上已漲至數百元矣。在古籍書店所獲僅此。當時該店古書頗惜售,衹在樓上玻璃櫃中陳列十餘部,似出售又似展覽。余看中此書,試探一問,竟獲之,可謂意外之喜。書中至今仍夾有數幀當年在蘇州怡園所攝照片,儼然一白面書生,今則已是腰彎背駝一小老頭兒,書如舊,人已老,始信"書比人長壽"。

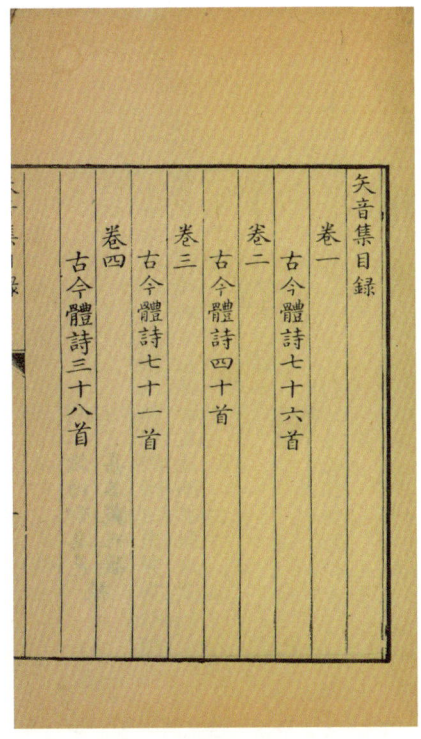

400　矢音集四卷(2-2)

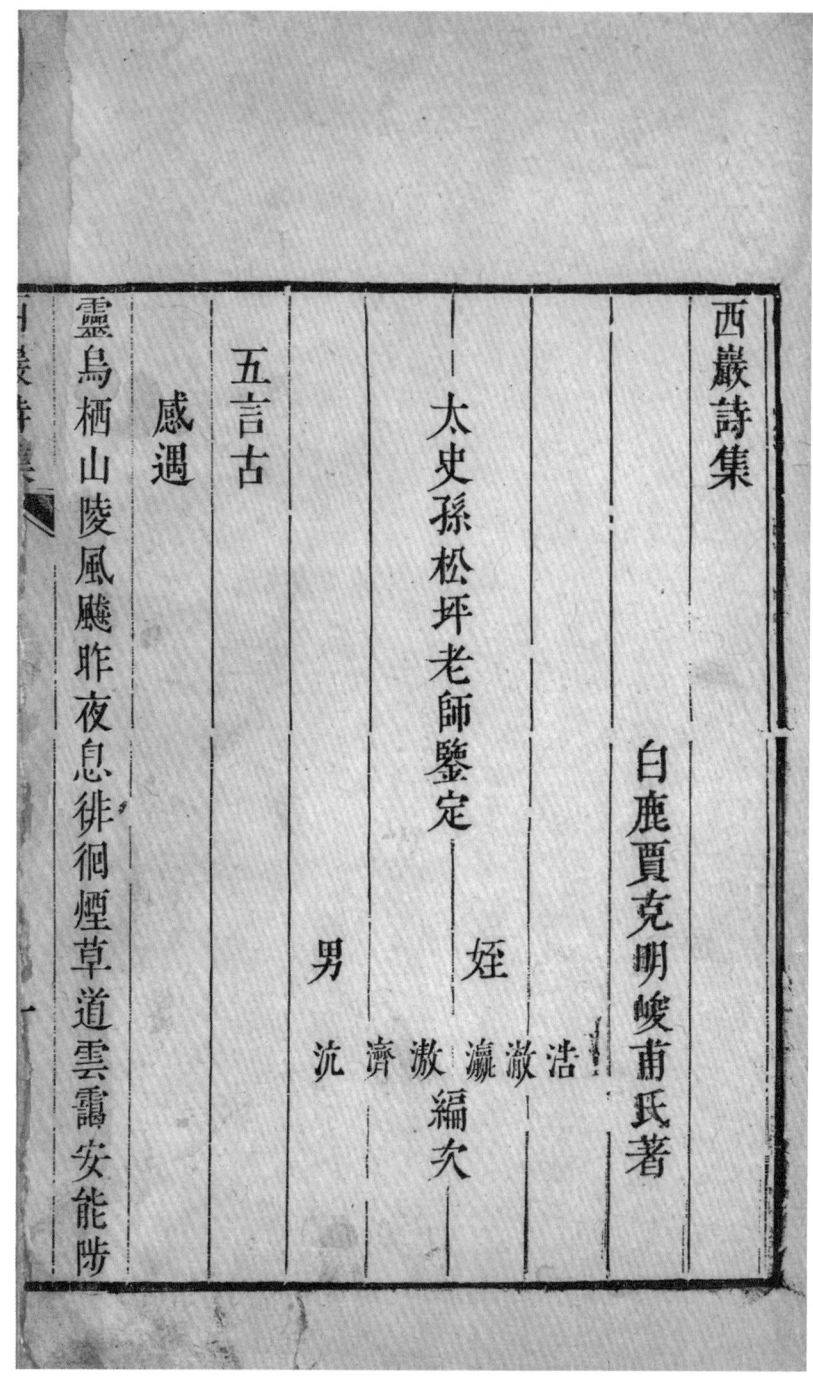

西巖詩集

太史孫松坪老師鑒定　　　白鹿賈克明峻甫氏著
　　　　　　　　　　姪　瀓
　　　　　　　　　　　　浩
　　　　　　　　　　　瀛編次
　　　　　　　　　男　澂
　　　　　　　　　　　沆

五言古

感遇

靈烏栖山陵風飈昨夜息徘徊煙草道雲霄安能陟

401　西巖詩集一卷附琴譜一卷

清賈克明著。清康熙刻本。竹紙二册。半葉九行二十字，白口，單黑魚尾，左右雙邊。

卷前有康熙戊子（1708）孫致彌序，稱："峻甫舉於己卯，余於選墨中見其文，沉雄博雅，心知其爲非常人。壬午歲，余典試山右，而峻甫之仲兄適爲余所得士。余喜其家學淵源，聯鑣接軫，方亟與晤之，而峻甫已於是年五月逝矣。聞其爲人天性孝友、操行純正、丰神秀朗、博贍多才，其志蓋在不朽，詩文固未足以盡峻甫之所學也。……今峻甫已逝，世之所見，止此筆墨間事耳。"於此可知，撰者字峻甫，山西太原府崞縣人，卒於康熙四十一年（1702）。時方壯年。別無考。

以孫序推斷，此詩集當刊刻於康熙四十七年（1708），爲家刻本。觀此書版框整齊，字體清晰，且無一斷板，初印無疑。據查國內僅中國國家圖書館及中國人民大學圖書館藏有此書，後者書目中標爲"稀見"。

此書獲於山西太原。爲書友所贈，其情甚可感念。

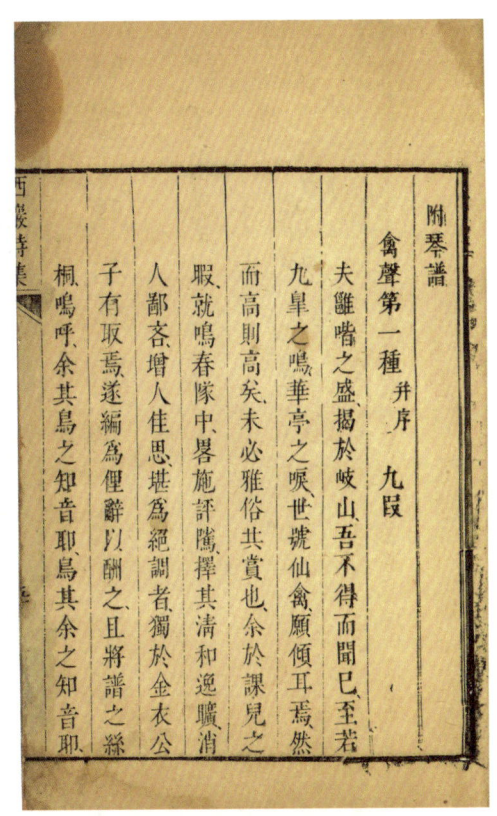

401　西巖詩集一卷附琴譜一卷（2-2）

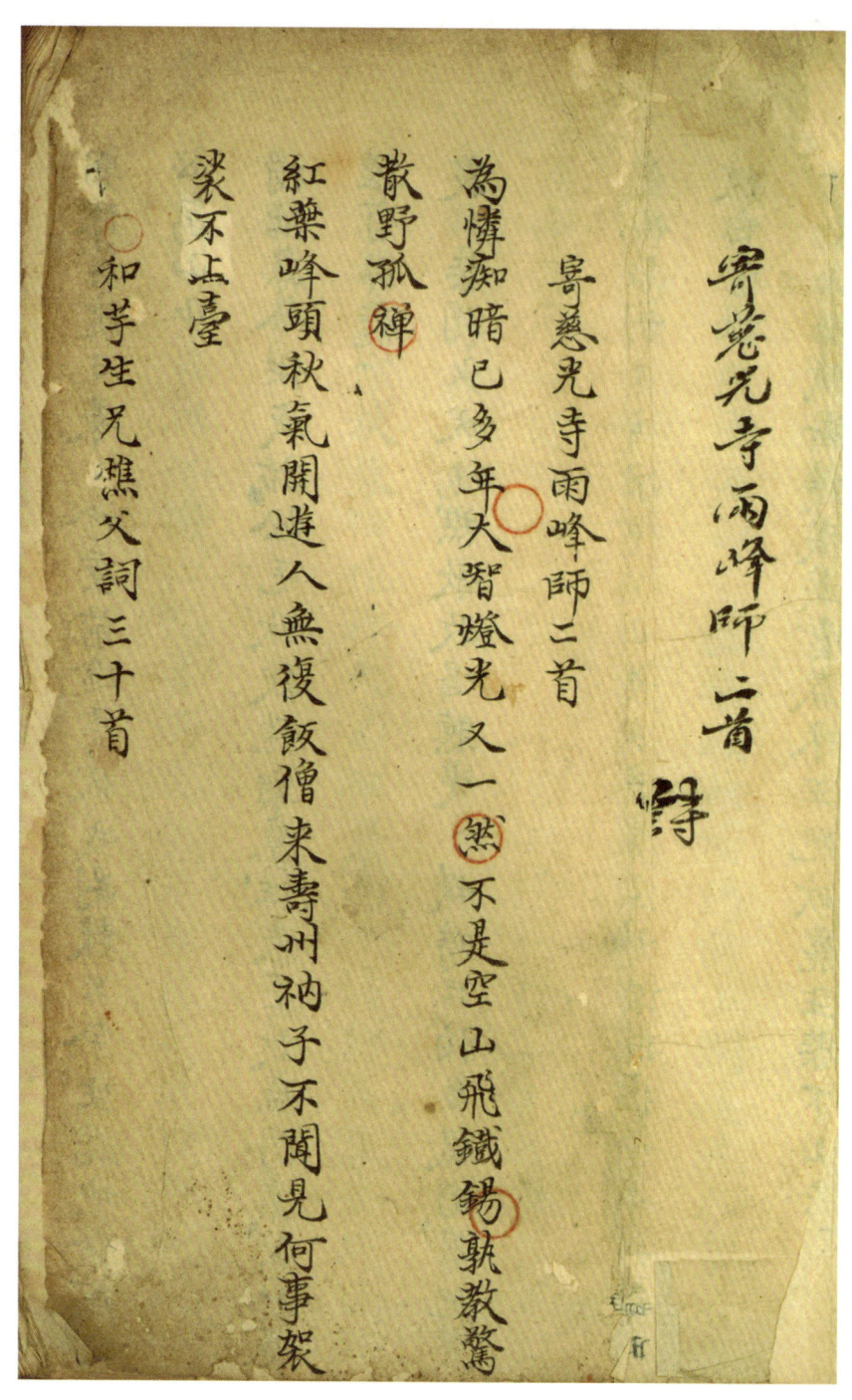

402　鈔本湛華堂詩集（2-1）

402　鈔本湛華堂詩集

撰者不詳。鈔本。一册。是鈔無格,半葉九行二十四字。字尚工。集中有"歙州吳"自稱之語,撰者當爲吳姓歙縣人氏。曾在揚州居住多年。又有《寄懷達庵侄》一首,"達庵"爲歙縣吳之騄之號,康熙時人,撰有《孝經類解》。可見此詩集撰者康熙年間在世。

封面墨書"吉祜家藏"。卷末有《湛華堂集》跋尾,稱:"右《湛華堂集》鈔本係受之族長郵示。查該集計一册七十七頁,每半頁九行,行二十四字,惜無撰著者姓氏。查集内有"家聽翁"及"達庵"語,始考此集作者爲二十八世吳某……諱字待考。民廿四、十一、十五日記於洛上,歙西溪南左襄後裔吳保琳林伯纂述。"眉端又有"查家聽翁係綺公,達庵係二十九世公祖之騄公"之語。

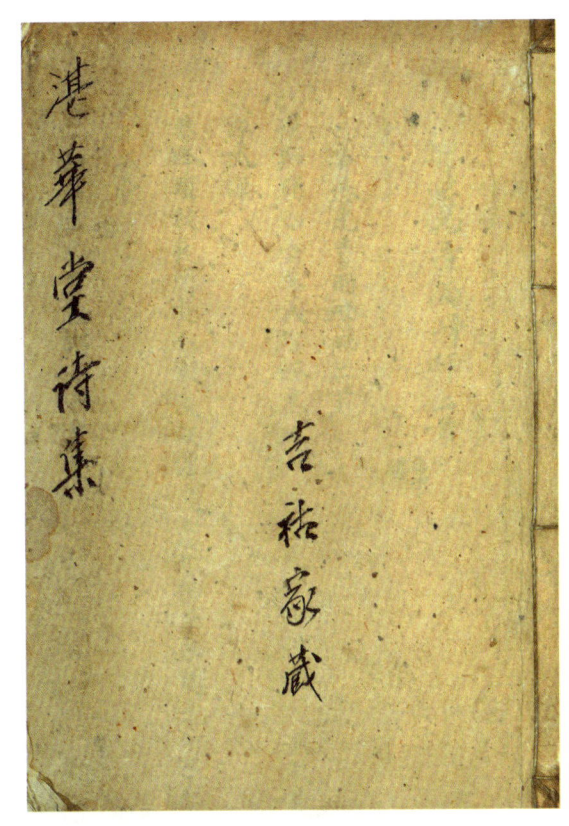

402　鈔本湛華堂詩集(2-2)

此鈔獲於歙縣。爲民國間歙縣舉辦"吳氏書畫著作展覽會"展品之一。此批展品余陸續得之者已有十數種,將來可爲研究歙縣吳氏著作者參考焉。

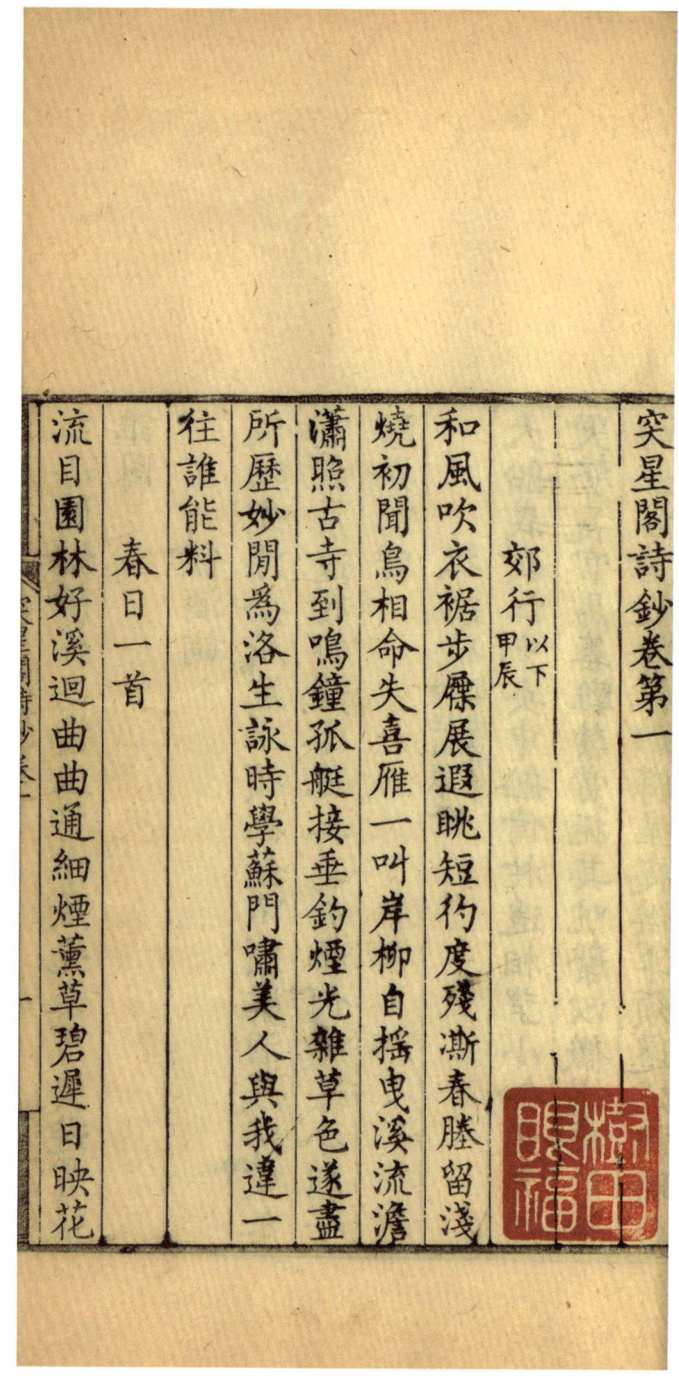

403　突星閣詩鈔十五卷(3-1)

403　突星閣詩鈔十五卷

　　清王戩撰。六册。是集前五卷爲王士禛刊,後九卷爲朱愷仲、董養齋鎸,末卷爲許謙次、李旬四、張方客鎸,彙爲十五卷。刻於吳閶。卷首有王士禛序,稱王戩爲才子,詩作"怪奇恢詭……榦以風骨,潤以丹青,諧以金石,故能銜華佩實,大放厥辭,自名一家"。

　　王戩,字孟穀,湖北漢陽人。此集收詩千餘首,詩作寄情山水,氣勢雄奇。王戩後隱逸山林,康熙五十六年(1717)病逝。

　　此書雕版精雅,十足康熙版風格。王士禛亦稱此書雕版甚善。書少見,《中國古籍善本書目》著錄,國內圖書館僅二家有藏。

403　突星閣詩鈔十五卷(3-2)

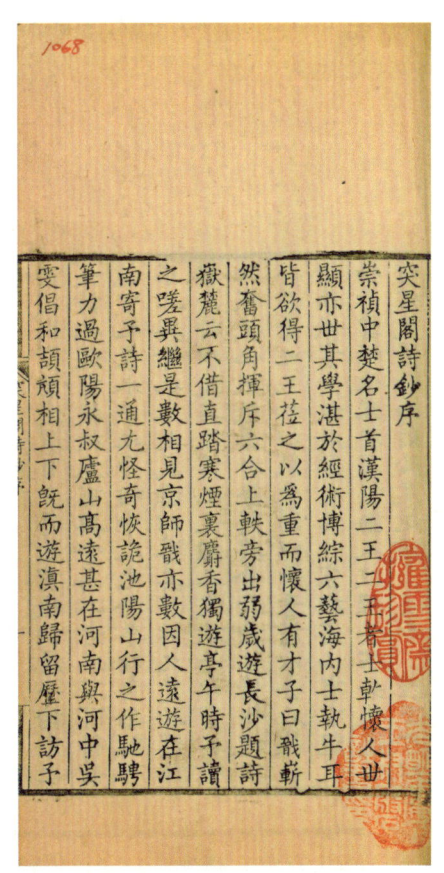

403　突星閣詩鈔十五卷(3-3)

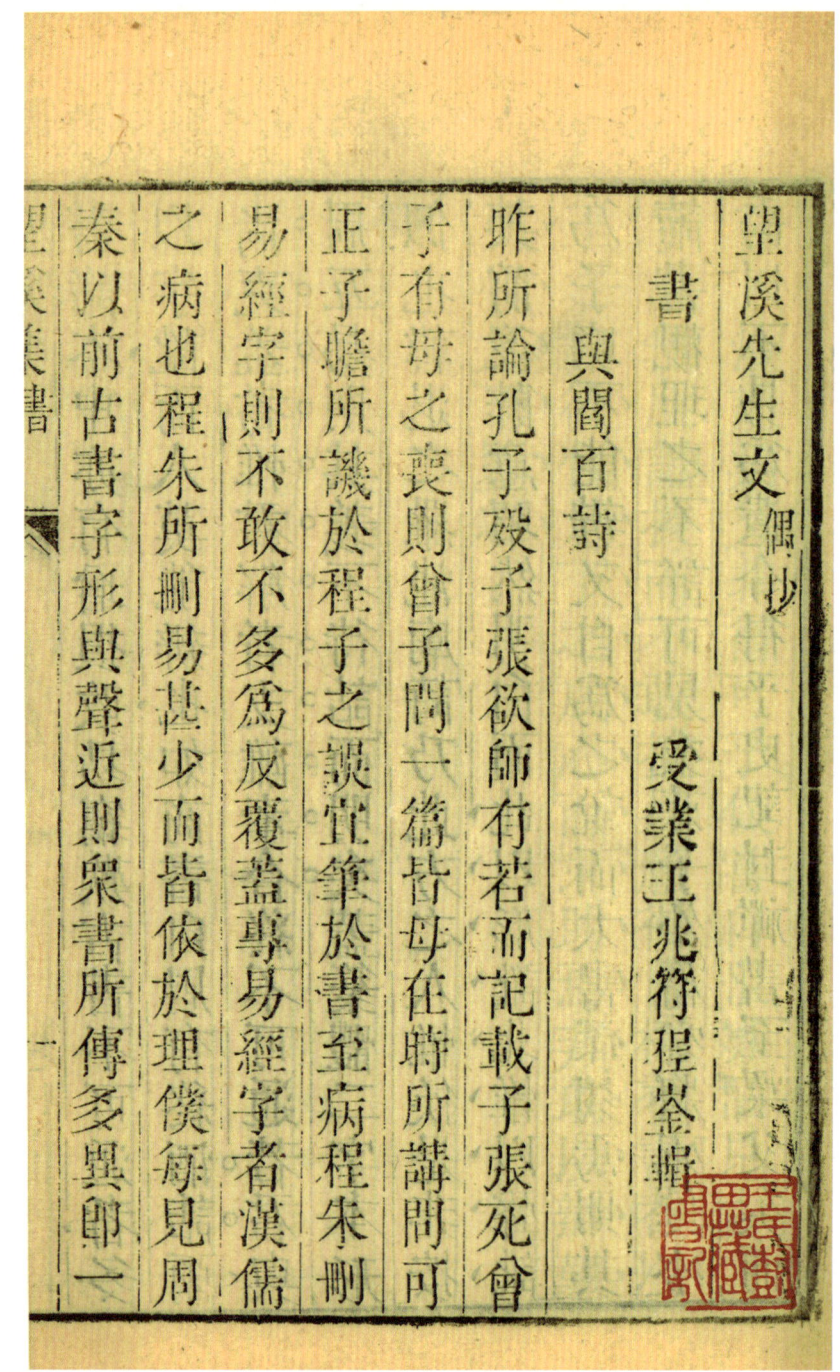

404 望溪先生文偶抄(2-1)

404　望溪先生文偶抄

清方苞撰,王兆符輯。清嘉慶十八年(1813)抗希堂刻本。白紙八册。

此書又名《望溪集》。

方苞,字靈皋、鳳九,晚號望溪,安徽桐城人。官至禮部右侍郎,乾隆十四年(1749)病逝。方苞是桐城派創始人,尊奉程朱理學,取法唐宋散文。著述甚衆。

此書獲於廊坊石木齋。早年購書不甚顧及版本,偏愛文集,見而收之。今篋中集部書幾占一半,且一人之作品有多種版本,不嫌其多也。

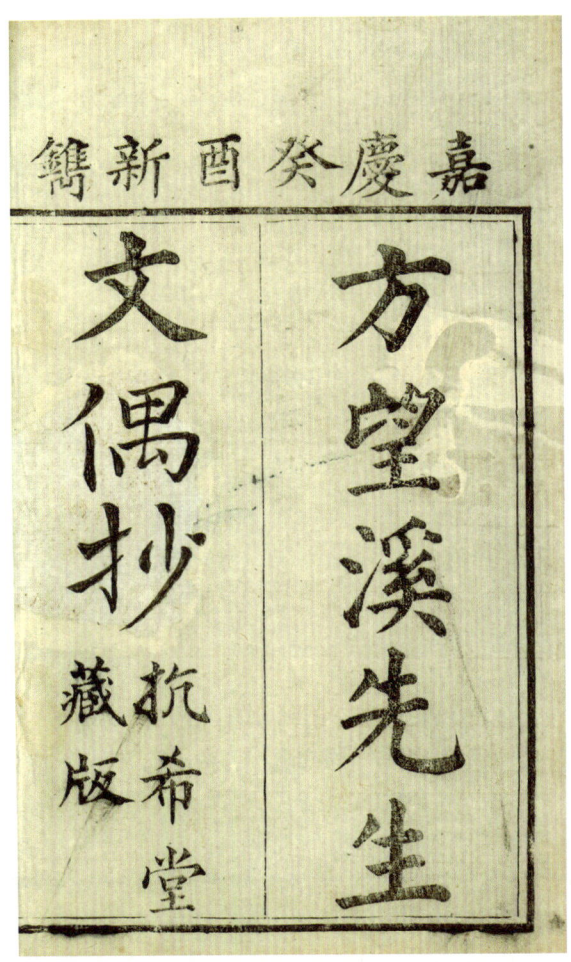

404　望溪先生文偶抄(2-2)

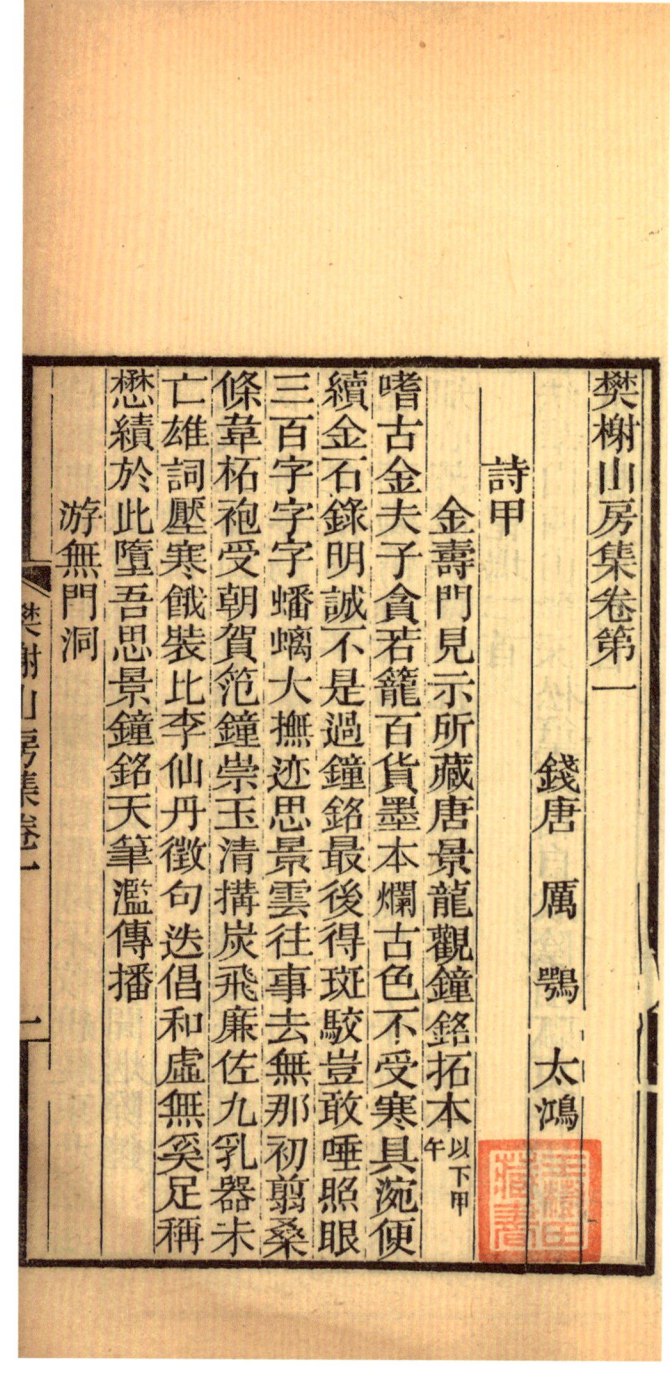

樊榭山房集(2-1)

405　樊榭山房集

清厲鶚撰。清光緒十年(1884)錢塘汪氏振綺堂刻。竹紙九冊。

此書比乾隆本多出《迎鑾新曲》二卷。鎸刻較精,實屬晚清版刻上乘之作。

振綺堂爲清代杭州著名藏書樓,由汪憲創建於乾隆年間,至汪遠孫四代藏書,蔚爲可觀。振綺堂在藏書同時亦樂於刻書,所刻之書多且精,名重一時。其所刻書爲余所喜,寒齋所藏另有《清尊集》等數種。

厲鶚,字太鴻,號樊榭,錢塘人。康熙五十九年(1720)舉人,工詩詞,性嗜書,撰《宋詩紀事》《南宋院畫錄》《東城雜記》《湖船錄》《秋林琴雅》等,又與查爲仁同撰《絕妙好詞箋》。

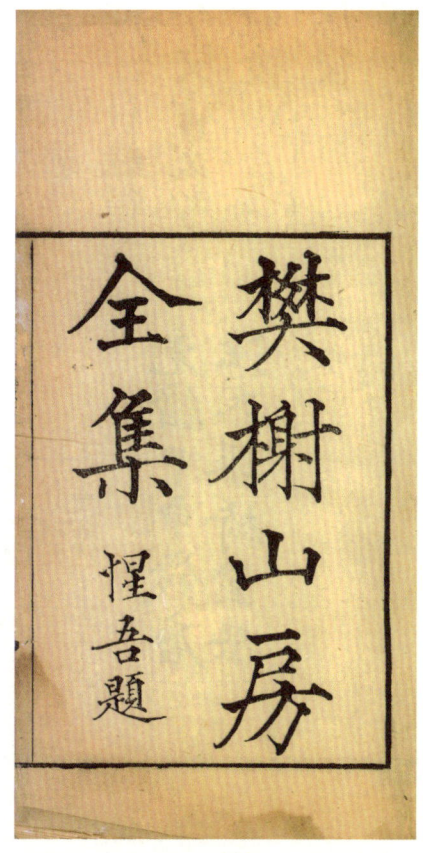

405　樊榭山房集(2-2)

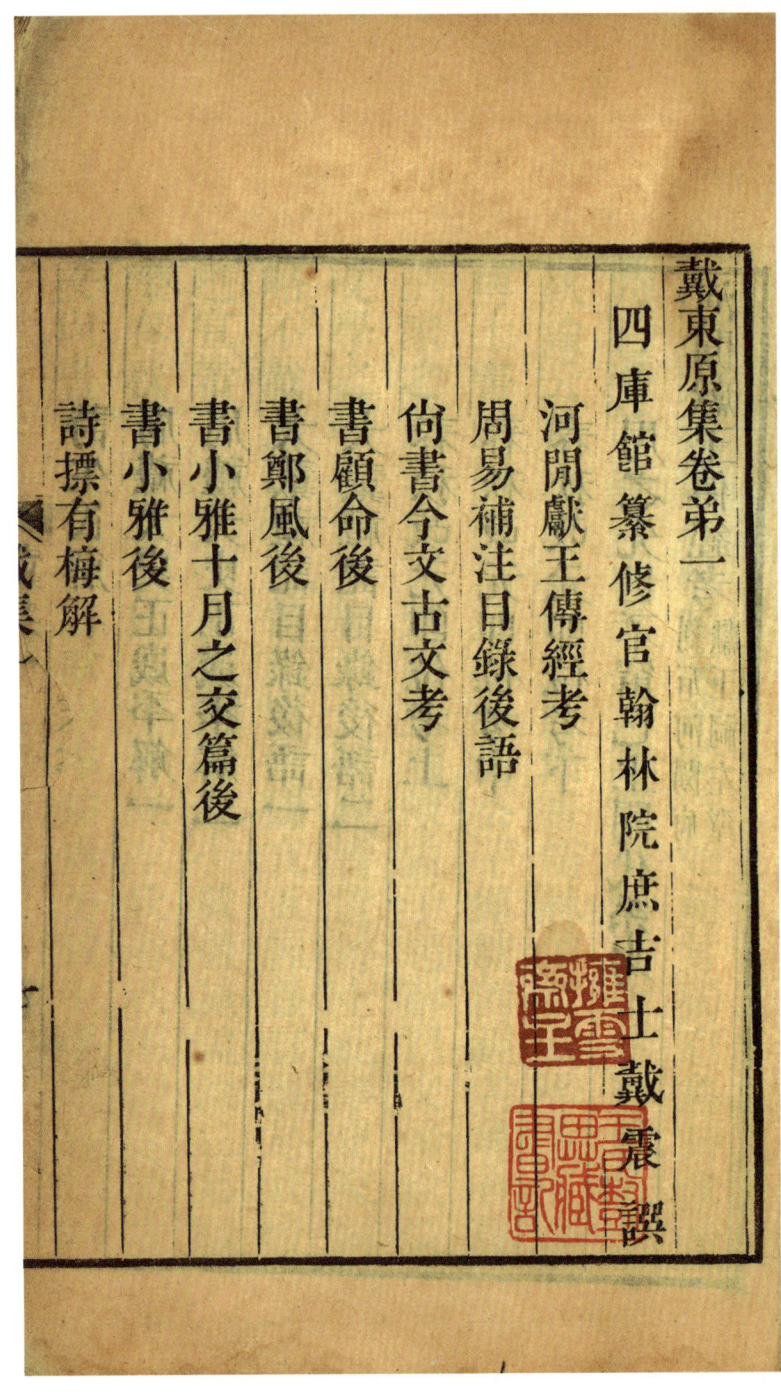

戴東原集卷第一
　四庫館纂修官翰林院庶吉士戴震譔
河間獻王傳經考
周易補注目錄後語
尚書今文古文考
書顧命後
書鄭風後
書小雅十月之交篇後
書小雅後
詩摽有梅解

406　戴東原集十二卷

　　清戴震撰。清乾隆五十七年(1792)段玉裁經韵樓初刻本。半葉十行二十一字，白口，左右雙邊，單黑魚尾，雙行小字注，版心題名"戴集"。卷前有段玉裁序。扉葉標"經韵樓藏版"。

　　該書涉及的内容包括經史、音韻、天文星象、地理、古算學諸方面，刊刻精雅，印工亦佳。《中國古籍善本書目》著録。民國間上海涵芬樓曾據此刻本影印，編入《四部叢刊》，其貴可知。

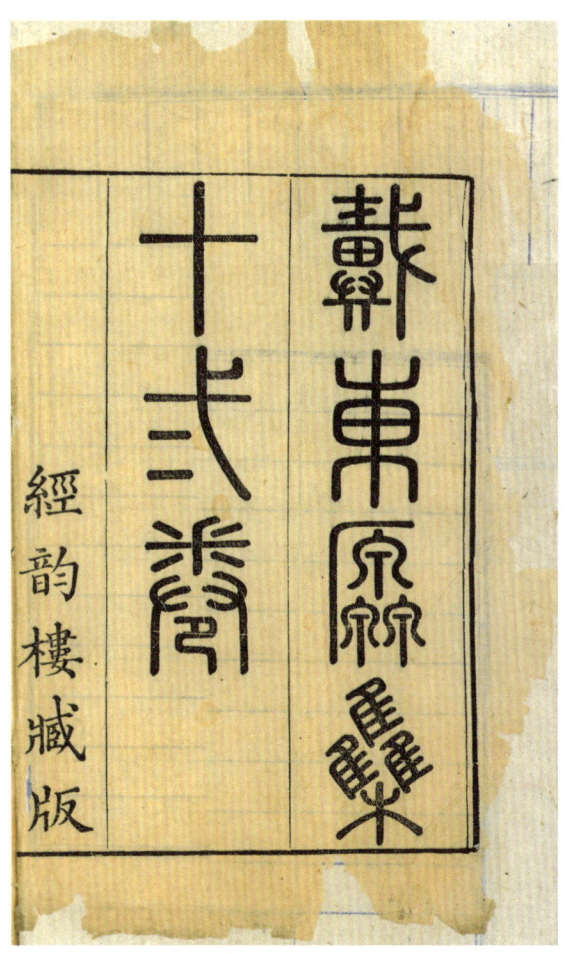

406　戴東原集十二卷(2-2)

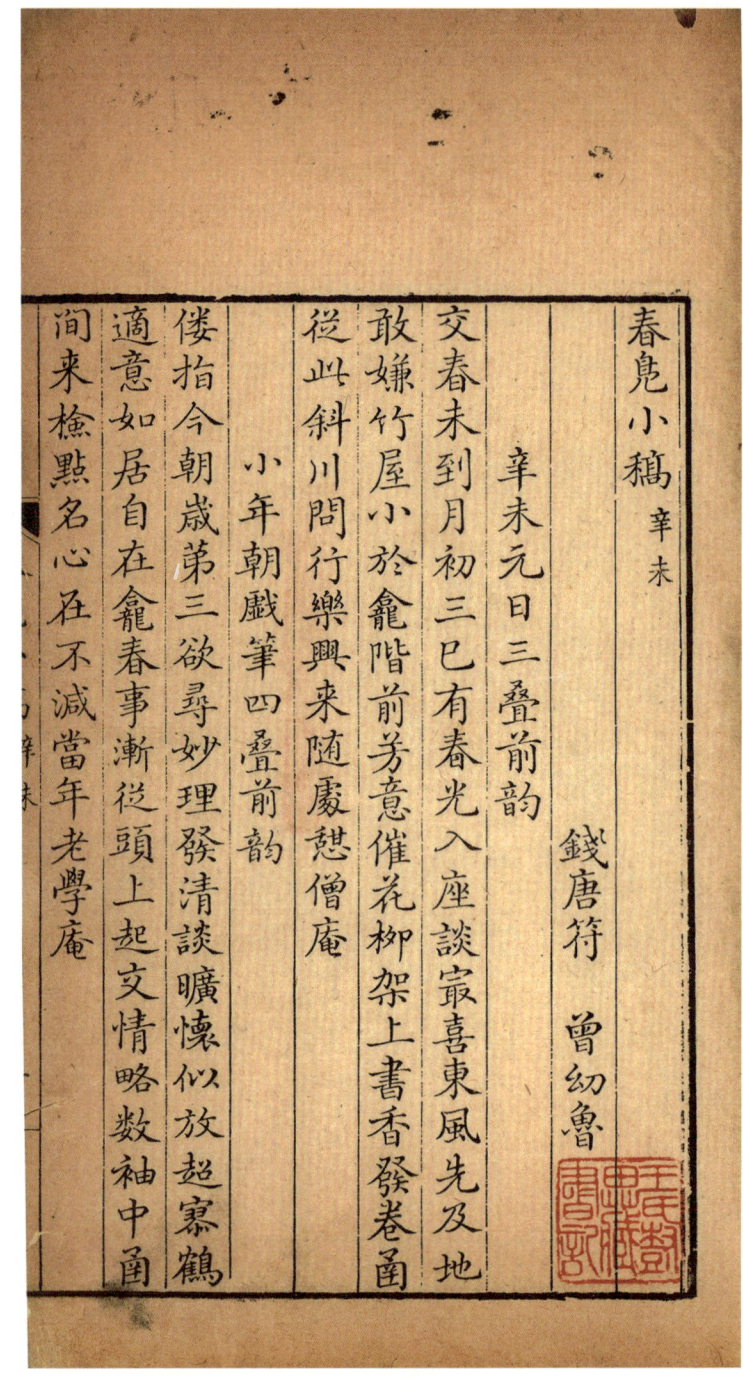

407　春凫小稿

407　春鳧小稿

清符曾撰。清乾隆間刊。竹紙一册。詩爲編年體,大題下綴以"辛未"。

黄裳《前塵夢影新録》著録,稱:"陳皋手書上板。錢塘符曾藥林撰。詩不分卷而編年,大題下綴以甲子。余收得四册,前無序目。"又在《來燕榭讀書記》中云此書"雕槧精湛,紙墨明麗,清刻中精品也"。《販書偶記》著録爲十二卷,"無刻書年月,約乾隆間精刊。此編年詩,起壬戌,止癸酉"。壬戌爲乾隆七年(1742),癸酉爲十八年(1753),期間歷十二年,十二卷或以此來。此辛未本爲乾隆十六年(1751)詩。

符曾,字幼魯,號藥林,曾官户部郎中,乾隆二十五年(1760)卒。工詩,超妙絶俗。

卷前鈐"北京圖書館藏"。

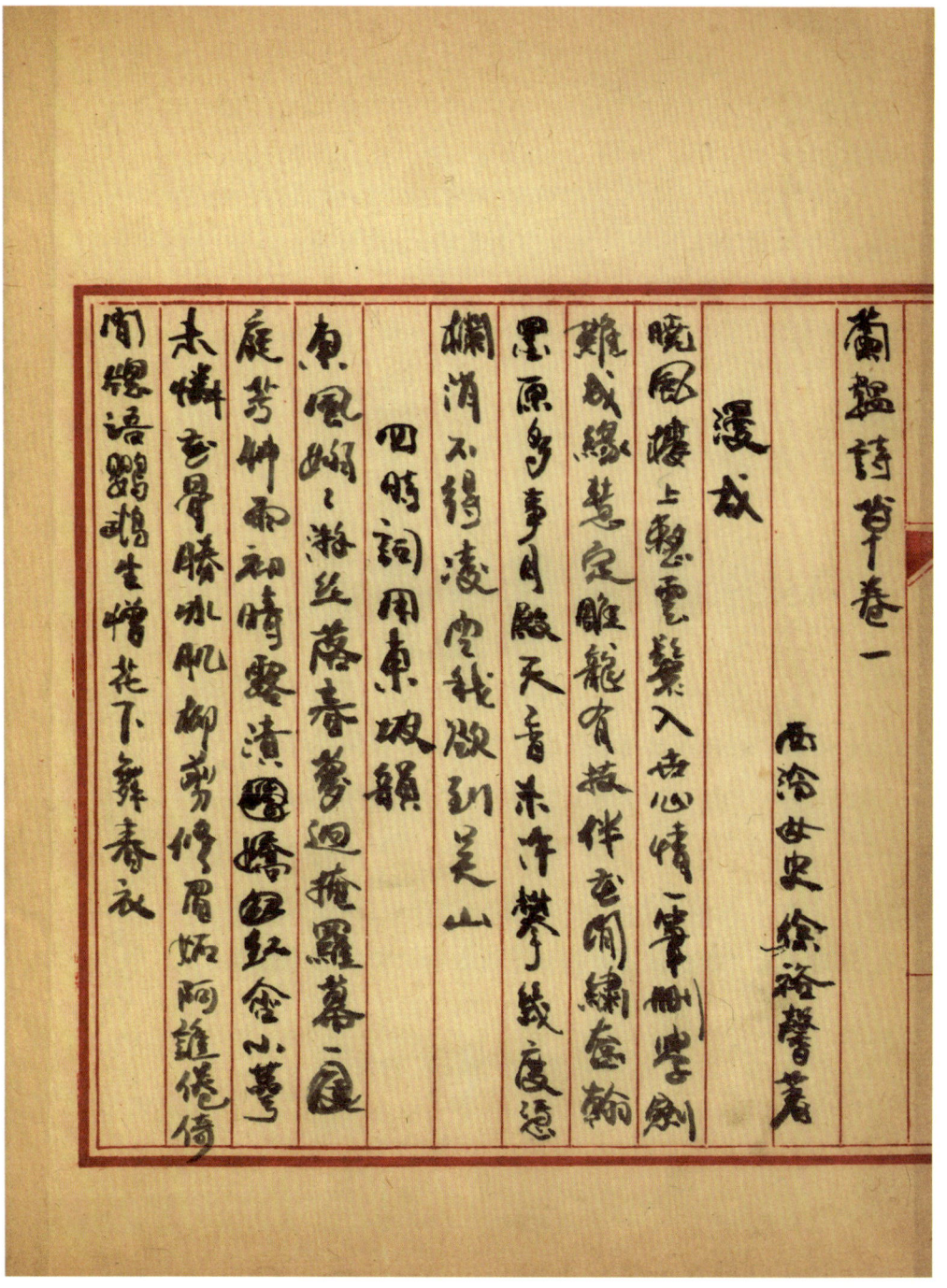

蘭韞詩草卷一

西泠女史徐裕馨著

漫成

曉風樓上憩雲鬟　入古心情一筆刪　學劍難成緣慧定　雕龍有技伴書閒　繡盒翰墨原多事　月殿天香未許攀　幾度悶欄消不得　凌雲我欲倣衡山

四時詞用東坡韻

東風嫋嫋游絲落　春夢迴掩羅幕　庭芳冉冉雨初晴　要漬嬌紅念小萼　未憐玄鬢勝冰肌　柳梢修眉娟阿誰倦倚　南樓語鷓鴣生憎花下舞春衣

408　鈔本蘭韞詩草四卷

清徐裕馨著。有清乾隆五十六年(1791)刻本,此乃鈔本一册。

卷前盧文弨序,方維甸序,吳瓚序,袁枚等集評、題詞。存卷一。

徐裕馨,字蘭韞,自署西泠女史,乾隆時錢塘人。一七六五年生,一七九一年卒。在杭州時曾拜袁枚爲師,在琴棋書畫,特别是詩詞創作上深得袁枚賞識。袁枚在《蘭韞詩草集評》中稱:"抱芬芳悱惻之懷,寫流管清絲之韻,詩饒風調,詞亦清新,有此掃眉才子,乃不愧太傅家風。"

此鈔本獲自"孔夫子舊書網",雖係殘本,日後當可與刊本對讀。

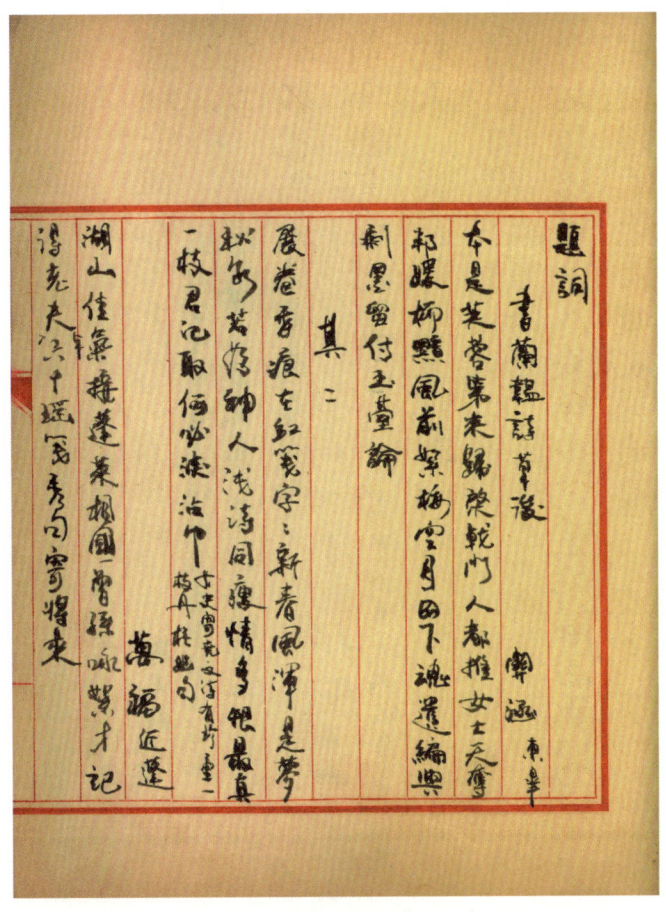

408　鈔本蘭韞詩草四卷(2-2)

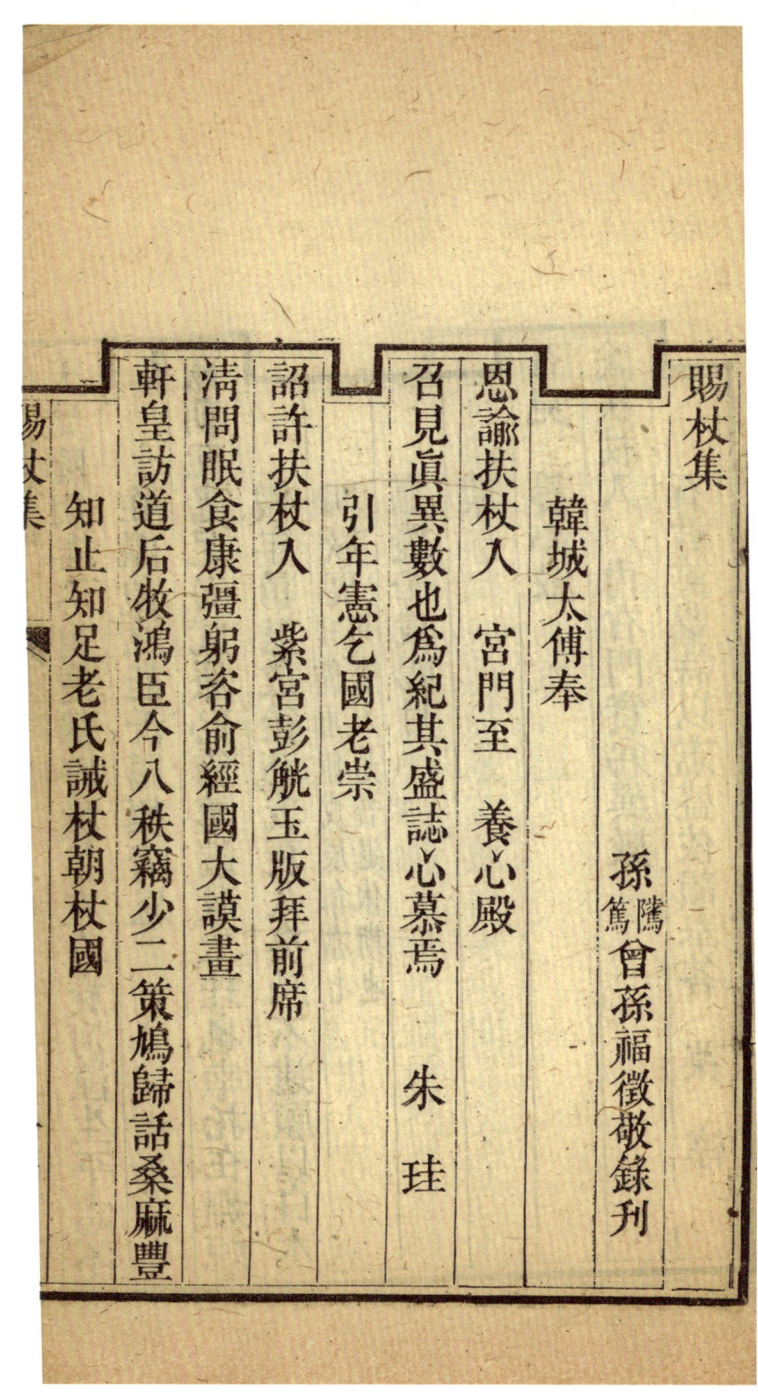

賜杖集(2-1)

409　賜杖集

　　清東閣大學士王傑以八十高齡告仕,御賜扶杖入宫至養心殿召見,並賜以御製詩及名貴物品多件,以寵其行,時在清嘉慶八年(1803)。此册爲王傑後人所刊,録御賜詩、王傑和詩及朝廷大員唱和之詩。無卷數。刊刻恭雅。白紙一册。頗爲稀見。

　　此書獲於介休一書估,稱此書專爲記録宫廷打板子事,差之遠矣。

　　王傑,字偉人,號惺園,陝西韓城人。雍正三年(1725)生。乾隆二十六年(1761)狀元,累官東閣大學士。嘉慶十年(1805)卒。著有《葆醇閣集》《惺園易説》等。

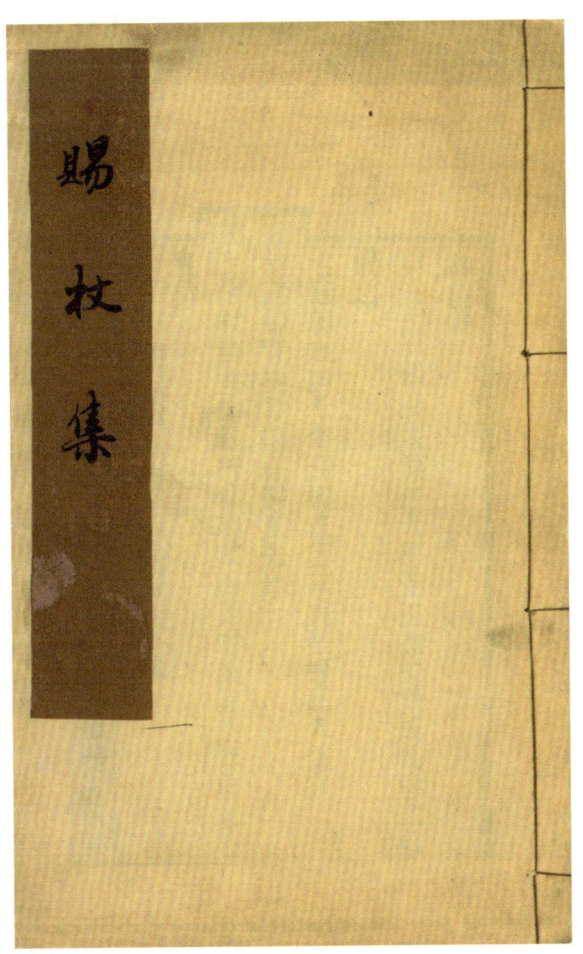

409　賜杖集(2-2)

忠雅堂詩集卷一

鉛山　蔣士銓

甲子

九日靈巖寺登高二首

山勢崚嶒據上游　直疑呼吸接神州　千家山郭憑闌見　萬壘雲烟拍座浮　礦穴樹根空洞出　黃河天外混茫流　不妨高詠元暉句　十二丹城在上頭

豪氣凌虛迥不羣　重欹烏帽學參軍　墨花四散中峯雨　筆陣全收下界雲　大地烟霞浮指掌　諸天梵唄雜聲聞　臨風莫灑懷鄉淚　古木蒼涼送夕曛

卽事

燕子樓東酒旆斜　雞塒豚柵幾人家　短籬黃蜨忽驚去　飛上野

410　忠雅堂詩集二十七卷補遺二卷銅絃詞二卷

　　清嘉慶三年(1798)揚州重刻本。黑口，雙魚尾。近見新印鉛排本，序稱乾隆原刻本爲最早，惜未之見。此嘉慶三年揚州重刻本似爲較早之本，亦頗稀少。《中國古籍善本書目》著録。《販書偶記》祇著録嘉慶二十二年(1817)桂林重刻本及道光二十三年(1843)藏園刊本。

　　此刻開本闊大，版式疏朗，字體亦纖秀，頗愛之。早年間曾於揚州古籍書店得見《文選》一部，卷尾有蔣士銓朱跋，惜未之購。之後又獲見當地書友《銅絃詞》鈔本二册，經與此刻對校，無甚歧異，還之。

　　是書從安徽歙縣郵購得來。

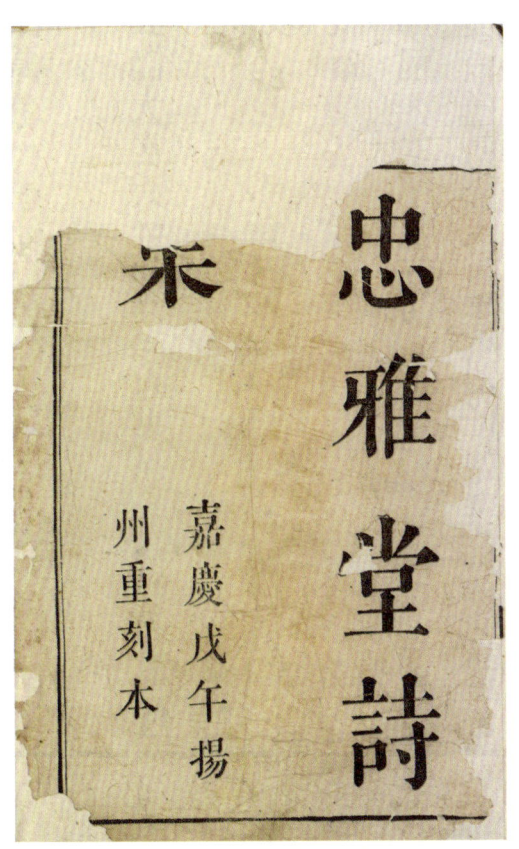

410　忠雅堂詩集二十七卷補遺二卷銅絃詞二卷(2-2)

存研樓文集卷一

宜興儲大文六雅著　六世孫廷棻伯儒　廷槐植三重校

頌表

聖壽無疆頌謹序

詩大序曰頌者美盛德之形容以告成功者也蓋六義與指于斯為盛自漢以降始與箴銘贊辭並列雜文限於古律而不能騁者又多倣序議格去

411　存研樓文集十六卷

　　清儲大文著。清光緒元年(1875)靜遠堂刻本。大開本。白紙八册。

　　大文,字六雅,號畫山,江蘇宜興人。康熙六十年(1721)進士,官翰林院編修。晚年主講維揚安定書院。此集合論文七卷、雜文九卷,凡二百六十五篇。儲氏精研地理之學,集中《荆州論》《襄陽論》等篇,見其功力。

　　此書最早爲乾隆九至十九年(1744—1754)存研樓刻本,此爲光緒元年靜遠堂重修本。開本敞闊,紙白墨潤,清末刻本中誠爲少見。

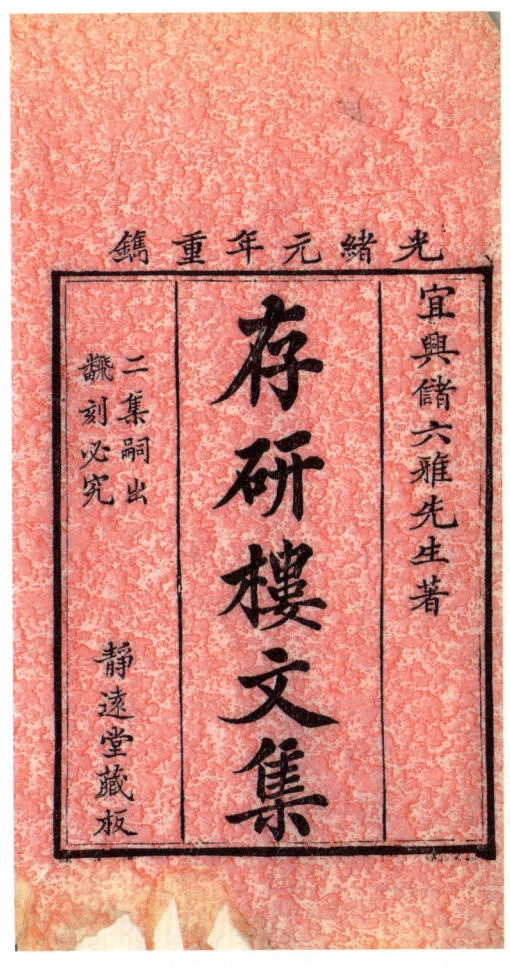

411　存研樓文集十六卷(2-2)

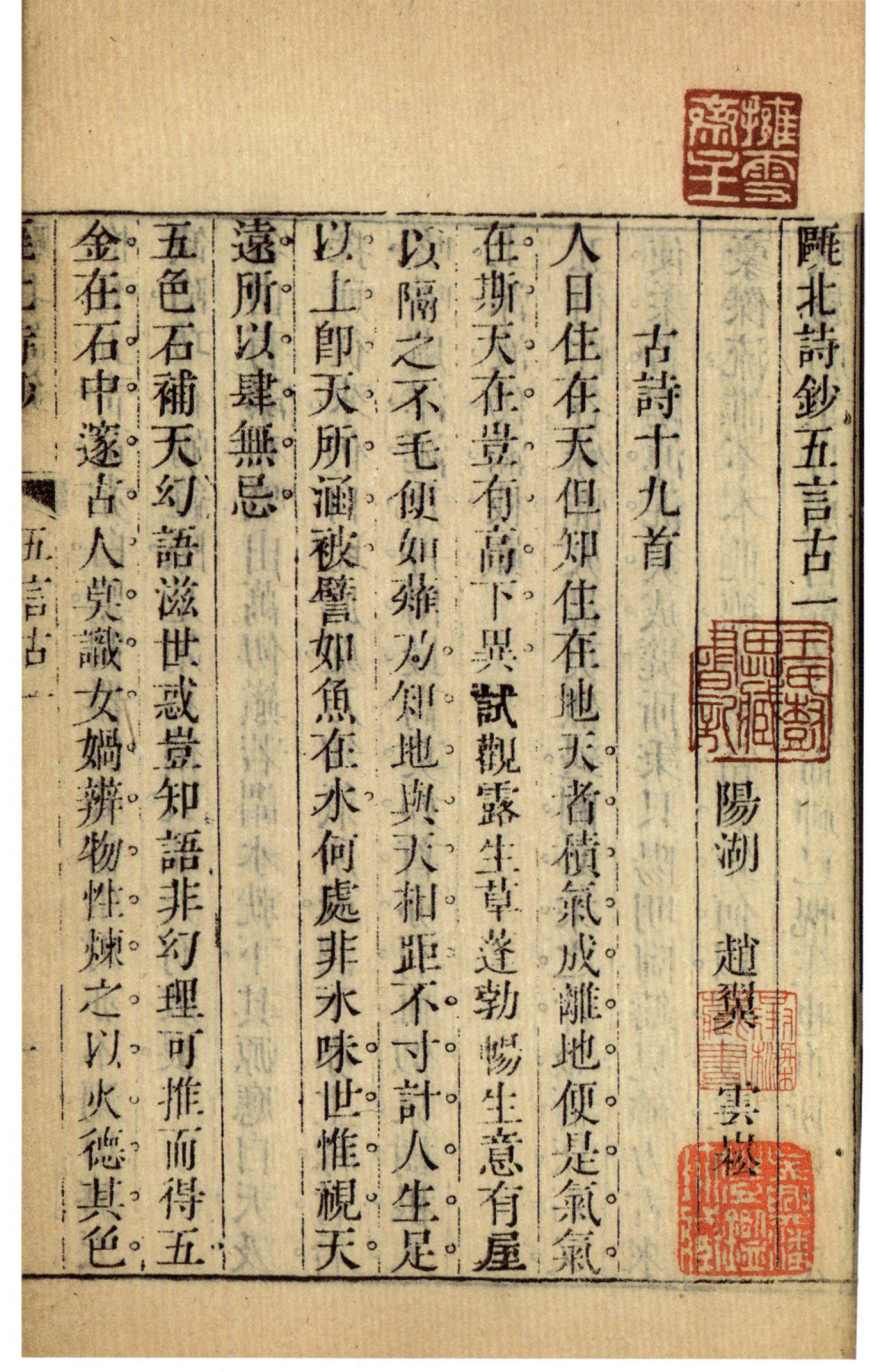

甌北詩鈔五言古一　　陽湖　趙翼　雲崧

古詩十九首

人日住在天但知住在地天者積氣成離地便是氣氣
在斯天在豈有高下異試觀露生草逢勃暢生意有屋
以隔之不毛便如雞為知地與天相距不寸計人生足
以上即天所涵被譬如魚在水何處非水咪世惟視天
遠所以肆無忌

五色石補天幻語滋世惑豈知語非幻理可推而得五
金在石中遂古人莫識女媧辨物性煉之以火德其色

412　甌北詩鈔十七卷

清趙翼撰。清乾隆五十六年(1791)湛貽堂原刻本。竹紙六册。半葉十行二十一字,白口,單魚尾,左右雙邊。鈐"吴興潘澄鑑珍藏""承樑藏書"印。

封面鎸"湛貽堂藏板"。卷前有乾隆二十二年(1757)汪由敦《甌北集》序,次乾隆五十六年袁枚序,乾隆五十年(1785)王鳴盛序,乾隆五十五年(1790)錢大昕序等。乾隆五十年祝德麟序稱:"房師趙耘菘先生刻向者所爲詩二十四卷,成名曰《甌北集》,於己亥春郵示。越三年,又益以近稿三卷,命德麟事校讐之役。"乾隆五十六年李保泰序稱:"雲崧先生既刻其《甌北集》三十三卷成,海内争先快睹。……裒集編次,得全集十之五,而分體録之,並命保泰繫以言。"張舟廉序稱:"先生所刻《甌北詩集》三十三卷……先生欣然諾之,遂命余與校訂之役,删存舊刻十之五六,分體重編,名曰《甌北詩鈔》,並載諸君子評語。"以數人序稱,此《甌北詩鈔》爲《甌北集》之删定本,然《甌北集》或曰二十四卷,或曰三十三卷,恐在《甌北詩鈔》前另有一本也。《清代版本圖録》著録爲二十四卷。

潘澄鑑,浙江吴興人,爲同盟會創始會員之一,曾任浙江參議會議員、浙江水利議事會會長。

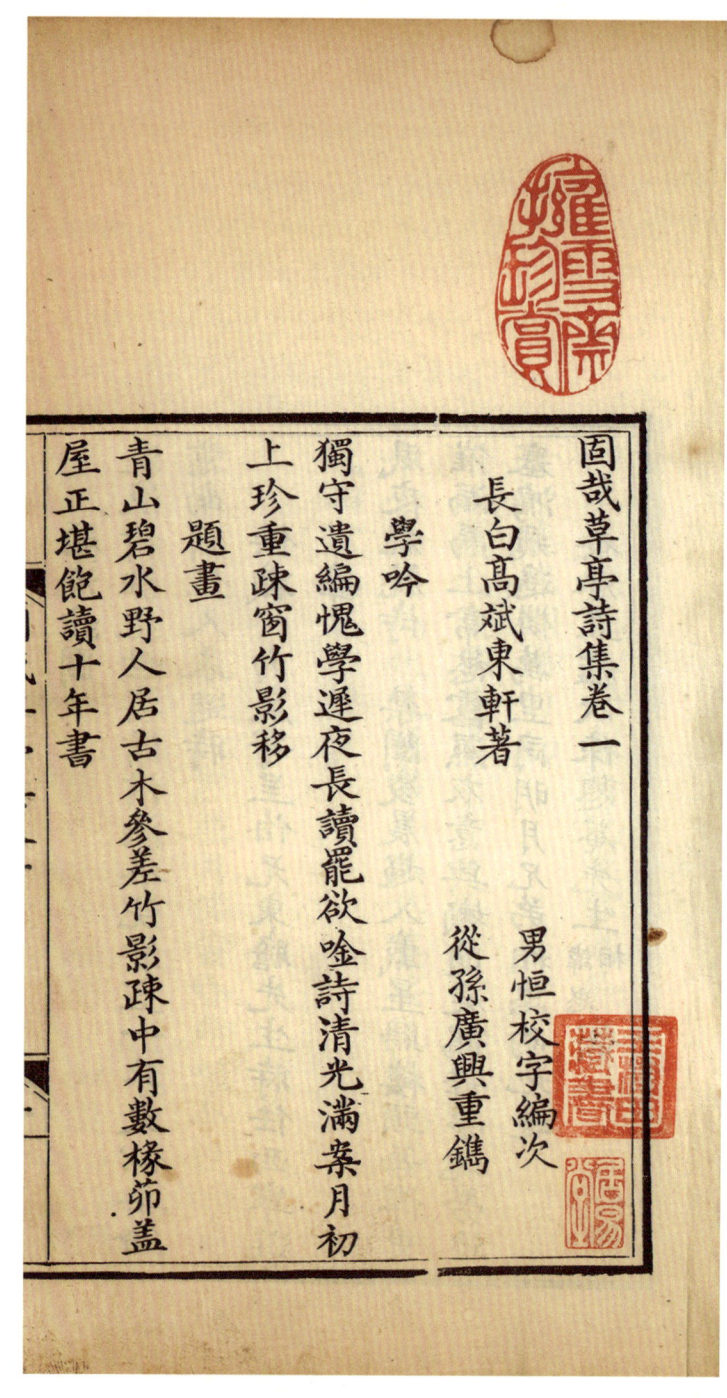

413　固哉草亭詩集四卷

　　清高斌著。詩文合集原刊於清乾隆間,此清嘉慶十二年(1807)重刊本。扉葉鐫"本衙藏板"。大題下鐫"男恒校字編次,從孫廣興重鐫"。嘉慶十二年錢越序,馬慧裕序。

　　此家刻本,寫刻精整。似開化榜紙所印。此種紙張嘉慶間尚有,以後則稀見。

　　高斌,字右文,號東軒,任內務府主事、廣東布政使、江寧織造、江南河道總督、文淵閣大學士等職。乾隆二十年(1755)卒於治河任上。

　　卷內鈐"居易堂"等。卷前另有樹德堂墨書"聚書藏書良有益也……",錄趙松雪藏書之語。

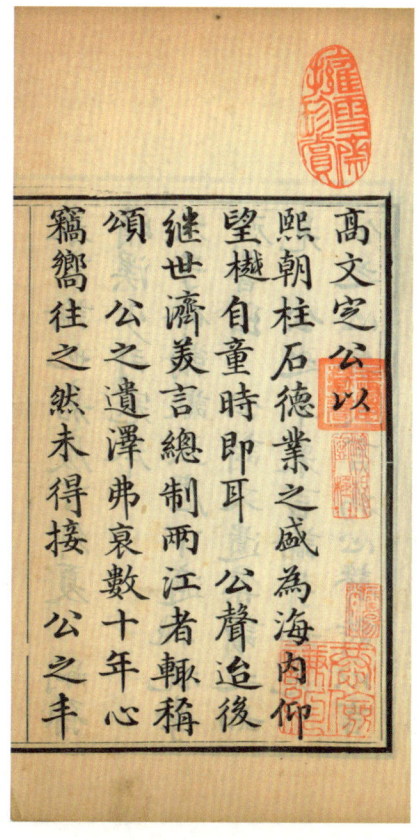

413　固哉草亭詩集四卷(2-2)

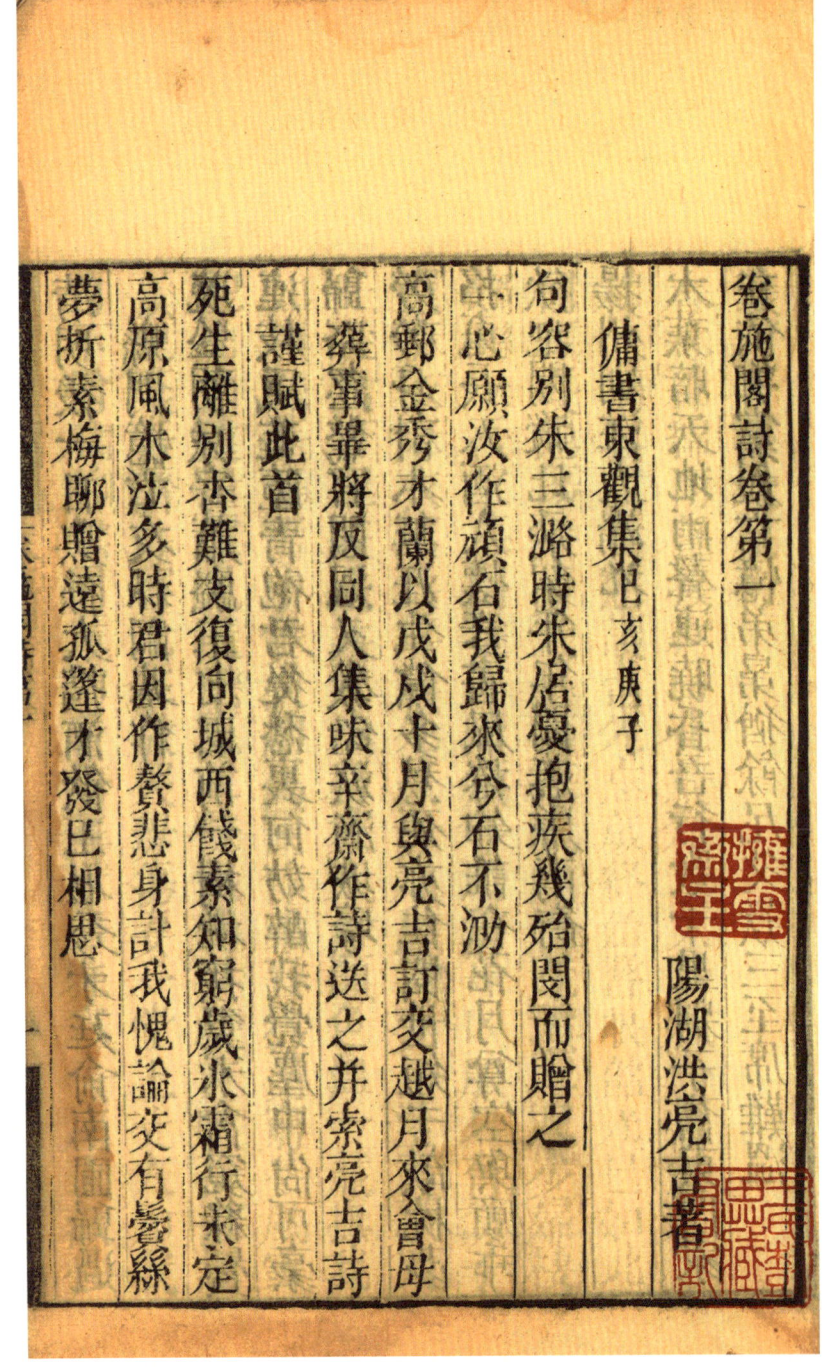

414　卷施閣詩二十卷(2-1)

414　卷施閣詩二十卷

清洪亮吉著。清乾隆五十九年(1794)序刊本。竹紙四册。

洪亮吉,字君直,一字稚存,號北江,又號更生居士,陽湖人(今江蘇常州)。曾任翰林院編修。另有《更生齋集》《春秋左傳詁》《補三國疆域志》等著作。

卷内鈐"湘潭袁氏滄州藏書"朱文印,蓋爲袁芳瑛舊藏。袁芳瑛,字漱六,湘潭人,道光二十五年(1845)進士,官至松江知府。嗜集書,藏書處曰"卧雪廬"。宋元槧本頗多。與朱學勤、丁日昌並稱咸豐時三大藏書家。其殁後,藏書多爲李盛鐸、葉德輝所得。

卷前另鈐"玄冰室珍藏記""晤歌庵"二印。袁榮法,字帥男,號滄州,又號玄冰,署晤歌庵主人,湖南湘潭人。藏書家,著有《玄冰詞》。

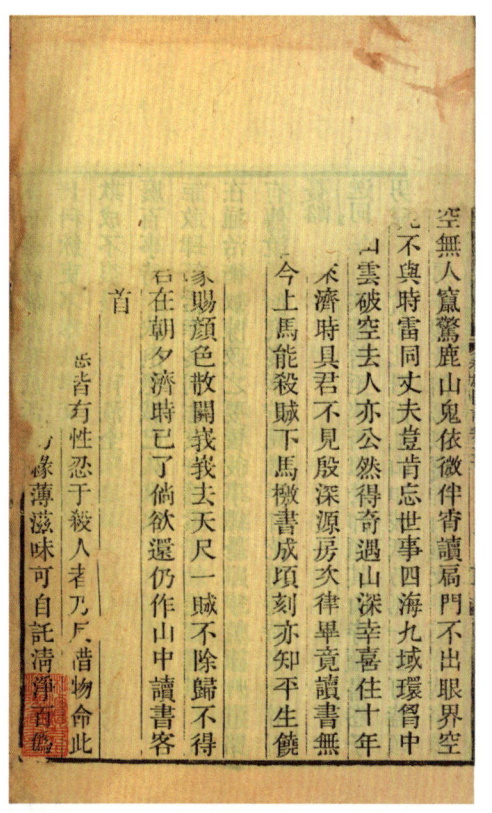

414　卷施閣詩二十卷(2-2)

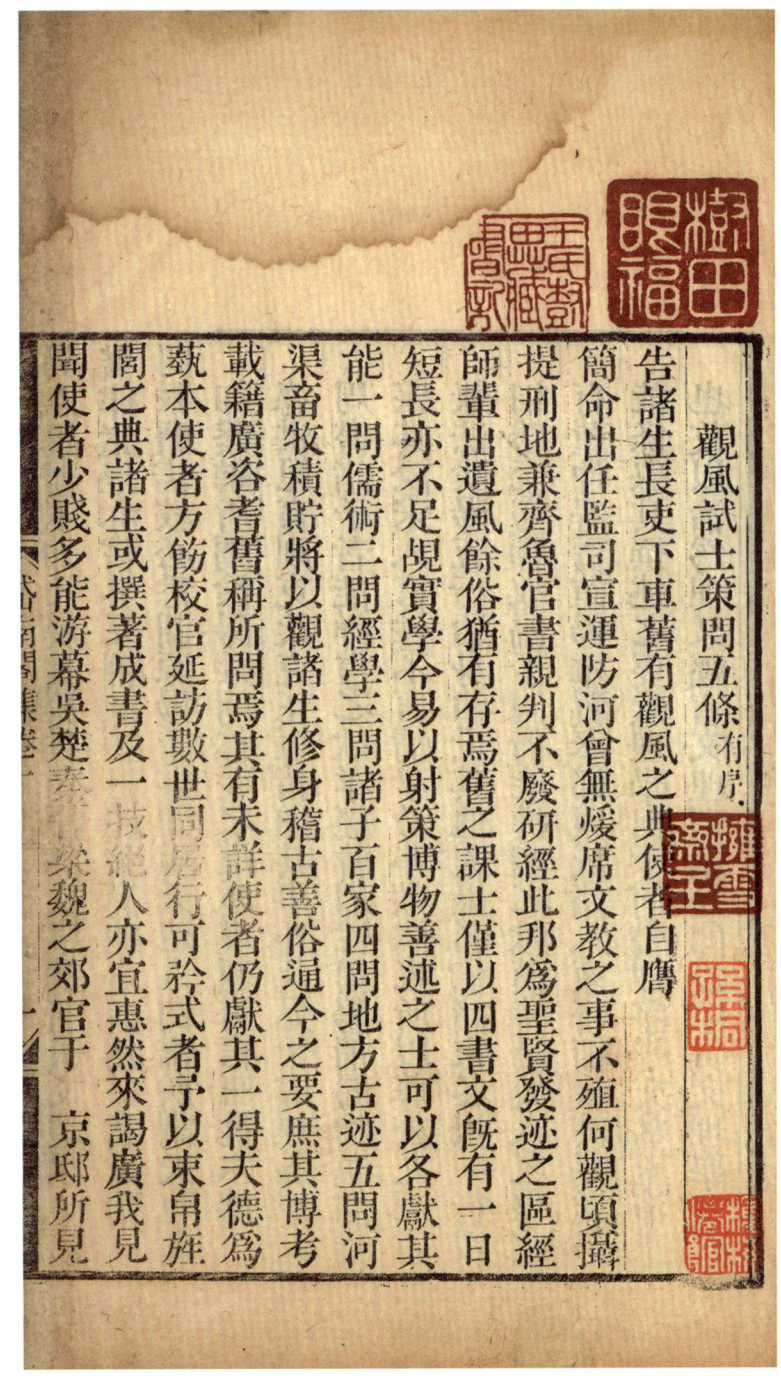

觀風試士策問五條 有序

告諸生長吏下車舊有觀風之典俟者自膺
簡命出任監司宣運防河曾無緩席文教之事不遑何觀頃攝
提刑地兼齊魯官書親判不廢研經此邦爲聖賢發迹之區經
師輩出遺風餘俗猶有存焉舊之課士僅以四書文旣有一日
短長亦不足覘實學今易以射策博物善述之士可以各獻其
能一問儒術二問經學三問諸子百家四問地方古迹五問河
渠畜牧積貯將以觀諸生修身稽古善俗通今之要庶其博考
載籍廣咨耆舊稱所問爲其有未詳使者仍獻其一得夫德爲
藝本使者方飭校官延訪數世同居行可矜式者予以束帛旌
閭之典諸生或撰著成書及一技絕人亦宜惠然來謁廣我見
聞使者少賤多能游幕吳楚燕秦魏之郊官于京邸所見

415 岱南閣集三卷

清孫星衍撰。清嘉慶間原刻本。書衣墨筆題寫："岱南閣集原本三卷,共文卅五篇,《芳茂山人全集》本僅廿五篇,編爲二卷,較此少文十篇。此本出於孔氏微波榭所藏。"附有墨筆跋語："《岱南閣集》三卷乃最初印本,後編入叢書僅二卷,較此少文十篇,編次先後亦經移改。長沙王氏刊《芳茂山人全集》即用叢書本,繆藝風合編孫氏文集重爲輯録,亦未收入此本所多之十篇。此本舊爲孔荭谷所藏,光緒中余得之,未以爲異,後用校王本乃知其可貴。繆氏輯成而未刻,當爲增補遺一卷矣。庚午仲夏閏庵夏孫桐記。"此本有而叢書本所無者:(一)《文王受命稱王考》(二)《康誥父兄殺無赦論》(三)《湯都考》(四)《梟山謁太昊陵記》(五)《孔子誅少正卯論》(六)《曹南嘉穀記》(七)《沛上三陵考》(八)《答江處士聲書》(九)《竹書紀年考》(十)《單父塞河碑銘》。墨筆題跋後鈐夏氏"潤枝"等印。

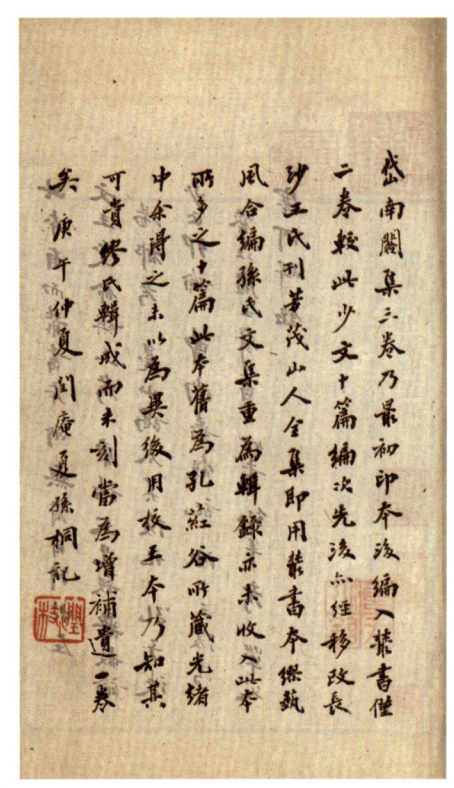

415 岱南閣集三卷(2-2)

夏孫桐,字潤枝,號悔龕,江蘇江陰人。繆藝風妻兄。光緒十八年(1892)進士,授編修。歷任浙江湖州、寧波、杭州知府。民國初,入清史館。一九四一年卒。

一九九六年中華書局版《岱南閣集》(駢宇騫點校),據"前言"所述,所據底本爲《四部叢刊》本,故亦二卷,比原刻本少文十篇,蓋因初印本罕見,未能據以補全也。正如夏氏所言,所缺十文,可增補爲一卷。此書文獻價值甚巨,補缺之功,寄以後者。

此書原爲中國書店收得,該店蕭新祺在其《理書所見録》中曾提到此書,此文刊於北京圖書館《文獻》雜誌一九九三年第四期。此書即蕭氏經見之本也。

蕭新祺,河北衡水人,二十餘歲即從事古舊書業,精宋元舊槧,曾經營"宋緣書齋"。鄭振鐸評價他"頗懂得版本之學,時有奇書"。余十年前偶得之於廊坊,珍重藏之。

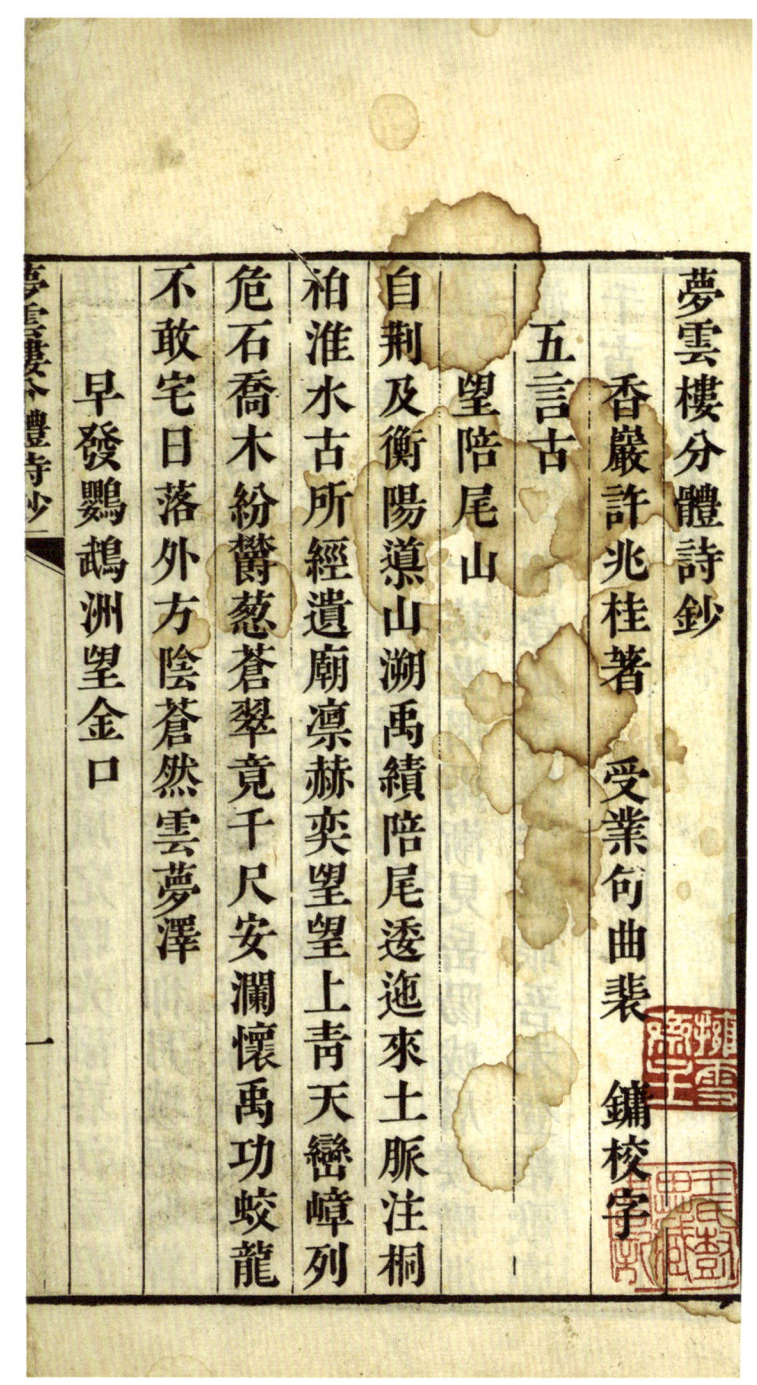

夢雲樓分體詩鈔

香巖許兆桂著　　受業句曲裴鏞校字

五言古

望陪尾山

自荊及衡陽濬山溯禹績陪尾透迤來土脈注桐柏淮水古所經遺廟凛赫奕望望上青天巒嶂列危石喬木紛鬱蒼蒼翠竟千尺安瀾懷禹功蛟龍不敢宅日落外方陰蒼然雲夢澤

早發鸚鵡洲望金口

416　夢雲樓分體詩鈔

清許兆桂著。清刻本。

許兆桂,字香巖,雲夢人,生卒不詳,爲乾隆、嘉慶間人。嘉慶十一年(1806),曾爲吳蘭徵《絳蘅秋傳奇》作序,明確指出《紅樓夢》爲曹雪芹所作,其云:"乾隆庚戌秋,余至都門,詹事羅碧泉告余曰'近有《紅樓夢》,其知之乎,雖野史,殊可觀也'。維時都人競稱之,以爲才。余視之,則所有景物皆南人目中、意中語,頗不類大都。既至金陵,乃知作者爲故尚衣(按指曹寅曾爲江寧織造)後。"《紅樓夢》所寫是南京還是北京事,歷來存爭議,許憑直覺判爲寫南京事,爲一證據,爲紅學多所引述,然許兆桂其人及其撰著《夢雲樓分體詩鈔》,却知之不詳,少人提及。《販書偶記》正續編亦未著録。此詩鈔或許含有與曹雪芹有關材料,待細考之。

此書何年何月何日獲於何地已失憶。書頗少見,存之有幸。

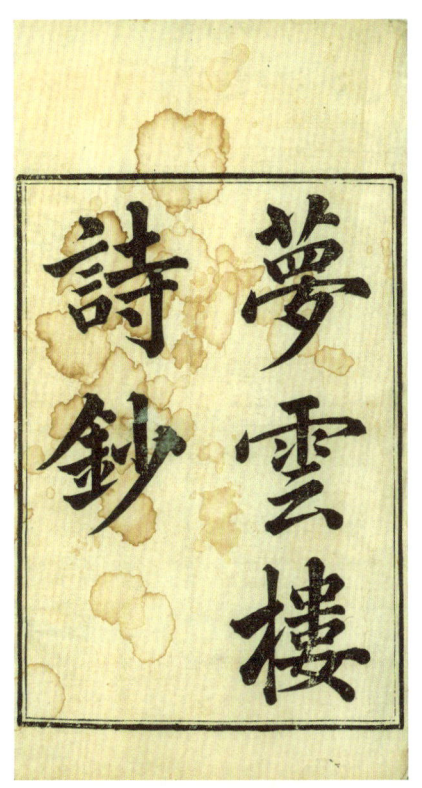

416　夢雲樓分體詩鈔(3-2)

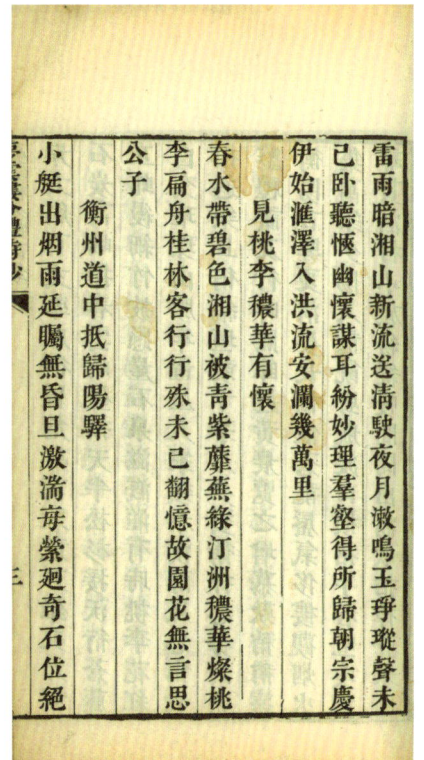

416　夢雲樓分體詩鈔(3-3)

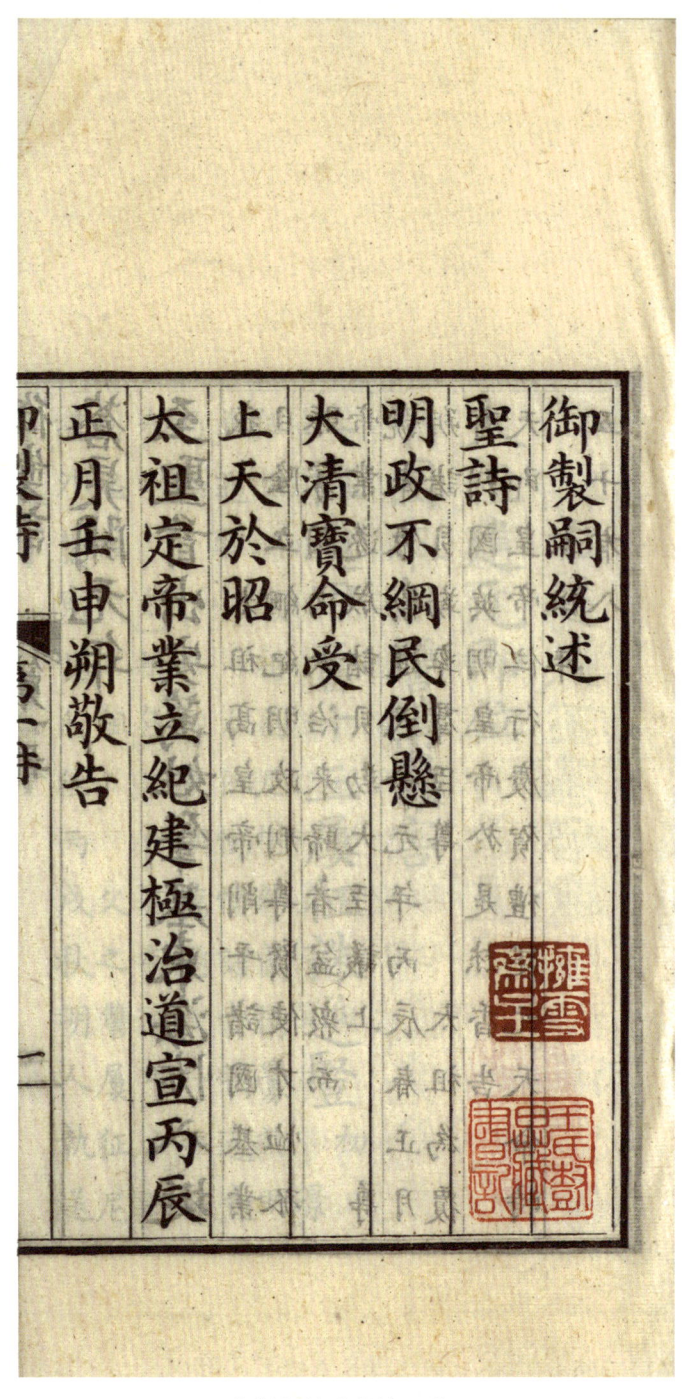

417　御製嗣統述聖詩二卷(2-1)

417　御製嗣統述聖詩二卷

　　清仁宗愛新覺羅·顒琰撰。清嘉慶間武英殿刊。殿本。二册。寫刻甚恭。
　　此書得之於河北，書品上乘，新若未觸手。此種書近年頻現拍場，頗受追捧。類似瓷器中之官窯器，精且稀，身價自不凡也。

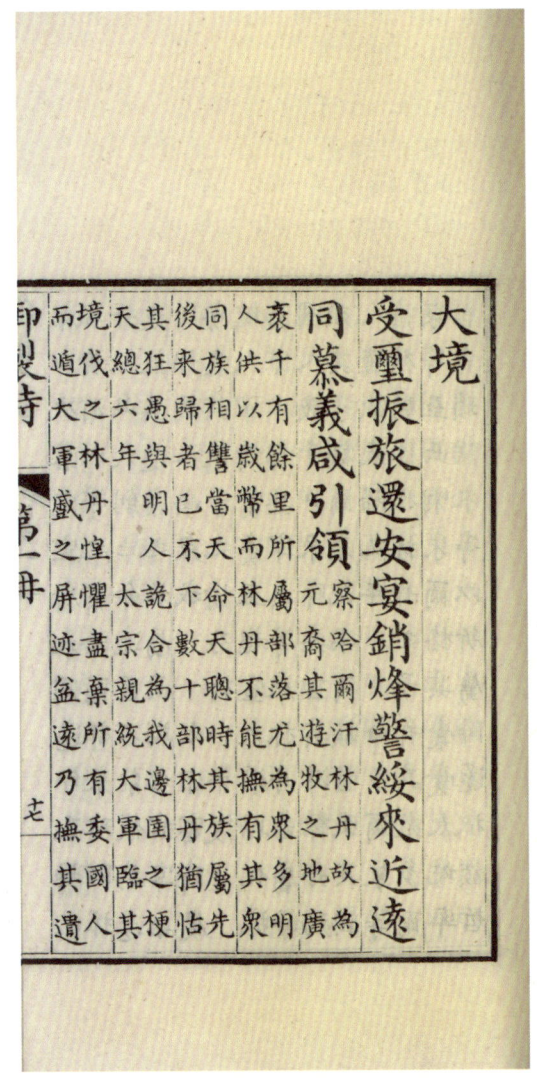

417　御製嗣統述聖詩二卷（2-2）

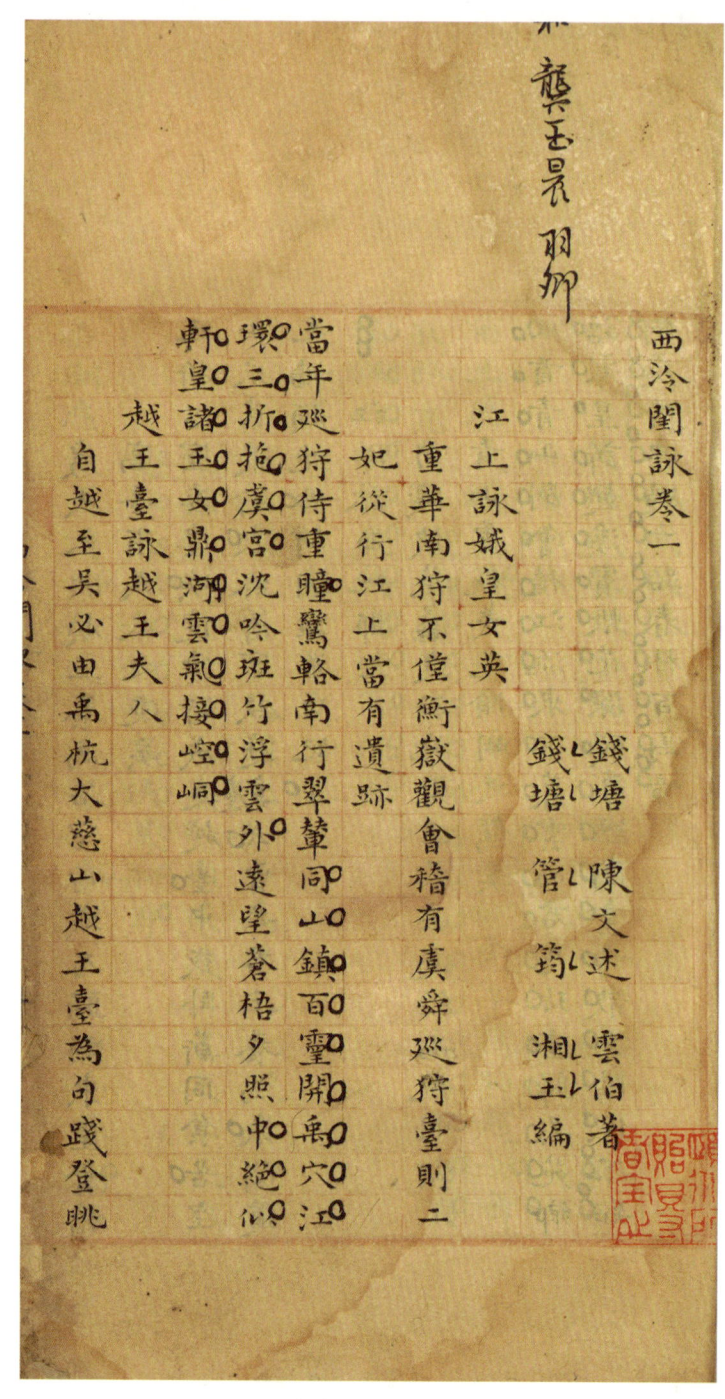

418 稿本西泠閨詠群雅集

418　稿本西泠閨詠群雅集

清陳文述著。清稿本。《西泠閨詠》存卷一至卷四,卷一爲錢塘管筠湘玉編;卷二爲管筠静初編;卷三爲吳門文静玉湘霞編;卷四爲長洲蔣蕊蘭玉嫣、琴河薛纖阿雲妮編。此書卷一天頭有墨筆書:"仁和龔玉晨羽卿",與刊本同。其他各卷編者亦有改動。其中龔玉晨爲陳文述夫人,管筠、文静玉爲陳文述二妾,皆能詩。此《西泠閨詠》稿本字迹秀媚,似出自管、文之手。陳氏與女性交接頗多,其門下,女弟子數十人,亦頗有能詩者。卷四編者蔣、薛二人,或恐亦其女弟子也。另,陳氏兩女陳華姝(字蕚仙)、陳麗姝(字茗仙)及其兒媳汪端,皆能詩。

陳文述,錢塘人,字退庵,號雲伯、碧城外史、頤道先生、蓮可居士、秦亭山樵等,室名多至十餘個。曾歷署江蘇常熟、上海奉賢縣,實任崇明、江都知縣,一八二一年辭官,歸隱杭州,寄寓漢口、江都後,定居蘇州。一八四〇年又充安徽繁昌知縣,死於任所。

其著述甚多,以詩爲主,幾達數萬首。詩工昆體,以穠麗見長。中年以後,悔其少作,別刊《頤道堂集》。《西泠閨詠》刊於一八二七年,十六卷,此鈔僅四卷。《群雅集》字體雄壯,與前編明顯不同,不知出於誰人之手。卷前標《江蘇詩徵》,並有陳氏小傳,似從《江蘇詩徵》鈔録者,然小傳有墨筆塗改。《詩徵》爲王豫所輯,共一八三卷,一八二一年刊成。

卷前有道光六年(1826)張雲璈序。序中提及陳文述另有"美人湖長"之號。序後有批云:"此等文字原本孝穆、細膩,藻采則更過之,與《秣陵集》序、《小鷗波館集》序、《西湖三女士墓記》並擅勝場,非謨觶蓀原所及也。"亦似陳氏手筆。卷内鈐"頤道所貽得者寶之""□玉僊印""黃曼仙印"等印。

此稿本原爲王叔磐先生舊藏。王先生原籍漢口,此稿本早年爲其先師周之楨所贈。周爲光緒進士,據稱得之於陳氏後人。

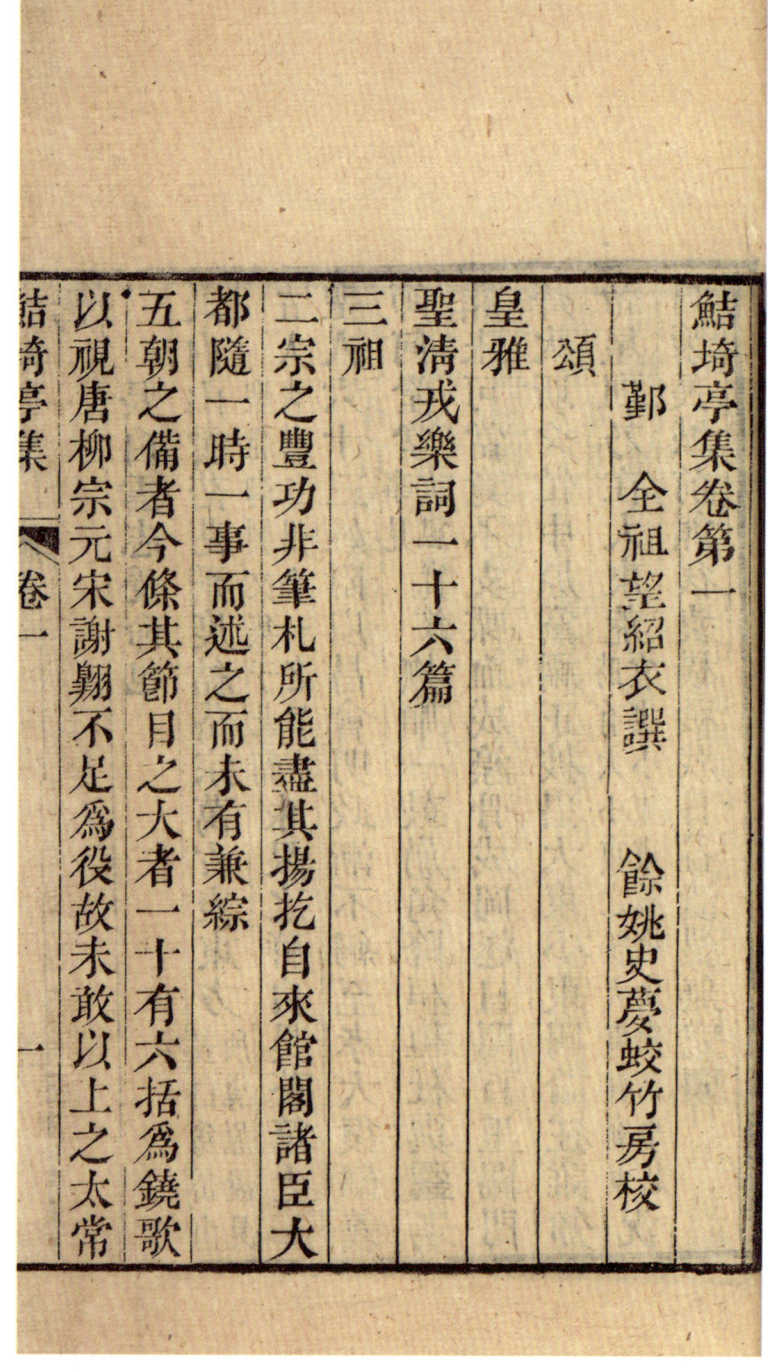

鮚埼亭集卷第一

　　　　鄞　全祖望紹衣譔　　餘姚史夢蛟竹房校

頌

皇雅

聖清戎樂詞一十六篇

三祖

二宗之豐功非筆札所能盡其揚扢自來館閣諸臣大都隨一時一事而述之而未有兼綜五朝之備者今條其節目之大者一十有六括為鐃歌以視唐柳宗元宋謝翱不足為役故未敢以上之太常

419　鮚埼亭集三十八卷附經史問答十卷

清全祖望撰,史夢蛟校。清嘉慶間刊本,姚江借樹山房藏板。竹紙十六册。

目錄後有嘉慶甲子(1804)史夢蛟識語,云此爲謝山先生手定本,先生臨歿以集五十卷寄揚州馬氏叢書樓,後歸董浦。先生集共一百二十卷,四十卷至四十九卷爲《經史問答》,已闕二卷。先生尚有《外集》五十卷,《詩集》十卷,亦不足百二十卷之數,疑傳鈔多所佚闕。其餘未見之卷,正在尋訪。此書印刷清晰,刻尚精整,部頭較大且完整無缺,亦不易也。

二十世紀九十年代中期,初至揚州,於古籍書店獲此書。時大雪紛飛,出店後頂雪游瘦西湖,堪爲一記。

419　鮚埼亭集三十八卷附經史問答十卷(2-2)

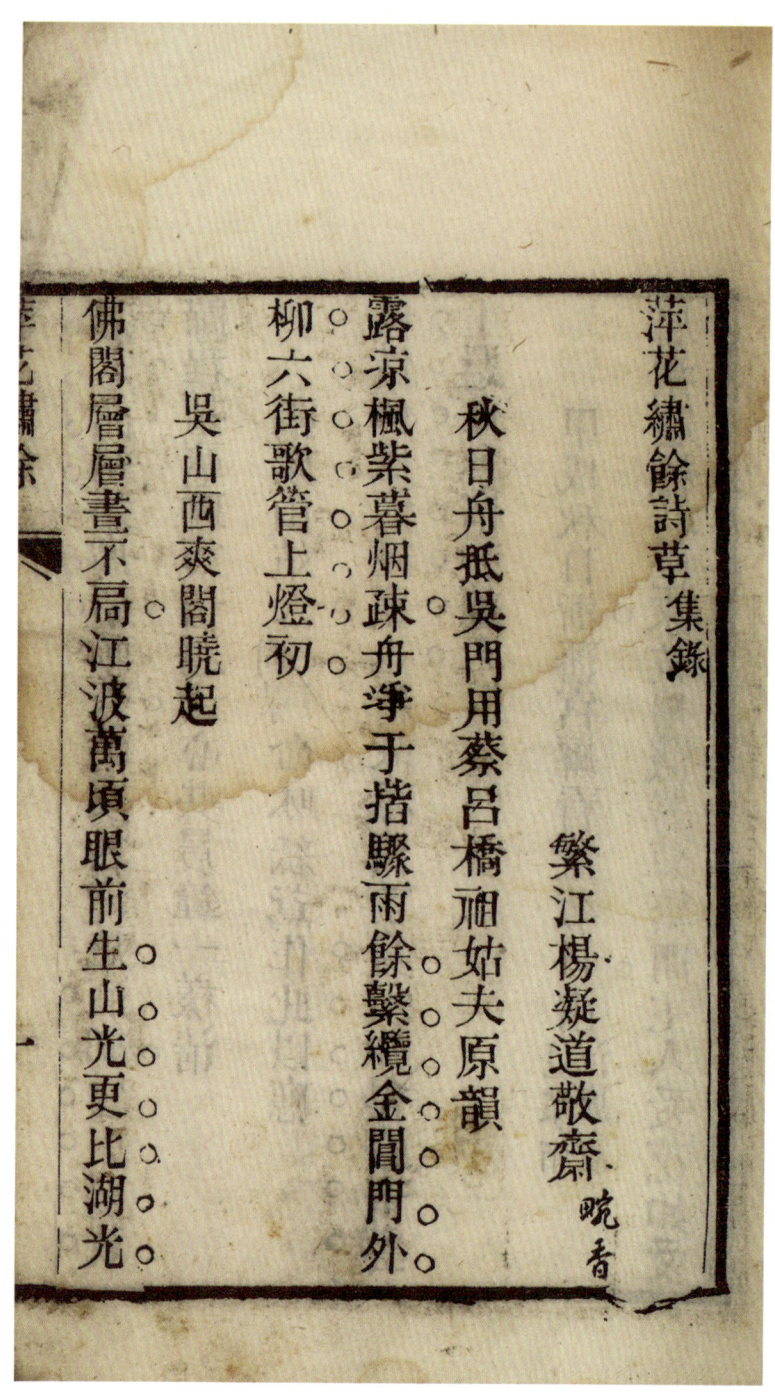

萍花繡餘詩草集錄

繁江楊凝道敬齋 曉香

秋日舟抵吳門用蔡呂橋祖姑夫原韻

露凉楓紫暮烟疎舟爭于揩驟雨餘繫纜金閶門外

柳六街歌管上燈初

吳山西爽閣曉起

佛閣層層晝不扃江波萬頃眼前生山光更比湖光

420　萍花繡餘詩草

清楊凝道、夏佩蘭合著。清道光十四年(1834)刻本。白紙一册。

卷前道光十四年車西序。

楊凝道,字敬齋,四川繁江人。車西序稱:"敬齋世居繁江,吾蜀望族也。"其妻夏佩蘭,字畹香,浙江武林人,此集中其詩爲"繡餘詩草","萍花"則指楊凝道詩。車西序云:"敬齋游騎浮萍,客汴未久……"取人生如浮萍之意,用爲詩集之名。故二人詩合稱《萍花繡餘詩草》。志同道合夫唱婦隨,想來婚姻美滿也。

《清人別集總目》著録此書作者爲楊凝,誤也。

此書後封面有中國書店標價簽,在原價四元的基礎上,改爲"十四"元,爲余當時購價。今則倘再售,恐怕又要再加一至兩個零吧。

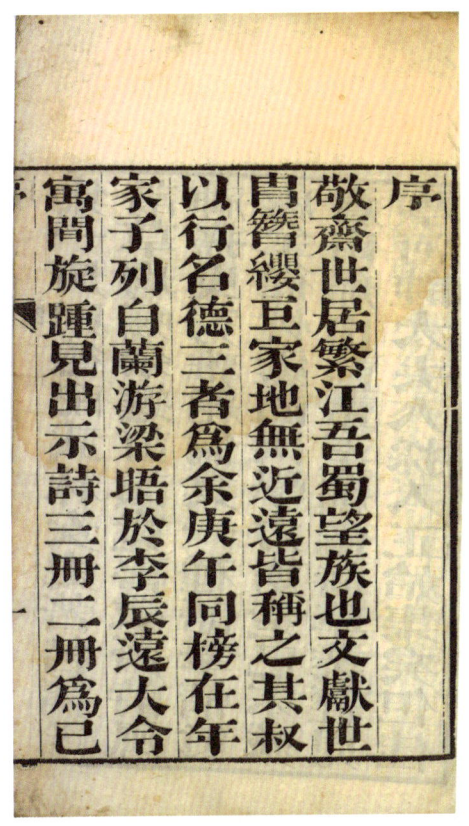

420　萍花繡餘詩草(2-2)

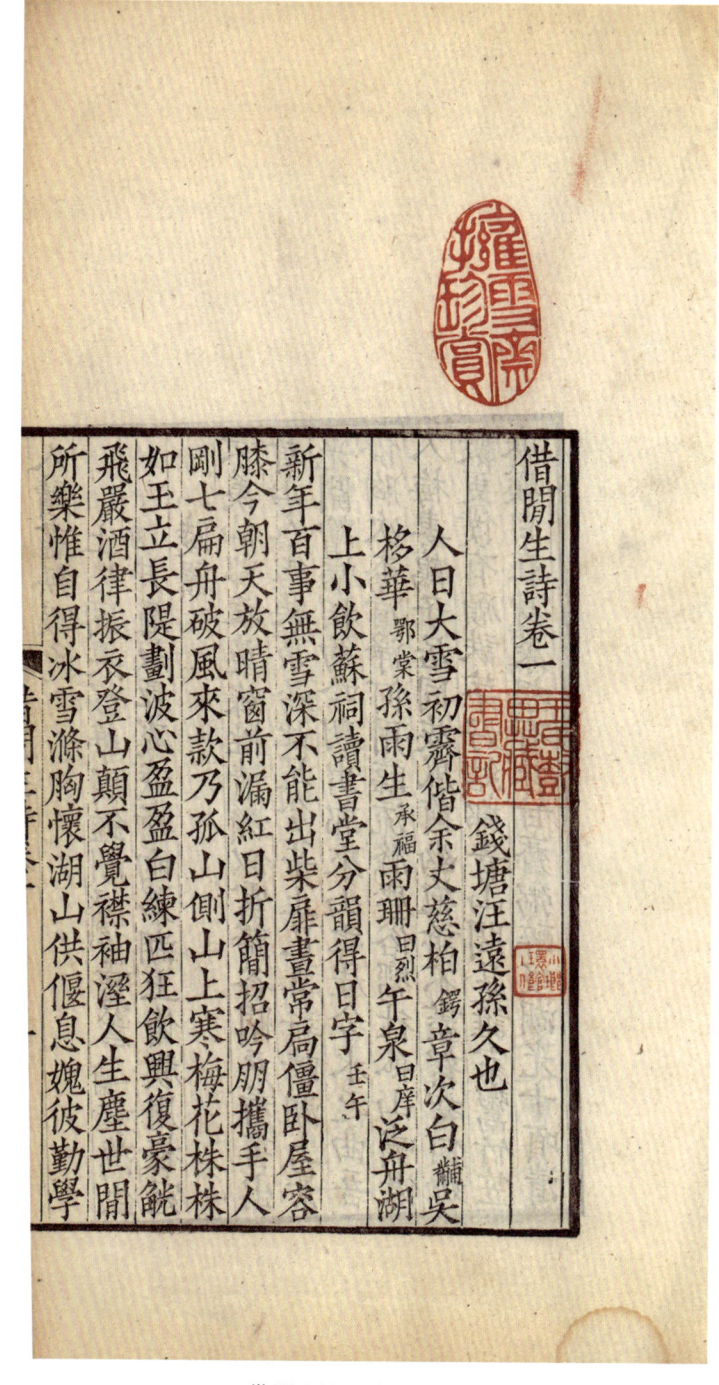

421　借閒生詩三卷詞一卷（3-1）

421　借閒生詩三卷詞一卷

清汪遠孫撰。清道光二十年(1840)錢塘汪氏振綺堂刻本。一册。

振綺堂刻本,余藏有數種,皆精緻。

王獻唐曾於民國二十三年(1934)八月,爲此書寫下跋語曰:"……板刻格式,仿吴門繆氏覆宋《李太白集》。筆畫渾勁,字體栗整,與繆刻正堪伯仲。近代精本也。"

卷内鈐"小瑯環館主人"藏印。清人陳喬樅室名"小瑯環館"。陳喬樅,字樸園,一字樹滋,號禮堂,福建侯官人。一八六七年卒。著有《禮堂經說》《韓詩遺說考》《詩經四家遺文考》等。其父爲陳壽祺。

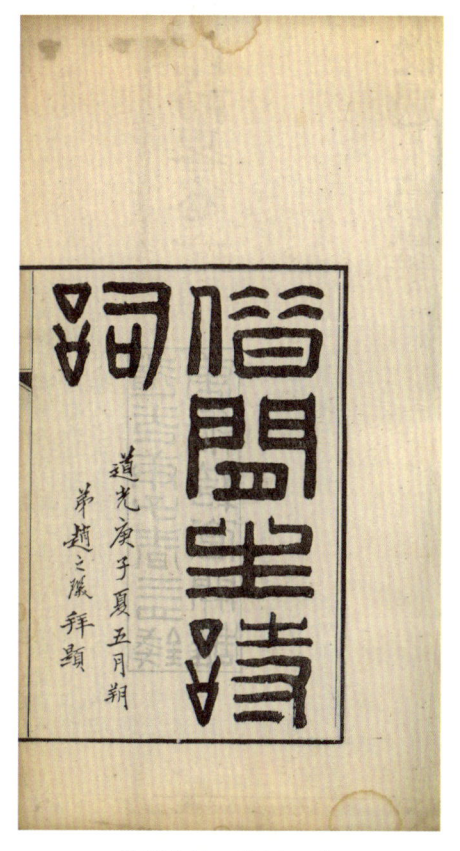

421　借閒生詩三卷詞一卷(3-2)

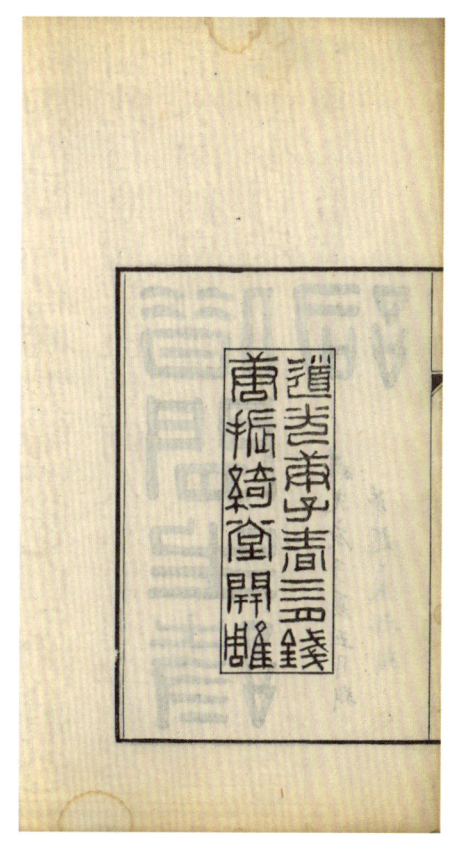

421　借閒生詩三卷詞一卷(3-3)

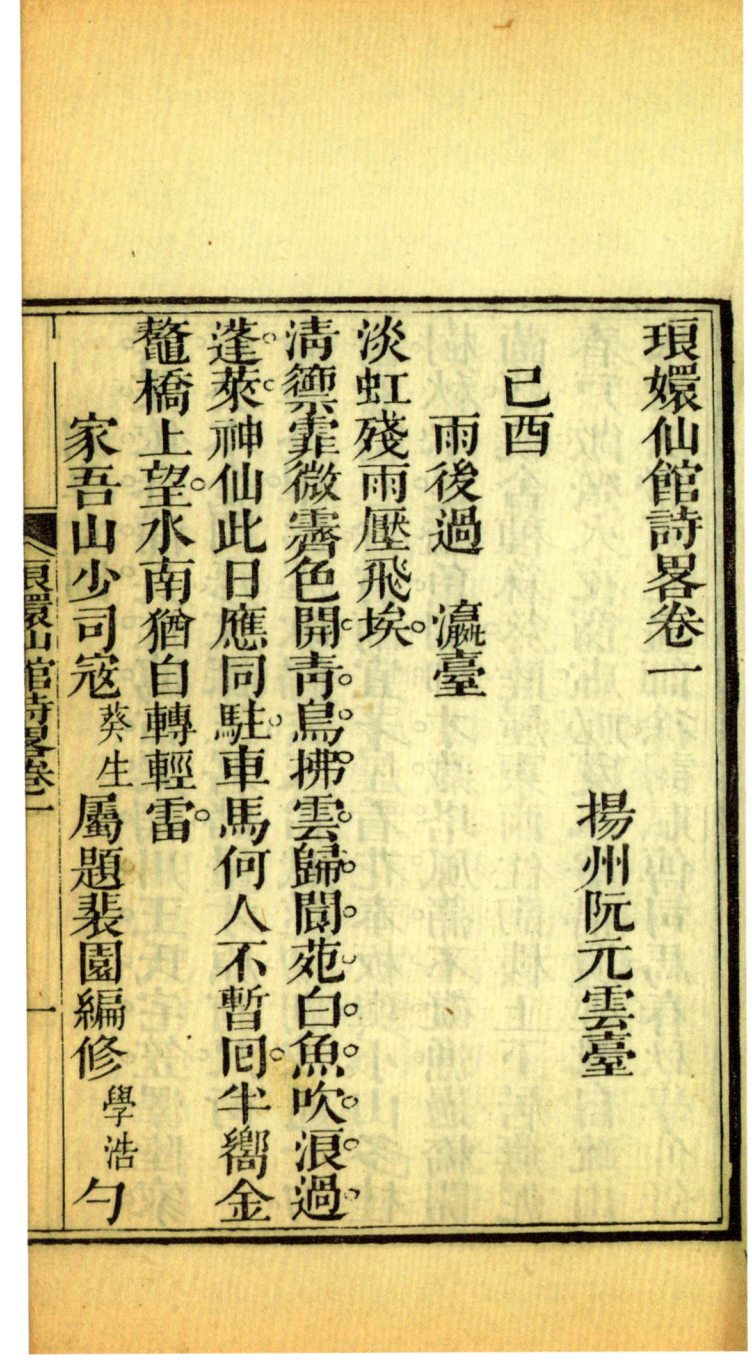

琅嬛仙館詩畧卷一

揚州阮元雲臺

己酉

雨後過瀛臺

淡虹殘雨壓飛埃
清蹕靠微霽色開青鳥拂雲歸閬苑白魚吹浪過
蓬萊神仙此日應同駐車馬何人不暫回半晌金
鼇橋上望永南猶自轉輕雷
家吾山少司寇葵生屬題裴園編修學浩勻

422　琅嬛仙館詩略八卷

清阮元撰。清嘉慶十三年(1808)阮亨揚州刻本。巾箱二册。收詩自乾隆己酉至嘉慶戊辰(1789—1808),爲二十年之詩作。目後有阮亨識曰:"嘉慶十三年春,吾兄自河南歸,示亨以《陳留懷古》諸詩,並付亨以刪存詩集稿本。亨乃編次爲八卷,效吳澹川南野堂式以小板刻於揚州,爲祠塾弟子巾箱副墨焉。吾兄幼工韻語,丁内艱後遂輟筆專治經學,洎入翰林始復爲詩,故錄詩自詞館始。從弟亨識於文選樓。"

卷内鈐"徐石卿印"。

此書《中國古籍善本書目》著録,藏淮安市圖書館、泰州圖書館,僅二部。余戊寅(1998)夏購於太原古籍書店。

阮元另有《揅經室集》,詩二十四卷,起於乾隆己酉,止於道光二十七年(1847),未知與此集有何異同。

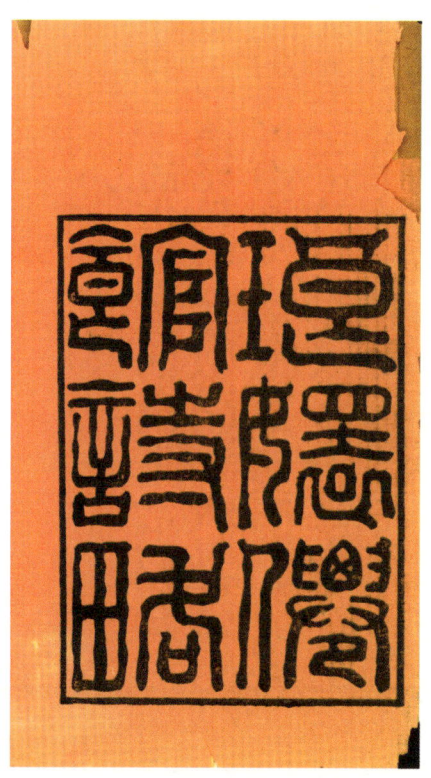

422　琅嬛仙館詩略八卷(2-2)

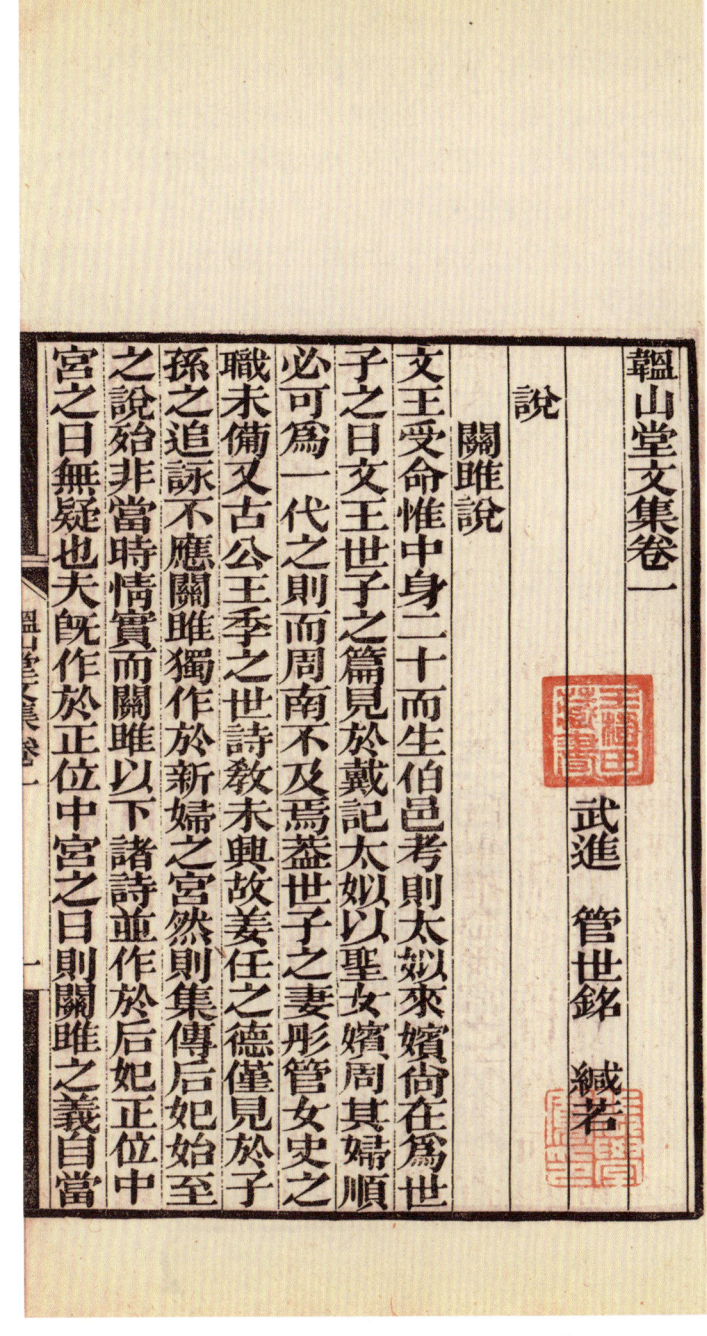

韞山堂文集卷一

武進　管世銘　緘若

說

關雎說

文王受命惟中身二十而生伯邑考則太姒來嬪尚在爲世子之日文王世子之篇見於戴記太姒以聖女嬪周其婦順必可爲一代之則而周南不及焉蓋世子之妻彤管女史之職未備又古公王季之世詩教未興故姜任之德僅見於子孫之追詠不應關雎獨作於新婦之宮然則集傳后妃始至之說殆非當時情實而關雎以下諸詩並作於后妃正位中宮之日無疑也夫旣作於正位中宮之日則關雎之義自當

423　韞山堂文集八卷

清管世銘撰。清光緒二十年(1894)重刻本,讀雪山房藏板。五册。鈐"張學寬印"。

光緒二十年吳炳序,嘉慶三年(1798)莊炘序,庚申(1800)二月錢維喬序。

管世銘,字緘若,又字興隆,號韞山,江蘇武進人。乾隆四十三年(1778)進士,官至廣西道監察御史。嘉慶三年卒,年六十一歲。

今日(二〇一六年四月二十五日)梅蘭芳之子梅葆玖在京病逝,梅派親傳後繼無人矣。梅蘭芳死於一九六一年八月八日,時余十歲,正在貝爾路小學操場玩耍,忽然聽到廣播中傳來他的死訊。先父生前頗喜京劇,平日也隨口哼上幾聲,對梅葆玖亦頗欣賞,今在上天可享梅音矣。梅葆玖生前蓄貓二十餘隻,此乃有情趣之善事,大得余懷,然今貓失庇護,又將如何?

423　韞山堂文集八卷(2-2)

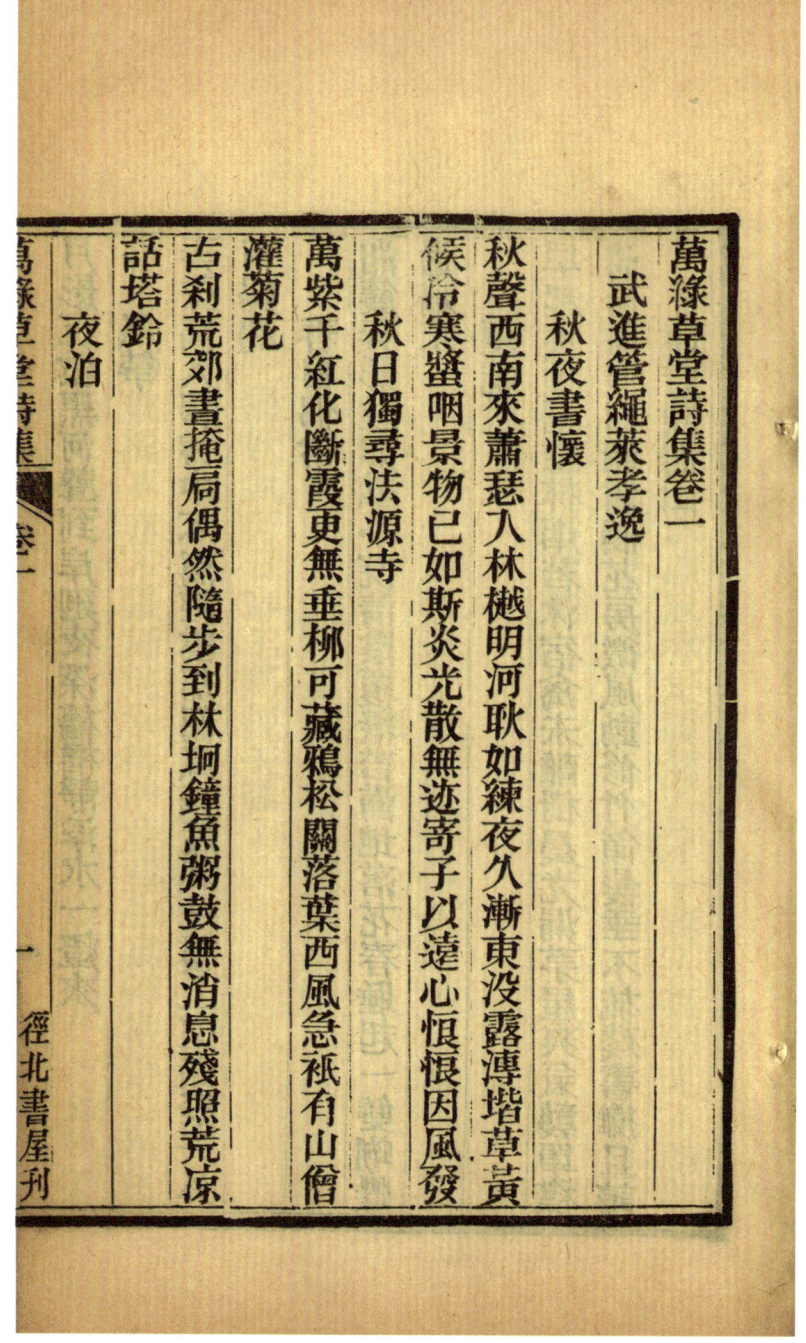

萬淥草堂詩集卷一

武進管繩萊孝逸

秋夜書懷

秋聲西南來蕭瑟入林樾明河耿如練夜久漸東沒露溥皆草黃候冷寒螿咽景物已如斯炎光散無迹寄子以遠心悢悢因風發

秋日獨尋法源寺

萬紫千紅化斷霞更無垂柳可藏鴉松關落葉西風急祇有山僧

灌菊花

古刹荒郊畫掩扃偶然隨步到林坰鐘魚粥鼓無消息殘照荒涼

話塔鈴

夜泊

424　萬緑草堂詩集

清管繩萊撰。清光緒十二年(1886)徑北書屋刻本。三册。

管繩萊,字孝逸,曾官安徽含山知縣,詞集曰《鳳孫樓詞》(一名《萬緑草堂詞》),存詞一百一十六首,道光十二年(1832)家刻本,有聶銑敏序。

卷前嘉慶十一年(1806)周儀暐序。

諸家題詞。孫星衍曰:"余於白下吳門共寢處者數旬,見其興到爲詩,頃刻數首,無一字不愜人意。"朱均曰:"清快伉爽之氣撲人眉宇,而字字典贍,所以可貴。"

管繩萊爲管世銘之子、管紹寧之孫,管紹寧《賜誠堂集》十六卷、管世銘之《韞山堂文集》余俱有之,祖孫三代著作齊聚於一處,實爲巧事。

424　萬緑草堂詩集(2-2)

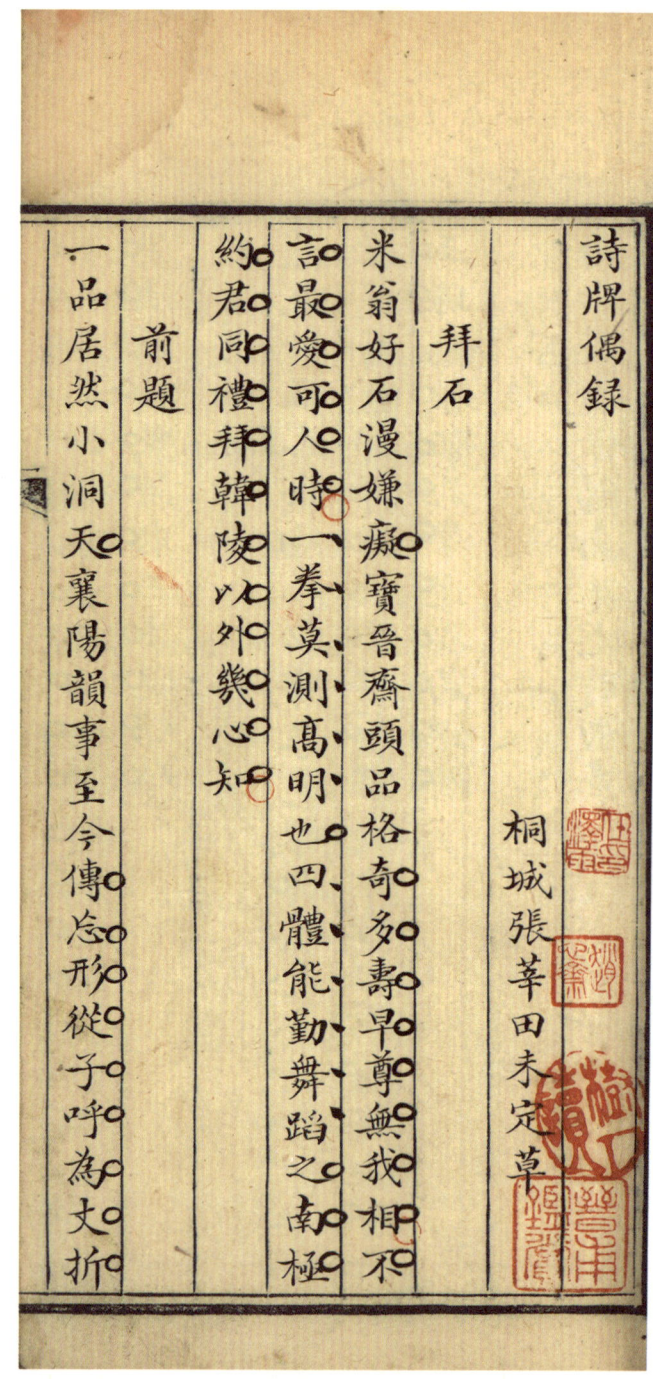

詩牌偶錄　　桐城張莘田未定草

拜石

米翁好石漫嫌癡　寶晉齋頭品格奇　多壽早尊無我相　不言最愛可人時　一拳莫測高明也　四體能勤舞蹈之　南極約君同禮拜　韓陵以外幾心知

前題

一品居然小洞天　襄陽韻事至今傳　忘形從子呼為丈　折

425 稿本詩牌偶錄

清桐城張莘田撰。稿本一册。毛裝，藍格，字體精整，無一塗抹。收詩百首，故又以《詩牌百首》名之。詩牌，類似打麻將，以先湊成詩者和牌。有關詩牌的書絕少，清末民初的《詩牌新譜》《詩牌新編》爲僅見，然已在此書稿之後。

張莘田，安徽桐城人。大約生活於嘉慶、道光之際。擅長詩鐘，光緒間宦游粤閩，集親朋爲詩鐘之會。卷前有序八篇，皆手書並署名、鈐印，時間爲咸豐元年至民國元年（1851—1912）。序者依次爲馬松（"世愚侄"）、長洲彭藴章、少香陳偕燦、劉樞初、慈谿宗□、夏埕、樹人徐宗幹、臨汝李聯琇。卷尾有上海蔡錫蕃一跋，皆署名鈐印。其中彭藴章、徐宗幹、陳偕燦、李聯琇均爲當時名人。

彭藴章序稱："詩中常用之字約有二千，莘田詩牌不及二百字。嘗以牌索余詠'馬頭娘'，余愧枯腸未有應也。今觀所集詩百首，洋洋灑灑，各盡其長，毫無拘攣支絀之態，所謂超乎象外者耶。"

卷端署名下有"未定草"三字，稿本無疑。此稿本爲撰者親囑馬松收集，遍請名家題辭留待付印者，因未見著錄，未知有印本傳世否。

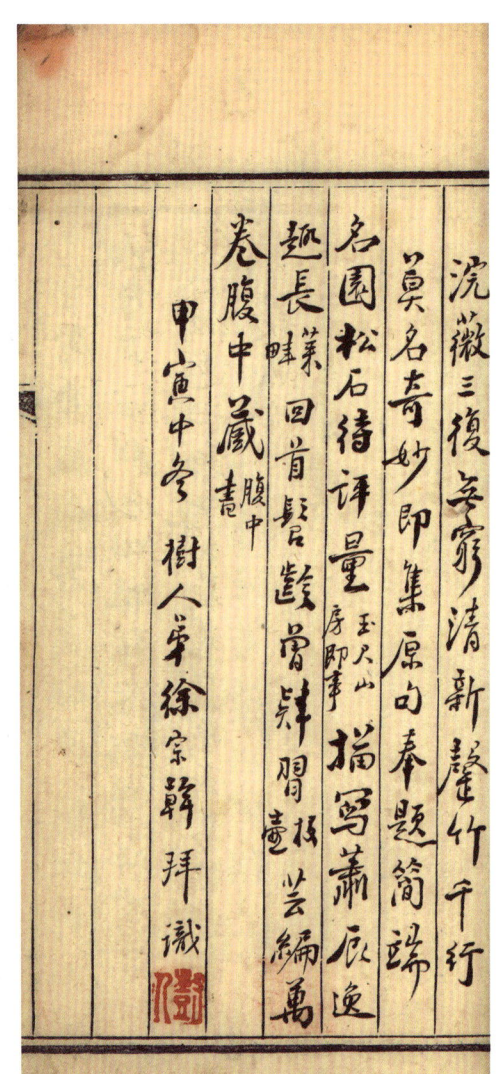

425　稿本詩牌偶錄（2-2）

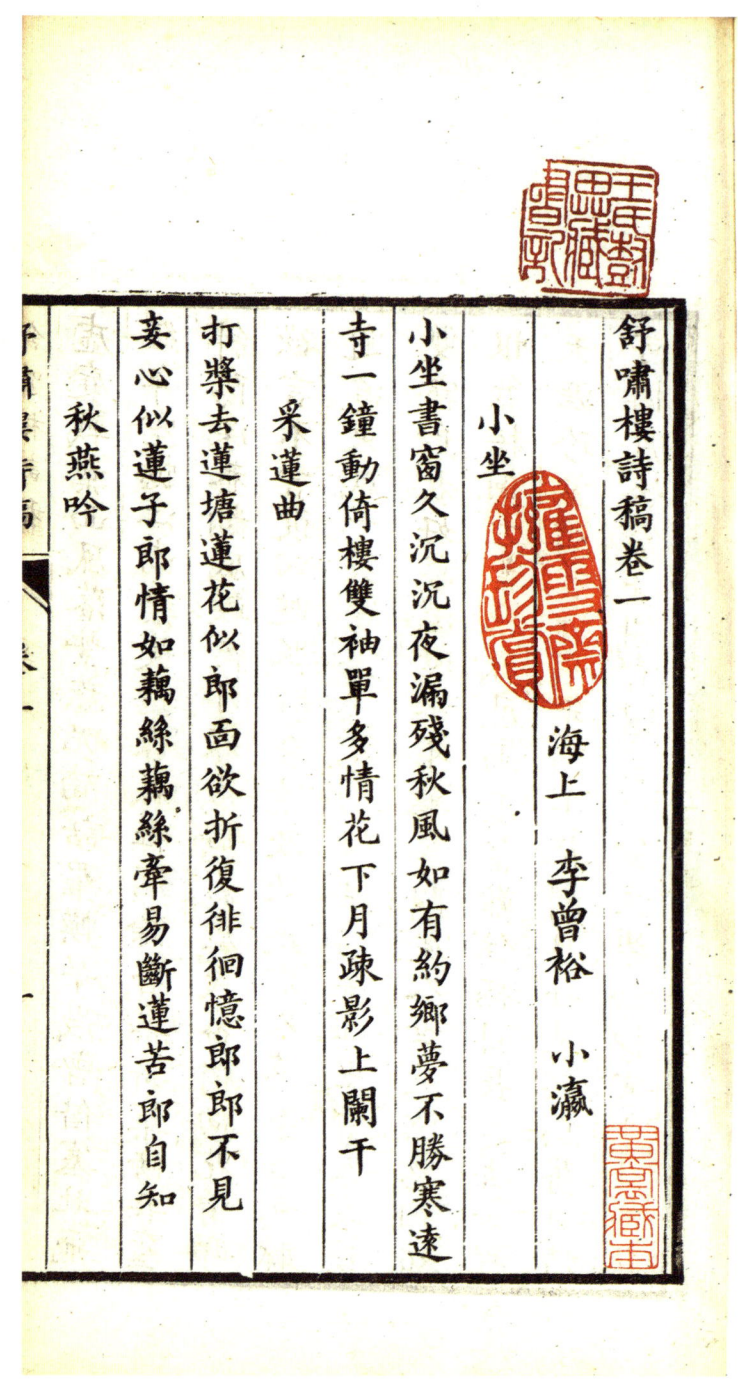

舒嘯樓詩稿卷一

海上 李曾裕 小瀛

小坐

小坐書窗久沉沉夜漏殘秋風如有約鄉夢不勝寒遠寺一鐘動倚樓雙袖單多情花下月疎影上闌干

采蓮曲

打槳去蓮塘蓮花似郎面欲折復徘徊憶郎郎不見妾心似蓮子郎情如藕絲藕絲牽易斷蓮苦郎自知

秋燕吟

426　舒嘯樓詩稿二卷

清李曾裕撰。清同治間刊。白紙二册。寫刻甚精。

詩句清麗質樸。如："偷得閒身付酒杯,浮雲世事莫相猜。典衣將盡春剛暖,乞米無從俸恰來。窗破不妨留月補,庭虛正好買花栽。而今心地清無澤,風定西湖水一隈。"(《偶成》)。另有《采蓮曲》《太平鼓》《織婦吟》等詩,貼近民情民俗,讀來親切有味。

是書得之於廊坊。卷內有"黄裳藏本"印記。黄裳以藏書及擅寫散文、書話名滿天下,爲余久慕之人。二十世紀九十年代初余在上海古籍書店選購綫裝書時,一老者亦從內櫃購獲《曝書亭集》一部,價八十元。余訝其貴,老者曰:"此初印本也。"隨後觀余所選之書,點頭稱善。後知此公即黄裳也。

此稿校對之時,忽聞黄老於二〇一二年九月五日病逝於上海,終年九十二歲。同年春季,余曾將拙著《聚書瑣記》寄奉先生,以求教正。先生於四月十六日賜我一信,孰料未及半載,竟成絶響。

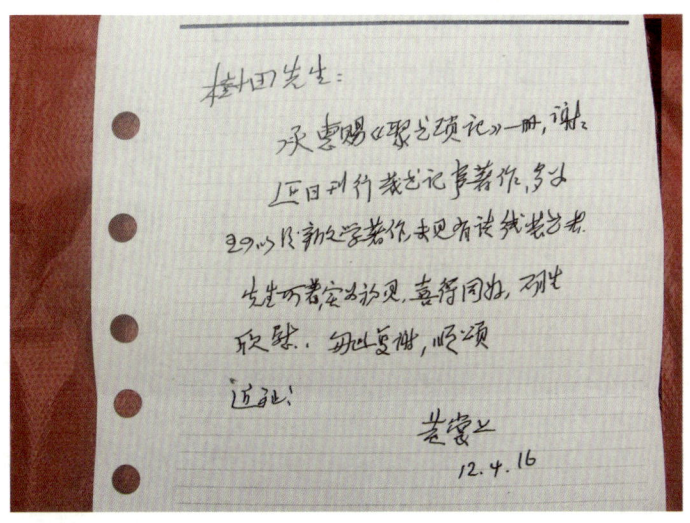

426　舒嘯樓詩稿二卷(2-2)

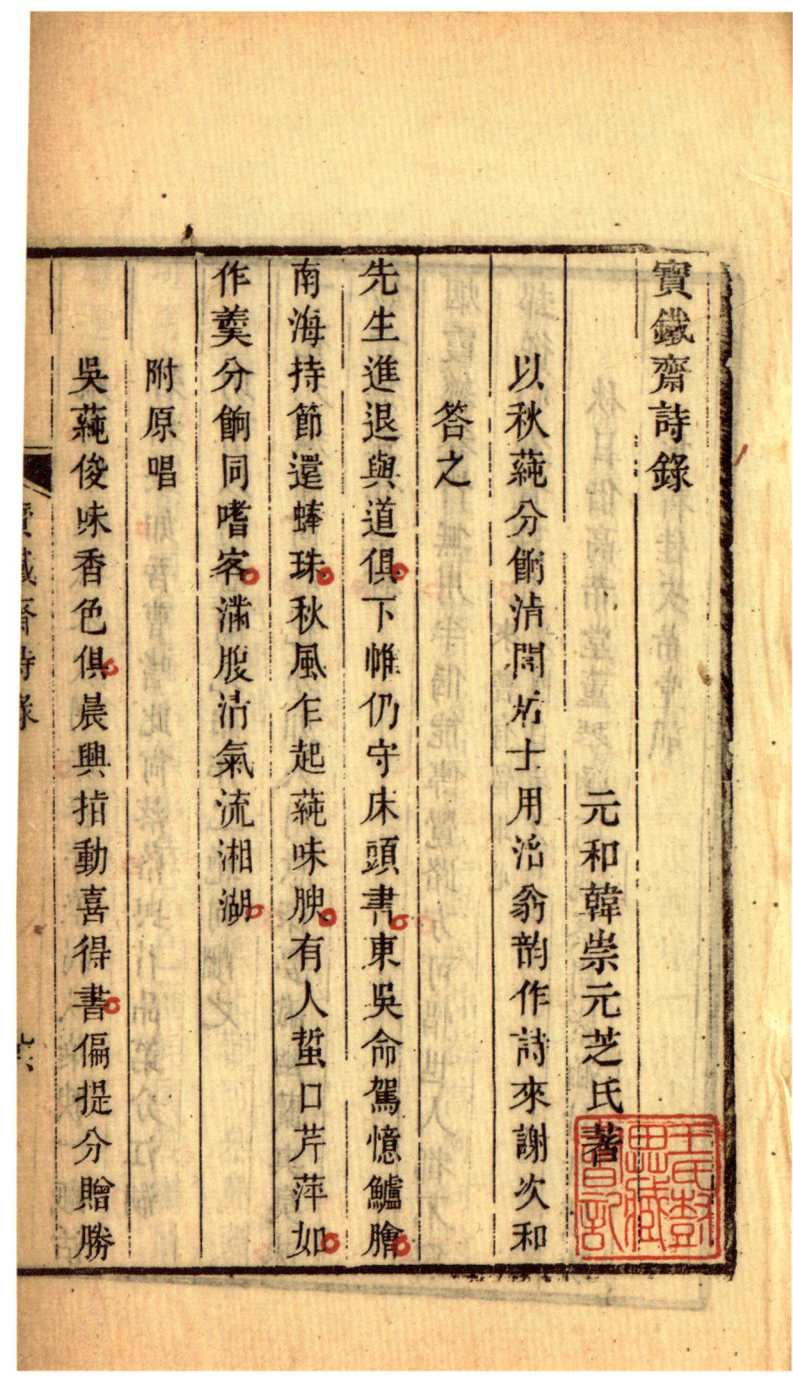

427 寶鐵齋詩錄一卷續錄一卷（2-1）

427　寶鐵齋詩錄一卷續錄一卷

清韓崇著。清道光己酉(1849)潯江郡舍刻,光緒七年(1881)補刊本。竹紙二冊。鈐"□研齋"印。

卷前顧元凱跋,道光庚子(1840)顧承序,次董國華序,卷末光緒七年汪鳴鑾跋,稱:"外祖韓履卿先生早歲以詩名,道光之季顧印婁太守爲鏤版行世,嗣有所作,隨時踵刊……庚申以後詩,孫舅氏奉持遺稿甚力……今出以示鳴鑾,屬爲編次,都共詩六十二首,亟付剞劂,坿諸前錄之後。舊版有漫漶殘闕者,修補完整,一併印行。"

韓崇,字元芝、符芝,一字履卿,別稱南陽學子,室名寶鐵齋,元和(今蘇州)人,官山東洛口批驗所大使。嗜金石,耽吟詠,工書。著有《江左石刻文編》《寶鐵齋金石文跋尾》等。一八六〇年卒。

黃裳《前塵夢影新錄》載此書,云:"崇與林少穆交善,集中有送林離廣州詩云,則徐乘小舟出海口,獨傍夷舶而行,讀之氣壯神王。"

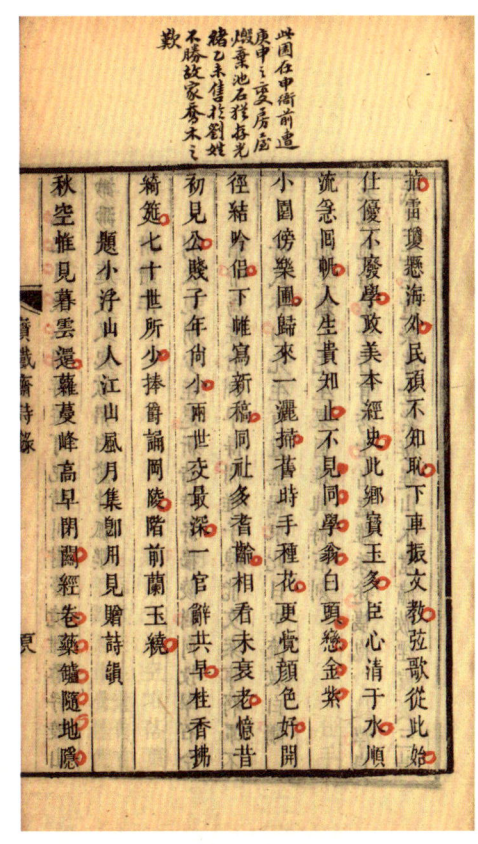

427　寶鐵齋詩錄一卷續錄一卷(2-2)

卷内《壽董琴涵觀察七十》一首,天頭批曰:"此園在申衙前,遭庚申之變,房屋燬棄,池石猶存。光緒乙未售於劉姓,不勝故家喬木之歎。"書中另夾一詩箋,注中屢稱先生,自稱"子幹",未知何人。

該書得之於蘇州皮市街一王姓書友。數年間,余從其處獲書頗多,後廢江南之行,遂失聯繫。今如健在,八十餘歲矣。

程侍郎遺集初編卷一

歙程恩澤春海著

杻賦并序

澂懷園含筍齋後土阜有嘉樹三居者過者皆罔識其名予初亦曹焉繼綜其華實枝葉審諦之定為北山之杻按杻兩見詩一見周禮一見爾雅屢見山海經詩毛傳云杻檍也卽用爾雅文疏云葉佀杏而尖白色皮正赤恐是子正赤之訛按木皮少正赤者為木多曲少直枝葉茂好二月中葉疏華如楝而細蕊正白正名曰萬歲或謂之牛筋或謂之檍材可爲弓弩幹也郭注雅云佀棣細葉材中車

428　程侍郎遺集初編十卷

清程恩澤著。清道光二十六年(1846)刻本。竹紙四册。書口下鐫"蹬喜齋"。鈐"徐魯頤"印。

卷前道光二十五年(1845)三月張穆序，曰："今年春，尚書謀刻其遺集，曰以此爲初編，續有裒錄，補梓易耳。穆既恐殘斷之稿並歸藹落，又懲夫嫁名僞譔者之厚誣公也，乃偕公門人何編修紹基排比爲賦一卷、詩四卷，又凡稿草之失題者及詩餘、試帖共爲一卷，碑志、哀誄、駢儷、雜著之文五卷，總題曰《程侍郎遺集》。"後何紹基序，道光二十六年梅曾亮序。

程恩澤，字雲芬，號春海，又號梅春，安徽歙縣人。嘉慶十六年(1811)進士，官至户部侍郎。

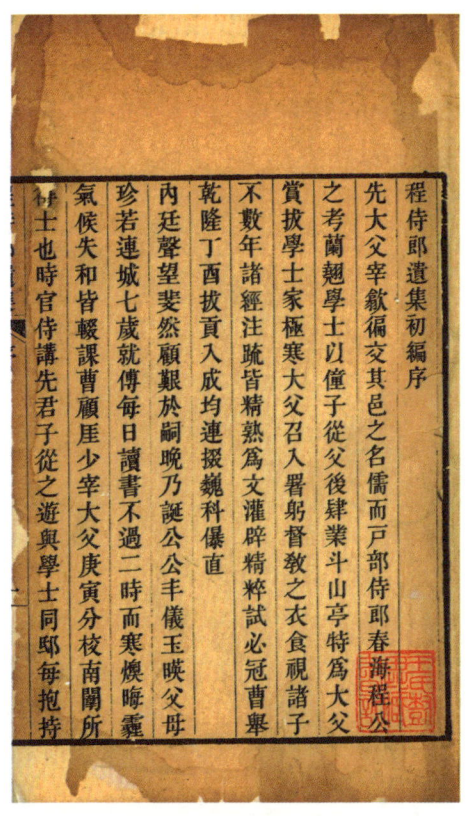

428　程侍郎遺集初編十卷(2-2)

都是春齋文集卷一 擬詔書 奏疏
　　　　　　　　　論　考 書後
朝邑張佑乾伯氏 字莘洋子著
擬漢高帝求賢詔 嘉慶七年保和殿朝考
自古帝王有天下者多矣欲保世長久必得賢人以自輔
舜詢四岳咨十有二牧命九官時亮天工武王惟茲四八
不單稱德方策所載於今為烈也朕以眇躬託億兆黎民
上既馬上得之矣可以馬上治之乎賴天地社稷神靈天
下一家顧子子孫孫世世奉宗廟亡絕也惟治亂在庶官
非有德者在位能者在職何以佐朕勵元元蒸庶廣教

429 都是春齋文集八卷

清張佑著。清道光間吾學園刻本。白紙四册。版心下鐫"吾學園"。

卷前都是春齋主人春洋子自識。

張佑,生於一七六三年,字乾伯,號春洋子,陝西朝邑人。嘉慶七年(1802)進士。

此書早年以陶湘影印《菜根譚》與山西賈月忠交換而來。小賈爲太原一教師,酷愛古籍,但迫於生計,多數已流通。余十餘年間購其書凡十餘部。二〇〇二年春,其帶太原一王姓老者來訪,時余購房欠資,不得已斥去舊藏明汲古閣本《十三經注疏》一套、明版佛經數册等書,僅得兩萬餘元。還另外贈送小賈《施注蘇詩》《白香山詩集》等古籍兩部。後房價雖上漲不少,但古籍漲勢更强,以現今價論,殊不值也。然人生以安居爲第一要義,如此想來,稍得安慰。

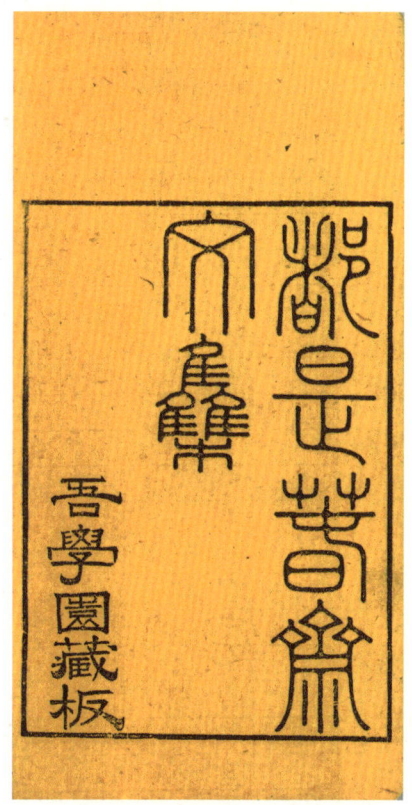

429 都是春齋文集八卷(2-2)

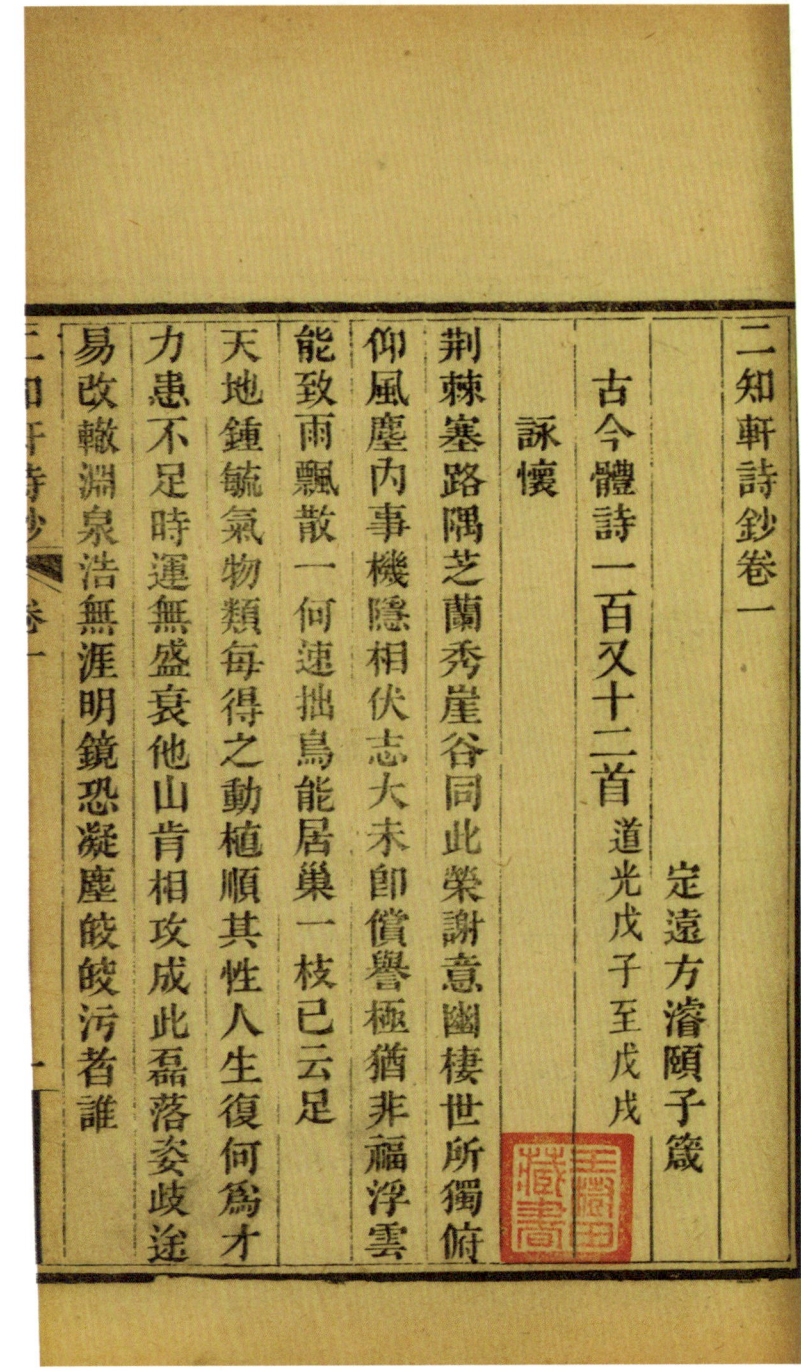

二知軒詩鈔卷一

定遠方濬頤子箴

古今體詩一百又十二首 道光戊子至戊戌

詠懷

荊棘塞路隅芝蘭秀崖谷同此榮謝意幽棲世所獨俯
仰風塵內事機隱相伏志大未卽償譽極猶非福浮雲
能致雨飄散一何速拙鳥能居巢一枝已云足
天地鍾毓氣物類每得之動植順其性人生復何為才
力患不足時運無盛衰他山肯相攻成此磊落姿歧途
易改轍淵泉浩無涯明鏡恐凝塵皎皎污者誰

430　二知軒詩鈔十四卷

　　清方濬頤撰。清同治五年(1866)廣州刻本。

　　同治四年(1865)陳澧序,同治五年李光廷序,同治五年張清華等序。

　　方濬頤,字子箴,號夢園,安徽定遠人。道光二十四年(1844)進士,歷官兩廣、兩淮鹽運使、四川按察使。創辦淮南書局,設梅花、安定兩書院。收藏書畫甚富。著有《夢園書畫錄》。一八八九年卒。

　　此書版本較多,最早爲此同治五年廣州刻十四卷本,後又有同治五年十四卷續鈔一卷本、同年詩鈔十四卷續鈔四卷本、同治六年(1867)續刻八卷本、同治八年(1869)詩鈔十四卷續鈔八卷本等,續鈔直至二十二卷。

　　二十世紀九十年代之初,余從上海古籍書店購書一大批,雖版本無特佳者,然清、民國詩文集頗多,合余口味,且定價每册僅三五元。數年後余從廊坊陳東處購不少詩文集,每册二三十元,雖較前漲了不少,也還較廉。

430　二知軒詩鈔十四卷(2-2)

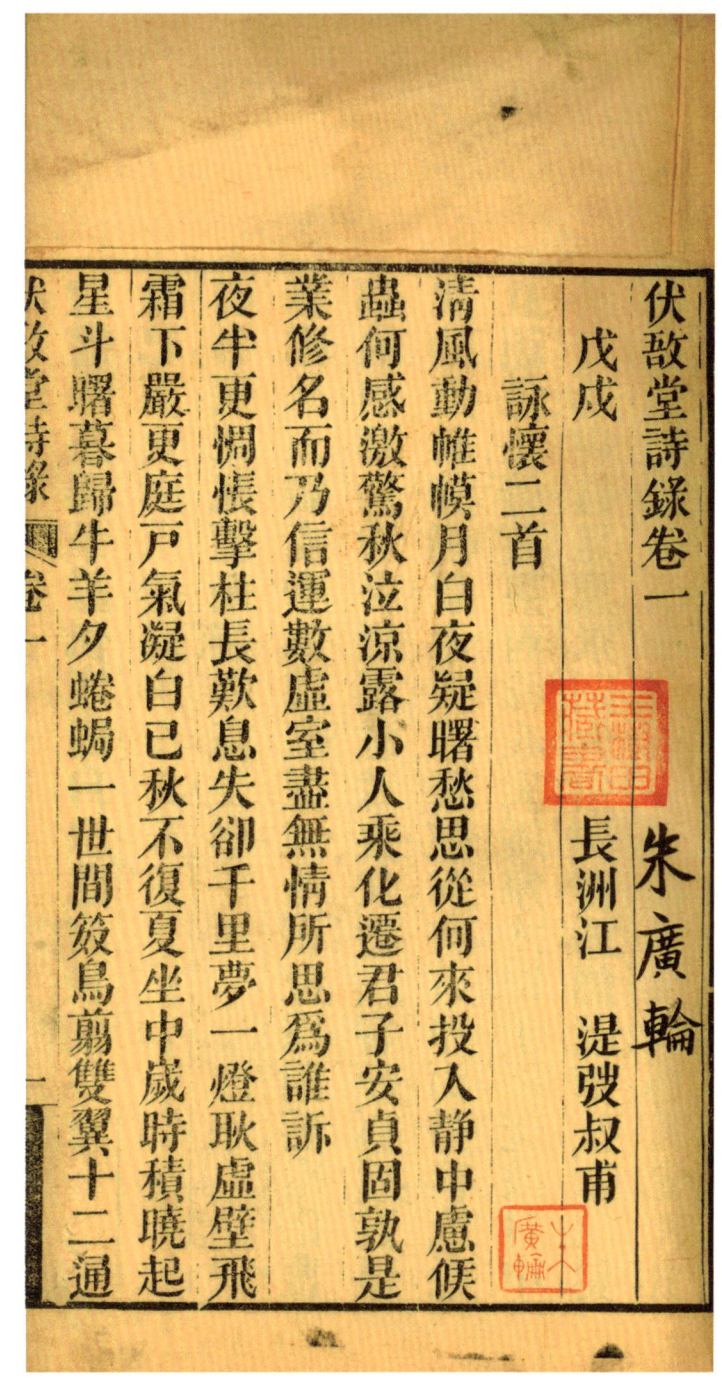

431 伏敬堂詩錄十五卷續錄一卷（2-1）

431　伏敔堂詩録十五卷續録一卷

清江湜撰。清同治二年(1863)刻本。竹紙四册。鈐"朱廣倫"印、"朱詞容印"印,卷内墨筆鈔江湜詩數首。墨筆書:"三十七年六月二十二日,三十九年六月廣倫再讀。"

江湜,字持正,又字弢叔,長洲人。屢試不第,出爲幕友。同治五年(1866)卒。其詩功力深厚,力脱常徑,爲時人推重。陳衍《石遺室詩話》稱其爲"咸同間一詩雄""尋常命筆,每首必有一二語可味者"。

《續録》應四卷,此本祇分一卷,蓋爲初印之本,未及後三卷也。同治二年江湜"續録自序"云:"遂刊爲續録者一卷,繼此有作,當以次編至今年而止也。"

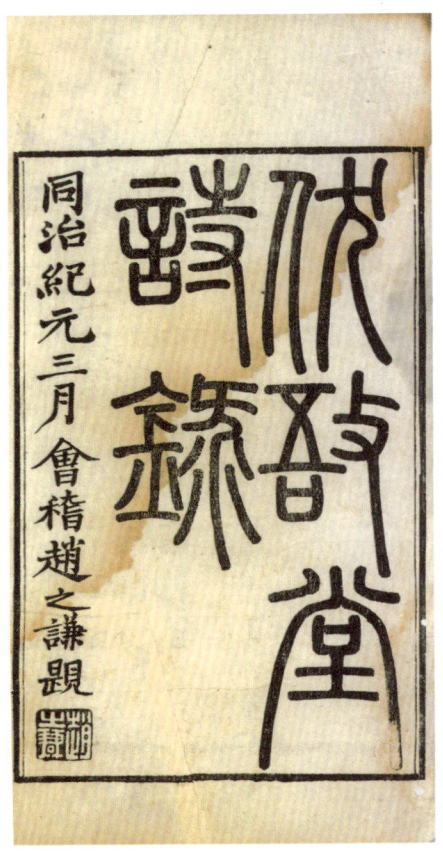

431　伏敔堂詩録十五卷續録一卷(2-2)

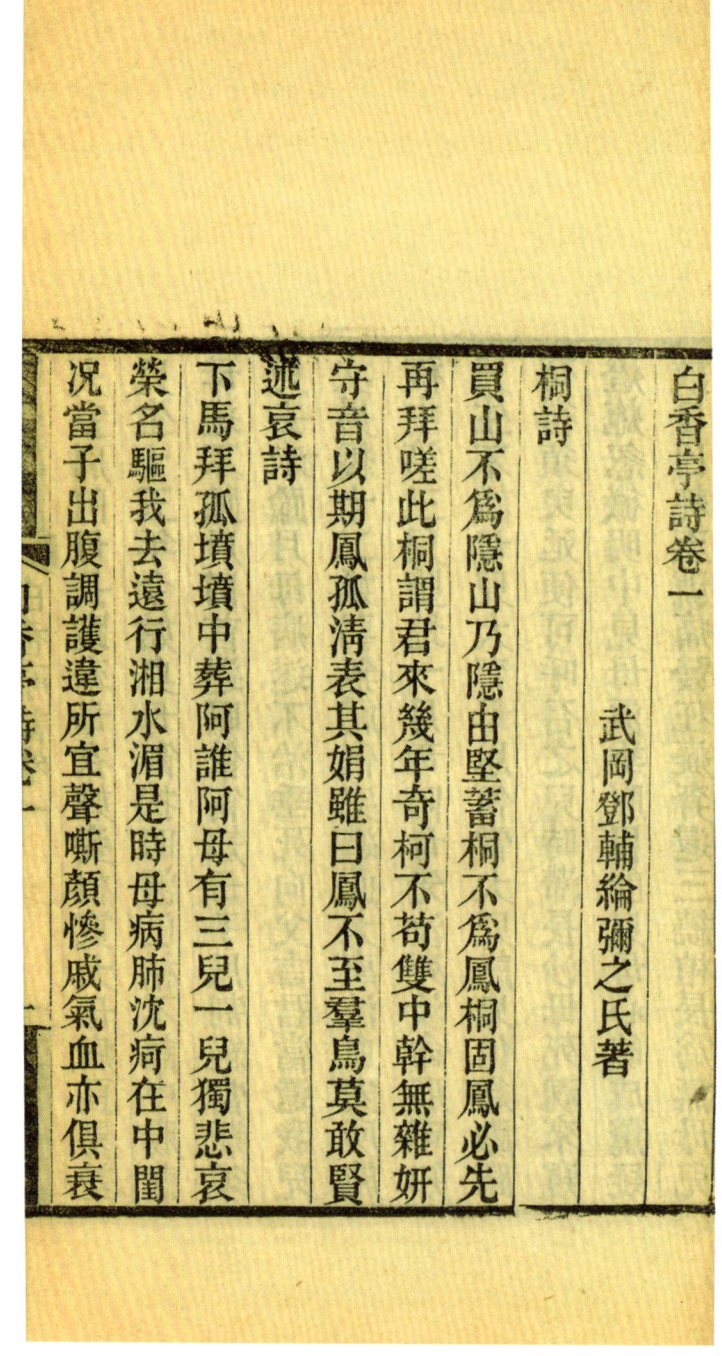

白香亭詩卷一

武岡鄧輔綸彌之氏著

桐詩

買山不爲隱山乃隱由堅蓄桐不爲鳳桐固鳳必先
再拜嗟此桐謂君來幾年奇柯不苟雙中幹無雜姸
守音以期鳳孤清表其娟雖曰鳳不至鷙鳥莫敢賢

逖哀詩

下馬拜孤墳墳中葬阿誰阿母有三兒一兒獨悲哀
榮名驅我去遠行湘水湄是時母病肺沈痾在中閨
況當子出腹調護違所宜聲嘶顏慘戚氣血亦俱衰

432　白香亭詩三卷

清鄧輔綸著。清光緒十九年(1893)東河督署刻本。竹紙二册。

卷前許振禕序、題詞,高心夔序。

鄧輔綸,字彌之,湖南武岡人,道光二十九年(1849)拔貢,官内閣中書舍人。一八九三年卒。

此書有咸豐七年(1857)、光緒三年(1877)、民國七年(1918)一卷本;《白香亭和陶詩》一卷,光緒十四年(1888)景雲書屋刻本;光緒二十二年(1896)廣雅書局重刻本;民國四年(1915)武岡鄧氏印本;民國九年(1920)都梁補刻三卷本。

十餘年前,余購之於南京李君,李君藏書亦售書,間有佳册。《晋略》道光原刻本爲其中白眉。

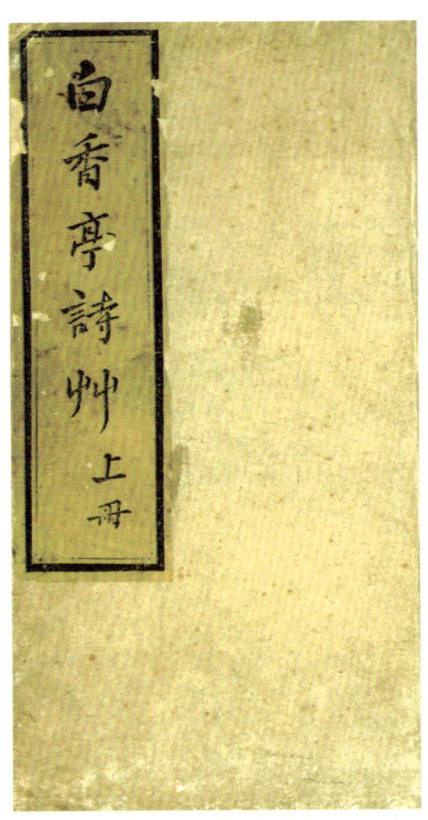

432　白香亭詩三卷(3-2)

432　白香亭詩三卷(3-3)

詒晉齋集卷一 乾隆癸未癸巳 成親王著

春雨

閒庭春靜百花香　細雨濛濛幽與長
不捲珠簾對寒燭　明朝淥水滿橫塘

詠史詩

交柯蔭永日　高閣延清風
我思古之人　羣書浩何窮
抗懷百代上　流眄千載中
汙隆誚巳往　休懼諒不同
達士有心鑑　小儒如夏蟲

二守雖世卿　得君專如羝
三家卒竊鈎　悔不納公子
莫去椓荒田　遂生杞利器
一示人河魚脫淵水
鶉首賜泰岢天亦何窮
醉咸陽鑄鋒鏑金人光十二
豈知天下兵莫如鉏耰利
鬼瞰鎮高甍人恫疑危器
丹書有至

433　詒晉齋集八卷後集一卷隨筆一卷

清愛新覺羅·永瑆著。清道光二十八年(1848)刻本。四册。半葉十二行二十二字,黑口,單黑魚尾,四周雙邊。每卷末鎸"二世孫成郡王載鋭家藏板"。正文題下鎸"成親王著"。卷前道光二十八年載銓序,禮部尚書麟魁序。

永瑆,號少庵,一號鏡泉,清高宗第十一子,封成親王。家藏晉陸機《平復帖》,因以名齋。

此書《中國古籍善本書目》著録,僅二家有藏。不知是否因道光本而被某些收藏單位忽視未上報,以致著録稀少呢?

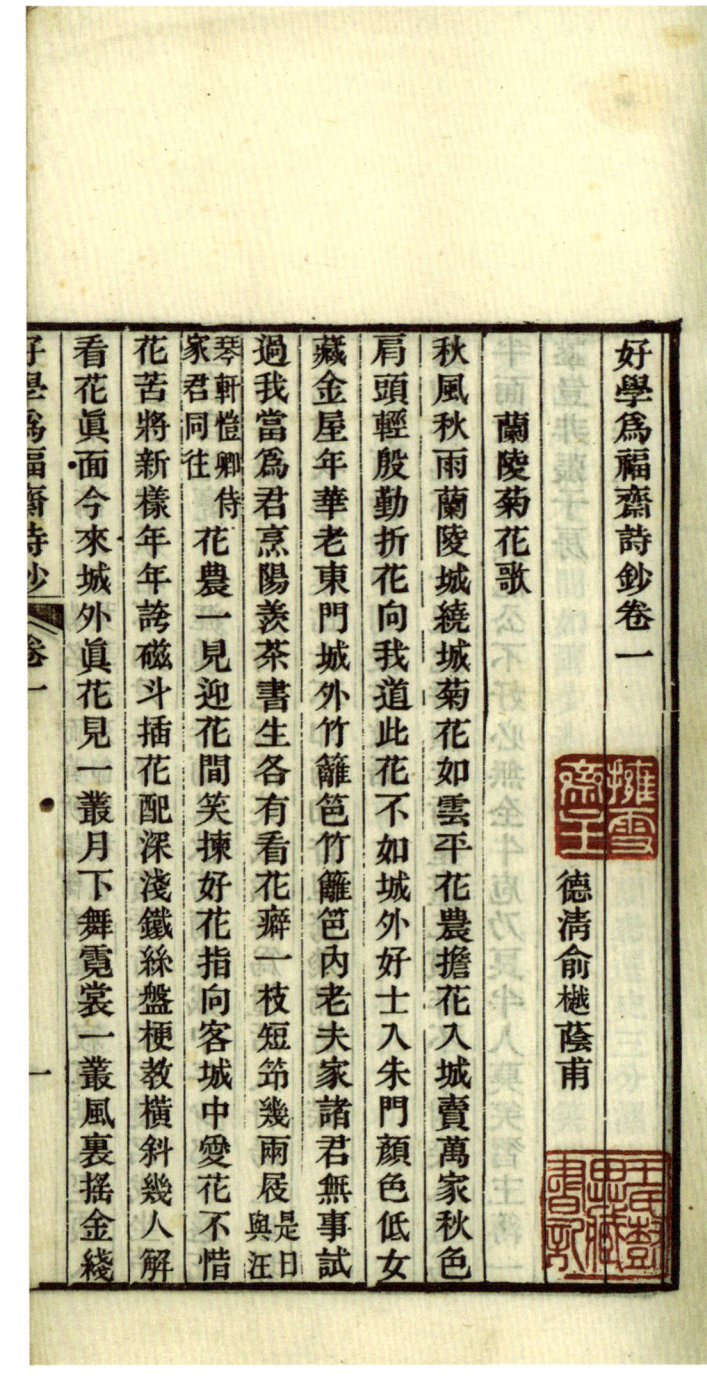

434 好學爲福齋詩鈔六卷

434　好學爲福齋詩鈔六卷

　　清俞樾撰。清道光二十九年(1849)刊,萱蔭山房藏板。白紙,大開本。二册。

　　俞樾,生於一八二一年,字蔭甫,號曲園居士,浙江德清人。道光三十年(1850)進士,授翰林院編修。在河南學政任上,被御史彈劾而罷官。歸田後,在蘇州"春在堂"杜門撰述,教授弟子,主講於蘇州紫陽書院、上海求志書院。光緒三十二年(1906)辭世,享年八十六歲。

　　俞樾一生著述甚豐,曾國藩有"李少荃拼命做官,俞蔭甫拼命著書"之説,其詩文輯有《春在堂全書》五百卷。此一詩鈔爲俞氏早期詩作,二十九歲時刊刻成書。與咸豐八年(1858)刊刻於吴門的《日損益齋詩鈔》八卷互有出入。後收入《春在堂詩編》,對二集有更大删改。此書《中國古籍總目》《清人別集總目》《販書偶記》《清史稿·藝文志·拾遺》等書目均未著録,可知其稀見程度。

　　此書早年間獲於安徽歙縣,該地人文薈萃,時有奇書。當時所收另有潘曾瑩《小鷗波館詩鈔》,二書皆書品寬大,紙白如霜,書顔頗佳,甚合余意。然當時並未知曉此書如此稀見,以平常清末刻本視之。及至撰《藏書志》,將群書翻檢一過,披沙瀝金,才獲意外驚喜。

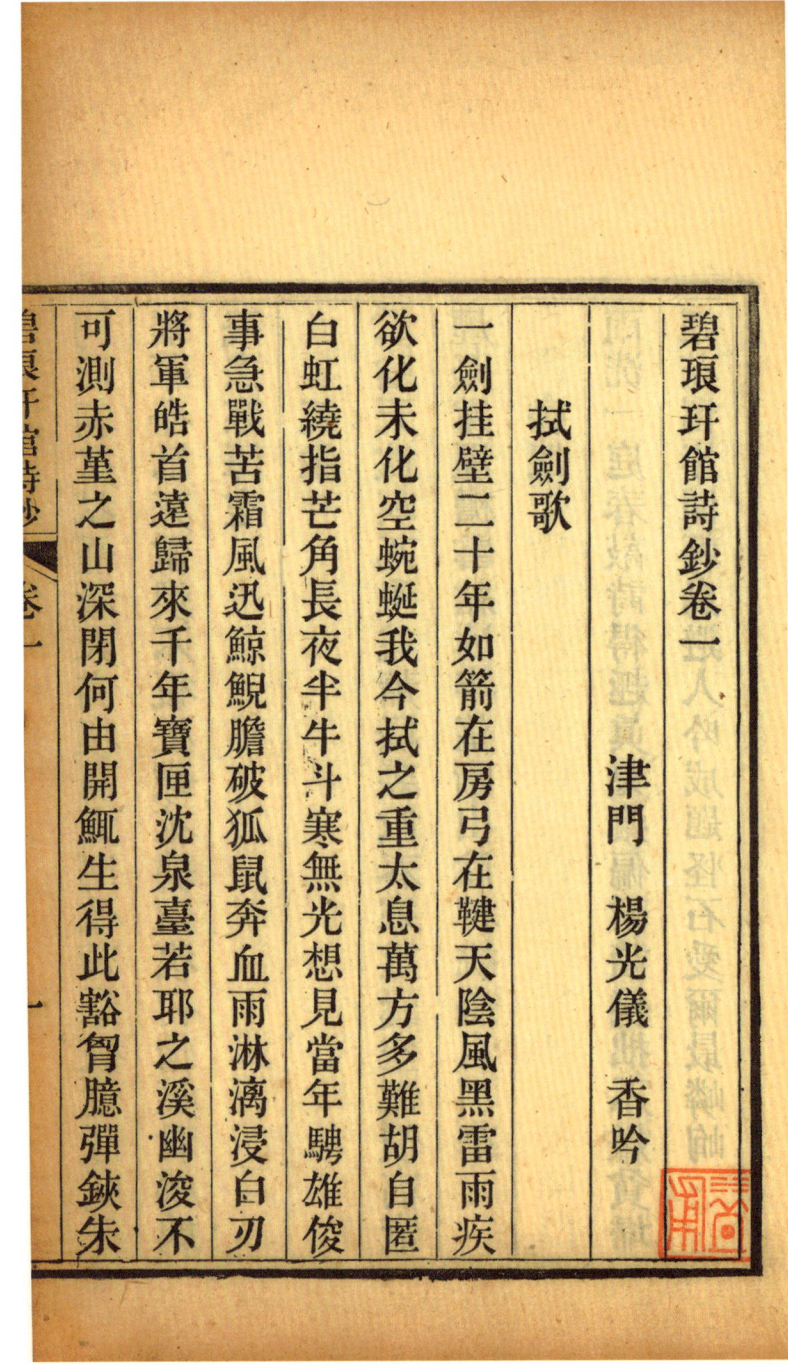

碧琅玕館詩鈔卷一

　　　　　　　　　津門　楊光儀　香吟

拭劍歌

一劍挂壁二十年如箭在房弓在韔天陰風黑雷雨疾
欲化未化空蜿蜒我今拭之重太息萬方多難胡自匱
白虹繞指芒角長夜半牛斗寒無光想見當年驍雄俊
事急戰苦霜風迅鯨鯢膽破狐鼠奔血雨淋漓浸白刃
將軍皓首遠歸來千年寶匣沈泉臺若耶之溪幽浚不
可測赤堇之山深閉何由開鈿生得此豁胷臆彈鋏朱

435　碧琅玕館詩鈔四卷續集四卷

清天津楊光儀撰。武林任有容齋梓。卷前有同治甲戌(1874)張式雲序,梅寶路序。張序稱:"自癸丑以後,津郡多故,香吟目擊時艱,發之於詩,令人不忍卒讀。"次津門十餘人題詞。卷末光緒紀元徐士鑾跋,云:"同治壬申,鑾出守台州,道經里門拜謁,時請以全稿付梓,吾師未之許。嗣又函致翰臣弟,屢爲之請,乃僅得古今體若干首,郵寄來浙,鑾謹校鈔錄之譌,亟付手民。"續集徐士鑾跋曰:"《碧琅玕館詩鈔》刊於光緒乙亥秋。閱九年,又得古今體詩若干首,仍分四卷,題曰《續鈔》。時鑾先於辛巳夏引疾歸里,亟請再付手民,寄杭雕版。謹偕同學許子光榮、趙子忠瀚、弟受業大鑾詳核鈔錄之譌……"

此書爲杭州刻本,雕版精整,一絲不苟。版面疏朗大方,頗耐觀也。此書《販書偶記》正續編皆未著錄,年代未久而稀見若此。余以廉直得之於天津呼某。

卷內鈐"□甫"藏印一枚。

435　碧琅玕館詩鈔四卷續集四卷(3-2)

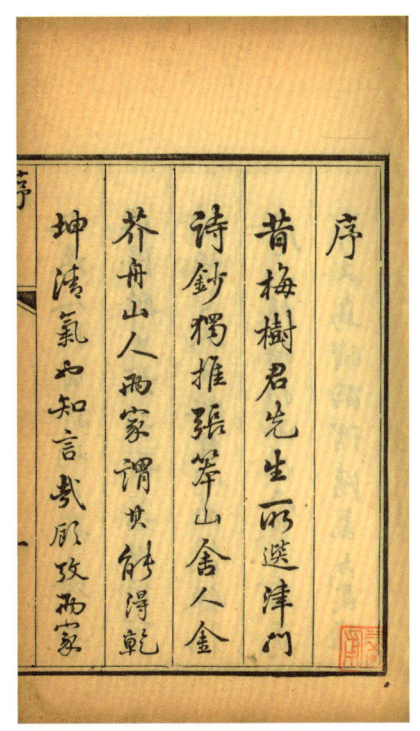

435　碧琅玕館詩鈔四卷續集四卷(3-3)

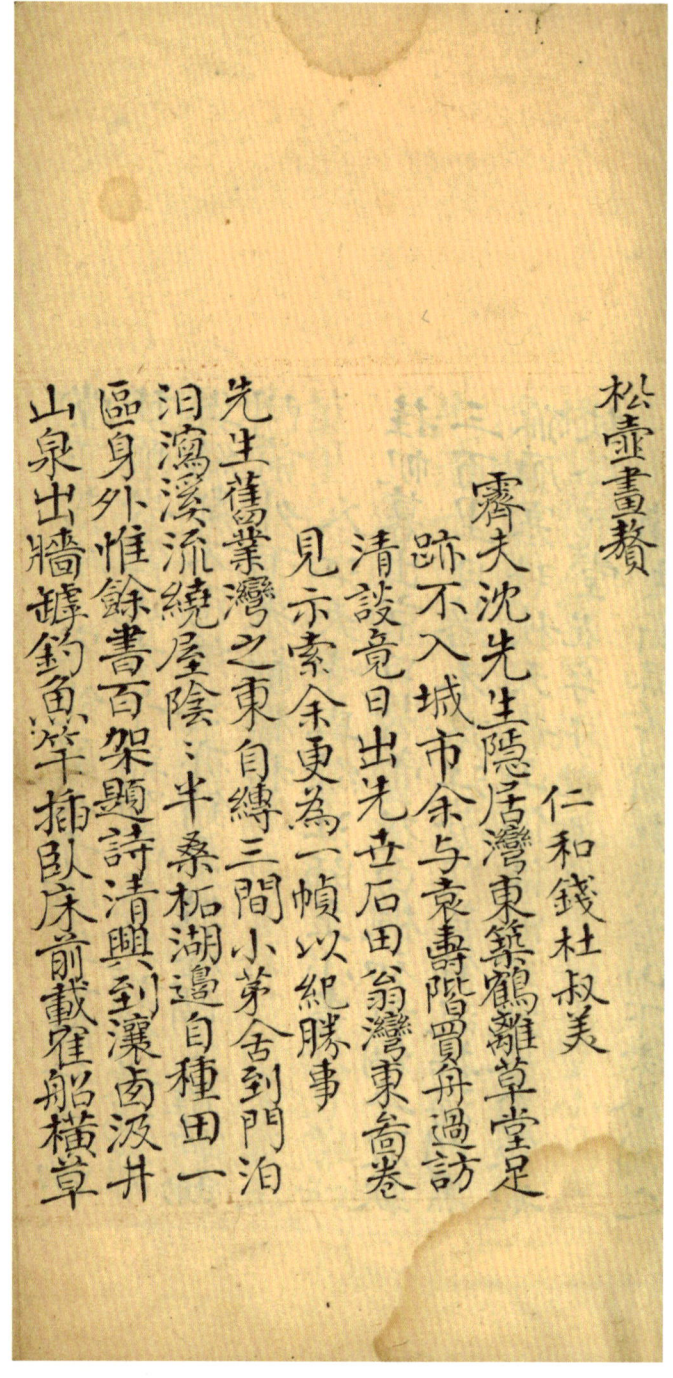

松壺畫贅

仁和錢杜叔美

霄夫沈先生隱居灣東築鶴離草堂足跡不入城市余与袁壽階買舟過訪清談竟日出先立石田翁灣東畫卷見示索余更為一幀以紀勝事

先生舊業灣之東自縛三間小茅舍到門泊泪瀲溪流繞屋陰半桑柘湖邊自種田一區身外惟餘書百架題詩清興到瀼南汲井山泉出牆壖釣魚竿揷臥床前載崔船橫草

436　鈔本松壺畫贅

清錢杜撰。舊鈔本一冊。白紙。朱絲欄。

《畫贅》爲松壺題畫之詩，涉及畫理及畫法。詩前各有小序，亦可考見作者行跡。經與光緒十四年(1888)《榆園叢刻》本對照，小序文字略有不同，不知鈔自何本，且原書卷前幾序皆無，祇有數家題辭。《松壺畫贅》題畫百餘件、題畫詩三百餘首，此鈔僅有不足半數，顯非全帙。究竟如何，待細考之。

陳文述《松壺畫贅》序稱："海內詩人衆矣，超妙清曠，鮮有能及叔美者，所長不獨畫也。"

錢杜，字叔美，浙江錢塘人。官主事，工詩，善書畫。

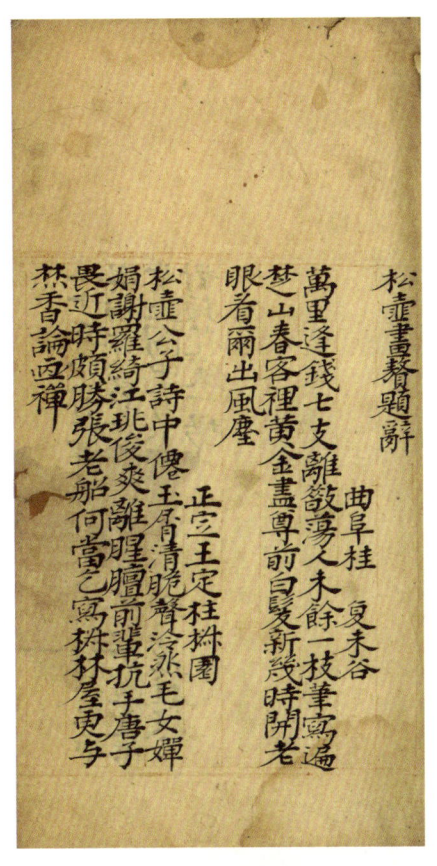

436　鈔本松壺畫贅(3-2)

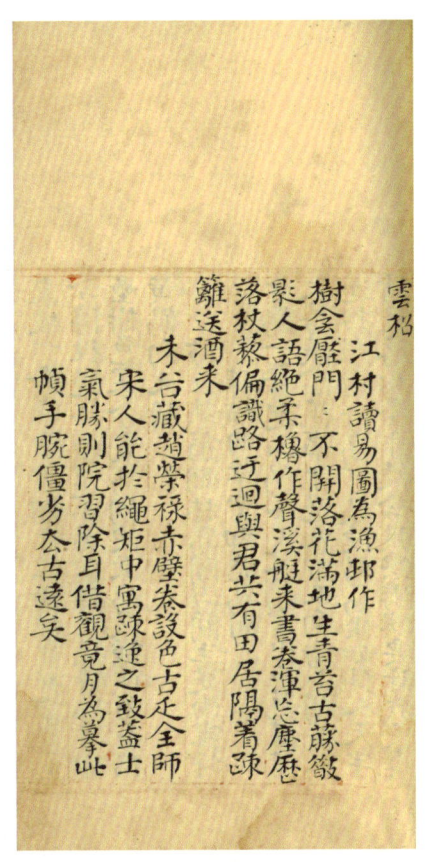

436　鈔本松壺畫贅(3-3)

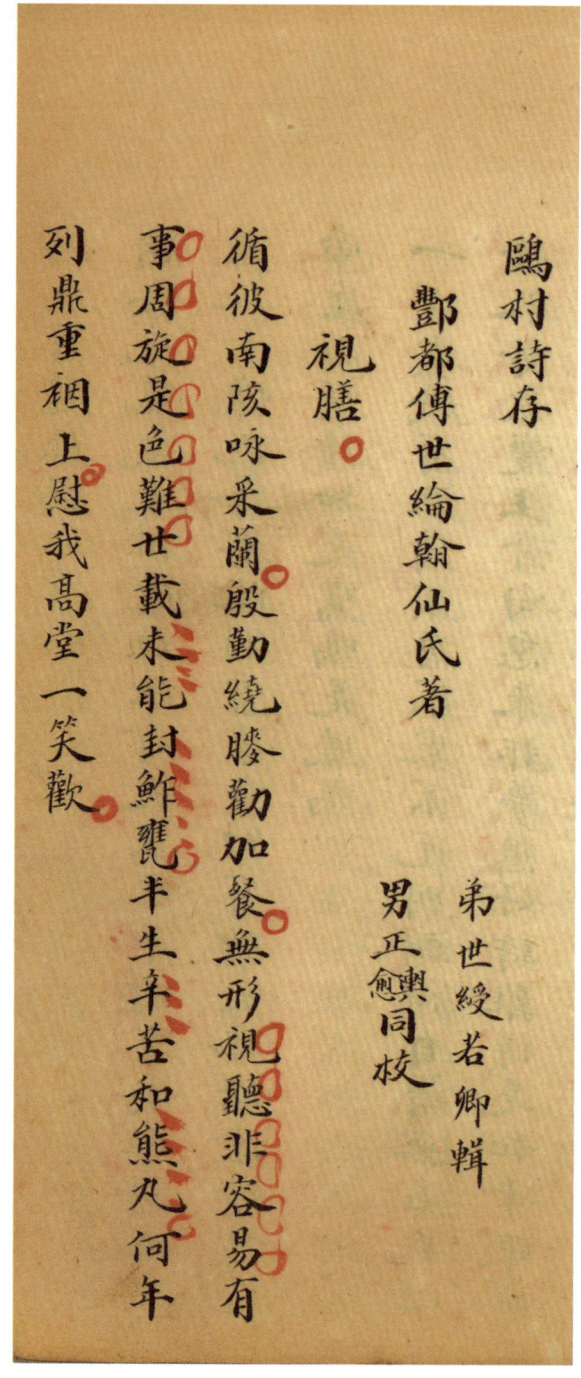

437　鈔本鷗村詩存

437　鈔本鷗村詩存

　　清傅世綸著。鈔本一册。無格,半葉八行二十二字。朱筆圈點。卷前題"鄧都傅世綸翰仙氏著,弟世綏若卿輯,男正與、正愈同校"。

　　傅世綸,生年不詳,卒於一八六二年。籍貫四川鄧都。咸豐五年(1855)舉人,九年(1859)進士,授户部主事。時石達開率部入川,世綸奉命回川募鄉勇抗禦。同治元年(1862),爲石達開部俘斬。

　　卷前有光緒二年(1876)徐昌緒序,光緒己卯(1879)濮文昇序,同年鄒增祜序,光緒五年(1879)施緷雲序,同年何詒孫序,同年張星源序凡六篇。徐昌緒序稱:"翰仙禦賊死事狀,余曩歲既以輿論述諸邑乘矣。洎余館渝之八年,光緒丙子秋,翰仙之弟若卿寓書以其兄遺稿古近體詩見示,詔同人欲梓之,而惜其無多,且將問叙於余。余慨然曰,奇特英烈如翰仙,必以詩而後傳哉!……迴憶咸豐己未,翰仙初成進士,官農曹,余方以庶常留史館,同邑官京師者兩人耳。時南服頓軍,海氛又惡,朝官相習,噤口若寒蟬。余與翰仙煮酒談兵,論古昔成敗,證天下事得失,憂鬱欷恨而無如何。往往夜深酒闌,情不自禁,拔劍起舞,狂呼悲咤,高咏所爲詩歌,聲琅琅震屋瓦。……庚申,翰仙奉命回籍團練,……同治癸亥,余覯疾還京,遽聞翰仙禦賊力戰遇害,悼愴如有所失者累月。……今讀其遺詩,雖寥寥百餘首,而英風颯爽,生氣勃勃,宛然煮酒共話、把劍談兵時也。怳若聞其狂呼悲咤,高歌而莫能自禁也。……余嘉若卿不忍死其兄而梓其詩以傳也。弁言簡端而歸之。……"徐氏之序有感而發,聲淚俱下,讀之不禁愴然。亦可想見傅世綸其人也。

　　何詒孫序稱:"翰仙故書生,以農部主事奉命回籍團練。時石逆大股西竄,川東北一帶畢遭殘毁。翰仙以區區鄉勇進攻退堵,猶復挫凶鋒,克堅堡,獨立不懼。……"

　　是鈔《販書偶記》正續編及《清人詩集叙錄》均不載。戊寅(1998)秋得之於書估段某,蓋其多年庋藏舊物也。

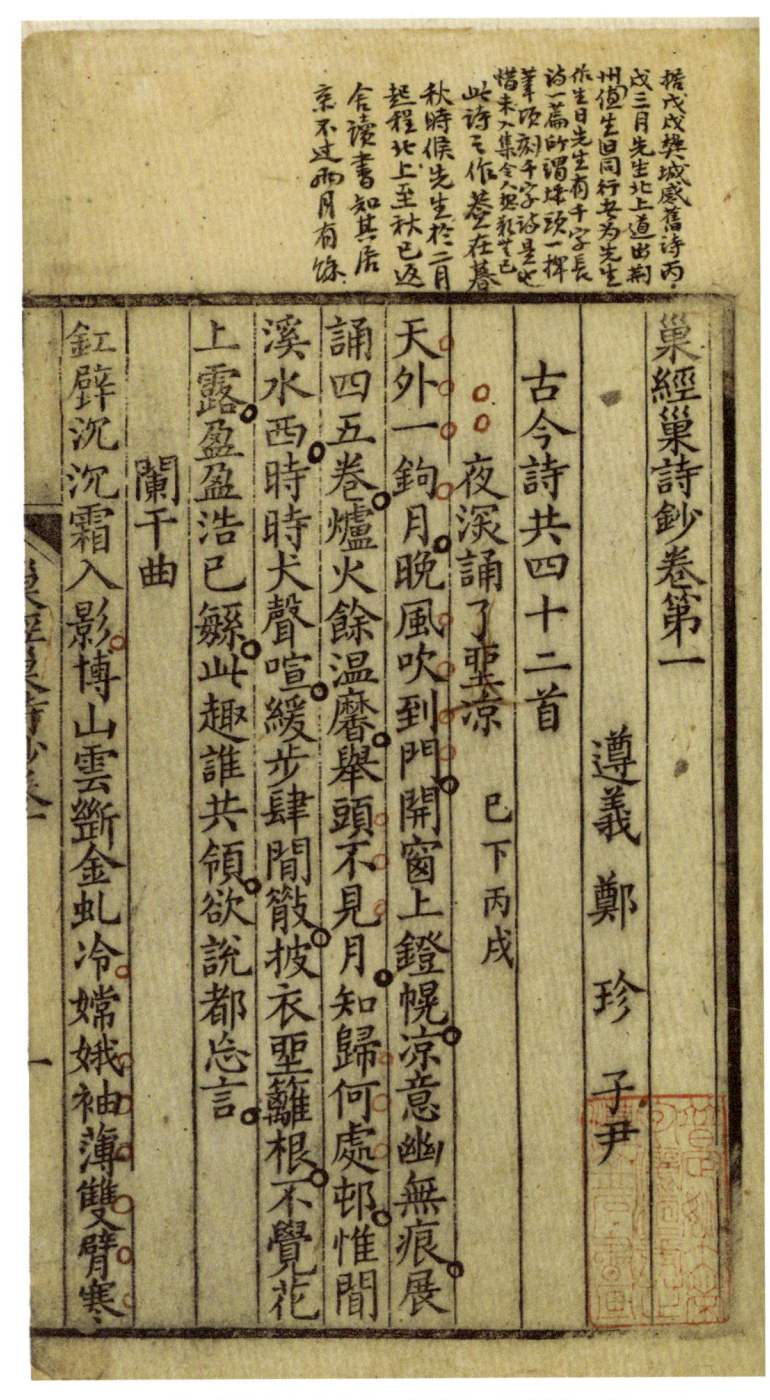

438　巢經巢詩鈔九卷後集四卷遺文五卷經說一卷（2-1）

438　巢經巢詩鈔九卷後集四卷遺文五卷經説一卷

清鄭珍撰。《詩鈔》爲咸豐二年（1852）望山堂原刻本，子尹手訂，鄭知同手書付梓。起道光丙戌至咸豐辛亥（1826—1851），收詩四百九十四首；《後集》爲光緒二十年（1894）貴築高培穀刻本，收詩二百六十二首；《遺文》爲高氏刻本；《經説》無刊刻年代，約刊於咸豐間。以上各書開本參差不齊，經金鑲玉裝後釘爲十二册。

《詩鈔》以撰者自定、望山堂刻本爲原刻本，初印三百部，清末即已稀見。原刻有初印、後印之别，余藏此書爲初刻後印本，今已不易得見。在原詩基礎上已有改動，如卷一《芝女周歲》一詩，"悲風助填結"，"風"改爲"忻"；卷二《山中雜詩》第三首，"不似群鴉祇貪飽""祇"改爲"止"等。《後集》除此高刻本外，另有光緒三十年（1904）唐大同刻本，稱《遺稿》四卷，收詩二百九十九首，然此二刻均不完備，且多有疏漏。後趙愷於民國十七年（1928）鉛印《遺詩》四卷，又於民國二十九年（1940）刻《後集》六卷，收詩三百八十四首。

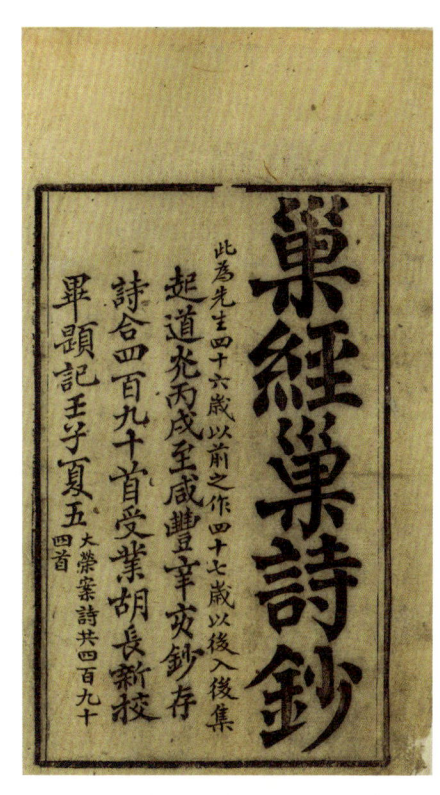

438　巢經巢詩鈔九卷後集四卷遺文五卷經説一卷（2-2）

此書爲姚大榮舊藏。姚大榮，字儷桓，號芷澧，室名惜味道齋。貴州普定人。生於一八六〇年，卒於一九三三年。光緒九年（1883）進士，曾任刑部廣東司主事、大理院推事，民國後任平政院書記官長。一九三三年四月二十一日病逝於天津英租界。有《惜味道齋集》《馬閣老洗冤録》《墨緣彙觀撰人考》《西王母考》等著作。此書姚氏手批甚多，涉及書的刊刻、詩的修改、作者身世、補綴遺文、批者感受等，考訂、注釋詳細而别具特點，對研究鄭珍及其撰述頗具價值。

卷内鈐"姚大榮印""普定姚大榮字儷桓號芷澧金石書畫"印。另有"姚宇新""王述達讀書記"等印。書籤爲黎庶昌後人黎邁手書。

因寄軒文初集卷一

上元管同異之著　　江甯鄧嘉緝熙之校

原人

天形乎上日星繫焉地形乎下山澤附焉人形乎中而禽獸與分處焉人之異於禽獸也豈不微哉雖然禽獸不可謂人猶曰星不可謂天山澤不可謂地也是何也曰彼得其偏此得其全也天之生物也狐能首邱近乎義其所能者一德而已而仁義禮智人生而并具焉其性之全乎蠢蟻但知有君臣豺獺惟知有父子犬能識主近乎義其所能者一倫而已而君臣父子夫婦昆弟人生而并明焉其道也不又全乎性之全與道之全故人之微屹然立乎三才之位古之人有言曰人受命於天固超然異於羣生君子以為豈徒異哉夫人之尊蓋直與天

439　因寄軒文初集十卷二集六卷補遺一卷

清管同著。清光緒元年(1875)重刊。四册。

顧雲序,道光十三年(1833)鄧廷楨序,道光元年(1821)陳兆麟序,卷末梅曾亮跋。

管同,字異之,江寧上元人,道光五年(1825)中舉,入安徽巡撫鄧廷楨幕。姚鼐門下弟子,所爲文章,則持貴弘毅,偏重陽剛之美。此文集爲管同歿後一年(1831)鄧廷楨爲之付梓,光緒元年重鎸,即此本。管同另撰《因寄軒詩集》《皖水詞存》,未刊行。

戊寅(1998)秋有介休之行,獲於師廷齡舍,函套上有其題識。

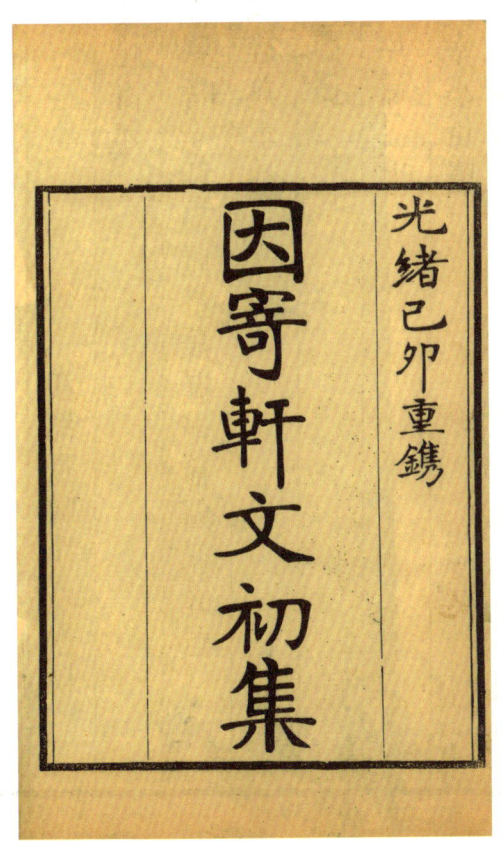

439　因寄軒文初集十卷二集六卷補遺一卷(2-2)

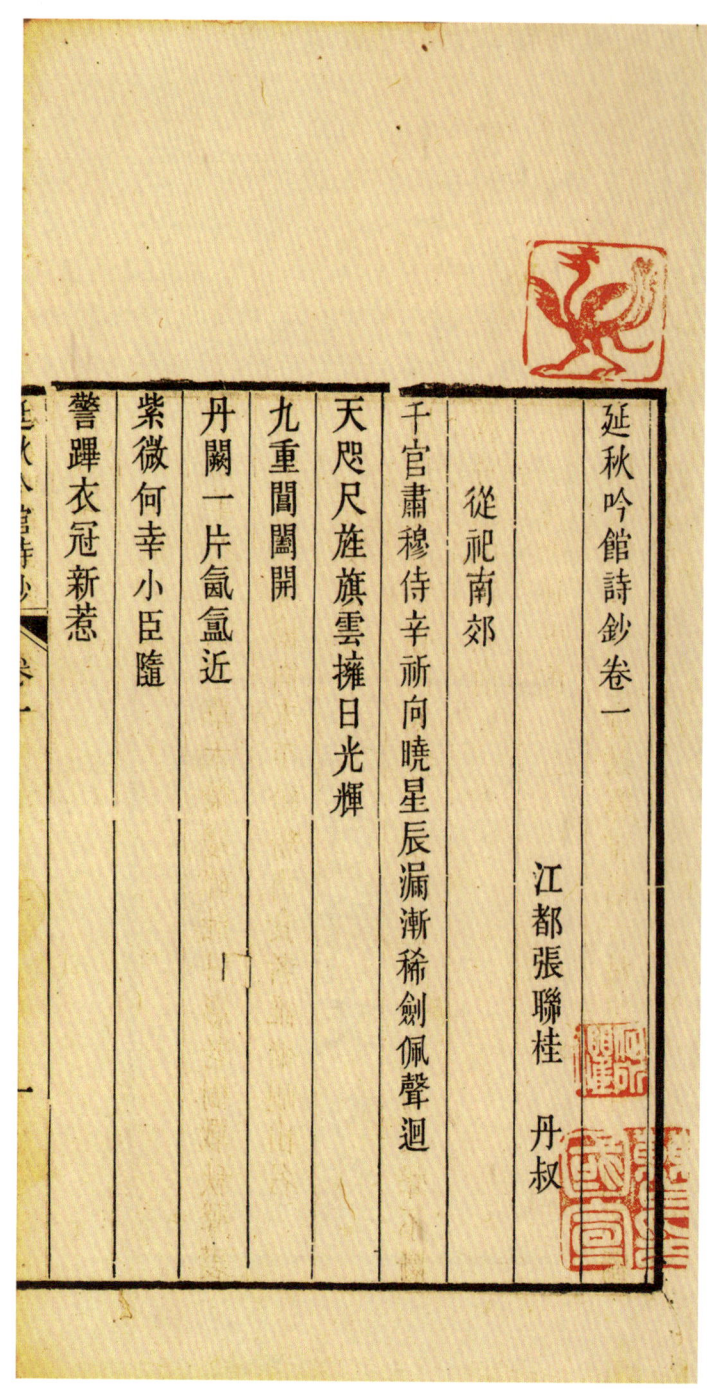

延秋吟館詩鈔卷一

江都張聯桂 丹叔

從祀南郊

千官肅穆侍宸祈向曉星辰漏漸稀劍佩聲迴
天咫尺旌旗雲擁日光輝
九重閶闔開
丹闕一片氤氳近
紫微何幸小臣隨
警蹕衣冠新惹

440　延秋吟館詩鈔四卷續鈔四卷

清張聯桂撰。清光緒十八年（1892）刻本。鈐"南州書樓藏書徐湯殷整理""曹國宣印"等印。

張聯桂，字丹叔，一字弢叔，江都人，咸豐間入貲爲太常博士，官至廣西巡撫。

南州書樓起於南州草堂，爲廣東徐紹棨創立，民國十七年（1928）擴建爲南州書樓。宋元本雖僅數種，均爲精槧之本。明代刻本蒐羅較豐，計五百餘種，歷朝精刻均有庋藏。鄉邦文獻、粵中先哲著作收羅殆備。民國二十九年（1940）春，廣東文物展覽會展出書樓藏書達三百餘種，最盛時，書樓藏書達六百餘萬卷。民國壬申（1932）淫雨爲災，書樓藏書四百餘箱化爲紙漿。抗日戰爭時，書樓善本又多遭厄。後徐氏後人徐湯殷整理書樓，將藏書編目，輯爲《南州書樓善本題識》。徐湯殷曾增補徐信符《廣東藏書紀事詩》。

此書己卯（1999）秋獲於山西榆次。原書主陳瑞爲當地文聯幹部，雅好藏書，所藏多爲詩文集類，余從中選出南州書樓舊藏數種，承蒙割愛，庋藏至今。

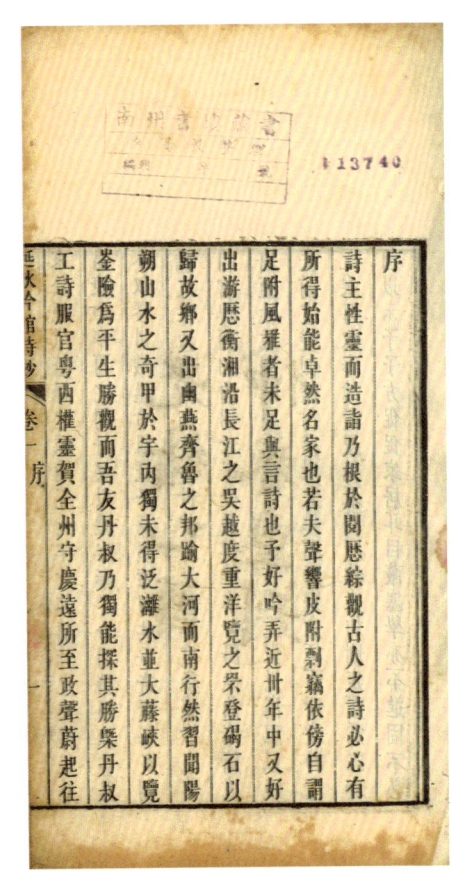

440　延秋吟館詩鈔四卷續鈔四卷（2-2）

一枝山房詩集卷一　　　　涿鹿姚官澄練江著

述舊言懷上霞舫先生一百韻

焦桐出櫜餘操縵彈清湘藥籠蓄小草著手成金光
憶昔歲在卯初升夫子堂置我青雲上坐我春風傍
訓辭何爾雅鄙吝清中腸願言如桃李永得依門牆
何期入官早赤縣分晉疆殷殷捧檄心函丈知之詳
征車行有日拜別情傍偟祖餞忝嘉招開筵列壺觴
濟濟同門友冠佩森成行其作文字飲吐屬爭芬芳
離尊既告罷賓御各分翔一別隔千里薄宦來河陽

441　一枝山房詩集四卷詞稿一卷

　　清姚官澄著。清光緒二十八年（1902）刻本。白紙五册。鈐"陳瑞之印"印。

　　姚官澄，字練江，祖籍浙江湖州，寄籍順天涿州。咸豐五年（1855）進士，授山西嵐縣知縣，官至解州知府。卸任後定居運城。

　　卷前光緒十四年（1888）邁拉遜序，稱姚爲"循吏詩人"。後全埈序。

　　是集彙集詩作五百餘首，末附《一枝山房詞稿》。卷末所附《唫香閣詩集》，爲其夫人田蓮瑞所撰。

　　此書雖晚清刊，頗稀見。

　　乙亥（1995）冬余公休至榆次，訪文聯幹部陳瑞（經介休武思忠介紹），於其舍觀書一批，詩文集居多，余從中擇取數種，價亦合適。至晚，宿其舍，相談甚洽。一年後，陳君又帶余至太原一人家，購紅色文獻一批，至今感念之。

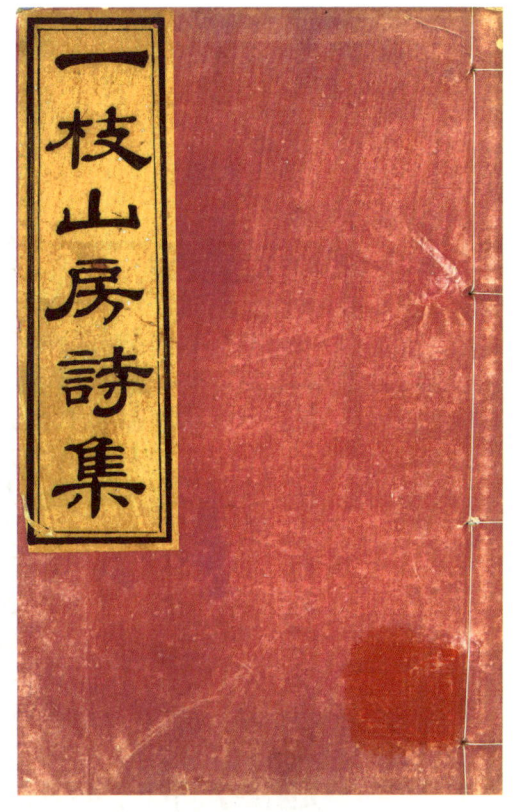

441　一枝山房詩集四卷詞稿一卷（2-2）

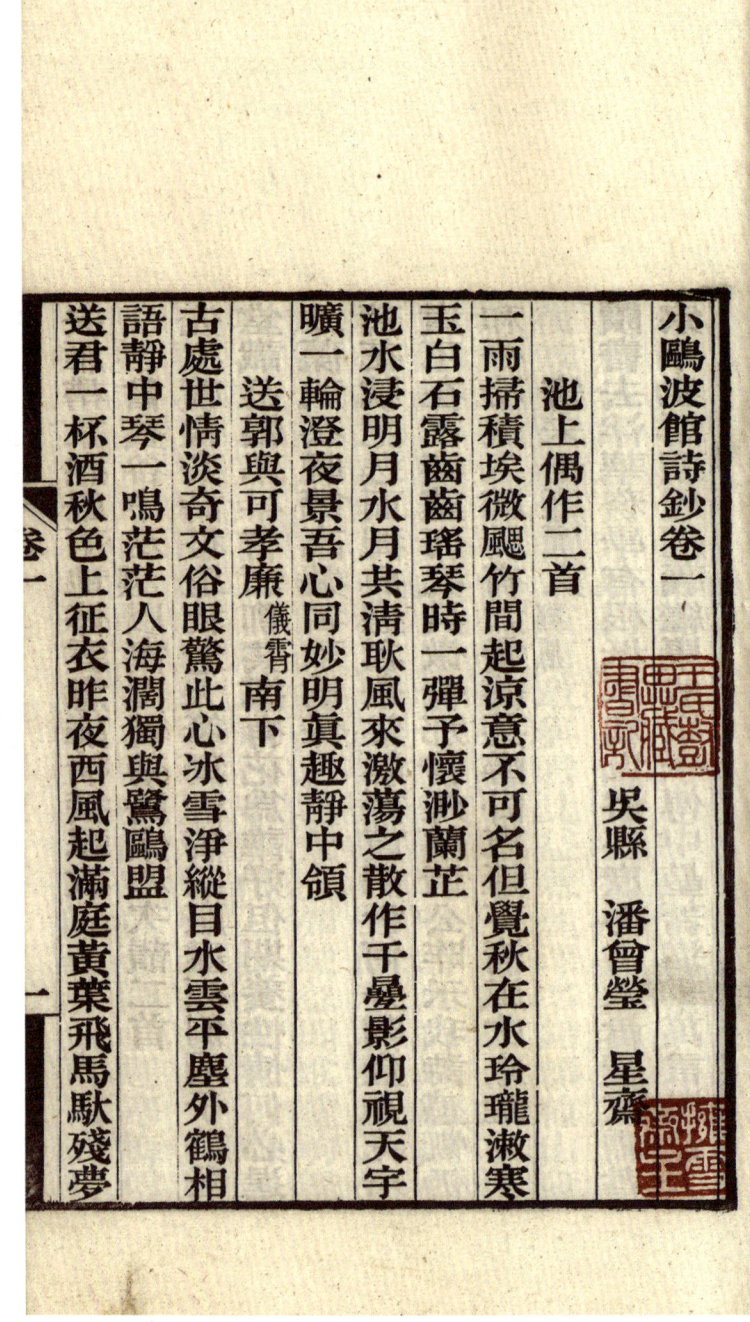

小鷗波館詩鈔卷一

　　　　　　吳縣　潘曾瑩　星齋

池上偶作二首

一雨掃積埃微颸竹間起涼意不可名但覺秋在水玲瓏潄寒玉白石露齒齒瑤琴時一彈予懷渺蘭芷

池水浸明月水月共清耿風來激蕩之散作千疊影仰視天宇曠一輪澄夜景吾心同妙明真趣靜中領

送郭與可孝廉　儀霄南下

古處世情淡奇文俗眼驚此心冰雪淨縱目水雲平塵外鶴相語靜中琴一鳴茫茫人海濶獨與鷺鷗盟

送君一杯酒秋色上征衣昨夜西風起滿庭黃葉飛馬馱殘夢

442　小鷗波館詩鈔十卷詞鈔二卷

清潘曾瑩撰。清道光乙巳（1845）刻本。大開本。白紙一册。

潘曾瑩，字申甫，別號星齋，蘇州人，祖籍安徽歙縣。道光二十一年（1841）進士，官至吏部左侍郎。有藏書樓名小鷗波館。著有《小鷗波館文鈔》《墨緣小録》《花間笛譜》等。

卷前葉紹本序，錢儀吉序，詞鈔前有姚燮序。

此詩鈔爲潘氏在京師與各詩、畫家唱和、題咏、游賞之作。蘇州博物館現藏有稿本，不全。

書來自安徽歙縣程氏，二十載風流雲散，今其處已無書可購矣。

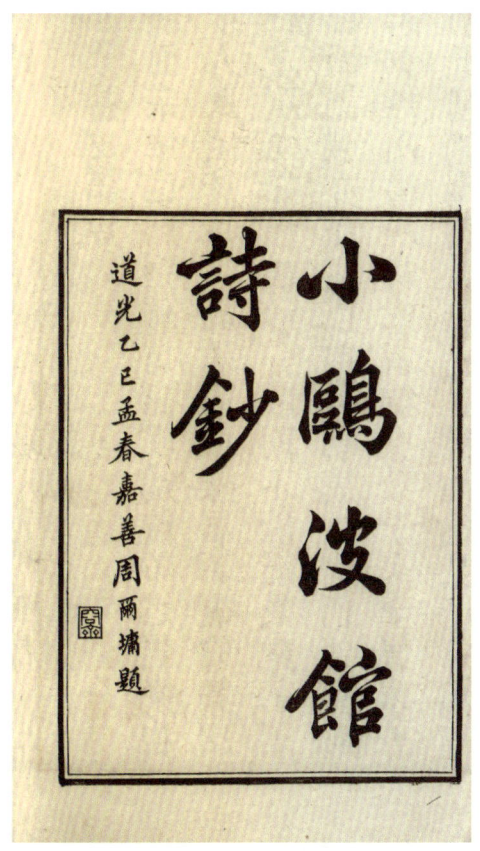

442　小鷗波館詩鈔十卷詞鈔二卷（2-2）

郋園山居文錄卷上

南陽葉德煇煥彬甫撰

前巷派葉巷支譜序

世祿之制廢而宗法亡然猶賴有譜牒為餼羊之告朔也自五胡亂華人民困於兵革於是蕩析離居不復守其田里蠢蠢萬姓之眾遂如蟲如沙一散而不能還其地著是不獨宗法亡而譜牒亦隨之亡矣六朝唐人尚門望重私譜巨姓世譜載於隋書經籍志者無慮數十家至唐末五代之亂凡前此所謂高門大族者又往往迷其所自出既斷而不可復續迄于有宋雖以歐蘇二氏為譜法之祖亦不能上考唐以前之世系以徵信於後人斯固事之不能

443　郋園山居文録二卷

葉德輝撰。民國十一年（1922）刻本。大開本。白紙二册。鈐"東北文史研究所藏書"印。卷前民國十一年葉啟藩跋。此書收文四十八篇，皆序、跋。

書名葉爲"觀古堂詩録，乙巳仲冬刊，後附詩家各集名目"，或係裝訂之誤。

葉德輝，生於同治三年（1864），卒於民國十六年（1927），字焕彬，號直山、郋園，湖南湘潭人。光緒十八年（1892）進士，授吏部主事。北伐戰爭時期，被農民協會所殺。

葉氏藏書處曰"觀古堂"，撰有《觀古堂藏書目》四卷。其藏書多達二十萬卷，其中一部分抗戰時期被其子售與日人山本，現藏於日本。另有三十餘部現藏於湖南圖書館，均稱善本。著有《書林清話》《郋園讀書志》等，彙刊有《郋園全書》《雙楳景闇叢書》等。

卷前壬戌（1922）仲夏從子啟藩跋，稱："此數十篇爲丙辰回蘇後，避居洞庭山中之作，每於屬稿後即繕寫其副，函示啟藩兄弟，皆有關學問之事，藉以訓誨啟藩兄弟者也。去年北遊京師，客中所爲文……以活字排印五百部，題曰'郋園北遊文存'，一時分布罄盡，至今索者紛紛。因别編訂此集刊行。"

陋軒詩卷一

泰州吳嘉紀野人著

吾廬

吾廬清谿中年久半傾圮圮者不復問存者還欲倚
老梅共橫斜撐拒臨流水有客念傾頹贈粮令葺理
負戴駭鄰人升斗分匠氏仍缺石與木來朝賣一豕
力作何紛紜癡兒間老婢窗牖次第明巷徑復委委
家人意頗貪指點舊基址廼欲典衣裳更求廣居止
微笑謂家人戶外寒方始且留此隙地以待春風起

444　陋軒詩六卷續集二卷

　　清吳嘉紀著。民國九年(1920)丹徒楊程祖重刻本,絕妙好辭齋藏板。大開本。白紙四册。

　　吳嘉紀,字賓賢,號野人,江蘇泰州人。家境貧寒,蟄居濱海,性耿介高潔,居所曰"陋軒"。工詩詞,得周亮工、王士禎賞識。康熙二十三年(1684)卒。

　　此詩集爲清朝禁書。最早版本爲康熙元年(1662)周亮工賴古堂八卷本,次康熙七年(1668)泰州夏氏本、嘉慶甲戌(1814)泰州繆中十二卷本、道光十年(1830)王相信芳閣活字排印《國初十家詩》本等。此本即取自信芳閣本加泰州夏退庵鈔本二卷合成。增吳野人肖像、諸家題辭、《四庫存目提要》、方碩甫序及重刊校勘姓氏。此書開本闊大,紙白墨潤,民國間精刻如此者,不爲多見。

　　庚午(1990)冬於滬上購書一批,此書在焉。時光匆匆,今入我擁雪齋已二十餘載矣。

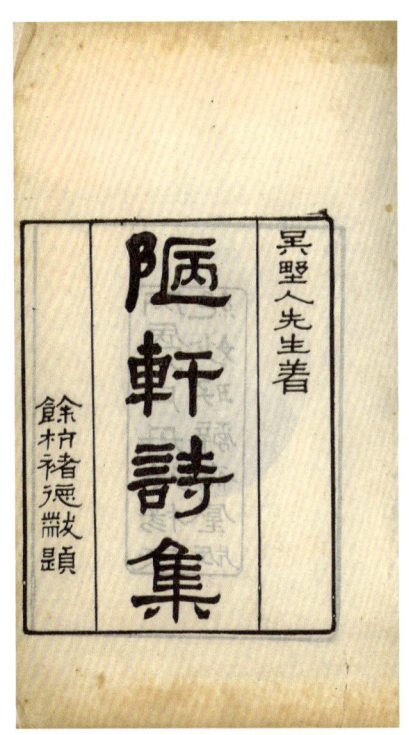

444　陋軒詩六卷續集二卷(3-2)

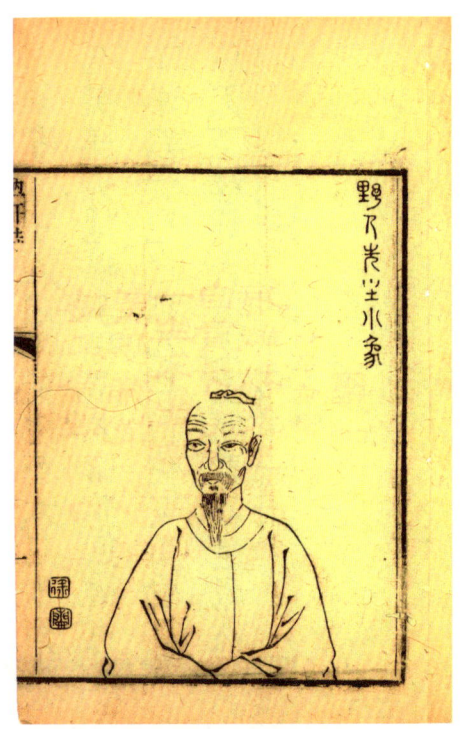

444　陋軒詩六卷續集二卷(3-3)

自怡軒隨筆偶存上卷

文

讀明夷待訪錄書原君後

天生民而立之君豈得已哉草木無知也禽獸有知而無才也人秉才而生與天地為三才人各出其才以相角而大亂以生黃氏所謂人各自私人各自利即亂象也天視之不能與草木鳥獸類乃立之君以統之君之名久矣與天地俱來循蚩九頭非無稽也尚書載堯以來耳君治天下不以一己之利為利而使天下受其利不以一己之害為害而使天下釋其害黃氏之原君者是也然

445　自怡軒隨筆偶存二卷

清李承銜撰。清光緒甲申(1884)刻本。一厚册。

卷前光緒甲申撰者自序。

上卷收文二十四篇,下卷收詩一百三十二首,詩集以隨筆名之,蓋爲少見。而且此書過厚,本應一拆爲二,一文一詩,又一怪也。撰者言:"余詩文不求工,無體格,無家數,短笛無腔,信口吹興,隨意記載,語不一律,不如以隨筆名之,而名稱其實也。"

李承銜,字雲浦,江蘇丹徒人。道光三年(1823)生,仕途不順,專事著述。有《自怡軒卮言》《自怡軒楹聯剩話》等,卒年六十餘歲。

此書早年間購於書友張蘭春。蘭春與余同庚,爲一印刷工,酷愛讀古書,常利用出差機會逛琉璃廠,購進一些廉價綫裝書,此即其一。後下崗,設書攤於鬧市,與余等把盞論書,頗熱鬧了幾年。今則難得一見,不聞其蹤矣。

445　自怡軒隨筆偶存二卷(2-2)

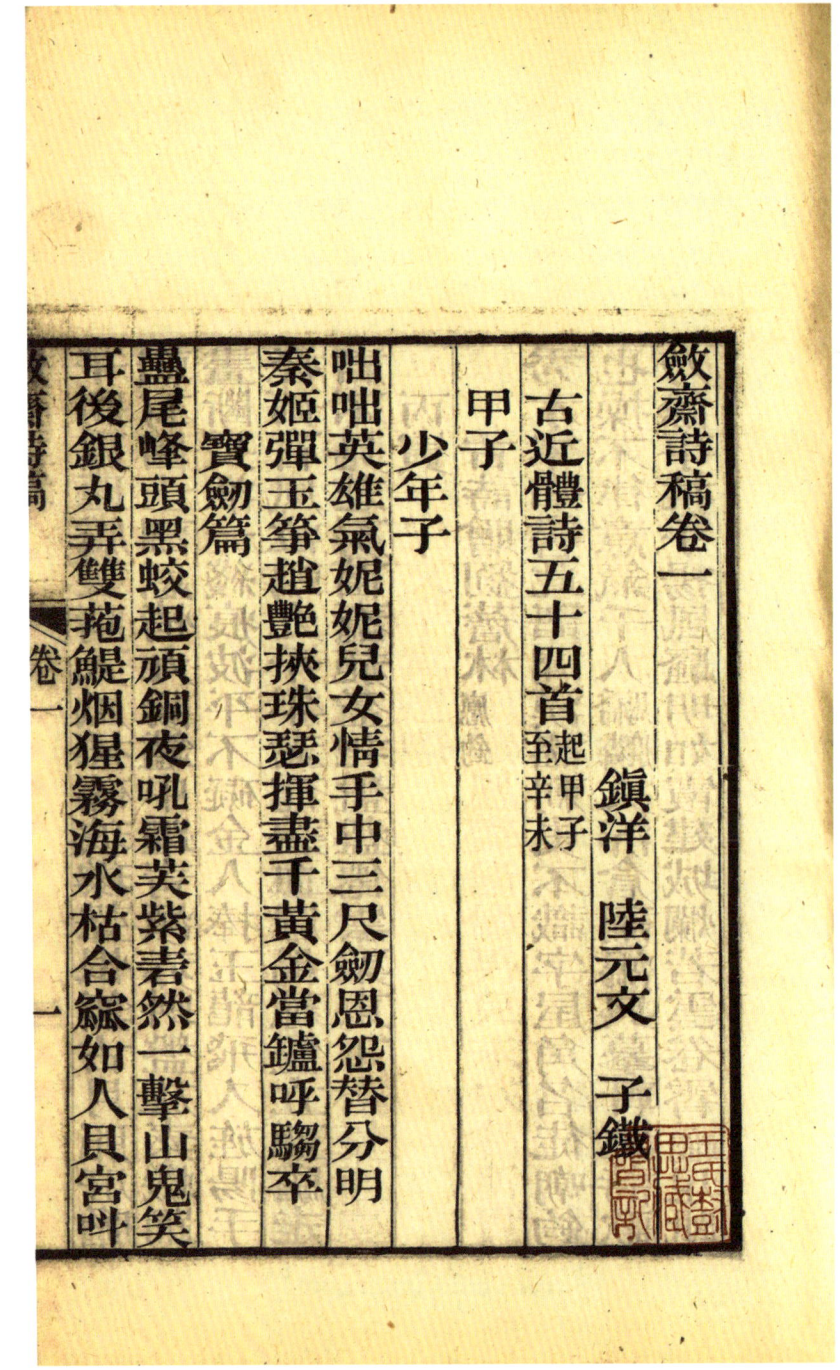

斂齋詩稿四卷(3-1)

446　斂齋詩稿四卷

　　清陸元文撰。民國十五年(1926)刻本。一册。

　　陸元文,字穗書、子鐵,鎮洋人,嘉慶十八年(1813)舉人,官奉賢訓導、常熟教諭,享年四十六歲。另撰《謚蕭仙館詩集》。

　　牌記爲"丙寅九月重刊太倉陸氏藏板"。

　　此書開本大而近方,字體碩大,墨色黑亮,誠家刻之佳本也。

446　斂齋詩稿四卷(3-2)

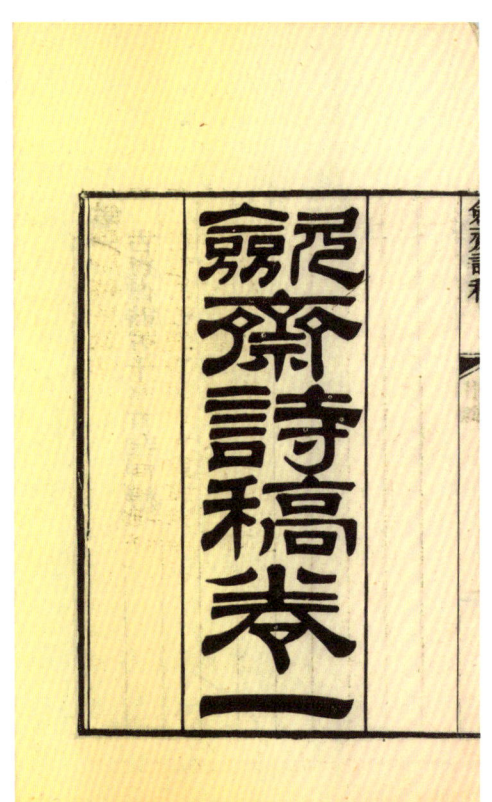

446　斂齋詩稿四卷(3-3)

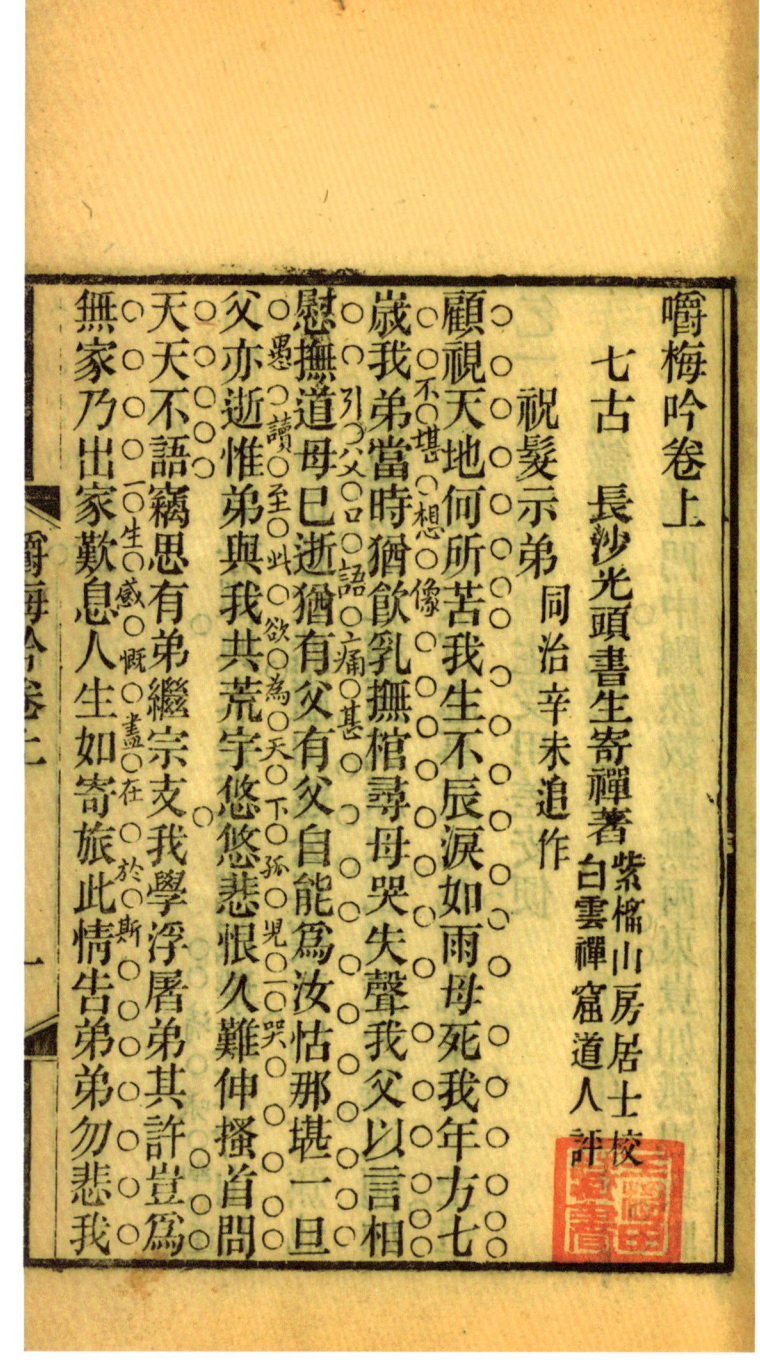

嚼梅吟卷上

長沙光頭書生寄禪著　紫棡山房居士校
白雲禪窟道人評

七古

祝髮示弟　同治辛未追作

顧視天地何所苦　我生不辰淚如雨　母死我年方七歲　我弟當時猶飲乳　撫棺尋母哭失聲　我父以言相慰撫　道母已逝猶有父　有父自能為汝怙　那堪一旦父亦逝　惟弟與我共荒宇　悠悠悲恨久難伸　搔首問天天不語　竊思有弟繼宗支　我學浮屠弟其許　豈為無家乃出家　歎息人生如寄旅　此情告弟弟勿悲　我

447　嚼梅吟二卷

清寄禪著。清光緒六年(1880)刻本。一册。

卷前撰者光緒六年自叙,次光緒七年(1881)楊恩壽跋,稱:"吾友寄禪子,性愛山,每躋攀必凌絕頂,務得奇觀。逢巖洞幽邃處,便吟詠其間,竟日忘歸。饑渴時,但飲寒泉啖古柏而已。若隆冬,即於澗底敲冰和梅花嚼之,故其詩帶雲霞色,無煙火氣,蓋有得乎山川之助云。"

二十年前,吾市古舊書店歸趙奎執掌,其人原爲文化局一幹部,不甚知書,然刻苦自修,終略知版本之學。余屢從其處購書、換書、共酒,余當年所寫書話,其每見必存。後此公引疾而終,享年六十出頭。此書即購於其處,少見。

寄禪,俗姓黃,別署光頭書生、八指頭陀,湘潭人,貌奇古,十七歲出家法華寺,六十三歲卒。有《寄禪上人集》,稀見。

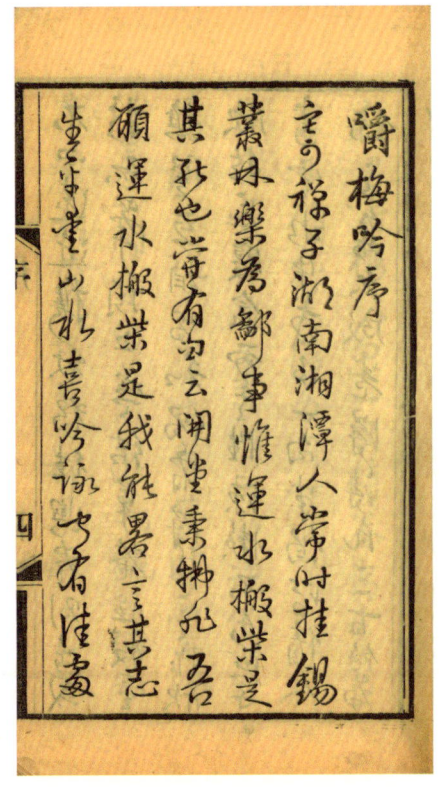

447　嚼梅吟二卷(2-2)

文集目次　桐城吳先生全書第三種

第一卷三十八首

臺箴　讀荀子一。代陳伯之答邱遲書

論尚書手札　張薊雲墓碣銘　答陳樸園

湯勉齋墓誌銘　張中丞母李太夫人哀誄　合肥相國五十壽序　送蕭

槩卿序　高郵董君墓誌銘　黃氏族譜叙　祔祧議

。送曾龔侯入觀序　馬太夫人壽序　贈太僕卿故

福建臺灣兵備道吳君墓銘　前工部侍郎潘公神道

碑代　廣西潯州府知府薛君墓碑　祭丁樂山廉訪

448　桐城吳先生文集四卷

清吳汝綸撰。清光緒三十年（1904）吳氏家刻本。白紙四冊一函。

此爲精寫刻本，字體爲隸書，皮紙印刷，古樸精雅。吳汝綸門人賀濤等人集資刊行，其子吳闓生編次。牌記云："吳氏家刻，版權所有，翻刻盜印，貽誤來茲，嚴究不貸。每部定價庫平足銀貳兩。"是爲清季版權及書價的絕好資料。

此書己卯年（1999）於海王邨購得，價一百五十元。當時還猶豫買或不買，店員直呼便宜，遂買之。其實，此書價在當時可買到更好的書，也就不算便宜了。

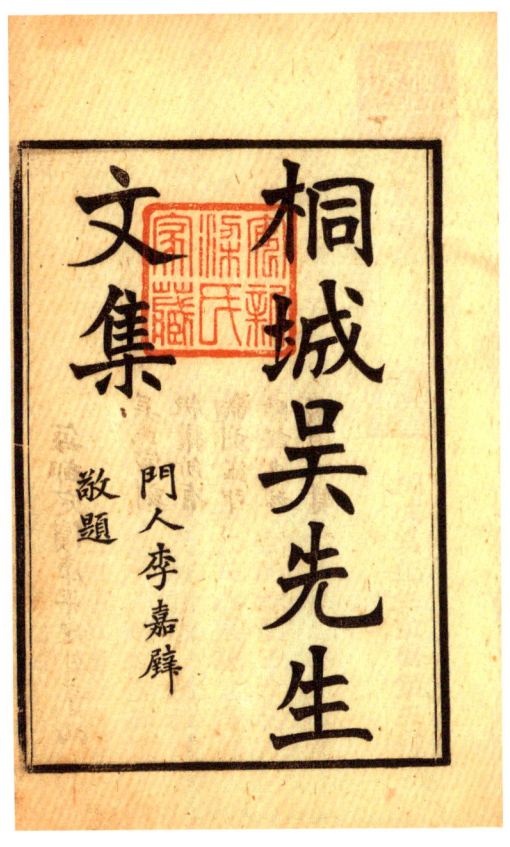

448　桐城吳先生文集四卷（3-2）

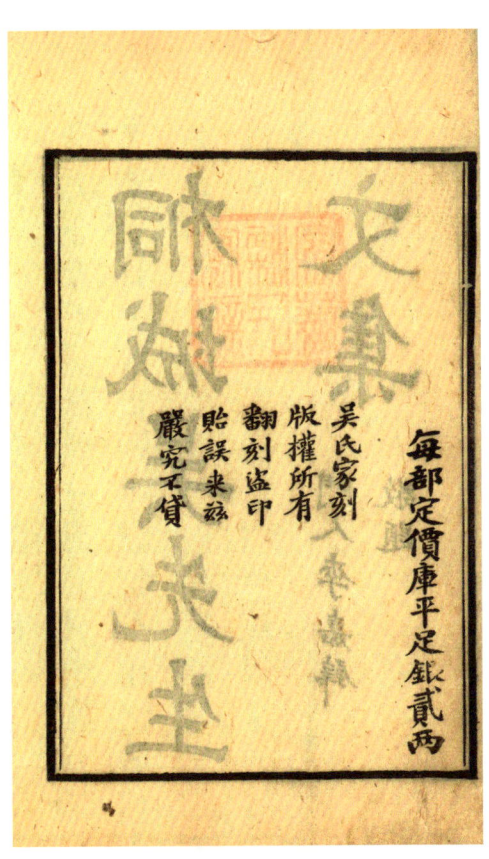

448　桐城吳先生文集四卷（3-3）

一樹梅花老屋詩卷上　古今體詩三十三首

鄞縣姚濟大本鐵梅撰

送諸碧泉明府之官楚中

羨君珂馬去匆匆　一路看山入郢中　官不求名眞曠
達　才能戡亂卽英雄　雲開白嶽知眞面　廟祀黃陵見
古風　到日春江潮正上　新期莫使滯郵筒

己未十月偕胡相之學博王觀三茂才寓居武
林之湖樓日夕放舟湖中徧探湖山之勝成
詩八首聊代遊記

錢塘門外賃樓居　簾捲西風落葉初　草滿荒塍朝放

449　一樹梅花老屋詩三卷

清姚濟撰。民國二十二年(1933)松韻草堂刻。藍印本。白紙一册。

姚濟,字石航,室名樵雲山房,江蘇婁縣人。畫家、詩人,擅治印,著有《樵雲山房印存》等。

卷前光緒四年(1878)張文虎序,稱:"君爲人灑脱無城府,似近率易,然當衆論紛騰時,出一言足以傾坐,其詩亦然。觀其撫時述事,觸目感歎及殷殷於朋友之誼,慨然自見胸臆,誠非塗飾性靈者可比也。"卷末民國七年(1918)後超跋,癸酉(1933)附記又云:"右詩於戊午秋日曾先以聚珍倣宋板擺印四百部,十餘年來散布殆盡,兹以刻本俾垂久遠。"

二十世紀九十年代初購於海王邨古籍書市,價僅二元。

此書《販書偶記》正續編皆未收入。

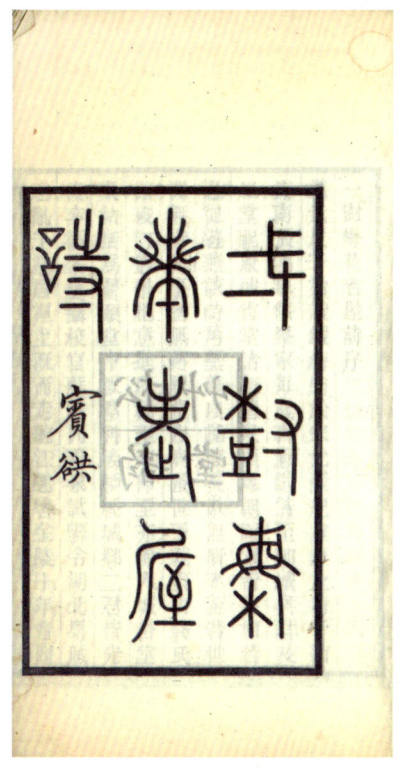

449　一樹梅花老屋詩三卷(2-2)

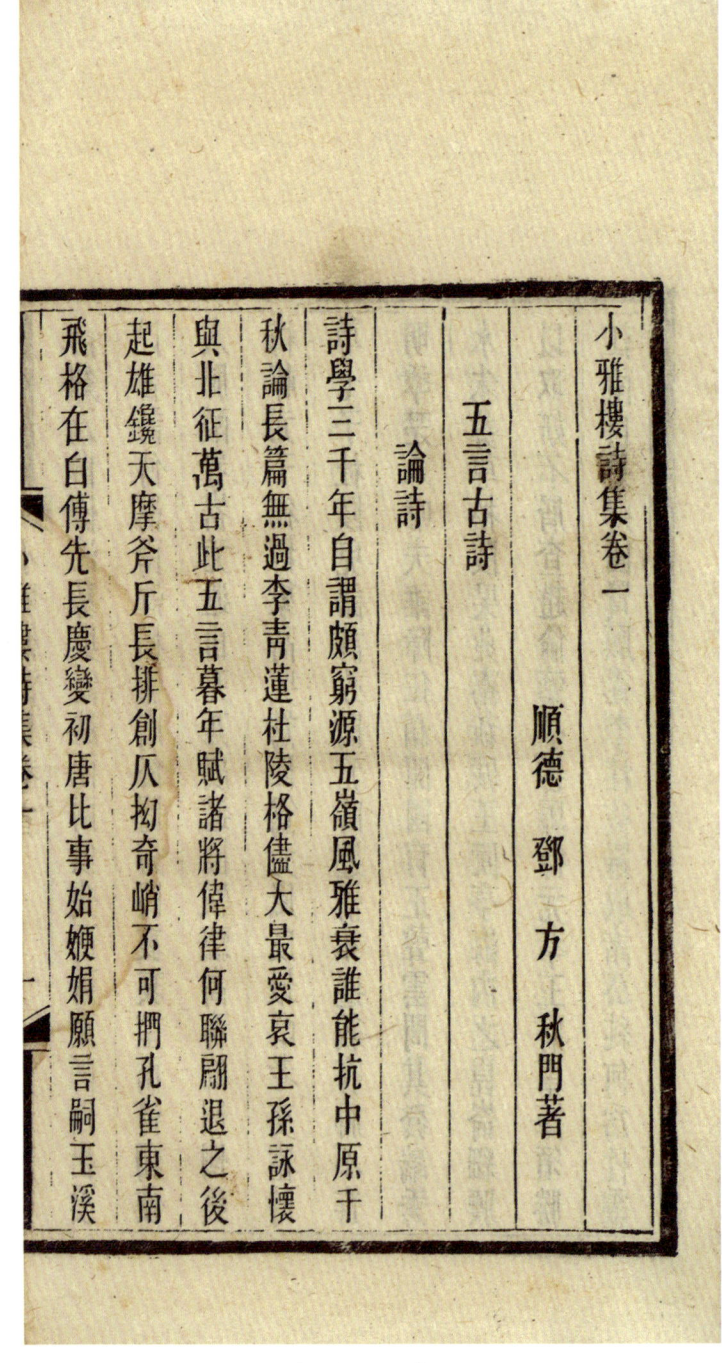

小雅樓詩集卷一

順德　鄧　方　秋門著

五言古詩

論詩

詩學三千年自謂頗窮源五嶺風雅衰誰能抗中原千秋論長篇無過李青蓮杜陵格儘大最愛哀王孫詠懷與北征萬古此五言暮年賦諸將偉律何聯翩退之後起雄鑱天摩斧斤長排創仄扨奇峭不可捫孔雀東南飛格在白傅先長慶變初唐比事始嬋娟願言嗣玉溪

450　小雅樓詩集八卷遺文二卷

清鄧方著。一九〇〇年刊於廣州。白紙四冊。

鄧方,字秋門,號方君,廣東順德人。一八七八年生於上海,一八九九年卒於順德水藤鄉,年僅二十一歲。遺作千首,其兄鄧實選其中數百篇結爲此書。

《藝林散葉》載:"鄧秋門嘗謂它日築小雅樓於越秀山之麓,讀書其中。奈秋門於光緒二十四年十二月癸巳卒,年僅二十有一,築樓未果。其兄秋枚爲刊遺文,即以《小雅樓集》名之。"

《販書偶記》正續編皆未載。

丁丑(1997)夏游滬,於古籍書店購此。其時書店部分櫃臺被外人租賃,余選書數種,此爲其一。另有楠木夾板裝《歙縣志》一套,購價僅一百五十元。

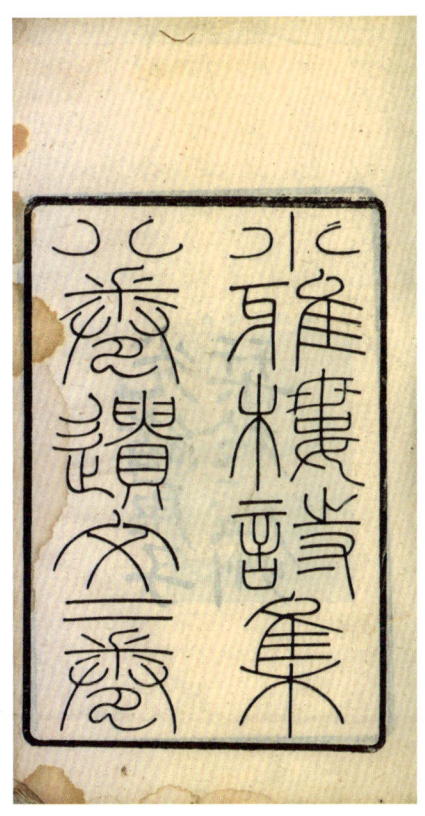

450　小雅樓詩集八卷遺文二卷(2-2)

平齋詩存續編卷一

古閩何剛德肖雅

庚午元旦

兀然七十六年身來占今朝第一春孤往難尋方外轍相親貝此
眼前人歷書還告常時朝節物偏驚特地新物新巧百出獨有瓶
梅花不老猶饒隔歲舊精神
萬事悠然只任天黑絲時復間霜顛工夫正欲求詩外悲憤休教
集酒邊許國已遺吾世藏克家敢望後人賢二三知已餘酬唱且
飼殘生未盡年

初春卽事

但得地居便長閒卽是仙體羸容檢攝客少省周旋筮叟談能洽

451　平齋詩存三卷續編三卷

清何剛德撰。民國二十年(1931)約園刻本。大開本。白紙三册。

卷前己巳(1929)撰者序，卷末民國二十年八月約園張壽鏞跋。《續編》卷前辛未(1931)立秋撰者序曰："前編詩存係己巳病後所輯，而續作旋復成帙，祇以商訂無人，擱置不即料理。今夏約園主人適來談，見之以爲不可棄也，因相與討論，將庚午以後所作分爲續編，同付剞氏。"以此序看，續編當於正編同時所刊。然《清人別集總目》著錄此書爲：《平齋詩存》，民國二十年刻本(藏山大)；《平齋詩存》三卷續編三卷再續編二卷，民國刻本(藏南圖)；《平齋詩存》續編三卷，民國二十年排印本(藏杭大)。以上三種刊本皆與余所藏者不同，待考。

何剛德，字肖雅，號平齋，閩縣人，光緒三年(1877)進士，官蘇州知府。

此書超大開本，紙白如霜，刻工亦妙，約園主人爲友人效力，可謂不惜血本矣。

451　平齋詩存三卷續編三卷(2-2)

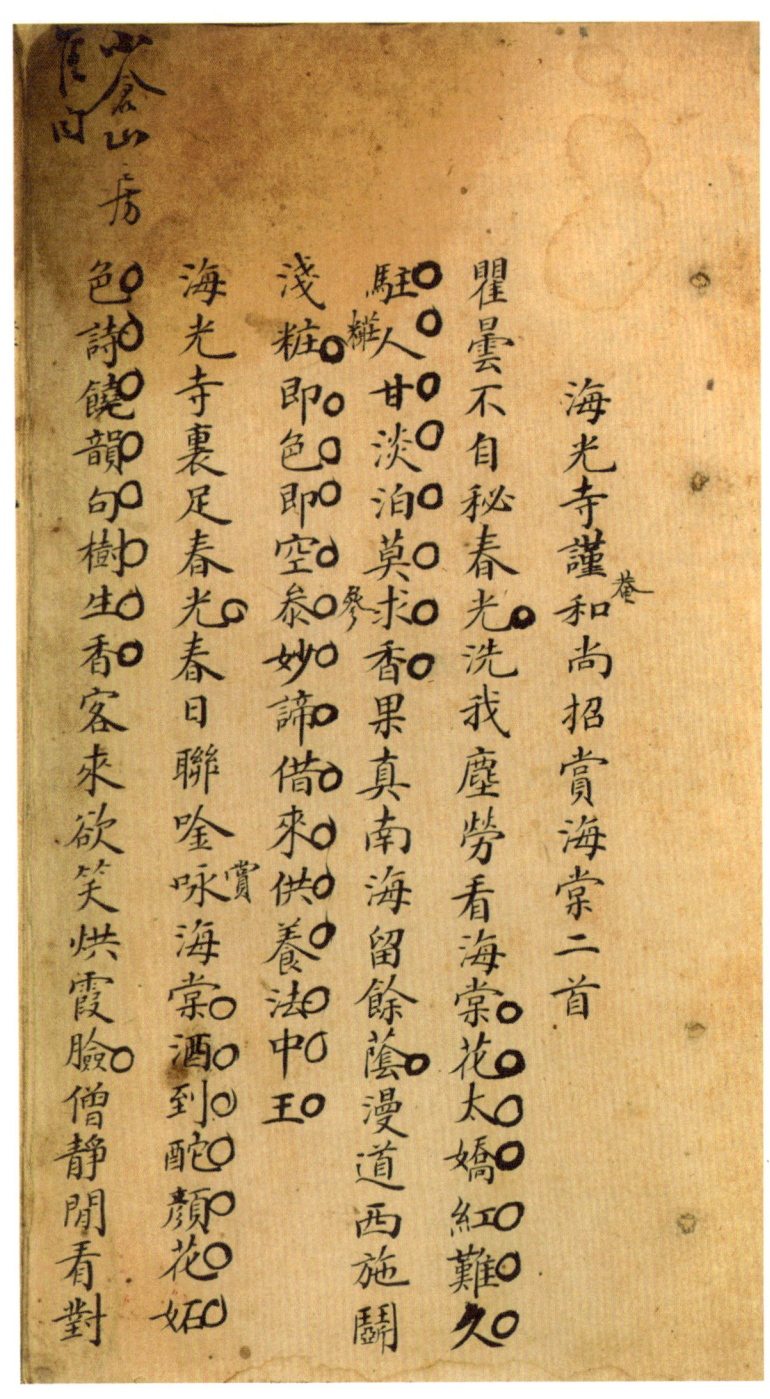

海光寺謹和尚招賞海棠二首

瞿曇不自秘春光 洗我塵勞看海棠 花太嬌紅難久
駐 人甘淡泊莫求香 果真南海留餘蔭 漫道西施關
淺粧 即色即空泰妙諦 借來供養法中王

海光寺裏足春光 春日聯唫詠海棠 酒到酡顏花姹
色 詩饒韻句樹生香 客來欲笑烘霞臉 僧靜閒看對

452　稿本蓮品詩鈔

稿本。木夾一册。詩不分卷,計七十餘首。卷内有佚名墨批,筆力蒼勁。不少詩有塗改。詩後附《延生社勸捐小引》一則。

王敬熙,字蓮品,一八〇〇年生,一八七五年卒,天津著名鹽商。熱心公益事業,捐宅、修路、成立"澤屍社""延生社",安葬接濟窮苦百姓,當時人稱"王七皇上"。傳說此事被慈禧獲知後,下令嚴查。後知其故,特誥封王爲中憲大夫,賞賜頂戴花翎,候補員外郎。王氏詩書俱佳,有《蓮品詩鈔》行世。其子王君直,爲天津著名京劇票友。

卷末有跋一篇:"此卷是公初稿,後來刊本頗有增益删減之處。塗乙每有公筆蹟,深可保存。近日心緒紊亂,形神支離,急呈四叔祖襲藏,世世永保。丁卯十二月初九日族曾孫守恂誌。"另有附誌:"此外族曾祖逸蘭公抄本詩詞集、族叔仲安抄本詩集,均在六叔處存,附誌。""再,族祖雲清公抄本詩集,亦在六叔處,又志。"鈐"守恂之印"一印。

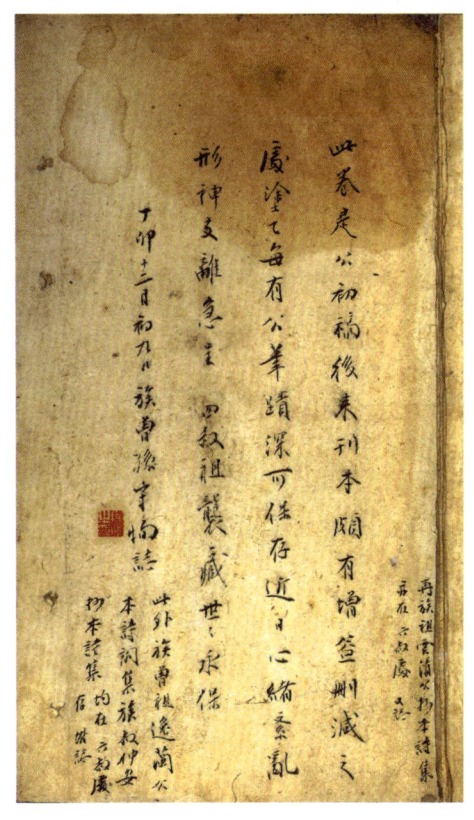

452　稿本蓮品詩鈔(2-2)

守恂爲天津王守恂,字仁安,號阮南,光緒二十四年(1898)進士,歷官刑部主事,民政部郎中等職。一九三六年棄世。著有《王仁安集》。

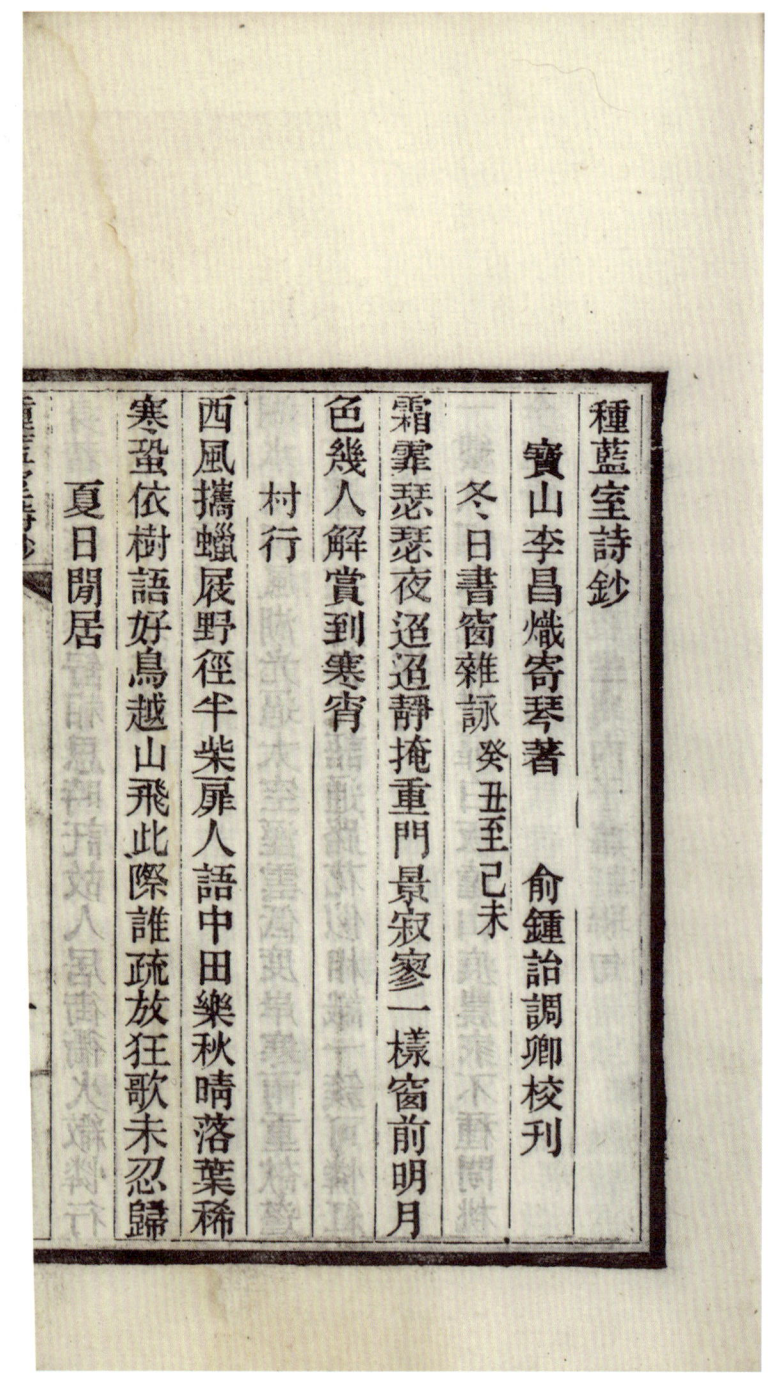

種藍室詩鈔

寶山李昌熾寄琴著　　俞鍾詒調卿校刊

冬日書窗雜詠 癸丑至己未

霜霏瑟瑟夜迢迢　靜掩重門景寂寥　一樣窗前明月色　幾人解賞到寒宵

村行

西風攜蠟展野徑　半柴扉人語中　田樂秋晴落葉稀

寒蛩依樹語好鳥越山飛　此際誰疏放狂歌未忍歸

夏日閒居

453　種藍室詩鈔

　　清李昌熾著,俞鍾詒校刊。清光緒戊子(1888)琳琅新館刊。一册。光緒十二年(1886)常熟程天燾序,同年俞鍾詒序。序稱李氏三十六歲即卒。選詩原爲四卷,此集爲先刻之本,收詩百餘首。卷中第十九葉缺失,第十四葉重複。眉端有墨批"惜少十九一頁,裝手悮也"之句。

　　是書《販書偶記》正續編皆失收。

453　種藍室詩鈔(2-2)

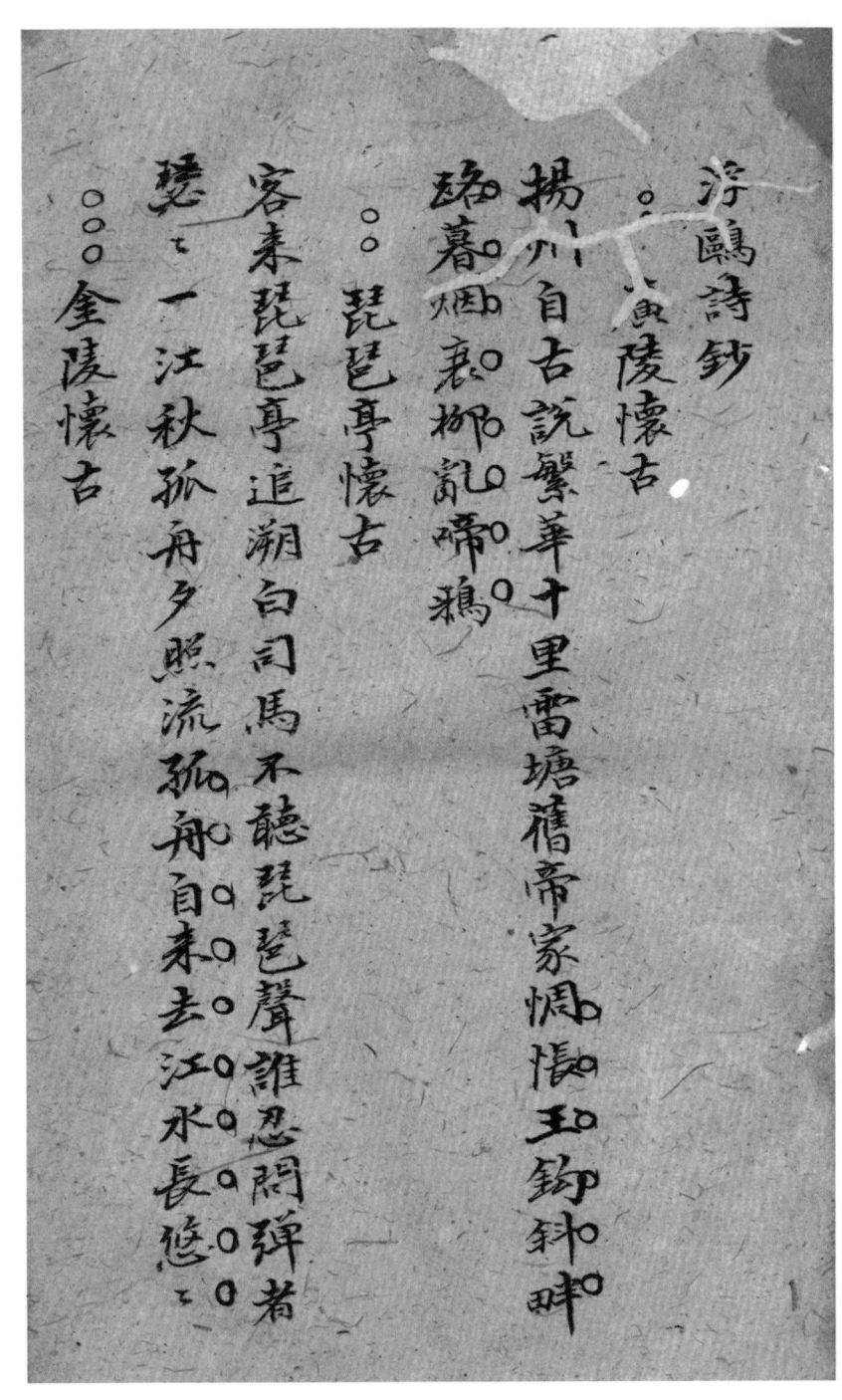

浮鷗詩鈔

○○廣陵懷古

揚州自古說繁華十里雷塘舊帝家惆悵玉鉤斜畔路暮煙衰柳亂啼鴉

○○琵琶亭懷古

客來琵琶亭追溯白司馬不聽琵琶聲誰忍問彈者瑟瑟一江秋孤舟夕照流孤舟自來去江水長悠悠

○○○金陵懷古

454　稿本浮鷗詩鈔二卷

清鮑贊撰。稿本。竹紙二册。無格,半葉八行二十字,字精。書簽署"揖梅精舍",鈐"鮑贊"等印。

卷前有道光十九年(1839)程道南序,序稱:"鮑君少時體羸弱,其尊翁憐愛之,不使力學耗其精神,因令服賈蘭江。迄中歲作客維揚,閱廿餘載。聞其與當時文人學士交,月夕花晨,輒作雅叙,寄興於篇什,大抵抒其抑塞磊落之慨,不沾沾于求工,而不知其詩之工愈甚。迨今春以全稿見示並屬余序,讀之益擊節不能置。"後有撰者道光十八年(1838)自識,言自己年幼時多病,未能事肄業,後經商揚州,閑時讀書學詩,與同人唱和,詞俚語率,不計工拙,數十年來散亂於行篋中,爲敝帚之存,略加刪訂,附以近作,録成二卷。其詩取材廣泛,詩句清新可誦,字裏行間存抑鬱之情。其中老婦賣女詩讀來甚覺凄慘。

鮑贊,字蜨仙,安徽歙縣人,生平不詳。此詩集亦未見著録。似可定爲清稿本。鈔寫時間當在道光年間。辛未年(1991)獲於歙縣程某。

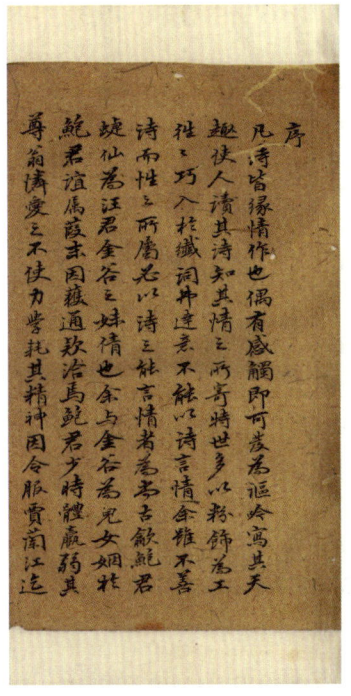

454　稿本浮鷗詩鈔二卷(3-2)

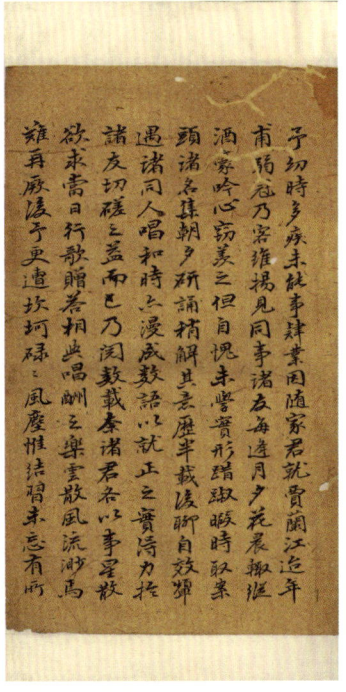

454　稿本浮鷗詩鈔二卷(3-3)

小睡足寮詩錄卷一

吳縣秦敏樹散之

冬日旅懷丁未作

遠涉瀟湘波蘭芷空芳菲採掇不盈掬天涯無可貽荏苒
歲云暮堅冰塞前溪寒風吹我襟壯志邈相違平沙有鳴
雁高翔明月暉安能藉健翮摶風萬里飛
策蹇陟寒岫裒草何萋萋嚴冰斷石澗枯岸澀霜蹊裹裹
探猱穴履危蹐懸梯踊躍攀白日難與浮雲齊浮雲仰莫
附俯拾巖下枝嫋嫋巖下枝何時慰春暉春暉那可報俯
仰涙滋衣

455　小睡足寮詩録四卷續録二卷補録二卷附録一卷

清秦敏樹撰。清光緒十三年（1887）刊。竹紙二册。鈐"思補齋藏"印。卷前有咸豐十年（1860）馮桂芬序，光緒丁亥（1887）俞樾序，丁亥自序。

馮序稱："君工詩，兼長繪事、鐵筆，敞一室古梅蔭階下，取先世太虛先生齋名，顏曰'小睡足寮'。簾閣據几，跌宕吟哦其間，意翛然。……出所爲詩若干卷示余，則洵乎得湖山之清氣者也。"俞序云："秦君散之，其人鬚眉秀爽，風骨清寒，雖爲貧而仕，宦游吾浙，浮沈簿尉間，然瑤林瓊樹，望而知爲風塵外物。今年春始見余於湖樓，年已六十矣。以詩四卷見質，蓋散之於丹青、篆刻無所不精，而尤長於詩，其爲詩無妃青儷白之俗態，亦無雕肝琢腎之苦調，而夷猶淡宕有清氣，旋繞於其筆端。……"《補録》後有林屋散叟光緒二十八年（1902）小引，時年七十有五。此書具體刊刻時間當在光緒二十八年。

秦敏樹，生於一八二八年，卒於一九一〇年前後。原名嘉樹，字林屋，一字散之，號雅梅，晚號散叟、林屋散叟、冬木老人，室名小睡足寮，江蘇吴縣人。畫家，工山水。

此詩收録道光二十七年至光緒十三年（1847—1887）間詩二百餘首。原稿現藏蘇州圖書館善本書室。此詩録未見著録。晚清刊本，方歷百餘年，竟罕見如此。

455　小睡足寮詩録四卷續録二卷補録二卷附録一卷（2-2）

子曰君子不重則不威學則不固主忠信無友不如己者過則勿憚改

君子切身之學貫敬誠而勵識力也夫重威見學之敬忠信見學之誠擇友改過見學之識與力非皆君子切身之學乎且世有君子其束躬也似矯其立心也似拘其取人與律己也似隘似迫不知非矯也否則狎狎生玩非拘也否則偽生妄非隘也否則濫生溺非迫也否則怯怯生怠子曰似矯者重也似拘者忠信也似隘者友必勝己似迫者過必速改也一不修非君子一不備非君子蓋上聖之於學也人畏我而將以敬我畏天而矢以誠而正

（眉批朱文）
意刻而露句峭而渾摖孤家濫揚於此捷高魁者如厭然其自然慮總不可及
天樞旋轉地軸張二十八個羅兩厢徒落題失其有千鈞筆力

道光辛卯恩科
江南鄉試三名　薛　湘

456　滌非齋制藝僅存

清薛湘撰,曾國藩評點。清光緒五年(1879)刻。朱墨套印本。白棉紙一册。

此書卷前有曾國藩序,卷末李鴻章跋,皆手書上板。

薛湘,字曉颿,江蘇無錫人,道光二十五年(1845)進士,曾任湖南安福縣令。其子福成爲近代著名外交家,福辰爲著名醫學家。

此書二十年前購於北京東單"中國書店"。此店余每赴京必至,一次見櫃内陳列一部綫裝書目類書,標價四百元,余取而觀之,正欲購之,店家口稱"非賣品",急急收回。又一回,余携幼女逛該店,女兒困倦,在余懷抱中睡去,余不得已祇好坐於樓梯上候其醒來。此一尷尬情形,被該店店員發現後,即召余抱女入收購部休息,令余十分感動。臨走前,又從該收購部架上購《一氓題跋》一册。前一事因書源漸稀,難免惜售;後者又頗具正宗老店遺風。一惱人事,一慰人事,均發生在該店,印象殊深也。

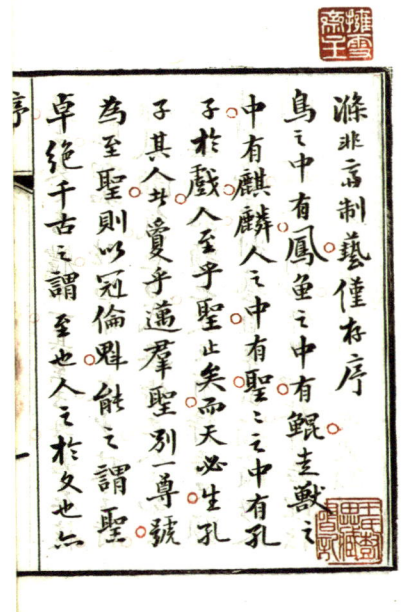

456　滌非齋制藝僅存(2-2)

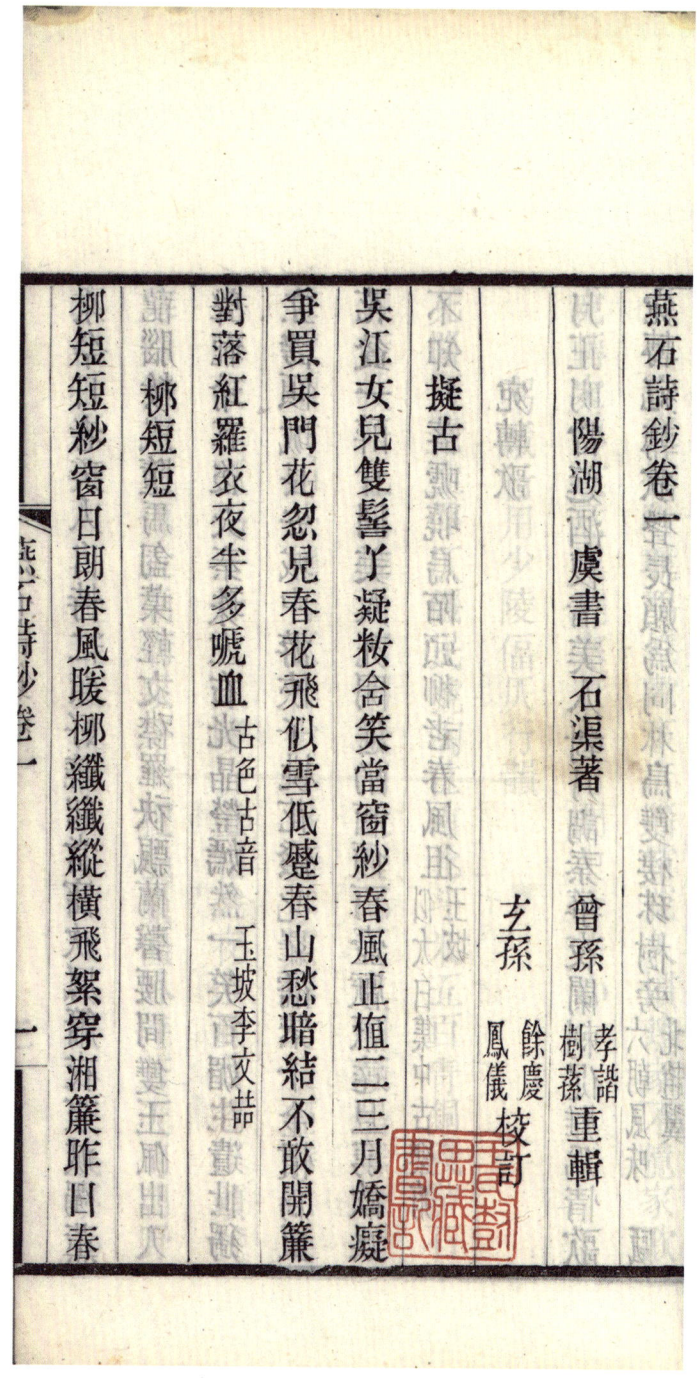

457　燕石詩鈔四卷續刻一卷附錄一卷（2-1）

457　燕石詩鈔四卷續刻一卷附録一卷

清虞書著。清光緒癸巳(1893)重刊。木活字本。白紙二册。

原書刻於嘉慶間。光緒十九年(1893)虞氏後人以木活字擺印,誠不多見。

二〇一三年春,忽聞藏書大家田濤先生遽然離世,年僅六十四歲。猶憶十餘年前,先生在京城中國書店設古籍講座,余曾有幸恭聽,受益匪淺。數年前,先生來呼傳授拍賣法期間,曾親臨寒舍觀書,指點群書,逐一評價,聲琅琅,語多精見,此一情景猶在目前。田先生稱此書"雖木活字本,字體工整,耐觀"。二十世紀九十年代之初,先生所著《田説古籍》一書,是衆多古籍愛好者的啓蒙讀物,余亦從中得益,功不敢忘。噫,今人去屋凉,群書無主,空留絶響。

457　燕石詩鈔四卷續刻一卷附録一卷(2-2)

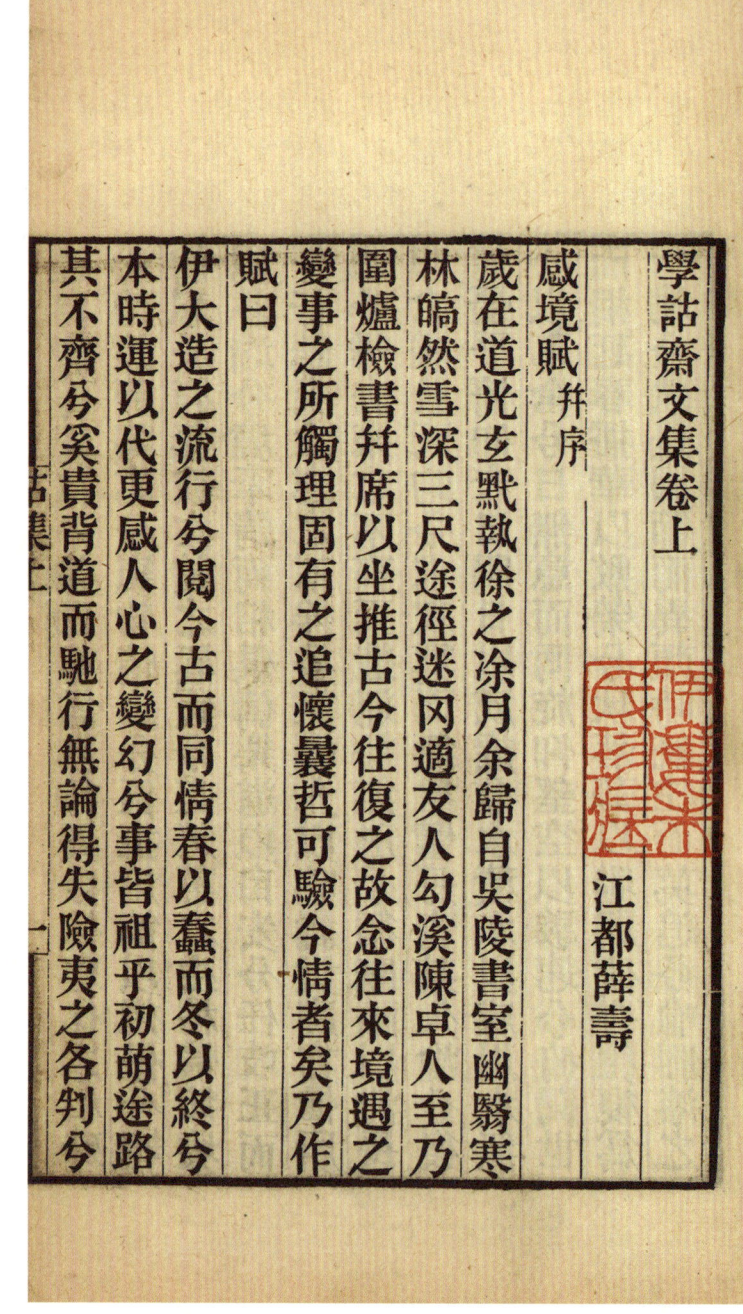

學詁齋文集卷上

江都薛壽

感境賦并序

歲在道光玄黓執徐之塗月余歸自吳陵書室幽翳寒林皜然雪深三尺途徑迷罔適友人勾溪陳卓人至乃圍爐檢書并席以坐推古今往復之故念往來境遇之變事之所觸理固有之追懷曩哲可驗今情者矣乃作賦曰

伊大造之流行兮閱今古而同情春以蠢而冬以終兮本時運以代更感人心之變幻兮事皆祖平初萌途路其不齊兮奚貴背道而馳行無論得失險夷之各判兮

458　學詁齋文集二卷

清薛壽撰。清光緒六年(1880)治城山館初刻本。竹紙一册。

薛壽,字介伯,晚字矷伯,江都人。長於小學、經學。張之洞督學湖北,聘薛氏爲經心書院主講。同治十一年(1872)卒。著作另有《續文選古字通》等。

是書所收多考訂之文。卷前有儀徵劉壽曾序,卷末有朱黃墨跋,云:"先生與先祖童年相善。咸豐間粵匪之亂,先祖避地海陵,先生每訪得所在,必遺書相慰藉。賊平後,先生屢函促回城,時舊居城東草堂已燬,先生願割宅共居。先祖因故業蕩然,且海陵朋舊生徒維繫殷勤,不忍却,遂謝之。然感先生之義,未嘗忘也。……先君少時嘗請爲學之旨,先生曰:'經術當求其用,經濟當求其體而已。至於著述其大者,前人具有成書,善讀焉可也。然前人豈無千慮之失,拾遺補闕,責在後人。'先君恒以是訓黃,故謹志之。光緒辛丑年夏六月望日甘泉朱黃記於黃州道中。"

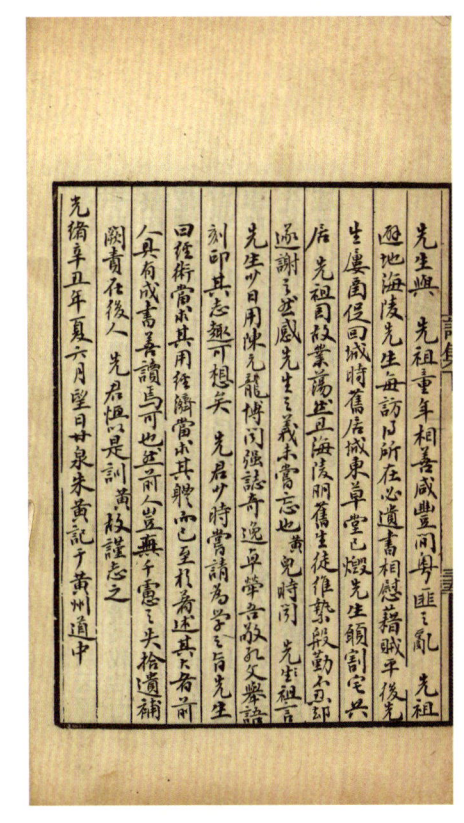

458　學詁齋文集二卷(2-2)

黃裳《前塵夢影新錄》收有此書,稱:"文頗可觀,晚清學人集亦不多見,皆可珍重。"卷内鈐"伊婁朱氏珍藏"朱印。是書得之於天津瀋陽道書鋪。

求志集卷之一

溧陽陳雱輯

盥盤銘　　周武王

與其溺於人也盥溺於淵溺於淵猶可游也溺於人不可救也

鑑銘

見爾前慮爾後患常伏於照所不及過常生於慮所不周故雖聖人懷乎隱

憂

杖銘

惡乎危於忿懥惡乎失道於嗜欲惡乎相忘於富貴

楹銘

459　求志集四卷

清陳鼐輯。清光緒十二年(1886)刻本。大開本二册。眉上鐫批。

陳鼐,字作梅,號槎溪,江蘇溧陽人,道光二十七年(1847)進士,官至直隸清河道,曾入曾國藩幕。另撰《槎溪學易》。

此書《販書偶記》正續編均未載,二十年前得之於天津和平路古籍書店。當時該書店由雷夢辰主持,雷師傅爲海王邨中國書店雷夢水胞弟,津門資深書估。余有幸在店内與其相遇幾回,記得有一次請教道光版《三蘇全集》好還是民國據手稿影印之《越縵堂日記》好,雷答曰後者爲佳。此中道理,余多少年後纔漸漸明白。

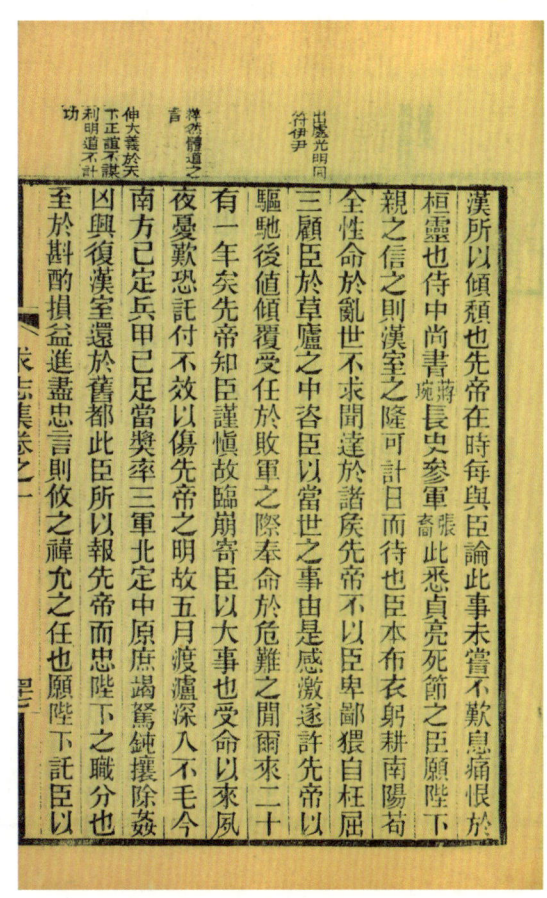

459　求志集四卷(2-2)

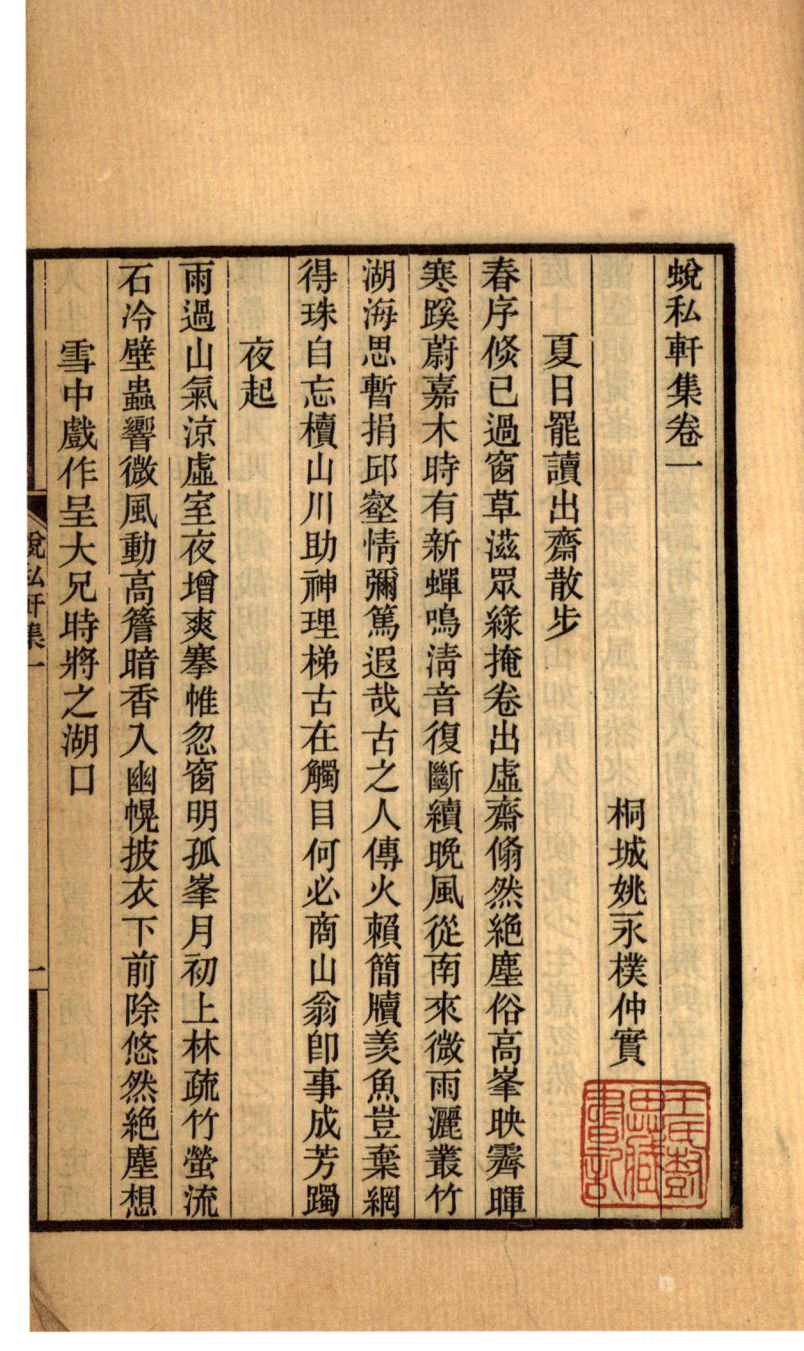

蛻私軒集卷一　　桐城姚永樸仲實

夏日罷讀出齋散步
春序倏已過　窗草滋眾綠　掩卷出虛齋　翛然絕塵俗　高峯映叢翠　寒蹊蔚嘉木　時有新蟬鳴　清音復斷續　晚風從南來　微雨灑叢竹　湖海思暫捐　邱壑情彌篤　遐哉古之人　傳火賴簡牘　羨魚豈棄網　得珠自忘筌　山川助神理　梯古在觸目　何必商山翁　卽事成芳躅

夜起
雨過山氣涼　虛室夜增爽　搴帷忽窗明　孤峯月初上　林疏竹螢流　石冷壁蟲響　微風動高簷　暗香入幽幌　披衣下前除　悠然絕塵想

雪中戲作呈大兄時將之湖口

460　蜕私軒集五卷

清姚永樸撰。民國十年(1921)秋浦周氏刊行。周明泰序,姚永概跋。

姚永樸,字仲實,號素園,室名蜕私,安徽桐城人。光緒舉人,歷任廣東起鳳書院山長及山東高等學堂、安徽高等學堂文科教習。民國後任北京大學教授、清史館纂修。著有《尚書誼略》《大學古本解》《史學研究法》等。

此書係其弟子周明泰所刊。明泰,字志輔,安徽秋浦人。熟稔北京梨園掌故。著有《几禮居隨筆》《枕流答問》《續封泥考略》等。

460　蜕私軒集五卷(2-2)

賀先生文集卷一

誥封資政大夫署鳳陽府知府泗州知州裴公墓誌銘

公諱寶善字華南河間裴氏曾王父庚王父棠妣氏劉父士燿妣氏孔本生父士焜妣氏郝封贈皆如公官王父士燿贈中憲大夫妣皆恭人父資政大夫妣夫人公生而英特有膽略所當為不避勞怨道光壬辰舉於鄉官安徽是時吏治弛廢盜賊充斥皖俗尤雕悍不易治巨蠹大猾任俠作奸不肖至千百為羣有司避法匿不以聞公曰豪猾不治亂萌也余其敢避初任貴池縣知縣山民扇亂單騎往撫操兵羣譁叱之退明日復往接以溫語眾乃大歡振其脅從而寘法其魁姚紹孔者懷巨匪也橫行潁鳳壽亳冀欲有為召號數萬人立致公由貴池調懷遠卒往掩捕立禽以歸合肥舒民屢扞文罔官不敢誰何大吏調

461　賀先生文集四卷

　　賀濤撰,賀葆真、吴闓生校訂。民國三年(1914)刊於京師。大開本。四册。卷前徐世昌序,卷尾賀葆真跋。

　　賀濤,字松坡,河北武强人。光緒十二年(1886)進士,官刑部主事。後主講保定文學館,師事吴汝綸。民國元年(1912)卒,享年六十二歲。

　　賀濤爲桐城派後期代表作家。徐世昌序稱:"繼吴先生後,卓然爲一大家,非餘人所能及也。"賀葆真跋稱其先君:"年且五十,始多述作,復評騭古人文,有所編輯而遽病目,遂棄官居館席。葆真朝夕侍側,每爲文,口授葆真代書録藁。既多,合舊所存藁,以先後次爲四卷,先君固未嘗更自審定也。先君棄養,方謀刊行。"於此跋更知此書係徐世昌"餉以巨資,促其鋟板"。

　　卷内鈐"陳彰""蒙父""質欽甫"等印。

　　陳運彰,原名陳彰,字君漠、蒙安、蒙父等,室名華西閣,廣東潮陽人。善書法及印。

　　吴桐林,字質欽,別署耽道人,四川屏山人。一八九四年中日甲午戰争時,入劉永福軍幕,負責籌餉,抵禦日軍侵臺。光緒二十年(1894)上書陳變法,後任商部郎中,承辦《商務官報》。光緒三十二年(1906),聯合華僑創辦中國貨運公司。民國後任畿輔編書局編纂。

　　周清澍爲内蒙古大學歷史系教授,專治蒙元史。十餘年前,知余藏有此書,急欲觀看。周先生富藏書,余曾入其舍觀書,所見有民國間陶湘刻藍印本《儒學警悟》,銘心之物也。

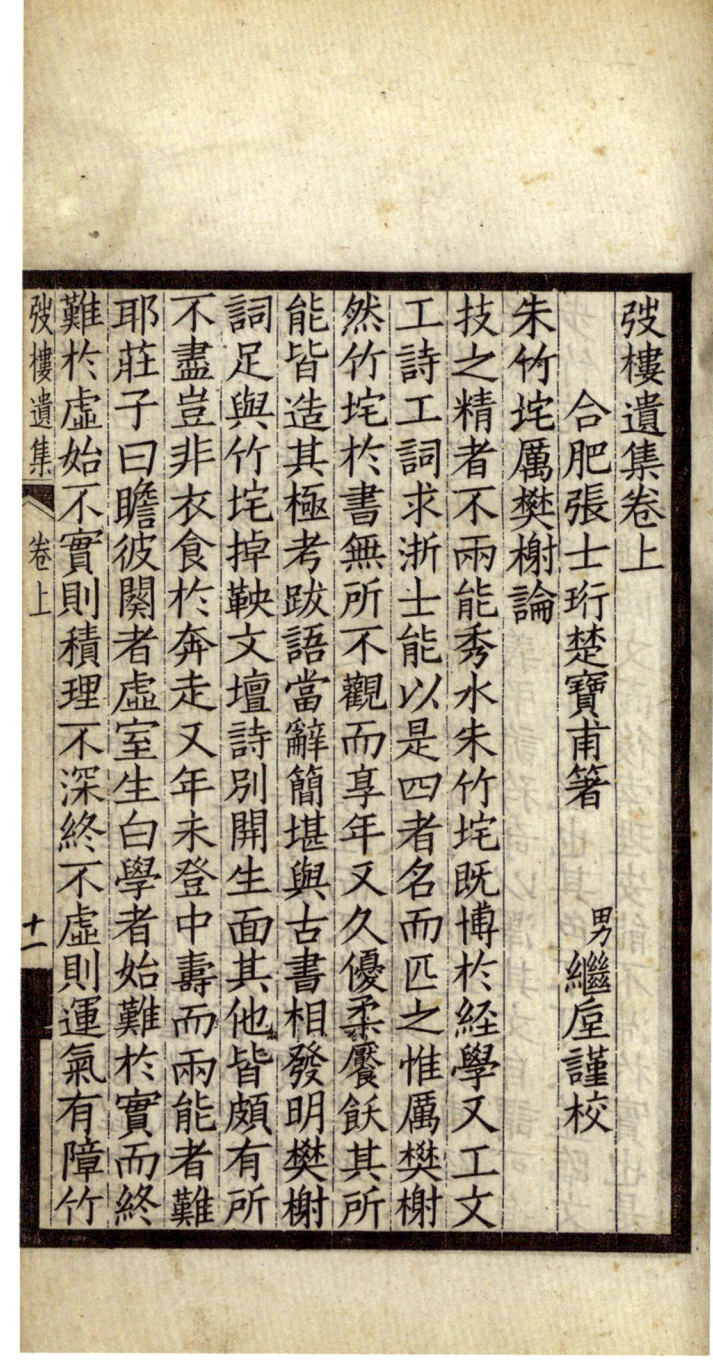

弢樓遺集卷上

合肥張士珩楚寶甫箸

男繼㢸謹校

朱竹垞厲樊榭論

技之精者不兩能秀水朱竹垞既博於經學又工
工詩工詞求浙士能以是四者名而匹之惟厲樊
然竹垞書無所不觀而享年又久優柔饜飫其所
能皆造其極考跋語當辭簡堪與古書相發明樊
詞足與竹垞掉鞅文壇詩別開生面其他皆頗有
不盡豈非衣食於奔走又年未登中壽而兩能者
耶莊子曰瞻彼闋者虛室生白學者始難於實而終
難於虛始不實則積理不深終不虛則運氣有障竹

462　弢樓遺集三卷

張士珩著。民國壬戌(1922)刻本。白紙二册。卷前桐城馬其昶撰《張君墓誌銘》,卷末劉朝望《後序》。

張士珩,字楚寶,號潛亭,安徽合肥人。一八五七年生。李鴻章外甥。主管北洋軍械局五年、江南製造局六年。辛亥後避居青島,一九一七年卒,享年六十一歲。

此書寫刻殊精,雖民國本今亦稀見。

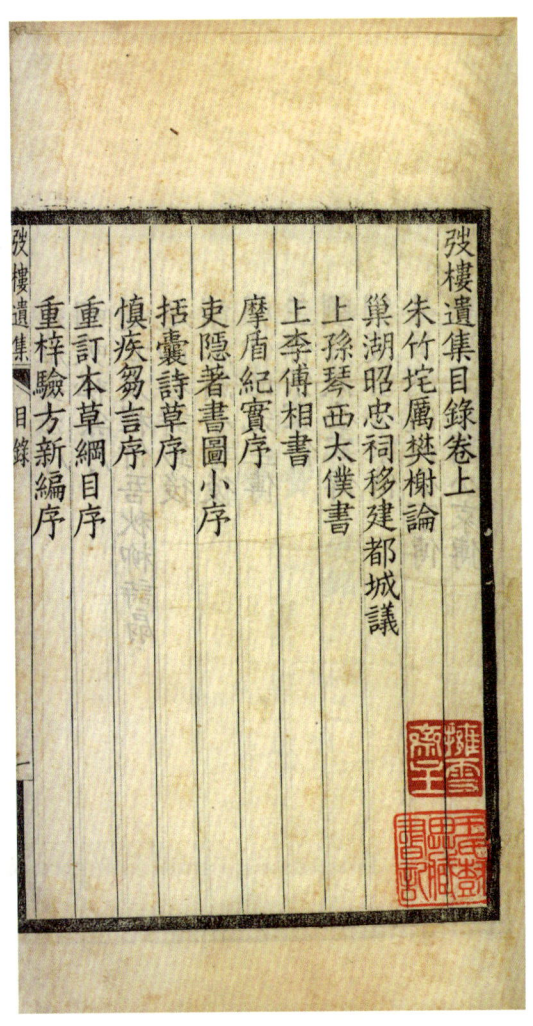

462　弢樓遺集三卷(2-2)

左盦集卷一

連山歸藏考

揚子劉師培

連山歸藏近儒考釋畧備惟漢書古今人表於少典方雷氏之間有列山歸藏二氏列連聲轉戜為藏省則連山歸藏為人名值羲農黃帝之間所作占法因以為名杜子春謂連山宓戲歸藏黃帝葢以此二易始於宓戲黃帝時耳非謂宓戲所自作也皇甫謐帝王世紀以連山為炎帝別為一說不與班杜同此邃古之連山歸藏也鄭君易贊謂夏曰連山殷曰歸藏葢夏用列山氏占法商用歸藏氏占法非連山作於夏歸藏作於殷

463 左盦集八卷

劉師培撰。民國十七年(1928)北京修綆堂刻本。六册一函。卷前張伯英序。劉師培簡介參見285"劉申叔先生遺書"。

修綆堂,古書鋪,位於北京隆福寺,孫錫齡初創於民國四年(1915),得到陶湘資助之"修綆堂",取《荀子》"短綆不可以汲深泉"之意。

《左盦集》初刻於光緒二十四年(1898),爲巾箱本,印量極少,罕見。此修綆堂本即據初刻本重刻,刻印校精,亦不多見。戊寅(1998)夏余購自海王邨,時此書置於馬春懷師傅案頭尚未上架,余請購,承允,亟購之。同時另獲雍正版周亮工《書影》一部,書品皆好。

463 左盦集八卷(3-2)

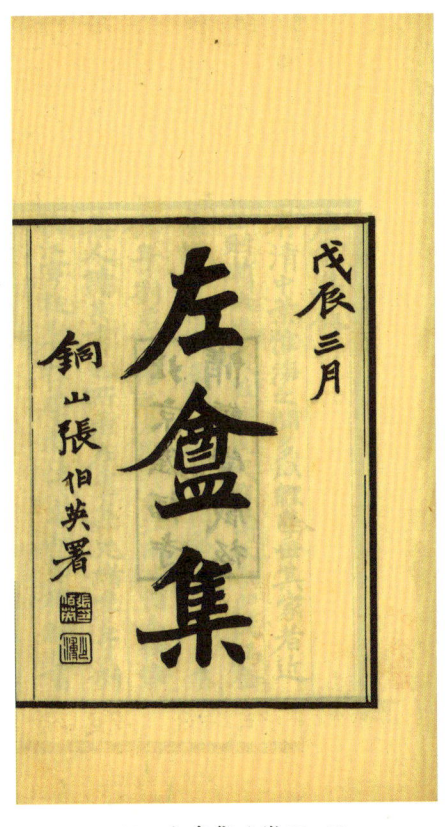

463 左盦集八卷(3-3)

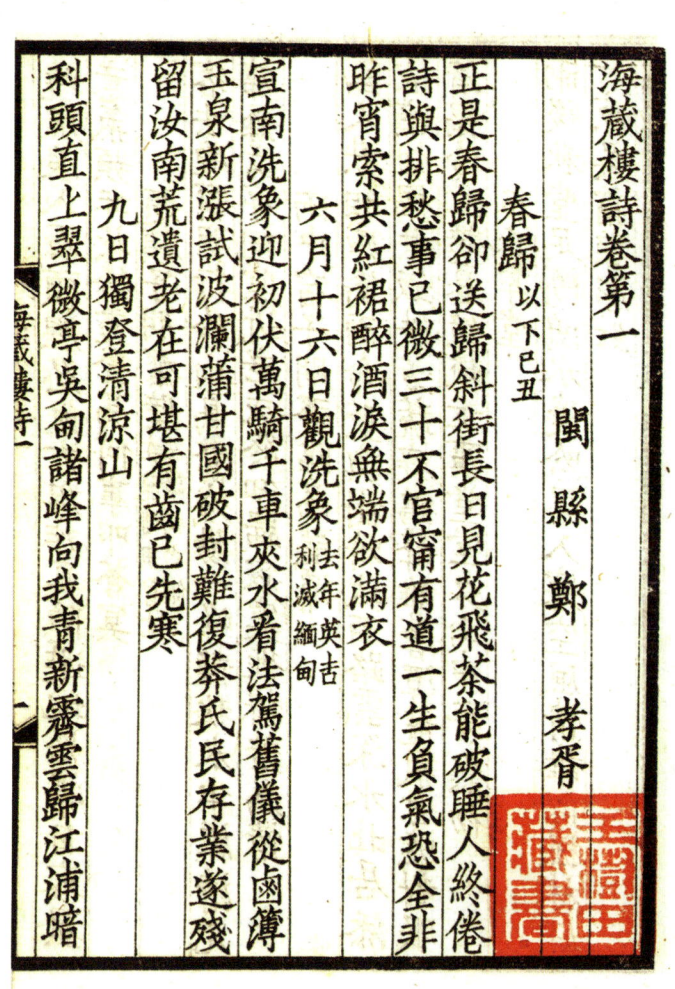

海藏樓詩卷第一

閩縣鄭孝胥

春歸 以下己丑

正是春歸卻送歸斜街長日見花飛茶能破睡人終倦
詩與排愁事已微三十不官寗有道一生負氣恐全非
昨宵索共紅裙醉酒淚無端欲滿衣

六月十六日觀洗象 去年英吉利滅緬甸

宣南洗象迎初伏萬騎千車夾水看法駕舊儀從鹵簿
玉泉新漲試波瀾蒲甘國破封難復莽氏民存業遂殘
留汝南荒遺老在可堪有齒已先寒

九日獨登清涼山

科頭直上翠微亭吳甸諸峰向我青新霽雲歸江浦暗

464　海藏樓詩十三卷

鄭孝胥撰。民國三年(1914)影印本。白紙。巾箱本。四册一函。

鄭孝胥,字蘇戡,號海藏樓主人,福建閩縣人。任廣西邊防大臣,安徽、廣東按察史、湖南布政使,清亡後,出任僞滿州國總理大臣。一九三八年死於長春。鄭氏工於詩,爲晚清詩壇"同光體"閩派領軍人物,其曾云:"余戌而寢,丑而興,枕畔燈前,皆余作詩之時,作詩之所。"可見用功之勤。惜其立身一敗,遂爲詩壇所不齒。

卷首鄭氏小照一幀,次顧雲序,壬寅陳衍序。卷内有墨筆題"一九五三年五月十七日殷叔詳在京贈"一行。卷末題詩一首:"才華絶世功名熱,白面籌邊一腐儒。封豕長蛇渾不辨,倒行垂暮是窮途。一九五三年五月十七日讀《海藏樓詩》題後。孝胥任溥儀僞總理,爲日人所扼,鬱鬱不得志,與其子先後爲日人毒死。"

書曩獲於當地古舊書店,書品如新。

464　海藏樓詩十三卷(3-2)

464　海藏樓詩十三卷(3-3)

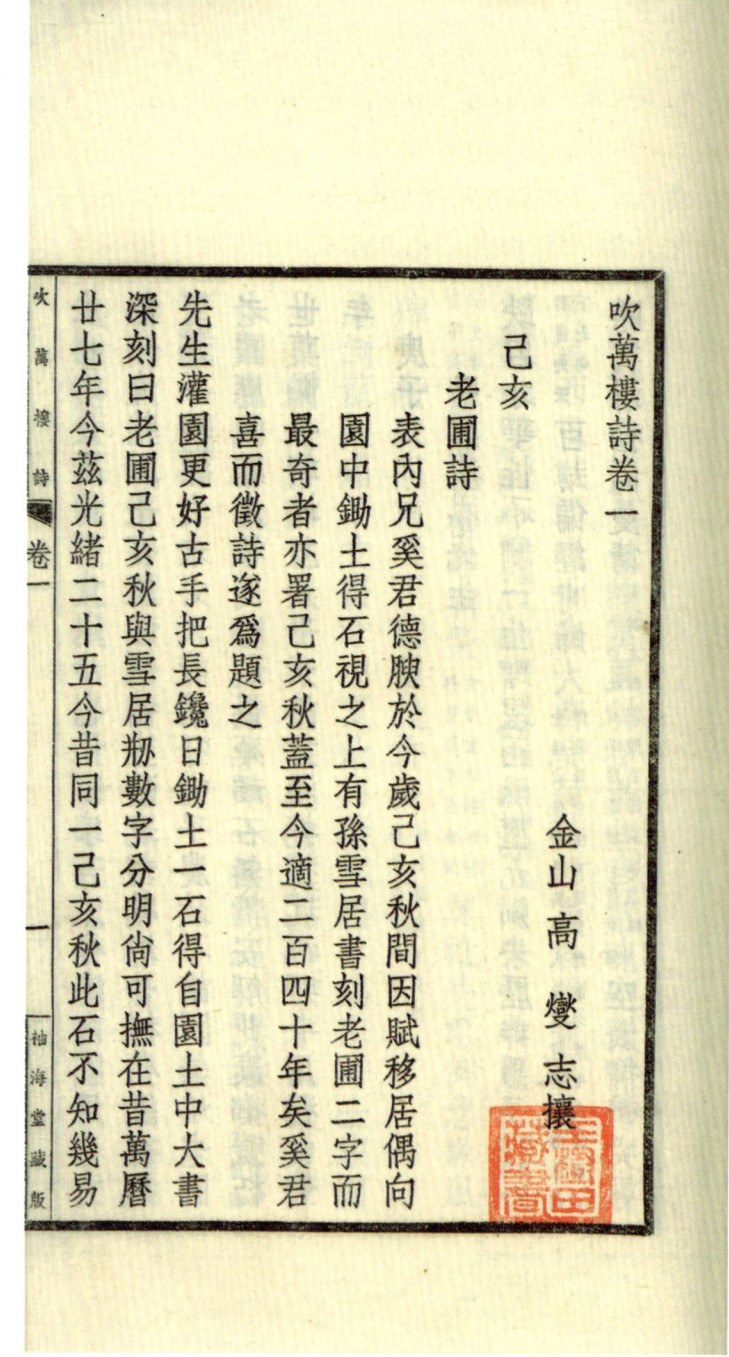

吹萬樓詩卷一

金山 高 燮 志襄

己亥

老圃詩

表內兄奚君德腴於今歲己亥秋間因賦移居偶向園中鋤土得石視之上有孫雪居書刻老圃二字而最奇者亦署己亥秋蓋至今適二百四十年矣奚君喜而徵詩遂爲題之

先生灌園更好古手把長鑱日鋤土一石得自園土中大書深刻曰老圃己亥秋與雪居刱數字分明尚可撫在昔萬曆廿七年今茲光緒二十五今昔同一己亥秋此石不知幾易

465　吹萬樓詩十八卷

高燮撰。民國三十六年(1947)刊。鉛印。白紙綫裝四厚册。前有民國三十六年潁邨序,同年瞿蜕序,同年姚鵷序,卷末同年沈世騏跋。

卷前墨書:"白訥先生惠存,君賓敬贈。乙巳冬月。"鈐"君賓持贈"印。君賓爲高燮第四子,南社社員。其與姚竹心(字盟梅)結婚時,她哥哥姚石子還專門爲她出版了閨秀詩集《盟梅館詩集》,作爲特殊的嫁妝。

解放後,《吹萬樓詩》的板片存放於杭州,高君賓將其捐給了上海圖書館。

庚午(1990)秋遊滬,購於福州路古籍書店。

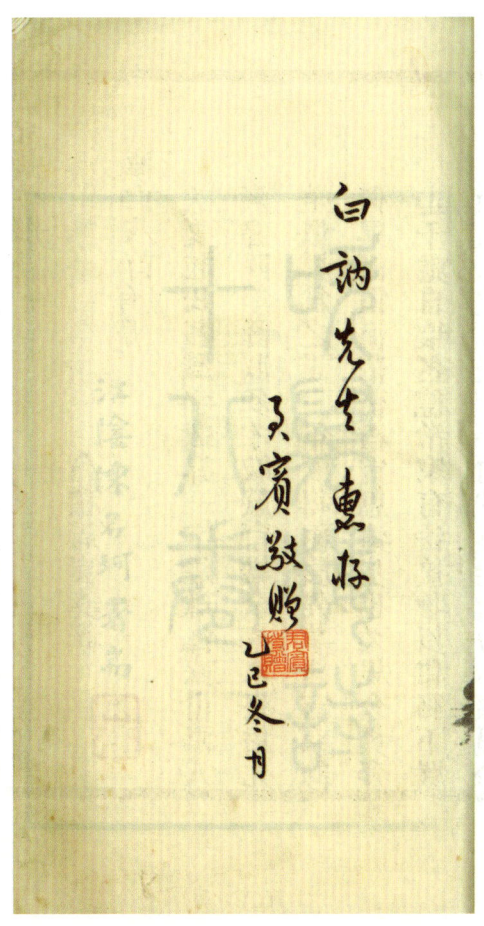

465　吹萬樓詩十八卷(2-2)

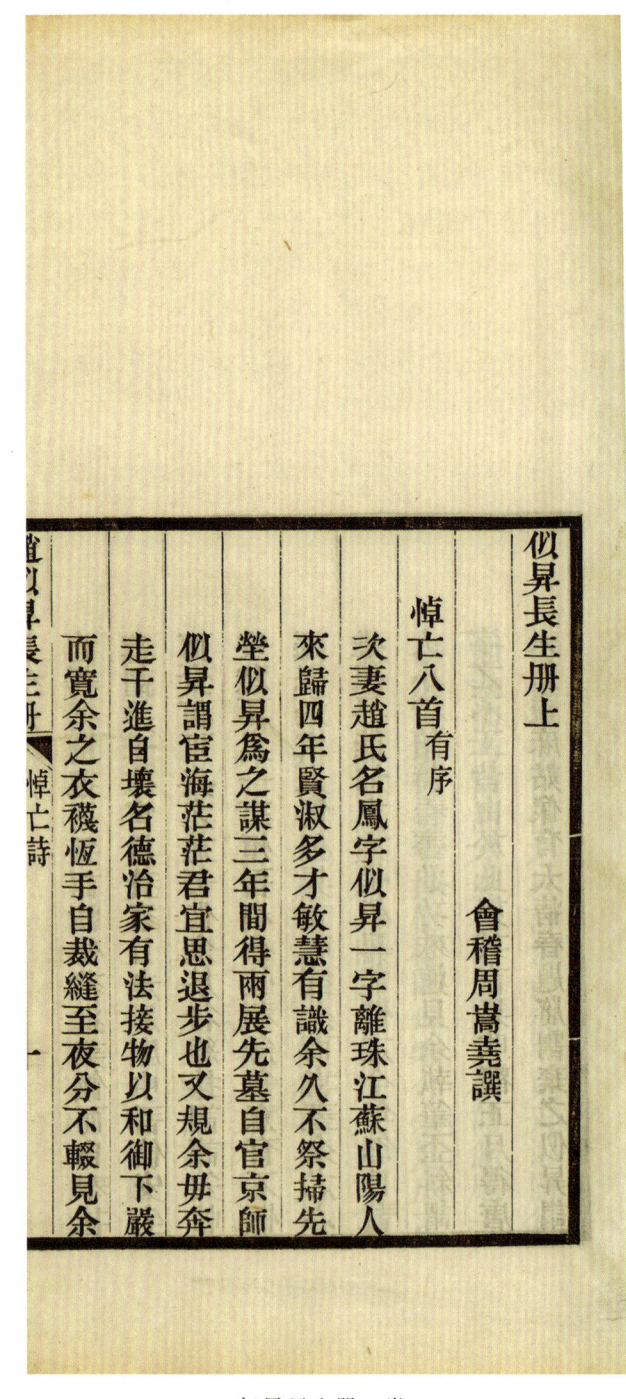

466 似昇長生册三卷(3-1)

466　似昇長生册三卷

會稽周嵩堯撰。清宣統三年(1911)刊於京城。書凡兩册,前册爲周嵩堯悼念亡妻趙鳳(似昇)所作悼亡詩(包括京城諸多名公之題辭、悼詩);次册爲《似昇所收書畫錄》。

周嵩堯,原名周貽良,字峋芝,清同治十二年(1873)生於江蘇,先任漕運總督衙門文案、總文案,後入京被委以郵傳部郎中,掌路政司。入民國後爲江西督軍公署秘書長,後又在海陸軍統帥辦事處任秘書。一九二二年,周卸任回淮。解放初任中央文史館館員。一九五三年辭世,享年八十。早年著有《磨綺集》,編輯過其舅父鄭仁壽《鏡華老人文集》十卷、曾祖父周元棠《海巢書屋詩稿》等。妻樊氏,後娶趙氏、孫氏。

趙鳳,字似昇,一九〇七年嫁與周氏,四年之後便因暑熱病棄世,年僅二十三歲。趙氏通文墨,知情達理,且與丈夫周嵩堯共有蒐集文物書畫之好。

是書得之於琉璃廠邃雅齋。此係自費印刷之書,屬非賣品。存世頗稀。

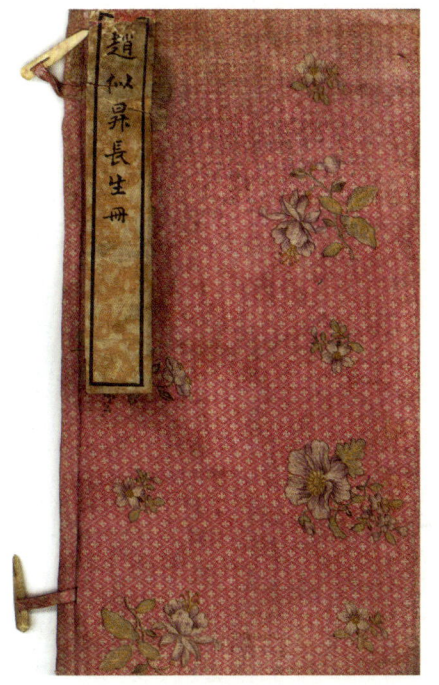

466　似昇長生册三卷(3-2)

466　似昇長生册三卷(3-3)

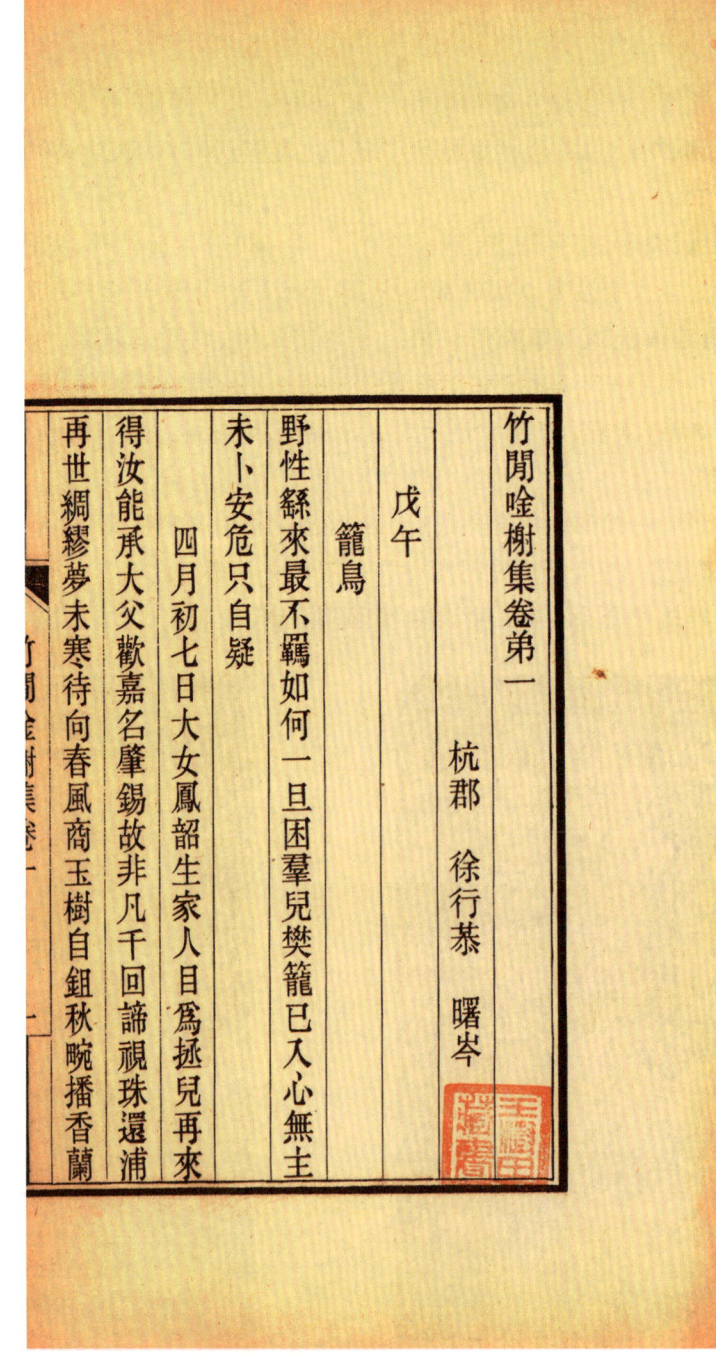

竹閒唫榭集十卷(2-1)

467　竹閒啽榭集十卷

徐行恭撰。民國十八年(1929)杭州渭文齋精刻本。白紙四册。

卷前民國八年(1919)常熟孫雄師鄭叙,稱:"詩稿自戊午迄於戊辰,唯第一卷爲戊午、己未兩年所作,餘皆歲各一卷,迭經曙岑手自删削,名章俊句美不勝收。"次同年張惟驤叙,同年徐行恭自叙,卷末同懷女弟蘊恭跋。卷尾鎸"杭州弼教坊渭文齋精鎸"二行。

徐行恭,字曙岑,號竹閒,杭州湖墅人。一九二七年前曾任浙江興業銀行行長等職,解放後任上海公私合營銀行副總經理。善行楷,工詩詞,藏書萬卷,家有延仁閣藏書樓。一九八八年逝世,享年九十九歲。另撰有《延仁詞》。

此書初印,開本闊大,鎸刻精整,知爲杭州著名刻書坊渭文齋所刻印,誠爲民國精鎸之本,他年必入善本之列。辛未(1991)秋購於滬上,二十年後愈覺其美。二〇一二年西泠印社秋拍上,有《竹閒啽榭集》十卷全套書板,另附藍印校改本四册,以三十六萬八千元成交。此書板雕成後刷印不多,僅爲親友間禮贈傳閱,故稀見。

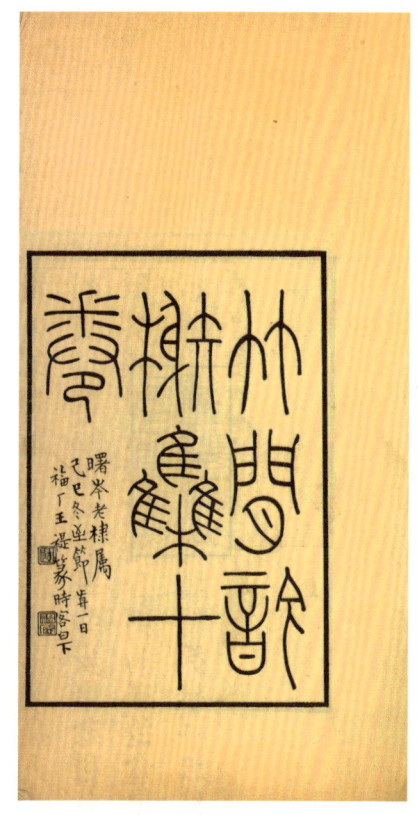

467　竹閒啽榭集十卷(2-2)

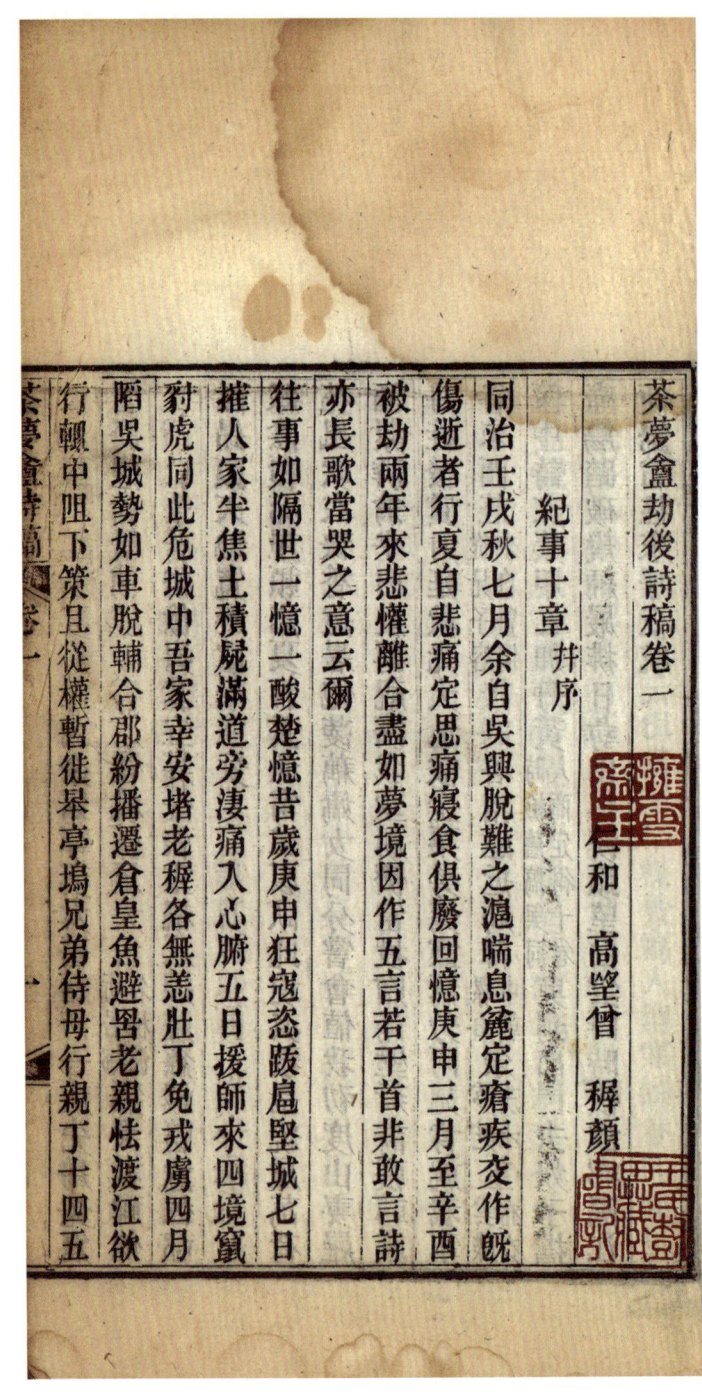

茶夢盦劫後詩稿卷一

仁和 高塋曾 穉顏

紀事十章并序

同治壬戌秋七月余自吳興脫難之滬喘息甫定瘡疾交作既傷逝者行夏自悲痛定思痛寢食俱廢回憶庚申三月至辛酉被劫兩年來悲懽離合盡如夢境因作五言若干首非敢言詩亦長歌當哭之意云爾

往事如隔世一憶一酸楚憶昔歲庚申狂寇恣跋扈堅城七日摧人家半焦土積屍滿道旁淒痛入心腑五日援師來四境竄豺虎同此危城中吾家幸安堵老穉各無恙壯丁免戎虜四月陷吳城勢如車脫輻合郡紛播遷倉皇魚避罟老親怯渡江欲行輒中阻下策且從權暫徙舁亭塢兄弟侍母行親丁十四五

468　茶夢盦劫後詩稿十二卷

清高望曾撰。清同治九年(1870)刻,光緒十六年(1890)補板。大開本。白紙四冊。

高望曾,字稺顏,號茶盦,仁和人,諸生,官至福建將樂知縣。

此書《販書偶記》正續編皆未著録。

甲戌(1994)初秋,寒凉漸至。余將辭去收藏家協會會長一職,任職八年餘,徒擔虚名,今辭之,有益身心。人生晚年宜多用減法也。

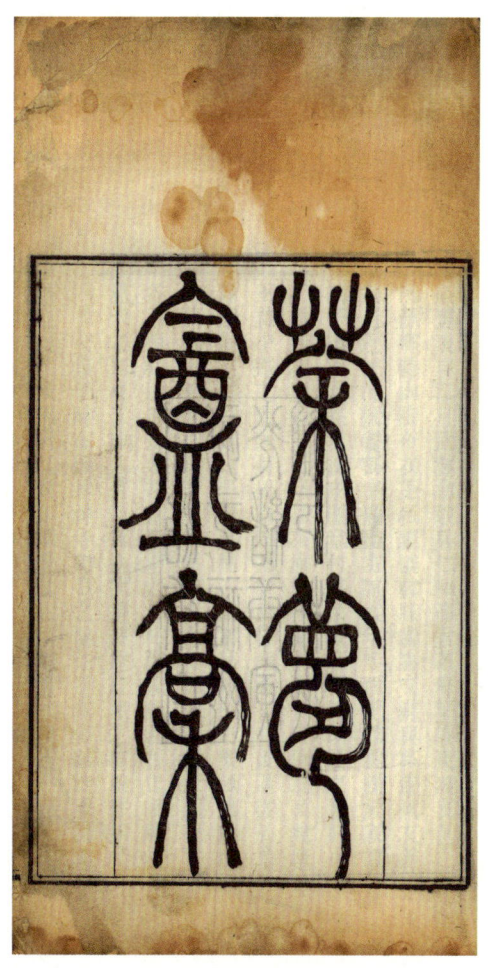

468　茶夢盦劫後詩稿十二卷(2-2)

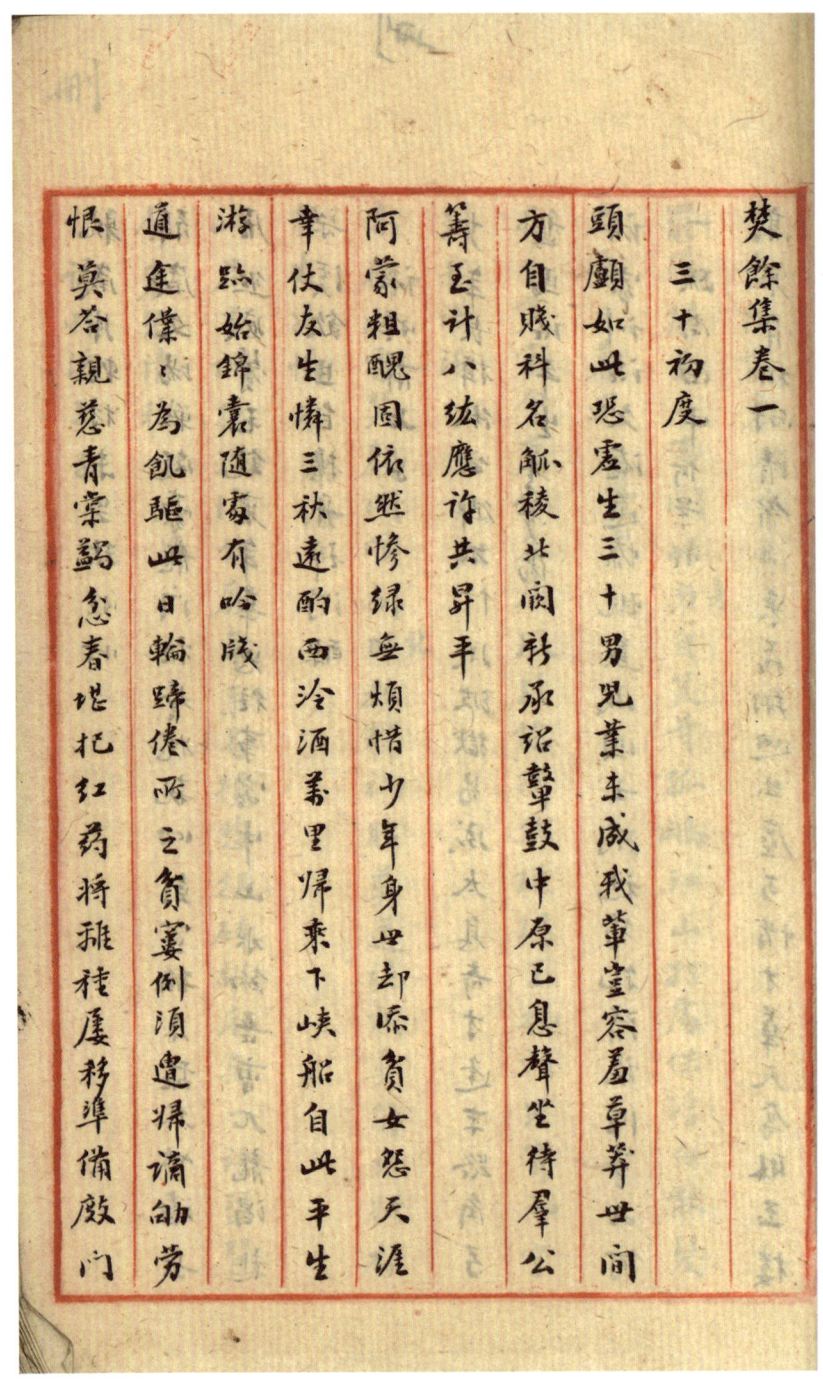

焚餘集卷一

三十初度

頤顱如此恐虛生 三十男兒業未成 我輩豈容居草莽 世間方自賤科名 艅艎轟鼓中原已息聲 坐待舉公籌 玉計小絃應詐共昇平

阿蒙粗醒困依然 慘綠無煩惜少年 身世卻嗟貧女怨天涯

牽仗友生情 三秋遠酌酒 萬里歸乘下峽船 自此平生

游跡始錦嘉隨寓有吟哦

適逢僅以為飢驅 此日輪歸倦 所之貧竇例須遺歸誚助勞

恨莫答親慈 青棠鸎戀春堤 托紅藥將雛棲 屢移準備廠門

469　稿本芯廬遺稿

五冊。分《芯廬詩鈔》《芯廬叢鈔》《芯廬隨筆》等數種。《詩鈔》爲多。詩分七卷，爲《焚餘集》《羈旅集》《客授集》《倦游集》《應酬集》《豹皮集》《淪陷集》及《芯廬詞存》等。詩作時間自民國至二十世紀五十年代後期。有少數詩類似竹枝詞，頗存趣味。三冊毛釘，二冊以專用稿紙綫釘。書口鎸"芯廬"。朱絲欄。

潘昌煦，字由笙，號芯廬，江蘇吳縣人。一八九八年戊戌科進士，授翰林院編修、國史館協修、武英殿協修。後赴日本留學，回國後任北京政府大理院刑庭庭長、燕京大學法學教授、國立清華大學政治學教授。後回歸蘇州故里，住皮市街，鬻書賣文爲生。一九五八年一月去世。

潘氏爲著名詩人、書法家。早年詩風承繼杜陵，晚年愛陶白遺風。詩作《芯廬遺集》一九六三年自費印行，收詩作五卷、詞作一卷。書法宗顔、柳，擅行楷。

此潘氏遺稿乙亥年（1995）獲於蘇州皮市街王某。内中有一冊書衣有墨跋云："數十年辛苦不忍捐棄，所謂敝帚自珍，幸兒□潛藏之。"此稿流落民間，轉歸寒舍收藏，似與之有緣，宜珍存之。

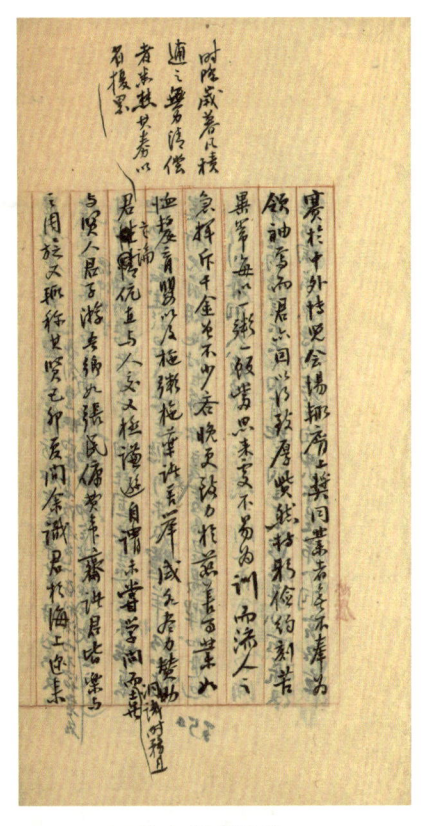

469　稿本芯廬遺稿（2-2）

戊午吟草

天津金鉞浚宣

戊午八月九日感懷水災行 有序

丁巳秋季津門水災爲從來未有之浩刼其決口也在八月初八而氾濫於租界者在初九至初十日則繁華靡麗之區盡爲鱗介出沒

470　戊午吟草

　　天津金鉞撰。民國己未(1919)刊。排印本。一册。集内收詩二十餘首,其中《與羅叔藴君會談作》《輓梁巨川先生》二詩,《小引》中頗具史料價值:"上虞羅叔藴君振玉著作等身,國變後遁隱海東,予心焉嚮往。戊午春二月曾藉郵筒與通往還,嚶鳴之意幸獲同情。冬十月初,彼偶返國過津,以所著書及炷香、筆墨等事見貽,會飲於章氏四當齋,劇談竟日。其年未及六旬,神固超越,鬚已盡白,於此益見著書之苦矣。"梁巨川"爲人古樸廉介……精鑒賞,最喜收扇面。遇知交輒乞書畫,所藏不下數百柄。每夏令持扇時,日易一柄,至秋不見其重複。往往人皆皮裘矣,而先生猶揮扇摇摇,其所帶扇絡等件,又多半爲乾嘉時物,人皆目之而笑,先生則自樂其所樂,不顧也。"

　　卷前有金鉞坐擁書城、春風得意之照片一幅。時金氏未及三十,藏書已名滿津門矣。據載,十年動亂中,金氏藏書均被劫去,另有不少書稿"捐獻"北京圖書館(現爲中國國家圖書館)。發還之後,餘之書以一元一册售與新華書店,得二千餘金。

470　戊午吟草(3-2)

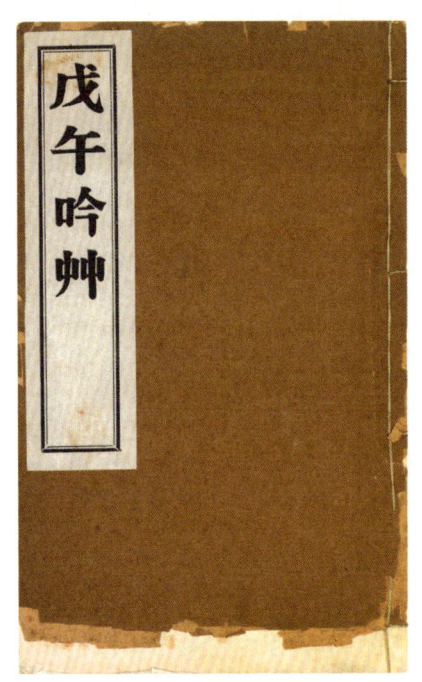

470　戊午吟草(3-3)

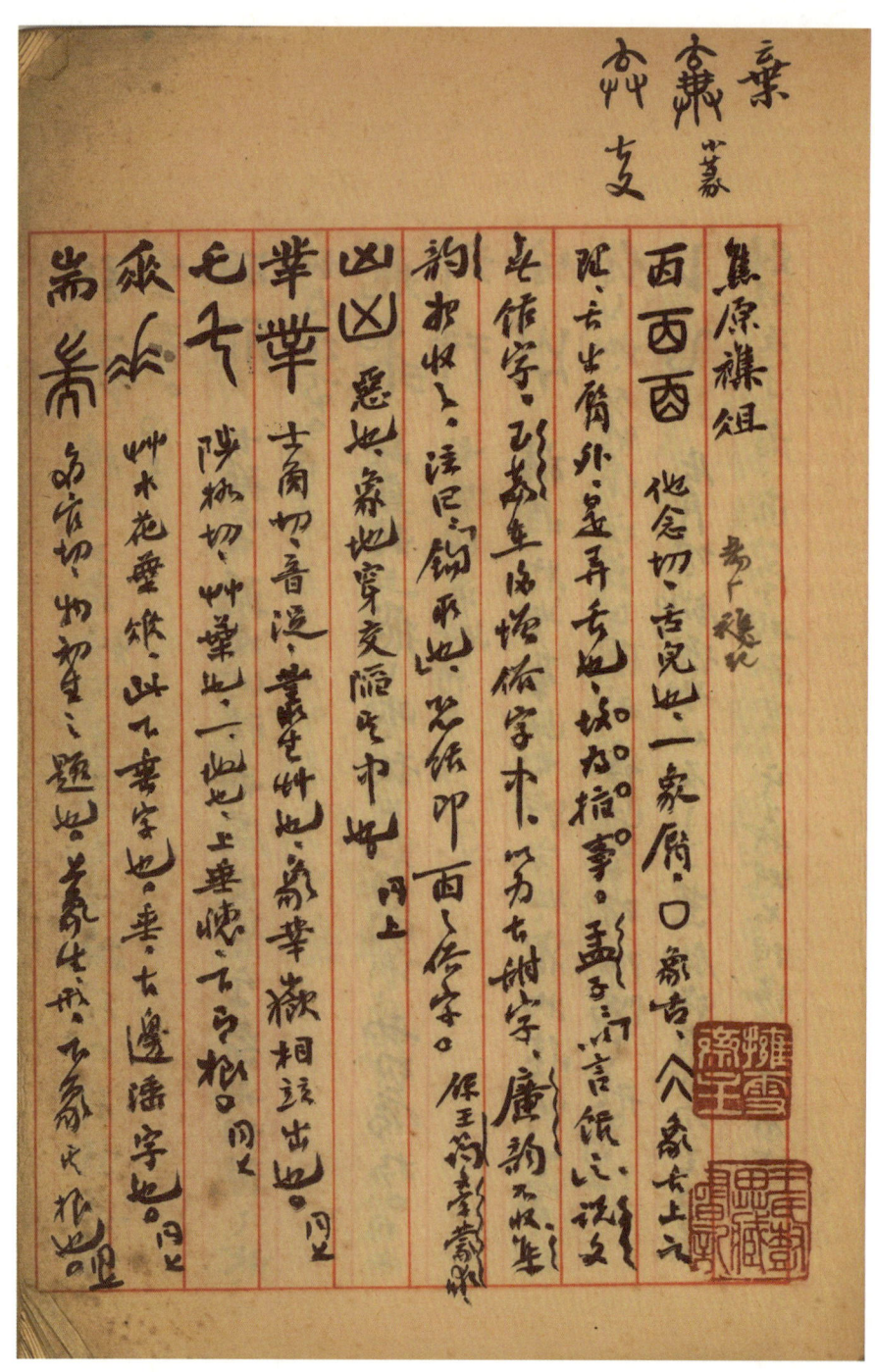

471　稿本焦原褋俎（2-1）

471　稿本焦原襍俎

撰者武進吳枏。稿本。一册。封面題"二六、八、二十八、□厂自記"。內鈔錄《盧溝橋掌故》《江陰謝肥城墓碣》《焦原備忘錄》《張翰風先生佚文一首》《昌黎詩》《吳梅村宮詞》《題孫雪泥枕□詩草》《魏武殺呂伯奢及與陳宮交誼始末徵史草稿》《吕君墓碣》等。並有詩稿數十首。内容較駁雜。

吳枏(1880—1941),字伯喬,一字我尊,號天問閣、杏庵。曾隨宦至湖北漢口,組織票房,扮老生。清末被公派赴日留學,次年與留日的李叔同等人發起成立中國首個話劇團體春柳社,並排演《黑奴籲天錄》,自飾黑奴一角。回國後,多次組織并參加話劇演出。民國初,赴南通創辦伶工學社。一九三五年後,卜居上海,編輯《戲劇旬刊》。精書法,通京劇,殁於民國間。王春渠曾收藏其字幅,二十世紀八十年代影印出版。字體雄壯,似毫無所拘,與此册同。鄭逸梅《藝林散葉》錄其事跡一二。

此稿本得之於蘇州張珂處。其時所見鈔、稿本甚多,今恐星散矣!

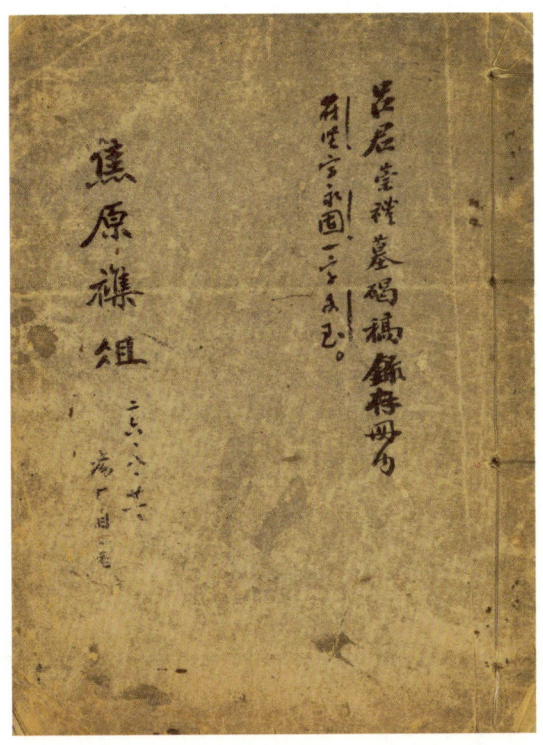

471　稿本焦原襍俎(2-2)

萬物炊累室駢文卷第一

上洋賦 有敘

上海為中國通商一大埠自道光之季椎輪互市積今殆五十年干蘭弛禁磯貨踵至百物豐蔚連犿瑰譎然歲月浸久削滋甚意者利源易罄而權未我操與桓寬鹽鐵論曰異物內流則國用饒利不外洩則民用給升降之故於是乎在余生長居近滬瀆塵轂軼掌睹時間軼因掎摭繁縟比誼風喻昔楊雄作賦謂因筆墨成文章故藉翰林為主人子墨為客卿

472　萬物炊累室駢文

沈同芳撰。清光緒間刊。木活字本。存一冊。牌記曰"光緒歲在昭陽聚珍板印"。

沈同芳,字友卿,號越石,武進人。光緒甲午(1894)進士,授唐縣知縣,賜編修銜。

此本收沈氏駢文十八首。卷內有批,《寄所親書》一文,墨批云:"文字不多而以此等猥褻之作闌入,殊失品格。"

撰者另著有《中國漁業歷史》一書。

472　萬物炊累室駢文(3-2)

472　萬物炊累室駢文(3-3)

夢仙詩稿

天津孫雲夢仙箸

初春

閒攜妹弟看耘耔，牛畝芳園情足怡，新嫩萌芽堪供眼，霏微煙雨不寒肌，風來花際蜂先覺，春到枝頭鳥自知，最是一年天氣好，上元節後豔陽時。

村居

鄉居無一事，市遠不奢華，門外臨溪水，籬邊放野花，詩娛父母，學畫寫桑麻，無限田園樂，何須仕宦家。

473　夢仙詩稿一卷續集一卷

孫雲著。一九二四年刊於都門。排印本。白紙一册。

卷前林紓序,鄭孝胥序,蔣蘭畬序,王新銘序。鄭孝胥題簽。書中印有撰者繪畫多幅。

卷前有墨題,云:"民十九夏曆十月初四日,同學羅君霈霖召余赴宴並贈此卷。夢仙者,羅君之令堂也。貽彝志。"

孫雲,生於一八七六年,卒於一九四一年,字夢仙,天津北倉人,以畫聞名。擅花卉翎毛,宗惲南田,尤擅摹前人舊作。其夫羅朝漢亦善畫,夫婦常有詩畫聯璧之作。

此書珂羅版精印,紙白墨潤,字大行疏,圖文並茂,誠可把玩。

書早年獲於天津文林閣。

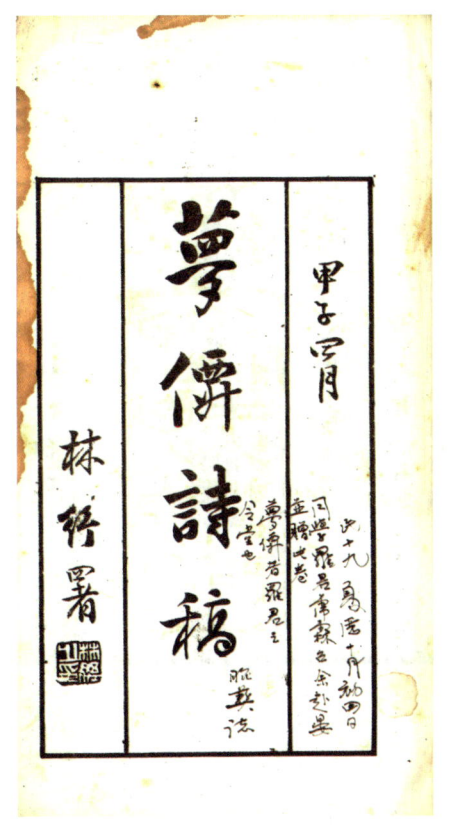

473　夢仙詩稿一卷續集一卷(2-2)

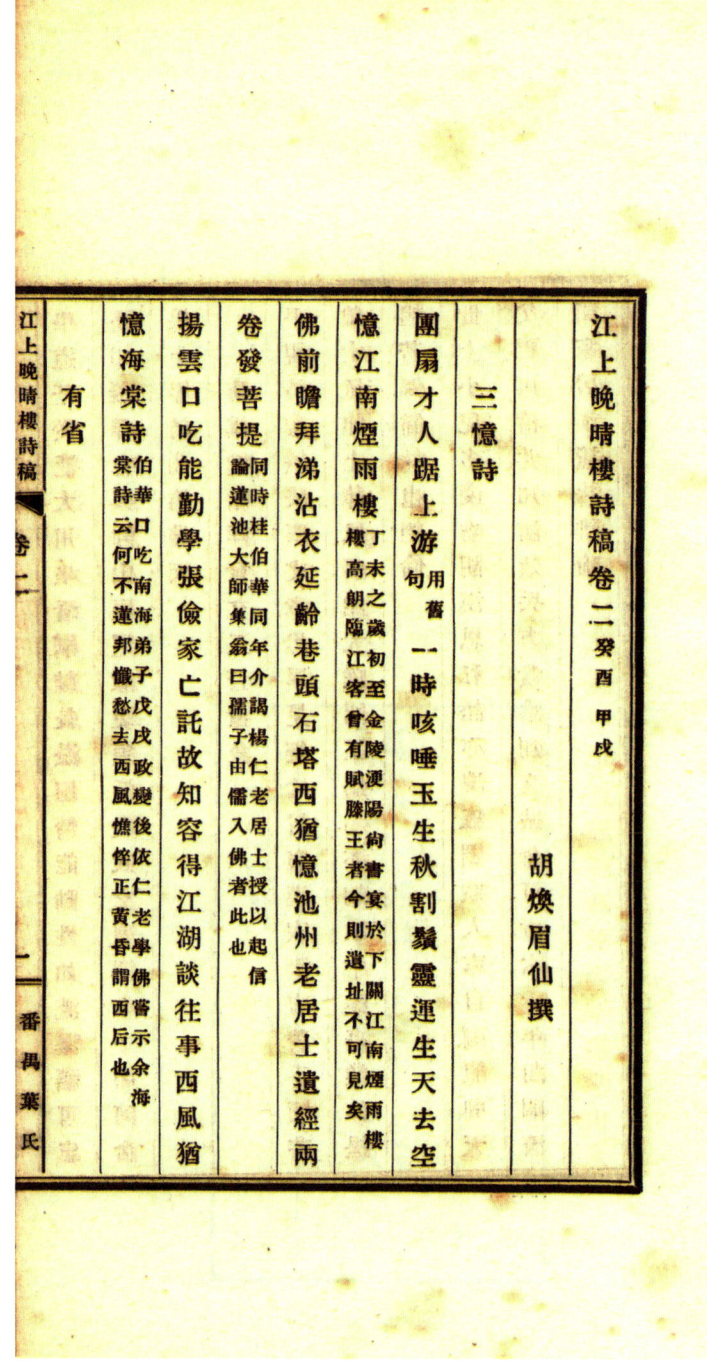

江上晚晴樓詩稿卷二 癸酉甲戌　　胡煥眉仙撰

三憶詩

團扇才人踞上游 用舊句 一時咳唾玉生秋 割鬚靈運生天去空

憶江南煙雨樓 樓高朗陳江客曾有賦滕王者今則遺址不可見矣 丁未之歲初至金陵溧陽鈞書宴於下關江南煙雨樓

佛前瞻拜涕沾衣 延齡巷頭石塔西猶憶池州老居士遺經兩

卷發菩提論蓮池大師集翁曰孺子由儒入佛者此也 同時桂伯華同年介謁楊仁老居士授以起信

揚雲口吃能勤學 張儉家亡託故知容得江湖談往事西風猶

憶海棠詩 棠詩云何不蓮邦弟戚去西風憔悴正黃昏謂西后也 伯華口吃南海弟子戊戌政變後依仁老學佛嘗示余

有省

474　江上晚晴樓詩稿四卷

胡焕撰。民國二十五年(1936)番禺葉氏《遐庵叢書》本。排印本。白紙一厚册。卷前民國二十五年葉恭綽序。撰者自序。

胡焕,字眉仙,江西南昌人,生卒不詳,民國二十五年六十歲。

此書爲葉恭綽出資助刊,書口有"番禺葉氏,遐庵叢書"字樣。序稱:"余不意君之遇漸窮,而詩乃與年俱進若此。"葉氏與胡氏數十年間多有詩詞唱和,交往不斷。

封面墨書:"寶僧老伯大人賜教,晚晴拜上。丁丑初春。"鈐"眉公"朱文小印。

曩購於滬上古籍書店,價廉。

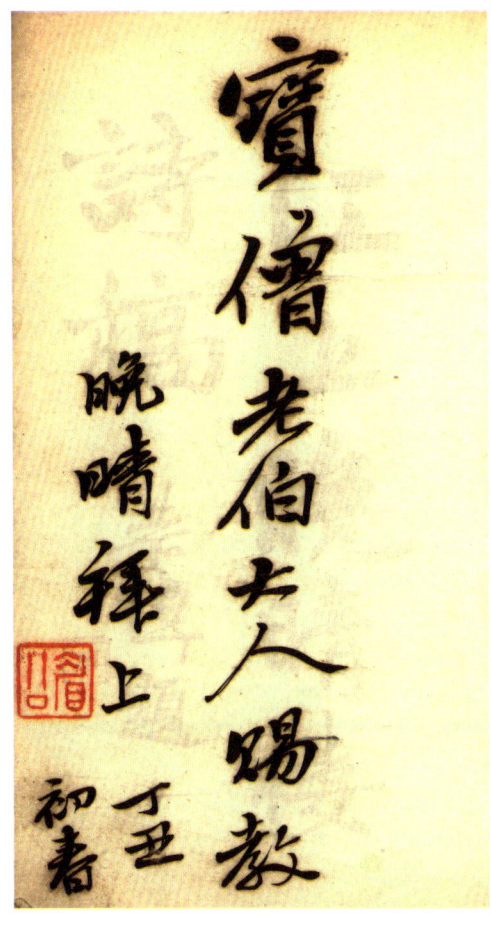

474　江上晚晴樓詩稿四卷(2-2)

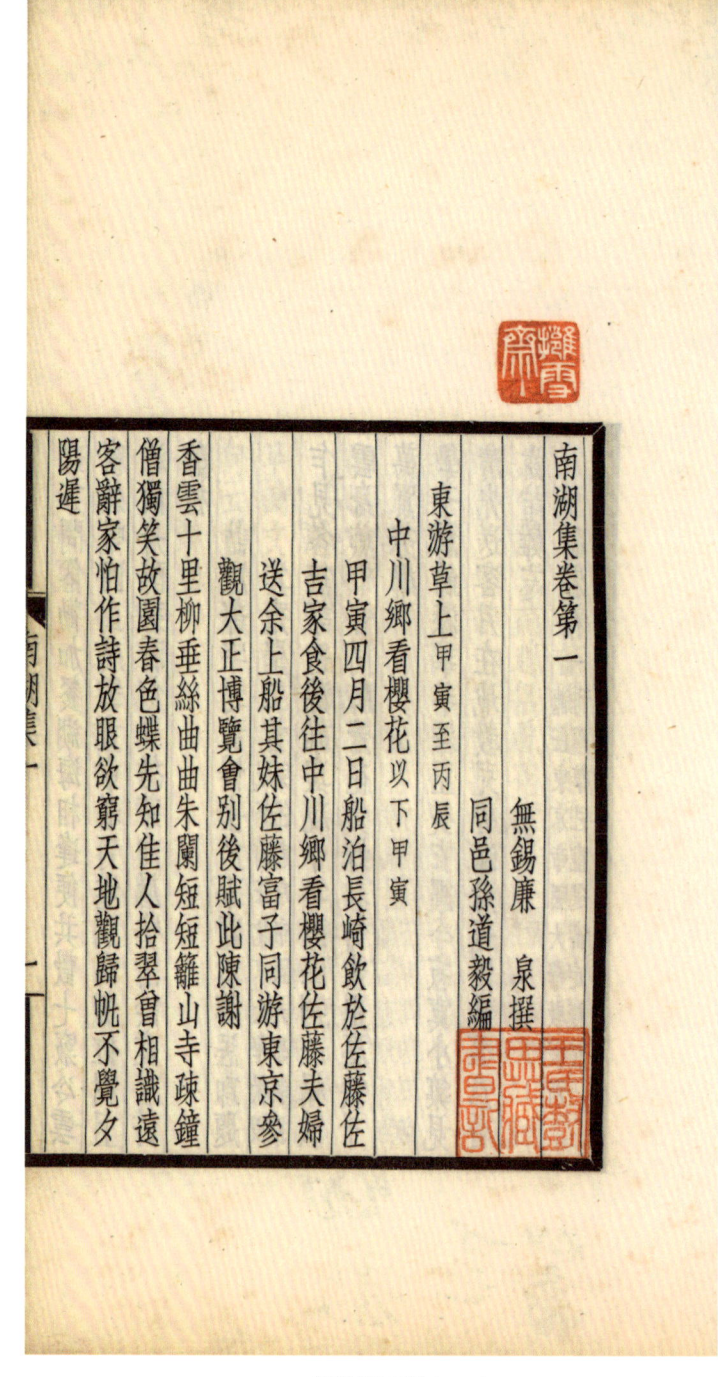

南湖集四卷(2-1)

475　南湖集四卷

廉泉撰。一九二四年上海中華書局排印本。白紙二册。

廉泉,號南湖、岫雲山人,齋名小萬柳堂、帆影樓,江蘇無錫人。精鑒賞,善詩文,收藏頗富,曾在上海創辦文明書局,爲書畫鑒賞界、出版界之一代大家。妻吳芝瑛,亦一代才女。

卷前所鈐"擁雪齋主"藏印,即廉泉之孫廉信所雕刻,邊款爲:"樹田仁兄以擁雪齋額其書房,意在寄托對愛女王雪瑩惜愛之情。廉信。"廉信兄與余年齡相仿,祖籍無錫,後居北京,堂號念萬柳堂,精書法,善篆刻,爲西泠印社社員,撰有《家在黃河黑水邊》。余與廉兄初識於內蒙古藏書家協會成立之初的一次宴會上,其風度翩然,少言笑,然即興所說一段笑話,令眾人笑倒。庚寅(2010)冬余之《聚書瑣記》出版,廉信兄專門爲此刻印一枚,以示慶賀。余又以此印鈐於其祖所撰《南湖集》卷首,祖孫之文印併合,似別有一番意義也。日後當請廉兄爲此書留一段墨跋,當更有趣哉。

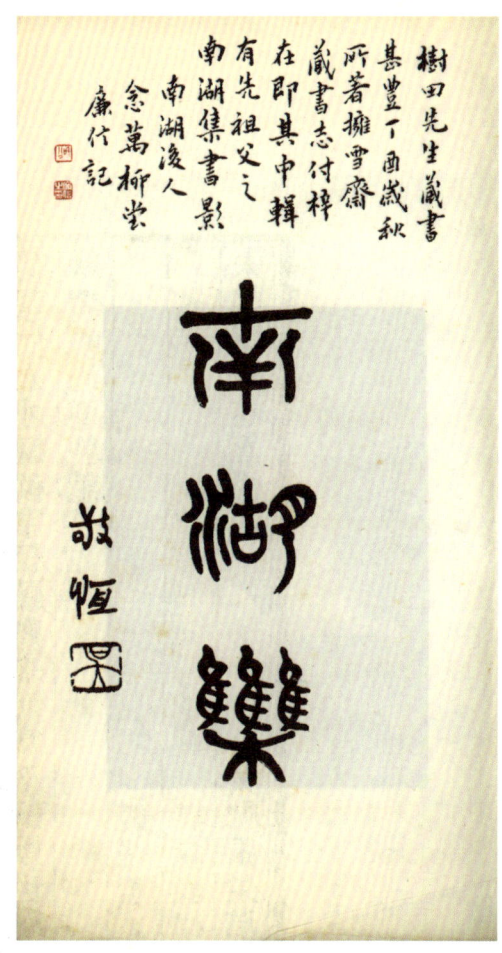

475　南湖集四卷(2-2)

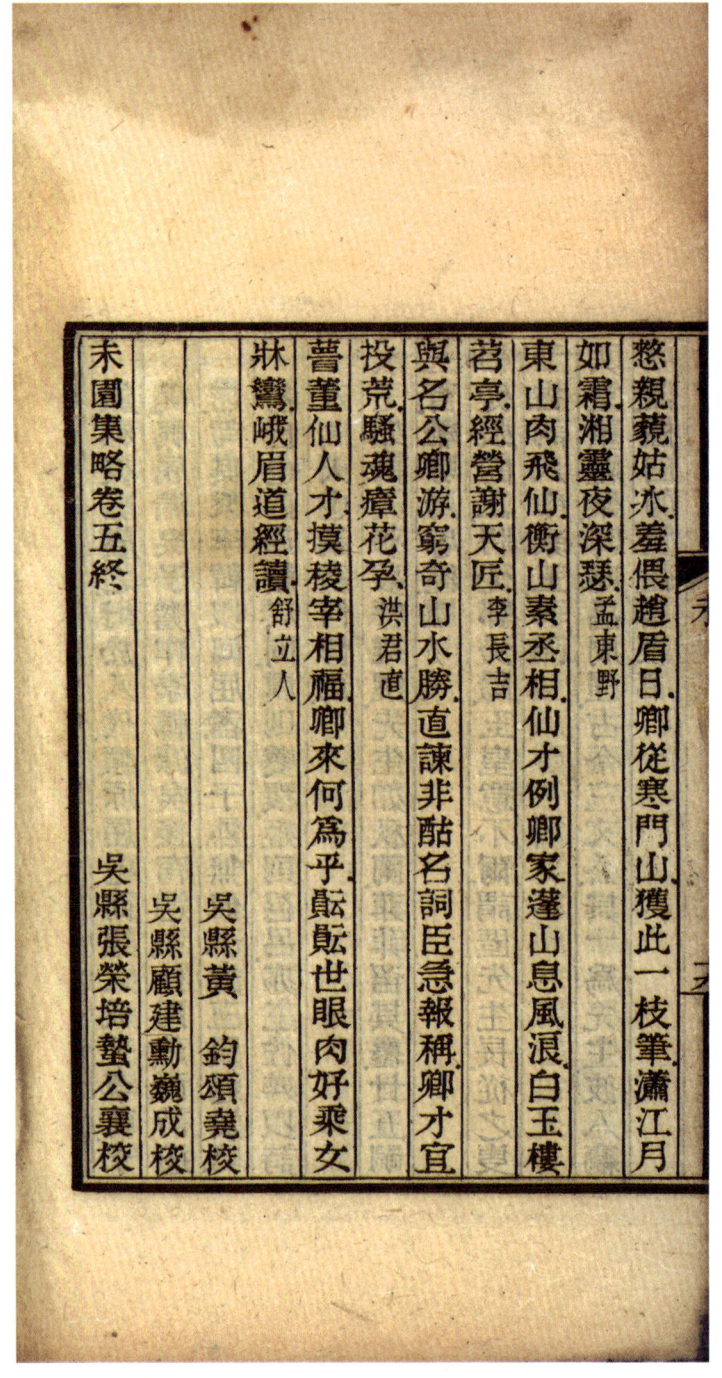

476 未園集略八卷

沈修撰,吳梅輯。一九三五年蘇州藝芳齋石印本。二册。卷前吳梅序,卷後附捐資助刊姓名録。校書者爲吳縣黃鈞、顧建勳、張榮培。

沈修,字綏鄭,號未園,江蘇長洲人。生於一八六二年,卒於一九二一年。早年師從陳奐,宣統間在蘇州設立存古學堂,著有《原書》《冷雅》,合稱《未園著藪》。王謇《續補藏書紀事詩》稱其"後起無人,楹書乏人守,悲夫!"

卷内鈐"君寔""周年之印"印。

周黙,浙江吴興人,原名周延年,字君實,號子美,晚以號行。南社社員。曾供職於嘉業堂藏書樓,輯有《嘉業堂抄本目録》。解放後任華東師大教授。著有《洛陽伽藍記注》等。其岳父爲版本學家羅振常,其夫人爲羅莊,著有《初日樓稿》,余有藏。

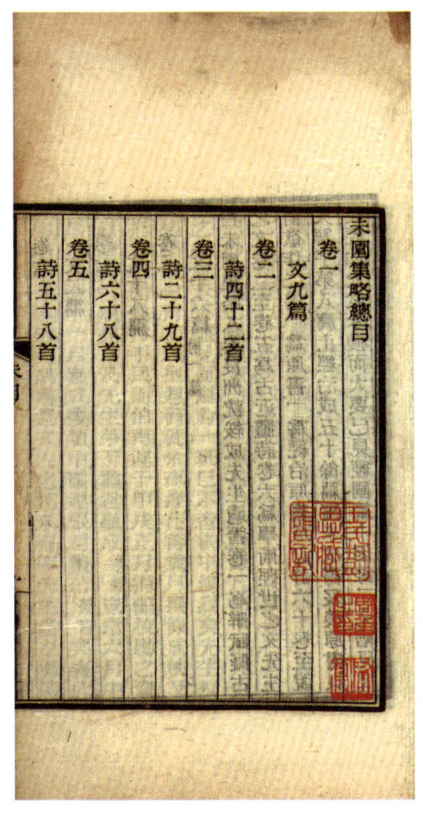

476　未園集略八卷(3-2)

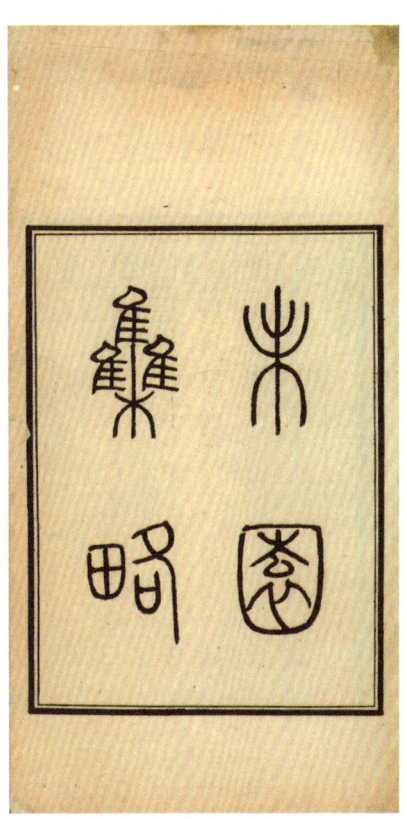

476　未園集略八卷(3-3)

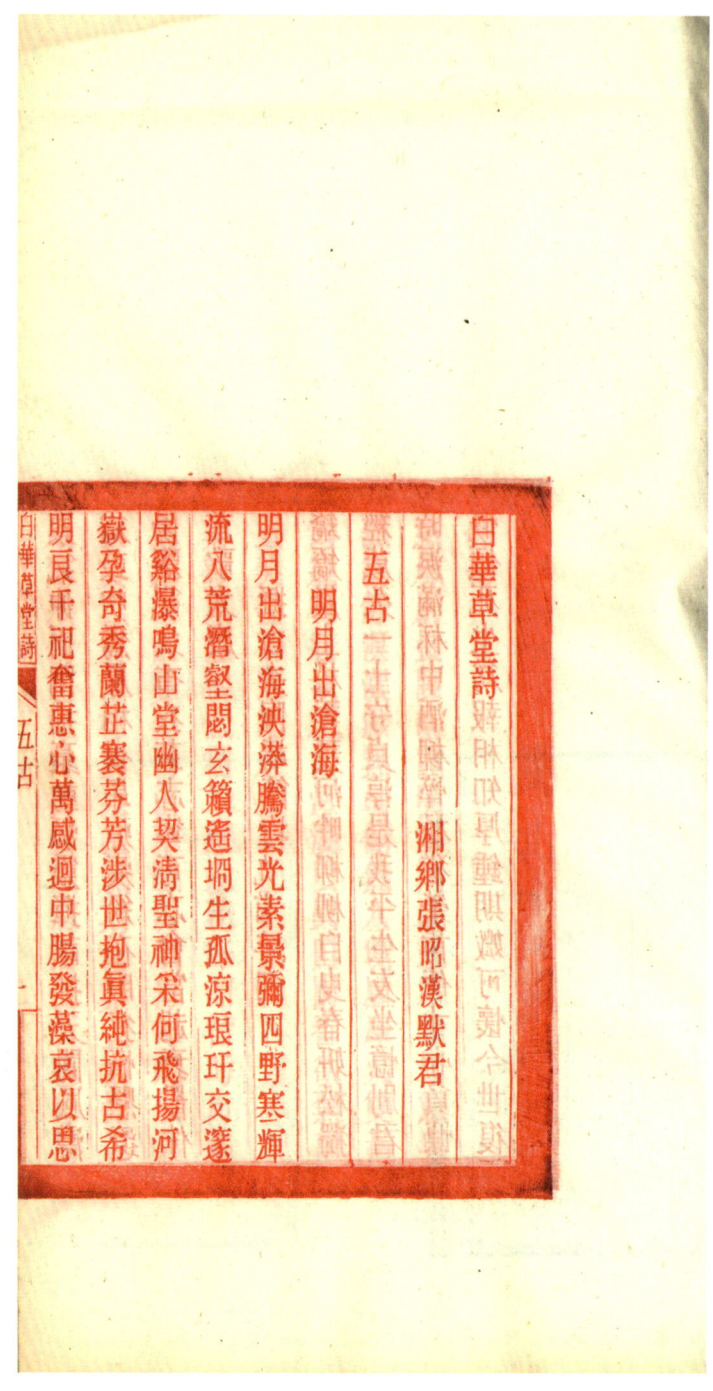

477 默君詩草（3-1）

477　默君詩草

　　張昭漢撰。一九三四年冬刻本。紅印本。內含《白華草堂詩》及《玉尺樓詩》各一卷。卷前民國二十三年(1934)陳三立序,同年陳衍序,民國二十年(1931)伍非百序,同年邵元冲序,卷末民國二十三年撰者跋。

　　張昭漢,字默君,湖南湘鄉人。先後加入同盟會和南社,辛亥革命時,創辦《大漢報》,倡女子北伐隊,發刊《神州女報》,創辦神州女校,爲首任校長。一九一八年赴美,入哥倫比亞大學專攻教育學。一九二〇年回國,任上海《時報》副刊《婦女周刊》編輯,江蘇省立第一女子師範校長。一九二七年後,任杭州市教育局長、立法委員。一九三五年當選國民黨中央監委。去臺後任國民黨中央評議委員,病逝於臺北。其夫邵元冲,曾先後追隨孫中山、蔣介石,在國民黨內任要職。一九三六年死於西安事變。其堂弟張天翼,爲著名作家;其妹夫竺可楨,爲著名科學家。

　　此書開本特大,品相絕佳,紙白墨濃,再加以紅印,精美可愛,幾不忍觸手。戊寅歲(1998)以八十元得之於廊坊陳氏石木齋,珍重藏之。

477　默君詩草(3-2)

477　默君詩草(3-3)

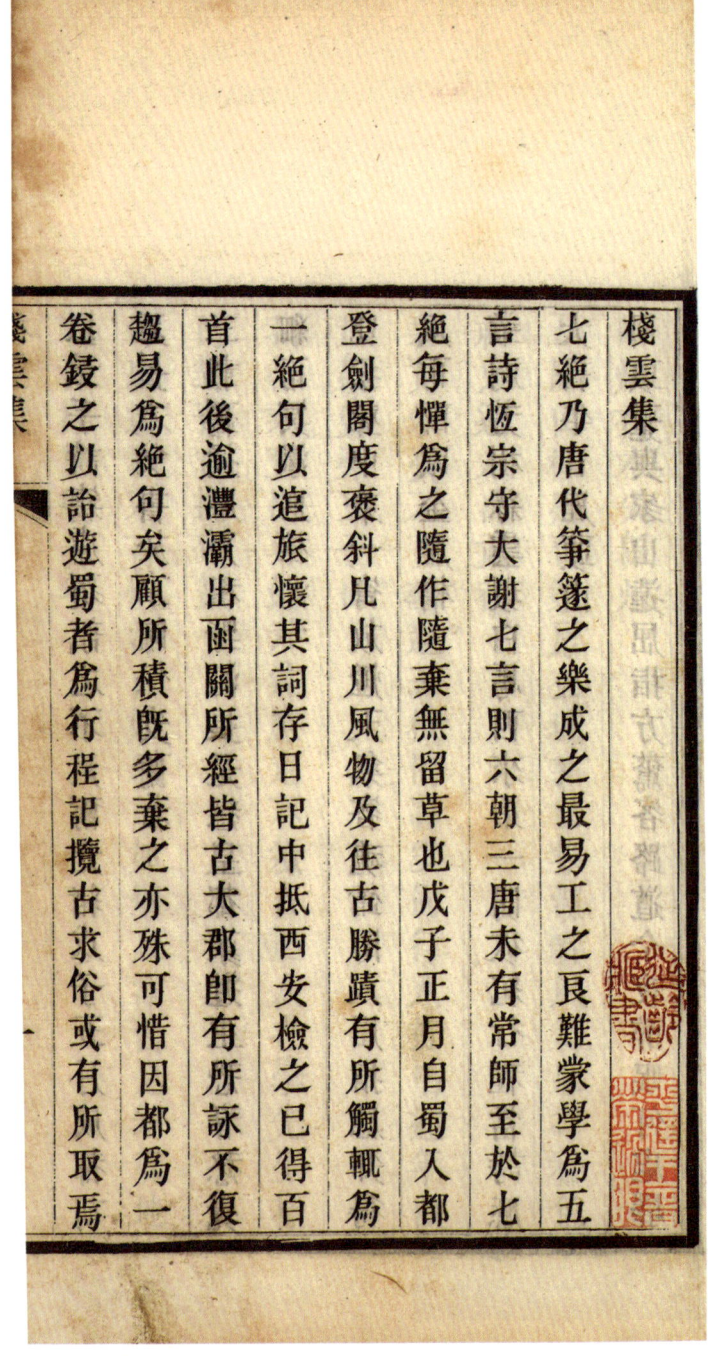

棧雲集

七絕乃唐代箏篴之樂成之最易工之艮難蒙學爲五
言詩恆宗守大謝七言則六朝三唐末有常師至於七
絕每憚爲之隨作隨棄無留草也戊子正月自蜀入都
登劍閣度褒斜凡山川風物及往古勝蹟有所觸輒爲
一絕句以追旅懷其詞存日記中抵西安檢之已得百
首此後逾灃灞出函關所經皆古大郡卽有所詠不復
趨易爲絕句矣顧所積既多棄之亦殊可惜因都爲一
卷錄之以詒遊蜀者爲行程記攬古求俗或有所取焉

478　棧雲集

清胡延撰。清光緒間刊。卷前有光緒戊子（1888）自序，書於京師保安蘭若。刊刻較疏朗，頗類活字。

扉葉有墨跋二，一爲石生泉書，云："胡延字長木，四川成都優貢生。光緒十六年選授平遥縣知縣。公善詩，工書法篆隸，通金石之學。友晋時爲晋撫胡聘之撰《山右石刻叢編》四十卷。公於光緒十八年離平陞絳州牧，光緒二十六年爲陝西鳳邠鹽道，行在内廷支應局督辦。光緒二十七年授江安糧儲道。此册《棧雲集》先爲吾平王丈子仁先生藏，歸於家□年，今檢出述書數語于册前。……丙寅九月初三日八一翁石生泉。"石氏爲平遥遺老，未仕。喜藏字畫、書籍。自撰《董傅書室題跋》，余二十世紀九十年代至平遥偶獲一册，内未收此跋，後之作也。

另一跋爲師廷齡書，稱："子仁氏即平遥王晉榮，王慕傅山爲人，把壽陽劉雪崖刻《霜紅龕集》重加整理，於宣統時開雕，刊成於民初。其刻本新增作品極多，後來居上。癸酉仲春，師延齡。"癸酉年即一九九三年，時石氏已逝，書歸師延齡。師氏爲山西介休人，富於藏書，十年前始散書。余曾至其舍購書數部，内有此册。

478　棧雲集（2-2）

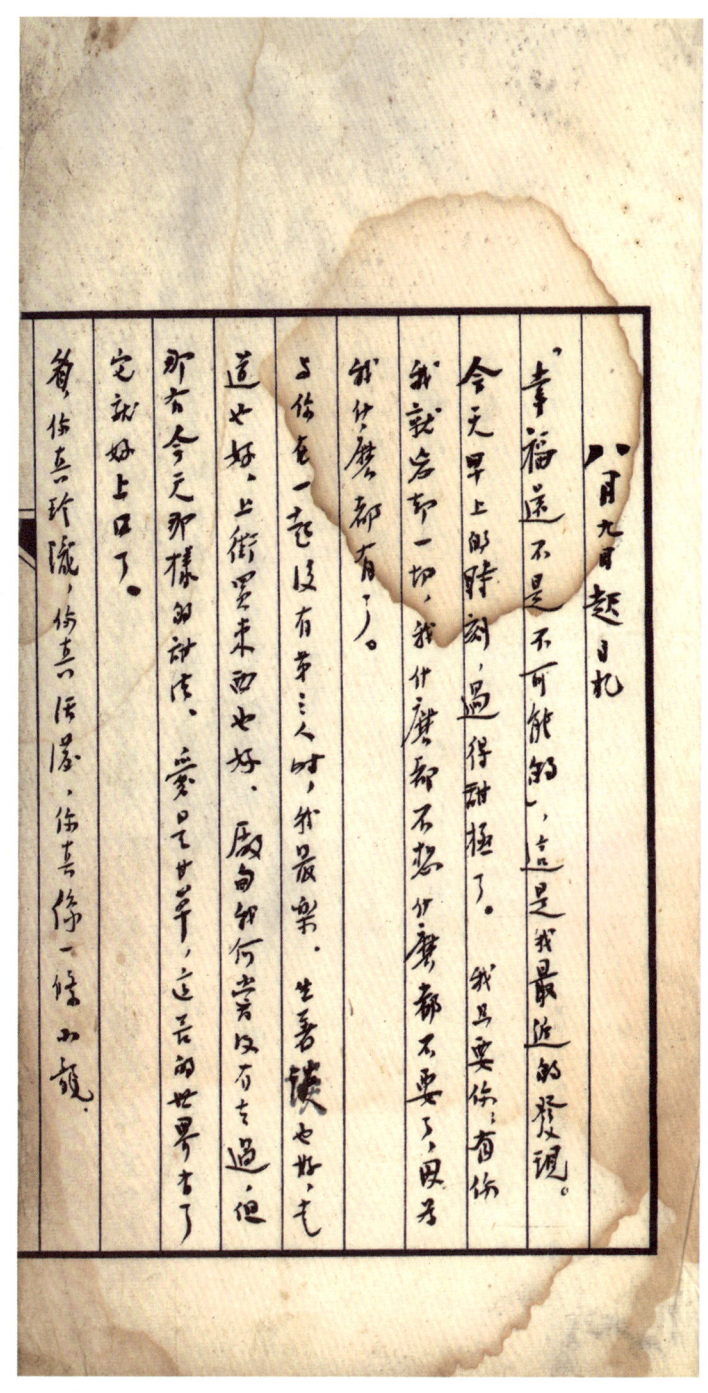

479　愛眉小札（2-1）

479　愛眉小札

徐志摩撰。一九三六年上海良友出版公司據手書影印。宣紙綫裝一册。半葉十行,藍格。

良友出版公司曾爲此特印真跡手寫本有一說明:"志摩先生之《愛眉小劄》,寫在一本用北京連史紙訂的綫裝簿上,字跡美麗、筆觸清秀。而且因爲在戀愛期中,喜怒哀樂的心緒不同,他的字跡,也因之而各異。現在我們商得陸小曼女士之同意,用真跡橡皮版影印一百部,作爲紀念今年志摩先生的四十周年祭,敬獻給特別愛好志摩先生文章和手跡的人。影印本的大小、紙張、封面、版式與他的手寫本相同,限印一百部,售完爲止,決不再版。"

此書佚去封面、版權葉,但依據其他版本特徵,可定爲原版。

此書得自安徽歙縣。滄海遺珠、書林珍品,雖年代不久,已屬現代善本。

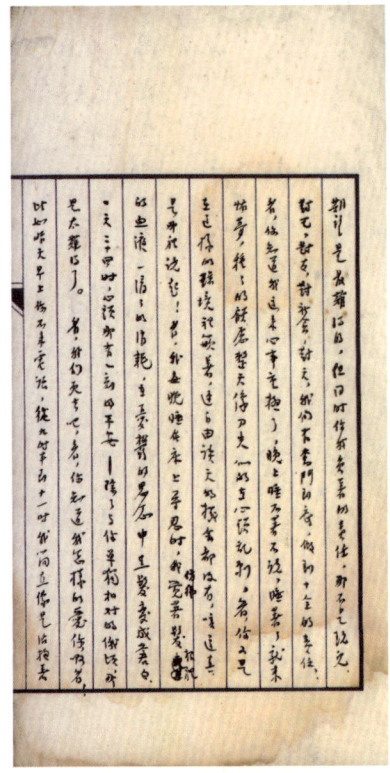

479　愛眉小札(2-2)

遙夜閨思引跋語

德清俞銘衡平伯

第一寫本贈許李珣君三十四年十一月九日

詩作於甲乙之際索居左燕遣愁筆也以閨
思名故相思相望會少離多雖是陳言卻為正
意而海山寶冥光景流連乖情悰所寄約分四
節首至無礙紅領想多天風海水縹渺之音題
外閒情每與正文參錯此下至所思渺渺西海插葦
自敘又分芳年中歲近事結聯挽合本題至近

480 遥夜閨思引

俞平伯撰。一九四八年八月初版,印數一百册。綫裝二册。發行人暴春霆,承印者爲北平彩華印刷局。《遥夜閨思引跋語》爲其中一册,初版,印數三百册。

《遥夜閨思引》據撰者手跡用珂羅版印刷,爲五言長詩。扉葉有作者親筆所書"歲在庚子五月,著者贈"字樣,受贈者爲馬博純。"跋語"爲俞老將《遥夜閨思引》鈔寫五份分別寄贈許季珣、胡靜娟、畢樹棠、朱自清、楊今甫之後,先後收到吳小如、華粹深、胡靜娟、畢樹棠、葉聖陶贈本,俞老分別寫了跋語,再加上五個贈本的跋語,便彙爲《遥夜閨思引跋語》了。

馬博純,北方昆曲家、戲曲研究者。多才多藝,笙簫管笛,多爲精通。解放後在河北戲曲學校任教。

此書函套上貼有書籤,爲胡靜娟手題。胡靜娟爲俞老表妹。

480 遥夜閨思引(3-2)

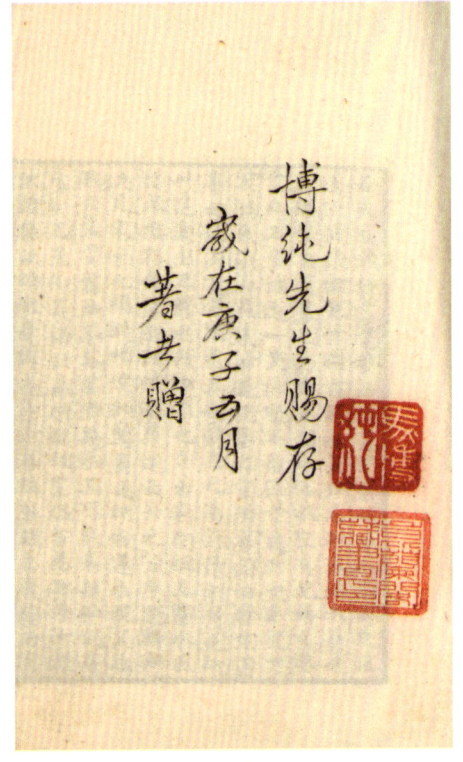

480 遥夜閨思引(3-3)

宵水雜詩百首卷全

興寧張警鏞南邨撰

宵水雜詩百首

使節紛紛過百城風塵辛苦費逢迎長安多少從龍彥
不羨封侯羨陸生

分明鈔篋是官書誰識西來變相殊不為將軍嚴禁令
馬援薏苡亦明珠〔抗戰時有此事餉款來自西土（印度）其地產薏苡（鴉片）〕

煞盡風流到酒鄉㪷錢今已變文章傾囊欲逞摸金手
叵奈相看吏部郎〔抗戰時有此事畢平為吏部辦事見晉書〕

海燕將雛競北飛飄零烽火誤歸期桃花門巷多金屋

（注）
抗戰時中央常派視察員
到各縣視察軍民政
民長姐姓張迎接張
員格軟作州為通察事
將貝才亭到奇厭
犀銀

（注）
南粵發邊區司令部駐
興寧張示嚴禁鴉片一日
他忽非言運官茶室
善藏竹取入叱譟捕擒
知其偽挫寂求登軍捕去
證頡軍町斥逐以而
跪閘車中相斡禮行鎖鑰
袞糠為宜吾志慎鷗兒
（三注）
車長晃寨終州詢恭方廈
城西之五層樓時謂禁方膚

九
梅縣農日承印

481　甯水雜詩百首

張花谷撰。民國鉛印本。一册。封面墨書:"敬贈徐大愚老師惠存並希指正。張花谷,五七年五月一日。"卷内有墨筆批校。

此書卷中每首詩後均附小注,含許多甯水故實,可以"詩史"視之。卷前羅香林序,羅倬漢序,均書於一九四八年。

張花谷(1878—1966),别字警鏞,晚年又號南邨老人,廣東興甯人,一九〇四年參與創辦興民學堂,一九〇六年加入同盟會,曾創辦《别溪雜志》,宣傳民主革命。一九〇七年參加黄岡起義。曾任廣東省公署參議。二十世紀五十年代曾任興甯副縣長,一九六六年卒,享年八十九歲。工詩善書。

辛巳(2001)冬游京城報國寺所購,乃余在京購綫裝書之末,此前種種皆成夢境。

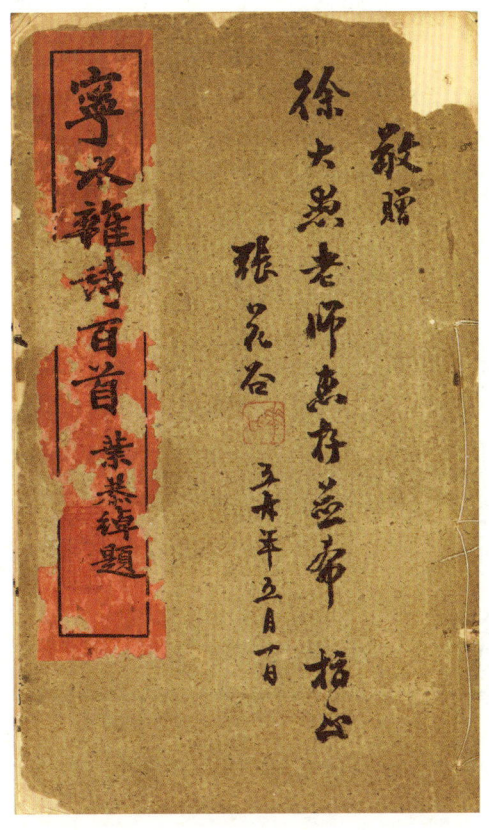

481　甯水雜詩百首(2-2)

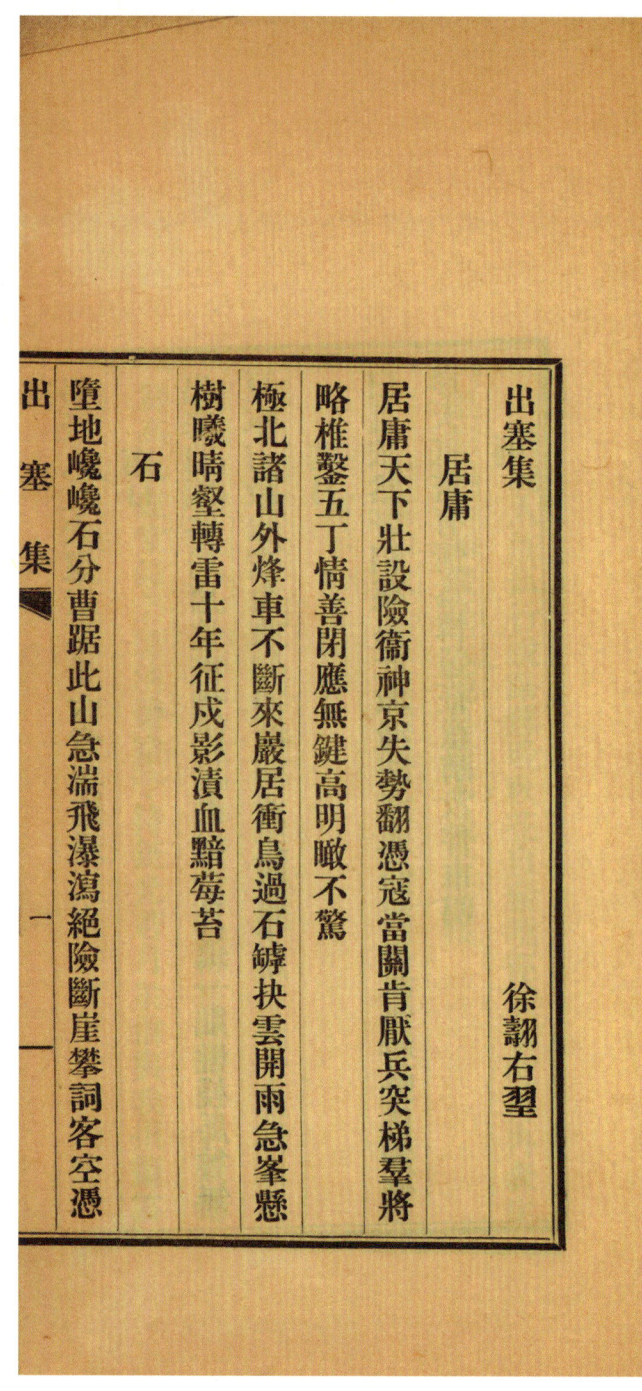

出塞集　　　　　　　　　徐渭右翊

居庸

居庸天下壯設險衞神京失勢翻憑寇當關肯厭兵突梯羣將略椎鑿五丁情善閉應無鍵高明瞰不驚

極北諸山外烽車不斷來巖居衝鳥過石罅抉雲開雨急峯懸樹曦晴鏧轉雷十年征戍影漬血黯莓苔

石

墮地巉巉石分曹踞此山急湍飛瀑瀉絕險斷崖攀詞客空憑

482　出塞集

徐翮撰。民國排印本。綫裝一册。

徐翮,字右塈,江蘇淮安人。另與虞和欽合撰《徐虞于喁集》三卷,民國排印本。

書無序跋,亦無出版標識。撰者身世不詳。是集與虞和欽唱和詩凡十餘首。

虞和欽,名銘新,字和欽,又字自勳,浙江寧波人。致力於物理、化學、地質研究,一九一八年後歷任山西、熱河省教育廳長、京綏鐵路貨捐局總辦兼綏遠貨捐分局長等職。一九三八年後創設燈泡廠、葡萄糖廠。一九四四年去世。

集中有《遊五素圖》《登歸化城東梵塔》《凌晨步至公主府前曲水上》《歸化城行》《城北澡池書所見》《歸化城西亂泉行》《豐州城西仙院題壁》等詩作,可視爲呼和浩特早年地方文獻。

482　出塞集(2-2)

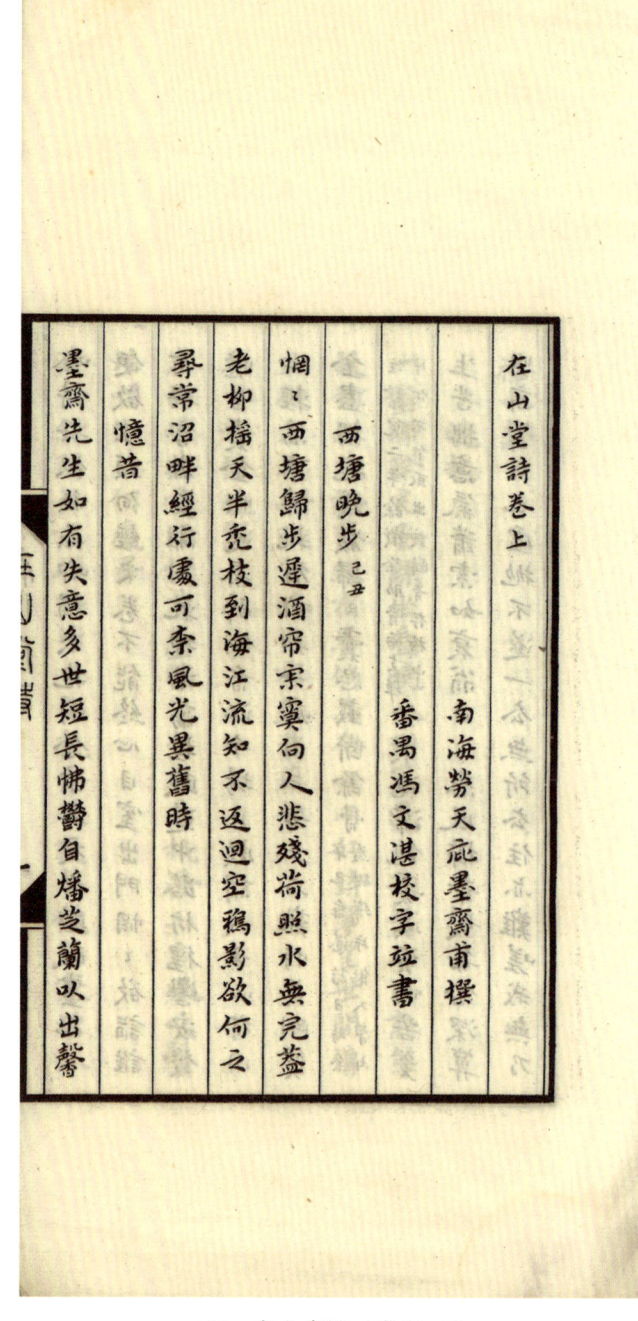

483　在山堂詩二卷（2-1）

483　在山堂詩二卷

　　勞天庇撰。辛亥(1971)正月南海勞氏刊於香港。前有撰者自序,稱"墨齋"。番禺馮文湛校字並書。此書據手書影印,開本闊大、刊印精良。扉葉墨書"稚柳先生粲正,勞天庇敬呈",並鈐印。

　　勞天庇,香港名醫。業餘雅好賦詩,常與他人唱和,曾爲香港實業家、收藏家何耀光編輯《至樂樓書畫錄》。此書序稱:"墨齋學詩三十載,存稿僅此。文章得失,寸心自知。斯集自認爲可者,惟真而已。吾愛吾真,故樂刊之。"

　　馮文湛爲馮康侯之子,善刻印,早逝。

　　"稚柳"爲謝稚柳,江蘇常州人,名畫家、書畫鑒賞家,一九九七年逝於上海。

　　此書曩獲於段某"文苑古舊書店",價百餘元。

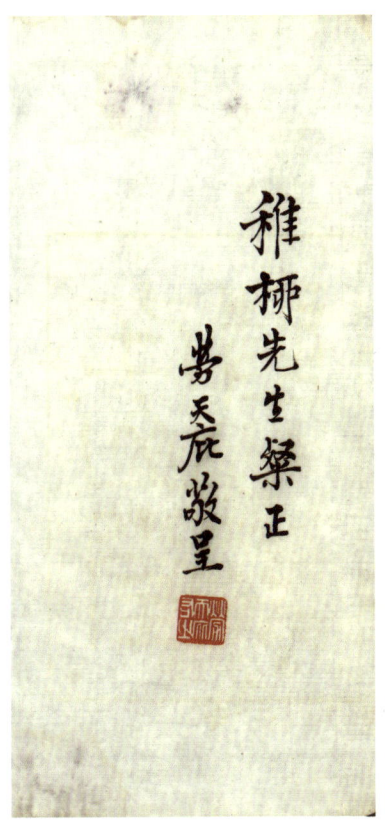

483　在山堂詩二卷(2-2)

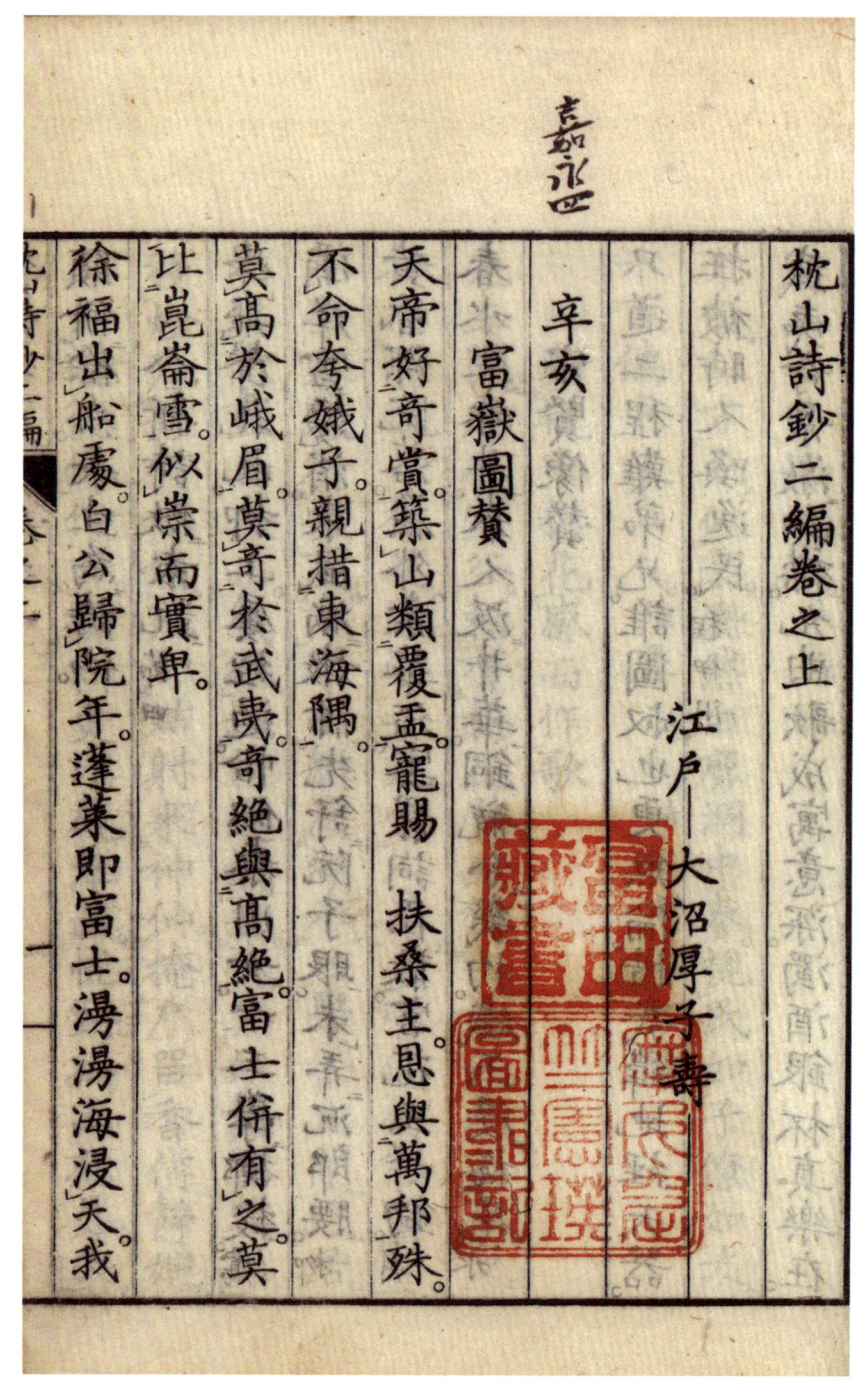

484　枕山詩鈔二編二卷(2-1)

484　枕山詩鈔二編二卷

日本大沼枕山撰。皮紙二册。半葉十行二十一字，白口，單黑魚尾，四周單邊。書名葉題：“文久辛酉小春新鎸下穀吟社藏”。卷端書名下題“江户大沼厚子壽”。日本文久辛酉相當於我國同治元年（1862）。大沼枕山，爲當時江户或東京詩坊最具影響力的詩人之一，善作漢詩。周作人對其詩頗爲欣賞。

鈐“富田藏書”朱文方印。

卷末鎸“邨嘉平刻”四字，蓋爲日本名刻工木邨嘉平所刻。木邨嘉平自第一位嘉平由於工藝精湛奪得日本“近代木版雕刻第一人”美譽後，以後四位家族領袖都用“邨嘉平”、“邨嘉”等爲卷末題識署名，因此，歷史上有五位“木邨嘉平”。第三代嘉平名房義，第四代嘉平名莊太郎。四代嘉平年僅二十九歲即殁，因曾爲楊守敬操刀刻過《古逸叢書》，楊守敬追悼斯人，爲之題贊曰：“一藝之精，通幽入神；將以忠信，僅見斯人；曇花一現，百卉失珍；簡册不絶，徵聲不泯。”

木邨嘉平爲日本刻書名匠，但其一生所刻之書却甚少，故歷來被藏家所追捧。此書前數年購自孔夫子舊書網，出價六百金得之，書緣幸我。

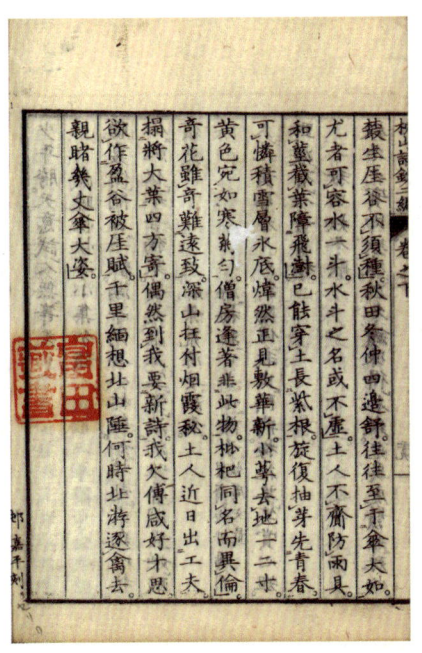

484　枕山詩鈔二編二卷（2-2）

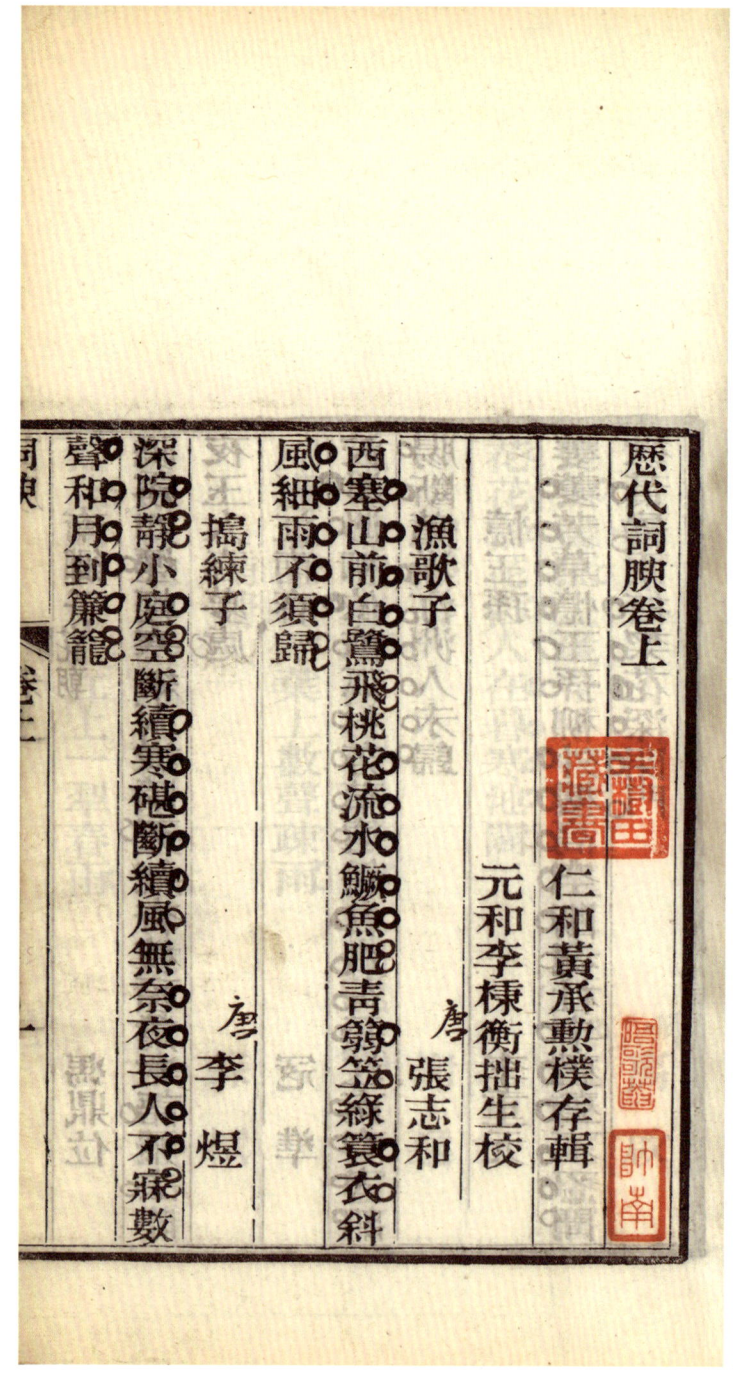

485　歷代詞腴二卷附眠鷗詞一卷（3-1）

485　歷代詞腴二卷附眠鷗詞一卷

　　清黃承勳輯。清光緒乙酉(1885)梓，黛山樓藏板。一册。半葉九行二十一字。鈐"湘潭袁氏滄州藏書"印，蓋爲袁芳瑛舊藏。

　　袁芳瑛，字漱六，室名臥雪廬，道光二十五年(1845)進士，官至松江知府。蓄書甚多，宋元刻本多至十部，與朱學勤、丁日昌並稱咸豐時三大藏書家。其藏書多半來自孫星衍，後於光緒十八年(1892)散出，由李盛鐸在湘購去大半。

　　另鈐"真州吳氏有福讀書堂藏書"印。有福讀書堂爲清代吳引孫室名。

　　吳引孫，字福茨，另有室名"測海樓"，江蘇儀徵人。光緒三十一年(1905)任新疆巡撫。喜聚書，所藏甚富，尤多明刊本。其舊藏余別有一二。

　　卷内還有一印爲"玄冰室珍藏記"，蓋爲袁榮法藏書印記。又有袁榮法"晤歌庵""帥南"二印。袁亦湘潭人，字帥南，號滄州，又號玄冰，東吳大學教授。爲袁思亮從子。

　　此詞集所録自唐至明，共收詞一百七十六首。收南宋詞較多，尤重張炎。此書庚午(1990)冬得於上海文廟書市。

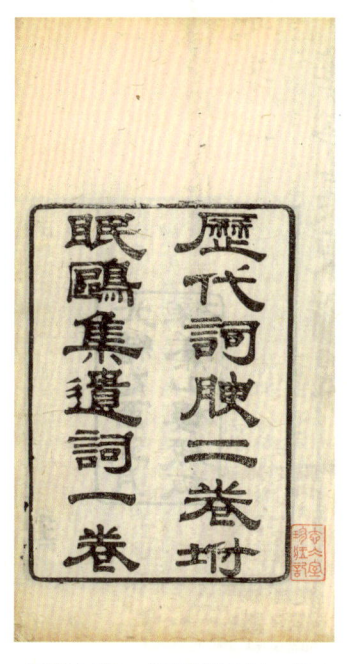

485　歷代詞腴二卷附眠鷗詞一卷(3-2)

485　歷代詞腴二卷附眠鷗詞一卷(3-3)

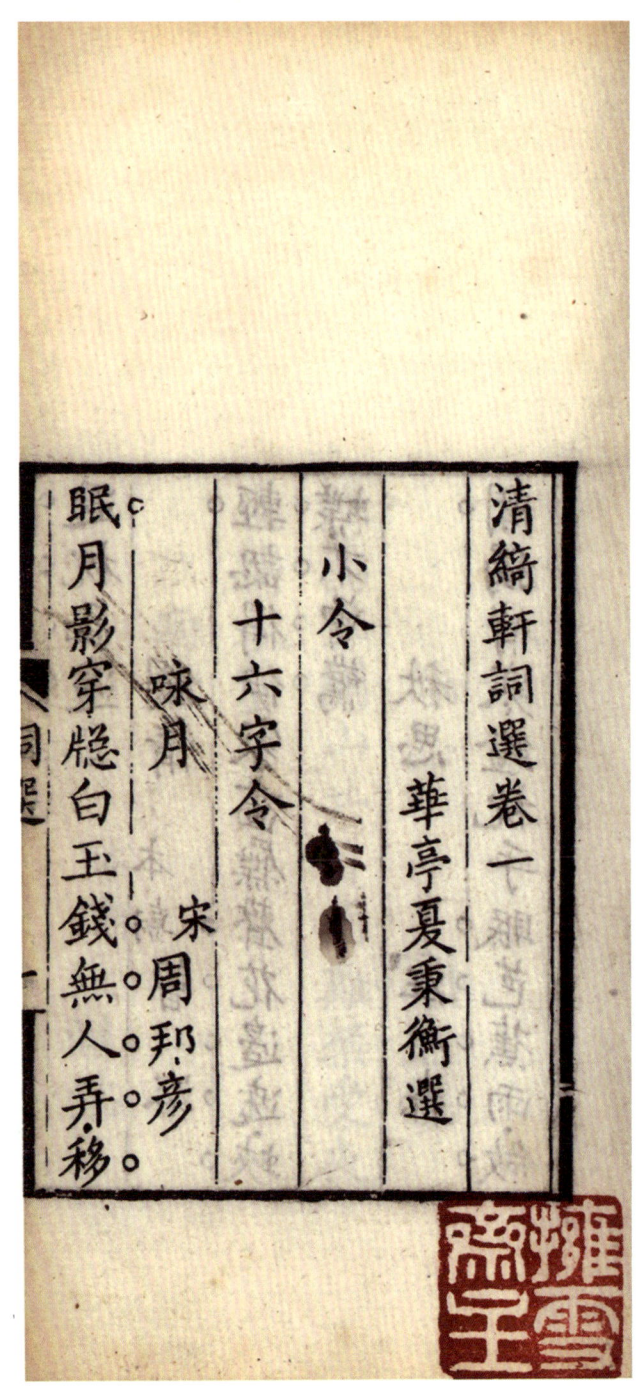

486　清綺軒詞選十三卷（3-1）

486　清綺軒詞選十三卷

清夏秉衡選。清光緒十年(1884)仲秋覽輝書屋藏板。卷前乾隆十六年(1751)沈德潛序,次乾隆辛未(1751)夏秉衡序,稱:"網羅我朝百餘年來宗工名作薈萃,得若干首,合唐宋元明共成十三卷,意在選詞不備調,故寧隘毋濫。"内分"小令"六卷、"中調"二卷、"長調"五卷。卷末光緒甲申(1884)徐瑛跋。夏序後鎸"雲間丁鳴和、吳郡金小亮、旌邑劉其亮同鎸"。

此本據乾隆十六年刻本重刊。白紙袖珍本,版心亦小,寫刻頗精,紙潤墨濃,精雅可愛。

夏秉衡,字平千,號谷香,華亭人。乾隆十七年(1752)中舉,歷任蒲城、盩厔知縣,著《秋水堂傳奇》三種。

書購於廊坊陳東。今陳君已歿六年矣。

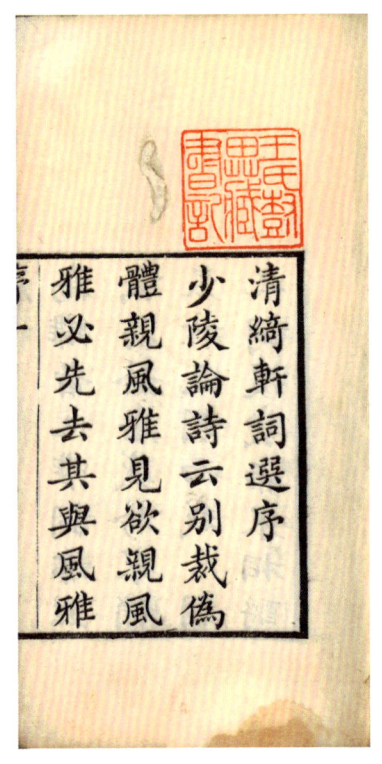

486　清綺軒詞選十三卷(3-2)

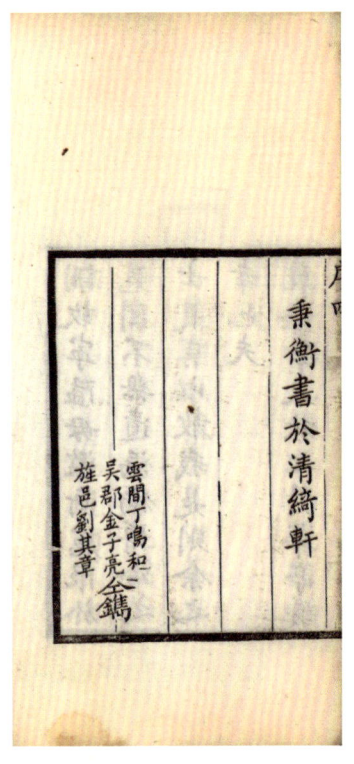

486　清綺軒詞選十三卷(3-3)

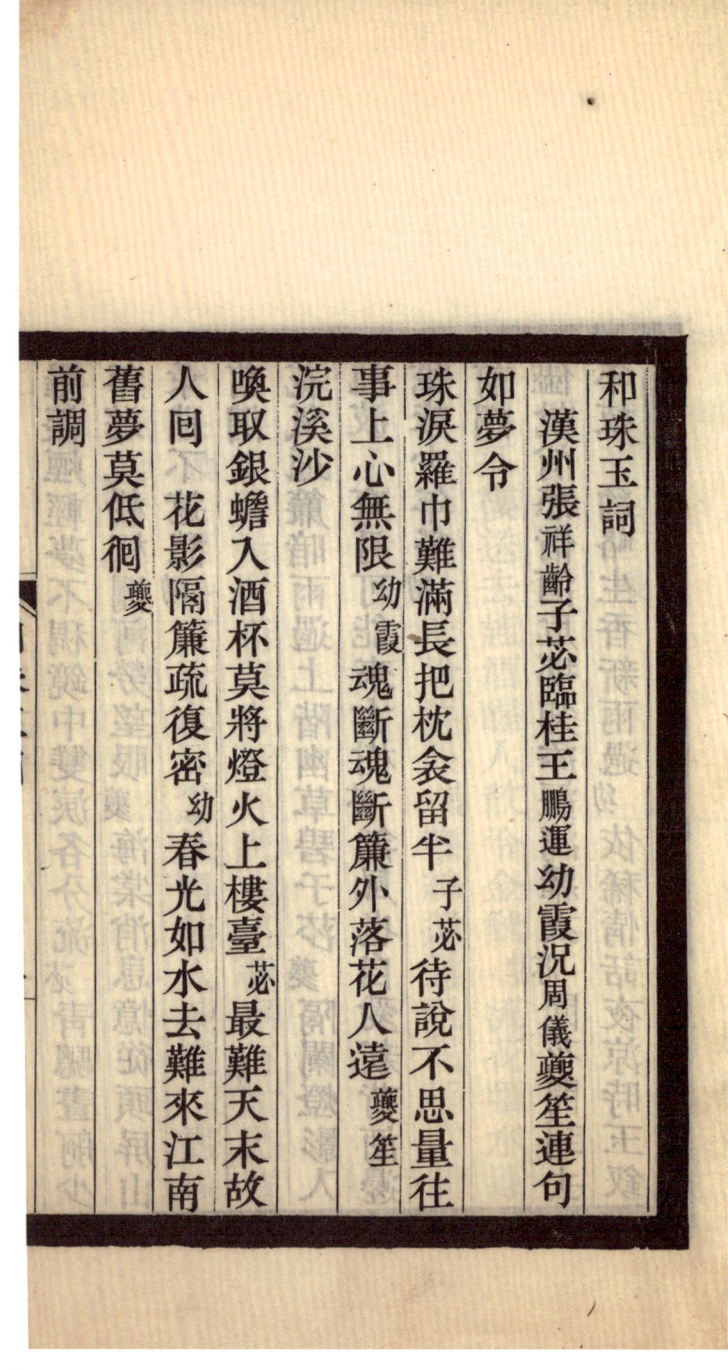

和珠玉詞

漢州張祥齡子苾臨桂王鵬運幼霞況周儀夔笙連句

如夢令

珠淚羅巾難滿長把枕衾留半 子苾 待說不思量往
事上心無限 幼霞 魂斷魂斷簾外落花人遠 夔笙

浣溪沙

喚取銀蟾入酒杯莫將燈火上樓臺 苾 最難天末故
人囘 花影隔簾疏復密 幼 春光如水去難來江南
舊夢莫低徊 夔

前調

487　和珠玉詞

況周儀、王鵬運、張祥齡撰。清光緒二十年(1894)刻本。白紙一册。

《珠玉詞》爲宋晏殊作，是編由況周頤、王鵬運、張祥齡所作和詞纂集而成，三者皆詞壇巨擘。卷前甲午(1894)馮煦序，光緒甲午半塘老人序，況周儀題辭。

卷前鈐"剛記""半僧""子□已讀"諸印。

張伯楨，字篁溪，又字滄海，號法隱，別署半僧，廣東東莞人。早年從康有爲問學，後留學日本，民國後任司法部僉事，喜收書與刻書，校印《萬木草堂叢書》，著有《康南海先生傳》《袁督師遺集》《焚餘草》《愁思集》等。一九四七年卒。

丁丑(1997)夏在京以五十元得此，今恍如隔世矣。

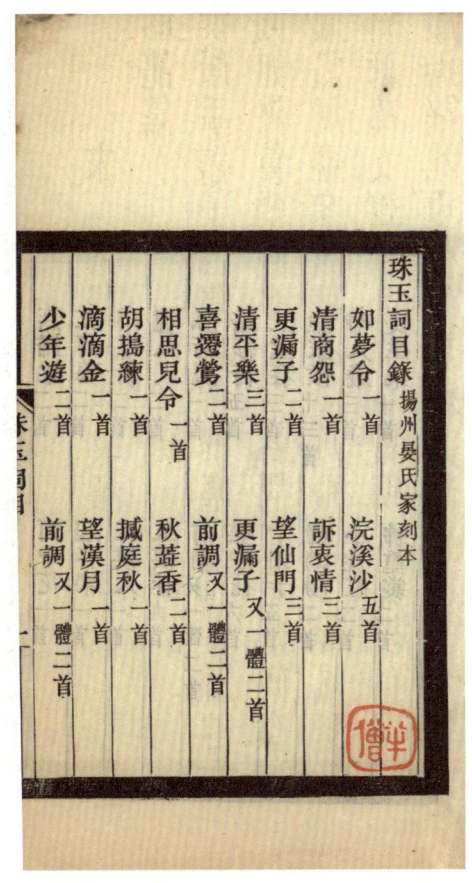

487　和珠玉詞(2-2)

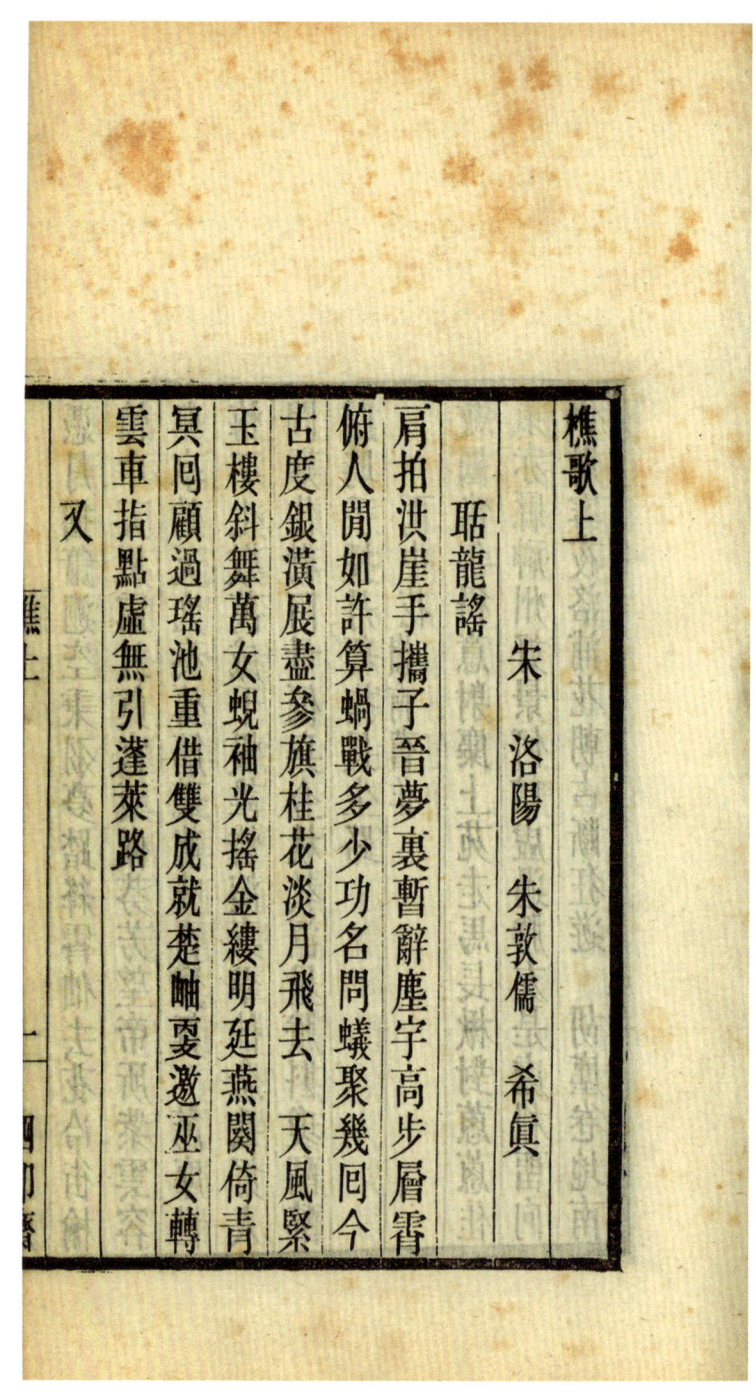

488 樵歌三卷補遺一卷(2-1)

488　樵歌三卷補遺一卷

宋朱敦儒撰。清光緒十八年(1892)四印齋刊。此書爲王鵬運據長洲吳枚庵鈔校本刻印。敦儒,字希真,"中原人,以詞章擅名,天資曠遠,有神仙風致"(《皕宋樓藏書志》)。朱氏另有《巖壑詩人集》一卷,不傳。是書刻本自宋以來罕見,經吳枚庵鈔校始見流傳。

《四印齋所刻詞》收詞集二十餘種,隨刻隨印,集全頗爲不易。而《樵歌》爲光緒二十六年(1900)後印者,未編入《四印齋所刻詞》中,屬單刻之本,尤稀見。黃裳先生收有此集,稱:"刻成後以印本極少,故不爲藏家所知。"黃永年、賈二強撰《清代版本圖録》亦稱此書"印本不易得"。

該書二十世紀九十年代初獲之於中國書店古籍書市,價僅二十元。竊喜之餘又歎書之命薄。卷内鈐"雙虹閣"印記,蓋爲葉恭綽先生舊藏。葉氏生前蓄詞集甚富,曾編輯《全清詞鈔》。

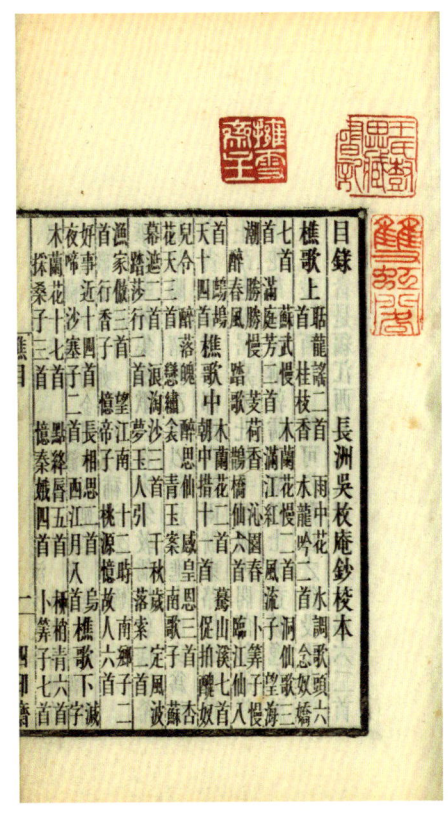

488　樵歌三卷補遺一卷(2-2)

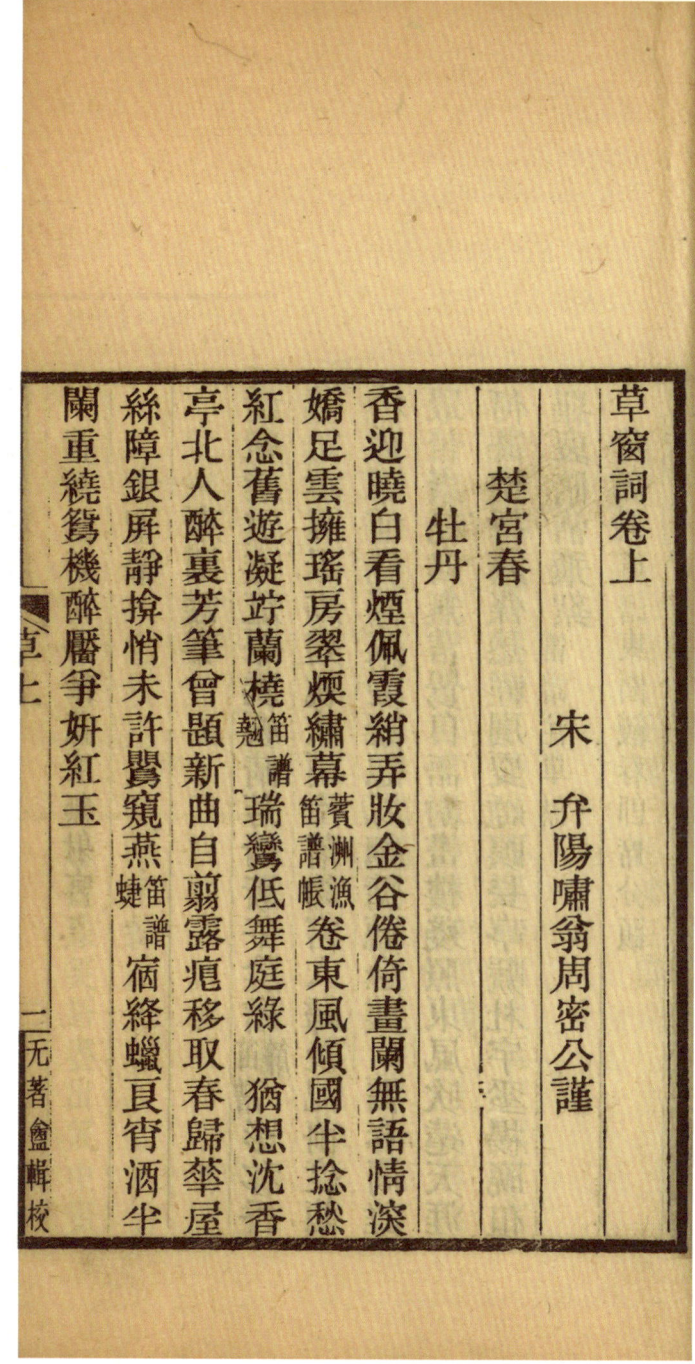

草窗詞卷上

宋　弁陽嘯翁周密公謹

楚宮春

牡丹

香迎曉白看煙佩霞綃弄敗金谷倦倚畫闌無語情淡
嬌足雲擁瑤房翠煥繡幕贇洲漁笛譜帳卷東風傾國半捻愁
紅念舊遊凝竚蘭橈笛譜瑞鸞低舞庭綠猶想沈香
亭北人醉裏芳筆曾題新曲自翦露痕移取春歸輦屋
絲障銀屏靜撿悄未許鸎窺燕睍笛譜宿絳蠟戔宵酒半
闌重繞鴛機醉魘爭妍紅玉

489　草窗詞二卷補二卷

宋周密撰。清光緒二十六年（1900）朱氏無著盦刻本。白紙一册。書口鎸"無著盦輯校"。

此書爲朱祖謀輯校本。朱氏以鮑氏知不足齋刻本重加商榷，並參以《絶妙好詞箋》體例爲之輯校。朱氏後輯刻《疆邨叢書》，並未沿用此版，而是重新校刻周密的《蘋州笛漁譜》，故此書不屬於《疆邨叢書》，亦無關"未及收入"之單行本。當時此書印數無多，存世頗罕，以致不被人知，誤以爲此書爲王鵬運四印齋所刊刻。誤信此説者有藏書大家繆荃孫，曾稱"半塘又刻《草窗詞》，從友人處見之"。況周頤及龍榆生皆有誤識。藏園傅增湘未及見書，今藏書家黄永年則至死未見此書，引爲終身遺憾。

其實，該書卷末有王鵬運跋文，稱："歸安朱古微輯校本，庚子三月古微以刊本屬校……"等語，已明言非其刊刻之本。而上海古籍社一九八九年影印出版朱祖謀彙刻的《疆邨叢書》和王鵬運彙刻的《四印齋所刻詞》，主事者竟將《草窗詞》附入《四印齋所刻詞》中，是不知其中原委而誤植，以至謬誤流傳。關於此書版本，辛德勇君有長文考辨，可參證。

版本學家黄永年弟子曹旅寧，曾著文（《朱彊村棄置無著盦輯校本〈草窗集〉事探測》）稱："無著盦輯校本《草窗詞》傳本極其稀少，目前所知可能祇有上海古籍出版社影印所據之底本（鈐有"張""選學齋藏書印"諸印記）、紹良先生舊藏（鈐有"周紹良""紹良藏書"諸印記）這兩部。"依此言，余所藏此書或爲存世第三部？敢不珍惜。

卷内鈐"實事求是"朱方印。

489　草窗詞二卷補二卷（2-2）

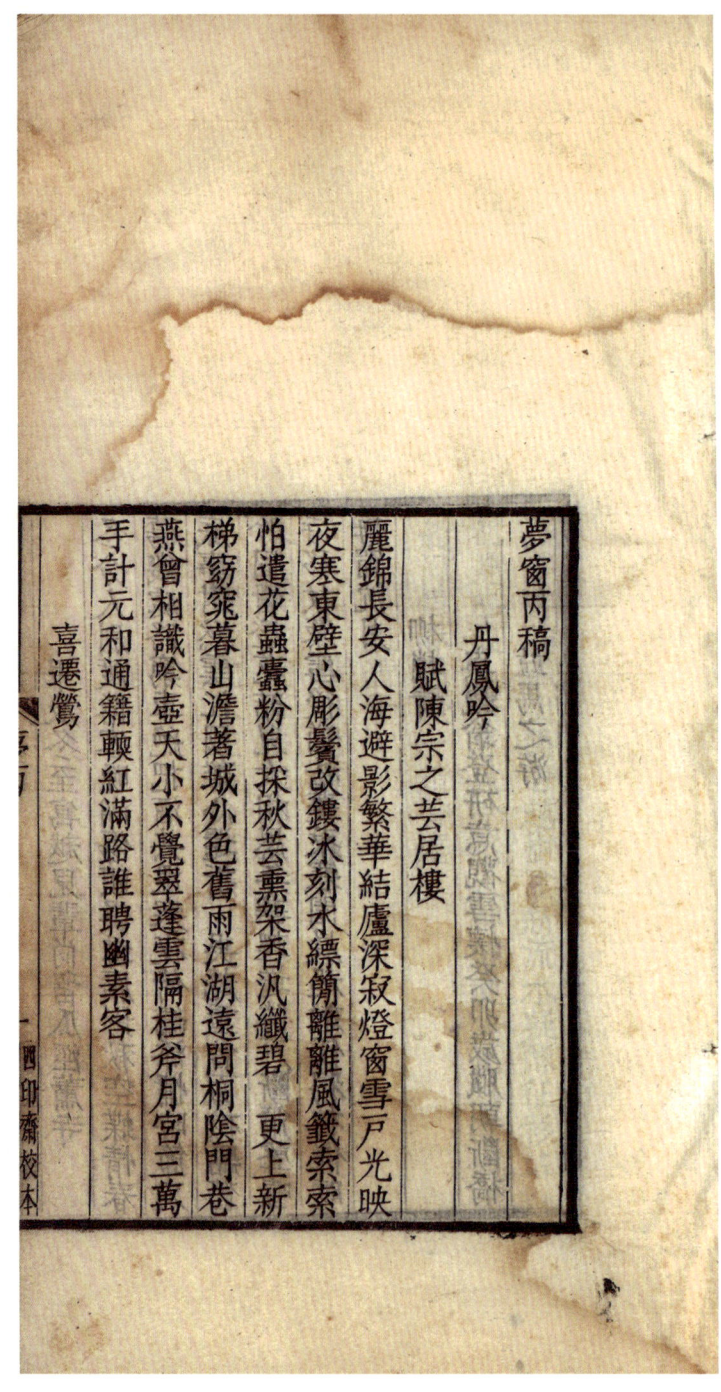

490 夢窗丙丁稿二卷補遺一卷(2-1)

490　夢窗丙丁稿二卷補遺一卷

　　宋吴文英撰。清光緒三十年(1904)王鵬運四印齋重刻本。白紙。書口下鎸"四印齋校本甲辰重刊"。半葉十行二十字,黑口。後附己亥(1899)五月半塘老人校勘劄記,王鵬運跋。

　　王鵬運之《四印齋所刻詞》以精校精刻著稱於世,此《夢窗稿》刻成後未編入《四印齋所刻詞》中,頗稀見。原刻時在光緒二十五年(1899),此本爲經王氏重校後於三十年刻成,祇存樣本。後琉璃廠獲其書板而印刷,此書即是。光緒三十四年(1908)朱祖謀在未見此書三十年重刻本情况下,又據光緒二十五年本重校付刊,是爲无著盦本。半葉十一行二十二字。

　　此書惜缺甲、乙稿,然已獲之不易,豈可輕視。

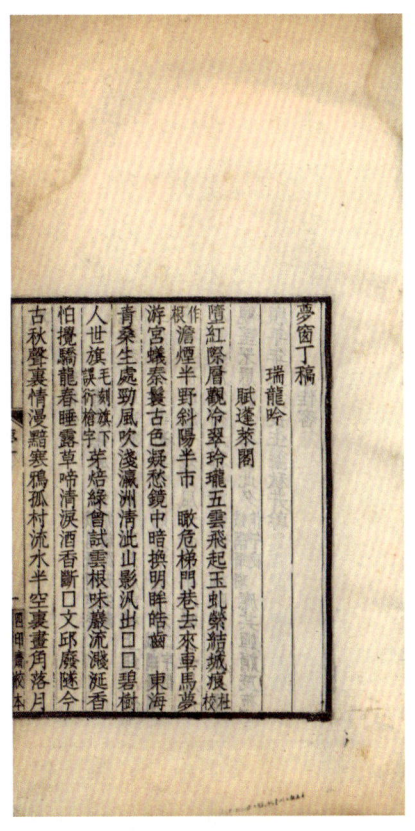

490　夢窗丙丁稿二卷補遺一卷(2-2)

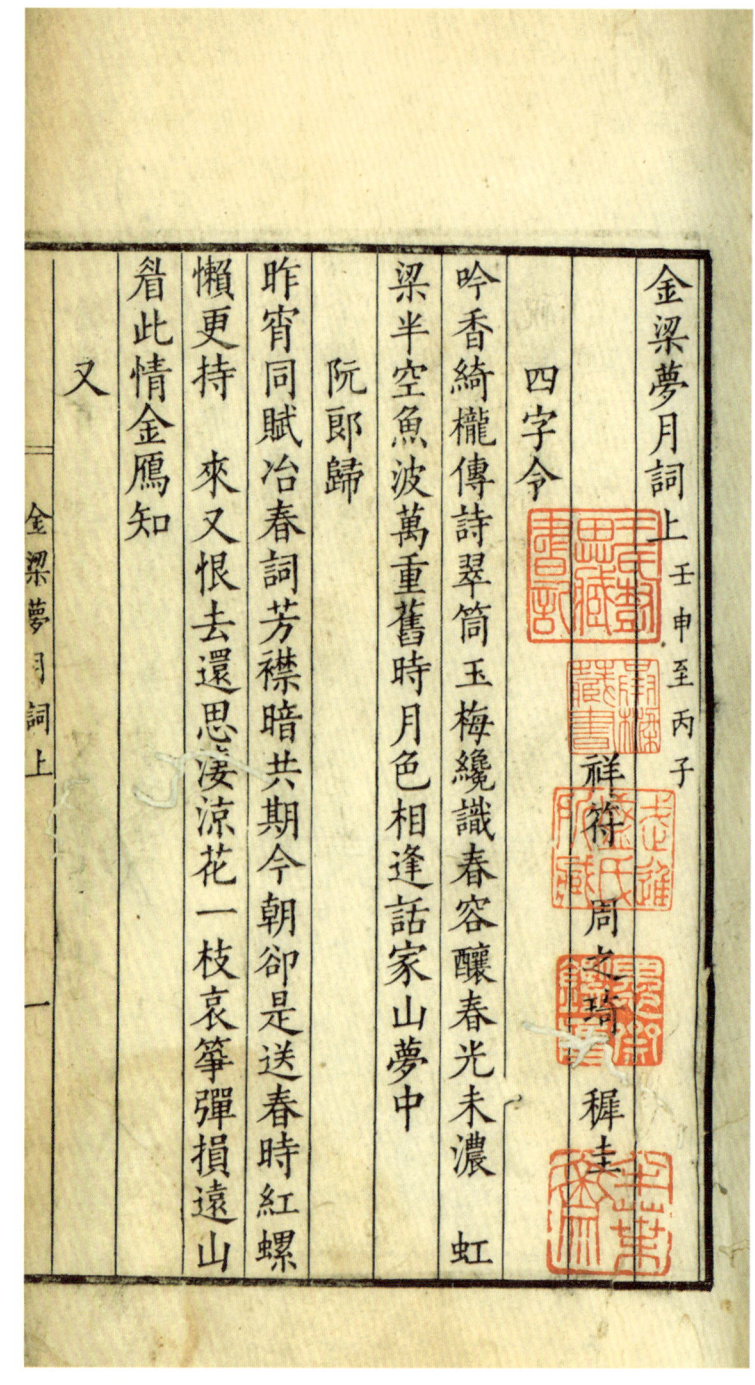

491 金梁夢月詞二卷附懷夢詞一卷(2-1)

491　金梁夢月詞二卷附懷夢詞一卷

清周之琦撰。清道光間刊。棉紙一册。每卷後鎸"杭州愛日軒陸貞一仿寫並刊"。愛日軒刻書頗精,名重一時,此書似可爲其代表之作。周之琦撰《心日齋詞集》六卷,另有《鴻雪詞》二卷、《退葊詞》一卷。

卷内鈐"愚齋圖書館藏""愚齋鑑藏""武進盛氏所藏""翠□樓藏""啓秀堂胡"等印。"愚齋"爲盛宣懷之號,又號補樓、思補樓,字杏蓀,江蘇武進人。清末任郵傳部尚書,以辦實業及藏書著稱。其愚齋圖書館入藏古籍十餘萬册,繆荃孫曾爲其編印目録。

乙亥年(1995)游滬,購獲於胡氏"半葉齋"。

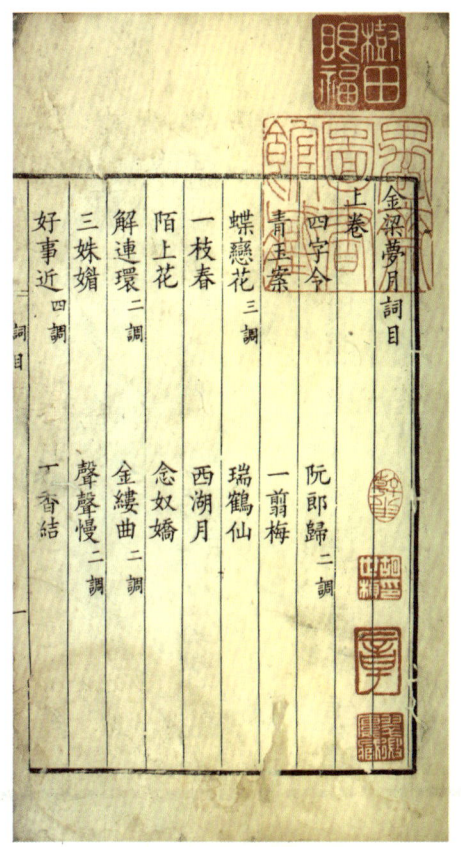

491　金梁夢月詞二卷附懷夢詞一卷(2-2)

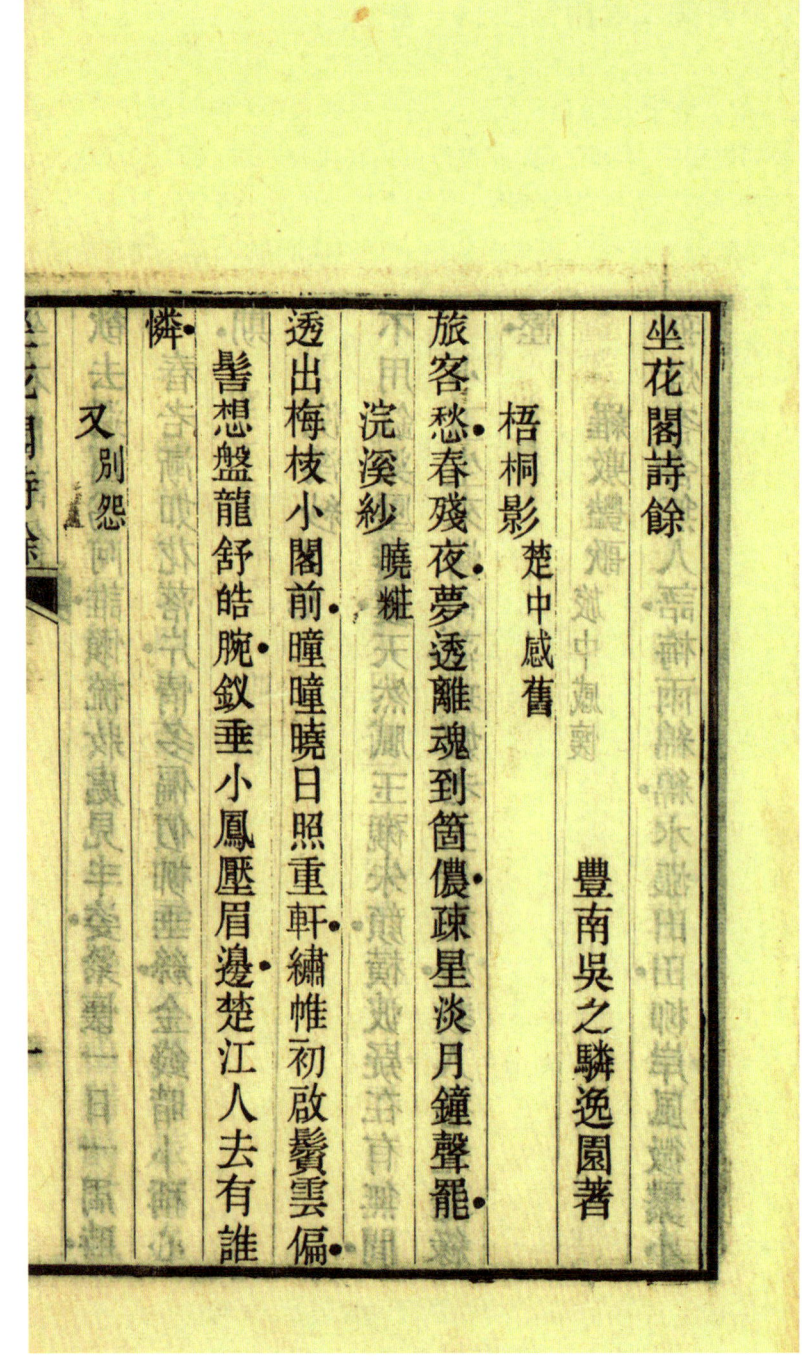

492 坐花閣詩餘(3-1)

492　坐花閣詩餘

清吳之驥撰。清宣統庚戌(1910)刻本。竹紙一册。

吳之驥,字鳴夏,號逸園,附貢生,安徽豐南人。撰有《坐花閣詩詞稿》。

卷前康熙庚辰(1700)汪鶴孫序,次宣統庚戌蔭培序,稱:"二十九世祖逸園公所著詩文詞甚富,自咸豐初紀江南兵燹後,文稿散失無存,詩僅有二律載在沈歸愚先生《國朝詩別裁集》,詞稿曩存瑾含公處。光緒丁酉歲繼高弟以同知來都携有鈔本,謹録一通,藏之篋笥者有年,竊恐其久而佚也,付之手民,以永其傳。"據此序,知此書爲吳蔭培刻本。

吳蔭培,字少渠,西溪南(今屬安徽歙縣)人。同治舉人,歷官刑部、外務部郎中,入民國,任農商部顧問。撰有《易象圖說》《蜀抱軒文鈔》《紫雲山房詩詞稿》等。

封面鈐紅印"歙縣西溪南村吳氏書畫著作展覽室"一行,墨書"展字拾五號",並鈐"吳保琳捐置""吝白敬贈"二印。卷末鎸"仍孫保琳、珹謹校"一行。

492　坐花閣詩餘(3-2)

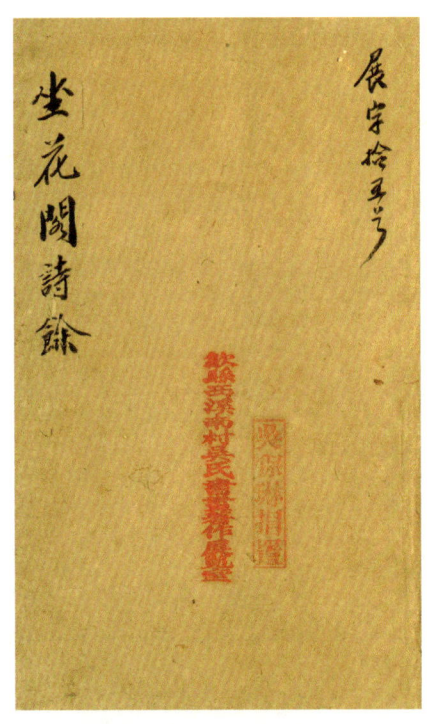

492　坐花閣詩餘(3-3)

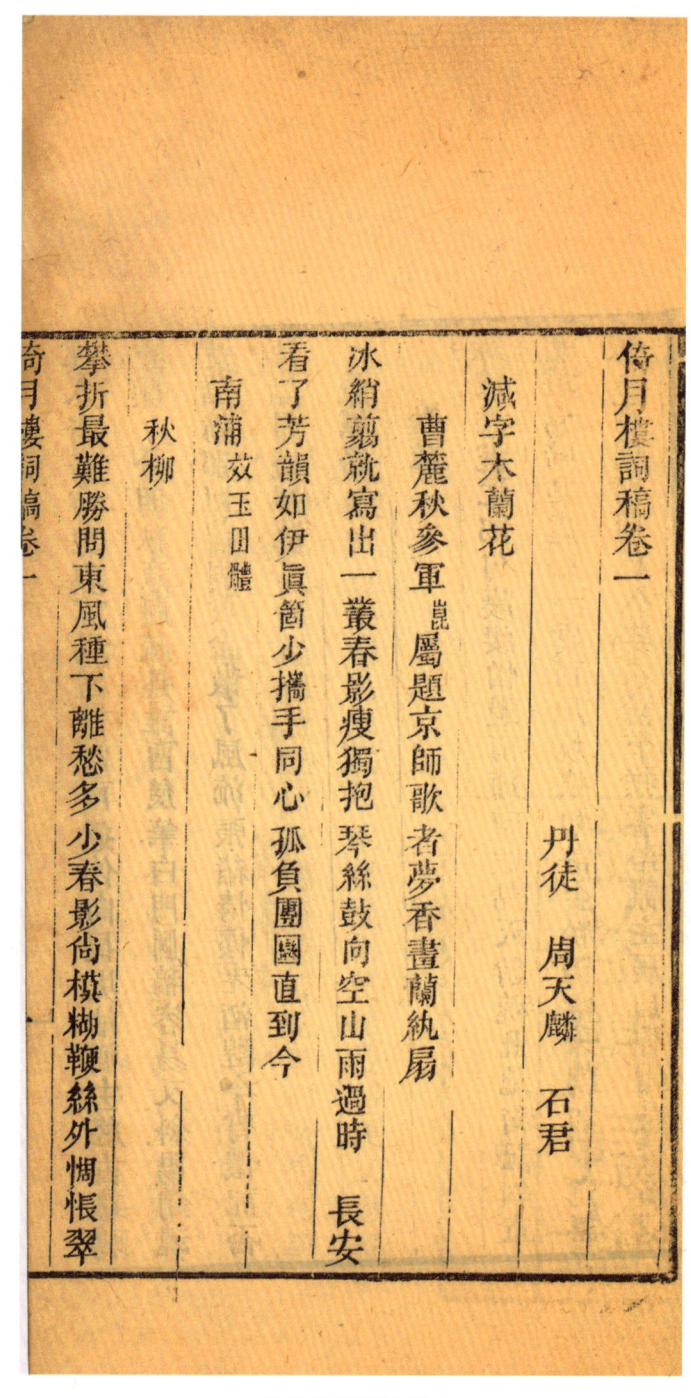

倚月樓詞稿四卷(2-1)

493　倚月樓詞稿四卷

清周天麟撰。清光緒七年(1881)刻本。竹紙二冊。詞稿後附《月樓琴語》一卷，蕭恒貞撰。

周天麟，字石君，自號水流雲在館主人，江蘇丹徒人。監生，官山西澤州知府。撰有《水流雲在館詩鈔》十卷等，光緒間刊。

此書《清人別集總目》失收。朱德慈《近代詞人考録》周天麟條未涉此書。蕭新祺在《文獻》雜誌一九八九年第二期上刊文，稱四十餘種單行本詞集《販書偶記》失收，内有此書，然《販書偶記》正續編已著録此書，蓋蕭氏誤記也。

書獲於山西太原賈月忠。詞集爲余所喜，恨未多收。

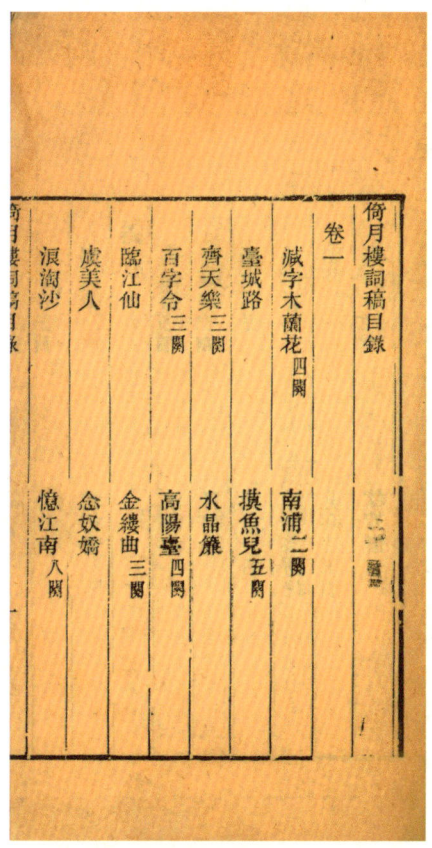

493　倚月樓詞稿四卷(2-2)

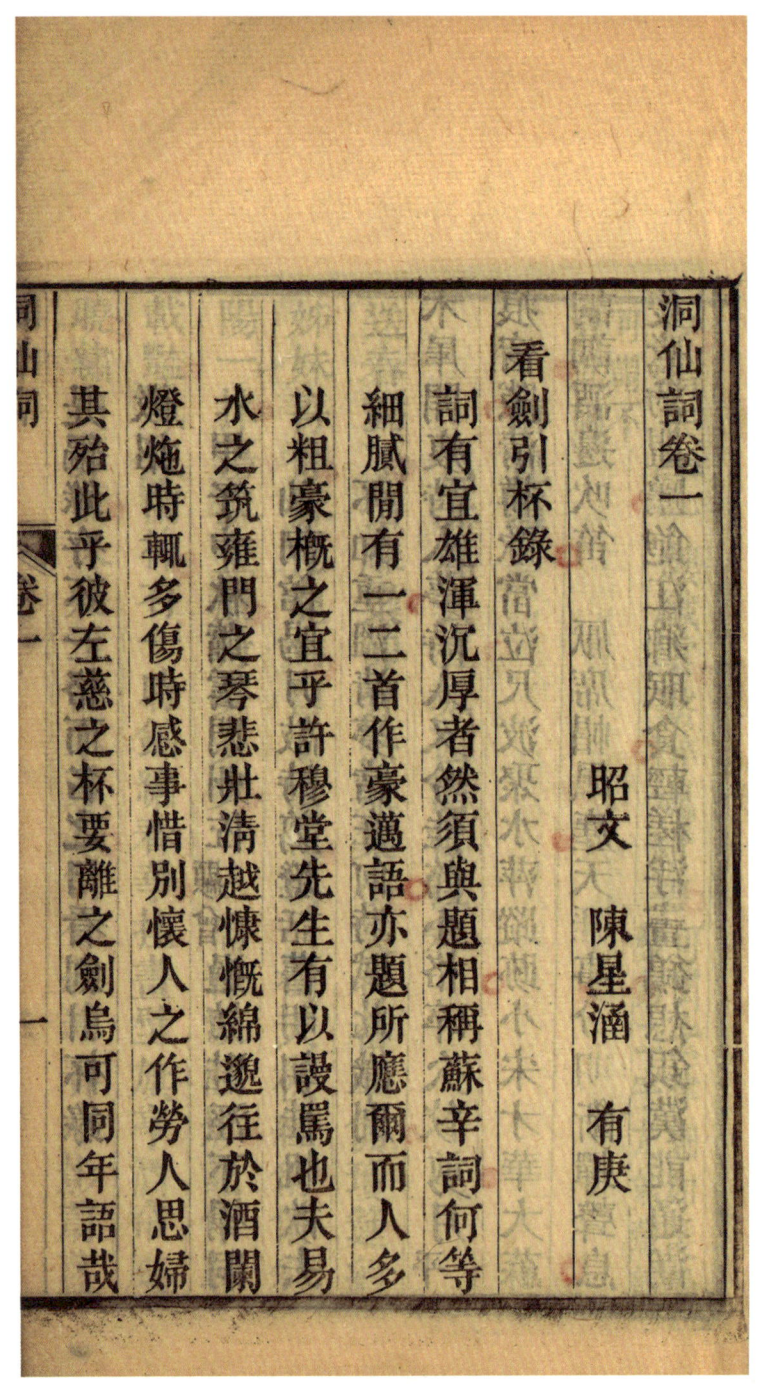

494　洞仙詞六卷

陳星涵撰。清光緒十四年(1888)永嘉沙氏刻。竹紙二冊。

前有光緒十三年(1887)撰者自序,次凡例,篇幅較長,實爲詞之論文。詞凡六卷,始於甲子(1864),止於丙戌(1886),存詞二百有十,得調一百有八。卷一"看劍引杯錄"、卷二"無盡藏風月引"、卷三"小蓬萊仙館玉笛譜"、卷四"春雲閣體物"、卷五"擘雲絮語"、卷六"楊花春影",每卷前弁以小序,書中有墨釘,蓋爲初刻初印之本。

陳星涵,字有庚,號寄紅詞客,江蘇昭文人。著《珊瑚碧海盦詩鈔》等,藏南京圖書館。

《洞仙詞》,又名《洞仙歌》,唐教坊曲名,原用以咏洞府神仙,後用爲詞牌。

此書未見著錄。曩歲獲於冷攤。

494　洞仙詞六卷(3-2)

494　洞仙詞六卷(3-3)

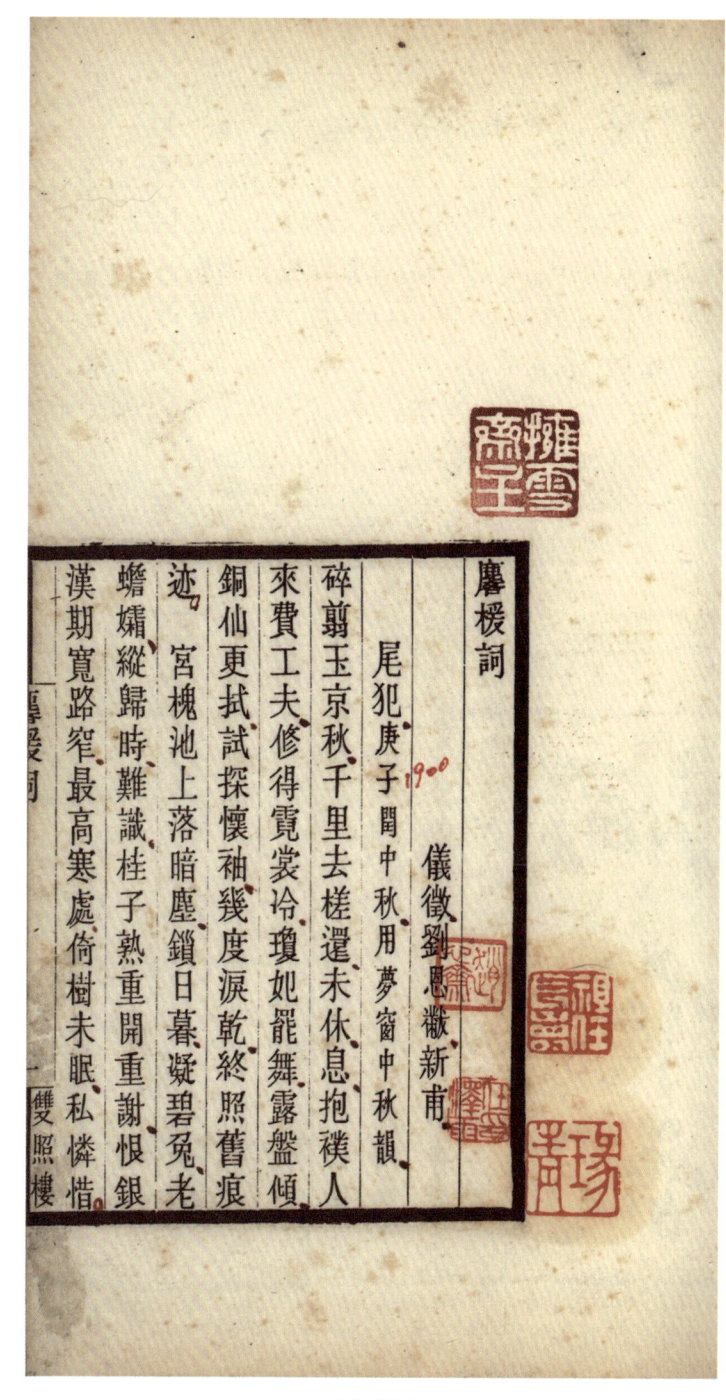

495　麇楱詞（2-1）

495　麋梬詞

劉恩黻撰。清光緒間吳氏雙照樓刊。白紙一册。

劉恩黻爲清季詞人，與朱祖謀、王鵬運交善。其去世後手稿散佚，朱祖謀極力收集，請吳昌綬以雙照樓名義刊刻。

卷内鈐"南海譚氏收藏""瑑青""祖任長壽""重威經眼"等印。

譚祖任，號瑑青，廣東南海人，譚瑩之孫、譚宗浚之子，清末著名學人、鑒賞家、詞章家。所作詩詞"清勁冷豔"，著有《聊園詞》。結過詩社。其家族創辦的"譚家菜"爲京城一絶，至今不衰。

張重威，號潛園、默園，揚州人，著名金融家、收藏家，藏書四萬餘册。其收藏的明仇英《赤壁圖》，曾於二〇〇七年以七千九百五十二萬元被嘉德拍出。張氏一九七五年病逝。

近二十年前，客居京城，適逢上海書友胡承樑海王邨書市獲書一批，精本頗多，然購價已昂，不得下手，僅以五十元獲此書。時在前門一旅社内，後二人飽啖一頓，暢談甚晚。

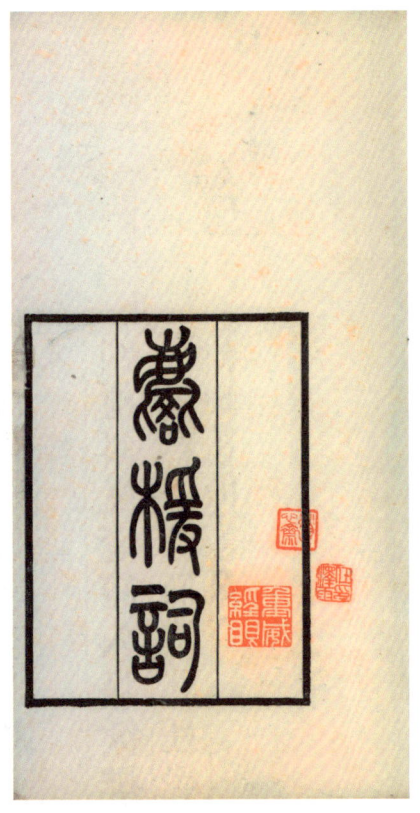

495　麋梬詞（2-2）

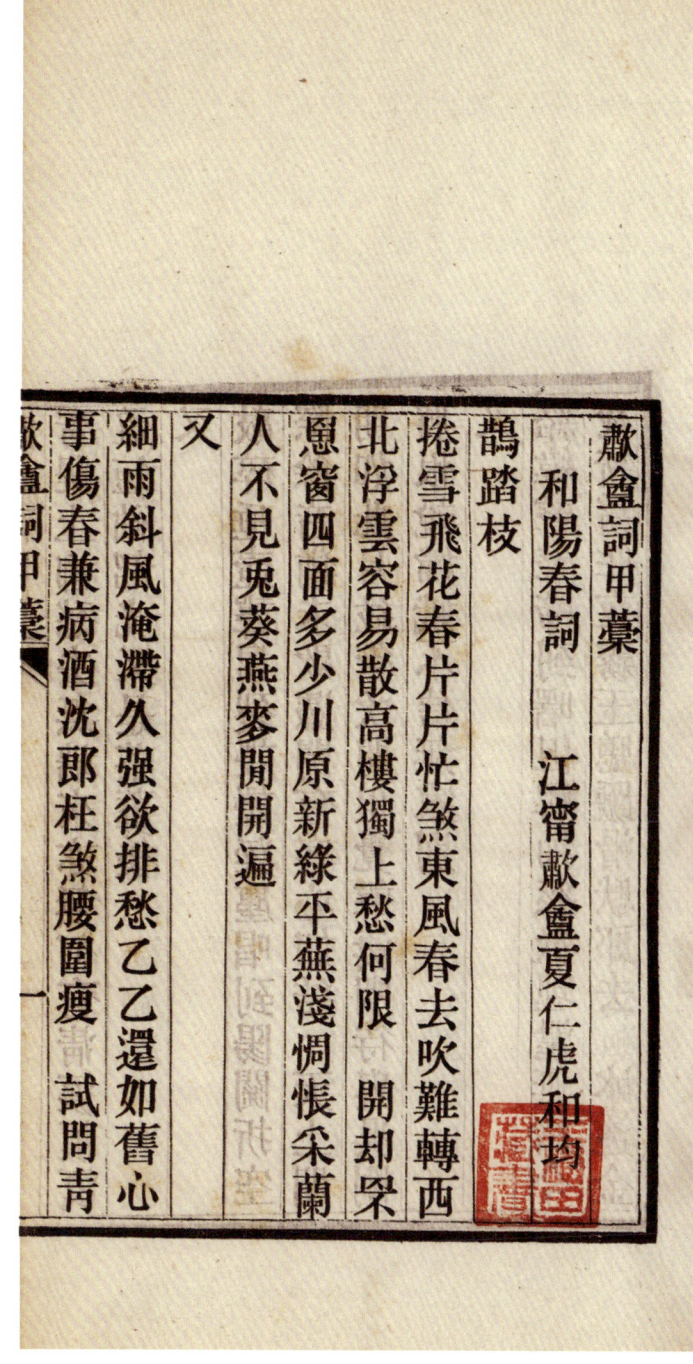

歠盦詞甲稾

和陽春詞　　江甯歠盦夏仁虎和均

鵲踏枝

捲雪飛花春片片忙煞東風春去吹難轉西北浮雲容易散高樓獨上愁何限開却朱恩窗四面多少川原新綠平蕪淺悒悵朵蘭人不見兔葵燕麥閒開遍

又

細雨斜風淹滯久強欲排愁乙乙還如舊事傷春兼病酒沈郎枉煞腰圍瘦試問青

496　歗盦詞四卷附零夢詞一卷

夏仁虎撰。民國初刊。白紙二册。含《和陽春詞》《淮波詞》《梁塵詞》《燕築詞》各一卷。

夏仁虎,字蔚如,別號歗盦、枝巢,室名碧山樓,江蘇江甯人。官御史。民國時是北京蟄園律社、瓶花簃詞社中堅人物。著述頗多。余二十年前曾於蘇州張珂"天賜莊書店"獲見精鈔本《清宮詞》一册,乃夏氏著作,或爲稿本,開價五百元,惜未之購。

卷内鈐"朝宗"印。

江朝宗,字宇澄,室名四勿軒,安徽旌德人。一九一一年任陝西漢中鎮總兵,一九一二年任北京前軍統領衙門統領,一九一七年六月,以代國務總理名義宣布解散國會,並參與張勳復辟活動。七七事變後,任僞北平臨時治安維持會會長、僞北平市長,並兼任"北京古學院"北平志監修。一九四三年病亡。

另存《詩稿》四卷,亦鈐"朝宗"印,獲於呼和浩特古舊書店,配全非易。

496　歗盦詞四卷附零夢詞一卷(3-2)

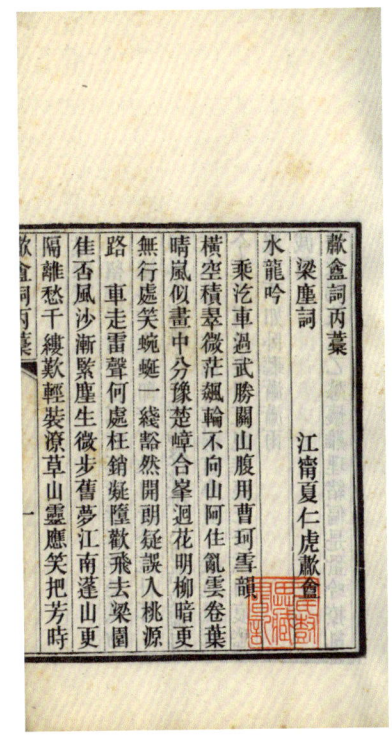

496　歗盦詞四卷附零夢詞一卷(3-3)

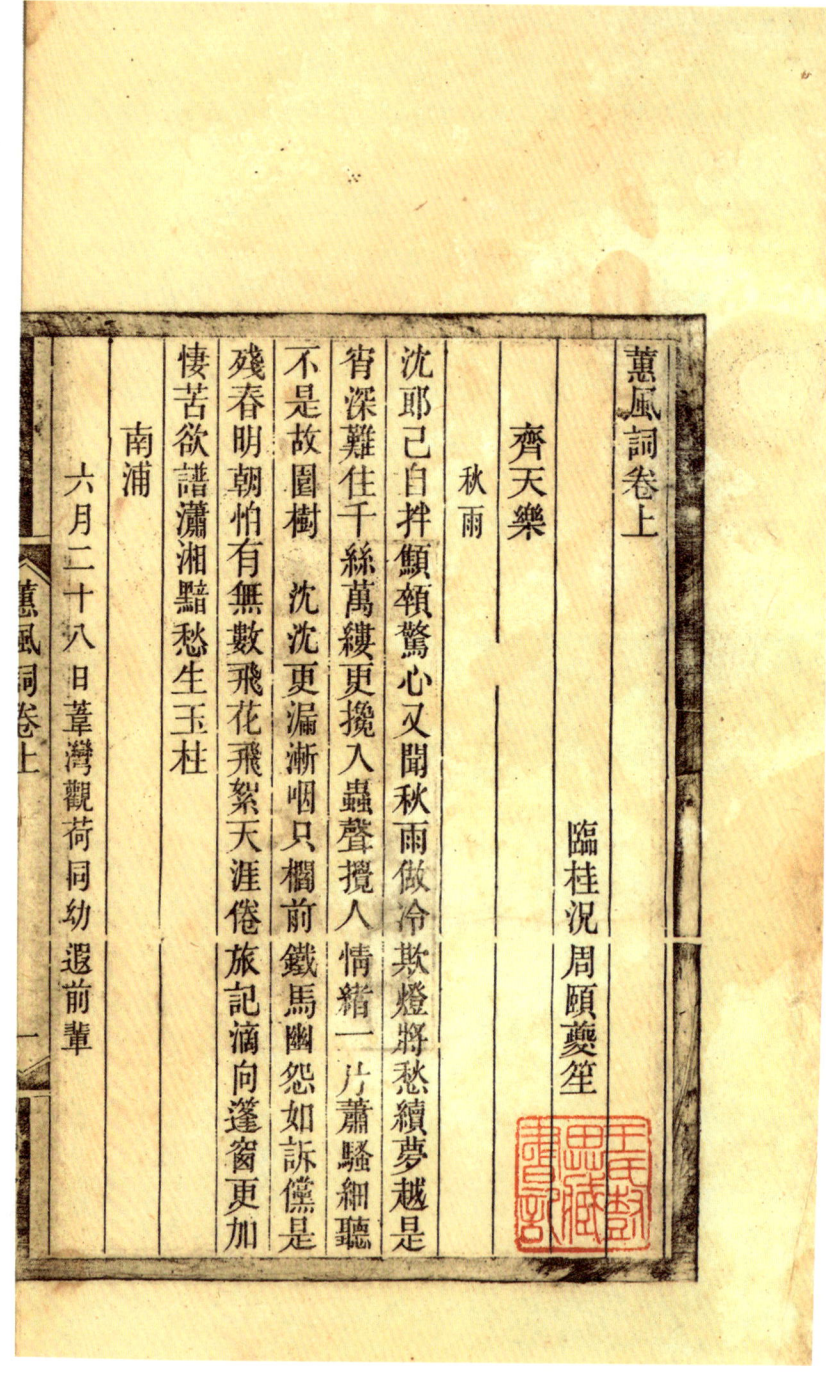

497 蕙風詞二卷(3-1)

497　蕙風詞二卷

況周頤撰。清光緒己丑(1889)秋成都薛崇禮堂校刊。白紙一册。有趙尊嶽跋。

況周頤,字夔笙,廣西臨桂人。光緒五年(1879)舉人,官内閣中書,曾入張之洞、端方幕府。辛亥革命後寄跡上海,一九二六年卒。另撰《蕙風詞話》五卷。王國維評《蕙風詞》"真實""沉痛""天以百凶成就一詞人"。

此書開本敞闊,版框粗重,字體端雅,別具一格。

497　蕙風詞二卷(3-2)

497　蕙風詞二卷(3-3)

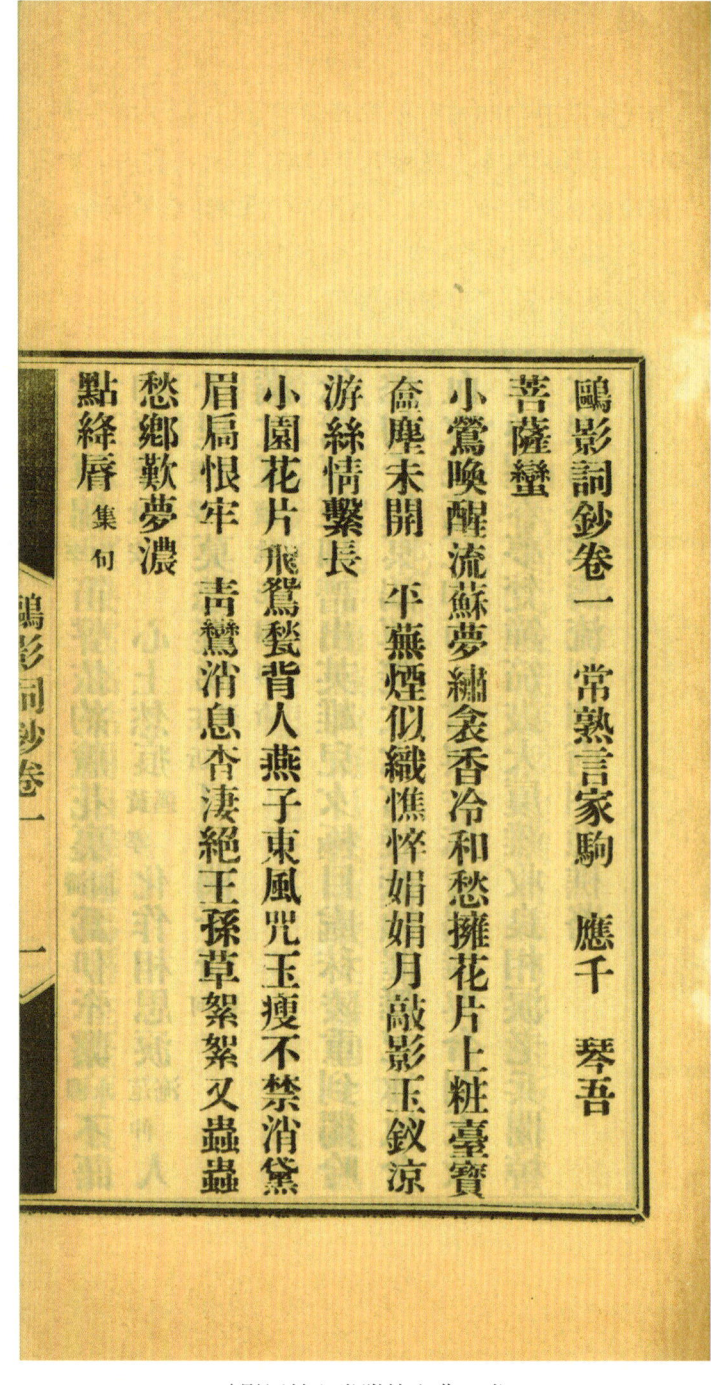

498　鷗影詞鈔六卷附悼亡曲一卷（3-1）

498　鷗影詞鈔六卷附悼亡曲一卷

清言家駒撰。一九一三年言氏家集本。排印本。一册。

卷末壬子(1912)九月林紓跋,民國二年(1913)冬言敦源跋,稱:"先君自二十後即專治詞學者垂五十年,唐以後諸家著述搜羅繁富,其有孤行別本亦必展轉乞借,自錄副墨……每有所作,輒從事弦管以求諧律……生平所著不下數千疊,略不省顧,錄存者勵十之二三。晚年棄取益嚴,躬自審定詞才三百闋,奇曲才十餘齣……"

後附《悼亡曲》一卷,爲言氏悼念亡妻汪韻梅而作。汪韻梅有《梅花館集》,余有之。

此書《清人别集總目》未載,稀見。

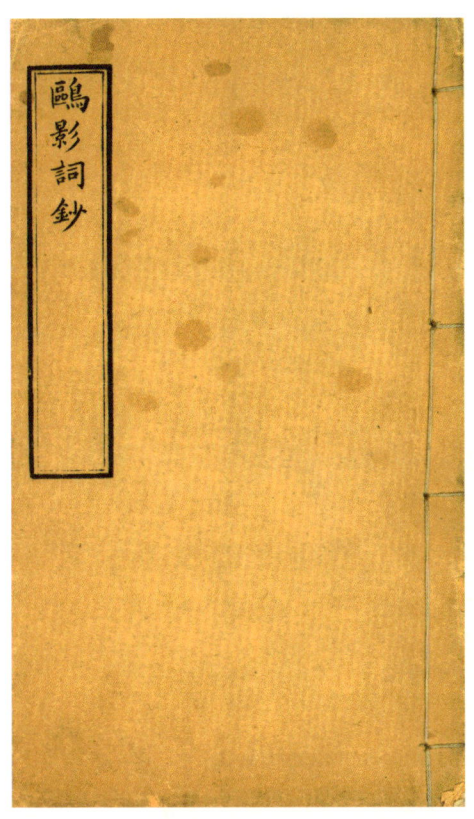

498　鷗影詞鈔六卷附悼亡曲一卷(3-2)

498　鷗影詞鈔六卷附悼亡曲一卷(3-3)

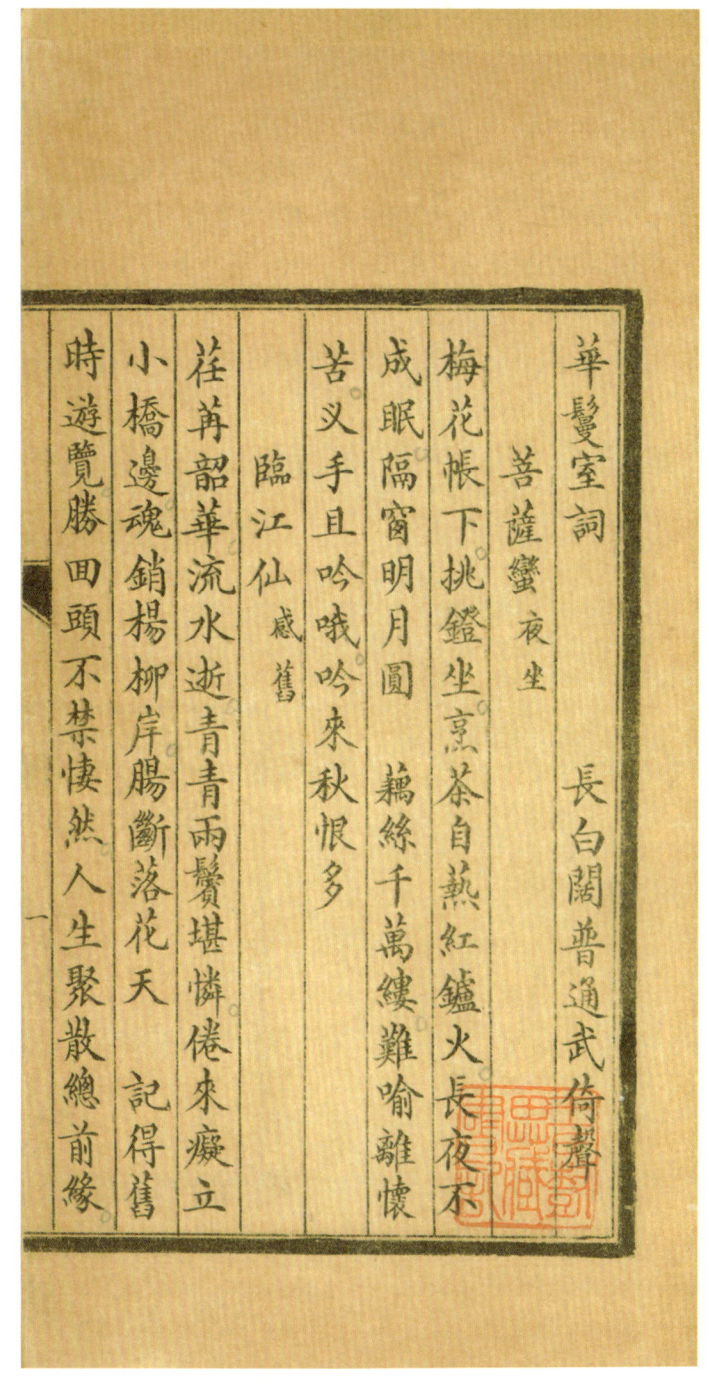

499　華鬘室詞（2-1）

499　華鬘室詞

闊普通武撰。清末民初石印本。有機紙一册。

闊普通武,字安甫,號青海、楂客,室名萬生園、華鬘室。滿洲正白旗人,他塔拉氏。光緒十二年(1886)進士,授内閣學士,官至禮部左侍郎。一八九八年百日維新期間,上奏康有爲代擬的《請定立憲開國會摺》。戊戌政變後爲西寧辦事大臣。

此書無序跋、無出版刊行之人,卷首題下署名爲"長白闊普通武"。

此書早年間獲於山西平遥侯姓書商。此君當年從海王邨古籍書市購書不少,多爲殘本,此書即是,幸全。書後墨記"長白縣檔,六十五元",蓋原擬售與長白縣檔案局者,而中國書店標價爲四元,如成,當獲利不少。其所購書,多以此法售與有關單位及人士,爲有心計之人也。

499　華鬘室詞(2-2)

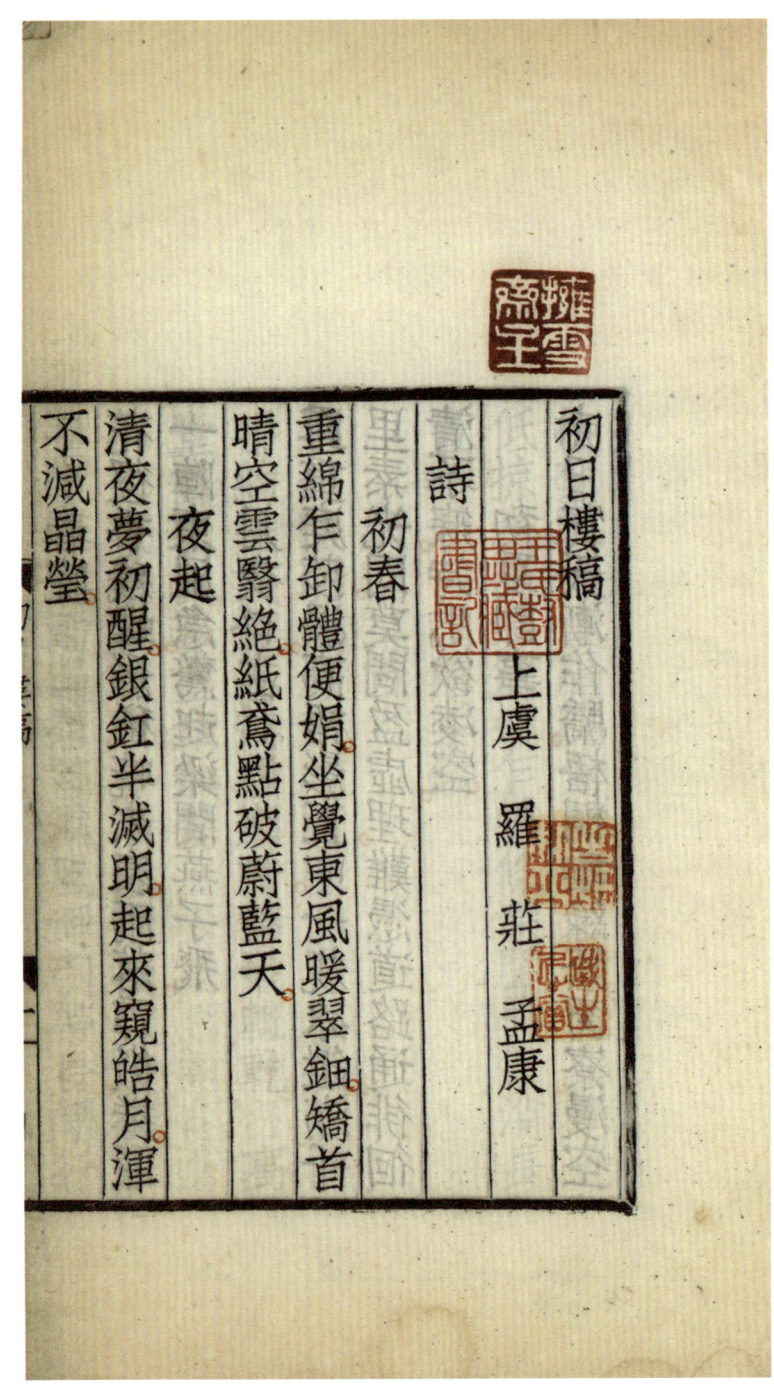

500　初日樓正續稿二卷（3-1）

500　初日樓正續稿二卷

羅莊撰。一九二七年上虞羅氏刊。白紙一册。封面墨書"夢花館主"。書中有批,鈐"江翰珍藏"等印。

卷前逸翁序,佩韋老人序。

羅莊,字孟康,浙江上虞人,生於一八九六年,卒於一九四一年。詞壇才女,藏書家、版本目錄學家羅振常之女,周子美之妻,羅振玉侄女。羅莊之詞有天然韶秀之態,王國維曾有"閨秀安得如許筆力"之歎。

江翰,字叔海,福建長汀人。清末歷任重慶東川書院山長、京師大學堂教授、河南布政使等職,民國後歷任京師圖書館館長、四川鹽運使、京師大學代理校長、瀋陽故宮博物館代理館長等職。著有《南游草》《北游草》《吳門消夏記》等。

丁丑(1997)秋購於海王邨古籍書市。時書價奇廉,書客瘋搶,猶如打仗一般,此"戰利品"之一也。

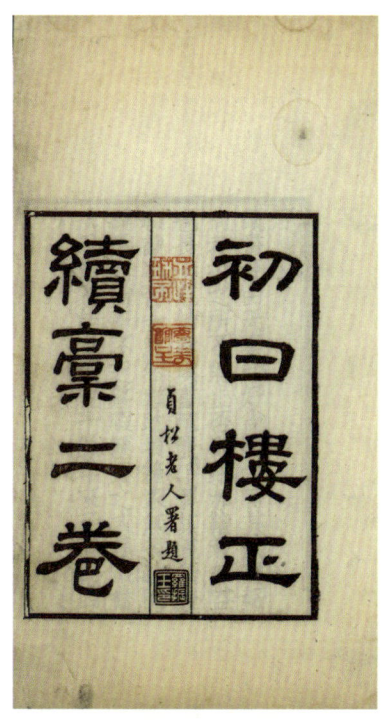

500　初日樓正續稿二卷(3-2)

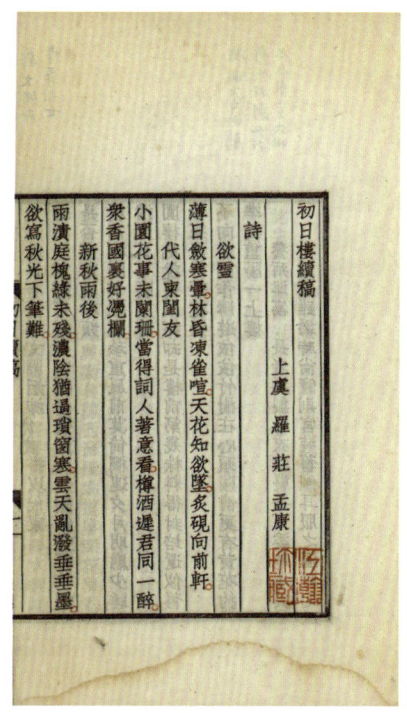

500　初日樓正續稿二卷(3-3)

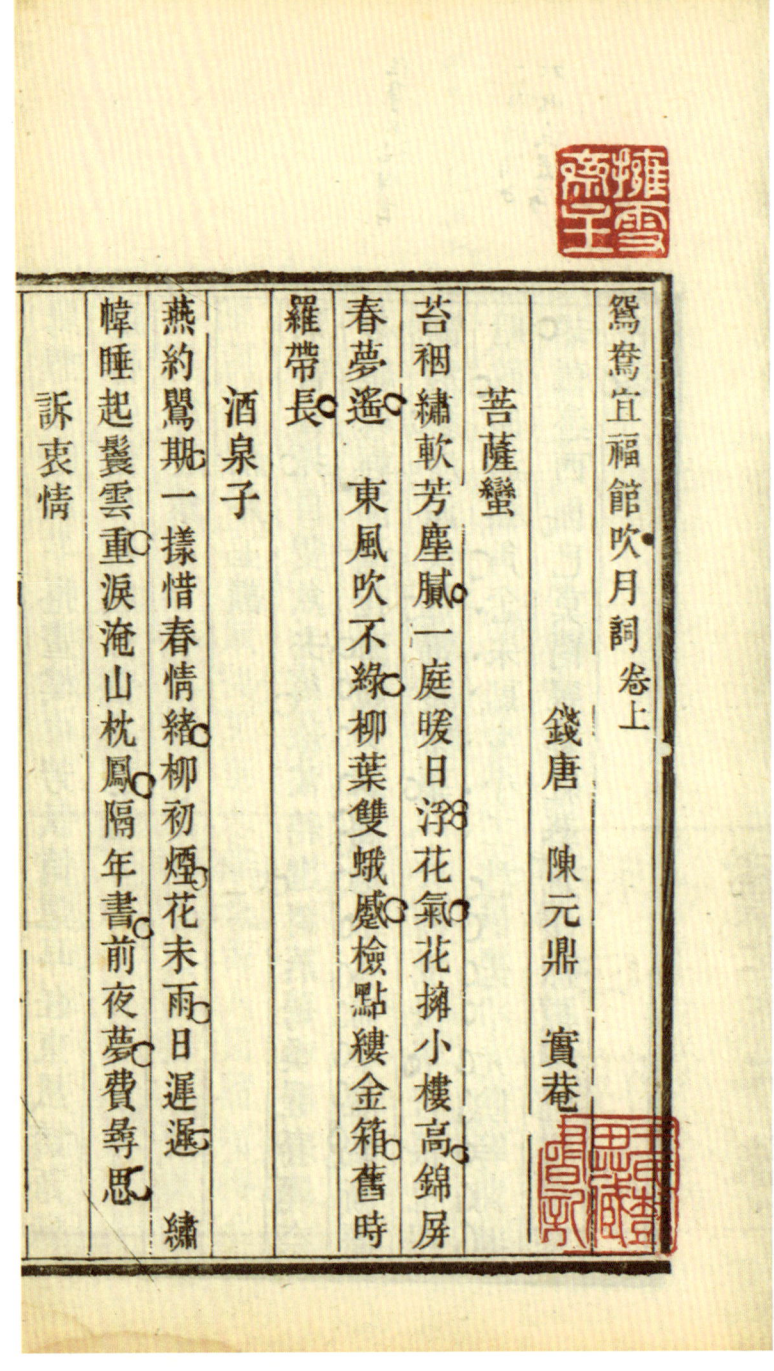

501　鴛鴦宜福館吹月詞二卷（2-1）

501　鴛鴦宜福館吹月詞二卷

清陳元鼎撰。半葉十行二十一字，白口，四周雙邊。

卷前有同治壬戌(1862)中秋前三日撰者自序，序稱："……甲辰冬，比隣不戒於火，敝廬成焦土，少作乃無一存者。其後走京華之塵，狎海國之浪，北轅南檥，又忽忽十年。悲感所觸，一以寄之於詞。曾削藁爲上下卷，思災梨棗，會粵氛狂熾，避地鹽官，副舟爲土寇所掠，並殘書剩簡盡失之。……今年夏，養痾春申浦，約略記憶尚得如干首。烽烟滿目，故鄉已淪爲賊藪；家室飄搖，埋骨不知何地。半生結習，敝帚自珍，亟録而梓之。有白江州其人乎？或聽商婦琵琶而爲之青衫泪濕也。"

陳元鼎，字實菴，號芝裳。道光進士，授翰林院編修。一八六三年卒。《中國近現代人物名號大辭典》稱卒於一八五〇年，似誤。

是集收詞百餘首，多艷冶纏綿之調。卷前鈐"悔龕"印。夏孫桐別號"悔龕"，蓋其舊藏也。卷内有墨批。

是書《販書偶記》正續編皆失收。

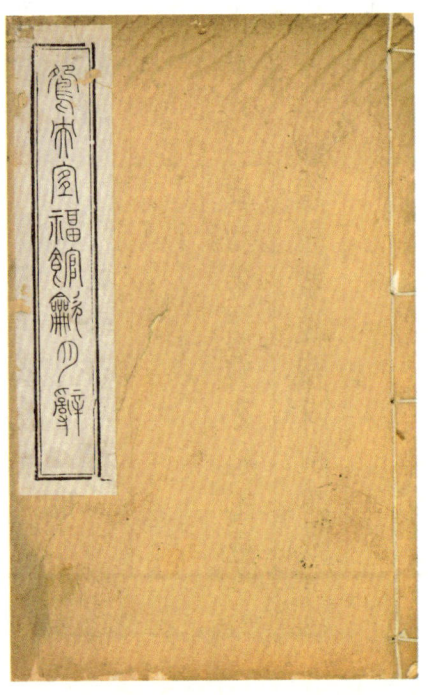

501　鴛鴦宜福館吹月詞二卷(2-2)

盛明雜劇

新都伯玉汪道昆誤　　長吉黃嘉惠閱
瑯琊敬美王世懋評　　西泃彥雯汪垕檹
五湖遊

【末上浣溪紗】落落淮陰百戰功。蕭蕭雲夢起悲風。
齊城七十漢提封棗國直須輕敞屣藏身何用歎
良弓。百年心事酒杯中
我愛鴟夷子，盡迷花不事君，
紅顏棄軒冕，白首臥煙雲。
山林湖海是英雄退步然非有
輩急須着眼
喚醒我

502　盛明雜劇初集三十卷

民國間誦芬室主人董康據明本重刻。十册一函。字體秀麗,紙白墨濃,展卷喜人。附圖以珂羅版精印,益增其媚。刊印者爲北京文楷齋,蓋當時雕版印刷名氣大者。

文楷齋創立於民國八年(1919),主人劉春生頗善經營,盛時擁有三四百名工人,寫手三十餘人。曾爲董康、陶湘、傅增湘等人刻印過不少書,用紙用墨皆甚講究,不惜工本,故而傳世之書多爲精品。《盛明雜劇》即爲此中翹楚。

此書雖爲民國本,傳世頗罕。二十世紀九十年代初,北京中國書店首屆稀見圖書拍賣會曾拍賣過此書,成交價幾近萬元之巨。二○一○年,此書在北京古籍拍賣會上,竟以二十萬元之價被人拍去。現代藏書大家黄裳先生對董刻《盛明雜劇》甚爲贊賞,稱其:"確是精美的雕版藝術品……在今天與明刻之稀見正同。"文楷齋所刻之書,寒齋尚有《許學四種》《觀世音菩薩感應靈課》《金剛般若波羅蜜經解注》《墨表》等十餘種,亦甚可觀。後二種還是紅、藍印本,尤爲難得了。

董康出於個人愛好,精心組織刻印了不少好書,在我國圖書事業史上是有功的。胡適先生在一九二二年的日記中,曾提到董康,認爲"此人是一個好人,但不配處於這個時代、這個地位。我很可憐他"。於此可見其對董康的看法。也許是認爲董康搞搞學術、藏點書、印點書就蠻好的了,不適合從政吧。事實證明,也確是如此。

箋註繪像第六才子西廂釋解卷之一

聖歎外書

序一曰慟哭古人

或問於聖歎曰西廂記何爲而批之刻之也。聖歎悄然動容起立而對曰嗟乎我亦不知其然然而於我心則誠不能以自已也。今夫浩蕩大劫自初迄今我則不知其有幾萬萬年月也。幾萬萬年月皆如水逝雲卷風馳電掣無不盡去而至於今年今月而暫有我。此暫有之我又未嘗不水逝雲卷風馳電掣而疾去也。然而幸而猶尚暫有於此則我將以何等消遣而遣之。我比者亦嘗欲有所爲既而思之且未論我之果得爲與不得爲亦未論爲之果得成與不得成就使爲之而果得爲乃至爲

503　箋註繪像第六才子西廂釋解八卷附圍棋闖局園林午夢（2-1）

503　箋註繪像第六才子西廂釋解八卷附圍棋闖局園林午夢

　　元王德信、關漢卿撰。清金陵文會堂刊。帶圖,兩截板,下欄十行十六字,白口,單魚尾。八卷附《圍棋闖局》《園林午夢》。版心鎸"文會堂"。扉葉鎸"金聖歎先生批點西廂記,繡像第六才子箋註,文會堂藏板"。封面書簽標"文會堂箋釋第六才子書"並鈐"文會堂"朱印。卷前有康熙己酉(1669)天都汪溥勳《題聖歎批第六才子西廂序》。

　　《西廂》問世以來,刻本競出,注家蜂起。明清以來傳本不下四十種。此金陵文會堂刻本不知源於何本,紙墨俱舊,刊期未明,疑在康、乾間。余另存光緒二年(1876)如是山房朱墨本《西廂》,書品殊佳,至可賞玩。民國間掃葉山房石印《西廂》亦有之,圖繪頗精緻。

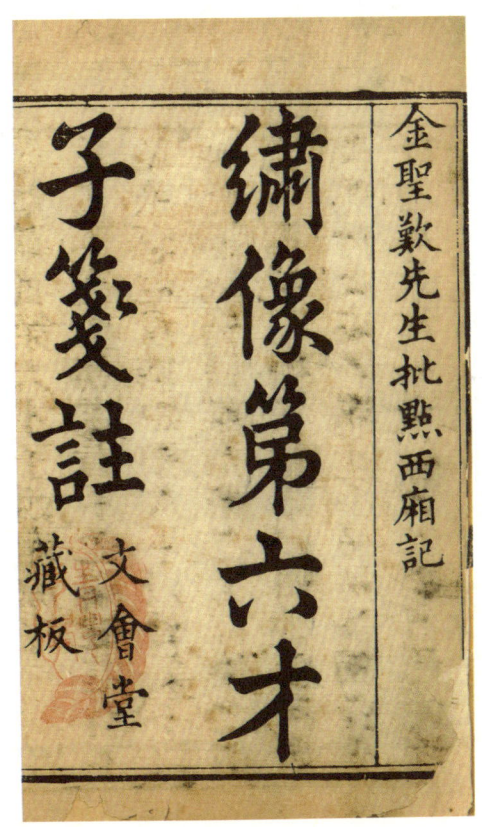

503　箋註繪像第六才子西廂釋解八卷附圍棋闖局園林午夢(2-2)

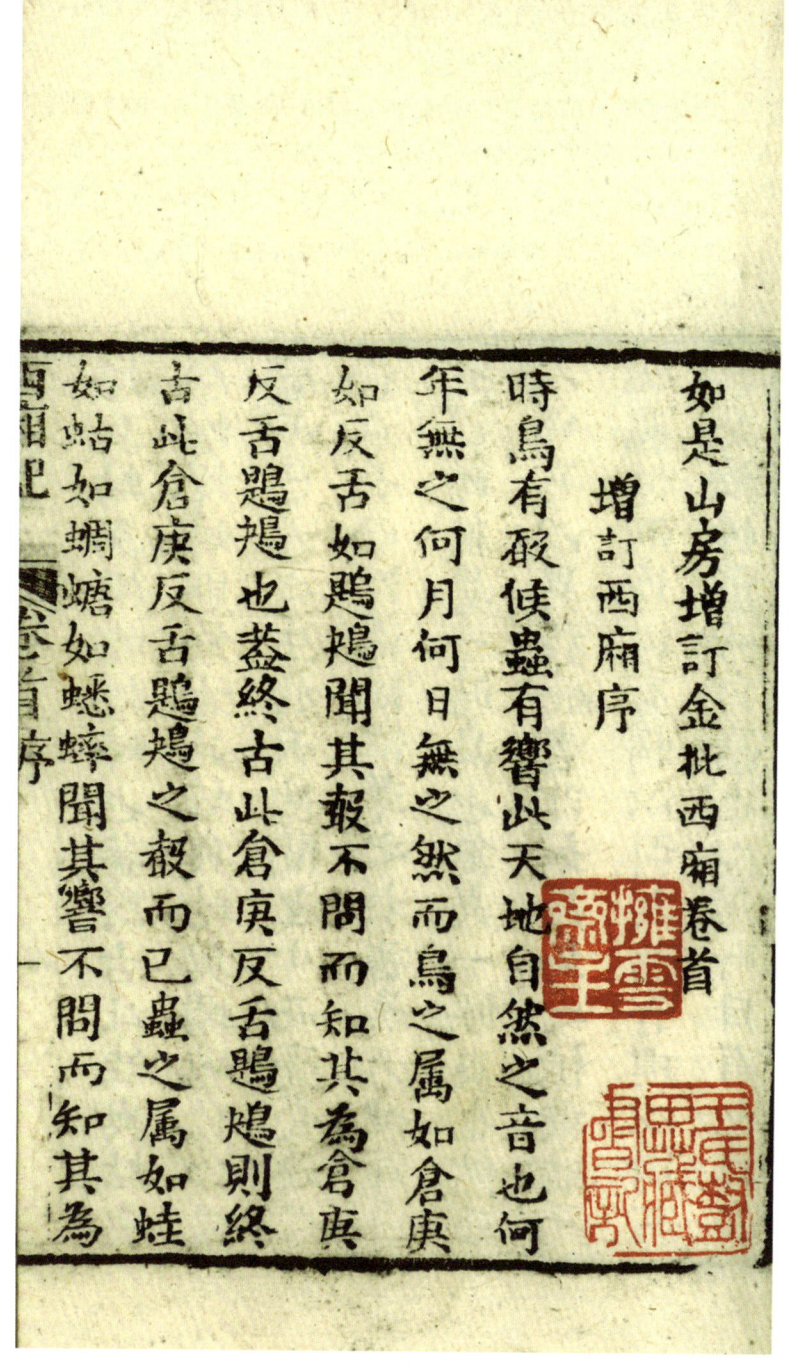

504 增訂金批西廂四卷首一卷末一卷（3-1）

504　增訂金批西廂四卷首一卷末一卷

　　元王實甫撰,清金人瑞評。清光緒二年(1876)如是山房重刊此宜閣本。朱墨套印。巾箱本。白紙六册。

　　西廂版本頗多,然套印不多見。此光緒套印本,雖年代稍晚,但白紙刷印,套印清晰準確,頗喜之。丁丑歲(1997)購於歙縣,先做函套,又以特製木匣盛之,禮遇隆矣。

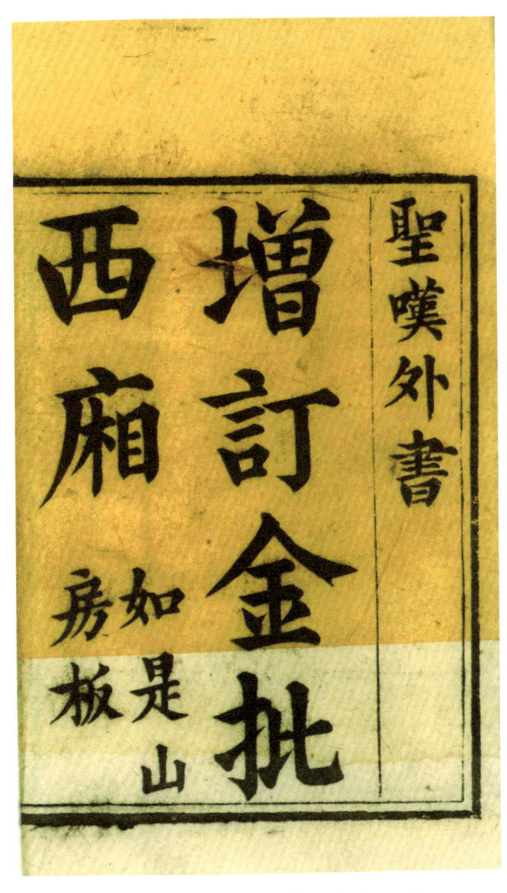

504　增訂金批西廂四卷首一卷末一卷(3-2)

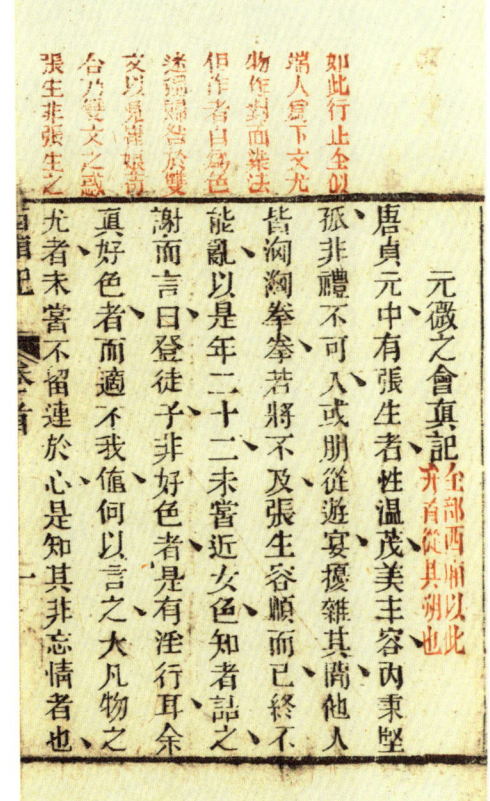

504　增訂金批西廂四卷首一卷末一卷(3-3)

桃花扇傳奇上本　　　　云亭山人編

康熙甲子八月

試一齣　先聲

〔蝶戀花〕副末踱巾道袍白鬚上古董先生誰似我非玉非銅滿面包漿裹剩魄殘魂偏僻人指笑倩誰填胸一筆抹遇酒逢歌隨處置皆可子孝臣忠萬事妥休思更覓人參果

自廌唐虞世花開甲子年山中無冠地上總神仙老夫原是南京太常寺一個贊禮爵位不尊姓名可隱最喜無禍無災活了九十七歲躬

冲場一曲
可感可興
有旨有趣
非風雅領
袖誰其葉
之

505 桃花扇傳奇二卷

清康熙間西園刻本。半葉十行十九字，白口，單黑魚尾，四周單邊。眉欄鐫評。"弘"字不避。扉葉鐫"雲亭山人編，西園梓行"。卷前梁溪夢鶴居士序，次題辭，次康熙己卯（1699）三月雲亭山人小引，次凡例，卷末康熙戊子（1708）三月雲亭山人跋。大題下鐫"雲亭山人編，康熙甲子八月"。上下本共四十齣（又有續四十齣《餘韻》）。

此西園刻本約刊於康熙四十七年（1708），未知是否原刻，傳本甚稀。《中國古籍善本書目》著録康熙刻本一種，衹北京大學圖書館有藏。另見《中國人民大學圖書館古籍善本書目》著録有西園刻本，爲八册，行格款式與此本同。《桃花扇》另有康熙介安堂本、嘉慶本（人大藏）、道光十三年（1833）本、光緒蘭雪堂本等。蘭雪堂本校印較善。

此書乙亥年（1995）獲於天津書友，頗喜之。

505 桃花扇傳奇二卷（2-2）

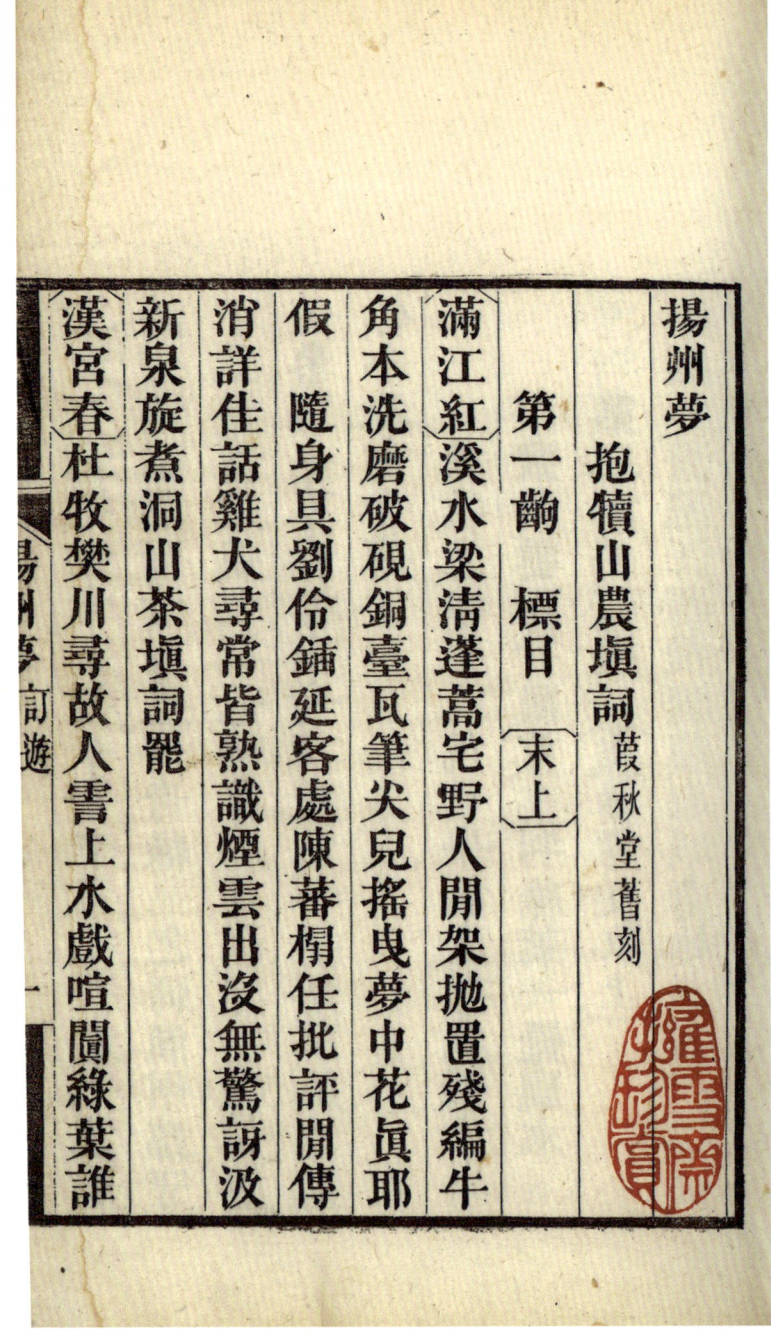

506 揚州夢三卷

清嵇永仁撰。清刻本。白紙。二册。九行十九字,黑口,左右雙邊。大題後"抱犢山農填詞",下小字鐫"葭秋堂舊刻"。首康熙十年(1671)雲林老農序,次李瑁引言,次東田抱犢山農自題。此書《北京圖書館善本書目》著録,行格同。

嵇永仁,字留山,號抱犢山農。清江蘇江甯人,徙居無錫。明崇禎十年(1637)生,清康熙十五年(1676)卒。著有《抱犢山房集》六卷。另有傳奇《雙報應》及雜劇《續離騷》等。

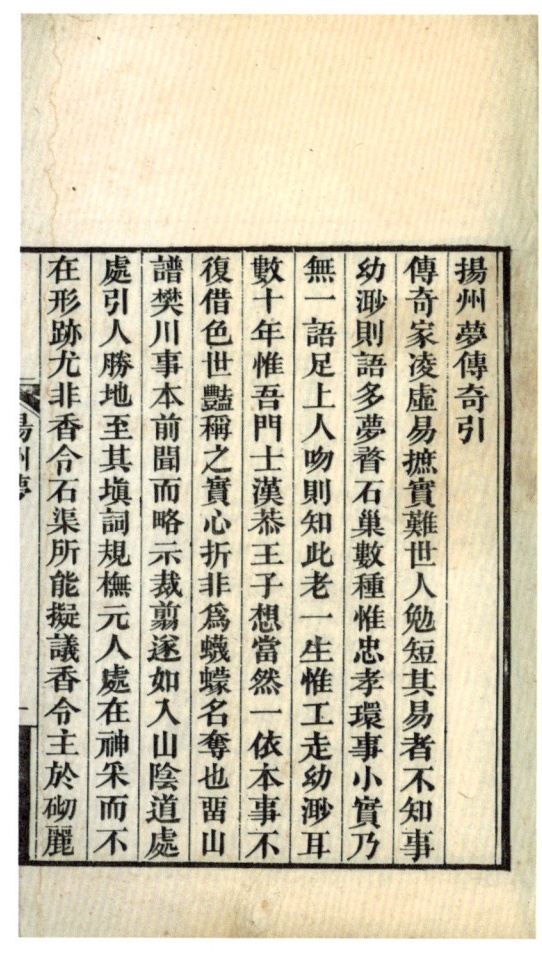

506 揚州夢三卷(2-2)

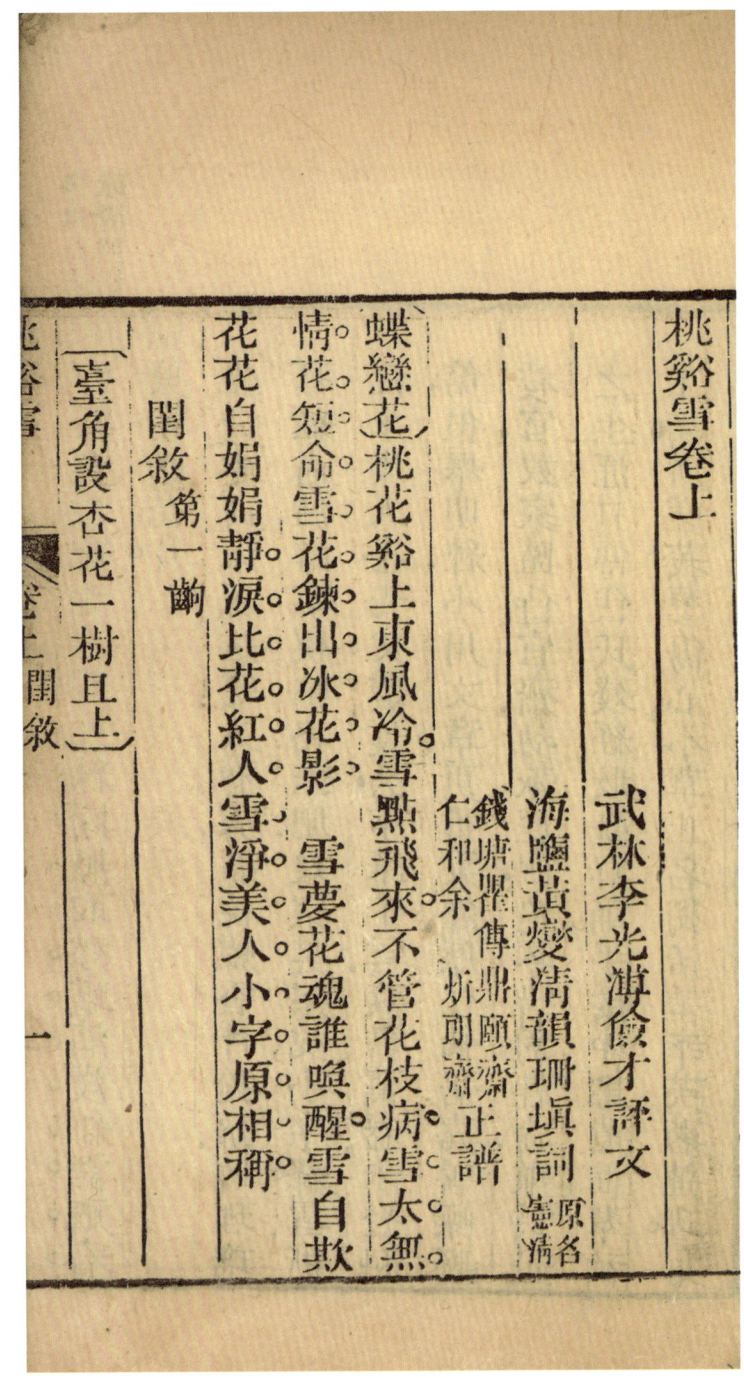

桃谿雪卷上

武林李光溥僉才評文
海鹽黃燮清韻珊填詞 原名憲清
錢塘瞿傳鼎頤齋正譜
仁和余炘朗齋

花花自娟娟靜淚比花紅人雪淨美人小字原相稱
情花短命雪花鍊出冰花影 雪覆花魂誰喚醒雪自欺
蝶戀花 桃花谿上東風冷雪點飛來不管花枝病雪太無

[臺角設杏花一樹且上]

閨敘第一齣

507　桃谿雪二卷

清海鹽黃燮清填詞。清道光間刻本。一册。

卷前道光丁未(1847)黃燮清序。

此劇本述吳絳雪以死殉節事。吳絳雪,名宗愛,以美慧名永康間。時耿精忠部下攻浙,欲得之,絳雪投崖殞命。黃燮清譜《桃谿雪傳奇》以彰其事。

二十世紀九十年代中期,余首次參加中國書店古籍拍賣,此書上拍。因見南京作家薛冰《舊書筆譚》論及此書,出於好奇,遂舉牌拿下。後參拍寥寥,非不願往,實不敢往,囊中羞澀也。

此書拍賣前經重裝,書品佳好。

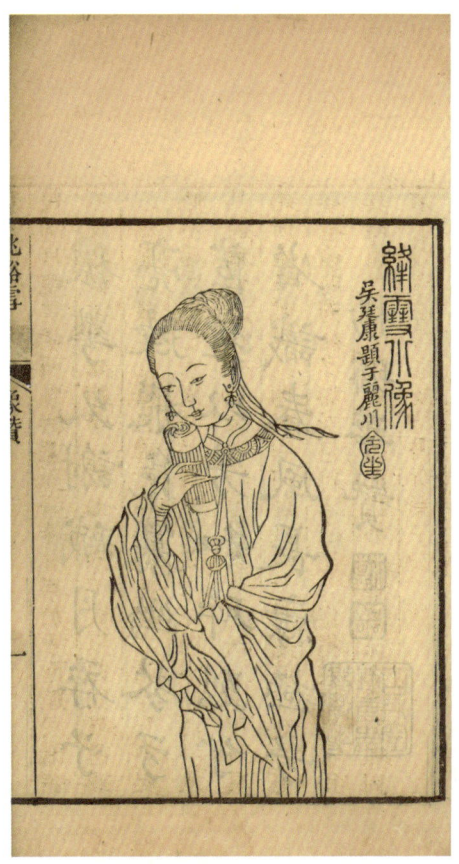

507　桃谿雪二卷(2-2)

紅樓夢傳奇

吳州　紅豆邨樵　填詞
同里　邗亭居士　校拍

原情 第一齣

中呂引子

【四園春】(末仙裝上)情關一座高千丈間若輩誰能撞古骨森森非本相(貼仙裝上)赤霞宮裏靈河隄上又注風流賬(末)天若有情天亦老貼月如無恨月常圓(合)有人打破三生夢高坐淸虛第一天(末)小儂乃放春山遣香洞太虛幻境警幻眞人焦仲卿是也(貼)小仙乃警幻仙姑蘭芷夫人是也(末)夫人我和你生墮分離刼數死歸忉利天宮將歎補恨永偕

508　紅樓夢傳奇

清仲振奎填詞。清光緒三年(1877)上海印書局刊。排印本。白紙二册。前有繡像兩幅。

此書成稿於嘉慶間。該傳奇五十六折,前三十二折寫《紅樓夢本事》,後二十四折則寫《後紅樓夢》故事,與曹、高《紅樓夢》無關。劇中使寶黛團圓、史湘雲成仙,受後人非議。

仲振奎,字春龍,號雲澗,别號紅豆邨樵、花史氏。江蘇泰州人。一生共寫十五部傳奇,以此爲最。

此書早年間得之於天津瀋陽道古物市場。愧未曾閱,今爲編書方匆匆翻閱一過。

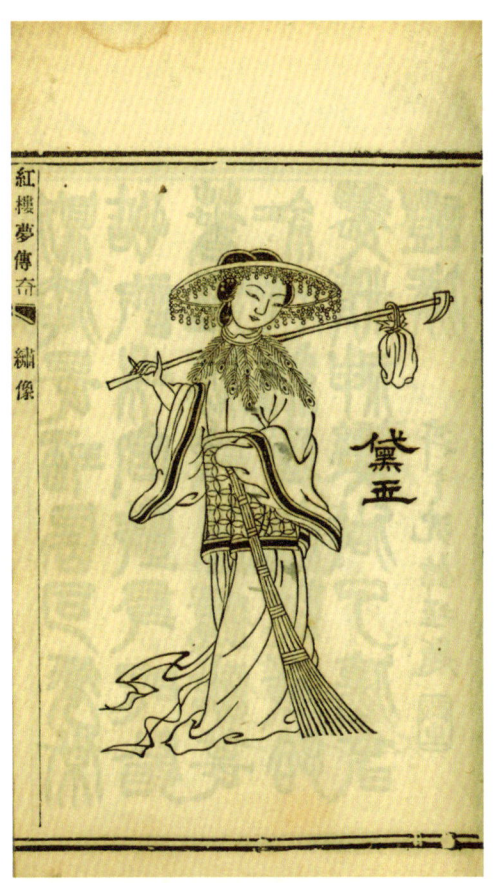

508　紅樓夢傳奇(2-2)

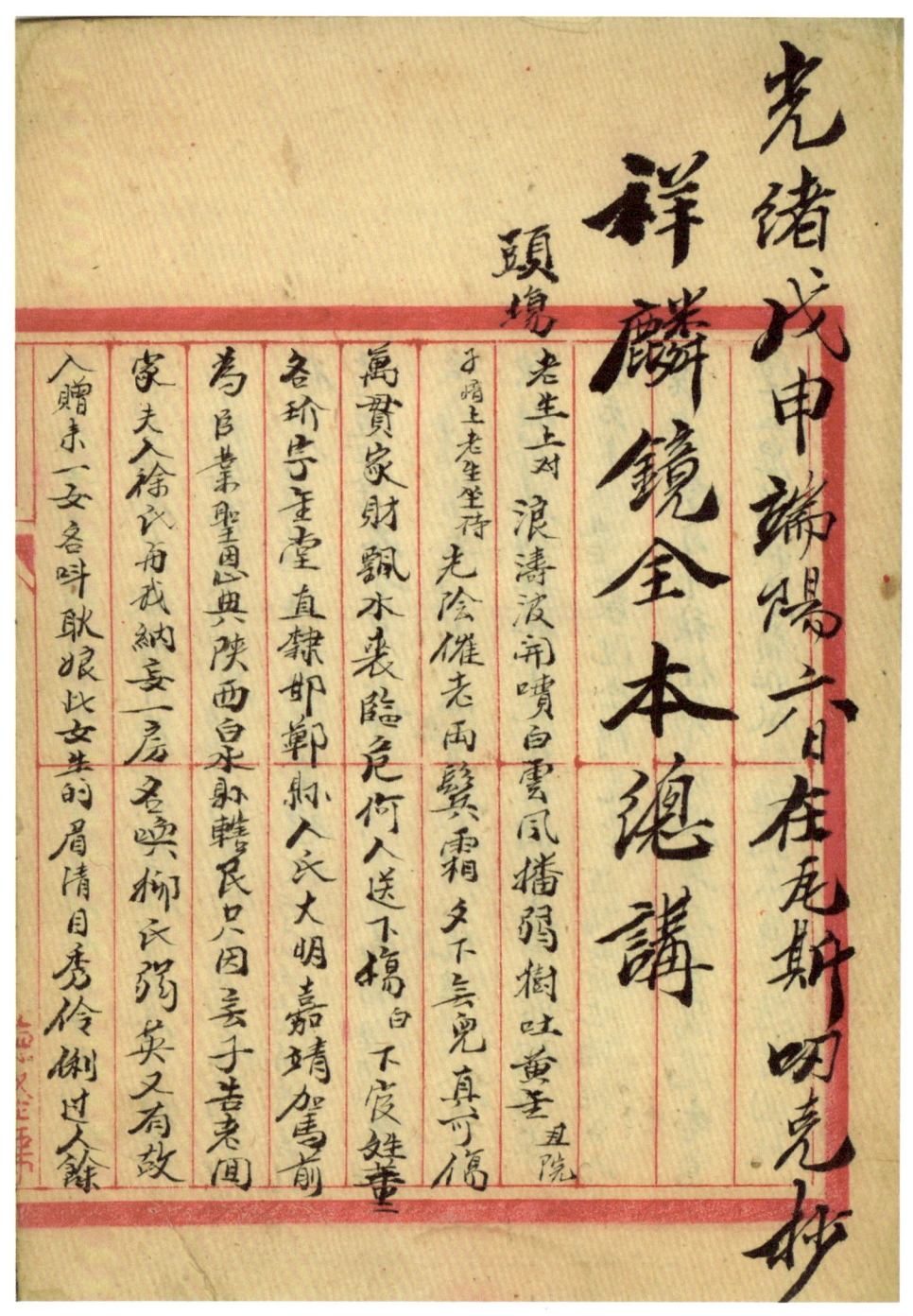

509 鈔本春泉戲簿（2-1）

509　鈔本春泉戲簿

鈔本。一厚册。鈔於紅欄賬本之上,卷前墨書"光緒戊申端陽六日在瓦斯叨克抄"。內容爲《祥麟鏡全本總講》《玉堂春全本總講》二種。書衣墨書"春泉社"三字。

此爲舊日戲班供演出用的戲本。"春泉社"爲清末民初歸綏(今呼和浩特地區)戲班名稱,"瓦斯叨克"今似無此名,或已改名,或與今翻譯不同。

據《歸綏識略》載,至咸豐時,歸綏的演出行社即有一百二十多個。如此衆多的行社和五花八門的廟宇,在衆多的戲臺上按照俗定的日子演戲酬神,以求買賣興隆、天下太平。當時城裏十二行社每年都要唱上六七十場戲,舊時也叫"賽社"。劇種以晉劇爲主。

此鈔偶獲於呼和浩特市舊書攤,因關涉地方文化史料,且存世無多,故收存之。

509　鈔本春泉戲簿(2-2)

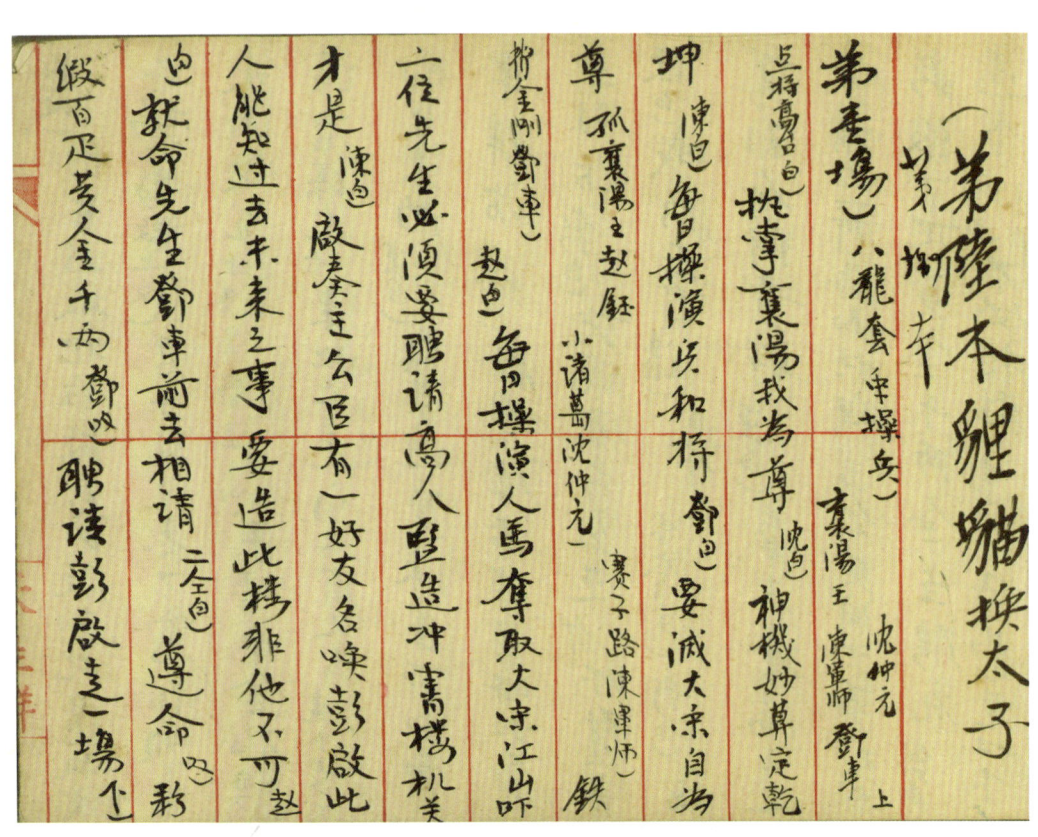

510　鈔本"四維堂李"京劇戲本（2-1）

510　鈔本"四維堂李"京劇戲本

綫裝兩册,開本不一。兩册封面均貼有"梨園業册"及"四維堂李"字樣。一册紅格雙欄,書口鐫"天生祥"三字,首葉標"第陸本,貍貓换太子",共四十五場,全。卷尾署"胡寶庭鈔録";另一册爲朱絲欄,書口鐫"乾元亭",内容爲京劇"九龍山",疑不全。

"四維堂李"爲著名京劇表演藝術家李萬春家族堂號,亦即李萬春故

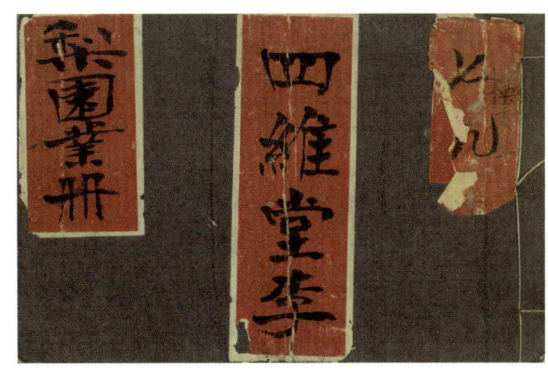

510　鈔本"四維堂李"京劇戲本(2-2)

居。此故居位於北京北大吉巷二十二號(舊四十一號),原爲京劇大家余叔巖舊居。一九二四年,李萬春之父李永利出資購得此屋,李萬春、桐春、慶春、園春四兄弟及孫輩小春同住於此,故名"四維堂李"。此宅院雕梁畫棟,彩繪戲曲人物,極具特色。直至一九六六年,李萬春全家被趕出家門,從此離開了居住四十餘年的舊居。此舊居現已不存。

李萬春,生於一九一一年,卒於一九八五年,著名京劇文武生藝術家。擅演猴戲。解放後組建"首都實驗京劇團",六十年代初來内蒙古,成立内蒙古京劇團。一九八五年因肝硬化病逝於北京,享年七十四歲。其長子李小春,得其舅父李少春真傳,專攻文武老生,以武戲、猴戲著稱。一九九〇年七月,因肝硬化病逝於呼和浩特,年僅五十二歲。英才早逝,甚为可惜。

李萬春在呼和浩特的家,位於内蒙古京劇團宿舍大院内,與余所居銀行大院僅一街之隔。"文革"中,李萬春在京劇團大院門口被批鬥,爲余所親見。余还曾有幸在"文革"中觀覽由内蒙古京劇團演出的革命現代京劇《智取威虎山》,李小春在劇中扮演楊子榮,聲調高亢,扮相英俊,武功超凡,似勝過樣板戲中扮演此角的上海京劇院童祥苓。後突聞其死訊,病因是肝病,亦與其父同,或爲遺傳?據聞小春酷愛飲酒,亦甚影響其健康也。

此二册手鈔京劇戲本,早年間得之於呼和浩特市地攤,封面貼有"00151,李,11"標識,疑爲内蒙古京劇團或李萬春家流出者。戲曲名家的手鈔演出戲本,對於保存文化、研究戲曲藝術,其價值不言而喻。

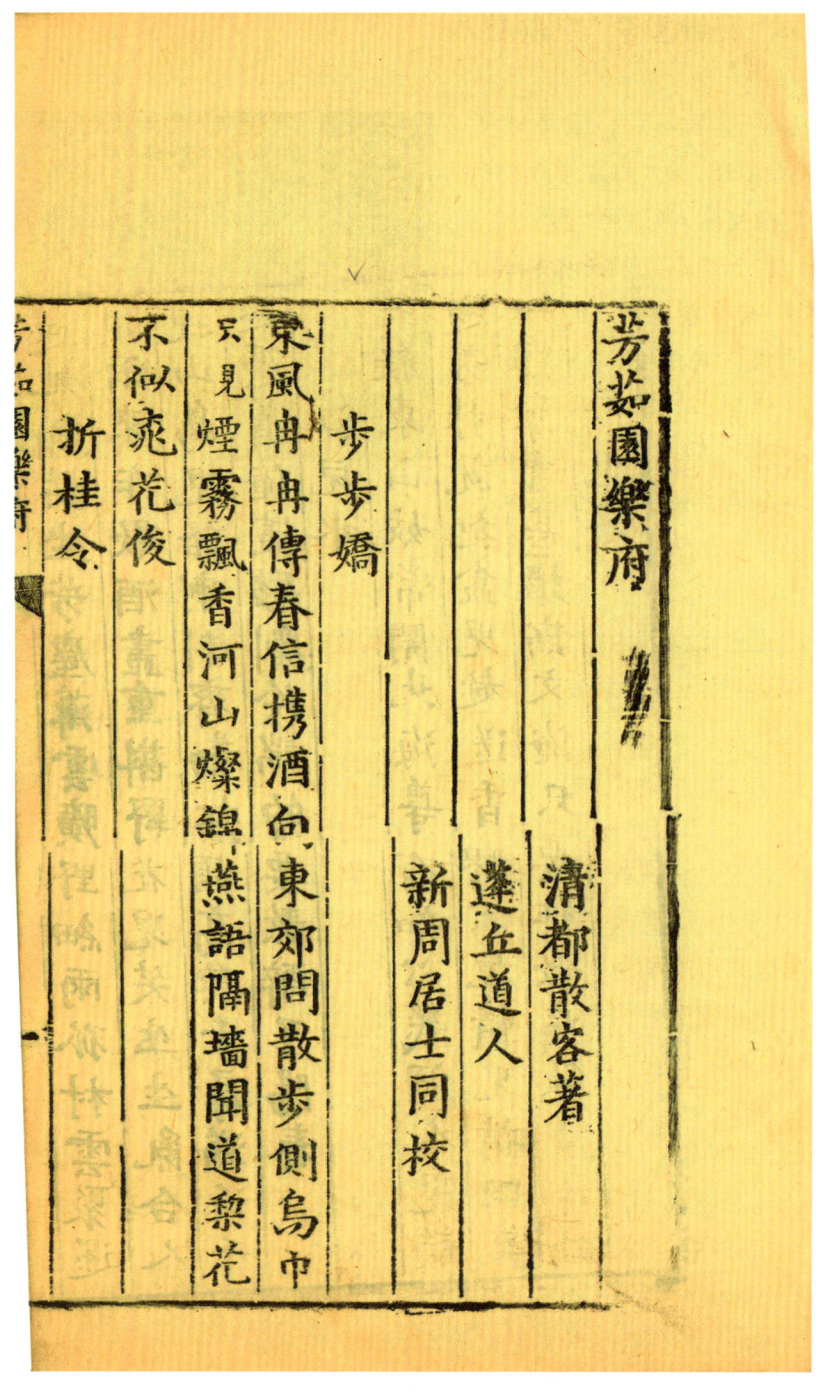

511　芳茹園樂府

　　明趙南星著,蓬丘道人、新周居士同校。明末刻本。竹紙一册。卷首有新周居士"芳茹園樂府小叙"。

　　趙南星,字夢白,號儕鶴,别號清都散客,河北高邑人。明萬曆二年(1574)進士,官至禮部尚書,因得罪魏忠賢,謫戍代州,四年後死於住所。撰有《趙忠毅公詩文集》《味檗齋文集》《史韻》《學庸正説》等。

　　芳茹園爲趙南星私宅花園,《芳茹園樂府》大部分作品寫於罷官居家近三十年間,作品多磊落不平之氣。其擅作散曲,此集中多是民間小曲,既用以寫閨情,也用以諷刺政治,新周居士叙中言:"細閱之詞章,瀟灑、慷慨、激烈、歡欣鼓舞,殆與時俗調大徑庭矣。"河北高邑趙南星祠堂存有趙南星十五種著作及板片,後有損毀,二十世紀八十年代由趙氏後人上交政府。

　　此書刻印漫漶,頗疑後印,又從網上得見拍賣及私人所述此書,亦同樣刷印不精。此書十年前從網上所購。

賢愚壽夭死生禍福之理固兼乎氣數而
不論也蓋陰陽之詘伸即人鬼之生死人
之道順受其正又豈有巖牆桎梏之厄哉雖然人之生
斯世也但以已死者為鬼而不知未死者亦鬼也酒醟
飯囊或醉或夢塊然泥土者則其人與已死之鬼何異
此固未暇論也其或稍知義理口發善言而於學問之
道甘於暴棄臨終之後漠然無聞則又不若塊然之鬼
為愈也予嘗見未死之鬼甲已死之鬼未之思也特一
間耳獨不知天地開闢亘古及今自有不死之鬼在何
則聖賢之君臣忠孝之士子小善大功著在方冊者日
月炳煥山川流峙及乎千萬刼無窮已是則雖鬼而不

512　新編録鬼簿二卷

元鍾嗣成撰。清康熙四十五年(1706)揚州詩局刻本。卷末鎸"棟亭藏本丙戌九月重刊於揚州使院"。

《清代版本圖録》稱此書："此元鍾嗣成《新編録鬼簿》二卷,乃《棟亭十二種》中最有名者,與天一閣舊藏明鈔本多有异同,爲治元曲者珍視。"

卷前鈐"嘉蔭簃藏書印""檢亭藏書"等印。嘉蔭簃爲劉喜海室名,其另有書室"味經書屋",所藏宋刻唐人集至數十家之多。曹錫寶,字劍亭,號檢亭,上海人。乾隆二十二年(1757)進士,任刑部主事、郎中。曾因彈劾和珅而革職留任。工詩,善書。著《古雪齋集》等。

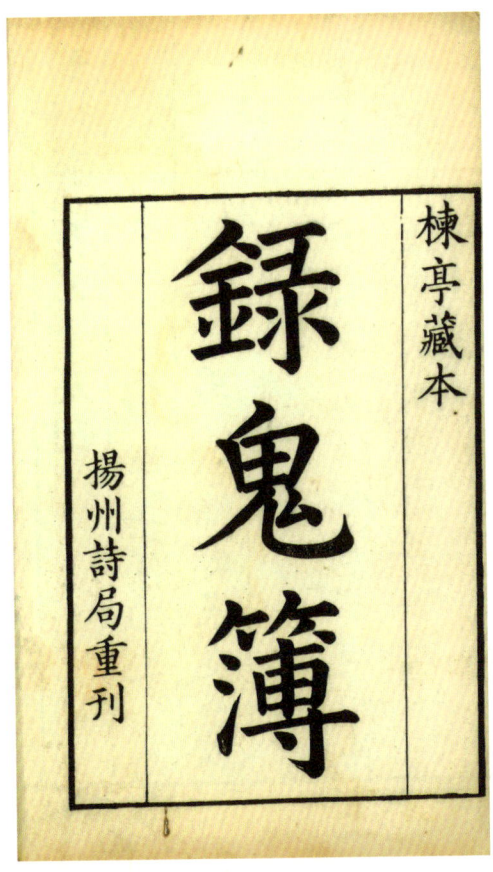

512　新編録鬼簿二卷(2-2)

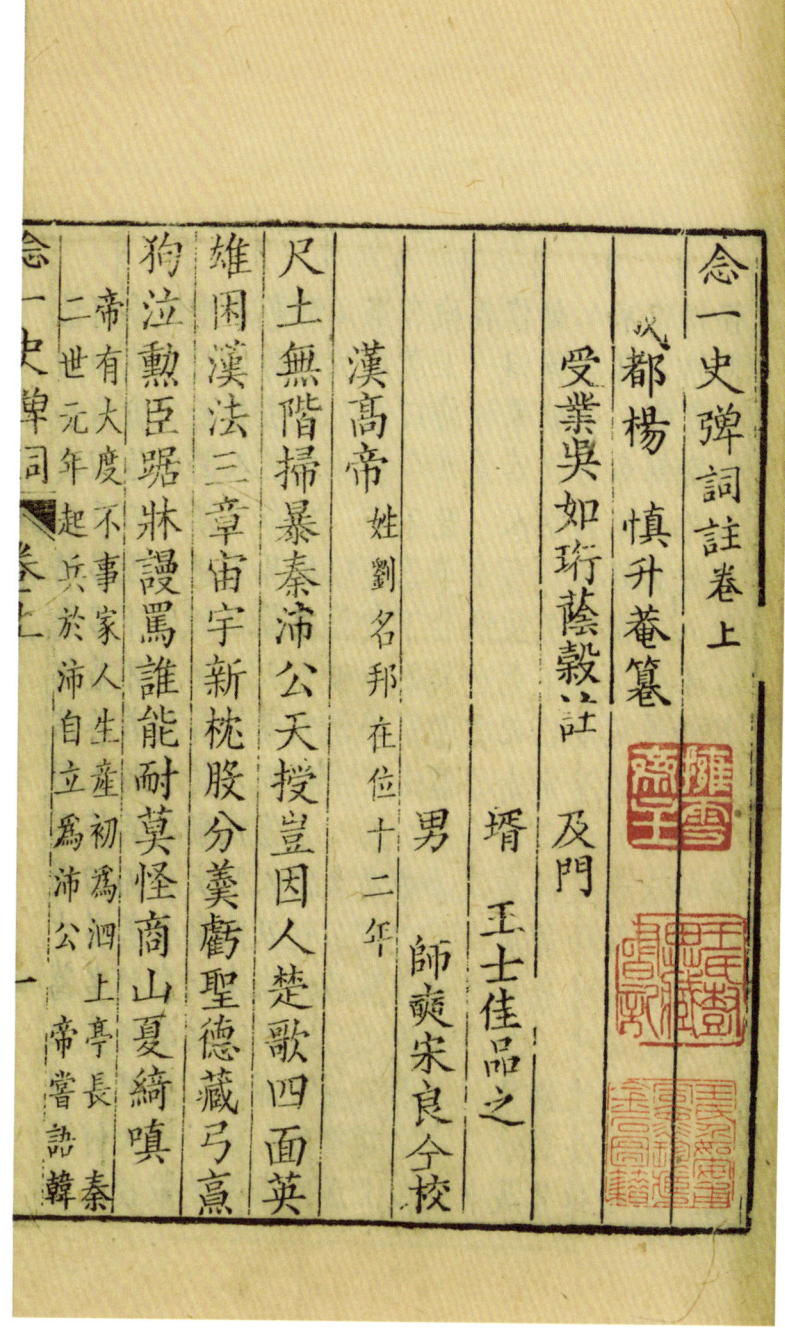

513　念一史彈詞註二卷（2-1）

513　念一史彈詞註二卷

扉葉鎸"成都楊升菴纂,乾隆辛酉年重鎸,玲瓏山館藏板"。卷前有陳倓、鄭燮二序及吴如珩自記。然陳倓序稱:"是書雪窗所撰,……原名《讀史偶吟》,又屬余爲和章以補所未備。"云云。鄭燮序稱:"孫君殿雲與余爲同門友,其才淵淵汩汩,坦坦麟麟,《詠史》一編尤該括融鍊、平允稱情。"吴如珩自記亦稱:"吾師雪窗夫子沉湎經史,……"顯然,此書或爲託名楊慎之作。作者或爲乾隆間孫殿安,吴如珩爲其弟子。雷夢水《古書經眼録》曾予糾正,所記頗詳。

是書初印,白紙寫刻撫印精湛。用彈詞形式誦咏歷史人物,自漢至明,共收録詩作一百二十九首。卷内鈐"古甓齋""王氏介如安甫同懷珍藏金石圖籍""得此書甚不易,子孫勿輕棄"等藏書印。

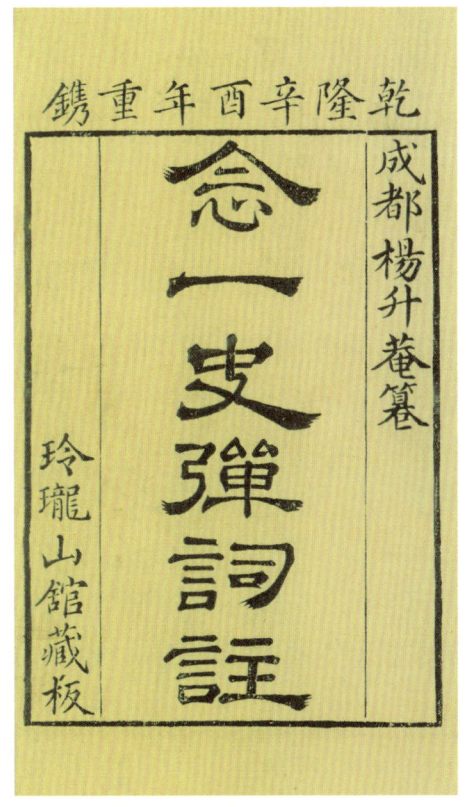

513　念一史彈詞註二卷(2-2)

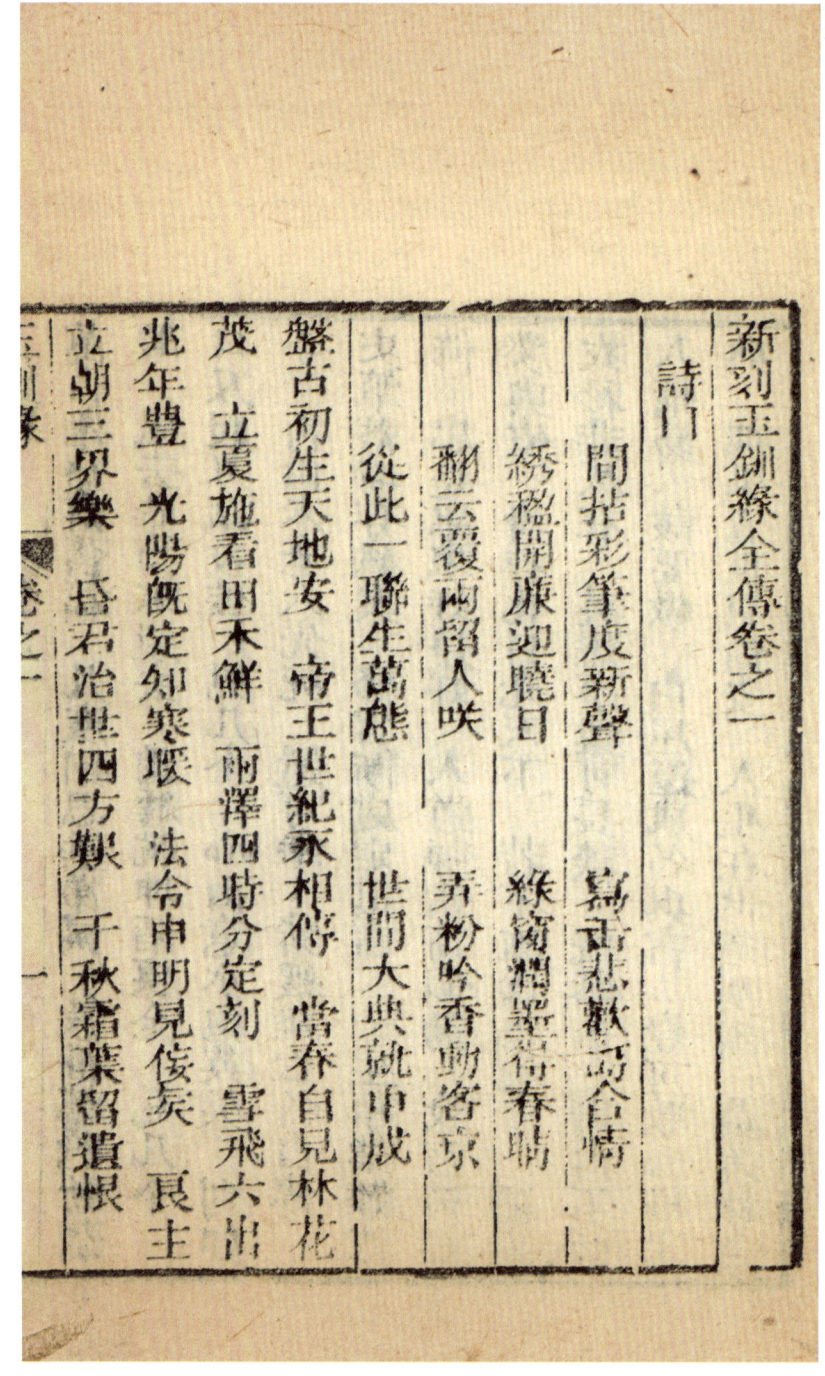

新刻玉釧緣全傳卷之一

詩曰

閒拈彩筆度新聲　寫盡悲歡兩地情
繡幙開簾迎聽日　綺窗楊墨待春晴
酬云覆雨留人笑　弄粉吟香動客求
從此一聯生萬態　世間大典就中成

盤古初生天地安　帝王世紀永相傳
立夏旌看田禾鮮　雨澤四時分定刻　雪飛六出
兆年豐　光陽既定知寒暖　法令申明見俊奏　良主
立朝三界樂　君君治世四方數　千秋霜葉留遺恨

514　新刻玉釧緣全傳三十二卷

撰者爲女性,餘皆不詳。道光間刊,大文堂藏板。二百三十四回。卷首道光二十二年(1842)西湖居士序,後標"於京邸之静觀齋鎸",有繡像二十幅。此書洋洋六十四册,爲彈詞之大宗者。另有《天雨花》篇幅似更長也。

此書得之於河北廊坊陳氏"石木齋"。當日觀書一批,内中頗有佳册,如汲古閣白紙大本《説文》,書價與此同,然終舍彼而取此。非圖此書本數多,蓋因彈詞流布較少,且卷帙浩大,完整無缺,實難見也。此書《西諦書目》著録,然非全帙。

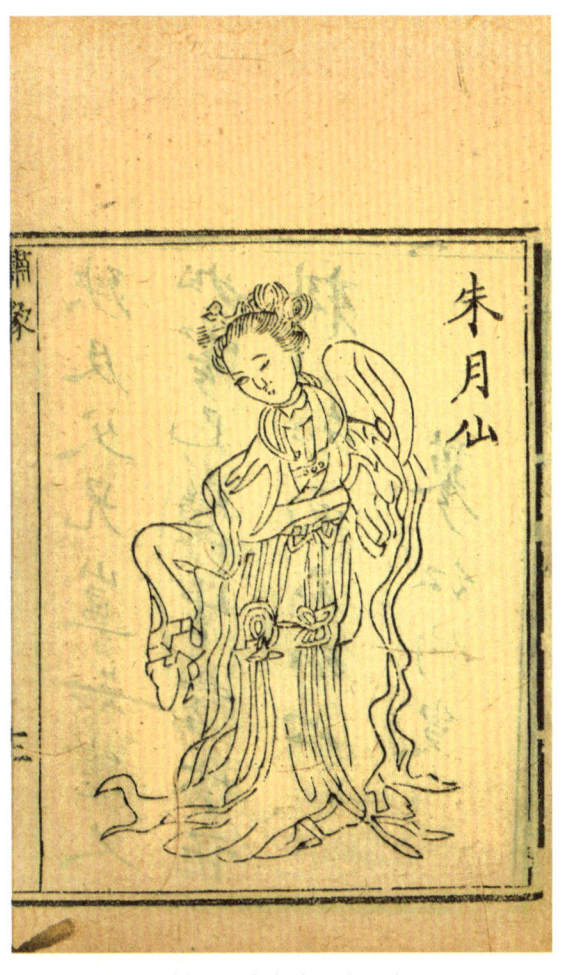

514　新刻玉釧緣全傳三十二卷(2-2)

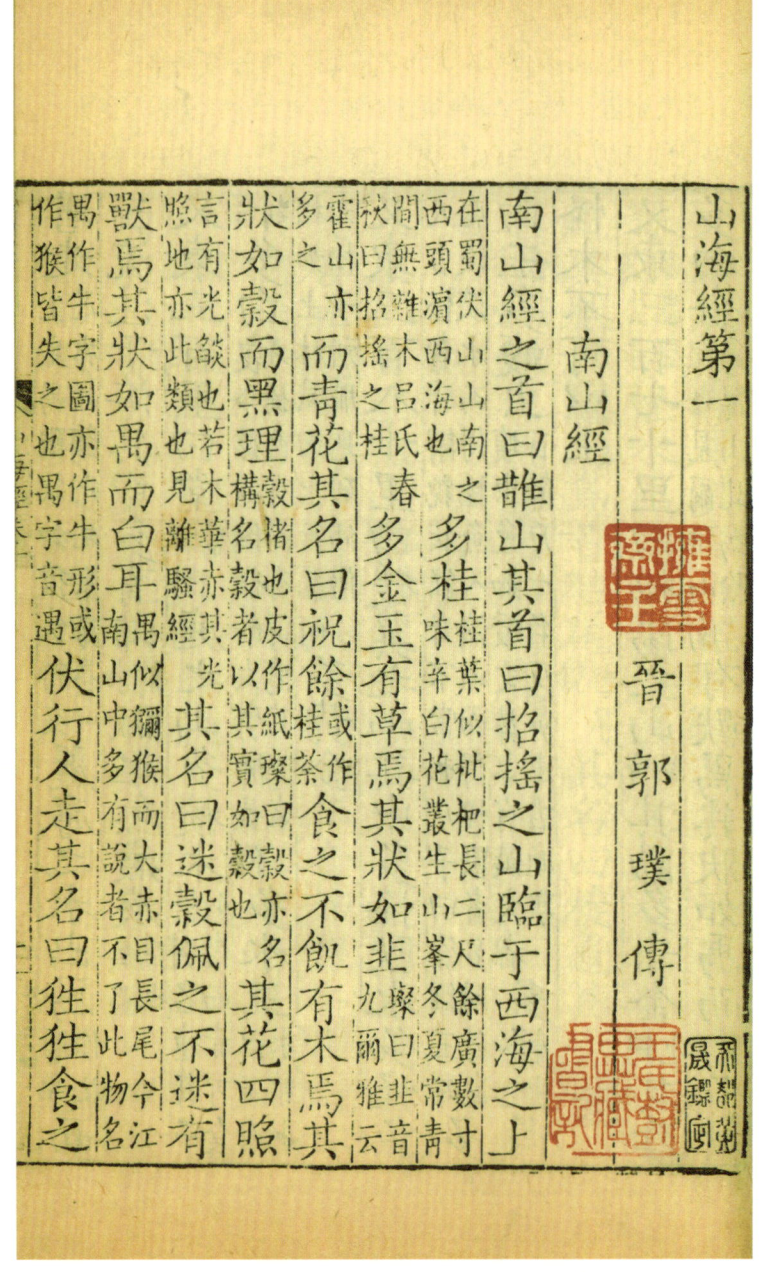

515　山海經十八卷（2-1）

515　山海經十八卷

乾隆間黃晟槐蔭草堂精刻本。戊寅(1998)冬得之於天津瀋陽道張濟中書鋪,價八百金。《北京圖書館善本書目》著録。

張濟中,長余十餘歲。退休前供職於天津古籍書店,在經理張振鐸手下任事。二十世紀九十年代中期,因書與余多有交往,數年後竟突然病故,聞之黯然。其子後承其業,現今不知如何。時己卯(1999)正月初五,窗外鞭炮之聲不絕於耳,人間又換歲也。

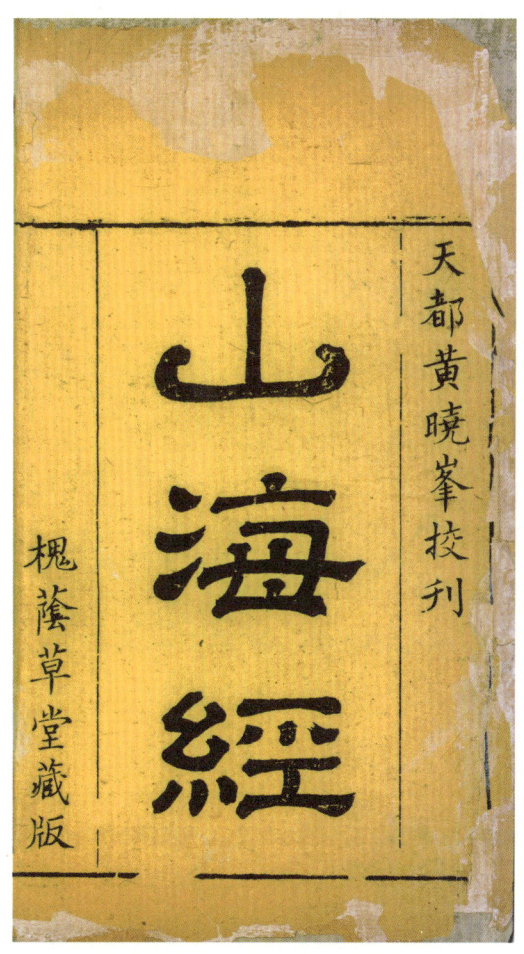

515　山海經十八卷(2-2)

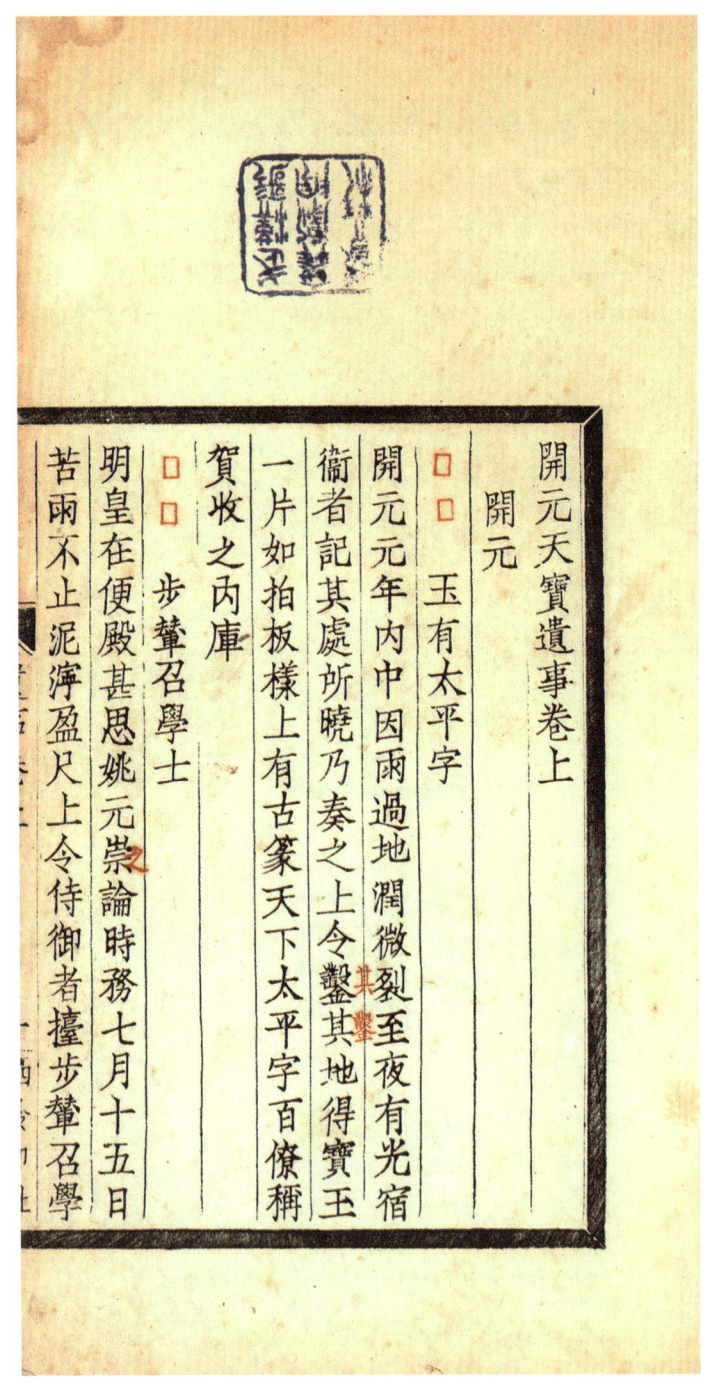

516 開元天寶遺事二卷(2-1)

516　開元天寶遺事二卷

民國間西泠印社據黃丕烈士禮居藏本刊。連史紙,一册。書口鐫"西泠印社吴氏聚珍版"。每段起首有兩小方框用朱印,正文墨印旁間有黃丕烈校字用朱印,卷末影印黃丕烈跋用朱墨二色印。卷内鈐"武漢歌舞劇院藏書"藍印。

西泠印社民國間還曾以木活字刊印《蕉窗九録》《遁庵叢編》《東海漁歌》等。此書以木活字套版刷印,頗爲稀見。據范景中統計,木活字套印清代僅十餘種而已。其中《硃批諭旨》余亦藏之,且爲開化紙印本,然僅一册耳。

書得自京城報國寺書攤,索價不菲。

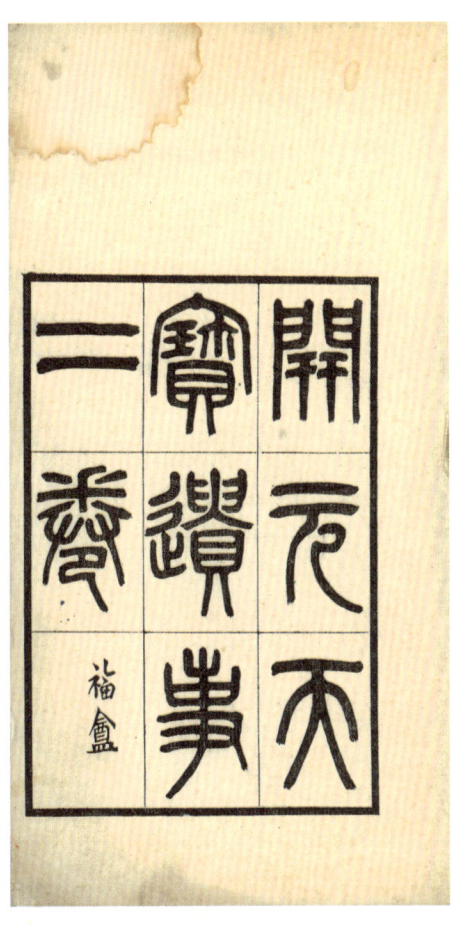

516　開元天寶遺事二卷(2-2)

歷代名臣風流判案大觀

丞編上卷

司馬相為
貳歸議

長卿治蜀為臨邛令邑有豪右某氏執李生而訴諸庭某氏勢歟傾里黨一時無與擬有女子婚美而慧女紅尤善顧又幼受鄰里李生聘李坊安家乍茂某氏惡其微積計思中寔会巨要烯姓方失偶誕女美使鶏媒綵之事威許重金

517　歷代名臣風流判案大觀（3-1）

517　歷代名臣風流判案大觀

宋葉清臣、清萬廉芳撰。鈔本四冊。鈐"裕儀"印。

此書上編二卷爲葉清臣撰,收錄自漢至五代歷朝名臣斷案案例;下編三卷爲萬廉芳撰,收錄自宋至清各朝名臣斷案案例。共收文七十六篇,每篇記案情、破案經過及判詞,文辭雅潔,字體酣暢,經與印本對照,有個別字句不同,多數係鈔本所誤。

此書有民國九年(1920)上海東南書局排印本,日本藏書家長澤規矩也雙紅堂有藏。日本東京大學東洋文化研究所亦有收藏。

此書獲自安徽歙縣,據云蓋從當地汪姓大家收來者。

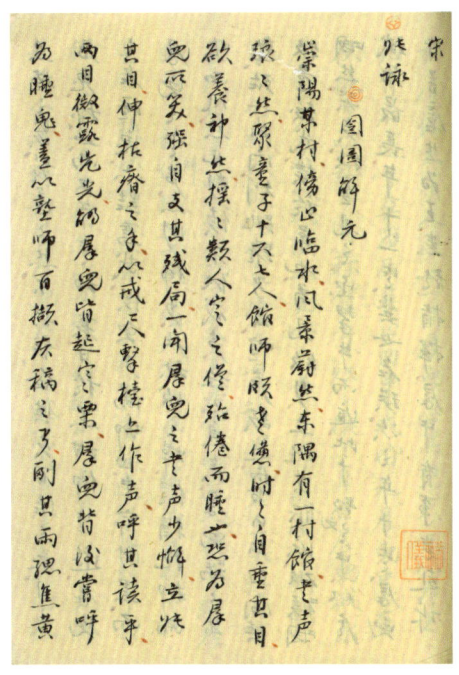

517　歷代名臣風流判案大觀(3-2)

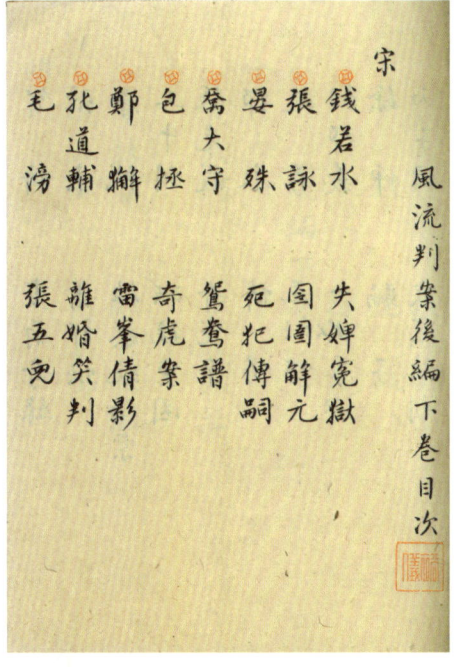

517　歷代名臣風流判案大觀(3-3)

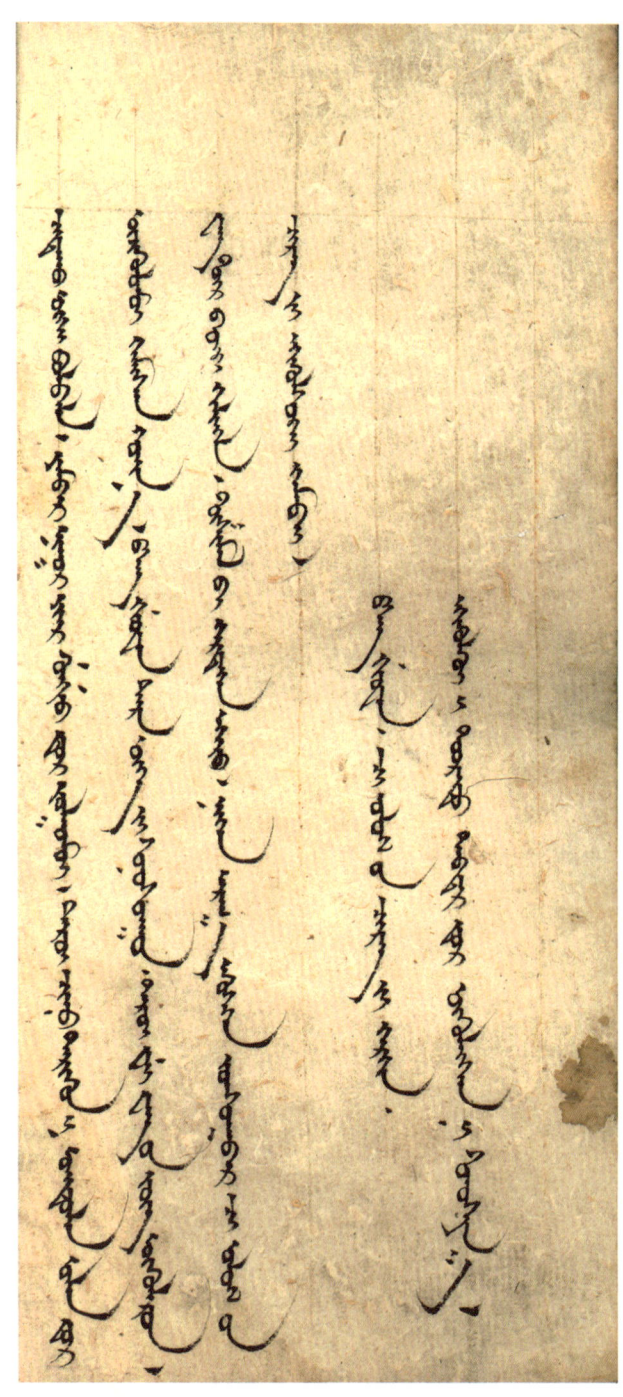

518　蒙文鈔本前七國演義十卷（2-1）

518　蒙文鈔本前七國演義十卷

全書蒙文。卷末署"宣統二年四月十日"。存卷一、卷六至十，六册。半葉八行。

《前七國演義》即《孫龐鬥智演義》，述戰國名人孫臏與龐涓之間鬥智鬥勇的故事。原刻本爲明崇禎九年(1636)序刊《孫龐鬥智演義》，二十卷，題"吳門嘯客述"。後有多種刊本，如致和堂本、嘯長軒藏本、崇文堂本、宏德堂本等。又有《後七國樂田演義》，作者非一人，後翻刻者通常將兩書合刻，通稱《前後七國志》。

此蒙文鈔本當轉鈔自漢文《前七國演義》，時在清末。最末一卷後有"欲要續聽，且看下回分解"之語，以此判斷，該鈔本似爲供蒙語說書之用的底本。曾請當地蒙古文專家特古斯看過，大致如此。

曩獲於呼和浩特市舊書攤，初不知爲何書，以蒙文鈔本稀見收之。

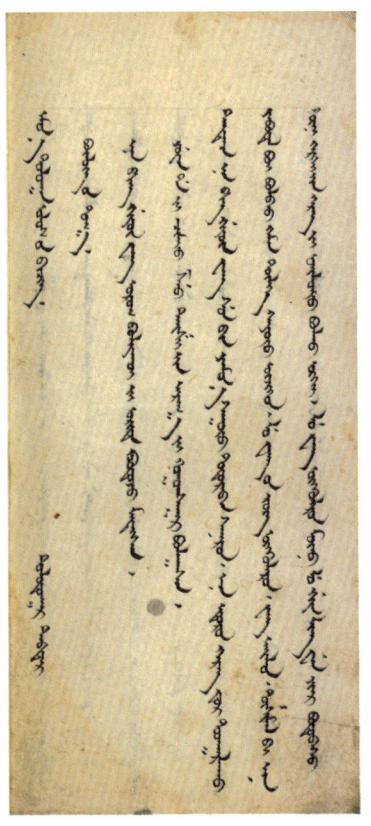

518　蒙文鈔本前七國演義十卷(2-2)

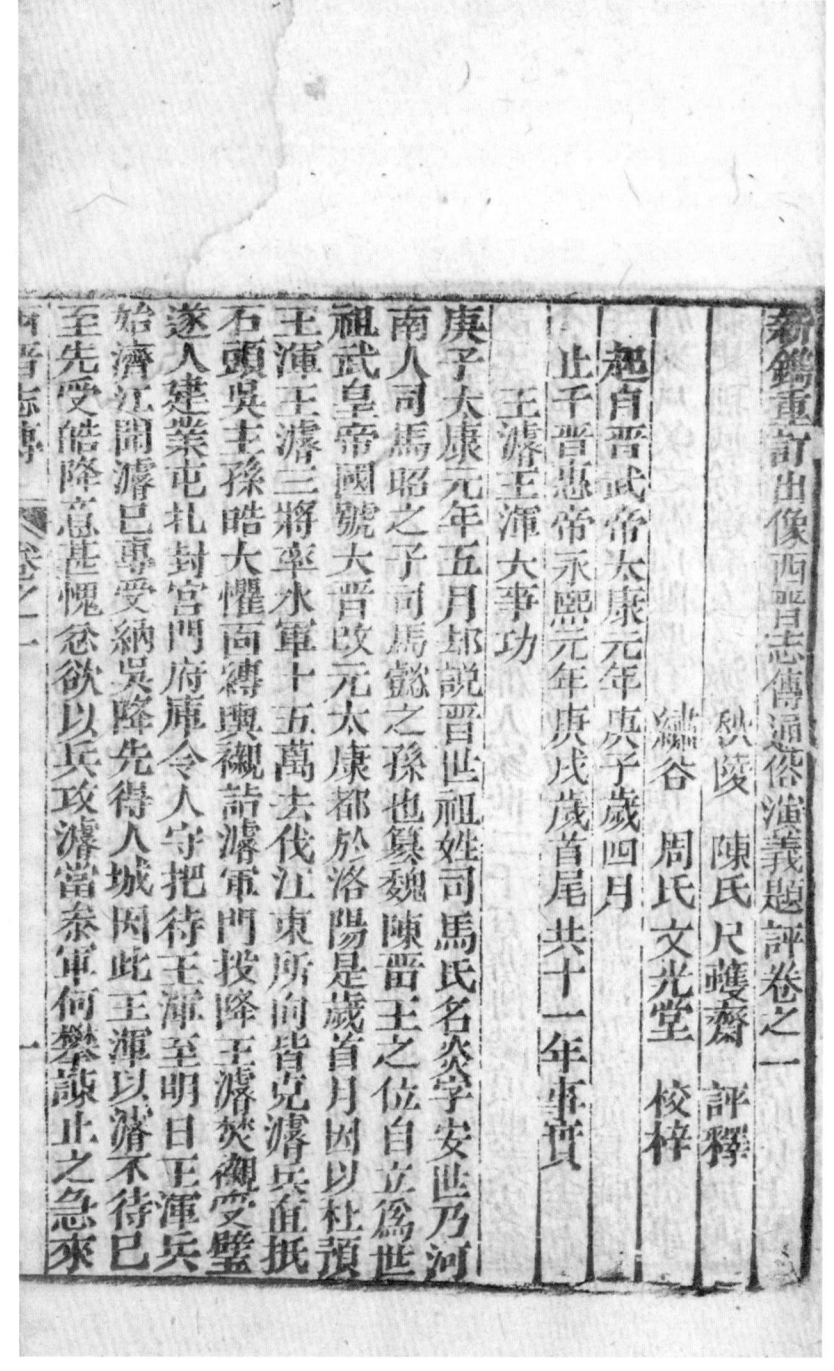

519 新鍥重訂出像西晉志傳通俗演義題評四卷

519　新鎸重訂出像西晉志傳通俗演義題評四卷

清刻本。正文書題下署"秣陵陳氏尺蠖齋評釋,繡谷周氏文光堂校梓"。半葉十四行二十四字,白口,單黑魚尾,四周單邊。小開本,竹紙二册。

不列回數,共一百十六則,每則俱題七言句,惟卷二、卷三中兩則爲八言句。無圖,無序跋,無眉批。

此書有明萬曆四十年(1612)周氏大業堂本,藏北大圖書館。韓錫鐸編的《小説書坊録》著録繡谷周氏文光堂刻《新鎸重訂出像西晉志傳通俗演義題評》四卷,爲乾隆時刻本,與此書合,惟未注明版本特徵,待考。《中國版刻綜録》著録此書,繡谷周氏文光堂刊,藏西北大學圖書館,但未注明版刻年代。

曩購於太原古舊書店。當時該店架上古書尚多,後不復見。

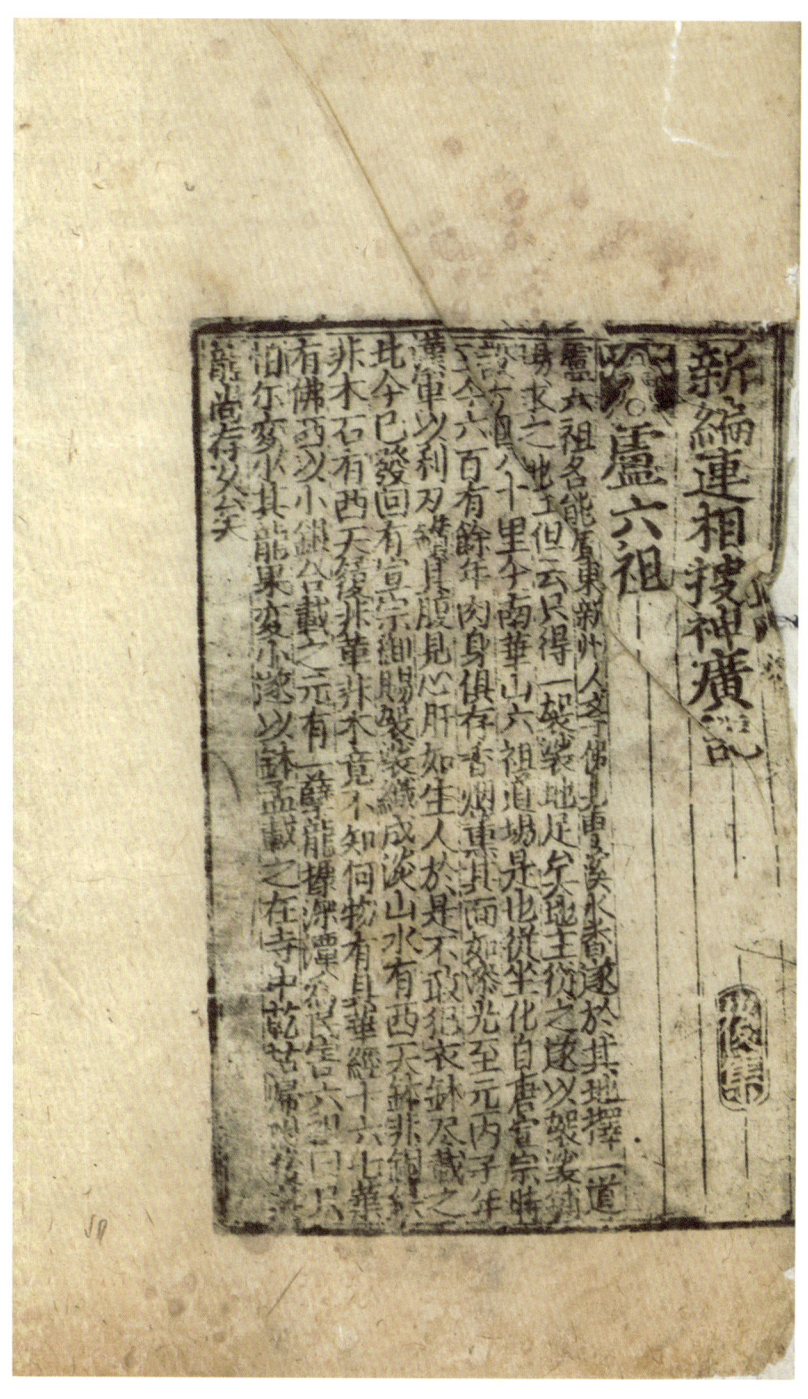

520　新編連相搜神廣記(2-1)

520　新編連相搜神廣記

　　元秦子晋編。民國間鄭振鐸據元至正建安刻本珂羅版影印。開本闊大,絹面,金鑲玉裝,羅紋紙。存後集一册。

　　此爲志怪小説,有插圖。鄭振鐸曾稱此書:"此元刊本《搜神廣記》,爲後來嘉靖、萬曆諸刊本之祖,予以古紙印四十本,不僅是中國神話之最古的結集,亦元代版畫之巨作也。"

　　丁丑(1997)夏與陳東游海王邨,於馬春懷處得見此書,當時未知究竟,但覺繪圖古樸、裝幀奇特而購之。當年僅印製區區四十部,珍稀可知矣。

520　新編連相搜神廣記(2-2)

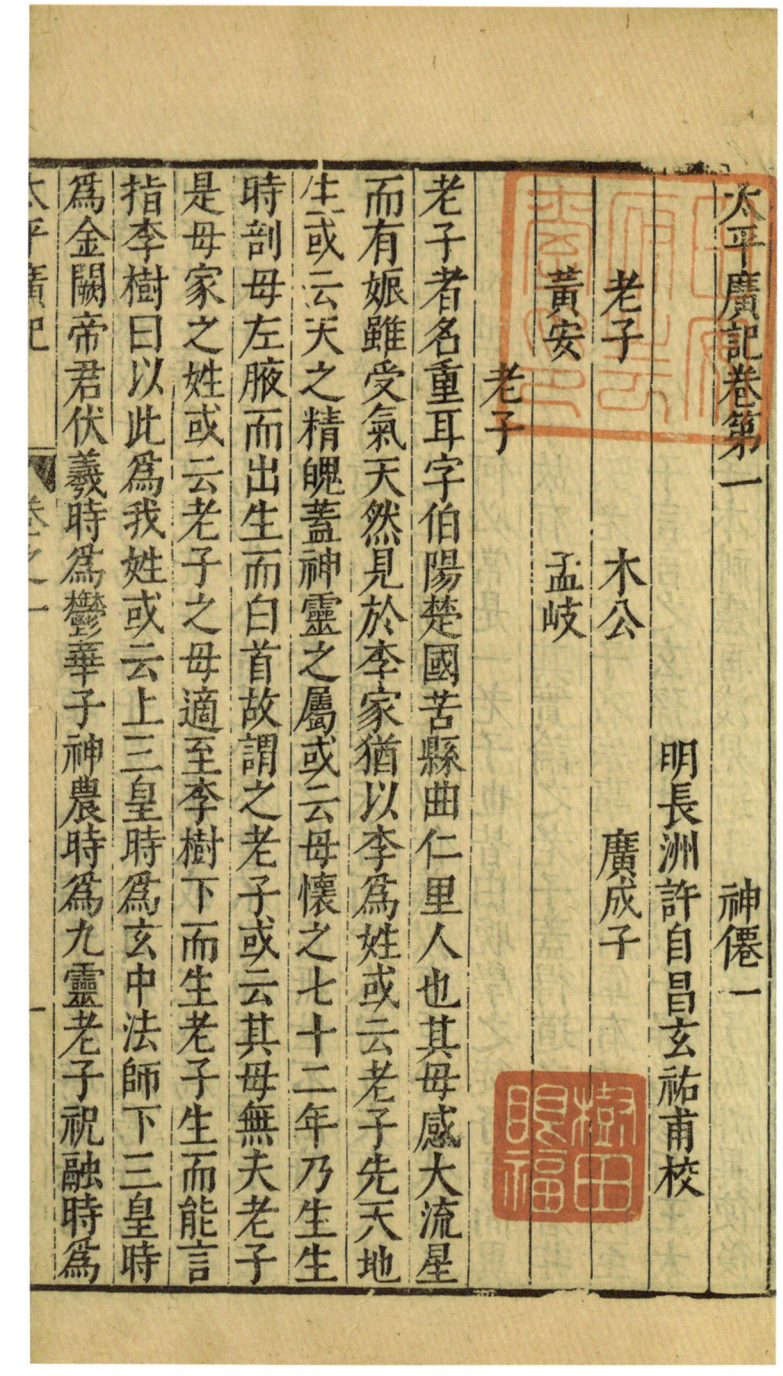

521　太平廣記五百卷目録十卷（2-1）

521　太平廣記五百卷目錄十卷

明萬曆間許自昌刊於蘇州。扉葉有"吳郡重校""霏玉軒藏板"標記。吳郡即今之蘇州,而許氏爲蘇州(吳縣)人氏,"霏玉軒"則是其室名。但許刻《太平廣記》究竟刻於萬曆哪一年,遍查古籍著錄(包括《中國古籍善本書目》)均無明確記載。而杜信孚先生編輯的《明代版刻綜錄》又著錄爲"明嘉靖許自昌刊",不知所據何來?《太平廣記》另有嘉靖四十五年(1566)談愷刻本,嘉靖朝祇存在了四十五年,而許刻本又是據談刻本重新校刻,顯然不會是嘉靖間的產物。雷夢水所著《古書經眼錄》,又將許自昌誤記爲"許佑昌"。

許自昌,字玄祐,號霖寰,明長洲人。出身豪富,以藏書、刻書著名。他曾在蘇州自建"梅花墅",廣結當時文士名流,是有一定影響的。黃裳先生在《梅花墅》一文中,提出一個問題:象許自昌這樣一個人,他的生平不知爲何却極少爲人所知。即便有的書中

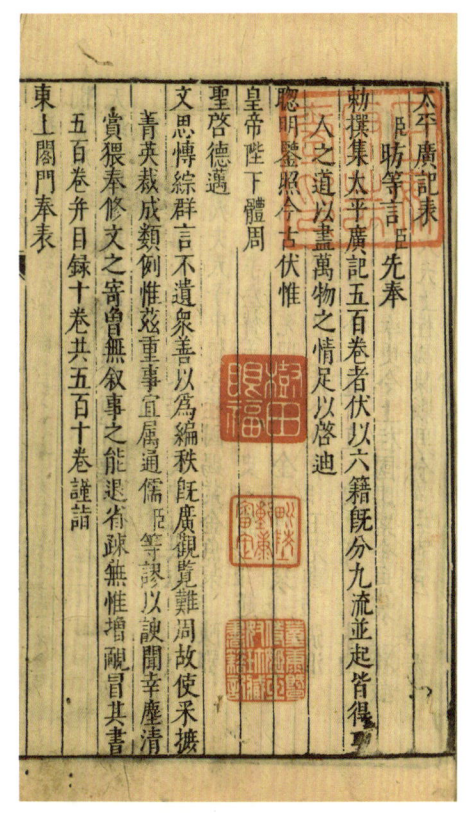

521　太平廣記五百卷目錄十卷(2-2)

偶而提到許自昌,在極簡略的記述中也錯誤累累。這就無怪乎今研究明代版刻的專家也搞錯了。

是書曾爲董康舊藏,鈐有"董康暨侍姬玉奴珍藏書籍記""毗陵董康審定"印記。董氏爲民國間藏書、刻書大家,其舊藏流歸寒舍,自當珍重。此書另有"田藩文庫""田安府芸臺印"印記,当曾爲日人所藏,不知在董氏收藏之前或後。也許是董康在日訪書時所購?所售?世事如烟,難以明辨。

此書首册封面有"來薰,檢查,10"字樣,或經來薰閣售出者?

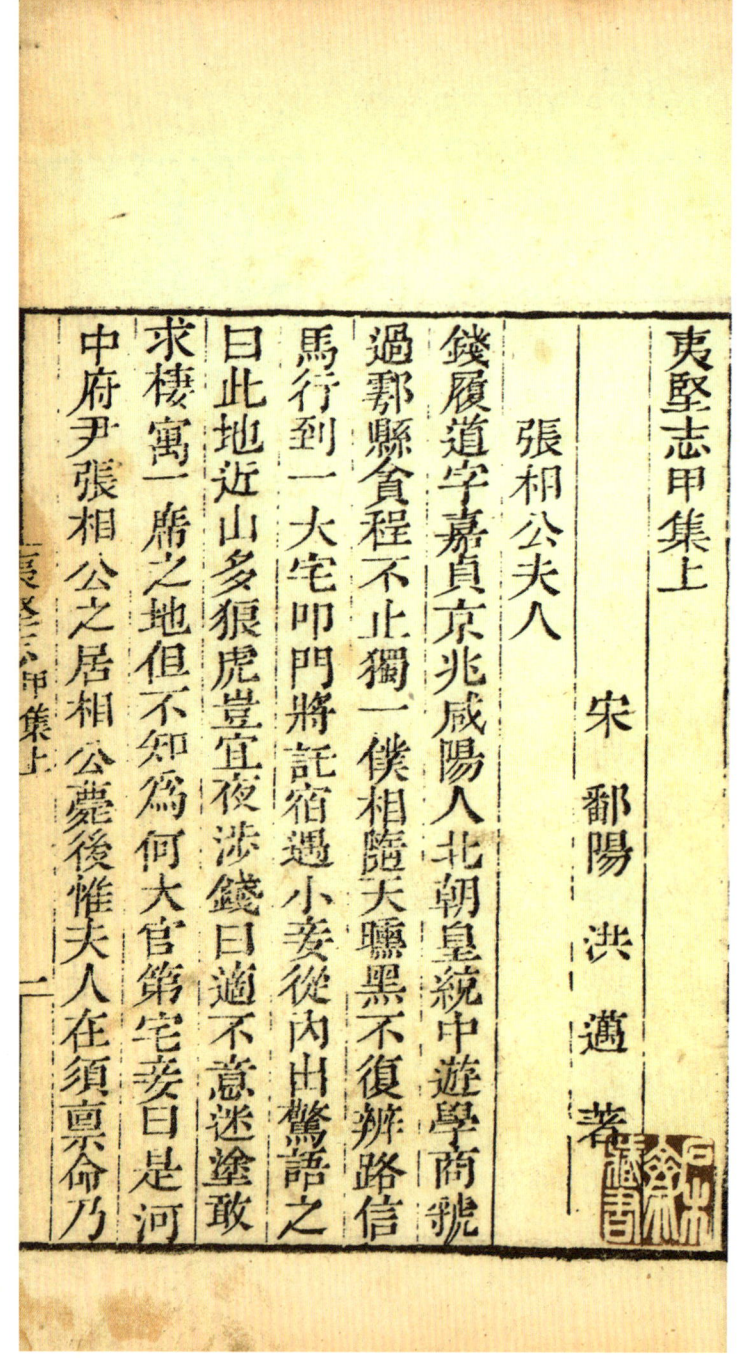

夷堅志甲集上

宋 鄱陽 洪邁 著

張相公夫人

錢履道字嘉貞京兆咸陽人北朝皇統中遊學商虢過鄜縣貪程不止獨一僕相隨天驥黑不復辨路信馬行到一大宅叩門將託宿遇小妾從內出驚語之曰此地近山多狼虎豈宜夜涉錢曰適不意迷塗敢求棲寓一廡之地但不知為何大官第宅妾曰是河中府尹張相公之居相公薨後惟夫人在須稟命乃

522　夷堅志

　　宋洪邁著。清乾隆四十三年(1778)刻本。巾箱本。二十册。原本四百二十卷，今殘佚。作者生前即按完成時間先後有多種刻本、鈔本行於世。後世多以涵芬樓二〇六卷爲通行本。此本爲較佳刻本。

　　此乃南宋志怪體筆記小説。《四庫全書總目》云："是書所記，皆神怪事，故以'列子''夷堅'爲名。"魯迅評價此書："偏重事狀，少所鋪叙，不脱六朝志怪'粗陳梗概'的傳統，甚至漫鈔舊書，一味貪多。……"但此書爲後代提供了宋代社會豐富的歷史資料，是中國小説發展史上的一座高峰，對後世的文學、藝術發展產生了極大影響。

　　丙子年(1996)獲書於廊坊，價八百金。書品整潔，用紙亦佳，幾不忍觸手矣。

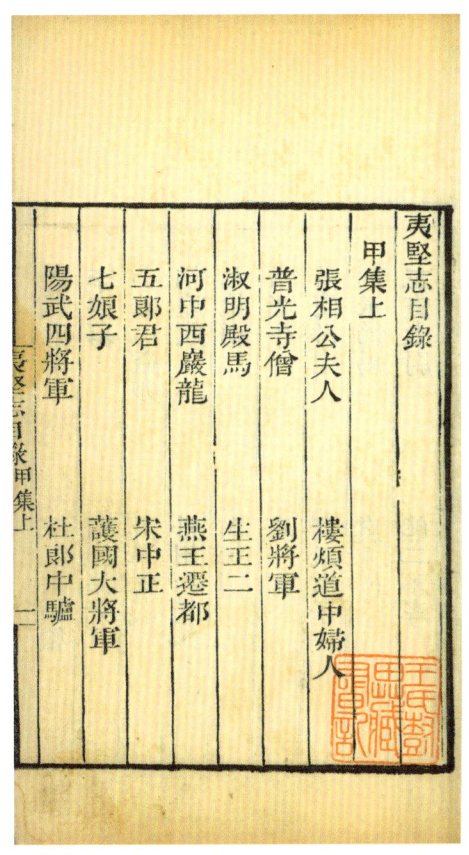

522　夷堅志(2-2)

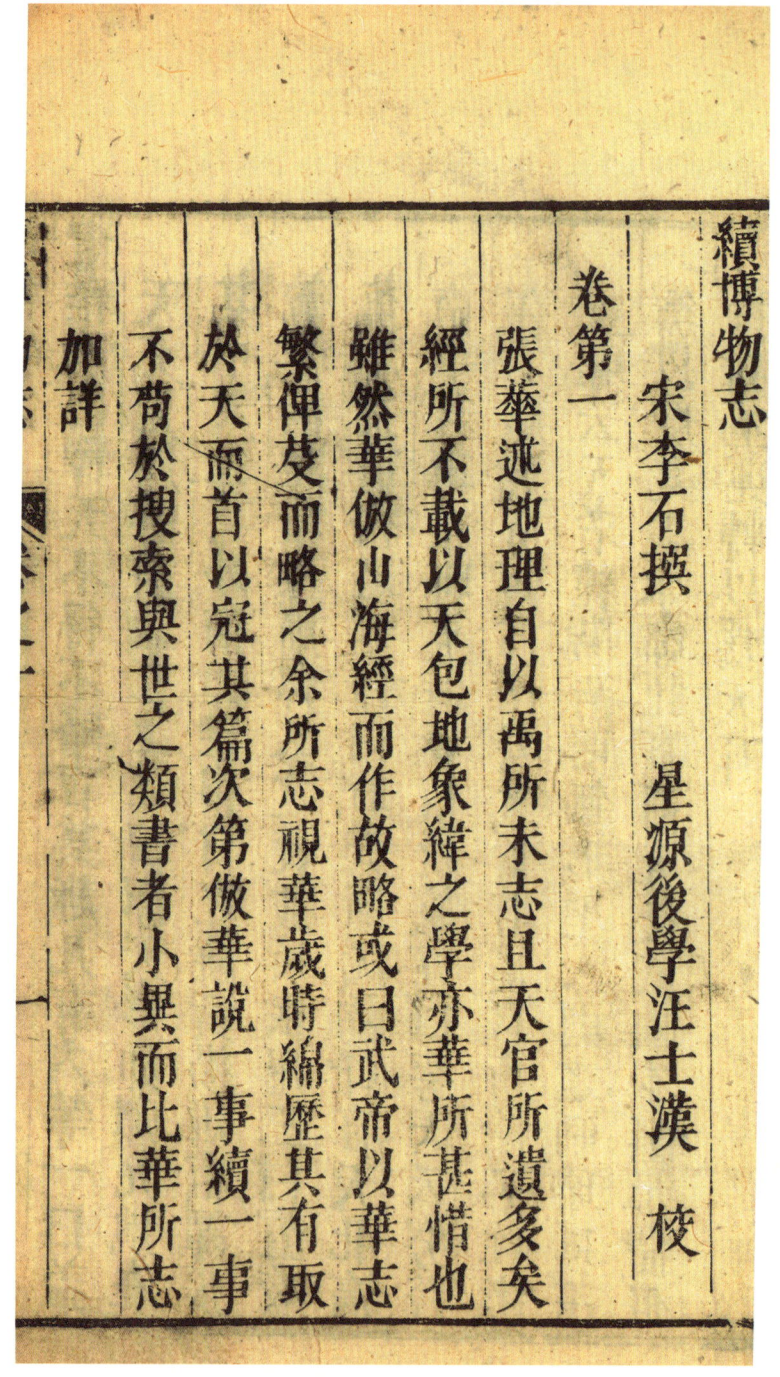

續博物志

宋李石撰　　星源後學汪士漢　校

卷第一

張華述地理自以禹所未志且天官所遺多矣經所不載以天包地象緯之學亦華所甚惜也雖然華倣山海經而作故略或曰武帝以華志繁憚芟而略之余所志視華歲時綿歷其有取於天斫首以冠其篇次倣華說一事續一事不苟於搜索與世之類書者小異而比華所志加詳

523　續博物志十卷

宋李石撰，清汪士漢校。清康熙七年（1668）新安汪氏刊《秘書二十一種》本。竹紙一册。卷前康熙戊申（1668）星源汪士漢序。鈐"友春堂"印。

此書係早年間從安徽歙縣郵購而來。余從歙縣程氏處購書多年，皆郵購，彼半月寄一書目來，既無書之詳細介紹，更無書影可觀，書品亦無從考察，具有很大盲目性。尤其是不見其書，版本殊難判斷。

近觀湖州顧錚《訪書散記》一文，述早年與歙縣程某古書交易之事，所獲多有佳册。此程某與余交往之程氏爲同一人，本名程振邦，售書認真，但有些固執。余從顧文獲知，老程在皖中售書多有渠道及"眼綫"，除函售外，還經常去杭州等地擺攤售書，且多有好書。後老程將售書之事交付其子，余與其已失聯多年了。

523　續博物志十卷（3-2）

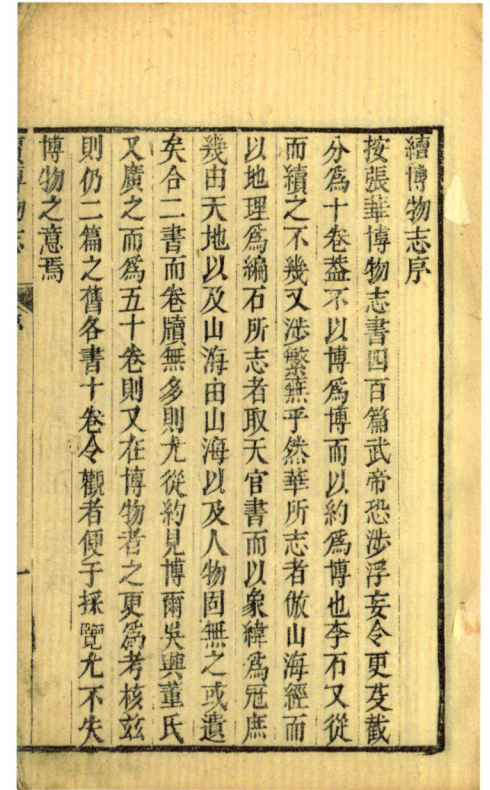

523　續博物志十卷（3-3）

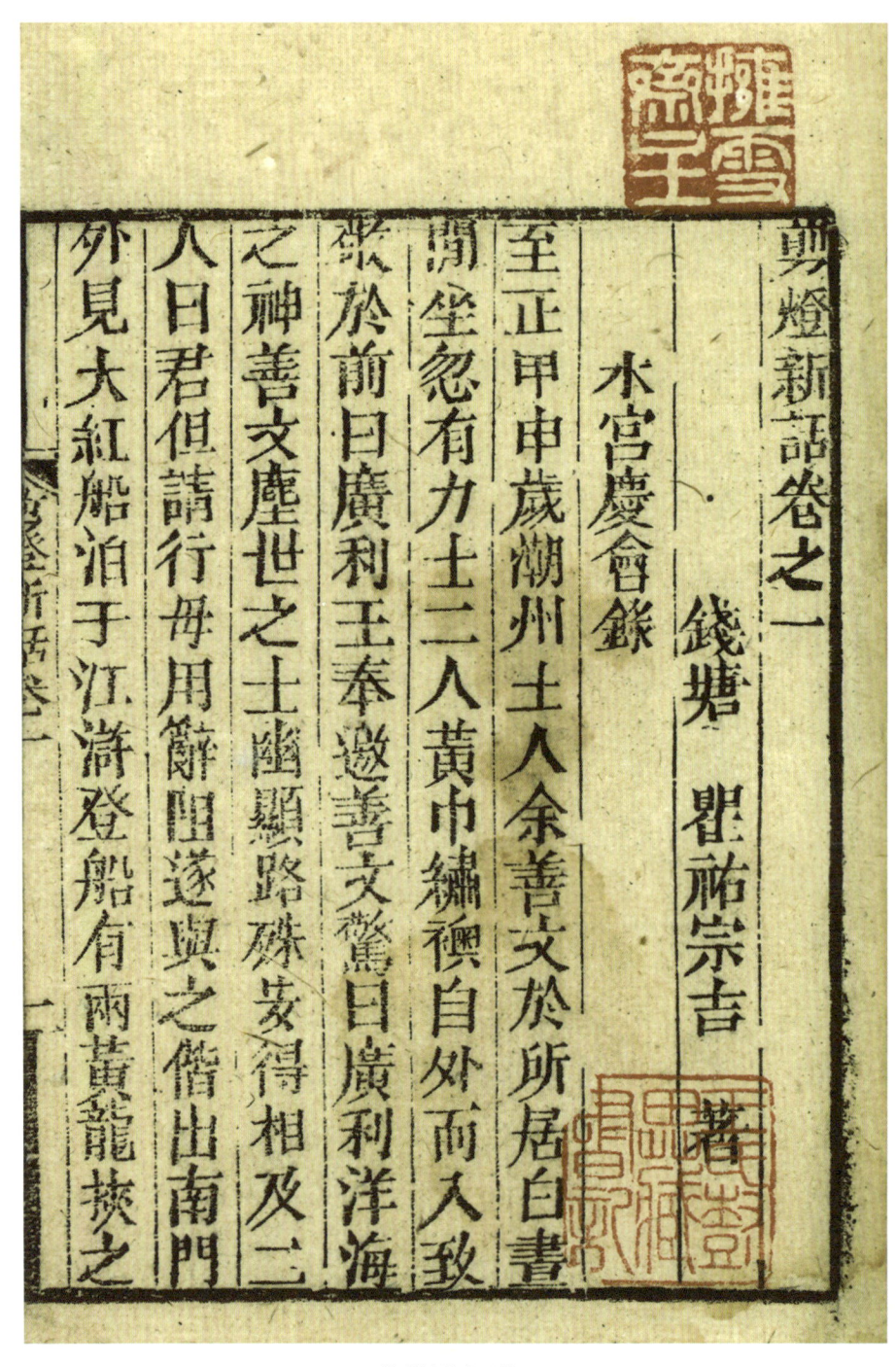

524　剪燈新話四卷（2-1）

524　剪燈新話四卷

　　巾箱四册。半葉九行十七字,黑口,單黑魚尾,四周單邊。字體不一,似有補板。封面鎸"三燈叢話合刻",扉葉鎸"錢塘瞿祐宗著,《剪燈新話》,二酉山房梓"。卷前一序缺失尾葉,次洪武戊午(1378)山陽瞿祐序。第四卷又鎸花芳無言訂。

　　四卷收文共二十篇。經與一九五七年古典文學社鉛印本對勘,無《華亭逢故人記》一篇,而鉛印本附録之《秋香亭記》在此本卷四中。個別詞句略有不同。刻尚精,存古意。此《三燈叢話》合刻本未知刻於何地。此書於安徽歙縣郵購得來,略加修整,金鑲玉裝。

524　剪燈新話四卷(2-2)

525　連環圖畫《岳傳》(3-1)

525　連環圖畫《岳傳》

陳丹旭繪。上海世界書局一九三〇年三月三版,上文下圖,全部三集,每集八册,每册三十二葉,共綫裝二十四册,圖七百六十八幅。

世界書局由紹興人沈知方創建於一九一七年,先後出版各類書籍五千五百餘種。初期出版的通俗小説及《紅雜志》《家庭雜志》《紅玫瑰》等五種雜志,極爲暢銷。一九二四年開始出版中小學教科書,形成與中華書局、商務印書館三足鼎立局面。一九二四年至一九二七年,又率先推出我國真正意義上的一套連環畫,有《岳傳》《水滸》《三國》《封神榜》《西遊記》等共五種,並在書的封面標明"連環圖畫"字樣。封面還印有"男女老幼,娱樂大觀"八字,表明它的通俗化、大衆化方向。

陳丹旭,生於一九〇〇年,浙江紹興人,室名三味草堂。除爲世界書局繪製《三國》《岳傳》外,還爲南洋兄弟煙草公司等單位創作了大量煙畫,銷量很大。其一生創作的經典連還畫還有《水泊梁山》《龍虎鬥》《楚漢相爭》《朱元璋》《開封保衛戰》等等。其作品畫風細膩、工筆傳神,影響連環畫創作至爲深遠。

此連環畫曩歲得之於安徽歙縣,所費千五百元,尚是向人告貸。現早期連環畫,尤其是世界書局的五種,已是身價不凡。

525　連環圖畫《岳傳》(3-2)

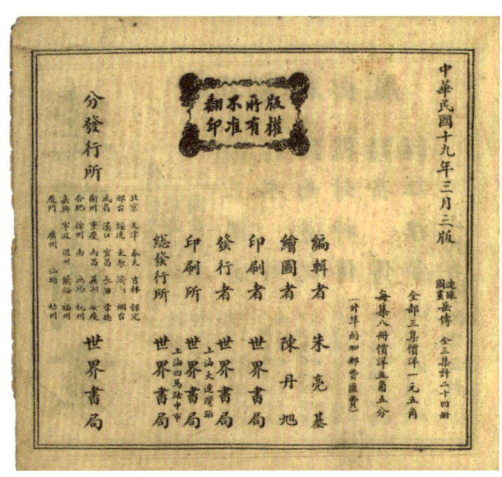

525　連環圖畫《岳傳》(3-3)

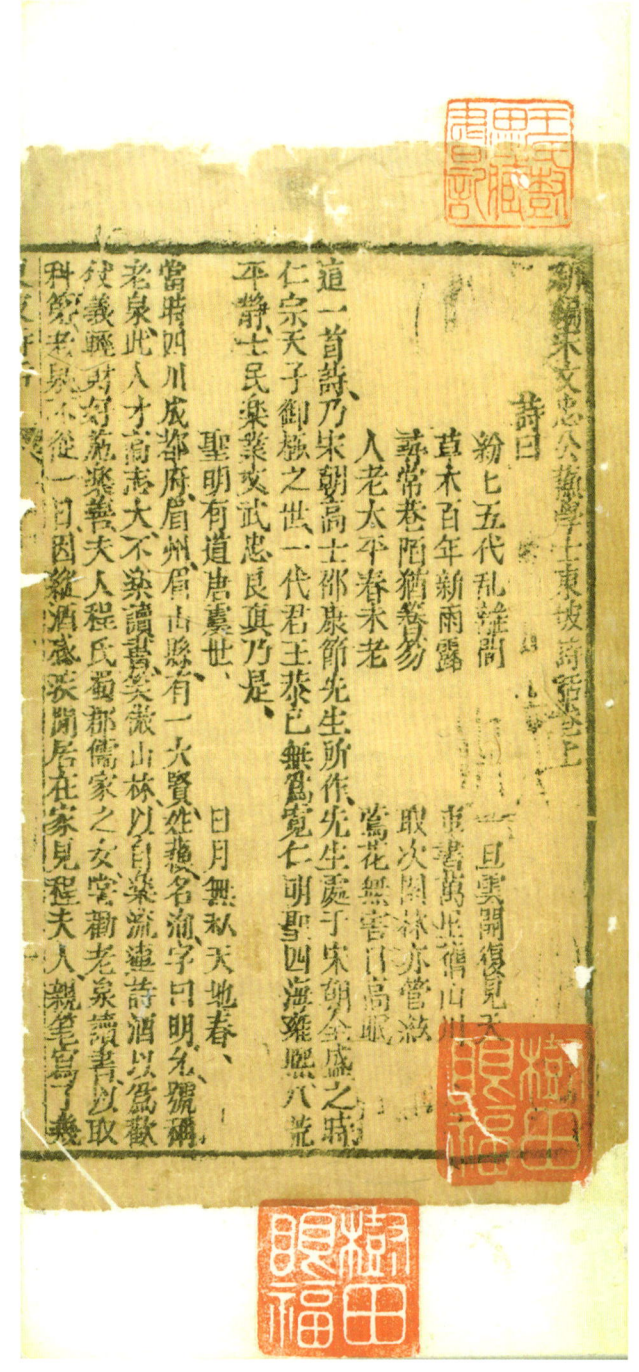

526　新編宋文忠公蘇學士東坡詩話三卷

526　新編宋文忠公蘇學士東坡詩話三卷

不著撰人。竹紙,無圖。半葉十四行二十六字。扉葉鎸"佛印問答東坡詩話,文寶堂梓行"。大題爲"新編宋文忠公蘇學士東坡詩話"。"玄"字不避。是書另有清京都"二酉堂"刻本,二卷,圖二幅,鄭振鐸舊藏,後歸中國國家圖書館。

此爲小說體詩話。以蘇軾爲綫索,以小說故事形式叙其與秦少游、黄山谷、佛印、米元章等名士交游之事,連及蘇小妹、朝雲等人物。以嘲謔顯示人物之機智,頗有趣,爲古代小説別具一格者。

遼寧春風文藝出版社曾據"二酉堂"本點校排印,收入《中國古代珍稀本小説叢書》中。余以此本與之對照,頗有不同。且明顯余之"文寶堂"本勝過彼"二酉堂"本。

"文寶堂"無考。坊刻無疑。然此書字體古拙,用墨亦濃,似爲版刻較早者。

江蘇周瑞玉收藏此書,爲明萬曆間盛雲閣金陵刻本,被列入《江蘇省珍貴古籍名録》。

聊齋志異新評卷一

淄川　蒲松齡　留仙　著
新城　王士正　貽上　評
廣順　但明倫　雲湖　新評

考城隍

予姊夫之祖宋公諱燾邑廩生一日病臥見吏持牒牽白顛馬來云請赴試公言文宗未臨何遽得考吏不言但敦促之公力疾乘馬從去路甚生疎至一城郭如王者都移時入府廨宮室壯麗上坐十餘官都不知何人

眉批：
一部大文章以此開見
宇宙間唯義明

527　聊齋志異新評十六卷

清蒲松齡撰,王士正(禛)評,但明倫新評。清道光二十二年(1842)廣順但明倫刊。朱墨套印本。白紙十六册。書眉、行間朱印王、但兩家評語,書尾刊有"維揚小東門越城內穆如心刊"字樣。

但明倫,字天叙,號雲湖,貴州廣順人。嘉慶二十四年(1819)進士,授翰林院編修,曾任御史,並充湖南、浙江鄉試主考官。著《治謀隨筆》《資治通鑑觀要》《廣順州志稿》等。

現有最早的《聊齋志異》刻本爲乾隆三十一年(1766)趙起杲青柯亭本,但氏刻本即以此爲底本,除保留初稿篇目和王漁洋點評外,復加入其所撰新評附注。

庚午(1990)秋爲畢力格太作品研討會至滬,於古籍書店購此,價僅五十元。當時已覺古書價之廉,次年乃重至上海大舉購書,以至該店惜售,不得不以單位購書作掩護也。

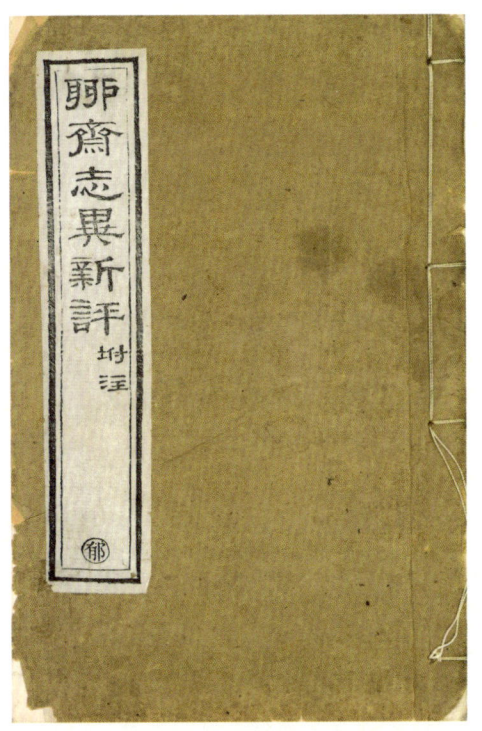

527　聊齋志異新評十六卷(2-2)

西湖佳話古今遺蹟卷之一

古吳墨浪子搜輯

葛嶺仙蹟

西湖環繞皆山世而山之蜿蜒起伏可容人之散步而前後觀覽者則嶺也嶺之列在南北兩峯塢左右諸山者非無足稱縱有可稱亦不過稱其形勢稱其闊狹而已並未聞有著其姓者獨保叔塔而西一帶乃謂之葛嶺此何說也蓋嘗考之此嶺在晉時曾有一異人葛洪在此修煉成仙一時人傑地靈故人之姓卽嶺之姓也道這葛洪是誰他號稚川原是句容人在三國時從

528　西湖佳話古今遺蹟九卷

清古吴墨浪子搜輯。清嘉慶丁丑(1817)重鎸。巾箱本。竹紙四册。扉葉鎸"精繪增補全圖,會賢堂藏板"。前有版畫數幅。

《西湖佳話》成書於康熙十二年(1673),以西湖名勝爲背景,叙述葛洪、白居易、蘇軾等十六人故事,皆與西湖名勝有關,西湖因人而顯,人亦因西湖以傳。

書購自安徽歙縣,時在己卯(1999),爲余與該縣書估程某熱交期也。

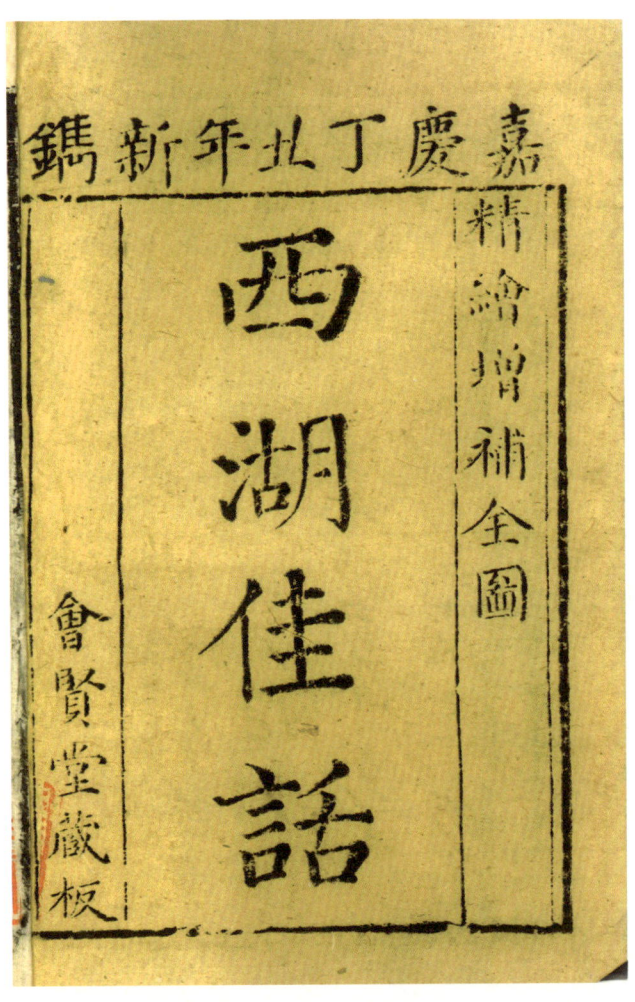

528　西湖佳話古今遺蹟九卷(2-2)

遯窟讕言卷一

天南遯叟

甫里　王韜紫詮撰

天南孤島之中峰有隱者焉非粵產而以避兵僑寄於粵居久之自號曰天南遯叟遯叟生於吳下世通儒理有名於時少好學資賦穎敏迥異凡兒讀書數行俱下一展卷卽能終身不忘一鄉之人咸嘖嘖嘆美曰某家有子矣年十六補博士弟子員賈客盈門而叟方執卷朗吟置不為意其族兄稱之曰此子我家千里駒也并引近人詩見榜不知名士貴登筵朗吟管絃歡之句以調之叟卽擲卷對曰區區一衿何足為孺子重輕他日當為天下畫奇計成不世功安用此三寸毛錐子哉不然寧以布衣終老泉石作煙波釣徒一流人也族兄益奇其言弱冠卽棄舉子業致力經史偶與客談論辨析毫芒如肉貫串於史尤精地理凡遇山川扼塞及古今用兵爭戰之處輒能言其勝敗瞭如指掌生平嗜酒好遊蠟屐攜筇不問遠近歷佳山水則引巵大嚼神與默契長於詩歌跌宕自豪不名一家交遊所及滿海內無不以文章氣節相砥礪人有一技之長譽之弗容口而見凡近齷齪者擯之門牆如恐弗及以是人或憚其崖岸之高而叟自若也叟於靈巖左偏築一墅名曰蘅花館為藏修游息之所一邱一壑一琴一鶴備極幽閒勝致諷讀之暇玩山臨水調鶴撫絃蕭散自喜藉以消遣塵慮超然有不復用世之志少嘗好狹邪遊後並海之曾

529　遯窟讕言十二卷（2-1）

529　遯窟讕言十二卷

清王韜撰。民國十二年（1923）上海大東書局石印。六册。帶圖。

此爲王韜第一部小説集。該書"自序"云："同治紀元之歲，余以避兵至粤，寄跡香海，卜居山麓，小樓一楹，僅堪容膝，榜曰'天南遯窟'，蓋紀實也。夙寡交遊，閉門日多，風晨雨夕，一編自怡。"一八七五年先由上海申報館鉛印，一八八〇年又由香港中華印務局出版木活字本。

封面墨書："附申報館叢書本數頁，黏夾本書卷末，計有《某女士傳略》及《眉珠庵憶語》二文。曾爲王韜所删除，而爲續刻是書者所捨棄。今覓得申報館原書，讀者庶幾稱快。二文不但文筆婉麗可誦，研究王氏生平者，將於此獲得重要資料焉。得此書者希寶之。如蘅。"

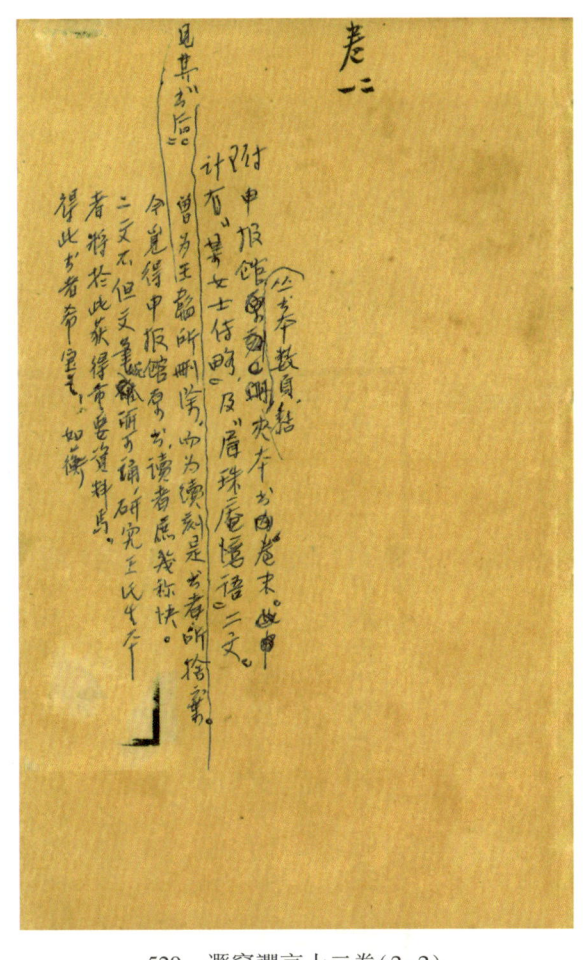

529　遯窟讕言十二卷（2-2）

陳汝衡，名鈞，字汝衡，一作如蘅，江蘇鎮江人。早年就讀於東南大學，師從吳宓，曾在中央大學、暨南大學執教，後任上海戲劇學院教授。二十世紀三十年代出版《説書小史》，七十年代完成《宋代説書史》《吴敬梓傳》及其年譜，校訂《説唐》等。先生淡泊一生，不嗜烟酒，唯好買書。趙景深在《記陳汝衡先生》一文中記其藏書事，曾收藏吴眉孫手寫《緑么韻語》。曾云："碰到有用的資料，即把它記録在筆記本上，或在圖書上作記號，以便日後翻檢。"

庚午（1990）春游滬，於古籍書店獲此書，頗喜之。

昭昧詹言卷一

通論五古

桐城方東樹

傳曰詩人感而有思思而積積而滿滿而作言之不足故長言之長言之不足故嗟嘆詠歌之愚按以此意求詩玩三百篇與離騷及漢魏人作自見夫論詩之教以興觀羣怨爲用言中有物故聞之足感味之彌旨傳之愈久而常新臣子之於君父夫婦兄弟朋友天時物理人事之感無古今一也故曰詩之爲學性情而已思積而滿乃有異觀溢出爲奇若第強索爲之終不得滿

詩要深淺全觀學力若坐

530　昭昧詹言二十一卷

清方東樹撰。民國七年(1918)武强賀氏刊。白紙六册。欄上鎸評。

此乃論詩之作,作爲桐城派古文家,他認爲古文文法通於詩,"詩與古文一也"。此書即以論古文之法論詩,作詩既要義理藴厚,又要文法高妙。此書重點在指示"學詩津逮",大量篇幅用在剖析章法、句法等古人作詩之用心。

方東樹,字植之,晚號儀衛老人,安徽桐城人。早年學文於姚鼐,爲"姚門四弟子"之一,治學宗尚朱熹,推崇理學,撰有《漢學商兑》《病榻罪言》《儀衛軒全集》等。

卷前民國七年吳闓生序,賀培新題寫書簽並刻印此書。

賀培新,字孔才,號天遊,武强人。祖賀濤。培新幼承祖訓,工古文辭,又拜吳闓生爲師,爲吳氏文學社驍將。家藏文物圖書較富,後捐獻於政府。刻書多部,皆精好,誠爲愛書人之尤物,余有幸藏有數種。

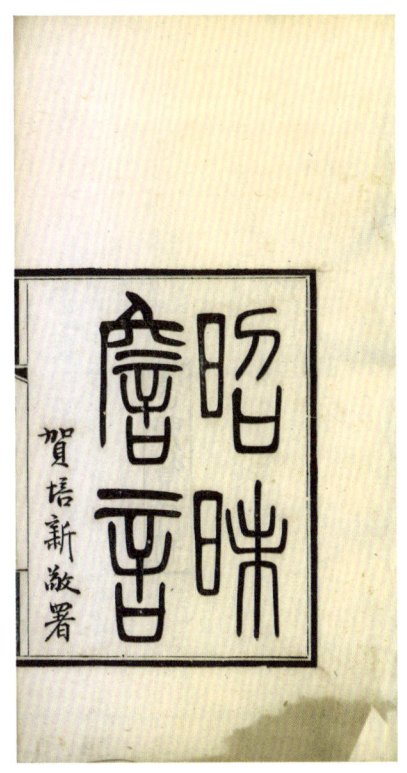

530　昭昧詹言二十一卷(2-2)

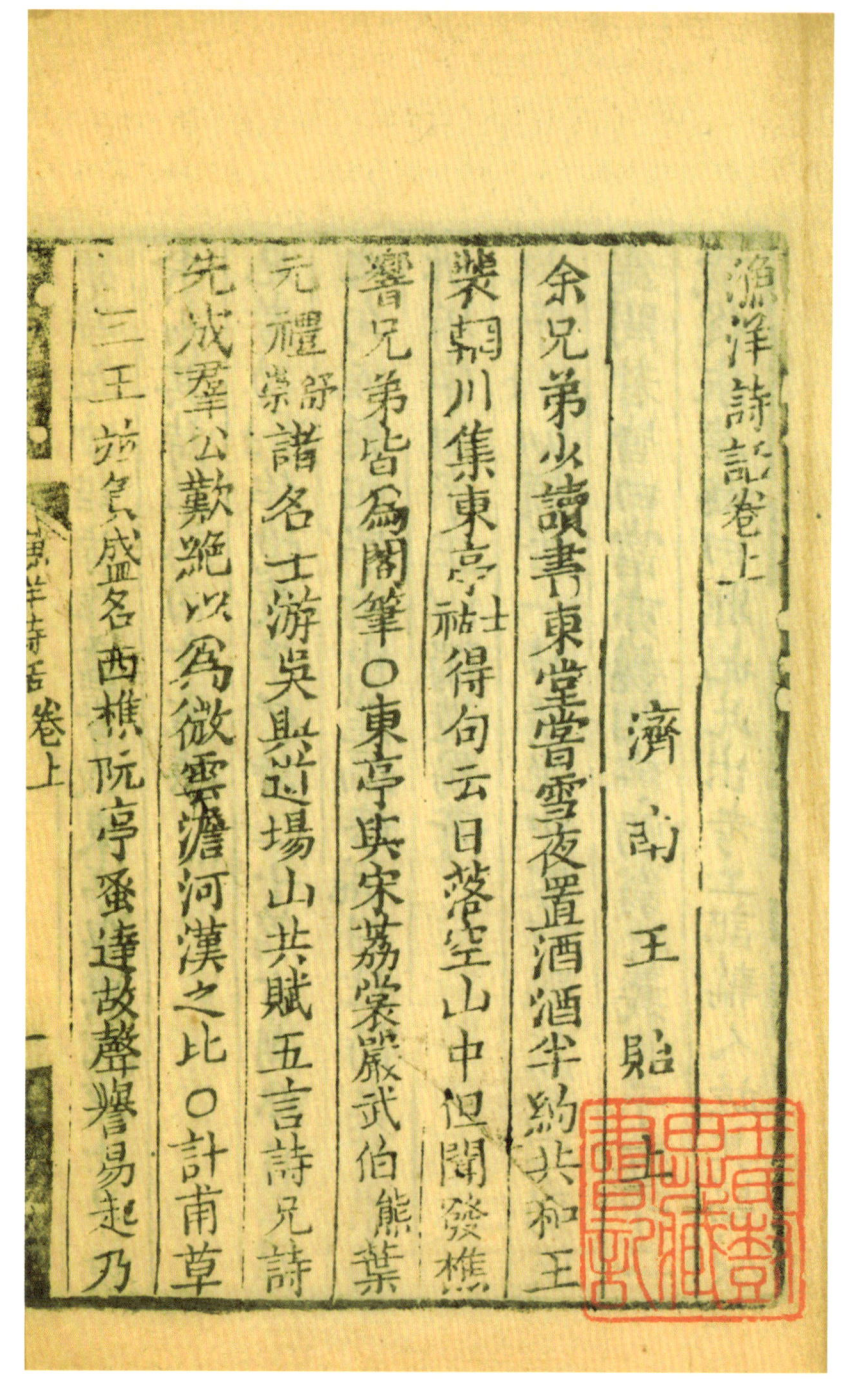

531　漁洋詩話三卷(2-1)

531　漁洋詩話三卷

清王士禎撰。清雍正三年(1725)俞兆晟刻本。竹紙。巾箱二册。卷前有雍正乙巳(1725)八月海鹽俞兆晟序,次漁洋老人阮亭序。

《四庫全書總目》稱是書:"清詞佳句,采掇頗精,亦足資後學之觸發,故於近人詩話之中,終爲翹楚焉。"

此書初輯於康熙四十四年(1705),四十七年(1708)再作增補,編爲三卷,授門人黄叔琳梓於京門。

531　漁洋詩話三卷(2-2)

石遺室詩話卷一

侯官陳衍

乙酉之春,鄭蘇堪(孝胥)歸自金陵,嘗借余鍾嶸詩品,因謂余曰:盍仿其例作唐詩品後數年旅食上海間,蜀人宋芸子(育仁)撰有唐詩品,從葉損軒(大莊)處翻閱之,非吾意中之唐詩品也。又數年戊戌客武昌,張廣雅督部所子培蘇堪繼至,夏秋多集兩湖書院水亭水陵街姚圃墩子湖安徽會館,多言詩,子培欲余記所言為詩話。自是易中實(順鼎)曾重伯(廣鈞)陳伯嚴(三立)諸人遇則急詢詩話,而余實未之為也。

道咸以來何子貞、祁春圃、魏默深、曾滌生、歐陽磵東鄭子尹、莫子偲諸老,始喜言宋詩。何鄭莫皆出程春海先生(恩澤)門下。湘鄉詩文字皆私淑江西洞庭以南,言聲韻之學者,稍改故步而王壬秋(闓運)則為騷選盛唐如故,都下亦變其宗尚張船山黃仲則之學山谷,潘伯寅李純客諸公稍為翁覃谿吾鄉林歐齋布政(壽圖)亦不復為張亨甫而學。

嗣後樊攀定盦浙派中又分兩途矣。

丙戌在都門蘇堪告余,有嘉興沈子培者,能為同光體同光者,余與蘇堪戲目同光以來詩人不專宗盛唐者也,見子培數詩雅健有意理後十年相見索舊作皆棄無一存者。

余謂君博探摩書治史學西北輿地旁究佛理余亦喜治考據之學除佛理余不下斷語外其實皆為人作計無與已事作詩尚是自家意思自家言說子培意不能無動間一為

532　石遺室詩話十三卷

清陳衍撰。民國間上海廣益書局石印。四册訂爲一厚册。鈐"甓廬"印。

沈肇年,號甓廬,湖北天門人。一九三二年任湖北財政廳廳長,建國後任湖北文管會主任委員、省文史館館長。雅好書翰,精研金石,工篆隸,著有《甓廬所藏金石題記》。一九七三年病逝。

光緒三十三年(1907),陸心源以日幣十一萬八千元,將所藏古籍四千部四萬四千余册售與日本巖崎文庫。此事轟傳一時,國人皆爲之痛惜。而陳衍《石遺室詩話》所載對此看法曰:"藏而不能讀,終必亡之,不如使能讀能保存者得之,其不至零落殘毀,轉可恃也。"

此書早年間購自上海福佑路古玩市場。今此市場已無存。

532　石遺室詩話十三卷(2-2)

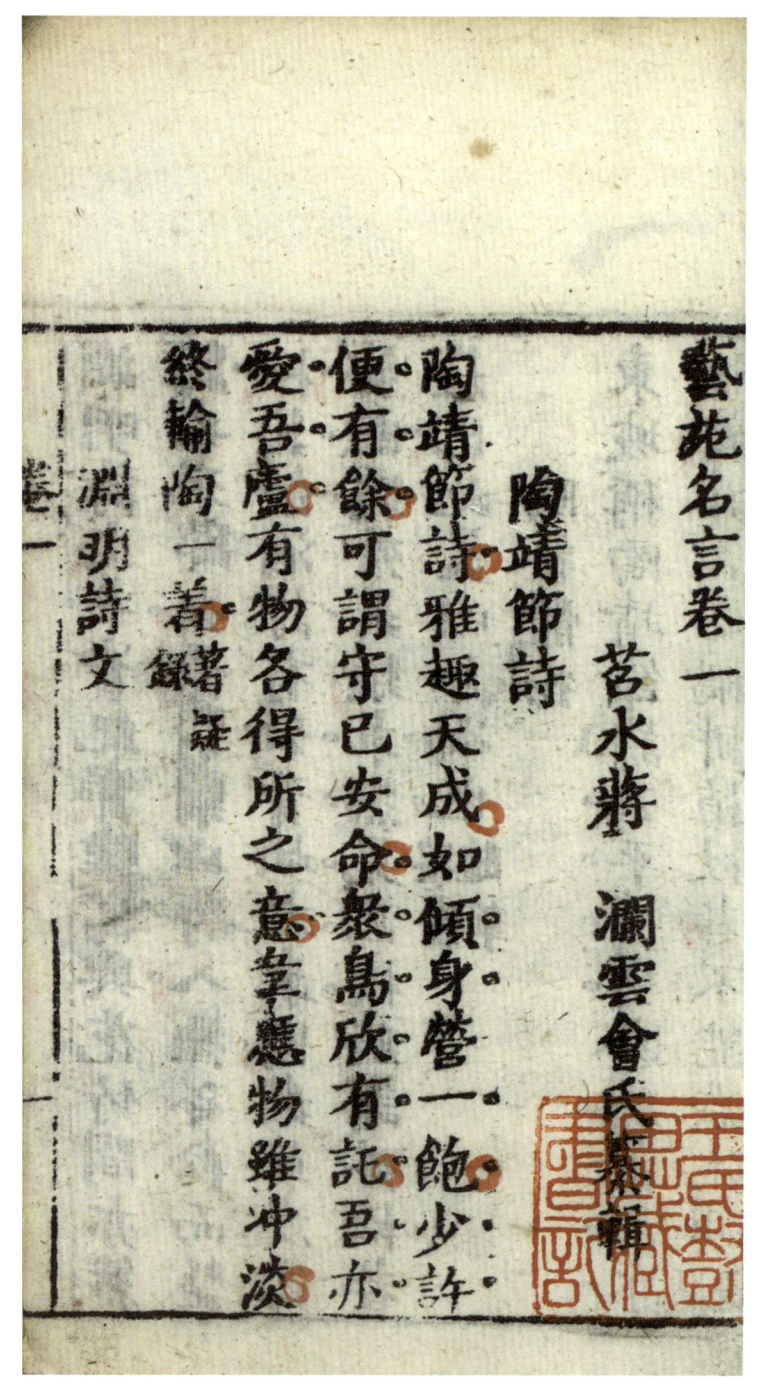

藝苑名言卷一

苕水蔣灝雲會氏彙輯

陶靖節詩

陶靖節詩雅趣天成如傾身營一飽少許便有餘可謂守已安命槃鳥欣有託吾亦愛吾廬有物各得所之意豈懸物雖沖淡終輸陶一著鑢疑

淵明詩文

533　藝苑名言八卷

清蔣瀾雲會氏纂輯。清乾隆間刊。白紙袖珍本。八卷四册。

此爲詩話集。序云："癸巳夏日，偶取案頭所存者閱之，輒有會心，不忍釋手。爰聚歷朝説詩諸書詳加采擇，必其言之有味，令人讀之足以賞心悦目者，方爲編入。僅得若干首，名之曰《藝苑名言》。染指可以知鼎味，又奚必多之爲貴乎？"是編收詩話七百餘則，頗有可玩味者。如卷四《愁醉》一則："香山詩'百年愁裏過，萬感醉中來'，老泉衍爲七言曰'佳節每從愁裏過，壯心偶傍醉中來。'"又如《髮白顔紅》一則："樂天詩'鬢爲愁先白，顔因酒暫紅'，後山詩'短髮愁催白，衰顔酒借紅'，略換數字，便鍛鐵成金。"

余十年前酷愛塗詩，今已無此雅興。然於詩話仍頗愛讀。非取作詩之法，唯消遣耳。詩話中不乏機警之語，足令人開塞。

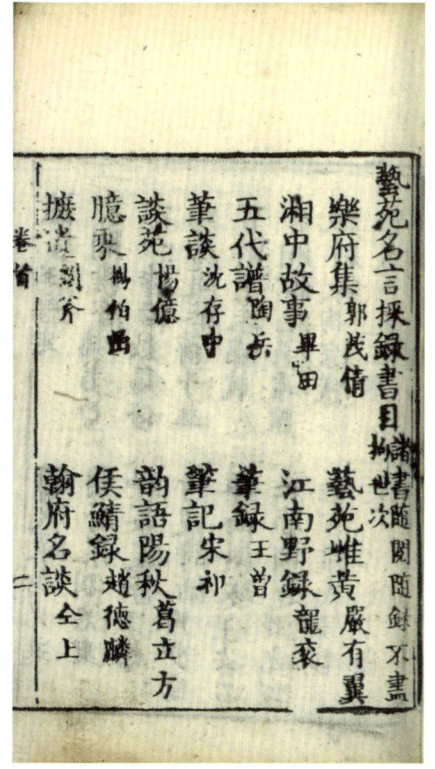

533　藝苑名言八卷(2-2)

卷一

秦觀事略

宋史文苑傳（元脫脫宋史卷四四四文苑六）

秦觀字少游，一字太虛，揚州高郵人。少豪雋慷慨，溢於文詞，舉進士不中，強志盛氣，好大而見奇，讀兵家書與已意合。見蘇軾於徐，為賦黃樓，軾以為有屈宋才。又介其詩於王安石，安石亦謂清新似鮑謝。軾勉以應舉，為親養始登第，調定海主簿、蔡州教授。元祐初，軾以賢良方正薦於朝，除太學博士，校正秘書省書籍。遷正字，而復為兼國史院編修官。上日有硯墨器幣之賜。紹聖初，坐黨籍，出通判杭州。以御史劉拯論其增損實錄，貶監處州酒稅。使者承風望指，候伺過失，既而無所得，則以謁告寫佛書為罪，削秩徙郴州，繼編管橫州，又徙雷州。徽宗立，復宣德郎，放還至藤州。出游光華亭，為客道夢中長短句，索水欲飲，水至笑視之而卒。先自作挽詞，其語哀甚。讀者悲傷之。年五十三，有文集四十卷。觀長於議論，文麗思深。及死，軾聞之歎曰：少游不幸死道路，哀哉世豈復有斯人乎？弟覿字少章，覯字少儀，皆

（書眉批注：嚴安作橫州。原作黃州。）

秦觀事略

534　淮海詞箋注六卷

宋秦觀撰，王輝曾箋注，許之衡、趙萬里校訂。一九三四年六月文化學社排印本，佚名批校。白紙綫裝一册。原有襯紙。

許之衡序，王輝曾自序。卷一爲秦觀事略，卷二爲版本，卷三至五爲《淮海長短句》，卷六附楊湜輯《古今詞話》等。

此書有墨筆批校。

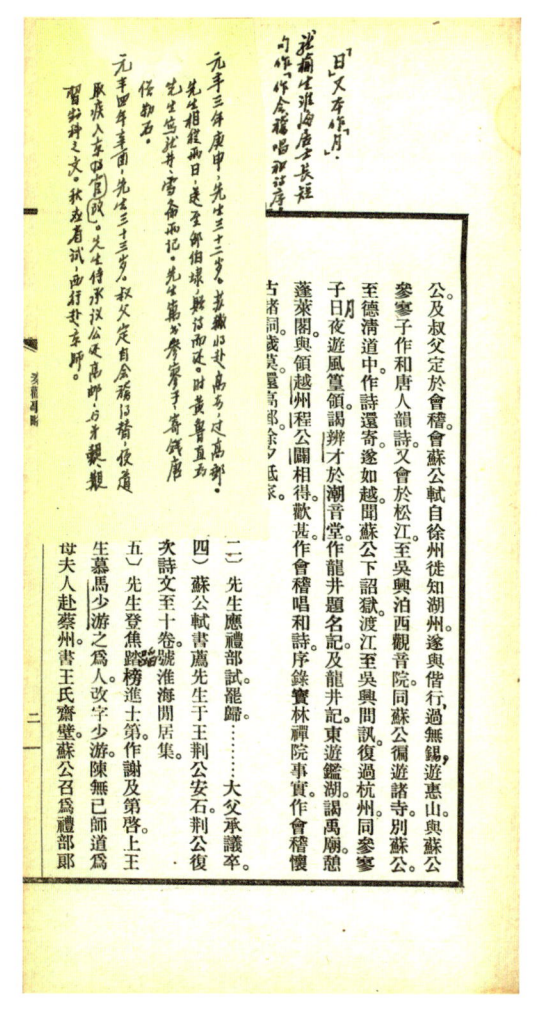

534　淮海詞箋注六卷(2-2)

一個人的藏書史

王樹田

　　二十年前,在北京三聯書店,我曾見到一本剛上架的新書《嘉業堂藏書志》,精裝,厚厚一册,沉甸甸的。當時雖因價高未購,但那種被震撼的感覺,至今難忘。二十年之後的今天,想不到我憑藉自己的古籍收藏,竟然也弄出一部《擁雪齋藏書志》來,這是當年萬萬想不到的。儘管我的藏書與大家相比自有雲泥之别,連小巫見大巫也算不上,但藏書的途徑與此間心情,應該是一致的。俄國文學大師契訶夫在説到大作家與小作家的創作時,曾用了一個很有趣的比喻:"大狗叫,小狗也要叫。"在當今古籍資源日益枯竭、藏書大家相繼謝世的今天,我不惜遺譏大雅,也樂得"汪汪"它幾聲。

　　這部《擁雪齋藏書志》,其實就是我一個人的藏書史。它志我訪書之艱、志我護書之難、志我得書之快、志我失書之痛,字裏行間,浸透着我對古書的濃濃深情。收藏古書二十餘載,我日日與此君相伴,浸淫日深,難以自拔。我固非高官巨賈,財力有限,在買書上便十分小心,因此錯失過很多好書,留下深深的遺憾;也是經濟原因,出讓過一些善本佳刻,至今痛惜不已,故書中常有"深可記痛"之語。當然,毋庸諱言,也曾當全書買過一些殘書、價值不大的通行本,權當交學費了。我現在有限的一點版本知識,便是在不斷買書的過程中磨練出來的。總之,在我的古書收藏之路上,既曲折艱辛又充滿快樂。我曾有小文《一年無事爲書忙》略道此中甘苦。另有《聚書瑣記》一書,講述我的許多藏書經歷,書友如有興趣,可參閱。

　　黄裳先生在《前塵夢影新録》中云:"惟求書雖勤,讀書日少,過眼煙雲,多未終卷。遂不能校讎異同,論其得失,隨筆書之,殆亦鑒賞之支流,不足以言著述。徒以寒士青氊,聚之匪易。青燈夜永,時復上心。聊書所憶,驅我寂寥。"先生乃藏書大家,文字精到,學問淵深,尚且自謙如此,況我後學小輩乎？余之所謂"藏書志",與學問關係不大,祇是自道書從何來,聚書甘苦之記錄,僅此而已。

前數年,我曾出版過《擁雪齋書影》一書,印刷效果欠佳,也存在一些文字上的錯誤。這部《擁雪齋藏書志》,是在《擁雪齋書影》的基礎上增訂而成,篇幅增加了一倍,書影也增加了近兩倍,對舊文又作了不少的增刪修改,加以彩色印刷,視覺效果更好,更接近於我收藏的原書,信息量也擴大了很多。此書按"經史子集"四部排序,左圖右史,收書五百三十四種,圖一千餘幅,每種書選取一至三幅圖,基本囊括了我藏書中的精華部分。雖因學識有限,在著録中難免有誤,但絶對真實:一是所收書皆我個人所藏,而且現絶大部分仍在寒齋;二是版本著録絶對真實(包括出版年代、完整與否等),對收書中的失誤以及個人的喜怒哀樂,無意掩飾。手持此書,如入我塞上擁雪齋,相信即便無太多收穫,也不至"枉顧"。

清季藏書大家授經樓主人沈德壽曾言"願薄富貴而厚於書",此語甚得我心。余藏書三十年來,疏櫂遠貴,淡泊名利,惟書是從,用心專深,所費亦頗巨,生活能儉則儉,故僅得温飽而已。余自知長期以來虧欠於妻女,内心時時不安。何以補報？惟書耳。余之所謂遺産也僅此而已。

大地春回,乍暖還寒,今又見綠草冒尖,令人心喜復又憐之。今春不慎傷腿,再加母親住院,女兒工作之事,不堪其累矣。幸有編寫《擁雪齋藏書志》及《擁雪齋叢書》之役,此余有生之年最大之工程,也算對我的藏書有個總體交待,雖忙亂而心頗舒慰也。

《擁雪齋叢書》收入我的藏書一百四十餘種,多爲稀見之本(包括稿鈔本、批跋本、明清精刻本、殿本、版畫、木活字本、套印本、紅藍印本、名家舊藏等),以影印的方式出版,三萬餘頁的篇幅,可謂洋洋大觀矣。竊以爲,民間藏書家,將個人收藏化私爲公,有兩種方式:一是向國家捐獻,一是將藏書影印出版,將私守的文獻資料奉獻於社會。第一種方式我目前尚無考慮,後一種我即將做到,也算是對得起社會(這些書本身也來自社會),對得起我辛苦而來、有緣相聚的藏書了。

以上二書出版后,我的藏書活動便可告一段落了。人生如寄,至於個人收藏的下落,更是難以預測,惟願我的藏書將來會有一個好的歸宿。我未曾謀面的辛德勇先生,曾爲我的另一部書作過評論,徵得同意,今取來作爲該書之序,在此一併謝過。

另外，我還要對多年來對我的藏書給予支持、幫助的書友如張振鐸、卓承元、賈月忠、胡承樑、程振邦、段存瑞、王建亭、韓紅宇諸君，領情叩首，銘感無已。對故去的書界前輩黃裳、田濤、楊成凱，書友陳東先生，致以懷念之情，引路之恩，生死不忘。

丙申穀雨後五日，於內蒙古人民醫院保健所病房。時年六十有五。